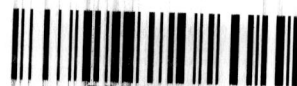

GOLPE DE ESTADO CONSTITUYENTE,
ESTADO CONSTITUCIONAL Y DEMOCRACIA

TRATADO DE DERECHO CONSTITUCIONAL - TOMO VIII

Colección Tratado de Derecho Constitucional

Allan R. Brewer-Carías

Profesor de la Universidad Central de Venezuela (desde 1963)
Simón Bolívar Professor, University of Cambridge (1985-1986)
Professeur Associé, Université de Paris II (1989-1990)
Adjunct Professor of Law, Columbia Law School, New York (2006-2008)

GOLPE DE ESTADO CONSTITUYENTE, ESTADO CONSTITUCIONAL Y DEMOCRACIA

COLECCIÓN

TRATADO DE DERECHO CONSTITUCIONAL

TOMO VIII

Fundación de Derecho Público
Editorial Jurídica Venezolana

Caracas, 2015

©   Allan R. Brewer-Carías, 2015
http://www.allanbrewercarias.com
Email: allan@brewercarias.com

Hecho el Depósito de Ley
ISBN: 978-980-365-278-4
Depósito Legal: lf54020153402

Editado por: Editorial Jurídica Venezolana
Avda. Francisco Solano López, Torre Oasis, P.B., Local 4, Sabana Grande,
Apartado 17.598 – Caracas, 1015, Venezuela
Teléfono 762.25.53, 762.38.42. Fax. 763.5239
http://www.editorialjuridicavenezolana.com.ve
Email fejv@cantv.net

Impreso por: Lightning Source, an INGRAM Content company
para Editorial Jurídica Venezolana International Inc.
Panamá, República de Panamá.
Email: editorialjuridicainternational@gmail.com

Diagramación, composición y montaje
por: Francis Gil, en letra Times New Roman, 10,5
Interlineado 11, Mancha 19 x 12.5 cm., libro: 24.4 x 17 cm.

CONTENIDO GENERAL

TOMO VIII

TERCERA PARTE

ESTUDIOS SOBRE CONSTITUCIONALISMO Y LA DEMOCRACIA

PRESENTACIÓN

En este Tomo VIII de la Colección Tratado de Derecho Constitucional, que he titulado: *Golpe de Estado Constituyente, Estado Constitucional y democracia*, al igual que en el Tomo IX de la misma Colección, que he titulado: *Concentración y centralización del poder y régimen autoritario*, he recogido diversos estudios elaborados durante los últimos años, luego de concluido el proceso constituyente de 1999 y conforme se fue desenvolviendo el régimen político al amparo de la nueva Constitución. En los mismos me referí al impacto que produjo el golpe de Estado constituyente que dio la Asamblea Nacional Constituyente en 1999 en la configuración del Estado Constitucional y del régimen democrático que en la misma se estableció; y además, a la efectividad de los diversos principios fundamentales establecidos en la Constitución para asegurar el funcionamiento del Estado constitucional y la vigencia de la propia democracia. Dichos trabajos se agrupan, en este volumen, en las siguientes partes:

En la *primera parte* se incluyen los estudios sobre los efectos del golpe de estado constituyente de 1999 en relación con el funcionamiento del Estado, con particular referencia a la usurpación "constituyente" de la voluntad popular y la inconstitucional transición de los órganos del poder público dispuesta por la asamblea nacional constituyente.

En la *segunda parte,* se publican los estudios sobre la reforma constitucional y el proceso constituyente, en los que se analizan los diversos modelos de reforma constitucional en América Latina, el significado de la reforma constitucional de 1999, las influencias de las Constituciones española y colombiana en el texto venezolano de 1999; y tema de la supremacía y la rigidez constitucional y su desprecio en el proceso de desconstitucionalización del Estado en Venezuela ocurrido a partir de 2007.

La *tercera parte,* recoge los estudios sobre constitucionalismo y democracia, donde se analizan los retos constitucionales para el siglo XXI; los elementos y componentes esenciales de la democracia y el control del poder; el reconocimiento del derecho a la Constitución y del derecho a la democracia; el tema de la opción entre democracia y autoritarismo; el tema del asalto al poder y sus consecuencias para la democracia a partir de 1999; y las lecciones de la crisis política de la democracia venezolana.

La *cuarta parte,* sobre el funcionamiento del sistema de gobierno, recoge diversos estudios sobre el sistema presidencial de gobierno en la Constitución de 1999; el principio de la formación del derecho por grados, en la distinción entre el acto de gobierno y el acto administrativo; los diversos actos ejecutivos en la Constitución venezolana y su control judicial; las formas constitucionales de terminación del mandato del Presidente de la República; y el papel de la fuerza pública en el Estado de derecho en el marco de la seguridad democrática.

Y en la *quinta parte*, se incluyen varios estudios sobre el régimen político, en particular, referidos a la reforma electoral en el sistema político; a la regulación jurídica de los partidos políticos; y al derecho al sufragio pasivo, las inelegibilidades, y la inconstitucionalidad de las "inhabilitaciones políticas" impuestas como sanción administrativa.

Casi todos los trabajos recogidos en este tomo fueron escritos y publicados entre 1999 y 2007, y en su momento, sucesivamente aparecieron en los siguientes libros, ya de muy difícil acceso o disponibilidad: primero: *Golpe de Estado y Proceso Constituyente en Venezuela*, redactado entre 2000 y 2001, y editado por el Instituto de Investigaciones Jurídicas de la Universidad Nacional Autónoma de México en 2002 (reproducido luego en Ecuador, por la Asociación Goberna & Derecho, Guayaquil en 2007); segundo: *Reflexiones sobre el constitucionalismo en América*, publicado por Universidad Católica Andrés Bello y la Editorial Jurídica Venezolana, en Caracas, en 2001; tercero: *Constitución, democracia y control del poder*, publicado por el Centro Iberoamericano de Estudios Provinciales y Locales de la Universidad de Los Andes, en Mérida, en 2004; y cuarto: *Estudios sobre el Estado Constitucional (2005-2006)*, publicado por la Universidad Católica del Táchira y la Editorial Jurídica Venezolana, en San Cristóbal/Caracas, en 2007.

El primero de dichos libros sobre *Golpe de Estado y Proceso Constituyente en Venezuela*, 2002, con Prólogo del profesor Diego Valadés, fue una reflexión global sobre el proceso constituyente de 1999, escrito una vez concluido el mismo, sin los condicionamientos del momento, que en cambio fue lo que caracterizó la preparación de los estudios recogidos en el Tomo VI de esta Colección sobre *Asamblea Constituyente y proceso constituyente 1999*. Dicho libro estuvo precedido de un Prólogo escrito por el profesor Diego Valadés, cuyo texto se publica al inicio del primer libro.

El segundo de los libros sobre *Reflexiones sobre el constitucionalismo en América*, 2001, contentivo de diversos artículos y reflexiones sobre el constitucionalismo escritos también apenas concluyó el proceso constituyente, estuvo precedido de la siguiente nota: *A manera de Explicación*:

"El momento constituyente que se inició en Venezuela con motivo de la crisis política de finales del siglo XX, a pesar de las esperanzas que había generado de poder haber sido el instrumento para la producción de los necesarios cambios políticos que requería el país, para consolidar y perfeccionar el Estado de derecho y lograr una democracia más representativa y participativa, no los ha producido hasta ahora.

Por ello, puede decirse que dicho momento constituyente no concluyó con la sanción de la Constitución de 30-12-99 ni mucho menos con la transitoriedad constitucional a que ha sido sometido el país en los últimos años, con el lamentable aval del Tribunal Supremo de Justicia.

En realidad, aún persiste la crisis del sistema político que lo originó, la cual no ha sido superada y, más bien, se ha agravado con un régimen que además de ser

más centralista y partidocrático, ha sido autoritario, exclusivista, exclusionista, intolerante y concentrador del poder y, además sordo ante el clamor del país.

Todos los índices que nos hacían prever, en 1998, el inevitable proceso de cambios que se avecinaba, en efecto, se han agravado: desde el punto de vista político, tenemos más centralismo y más y peor partidismo, pues incluso, el Presidente de la República y sus Ministros, a pesar de la prohibición que la Constitución impone a los funcionarios de estar al servicio de parcialidades políticas, son los jefes del partido de gobierno y están a su servicio y de sus militantes, y no actúan como funcionarios de un Estado que debería estar al servicio de todos los ciudadanos; desde el punto de vista constitucional, existe menos autonomía de los poderes públicos, con un sometimiento de los mismos a los dictados del Presidente de la República y un ahogamiento progresivo de las autonomías estadales y municipales; el control de la gestión del patrimonio público es casi inexistente, y nada se ha sabido en estos años, por ejemplo, de la Contraloría General de la República y sus actividades o de las actuaciones de control parlamentario en relación con la arbitraria disposición de los recursos públicos; desde el punto de vista del Estado de Derecho, tenemos mayor deterioro y sujeción del Poder Judicial al poder del Ejecutivo, con ausencia de autonomía y acentuada dependencia de los jueces, por la transitoriedad constitucional y la provisionalidad de los mismos; desde el punto de vista administrativo, hay más y peor ineficiencia, corrupción e impunidad rampante; desde el punto de vista jurídico, existe mayor pobreza legislativa, clandestinidad en la elaboración de los textos legales y menos seguridad jurídica; desde el punto de vista ciudadano, tenemos mayor inseguridad personal, impunidad y a pesar del discurso gubernamental y toda la fraseología constitucional, ausencia de toda posibilidad efectiva de participación política; desde el punto de vista social, existe mayor pobreza y desempleo, y menor protección social; y desde el punto de vista económico, ha habido menos inversión, mayor recesión y creciente informalidad económica.

Las perspectivas políticas de Venezuela al finalizar el año 2001, por tanto, no son nada prometedoras, y menos aún cuando quienes asaltaron el Poder en 1998, han manifestado toda la incompetencia, ineficacia, resentimiento y corrupción imaginables, que en sólo tres años supera los peores índices de los cuarenta años precedentes.

El Estado venezolano, como lo expresa un viejo dicho castellano, parece haber sido asaltado, como si fuera un oscuro Concejo Municipal, por "concejales hambrientos" cuyo único objetivo ha sido saciarse personalmente.

Eso es lo que hemos vivido en los tres últimos años (1999-2001) en Venezuela.

En ese período, sin embargo, lamentablemente poco se ha podido hacer para promover cambios políticos con el objeto de enfrentar el autoritarismo y la corrupción, dado el avasallamiento insolente y vulgar de quienes han acaparado todo el poder, provocado, entre otros factores, por el vacío político dejado por los partidos políticos tradicionales y su liderazgo, que como lo hemos dicho repetidamente, no entendieron lo que había ocurrido en el país en las últimas décadas de ejercicio democrático.

Pronto, en todo caso, vendrán nuevos tiempos de acción y, más pronto que tarde, ante nuestros ojos, se derrumbará este castillo de ineficacia e intolerancia política que ha caracterizado el régimen actual. Definitivamente, el gobierno, cuya actuación política ha estado orientada por el arte del desconcierto, terminará por desconcertarse a sí mismo, y colapsará.

Concluida nuestra labor en la Asamblea Nacional Constituyente de 1999, a partir de enero de 2000 y durante estos últimos dos años, sin embargo, no hemos dejado de meditar, reflexionar y escribir en ámbitos académicos tanto en el país como en el exterior, sobre el constitucionalismo en Venezuela y en América, analizando nuestras instituciones y nuestra realidad; tomando conciencia de nuestra situación política constitucional y evaluando los efectos de la catástrofe institucional que hemos sufrido con estos dos años de desgobierno y de destrucción.

Este libro recoge algunas de nuestras reflexiones en este período, en el exterior, en San Salvador; La Romana; San José; Lima; Antigua Guatemala; Guadalajara; Austin; Ciudad de México; Buenos Aires; y Cartagena de Indias; expresadas en foros y mesas redondas y en conferencias dictadas en universidades y congresos internacionales a los cuales fuimos invitados.

Lo que en estos foros académicos hemos captado como apreciación de lo que ha ocurrido en Venezuela, lamentablemente y lo decimos con pena, es una mezcla de sentimientos de curiosidad, compasión, lástima e incomprensión de cómo una de las democracias más consolidadas del continente pudo haber llegado a este extremo de destrucción institucional y gobierno personalista que tenemos. La experiencia, en todo caso, se convierte en advertencia, pues también puede ocurrir algo similar en otras democracias cuando no evolucionan a tiempo, o en ellas no se sabe detectar, a tiempo, el precio que hay que pagar por conservarlas, el cual siempre está vinculado a perder y compartir el poder.

En todo caso, lo cierto es que las crisis siempre colocan a los países ante nuevos retos y oportunidades que provocan la generación de nuevas ideas y soluciones. Venezuela, precisamente, está en esta situación para el futuro, con la dificilísima tarea de tener que reconstruir la institucionalidad democrática que ha sido gravemente demolida.

Pero el futuro, es eso, lo que vendrá, que no podemos controlar. Lo que tenemos que hacer es esperarlo, apertrechados, por cierto, incluso con las armas constitucionales necesarias para contribuir a reinstitucionalizar al país, en la vía de una democracia más representativa y más participativa, que es la antítesis del autoritarismo y la concentración del poder. Confiamos en que estas reflexiones contribuyan en algún grado con esos propósitos.

He querido publicar estas reflexiones en la Colección de Cuadernos de la *Cátedra Fundacional de Historia del Derecho Charles Brewer Maucó* de la *Universidad Católica Andrés Bello*. Es un homenaje más, que he querido hacer a ese ser humano excepcional, que es papá, quien a pesar de su discapacidad, no deja de hacer el esfuerzo, al recibirnos, de darnos siempre la bendición y, con frecuencia, mostrarnos su sonrisa habitual, de aliento y de expresión de que todo está bien, como si lo estuviera!. En fin, a pesar de su edad, de que ahora es cuando!.

Ello, en gran parte, se debe a mamá. Por ello, no puedo sino darle una vez más las gracias por su entereza, entusiasmo, amor y dedicación en la asistencia de papá, sobre todo en estos últimos años. Sabemos que ha sido una carga muy importante para ella, pero a la vez su presencia ha sido una bendición de Dios para papá y para nosotros.

Por mi parte, como académico, compartiendo mis actividades con el ejercicio profesional y con la actividad política independiente, mi vida ha girado permanentemente en la preparación y dictado de cursos universitarios, la investigación jurídica, la escritura de libros y artículos, y el dictado de charlas y conferencias en foros profesionales y universitarios, en Venezuela y en el exterior. He tenido la suerte de haber registrado casi todos esos eventos, inicialmente para la preparación de los informes anuales respectivos como profesor adscrito que fui del Instituto de Derecho Público de la Universidad Central de Venezuela (1960-1987), donde no sólo me formé académicamente, sino donde tuve la oportunidad de contribuir a la formación de muchos profesores y profesionales actualmente activos en el campo del derecho público. El hábito de registrar mis actividades académicas lo continué con posterioridad con la asistencia de mi secretaria de tantos años, Arelis Torres Amaro –a quien una vez más quiero agradecer su eficiente colaboración y lealtad- y por eso la información de la *Biblio verbi grafia* que se ha incorporado en el anexo de esta obra. Lo que he hecho en las últimas décadas, allí está. Caracas, diciembre 2001"

El tercer de los libros mencionados sobre *Constitución, democracia y control del poder*, 2004, contentivo de diversos estudios y reflexiones sobre el tema central del constitucionalismo democrático que es el del control del poder, cuya ausencia o debilitamiento es el que da origen a los autoritarismos, estuvo precedido del siguiente Prólogo del profesor Fortunato González Cruz:

"Ha querido el Dr. Allan Brewer Carías que este libro fuese una coedición entre la Editorial Jurídica Venezolana y el Centro Iberoamericano de Estudios Provinciales y Locales (CIEPROL) de la Universidad de Los Andes. Sus vínculos con el CIEPROL parten desde antes de la fundación de esta Unidad Académica, pues en compañía de don Luciano Parejo Alfonso, concurrió a la sesión extraordinaria del Consejo de la Facultad de Ciencias Jurídicas y Políticas, cuando se iniciaba el feriado de Semana Santa del año 1994, en la que hicimos la presentación formal del Proyecto Académico. Desde entonces ha sido un fiel y entusiasta compañero de viaje, acompañando al equipo que conformamos el CIEPROL en el fascinante camino de la investigación, la docencia y la extensión, y en la divulgación de lo que hacemos a través de las páginas de la revista PROVINCIA. Para la Universidad de Los Andes y para el CIEPROL constituye un honor y un deber copatrocinar esta obra, con más razón ahora cuando comienza el primer Curso de Especialidad en Derecho Administrativo que se realiza en nuestra Academia, y que quien escribe comparte la grave responsabilidad de dirigir el CIEPROL y presidir la Asociación Venezolana de Derecho Constitucional.

Muchas virtudes admiramos de Allan Brewer-Carías, más, desde la perspectiva de la misión que nos hemos propuesto en el CIEPROL, destaca la coherencia. Es un intelectual que guarda fidelidad absoluta a sus principios y valores, siendo integral la correspondencia entre el pensamiento que manifiesta en sus libros y escritos, con las proposiciones que realiza y el testimonio de su vertiginosa actividad vital. Así, pocos en Venezuela han defendido con tanta vehemencia al Municipio y a la Provincia. Sus escritos le dan un sólido fundamento teórico al federalismo, a la descentralización, a la aspiración que tenemos los venezolanos de construir un mejor destino desde nuestros lugares. Siendo caraqueño, está claro que el desarrollo armónico del territorio nacional beneficia tanto a la capital como a la Provincia, al menguar las presiones de todo tipo que congestionan a Caracas y disminuye la calidad de vida de sus habitantes, como ampliar las posibilidades de bienestar lejos del centro del poder. Dolores Aguerrevere (2003) destaca la obra breweriana sobre Caracas en sus facetas jurídica, política, de historiador y de urbanista (Tomo I, p. 801 y sig.). Respecto del federalismo, la descentralización y el Municipio, son líneas transversales de toda la obra de Allan Brewer Carías. Sus intervenciones en la Asamblea Nacional Constituyente son el mejor testimonio del respeto que tiene por la provincia venezolana y la consideración que le merecen sus valores y potencialidades. Ninguno de los diputados constituyentes defendió con mayor pertinencia el principio federal, ni con tanta pasión y conocimiento al Municipio. Fue Allan Brewer-Carías la voz de los venezolanos que habitamos en el ancho espacio de la geografía nacional, y si el principio federal quedó galvanizado en la parte dogmática fue en gran medida por su empeño. Lamentablemente el diseño institucional del Estado no fue consecuente con los principios, pero quedan sus votos salvados como testimonio de su compromiso y lealtad. Esta actitud como intelectual, como constituyente y como político se corresponde con sus afectos, sus gustos y sus querencias. Allan posee una casa en San Rafael de Mucuchíes, el pueblo más alto de Venezuela, justo al frente de su plaza Bolívar y allí ha sabido de las labores agrícolas, paladeado el particular sabor de unas papas cosechadas con sus manos y la emoción de una trucha pescada en los ríos cristalinos y torrentosos de los Andes. En Mérida conoció el extraño significado de una corrida de toros, el desafío de los despeñaderos de la Sierra Nevada, la algarabía de su ambiente estudiantil y la solemnidad de su Academia. "Brewer es un milagro de la naturaleza exuberante del trópico venezolano" dijo el profesor español Eduardo García de Enterría en el discurso en el acto de presentación de la obra: El derecho público a comienzos del Siglo XXI, Estudios en homenaje al Profesor Allan R. Brewer-Carías, que se incluye en este libro.

Fruto del intenso trabajo intelectual de Allan Brewer-Carías es este libro, que contiene algunas de sus últimas producciones, enlazadas entre sí bajo el título "Constitución, Democracia y Control del Poder". Está dividido en seis partes, la primera de ellas sobre los problemas del Estado de Derecho frente al autoritarismo. Se trata de un estudio de la evolución de las instituciones democráticas venezolanas a partir de la entrada en vigencia de la Constitución de 1999, en particular de su régimen electoral. Aprovecha el autor la ocasión que le brindan los discursos de orden en diversos actos académicos para hilvanar sus análisis desde la perspectiva constitucional, y abordar las vicisitudes de las instituciones que se suponen debe garantizar el ejercicio pleno de las libertades democráticas, y los derechos a la participación política y al sufragio. Incorpora el discurso que no pronunció en el acto de nuestra toma de posesión como Presidente de la Asociación Venezolana de Derecho Constitucional, que no se pudo realizar en la fecha prevista inicialmente como consecuencia de la inestabilidad política que sufre nuestro país. Se incorpora además su Ponencia presentada en las IV Jornadas Colombo-Venezolanas de Derecho Público, efectuada en la Universidad Externado de Colombia, en Bogotá, que se refiere a "La Penta División del Poder y el Secuestro del Poder Electoral". Luego, en la segunda parte, trata los temas del federalismo, la descentralización y los problemas de las Constituciones estadales por el carácter reglamentario del diseño territorial del Estado en la Constitución de 1999. La tercera parte la dedica al estudio de la protección de los derechos humanos en América Latina y en el Proyecto de Constitución Europea, en particular al Amparo Constitucional y al papel de la fuerza pública en un Estado de Derecho. En la cuarta y en la quinta parte se publican trabajos de derecho constitucional comparado; y por último se recogen en este libro, las intervenciones realizadas en el acto de la presenta-

ción del Libro Homenaje al profesor Brewer-Carías, efectuado el 3 de diciembre del 2004 en la Universidad Carlos III de Madrid.

En la obra de Allan Brewer-Carías hay una línea continua que marca toda su obra y que es pertinente destacar aquí, que es uno de sus compromisos intelectuales esenciales, como es el Municipio. No lo hace por nostalgia, siendo oriundo de una ciudad cosmopolita, sino porque tiene la convicción de que un Estado Democrático y Social de Derecho, para que exista con plenitud y genere bienestar y felicidad a su población, tiene que repartir generosamente el poder en forma horizontal. Sólo es posible un Estado que pueda calificarse de esa manera cuando la sociedad tiene amplias posibilidades para hacer lo que le corresponde, sin la excesiva ni paternal presencia del Estado; y además si en la arquitectura de lo estatal se coloca en el nivel primario o básico lo que por naturaleza corresponde a los intereses propios de la vida local. El principio de subsidiaridad es la brújula que orienta el diseño de las instituciones democráticas, de modo que la sociedad no se vea agobiada por la omnipresencia del Estado, ni confiscada en sus posibilidades, pero cuente con un Estado fuerte dedicado a las funciones que le corresponden de acuerdo con los principios del capitalismo desarrollado. Este es el núcleo de su pensamiento y por ello puede identificarse dentro del espectro de las ciencias políticas y jurídicas como uno de los más importantes representantes del federalismo y del municipalismo. En este sentido coincidimos en la orientación que le hemos dado al trabajo intelectual que realizamos en el CIEPROL y que tratamos de alimentar, enriquecer y actualizar con esa misma convicción, que, como se dijo, no se trata ni de una posición nostálgica ni de una cuestión ideológica, sino práctica. El ejercicio pleno de la libertad se garantiza en una sociedad democrática, y sólo hay sociedad democrática cuando se reparte el poder en forma territorial, de modo que sin perder de vista la coherencia e integración que debe haber en el trabajo del Estado entendido como un todo sistémico, es en sus niveles locales y provinciales donde se vive o no se vive en democracia, es decir, en libertad, o dicho de otro modo, en un modelo que permite la atención desde sus propios niveles, de los subsistemas de derechos subjetivos particulares. Por supuesto que como lo confirma la teoría política clásica, es la división del poder y la independencia de cada una de sus ramas el presupuesto insustituible para la existencia de la libertad, pero sin desparramar recursos y competencias a lo largo y ancho de un territorio es nugatorio todo intento de progreso auto sostenido.

Si se ubica la atención de las competencias y los servicios que tienen que ver con la vida cotidiana de la gente en los niveles territoriales como la Provincia y el Municipio, debiera reproducirse el sentimiento de responsabilidad, como lo demuestran los estudios de Robert Putnam (1993). Lamentablemente abundan las experiencias en latinoamericana de centralismo, paternalismo y populismo, pero existen evidencias fácticas de excelencia en la gestión de los gobiernos locales y regionales cuando se ha permitido el desarrollo de sus potencialidades. Basta pasearse por Internet para visualizar gran cantidad de experiencias exitosas. También es oportuno señalar la conveniencia de generar recursos fiscales en los niveles local y provincial que permitan financiar esos éxitos, porque el efecto que produce de corresponsabilidad fiscal asegura la viabilidad del éxito en el largo plazo. (Rangel. 2003) De modo que no se trata de sentimentalismo ni de crédito alguno al discurso salvaje como algunos creen, sino de la convicción surgida del análisis científico. No en vano se ha estudiado mucho este asunto, desde la monumental obra de Alexis de Tocqueville, que centra el éxito de la sociedad norteamericana en sus sólidas bases locales, hasta los trabajos de Jordi Bor-

ja y Manuel Castells (1997) que colocan como presupuesto elemental para el éxito en un mundo globalizado el actuar desde lo local con el pensamiento puesto en lo global. En ello coincide el filósofo esloveno Slavoj Zizek en cuya obra resalta las característi- cas de la sociedad europea (pagina12web.com.ar/suplementos/libros). Tampoco es que Brewer-Carías esté en trance de caer en la tentación de tendencias autárquicas, xenófobas ni regionalistas, que constituyen algunas de las expresiones patológicas de este comienzo de siglo. El federalismo y el municipalismo en Brewer-Carías es la ex- presión de su compromiso con las mejores doctrinas surgidas a partir del constitucio- nalismo norteamericano, francés y latinoamericano como es el Estado de Derecho, en tren de transformación hacia el Estado Social y el Estado de Bienestar.

Es del profundo conocimiento de la teoría política, del proceso histórico venezola- no y de la extensa geografía venezolana desde donde Brewer-Carías extrae su posición a favor de un reparto territorial equitativo del poder. Los capítulos 4 y 5 de la primera parte de su libro Cambio Político y Reforma del Estado en Venezuela (1975) ponen de manifiesto su esfuerzo intelectual que lo lleva al análisis de las doctrinas clásicas, en particular de Locke, Montesquieu y Rousseau sobre la libertad y la democracia. En esta misma obra hace un análisis riguroso de los procesos históricos latinoamericano y venezolano y de las particularidades de sus instituciones. Aún cuando en la obra citada se manifiesta a favor de una organización regionalizada, los mismos argumen- tos sirven de base para sostener que las regiones necesarias a los fines de una reorga- nización política del territorio son las circunscripciones estadales, limitadas de mane- ra determinante por un poder central macrocefálico. Respecto del Municipio sucede de modo semejante, pues las críticas al Municipio Constitucional de 1961 entre las que destaca su precaria autonomía, son argumentos contundentes ahora cuando se hace referencia al Municipio Constitucional de 1999, mucho menos autónomo que el de entonces. Una afirmación conclusiva de Brewer-Carías en aquella obra de 1975 basta para sustentar las afirmaciones anteriores:

> *"El reto planteado en el ámbito de las instituciones regionales y locales, en todo caso, está en hacerlas partícipes de los procesos de decisiones concernientes al desarrollo del país, y corresponsabilizarlas del mismo, a la vez que lograr, me- diante ellas, la efectiva democracia política, a través de la participación del pue- blo en los procesos políticos. Para ello, la enorme tarea que tiene planteado el Es- tado venezolano para su reforma, aparte de las múltiples que tiene a nivel nacio- nal, consiste en realizar un amplio proceso de descentralización administrativa y organizar una efectiva participación popular a nivel local. Ello sería la garantía de estabilidad institucional, tanto desde el punto de vista administrativo como político." (p. 430)*

Las reflexiones sobre el Municipio adquieren una mayor profundidad en la obra Instituciones Políticas y Constitucionales en la que Brewer-Carías rescata el sentido esencial del Municipio cuando afirma que es el medio por excelencia para la recon- quista del Estado por los ciudadanos. Es el Municipio la "pieza" para la reconquista del Poder y del Estado por el elector, por los ciudadanos mediante la participación política (1985, Tomo II, p. 105) y propone el remozamiento del concepto de "vecin- dad" como esencial a la idea de una profunda reforma del régimen local. Este es el fondo de la cuestión política municipal. Si el Municipio es la Unidad Política Prima- ria y Autónoma de la Organización Nacional, es fundamental el papel que debe des- empeñar como mecanismo de socialización democrática. Debe ser la escuela de la libertad, de la tolerancia, de la participación, de la responsabilidad ciudadana. El razonamiento conduce a ver en el Municipio una Unidad preexistente al Estado que sin embargo debe ser reconocida formalmente por ser parte de la Organización Nacional. Si existe correspondencia entre los lugares y los Municipios es porque la organización territorial ha sido atinada en el reconocimiento formal de esos lugares; de lo contrario, habrá un déficit que repercutirá básicamente en la negación de los derechos políticos de la comunidad a la que se le niega su reconocimiento.

Coincidimos con Brewer-Carías y lo hemos discutido mucho en los viajes que hemos realizado por el territorio venezolano, que cada comunidad asentada de manera permanente en un lugar es un Municipio que tiene derecho a ser reconocido como tal por el ordenamiento jurídico. Nada tiene que ver con la existencia de un Municipio ni el tamaño de su población ni su capacidad para generar recursos propios. El primero es un requisito caprichoso, o a lo sumo estadístico, que es casi lo mismo, porque responde a argumentos numéricos, adjetivos y no sustantivos. Razón tiene la Ley Orgánica de Régimen Municipal de 1989 cuando señala –en un texto que se debe precisamente a una propuesta de Brewer- que para la creación de un Municipio se requiere la existencia de un grupo social asentado establemente con vínculos de vecindad permanente, aunque la Ley incurre en el error de señalar en el primer párrafo que se requiere una población no menor de diez mil habitantes (Art. 18) con la excepción señalada. Es de suponer que una población de más de diez mil habitantes haya generado lazos permanentes de vecindad, pero es posible y de hecho muchas poblaciones con población mucho menor que esa cifra también tienen lazos permanentes de vecindad. Es la tesis de la "población con derechos subjetivos diferenciados" a que se refiere Habermas. (1998) En cuanto a la capacidad para generar recursos propios suficientes para atender los gastos de gobierno, administración y prestación de servicios básicos, esta tesis la rechazamos de plano por varias razones: Si la estructura gubernamental y administrativa viene determinada con criterios centralistas, como lo hace la Constitución venezolana de 1999 y la legislación municipal aplicable a los Municipios, habrá contados Municipios que puedan sostenerse con sus recursos propios, si es que existe alguno. Pero además, al menos en Venezuela, los recursos fiscales vienen determinados en gran medida por tributos nacionales, la riqueza se concentra en la región norte costera y la pobreza se desparrama en todo lo ancho del territorio, de manera que la capacidad tributaria o contributiva está también concentrada. En un país con estas características los Municipios pasan a ser agentes de redistribución, mecanismos para generar equilibrios en el acceso a los dineros públicos, instituciones al servicio de la justicia distributiva. No es que se niegue la importancia de la corresponsabilidad fiscal. Todo lo contrario, un Municipio Sostenible (González 1999) tiene que generar recursos propios tanto para contribuir a los gastos como, y esto es clave, para generar ciudadanía, sentido de corresponsabilidad. Siendo como son todas las competencias municipales de naturaleza concurrente, su financiamiento tiene que participar de esa naturaleza, por lo que desde esta última perspectiva tampoco se justifica la exigencia de la capacidad para generar recursos propios.

Pero el Municipio como parte del Estado es un subsistema administrativo que tiene por objeto la atención de los asuntos propios de la vida local y entonces es imperativo incorporar conceptos de eficiencia. Este asunto a primera vista aparece contrario o antagónico a la idea de la proliferación de Municipios, pero no es así. Un Municipio burocrático y con déficit de representación si es inviable, pero lo que hemos denominado Municipio Sostenible no sólo es viable sino necesario. El pequeño tamaño del

Municipio se compensa con el asociacionismo, con mecanismos de cooperación, mediante garantías al principio de la solidaridad intergubernamental. Tal como lo plantea Brewer (p. 115) la consagración de los principios de la participación política, de la diversidad municipal, de la eficiencia y de la sostenibilidad permite hacer compatible el derecho al autogobierno de las comunidades con eficiencia en la prestación de los servicios y la adecuada atención de los asuntos propios de la vida local. No en vano estas reflexiones de 1985 llevaron a la reforma del régimen municipal y a la creación de la exitosa figura del Alcalde en la legislación de 1989. Un estudio detallado del régimen legal del Municipio de 1989 lo ofrece nuestro autor en la 3ª edición corregida y aumentada de su obra Instituciones Políticas y Constitucionales (1996)

La posición académica de Allan Brewer-Carías la puso en juego como miembro de la Asamblea Nacional Constituyente de 1999. Allí se batió como político pertrechado de sus conocimientos, y sus aportes están recogidos en tres tomos bajo el título Debate Constituyente. En el primer tomo de esta obra insiste el autor en las ideas esenciales de lo que llama el Nuevo Municipalismo: El Municipio como unidad política primaria y autónoma para el ejercicio de la democracia y la participación política, la superación del uniformismo municipal, la separación orgánica de los poderes locales en los municipios medianos y grandes, elección uninominal, inserción adecuada del Municipio en la organización nacional. (Pág. 164 y sig.) Ya con más calma, sin el vértigo de los debates de la constituyente, con el texto de la Constitución sancionado, en su obra La Constitución de 1999 subtitulada acertadamente Derecho Constitucional Venezolano (Dos tomos 2004), nuestro profesor hace una recapitulación de sus ideas sobre el Municipio para ratificar su antigua posición y profundizar en la crítica al nuevo Municipio Constitucional, con una autonomía comprometida definida por la Sala Constitucional del Tribunal Supremo de Justicia como "libertad condicionada" (p. 391), consagrado el uniformismo municipal al establecerse un régimen uniforme, disminuido y desnaturalizado su Concejo Municipal, e interferidas por el Poder Nacional todas las competencias municipales.

Esta obra que me honro en prologar es una muestra muy especial de los valores científicos, académicos y políticos de Allan Brewer-Carías, mostrados unas veces con la rigurosidad sistemática de un trabajo científico y otras más cargadas de emotividad, pero en unos u otros casos siempre pertinentes y coherentes con la línea de lo que se puede denominar breweriana en el Derecho Público Venezolano." Fortunato González Cruz

Y el cuarto de los libros mencionados sobre *Estudios sobre el Estado Constitucional (2005-2006),* 2007, contentivo de diversos estudios elaborados entre 2005 y 2006 sobre el Estado Constitucional y las primeras manifestaciones del autoritarismo, estuvo precedido de la siguiente *Nota Explicativa*:

"**Este libro marca una nueva etapa en mi vida académica, porque de nuevo me encuentro fuera de Venezuela en actividades académicas, pero ésta forzadamente, por la persecución política de la cual he sido objeto por parte del régimen autoritario que se ha instalado en mi país.**

He tenido, en efecto, el privilegio de haber pasado algunas temporadas de formación fuera de mi país durante varios períodos relativamente largos, en actividades docentes y de investigación que comenzaron en 1962 y 1963, cuando permanecí un año en París siguiendo los cursos de postgrado en derecho administrativo en la Facultad de Derecho de la Universidad de París, de los profesores Marcel Waline,

René Charlier y Charles Einsemann. Además, en ese año redacté mi tesis doctoral para la Universidad Central de Venezuela, sobre *Las Instituciones Fundamentales del Derecho Administrativo y la Jurisprudencia Venezolana*, editada por la Universidad Central de Venezuela, Caracas, 1964.

Diez años después, entre 1972 a 1974, permanecí dos años como *Visiting Scholar* en el Centro de Estudios Latinoamericanos de la Universidad de Cambridge, Reino Unido, y como *Visiting Fellow* en el *Clare Hall College*, básicamente redactando mi libro sobre *Cambio Político y Reforma del Estado en Venezuela*, editado por Ed. Tecnos, Madrid 1975; y el Tomo I de mi *Derecho Administrativo*, editado por la Universidad Central de Venezuela, Caracas 1975. En esos años, además, preparé la sistematización general de la jurisprudencia de la Corte Suprema de Justicia de Venezuela en materia constitucional y administrativa, desde 1930 a 1974, que luego sería publicada en los 8 volúmenes de la obra *Jurisprudencia de la Corte Suprema de Justicia 1930-1975 y Estudios de Derecho Administrativo, por la* Universidad Central de Venezuela, Caracas, 1975-1979.

Pasaron otros diez años, y entre 1985 y 1986 volví a la Universidad de Cambridge, esa vez como *Simón Bolívar Professor* y *Fellow* del *Trinity College*, donde redacté y dí el curso de maestría (LLM) en la Facultad de Derecho de dicha Universidad sobre "El control de la constitucionalidad de las leyes en el derecho comparado", cuyo texto fue luego publicado con el título de *Judicial Review in Comparative Law,* por la Cambridge University Press, Cambridge, 1989. Durante ese año también redacté el libro sobre *Estado de Derecho y Control Judicial* que luego publicó el Instituto de Administración Pública de España, Madrid, 1987.

Cuando dejé de pertenecer al cuerpo activo del profesorado de la Universidad Central de Venezuela, por mi jubilación como Director del Instituto de Derecho Público en 1987, volví a París entre 1989 y 1990, esa vez como Profesor Asociado en la Universidad de París II, donde redacté y dicté el curso sobre "Los principios del procedimiento administrativo en el derecho comparado", en las mismas aulas de la Facultad de Derecho de la *Place du Panthéon* y de la *Rue Sufflot* en las cuales había estado, lustros antes, como alumno. El texto del libro fue luego publicado con el título *Les principes de la procedure administrative non contentieuse en droit comparé,* por la Ed. Economica, París, 1992 y con el título, *Los principios del procedimiento administrativo en el derecho comparado,* por Ed. Civitas, Madrid, 1990.

En ese año, además, en París comencé la larga investigación sobre la historia de la ciudad colonial hispanoamericana, que concluiría más de tres lustros después, en la Universidad de Columbia en Nueva York.

Y en efecto, doce años después de mi estadía en París, entre 2002 y 2004, permanecí como *Visiting Scholar* en la Escuela de Arquitectura y Diseño Urbano de la Universidad de Columbia en Nueva York, donde pude concluir la redacción y la compilación y sistematización de los 632 planos antiguos y actuales que conforman mi libro sobre *La Ciudad Ordenada*, publicado por Ed. Criteria, Caracas 2006, concluyendo la investigación que había iniciado en 1989.

En todas esas ocasiones, siempre salí voluntariamente de Venezuela, invitado para integrarme en todas esas excelentes y prestigiosas Universidades, habiéndose configurado estas estadías académicas fuera de Venezuela, en una parte esencial de mi vida intelectual. Como dije al inicio, ahora me encuentro de nuevo fuera de Venezuela, con el mismo entusiasmo de siempre, a pesar de las circunstancias, como

Profesor Adjunto en la Facultad de Derecho de la Universidad de Columbia de la ciudad de Nueva York, donde también he recibido una hospitalidad académica excepcional.

La diferencia con las otras temporadas en el exterior, sin embargo, es que ahora es producto de una estadía forzada, por la persecución política de la que he sido objeto en Venezuela, donde lamentablemente, durante los últimos años, la expresión del pensamiento democrático contrario al régimen no se admite, se persigue la disidencia y hasta se criminaliza el ejercicio de la profesión de abogado, particularmente contra los que desde 1999 hemos sido opositores críticos del régimen político autoritario que se ha instalado en Venezuela. Para el desarrollo de esa persecución, lamentablemente, el Estado ha utilizado un Poder Judicial completamente controlado y dependiente, del cual no se puede esperar juicio justo alguno, ni garantía de debido proceso legal.

Salí de Caracas a finales de septiembre de 2005, después de denunciar todas las violaciones cometidas contra mis derechos y garantías judiciales (derecho al debido proceso, a la presunción de inocencia, y a la defensa), tanto por las autoridades judiciales como por el propio Fiscal General de la República quién desafortunadamente ha sido el principal instrumento de las persecuciones políticas. Puede verse sobre ello mi obra *En mi propia defensa. Respuesta preparada con la asistencia de mis defensores Rafael Odremán y León Henrique Cottin contra la infundada acusación fiscal por el supuesto delito de conspiración*, Editorial Jurídica Venezolana, Caracas 2006, que salió estando ya en el exterior.

Mi ausencia de Venezuela provocó, también, que los dos primeros tomos de mi obra sobe *Derecho Administrativo* que he venido preparando en los últimos años, aparecieran en Bogotá, en diciembre de 2005, editados por la Universidad Externado de Colombia, lo que impidió que pudiera estar presente en la presentación de dicha obra en Caracas. Afortunadamente si pude estar en el acto de la presentación de la misma en Bogotá, y ahora me toca, desde el exterior, continuar el trabajo de los tomos siguientes.

Durante el año transcurrido desde entonces, dediqué buena parte de mi tiempo a redactar el curso que se me solicitó dictar a partir de 2006, en la Facultad de Derecho de la Universidad de Columbia en Nueva York sobre "Protección judicial de los derechos humanos en América Latina. Estudio de derecho constitucional comparado sobre la acción de amparo", el cual ha sido publicado como *Course Materials* con el título *Judicial Protection of Human Rights in Latin America. A Comparative Constitutional Law Course on the Suit for "amparo"*, para uso de los estudiantes de la Universidad, New York, 2006.

En forma paralela a la intensa labor de preparar y redactar ese curso, donde he analizado comparativamente las 18 leyes y regulaciones que existen sobre la acción de amparo en América Latina (Argentina, Bolivia, Brasil, Colombia, Costa Rica, Chile, Ecuador, El Salvador, Guatemala, Honduras, México, Nicaragua, Panamá, Paraguay, Perú, República Dominicana, Uruguay y Venezuela), tuve también el privilegio de haber sido invitado para participar en Congresos y Seminarios, y redactar artículos para Revistas en varios países de América Latina. Esta última labor es la que precisamente se recoge, en parte, en este libro de *Reflexiones sobre el Estado Constitucional*.

Como les dije a mis alumnos al iniciar el Curso en Columbia en septiembre de 2006, los profesores que hemos dedicado tantos años a la docencia y a la investigación, es difícil que podamos retirarnos, y menos aún, si somos bien recibidos en instituciones académicas como esta. Lo que sí es indudablemente cierto, es que en estas situaciones de exilio forzado, como todo en la vida, unos pierden y otro ganan, y a pesar de los intentos de los perseguidores políticos por callarnos, siempre hay algún sitio en el mundo donde con libertad puede uno desarrollar las actividades académicas que nos son vitales. En esta nueva situación, a pesar de que he perdido temporalmente la cercanía de mi familia y de mis amigos, con el apoyo cercano de Beatriz y el lejano de ellos, he ganado nuevos amigos y por sobretodo, he ganado en fortaleza vital para enfrentar hasta el infinito a los perseguidores.

En el trabajo de conformar editorialmente este libro, así como el Curso de la Universidad de Columbia, pude contar como siempre con la invalorable ayuda de mi secretaria Francis Gil, quien desde Caracas y por vía electrónica ha hecho que me sienta como si estuviera en mi propia oficina de Caracas, en Baumeister & Brewer. Igualmente, he tenido la fortuna de seguir contando con la invalorable colaboración de mi secretaria, Arelis Torres, cotidianamente, como si estuviera en el Escritorio, quizás con la diferencia de que no me han podido ver mucho; y con la también invalorable colaboración de Gabriela Oquendo, Gerente de la Editorial Jurídica Venezolana, quien me ha facilitado seguir cotidianamente la marcha de la Editorial. A todas ellas, mi agradecimiento especial. En la Universidad de Columbia, New York, junio 2007.

Si bien, como se indicó, el texto del primero de los libros indicados, el relativo a *Golpe de Estado y Proceso Constituyente en Venezuela* se publica íntegro como *Primera Parte* de este Tomo VIII, los otros diversos trabajos publicados en los otros tres libros se han agrupado y sistematizado para su publicación tanto en este Tomo VIII y en parte, en el Tomo IX de esta misma Colección *Tratado de Derecho Constitucional.*

Nueva York, febrero 2015

PRIMERA PARTE

GOLPE DE ESTADO Y PROCESO CONSTITUYENTE EN VENEZUELA

(2002)

Esta Primera Parte de este Tomo VIII de la Colección *Tratado de Derecho Constitucional*, es el texto del libro sobre *Golpe de Estado y Proceso Constituyente en Venezuela*, editado por el Instituto de Investigaciones Jurídicas de la Universidad Nacional Autónoma, Serie Doctrina N° 68, México 2001; el cual fue reproducido, años después, cuando se iniciaba el proceso constituyente en Ecuador, por la asociación Goberna & Derecho, en Guayaquil 2007.

Dicho libro fue el resultado de la reflexión final y global que hice sobre el proceso constituyente de 1999, luego de concluidas las actividades de la Asamblea Nacional Constituyente, y de la sanción de la Constitución de 1999, y que redacté durante el año 2000. En el texto se recogen, por supuesto, muchas de las ideas que quedaron plasmadas en los trabajos que se publican en el Tomo VI, y que en su momento, fueron redactados sobre la marcha, conforme a cómo se iba desarrollando el proceso constituyente entre 1998 y 1999.

La edición mexicana del libro estuvo precedida de la siguiente "Presentación" por parte del profesor Diego Valadés, Director del Instituto de Investigaciones Jurídicas de la UNAM:

"En 1982 el profesor Allan R. Brewer-Carías publicó una obra fundamental para el constitucionalismo iberoamericano: Instituciones políticas y constitucionales, cuya tercera edición en siete volúmenes apareció en 1996. Aun que ya para entonces contaba con veinte años de brillante ejercicio profesional y de ejemplar vida académica, con esa obra consolidó su posición como uno de los más importantes especialistas iberoamericanos. Un año antes había recibido el Premio Nacional de Ciencias, y desde 1978 dirigía con éxito el Instituto de Derecho Público de la Universidad Central de Venezuela.

Su obra, prolífica como pocas, suma más de un centenar de volúmenes y más de quinientos artículos. Pero más allá de su considerable magnitud, su trabajo vale por las propias y valiosas aportaciones al desarrollo del derecho constitucional en Venezuela y, en general, en América Latina. Su labor docente ha transcurrido en las universidades de Cambridge, París II y Central de Venezuela, de la que es profesor emérito; su presencia como conferenciante le ha llevado a otro medio centenar de universidades de diversos países.

El profesor Brewer-Carías es un infatigable jurista que asocia a la actividad académica y profesional, una intensa participación en la vida pública. Gracias a esta singular versatilidad integró el gobierno como ministro de Estado para la descentralización (1993-1994), ha sido senador y, más recientemente, diputado en la Asamblea Nacional Constituyente de 1999. Su labor como constituyente difícilmente encuentra paralelo: los pareceres, dictámenes, comunicaciones, votos razonados e intervenciones complementarias, están recogidas en tres gruesos volúmenes que dan cuenta de la diafanidad de sus ideas, de la hondura de sus conocimientos y de su compromiso con la democracia.

En la obra que ahora, con gran satisfacción, edita el Instituto de Investigaciones Jurídicas, el profesor Brewer-Carías aborda numerosos problemas de relevancia teórica y de implicaciones políticas prácticas. La experiencia constituyente venezolana expuesta en las páginas que siguen, ofrece un panorama de intensos contrastes: los planteamientos constitucionales y las decisiones-políticas. Con rigor científico el autor va examinando la evolución de las instituciones venezolanas y la necesidad de adoptar medidas eficaces para la descentralización del poder.

El profesor Brewer-Carías es bien conocido en México por quienes se interesan en los temas del derecho constitucional, por lo que estas breves líneas sólo tienen como objetivo darle la bienvenida como autor de una publicación de este Instituto. Aunque no intentaré hacer una síntesis de los planteamientos que la obra contiene, porque se trata de un muy rico conjunto de consideraciones relacionadas con el ejercicio del poder constituyente, sí deseo subrayar que uno de los ejes de la obra aparece en la segunda parte, en especial en el capítulo que alude al dilema entre soberanía popular y supremacía constitucional, que el autor resuelve magistralmente.

Este Instituto tiene una larga tradición en cuanto a su interés por el derecho constitucional iberoamericano. En cuanto al reciente proceso constituyente venezolano, el investigador Marcos Kaplan produjo un importante ensayo (Neocesarismo y constitucionalismo. El caso Chávez y Venezuela, 2001), y ahora se ofrece al lector mexicano una nueva obra que tiene, a la vez, el valor analítico del constitucionalista y el valor testimonial del constituyente. La importancia del caso venezolano hace necesario que lo estudiemos con detenimiento, porque además de la trascendencia que tiene por sí mismo el conocimiento de la realidad constitucional y política de Venezuela, la obra del profesor Brewer-Carías permite que también advirtamos las vicisitudes a que se expone una sociedad cuando el camino hacia la consolidación de la democracia se ve obstaculizado por el autoritarismo plebiscitario.

En este trabajo el autor presenta el complejo panorama constitucional de Venezuela, pero también plantea nuevos problemas para la teoría de la Constitución. Más allá de su importancia para entender las circunstancias que afectan el funcionamiento democrático de las instituciones venezolanas, la obra del profesor Brewer-Carías se convertirá en un modelo de análisis y en una fuente de referencia para quienes se interesen por el estudio de las posibilidades y de los riesgos que ofrece la reforma del Estado." **Diego Valadés, Director del Instituto de Investigaciones Jurídicas, Septiembre, 2001.**

Por mi parte, la edición ecuatoriana del libro estuvo precedida por la siguiente "Presentación" que preparé para la misma, que salió publicada en Guayaquil cuando estaba comenzando el proceso constituyente en Ecuador:

"En 2007, el Presidente de Ecuador, Rafael Correa convocó una consulta popular sobre la convocatoria e instalación de una Asamblea Constituyente "con plenos poderes para que transforme el marco institucional del Estado, y elabore una nueva Constitución". Con fraseología distinta, pero con exacto sentido y contenido, en 1999, el Presidente de Venezuela Hugo Chávez Frías, también convocó una Asamblea Constituyente que efectivamente se eligió e instaló ese año.

Los ecuatorianos ahora, como los venezolanos entonces, deberían poder saber con anterioridad a la realización de la consulta popular, cuál es la Asamblea Constituyente cuya convocatoria se ha propuesto. Del texto del Decreto presidencial es claro que no se trata de una Asamblea Constituyente convocada sólo para "elaborar una nueva Constitución"; sino que, además, se trata de una Asamblea "con plenos poderes para que transforme el marco institucional del Estado".

De la forma de redacción del Decreto, así como del sentido propio de las palabras, la interpretación que resulta es que en el Ecuador se propuso la convocatoria de una Asamblea Constituyente con plenos poderes para, durante el período de su funcionamiento, transformar el marco institucional del Estado. Si sólo se tratara de una Asamblea para proponer la transformación institucional del Estado e incorporar la propuesta en la nueva Constitución que se elabore, la pregunta, tal como ha sido formulada, resultaría redundante. Al contrario, la redacción utilizada en la pregunta formulada en el Decreto presidencial apunta claramente a que la Asamblea Constituyente tendría dos misiones diferenciadas: primero, transformar el marco institucional del Estado; y segundo, elaborar una nueva Constitución; y lo primero no es otra cosa que una Asamblea Constituyente con plenos poderes (poder constituyente originario) para, durante el período de su funcionamiento, transformar los Poderes constituidos (que son los que conforman el marco institucional del Estado). Ello significa que si la consulta popular es aprobatoria, se le estarían atribuyendo a la Asamblea a ser electa plenos poderes para intervenir todos los Poderes Públicos constituidos, es decir, remover o limitar al Presidente de la República interviniendo en el gobierno; disolver el Congreso, asumiendo la función legislativa; intervenir los poderes provinciales y cantorales; remover y sustituir los Magistrados de la Corte Suprema del Justicia, del Tribunal Supremo Electoral y del Tribunal Constitucional, y al Contralor General del Estado y, en general, intervenir el Poder Judicial y el Ministerio Público.

Ello fue, precisamente, lo que en términos generales ocurrió en Venezuela mediante la convocatoria y elección, en 1999, de una Asamblea Nacional Constituyente, que dio como resultado la sanción de una nueva Constitución, que fue la número 26 en la historia constitucional del país desde 1811.

No fue la primera vez que en la historia de Venezuela se ha producido un proceso de esta naturaleza. Sin embargo, en contraste con todos las constituyentes históricas anteriores, el proceso de 1999 si tuvo una peculiaridad, la misma que tuvo el proceso constituyente colombiano de 1991 y la que ahora tiene el proceso constituyente ecuatoriano de 2007, y es que no fue producto de la ruptura fáctica del hilo constitucional como consecuencia de una revolución, una guerra o un golpe de Estado, sino que fue un proceso que se desarrolló en democracia, aún cuando en medio de la más severa crisis política del funcionamiento del régimen democrático que se había instituido desde 1958. El golpe de Estado, en realidad, lo dio la propia Asamblea Nacional Constituyente electa en julio de 1999, al irrumpir contra la Constitución vigente en ese momento, que era la de 1961 cuya interpretación judicial le había dado origen.

Este libro trata, precisamente sobre ese proceso, del cual sin duda resulta una lección que es necesario conocer a los efectos de que en procesos similares no se repitan sus vicios, o si se repiten, se tenga conciencia de ellos; en particular, los que significaron la utilización fraudulenta de la Constitución y de la propia democracia, para establecer un sistema basado en la violación de la primera, y en la demolición de la segunda. Y todo ello, utilizando las expectativas y exigencias reales que en un momento histórico determinado había, y que exigía un proceso de recomposición política del Estado como consecuencia de la crisis del sistema político de Estado de partidos y la descomposición que habían sufrido los mismos.

En efecto, en medio de la crisis terminal del sistema político de democracia centralizada de partidos que venía funcionando en Venezuela desde 1958, el proceso constituyente de 1999 no podría ni debía tener otra motivación distinta que no fuera la necesidad de recomponer el sistema democrático y asegurar su gobernabilidad. Ello requería de un pacto político de todos los componentes de la sociedad que asegurara la participación de todos los sectores, para diseñar el funcionamiento de la democracia y la reforma del Estado. Para ello era que debía elegirse la Asamblea Constituyente.

Por eso, precisamente, en la convocatoria del referéndum consultivo sobre la Asamblea Nacional Constituyente decretada por el Presidente de la República el 2 de febrero de 1999, se preguntaba al pueblo su opinión sobre la convocatoria de una Asamblea Nacional Constituyente: "con el propósito de transformar el Estado y crear un nuevo ordenamiento jurídico que permita el funcionamiento efectivo de una democracia social y participativa". Esa fue la razón de ser del proceso constituyente venezolano en 1999 y salvo por posiciones circunstanciales de carácter político, era difícil que alguien en el país no estuviera de acuerdo con esos propósitos: transformar el Estado, por una parte, y por la otra, poner en funcionamiento efectivo la democracia para hacerla social y participativa.

En todo caso, se trataba de un intento de utilizar un instrumento político de conciliación, necesario para recomponer el sistema democrático y asegurar su gobernabilidad, para lo cual era necesario asegurar la participación de todos los sectores de la sociedad, lo que sin embargo, no se logró. Al contrario, sin embargo, por esa falta de participación, el resultado fue que la Constituyente de 1999 acentuó las diferencias fundamentales entre los sectores políticos, y profundizó la fraccionalización del país. Por tanto, lejos de haber constituido un mecanismo para promover el diálogo y consolidar la paz, permitiendo la competitividad y convivencia, sirvió para acentuar las diferencias y agravar la crisis política

Pero además, ocho años después de realizado aquél proceso constituyente, la conclusión es que tampoco se lograron los propósitos que lo motivaron, pues a pesar de todo el verbalismo y la dispendiosa disposición de los ingentes recursos suministrados por la súbita riqueza petrolera, no hubo efectiva reforma del Estado para asegurar la democracia social y participativa. El proceso constituyente, en ese sentido, fue un fracaso, y si bien se han realizado cambios políticos de gran importancia, los mismos lo que han provocado ha sido la acentuación de los elementos de crisis de la democracia, concentrando el poder y centralizando más el país, limitando además la representatividad, y todo ello con un cambio de los actores políticos, por el asalto del poder que se efectuó por nuevos líderes que han contribuido a acentuar las diferencias entre los venezolanos y extremar la polarización política, haciendo cada vez más difícil la conciliación.

El proceso constituyente de 1999, por tanto, sirvió para permitir el apoderamiento de la totalidad del poder por un grupo que ha aplastado a todos los otros, abriendo heridas y rivalidades sociales y políticas que no se habían presenciado en décadas, acentuando los conflictos sociales y políticos del país.

La crisis de la democracia representativa de partidos en realidad lo que planteaba en Venezuela era la necesidad de su sustitución, para que sin dejar de ser representativa, se convirtiera en una democracia más participativa, en la cual el ciudadano encontrara instrumentos cotidianos para participar en los asuntos locales. Ese debió haber sido uno de los objetivos del proceso constituyente de 1999, para lo cual se debió efectuar la descentralización efectiva de la Federación, para sustituir la Federación centralizada tradicional por una Federación descentralizada.

La democracia, en definitiva, es una consecuencia y a la vez, un motivo de la descentralización política, como instrumento de articulación de poderes intermedios en el territorio, que permiten la actuación nacional más cerca de las comunidades y regiones. No ha habido ni existen autocracias descentralizadas, siendo la descentralización del poder sólo posible en democracias; por lo que la descentralización política es un asunto de las democracias. Es una consecuencia de la democratización y, a la vez, es una condición para su sobrevivencia y perfeccionamiento. La convocatoria a la Asamblea Nacional Constituyente en 1999 debía haber tenido por objeto hacer realidad la descentralización del poder para consolidar la democracia, lo cual al contrario se abandonó.

El equilibrio, balance y contrapeso entre todos esos poderes del Estado, por otra parte, había sido una de las exigencias de reforma en Venezuela desde finales de la década de los noventa. Lograrlo, sin duda, también debió haber sido un objetivo del proceso constituyente de 1999, en particular, en cuanto al sistema de gobierno, es decir, a las relaciones entre el Poder Ejecutivo y el Parlamento. La crisis del sistema en realidad y paradójicamente, no estaba en el propio presidencialismo, sino en el excesivo parlamentarismo partidista, particularmente por el control férreo del poder que existía por parte de los partidos políticos. En particular, en cuanto a la designación por el Congreso de los titulares de los órganos de los poderes públicos no electos (Magistrados de la Corte Suprema de Justicia, y los titulares del Consejo de la Judicatura, el Contralor General de la República, el Fiscal General de la República y los miembros del

Consejo Supremo Electoral), se habían formulado graves críticas por el excesivo partidismo evidenciado en dichas designaciones, sin participación alguna posible de otras organizaciones sociales intermedias. Las exigencias de reforma, en todo caso, apuntaban a asegurar un mayor balance, contrapeso e independencia entre los poderes, y a la despartidización de su conformación.

La convocatoria de una Asamblea Nacional Constituyente en 1999, en consecuencia, constituía una necesidad política en Venezuela para introducir las reformas necesarias para recomponer y abrir la democracia y, en consecuencia, permitir la efectiva participación en el proceso político de todos aquellos sectores que habían sido excluidos de la práctica democrática por el monopolio de la representatividad y participación políticas que habían asumido los partidos políticos tradicionales.

Se trataba, en definitiva, de una propuesta para incluir y conciliar a todos los sectores políticos más allá de los partidos políticos tradicionales, en el rediseño del sistema democrático, el cual tenía que reafirmar, más allá de las solas elecciones, sus elementos esenciales, como los precisó desde 2001 la Carta Democrática Interamericana.

El planteamiento de convocar una Asamblea Nacional Constituyente para que sirviera de vehículo de conciliación de todos los sectores políticos y contribuyera a la recomposición del sistema democrático, si bien se materializó en 1999, en realidad se había comenzado a formular antes, a partir del afloramiento de la crisis política del sistema democrático en 1989, y luego, particularmente, como consecuencia de los dos intentos de golpes de Estado militares de 1992 que habían sido motorizados, entre otros, por el entonces Teniente Coronel Hugo Chávez Frías, actual Presidente de la República. El tema, en efecto, se discutió públicamente a partir de ese año 1992, pero los líderes de los partidos políticos dominantes no entendieron la magnitud de la crisis política, y lejos de reformar las instituciones para abrir la democracia, procuraron mantener la situación existente. Con ello, paralelamente, se produjo el deterioro manifiesto del propio liderazgo partidista, lo que produjo además, del derrumbamiento de los otrora poderosos partidos, un vacío de liderazgo político en un país que había estado habituado a su conducción exclusivamente partidista.

En medio de dicha crisis política, en 1998, el ex Teniente Coronel Hugo Chávez Frías, entonces como candidato presidencial, enarboló la bandera de la convocatoria de una Asamblea Nacional Constituyente, lo que no sólo no le fue disputada por los partidos políticos tradicionales, sino que, inclusive, fue ignorada y rechazada por los mismos. Incluso, el planteamiento de que fuera el propio Congreso electo en diciembre de 1998 el que pudiera asumir la conducción del proceso constituyente, fue totalmente ignorado por los propios partidos. Sin duda, no tenían conciencia de la magnitud de la crisis. En consecuencia, la convocatoria de la Asamblea Nacional Constituyente se convirtió en un proyecto político exclusivo del entonces candidato presidencial Hugo Chávez Frías, y luego, como Presidente electo.

Su ejecución, sin embargo, presentaba un escollo constitucional que lucía insalvable: la institución de una Asamblea Nacional Constituyente como mecanismo de revisión constitucional, no estaba prevista ni regulada en el propio texto de la Constitución de 1961, la cual establecía expresamente sólo dos mecanismos para su revisión: la enmienda y la reforma general. Algo similar de lo que ocurre en el Ecuador. Por ello, después de la elección del Presidente Chávez, el debate político no fue realmente sobre si se convocaba o no la Asamblea Constituyente, sino sobre la forma de hacerlo: o se reformaba previamente la Constitución, para regularla y luego elegirla, o se convocaba sin regularla previamente en la Constitución, apelando a la soberanía popular. Se trataba, en definitiva de un conflicto entre supremacía constitucional y soberanía popular que había que resolver. Sin embargo, antes de que se resolviera el conflicto por la Corte Suprema de Justicia, el Presidente electo optó por la segunda vía, manifestando públicamente su decisión de convocar la Asamblea Constituyente apenas asumiera la Presidencia de la República, el 2 de febrero de 1999, sin necesidad de reformar previamente la Constitución de 1961 para regularla.

El Presidente electo, además, apoyado por la popularidad que en ese momento tenía, ejerció públicamente presiones indebidas ante la Corte Suprema de Justicia, la cual conocía, precisamente, de sendos recursos de interpretación que habían sido intentados para que resolviera, justamente, sobre si era necesario o no reformar la Constitución para regular la Asamblea Constituyente para poder ser convocada. El resultado de la presión política que se originó, fue la emisión de una sentencia por la Corte Suprema, el 19 de enero de 1999, casi dos semanas antes de la toma de posesión de su cargo por el Presidente de la República, en la cual si bien no resolvió expresamente lo que se le había solicitado interpretar, glosó ampliamente en forma teórica la doctrina constitucional sobre el poder constituyente. Ello dio pie para que el Presidente de la República, sin autorización constitucional alguna, en lo que fue su primer acto de gobierno dictado al tomar posesión de su cargo, el 2 de febrero de 1999, emitiera un Decreto convocando un "referendo consultivo" en el cual pretendía que el pueblo no sólo lo autorizara a convocar la Asamblea Constituyente sino que lo autorizara a él mismo y sólo él, para definir la composición, el régimen, la duración y la misión de la Asamblea. Se pretendía, así, que se produjera un referendo ciego sobre una Asamblea Constituyente que nadie sabía cómo se iba a elegir, quién la conformaría, cuáles eran sus poderes, cuál era su misión o su duración.

El Decreto del Presidente Chávez obviamente, fue impugnado por razones de inconstitucionalidad ante la Corte Suprema de Justicia, la cual, después de varias y sucesivas decisiones, declaró la inconstitucionalidad de la forma como el Presidente pretendía la convocatoria al referéndum sobre la Asamblea Constituyente al anular la convocatoria hecha por el Consejo Supremo Electoral. La Corte Suprema en sentencia de 18 de marzo de 1999, exigió, así, que *también se sometiera a consulta popular el propio estatuto de la Asamblea Constituyente* (sistema de elección, número de miembros, misión, régimen y duración), para que el pueblo, se pronunciara sobre ello, tal como lo ha hecho en el Ecuador el Presidente Correa. La Corte Suprema precisó, además, en otra sentencia de 13 de abril de 1999 que una Asamblea Constituyente electa en el marco del Estado de derecho regulado en la Constitución de 1961, *no podía tener los poderes de una Asamblea Constituyente originaria*, como los que pretendía el Presidente Chávez en su proyecto. Las bases que el Presidente propuso sobre el Estatuto de la Asamblea Constituyente, fueron cuestionadas judicialmente, y como consecuencia de ello, la Corte Suprema eliminó la indicación de que la Asamblea Constituyente podía tener plenos poderes, es decir, poder constituyente de carácter originario. Pero incluso con esta corrección, el Estatuto de la Asamblea Nacional Constituyente no se diseñó como producto de un acuerdo o negociación política entre todos los sectores interesados. En realidad fue impuesto unilateralmente por el Presidente de la República, en su convocatoria al referéndum consultivo.

El 25 de abril de 1999, en todo caso, se efectuó la votación del referéndum consultivo sobre la convocatoria a una Asamblea Nacional Constituyente, entre cuyas bases establecidas unilateralmente por el Presidente, se reguló el sistema para la elección de 104 constituyentes en 24 circunscripciones regionales correspondientes a las entidades políticas del territorio (Estados y Distrito Federal), de 24 constituyentes en la circunscripción nacional, y de 3 constituyentes en representación de los pueblos indígenas, que en Venezuela son muy exiguos desde el punto de vista de la población y presencia en la dinámica social. El sistema electoral que se estableció, por tanto, tampoco fue producto de algún acuerdo político entre los diversos sectores del país. Lo definió sólo el Presidente de la República, como un sistema de carácter nominal mediante postulación individual de cada candidato, y una elección personificada. Este sistema electoral, aparentemente nominal y personalizado, se convirtió en el más diabólico mecanismo de control de la Asamblea Nacional Constituyente por parte del Presidente de la República y sus seguidores. El Presidente, personalmente, hizo campaña electoral en todo el país, y propuso su propia lista en cada región, con los candidatos a elegir, en una multimillonaria campaña electoral financiada, incluso, por algún banco español como se ha dado cuenta en algún proceso ante la Audiencia Nacional de Madrid. Efectuada la votación el 25 de julio de 1999, en la cual se produjo una abstención del 53%, el resultado fue que el Presidente de la República logró la elección de todos los candidatos regionales, menos dos, es decir, un total de 102 de los 104 que correspondían; y los 20 candidatos nacionales que conformaban sus listas. Por tanto, sólo llegaron a ser electos sin el respaldo del Presidente Chávez y más bien adversándolo, 4 constituyentes nacionales. Los tres representantes indígenas fueron electos de acuerdo con "las costumbres ancestrales" respectivas, y los mismos resultaron adeptos al partido de gobierno.

El sistema electoral establecido por el Presidente de la República en la convocatoria al referendo, por tanto, fue el menos indicado para conformar una Asamblea Constituyente pluralista que incluyera a todos los grupos y actores políticos. Lejos de contribuir al pluralismo y a la representación plural, el sistema electoral impuesto por el Presidente de la República en su convocatoria, condujo a la instalación de una Asamblea Constituyente exclusivista, en la cual quedaron excluidos de representación todos los partidos políticos tradicionales, quedando dominada por el partido de gobierno y por los seguidores del Presidente.

Una Asamblea Constituyente conformada por una mayoría de esa naturaleza, por supuesto, impidió toda posibilidad de convertirse en un instrumento válido de diálogo, conciliación política y negociación. Fue, en realidad, un instrumento político de imposición por un grupo que la dominaba, al resto de la sociedad, de sus propias ideas, con exclusión total respecto de los otros grupos. Por ello, la Asamblea Constituyente que se eligió en julio de 1999 y se instaló el 3 de agosto de 1999, fue un instrumento para lograr el control total del poder por los que conformaban la mayoría y que habían sido electos constituyentes gracias al apoyo y a la campaña del propio Presidente de la República. En la Asamblea, dichos constituyentes estuvieron a su servicio y al diseño de cuantos mecanismos sirvieron para el control del poder por parte de los nuevos actores políticos que habían aparecido en escena de la mano del Presidente Chávez, en medio del más terrible deterioro de los partidos políticos tradicionales, que materialmente desaparecieron de la escena política durante el proceso constituyente.

Es de destacar que para el momento en el cual la Asamblea se eligió en julio de 1999, en paralelo estaban funcionando en el país los poderes públicos constituidos, los cuales habías sido electos en noviembre de 1998, con misiones distintas. La Asamblea Constituyente había sido electa, conforme al referendo de abril de 1999, para diseñar la reforma del Estado y establecer un nuevo ordenamiento para hacer efectiva la democracia social y participativa, todo lo cual debía elaborar y someter a la aprobación popular por un referendo final. La Asamblea Constituyente no había sido electa para gobernar ni para sustituir ni intervenir los poderes constituidos. No tenía carácter de poder constituyente originario, como expresamente lo había resuelto la Corte Suprema de Justicia.

Sin embargo, en su primera decisión, que fue la aprobación de su Estatuto de Funcionamiento, la Asamblea Constituyente, se auto-proclamó como "poder constituyente originario", auto-atribuyéndose la facultad de "limitar o decidir la cesación de las actividades de las autoridades que conforman el Poder Público" y estableciendo que "todos los organismos del Poder Público quedan subordinados a la Asamblea Nacional Constituyente y están en la obligación de cumplir y hacer cumplir los actos jurídicos estatales que emita la Asamblea".

En esta forma, la Asamblea Nacional Constituyente se auto proclamó como un super poder estatal, contrariando lo dispuesto en el estatuto de su elección contenido en las bases aprobadas en el referendo de abril de 1999 y violando la Constitución de 1961, al amparo de la cual y de su interpretación judicial había sido electa; y en esa forma usurpó el poder público y violó la Constitución de 1961. En definitiva dio un golpe de Estado.

Y así, durante el primer período de su funcionamiento, entre agosto y septiembre de 1999, la Asamblea, lejos de conciliar y buscar conformar un nuevo pacto político de la sociedad, a lo que se dedicó fue a intervenir los poderes constituidos que habían sido electos en diciembre de 1998 y que estaban en funcionamiento conforme a la Constitución en ese entonces vigente de 1961. En esta forma, en agosto de 1999, la Asamblea decretó la reorganización de todos los poderes públicos; decretó la intervención del Poder Judicial creando una Comisión de Emergencia Judicial que lesionó la autonomía e independencia de los jueces; decretó la regulación de las funciones del Poder Legislativo, eliminando tanto al Senado como a la Cámara de Diputados y a las Asambleas Legislativas. Además, intervino a los Concejos Municipales, suspendiendo, incluso, las elecciones municipales.

34

ALLAN R. BREWER-CARIAS

Ese primer período de funcionamiento de la Asamblea, por tanto, fue un período de confrontación y conflictividad política entre los poderes públicos y los diversos sectores políticos del país. El proceso constituyente, en esta etapa inicial, no fue un vehículo para el diálogo y la consolidación de la paz ni un instrumento para evitar el conflicto, sino que al contrario, fue un mecanismo de confrontación, conflicto y aplastamiento de toda oposición o disidencia y de apoderamiento de todas las instancias del poder. El proceso constituyente, por tanto, antes de ser un instrumento para la reducción del conflicto, acentuó la confrontación y contribuyó al dominio exclusivo del poder por parte de un solo partido político, el de gobierno, que respondía a las instrucciones del Presidente de la República. En definitiva, el proceso constituyente se utilizó para acabar con la clase política que había dominado la escena en las décadas anteriores.

Una vez intervenidos los poderes públicos y en medio del conflicto político que ello ocasionó, la segunda etapa de funcionamiento de la Asamblea Nacional Constituyente (septiembre-octubre 1999) se destinó a la elaboración del texto de un proyecto para una nueva Constitución, proceso en el cual no siguió ningún modelo que pudiera permitir la efectiva discusión pública y participación popular. La Asamblea Nacional Constituyente, incluso, comenzó a elaborar el proyecto de nueva Constitución, desde el principio, colectivamente, sin que hubiera habido un proyecto inicial. Por tanto, en la elaboración de la nueva Constitución no se siguió la vía ortodoxa en procesos similares de haberse elaborado previamente un proyecto de Constitución por una Comisión constitucional pluralista, para luego ser discutida por una Asamblea plenaria.

En esa forma, luego de dos meses de funcionamiento, la Asamblea Nacional Constituyente comenzó el proceso de elaboración de un proyecto de Constitución mediante el método menos adecuado, que consistió en nombrar 20 comisiones que trataron los 20 temas esenciales de cualquier Constitución, y a ellas se encargó la elaboración en forma aislada de sus propuestas en cada tema. Eso se hizo durante el mes de septiembre de 1999, es decir, un período excesivamente corto, durante el cual cada Comisión actuó aisladamente, realizando escasas consultas y propiciando esporádicamente la participación en la elaboración de proyectos, de los grupos que consideraron apropiados. Para finales de septiembre de 1999, las 20 Comisiones sometieron a la Comisión Constitucional los 20 proyectos de articulado constitucional, los cuales en conjunto sumaban casi 800 artículos. La Comisión Constitucional de la Asamblea era la encargada de conformar el proyecto de Constitución; pero lamentablemente se le impuso un lapso de sólo 2 semanas para realizar la integración de todos aquellos textos redactados aisladamente, en un solo proyecto. La rapidez atropellada del proceso de elaboración de un anteproyecto de Constitución, dominado por un solo grupo que constituía mayoría abrumadora en todas las comisiones, por supuesto, impidió toda posibilidad de discusión pública del proyecto y de participación de la sociedad civil en la elaboración del texto que debía someterse a las discusiones de la Asamblea en plenaria. El texto que la Comisión Constitucional presentó el 18 de octubre ante la Asamblea, sobre todo por la premura impuesta, lamentablemente resultó ser muy deficiente, por constituir un agregado o catálogo de deseos, peticiones y buenas intenciones integrados en un texto excesivamente extenso.

De nuevo, la premura en tener listo el nuevo texto constitucional se impuso por presiones del gobierno, exigiéndose a la Asamblea Nacional Constituyente la tarea de discutir y aprobar el proyecto de Constitución en sólo un mes, lo que ocurrió entre el 19 de octubre y el 17 de noviembre de 2000. Es decir, en sólo 19 sesiones de primera discusión (20 de octubre a 9 noviembre) y de 3 sesiones de segunda discusión (12 al 14 de noviembre) lo que equivale a sólo 22 días de discusión, en Venezuela se aprobó el texto de una nueva Constitución.

La manera inusitadamente rápida con que se elaboró la Constitución, con una celeridad irracional exigida e impuesta por el Presidente de la República, condujo a que fuera completamente imposible que se asegurara la posibilidad de participación pública en el proceso constituyente. A pesar de algunas buenas intenciones y una corta propaganda política, la verdad es que por lo reducido del tiempo, fue imposible toda participación política y pública efectiva en la elaboración del proyecto. Antes de la elaboración del proyecto, no hubo discusión pública, ni participación para la definición de las cuestiones constitucionales básicas que debían resolverse en la Asamblea (presidencialismo, bicameralismo, separación de poderes, descentralización, federalismo, municipalismo), ni sobre la misión básica de la misma. Tampoco hubo un programa de educación pública, para permitir la incorporación de propuestas de grupos de la sociedad civil y de organizaciones no gubernamentales. Estos no se incorporaron efectivamente al proceso constitucional, y sólo las organizaciones indigenistas tuvieron posibilidad de participar, por el hecho de contar directamente con 3 constituyentes indígenas.

El escaso tiempo que se impuso a la Asamblea para su trabajo, en todo caso, disipó toda posibilidad real de participación. Quienes controlaron el proceso optaron más por un proceso rápido sin participación, que por un proceso participativo que era más lento. La participación popular en el proceso constituyente de 1999, en consecuencia, quedó realmente reducida a votaciones populares generales: en abril de 1999, en el referendo consultivo sobre las bases y misión de la Asamblea Constituyente; en julio de 1999, en la elección de los miembros de la Asamblea; y finalmente, en diciembre de 1999, en el referendo aprobatorio del proyecto de Constitución que se había divulgado durante sólo tres semanas previas. La Constitución fue aprobada el 15 de diciembre de 1999, en un referendo aprobatorio en el cual hubo una abstención del 55%.

El texto constitucional, en todo caso, no se configuró como un documento que como lo había precisado el referendo consultivo de abril de 1999, asegurara la transformación del Estado y del sistema democrático venezolano. Es decir, el texto aprobado no llegó a constituir la nueva visión de la sociedad democrática que se exigía, con la definición de los principios fundamentales que se requerían para la reorganización política del país en democracia y la redistribución del poder, de manera que se pudiera reemplazar el sistema de Estado centralizado de democracia de partidos por un Estado descentralizado de democracia participativa.

En realidad, ningún gran debate se dio en la Asamblea Nacional Constituyente y menos aquellos que imponían el momento de crisis que vivía el país, como los relativos a la descentralización política y a la democracia participativa. Más democracia exigía más descentralización política, que es la única forma de lograr que fuera más representativa y más participativa. Para ello se debía construir un nuevo modelo de Estado descentralizado, con un nuevo sistema de distribución del poder y de democracia participativa, que no podía quedar reducida a referendos, y que eliminara el monopolio de la representatividad y de la participación que tenían los partidos. Lamentablemente nada de esto se logró, y lo que resultó fue un esquema de gobierno autoritario, presidencialista, centralizado, de concentración del poder, militarista, montado sobre un partido único e intervencionista.

El proceso constituyente, por otra parte, lejos de conciliar políticamente al país, acentuó las diferencias fundamentales y condujo a un mayor fraccionamiento y polarización extrema, al servir de instrumento para que un grupo asumiera el control total del poder. Es decir, lejos de constituir un instrumento de conciliación e inclusión, fue un instrumento de exclusión y control hegemónico del poder. Para ello, el asalto y control hegemónico del poder por el grupo político que controlaba la Asamblea Nacional Constituyente y que respondía a la voluntad del Presidente de la República, no sólo se comenzó a realizar durante los primeros meses de funcionamiento de la Asamblea, violándose la Constitución vigente de 1961, sino al final, luego de aprobado popularmente el nuevo texto constitucional el 15 de diciembre de 1999, violándose esta vez, el nuevo texto aprobado.

Durante los 5 meses de funcionamiento que tuvo la Asamblea en la segunda mitad de 1999, puede decirse que todo el debate político del país, giró en torno a la misma. La Asamblea se había constituido en el centro del poder, el Presidente la calificaba de "soberanísima" y la Corte Suprema de Justicia, al decidir sendos recursos de inconstitucionalidad contra actos de la Asamblea Constituyente de intervención de los poderes públicos constituidos, incluso del propio Poder Judicial, en una sentencia del 14 de octubre de 1999, que fue su propia sentencia de muerte, la Corte Suprema le reconoció supuestos poderes "supra-constitucionales" a la Asamblea.

Se trataba, por tanto, del centro del poder más poderoso que había en el país, que escapaba a toda posibilidad efectiva de control judicial sobre sus actos y que actuaba como brazo político del Presidente de la República, para el asalto final al poder. Ello ocurrió una semana después de aprobada la Constitución por referendo popular, el 22 de diciembre de 1999, con la sanción, por la propia Asamblea Nacional Constituyente fuera de la Constitución, de un "Régimen Constitucional Transitorio" paralelo y que no fue sometido a referendo aprobatorio.

Mediante ese Régimen Transitorio, que violaba la propia nueva Constitución, la Asamblea sólo ratificó al Presidente de la República, en cambio, removió a todos los otros órganos electos y no electos del Estado. Nombró directamente y sin someterse a los requisitos que la propia Constitución establecía, a los integrantes del nuevo Tribunal Supremo de Justicia, a los nuevos miembros del Consejo Nacional Electoral y a los titulares de la Fiscalía General de la República, de la Contraloría General de la República y del Defensor del Pueblo. Todo el poder, por tanto, quedó en manos de la mayoría que controlaba la Asamblea y que respondía a los dictados de Presidente. La Asamblea Nacional Constituyente, además, creó una Comisión Legislativa que ni siquiera estaba regulada en la Constitución, para que actuara como órgano legislativo en sustitución del Congreso que había sido electo un año antes y que había quedado definitivamente borrado, hasta que se eligiera la nueva Asamblea Nacional, para lo cual, la propia Asamblea Constituyente asumió funciones legislativas que no tenía, cambiando entre otras, la Ley Electoral.

Todas estas actuaciones inconstitucionales, por supuesto y lamentablemente, fueron avaladas y lavadas por el nuevo Tribunal Supremo de Justicia, cuyos Magistrados habían sido nombrados a la medida en el Régimen Transitorio para defender el poder. El Tribunal, así, nuevamente en sentencia de 26 de enero de 2000, reconoció un supuesto carácter originario de la Asamblea, con poderes supraconstitucionales, justificando la transitoriedad constitucional que no cesó en los años subsiguientes y que ha permitido avalar muchas otras acciones contrarias a la Constitución por parte de los órganos del Estado, como ha ocurrido con la interminable intervención del Poder Judicial.

Como resultado de todo este proceso, se evidencia que si bien en Venezuela se produjeron cambios políticos de importancia con motivo del proceso constituyente de 1999, ellos han consistido fundamentalmente en el apoderamiento de todas las instancias de poder por un nuevo grupo político que gira en torno al Presidente Hugo Chávez, para imponerle a los venezolanos un proyecto político por el cual no han votado, provocando el desplazamiento del poder de los partidos tradicionales que controlaron el panorama político por cuatro décadas. Pero en cuanto a las reformas políticas y del Estado que motivaron la convocatoria de la Asamblea Constituyente, a pesar de la reforma constitucional efectuada, no se produjo ninguna. Nada de lo que había que cambiar en el sistema político fue cambiado; y más bien, el resultado constitucional del proceso constituyente, fue la acentuación de los aspectos más negativos del sistema. Se utilizó la Constitución en forma fraudulenta para originar el proceso constituyente, y dar un golpe de Estado; y luego, desde el poder, se utilizó la democracia representativa vía elecciones, también en forma fraudulenta, para destruir la propia democracia.

Sin duda, insistimos, en 1999 se produjo un cambio político sin precedentes en la historia política del país desde los años cuarenta, en el sentido de que aparecieron nuevos partidos políticos, que asumieron el poder con todavía mayor carácter monopólico, habiendo sido materialmente barridos los partidos tradicionales. Un nuevo liderazgo político se entronizó en todos los niveles del Poder, habiendo quedado desplazado el liderazgo partidista y no partidista anterior. Además, se produjeron importantes cambios y reformas constitucionales como, por ejemplo, la separación pentapartita del Poder Público, la eliminación del Senado como parte del Poder Legislativo Nacional, la consagración de la reelección presidencial, la creación de la figura del Vicepresidente de la República, la creación del Defensor del Pueblo, y la constitucionalización de los tratados internacionales sobre derechos humanos con lo cual la regulación de los mismos fue perfeccionada y ampliada en muchos aspectos.

Sin embargo, ninguna de esas reformas produjeron un cambio efectivo en el sistema político de Estado centralizado de partidos, al contrario, lo acentuaron y agravaron. A pesar del verbalismo constitucional, el Estado en un esquema de concentración del poder, está ahora totalmente imbricado a un partido único de gobierno; es más centralizado que antes, a pesar de que se lo denomine "descentralizado"; habiéndose exacerbado el presidencialismo, agregándose a los poderes del Estado, el poder militar, sin sujeción a la autoridad civil como nunca antes había ocurrido en nuestro constitucionalismo. En definitiva, hay un nuevo y acentuado centralismo y partidismo, con un acentuado presidencialismo y un nuevo militarismo constitucionalizado, todo lo cual ha conducido a un autoritarismo con ropaje constitucional y movilización popular.

Lamentablemente, las reformas constitucionales antes referidas relativas a aspectos de concentración del poder y debilitamiento de la autonomía e independencia entre los poderes públicos; al presidencialismo exacerbado, y al militarismo; han configurado un marco constitucional abierto al autoritarismo "democrático" o de presidencialismo plebiscitario, que puede llegar a impedir toda idea de democracia basada en la participación política, y pretender centrar las relaciones de poder en una supuesta relación directa entre un líder y el pueblo, mediante la organización del Poder Popular en entidades no electas por sufragio universal directo y secreto (concejos comunales), sin siquiera la intermediación de partidos, y sólo con un partido único y militar que, con el apoyo de la fuerza, apuntale un sistema político populista. Todas esas reformas constitucionales, por supuesto, en nada han contribuido a la democratización del Estado y del país.

Del panorama anterior resulta, por tanto, que la reforma política para el perfeccionamiento de la democracia, todavía es una tarea pendiente en Venezuela. En 1999, luego de un proceso constituyente, se adoptó una nueva Constitución, sin duda, con un conjunto importante de reformas constitucionales; sin embargo, las mismas no llegan a configurarse como el proceso de reforma que exigía la democracia venezolana, para sustituir el Estado democrático centralizado de partidos por un Estado, igualmente democrático, pero descentralizado y participativo. El proceso constituyente de Venezuela, en 1999, por tanto, no condujo a una mayor democratización del país y, al contrario fue utilizado para constitucionalizar el autoritarismo, el cual, en definitiva, ha demostrado ser un instrumento profundamente antidemocrático.

Esa experiencia es importante que se conozca, sobre todo en países de América Latina donde, como ahora ocurre en Ecuador, se está comenzando a diseñar un proceso constituyente en cierta forma inspirado, en sus aspectos formales, por la experiencia venezolana, para que no se repitan los vicios que allí ocurrieron, o si se repiten para que se haga a conciencia, y que se explican en este libro, que reproduce la edición original que se publicó en 2002, en México, por la Universidad Nacional Autónoma de México, por la iniciativa del entonces director del Instituto de Investigaciones Jurídicas de dicha casa de estudios, y destacado constitucionalista, Dr. Diego Valadés, a quien una vez más quiero agradecer su amistad y solidaridad.

La edición del libro en Ecuador, es posible gracias a la iniciativa del Dr. Joffre Campaña Mora, director de *Goberna & Derecho*, a quien también quiero agradecer su amistad y solidaridad, y en particular, su interés por estos temas.

New York, febrero 2007

SECCIÓN PRIMERA: LA CRISIS POLÍTICA Y LA CONVOCATORIA A UNA ASAMBLEA CONSTITUYENTE

I. LA CRISIS TERMINAL DEL SISTEMA POLÍTICO VENEZOLANO Y EL MOMENTO CONSTITUYENTE A PARTIR DE 1998

La Constitución de Venezuela de 30 de diciembre de 1999[1] fue producto de la Asamblea Nacional Constituyente convocada por el Presidente de la República, Hugo Chávez Frías, luego de que la Corte Suprema de Justicia, mediante sentencias de 19 de enero de 1999 dictadas en Sala Político Administrativa[2], admitiera la posibilidad de que, mediante referendo consultivo, el pueblo pudiera "crear" dicha instancia política no prevista ni regulada en la Constitución de 1961, para revisar la Constitución.

Ese proceso fue producto del momento constituyente que ha venido viviendo el país desde hace algunos años, con motivo de la crisis terminal del sistema político-constitucional del Estado centralizado de partidos que se consolidó al amparo de la Constitución del 23 de enero de 1961, sancionada con la participación de todos los partidos políticos como consecuencia del denominado Pacto de Punto Fijo de 1958[3], en el cual la élite política del momento acordó hacer todos los esfuerzos por consolidar en el país un régimen democrático representativo.

Dicho Pacto, firmado por los líderes de los tres partidos políticos fundamentales de la época (Acción Democrática, Copei y Unión Republicana Democrática) fue producto, por una parte, del fracaso de dicha élite en haber logrado establecer un régimen democrático a partir de 1945, montado sobre la hegemonía de un partido político dominante, exclusivista y exclusionista, sin tener en cuenta que toda democracia debe construirse sobre el pluralismo partidista, donde el diálogo, la tolerancia, la negociación y la conciliación sean instrumentos de acción; y por la otra, de la consecuencial y dolorosa experiencia del régimen militar que sucedió a dicho fracaso en la década 1948-1958.

---

1   *V.*, el texto en la *Gaceta Oficial Extraordinaria* N° 5.453 de 20-03-90. *V.,*, además, en Allan R. Brewer-Carías, *La Constitución de 1999*, 3ª Edición 2001; y en Academia de Ciencias Políticas y Sociales, *La Constitución de 1999*, Caracas 2000.

2   *V.*, el texto de las sentencias y los comentarios a la misma en Allan R. Brewer-Carías, *Poder Constituyente Originario y Asamblea Nacional Constituyente*, Caracas 1999, pp. 25 a 53. *V.*, también los comentarios en pp. 85 y ss. de este libro.

3   *V.*, sobre el Pacto de Punto Fijo y los orígenes de la Constitución de 1961 y del sistema de partidos en Juan Carlos Rey, "El sistema de partidos venezolano" en J.C. Rey, *Problemas socio políticos de América Latina*, Caracas 1980, pp. 255 a 338; Allan R. Brewer-Carías, *Evolución histórica del Estado, Instituciones Políticas y Constitucionales*, Tomo I, Caracas-San Cristóbal, 1996, pp. 394 y ss.; Allan R. Brewer-Carías, *Las Constituciones de Venezuela*, Caracas 1997, pp. 201 y ss.; y Allan R. Brewer-Carías, *La Constitución y sus Enmiendas*, Caracas 1991, pp. 13 y ss. El texto del Pacto puede consultarse en *El Nacional*, Caracas 27-01-98, p. D-2.

La lección aprendida condujo a la inmodificable voluntad del liderazgo político, en 1958, de implantar un régimen democrático en Venezuela, país que en esa época era de los que menos tradición y cultura democrática tenía en toda América Latina.

En esa tarea los partidos políticos asumieron el papel protagónico -por eso el Estado que comenzó a desarrollarse en 1958 fue un Estado democrático centralizado de partidos- y tuvieron un extraordinario éxito: la democracia se implantó en Venezuela[4]; pero, lamentablemente, de Estado de partidos se pasó a partidocracia, pues los partidos se olvidaron que eran instrumentos para la democracia y no su finalidad.

En efecto, conforme a ese sistema político, los partidos políticos asumieron el monopolio de la participación y de la representatividad en todos los niveles del Estado y de las sociedades intermedias, lo que sin duda había sido necesario en el propio inicio del proceso. Pero con el transcurrir de los años se olvidaron abrir el cerco que tendieron para controlarlo y permitir que la democracia corriera más libremente[5]. Y al final del último período constitucional de la década de los ochenta, la crisis del sistema estalló cuando el centro del poder político definitivamente se ubicó fuera del Gobierno y del aparato del Estado, en la cúpula del Partido Acción Democrática que en ese momento dominaba el Ejecutivo Nacional, el Congreso y todos los cuerpos deliberantes representativos; que había nombrado como Gobernadores de Estado incluso a sus Secretarios Generales regionales, y que designaba hasta los Presidentes de cada uno de los Concejos Municipales del país. El gobierno del Partido Acción Democrática durante el período 1985-1989 hizo todo lo contrario de lo que reclamaban las más de dos décadas de democracia que teníamos cuando se instaló, que era la apertura frente a la autocracia partidista que se había desarrollado, y la previsión de nuevos canales de participación y representatividad. Fue el Gobierno donde más se habló de reforma del Estado y durante el mismo se nombró la Comisión Presidencial para la Reforma del Estado (COPRE)[6], para precisamente no ejecutar nada en ese campo, sino todo lo contrario, pues en ese período de gobierno fue que apareció la partidocracia con todo su espanto autocrático[7]. Afortunadamente, al menos de esa época, quedaron los estudios de la Comisión Presidencial para la Reforma del Estado.

El "Caracazo" es decir, la protesta popular generalizada que se produjo en Caracas, la capital de la República, el 27 de febrero de 1989[8], a escasos días de la toma

---

4   *V.*, Allan R. Brewer-Carías, *Cambio Político y Reforma del Estado en Venezuela*, Madrid, 1975, pp. 178 y ss.

5   *V.*, Allan R. Brewer-Carías, *El Estado. Crisis y Reforma*, Caracas, 1982, pp. 7 a 89; Allan R. Brewer-Carías, *El Estado Incomprendido. Reflexiones sobre el sistema político y su reforma*, Caracas, 1985.

6   La COPRE fue creada por Decreto N° 404 de 17-12-84, *Gaceta Oficial* N° 33.127 de 17-12-84. El conjunto de estudios y libros publicados por la COPRE y las propuestas de reforma que formuló durante su existencia de tres lustros, constituye un aporte muy significativo a la bibliografía jurídico política venezolana. *V.*, en particular el Proyecto de Reforma Integral del Estado en COPRE, *La Reforma del Estado (Proyecto de Reforma Integral del Estado)*, Vol. I, Caracas 1988.

7   *V.*, Allan R. Brewer-Carías, *Problemas del Estado de Partidos,* Caracas 1988, pp. 14 y ss.

8   *V.*, sobre esta protesta J. Civit y L.P. España, "Análisis socio-político a partir del estallido del 27 de febrero", en *Cuadernos del Cendes*, N° 10, UCV, Caracas 1989, pp. 35 a 46.

de posesión del nuevo Presidente electo por segunda vez, Carlos Andrés Pérez, fue el signo trágico del estallido social de la crisis del sistema de Estado de partidos, seguido de dos intentos militaristas de golpe de Estado, del 4 de febrero y del 27 noviembre de 1992, los cuales, además de atentatorios contra la Constitución, costaron centenares de vidas[9].

Se trataba, en definitiva, de la crisis terminal del sistema político[10] que había sido instaurado a partir de los años cuarenta del siglo XX, y que montado sobre un esquema de Estado centralizado de partidos, como dijimos, tuvo como proyecto político la implantación de la democracia en el país de América Latina que para entonces era el que menos tradición democrática tenía. Más de cuarenta años después de la Revolución democrática de 1958 y más de cincuenta años después del fin del primer ensayo democrático en 1948, en Venezuela teníamos una de las democracias más viejas de América Latina, pero ante el asombro de otros países latinoamericanos que nos la envidiaban, era de las que menos prestigio tenía incluso en nuestro propio país.

Lamentablemente, la crisis del sistema político de partidos condujo a que se la confundiera a veces deliberadamente, con una supuesta crisis de la democracia en si misma como régimen político, contribuyendo a su desprestigio; cuando en realidad de lo que se trataba era de perfeccionarla y liberarla del despotismo o autocracia de los partidos. Por ello, hemos insistido en que no es la democracia la que ha estado en crisis, pues régimen político democrático no es lo mismo que sistema político de Estado de partidos, que si es el que ha estado en crisis[11].

---

9   Sin embargo, asombrosamente, el partido Movimiento al Socialismo (MAS) los calificó como una "conducta democrática" de los militares para expresar su descontento (*El Nacional*, Caracas 28-06-98, p. D-3). El MAS colaboró con el gobierno del Presidente Caldera (1994-1999) y ha sido aliado en el gobierno del Presidente Chávez. *V.*, sobre el intento de golpe militar del 4 de febrero de 1992: H. Sonntag y T. Maingón, *Venezuela: 4F-1992. Un análisis socio-político*, Caracas 1992; G. Tarre Briceño, *4 de febrero-El espejo roto*, Caracas 1994.

10   *V.*, Pedro Guevara, *Estado vs. Democracia*, Caracas 1997; Miriam Kornblith, *Venezuela en los 90. Crisis de la Democracia*, Caracas, 1998. Por nuestra parte, *V.*, lo que expusimos en Allan R. Brewer-Carías, *Cinco siglos de Historia y un País en Crisis*, Academia de Ciencias Políticas y Sociales y Comisión Presidencial del V Centenario de Venezuela, Caracas 1998, pp. 95 a 117; Allan R. Brewer-Carías, "La crisis terminal del sistema político" en *Una evaluación a estos cuarenta años de democracia, El Globo*, Caracas, 24-11-97, pp. 12 y 13; Allan R. Brewer-Carías, *La crisis terminal del sistema político venezolano y el reto democrático de la descentralización*, Ponencia al IV Congreso Venezolano de Derecho Constitucional, Caracas, noviembre 1995. Dicho texto está publicado en Allan R. Brewer-Carías, *El Poder Nacional y el Sistema democrático de gobierno, Instituciones Políticas y Constitucionales*, Tomo III, Caracas-San Cristóbal, 1996, pp. 655 a 678. *V.*, además lo expuesto en Allan R. Brewer-Carías, "Presentación" al libro *Los Candidatos Presidenciales ante la Academia*, Academia de Ciencias Políticas y Sociales, Caracas, 1998, pp. 9 a 66. *V.*, además, Allan R. Brewer-Carías *Asamblea Constituyente y Ordenamiento Constitucional*, Caracas 1999, pp. 15 a 85, cuyo texto seguimos en estas páginas.

11   *V.*, Allan R. Brewer-Carías, "La crisis de las instituciones: responsables y salidas" en *Revista de la Facultad de Ciencias Jurídicas y Políticas*, N° 64, Caracas 1985, pp. 130 a 155. Dicho texto está publicado en Allan R. Brewer-Carías, *Evolución Histórica del Estado, Instituciones Políticas y Constitucionales*, Tomo I, *op. cit.*, pp. 523 a 541.

El proyecto político ideado por el liderazgo que asumió el poder a partir de los años cuarenta, y luego a partir de 1958, indudablemente que se desarrolló, y el país se democratizó. El problema es que ese mismo liderazgo y los partidos políticos que contribuyeron a la consolidación y mantenimiento de la democracia, décadas después no llegaron a entender la obra que habían realizado y todavía aún muchos no la entienden.

Los venezolanos nos habituamos a la democracia y la gran mayoría de los votantes en las elecciones de 1999 y 2000 nacieron en democracia. Tan habituados estábamos a ella que, a pesar de su desprestigio, nos parecía natural el disfrute de la libertad sin que el riesgo de perderla fuera motivo de particular preocupación.

Pensamos que tenía que cambiar, aun cuando la gran mayoría no sabía cómo; y el liderazgo político de los partidos encargados de orientar, no comprendió que para continuar y sobrevivir la democracia tenía que perfeccionarse y, al contrario, siguió tratando de conducir al país como si estuviese en la etapa inicial de la democratización.

Esta incomprensión fue, precisamente, la que condujo a la crisis política terminal de los últimos años, donde un cambio inevitable está en curso, querámoslo o no; tal y como ocurrió a mitades del siglo XIX en la víspera de la Revolución Federal, cuando finalizó la etapa del Estado independiente semi-centralizado; como sucedió a fines del mismo siglo XIX, en la víspera de la Revolución Liberal Restauradora, con el fin del período del Estado federal liberal; y como también ocurrió hace más de medio siglo en la víspera de la Revolución de Octubre (1945), con el fin de la era del Estado autocrático centralizado. En cada uno de esos fines de períodos políticos se puede apreciar, históricamente, el mismo signo de agotamiento del proyecto político y del liderazgo que lo desarrolló. La incomprensión de lo hecho y, a pesar de todas las advertencias, de la necesidad de renovar y transformar el sistema, fue lo que contribuyó, en cada caso, a su deterioro final y a su colapso[12].

---

12   Incluso, no debe olvidarse que en cada uno de esos fines de períodos histórico-políticos, la posibilidad del cambio político se planteó por la vía democrática y su fracaso fue lo que condujo, en definitiva, al derrumbe final del sistema. Así sucedió con la elección presidencial de 1846, donde Antonio Leocadio Guzmán enarbolaba la bandera del cambio apoyada por el Partido Liberal que amenazaba desplazar del poder al liderazgo de los próceres de la independencia. Guzmán perdió la elección, fue perseguido, vino el día del fusilamiento del Congreso (1848) y luego, con la dinastía de los Monagas, el deterioro total del sistema desembocó en las Guerras Federales. Así sucedió también con la elección presidencial de 1897, donde el General Manuel Hernández (el Mocho Hernández) postulado por el Partido Liberal Nacionalista, con una enorme popularidad, amenazaba también con desplazar del poder al desprestigiado liderazgo del Liberalismo Amarillo. La Revolución de Queipa que promovió luego del fraude electoral, terminó con la muerte del Presidente Joaquín Crespo y con ella, se produjo el vacío de poder que fácilmente llenó Cipriano Castro. Y por último, así sucedió igualmente con el intento de que se cambiara el sistema electoral en 1944, que permitiera la elección presidencial directa, y que el liderazgo medinista, lopecista y gomecista no permitió pues de lo contrario hubieran podido ser desplazados del poder por el liderazgo emergente de los nuevos partidos, particularmente de Acción Democrática. La frustración democrática provocada por el vacío político dejado por la incapacidad del candidato Diógenes Escalante como producto del consenso político, provocó la Revolución de Octubre de 1945. En todo caso, todos esos fracasos de cambio político por la vía democrática, por las razones circunstanciales que existieron en cada caso, condujeron, en definitiva, a la ruptura del orden constitucional, respectivamente, con el inicio de las Guerras Federales, 12 años después de 1846; con la Revolución de Queipa (1898) y la Revolución Liberal Restauradora (1899) como secuela del vacío de poder que se produjo a raíz de la elec-

Lamentablemente, en el actual momento histórico que ya se prolonga por varios años, estamos en una situación algo similar, con una crisis institucional global, pues la mayoría no sólo no cree ni confía en el Parlamento, ni en el Poder Judicial, ni en la Administración Pública, ni en las fuerzas de seguridad ciudadana, sino que tampoco cree ni confía en los partidos políticos, ni en las sociedades intermedias que éstos penetraron y controlaron, como los sindicatos, los colegios profesionales y los gremios. Y además, en medio de una de las crisis económicas más agudas del Estado petrolero, en la cual, sin conciencia alguna de lo que significa, los grupos que lo han controlado han educado a la población para que pida más como si la riqueza petrolera fuera inagotable, y como si no se hubiera comprobado que el modelo de repartir dadivosamente esa riqueza ha sido, no sólo una fuente de corrupción, sino una de las causas de la crisis por la que estamos ahora atravesando. Lo lamentable es que todo este desprestigio institucional del aparato del Estado y de las organizaciones políticas y sociales; en definitiva, de la forma de gobernar, está arrastrando a la propia democracia, a la cual se asocia la corrupción y la ineficiencia. Y así han comenzado a surgir cantos de sirenas autoritarios que se han querido apoderar hasta del nombre de Bolívar y de la Patria, opacando las propias virtudes de la democracia.

La mayoría, sin embargo, quiere cambios radicales, pero contrariamente a cualquier autoritarismo, en libertad; por ello, esa mayoría que quiere en fin que la gobiernen, no llega a tomar conciencia de que la libertad está en riesgo de quedar perdida si la conducción de aquellos cambios totales pasa o se queda en manos de un liderazgo antidemocrático. Por ello, el verdadero dilema que hemos tenido los venezolanos en estos tiempos, es cómo lograr los cambios inevitables, indispensables y necesarios que se requieren en libertad y, por tanto, sin perder la democracia que no es, precisamente, la culpable del deterioro ni está en su destrucción el camino para la reconstrucción de la Nación.

II.   LOS GRANDES CICLOS HISTÓRICO-POLÍTICOS

Lo anterior pone en evidencia que Venezuela está en pleno proceso de terminación de uno de los grandes ciclos históricos de su vida política, a cuyo aceleramiento, sin duda, ha contribuido el hecho político más importante que se produjo en el siglo XX después de la introducción de la elección universal y directa del Presidente de la República a raíz de la Revolución de Octubre de 1945, y que fue la elección

---

ción de 1897; y con la Revolución de Octubre de 1945, meses después de la insuficiente reforma constitucional, de abril de ese año, y un año después de la elección local de 1944; y, en definitiva, a que se produjera un cambio radical del sistema político, pero como consecuencia de la fuerza y la violencia. *V.,* Allan R. Brewer-Carías, *Evolución Histórica del Estado, Instituciones Políticas y Constitucionales,* Tomo I, *cit.,* pp. 314 y ss.

El hecho electoral de 1998, por tanto, se configuró como una disidencia histórica. La voluntad popular de cambio expresada democráticamente, produjo la elección de Hugo Chávez Frías, quien también amenazaba, ciertamente, con desplazar del poder a los viejos partidos políticos. Pero en este caso, el cambio, a diferencia de otros tiempos, se expresó electoralmente y tuvo un inicio democrático que debíamos exigir y velar por que continuara. El éxito de su realización democrática, en todo caso, dependía de que el liderazgo, tanto tradicional como emergente, entendieran e identificaran el pago que tenían que pagar para asegurar la paz, que siempre se traduce en la pérdida de cuotas de poder.

directa de Gobernadores y Alcaldes, a partir de 1989. Este no fue un hecho más
dentro del proceso político venezolano, sino que puede considerarse como el deto-
nante de la introducción en nuestro sistema político, de mecanismos de descentralización y participación políticas[13] y, en consecuencia, el hecho fundamental que ha
contribuido en la última fase del Estado de partidos, a poner fin al ciclo histórico
que se inició en los años cuarenta. Este ciclo histórico, que abarca el período de la
segunda mitad del siglo XX, como hemos dicho, en realidad es uno más de los
grandes ciclos históricos que han caracterizado, marcado y dividido la vida política
venezolana.

En efecto, en nuestra historia política desde el año 1811 a la actualidad, pueden
distinguirse cuatro grandes ciclos o etapas, dominadas, cada una, por un determinado régimen político estatal. A lo largo de los 190 años de vida republicana hemos
tenido 26 Constituciones, pero ello no significa que hayamos tenido el mismo número de pactos y regímenes políticos diferentes[14]. Al contrario, todo el conjunto de
Constituciones y de hechos políticos acaecidos en el transcurso de la historia del
país, pueden agruparse en *cuatro* grandes ciclos, cada uno con sus características, su
régimen estatal, su propio liderazgo, su proyecto político y su propia crisis, decadencia o agotamiento que, en cada caso, marcaron una etapa histórica de algo más
de una generación a la que correspondió, con sus sucesores, la implantación de un
proyecto político concreto[15].

Todos los ciclos políticos anteriores, hasta ahora, no evolucionaron en sí mismos,
sino que se derrumbaron, en gran parte por la incomprensión del liderazgo político
en haber tomado conciencia de los cambios que produjo, en cada etapa, el propio
desarrollo del proyecto político concreto que las caracterizó.

1. *El Estado independiente y autónomo semi-descentralizado (1811-1864)*

El primero de estos grandes ciclos político-constitucionales fue el del Estado independiente y autónomo semi-descentralizado, que se inició con la Constitución
Federal para los Estados de Venezuela de 21-12-1811, y que estuvo dominado por la
generación de los líderes y próceres de la Independencia, y sus sucesores. El proyecto que lo caracterizó fue la construcción e implantación de un Estado nuevo, fundado en lo que fue el territorio de ex-colonias españolas, basado en cuanto a la forma
del Estado en la organización federal de las siete Provincias que quedaron como
legado del régimen español; Provincias que se habían desarrollado en el sistema
colonial como organizaciones administrativas altamente descentralizadas. Precisamente, fue por esa enorme descentralización y autonomía provincial que existía en
los territorios de la Capitanía General de Venezuela establecida en 1777 que, como

---

13 *V., Informe sobre la Descentralización en Venezuela 1993. Memoria del Dr. Allan R. Brewer-Carías,
    Ministro de Estado para la Descentralización,* Caracas 1994, pp. 13 a 20.

14 *V.,* Allan R. Brewer-Carías, *Las Constituciones de Venezuela,* Academia de Ciencias Políticas y Socia-
    les, Caracas 1997.

15 Para el estudio detallado de estos ciclos históricos en el constitucionalismo venezolano, *V.,* Allan R.
    Brewer-Carías, *Evolución Histórica del Estado, Instituciones Políticas y Constitucionales.* Tomo I, *cit.*
    pp. 257 a 389; y Allan R. Brewer-Carías, "Estudio Preliminar", *Las Constituciones de Venezuela, cit.,*
    pp. 11 a 256.

forma para estructurar un Estado nuevo -que fue lo que se propuso ese liderazgo político-, se escogió el esquema federal.

Por ello puede decirse que Venezuela, como Estado independiente, nació bajo una forma federal de Estado, porque entre otros factores, en el constitucionalismo de la época no había otra forma para construir un Estado sobre la base de una estructura político-territorial de ex-colonias descentralizadas. La "Confederación de Venezuela", por ello, fue el esquema político tomado de la experiencia norteamericana para unir lo que estaba y había estado siempre desunido, salvo en los treinta años anteriores a la Independencia, a raíz de la creación de la Capitanía General de Venezuela (1777), que comprendía el grupo de Provincias que conformaron el territorio; pero en todo caso, incomunicadas entre sí, y altamente disgregadas.

La progresiva instauración de un Poder central dentro de las vicisitudes iniciales de la Guerra de Independencia, con Simón Bolívar como el líder político-militar del nuevo país en formación; antes y después de la separación de Venezuela de la llamada "Gran Colombia", llevaron al mismo liderazgo que hizo la Independencia, y que asumió el control del Estado reconstituido a partir de 1830, a no entender los cambios que habían provocado; y a pretender aplicar a finales de la década de los cincuenta del siglo XIX, los mismos criterios políticos iniciales, como si no hubieran transcurrido casi tres décadas de vida republicana. Precisamente, hacia fines de la década de los cincuenta del siglo XIX, fue la lucha entre el Poder central, que había sido construido por los propios líderes regionales en el Gobierno, y el poder regional, que se había afianzado en las Provincias, lo que provocó la ruptura del sistema, culminando con las Guerras Federales (1858-1863). No faltaron en ese período de crisis, reformas constitucionales en 1857 y 1858, las cuales en nuestra historia, siempre han sido el preludio del derrumbe de los sistemas. De allí el gran temor que siempre hemos expresado en relación con las reformas constitucionales cuando se plantean como la "única solución" a los problemas de un sistema político en crisis.

Así, la Constitución se reformó en 1857 y 1858, y de allí, en medio de la guerra, no hubo más remedio que llamar al prócer que había estado actuando en la vida política del país desde la Independencia, y la había dominado por completo: José Antonio Páez. Fue llamado como el salvador, y la realidad fue que no duró sino meses en el poder, con dictadura y todo, acabando definitivamente con el sistema y concluyendo la última fase de las Guerras Federales.

2. El Estado federal (1864-1901)

Del derrumbe del Estado autónomo semi-descentralizado surgió un nuevo Estado, un nuevo liderazgo político en el poder y un nuevo proyecto político, el del Estado federal. El cambio fue radical. Basta repreguntarse quién podía saber en 1856, por ejemplo, quienes eran Ezequiel Zamora o Juan Crisóstomo Falcón, lideres reconocidos de la Federación, ¿qué representaban? o ¿dónde estaban?. Eran, sin duda, líderes locales, pero sin que se sospechara siquiera de su potencialidad para dominar el país. Incluso, el mismo Antonio Guzmán Blanco no era la persona que en esos momentos de crisis podría vislumbrase como el que dominaría el segundo gran ciclo de la historia política del país, que va de 1863 hasta fines del siglo XIX.

Lo cierto es que en 1863, el anterior sistema fue barrido y comenzó la instauración de uno nuevo, en este caso basado en la forma federal del Estado, con una disgregación extrema del poder. La Constitución de 13-4-1864 estableció, así, los Estados Unidos de Venezuela.

Antonio Guzmán Blanco fue *primus inter pares* en el sistema político que dominaron los caudillos regionales, y entre otros instrumentos, en los primeros lustros del período gobernó a través de lo que se llamaron las "Conferencias de Plenipotenciarios", que no eran otra cosa que la reunión de los diversos caudillos regionales en Caracas, para resolver los grandes problemas del país; un país, además, muy pobre, endeudado y sometido progresivamente a la autocracia central que al ser abandonada por el "Gran Civilizador", quien se retiró a Francia, contribuyó progresivamente al deterioro del debilitado Poder central.

La última década del siglo XIX también estuvo signada por las reformas constitucionales de 1891 y 1893, entre otros factores y como ha sido una constante en la historia venezolana, para extender el período constitucional. Sin embargo, la crisis política derivada de la confrontación liberal de los liderazgos regionales no se podía resolver con reformas constitucionales; el problema era el del deterioro general del sistema, entre otros factores, por la lucha sin cuartel entre el Poder central y los caudillos regionales.

Este ciclo histórico concluyó con las secuelas de la Revolución Liberal Restauradora, la cual, frente al Poder central, pretendía restaurar el ideal liberal y federalista, y a cuya cabeza surgió Cipriano Castro; y luego, con la guerra que Juan Vicente Gómez desarrolló a comienzos del siglo XX, para terminar el liderazgo caudillista regional, y consolidar la hegemonía andina.

3.   *El Estado autocrático centralizado (1901-1945)*

La Revolución Liberal Restauradora, en 1899, como se señaló, se inició en defensa de la soberanía de los Estados que se pensaba lesionada con la designación provisional de los Presidentes de los mismos por el Gobierno central.

Así, la protesta de Cipriano Castro que provocó su primera proclama, fue contra las decisiones del Congreso Nacional respecto al nombramiento provisional por el Presidente de la República, de los Presidentes de los Estados que se habían recién reinstaurado, después de que en la época de Guzmán Blanco se habían convertido en "secciones" de agrupaciones territoriales mayores. Pero esa idea original, luego el propio caudillo de los Andes, Juan Vicente Gómez, se encargó de desvirtuarla como motivo de la revolución, y con una "evolución dentro de la misma causa". La salida de Cipriano Castro del Poder -enjuiciado por la Corte Federal y de Casación-, puso fin definitivamente al ciclo del Estado federal, dándose inicio a un nuevo ciclo histórico en nuestra vida política, el ciclo del Estado autocrático centralizado, que se inició con la Constitución del 29-3-1901, concluyendo en 1945[16].

Durante este ciclo del Estado autocrático centralizado, se comenzó la verdadera integración del país y se consolidó el Estado Nacional, el cual en muchos países de América Latina ya se había consolidado mucho antes, hacia mitades del siglo XIX.

---

16   *V.*, Allan R. Brewer-Carías, "El desarrollo institucional del Estado Centralizado en Venezuela (18991-1935) y sus proyecciones contemporáneas", *Revista de Estudios de la Vida Local y Autonómica*, Madrid, 1985, N° 227, pp. 483 a 514; y N° 228, pp. 695 a 726.

En este sentido puede considerarse que ese proceso fue tardío en Venezuela, por la disgregación nacional que produjo el federalismo del siglo XIX, y la aparición, luego, del Estado autocrático centralizado en la primera mitad del siglo XX.

Pero de nuevo, después de varias décadas de autocracia centralista y de construcción del Estado central que fue acabando progresivamente con todos los vestigios del Estado federal, salvo con su nombre, el liderazgo político andino no supo o no quiso entender los cambios que habían venido provocando en la sociedad y en las relaciones de poder, la propia consolidación e integración del Estado Nacional, el cambio político en el mundo como consecuencia de las dos guerras mundiales, y el proceso general de democratización que se estaba iniciando a comienzos de los años cuarenta del siglo pasado.

Por ejemplo, los sucesores políticos de Gómez, a pesar de la apertura democrática y de la modernización iniciada por Eleazar López Contreras e Isaías Medina Angarita, no supieron entender que el sufragio universal, directo y secreto en el año 1945, después de la Segunda Guerra Mundial, era el elemento esencial para consolidar la democracia que comenzaba a nacer. Se reformó la Constitución de nuevo en ese año, pero a pesar del clamor de los nuevos actores políticos, producto del sindicalismo naciente y de la apertura democrática que había surgido desde fines de los años 30, no se estableció el sufragio universal y directo, y lo que se consagró fue el sufragio universal limitado sólo para darle el voto a las mujeres en las elecciones municipales, excluyéndolas de las elecciones nacionales; sin modificarse el sistema de elección indirecta para Presidente de la República.

Se reformó la Constitución en 1945, pero sin tocarse los aspectos esenciales del régimen; por ello, dicho texto y el régimen político que se había iniciado a principios del siglo XX, no duraron sino algunos meses más, hasta que se produjo la Revolución de Octubre de 1945. Basta leer el Acta Constitutiva de la Junta Revolucionaria de Gobierno, para constatar, al menos formalmente, la idea de que la Revolución se hacía, entre otros factores, para establecer el sufragio universal, directo y secreto en beneficio del pueblo venezolano[17].

4. *El Estado democrático centralizado de partidos (1945-1998)*

En 1945, de nuevo, terminó un ciclo histórico y quedó barrido el sistema, su liderazgo y la generación que había asumido el proyecto político iniciado a principios de siglo, instaurándose en su lugar un sistema de Estado democrático, pero igualmente centralizado. En esta forma, el centralismo que se inició a principios del siglo XX, como sistema estatal no terminó en 1945, sino que abarcó dos de los ciclos históricos recientes: el primero, el autocrático centralizado, y el segundo, el democrático centralizado que se instauró a partir de la Constitución del 5-7-1947, basado en dos pilares fundamentales que han caracterizado a nuestro Estado y a nuestro sistema político desde esa fecha: la democracia de partidos y el Estado centralizado.

En efecto, en primer lugar, el sistema político iniciado en 1945 y sobre todo, consolidado a partir de 1958 y en la Constitución de 1961, ha sido el de un régimen

---

17   *V.,* Allan R. Brewer-Carías, *Las Constituciones de Venezuela, cit.,* pp. 977 y 978.

democrático pero de democracia de partidos, conforme al cual los partidos políticos han sido los que han monopolizado la representatividad y la participación políticas; en definitiva, han monopolizado el poder.

No hay duda de que en las últimas décadas la representatividad política en Venezuela ha sido representativa de los partidos, para lo cual se estableció, desde el año 1946, el sistema ideal para que los partidos asumieran ese monopolio de la representatividad: el sistema de representación proporcional conforme al modelo d'Hondt, que fue el que se aplicó, en general, hasta la reforma electoral de 1993[18]. Conforme a ese sistema, sólo los partidos pudieron tener representación en los cuerpos deliberantes, sin que a estos pudieran acceder otras organizaciones sociales. Y a pesar de las reformas legislativas que introdujeron elementos de uninominalidad para las elecciones de 1993, poco cambio se logró en esta materia por la propia conformación del "tarjetón electoral" con clara inducción al voto partidista.

Pero los partidos políticos no sólo tuvieron el monopolio de la representatividad, sino también el monopolio de la participación: asumieron también la conducción política del país, no habiendo otra forma de participar que no fuera sino a través de los partidos políticos.

Esta situación, por supuesto, era perfectamente legítima, pero los partidos políticos, lamentablemente, a lo largo de los últimos cuarenta años de desarrollo del sistema, se cerraron en sí mismos y comenzaron a configurarse como un fin en si mismos, de manera que, incluso, no sólo no había otra forma de participar políticamente que no fuera a través de los partidos, sino que el acceso a los mismos partidos políticos fue progresivamente cerrándose y, por tanto, sin canales de participación adicionales. Progresivamente, además, se produjo el ahogamiento de todo el nuevo liderazgo que había estado surgiendo a pesar de la dirigencia tradicional, y que, sin la menor duda, estaba comenzando a irrumpir y a asumir la conducción del país.

En este proceso de centralismo democrático, los partidos no sólo ahogaron la sociedad civil penetrando a los gremios y a todas las sociedades intermedias, sino que además, ahogaron a los Estados y Municipios. Los Estados quedaron como meros desechos históricos; sus Asambleas Legislativas, como meras formas de reducto del activismo político partidista local, y los Ejecutivos estadales como meros agentes del Poder nacional, particularmente agentes de carácter policial; funciones que compartían con las de gestores para sus jurisdicciones de alguna que otra obra pública que podían lograr del Poder central.

Todo ese proceso contribuyó a configurar la gran entelequia contemporánea del Estado federal, vacío de contenido, donde no había efectivo poder político regional y local, ni niveles intermedios de poder, habiendo quedado concentrado todo el poder político, económico, legislativo, tributario, administrativo o sindical, en el centro. El centralismo de Estado fue, así, acompañado de otros centralismos, como por ejemplo, el de los partidos políticos, organizados internamente bajo el esquema del centralismo democrático. En igual sentido se desarrolló un centralismo sindical, como otro elemento fundamental del sistema.

---

18   V., Allan R. Brewer-Carías, *Cambio Político y Reforma del Estado en Venezuela*, cit., pp. 178 y ss.

Todo este sistema, desde la década de los ochenta del siglo XX, comenzó a resquebrajarse, y se ha estado desmoronando ante nuestros ojos. Los venezolanos de estos tiempos hemos sido testigos de ese proceso de cambio y transformación que, a la vez, y ello es lo más importante, ha sido producto de la propia democracia.

III. EL INICIO DEL SISTEMA DE ESTADO DEMOCRÁTICO CENTRALIZADO DE PARTIDOS, SU CRISIS Y EL REMEDIO DESCENTRALIZADOR

En todo caso, no debe olvidarse que con motivo de la muerte de Juan Vicente Gómez, a partir de 1936 puede decirse que comenzó el surgimiento de una nueva Venezuela, no sólo desde el punto de vista político, sino también desde el punto de vista económico y social, precisamente en virtud de los efectos de la explotación petrolera. En esos años la movilidad social se acentuó; el antiguo campesino en gran parte se convirtió en obrero petrolero y las ciudades comenzaron a ser progresivamente invadidas por todo tipo de buscadores de oportunidades que el campo no daba, iniciándose el proceso de marginalización de nuestras ciudades, tan característico de la Venezuela contemporánea. La riqueza fue más fácil y a veces gratuita, quedando desvinculada del trabajo productivo. El petróleo así, enriqueció, pero también impidió que se llegara a implantar al trabajo como valor productivo de la sociedad, precisamente cuando el mundo vivía la más extraordinaria de las revoluciones industriales y se hubiera podido construir la etapa de despegue del desarrollo de nuestro país.

Ciertamente, a partir de 1936 resurgió paulatinamente el ejercicio de los derechos políticos y de las libertades públicas inexistentes cuando Gómez, y se inició la marcha del país en el campo demográfico, social y cultural que se había paralizado durante un cuarto de siglo; pero ello ocurrió en un país que continuaba atrasado, ignorante de lo que sucedía en el mundo y abiertamente saqueado por inversionistas extranjeros con aliados criollos.

Con la reforma constitucional de 1936, promulgada por Eleazar López Contreras, se inició el lento proceso de transición de la autocracia a la democracia, siendo el período de López testigo del nacimiento de los movimientos obreros y de masas y de las organizaciones que desembocaron en los partidos políticos contemporáneos y cuyo inicio estuvo en los movimientos estudiantiles de 1928. En 1941, en plena II Guerra Mundial, a López lo sucedió Isaías Medina Angarita, su Ministro de Guerra y Marina, como López antes lo había sido de Gómez, hecho que si bien significó en cierta medida la repetición dinástica del gomecismo, no detuvo, sino más bien alentó la continuación de la apertura democrática.

Pero ya en la Venezuela de 1944-1945, esa tímida apertura no era suficiente. A pesar de las importantísimas reformas legales que Medina realizó para ordenar la explotación petrolera y minera y hacer que las concesionarias pagasen impuestos; y a pesar de existir ya un país más abierto al mundo en la víspera del inicio de la democratización contemporánea provocada por el fin de la II Guerra Mundial, el liderazgo medinista no supo interpretar la necesidad de una sucesión presidencial mediante sufragio universal y directo. Lamentablemente, de nuevo, aquí también como tantas veces antes en la historia, la incomprensión del momento político enceguerió al liderazgo, perdido en tratar de imponer un candidato de origen andino para su elección por el Congreso mediante un sistema indirecto de elección de tercer grado, ante la sombra de López Contreras que amenazaba con su propia candidatura[19].

La Revolución de Octubre de 1945, provocada por la confusión candidatural generada por el liderazgo andino, de nuevo llevó a los militares al poder, aún cuando con una mediatización temporal, sin embargo, por el apoyo que le dio el partido Acción Democrática a la Revolución, que hizo gobierno a sus líderes.

No es el momento de juzgar a la Revolución de Octubre; en realidad tenemos más de cincuenta años juzgándola y en todo caso, ya quedó en la historia. Lo importante a destacar es que seguramente se habría evitado si no hubiese sido por la miopía política del liderazgo del lopecismo y del medinismo, es decir, de los sucesores del régimen de Gómez, en entender lo que habían hecho y logrado en sólo una década, entre 1935 y 1945. Para esta fecha, fin de la II Guerra Mundial, ciertamente que ya estaban en otro país totalmente distinto al que había dejado el dictador a su muerte, tanto desde el punto de vista político como social y económico. Ellos habían contribuido a cambiarlo todo al comenzar e impulsar la apertura democrática; pero a la hora en que esta podía ponerlos en el riesgo cierto de perder el control del poder, se cegaron en cuanto a la senda que debían continuar.

Fueron incapaces de comprender y reconocer desde el punto de vista democrático, que la extraordinaria obra que habían realizado de abrir el país a la democracia, requería de un paso más que permitiera la abierta participación electoral de los partidos de masas que bajo su ala se habían constituido, con el riesgo, por supuesto, de que estos pudieran ganar la elección. Ese era quizás el precio que tenían que pagar por la continuación del proceso democrático. Reformaron la Constitución en abril de 1945 pero, como ya señalamos, no fueron capaces de establecer la elección directa para la elección presidencial, ni el voto femenino salvo para las elecciones municipales, y seis meses después de la flameante reforma constitucional se produjo la Revolución de Octubre, con la bandera de establecer el sufragio universal y directo, enarbolada por el partido Acción Democrática.

La incomprensión del liderazgo de lo ocurrido en la década que siguió a la muerte de Gómez, puede decirse que hizo inevitable la Revolución para hacer lo que aquél no había entendido como indispensable, que era terminar de implantar la democracia mediante el sufragio universal, directo y secreto. Ello, por supuesto, podía acabar democráticamente con la hegemonía del liderazgo andino, lo que en efecto ocurrió en el mediano plazo pero mediante un golpe militar, con todas las arbitrariedades, injusticias y abusos que acompañarían a un gobierno originado en un hecho de fuerza.

Las generaciones y el liderazgo político tienen la obligación de entender, en momentos de crisis, cual es el precio que hay que pagar para el mantenimiento de la paz, y en nuestro caso actual, para el perfeccionamiento de la democracia. Ese fue el

---

19   No se olvide que el sistema implicaba primero, la elección de los miembros de los Concejos Municipales y de las Asambleas Legislativas; cuyos miembros, elegían, respectivamente, a los Diputados y Senadores al Congreso; quienes eran los que elegían al Presidente de la República.

reto que tuvieron en 1945; y es el mismo que existe en estos comienzos del siglo XXI.

En 1945 no se quiso identificarlo y se inició en Venezuela el cuarto de los grandes ciclos políticos de la época republicana. El Estado centralizado autocrático de la primera mitad del siglo XX comenzó a ser sustituido por el Estado centralizado democrático que encontró su marco constitucional en la Asamblea Constituyente de 1946, una de nuestras grandes Constituyentes, que sancionó la Constitución de 1947. Su texto fue, básicamente, el mismo que el de la Constitución de 1961 la cual, sin embargo, se dictó sobre una base política democrática que no existió en 1946: la del pluralismo. La diferencia abismal que existía entre una y otra, por tanto, no radicaba en el texto mismo de la Constitución que era casi igual, sino en su base política: en la Asamblea Constituyente de 1946 no estaban presentes todos los actores políticos, pues el medinismo estuvo ausente y fue perseguido; en el Congreso Constituyente de 1961, en cambio, si estaban todos los actores políticos de manera que la Constitución respondió a un consenso o pacto para la democracia, sin exclusiones.

Lamentablemente, fue necesaria una década de dictadura militar para que los venezolanos que se habían definido como proyecto político el implantar la democracia en Venezuela, con Rómulo Betancourt a la cabeza, se dieran cuenta que la democracia no podía ni puede funcionar sobre la base de la hegemonía de un partido único o casi único sobre todos los otros, ni con exclusiones. El Pacto de Punto Fijo de 1958 fue el producto más depurado de la dolorosa experiencia del militarismo de los años cincuenta, precisamente con el objeto de implantar la democracia, dando sus frutos plenos en las décadas posteriores.

La crisis del sistema político establecido en 1958 para operar la democracia que hemos tenido, y que desde hace años nos angustia, precisamente tiene sus raíces en las décadas anteriores de democratización. Y si todavía al comenzar el siglo XXI tenemos democracia, más de una década después del afloramiento de la crisis, sólo se debe a los remedios inmediatos, pero incompletos, que se le suministraron al sistema democrático, sin mucho convencimiento por cierto, al inicio del segundo gobierno de Carlos Andrés Pérez (1989)[20]; con el comienzo del proceso de descentralización política mediante la revisión constitucional que se hizo, con la previsión de la elección directa de Gobernadores y el inicio de la transferencia de competencias nacionales a los Estados, reformándose el viejo y dormido esquema federal[21].

En efecto, esas transformaciones políticas que se produjeron no fueron producto de factores externos al sistema democrático: fue la propia democracia, desarrollada

---

20   *V.,* los proyectos presentados por los candidatos presidenciales en 1988, en materia de reforma política en Allan R. Brewer-Carías, *Problemas del Estado de Partidos, cit.,* pp. 309 y ss.

21   *V.,* Allan R. Brewer-Carías, "Los problemas de la federación centralizada en Venezuela", *Revista Ius et Praxis,* Universidad de Lima, Nº 12, 1988, pp. 49 a 96; Allan R. Brewer-Carías, "Bases Legislativas para la descentralización política de la Federación Centralizada, (1990: el inicio de una reforma)", en Allan R. Brewer-Carías y otros, *Leyes y Reglamentos para la Descentralización política de la Federación,* Caracas 1994, pp. 7 a 53. *V.,* también Allan R. Brewer-Carías, *El Poder Público Nacional, Estadal y Municipal, Instituciones Políticas y Constitucionales,* Tomo II, Caracas-San Cristóbal, 1996, pp. 394 y ss.

por los partidos y bajo su conducción centralizada, la que provocó este cambio. No olvidemos que la democracia venezolana de la segunda mitad del siglo XX, fue producto del centralismo. Si no hubiésemos tenido un modelo de Estado de partidos altamente centralizado en el año 1958, quizás no hubiese habido forma de implantar la democracia en el país. No teníamos cultura democrática; la única forma que había para lograr el objetivo era que nos la impusieran; y la impuso el centralismo conducido por los partidos políticos. Al centralismo político partidista y al Estado de partidos, por tanto, le debemos la democracia, pero luego ha sido la propia democracia de partidos, la que ha estado conspirando contra el régimen de libertades[22].

En todo caso, como hemos dicho, los partidos, en general, no entendieron cabalmente el proceso que se había operado por su propia acción, por lo que muchas de las transformaciones que aprobaron en los últimos años, a veces fueron adoptadas bajo presión de la sociedad civil, y no por propio convencimiento de su importancia como aportes a la sobrevivencia de la democracia.

El hecho político más elocuente de estos cambios en 1989 fue la elección directa de Gobernadores. Esa no fue una decisión política partidista propia de un sistema que venía funcionando. Esa fue, realmente, una decisión de sobrevivencia: no había otra forma de enfrentarse al proceso electoral de 1989, después de la protesta popular del 27 de febrero de ese año, recién instalado en la Presidencia de la República Carlos Andrés Pérez, que no fuera con el sometimiento a un proceso electoral en los Estados, distinto al nacional y para ello, la pieza clave era la elección directa de los Gobernadores. Esa decisión fue un signo del inicio de un esfuerzo de democratización de la democracia, a lo que se agregó la elección directa de Alcaldes, establecida en la reforma de la Ley Orgánica de Régimen Municipal de ese mismo año[23].

En 1989, por tanto, se dictaron varias leyes de enorme importancia: La Ley que fijó el período de los poderes públicos estadales y municipales, en tres años; la Ley de elección y remoción de Gobernadores; la reforma de la Ley Orgánica de Régimen Municipal, que previó la elección directa de los Alcaldes, y por último, la Ley Orgánica de Descentralización, Delimitación y Transferencia de Competencias del Poder Público, que fue la consecuencia ineludible de la decisión de elegir en forma directa a los Gobernadores. Se entendió que no había otra forma de atender a las expectativas derivadas de la elección, que no fuera transfiriendo poder y competencias nacionales a los Gobernadores[24]. Si estos hubiesen sido electos en un esquema totalmente centralizado, ello hubiera equivalido a elegir guerrilleros por votación popular, que iban a ponerse a la búsqueda de poder, si éste no se les comenzaba a transferir.

En consecuencia, la descentralización estuvo en el centro de este proceso de transformación que se había venido produciendo en el país, signado por la búsqueda

---

22   *V.*, Allan R. Brewer-Carías, *Problemas del Estado de Partidos, cit.,* pp. 92 y ss.

23   *V.*, Allan R. Brewer-Carías, "Municipio, democracia y participación. Aspectos de la crisis", *Revista Venezolana de Estudios Municipales,* N° 11, Caracas, 1988, pp. 13 a 30.

24   *V.*, el texto de las leyes en Allan R. Brewer-Carías y otros, *Leyes y Reglamentos para la Descentralización de la Federación, cit.,* pp.273 y ss. Allan R. Brewer-Carías y otros, *Ley Orgánica de Régimen Municipal,* Caracas 1990, pp. 269 y ss.

de una mayor participación, y con una repercusión progresiva en la apertura de la propia democracia[25].

Por eso, las reformas que se adoptaron fueron buscando otro tipo de sistema electoral que no fuera el de representación proporcional tradicional, y de allí los ingredientes de elección uninominal que se establecieron en 1993. Con ello se había estado buscando una mayor apertura de la democracia que había estado cerrada y controlada básicamente por los partidos políticos, los cuales, en su momento, no supieron abrirla a la penetración de la sociedad civil. Por ello, muy posiblemente si los sistemas de postulación hubiesen sido más abiertos en períodos anteriores, no hubiera habido necesidad de concluir en el sistema mitad plurinominal, mitad uninominal que no necesariamente, por si mismo, rindió los frutos de democratización esperados[26].

En todo caso, en el futuro, no tenemos la menor duda que en Venezuela seguirá habiendo democracia sólo en tanto en cuanto seamos capaces de entender que una vez que quedó consolidada, tiene que efectivamente descentralizarse; es decir, se hace necesario acercarla más al ciudadano, para que pueda participar en ella; y esto sólo puede lograrse llevando el Poder cerca de las comunidades, organizaciones o regiones; es decir, descentralizando el poder. Sin descentralización efectiva del poder la democracia, en el futuro, no podrá sobrevivir[27].

La experiencia universal, por otra parte, enseña que no hay democracia occidental consolidada después de la Segunda Guerra Mundial, que no se haya descentralizado. Es un fenómeno universal producto de la democratización, que ha llegado a convertirse en condición para su sobrevivencia[28]. Por ello es que no existen autocracias descentralizadas[29].

Pero sin duda, a pesar de todas las advertencias, las reformas en tal sentido se iniciaron demasiado tarde[30], sin anticiparnos a la crisis como había que hacerlo, y más bien en medio de ella. Por ello, en 1998-1999 la crisis de la democracia, de su consolidación y afianzamiento, ya no se podía solucionar con una simple reforma constitucional, sino abriendo efectivamente nuevos canales de representatividad y

---

25   *V.,* Allan R. Brewer-Carías, "La Reforma Política del Estado: la Descentralización Política" en Allan R. Brewer-Carías, *Estudios de Derecho Público, (Labor en el Senado 1982),* Tomo I, Caracas 1983, pp 15 a 39.

26   *V.,* Allan R. Brewer-Carías, *Ley Orgánica del Sufragio,* Caracas 1993. *V.,* sobre el sistema electoral de 1993, J.G. Molina y C. Pérez Baralt, "Venezuela ¿un nuevo sistema de partidos?. Las elecciones de 1993, en *Cuestiones Políticas,* Nº 13, 1994, pp. 63 a 99.

27   Véase Allan R. Brewer-Carías, *Federalismo y Municipalismo en la Constitución de 1999. Una reforma insuficiente y regresiva,* Caracas 2001.

28   *V.,* Allan R. Brewer-Carías, "La descentralización territorial: autonomía territorial y regionalización política" en *Revista de Estudios de la vida local,* Nº 218, Madrid 1983, pp. 209 a 232.

29   *V.,* Allan R. Brewer-Carías, *Reflexiones sobre la Organización Territorial del Estado en Venezuela y en la América Colonial,* Caracas 1997, pp. 108 y ss.

30   *V.,* en general, sobre las propuestas de reforma política y constitucional: COPRE *Constitución y Reforma. Un proyecto de Estado Social y Democrático de Derecho,* Caracas 1991; Ricardo Combellas (coordinador), *Venezuela, Crisis Política y Reforma Constitucional,* Caracas 1993; y COPRE, *Una Constitución para el ciudadano,* Caracas 1994. Más recientemente: Miguel Van der Dijs, *Transformaciones posibles del Estado venezolano,* Caracas 1999.

participación democrática para llenar el vacío que había dejado el deterioro de los partidos políticos tradicionales y que de nuevo colocaron al país en una orfandad política; participación que por supuesto, ya no podía ser la del pueblo armado en milicias que originó el caudillismo del siglo pasado, y sobre lo cual más de uno habrá soñado. Al contrario, el reto que teníamos y aun tenemos los venezolanos es el de formular un nuevo proyecto político democrático que sustituya el Estado centralizado de partidos por un Estado descentralizado participativo.

IV. LA CRISIS POLÍTICA DE 1992 Y LA PROPUESTA DE LA CONSTITUYENTE

La crisis del sistema político centralizado de partidos, sin duda, había afectado los cimientos del Estado de derecho. Sin embargo, para reconstruirlo, como se señaló, no bastaba con reformar unos artículos de la Constitución, ni con decretar la disolución del Congreso y la destitución de todos los jueces, ni con llenar de militares o ex-militares los cargos ejecutivos. Así no se logra crear el Estado que necesitamos para asumir el siglo XXI. En esa forma, ni de la noche a la mañana, ni por Decreto se puede organizar un gobierno que efectivamente gobierne; una Administración Pública eficiente que preste los servicios públicos necesarios a satisfacción de los usuarios convertidos en contribuyentes productivos; en esa forma no se puede establecer una efectiva administración de justicia que la imparta rápida e independientemente, ni se puede crear un Congreso que efectivamente legisle y controle.

La tarea de hacer o rehacer el Estado es la tarea de al menos una generación, para lo cual en democracia no hay otra forma de lograrlo que no sea sino mediante un acuerdo político de largo alcance, que la verdad es que en momentos de crisis como los que hemos tenido en los últimos años, ya no lo podían hacer como en otros tiempos los líderes de unos cuantos partidos políticos cada vez más deteriorados, pues había que incluir a muchos otros nuevos actores políticos.

Es decir, el asunto era mucho más complejo, por lo que para resolver la crisis de la segunda transición democrática en la cual nos encontramos al finalizar el siglo XX, en nuestro criterio, no teníamos otra salida que no fuera la de realizar un proceso de reconstitución democrática del sistema político, convocando democráticamente a una Asamblea Constituyente; y, por supuesto, no porque en años recientes la hubieran descubierto y la propusieran algunos candidatos presidenciales, sino porque en la historia constitucional en un momento de crisis terminal de gobernabilidad y de perdida de legitimación del Poder, no hay otra forma de reconstituir al Estado y al sistema político que no sea mediante una convocatoria al pueblo. La idea de la Asamblea Constituyente, por tanto, no debía ni podía ser una propuesta partidaria de uno u otro candidato presidencial, pues pertenecía a todos.

En la Venezuela de finales del siglo XX, esta idea de la convocatoria a una Constituyente la había planteado en 1991 el denominado Frente Patriótico[31] y en 1992, el Grupo de Estudios Constitucionales del cual formamos parte, en particular, a las pocas semanas del intento de golpe de Estado militarista que motorizó el entonces Teniente Coronel Hugo Chávez Frías contra el gobierno de Carlos Andrés

---

31   Frente Patriótico, Por una Asamblea Constituyente para una nueva Venezuela, Caracas 1991.

Pérez y contra la Constitución y la democracia. El planteamiento, que fue objeto de debate público durante varios meses,[32] lo formulamos un mes después de ese acon-

---

32 En concreto, el 1° de marzo de 1992, a menos de un mes del intento de golpe de estado militarista del 4 de febrero de ese año, declaramos en el diario *El Nacional,* al periodista Elías García Navas, lo siguiente: / La democracia en Venezuela ha perdido legitimidad. El sistema político ha degenerado en una democracia de partidos, y el Estado es un Estado de partidos, donde estos han sido los únicos electores, mediatizando la voluntad popular. Ello ha provocado, en 30 años, la crisis institucional actual que nos coloca ante una disyuntiva final corroborada por los acontecimientos del 4F: o reconstituimos la legitimidad democrática o simplemente la democracia desaparece. / Para reconstituir la democracia no hay otra salida que llamar al pueblo. El liderazgo político, para salvar la democracia, necesariamente debe apelar al pueblo y el pueblo -políticamente hablando- no es otro que el cuerpo de electores. La conformación inmediata del pueblo como constituyente es la única salida a la crisis de la democracia, para lo cual hay que convocar y designar una Asamblea Constituyente. / Una Asamblea Constituyente o se forma al margen de la Constitución o se constituye conforme a ella. No hay otra alternativa. Al margen de la Constitución sería producto de un golpe de estado, y estamos a tiempo de evitarlo y reconstituir la democracia, mediante un pacto político constituyente, conforme a la Constitución. / En Colombia, a pesar de que la Constitución no lo preveía, se aprovechó la elección presidencial de mayo de 1990 para proponer al pueblo elector una consulta sobre la necesidad de una Asamblea Constituyente, debido a la grave crisis de legitimidad democrática y de violencia del país. Se trató de una especie de referendo no autorizado por la Constitución; una especie de "golpe de estado" electoralmente formulado que desembocó en la elección, siete meses después, de una Asamblea Constituyente, que luego sancionó una nueva Constitución en julio de 1991, acordando la cesación del Congreso. En ese proceso colombiano debe recordarse que el presidente Gaviria asumió el liderazgo de la reforma constitucional. / En Venezuela, la situación es distinta. La Constitución prevé la salida, y esa es la de la reforma constitucional. Pero hay que advertir que de lo que se trata es de hacer una sola y certera reforma para prever la Asamblea Constituyente, por lo que debemos olvidarnos de los aislados y acumulados proyectos de enmienda que la Comisión Bicameral Especial ha venido elaborando en conciliábulos parlamentarios y partidistas, sin consulta popular. / Lo que interesa es darle legitimidad al sistema y para ello, conforme al artículo 246 de la Constitución, debe proponerse la inmediata reforma de la Carta Magna que permita la convocatoria de una Asamblea Constituyente. / De acuerdo a la Constitución, la iniciativa de una reforma sólo puede partir de una tercera parte de los miembros del Congreso, por tanto, incluso si insensatamente algún partido no estuviese de acuerdo, el resto del espectro político -que ya se ha manifestado- podría tomar la iniciativa. En mi criterio, como el Presidente de la República parece que si comienza a darse realmente cuenta de la grave situación que atravesamos y de la precariedad de la sustentación de la democracia, él debería asumir el liderazgo del proceso y proponer formalmente la reforma. / También podría partir de la mayoría absoluta de las Asambleas Legislativas, en acuerdos tomados en no menos de dos discusiones por la mayoría absoluta de los miembros de cada Asamblea. Esta vía, por supuesto, es demasiado larga y complicada. /En todo caso, el papel del Congreso debe ser asumir la iniciativa de la reforma por todos los medios, porque conforme a la Constitución sólo el Congreso, que es la representatividad popular, puede salvar precisamente esa representatividad, es decir, la democracia misma. / Los pasos para la Constituyente serían los siguientes: una vez que una tercera parte de los miembros del Congreso asuma la iniciativa de la reforma, corresponde al Presidente del Congreso convocar a las Cámaras a una sesión conjunta con tres días de anticipación -por lo menos- para que se pronuncie sobre la procedencia de la reforma, teniendo que ser admitida la iniciativa por el voto favorable de las dos terceras partes de los miembros. / En este momento, en la realidad política venezolana y conforme al cuadro político actual, los partidos tendrán que manifestar por última vez si quieren o no salvar la democracia. En mi criterio, la única vía de salvación es con la convocatoria inmediata al pueblo de la Asamblea Constituyente. / Una vez admitida la iniciativa, el proyecto respectivo debe discutirse de acuerdo al procedimiento ordinario de formación de las leyes, o sea, discusión en ambas Cámaras, y una vez que el proyecto sea aprobado debe someterse a referendo en la oportunidad que fijen las Cámaras para que el pueblo se pronuncie en favor o en contra de la reforma. / Este procedimiento podría realizarse muy rápidamente, incluso en semanas. Lo único que se requiere es decisión política y liderazgo en la reforma, y que los partidos se den cuenta de que no es una enmienda más, sino un problema de sobrevivencia de la democracia. O se convoca al pueblo o desaparece la democracia. / En el caso concreto que se llegase a aprobar la reforma propuesta, debe preverse que el voto que se formule en el referendo, que apruebe la

tecimiento en el Aula Magna de la Universidad de Los Andes, en Mérida, en una Asamblea convocada precisamente para tratar el tema. En ese tiempo no sólo la sugirió el Consejo Consultivo designado por el Presidente Pérez a raíz del intento de golpe[33], sino que llego a ser incluido en el Proyecto de Reforma General de la Constitución que motorizó el ex Presidente Rafael Caldera en el Congreso[34].

En 1992, por otra parte, el entonces Gobernador del Estado Zulia, Oswaldo Álvarez Paz, propuso formalmente el camino constituyente como salida a la crisis[35]; la Comisión Presidencial para la Reforma del Estado también planteó el tema de la Constituyente al debate público[36], e igualmente, el Fiscal General de la República, Ramón Escovar Salom, planteó a la Cámara de Diputados como el camino más racional y prudente para superar la crisis política, la convocatoria a una Asamblea

reforma, debería pronunciarse también sobre la convocatoria de la Asamblea Constituyente, de manera que con una sola consulta popular se apruebe la reforma de la Constitución y se convoque la Asamblea Constituyente. Así, podría ser electa este mismo año, en cuestión de meses, si los partidos políticos, se dan cuenta de que no queda mucho tiempo. / Esa Asamblea Constituyente tendría a su cargo en un tiempo perentorio no mayor de un año, sancionar una nueva Constitución. Debe concebirse como la depositaria de la soberanía popular y representar al pueblo en su conjunto. Por ello tiene que establecerse que sus miembros deben actuar individualmente, según su conciencia y no estar ligados por mandatos expresos o instrucciones de ningún género. Por ello debe establecerse que no pueden ser candidatos a la Constituyente quienes al momento de la elección sean diputados o senadores. / El número de miembros de una Asamblea Constituyente no debería ser excesivo. Podría por ejemplo, pensarse en 80 miembros, de los cuales 50 podrían ser electos uninominalmente, dividiéndose al país en 50 circunscripciones electorales, lo que en líneas generales significan dos constituyentistas por cada Estado y en los más populosos un número mayor. 25 miembros, por ejemplo, podrían ser electos por listas nacionales candidateados por partidos y grupos de electores de constitución más flexible. / También podrían presentarse candidatos individuales con respaldo de un número determinado de electores. En un esquema como en el mencionado, además de los 50 uninominalmente elegidos y de los 25 por listas, la Asamblea podría tener otros 5 miembros designados por ella misma, incluyendo personalidades que no hubiesen sido candidatos y sean considerados representativos de la vida nacional. / Al instalarse la Constituyente, la misma no suspende el funcionamiento de los órganos del Poder Público, pero en la nueva Constitución que se apruebe podría establecer todas las disposiciones transitorias que se juzgue conveniente, aunque afecte el funcionamiento de dichos órganos, pudiendo aprobar el cese del ejercicio de sus cargos e incluso podría convocar a unas elecciones anticipadas. (V., en El Nacional, Caracas 01-03-92, p. D-2).

33   V., Consejo Consultivo de la Presidencia de la República, Recomendaciones del Consejo Consultivo al Presidente de la República, Caracas 1992, p. 15.

34   Congreso de la República, Comisión Bicameral para la Revisión de la Constitución, Proyecto de Reforma General de la Constitución de 1961 con Exposición de Motivos, Caracas, Marzo 1992, pp. 49 y ss.

35   V., Oswaldo Alvarez Paz, El Camino Constituyente, Gobernación del Estado Zulia, Maracaibo, Junio 1992.

36   V., los trabajos de Ricardo Combellas, "Asamblea Constituyente. Estudio jurídico-político" y de Angel Alvarez, "Análisis de la naturaleza de la crisis actual y la viabilidad política de la Asamblea Constituyente" en COPRE, Asamblea Constituyente: Salida democrática a la crisis, Folletos para la Discusión Nº 18, Caracas 1992.

Nacional Constituyente[37]. En 1994, el Frente Amplio Proconstituyente formuló la propuesta[38] y asimismo, en 1995, la planteó Hermánn Escarrá Malavé[39].

En todo caso, en 1992, nuestra propuesta sobre la Constituyente pasaba por la necesaria reforma de la Constitución de 1961, para regular dicha institución para luego convocarla, a cuyo efecto un conjunto de organizaciones y personas presentamos el 7 de mayo de 1992, el *Proyecto alternativo de Reforma Constitucional relativo a la Asamblea Constituyente y su inmediata convocatoria*, para convocar la Constituyente, que consistía en agregar un nuevo artículo (250) a la Constitución, con el siguiente texto:

Artículo 1°: Se agrega un nuevo artículo a la Constitución, que será el 250, en los siguientes términos:

Artículo 250: 1° El Presidente de la República, la tercera parte de cualquiera de las Cámaras del Congreso de la República, la tercera parte de los Gobernadores de Estado o de las Asambleas Legislativas, o el cinco por ciento de los ciudadanos inscritos en el Registro Electoral debidamente identificados ante los organismos electorales, podrán solicitar la celebración de un referendo para la convocatoria a una Asamblea Nacional Constituyente, para la reforma integral de la Constitución.

2° La solicitud se formalizará ante el Consejo Supremo Electoral y el referendo se convocará dentro de los sesenta días siguientes a dicha formalización.

3° Para la validez del referendo se requerirá la concurrencia de más de la mitad de los electores inscritos. La aprobación de la convocatoria a la Asamblea Nacional Constituyentes requerirá el voto favorable de la mayoría absoluta de los sufragantes. Aprobada la Convocatoria, se procederá a elegir a los miembros de la Asamblea, en el lapso comprendido dentro de los sesenta y noventa días siguientes. Las postulaciones de candidatos se deberán efectuar dentro de los treinta días siguientes de aprobada la convocatoria.

4° La Asamblea Constituyente tendrá carácter unicameral, y se instalará dentro de los quince días siguientes a la elección de sus miembros, en la fecha que fije el Consejo Supremo Electoral.

5° Los miembros de la Asamblea deberán llenar los requisitos que establece la Constitución para los diputados al Congreso de la República y gozarán de iguales inmunidades y demás prerrogativas.

6° La Asamblea Nacional Constituyente estará compuesta por miembros electos uninominalmente en circuitos electorales y por miembros electos nominalmente de una lista nacional.

La Asamblea, así constituida podrá incorporar a la misma miembros designados por los anteriores electos.

---

37   *V., El Fiscal General y la Reforma Constitucional.* Comunicación del Dr. Ramón Escovar Salom al Presidente de la Cámara de Diputados Dr. Luis Enrique Oberto. Ministerio Público, Caracas 08-07-92. *V.,*, además, R. Escovar Salom, "Necesidad de una Asamblea Nacional Constituyente" en *Cuadernos Nuevo Sur,* N° 2-3, julio-diciembre, Caracas 1992, pp. 156 a 160.

38   *V.,* Frente Amplio Proconstituyente *¿Qué es la Constituyente?, El Nacional,* Caracas, 30-06-94.

39   *V.,* Hermánn Escarrá Malavé, *Democracia, reforma constitucional y asamblea constituyente*, Caracas 1995.

1. *Miembros electos uninominalmente*

Se elegirá, en forma uninominal y en circuitos electorales de base poblacional análoga que preservará la división territorial entre los Estados, un número de representantes igual al que resulte de dividir los habitantes que tenga cada entidad federal por la base de población, la cual será igual al uno por ciento (1%) de la población total del país.

Si hecha esta división resulta un residuo superior al cincuenta por ciento (50%) de la base de población se elegirá un Representante más. Aquellos Estados que no tengan un número de habitantes suficientes para elegir dos Representantes a la Asamblea elegirán, en todo caso, este número. Cada Territorio Federal elegirá un Representante.

Para ser electo en cada circuito electoral se requerirá haber obtenido el cincuenta por ciento (50%) de los votos válidos; si ninguno de los candidatos obtuviere dicho porcentaje, se procederá dentro de los treinta días (30) días siguientes y en la oportunidad que fije el Consejo Supremo Electoral, a una segunda vuelta de votación en la que participarán los dos candidatos que hubieren obtenido mayor número de votos en la primera vuelta.

A. *Miembros electos nominalmente de una lista nacional*

Igualmente se elegirán en forma nominal, veinticinco Representantes adicionales de acuerdo al siguiente procedimiento:

Una vez concluido el lapso previsto para la postulación de listas de candidatos a nivel nacional, el Consejo Supremo Electoral procederá a la elaboración de un listado único, organizado en estricto orden alfabético, de todos los candidatos que hayan sido postulados a nivel nacional. En dicho listado, se colocará un número para cada uno de los candidatos, el cual corresponderá a su puesto de colocación, determinado por orden alfabético, en el mencionado listado nacional de candidatos.

El listado nacional de candidatos deberá ser publicado al menos tres veces en la Prensa Nacional, durante los quince días anteriores a aquel en que se realizará el proceso de votaciones.

En el momento de sufragar le será entregado a cada elector el listado nacional de candidatos y el elector expresará su voto mediante una boleta o planilla que contendrá veinticinco casillas en cada una las cuales colocará el número que corresponde, en el listado nacional, a los candidatos de su preferencia. Toda boleta o planilla en la que el elector haya colocado uno o más números contenidos en el listado nacional de candidatos, hasta un máximo de veinticinco, será considerado como expresión válida del voto.

Resultarán electos los veinticinco (25) candidatos que hubieren obtenido el mayor número de votos.

2. *Miembros designados*

La Asamblea elegida en la forma indicada anteriormente podrá decidir, dentro de los quince (15) días siguientes a su instalación, por una mayoría de dos terceras partes de sus integrantes, por lo menos, la incorporación a su seno, de hasta quince miembros plenos, que ella considere conveniente integrar a la misma.

7° Las postulaciones para la elección uninominal de Representantes o para la elección nominal del listado nacional, serán presentadas en la siguiente forma:

a.   Para la elección de candidatos en los circuitos electorales, las postulaciones podrán formularse por los partidos políticos nacionales o por partidos políticos regionales constituidos en la entidad federal en la cual se encuentre el circuito, o por grupos de electores respaldados por la menos un mil firmas;

b.   Para la postulación de candidatos a ser electos nominalmente del listado nacional, las postulaciones podrán formularse por los partidos políticos nacionales o por grupos de electores respaldados por al menos veinte mil firmas.

8°   La Asamblea será depositaria de la soberanía popular y representará al pueblo en su conjunto. Sus miembros actuarán individualmente según su conciencia y no podrán estar ligados por mandatos expresos o instrucciones de ningún género.

9°   La Asamblea Nacional Constituyente dictará su propio Reglamento Interior y de Debates, así como los otros Reglamentos que sean necesarios para su organización y funcionamiento.

10°   Un número no menor de cincuenta mil electores podrá ejercer el derecho de iniciativa popular mediante la introducción, para la discusión y consideración por parte de la Asamblea Nacional Constituyente, de proyectos de reforma total o parcial de la Constitución.

11°   El procedimiento para la discusión y elaboración de la nueva Constitución comprenderá, en todo caso, mecanismos que aseguren la participación de todos los sectores nacionales del país, particularmente mediante la consulta a los sectores sociales, económicos, políticos, culturales, religiosos y militares del país.

12°   La Asamblea Nacional Constituyente no interrumpirá el funcionamiento de los Poderes Públicos, salvo lo que resulte de la nueva Constitución una vez promulgada. Sin embargo, las Cámaras Legislativas no podrán, durante el funcionamiento de la Asamblea Nacional Constituyente, enmendar o reformar la Constitución, ni legislar sobre materia electoral, de partidos políticos, de descentralización y transferencia de competencias del Poder Público, sobre la organización y funcionamiento de las Fuerzas Armadas Nacionales, ni sobre las referidas al Poder Judicial y a la Corte Suprema de Justicia, hasta tanto sea promulgada la nueva Constitución.

13°   La Asamblea aprobará la nueva Constitución en el plazo máximo de ciento ochenta (180) días continuos a partir de su instalación. La Asamblea podrá prorrogar este plazo hasta por sesenta (60) días continuos adicionales, con el voto favorable de la mayoría de sus miembros.

14°   La nueva Constitución aprobada por la Asamblea Constituyente entrará en vigencia el día de su publicación en la Gaceta Oficial de la República de Venezuela.

En la propuesta, se planteaba, además, la necesidad de que la reforma constitucional que se proponía fuese aprobada por referendo, y que debía contener las siguientes Disposiciones Transitorias:

Primera: La aprobación por referendo de la presente Reforma implica la aprobación de la convocatoria a la Asamblea Nacional Constituyente prevista en esta

Reforma. Segunda: No podrán formar parte como miembros electos de la Asamblea Nacional Constituyente quienes a los quince días de iniciado el período de postulación de candidatos, se encuentren investidos de los cargos de Ministros, Presidentes de Institutos Autónomos o Empresas del Estado, Jefes de misiones diplomáticas, Gobernadores de Estado, miembros electos principales o suplentes del Congreso de la República, de las Asambleas Legislativas o de los Concejos Municipales, Contralor, Fiscal o Procurador General de la República, Alcalde, o Juez en cualquier instancia del Poder Judicial. Tercera: El Proyecto de Reforma General a la Constitución de 1.961, elaborado por la Comisión Bicameral designada al efecto, y el cual ha sido objeto de discusión por el Congreso de la República, será presentado a la consideración de la Asamblea Nacional Constituyente, adjuntándole el conjunto de modificaciones que haya sufrido hasta el momento de la aprobación por el Congreso o alguna de sus Cámaras, del presente Proyecto de Reforma Parcial de la Constitución de 1961.[40]

V. LA NUEVA NECESIDAD DE RECONSTITUIR EL SISTEMA POLÍTICO Y LA IDEA DE LA CONSTITUYENTE EN 1998

El intento de golpe militar de febrero de 1992 que motorizó el entonces Teniente Coronel Hugo Chávez Frías, fue seguido de otro intento similar en noviembre de 1992, y fue el principio efectivo del fin del sistema político que se había consolidado al amparo del Pacto de Punto Fijo.

Con posterioridad, un año después, en 1993, el Presidente de la República Carlos Andrés Pérez fue enjuiciado y lo sustituyó transitoriamente el Presidente Ramón J. Velázquez hasta terminar el período del primero; lapso durante el cual le dimos un gran impulso institucional al proceso de descentralización[41].

La elección presidencial de 1993 pudo haber constituido la apertura de la vía democrática para el cambio político que ya resultaba indispensable y que podía superar el centralismo partidocrático, pero lamentablemente, la opción popular se inclinó por el que consideramos era el menos indicado de los candidatos para motorizar cambio alguno, el Presidente Rafael Caldera, bajo cuya presidencia el sistema político de Estado centralizado de partidos entró en la etapa definitiva de crisis terminal.

La exigencia de cambio político al final del período constitucional del Presidente Caldera era incontenible, y ante el deterioro y desmoronamiento de los partidos políticos tradicionales, en particular Acción Democrática y Copei, y el consecuente vacío político que dejaron, el candidato popular que había enarbolado la bandera del cambio, Hugo Chávez Frías, quien había sido indultado por el Presidente Caldera, como se dijo, ganó la elección presidencial el 6 de diciembre de 1998[42].

---

40   Texto guardado en mis archivos personales.

41   *V., Informe sobre la Descentralización en Venezuela 1993. Memoria del Dr. Allan R. Brewer-Carías, Ministro de Estado para la Descentralización*, Caracas, 1993.

42   En la elección presidencial de 1998 Hugo Chávez Frías obtuvo el 56,20% de los votos válidos, seguido por Henrique Salas Römer, con 39,99%. La abstención fue de aproximadamente el 35,27%. *V.*, en *El Universal*, Caracas 11-12-98, p. 1-1.

Con ello, sin embargo, se abrió la posibilidad de una vía democrática para el cambio político en el país.

Los motivos que nos habían llevado a proponer en 1992 la necesidad de una consulta popular sobre la Constituyente fueron los mismos que, agravados, también nos impulsaron en 1998 a pensar que ésta era inevitable para reconstituir el sistema político y el Estado[43].

El reto que entonces teníamos los venezolanos, era darnos cuenta definitivamente, de cuál era la disyuntiva real que teníamos planteada: o convocábamos democráticamente la Asamblea Constituyente para reconstituir el sistema político en ejercicio de nuestros propios derechos democráticos, o nos la iban a convocar quizás después de conculcárnoslos por algún tiempo o "por ahora", que siempre es un tiempo impreciso, por arbitrario.

La fórmula legal para llegar a ella, de la cual carecíamos en 1992, estaba en el referendo consultivo que se introdujo en la reforma de la Ley Orgánica del Sufragio y Participación Política de 1997[44], que atribuía la decisión para convocarlo al Presidente de la República en Consejo de Ministros; a las Cámaras Legislativas en sesión conjunta o a un grupo equivalente al 10% de los electores (art. 181).

De nuevo nos encontrábamos en la situación de que estaba en manos de los poderes del Estado la decisión para que en las elecciones de noviembre o diciembre de 1998, se hubiera podido incluir una tercera tarjeta para efectuar la consulta sobre el tema de la convocatoria a una Constituyente, y hubiéramos podido salir de una vez del asunto en forma democrática, de manera que si el voto era afirmativo, como lo hubiera sido según lo que informaban las encuestas, el Congreso que se eligió en noviembre de 1998 hubiera tenido como tarea inmediata prioritaria, por mandato popular, no por un acuerdo de partidos o por una propuesta política aislada, proceder a la reforma de la Constitución para regular la Constituyente y así poder convocarla constitucionalmente en 1999[45].

En esta situación de crisis terminal estimamos que no había que temerle a una Constituyente convocada democráticamente, es decir, no había que temerle a la democracia, siempre que tuviésemos claro que su sola convocatoria y funcionamiento no iba a acabar con los problemas del país; a lo que teníamos que temerle era a la incomprensión del liderazgo político sobre lo que estaba ocurriendo.

En todo caso, lo que sí consideramos que se debía evitar era que se procediera a su convocatoria sin previsión constitucional, como lo había anunciado el entonces candidato presidencial Hugo Chávez Frías y sus seguidores; y que de golpe fuéramos a resucitar otra "revolución legalista" como la de fines del siglo XIX que tuvo su origen, precisamente, en una reforma constitucional hecha irregularmente.

---

43   *V.,* Allan R. Brewer-Carías, "Reflexiones sobre la crisis del sistema político, sus salidas democráticas y la convocatoria a una Constituyente", en "Presentación" del libro *Los Candidatos Presidenciales ante la Academia,* Academia de Ciencias Políticas y Sociales, Caracas, 1998, pp. 11 a 66.

44   *V.,* en *Gaceta Oficial Extraordinaria* Nº 5.200 de 30-12-97.

45   *V.,* lo que expusimos al respecto, en noviembre de 1998, en Allan R. Brewer-Carías, *Asamblea Constituyente y Ordenamiento Constitucional,* Caracas 1999, pp. 78 a 85.

Una Asamblea Constituyente en estos tiempos de crisis política generalizada, consideramos que no es otra cosa que un mecanismo democrático para formular un proyecto de país, como lo fueron las grandes Constituyentes de 1811, 1830, 1864, 1901 y 1947, pero con la diferencia de que aquellas fueron el resultado de una ruptura política y no el mecanismo para evitarla. En estos tiempos de crisis de la democracia, estimábamos que una Constituyente era para que las fuerzas políticas pudieran llegar democráticamente a un consenso sobre ese nuevo proyecto de país. Por eso, lo importante era que la democracia la asumiera como cosa propia, por supuesto con el riesgo para el liderazgo tradicional de poder perder el control del poder que los partidos tradicionales habían tenido durante 40 años. Ese, quizás, era el precio que había que pagar para que la democracia continuara. Identificarlo era la tarea histórica que teníamos por delante.

La Constituyente así planteada, por supuesto, no era para destruir ni para excluir como se había sugerido por algunos, pues para establecer cualquier forma de auto-cracia o de autoritarismo no era necesario Constituyente alguna, más bien constituía un estorbo y un enredo.

La conclusión de la crisis terminal en la cual nos encontrábamos, por tanto, no era otra que reconstituir el sistema político para lo cual no sólo debía seguir siendo democrático, sino ser más democrático.

1. *La necesidad de un nuevo acuerdo, pacto o consenso para asegurar la gobernabilidad democrática*

En 1998 e independientemente de la legítima tarea de cada candidato y de cada partido en presentar en las elecciones una cara o máscara propia y distinta para buscar votos, lo que si era claro era que ninguno de los candidatos ni partidos aisladamente parecía estar en capacidad de asegurar la gobernabilidad democrática después de las elecciones, pues no era difícil vaticinar que ningún partido llegaría a obtener la mayoría parlamentaria, y aunque así fuera, ello no hubiera sido suficiente; precisamente en un año en el cual el nuevo gobierno tenía que enfrentarse a una de las más grandes crisis económicas que habíamos tenido en los últimos años, que derivaba de la caída de los precios del petróleo. No era la crisis financiera interna la que iba a agobiar al Estado, sino la crisis global del propio Estado petrolero.

Y ella, que va aparejada a la crisis política como siempre ha sucedido en la historia, sólo podía enfrentarse con un acuerdo que garantizase la gobernabilidad.

De eso precisamente se trata la democracia: de acuerdos, de consenso, de disi-dencias, de discusiones y de soluciones concertadas o votadas. Nos espantó leer a comienzos de 1998 todos los epítetos inimaginables que salieron de las cuevas y trincheras políticas, cuando el Profesor Luis Castro Leiva en su Discurso en la Sesión Solemne de las Cámaras Legislativas con motivo de la celebración de los cuarenta años del 23 de Enero de 1958, planteó este mismo problema de la gober-nabilidad y de la necesidad de un acuerdo político para asegurar la gobernabilidad democrática[46]. Lo insólito es que si no lo había, lo que íbamos a perder era la propia

---

46   *V.,* el texto en *El Nacional,* Caracas, 24-01-98, p. D-1. Véanse los comentarios sobre dicho plantea-miento en *El Nacional,* Caracas. 27-01-98, p. D-1. *V.,* asimismo sobre el tema del acuerdo para la

democracia y quizás a ello estaban apuntando unos cuantos, utilizando, por cierto, a muchos ingenuos.

Un acuerdo que asegurase la gobernabilidad, por supuesto, conllevaba el pago de un precio por la paz y la democracia por parte de cada uno de los que quisieran que éstas continuaran.

No era que estuviésemos planteando la disyuntiva electoral de 1998 en términos de democracia o guerra civil como algún candidato lo hizo, pues en definitiva ni la democracia ni la Constituyente podían ser monopolio de algún candidato. Era de todos y la guerra civil con la que se nos amenazaba como una posibilidad que podía estar cerca, tenía que ser la aversión de todos.

La democracia venezolana se mantuvo por cuarenta años gracias a que el partido Acción Democrática abandonó el exclusivismo sectario de los años cuarenta del siglo XX, y tuvo que comprender, por la represión de la dictadura militar, que en estas tierras no se podía pretender gobernar con exclusiones ni con un partido único mayoritario que impusiere su voluntad; y que había que llegar a un acuerdo de gobernabilidad democrática con los partidos existentes, así fueran minoritarios. Ese fue el Pacto de Punto Fijo, y ese acuerdo hizo posible la sobrevivencia del sistema.

Pero esos pactos por supuesto se habían acabado, porque cuarenta años después el país era otro; la democracia centralizada de partidos conducida por partidos regidos por el principio del centralismo democrático, había quedado en la historia, es decir, había terminado; y para que la democracia pudiera sobrevivir, por supuesto, no podían revivirse ninguno de aquellos pactos que también habían quedado en la historia.

Esto estaba claro, pero no por ello resultaba que no se requiriera de otro acuerdo político de mucho mayor espectro para definir el Estado democrático que queríamos para las próximas décadas, que era lo que teníamos y aún tenemos planteado por delante.

Por supuesto, no podía ser el "Acuerdo Nacional" que habían propuesto algunos partidos y líderes políticos en 1998, formulado tardíamente por cierto, como tantas otras veces ha ocurrido en nuestra historia. No, como señalábamos en 1998, el asunto era más complejo, más democrático: un acuerdo no podía ser lo que todavía había podido haber sido hace décadas, es decir, un documento al estilo del de Punto Fijo, firmado por tres, cinco o diez líderes políticos. En aquel entonces ellos representaban la democracia, eran los únicos que representaban la militancia democrática, pues el país no lo era. En 1998 la situación era otra, la mayoría de los venezolanos eran demócratas y la democracia se había desparramado por todos los rincones de esta tierra, de manera tal que nadie se hubiese sentido representado si sólo tres, cinco o diez líderes, de los de siempre, llegaban a un pacto para gobernar.

La propia democracia había complicado las cosas, para bien ciertamente, y entonces debía haber muchos más convidados al acuerdo, no sólo partidos y organizaciones intermedias de la sociedad civil, sino por sobre todo, intereses regionales de los nuevos centros de poder que para bien democrático se habían des-

---

gobernabilidad, los comentarios de Arturo Sosa S.J. en *El Universal*, Caracas 03-02-98, p. 1-16 y 17-06-98 p. 1-14.

arrollado en las provincias gracias al proceso de descentralización. Hacía todavía treinta años que bastaba que luego de hablar con el Alto Mando Militar se reunieran Rómulo Betancourt, Rafael Caldera y Jovito Villalba, los líderes de los partidos tradicionales, con los Presidentes de la Confederación de Trabajadores de Venezuela y de Fedecámaras, y quizás el Arzobispo de Caracas y algún otro dirigente partidista –pocos-, para que cualquier situación político-económica encontrase solución. En 1998, eso no era posible, ni podía serlo.

Ese necesario acuerdo que se requería para asegurar la gobernabilidad futura, por tanto, era mucho más complejo que el de 1958, requería de la participación de muchos nuevos actores y, por sobre todo, requería de un mecanismo que les garantizara su representatividad democrática. Pero precisamente, la misma crisis impedía la identificación precisa de todos los nuevos actores políticos; por eso la idea de la Constituyente para convocarlos democráticamente, como un medio para garantizar la participación de todos los actores, sin exclusiones, con el objeto de reconstituir el sistema político para la gobernabilidad democrática en el futuro; donde por supuesto, debían desarrollarse todos los poderes creadores necesarios, aún cuando con el rechazo de todas las fantasmagóricas ideas de clara inspiración totalitaria que comenzaron a aflorar como las de un "Poder Moral" o fórmulas por el estilo.

Pero la historia también nos enseña que esa oportunidad creadora, muy lamentablemente, muchas veces se ha perdido. Sucedió con la crisis que comenzó a aflorar en los años que precedieron a la Revolución federal, con dos reformas constitucionales y una Asamblea Constituyente tardía, la de 1858; sucedió con la crisis de fin del siglo XIX, también con dos reformas constitucionales y otra Asamblea Constituyente tardía y mal convocada, la de 1891; y sucedió con la crisis de los cuarenta del siglo pasado, con una reforma constitucional y una Asamblea Constituyente exclusionista, la de 1946. En ninguna de esas ocasiones el liderazgo pudo inventar nada nuevo para cambiar lo que era indispensable e inevitable cambiar, y fue necesaria la Guerra Federal para llegar a la Constituyente de 1863; fue necesaria la otra guerra de Gómez contra los caudillos federales para llegar a la Constituyente de 1901; fue necesario el golpe de Estado del 18 de octubre de 1945 para llegar a la Constituyente de 1946; y fue necesario el militarismo de los años cincuenta para llegar al Congreso constituyente de 1958.

Lo que no había derecho en el fin del siglo XX, en la época de las comunicaciones inmediatas, interactivas y virtuales era que el liderazgo político no inventara y tuviera a toda la población como espectadores de una función que había terminado, a la espera de que subiera el telón, pero sin que nadie supiera a ciencia cierta del espectáculo que íbamos a tener, el cual podía ser cualquier cosa. Por ello, lo que no había derecho era que en un país democrático, tuviéramos que esperar, de nuevo, como tantas veces en la historia, una ruptura política para llegar a la Constituyente.

El reto que teníamos era el de asegurar que el cambio inevitable que se iba a producir, similar al que habíamos tenido en otros períodos de nuestra historia, fuera democrático, para lo cual se necesitaba de una estabilidad política que garantizara la gobernabilidad, de manera que si ésta no se aseguraba desde el inicio, podía que el colapso definitivo de la democracia estuviese próximo.

En esta situación, hay que tener claro que al poder, en democracia, no se llega ni se puede pretender llegar por las buenas o por las malas; se llega con votos, gústele o no a quien quiera gobernar. Pero el problema real en 1998, no era llegar al poder, sino qué hacer una vez que se llegase a él y sobre esto los venezolanos habíamos oído muy poco en la campaña electoral, salvo algunas frases cohete que sirven para cualquier cosa.

Teníamos por delante, por tanto, un proceso de cambio inevitable, una revolución que estaba corriendo como río subterráneo bajo nuestros pies, y que además, implicaba un cambio generacional.

Por ello, en 1998, desde el punto de vista político, lo más peligroso para la democracia no era que ganase un candidato u otro, pues todos tenían el derecho de competir y de ganar democráticamente, sino que no se transformase la propia democracia y se pretendiera edificar un nuevo régimen sin cambio alguno, que fuera más de lo mismo, o que pretendiera suprimir la democracia y tuviera como sustento el uso arbitrario de la fuerza.

Lo que estaba en juego, por tanto, en definitiva, después de cuarenta años de su manejo centralista por los partidos, era la propia democracia. Para que sobreviviera, tenía que ser consolidada en todo el territorio nacional y no sólo en las cúpulas partidistas en Caracas; es decir, tenía que ser afianzada y arraigada en todos los pueblos, comunidades, organizaciones, regiones y Estados. Para ello, de nuevo, no había ni hay otra forma de garantizar su sobrevivencia que no fuera la descentralización política, y si bien la descentralización por si sola no soluciona todos los males políticos, mediante ella es que se puede participar. Por ello, en nuestro criterio, si había un termómetro infalible para determinar el grado democrático de las propuestas electorales de cualquiera de los candidatos o partidos en esos momentos, en Venezuela, era su concepción sobre la descentralización política del país.

La descentralización, por último, ha sido el signo de la historia de Venezuela: por ser Provincias coloniales pobres durante los primeros tres de los cinco siglos de nuestra historia, fuimos altamente descentralizados, originándose un poderoso poder local que se arraigó en los Cabildos; el cuarto siglo, el XIX, fue el del Federalismo ciertamente disgregante, que en un país que no había logrado consolidarse como Estado nacional, nos llevó a la ruina; y el siglo XX fue el del centralismo, tanto para construir el Estado nacional como para implantar la democracia.

Hecho esto, para reformular ese Estado nacional y para precisamente preservar la propia democracia, el péndulo necesariamente tenía y tiene que moverse de nuevo hacia la descentralización política y participativa. Descentralización y participación son, por tanto, las dos vías para que la democracia perviva y responden a la necesidad del cambio en libertad que los venezolanos quieren.

Más democracia desde el punto de vista del Estado, es decir, democratizar el Estado, sólo se logra con la descentralización política. Pero además de descentralizar el Estado para afianzar la democracia, ésta tiene que despartidizarse para que aquél pase de ser un Estado de partidos y convertirse en un Estado participativo. Es decir, hay que hacer a la democracia más democrática, y esto sólo se logra con la participación del pueblo en el proceso político, y no solamente cada 5 ó 6 años en las elecciones. Dada la agudeza de la crisis política de los últimos años del siglo XX, el país exigía cambios en democracia y con participación, y por ello la propuesta que habíamos formulado desde 1992, de una Asamblea Constituyente, no para sustituir a todos los Poderes del Estado ni convocada al margen de la Constitución y del Estado de derecho, sino dentro de su marco. Esa Constituyente, por tanto, era una Constituyente democrática, convocada en democracia; no una Constituyente que fuera producto de alguna ruptura política ni de una autocracia; sino convocada conforme a la Constitución.

2. *Las Asambleas Constituyentes en la historia de Venezuela*

Ahora bien, una Asamblea Constituyente, como resulta del significado propio de las palabras, es un congreso de representantes convocado con el objeto de constituir un Estado, es decir, establecer la organización política de una sociedad dada, en un territorio determinado[47]. En este sentido estricto, en Venezuela, en realidad, hemos tenido sólo dos Asambleas Constituyentes: el Congreso General de 1811 reunido en Caracas con el objeto de constituir el Estado venezolano independiente de la Corona Española[48] con la sanción de la Constitución Federal para los Estados de Venezuela 21-12-1811[49]; y el Congreso Constituyente convocado en Valencia, en 1830, por el General Páez, para reconstituir el Estado venezolano separado de la Gran Colombia y la sanción de la Constitución del Estado venezolano (22-9-1830)[50]. Con ello se inició el ya indicado primer período de nuestra historia política: el del Estado semi-descentralizado (1811-1864).

Una vez constituido el Estado venezolano independiente y autónomo, a partir de 1830, ha habido Asambleas Constituyentes pero no en el sentido estricto de "constituir" un Estado, sino de reconstituir el sistema político y reformar la Constitución, lo que en toda nuestra historia política siempre había ocurrido después de una ruptura de hilo constitucional.

En efecto, la Constitución de 1830 fue reformada por el Congreso conforme al procedimiento previsto en la misma (art. 227), en 1857. Posteriormente, como consecuencia del golpe de Estado contra el gobierno del Presidente Monagas, con la denominada Revolución de Marzo de 1858 comandada por Julián Castro, se convocó a una Gran Convención Nacional reunida en Valencia que sancionó la Constitución de 31-12-1858[51].

Luego de la anulación de dicha Constitución de 1858 por José Antonio Páez en 1862, y de las Guerras federales, la Asamblea Constituyente reunida en Caracas en 1863, sancionó la Constitución de los Estados Unidos de Venezuela (13-4-64), con la cual se inició el segundo período constitucional de Venezuela, el del Estado federal (1864-1901)[52].

---

47 *V.*, Allan R. Brewer-Carías, "Las Asambleas Constituyentes en la Historia de Venezuela", *El Universal,* Caracas 08-09-98, p. 1-5.

48 *V., Textos Oficiales de la Primera República,* Biblioteca de la Academia de Ciencias Políticas y Sociales, 2 Vols., Caracas 1982.

49 *V.,* los textos constitucionales que hemos tenido en Venezuela, en Allan R. Brewer-Carías, *Las Constituciones de Venezuela,* Caracas 1997; y sobre la evolución constitucional, *V.,* el "Estudio Preliminar" en ese libro, pp. 11 a 256.

50 *V.,* Eleonora Gabaldón, *La Constitución de 1830 (el debate parlamentario y la opinión de la prensa),* Caracas 1991.

51 *V.,* Eleonora Gabaldón, *La Convención de Valencia (la idea federal),* 1858, Caracas 1988.

52 *V.,* la obra *Ideas de la Federación en Venezuela 1811-1900,* Biblioteca del Pensamiento Político Venezolano José Antonio Páez, 2 Vols., Caracas 1995.

Después de múltiples vicisitudes políticas que afectaron la vigencia de la Constitución de 1864, como la Revolución Azul de 1868 comandada por José Tadeo Monagas y la Revolución de Abril de 1870 comandada por Antonio Guzmán Blanco; conforme a sus normas (art. 122), el Congreso modificó, en 1874, la Constitución de 1864. Igual sucedió después de la Revolución Reivindicadora comandada por Guzmán Blanco en 1879, correspondiendo al Congreso modificar de nuevo, en 1881, la Constitución de los Estados Unidos de Venezuela (27-4-1881).

El Congreso volvió a reformar la Constitución de 1864 (conforme al artículo 118 de la reforma de 1881) en 1891, y luego de la Revolución Legalista de 1892 comandada por Joaquín Crespo, se convocó una Asamblea Nacional Constituyente que se reunió en Caracas en 1893, que sancionó la Constitución de los Estados Unidos de Venezuela de 1893 (21-6-93).

Luego de la Revolución Liberal Restauradora comandada por Cipriano Castro en 1899, en 1900 se convocó una Asamblea Nacional Constituyente que sancionó la Constitución de 1901 (29-3-01), con lo que se inició el tercer período constitucional de Venezuela, el del Estado centralizado autocrático (1901-1945).

Después de la Revolución Reivindicadora comandada por Manuel Antonio Matos, y del triunfo militar de Juan Vicente Gómez contra los caudillos liberales, en 1904 el Congreso asumió las funciones, facultades y derechos que correspondían al poder constituyente, y sancionó la Constitución de 1904.

Después de la definitiva asunción del poder por Gómez y el exilio de Cipriano Castro, conforme la preveía la Constitución de 1904 (art. 127), el Congreso enmendó la Constitución en 1909. La consolidación de Gómez en el poder originó la convocatoria de un Congreso de Diputados Plenipotenciarios que promulgó un Estatuto Constitucional Provisorio de 1914 y luego sancionó la Constitución de 1914 (19-6-14). Dicha Constitución, como lo establecía su texto, (art. 130), fue enmendada o reformada en varias ocasiones durante el régimen de Gómez, en 1922, 1925, 1928, 1929 y 1931. Luego de la muerte de Gómez, en diciembre de 1935, la Constitución fue objeto de otras reformas por el Congreso, en 1936 (20-7-36) durante el gobierno de López Contreras y en 1945, durante el gobierno de Medina Angarita (5-5-45).

El 18 de Octubre de 1945 estalló la Revolución de Octubre comandada por militares y el partido Acción Democrática, iniciándose en esta forma el cuarto de los períodos políticos de nuestra historia, el del Estado democrático centralizo. La Junta Revolucionaria de Gobierno convocó en 1946 la elección de una Asamblea Constituyente que se reunió en Caracas y sancionó la Constitución de 1947 (5-7-47).

El 24 de noviembre de 1948 se produjo un golpe de Estado contra el gobierno del Presidente Rómulo Gallegos, disponiendo la Junta Militar en el Acta de Constitución del Gobierno Provisorio la aplicación de la Constitución de 1936, reformada en 1945. En 1953, en pleno régimen militar, se eligió una Asamblea Constituyente de los Estados Unidos de Venezuela, que sancionó la Constitución de 1953 (15-4-53).

Luego de un nuevo golpe de Estado, en 1958, la Junta Militar y la subsiguiente Junta de Gobierno asumieron el poder continuando en aplicación la Constitución de 1953, hasta que el Congreso electo en 1958, conforme a dicho texto (art. 140 y sigts.), reformó totalmente la Constitución, sancionando la Constitución del 23-1-61, que tuvo como modelo la de 1947.

Del panorama histórico antes descrito, resulta que después de las dos iniciales Asambleas Constituyentes del Estado venezolano independiente (1811) y autónomo (1830), que dieron inicio al primer período político de nuestra historia, la del Estado semidescentralizado (1811-1864); todas las Asambleas Constituyentes posteriores hasta 1948 fueron consecuencia de golpes de Estado o revoluciones. Así sucedió con la Asamblea Constituyente de 1858, dentro de dicho primer período histórico, que concluyó con las Guerras federales (1858-1863).

Como resultado de estas guerras, se celebró la Asamblea Constituyente de 1864 que dio inicio al segundo período de nuestra historia política que fue la del Estado federal (1864-1901). En ese período, luego de la Revolución Legalista de 1892 se celebró la Asamblea Constituyente de 1893, concluyendo el período con la Revolución Liberal Restauradora (1899).

Como consecuencia de esa Revolución, se dio inicio al tercer período histórico de la vida política venezolana, la del Estado autocrático centralizado, con la Asamblea Constituyente de 1901. En ese período histórico, en 1904 el Congreso asumió el poder constituyente reformando la Constitución, concluyendo dicho período con la Revolución de Octubre de 1945.

Con esta Revolución se inició el cuarto período de nuestra historia política, el del actual Estado democrático centralizado con la Asamblea Constituyente de 1947, y la reconstitución del sistema político con la Revolución Democrática de 1958.

Cuarenta años después, en medio de la crisis del sistema político, resultaba inevitable una nueva reconstitución del sistema político y del Estado. Entonces, por primera vez en nuestra historia se planteó claramente la posibilidad de convocar una Asamblea Constituyente pero en democracia, para precisamente evitar la ruptura del hilo constitucional y reconstituir el sistema político en libertad, lo que ocurrió en 1999.

3. *Precisiones sobre la Asamblea Constituyente en 1998*

Del panorama histórico antes señalado resulta que las Asambleas Constituyentes de 1864, después de las Guerras Federales; de 1901, después de la Revolución Liberal Restauradora, y de 1946, después de la Revolución de Octubre, tuvieron su origen en el hecho de que la crisis del sistema político que existía no pudieron resolverse antes de su ruptura, mediante la evolución del sistema mismo; y ello, básicamente, por la incomprensión del liderazgo actuante sobre la gravedad de las respectivas crisis; y fueron necesarias guerras o revoluciones para que se convocase al pueblo para reconstituirlo. En todos esos casos, la Asamblea Constituyente después de una ruptura, de acuerdo a las épocas y a los sistemas electorales que existían, implicaron la convocatoria de representantes del pueblo y de los actores políticos que existían, para que formularan un nuevo proyecto político que siempre dio origen a la emergencia de un nuevo liderazgo para ejecutarlo.

Como hemos dicho, los venezolanos de final del siglo XX no nos merecíamos tener que esperar una ruptura constitucional para convocar al pueblo. En la situación de crisis política terminal que teníamos en 1998, producida por el deterioro de los partidos políticos que a partir de 1958 habían asumido el monopolio del poder y de la representatividad y participación democráticas; y por el deterioro del Estado centralizado por su ineficiencia, la posibilidad de convocatoria de una Asamblea Constituyente, en democracia, era la vía más adecuada para evitar la ruptura del proceso democrático, resolver la crisis, formular un nuevo pacto social-constitucional y un nuevo proyecto político, que garantizando la democracia, abriera nuevos canales de participación y descentralizase territorialmente al país.

Por tanto, en los finales del siglo XX, para reconstituir el sistema político y el Estado no tenía sentido alguno que tuviera que producirse una ruptura constitucional que sin duda conduciría a conculcar derechos y libertades y a la propia democracia, para que después de un interregno autoritario se terminase convocando a una Constituyente para, precisamente, reconstituir el sistema político y permitir la emergencia de un nuevo liderazgo. Ello lo debíamos hacer en democracia y este fue el reto que se le planteó al liderazgo político, aún cuando no todos lo entendieron.

Pero toda decisión política dentro de un Estado de derecho democrático, tiene que ser adoptada de acuerdo a la Constitución. La Constitución de 1961 no preveía la posibilidad de convocatoria a una Asamblea Constituyente con esa misión de reconstituir el sistema político y reformar la Constitución, por lo que resultaba indispensable preverla en el propio texto de la Constitución mediante una reforma, que era el mecanismo adecuado para reformar la Constitución en este aspecto.

Pero para ello era necesario forzar al liderazgo político, para que efectivamente reformase la Constitución. Con tal fin, el primer paso que debió haberse dado era el que se procediera a realizar un referendo, por ejemplo, mediante la inclusión de una "tercera tarjeta" en las elecciones legislativas de noviembre o diciembre de 1998, para que el pueblo se pronunciase sobre la necesidad o no de la Constituyente y de la reforma constitucional que la regulase. Esto lo planteó formalmente al Congreso el Diputado Enrique Ochoa Antich[53], y con ello coincidió Oswaldo Álvarez Paz[54]. En todo caso, sobre la convocatoria a la Constituyente conforme a la Constitución, se pronunciaron el Presidente de la COPRE, Ricardo Combellas[55] y otra serie de destacados intelectuales[56].

En esta forma, si se obtenía un voto afirmativo mayoritario, como seguramente así hubiera ocurrido, la primera actividad que le hubiera correspondido al Congreso que resultase electo en noviembre de 1998, hubiera sido el proceder a reformar la Constitución para prever la Asamblea Constituyente y convocarla.

---

53   *V., El Universal,* Caracas 30-06-98, p.1-16; *El Nacional,* Caracas 31-07-98, p. D-6; *El Universal,* Caracas 31-07-98, pp. 1-2; y *El Nacional,* Caracas 18-08-98, p. D-4

54   *V.,* Oswaldo Álvarez Paz, "Constituyente a la Vista", *El Universal,* Caracas 06-08-98, p. 1-5; y sus declaraciones en *El Globo,* Caracas 14-08-98, p. 4; en *El Nacional,* Caracas 24-08-98, p. D-3 y en *El Universal,* Caracas 24-08-98, p. 1-18

55   *V.,* Ricardo Combellas, *¿Qué es la Constituyente?, Voz para el futuro de Venezuela,* Caracas 1998. Muchas de las afirmaciones formuladas en este libro sobre la naturaleza de la Asamblea Constituyente fueron radicalmente distintas a las formuladas por el mismo en su libro Ricardo Combellas, *Poder Constituyente (Presentación, Hugo Chávez Frías),* Caracas 1999.

56   Véanse los trabajos contenidos en el libro R. Combellas (coordinador) *Constituyente. Aportes al Debate,* COPRE, Konrad Adenauer Stiftung, Caracas 1998. *V.,* además, Juan M. Raffalli Arismendi, *Revolución, Constituyente y Oferta Electoral,* Caracas 1998.

La iniciativa para ese referendo de noviembre o diciembre de 1998, con fundamento en el artículo 4 de la Constitución y conforme a la Ley Orgánica del Sufragio y Participación Política, sólo la tenían el Presidente de la República en Consejo de Ministros, las Cámaras Legislativas en sesión conjunta o el 10% del electorado. Si los órganos del Estado realmente hubieran tenido conciencia de la crisis terminal en la cual nos encontramos, el Gobierno o las Cámaras Legislativas habrían resuelto convocar a esa consulta de la voluntad popular para que el pueblo se pronunciara sobre el tema de la Constituyente en las elecciones de 1998, y así establecerle al que sería el próximo Congreso un mandato popular de cumplimiento obligatorio como programa prioritario para el 1999.

Con fundamento en lo antes dicho, el 24 de agosto de 1998 presentamos al Presidente y Vicepresidente del Congreso de la República, una nueva propuesta sobre la necesidad de la convocatoria a una Asamblea Constituyente, -que estimamos que no podía ser bandera ni de un candidato presidencial, ni de un partido, ni de individualidades aisladas, pues era de la democracia-, con el objeto de convocar a todos los nuevos y viejos actores políticos producto de la democratización del país, para reconstituir el sistema político. En dicha comunicación presentada conforme a lo establecido en el artículo 67 de la Constitución que garantiza el derecho de petición, formalmente les solicitamos considerasen someter al Congreso la decisión de tomar la iniciativa para convocar la celebración de un referendo, con el objeto de consultar a los electores sobre la convocatoria a una Asamblea Constituyente, con base en lo siguiente:

> *"Dicho referendo podría realizarse en la misma oportunidad prevista para la elección de los Cuerpos Legislativos nacionales, el próximo 8 de noviembre, de manera que los nuevos Senadores y Diputados electos, de resultar afirmativa la consulta popular, tendrían un ineludible e insoslayable mandato popular para proceder de inmediato a reformar la Constitución de 1961 y agregar un nuevo artículo consagrando la figura de la Asamblea Constituyente, para reformarla integralmente, de manera que la misma pueda convocarse durante el primer semestre del próximo año (1999).*

> *De acuerdo con el artículo 182 de la Ley Orgánica del Sufragio y Participación Política, la pregunta que en este caso se podría formular, en forma clara y precisa, reflejando los términos exactos del objeto de la consulta, de manera que los votantes puedan contestar con un "sí" o un "no", podría ser la siguiente:*

> *"Por la democracia, ¿vota Ud. por la reforma constitucional para convocar una Asamblea Constituyente con representación de todas las fuerzas sociales y políticas de la República, integrada democrática y popularmente, para reformar integralmente la Constitución de la República?."*

> *Si se quisiera ser más preciso en la pregunta, a los efectos de que el mandato popular que resulte del referendo, establezca los principios conforme a los cuales debe procederse a reformar la Constitución en este aspecto de prever la Asamblea Constituyente, la pregunta podría formularse de la siguiente manera:*

> *Por la democracia, ¿vota Ud. por la reforma constitucional para convocar una Asamblea Constituyente con representación de todas las fuerzas sociales y políticas de la República, integrada democrática y popularmente, para reformar integralmente la Constitución de la República, conforme a los siguientes principios:*

1. La Asamblea Constituyente tendrá carácter unicameral, integrada por un número reducido de hasta 80 miembros.

2. Los miembros serán electos en tres formas: 48 electos en forma uninominal, dos en cada Estado y en el Distrito Federal; 22 electos nominalmente de una lista nacional y 10 electos por cooptación por los constituyentistas electos en la forma antes indicada.

3. Los miembros electos uninominalmente en cada Estado y en el Distrito Federal deberán obtener más del 50% de los votos válidos o, en su defecto, la mayoría de votos en una segunda vuelta.

4. Las postulaciones de los candidatos uninominales la podrán hacer, en cada Estado y el Distrito Federal, los partidos políticos nacionales o regionales y cualquier grupo de electores respaldados por al menos 1.000 firmas; las postulaciones de candidatos a integrar la lista nacional la podrán hacer los partidos nacionales o grupos de electores respaldados por al menos 10.000 firmas.

5. No podrán ser electos para formar parte de la Asamblea Constituyente quienes hubieran sido electos para los cuerpos representativos en las elecciones de noviembre de 1998 o desempeñen algún cargo en los órganos del Poder Público, salvo que renuncien a su investidura durante los 15 días siguientes de iniciado el período de postulación de los candidatos a la Asamblea Constituyente.

6. La Asamblea Constituyente tendrá como mandato elaborar una nueva Constitución en un lapso de 180 días, para lo cual deberán preverse mecanismos que aseguren la consulta a todos los sectores nacionales y regionales. En consecuencia, la Asamblea Constituyente no interrumpirá el funcionamiento de los Poderes Públicos, salvo en lo que resulte de la nueva Constitución, una vez promulgada.

7. La Asamblea Constituyente será depositaria de la soberanía popular y representará al pueblo en su conjunto. Sus miembros actuarán individualmente según su conciencia y no podrán estar ligados por mandatos expreso o instrucciones partidistas de ningún género.

8. Los miembros de la Asamblea Constituyente no podrán ser candidatos para integrar el primer órgano del Poder Legislativo Nacional que se elija después de la promulgación de la Nueva Constitución?". [57]

La propuesta dio origen a un nuevo debate sobre el tema, readquiriendo actualidad planteamientos similares que se habían venido formulando por otras personas, en particular, por Oswaldo Álvarez Paz y por el Diputado Enrique Ochoa Antich en la Cámara de Diputados el 30-07-98. Las Cámaras Legislativas, en sesión conjunta el día 27 de agosto de 1998, sin embargo, decidieron nombrar una Comisión Especial para estudiar el asunto -la mejor manera, por supuesto, de no considerarlo-, el cual no se pudo discutir antes de que concluyeran las sesiones ordinarias el 03-09-98.

---

57   Una comunicación con texto similar le enviamos en la misma fecha al Presidente de la República, Dr. Rafael Caldera. *V.,* el texto en *El Globo,* Caracas 26-08-98). *V.,* sobre esto Allan R. Brewer-Carías, *Asamblea Nacional Constituyente y Ordenamiento Constitucional, cit.,* pp. 56 y ss.

4. *El necesario régimen constitucional de la Constituyente*

Ahora bien, se efectuase o no el referendo para consultar la voluntad popular para regular y convocar a una Constituyente que no estaba regulada en la Constitución de 1961, resultaba indispensable establecer las reglas conforme a las cuales debía convocarse, quiénes la podían integrar, la forma de elección de sus miembros y las funciones específicas que se le debían atribuir. La Asamblea Constituyente de la cual estábamos hablando en un régimen democrático regido por una Constitución como la de 1961, era un instrumento para recomponer el sistema político y plasmarlo en una nueva Constitución. No era una Constituyente producto de un golpe de Estado o de una revolución, en el cual el poder revolucionario es el que fija las reglas para la Constituyente.

Estábamos en un régimen democrático, regido por una Constitución que establecía los principios del Estado de derecho, y era conforme a los mismos que planteamos la necesidad de prever la Constituyente y convocarla para lograr un nuevo pacto político, sin exclusiones.

En este contexto, una Asamblea Constituyente tenía que elegirse conforme a unas reglas y para determinados cometidos, insertándose su funcionamiento, mediante normas precisas, dentro del funcionamiento democrático del Estado y de sus órganos.

Ese régimen de la Constituyente, cualquiera que fuera, dentro del régimen democrático tenía que estar establecido formalmente por el poder constituyente instituido, es decir, conforme al artículo 246 de la Constitución, por el Congreso mediante la inserción de dicho régimen en la Constitución a través de su reforma que debía ser aprobada mediante referendo[58]. No era admisible, bajo ningún punto de vista democrático, hubiera o no referendo consultivo sobre la Constituyente, que luego, las reglas para su convocatoria, integración, forma de elección de sus miembros y funciones las determinase exclusivamente el gobierno; ello no sólo era contrario a la Constitución sino que hubiera sido un típico caso de usurpación de autoridad.

Precisamente para establecer el régimen de la Asamblea Constituyente, con rango constitucional, fue que en mayo de 1992, como antes se dijo, cuando el tema de la Constituyente dominó la discusión política, un grupo de organizaciones de la sociedad civil[59], habíamos presentado a consideración de la opinión pública y de todos los ciudadanos, como alternativa frente a la Reforma Constitucional que en ese momento estaba discutiendo el Congreso, un *Proyecto Alternativo de Reforma Consti-*

---

58   *V.,* Allan R. Brewer-Carías, "Los procedimientos de revisión constitucional", *Boletín de la Academia de Ciencias Políticas y Sociales,* N° 134, Caracas 1997, pp. 169 a 222.

59   Entre ellas el Centro Educativo de Acción Popular al Servicio de las Organizaciones Comunitarias (CESAP), la Fundación de Derecho Público, y el Grupo de Estudios Constitucionales que integramos varios profesores universitarios (Allan R. Brewer-Carías, Pedro Nikken, Carlos Ayala Corao, Gerardo Fernández, Gustavo Linares Benzo, Armando Gabaldón, entre otros). *V.,* particularmente Carlos Ayala Corao, "El funcionamiento de la Constituyente", "La crisis política y la salida Constituyente", y "La convocatoria Constituyente", *El Diario de Caracas,* 14-05-95; 21-05-95 y 04-06-95, p. 4. *V., Revista Sic,* Año LV, N° 544, Mayo 1992, (Tema "Revolución constitucional"). *V., El Diario de Caracas,* Caracas, 16-05-92, p. 27.

tucional relativo exclusivamente a la Asamblea Nacional Constituyente y su convocatoria inmediata, el cual volvimos a presentar en 1998 a la consideración de la opinión[60].

En 1992, teníamos el convencimiento que una reforma constitucional como la que adelantaba el Congreso, sin convocatoria, consulta y participación del pueblo, no iba a resolver la grave crisis política que atravesaba el país, que era precisamente una crisis de representatividad y de participación, que luego se había agravado.

Ello había originado la pérdida de legitimidad democrática de las instituciones electas, la cual sólo podía recuperarse democráticamente mediante la convocatoria inmediata al pueblo de una Asamblea Constituyente que reformulase el sistema político en su conjunto, y permitiera el surgimiento del nuevo liderazgo que el país requería; situación que en 1998 aún persistía. Un referendo sólo para aprobar una reforma constitucional como la que discutía el Congreso, al contrario, podía precipitar a un estruendoso fracaso de la democracia, por la abstención electoral que cualquiera podía vaticinar se produciría.

De lo anterior resultaba que una Asamblea Constituyente para ser convocada democráticamente en el marco de la Constitución de 1961 que estaba vigente, en todo caso, debía tener un régimen relativo a su integración y funcionamiento que tenía que tener rango constitucional. De lo contrario, quedaría en los órganos constituidos del Estado el establecimiento de ese régimen, no teniendo ni el Ejecutivo ni el Legislador *status* de poder constituyente o carácter de representante del mismo.

Ahora bien, el triunfo electoral del Presidente Chávez en diciembre de 1998 y la falta de disposición del liderazgo mayoritario del Congreso electo en noviembre de 1998, en asumir el proceso de cambio constitucional[61], la convocatoria de la Asamblea Nacional Constituyente quedó en manos y bajo el liderazgo del Presidente electo, máxime cuando esa había sido su bandera electoral más destacada.

Con la toma de posesión del Presidente Chávez de la Presidencia de la República el 2 de enero de 1999, se inició entonces la batalla legal por encauzar el proceso constituyente dentro del marco de la constitucionalidad, de manera que la necesaria convocatoria de la Asamblea se hiciese sin la ruptura constitucional que había caracterizado las anteriores Asambleas Constituyentes en toda nuestra historia.

La pauta, aún cuando bastante ambigua, la dio la Corte Suprema de Justicia en Sala Político Administrativa, en sentencias dictadas el 19 de enero de 1999, (*Casos: Referendo Consultivo I y II*), con motivo de resolver sendos recursos de interpretación que se le habían formulado, sobre la posibilidad de convocar un referendo consultivo sobre la Asamblea Constituyente conforme al artículo 181 de la Ley Orgánica del Sufragio, y la posibilidad de la convocatoria de la misma, no estando dicha instancia política prevista en la Constitución de 1961[62].

---

60   *V.*, el texto de la *Propuesta* en nota 40, pp. 36 y ss. de este libro. *V.*, la posición contraria a este planteamiento en Carlos M. Escarrá Malavé, *Proceso Político y Constituyente. Papeles Constituyentes*, Maracaibo 1999, pp. 33 y ss.

61   *V.*, lo expuesto en Allan R. Brewer-Carías, *Asamblea Constituyente y Ordenamiento... cit.* p. 78 y ss.

62   *V.*, el texto de las sentencias en Allan R. Brewer-Carías, *Poder Constituyente Originario y Asamblea Nacional Constituyente, op. cit*, pp. 25 a 53; y véanse los comentarios a dichas sentencias en ese mismo

Nuestra posición desde 1992, había sido la de la necesaria reforma puntual de la Constitución de 1961 para regular la Asamblea Nacional Constituyente como un instrumento político para la reforma constitucional, a los efectos de que pudiese ser convocada, ya que dicha institución no se encontraba dentro de los mecanismos de revisión de la Constitución.

En todo caso, el dilema entre supremacía constitucional y soberanía popular, que en nuestro criterio inclinaba la balanza hacia el primer aspecto, sólo podría conducir a que pudiera prevalecer la soberanía popular sobre la supremacía constitucional con una interpretación constitucional de la Corte Suprema de Justicia, que se concretó en dichas sentencias de la Sala Político Administrativa del 19 de enero de 1999, de la cual se dedujo que se podía convocar un referendo consultivo sobre la Constituyente, la cual en definitiva se podía crear mediante la voluntad popular al margen de la Constitución de 1961.

Con dichas sentencias, en definitiva, se abrió el camino para la estructuración de una tercera vía para reformar la Constitución de 1961, distinta a la Reforma General y la Enmienda previstas en sus artículos 245 y 246, como consecuencia de una consulta popular para convocar una Asamblea Constituyente.

SECCIÓN SEGUNDA: LA CONSTITUCIÓN DE 1961 Y EL PROCESO CONSTITUYENTE DE 1999

I.   EL PODER CONSTITUYENTE INSTITUIDO Y LOS PROCEDIMIENTOS DE REVISIÓN CONSTITUCIONAL EN LA CONSTITUCIÓN DE 1961

Venezuela es, quizás, la República latinoamericana que mayor número de Constituciones ha tenido en toda su historia política. Entre 1811, año en el cual se sancionó la Constitución Federal para los Estados de Venezuela (21-12-1811), que fue no sólo la primera de la República sino de todos los países iberoamericanos; y 1999, cuando se promulgó la Constitución vigente (30-12-1999) se han sucedido 26 Textos constitucionales, a los cuales hay que agregar otro tanto de actos estatales de rango constitucional, producto de múltiples rupturas del hilo constitucional regular.

Fueron precisamente esos antecedentes de variaciones constitucionales, los que hicieron completamente relativa la rigidez constitucional, motivando la inclusión en la Constitución de 1961 de procedimientos variados de revisión y adaptabilidad formal de la Constitución, que si bien eran cónsonos con la rigidez también lo eran con la necesidad de que el Texto no se petrificara.

En esta forma, en la Constitución de 1961, podían distinguirse dos procedimientos formales para la modificación constitucional: el que correspondía al poder constituyente instituido para la Reforma General y el que correspondía a las Enmiendas, previstos en el Capítulo X del Texto[63]. En los artículos 245 a 248 de ese Título, sin

---

libro, pp. 55 a 114 y en Allan R. Brewer-Carías, *Asamblea Constituyente y Ordenamiento Constitucional, op. cit.* pp. 153 a 228. Asimismo, en la segunda parte de este libro.

63   *V.,* Allan R. Brewer-Carías, "Los Procedimientos de Revisión Constitucional en Venezuela", en *I procedimenti di revisione constitucionale nel dirito comparato,* Urbino, 23-24 de abril de 1996,

embargo, no se indicaba cuándo debía acudirse a uno u otro procedimiento. De la "Exposición de Motivos" del Proyecto de Constitución (1960), en todo caso, se deducía que la diferenciaron entre los dos procedimientos sometidos a requisitos distintos, derivaba de que se tocasen o no aspectos fundamentales del pacto político constitucional.

En esta forma, la Reforma era el procedimiento que debía seguirse si se iban a modificar las decisiones fundamentales o básicas para organizar políticamente a la comunidad; en cambio, la Enmienda debía referirse a aquellos aspectos de la Carta Fundamental donde predominase más lo incidental que lo fundamental. La Enmienda era, entonces, un instrumento para facilitar cambios no fundamentales; era, en definitiva, el vehículo para la modificación de "artículos que permitían dejar incólume el texto original o fundamental". En cambio, la Reforma consistía en un "cambio en lo más profundo del contenido de la Carta, modificaciones del espíritu mismo del Constituyente, en fin, derogación de la Constitución y su sustitución por otra".

Por eso, aparte de otras diferencias fundamentales, había una esencial entre los procedimientos para la Reforma y la Enmienda, y era que en el primero, necesariamente debía someterse el proyecto a referendo "para que el pueblo se pronunciase a favor o en contra de la Reforma". En la Enmienda esto no era necesario, y se preveía, en cambio, la aprobación del Proyecto por las Asambleas Legislativas de los Estados (arts. 245 y 246).

De acuerdo con estas regulaciones, el Congreso de la República, aún siendo el representante por excelencia del pueblo, no podía libremente modificar la Constitución, pues no era poder constituyente originario ni instituido ni tenía mandato para actuar como tal. La consecuencia de esta rigidez constitucional era que toda reforma de la Constitución, es decir, toda modificación de la decisión política que ella implicaba y que configuraba el régimen político y constitucional de la República, sólo podía tener vigencia si era aprobada mediante referendo, por la mayoría absoluta de los sufragantes (art. 248). Por tanto, sólo el poder constituyente originario, es decir, el pueblo soberano, podía modificar su decisión política consagrada en la Constitución.

En esta forma, toda revisión constitucional que implicase una modificación de las decisiones políticas básicas contenidas en la Constitución, tenía que ser objeto del procedimiento de Reforma General, pues requería la intervención del poder constituyente. Por tanto, por ejemplo, toda modificación del régimen de gobierno presidencial que implicase su sustitución por otro, exigía una Reforma de la Constitución. Asimismo, toda modificación de la forma del Estado que implicase transformar la forma federal por la de un Estado unitario o por cualquier otra forma de descentralización territorial regional, exigía una Reforma de la Constitución. Por otra parte, por ejemplo, constituyendo los derechos y garantías partes esenciales de la decisión política contenida en la Constitución, toda eliminación o restricción de dichos derechos, también debía ser objeto de Reforma constitucional, siempre y

Universidad de Urbino, Italia 1999, pp. 137 a 181; publicado también en *Boletín de la Academia de Ciencias Políticas y Sociales*, N° 134, Caracas 1997, pp. 169 a 222. *V.*, también en Allan R. Brewer-Carías, *Asamblea Constituyente y Ordenamiento Constitucional*, Caracas 1999, pp. 89 a 149; texto que seguimos en estas páginas.

cuando se tratase de derechos constitucionales que no supeditasen su ejercicio a lo establecido en la ley.

En todo caso, lo que debe quedar claro del carácter del ordenamiento constitucional de 1961, era su rigidez, que implicaba que la decisión política del poder constituyente no podía ser modificada sino por el propio poder constituyente, mediante referendo; y cualquier otra modificación del texto constitucional, que no incidiera sobre lo fundamental de dicha decisión política, podía ser enmendada a través de un procedimiento, que si bien no exigía la intervención del pueblo, sí preveía la participación de las Asambleas Legislativas de los Estados. En ambos casos, la modificación del orden constitucional escapaba de la competencia ordinaria del poder legislativo como poder constituido.

La consecuencia de esta rigidez constitucional, era la existencia de una distinción radical o separación profunda entre el ordenamiento constitucional integrado por la Constitución, sus Enmiendas, y otras modificaciones previstas en la misma, y el ordenamiento legal; de manera que el segundo estaba supeditado al primero. Por tanto, el legislador ordinario, creador de normas de orden legal, no podía modificar el orden constitucional; y si el mismo Congreso intervenía en las Reformas de la Constitución y sus Enmiendas, no lo hacía en tanto que órgano del poder legislativo (poder constituido), sino en tanto que copartícipe del poder constituyente.

Ahora bien, en cuanto al régimen de las Enmiendas, el artículo 245 de la Constitución exigía que la iniciativa partiera de una cuarta (1/4) parte de los miembros de alguna de las dos Cámaras Legislativas que integraban el Congreso (Cámara de Diputados o Senado); o bien de una cuarta (1/4) parte de las Asambleas Legislativas de los Estados Federados de la República, mediante acuerdos tomados en no menos de dos discusiones por la mayoría absoluta de los miembros de cada Asamblea (Art. 245, ord. 1°).

La Enmienda se debía discutir en las Cámaras Legislativas según el procedimiento establecido en la Constitución para la formación de las leyes (Art. 245, ord. 3°). Aprobada la Enmienda por el Congreso, la presidencia la debía remitir a todas las Asambleas Legislativas de los Estados para su ratificación o rechazo en sesiones ordinarias, mediante acuerdos considerados en no menos de dos discusiones y aprobados por la mayoría absoluta de sus miembros (Art. 245, ord. 4°).

En cuanto al régimen de las Reformas Generales, el artículo 246 establecía que la iniciativa debía partir de una tercera (1/3) parte de los miembros del Congreso (las Cámaras Legislativas reunidas en sesión conjunta), o de la mayoría absoluta de las Asambleas Legislativas en acuerdos tomados en no menos de dos discusiones por la mayoría absoluta de los miembros de cada Asamblea (Art. 246, ord. 1°).

La iniciativa de la Reforma se debía dirigir a la Presidencia del Congreso, la cual debía convocar a las Cámaras a una sesión conjunta con tres días de anticipación por lo menos, para que se pronunciase sobre la procedencia de aquélla. La iniciativa debía ser admitida por el voto favorable de las dos terceras (2/3) partes de los presentes (Art. 246, ord. 2°).

Admitida la iniciativa, el proyecto respectivo se debía comenzar a discutir en la Cámara señalada por el Congreso, y se debía tramitar según el procedimiento establecido en la Constitución para la formación de las leyes (ord. 3°).

El proyecto de Reforma aprobado se debía someter a referendo en la oportunidad que fijasen las Cámaras en sesión conjunta, para que el pueblo se pronunciase en favor o en contra de la reforma (Art. 246, ord. 4°).

Conforme a la Constitución de 1961, en consecuencia, la revisión de la Constitución sólo podía producirse a través del procedimiento de Enmienda o del procedimiento de Reforma General. No se regulaba en su texto la figura de la Asamblea Constituyente como, por ejemplo, si lo hacían otras Constituciones modernas (EE.UU., Paraguay), como poder constituyente instituido de revisión constitucional.

El debate sobre la convocatoria a una Asamblea Constituyente, en consecuencia, a partir de 1998, tuvo que plantearse en términos jurídico-constitucionales: por una parte, se argumentó y argumentamos que en virtud del régimen del Estado constitucional de derecho fundado en la democracia representativa que regulaba la Constitución de 1961, que gozaba de supremacía, era necesario regular previamente, mediante una Reforma de la Constitución a la Asamblea Constituyente, para poder convocarla; por otro lado, se argumentaba que en virtud de que la soberanía residía en el pueblo, éste, como poder constituyente siempre podía manifestar su voluntad y, por tanto, como consecuencia de un referendo consultivo, se podía convocar la Asamblea Constituyente para la reforma de la Constitución, sin que fuera necesario reformar previamente la Constitución para regularla[64].

II. EL DILEMA DEL ESTADO CONSTITUCIONAL ENTRE SOBERANÍA POPULAR Y SUPREMACÍA CONSTITUCIONAL

1. Los pilares del Estado constitucional

La discusión jurídica que resultaba de las posiciones antagónicas antes indicadas, por supuesto, no era nada nueva: se ha planteado a través de toda la historia del constitucionalismo moderno, el cual, precisamente, ha cimentado al Estado sobre dos pilares fundamentales: por una parte, el principio democrático representativo y por la otra, el principio de la supremacía constitucional. Así lo reconoció la sentencia de la Sala Político Administrativa de la Corte Suprema de Justicia (*Caso: Referendo Consultivo I*) de 19-1-99[65], al resolver un recurso de interpretación sobre el artículo 181 de la Ley Orgánica del Sufragio y Participación Política, al señalar:

> El Estado Constitucional venezolano cimienta su estructura y razón de ser en dos principios fundamentales: a) Por un lado, en la tesis de la *democracia* o "gobierno del pueblo, por el pueblo y para el pueblo"; b) Por el otro, en el principio de la *supremacía de la Constitución,* que coloca a ésta en la cúspide del ordenamiento jurí-

---

64 *V.,* la discusión en Allan R. Brewer-Carías, *Asamblea Constituyente y Ordenamiento Constitucional,* Caracas 1999, pp. 153 a 227, texto que seguimos en estas páginas. *V.,* la apreciación de Roberto Viciano Pastor y Rubén Martínez Dalmau, *Cambio político y proceso constituyente en Venezuela (1998-2000),* Valencia, 2001, pp. 151. No creemos que pueda simplificarse la cuestión debatida como una mera "utilización del derecho vigente para obstaculizar el proceso de cambio en Venezuela", como parece que lo hacen estos autores, pp. 148 y ss.

65 *V.,* el texto de la sentencia en Allan R. Brewer-Carías, *Poder Constituyente Originario y Asamblea Nacional Constituyente,* Caracas 1999, pp. 25 y ss.

dico del Estado, lo cual obliga tanto a los gobernantes como a los gobernados a someterse a ella.

En cuanto al principio democrático, es indudable que en el constitucionalismo moderno se optó por el modelo de democracia representativa frente al modelo de democracia directa, la cual, por la práctica política y por imposibilidad histórica de implementación en sociedades complejas nunca pudo establecerse, salvo en lo que leemos de la política en las ciudades griegas.

Desde el mismo nacimiento del constitucionalismo moderno, producto de las revoluciones norteamericana, francesa y latinoamericana de fines del siglo XVIII y comienzos del siglo XIX, por tanto, la opción siempre fue y ha sido por la democracia representativa, que exige la actuación del pueblo soberano a través de sus delegados o representantes, los cuales siempre están limitados en su actuación por decisión del pueblo soberano, al adoptar como poder constituyente la Constitución, a la cual deben someterse tanto los poderes constituidos como el propio soberano. De esta renuncia a la democracia directa y del establecimiento de la democracia representativa, surge el principio de la limitación del poder mediante la Constitución, a la cual se erige como norma suprema que obliga a gobernantes y gobernados y, por supuesto, como globalidad de estos últimos, al propio pueblo soberano que con ella se auto limita al constitucionalizar su poder.

En este contexto de la democracia representativa, cuando el poder constituyente adopta la Constitución y constituye inicialmente el Estado, puede decirse que la actuación del pueblo soberano cesa y, en cierta forma, la soberanía popular se sustituye por la supremacía constitucional, de manera que incluso la reforma de la Constitución la ha de hacer el pueblo soberano conforme a los postulados que él mismo ha consagrado en la propia Constitución. Es decir, el pueblo soberano, al adoptar la Constitución como poder constituyente, de allí en adelante actúa conforme a las regulaciones que ha establecido en la Constitución, como poder constituyente instituido, con poder de modificación o reforma de la Constitución.

Lo anterior, por supuesto, sólo es y ha sido válido en una situación de continuidad constitucional del Estado. En países que han tenido rupturas constitucionales, como ha sucedido en Venezuela a lo largo de la historia, a pesar de que, por ejemplo, las Constituciones de 1857, 1858, 1864, 1893, 1945, 1947 y 1953, preveían mecanismos para su reforma o modificación constitucional, las Asambleas Constituyentes de 1858, 1863, 1893, 1901, 1946, 1953 y 1958, producto de golpes de fuerza, asumieron el poder constituyente originario, al margen de la Constitución precedente que había sido rota, para adoptar una nueva Constitución. En todos esos casos, el conflicto entre soberanía popular y supremacía constitucional se resolvió por la ruptura del hito constitucional y la emergencia, de hecho, del poder constituyente originario, cediendo la supremacía constitucional ante la actuación del pueblo derivado de un hecho de fuerza.

Sin embargo, en la situación política de nuestro país en 1999, no estando en un régimen de gobierno de hecho, sino en un proceso de cambio democrático en el marco de una Constitución como la de 1961, también resultaba indispensable resolver el conflicto político entre la soberanía popular que quería manifestarse y la supremacía constitucional, lo que exigía, por sobre todo, mantener el equilibrio entre ambos principios[66].

Si nos atenemos al sólo principio democrático de democracia representativa que está a la base del Estado constitucional, el pueblo soberano sólo podía manifestarse como poder constituyente instituido mediante los mecanismos de modificación constitucional previstos en la Constitución (art. 246). Sin embargo, de acuerdo con el criterio expresado por la Corte Suprema de Justicia en su mencionada sentencia *Caso Referendo Consultivo I*:

> Si la Constitución, como norma suprema y fundamental puede prever y organizar sus propios procesos de transformación y cambio..., *el principio democrático quedaría convertido en una mera declaración retórica....*

Es decir, para que el principio democrático no fuera una mera declaración retórica, los procesos de cambio o transformación constitucional no debían quedar reducidos a los que se preveían en la Constitución como norma suprema y fundamental.

Pero si nos atenemos al otro principio del constitucionalismo moderno, el de la supremacía constitucional, es decir, el necesario respeto de la Constitución adoptada por el pueblo soberano que obliga y se impone por igual, como lo dijo la Corte, tanto a los gobernantes (poderes constituidos) como a los gobernados (poder constituyente), toda modificación de la voluntad popular plasmada en la Constitución sólo podía realizarse a través de los mecanismos de reforma o enmienda que proveyera la misma Constitución que es, precisamente, obra de la soberanía popular.

Sin embargo, también de acuerdo al criterio expresado por la Corte Suprema de Justicia, en la referida sentencia *Caso Referendo Consultivo I,*

> Si se estima que para preservar la soberanía popular, es al pueblo a quien corresponderá siempre, como titular del poder constituyente, realizar y aprobar cualquier modificación de la Constitución,... *la que se verá corrosivamente afectada será la idea de supremacía.*

Es decir, para que el principio de la supremacía constitucional no se viera corrosivamente afectado, las modificaciones a la Constitución sólo las podía realizar el pueblo a través de los mecanismos previstos en la propia Constitución.

Es claro, por tanto, cual era el dilema abierto en ese momento histórico de Venezuela desde el punto de vista constitucional: o la soberanía popular era pura retórica si no podía manifestarse directamente fuera del marco de la Constitución; o la supremacía constitucional se veía corrosivamente afectada si se permitía que el pueblo soberano, como titular del poder constituyente, pudiera modificar la Constitución fuera de sus normas.

---

66   *V.*, los comentarios sobre el dilema en Lolymar Hernández Camargo, *La Teoría del Poder Constituyente. Un caso de estudio: el proceso constituyente venezolano de 1999*, UCAT, San Cristóbal, 2000, pp. 53 y ss; Claudia Nikken, *La Cour Suprême de Justice et la Constitution vénézuélienne du 23 Janvier 1961.* Thése Docteur de l'Université Panthéon Assas, (Paris II), Paris 2001, pp. 366 y ss.

La solución del dilema podía ser relativamente fácil en una situación de hecho, de ruptura constitucional: el pueblo, como poder constituyente puede manifestarse siempre, particularmente porque no existe el principio de la supremacía constitucional al haber sido roto el hilo constitucional.

Ello no ocurre así, sin embargo, en un proceso de derecho sometido a una Constitución. En efecto, no estando en una situación de hecho, sino de vigencia del orden constitucional como sucedía en Venezuela, el dilema planteado entre soberanía popular y supremacía constitucional, frente a un proceso de cambio político incontenible como el que se estaba produciendo, no podía tener una solución que derivase de la sola discusión jurídica, sino que necesaria y básicamente tenía que tener una solución de carácter político, pero guiada por el órgano del Estado constitucional, al que correspondía la Jurisdicción constitucional, es decir, a la Corte Suprema de Justicia.

En efecto, la Jurisdicción constitucional nació en la historia del constitucionalismo moderno como un instrumento sustitutivo de la revolución y del derecho de rebelión o resistencia del pueblo frente a los poderes constituidos[67]. Es decir, en el constitucionalismo moderno, la única forma de resolver los conflictos político-constitucionales entre el pueblo y los gobernantes, entre la soberanía popular y la supremacía constitucional e, incluso, entre los poderes constituidos, es precisamente mediante la decisión de Tribunales constitucionales que eviten la revolución o la rebelión.

Por ello, las decisiones de los Tribunales constitucionales siempre son, además de jurídicas, políticas; y así tiene que ser cuando el orden constitucional no da mucho margen por si sólo, sin necesidad de interpretación judicial, para resolver los conflictos políticos.

Después de las elecciones de 1998, sin duda, en Venezuela nos encontrábamos en medio de un conflicto político-constitucional que debía resolverse o por la fuerza o por nuestro Tribunal constitucional; conflicto derivado, precisamente, del dilema entre, por una parte, la necesidad de que la soberanía popular se manifestase para propiciar los inevitables y necesarios cambios político-constitucionales exigidos por el fin del sistema de Estado centralizado de partidos y, por la otra, la supremacía constitucional que exigía someterse a los procedimientos de reforma y enmienda prescritos en la Constitución.

La ocasión para resolver el conflicto la tuvo la Corte Suprema de Justicia con motivo de sendos recursos de interpretación que se presentaron ante su Sala Político-Administrativa, a los efectos de decidir si era constitucionalmente posible pasar a la convocatoria y elección de una Asamblea Nacional Constituyente, como consecuencia de un referendo consultivo a tal fin efectuado conforme al artículo 181 de la Ley Orgánica del Sufragio y Participación Política, sin la previa reforma de la Constitución que regulara dicha Asamblea, como poder constituyente instituido.

---

67   *V.*, en este sentido, Sylva Snowiss, *Judicial Review and the Law of the Constitution*, Yale University, 1990, p. 113.

La Corte Suprema de Justicia en las sentencias dictadas el 19-1-99[68], si bien desde el punto de vista jurídico no resolvió abierta y claramente el conflicto[69], desde el punto de vista político inició su resolución, dejando establecidos diversos argumentos que permitían resolverlo e, incluso, vaticinaban cual podría ser su decisión futura, en caso de que se plantease de nuevo la cuestión ante la Corte, dependiendo de cual fuera la reacción de los poderes constituidos.

2. *Las decisiones de la Corte Suprema sobre el referendo consultivo relativo a la convocatoria a una Asamblea Constituyente de fecha 19-01-99*

En efecto, el tema de la convocatoria de una Asamblea Constituyente puede decirse que dominó el debate político electoral durante toda la campaña electoral de finales del año 1998, centrándose la discusión jurídica relativa a dicha convocatoria, en el tema constitucional de si resultaba o no necesario que dicho instrumento político estuviese previamente regulado en la Constitución, para poder convocarlo.

En definitiva, como ya lo mencionamos anteriormente, habían quedado claras dos posiciones: por una parte, la de quienes sostenían y sostuvimos que derivado del principio de la supremacía constitucional, en el Estado constitucional democrático de derecho representativo, la Constitución establecía los mecanismos para su revisión (reforma y enmienda); y al no regular a la Asamblea Constituyente como medio para la reforma, para que ésta pudiera convocarse debía previamente crearse y establecerse su régimen en el texto constitucional, mediante una reforma constitucional que le diese *status* constitucional; y por otra parte, la de quienes sostenían, encabezados por el Presidente de la República, que derivado del principio de que la soberanía reside en el pueblo, la consulta popular sobre la convocatoria y régimen de la Asamblea Constituyente, como manifestación de dicha soberanía popular declarada por el pueblo como poder constituyente originario mediante referendo, era suficiente para que la misma se convocara y eligiera, y acometiera la reforma constitucional, sin necesidad de que previamente se efectuase una reforma constitucional para regularla.

Independientemente del debate político que surgió en torno al tema, es indudable la importancia que desde el punto de vista jurídico constitucional tenía y tiene, el cual por lo demás, no era nada nuevo. Se trata, en definitiva, del debate sobre el poder constituyente en el Estado constitucional democrático representativo que intermitentemente ha dominado la discusión constitucional en todos los Estados modernos, y que siempre ha estado en la precisa frontera que existe entre los hechos y el derecho.

La importancia de la discusión, en todo caso, originó que se hubieran presentado dos recursos de interpretación ante la Sala Político Administrativa de la Corte Suprema de Justicia, con el objeto de que el supremo tribunal de la República resolviera el asunto, es decir, determinara como máximo intérprete de la Constitución, si era

---

68   Véanse los textos en Allan R. Brewer-Carías, *Poder Constituyente Originario y Asamblea Nacional Constituyente, cit.*, pp. 25 a 53.

69   *V.,* en sentido coincidente, Lolymar Hernández Camargo, *La Teoría del Poder Constituyente, cit.,* pp. 54, 56, 59.

o no posible convocar a una Asamblea Constituyente como consecuencia de un referendo consultivo, sin que fuera necesario regularla previamente en la Constitución,
mediante una reforma[70].

El centro de la interpretación jurídica solicitada, en todo caso, estuvo en el texto
del artículo 181 de la Ley Orgánica del Sufragio y Participación Política que prevé
la iniciativa del Presidente de la República en Consejo del Ministros; del Congreso
de la República por acuerdo adoptado en sesión conjunta de las Cámaras por el voto
favorable de las 2/3 partes de los miembros presentes, o de un 10% de electores
inscritos en el Registro Electoral,

Para convocar la celebración de un referendo con el objeto de consultar a los
electores sobre decisiones de especial trascendencia nacional.

Ambos recursos de interpretación fueron resueltos por la Sala Político Administrativa en sendas sentencias publicadas el 19 de enero de 1999, que denominaremos
Caso Referendo Consultivo I y *Caso Referendo Consultivo II* según el orden en que
fueron publicadas.

A.   *La sentencia caso Referendo Consultivo II (Ponencia del Magistrado Héctor Paradisi) de 19-01-1999*

El primer recurso de interpretación fue introducido el 21 de octubre de 1998 por
un grupo de jóvenes abogados, en su propio nombre, con el objeto de obtener la
interpretación del artículo 181 de la Ley Orgánica del Sufragio y Participación
Política. Tal como lo resumió la Sala Político Administrativa en la sentencia *Caso
Referendo Consultivo II* que resolvió el recurso, los solicitantes señalaron como
fundamentación del mismo lo siguiente:

Que al respecto se han propuesto dos mecanismos relativos a la forma que debería
ser convocado este tipo de órgano extraordinario de carácter supraconstitucional.
Los defensores del primero sostienen la necesidad de una previa reforma constitucional en la cual se le diera cabida a la figura de la Asamblea Constituyente y se establezca la forma o los medios necesarios para su convocatoria, en virtud de que la
misma no se encuentra prevista en el texto constitucional. Quienes sostienen la otra
tendencia, coinciden en afirmar que sólo basta realizar un referendo conforme al
artículo 181 de la Ley Orgánica del Sufragio y Participación Política para convocar
la Asamblea Constituyente, sin que medie proceso de reforma o enmienda".

En opinión de los solicitantes, la norma objeto del debate "...sólo permite   –
consulta- a los integrantes del cuerpo electoral nacional, sin que la opinión manifestada por dicho cuerpo pueda servir de fundamento a la convocatoria de una
Asamblea Constituyente...", pues para ello sería necesaria la enmienda o reforma
previa de la Ley Originaria, ya que estos son los únicos medios contemplados en
el ordenamiento jurídico nacional para modificar válidamente la Constitución.

---

70   *V.,* los comentarios sobre los recursos en Claudia Nikken, *La Cour Suprême de Justice et la Constitution... , cit.,* pp. 362 y ss.

En razón de lo anterior, solicitaron a esta Sala:

Establezca de manera cierta e indubitable la inteligencia y significado del artículo 181 de la Ley Orgánica del Sufragio y Participación Política a los efectos de conocer si con fundamento en dicha norma puede convocarse un Referendo que sirva de base para la convocatoria de una Asamblea Constituyente sin que medie una Enmienda o Reforma de la Constitución.

Es decir, el recurso interpuesto no sólo perseguía que la Corte Suprema resolviera si conforme al artículo 181 de la Ley Orgánica del Sufragio y de Participación Política, podía realizarse un referendo consultivo sobre la convocatoria de una Asamblea Constituyente, sino si efectuado el referendo consultivo, podía convocársela sin que fuera necesaria una reforma previa de la Constitución que regulara la Asamblea Constituyente.

La Sala Político Administrativa en su sentencia *Caso Referendo Consultivo II*, sin embargo, y muy lamentablemente, sólo se limitó a decidir el primer aspecto señalado, declarando que:

Si es procedente convocar a un referendo en la forma prevista en el artículo 181 de la Ley Orgánica del Sufragio y Participación Política, para consultar la opinión mayoritaria, respecto de la posible convocatoria a una Asamblea Constituyente, en los términos expuestos en este fallo.

En la sentencia se hizo referencia a la otra sentencia que había dictado la Sala el mismo día 19 de enero de 1999 (Caso *Referendo Consultivo I*) con ponencia del Dr. Humberto J. La Roche, en el sentido de señalar que:

Esta conclusión se corresponde, en un todo, con el fallo publicado en esta misma fecha, con motivo del recurso de interpretación interpuesto por Raúl Pinto Peña, Enrique Ochoa Antich y Viviana Castro, en cuyo dispositivo se afirmó que a través del artículo 181 de la Ley Orgánica del Sufragio y Participación Política "... puede ser consultado el parecer del cuerpo electoral sobre cualquier decisión de especial transcendencia nacional distinta a las expresamente excluidas por la Ley... incluyendo la relativa a la convocatoria de una Asamblea Constituyente.

Lamentablemente, por tanto, la Sala Político Administrativa en esta sentencia Caso *Referendo Consultivo II*, se limitó a interpretar el artículo 181 de la Ley Orgánica del Sufragio y Participación Política, llegando a la conclusión, obvia por lo demás, de que conforme a dicha norma si se podía efectuar un referendo consultivo sobre "la posible convocatoria a una Asamblea Constituyente".

Sin embargo, el aspecto que estimamos era el esencial de la consulta, de si "con fundamento en dicha norma puede convocarse un Referendo que sirva de base para la convocatoria de una Asamblea Constituyente sin que medie una Enmienda o una Reforma de la Constitución", no fue resuelto expresamente.

Sobre esto, en la parte motiva de la sentencia *Caso Referendo Consultivo II*, la Sala lo único que argumentó fue lo siguiente, con motivo de considerar la viabilidad jurídica de la consulta:

Ciertamente que el asunto que se debate en el presente caso, tiene una especial transcendencia nacional, en la medida en que los resultados de una consulta popular como la que se pretende, sería factor decisivo para que *los órganos competentes del*

Poder Público Nacional diseñen los mecanismos de convocatoria y operatividad de una Asamblea a los fines propuestos; o para que, *previamente, tomen la iniciativa de enmienda o de reforma* que incluya la figura de una Asamblea de esta naturaleza.

En esta forma, en realidad, en esta sentencia, Caso *Referendo Consultivo II,* la Corte no resolvió la discusión constitucional que estaba planteada, sino que al contrario, la dejó abierta al señalar que efectuado el referendo consultivo sobre la convocatoria de la Asamblea Constituyente, ello para lo que servía era para que fuera factor decisivo para que los órganos *competentes* del Poder Público Nacional posteriormente diseñaran los mecanismos de convocatoria y operatividad de una Asamblea Constituyente; o para que, previamente, dichos órganos del Poder Público Nacional tomaran la iniciativa de modificación de la Constitución para incluir la Asamblea Constituyente en el texto constitucional.

Es decir, la Sala Político Administrativa, en sus razonamientos, concluyó que para convocar una Asamblea Constituyente no bastaba una consulta popular (referendo consultivo), sino que esta era sólo un factor decisivo, en primer lugar, para que los órganos del Poder Nacional (Ejecutivo, Legislativo y Judicial) *competentes* diseñaran los mecanismos de convocatoria y operatividad de la Asamblea, lo que exigía determinar, conforme a la Constitución y a las leyes, qué órganos del Poder Nacional tenían competencia para establecer el régimen de una Asamblea Constituyente, siendo la conclusión elemental que ninguno; y en segundo lugar, para que los mismos órganos del Poder Público Nacional tomasen la iniciativa de enmienda o de reforma que incluyera la figura de una Asamblea Constituyente, lo que conforme a los artículos 245 y 246 de la Constitución solo correspondía, según los casos, a los miembros de las Cámaras Legislativas o a las Asambleas Legislativas.

Es decir, en nuestro criterio, en su decisión, la sentencia Caso *Referendo Consultivo II,* no resolvió en forma clara y precisa la cuestión constitucional que se le había planteado[71].

B. *La sentencia caso Referendo Consultivo I, (Ponencia del Magistrado Humberto J. La Roche) de 19-01-1999*

El segundo recurso de interpretación fue introducido ante la misma Sala Político Administrativa de la Corte Suprema de Justicia el 16 de diciembre de 1998, por miembros de la Junta Directiva de la Fundación para los Derechos Humanos (Fundahumanos), en el cual también solicitaron la interpretación del artículo 181 de la Ley Orgánica del Sufragio y Participación Política en concordancia con el artículo 4° de la Constitución, en relación con la posibilidad de una consulta popular (referendo consultivo) sobre la convocatoria de la Asamblea Nacional Constituyente solicitándole a la Corte, como petitorio final:

> Determine qué sentido debe atribuirse a las referidas normas, en cuanto a la posibilidad real o no de llevar a cabo dicha convocatoria a una Asamblea Constituyente.

---

71   Sobre esta decisión de la sentencia, Lolymar Hernández Camargo señala: "lejos de dar una respuesta directa a la importante interrogante planteada, abre la posibilidad para que se realice el referendo consultivo, pero no establece con precisión el mecanismo que permita tal convocatoria, sino que entrega tal cometido a los 'órganos competentes'" en *La Teoría del Poder Constituyente, cit.,* pp. 54, 63.

Con relación al fondo del asunto objeto del recurso de interpretación, conforme lo resumió la sentencia, los directivos de la Fundación recurrente plantearon lo siguiente:

Existen dos posiciones en cuanto a la forma como deba convocarse la Asamblea Constituyente: Una Primera, propuesta por el Presidente Electo (la cual ha sido señalada ya anteriormente), quien considera que basta la convocatoria del referendo previsto en el artículo 181 de la LOSPP, para convocar la Asamblea Constituyente, en base al principio de soberanía contenido en el artículo 4 de la Constitución de la República que reconoce al pueblo como constituyente primario, y; una segunda que considera que el soberano también tiene a su vez una normativa prevista en la Constitución Nacional, que debe respetar para producir un referendo, en razón de que el artículo 4 de la Constitución de la República refiere su soberanía a los poderes constituidos, y que por lo tanto hace falta una reforma puntual de la Constitución de la República que cree la figura de la Asamblea Constituyente para llevar a cabo dicha convocatoria".

Concluyeron los solicitantes señalando que:

Sin pronunciarnos por ninguna de las dos posiciones antes enunciadas, consideramos que la propuesta del Presidente Electo se basa tanto en el artículo 181 de la LOSPP, como en el artículo 4 de la Constitución (...) por lo que no sería lógico pronunciarse en relación a la viabilidad constitucional de esta propuesta interpretando sólo el primero de estos artículos (...) sino que debe incluirse forzosamente la interpretación también del artículo 4 de la Constitución de la República tal y como lo estamos solicitando.

La Sala Político Administrativa, al decidir sobre su competencia para conocer del recurso de interpretación que le fue interpuesto, en la sentencia *Caso Referendo Consultivo I*, precisó el alcance del recurso, conforme a su propio criterio, en los términos siguientes:

Se ha interpuesto recurso de interpretación en relación con los artículos 181 de la Ley Orgánica del Sufragio y de Partición Política y 4 de la Constitución de la República, a los fines de que la Sala emita pronunciamiento acerca del alcance de la primera de las normas invocadas, en el sentido de precisar si, a través de un referendo consultivo, se puede determinar *la existencia de voluntad popular para un futura reforma constitucional* y, en caso afirmativo, si ese mecanismo legal de participación puede servir de fundamento a los efectos de convocar a una Asamblea Constituyente, de manera tal que se respete el ordenamiento constitucional vigente.

Luego, en la misma sentencia, la Corte precisó la doble cuestión que ya hemos señalado y que estaba planteada en el recurso de interpretación:

Si la Constitución, como norma suprema y fundamental puede prever y organizar sus propios procesos de transformación y cambio, en cuyo caso, el principio democrático quedaría convertido en una mera declaración retórica, o si se estima que, para preservar la soberanía popular, es al pueblo a quien corresponderá siempre, como titular del Poder Constituyente, realizar y aprobar cualquier modificación de la Constitución, en cuyo supuesto la que se verá corrosivamente afectada será la idea de supremacía.

Precisamente por ello, a pesar de que el recurso de interpretación se interpuso conforme al artículo 234 de la Ley Orgánica del Sufragio y Participación Política respecto del artículo 181 de la misma Ley Orgánica, en virtud de que los recurrentes exigieron que la interpretación solicitada debía implicar su adecuación al artículo 4 de la Constitución, la Corte precisó que en todo caso de interpretación de una ley, como acto de "ejecución directa de la Constitución", debía atenderse "en un todo a los principios fundamentales del orden jurídico vigente", debiendo tenerse en cuenta y conciliando la decisión "con el orden constitucional".

Es decir, la Corte consideró que "en nuestro Estado constitucional de derecho, fundado en la supremacía del estatuto constitucional" la interpretación de la ley y de la Constitución.

Conducen a una interpretación constitucional -que no interpretación de la Constitución- en virtud de la cual se determina el alcance de la norma jurídica a partir de los principios y valores constitucionales, incluso más allá del texto positivo de ésta.

La Corte Suprema, en consecuencia, en este caso fijó la técnica interpretativa que utilizaría para resolver la cuestión planteada: interpretar el ordenamiento jurídico, más que interpretar la Ley Orgánica aisladamente, "combinando principios, valores y métodos en orden a integrar los textos en el proceso de aplicación del derecho".

El recurso fue decidido por la sentencia Caso *Referendo Consultivo I*, adoptando la Corte Suprema su decisión "de conformidad con el orden constitucional vigente (Preámbulo, artículo 4 y artículo 50), artículos 234 de la Ley Orgánica del Sufragio y Participación Política y 42 ordinal 24 de la Ley Orgánica de la Corte Suprema de Justicia", con la siguiente declaración:

> La interpretación que debe atribuirse al artículo 181 de la Ley Orgánica del Sufragio y Participación Política, respecto del alcance del referendo consultivo que consagra, en cuanto se refiere al caso concreto objeto del recurso que encabeza las presentes actuaciones, es que: a través del mismo puede ser consultado el parecer del cuerpo electoral sobre cualquier decisión de especial trascendencia nacional distinto a los expresamente excluidos por la propia Ley Orgánica del Sufragio y Participación Política en su artículo 185, incluyendo la relativa a la convocatoria de una Asamblea Constituyente.

Es decir, la Corte Suprema de Justicia en esta sentencia, muy lamentablemente, también se limitó a decidir que conforme al artículo 181 de la Ley Orgánica del Sufragio y Participación Política, en efecto, sí se podía realizar un referendo consultivo, es decir, se podía consultar el parecer del cuerpo electoral sobre la convocatoria de una Asamblea Constituyente.

La verdad es que para decidir esto no era necesario producir tan extensa decisión, ni argumentar demasiado jurídicamente, integrando el ordenamiento jurídico, incluso la Constitución, pues era evidente que la convocatoria de una Asamblea Constituyente era una materia de especial trascendencia nacional conforme a lo indicado en el artículo 181 de la Ley Orgánica del Sufragio y Participación Política. En consecuencia, nada nuevo dijo la Corte y menos aún resolvió y decidió en forma precisa y clara sobre el asunto que le fue planteado, es decir, en definitiva, si para convocar la Asamblea Constituyente bastaba el referendo consultivo o era necesario, además, reformar previamente la Constitución.

En realidad, sobre este asunto, en esta sentencia Caso *Referendo Consultivo I* la Sala, en la parte motiva de la misma, llegó a una conclusión similar a la ya comentada respecto de la sentencia Caso *Referendo Consultivo II*, al indicar que una vez efectuado un referendo consultivo conforme al artículo 181 de la Ley Orgánica del Sufragio y Participación Política,

> Aún cuando el resultado de la decisión popular adquiera vigencia inmediata, *su eficacia solo procedería* cuando, mediante los *mecanismos legales establecidos se de cumplimiento a la modificación jurídica aprobada.* Todo ello siguiendo procedimientos ordinarios previstos en el orden jurídico vigente, a través de los órganos del Poder Público *competentes* en cada caso. Dichos órganos estarán en la *obligación de proceder* en ese sentido.

De nuevo, con este párrafo, surgía la misma perplejidad que con su equivalente en la sentencia Caso *Referendo Consultivo II,* en el sentido de que conforme al criterio de la Corte Suprema, una consulta popular sobre la convocatoria a una Asamblea Constituyente no bastaba para convocarla y reunirla. La consulta popular sólo sería un mandato político obligatorio, conforme al criterio de la Corte, para que los órganos del Poder Público *competentes* pudieran proceder a efectuar las modificaciones jurídicas derivadas de la consulta popular, siguiendo los procedimientos ordinarios previstos en el orden jurídico vigente, tanto constitucional como legal. Sólo después de que estas modificaciones se efectuasen, conforme al criterio de la Corte, que no podían ser otras que no fueran las de una revisión constitucional, era que la consulta popular sería efectiva.

El tema de los órganos del Poder Público *competentes* para implementar los resultados de la consulta popular, por supuesto, seguía siendo crucial, pues de acuerdo con la Constitución, que es parte del "orden jurídico vigente", el único órgano del Poder Público competente para efectuar las modificaciones necesarias al ordenamiento jurídico para establecer el régimen jurídico de la Asamblea Constituyente, era el poder constituyente instituido (Reforma constitucional), que combina la participación de los diputados y senadores y de las Cámaras Legislativas, con la participación del pueblo vía referendo aprobatorio conforme a los artículos 245 y 246 de la Constitución.

Es decir, lejos de decidir con precisión la cuestión constitucional planteada respecto de la posibilidad constitucional de la convocatoria de una Asamblea Constituyente y de la necesidad o no de reformar previamente la Constitución, tanto la sentencia Caso *Referendo Consultivo I* como la Caso *Referendo Consultivo II,* dejaron abierta la discusión constitucional.

Sin embargo, tal era el deseo general que existía en el país por que la Corte pusiera fin a la discusión constitucional, que la opinión pública, reflejada en titulares, declaraciones, editoriales y noticias de prensa, estimó que con las mencionadas decisiones se habría legitimado el referendo consultivo para convocar la Constituyente sin necesidad de reforma constitucional previa[72]. Lamentablemente, en estricto derecho, no fue así, a pesar de que nadie quería saber de ello.

---

72   *El Nacional,* Caracas 21-01-99, p. A-4 y D-1; *El Universal,* Caracas 21-01-99, p. 1-2 y 1-3; *El Universal,* Caracas 20-01-99, p. 1-15

Sin embargo, si bien en las decisiones de las sentencias Caso *Referendo Consultivo I* y Caso *Referendo Consultivo II,* la Corte Suprema no resolvió definitivamente la discusión constitucional, sino que la dejó abierta, si debe señalarse que en la parte motiva de la sentencia Caso *Referendo Consultivo I,* la Corte hizo una serie de consideraciones sobre el poder constituyente y las revisiones constitucionales que tocaron aspectos esenciales del constitucionalismo y que permitían vaticinar una posición jurídica futura en caso de nuevos conflictos, por lo cual estimamos necesario estudiarlas. En efecto, al dejar sentado esos criterios, la Corte quizás apuntaba indirectamente a la resolución del conflicto, pues en caso de que efectuado el referendo consultivo sobre la Constituyente, si se plantease de nuevo -como efectivamente ocurrió- un conflicto constitucional sobre el régimen de la Asamblea Constituyente, ya había suficientes elementos como para poder determinar cual sería el sentido de la futura decisión.

III. LA SOBERANÍA POPULAR Y EL ARTÍCULO 4° DE LA CONSTITUCIÓN DE 1961 COMO REGULACIÓN DEL PRINCIPIO DE LA DEMOCRACIA REPRESENTATIVA

1. *El principio histórico de la soberanía del pueblo manifestada sólo conforme a la Constitución de acuerdo con el principio de la democracia representativa*

   A. *El cambio político, la Constitución y la Asamblea Constituyente*

Es indudable que como ya lo hemos señalado anteriormente, el tema de la Asamblea Constituyente convocada en democracia y democráticamente, era un tema inédito en Venezuela, no sólo porque no era una institución regulada en la Constitución, que era la voluntad del pueblo, sino porque todas las Asambleas Constituyentes que habíamos tenido en nuestra historia constitucional habían sido convocadas como resultado de una situación de hecho, consecuencia de una revolución, de un golpe de Estado o de una guerra.

Tampoco era una práctica general en el constitucionalismo moderno. Incluso, en aquellos países cuyas Constituciones regulan la figura de la Constituyente para la reforma general de la Constitución, como sucede con la Constitución de los Estados Unidos de América (artículo V), jamás se ha convocado tal instrumento y las modificaciones constitucionales se han realizado en los últimos dos siglos mediante simples enmiendas.

Después del proceso electoral de noviembre y diciembre de 1998, en el cual, sin duda, como lo hemos señalado, se dio inicio al cambio político que era y es inevitable e indetenible, afortunadamente dicho cambio político se inició democráticamente, mediante una elección popular. Ello nunca había ocurrido en el pasado, donde la incomprensión política del liderazgo siempre había conducido a una ruptura constitucional para que pudiera iniciarse el necesario proceso de cambio.

Sin embargo, el cambio político iniciado democráticamente exigía tanto el respeto a la voluntad popular como al propio texto constitucional que nos regía, que seguía teniendo supremacía.

La Constitución de 1961, inspirada en el texto adoptado por la Asamblea Constituyente de 1946-1947, fue sancionada por un Congreso que asumió el rol constituyente entre 1958-1961. Ese era el texto constitucional que nos debía regir y el que debía seguir rigiéndonos como expresión de la soberanía popular, hasta que fuera modificado o cambiado conforme estaba expresado en su texto, que es la voluntad popular, o mediante el mecanismo de la Constituyente derivado del referendo consultivo que se realizare conforme a la interpretación que se derivaba de las sentencias de la Corte Suprema de Justicia del 19-01-99.

B.   *El poder constituyente instituido por la Constitución de 1961*

Por su parte, la Constitución preveía, como hemos señalado, dos mecanismos para su revisión o modificación mediante el poder constituyente instituido o de revisión: primero, la Reforma General, que sancionadas por las Cámaras Legislativas (Senado y Cámara de Diputados), debía ser aprobada por referendo aprobatorio de la mayoría de los sufragantes de toda la República (art. 246); y segundo la Enmienda, que sancionada en discusión bicameral por las Cámaras Legislativas, debía ser ratificada por las 2/3 partes de las Asambleas Legislativas de los Estados de la Federación mediante Acuerdos aprobados por la mayoría absoluta de los miembros de las mismas (art. 245).

Es decir, la Constitución había regulado con precisión el poder constituyente instituido, es decir, el poder constituyente de revisión o modificación de la Constitución, el cual no atribuyó pura y simplemente a los Poderes Nacionales constituidos, pues estos no podían, por si solos, reformar la Constitución. Es decir, las normas relativas al poder constituyente instituido eran manifestaciones de la rigidez constitucional que impedían a los poderes constituidos efectuar las reformas constitucionales.

El poder constituyente instituido de reforma, en efecto, se constituía y actuaba, en primer lugar, cuando existiera una iniciativa de miembros (Senadores y Diputados) de las Cámaras Legislativas Nacionales o de las Asambleas Legislativas (Diputados); en segundo lugar, cuando se admitiera la iniciativa por la mayoría de 2/3 de los miembros (Senadores y Diputados) presentes de las Cámaras Legislativas Nacionales; en tercer lugar, cuando las Cámaras Legislativas sancionasen la reforma mediante discusión bicameral; y en cuarto lugar, cuando se aprobara la reforma constitucional por el pueblo soberano mediante referendo aprobatorio.

Esa había sido la voluntad popular plasmada en la Constitución de 1961, adoptada por el Congreso constituyente instalado en 1958, con el voto de las Asambleas Legislativas "en representación del pueblo venezolano". Como expresión de la voluntad popular, la Constitución sólo podía ser modificada acorde con dicha voluntad, salvo que se tratase de una situación de hecho, ajena al derecho y al respeto debido a la Constitución. La Constitución estaba dotada de supremacía, pues era manifestación de la voluntad popular, y sólo la voluntad popular podía cambiarla o modificarla conforme a sus dictados.

La supremacía, además, es un derecho ciudadano[73]. Siendo la Constitución manifestación de la voluntad popular, los ciudadanos tienen derecho a que su supremacía sea estrictamente respetada y a que sólo pueda ser modificada conforme a los dicta-

---

73   *V.,* lo que hemos expuesto en Allan R. Brewer-Carías, *El amparo a los derechos y garantías constitucionales (una aproximación comparativa),* Caracas 1993, p. 13.

dos de la voluntad popular contenida en la misma Constitución. Conforme a la Constitución, por tanto, no era posible, que algún poder constituido o que mediante cualquiera que fuera otro medio distinto al previsto en la Constitución, esta pudiera ser revisada o derogada.

Frente a esta posición constitucional, sin embargo, se había planteado el criterio de que como la soberanía residía en el pueblo, lo que no estaba en discusión, cualquier manifestación popular podía conducir a la reforma constitucional, lo cual indudablemente era abiertamente contradictorio con el principio de la democracia representativa como sistema político de gobierno. En realidad, sólo la manifestación de la voluntad popular realizada conforme a los dictados de la Constitución podía conducir a su revisión o derogación; de resto, entrábamos en el terreno de los hechos, no del derecho. Sin embargo, como se ha indicado, de las decisiones de la Corte Suprema de Justicia del 19-01-99, (Casos *Referendo Consultivo I y II*), se dedujo la admisión de la posibilidad de otro mecanismo del poder constituyente de revisión constitucional, derivado de un referendo consultivo sobre la convocatoria de una Asamblea Constituyente.

Antes de analizar dichas sentencias y sus consecuencias, sin embargo, debemos precisar los efectos de la previsión en el propio texto constitucional del poder constituyente instituido dentro de la interpretación más ortodoxa de la Constitución. En efecto, como hemos señalado, a pesar de lo que han establecido todas las Constituciones de Venezuela desde 1811 al prescribir procedimientos precisos para su reforma, por sucesivos hechos (golpes de Estado, revoluciones o guerras) las Constituciones han sido revisadas, reformadas, reformuladas o rehechas en sucesivas oportunidades durante toda la historia de la República, mediante otros procedimientos.

Sin embargo, la diferencia con la situación en 1999 era evidente: no estábamos en una circunstancia de hecho, sino de cambio democrático que se había iniciado dentro de los canales de la Constitución. En estas circunstancias, en principio, no podían pensarse ni propugnarse otros cambios que no fueran conformes con la Constitución, pues hubiéramos estado en el mundo de los hechos, y estos no tienen reglas. En ese mundo, cada cual tiene su versión y su acción, y se impone la política del más fuerte y no la de quien tenga la mayoría o la razón.

Por tanto, estando en ese momento histórico en Venezuela, en un proceso de cambio político democrático, siempre habíamos insistido en que éste debía ser constitucional, por la sencilla razón de que si no se adaptaba a la Constitución, nadie iba a tener control de la situación y cada quien buscaría imponer a los demás por vía de hecho, su voluntad, deseo o criterio.

En este sentido es que siempre insistimos en que la Asamblea Constituyente que necesitábamos convocar en 1999 para recomponer el pacto político constitucional que asegurase la gobernabilidad futura de la democracia, con la participación de todos los actores políticos de la sociedad democratizada y descentralizada de nuestros días, en sustitución del agotado Pacto de Punto Fijo de 1958; teníamos que hacerla ajustándonos a la Constitución; y como esta no la preveía, consideramos entonces que tenía que ser regulada en ella, mediante una reforma constitucional exclusivamente dirigida a establecerla junto con su régimen, el cual debía ser aprobado -como toda reforma constitucional- por el pueblo mediante un referendo aprobatorio. El régimen constitucional de la Asamblea Constituyente debía ser establecido por el poder constituyente instituido, conformado por las Cámaras Legislativas, es decir, la representación popular, y homologado por el pueblo mediante un referendo aprobatorio por la mayoría de los sufragantes de la República. Este, sin duda, era el mecanismo previo previsto en la propia Constitución para convocar la Asamblea, a fin de que, como instrumento político, formulase un nuevo pacto político social constitucional que, en definitiva, conduciría a una reforma general de la Constitución.

Por ello, siempre señalamos que sin que se previera y regulase la Asamblea Constituyente en la Constitución, no era posible convocarla pues nadie estaba autorizado constitucionalmente para definir su régimen; ni el Congreso mediante Ley, ni el Ejecutivo Nacional mediante Decreto. La convocatoria a dicha Asamblea Constituyente, sin estar prevista en la Constitución, siempre consideramos que no era otra cosa que un desconocimiento de la Constitución de 1961.

En efecto, el referendo consultivo que prevé el artículo 181 de la Ley Orgánica del Sufragio es un medio de participación popular de carácter consultivo y no de orden decisorio. Es evidente que una consulta al pueblo nunca podía considerarse inconstitucional, pues es una manifestación de la democracia. Pero pretender que mediante una consulta popular pudiera crearse un órgano constitucional, como la Asamblea Constituyente, establecerse su régimen y que pudiera proceder a realizar la reforma constitucional, eso si podía considerarse inconstitucional, pues ello implicaba reformar la Constitución, y para ello, había que seguir ineludiblemente el procedimiento pautado en el artículo 246 que exigía la actuación del poder constituyente instituido que implicaba, incluso, que la reforma sancionada se sometiera a un referendo aprobatorio. Sustituir todo ello por un referendo consultivo podía considerarse como una violación de la Constitución.

El referendo consultivo, en realidad, sólo era y es eso, una consulta que se traduce en la manifestación de un mandato político que debe ser seguido por los órganos constitucionales para reformar la Constitución y regular lo que la consulta popular propone. Pero pretender que con la sola consulta popular se pudiera "crear" un nuevo poder constituyente de reforma, significaba el desconocimiento de la Constitución y la apertura del camino de la anarquía.

El problema constitucional que estaba planteado, sin embargo, sólo podía ser resuelto por la Corte Suprema de Justicia, y así ocurrió con las mencionadas sentencias del 19-01-99, (Caso *Referendo Consultivo I y II*), aún cuando no con la expresión y precisión requeridas.

C. *La trayectoria histórica del artículo 4° de la Constitución (democracia representativa)*

Como en uno de los recursos de interpretación que se formularon ante la Sala Político Administrativa se requería que el artículo 181 de la Ley Orgánica del Sufragio se analizara conforme a lo establecido en el artículo 4° de la Constitución de 1961, es conveniente, antes de comentar las implicaciones de las sentencias, precisar el significado real de dicha norma. En efecto, se había insistido en el criterio de que mediante un referendo consultivo no previsto en la Constitución sino en la Ley Orgánica del Sufragio y Participación Política, y recurriendo a lo expresado en el artículo 4° de la Constitución, podría regularse a la Asamblea Constituyente, convocársela y ésta podía proceder a reformar la Constitución. Por ello es importante precisar el contenido de dicho artículo 4° de la Constitución de 1961, que decía lo siguiente:

La soberanía reside en el pueblo, quien la ejerce mediante el sufragio por los órganos del Poder Público[74].

Esta norma la calificaba la Exposición de Motivos de la Constitución de 1961 como "el principio básico" del sistema democrático y no significaba otra cosa que lo que decía, por supuesto, leída completamente, y no sólo en su primera frase. El artículo 4° de la Constitución no se limitaba a decir que la soberanía residía en el pueblo, sino que agregaba que este la ejercía mediante el sufragio por los órganos del Poder Público.

Es decir, era la norma básica del sistema democrático representativo que consagraba la Constitución de 1961, y que continua consagrando la Constitución de 1999, y que exigía que el pueblo actuase a través de los órganos del Poder Público, es decir, los órganos de los poderes constituidos que son los previstos y regulados en la Constitución, cuyos titulares son los representantes del pueblo soberano, electos mediante sufragio. La norma, por tanto, era una que tiene que leerse íntegramente, con sus tres componentes que constituían sus frases: que la soberanía residía en el pueblo; que el pueblo ejercía la soberanía mediante el sufragio; que este persigue la elección de sus representantes, que integran los órganos del Poder Público, que se especifican en la propia Constitución.

Este, por otra parte, había sido el sentido de la norma del artículo 4 en toda nuestra historia constitucional. En efecto, el antecedente remoto de este artículo está en los artículos 143, 144 y 145 de la Constitución de 1811[75], ubicados en el Capítulo relativo a los "Derechos del hombre" en la sección "Soberanía del pueblo". Los dos primeros artículos indicaban lo siguiente:

Art. 143. Una sociedad de hombres reunidos bajo unas mismas leyes, costumbres y Gobierno forma una soberanía.

Art. 144. La soberanía de un país, o supremo poder de reglar o dirigir equitativamente los intereses de la comunidad, reside, pues, esencial y originalmente en la masa general de sus habitantes y se ejercita por medio de apoderados o representantes de éstos, nombrados y establecidos conforme a la Constitución.

Con esta norma se inició el Estado venezolano y la organización republicana de la sociedad, y de ella deriva la esencia de la democracia representativa: la soberanía reside en la masa general de los habitantes, en el pueblo, pero esa masa general o pueblo sólo puede actuar a través de sus representantes, que sólo pueden ser nombrados y establecidos conforme a la Constitución. Es decir, la organización republicana por la que optaron los fundadores del Estado Venezolano, fue la

---

74   El artículo 5 de la Constitución de 1999, con mayor amplitud, establece: "La soberanía reside intransferiblemente en el pueblo, quien la ejerce directamente en la forma prevista en esta Constitución y en la Ley, e indirectamente, mediante el sufragio, por los órganos que ejercen el Poder Público. Los órganos del Estado emanan de la soberanía popular y a ella están sometidos".

75   *V.,* el texto de todas las Constituciones de Venezuela en Allan R. Brewer-Carías, *Las Constituciones de Venezuela,* Biblioteca de la Academia de Ciencias Políticas y Sociales, Caracas, 1997.

de una democracia representativa, de manera que el pueblo o la masa general de los habitantes de este territorio solo puede manifestar su soberanía a través de los representantes previstos y regulados en la Constitución. Precisamente por ello, el artículo 145 de la Constitución de 1811 completaba el régimen del ejercicio de la soberanía del pueblo, precisando lo siguiente:

> *Art. 145*   Ningún individuo, ninguna familia, ninguna porción o reunión de ciudadanos, ninguna corporación particular, ningún pueblo, ciudad o partido puede atribuirse la soberanía de la sociedad, que es imprescindible, inenajenable e indivisible en su esencia y origen, ni persona alguna podrá ejercer cualquier función pública del gobierno si no la ha obtenido por la Constitución.

La Constitución de Angostura de 1819 recogió los mismos principios y en el Título 5° sobre "Del Soberano y del Ejercicio de la Soberanía", los regulaba así

> *Art. 1°* La soberanía de la nación reside en la universidad de los ciudadanos. Es imprescriptible e inseparable del pueblo
>
> *Art. 2* El pueblo de Venezuela no puede ejercer por sí otras atribuciones de la soberanía que la de las elecciones ni puede depositarla toda en unas solas manos. El poder soberano estará dividido para su ejercicio en legislativo, ejecutivo y judicial.

En este texto de 1819, en consecuencia, encontramos la misma precisión de la democracia representativa como sistema político, en el sentido de que el pueblo sólo puede ejercer su soberanía mediante representantes electos; agregándose otro principio esencial de nuestro constitucionalismo, que es el de la separación de poderes, en el sentido de que no se puede depositar la soberanía en unas solas manos, estando necesariamente dividido el poder soberano en tres órganos del Poder Público. Esto implicaba un rechazo constitucional a toda figura de una Asamblea que asumiera la totalidad del Poder soberano y que no respetase el principio de la separación orgánica del mismo, como garantía de la libertad.

Luego del interregno de la República de Colombia (1821-1830), al reconstituirse el Estado venezolano como Estado independiente y autónomo, en la Constitución de 1830, se recogió el mismo principio antes señalado, así:

> *Art. 3* La soberanía reside esencialmente en la nación y no puede ejercerse sino por los poderes políticos que establece esta Constitución.
>
> *Art. 7* El pueblo no ejercerá por si mismo otras atribuciones de la soberanía que la de las elecciones primarias ni depositará el ejercicio de ella en una sola persona.
>
> *Art. 8* El Poder Supremo se dividirá para su administración en Legislativo, Ejecutivo y Judicial. Cada Poder ejercerá las atribuciones que le señala esta Constitución, sin excederse de sus límites respectivos.

En esta forma, de nuevo, quedó precisado con absoluta claridad el principio democrático de la representatividad, en el sentido de que si bien la soberanía reside esencialmente en el pueblo, éste no puede ejercerla sino por los poderes políticos que establece la propia Constitución.

El texto de la Constitución de 1830, siguió el espíritu de la Constitución de la República de Colombia de 1821 y el de los textos de 1811 y 1819. En efecto, la Constitución de la República de Colombia de 1821, había dispuesto, lo siguiente:

Art. 2   La soberanía reside esencialmente en la Nación. Los magistrados y oficiales del gobierno, investidos de cualquier especie de autoridad, son sus agentes o comisarios y responsables a ella de su conducta pública".

Art. 10   El pueblo no ejercerá por sí mismo otras atribuciones de la soberanía que la de las elecciones primarias; ni depositará el ejercicio de ella en unas solas manos. El Poder Supremo estará dividido para su administración en legislativo, ejecutivo y judicial.

Es decir, en todos estos textos constitucionales de 1811, 1819, 1821 y 1830, el principio de que la soberanía reside en el pueblo estaba consagrado conforme al principio de la democracia representativa, en el sentido de que el pueblo no puede ejercer la soberanía sino a través de los poderes públicos establecidos en la propia Constitución.

En consecuencia, el pueblo sólo puede actuar conforme a la Constitución, para elegir sus representantes, como titulares de órganos del poder supremo separados en Legislativo, Ejecutivo y Judicial; con lo cual, además del principio constitucional de la representatividad, siempre se consagró el de la separación orgánica de poderes, y la proscripción de que el pueblo pudiera llegar a depositar el ejercicio de la soberanía en una sola persona o institución.

En la Constitución de 1857 se siguió la misma tradición constitucional, al establecerse que:

Art. 2.   La soberanía reside en la Nación y los Poderes que establece esta Constitución son delegaciones de aquella para asegurar el orden, la libertad y todos los derechos.

A tal efecto, el artículo 6 precisó que:

Art. 6.   El Poder Público se divide para su administración en Legislativo, Ejecutivo, Judicial y Municipal. Cada uno de estos poderes ejercerá las atribuciones que le señalan la Constitución y las leyes, sin excederse de sus límites.

En la Constitución de 1858, los anteriores principios se recogieron en diversas normas así:

Art. 2   La soberanía reside esencialmente en la Nación.

Art. 7   El gobierno de Venezuela es y será siempre republicano, popular, representativo, responsable y alternativo.

Art. 8   El pueblo ejerce la soberanía directamente en las elecciones e indirectamente por los poderes públicos que establece esta Constitución.

Art. 9   El poder público se divide en Nacional y Municipal.

Estas disposiciones desaparecieron del texto constitucional a partir de la Constitución de 1864 y durante todo el período histórico correspondiente al Estado federal (1864-1901), organizado como Estados Unidos de Venezuela, precisándose, sin embargo, el principio de que el gobierno de los Estados de la Federación debía organizarse conforme a los principios de gobierno popular, electivo, federal, representativo, alternativo y responsable. Así sucedió con los textos constitucionales de 1874, 1881, 1891 y 1893.

Los principios relativos a la soberanía del pueblo y su ejercicio, sin embargo, se retomaron en la historia constitucional a partir de la Constitución de 1901, que reformó sustancialmente el sistema político y la forma federal del Estado, con la cual se dio inicio al período histórico del Estado centralizado autocrático (1901-1945).

En efecto, en la Constitución de 1901 se establecieron las siguientes normas:

Art. 21   La soberanía reside esencialmente en el pueblo, quien la ejerce por medio de los Poderes Públicos para garantía de la libertad y del orden.

Art. 22   El pueblo no gobierna sino por medio de sus mandatarios o autoridades establecidas por la Constitución y las leyes.

Art. 26   El gobierno de la Unión es y será siempre republicano, democrático, electivo, federal, representativo, alternativo y responsable.

Art. 27   El ejercicio de la soberanía se confiere por el voto de los ciudadanos o de las corporaciones que tienen la facultad de elegir los Poderes Públicos, al tenor de esta Constitución, sin que sea potestativo a ninguno de estos Poderes arrogarse la plenitud de la soberanía.

Art. 29   El Poder Público se distribuye entre el Poder Federal y el Poder de los Estados, en los límites establecidos en esta Constitución.

De estas normas resulta el restablecimiento expreso de los principios centrales del constitucionalismo del primero de los períodos histórico políticos de la República, que derivan del sistema democrático representativo y del ejercicio de la soberanía por el pueblo exclusivamente mediante la elección de representantes que integran los órganos del Poder Público, que debe estar separado para garantizar la libertad y el orden, y con la proscripción a cualquiera de los Poderes de arrogarse la plenitud de la soberanía.

En términos generales, estos principios que se restablecieron en el texto constitucional de 1901, se repitieron con sólo variaciones de forma en las Constituciones de 1904, 1909, 1914, 1922, 1925, 1928, 1929 y 1931. En la Constitución de 1936 se varió la redacción de la norma central antes indicada, señalándose lo siguiente:

Art. 40. La soberanía reside en el pueblo, quien la ejerce por medio de los Poderes Públicos. Toda fuerza o reunión armada de personas que se atribuya los derechos del pueblo y peticione así, comete delito de sedición o rebeldía contra los Poderes Públicos y serán castigados conforme a las leyes.

Este artículo se repitió en la Constitución de 1945, con la cual concluyó el período histórico constitucional del Estado autocrático centralizado.

Un nuevo cambio político se produjo a partir de la Revolución de Octubre de 1945 y de la Constitución de 1947, la cual, sobre la materia, sentó los mismos principios en igual sentido que los precedentes. Así, en el texto de 1947 se dispuso lo siguiente:

Art. 79. La soberanía reside en el pueblo, quien la ejerce mediante el sufragio y por órgano de los Poderes Públicos.

Esta norma tuvo idéntica redacción en la Constitución de 1953 (art. 38) con la variante de que en lugar de decir en la frase final "por órgano de los Poderes Públicos" dice "por órgano del Poder Público", el cual, el artículo 40 de dicho texto, "distribuyó entre el Poder Municipal, el de los Estados y el Nacional". En todo caso, era la misma norma que estaba en el artículo 4° de la Constitución de 1961, con la variante de que la última frase reza: "por los órganos del Poder Público".

En consecuencia, el artículo 4° de la Constitución de 1961, como lo dijo la Exposición de Motivos, era el principio básico del sistema democrático adoptado en toda nuestra historia republicana, que es la democracia representativa, la cual exige que la soberanía, que sin duda reside en el pueblo, sólo puede ejercerse mediante el sufragio, es decir, el derecho a votar y a ser electo que regulaban los artículos 110 a 112, y por los órganos del Poder Público que de acuerdo a la Constitución eran los órganos del Poder Nacional (que se regulaban en los artículos 138 y siguientes); del Poder de los Estados (Poder Estadal) que se regulaban en los artículos 19 y siguientes; y del Poder Municipal, que se regulaban en el artículo 26 del Texto Fundamental y en la Ley Orgánica de Régimen Municipal.

De lo anterior resulta que conforme al propio texto de la Constitución de 1961, para convocar y elegir los miembros de una Asamblea Constituyente, resultaba indispensable, entonces, regularla como un órgano del Poder Público, y sólo la Constitución podía hacerlo; y si se pensaba que el sistema electoral que debía regir para su elección, debía ser, por ejemplo, uninominal, y apartarse del principio de la representación proporcional de las minorías, entonces también resultaba indispensable modificar el artículo 113 de la Constitución que consagraba como derecho político, "el derecho de representación proporcional de las minorías". En consecuencia, la previsión de una Asamblea Constituyente y el sistema de su elección, ineludiblemente que debían tener rango constitucional, es decir, debían incorporarse al texto constitucional.

Precisamente por ello es que habíamos insistido en que el Congreso electo en noviembre de 1998 debía asumir su cuota parte de rol constituyente, participando en la reforma específica de la Constitución de 1961 para prever y establecer el régimen de la Asamblea Constituyente, de manera de proceder a su convocatoria. Consideramos, en consecuencia, que cualquier intento de proceder a convocar una Asamblea Constituyente sin que su régimen, como órgano del Poder Público, hubiera sido establecido constitucionalmente, era violatorio de la Constitución y constituía una vía de hecho para derogarla.

Ahora bien, es indudable que con la elección de noviembre de 1998 se inició en Venezuela un proceso constituyente, pues la misma reflejó el cambio político que se había comenzado a operar en el país, lo que fue reconfirmado con la elección presidencial de diciembre de 1998[76].

La votación presidencial, además, podía interpretarse como un mandato popular para que el poder constituyente instituido procediera a reformar la Constitución para crear la Asamblea Constituyente.

Esos hechos políticos, consideramos que tenían que interpretarse como lo que eran: manifestaciones de voluntad popular que tenían que ser actualizadas constitu-

---

76   En las elecciones presidenciales del 6 diciembre de 1998, el Presidente Hugo Chávez Frías recibió el respaldo del 56,20% de los votos validos. *V., El Universal*, Caracas 11-12-98, p. 1-1.

cionalmente. Los Senadores y Diputados electos en noviembre de 1998, por tanto, estimamos que no podían ni debían tener otra alternativa ni actuación inmediata que no fuera la de iniciar el proceso constituyente, planteando la iniciativa de reforma constitucional para la previsión y regulación de la Asamblea Constituyente; y, por su parte, el gobierno electo y los partidos políticos que lo apoyaron, tenían y debían actuar conforme a la Constitución, en el sentido de que para convocar la Asamblea Constituyente había que regularla previamente en aquélla. El problema no era sólo de manifestación popular o de popularidad de un dirigente; era de orden constitucional pues el pueblo no podía ni puede actuar sino conforme a la Constitución; nunca contra la Constitución, pues ello sería una vía de hecho que, a la postre, atentaría contra los derechos y libertades del mismo pueblo.

Las anteriores consideraciones, por supuesto, estaban formuladas dentro de la más clara ortodoxia constitucional. Sin embargo, era evidente que la supremacía constitucional que la sustentaban, estaba en pugna con la soberanía popular que podía derivarse de un referendo consultivo sobre la convocatoria de una Asamblea Constituyente.

En esa pugna, alguno de los extremos debía ceder, el de la soberanía popular o el de la supremacía constitucional. Si privaba el primero podía surgir un poder constituyente instituido de reforma constitucional distinto al regulado en el texto constitucional; si privaba el segundo, no podía convocarse una Asamblea Constituyente sin previamente regularla en la Constitución.

El conflicto era insoluble por la sola vía de la discusión e interpretación jurídicas, salvo por la Corte Suprema de Justicia; y ésta, al adoptar sus sentencias de 19-01-99, (Casos *Referendo Consultivo I y II*), aún cuando no en forma, expresa, abrió las vías para su resolución dándose primacía a la soberanía popular, manifestada a través de un referendo consultivo; sobre el principio de la supremacía constitucional que en este aspecto cedió, pero sólo en el sentido de que supuestamente las normas constitucionales sobre la reforma constitucional estaban destinadas a los poderes constituidos pero no al poder constituyente manifestado en una consulta popular, de la cual podía surgir una nueva forma de reformar de la Constitución a través de una Asamblea Constituyente no prevista en ella[77].

2.   *Las salidas derivadas de las sentencias de la Corte Suprema de Justicia para superar el conflicto constitucional*

En efecto, como se ha dicho, el 19 de enero de 1999, antes de instalarse las Cámaras Legislativas, la Corte Suprema de Justicia en Sala Político Administrativa, en la sentencia Caso *Referendo Consultivo I*, si bien se limitó a decidir que la consulta sobre la convocatoria a una Asamblea Constituyente conforme al artículo 181 de la Ley Orgánica del Sufragio y Participación Política era perfectamente legítima y constitucional, no habiendo resuelto expresamente el problema constitucional de si era o no necesaria la reforma constitucional previa que regulara la Asamblea Consti-

---

77   Como lo ha señalado Claudia Nikken, con esta sentencia, la Corte Suprema se constituyó en instancia pre-constituyente, actuando como poder constituyente secundario, dando origen a un acto de des-constitución, es decir, de abandono del orden constitucional en vigor hasta ese momento. Ver su tesis, *La Cour Suprême de Justice et la Constitution... cit.*, pp. 36, 359, 363, 365.

tuyente para poder convocarla; en el texto de la sentencia y, particularmente, en su parte motiva, como hemos dicho, sentó diversos criterios que permitieron entender o deducir que en caso de un nuevo conflicto jurisdiccional, que sin duda se presentó posteriormente, la Corte posiblemente se inclinaría a favor del principio de la soberanía popular por sobre el principio de la supremacía constitucional, siempre que la consulta popular, en sí misma permitiera configurar, como consecuencia de la voluntad popular, un régimen de la Asamblea Constituyente.

En efecto, la sentencia Caso *Referendo Consultivo I*, en virtud de que el recurso de interpretación exigía confrontar el artículo 181 de la Ley Orgánica del Sufragio y Participación Política en concordancia con el artículo 4° de la Constitución, dedicó un Capítulo (IV) a analizar el "sentido y alcance del artículo 4° de la Constitución", cuya trayectoria histórica ya hemos analizado.

A. *El principio democrático y la supremacía constitucional*

En el referido Capítulo, la Corte comenzó por constatar que la Constitución de 1961, como cualquiera de las Constituciones rígidas contemporáneas (que son materialmente todas las del mundo, con excepción de la del Reino Unido y la de Israel), gozaba de supremacía, pues estaba "en el tope de la jerarquía normativa del país, de manera que su acatamiento está por encima de las leyes ordinarias". Esta Constitución de 1961 establecía el Estado constitucional que, conforme a la sentencia, y de acuerdo a lo que ya hemos destacado:

> Cimienta su estructura y razón de ser en dos principios fundamentales: a) Por un lado, en la tesis de la *democracia* o "gobierno del pueblo, por el pueblo y para el pueblo"; b) por otro, en el principio de la *supremacía de la Constitución,* que coloca a esta en la cúspide del ordenamiento jurídico del Estado, lo cual *obliga tanto a los gobernantes como a los gobernados* a someterse a ella.

En estos párrafos, la sentencia destacó las bases del sistema constitucional venezolano, propios de un Estado constitucional democrático representativo, es decir, primero, un Estado organizado por una Constitución que goza de supremacía y rigidez; y segundo, el régimen de la democracia que indudablemente es representativa, en contraste con la democracia directa que la praxis política dejó en la historia.

Eso significa, ni más ni menos, que la Constitución, como manifestación de la voluntad popular expresada como poder constituyente, es la norma suprema que obliga a los órganos del Poder Público, como poderes constituidos y a los ciudadanos, que sólo puede ser modificada conforme a sus propias normas (rigidez).

Formulado este planteamiento, la sentencia *Caso Referendo Constitucional II,* entonces señaló la doble cuestión que estaba planteada en el recurso de interpretación, y que era la tensión existente, por una parte, entre el principio de la *soberanía popular y la democracia* y, por la otra, el principio de la *supremacía constitucional;* es decir, como dijo la sentencia y ya lo hemos destacado, por una parte:

> Si la Constitución, como norma suprema y fundamental puede prever y organizar sus propios procesos de transformación y cambio, en cuyo caso, el principio democrático quedaría convertido en una mera declaración *retórica;*

y por otra parte,

> si se estima que, para preservar la soberanía popular, es al pueblo a quien corresponderá siempre, como titular del poder constituyente, realizar y aprobar cualquier modificación de la Constitución, en cuyo supuesto lo que se verá corrosivamente afectada será la idea de supremacía.

Después de realizar algunas citas doctrinales genéricas, la sentencia precisó el dilema así:

> El asunto planteado es el dilema de si la propia Constitución, le es dado regular sus propios procesos de modificación y de reforma o si se considera que la soberanía corresponde directamente al pueblo, como titular del poder constituyente, reordenando al Estado. En el primer caso estaríamos en presencia del poder constituido. En el segundo, el poder constituyente tendría carácter absoluto e ilimitado.

De este dilema concluyó la Corte señalando que:

> Pareciera ocioso indicar que la idea de supremacía deja de tener sentido cuando se considera que poder constituyente y poder constituido se identifican y que el poder constituyente es creado por la Constitución, en lugar de considerarse a la Constitución como obra del poder constituyente.

La verdad es que de estos párrafos no se entiende constitucionalmente la conclusión del dilema entre soberanía popular y supremacía constitucional que planteó la Corte, pues la Constitución siempre es la obra del poder constituyente que la había sancionado; y había sido ese poder constituyente el que organizó políticamente a la sociedad prescribiendo un régimen democrático representativo, en el cual el pueblo sólo podía actuar mediante sus representantes conforme a la Constitución que era obra del poder constituyente.

Este, el poder constituyente, al dictar la Constitución, era el que había resuelto subsumirse en el marco de una Constitución otorgándole supremacía y prescribiendo la forma de su modificación, que no se verificaba en forma alguna, por los poderes constituidos, sino por el poder constituyente instituido en la propia Constitución que se manifestaba finalmente mediante un referendo aprobatorio de la reforma constitucional (art. 246 de la Constitución), que implicaba la manifestación directa y final del pueblo soberano. No era acertado, por tanto, como lo hizo la Corte en la sentencia, confundir el poder constituyente instituido de reforma de la Constitución con los poderes constituidos, los cuales no podían reformarla en ningún caso.

B.   *El artículo 4º de la Constitución y el principio de la democracia representativa*

Del planteamiento del dilema mencionado la Corte señaló, en su sentencia, que:

> La pregunta que se formula es si procede convocar a una revisión de la Constitución o si procede la convocatoria a un Poder Constituyente, a un poder soberano;

pasando luego a analizar el artículo 4º de la Constitución, respecto del cual señaló que conforme los criterios interpretativos tradicionalmente expuestos:

Consagra exclusivamente el principio de la representación popular por estimar que la soberanía reside en el pueblo, pero que este no puede ejercerla directamente sino que lo hace a través de los órganos del poder público a quienes elige, es decir, que el medio para depositar ese poder soberano es el sufragio.

Es decir, la Corte en su sentencia, al referirse al artículo 4º de la Constitución lo interpretó conforme a lo que consagraba, que no era otra cosa que el principio de la democracia representativa conforme al cual el pueblo soberano solo puede actuar mediante sus representantes electos.

C. *La democracia directa*

Pero frente a este principio constitucional, la Corte, en su sentencia, se refirió sin embargo al principio de la democracia directa, señalando que:

Un sistema participativo, por el contrario, consideraría que el pueblo retiene siempre la soberanía ya que, si bien puede ejercerla a través de sus representantes, también puede por sí mismo hacer valer su voluntad frente al Estado. Indudablemente quien posee un poder y puede ejercerlo delegándolo, con ello no agota su potestad, sobre todo cuando la misma es originaria, al punto que la propia Constitución lo reconoce.

De esta apreciación sobre la democracia directa, que la sentencia confundió con democracia participativa, que contrasta con el principio de la democracia representativa que adoptaba la Constitución, la Corte continuó su argumentación sobre la posibilidad que tenía el pueblo de manifestarse directamente y no a través de representantes, en la forma siguiente:

De allí que el titular del poder (soberanía) tiene implícitamente la facultad de hacerla valer *sobre aspectos para los cuales no haya efectuado su delegación.* La Constitución ha previsto a través de sufragio la designación popular de los órganos de representación; pero no ha enumerado los casos en los cuales esta potestad puede directamente manifestarse.

Ahora bien, no puede negarse la posibilidad de tal manifestación si se estima que ella, por reconocimiento constitucional, radica en el ciudadano y sólo cuando la misma se destina a la realización de funciones del Estado específicamente consagrados en el texto fundamental (funciones públicas), se ejerce a través de los delegatarios. De allí que, la posibilidad de delegar la soberanía mediante el sufragio en los representantes populares, no constituye un impedimento para *su ejercicio directo en las materias en las cuales no existe previsión expresa de la norma sobre el ejercicio de la soberanía a través de representantes.* Conserva así el pueblo su potestad originaria para casos como el de ser consultado en torno a materias objeto de un referendo.

Conforme a este razonamiento de la Corte, resultaba entonces, sin duda, la posibilidad de efectuar un referendo consultivo sobre la convocatoria de una Asamblea Constituyente; pero no resulta posibilidad alguna de que mediante una consulta se pudiera "crear" y regular con rango constitucional y convocar una Asamblea Constituyente no prevista ni regulada en la propia Constitución, que acometiera la reforma constitucional, pues, precisamente, era la Constitución *la que regulaba expresamente* que la reforma constitucional debía realizarse por el poder constituyente instituido[78] mediante la participación de representantes electos integrantes de las Cámaras Legislativas y la aprobación de la misma por el pueblo mediante un referendo aprobatorio (art. 146 de la Constitución). Precisamente, en este supuesto de reforma de la Constitución estábamos en presencia de un caso en el cual, conforme lo indica la sentencia, el pueblo soberano, al sancionar la Constitución mediante sus representantes, reguló *expressis verbis* la forma para la realización de la reforma constitucional a través de sus delegados y de un referendo aprobatorio.

De manera que en este caso, conforme a lo que señaló la Corte, si bien la consulta popular sobre la convocatoria de una Asamblea Constituyente podía hacerse; sin embargo, la misma, si se convocaba, no tenía autoridad constitucional para reformar la Constitución, pues en forma expresa ésta regulaba cómo podía reformarse por el poder constituyente instituido.

Se insiste, conforme al criterio de la Corte, la soberanía popular podría manifestarse directamente "cuando *no existe previsión expresa* de la norma sobre el ejercicio de la soberanía a través de representantes"; por lo que, en sentido contrario, cuando existía previsión expresa de la norma constitucional sobre el ejercicio de la soberanía a través de representantes, no podría manifestarse directamente dicha soberanía popular.

Precisamente, en relación con la reforma constitucional, el artículo 246 establecía *en forma expresa* cómo había de manifestarse la soberanía popular a tales efectos, previendo la participación de los representantes electos (Senadores y Diputados) que integraban las Cámaras Legislativas y la participación directa del pueblo soberano mediante un referendo aprobatorio de la reforma constitucional.

Por tanto, en esta parte de la motivación de la sentencia Caso *Referendo Consultivo I*, lejos de deducirse que se podría modificar la Constitución vía una Asamblea Constituyente no prevista en la misma como consecuencia de una consulta popular, en realidad resulta todo lo contrario.

IV. LOS MECANISMOS DE PARTICIPACIÓN POLÍTICA EN LA LEY ORGÁNICA DEL SUFRAGIO Y LA SUPREMACÍA CONSTITUCIONAL

Una de las innovaciones de la reforma de la Ley Orgánica del Sufragio de 1998, que incluso afectó su denominación, fue la inclusión de un Título (VI) sobre los referendos "con el objeto de consultar a los electores sobre decisiones de especial trascendencia nacional" (art. 181).

Con anterioridad, la Ley Orgánica de Régimen Municipal había previsto un referendo consultivo sobre la revocatoria del mandato de los Alcaldes, cuando hubieran sido suspendidos en el ejercicio del cargo al improbarse la Memoria y Cuenta de su gestión (art. 69); y además, había regulado en forma general el referendo municipal a los fines de la consulta de las Ordenanzas u otros asuntos de interés colectivo (art.

---

78   De lo contrario ocurriría un fraude constitucional que, como lo definió G. Liet Veaux, ocurre cuando se produce la revisión de las cláusulas de revisión de la Constitución, con el fin de crear un nuevo órgano de revisión encargado de dictar una nueva Constitución; en "La fraude à la Constitution", *Revue du Droit Public*, Paris 1943, p. 143. *Cfr.* Claudia Nikken, *La Cour Suprême de Justice et la Constitution... cit.*, p. 385.

175). Por su parte, la Ley de Casinos y Bingos de 1997[79] había establecido también una consulta popular para autorizar la instalación de los primeros en determinadas zonas turísticas.

Adicionalmente, la Constitución de 1961 regulaba el referendo aprobatorio de la reforma constitucional "para que el pueblo se pronuncie en favor o en contra de la Reforma" (art. 246, ord. 4°), no previendo en ninguna otra parte la figura del referendo.

En esta forma, en relación con la reforma constitucional, la Constitución de 1961 regulaba expresamente el referendo aprobatorio como parte del ejercicio del poder constituyente instituido; y el planteamiento político que había estado en el centro del debate jurídico constitucional y que se le planteó a la Corte Suprema para su solución, fue el de dilucidar si mediante un referendo consultivo se podía consultar al pueblo sobre la convocatoria de una Asamblea Constituyente y si ello bastaba para convocarla sin que su régimen debiera estar previamente consagrado en la Constitución.

1. La supremacía constitucional y la regulación del poder constituyente instituido

El derecho ciudadano más importante y esencial en el constitucionalismo moderno, ya lo hemos señalado, es el derecho a la supremacía constitucional, es decir, el derecho de todo ciudadano a que la Constitución, que es la norma suprema de la sociedad, se respete por todos. Ese es uno de los pilares esenciales del Estado de Derecho, que ha provocado el desarrollo progresivo de mecanismos de protección y defensa de la Constitución, en particular, las acciones de inconstitucionalidad y amparo y las acciones contencioso administrativas[80].

Toda violación de la Constitución, en definitiva, es una violación de la voluntad popular, que ningún país democrático puede tolerar. La Constitución en el republicanismo democrático moderno, es la expresión de la voluntad del pueblo, que sólo el pueblo, conforme a sus dictados, puede cambiar.

En Venezuela, el pueblo, como poder constituyente y mediante sus representantes, se había dado una Constitución, la de 1961. Esa Constitución establecía que sólo podía ser reformada conforme a los dictados de ese poder constituyente, es decir, conforme a lo indicado en sus artículos 245 y 246, relativos a las Enmiendas y a las Reformas constitucionales.

La Constitución no preveía otro mecanismo de reforma general de su texto -esa era la expresión de la voluntad popular- distinto al procedimiento de Reforma regulado en su artículo 246, que atribuía la iniciativa de la misma a los Senadores y Diputados del Congreso de la República, aprobada por las 2/3 partes de los mismos; su discusión y adopción por la Cámara del Senado y por la Cámara de Diputados como

---

79   V., en Gaceta Oficial N° 36.254 de 23-07-97.

80   V., en general Allan R. Brewer-Carías, Derecho y acción de amparo, Instituciones Políticas y Constitucionales, Tomo V, Caracas 1998; Justicia constitucional, Instituciones Políticas y Constitucionales, Tomo VI, Caracas 1996; y Justicia contencioso-administrativa, Instituciones Políticas y Constitucionales, Tomo VII, Caracas 1997.

colegisladores, y su sanción definitiva mediante referendo aprobatorio, es decir, votación popular con una mayoría de los sufragantes.

En esta forma, conforme a la Constitución, el pueblo, mediante sus representantes constituyentes, en 1961 determinó que la reforma general de dicho texto sólo se podía hacer en un proceso constituyente instituido, donde el pueblo tenía que manifestarse en dos formas: primero, mediante sus representantes, en el Congreso; y segundo, mediante un referendo aprobatorio de la nueva Constitución.

La consecuencia de ello es que todo intento de efectuar una reforma constitucional apartándose del procedimiento constituyente antes indicado, constituía una violación de la voluntad popular expresada en la Constitución. Esta no admitía que se pudiera reformar trastocándose la voluntad popular.

Un referendo aprobatorio, como el que regulaba en la Constitución, después que el Congreso -que estaba constituido por representantes electos popularmente- adoptase la reforma constitucional, no podía ser sustituido en forma alguna por un referendo consultivo, que no era más que eso, una consulta regulada en la Ley Orgánica del Sufragio (art. 181). Nadie, ni siquiera poder constituido alguno, tenía el poder, conforme a la Constitución, para transformar un referendo consultivo establecido en una Ley, en un procedimiento de reforma constitucional.

En tal sentido es que se había planteado que mediante un referendo consultivo convocado conforme a la Ley Orgánica del Sufragio, se podría consultar al pueblo sobre si quería o no una Asamblea Constituyente para reformular el sistema político y sancionar una nueva Constitución, pero quedaba pendiente el tema de que si la consulta arrojaba una votación favorable, ello podía o no bastar para convocarla y atribuirle el poder constituyente. Siempre consideramos que ello no era posible constitucionalmente, pues para que la soberanía popular manifestada en un referendo consultivo se materializase en la convocatoria de una Asamblea Constituyente, el régimen de la Constituyente tenía necesariamente que estar consagrado con rango constitucional.

Es decir, sólo la Constitución podría establecer, por ejemplo, el carácter de dicha Asamblea (unicameral o bicameral); la forma de elección (uninominal, plurinominal, por cooptación, por representación corporativa); las condiciones de elegibilidad de los constituyentistas; las condiciones de postulación de los mismos (por firmas abiertas, por partidos políticos, por grupos de electores); la duración de su mandato; y sus funciones y poderes, particularmente en relación con los poderes constituidos (Congreso, Corte Suprema de Justicia, Poder Ejecutivo, Poderes estadales, Poderes municipales).

En nuestro criterio, por tanto, siempre consideramos que no bastaba un referendo consultivo para que pudiera convocarse una Asamblea Constituyente, pues el régimen de la misma no podía ser establecido por los poderes constituidos, ni por Ley del Congreso, ni por Decreto Ejecutivo.

El referendo consultivo lo que significaba era, sólo, la manifestación de voluntad del pueblo dirigida al poder constituyente instituido para que pudiera proceder a regular la Constituyente en la Constitución, y poder convocarla. Por consiguiente, el poder constituyente instituido -como consecuencia de dicho mandato- debía ser el encargado de reformar la Constitución para regular la Constituyente, conforme al procedimiento previsto en el artículo 246; reforma que debía someterse a referendo aprobatorio.

En consecuencia, consideramos que todo intento de convocar una Asamblea Constituyente, basado en una consulta popular (referendo consultivo), sin que interviniera la representación popular recién electa constituida en el Congreso, y sin que interviniera el pueblo mediante un referendo aprobatorio como poder constituyente instituido, de acuerdo con la Constitución, era una violación de la misma y, en consecuencia, del derecho ciudadano a su supremacía constitucional.

Por tanto, como se ha dicho, la Constitución de 1961 no preveía que se pudiera convocar una Asamblea Constituyente para reformar la Constitución conforme al artículo 4° del propio texto. Es cierto que esa norma señalaba que "la soberanía reside en el pueblo" pero agregaba "quien la ejerce, mediante el sufragio, por los órganos del Poder Público".

De ello resultaba, como se ha dicho, que para que esta norma pudiera entrar en aplicación, era necesario que la Constitución misma regulase a la Asamblea Constituyente como un órgano del Poder Público, en ese caso del poder constituyente instituido y, además, estableciera cuál era el régimen del sufragio para que el pueblo eligiera sus representantes en la Asamblea.

Por ello, estimamos siempre que un referendo consultivo sobre la Constituyente no conducía a otra cosa que a materializar una manifestación de voluntad, por el pueblo soberano, constitutiva de un mandato político y popular dirigido a los órganos del Poder Público, como copartícipes del poder constituyente, para que asumieran, conforme a la Constitución, su reforma para regular la Constituyente, es decir, para establecer el régimen de la Asamblea Constituyente como un mecanismo de reforma constitucional. Siempre consideramos que nadie más tenía el poder constitucional ni la competencia para regular dicho régimen, el cual no podía derivar de un referendo consultivo, pues se distorsionaba el funcionamiento del poder constituyente instituido que regulaba la Constitución.

Esto, incluso, derivaba de los propios razonamientos de las sentencias Caso *Referendo Consultivo I y II*. En efecto, como se ha dicho, la sentencia Caso *Referendo Consultivo I* precisó con claridad, sobre el referendo consultivo regulado en el artículo 181 de la Ley Orgánica del Sufragio y Participación Política, que:

> Aún cuando el resultado de la decisión popular adquiere *vigencia inmediata*, (se refiere a la voluntad popular manifestada a través de la consulta), *su eficacia sólo procedería cuando, mediante los mecanismos legales establecidos,* se dé cumplimiento a la modificación jurídica aprobada.

Es decir, la consulta popular debía considerarse en forma inmediata como la manifestación del pueblo (vigencia), pero conforme al criterio de la Corte, ello no bastaba para considerar que tenía eficacia si la consulta conducía a una reforma del ordenamiento jurídico, en cuyo caso, la eficacia de la manifestación de la voluntad popular sólo se producía cuando mediante los mecanismos legales o constitucionales se diere cumplimiento a la modificación jurídica aprobada en el referendo consultivo. Un ejemplo aclara el planteamiento formulado por la Corte: imaginémonos que hubiera podido convocarse a un referendo consultivo sobre el establecimiento de la pena de muerte en el país; ello tendría vigencia inmediata, como consulta popular, pero no tendría efectividad sino hasta tanto el poder constituyente instituido reformase el artículo 58 de la Constitución que no sólo regulaba el derecho a la vida como inviolable, sino que prohibía el establecimiento de la pena de muerte.

En este sentido, la eficacia del referendo consultivo solo procedía cuando se hiciese la reforma constitucional; como lo dijo la Corte:

> Siguiendo los procedimientos ordinarios previstos en el orden jurídico vigente, a través de los órganos del Poder Público *competentes* en cada caso. Dichos órganos estarán en la obligación de proceder en ese sentido.

Por supuesto, las modificaciones al orden jurídico para hacer eficaz la voluntad popular manifestada en el referendo, sólo podían adoptarse por los órganos del Poder Público que tuvieran constitucional y legalmente *competencia* para hacer las reformas. Dicha competencia, en ningún caso podía derivar del propio referendo consultivo, a menos que se persiguiera delegar el poder constituyente originario en un órgano de los poderes constituidos, lo que hubiera sido atentatorio con el principio democrático de la soberanía popular.

En la sentencia Caso *Referendo Consultivo II,* como ya se ha dicho, se insistió en este mismo argumento, pero específicamente referido al referendo consultivo sobre la convocatoria a una Asamblea Constituyente, al destacarse que ello tenía especial trascendencia nacional:

> En la medida en que los resultados de una consulta popular como la que se pretende, sería factor decisivo para que los órganos *competentes* del Poder Público Nacional diseñen los mecanismos de convocatoria y operatividad de una Asamblea a los fines propuestos; o para que, previamente, tomen la iniciativa de enmienda o de reforma que incluya la figura de una Asamblea de esta naturaleza.

En esta decisión, sin embargo, se abrieron dos posibilidades concretas para que el referendo sobre la Asamblea Constituyente adquiriera eficacia. En primer lugar, que los órganos competentes del Poder Público Nacional diseñasen los mecanismos de convocatoria y operatividad de una Asamblea a los fines propuestos. En este caso, por supuesto, lo importante era determinar si algún órgano del Poder Público Nacional (Ejecutivo o Legislativo) tenía *competencia* para "diseñar los mecanismos de convocatoria y operatividad de una Asamblea Constituyente" a los fines de reformar la Constitución. La respuesta evidentemente que era negativa, pues conforme al ordenamiento jurídico vigente, ningún órgano del Poder Público tenía competencia para ello y menos aún cuando los mecanismos de convocatoria de una Asamblea Constituyente sin duda comportaban modificaciones a la Constitución. Este era el caso, por ejemplo, del establecimiento de un sistema puramente uninominal para la elección de los constituyentistas, lo que implicaba la reforma del artículo 113 de la Constitución de 1961, que consagraba el derecho político a la representación proporcional de las minorías.

Pero en segundo lugar, la sentencia Caso *Referendo Consultivo II* planteó la alternativa, como consecuencia de la consulta popular sobre la convocatoria de la Asamblea Constituyente, de que previamente los órganos del Poder Público Nacional (se refería al Congreso) tomasen la iniciativa de enmienda o de reforma de la Constitución que incluyera la figura de la Asamblea Constituyente.

No se olvide que conforme al mencionado artículo 246 de la Constitución de 1961, la reforma constitucional una vez sancionada por las Cámaras como cuerpos colegisladores, se debía aprobar mediante referendo aprobatorio. Ninguna norma autorizaba en la Constitución, a cambiar dicho régimen por un referendo consultivo, cuyo texto -el de la consulta- se formulase sin una sanción previa por los representantes del pueblo en el Congreso, y que fuera producto de la sola voluntad del Ejecutivo Nacional.

Nada, por tanto, impedía que se convocara a un referendo consultivo para consultar al pueblo sobre el tema de la convocatoria a una Constituyente; en cambio, la Constitución nada regulaba para que una reforma constitucional sólo se derivase de una consulta popular, sin que su texto hubiera sido discutido y sancionado por las Cámaras que integraban el Congreso y luego sancionado mediante referendo aprobatorio.

La Corte Suprema de Justicia, sin embargo, señaló que las normas constitucionales relativas a la reforma constitucional no ataban al poder constituyente manifestado mediante un referendo consultivo, de lo que derivaba la posibilidad de que mediante este se pudiera estructurar otra vía para la reforma de la Constitución, mediante una Asamblea Constituyente, no prevista expresamente en ella.

2. *La interpretación de la Corte Suprema sobre el referendo consultivo y la reforma constitucional*

Para llegar a esta conclusión, la Corte Suprema de Justicia, en la sentencia *Caso Referendo Consultivo I,* dedicó un Capítulo (V) a la "técnica interpretativa de la Ley Orgánica del Sufragio y Participación Política", cuyo artículo 181 había sido objeto del recurso de interpretación intentado. Conforme al criterio de la Corte:

> Ello se circunscribe a determinar si de conformidad con dicha norma, puede convocarse a un referendo consultivo, a los fines de determinar si corresponde a la voluntad popular que se convoque a Asamblea Constituyente.

Al precisar sus consideraciones sobre este tema, la Corte puntualizó que el "análisis interpretativo" que hacía, "versa sobre la convocatoria a referendo" y nada más; precisando que la interpretación que realizó no versaba ni se refería "a consulta plebiscitaria", sobre lo cual agregó:

> En realidad, si bien ambas figuras tienden a confundirse teóricamente, mientras el referendo se refiere a un texto o proyecto, el plebiscito tiende a ratificar la confianza en un hombre o gobernante (*Cfr*. Leclerq, Claude, *Institutions Politiques et Droit Constitutionnels,* París 3 ème Edition, p. 137).

La Corte, en esta forma, deslindó los conceptos y precisó el mecanismo de participación política que regulaba el artículo 181 de la Ley Orgánica del Sufragio y Participación Política, que quedaba reducido a un referendo consultivo que, como se ha dicho antes, tenía por objeto consultar la opinión del pueblo sobre una decisión que, por supuesto, normalmente estaba plasmada en un proyecto por escrito. Por eso, la Corte señaló que el referendo consultivo se refería a un texto o proyecto, que era el que debía someterse a consulta.

En cuanto al plebiscito, no sólo se traducía en un voto de confianza "a un hombre o gobernante" como lo dijo la Corte, sino que su carácter nunca era consultivo sino decisorio; con el plebiscito se le pedía al pueblo que decidiera; con el referendo consultivo se le pedía al pueblo su opinión sobre una decisión que debía adoptar el órgano del Poder Público que formulaba la consulta.

Hechas estas precisiones y analizado el artículo 181 de la Ley Orgánica del Sufragio y Participación Política, la Corte concluyó señalando que de dicha norma se desprendía:

> La consagración jurídica de la figura del referendo consultivo como mecanismo llamado a canalizar la participación popular en los asuntos públicos nacionales.

Al constatar que la duda planteada por los solicitantes del recurso de interpretación "viene fundamentalmente referida al aspecto sustancial del referendo consultivo"; con el objeto de determinar:

> Si la materia objeto del mismo podría estar referida a la voluntad popular de reformar la Constitución mediante la convocatoria de una Asamblea Constituyente.

Y luego de analizar las materias que conforme al artículo 181 de la Ley Orgánica del Sufragio y Participación Política no pueden someterse a referendo, la Corte concluyó señalando que:

> El principio general en materia de participación democrática radica en que la globalidad de los asuntos de especial trascendencia nacional puede ser consultado a través de este mecanismo.

Sin embargo, a renglón seguido, la Corte hizo el razonamiento ya referido anteriormente en varias oportunidades, de que el resultado del referendo consultivo *no tenía efectos de inmediato*, sino:

> Sólo procedería cuando, mediante los mecanismos legales establecidos, se dé cumplimiento a la modificación jurídica aprobada.

Es decir, el referendo consultivo sobre la convocatoria de una Asamblea Constituyente podía hacerse y adquiría vigencia, pero no era eficaz para reformar la Constitución sino una vez regulada dicha Asamblea en la propia Constitución o en otro instrumento acorde con la consulta popular como mecanismo político del poder constituyente instituido para hacer la reforma general.

Si bien el razonamiento lógico de la sentencia conducía a la primera conclusión, la misma podía interpretarse también en el segundo sentido, dada la consideración que hizo sobre la distinción entre poder constituyente y poderes constituidos.

3.   *Las precisiones de la Corte sobre el poder constituyente y los poderes constituidos*

En efecto, en el Capítulo relativo a la interpretación del artículo 181 de la Ley Orgánica del Sufragio y Participación Política, a renglón seguido de la consideración anterior sobre la eficacia de la consulta popular, la Corte Suprema en su sentencia *Caso Referendo Consultivo I* entró a realizar consideraciones sobre el poder constituyente, señalando lo siguiente sobre el poder constituyente originario:

> El poder constituyente originario se entiende como potestad primigenia de la comunidad política para darse una organización jurídica y constitucional. En este orden de motivos, la idea del poder constituyente presupone la vida nacional como

unidad de existencia y de decisión. Cuando se trata del gobierno ordinario, en cualquiera de las tres ramas en que se distribuye su funcionamiento, estamos en presencia del poder constituido. En cambio, lo que organiza, limita y regula normativamente la acción de los poderes constituidos es función del poder constituyente. Este no debe confundirse con la competencia establecida por la Constitución para la reforma de alguna de sus cláusulas. La competencia de cambiar preceptos no esenciales de la Constitución, conforme a lo previsto en su mismo texto, es poder constituyente instituido o constituido, y aun cuando tenga carácter extraoficial, está limitado y regulado, a diferencia del poder constituyente originario, que es previo y superior al régimen jurídico establecido.

Distinguió así la Corte, en su sentencia, tres conceptos esenciales del constitucionalismo moderno. En primer lugar, la del poder constituyente originario el cual, a decir verdad, en los Estados constitucionales estables solo se manifiesta una vez, al constituirse el Estado como "potestad primigenia de la comunidad política para darse una organización jurídica y constitucional".

En ese caso, y sólo en este caso, como lo dijo el Abate Sieyès el 20 de julio de 1789 ante el Comité Constitucional de la Asamblea revolucionaria francesa,

> El poder constituyente todo lo puede... No se encuentra de antemano sometido a ninguna Constitución... Por ello, para ejercer su función, ha de verse libre de toda forma y todo control, salvo los que a él mismo le pudiera adoptar[81].

Así concebido, el poder constituyente originario es *supra leges* y queda *legibus solutus*, fuera de toda limitación. Es un hecho que preexiste al derecho que dicho poder crea y ordena en una Constitución.

Sin embargo, este poder constituyente originario, en el mundo contemporáneo, es una mera representación histórica. Ese fue, por ejemplo, el que asumieron las Asambleas coloniales norteamericanas para crear, *ex novo*, Estados soberanos y ese fue el que asumió la Asamblea Nacional francesa con la Revolución, para transformar radicalmente el Estado francés. Así también actuó el Congreso General de las Provincias de Venezuela, cuando organizó la Confederación de Estados de Venezuela en 1811 y antes, así fueron las manifestaciones de los Cabildos Capitales de las Provincias de la Capitanía General de Venezuela que adoptaron las Constituciones Provinciales.

Pero una vez constituidos los Estados modernos, el poder constituyente originario, así concebido, difícilmente aparece de nuevo, salvo que sea como manifestación *fáctica,* producto de una revolución y, por tanto, de situaciones de hecho.

Por ello, no es frecuente que ni siquiera después de una ruptura constitucional en un país constituido, se active en forma absoluta e inmediata el poder constituyente originario. Así resulta de la práctica constitucional de Venezuela donde, a pesar de las rupturas constitucionales, las Asambleas o Congresos Constituyentes de 1830, 1858, 1863, 1893, 1901, 1904, y 1946 nunca se conformaron *legibus solutus,* pues siempre tuvieron los limites derivados del principio republicano y de la conservación

---

81   *V.*, la cita en Pedro De Vega, *La reforma constitucional y la problemática del poder constituyente*, *Madrid*, 1988, p. 28.

del ordenamiento jurídico precedente en todo lo no modificado por la nueva Constitución que se adoptaba.

En todos los casos, además, el poder constituyente originario se constitucionalizó al adoptarse la Constitución, y el principio de la representación democrática condicionó su ejercicio. Como lo ha destacado Pedro de Vega al comentar las ideas de Sieyès:

> Al ser la Nación un ente abstracto, que sólo puede expresar su voluntad a través de representantes, la potestad constituyente sólo podrá actuarse a través del mecanismo de la representación. El poder constituyente deja de ser entonces el poder en el que el pueblo directamente participa, como titular indiscutible de la soberanía, para convertirse en el poder de las Asambleas en las que la Nación delega sin competencias[82].

Esto condujo, incluso, a que en Europa se pasara inconvenientemente de la soberanía nacional a la soberanía y absolutismo de los parlamentos, principio que sigue rigiendo, en principio, salvo por lo que se refiere al ingreso a la Unión Europea, en la Constitución del Reino Unido (el de la soberanía parlamentaria por delegación del pueblo).

Ahora bien, como principio, en el Estado Constitucional, una vez aprobada la Constitución el poder constituyente originario desaparece, se subsume en la Constitución, se constitucionaliza, y ese texto adquiere supremacía, regulándose usualmente el poder constituyente instituido, como mecanismo para reformar o modificar la Constitución.

Distintos al poder constituyente originario y al poder constituyente instituido, son los poderes constituidos; estos son el producto de la voluntad del poder constituyente manifestada a través de la Asamblea, están sometidos esencialmente a la Constitución y no pueden modificarla.

Ahora bien, en cuanto al poder constituyente instituido, es decir, el poder de modificar la Constitución, este es el resultado constitucional de la tensión que deriva de los dos principios señalados que son pilares del Estado Constitucional, ya comentados: el principio de la democracia representativa y el principio de la supremacía constitucional, y que se encuentran insertos en el constitucionalismo desde la primera Constitución de la República francesa de 1791, que estableció:

> La Asamblea nacional constituyente declara que la Nación tiene el derecho imprescriptible de cambiar su Constitución; sin embargo, considerando que es más conforme con el interés nacional usar solamente, por los medios expresados en la propia Constitución, del derecho de reformar los artículos que, según la experiencia, se estime deben ser cambiados, decreta que se procederá a ello por medio de una Asamblea de revisión en la forma siguiente...[83].

---

82   *V.,* Pedro De Vega, *op. cit.,* p. 32.

83   Art. Primero, Título VII, *V.,* en Jacques Godechot (ed), *Les Constitutions de la France, depuis* 1789, París 1979, pp. 65-66.

En consecuencia, es de la esencia del constitucionalismo moderno tanto el concepto de poder constituyente originario como el de poder constituyente instituido para reformar la Constitución, distintos al de los poderes constituidos, los cuales no pueden reformar la Constitución y se encuentran sometidos a ésta.

Por ello, tenía razón la Corte Suprema cuando en la sentencia Caso *Referendo Consultivo I* expresó que:

> En este sentido, se observa que el hecho de estar enmarcado históricamente el Poder Constituyente en la normativa constitucional, no basta para entenderlo subrogado permanentemente al Poder Constituido.
>
> Pretender lo contrario, o sea, que las facultades absolutas e ilimitadas que en un sistema democrático corresponden por definición a la soberanía popular puedan ser definitivamente abdicados en los órganos representativos constituidos, equivaldría, en palabras de Berlia: "que los elegidos dejan de ser los representantes de la nación soberana para convertirse en los representantes soberanos de la nación". (*Cfr.* Berlia, G. "De la compétence Constituante" en *Revue de droit public,* 1945 p. 353, citado por Pedro De Vega en *La reforma constitucional y la problemática del poder constituyente*, Editorial Tecnos, Madrid, 1985, p. 231).

De ello resulta, por tanto, que el poder constituyente tanto originario como instituido no pueden quedar subrogados a los poderes constituidos; y que si bien el poder constituyente originario corresponde al pueblo, éste es el que, como tal, tiene facultades absolutas e ilimitadas; no así sus representantes electos en una Asamblea Constituyente, los cuales no pueden confundirse con el propio pueblo soberano, ni la Asamblea Constituyente puede ser confundida en forma alguna con el poder constituyente originario, ni nunca podría ser "soberana".

4.   *El poder constituyente instituido y la reforma constitucional*

Por último, en el Capítulo de la sentencia *Caso Referendo Consultivo I* relativo a la "técnica interpretativa de la Ley Orgánica del Sufragio y Participación Política", la Corte Suprema entró a hacer algunas consideraciones sobre la reforma constitucional confundiendo lamentablemente, el poder constituyente instituido con los poderes constituidos. En efecto, la Corte señaló:

> Nuestra Carta Magna, no sólo predica la naturaleza popular de la soberanía sino que además se dirige a limitar los mecanismos de reforma constitucional que se atribuyen a los Poderes Constituidos, en función de constituyente derivado.
>
> Así, cuando los artículos 245 al 249 de la Constitución consagran los mecanismos de enmienda y reforma general, está regulando los procedimientos conforme a los cuales el Congreso de la República puede modificar la Constitución. Y es por tanto, a ese Poder Constituido y no al Poder Constituyente, que se dirige la previsión de inviolabilidad contemplada en el artículo 250 *ejusdem*.
>
> De allí, que cuando los poderes constituidos propendan a derogar la Carta Magna a través de "cualquier otro medio distinto del que ella dispone" y, en consecuencia, infrinjan el límite que constitucionalmente se ha establecido para modificar la Constitución, aparecería como aplicable la consecuencia jurídica prevista en la disposición transcrita en relación con la responsabilidad de los mismos, y en modo alguno perdería vigencia el Texto Fundamental.

Ante estas afirmaciones debe dejarse muy claramente establecido que conforme a la Constitución de 1961, era incorrecto decir que la reforma constitucional se atribuía a "los poderes constituidos, en función de poder constituyente derivado".

Al contrario, en la Constitución de 1961 se distinguía con toda precisión, entre los poderes constituidos (de los cuales formaban parte, en particular, a nivel nacional, el Congreso o a nivel estadal, las Asambleas Legislativas), y el poder constituyente instituido para la reforma constitucional que no se podía confundir con aquellos. Una cosa era constatar que algunos poderes constituidos, en alguna forma, participaran en el poder constituyente instituido de reforma constitucional; y otra es decir que el poder constituyente instituido de reforma constitucional se atribuía a los poderes constituidos, lo cual no era correcto.

En efecto, el poder constituyente instituido para la reforma constitucional, conforme al artículo 246 de la Constitución de 1961, funcionaba como un proceso complejo, con la participación de las siguientes instituciones: los representantes populares electos; las Cámaras Legislativas Nacionales; y el pueblo directamente mediante referendo aprobatorio.

En efecto, en la reforma constitucional, por ejemplo, *primero,* debían participar los miembros del Congreso, es decir, los Senadores y Diputados electos. Eran estos, a título de representantes populares individualmente considerados, los que podían tener la iniciativa para la reforma constitucional, siempre que sumasen al menos una tercera parte de los miembros del Congreso. En sentido similar la iniciativa de la reforma también podía partir de los diputados de las Asambleas Legislativas, considerados individualmente como representantes populares, siempre que adoptasen acuerdos en cada Asamblea, con no menos de dos discusiones, por la mayoría absoluta de los miembros de cada Asamblea, y siempre que se manifestasen la mayoría absoluta de las Asambleas Legislativas.

Segundo, en el poder constituyente instituido también debían participar las Cámaras Legislativas, es decir, el Senado y la Cámara de Diputados, las cuales, en sesión conjunta convocada con tres días de anticipación por lo menos, debían pronunciarse sobre la procedencia de la iniciativa, la cual sólo era admitida por el voto favorable de las dos terceras partes de los presentes;

Tercero, una vez admitida la iniciativa, el proyecto respectivo se debía comenzar a discutir en la Cámara señalada por el Congreso, y se debía tramitar con la participación, en el proceso constituyente instituido, de las dos Cámaras, según el procedimiento establecido en la Constitución para la formación de las leyes, quedando excluidos los procedimientos de urgencia; y

Cuarto, por último, en el poder constituyente instituido para la reforma constitucional, también debía participar el pueblo soberano, al cual debía someterse el proyecto de reforma constitucional sancionado para que mediante referendo aprobatorio, se pronunciase en favor o en contra de la reforma, de manera que la nueva Constitución se declaraba sancionada si era aprobada por la mayoría de los sufragantes de la República.

Como se puede apreciar, por tanto, no es cierto que la Constitución de 1961 atribuyera al Congreso de la República (poder constituido) la potestad de poder modificar la Constitución; y tampoco es cierto que la reforma constitucional se atribuía a los poderes constituidos, en función de constituyente derivado; al contrario, se atribuía al poder constituyente instituido en cuya formación participaban, en un acto complejo, tanto los representantes electos popularmente considerados individualmente, como las Cámaras Legislativas Nacionales y el pueblo soberano mediante referendo aprobatorio.

Siendo errada la premisa de la cual había partido la Corte al confundir el poder constituyente instituido para la reforma constitucional con los poderes constituidos, en nuestro criterio, era igualmente errada la apreciación que formuló en el sentido de que el artículo 250 de la Constitución de 1961 sobre la inviolabilidad de la Constitución, solo estaba dirigido a los poderes constituidos y no al poder constituyente. Al contrario, mientras la Constitución estuviese vigente, el artículo 250 se aplicaba al poder constituyente instituido para la reforma constitucional y era, conforme a los principios de la democracia representativa y de la supremacía constitucional, un freno a la aparición del poder constituyente originario, que solo podría manifestarse *de facto.*

Sin embargo, la Corte Suprema, en su sentencia Caso *Referendo Consultivo II,* continuó en su línea de razonamiento sobre el poder constituyente originario, no limitado y absoluto, señalando lo siguiente:

> Sin embargo, en ningún caso podría considerarse al poder constituyente originario incluido en esa disposición (art. 250), que lo haría nugatorio, por no estar expresamente previsto como medio de cambio constitucional.
>
> Es inmanente a su naturaleza de poder soberano, ilimitado y principalmente originario, el no estar regulado por las normas jurídicas que hayan podido derivar de los poderes constituidos, aún cuando éstos ejerzan de manera extraordinaria la función constituyente.
>
> Esta, indudablemente, es la tesis recogida por el propio constituyente de 1961, el cual, consagró normas reguladoras de la reforma o enmienda de la Constitución dirigidas al Poder Constituido y a un tiempo, incluso desde el Preámbulo, la consagración de la democracia como sistema político de la nación, sin soslayar, coherentemente, el reconocimiento de la soberanía radicada directamente en el pueblo.
>
> Ello conduce a un conclusión: la soberanía popular se convierte en suprema-cía de la Constitución cuando aquélla, dentro de los mecanismos jurídicos de participación, decida ejercerla.

Tres aspectos deben destacarse de estos párrafos de la sentencia.

En *primer lugar,* la afirmación de que el poder constituyente no estaba regulado por las normas jurídicas que hubieran podido emanar de los poderes constituidos. Ello es evidente y entendemos que nadie lo niega, pues sería contrario al principio de la soberanía popular. Sin embargo, una cosa es que el poder constituyente originario no este sometido a las normas jurídicas que puedan emanar de los poderes constituidos y otra es que el poder constituyente no esté sometido a su propia obra, que es la Constitución. Lo primero nadie lo refuta, pero lo segundo es totalmente refutable pues sería contrario al principio de la supremacía constitucional. Una vez que en un país, el poder constituyente sanciona una Constitución, la constitucionalización del Estado y del orden jurídico implica que el texto es supremo y que, como lo afirmó la Corte en la misma sentencia "obliga tanto a los gobernantes como a los gobernados a someterse a ella" y los gobernados son, precisamente, el pueblo soberano que al sancionar la Constitución se autolimita y se somete a su propia norma.

Como también lo dijo la Corte en el párrafo antes trascrito, es la soberanía popular la que se convierte en supremacía constitucional cuando aquélla lo decida a través de los mecanismos de participación previstos en el ordenamiento jurídico.

En consecuencia, no es cierto que en la Constitución de 1961, las normas reguladoras de la reforma constitucional estuviesen sólo "dirigidas al poder constituido". Constituían, sin duda, manifestaciones de la rigidez constitucional que proscribía que la Constitución pudiera ser modificada mediante la legislación ordinaria adoptada por las Cámaras Legislativas como poder constituido, pero no podía decirse que sólo estaban dirigidas a los poderes constituidos. Al contrario, esencialmente regulaban al poder constituyente instituido y constituían una autolimitación que el poder constituyente originario se había impuesto.

Por ello, insistimos, la conclusión que se formuló en el último de los párrafos transcritos de la sentencia es precisamente la manifestación de la autolimitación mencionada del poder constituyente originario: la soberanía popular (poder constituyente originario) se convierte en supremacía de la Constitución cuando aquélla (soberanía popular, poder constituyente originario) dentro de los mecanismos jurídicos de participación, decida ejercerla (la soberanía popular).

Y así, efectivamente, cuando se sancionó la Constitución de 1961 el Congreso constituyente en representación de la soberanía popular, decidió ejercerla, y convertir el proceso de reforma constitucional, en supremacía constitucional.

En *segundo lugar,* debe mencionarse, de nuevo, la afirmación de la Corte de que los poderes constituidos pueden ejercer "de manera extraordinaria la función constituyente". Ello, se insiste, es incorrecto. De acuerdo con la Constitución de 1961, las Cámaras Legislativas como poderes constituidos, jamás ejercían ni ordinaria ni extraordinariamente la función constituyente. Participaban en el poder constituyente instituido, como también participaba el pueblo soberano al aprobar mediante referendo aprobatorio la reforma constitucional. Pero de allí a atribuirle a los poderes constituidos la función constituyente, había una gran distancia.

En *tercer lugar,* debe destacarse la referencia que hizo la Corte al Preámbulo de la Constitución, como consagratorio de la democracia como sistema político de la Nación, con el reconocimiento de que la soberanía radicaba directamente en el pueblo. Ello llevó a la sentencia a dedicarle un Capítulo (VI) al "Preámbulo de la Constitución", particularmente por lo que se refiere a la declaración relativa al orden democrático "como único e irrenunciable medio de asegurar los derechos y la dignidad de los ciudadanos". El Preámbulo, sin duda, constituía expresión de un "proyecto político nacional", que era el de la democracia representativa que estaba plasmado en el artículo 4 del Texto constitucional de 1961, la cual siempre debía conciliarse con el principio de la supremacía constitucional que informaba todo el articulado de la Constitución.

Finalmente, de nuevo, debe hacerse particular referencia al último párrafo de la cita anterior de la sentencia, *Caso Referendo Consultivo I,* donde se afirmó, con razón, que "la soberanía popular se convierte en supremacía de la Constitución cuando aquélla, dentro de los mecanismos jurídicos de participación, decida ejercerla".

De ello deriva, en *primer lugar*, el principio de autolimitación del poder constituyente originario cuando adopta la Constitución, y convierte la soberanía popular en supremacía constitucional, lo que implica que el pueblo soberano debe también regirse por la Constitución que él mismo ha adoptado. En consecuencia, la Constitución de 1961 regía incluso para el pueblo, que era quien se había impuesto la auto-limitación de que la misma fuera reformada, con su directa participación (referendo aprobatorio), en el poder constituyente instituido.

Pero en *segundo lugar,* el mencionado párrafo de la sentencia permitía que en caso de que la soberanía popular se manifestase mediante los mecanismos jurídicos de participación, como un referendo consultivo, a través del mismo pudiera instituirse otra forma de reforma constitucional, cediendo allí el principio de la supremacía constitucional frente a la soberanía popular.

Este, en definitiva, fue el punto medular de la solución política que el máximo órgano jurisdiccional busco darle al conflicto que estaba planteado entre soberanía popular y supremacía constitucional: aún cuando la Constitución no regulaba expresamente la Asamblea Constituyente como poder constituyente instituido para la reforma constitucional, la misma podía ser convocada como resultado de una consulta popular realizada mediante referendo consultivo regulado en la Ley Orgánica del Sufragio y Participación Política; convirtiéndose entonces la soberanía popular, de nuevo, en supremacía constitucional.

5.   *La consulta popular sobre la convocatoria a la Asamblea Constituyente como derecho inherente a la persona humana*

Por último, debe hacerse mención al Capítulo VII de la sentencia *Caso Referendo Consultivo I,* en el cual la Corte se refirió, al "derecho a la participación" a los efectos de considerar que conforme al artículo 50 de la Constitución de 1961, el derecho a la consulta popular sobre la convocatoria al pueblo para una Asamblea Constituyente, era un derecho no enumerado o implícito, inherente a la persona humana[84].

Esta conclusión de la Corte derivó de la integración de la laguna constitucional originada en la no enumeración expresa de tal derecho, considerando en general, que:

> El referendo previsto en la Ley Orgánica del Sufragio y Participación Política, es un derecho inherente a la persona humana no enumerado, cuyo ejercicio se fundamenta en el artículo 50 de la Constitución.

Esta declaración de la Corte, sin duda, debía celebrarse porque era una muestra más de la progresión en la consagración de los derechos fundamentales, mediante la aplicación del artículo 50 de la Constitución. Sin embargo, derivar que el derecho a la participación política era un derecho inherente a la persona humana quizás era una exageración, porque no se trataba de un derecho personal o individual, sino

---

84   Claudia Nikken argumentó, con razón, que considerar que el referendo consultivo es un derecho inherente a la persona humana se tradujo por un artificio que sirvió para justificar que la Corte Suprema de Justicia admitiese que se trataba de una vía de ejercicio del poder constituyente, en *La Cour Suprême de Justice et la Constitution... cit.,* p. 376. *Cfr.* M.E. Lares, *Contribution à l'étude du processus constituant vénézuélien de 1999,* OEA de droit public interne, Université Panthéon Sorbonne (Paris I), Paris 1999, p. 47.

político o institucional. En realidad, puede decirse que la participación es de la esencia de la democracia por lo que la consulta popular, que sólo había sido establecido en el artículo 181 de la Ley Orgánica del Sufragio y Participación Política, perfectamente podía considerarse como un derecho político inherente al ciudadano venezolano.

Por ello, sin duda, para que quedase reconocido el derecho a la participación y para realizar un referendo consultivo conforme al artículo 181 de la Ley Orgánica del Sufragio, no era necesario realizar reforma constitucional alguna.

Ahora bien, la Corte, en su sentencia, al considerar el referendo como un derecho inherente a la persona humana, señaló que:

> Ello es aplicable, no sólo desde el punto de vista metodológico sino también ontológicamente, ya que si se considerara que el derecho al referendo constitucional depende de la reforma de la Constitución vigente, el mismo estaría supeditado a la voluntad del poder constituido, lo que pondría a éste por encima del poder soberano. La falta de tal derecho en la Carta Fundamental tiene que interpretarse como laguna de la Constitución, pues no podría admitirse que el poder soberano haya renunciado *ab initio* al ejercicio de un poder que es obra de su propia decisión política.

De este párrafo, sin embargo, de nuevo surge la observación que ya hemos efectuado: la reforma constitucional prevista en la Constitución no se atribuía al poder constituido como impropiamente se afirmó en la sentencia, sino al poder constituyente instituido en cuya conformación participaban los representantes y las Cámaras Legislativas, pero también participaba el pueblo directamente mediante referendo aprobatorio.

Por lo demás, y salvo esta precisión, la conclusión del párrafo es evidente: conforme al criterio de la Corte no era necesaria reforma constitucional alguna para que se pudiera reconocer como derecho constitucional al referendo o la consulta popular sobre la convocatoria al pueblo para una Asamblea Constituyente. En realidad, ese no era el problema; este resultaba de la secuela de la consulta popular.

En efecto, el referendo consultivo, conforme al artículo 182 de la Ley Orgánica del Sufragio y Participación Política debía contener:

> La formulación de la pregunta en forma clara y precisa, en los términos exactos en que será objeto de la consulta, de tal manera que pueda contestarse con un "si" o un "no".

Si la mayoría (que había que determinar si era sobre los electores inscritos en el Registro Electoral o los votantes efectivos) la obtenía el "si" para la convocatoria a la Asamblea Constituyente, como lo dijo la Corte en las dos sentencias analizadas, ello tenía "vigencia inmediata" en cuanto a mandato popular obligatorio para los órganos del Estado. Ese mandato popular, sin embargo, en sí mismo no tenía eficacia, como lo afirmó la Corte en la sentencia Caso *Referendo Consultivo I,* sino:

> Cuando, mediante los mecanismos legales establecidos, se dé cumplimiento a la modificación jurídica aprobada. Todo ello siguiendo *procedimientos ordinarios previstos en el orden jurídico vigente,* a través de los órganos del Poder Público *competentes* en cada caso.

He aquí el problema jurídico que quedaba por resolver y que dependía de la forma cómo se hiciera la consulta popular o de la manera cómo se manifestara la voluntad popular. Una vez que el pueblo, mediante el referendo consultivo, se manifestare a favor de la convocatoria de una Asamblea Constituyente, venía ineludiblemente la tarea de establecer formalmente el régimen de la misma por los órganos del Poder Público Nacional *con competencia* para ello, los cuales debían, obligatoriamente, mediante los mecanismos legales *establecidos,* dar cumplimiento a la modificación jurídica aprobada en el referendo.

Sin embargo, en el ordenamiento constitucional y legal que estaba vigente no había atribución de competencia alguna, a órgano alguno del Poder Público Nacional, para establecer el régimen de una Asamblea Constituyente con poder para reformar la Constitución de 1961 por una vía distinta a la de los artículos 245 y 246 de la misma.

Ese régimen no podía establecerse ni por una Ley del Congreso ni por un Decreto del Presidente de la República, salvo que en la consulta popular se preguntase expresamente sobre los diversos elementos que configuraban dicho régimen (carácter, número de miembros, forma de elección, condiciones de elegibilidad, duración, mandato acorde con la Constitución vigente) y sobre el órgano del Poder Público que debía regular la Constituyente. Sin embargo, en dicho régimen no se podían establecer condiciones de elegibilidad de los constituyentistas distintos a los previstos en el artículo 112 de la Constitución; ni un sistema electoral totalmente uninominal, por ejemplo, que no garantizase el derecho a la representación proporcional de las minorías, como lo preveía el artículo 113 de la Constitución.

Para establecer un régimen de esa naturaleza, indudablemente que en la Constitución de 1961, la competencia la tenía el poder constituyente instituido para la reforma constitucional conforme al artículo 246 de la Constitución.

Precisamente, por este escollo jurídico, quizás, la sentencia Caso *Referendo Consultivo II,* expresamente se refirió a las dos vías que se abrían para hacer efectivo el referendo consultivo sobre la convocatoria a una Asamblea Constituyente:

La *primera*, era que "los órganos *competentes* del Poder Público Nacional diseñen los mecanismos de convocatoria y operatividad de una Asamblea Constituyente", por supuesto, conforme a los términos de la consulta. Para que esta primera vía fuera factible, tenía que existir en el ordenamiento jurídico la atribución de *competencia* a algún órgano del Poder Público Nacional para establecer el régimen de una Constituyente para modificar la Constitución en una forma distinta a la prevista en los artículos 245 y 246 de la Constitución, y esa atribución no existía. La única posibilidad que quedaba, sin embargo, desde el punto de vista jurídico-constitucional, era que en la propia consulta popular no sólo se formularan las preguntas sobre el régimen de la Constituyente, sino se inquiriera al pueblo sobre el órgano del Poder Público que debía formalizar ese régimen, y siempre que el mismo no implicara modificaciones a la Constitución que estaba vigente.

La *segunda*, como alternativa, era que previamente a la convocatoria efectiva de la Asamblea Constituyente, los órganos del Poder Público Nacional "tomen la iniciativa de enmienda o de reforma que incluya la figura de una Asamblea Constituyente"; lo cual resultaba necesario si el régimen de la Constituyente implicaba reformas a la misma Constitución (por ejemplo, conforme a lo señalado, a los artículos 112 y 113).

La Corte, en definitiva, lo que resolvió fue la constitucionalidad del referendo consultivo sobre la convocatoria de una Asamblea Constituyente, pero no resolvió expresamente la constitucionalidad de su convocatoria sin que se estableciera previamente su régimen mediante una reforma constitucional.

Sin embargo, todos los argumentos de la motivación de las sentencias apuntaban a que, dependiendo de cómo se hiciera la consulta popular, se legitimase posteriormente el instrumento político de la Asamblea Constituyente convocada para reformar la Constitución, incluso sin que se produjese una reforma constitucional previa[85].

El paso inicial para dilucidar la situación, con el cual se abrió el proceso constituyente, lo dio el Presidente de la República, Hugo Chávez Frías, el día 2 de febrero de 1999, día de la toma de posesión de su cargo, lo que ocurrió sólo semanas después de la publicación de las sentencias comentadas de la Corte Suprema de Justicia.

SECCIÓN TERCERA: LA CONVOCATORIA PRESIDENCIAL DEL REFERENDO SOBRE LA ASAMBLEA NACIONAL CONSTITUYENTE Y EL DEBATE SOBRE SU INCONSTITUCIONALIDAD

I.   EL DECRETO Nº 3 DE 02-02-99 DEL PRESIDENTE DE LA REPÚBLICA, SUS VICIOS Y EL FRAUDE A LA CONSTITUCIÓN

1.   *La iniciativa presidencial para realizar el referendo sobre la convocatoria de una Asamblea Constituyente*

Después que la Corte Suprema de Justicia en Sala Político Administrativa, mediante las comentadas sentencias *Casos Referendo Consultivo I y II* de 19-01-99,[86] abrió el camino para la estructuración de una tercera vía para reformar la Constitución de 1961, distinta a la Reforma General y la Enmienda previstas en sus artículos 245 y 246, como consecuencia de una consulta popular para convocar una Asamblea Constituyente; todo el país estaba preparado para que el Presidente de la República, o el Congreso de la República, o ambos órganos del Poder Público, elaboraran el conjunto de preguntas que eran necesarias e indispensables para que, mediante un referendo consultivo, se pudiese elaborar el régimen de la Asamblea Constituyente como resultado, precisamente, de la consulta popular.

La discusión sobre si era necesaria o no una reforma constitucional previa para convocar la Asamblea Constituyente, sin duda, había cesado de hecho con las ambiguas sentencias de la Corte y la apreciación de la opinión pública sobre su

---

85   La Corte Suprema de Justicia, en definitiva, como lo dijo Claudia Nikken, validó, de entrada, la decisión de iniciativa presidencial del Presidente electo, en *La Cour Suprême de Justice et la Constitution... , cit.*, p. 363

86   *V.,* los comentarios a esas sentencias en la Segunda Parte de este libro, pp. 61 y ss. Los textos de las sentencias puede consultarse en Allan R. Brewer-Carías, *Poder Constituyente Originario y Asamblea Nacional Constituyente, cit.*, pp.25 y ss.

significado; y se trasladó a otros dos aspectos: primero, quién tomaría la iniciativa de convocar al referendo consultivo sobre la convocatoria de la Asamblea Constituyente: el Congreso o el Presidente de la República; y segundo, cuál sería el texto de la consulta popular para que el régimen de la Constituyente fuera el producto del poder constituyente originario, es decir, de la manifestación de voluntad del pueblo a través de la consulta popular.

Pronto estos aspectos de la discusión serían enfrentados: el Presidente de la República, el día 02 de febrero de 1999, el mismo día que tomó posesión de su cargo, dictó el Decreto N° 3 mediante el cual tomó la iniciativa de decretar "la realización de un referendo para que el pueblo se pronunciase sobre la convocatoria de una Asamblea Nacional Constituyente" (art. 1)[87].

En esta forma, el primer aspecto de la discusión había sido resuelto, y el Congreso ni siquiera tuvo tiempo de comenzar a discutir el tema. Es decir, el Presidente de la República asumió la iniciativa de convocar al referendo; lo que por supuesto no descartaba que el Congreso pudiera también convocar otro referendo o sumarse al convocado por el Presidente.

Pero el segundo punto de la discusión no fue resuelto, pues conforme al criterio de las sentencias de la Corte Suprema de Justicia, el poder constituyente originario para crear una Asamblea Constituyente con el objeto de reformar la Constitución, mediante un referendo consultivo, debía pronunciarse sobre los diversos aspectos que debían configurar el régimen (estatuto) de la Asamblea Constituyente. Sin embargo, el Decreto N° 3 del 02-09-99 no satisfizo estas exigencias y, al contrario, omitió toda referencia al régimen de la Constituyente, sustituyendo este aspecto por una solicitud al pueblo que buscaba la delegación al propio Presidente de la República para regular él sólo "las bases del proceso comicial" en el cual se elegirían los integrantes de la Asamblea Nacional Constituyente.

Por otra parte, es indudable que después de las sentencias de la Corte Suprema, el carácter de la Asamblea Nacional Constituyente había quedado delineado: de acuerdo a las mismas, se trataba de un nuevo medio de reforma constitucional, distinto a los previstos en la Constitución de 1961 (art. 245 y 246), que podía derivarse

---

87   El Presidente, mediante dicho acto, publicado en *Gaceta Oficial* N° 36.634 de 02-02-99, decretó lo siguiente:

    Artículo 1°: La realización de un referendo para que el pueblo se pronuncie sobre la convocatoria de una Asamblea Nacional Constituyente.

    Artículo 2°: El Consejo Nacional Electoral ejecutará los actos necesarios para divulgar el contenido de la propuesta de convocatoria, invitar a los ciudadanos a participar en el referendo y realizar el escrutinio del acto de votación.

    Artículo 3°: El instrumento electoral contendrá las siguientes preguntas que serán contestadas con un "si" o un "no":

    PRIMERA: ¿Convoca usted una Asamblea Nacional Constituyente con el propósito de transformar el Estado y crear un nuevo ordenamiento jurídico que permita el funcionamiento efectivo de una Democracia Social y Participativa?

    SEGUNDA. ¿Autoriza usted al Presidente de la República para que mediante un Acto de Gobierno fije, oída la opinión de los sectores políticos, sociales y económicos, las bases del proceso comicial en el cual se elegirán los integrantes de la Asamblea Nacional Constituyente?.

de una consulta al pueblo, es decir, de una manifestación de la soberanía popular. Conforme a ello, la Asamblea Constituyente tenía que actuar con sujeción a la Constitución de 1961, hasta que este texto fuese sustituido por uno nuevo, producto precisamente de la actividad de la Asamblea; por lo que la Asamblea Constituyente convocada bajo el marco de la Constitución de 1961 luego de un referendo consultivo, no podía tener otras funciones que no fueran las de elaborar una nueva Constitución producto del pacto político-social-constitucional a que llegara la Asamblea.

Este carácter de la Asamblea Nacional Constituyente, que después de las sentencias de la Corte Suprema, de hecho, no estaba en discusión; sin embargo, volvió a ser tema de debate por la redacción del Decreto N° 3 que concebía a la Asamblea Nacional Constituyente como un órgano del Estado para "transformar el Estado y crear un nuevo orden jurídico que permita el funcionamiento efectivo de una democracia social y participativa" (art. 3, Primera); es decir, un órgano con poderes imprecisos e ilimitados.

El Decreto N° 3 de 02-02-99, en todo caso, era de los textos más importantes y polémicos de ese tiempo; razón por la cual debe ser analizado con detenimiento.

2.   *Naturaleza y fundamentos del Decreto N° 3 de 02-02-99*

Debe señalarse, ante todo, que el Decreto N° 3 de 02-02-99, tuvo su fundamento único y exclusivo, "en el artículo 181 de la Ley Orgánica del Sufragio y Participación Política, en concordancia con los artículos 182, 185 y 186, *ejusdem*".

Por tanto, se trataba de un acto administrativo, que siempre es de rango sublegal y que no es dictado en ejecución directa de la Constitución; fundamentado y dictado en ejecución directa de disposiciones legales, en este caso, de la Ley Orgánica del Sufragio y Participación Política y, particularmente, de los citados artículos 181, 182, 185 y 186 que regulan los referendos consultivos.

Ahora bien, en cuanto a la base legal del Decreto, la primera norma legal en la cual se fundamentó fue el artículo 181 de la Ley Orgánica que, conforme lo había interpretado la Sala Político Administrativa en sus sentencias del 19-1-99, Casos *Referendo Consultivo I y II*, limitó el referendo que allí se regula a la categoría de referendo consultivo, es decir, aquél que tiene por objeto "*consultar* a los electores sobre decisiones de especial trascendencia nacional", que en definitiva era el único regulado con efectos nacionales en nuestro ordenamiento jurídico, hasta la Constitución de 1999.

Textualmente expresó una de dichas sentencias, al interpretar el artículo 181 de la Ley Orgánica del Sufragio y Participación Política que fue la norma que constituyó el fundamento del Decreto, lo siguiente:

> Se desprende así del texto aludido (Art. 181 LOSPP), la consagración jurídica de la figura del *referendo consultivo* como mecanismo llamado a canalizar la participación popular en los asuntos públicos nacionales. De allí que la regla se dirija fundamentalmente a establecer las distintas modalidades para la iniciativa en la convocatoria de la *consulta* popular. (Sentencia *Caso Referendo Consultivo II* del 19-1-99, Ponencia del Magistrado Humberto J. La Roche)

En dicha sentencia se expresó, además, lo siguiente, a propósito del referendo consultivo:

A través del mismo puede ser *consultado el parecer* del cuerpo electoral sobre cualquier decisión de especial trascendencia nacional distinto a los expresamente excluidos por la Ley Orgánica del Sufragio y Participación Política, en su artículo 185, incluyendo la relativa a la convocatoria a una Asamblea Constituyente.

La otra sentencia de la Sala, de la misma fecha, señaló lo siguiente:

Sí es procedente convocar a un referendo, en la forma prevista en el artículo 181 de la Ley Orgánica del Sufragio y de Participación Política *para consultar* la opinión mayoritaria respecto de la posible convocatoria a una Asamblea Constituyente, en los términos expuestos en este fallo". (*Caso Referendo Consultivo II* del 19-1-99, Ponencia del Magistrado Héctor Paradisi)

En consecuencia, conforme a la Ley Orgánica del Sufragio y Participación Política y la interpretación que la Sala hizo de su artículo 181, se podían convocar referendos consultivos sobre las materias que ella misma no excluía de tal procedimiento.

Pero ninguna disposición en dicha Ley autorizaba a convocar referendos aprobatorios, revocatorios, autorizatorios o decisorios, que fueran más allá de indagar sobre el parecer de los electores sobre determinadas materia de interés nacional.

La conducta o actividad consultiva, por su misma naturaleza, siempre es de carácter previo a la toma de una decisión que necesariamente se adopta por otro órgano del Estado diferente al consultado. Incluso, en los casos de consultas obligatorias (pues las puede haber facultativas) o vinculantes (pues las puede haber no vinculantes) el ente que emite o evacúa la consulta nunca es el que decide, sino quien decide es la entidad que requiere la consulta, es decir, el órgano consultante.

En consecuencia, estando el Decreto N° 3 fundamentado única y exclusivamente en el artículo 181 de la Ley Orgánica del Sufragio y Participación Política, que se concuerda con otras normas de la Ley Orgánica, el referendo que se podía convocar conforme dicha Ley no podría ser sino un referendo consultivo, de consulta a la población, en este caso, sobre la convocatoria de una Asamblea Constituyente; pero no podría implicar, en sí mismo, como pretendía hacerlo el Decreto, la adopción de una decisión directamente por el pueblo de convocar una Asamblea que ni siquiera existía, pues no había sido creada ni regulada y ni siquiera se le consultaba al pueblo sobre ello.

La consulta en lo que podía consistir era en la obtención de la opinión del pueblo sobre la convocatoria de la Asamblea; convocatoria que correspondía ser decidida por el órgano que ejercía la iniciativa de convocar al referendo para efectuar la consulta, es decir, en este caso, el Presidente de la República en Consejo de Ministros, una vez que la consulta refrendaria al pueblo hubiera precisado el régimen de la Asamblea Constituyente que se iba a convocar. Sin embargo, como se analizará más adelante, el Decreto N° 3, lejos de convocar un referendo consultivo para que la voluntad popular pudiera configurar la Asamblea Constituyente con su régimen, lo que hizo fue convocar un referendo *decisorio o plebiscito* de convocatoria a una Asamblea, no previsto en el ordenamiento jurídico y que, en definitiva, era de imposible ejecución pues la institución que se pretendía que el pueblo convocara, no existía[88].

En cuanto al artículo 182 de la Ley Orgánica del Sufragio y Participación Política que también se citó en el fundamento del Decreto N° 3, éste establecía los requisitos que debía contener la convocatoria al referendo, y que son los siguientes:

1.   Formulación de la pregunta en forma clara y precisa, en los términos exactos en que será objeto de la consulta, de tal manera que pueda contestarse con un "sí" o un "no"; y

2.   Exposición breve de los motivos acerca de la justificación y propósito de la consulta.

En consecuencia, el Decreto de convocatoria a la celebración de un referendo necesariamente debía contener una "exposición breve de los motivos, acerca de la justificación y propósito de la consulta", y la pregunta debía formularse en forma clara y precisa, en los términos exactos en que sería objeto de la *consulta*, de tal manera que pudiera contestarse con un "sí" o un "no".

De nuevo, aquí, la Ley Orgánica era precisa y exacta al referirse al carácter consultivo, (no decisorio, ni aprobatorio, ni autorizatorio, ni revocatorio) del referendo regulado en ella, lo cual tenía que condicionar el carácter de la pregunta que se formulara, que tenía que ser sobre una decisión que el órgano consultante debía adoptar teniendo presente la opinión del pueblo, lo que implicaba que la pregunta tenía que formularse acorde con el carácter consultivo. Ello excluía cualquier forma de pregunta concebida en sí misma como una decisión, y exigía, ineludiblemente, la concatenación de las preguntas de manera de obtener, efectivamente, una manifestación de la voluntad popular coherente. La formulación de preguntas, unas aisladas de otras, de manera que las respuestas pudieran ser divergentes en cuanto a "sí" o "no" como sucedía en el caso del Decreto mencionado, lo hacían totalmente ineficaz y de imposible ejecución.

En efecto, en el caso de la consulta sobre la convocatoria de una Asamblea Nacional Constituyente, las preguntas tenían que ser formuladas de manera de, efectivamente, consultar, es decir, de conocer la opinión del pueblo sobre una decisión que correspondía tomar al ente consultante; y no podían, en sí mismas, configurarse como una decisión adoptada directamente por el pueblo. La Ley Orgánica que regulaba los referendos consultivos, simplemente no permitía la figura del referendo decisorio y, ni siquiera, de carácter aprobatorio. El Decreto N° 3 del 2-2-99, en consecuencia, irrespetaba flagrantemente esos límites legales, al convocar un referendo decisorio, violándolos.

El Decreto también invocó como fundamento, al artículo 185 de la Ley Orgánica que establece las materias que *no pueden* someterse a referendos nacionales, y que son lo siguientes:

---

88   *V.,* la apreciación coincidente de Lolymar Hernández Camargo, *La Teoría del Poder Constituyente, cit.,* p. 66.

1. Presupuestarias, fiscales o tributarias;

2. Concesión de amnistía o indultos;

3. Suspensión o restricción de garantías constitucionales; supresión o disminución de los derechos humanos;

4. Conflictos de poderes que deban ser decididos por los órganos judiciales;

5. Revocatoria de mandatos populares, salvo lo dispuesto en otras leyes; y

6. Asuntos propios del funcionamiento de algunas entidades federales o de sus municipios

Esta norma, a lo que se destinaba era a enumerar las materias que no podían ser sometidas a referendos nacionales que, por supuesto, se entiende que sólo eran los referendos consultivos que regulaba la Ley Orgánica. En dicha enumeración no estaba la consulta popular sobre la convocatoria de una Asamblea Constituyente, la cual podía perfectamente realizarse, y así quedó precisado por las citadas sentencias, Casos *Referendo Consultivo I y II*, de 19-1-99 de la Sala Político Administrativa de la Corte Suprema de Justicia. Sin embargo, la aplicación del Decreto que pretendía otorgar poderes ilimitados e imprecisos tanto a la Asamblea Constituyente que se convocare, como al Presidente de la República para regular algunos aspectos de la elección de sus integrantes, sin hacer mención siquiera a la existencia de materias supraconstitucionales, podría conducir a afectar materias como la relativa a los derechos y garantías constitucionales que no podían ser suprimidos por Poder alguno, incluso el que pudiera emanar de la soberanía popular, y sobre cuya disminución ni siquiera podía consultarse al pueblo.

Por último, el Decreto también hacía referencia al artículo 186 de la Ley Orgánica que precisaba las situaciones excepcionales en las cuales no podían celebrarse referendos y que eran, primero, durante la vigencia del Decreto que declarase el estado de emergencia; segundo, durante la vigencia del Decreto de suspensión o restricción de garantías constitucionales; y tercero, durante la vigencia del Decreto que se dictase para evitar graves trastornos del orden público que preveían los artículos 240, 241 y 244 de la Constitución de 1961. Ninguna de estas situaciones se daba *a nivel nacional*, de manera que pudiera impedirse la realización de un referendo consultivo; pero era evidente que sí se daban en áreas fronterizas, lo que podía afectar de ilegalidad la realización del referendo decretado.

Ahora bien, como resulta de la propia fundamentación del acto administrativo contenido en el Decreto N° 3, el mismo violaba el contenido del artículo 181 de la Ley Orgánica del Sufragio y Participación Política, que se invocó como su base legal, en virtud de que las preguntas que se formularon en el artículo 3° evidenciaban que en lugar de estarse convocando un referendo consultivo, lo que el Presidente estaba convocando en realidad, era un referendo decisorio y autorizatorio, en definitiva, un plebiscito que no estaba regulado ni previsto en dicha norma legal.

La diferencia, incluso, fue establecida expresamente por la Corte Suprema en su sentencia *Caso Referendo Consultivo I* del 19-1-99, al precisar el alcance del "análisis interpretativo" que hizo de la Ley Orgánica del Sufragio, señalando:

Que el mismo versa sobre la convocatoria a referendo. No a *consulta plebiscitaria*. En realidad si bien ambas figuras tienden a confundirse teóricamente, mientras el referendo se refiere a un texto o proyecto, el plebiscito tiende a ratificar la confianza en un hombre o gobernante.

Pero además, el contenido de las preguntas que se formularon en el Decreto, tal como estaban concebidas, violaban los principios establecidos en los artículos 3 y 4 de la Constitución; violaban el derecho a la participación que la Sala Político Administrativa de la Corte Suprema había reconocido como de rango constitucional consagrado en el artículo 50 de la Constitución de 1961; y, en definitiva, se configuró como un instrumento que podía conducir a un fraude a la Constitución, pues mediante el mismo se pretendía crear un instrumento político que desconociera y destruyera la propia Constitución, sin siquiera sustituirla por otra. El acto impugnado, además, estaba viciado de desviación de poder pues el Presidente de la República había utilizado el que le confería el artículo 181 de la Ley Orgánica del Sufragio, para convocar un referendo decisorio no previsto en la norma; y estaba viciado de nulidad absoluta, conforme al Artículo 19, ordinal 3º de la Ley Orgánica de Procedimientos Administrativos, por ser de imposible ejecución.

Debemos insistir en que habíamos estado y estábamos de acuerdo con la necesidad de la convocatoria de una Asamblea Constituyente para recomponer el sistema político venezolano en ese momento histórico, y asegurar la gobernabilidad democrática hacia el futuro. Ello ya no se podía lograr con una simple reforma constitucional, pues era muy tarde dada la crisis terminal del sistema de Estado centralizado de partidos instaurado en 1945 y reinstaurado en 1958, que estábamos presenciando[89]. Pero en democracia y en un régimen de Estado de derecho bajo la vigencia de la Constitución de 1961, que hasta que no fuera sustituida por otra luego de un referendo aprobatorio (art. 246 de la Constitución de 1961) continuaba en aplicación; la convocatoria y realización de un referendo consultivo sobre la Asamblea Constituyente debía realizarse conforme al ordenamiento jurídico-constitucional que estaba vigente, de acuerdo con la interpretación que le había dado la Corte Suprema en sus sentencias del 19-1-99.

3.   *La convocatoria a un referendo decisorio (plebiscito) y autorizatorio estaba viciada de desviación de poder y era de imposible ejecución*

Tal como se ha dicho, la Ley Orgánica del Sufragio y Participación Política establece y regula la figura del referendo consultivo, y ello fue así, a iniciativa de la Comisión Presidencial para la Reforma del Estado, con fundamento en los trabajos elaborados por Carlos M. Ayala Corao[90].

La Ley Orgánica, conforme al proyecto que dio origen a las normas que contiene, como lo puntualizó la Corte Suprema en las citadas sentencias *Caso Referendo Consultivo I y II* del 19-1-99, en todo caso, sólo reguló un tipo de referendo, el referendo consultivo que, como su nombre lo indica, tiene por objeto consultar al pueblo

---

89   *V.,* en Allan R. Brewer-Carías, *Cinco siglos de historia y un país en crisis*, Caracas 1998, pp. 95 y ss.

90   *V.,* Carlos M. Ayala Corao, "Los mecanismos de participación refrendaria en el ordenamiento jurídico venezolano", en el libro *Participación Ciudadana y Democracia*, COPRE-OEA, Caracas 1998, pp. 69 y ss. *V.,* además Carlos M. Ayala Corao "La democracia venezolana frente a la participación política", en UCAB, *Encuentro y alternativas, Venezuela 1994*, Tomo 2, pp. 709 y ss. Ricardo Combellas, *¿Qué es la Constituyente? Voz para el futuro de Venezuela*, Caracas 1998, p. 39.

soberano sobre una decisión que debe adoptar un órgano del Poder Público. No se trataba, por tanto, de un referendo aprobatorio que consiste en la aprobación popular, mediante referendo, de una decisión estatal ya adoptada, como era el caso de la previsión del artículo 246 de la Constitución de 1961 que regulaba el referendo aprobatorio por la mayoría de los sufragantes, de la reforma general de la Constitución una vez que fuera sancionada por las Cámaras Legislativas. Tampoco se trataba de un referendo decisorio, en el cual es el pueblo soberano a través del referendo el que adopta una decisión y que, en la terminología constitucional, equivale al plebiscito que, en definitiva, es la manifestación de voluntad popular decisoria sobre un hecho o una situación jurídica, o como lo dijo la Corte Suprema en la sentencia *Caso Referendo Consultivo I* de 19-1-99 sobre la interpretación del artículo 181 de la Ley Orgánica, para ratificar la confianza en un hombre o gobernante.

Como lo había señalado Ricardo Combellas, miembro de la Comisión Presidencial Constituyente, en relación con el referendo consultivo previsto en la Ley Orgánica:

> Estamos hablando de un referendo consultivo, no de un referendo decisorio, cuya aprobación demanda necesariamente en Venezuela, tal como lo propuso con visión avanzada la Comisión Bicameral, una reforma constitucional. El referendo de marras no tiene efectos vinculantes, es decir, no establece obligaciones jurídicas para ninguna de las ramas del Poder Público[91].

Este carácter estrictamente consultivo del referendo regulado en la Ley Orgánica, incluso llevó a este autor a afirmar que como "la Asamblea Constituyente no está contemplada entre las modalidades de reforma constitucional recogidas en el Título X de la Constitución vigente",

> resulta que la formulación de la pregunta no puede implicar, por ningún concepto, una violación del texto constitucional. En términos sencillos, una pregunta que solicite directa y tajantemente el "sí" o el "no" de los electores en torno a la convocatoria de una Constituyente, es flagrantemente inconstitucional[92].

En todo caso, por ser un referendo consultivo el previsto en la Ley Orgánica, el Legislador al sancionarla no reguló régimen alguno rígido de mayoría de votantes o de votación para que se pudiera considerar expresada la consulta, en forma positiva o negativa, fuera mediante un "sí" o mediante un "no". En el referendo consultivo, en realidad, poco importa el número de votos, pues la consulta que se formula no es en sí misma una decisión (en cuyo caso, por supuesto si se requeriría de determinada mayoría), sino un parecer para que un órgano del Estado adopte la decisión correspondiente.

Se insiste, en la Ley Orgánica sólo se regulaba el referendo consultivo, lo que implicaba que la consulta popular que conforme a la misma podía hacerse, en *primer lugar*, era de carácter facultativo, no obligatorio, por no disponerlo así norma

---

91   *V.,*, Ricardo Combellas, *¿Qué es la Constituyente?. Voz para el futuro de Venezuela, cit.*, p. 38.

92   *Idem.* Meses después de expresar esta opinión, Combellas cambiaría de opinión al asumir la defensa del referéndum para la convocatoria de la Constituyente convocado por el Presidente Chávez. *V.,*, R. Combellas, *Poder Constituyente,* Caracas 1999, pp. 189 y ss.

alguna del ordenamiento; y, en *segundo lugar*, aún cuando pudiera considerarse como vinculante desde el punto de vista político, como lo había señalado la Corte Suprema en la mencionada sentencia Caso *Referendo Consultivo I* del 19-1-99, no lo era desde el ángulo estrictamente jurídico, por no disponerlo así norma alguna del ordenamiento.

Como actividad consultiva, la consulta popular que se realizare mediante referendo siempre debía ser previa a la adopción de una decisión por parte del órgano del Estado consultante, el cual debía estar dotado de competencia para adoptar esa decisión.

Ahora bien, en el caso del referendo consultivo sobre la convocatoria de la Asamblea Constituyente, como se ha señalado y de acuerdo con la doctrina de la Corte Suprema en las sentencias citadas de 19-01-99, al darle más peso al principio de la soberanía popular en relación con la supremacía constitucional en materia de reforma constitucional, se trataba de la posibilidad de manifestación de la voluntad popular para, precisamente, dar origen a una tercera vía para la reforma constitucional, distinta a las previstas en los artículos 245 y 246 de la Constitución, que se podría convocar siempre que se consultase previamente la soberanía popular mediante el referendo consultivo que preveía la Ley Orgánica del Sufragio y Participación Política. La iniciativa para realizar el referendo la tenían, conforme a la Ley Orgánica, tanto el Presidente de la República en Consejo de Ministros como el Congreso de la República, y la competencia para convocar la Asamblea, si la consulta popular era favorable a ello, y de ella se derivaba el régimen de la Asamblea según las preguntas que debían hacerse al pueblo.

Ahora bien, en contraste con ese carácter y régimen legal del referendo consultivo, el referendo decisorio cuya realización había decretado el Presidente de la República conforme al Decreto N° 3, supuestamente "para que el pueblo se pronuncie sobre la convocatoria de una Asamblea Nacional Constituyente" (art. 1), no se ajustaba a las disposiciones de la Ley Orgánica del Sufragio y Participación Política; y ello no por lo dispuesto en el artículo 1° del Decreto, cuyo texto sugería la forma de consulta sobre la convocatoria a una Asamblea Nacional Constituyente; sino por lo dispuesto en las preguntas contenidas en el artículo 3° del Decreto, que *desvirtuaban completamente* el carácter consultivo del referendo autorizado en la Ley Orgánica.

En efecto, el artículo 3° del Decreto, en relación con la Primera Pregunta establecía:

> *Art. 3°* El instrumento electoral contendrá las siguientes preguntas que serán contestadas con un "sí" o un "no":
>
> PRIMERA: *¿Convoca usted* una Asamblea Nacional Constituyente con el propósito de transformar el Estado y crear un nuevo ordenamiento jurídico que permita el funcionamiento efectivo de una democracia social y participativa?.

Por ahora nos interesa referirnos sólo a la forma cómo se había formulado la pregunta (el contenido será objeto de análisis más adelante), que lejos de ser una consulta al pueblo sobre una decisión que luego debía adoptar un órgano del Poder Público, conllevaba a que se pretendiera que fuera el mismo pueblo el que adoptase la decisión directamente; es decir, el que decidiera.

En efecto, la pregunta era *¿Convoca usted* una Asamblea Nacional Constituyente.....?; lo que significa que responder con un "sí", era decidir convocar la Asamblea;

es decir, no se trataba de dar un voto favorable para que se la convocara conforme a un texto o proyecto que estableciera su régimen y que también debía ser objeto de la consulta, como lo dijo la Corte Suprema en las sentencias de 19-1-99, sino convocarla directamente.

Por tanto, con la pregunta lo que se perseguía era que fuera el pueblo, directamente mediante referendo decisorio o plebiscitario, el que convocara la Asamblea Nacional Constituyente, pero sin que dicho órgano existiera, pues no estaba previsto en parte alguna y ni siquiera su creación se derivaba de la propia pregunta al pueblo; y sin que siquiera se estableciera la mayoría requerida para que la supuesta decisión de convocarla fuera considerada adoptada.

Pero lo más grave de todo era que al momento de votar no sólo no existía la institución que se pretendía convocar, sino que no se sabía cuál podía ser su régimen o configuración.

Es decir, se le pretendía pedir al pueblo *que convocara* una institución que no existía pues no había sido creada y ni siquiera esbozada en un proyecto, lo que viciaba el acto en su objeto, por ser de imposible ejecución como lo establece el Artículo 19, ordinal 3° la Ley Orgánica de Procedimientos Administrativos. Simplemente nadie puede convocar una institución que no existe y eso es lo que se pretendía con la primera pregunta del Artículo 3° del Decreto. Por ello, en este caso, se desfiguraba así la noción de referendo consultivo, en abierta violación de la Ley Orgánica del Sufragio y Participación Política.

Lo mismo puede decirse respecto de la forma como también se formuló la segunda pregunta para el referendo, en el artículo 3° del Decreto:

SEGUNDA: *¿Autoriza usted* al Presidente de la República para que mediante un acto de gobierno fije, oída la opinión de los sectores políticos, sociales y económicos, las bases del proceso comicial en el cual se elegirán los integrantes de la Asamblea Nacional Constituyente?

En este caso, se preguntaba *¿Autoriza usted* al Presidente de la República...?, por lo que tampoco se estaba en presencia de un referendo consultivo, sino de un referendo también decisorio, por "autorizatorio", que tampoco preveía ni regulaba el ordenamiento jurídico.

En ese caso, responder con un "sí" significaba autorizar al Presidente de la República para que hiciera algo para lo cual no tenía competencia constitucional, sin que el pueblo siquiera le fijase algunos parámetros de actuación; lo que equivalía a hacerlo supuestamente depositario del poder constituyente originario, cuya expresión a través de una Asamblea Constituyente quedaba a su completa discreción "oída la opinión de los sectores políticos, sociales y económicos" innominados y escogidos también a su arbitrio.

En relación con esta segunda pregunta del Artículo 3° del Decreto, debe señalarse que debiendo tratarse de un referendo consultivo, conforme a la interpretación que le dio la Sala Político Administrativa de la Corte Suprema de Justicia al Artículo 182 de la Ley Orgánica del Sufragio y Participación Política, el texto de la pregunta debió contener los elementos necesarios y fundamentales para poder configurar, como producto de la soberanía popular, el régimen de la Asamblea Constituyente para poder convocarla. Tal y como el propio Presidente de la República Hugo

Chávez Frías había señalado meses antes en la campaña electoral, en su "Propuesta para Transformar a Venezuela":

> Se convocará la Asamblea Nacional Constituyente (tercera fase) mediante una *consulta popular* en forma de referendo amplio y democrático, capaz de generar una legitimidad originaria, con fundamento en la soberanía popular.
>
> *Se consultará al pueblo sobre su voluntad de convocatoria a la Asamblea Nacional Constituyente, sobre el número de sus integrantes, sobre la forma de elección de los constituyentes y acerca de la duración de la Asamblea.*[93]

Lamentablemente nada de esto apareció en el Decreto N° 3 del propio Presidente Hugo Chávez Frías, y ese contenido de las interrogantes, que era el lógico e indispensable para que pudiera configurarse la Asamblea como producto de la soberanía popular, fue sustituido por la escueta pregunta de solicitud de autorización popular al propio Presidente, ni siquiera en Consejo de Ministros, para que éste estableciera, él sólo, ni siquiera la totalidad del régimen de la Asamblea, sino sólo parte del mismo que era el proceso comicial, confiscándose así el derecho del pueblo a la participación que la Corte Suprema estableció con rango constitucional para permitir, precisamente, el referendo consultivo como mecanismo para originar la Asamblea Constituyente para reformar la Constitución.

Por ello, el artículo 3° del Decreto era también violatorio del derecho de participación que la Corte Suprema en sus sentencias mencionadas en los Casos *Referendo Consultivo I y II*, del 19-1-99, reconoció como inherente a la persona humana, para admitir la realización del referendo sobre la convocatoria de la Asamblea Constituyente.

Por otra parte, la expresión utilizada en la pregunta de autorizar al Presidente para que fijase mediante un *acto de gobierno* las bases del proceso comicial, no se entendía, salvo que se pretendiera dar rango constitucional a la propia respuesta al referendo, en caso de que fuera por el "sí", lo cual sólo podía ocurrir si era formulada realmente por el pueblo soberano, es decir, por al menos la mayoría absoluta del electorado, lo cual no estaba regulado. No se podía pretender darle rango constitucional a una respuesta al referendo convocado, ni carácter decisorio, si sólo una minoría del electorado se pronunciaba; y esto no estaba regulado en ninguna parte, por lo que el resultado del mismo era ineficaz.

En todo caso, ni un referendo decisorio ni un referendo autorizatorio estaban previstos en el artículo 181 de la Ley Orgánica del Sufragio y Participación Política, texto que había sido el que había interpretado la Corte Suprema de Justicia en sus citadas sentencias de 19-1-99 al abrir la posibilidad de una tercera vía para la reforma constitucional no prevista expresamente en la Constitución, por lo que las preguntas mencionadas, contenidas en el artículo 3° de la Ley Orgánica, tal y como estaban redactadas, violaban lo dispuesto en los artículos 181 y siguientes de la Ley Orgánica del Sufragio y Participación Política.

Además, como se ha dicho, las preguntas tal como estaban formuladas, viciaban el acto en su objeto por ser de imposible ejecución, ya que con la primera se pedía al

---

93   *V.*, Hugo Chávez Frías, *Una Revolución Democrática*, Caracas 1998, p. 7.

pueblo convocar una Asamblea Nacional Constituyente que no existía ni estaba regulada en parte alguna, siendo imposible convocar un ente que no existía. La imposibilidad de la ejecución del acto administrativo resultaba, además, de la ausencia de preguntas al pueblo sobre el régimen de la Asamblea que no existía, pues ni siquiera quedaba comprendido dentro de la autorización que se pretendía dar al Presidente de la República para fijar las bases del proceso comicial en el que se elegirían los constituyentes. Esta autorización estaba restringida a establecer *la forma de elección, las condiciones de elegibilidad, las condiciones de postulación y la forma de escrutinio*, pero no comprendía los aspectos fundamentales para configurar la Asamblea, como era su carácter y estructura (unicameral, por ejemplo), número de integrantes, duración, misión o tarea de la Asamblea. Sin la definición de estos elementos, que debían ser necesariamente objeto de una consulta popular, pues no estaban establecidos en ninguna parte y la Pregunta Segunda no los incorporaba a la autorización que se pretendía dar al Presidente de la República, simplemente no era posible que la Asamblea, que no existía, fuera convocada y llegase a funcionar. En consecuencia, por ser de imposible ejecución, el Decreto N° 3 también estaba viciado de nulidad absoluta conforme al Artículo 19, ordinal 3° de la Ley Orgánica de Procedimientos Administrativos.

Por último, el Decreto N° 3 también estaba viciado de ilegalidad por desviación de poder, ya que el Presidente de la República había usado el poder y competencia que derivaban del Artículo 181 de la Ley Orgánica del Sufragio y Participación Política que, conforme lo había determinado la Corte Suprema en sus sentencias del 19-1-99, sólo permitía convocar un referendo consultivo, para un fin distinto al establecido en la norma, consistente en la convocatoria a un referendo decisorio o autorizatorio, es decir, plebiscitario que no autorizaba la legislación. Al haber utilizado el poder que le confería la norma para un fin distinto al previsto en ella, el acto estaba viciado de desviación de poder.

4. *La ineficacia de un referendo decisorio o autorizatorio sin precisión de la mayoría requerida para que la decisión popular se considerase adoptada*

Tal como antes se señaló, para que un referendo decisorio, plebiscitario o autorizatorio pueda tener validez como decisión del pueblo soberano, tiene que determinarse mediante Ley la mayoría requerida para que la decisión pueda considerarse adoptada, la cual, por principio debería ser al menos la mayoría de los ciudadanos inscritos en el Registro Electoral como votantes del país; es decir, debe determinarse la mayoría que debe pronunciarse favorablemente en el referendo para que pueda considerarse que el pueblo soberano efectivamente ha decidido o autorizado algo que lo compromete en su globalidad.

Ahora bien, debe señalarse que la Ley Orgánica del Sufragio y Participación Política, al regular el referendo consultivo, no preveía mayoría alguna para que se pudiera considerar como favorable la consulta que se formulase, precisamente porque la regulación legal se refería a una consulta que no era obligatoria. La votación en la misma podía resultar, incluso, con una alta abstención, pero como se trataba de una consulta no obligatoria, en realidad no importaba que un porcentaje bajo de las votantes inscritos en el Registro Electoral fuera el que en definitiva se pronunciara, pues el efecto consultivo siempre existiría.

Si la regulación de la Ley Orgánica se hubiese referido, en cambio, a un referendo consultivo con efectos vinculantes u obligatorios, la regulación de la mayoría necesaria para considerar dicha obligatoriedad hubiera sido necesaria. Ello se desprendía del proyecto presentado por el proyectista de los Artículos 181 y siguientes de la Ley Orgánica del Sufragio, que al regular los efectos obligatorios del referendo consultivo precisó:

> La decisión tomada por los electores en el *referendo consultivo será obligatoria*, cuando la pregunta que ha sido sometida a referendo haya obtenido *el voto afirmativo de la mitad más uno* de los sufragios válidos, siempre y cuando haya *participado por lo menos la tercera parte de los electores* inscritos en el Registro Electoral Permanente.[94]

El legislador, sin embargo, no acogió esta propuesta, regulando exclusivamente un referendo consultivo no obligatorio ni vinculante, para el cual no se reguló mayoría alguna.

Ahora bien, en ningún caso ello podría ocurrir en un referendo decisorio o autorizatorio, es decir, en un plebiscito, en el cual para que una decisión pudiera llegar a considerarse como *adoptada directamente por el pueblo* como soberano, tendría que pronunciarse favorablemente sobre la decisión una determinada mayoría que, en nuestro criterio, tendría que ser más de la mitad de los votantes inscritos en el Registro Electoral y no sólo de los electores que concurran a la votación. Sin embargo, por ejemplo, el referendo aprobatorio que regulaba el artículo 246 de la Constitución de 1961, respecto de la reforma constitucional, sólo exigía que fuera "aprobada por la mayoría de los sufragantes de toda la República".

En el caso del ilegal referendo decisorio o autorizatorio que se decretó realizar en el Decreto Nº 3 del 02-02-99, el mismo no sólo era violatorio del Artículo 181 de la Ley Orgánica del Sufragio y Participación Política, no sólo era nulo por ser ineficaz y de imposible ejecución y estar viciado de desviación de poder; sino que tampoco podía tener efecto jurídico alguno, pues no se sabía ni se preveía cuál era la mayoría que se requería para que tuviera valor, ya que dicha figura no tenía regulación en el ordenamiento jurídico venezolano. Es decir, fuera cual fuera la votación favorable que pudiera tener la respuesta al "sí", no había forma alguna de determinar si la decisión había sido adoptada o no por el pueblo soberano, ya que no estaba establecido legalmente de antemano cual era la mayoría de votos requerida para que la decisión popular se entendiera como tomada; y en ningún caso podía determinarse dicho régimen de mayoría absoluta en un reglamento, como lo tenía proyectado el Consejo Nacional Electoral en el Reglamento de Referendos que estudiaba en ese entonces.

En efecto, conforme lo establecían los Artículos 55, ordinal 3º y 266 de la Ley Orgánica del Sufragio y Participación Política, el Consejo Nacional Electoral estaba en el proceso de discusión de un *Reglamento sobre Referendos* en el cual, supuestamente, conforme a las sentencias de la Corte Suprema de Justicia, estaba por establecer un nuevo referendo no regulado en la Ley Orgánica, en la siguiente forma:

---

94   *V.*, Carlos M. Ayala Corao, "Los mecanismos de participación refrendaria...", *loc. cit.*, p. 73.

Artículo 7. Cuando el referendo se fundamente en el artículo 4° de la Constitución, y tenga por objeto autorizar la creación de un órgano del Poder Público no contemplado en ésta, sus efectos serán vinculantes cuando haya participado la mayoría del cuerpo electoral convocado.

Es decir, en un Reglamento de Referendos que iba a ser dictado en ejecución de la Ley Orgánica del Sufragio y Participación Política por un órgano con autonomía funcional como el Consejo Nacional Electoral, se pretendía regular una figura no prevista en la Ley, para lo cual el Consejo no tenía competencia, lo cual de dictarse hubiera viciado el Reglamento de ilegalidad, por apartarse del espíritu, propósito y razón de la Ley.

Sin embargo, si se hubiese llegado a dictar este Reglamento, y se hubiese llegado a regular el referendo destinado a crear un órgano constitucional no previsto en la Constitución ni la Ley, que supuestamente sería el que el Presidente de la República había convocado en el Decreto N° 3, como referendo decisorio; en el mismo sólo se pretendía establecer un quórum de participación para que pudiera considerarse como válido y con efectos vinculantes, de un porcentaje de los votantes inscritos en el Registro Electoral Permanente, pero no se regulaba en forma alguna, cuál era el porcentaje de votos favorables de los electores participantes para que se pudiera considerar tomada la decisión por el pueblo, por lo que, de nuevo, si se hubiera llegado a dictar dicho Reglamento, se hubiera estado en una incertidumbre de saber si se requerían 2/3 partes de votos "sí", la mitad más uno de los mismos o si bastaba que los votos "sí" fueran más que los votos "no", cualquiera fuera el porcentaje.

En todo caso, la ineficacia del referendo decisorio que se pretendía convocar con el Decreto N° 3, quedaba confirmada por la ausencia de regulación legal sobre la mayoría de votos que se requería para considerar que el pueblo soberano, mediante el mismo, había decidido convocar la Asamblea Nacional Constituyente y había decidido autorizar al Presidente de la República para fijar las bases del proceso comicial para elegir los constituyentes. Sin la regulación legal de dicho quórum, simplemente no se podía saber cuál era el número de votos necesarios para que el resultado del referendo se pudiera llegar a considerar como una decisión del pueblo soberano, directamente, considerado en su conjunto y, por tanto, de obligatorio acatamiento por parte de todos los ciudadanos, hubieran o no votado y de todos los órganos del Estado.

La circunstancia de que la Ley Orgánica del Sufragio y Participación Política no hubiera fijado quórum alguno para el referendo consultivo en ella previsto, como hemos dicho, se explicaba precisamente porque se trataba de una consulta no obligatoria ni vinculante, en la que sólo participaban quienes tuvieran interés en expresar su parecer. Pero tratándose, en el caso del Decreto N° 3, de un referendo del cual se pretendía derivar una decisión del pueblo, es decir, de un plebiscito en el cual se pretendía decidir materias tan importantes como la creación de un órgano de reforma constitucional no previsto en la Constitución, era inconcebible que se corriera el riesgo de que ellas resultasen de la imposición de una minoría circunstancial del pueblo, razón por la cual el Decreto N° 3 era ineficaz y debía considerarse de imposible ejecución, estando viciado de nulidad absoluta en los términos del Artículo 19, ordinal 3° de la Ley Orgánica de Procedimientos Administrativos.

5. *La inconstitucionalidad de una Asamblea Constituyente con poderes imprecisos e ilimitados*

A. *La Asamblea Constituyente y los poderes constituidos*

Hemos señalado que conforme a las sentencias de la Sala del 19-01-99, ésta había admitido que mediante la realización de un referendo consultivo sobre la convocatoria a una Asamblea Constituyente, se podía configurar un mecanismo político para reformar la Constitución, distinto a los instrumentos previstos en sus artículos 245 y 246 de la Constitución de 1961, que era la Asamblea Constituyente.

Esto significaba que la convocatoria a dicha Asamblea Constituyente, en ningún caso, en sí misma podía significar la derogación o relajamiento de la Constitución de 1961, la cual continuaba y tenía que continuar en vigencia hasta que fuera sustituida por otra como consecuencia del trabajo de la Asamblea, y luego de la realización de un referendo aprobatorio de la reforma constitucional. En consecuencia, el funcionamiento de la Asamblea Constituyente no significaba que esta pudiera suplantar los poderes constituidos del Estado o pudiera asumir las funciones que correspondían a los órganos de los Poderes Ejecutivo, Legislativo o Judicial.

Las sentencias de la Corte Suprema de Justicia del 19-1-99 en ningún caso podían interpretarse como un quebrantamiento de la Constitución de 1961, o que ésta hubiera perdido vigencia o que la perdía si la Asamblea Constituyente que se convocara como resultado de un referendo consultivo, resultaba electa y constituida. Las sentencias lo único que significaban era la posibilidad de que mediante un referendo consultivo como manifestación de la voluntad popular, pudiera surgir una nueva forma de reforma de la Constitución, no prevista expresamente en su texto.

En efecto, conforme a la sentencia *Caso Referendo Consultivo II* del 19-1-99, la Corte asentó que:

> Sí es procedente convocar a un referendo, en la forma prevista en el artículo 181 de la Ley Orgánica del Sufragio y Participación Política, para consultar la opinión mayoritaria, respecto de la posible convocatoria a una Asamblea Constituyente, en los términos expuestos en este fallo.

En la parte motiva de esta sentencia se había expresado que:

> Ciertamente que el asunto que se debate en el presente caso, tiene una especial trascendencia nacional, en la medida en que una consulta popular como la que se pretende, sería factor decisivo para que los órganos competentes del Poder Público Nacional diseñen los mecanismos de convocatoria y operatividad de una Asamblea a los fines propuestos; o para que, previamente, tomen la iniciativa de enmienda o de reforma que incluya la figura de una Asamblea de esta naturaleza. (Ponente Magistrado Héctor Paradisi León).

Por otra parte, la misma Corte Suprema, en la otra sentencia *Caso Referendo Consultivo I* de la misma fecha había decidido que:

> La interpretación que debe atribuirse al Artículo 181 de la Ley Orgánica del Sufragio y Participación Política, respecto del alcance del referendo consultivo que consagra, en cuanto se refiere al caso concreto objeto del recurso que encabeza las presentes actuaciones, es que: a través del mismo puede ser consultado el parecer

del cuerpo electoral sobre cualquier decisión de especial trascendencia nacional distinto a los expresamente excluidos por la propia Ley Orgánica del Sufragio y Participación Política en su Artículo 185, incluyendo la relativa a la convocatoria de la Asamblea Constituyente. (Ponencia del Magistrado Humberto J. La Roche).

Ahora bien, de ninguna de estas dos sentencias podía deducirse que la Constitución de 1961 había perdido su vigencia, por lo cual los artículos 3, 4 y 117 de la Constitución mantenían su fuerza normativa. Conforme al primero, el régimen democrático representativo, responsable y alternativo continuaba vigente; según el segundo, si bien la soberanía residía en el pueblo, éste la ejercía mediante el sufragio, "por los órganos del Poder Público"; y de acuerdo al tercero, las atribuciones del Poder Público eran las que estaban definidas en "la Constitución y en las Leyes".

De allí que de las sentencias mencionadas sólo se desprendía que cuando el pueblo se pronunciara favorablemente (con la mayoría que estaba por determinarse) sobre la convocatoria de la Asamblea Constituyente, el Ejecutivo Nacional y el Congreso quedaban comprometidos a efectuar los arreglos institucionales necesarios para que tal convocatoria pudiera efectuarse; es decir, se señalaba que los órganos competentes del Poder Público Nacional eran los que debían diseñar los mecanismos de convocatoria y operatividad de una Asamblea Constituyente.

Ahora bien, como antes hemos señalado, en el texto constitucional vigente de 1961, no se confería competencia alguna ni a la rama legislativa ni a la rama ejecutiva del Poder Público Nacional para "diseñar los mecanismos de convocatoria y operatividad de una Asamblea a los fines propuestos", por lo que tenía que ser el pueblo directamente, conforme se infiere de la doctrina sentada por el Máximo Tribunal en las sentencias aludidas, a quien competía directamente pronunciarse sobre estos aspectos, lo cual, sin embargo, se le pretendió confiscar con la Pregunta Segunda del Artículo 3° del Decreto.

En consecuencia, conforme a las sentencias de la Corte Suprema del 19-1-99, la Constitución de 1961 continuaba vigente hasta tanto fuera sustituida por otra Constitución que se sancionase por la Asamblea Constituyente y se aprobase por el pueblo mediante referendo consultivo. Como lo señaló el Presidente de la República Hugo Chávez Frías en su "Propuesta electoral para transformar a Venezuela": "Mientras no entre en vigencia la nueva Constitución de la República, regirá la existente"[95].

Así mismo se expresó la Presidenta de la Corte Suprema de Justicia, Magistrado Cecilia Sosa Gómez al indicar que: "hasta que no se promulgue una nueva Carta Magna, la Corte seguirá defendiendo el texto fundamental vigente"[96]. La Magistrado Sosa Gómez, anteriormente había señalado lo siguiente: "Estamos viviendo bajo la Constitución de 1961. Tenemos que mantener el hilo constitucional hasta suplantarlo por otro. No podemos caer en un ámbito de inexistencia del Estado"[97].

En consecuencia, como lo advirtió Tulio Alberto Álvarez, otro de los miembros de la Comisión Presidencial Constituyente que había participado en la elaboración

---

95   Hugo Chávez Frías, *Una revolución democrática, cit.*, p.10
96   *V., El Nacional*, Caracas 12-2-99, p. D-1.
97   *V., El Nacional*, Caracas 24-1-99, p. D-1

del Decreto Nº 3: "En el caso venezolano, la Asamblea Constituyente... es sólo una vía más de modificación de la Constitución"[98]. Agregando además, que "La Asamblea Constituyente no es un fin en sí mismo, ni tiene otra función que la de ser un mecanismo de modificación del texto constitucional"[99]. Y concluyendo con lo siguiente: "La Asamblea Constituyente es un procedimiento más para modificar la Constitución. Como tal su objeto se agota en la aprobación de una nueva Constitución"[100].

Ahora bien, en contraste con lo anterior, tal como estaba formulada la primera pregunta del Artículo 3º del Decreto, la misma pretendía hacer que el pueblo convocara una Asamblea Nacional Constituyente: "con el propósito de transformar el Estado y crear un nuevo ordenamiento jurídico..."

Es decir, se pretendía que mediante un referendo decisorio no previsto legalmente, se convocase una Asamblea Constituyente, no para reformar la Constitución, sino para que asumiera un poder total y pudiera incluso sustituir a los poderes constituidos aún antes de la aprobación de la reforma constitucional.

El Decreto Nº 3, por tanto, propugnaba una doble concentración de poderes: primero, en cabeza de una sola persona, el Presidente de la República, en quien se pretendía delegar el poder soberano de decidir sobre las bases comiciales de la Constituyente; y segundo, en cabeza de una Asamblea a la cual se pretendía asignar el poder total de transformar el Estado, lo que vulneraba los principios más elementales del Estado de derecho y era incompatible con los valores supremos de una sociedad democrática. Era, además, contraria a la doctrina que ha inspirado a la República desde su fundación, aun si usurpadores de paso por la historia han concentrado poderes y ejercido la tiranía. Vale, a este respecto, recordar lo expresado en el Título 5º de la Constitución de Angostura de 1819, fruto en gran medida de las ideas políticas de El Libertador, Simón Bolívar; en relación a "del soberano y del ejercicio y de la soberanía":

Artículo 1º. La soberanía de la nación reside en la universidad de los ciudadanos. Es imprescriptible e inseparable del pueblo.

Artículo 2º. El pueblo de Venezuela no puede ejercer por sí otras atribuciones de la soberanía que la de las elecciones ni puede depositarla toda en unas solas manos. El poder soberano estará dividido para su ejercicio en legislativo, ejecutivo y judicial.

En contraste con este principio, en la Pregunta Primera del artículo 3 del Decreto Nº 3, al someterse a decisión del pueblo el convocar la Asamblea Nacional Constituyente, se precisaba que el objeto o propósito que tendría la que se convocara, si resultaba un "sí" mayoritario (sin saberse en qué proporción), sería la de *transformar el Estado* y *crear un nuevo ordenamiento jurídico* que permita el funcionamiento de una democracia social y participativa".

---

98   *V.*, Tulio Alvarez, *La Constituyente. Todo lo que Usted necesita saber*, Libros de El Nacional, Caracas 1998, p. 26.

99   *Idem*, p. 106.

100 *Ibídem* p. 127.

De acuerdo con esta pregunta, por tanto, la Asamblea Constituyente que se pretendía convocar popularmente, tenía una misión distinta a la Asamblea Constituyente que conforme a la sentencia de la Corte Suprema del 19-01-99 podía resultar de un referendo consultivo, como un mecanismo para reformar la Constitución distinto a los regulados en los artículos 245 y 246 de la Constitución de 1961. La misión de la Asamblea Constituyente producto del derecho a la participación, conforme a esas sentencias, era reformar la Constitución, por lo que mientras eso no ocurriera, continuaba vigente la Constitución de 1961 y con ella, el régimen de funcionamiento del Estado que ella establecía, es decir, del Poder Público conforme a la forma del Estado federal y a la separación orgánica de poderes. Ambas sentencias lo habían expresado sin que pudiera quedar duda alguna sobre su sentido, ni pretenderse que eran párrafos inexistente en ellas. Así, en la decisión de la Corte Suprema del 19-01-1999 (Caso *Referendo Consultivo I*) en la que fue ponente el Magistrado Humberto J. La Roche, se estatuyó:

> Aún cuando el resultado de la decisión popular adquiera vigencia inmediata, *su eficacia sólo procedería cuando, mediante los mecanismos legales establecidos, se dé cumplimiento a la modificación jurídica aprobada. Todo ello siguiendo procedimientos ordinarios previstos en el orden jurídico vigente, a través de los órganos del Poder público competentes en cada caso.* Dichos órganos estarán en la obligación de proceder en ese sentido.

Por su parte, la sentencia Caso *Referendo Consultivo II* de la misma fecha cuyo ponente fue el Magistrado Héctor Paradisi, concluyó:

> Ciertamente que el asunto que se debate en el presente caso, tiene una especial trascendencia nacional, en la medida en que los resultados de una consulta popular como la que se pretende, *sería factor decisivo para que los Órganos competentes del Poder Público Nacional diseñen los mecanismos de convocatoria y operatividad de una Asamblea a los fines propuestos; o para que previamente, tomen la iniciativa de enmienda o de reforma que incluya la figura de una Asamblea de esta naturaleza.*

En consecuencia, era totalmente incompatible con una Asamblea Constituyente cuyo mandato era reformar la Constitución, la Primera Pregunta del artículo 3° del Decreto N° 3 que pretendía que el pueblo, mediante referendo decisorio, convocara una Asamblea Nacional Constituyente pura y simplemente "con el propósito de transformar el Estado y crear un nuevo ordenamiento jurídico".

En efecto, *transformar el Estado* no significa otra cosa que cambiar o modificar la organización y distribución del Poder Público; porque el Estado es la organización del Poder.

Ahora bien, de acuerdo con la Constitución de 1961, el Poder Público se dividía en las ramas Nacional, Estadal y Municipal (art. 118) y dentro de cada rama, conforme al principio de la separación orgánica de poderes, se distribuía a nivel Nacional, entre los Poderes Legislativo, Ejecutivo y Judicial y a nivel Estadal y Municipal, entre los Poderes Legislativo y Ejecutivo. En consecuencia, "transformar el Estado", ante todo, podía ser transformar la distribución vertical del Poder Público, lo que significaba transformar la forma federal del Estado, fuera para eliminar la Federación y establecer un Estado unitario y, por tanto, centralizado; fuera para acentuar la

Federación, reforzando el proceso de descentralización política; fuera sustituyendo la forma federal por otra forma de descentralización territorial.

Pero "transformar el Estado", sin referencia alguna distinta a la de una "democracia social y participativa", que era un continente que servía para cualquier contenido, constituía una suerte de firma en blanco que el pueblo entregaría a la Asamblea Nacional Constituyente. También podía implicar transformar el principio de la separación orgánica de poderes, entre el Poder Legislativo, el Poder Ejecutivo y el Poder Judicial en los diversos niveles territoriales, fuera para eliminar tal separación estableciendo un régimen de unicidad del Poder Público, fuera acentuando la separación de poderes.

Además, en este contexto de la separación de poderes, "transformar el Estado" era transformar el sistema de gobierno que resultaba de la relación entre los poderes. Si la separación de poderes se eliminaba se hubiera establecido un sistema de gobierno por una Asamblea que concentraría todo el Poder, y si la misma permanecía, la transformación hubiera tenido que conducir a estructurar o un sistema parlamentario o un sistema más presidencial.

De igual manera, "transformar el Estado" podía ser transformar la estructura y funcionamiento de los órganos del Poder Público, es decir, a nivel Nacional, del Ejecutivo Nacional (Presidencia, Ministerios y Oficinas Centrales), del Congreso (Senado y Cámaras de Diputados) y de la Corte Suprema de Justicia y demás Tribunales; a nivel Estadal, de las Gobernaciones y de las Asambleas Legislativas, y a nivel Municipal, de las Alcaldías y de los Concejos Municipales.

En este contexto, "transformar el Estado" también podía implicar transformar el régimen de formación de los órganos del Poder Público, es decir, el régimen del gobierno democrático, representativo, responsable y alternativo (art. 3 de la Constitución) que en numerosos pasajes sombríos de nuestra historia ha sido desconocido en la práctica por tiranos de turno, pero que obedece a principios inescindibles de la forma democrática republicana de gobierno.

Una Asamblea Constituyente que asumiera cualquiera de esas transformaciones, durante su funcionamiento, no era un instrumento o mecanismo para reformar la Constitución, sino para asumir el Poder Público en su totalidad o parcialmente, lesionando las competencias de los órganos que lo ejercían conforme a la Constitución de 1961, vigente en ese momento, y violando su artículo 117. En consecuencia, la única manera de interpretar el propósito de la Asamblea Nacional Constituyente a que se refería el Decreto N° 3, de "transformar el Estado" acorde con las sentencias de la Corte Suprema de Justicia, era el reducir su mandato o propósito a elaborar y sancionar el texto de la nueva Constitución que "transforme el Estado", de manera que la transformación estatal que se reflejase en la misma, sólo podía entrar en vigencia cuando dicha nueva Constitución se aprobase mediante referendo, oportunidad en la cual quedaría sustituida la Constitución de 1961. Pero ello no estaba así expresado en la pregunta, y de allí su inconstitucionalidad, pues sin duda, la intención de la Primera Pregunta del artículo 3° del Decreto N° 3, parecía consistir en darle el Poder Público total a la Asamblea, lo cual era contrario a la Constitución de 1961 y a principios universalmente reconocidos para la vigencia de una sociedad democrática y del Estado de derecho, y que necesariamente tenían que seguir vigentes durante el funcionamiento de la Asamblea Constituyente.

En sentido similar debe razonarse respecto del otro propósito que se pretendía atribuir a la Asamblea Nacional Constituyente a que se refería el Decreto N° 3 y que consistía en "crear un nuevo ordenamiento jurídico". Si de lo que se trataba era del mandato de elaborar un nuevo texto constitucional que al ser sancionado y aprobado mediante referendo, sustituyera el texto de la Constitución de 1961, ello significaba que la Asamblea sólo tendría la tarea que las sentencias de la Corte Suprema de Justicia le habían asignado.

Sin embargo, tal como se expresó en la Pregunta Primera del artículo 3° del Decreto N° 3, esa no parecía ser la intención del mismo, por lo que atribuir a la Asamblea la misión de "crear un nuevo ordenamiento jurídico" durante su funcionamiento, podía significar una usurpación de la función legislativa que correspondía a las Cámaras Legislativas y, por tanto, una violación tanto del artículo 117 como del artículo 139 de la Constitución de 1961 que necesariamente tenía que continuar en vigencia hasta que fuera sustituida por la nueva Constitución, que debía sancionarse y aprobarse mediante referendo aprobatorio.

Se insiste, el propósito de transformar el Estado y crear un nuevo ordenamiento jurídico hasta tanto una nueva Constitución no estuviese vigente, sólo podía hacerse dentro del marco constitucional que regía. En consecuencia, si la transformación a que aspiraba el Ejecutivo podía hacerse por los mecanismos y procedimientos que estaban vigentes, no era necesario consultar al pueblo para que los órganos del Poder Público ejercieran las competencias que tenían asignadas; pero si se entendía que una respuesta afirmativa a la consulta hecha al pueblo implicaba una autorización para modificar el ordenamiento constitucional antes de la entrada en vigencia o, incluso, de la discusión de una nueva Carta Fundamental, ello constituía una infracción total al ordenamiento vigente, que no tenía otra fundamentación que el ejercicio de la fuerza, insusceptible de ser vinculada a ninguna norma del orden jurídico y carente de todo asidero en las interpretaciones del Máximo Tribunal.

En consecuencia, la Asamblea Nacional Constituyente que el Presidente de la República pretendía se convocara como consecuencia del Decreto N° 3 de 2-2-99, por el propósito que le asignaba la Pregunta Primera del artículo 3° del mismo, podía tener funciones que permitían violar e, incluso, ignorar del todo la Constitución de 1961, sin haber sido sustituida por una nueva, lo que hacía inconstitucional el mismo Decreto N° 3, pues el Presidente de la República no tenía competencia para convocar un referendo tendiente a dar origen a un órgano con funciones contrarias a la propia Constitución.

En efecto, el poder constituyente que podía asumir la Asamblea convocada por un referendo, de acuerdo con lo decidido por las sentencias de la Corte Suprema de 19-1-99, sólo podía ser un poder constituyente de reforma constitucional, que como lo dijo Ricardo Combellas, uno de los miembros de la Comisión Presidencial Constituyente, es "un poder limitado, lo que quiere decir que la actividad de revisión no puede ser entendida nunca como una actividad soberana y libre"[101].

---

101   V., Ricardo Combellas, *¿Qué es la Constituyente? Voz para el futuro de Venezuela, cit.,* p. 96. Meses después de expresar esta opinión, Combellas cambiaría de opinión, como miembro de la Asamblea Nacional Constituyente, electo en las listas apoyadas por el Presidente Chávez. *V., Gaceta Constituyente (Diario de Debates), Agosto-Septiembre 1999,* Sesión de 07-08-99, N° 4, pp. 16 y ss.

B. *La violación del principio de la democracia representativa*

Como se ha señalado, conforme al artículo 3 de la Constitución de 1961, que contenía una de las cláusulas que pueden considerarse como "pétreas" de nuestro constitucionalismo, "el gobierno de la República de Venezuela *es y será siempre* democrático, representativo, responsable y alternativo".

En consecuencia, el principio de la democracia representativa era una de las cláusulas inmodificables de nuestro régimen político constitucional, lo que implicaba que el mismo no podría sustituirse o eliminarse totalmente por el de una democracia directa, la cual, como la definió Manuel García Pelayo, es "aquella en la que el pueblo ejerce de modo inmediato y directo las funciones públicas que se le atribuyen"[102].

La representatividad democrática, además, la regulaba el artículo 4° de la Constitución al prescribir que si bien la soberanía residía en el pueblo, éste sólo podía ejercerla mediante el sufragio, por los órganos del Poder Público.

Esta norma, como antes lo hemos destacado[103], la calificaba la Exposición de Motivos de la Constitución como "el principio básico" del sistema democrático y no significaba otra cosa que lo que dice, por supuesto leída completamente y no sólo en su primera frase. El artículo 4° de la Constitución no se limita a decir que la soberanía reside en el pueblo, sino que agrega que este la ejerce mediante el sufragio por los órganos del Poder Público.

Es decir, es la norma básica del sistema democrático representativo que consagraba la Constitución de 1961, y que exigía que el pueblo actuase a través de los órganos del Poder Público, es decir, los órganos de los poderes constituidos que eran los previstos y regulados en la Constitución, cuyos titulares eran los representantes del pueblo soberano, electos mediante sufragio.

Este, por otra parte, ha sido el sentido de la norma del artículo 4 en toda nuestra historia constitucional[104], la cual se repite en el artículo 5° de la Constitución de 1999.

Ahora bien, ignorando por completo el principio de la democracia representativa, la Primera Pregunta formulada en el artículo 3° del Decreto N° 3 de 02-02-99, pretendía atribuir a la Asamblea Constituyente que se buscaba convocar, "el propósito de transformar el Estado y crear un nuevo ordenamiento jurídico" con el exclusivo motivo de permitir "el funcionamiento efectivo de una *democracia social y participativa*". Con ello se pretendía darle a la Asamblea Constituyente un mandato inconstitucional, como sería el de eliminar la democracia representativa y pretender sustituirla por una democracia directa que a veces se confundía con la "democracia participativa".

102   *V.,* lo expuesto en *Derecho Constitucional Comparado,* (Segunda Parte, Cap. II), en Manuel García Pelayo, *Obras Completas,* Tomo I, Madrid, 1991, p. 376.

103   *V.,* lo expuesto en pp. 78 y ss. de este libro.

104   *V.,* el texto de todas las Constituciones en Allan R. Brewer-Carías, *Las Constituciones de Venezuela,* Caracas 1997.

No podía una Asamblea Constituyente convocada en democracia y en un régimen de derecho regido por la Constitución de 1961, que no había sido derogada por acto de fuerza alguno; ni durante su funcionamiento, ni al elaborar la nueva Constitución que era su misión, sustituir el régimen democrático representativo por un régimen de democracia directa o supuestamente exclusivamente "participativa", pues ello era contrario al régimen constitucional venezolano.

La democracia representativa debe y puede ser perfeccionada y *hacerla más participativa*, pero de allí a sustituirla por un régimen político definido por una persona o grupo excluyente, hay un gran trecho.

Por otra parte, una Asamblea Constituyente no puede tener poder soberano alguno; el soberano es el pueblo, como poder constituyente originario, y este no puede trasladar o delegar su soberanía en una Asamblea; es decir, constitucionalmente no existe una Asamblea Constituyente originaria pues es el pueblo, como poder constituyente, el único que puede ser originario.

Como lo había precisado Ricardo Combellas, uno de los miembros de la Comisión Presidencial Constituyente:

La Asamblea Constituyente no reviste como algunos con ignorancia sostienen, el rango de poder constituyente originario sino derivado, por la sencilla razón de que se trata de un cuerpo representativo. La teoría democrática sólo reconoce un poder constituyente originario, el pueblo, cuya voluntad genuina se manifiesta a través del referendo, en virtud de lo cual la Constitución más legítima es aquella ratificada refrendariamente por los ciudadanos[105].

Por último, el Decreto ignoraba del todo la existencia de materias constitucionales pétreas, que no estaban bajo el poder del Presidente ni de la Asamblea Constituyente que éste pudiera concebir, como los principios de la independencia de la Nación, de la integridad del territorio de la República, de la organización federal del Estado, del gobierno democrático, representativo, responsable, participativo y alternativo y del respeto y garantía nacional y universal de los derechos humanos y de su protección, de la separación los poderes Ejecutivo, Legislativo y Judicial y de la supremacía de la Constitución; que escapaban totalmente a la posibilidad de su eliminación o modificación.

En consecuencia, al pretender el Decreto N° 3, servir de medio para convocar una Asamblea Constituyente que tuviera por misión transformar el Estado y crear un nuevo ordenamiento jurídico para hacer efectiva una democracia participativa, lo que podía implicar pretender eliminar el principio de la democracia representativa, el texto de la Primera pregunta del artículo 3° del mismo violaba las disposiciones de los artículos 3° y 4° de la Constitución de 1961, que eran y son consustanciales al constitucionalismo venezolano.

---

105 Ricardo Combellas, *¿Qué es la Constituyente? Voz para el futuro de Venezuela, cit.*, p. 101. Meses más tarde, Combellas se colocaría del lado de los ignorantes que refirió, al votar en la Asamblea Nacional Constituyente como miembro de la mayoría electa con el apoyo del Presidente Chávez, a favor de que la Asamblea adquiriera poderes originarios. *V., Gaceta Constituyente (Diario de Debates), Agosto-Septiembre 1999, cit.*, Sesión de 07-08-99, N° 4, pp. 17 y ss.

C.   *La violación del derecho constitucional a la participación*

Debe insistirse en que las sentencias de la Sala Político-Administrativa de la Corte Suprema de Justicia de 19-01-99 (Casos *Referendo Consultivo I y II)*, fundamentaron la posibilidad de que mediante el referendo consultivo previsto en el artículo 181 de la Ley Orgánica del Sufragio y Participación Política, pudiese derivarse un mecanismo de reforma constitucional distinto a los regulados en los artículos 245 y 246 de la Constitución de 1961 -que consideró eran limitaciones sólo aplicables y destinadas a los poderes constituidos pero no al poder constituyente originario-; en el *derecho constitucional a la participación,* que consideró como un derecho no enumerado en la Constitución, inherente a la persona humana, conforme al artículo 50 de la propia Constitución de 1961.

Es decir, fue el derecho constitucional de los ciudadanos y del pueblo soberano en general, a participar en el proceso político, el que permitió a la Corte Suprema hacer ceder el principio de la supremacía constitucional en cuanto a las formas de revisión constitucional previstas expresamente (arts. 245 y 246 de la Constitución), frente al principio de la soberanía popular, de manera que manifestada ésta a través de un referendo consultivo como instrumento de participación política, pudiera dar origen a una tercera vía para la reforma constitucional mediante la convocatoria de una Asamblea Constituyente.

Es evidente, por tanto, que la posibilidad constitucional que existía conforme a la doctrina de la Corte Suprema de que una Asamblea Constitucional pudiera ser convocada sin que estuviese prevista en la Constitución, para reformar la Constitución, derivaba única y exclusivamente de la posibilidad, también constitucional, de *establecerla directamente mediante la manifestación de la voluntad del pueblo soberano* a través de un referendo consultivo, en ejecución del derecho constitucional a la participación ciudadana; consulta que debía contener todos los elementos que configurasen el régimen de la Asamblea, en preguntas concatenadas.

En efecto, de acuerdo con las sentencias de la Corte Suprema de 19-1-99, en ausencia de una norma que en la Constitución vigente o en una modificación de ésta, consagrase la figura de la Asamblea Constituyente, la creación de dicho órgano, es decir, la determinación de las reglas fundamentales (estatuto) que definieran los cometidos, la duración y la forma de elección de los integrantes de dicha Asamblea, debía ser decidida directamente por el pueblo, en su condición de titular de la soberanía.

La única forma de lograr que el titular de la soberanía se pronunciase sobre tales reglas -es decir, sobre la creación de la Asamblea Constituyente- consistía en que ellas se incorporasen al texto mismo de la consulta que se le hiciera, para que el pueblo, al pronunciarse favorablemente sobre la convocatoria de la Asamblea Constituyente, aprobare también las reglas fundamentales pertinentes, que configuraban su régimen, en particular el cometido de la Asamblea Constituyente; la forma de elección de sus integrantes, y la duración del mandato.

En consecuencia, el régimen de la Constituyente en ningún caso podía ser establecido por el Ejecutivo Nacional, ni aún cuando así lo dispusiera el pueblo en un referendo, al pronunciarse favorablemente sobre la convocatoria de la Asamblea Constituyente, porque conforme a las normas constitucionales que estaban vigentes, la rama ejecutiva del Poder Público no tenía competencia para decidir por el titular

de la soberanía, que era el pueblo, y porque los poderes constituyentes que son inherentes a la soberanía del pueblo son indelegables.

Por otra parte, para que pudiera configurarse ese régimen de la Constituyente, si
bien la formulación de más de una pregunta de resultado autónomo y respuesta variada en su negación o afirmación podía en algún caso ser necesario, lógico y posible; sin embargo, cuando dos preguntas se referían a un mismo asunto, como era el
caso del Decreto N° 3, la respuesta afirmativa a una pregunta y negativa de otra pre-
sentaban la posibilidad y el riesgo de llevar a un vacío lógico. Por ello, las preguntas
que guardan una relación secuencial lógica deben ser formuladas en tal forma de no
crear una situación contradictoria o de imposible aplicación. Aún cuando sea posible
pensar que por la índole de alguna consulta, en algunos casos dos o más preguntas
pueden ser necesarias; es de imperativo lógico que sean formuladas en tal forma que
la respuesta negativa a una de ellas y positiva a otra, no lleve a una situación de imposible ejecución que haga de la consulta un absurdo.

Este era el caso de las dos preguntas que se formularon en el artículo 3 del Decreto. Independientemente de que ambas preguntas adolecieran de los vicios antes
señalados, su mera formulación autónoma y no concatenada llevaba a la posibilidad
de una respuesta afirmativa a la primera pregunta y negativa a la segunda, con lo
cual se podía crear una situación absurda que hubiera hecho la consulta una burla
generadora de confusiones y contradicciones.

De lo anterior se derivaba que el referendo consultivo necesariamente debía de
tener la amplitud de preguntas concatenadas y derivadas necesarias, de manera que
fuera la voluntad popular la que le diera forma y fijare el contorno de la Asamblea
Constituyente, para que ésta pudiera ser el resultado de la manifestación de la soberanía popular. Incluso, a los efectos de la elaboración de dichas preguntas, el Presidente de la República Hugo Chávez Frías, antes de asumir su cargo, para ello había
creado una Comisión Presidencial Constituyente; y había delineado el contenido de
las mismas, en la "Propuesta electoral para Transformar a Venezuela", en la cual,
como ya se dijo señaló que:

> Se consultará al pueblo sobre su voluntad de convocatoria a la Asamblea Nacio-
> nal Constituyente, sobre el número de sus integrantes, sobre la forma de elección de
> los constituyentes y acerca de la duración de la Asamblea[106].

En consecuencia, cualquier intento de confiscar o sustraer a la voluntad popular, es decir, a la manifestación de la soberanía del pueblo mediante el referendo
consultivo, la configuración del régimen de la Asamblea Constituyente que iba a
convocarse para reformar la Constitución, era contrario y violatorio del derecho
constitucional a la participación política, que había sido el fundamento de su propia posibilidad conforme a la doctrina de la Corte Suprema en sus sentencias de
19-1-99.

En ese vicio de inconstitucionalidad, precisamente, incurría la Pregunta Segunda
del artículo 3° del Decreto N° 3 del 02-02-99, al pretender que el pueblo *autorizase*

---

106   Hugo Chávez Frías, *Una Revolución Democrática, cit.,* p. 7. El Decreto N° 3 de 02-02-99, dictado
       meses después, contradijo esta oferta electoral.

al Presidente de la República para que mediante un "acto de gobierno" (término erróneamente utilizado, según la doctrina sentada por la Corte Suprema) fuera el que fijase "las bases del proceso comicial en el cual se elegirán los integrantes de la Asamblea Nacional Constituyente", lo cual, además, desde el punto de vista lógico conforme a la pregunta, debía hacer *después de ser autorizado* por el referendo.

Se pretendía así, que mediante un referendo decisorio no previsto en la Ley, el pueblo soberano renunciase a su derecho a participar y delegase o transfiriera al Presidente de la República, sólo, sin siquiera la participación del Consejo de Ministros, para que éste fuera el que fijase posteriormente al referendo, "las bases del proceso comicial" para elegir a los integrantes de la Asamblea Constituyente que constituía parte del régimen de la misma, es decir, las condiciones de elegibilidad, la forma de postulación y las condiciones para la elección. Con ello se pretendía trasladar el poder constituyente al Presidente de la República lo cual era inconstitucional, por no tener competencia para ello.

En todo caso, al no preverse otras preguntas en el referendo que se proponía, no sólo las que se referían a las bases del proceso comicial se le sustraían al pueblo para expresar la voluntad popular, es decir, al derecho de participar, sino que se dejaban de regular otros aspectos fundamentales que no se referían al "proceso comicial", relativos a la Asamblea, como por ejemplo, su estructura y carácter (unicameral, bicameral, corporativa), el número de miembros que debían integrarla, su duración, las bases para su funcionamiento que debía estar basado en mecanismos de consulta a toda la población para que las propuestas llegasen a la Asamblea, no sólo por el trabajo de sus integrantes, sino por iniciativa de todos los grupos de la sociedad interesados en su actividad reformadora.

El Decreto Nº 3, por tanto, no sólo era insuficiente e ineficaz, pues pretendía que el pueblo convocase una Asamblea que no existía y que no se podía saber en qué consistía porque no había pregunta alguna que permitiera que el pueblo se pronunciase, sino que era violatorio del derecho constitucional a la participación, que era su fundamento, al sustraerse al pueblo la posibilidad de diseñarla mediante el referendo consultivo, única forma como se la podía crear; y pretender ceder la soberanía popular al solo Presidente de la República para que fuera éste el que fijase las bases del proceso comicial, dejando sin posibilidad de regular los elementos fundamentales de la Asamblea, que no eran parte del "proceso comicial" propiamente dicho.

D.   *Los límites al poder constituyente y el fraude a la Constitución*

Debe señalarse que el poder constituyente como poder soberano, total e inicial que constituye un Estado y organiza políticamente a una sociedad determinada, corresponde y lo ejerce únicamente el pueblo, cuando históricamente fueron creados *ex novo* los Estados. En ese caso puede decirse que, en principio, no estuvo ligado o constreñido por norma jurídica constitucional alguna previa, pues él la creó. Por ello, históricamente actuó como *res facti, non juris.*

El poder constituyente, así calificado de originario, es un poder político *de hecho*, no encuadrable en un marco jurídico constitucional previo. Como poder inicial, tuvo su origen en el constitucionalismo moderno en la Revolución norteamericana de 1776, en la Revolución francesa de 1789 y en la Revolución hispanoamericana de 1811. En esos procesos políticos, el pueblo soberano asumió el poder total haciéndose representar por Asambleas y constituyó, sea nuevos Estados como sucedió en América, o transformó radicalmente un viejo Estado Monárquico como sucedió en Francia, dotándose siempre de una Constitución. Por ello, Juan Luis Requejo Pagés ha señalado que: "El poder absolutamente originario será el que ha constituido la primera Constitución de un Estado"[107].

En esos procesos, el poder constituyente originario del pueblo no tuvo límites constitucionales para su actuación, salvo los provenientes del derecho natural o de las luchas históricas de la humanidad que contribuyeron a la juridificación nacional y universal de los derechos humanos. Pero una vez constituidos los Estados Constitucionales modernos, habiéndose dotado a sí mismos, por voluntad popular, de una Constitución, puede decirse que el poder constituyente originario desapareció al constitucionalizarse y se lo sustituyó por un poder constituyente instituido, derivado o de reforma que está regulado usualmente en las propias Constituciones.

En ese contexto histórico, puede decirse que salvo que exista una ruptura constitucional, el poder constituyente originario no se manifiesta de nuevo en los Estados constitucionales, salvo, excepcionalmente, como lo estableció la Corte Suprema en sus sentencias del 19-01-99, para mediante un referendo consultivo dar paso a un mecanismo de reforma constitucional distinto al establecido en el texto de la Constitución.

Puede decirse, entonces que, en general, en los Estados constitucionales el poder constituyente originario se constitucionalizó al adoptarse la Constitución, y el principio de la representación democrática condicionó su ejercicio. Como lo ha destacado Pedro de Vega:

> Forma parte de la lógica del Estado constitucional, y así se pretendió tanto en el proceso revolucionario americano como en el francés, que una vez aprobada la Constitución el poder constituyente desaparece, cediendo su lugar a la propia norma por él creada.[108]

La constitucionalización del poder constituyente, por otra parte, está esencialmente ligada a la democracia representativa, por lo que como principio, en el Estado constitucional, una vez aprobada la Constitución, el poder constituyente originario se subsume en la Constitución, se constitucionaliza, y ese texto adquiere supremacía, regulándose usualmente el poder constituyente instituido, como mecanismo para reformar o modificar la Constitución, que incluso puede atribuirse a una Asamblea Constituyente. Como lo ha señalado Antonio Negri al comentar el proceso constitucional americano: "Sin Constitución, fuera de la Constitución, fuera de la máquina constitucional y del organismo de gobierno no existe poder constituyente"[109].

En esta forma, sin embargo, lejos estaba la posibilidad de que una Asamblea Constituyente convocada en democracia y bajo la vigencia de la Constitución de

---

107   José Luis Requejo Pagés, *Las normas preconstitucionales y el mito del poder constituyente*, Madrid 1998, p. 101.

108   Pedro de Vega, *La Reforma Constitucional y la Problemática del Poder Constituyente*, Madrid 1988, p. 34.

109   Antonio Negri, *El Poder Constituyente. Ensayo sobre las alternativas de la modernidad*, Madrid, 1994, p. 205.

1961, producto de la voluntad popular manifestada mediante referendo consultivo, pudiera tener poderes ilimitados y atentar contra los mismos principios del constitucionalismo.

Existían, en consecuencia, límites al poder constituyente de revisión o de reforma constitucional ejercido por una Asamblea, que nunca, en sí misma, es soberana, derivados de las cláusulas pétreas del constitucionalismo y que la Constitución de 1961, entre otros, consagraba en sus artículos 1°, 3°, 8° y 50.

En efecto, una norma que consagraba un principio pétreo era el artículo 50 de la Constitución que reconocía la existencia de derechos inherentes a la persona humana que, por ello, son previos y superiores a la propia Constitución. De allí que era imposible que una Asamblea Constituyente desconociera los derechos inherentes a la persona humana o los desmejorase. En particular, esto era más reforzado en aquellos casos en los cuales la propia Constitución consideraba como *inviolables* ciertos derechos, como el derecho a la vida (art. 58) y el derecho a la libertad o seguridad personales (art. 60), inviolabilidad que se aplica también al hogar doméstico (art. 62) y a la correspondencia (art. 63).

Por otra parte, de acuerdo con el artículo 1° de la Constitución de 1961,

> La República de Venezuela *es para siempre e irrevocablemente* libre e independiente de toda dominación o protección extranjera.

Esta norma consagraba el principio de la independencia de la República, como cláusula pétrea, que impediría a cualquier Asamblea Constituyente poder desconocerla. Sería imposible, constitucionalmente hablando, que una Asamblea decida, como sin embargo lo hizo el Congreso de Angostura en 1819, extinguir al Estado venezolano, renunciar a la independencia y anexar el territorio nacional a otro Estado.

Lo mismo puede decirse del principio republicano representativo de gobierno que consagraba el citado artículo 3° de la Constitución de 1961 al prescribir que

> El Gobierno de la República de Venezuela *es y será siempre* democrático, representativo, responsable y alternativo.

Esta norma pétrea impide que una Asamblea Constituyente pretenda, por ejemplo, establecer una Monarquía en sustitución de la República; pretenda extinguir la democracia representativa; pretenda consagrar la irresponsabilidad de los representantes o gobernantes, o pretenda eliminar la alternabilidad republicana, consagrando, por ejemplo, cargos vitalicios en el Poder Ejecutivo.

El mismo carácter pétreo se encontraba respecto del principio de la integridad territorial que regulaba el artículo 8 de la Constitución de 1961, al prescribir que:

> El territorio nacional *no podrá ser jamás* cedido, traspasado, arrendado ni en forma alguna enajenado, ni aún temporal o parcialmente, a potencia extranjera.

La integridad del territorio, por tanto, es inviolable, por lo que era y es impensable que una Asamblea Constituyente pudiera resolver ceder parte del territorio nacional a una potencia extranjera.

Derivado de la intangibilidad del principio republicano y de los derechos inherentes a la persona humana, también puede identificarse como un principio que escapaba al poder de una Asamblea Constituyente, el de la separación de poderes y de la supremacía constitucional que, precisamente, existen en el constitucionalismo moderno como garantía de los derechos y libertades públicas.

El Presidente de la República, Hugo Chávez Frías, en este sentido, en su "Propuesta Electoral para Transformar a Venezuela" de 1998, señaló:

> Las limitaciones de la Asamblea Nacional Constituyente son las derivadas de los principios generales del derecho, los valores democráticos y garantías ciudadanas, los principios que identifican nuestro devenir histórico, la dignidad como derecho inalienable de la persona humana, los derechos humanos y demás principios que sustentan el concierto de naciones[110].

Constituía, entonces, un fraude constitucional que una Asamblea Constituyente convocada en democracia, bajo la vigencia de una Constitución como la de 1961, que no perdía su vigencia hasta que fuera sustituida por otra que dictase la Asamblea y aprobase el pueblo, pudiera llegar a destruir los principios pétreos del constitucionalismo.

Así lo definió hace varias décadas G. Liet-Veaux al estudiar las revoluciones de Italia, Alemania y Francia cuando se establecieron los regímenes fascista y nacional-socialista y precisar el fraude constitucional como la utilización del procedimiento de reforma para, sin romper con el sistema de legalidad establecido, proceder a la creación de un nuevo régimen político y un ordenamiento constitucional diferente[111].

Definitivamente, no puede el ordenamiento constitucional servir de cauce para su propia destrucción; es decir, no es admisible el auto atentado contra la forma democrática de gobierno, bajo la cobertura de la creación de un nuevo Estado constitucional; y ello se hubiera llevado a cabo, si se hubiera llegado a convocar, como lo pretendía el acto administrativo dictado por el Presidente de la República, una Asamblea Constituyente con poderes imprecisos e ilimitados para transformar el Estado.

Con fundamento en todo lo antes expuesto, el 23-02-99 acudimos ante la Sala Político-Administrativa de la Corte Suprema de Justicia para solicitar que declarase la nulidad por ilegalidad e inconstitucionalidad del Decreto N° 3 de 2-2-99, por violar los artículos 3, 4, 50, 117 y 139 de la Constitución y el artículo 181 de la Ley Orgánica del Sufragio y Participación Política; por estar viciado de desviación de poder; ser ineficaz y de imposible ejecución, lo que lo hace nulo conforme al Artículo 19, ordinal 3° de la Ley Orgánica de Procedimientos Administrativos; y, en definitiva, por configurarse, en sí mismo, en un instrumento que podía servir de fraude a la Constitución y por ser ineficaz en sí mismo[112].

---

110   Hugo Chávez Frías, *Una Revolución Democrática, cit.,* p. 10.

111   G. Liet-Veaux, "La fraude à la Constitution", *Revue du Droit Public,* París, 1943, pp. 116 a 150.

112   *V.,* el texto de la acción de nulidad en Allan R. Brewer-Carías, *Asamblea Constituyente y Ordenación Constitucional,* Academia de Ciencias Políticas y Sociales, Caracas 1999, pp. 255 a 321.

Otros recursos de nulidad contra el Decreto también fueron intentados con fundamentos relativamente similares[113].

II. LAS VICISITUDES CONSTITUCIONALES DE LA CONVOCATORIA AL REFERENDO SOBRE LA ASAMBLEA NACIONAL CONSTITUYENTE Y LOS LÍMITES IMPUESTOS A LA MISMA POR LA VOLUNTAD POPULAR

1. *La convocatoria efectuada por el Consejo Nacional Electoral*

El Decreto N° 3, como se dijo, fue objeto de diversas acciones contencioso-administrativas de nulidad por inconstitucionalidad e ilegalidad que se ejercieron por ante la Corte Suprema de Justicia en Sala Político Administrativa. Sin embargo, dichas acciones fueron declaradas inadmisibles por el Juzgado de Sustanciación de la Sala, considerando que el Decreto del Presidente de la República convocando la realización del referendo, *no era un acto administrativo recurrible* por ante la jurisdicción contencioso-administrativa, en virtud de que no producía "efectos externos". La Sala consideró que se trataba de una simple "solicitud" formulada por el Presidente ante el Consejo Nacional Electoral, órgano que conforme al artículo 184 de la misma Ley Orgánica del Sufragio y Participación Política, era al que correspondía poner fin al procedimiento administrativo correspondiente relativo a la convocatoria de los referendos. Es decir, era el que con su decisión de fijar la fecha de realización del mismo, una vez verificada que la "solicitud" cumplía con los requisitos legales, ponía fin a la vía administrativa y, en consecuencia, era el que podía ser revisado jurisdiccionalmente mediante un recurso contencioso electoral[114].

Independientemente de las críticas u observaciones que se podían realizar a las decisiones del Juzgado de Sustanciación, al considerar que un Decreto presidencial de convocatoria de un referendo ordenando además las preguntas que debían formularse, no tenía efectos jurídicos "externos"; la consecuencia de la decisión fue entonces, y conforme con la doctrina sentada por el Juzgado de Sustanciación, la introducción por los interesados de sendas acciones de nulidad (con los mismos argumentos de derecho) pero esta vez contra la Resolución N° 990217-32 del Consejo Nacional Electoral de 17-02-99 dictada en conformidad con el mismo Decreto N° 3 del Presidente de la República, que a su vez había reproducido íntegramente su texto y había fijado la realización del referendo para el día 25-04-99. Una de dichas acciones de nulidad, fue la decidida por la Sala Político Administrativa de la Corte Suprema de Justicia en sentencia de 18-03-99, mediante la cual el Supremo Tribunal, conforme a lo antes dicho, anuló la Segunda Pregunta de la convocatoria al referendo[115].

---

113 *V.*, la relación de todas las acciones de nulidad intentadas en Carlos M. Escarrá Malavé, *Proceso Político y Constituyente, cit.,* Anexo 4.

114 El primero de los autos del Juzgado de Sustanciación, en el sentido indicado, fue dictado el 02-03-99.

115 *V.*, el texto de la sentencia en Allan R. Brewer-Carías, *Poder Constituyente Originario y Asamblea Nacional Constituyente,* Caracas 1999, pp. 169 a 185.

En efecto, el acto administrativo dictado por el Consejo Nacional Electoral el 17 de febrero de 1999, contenido en la Resolución N° 990217-32[116], conforme a lo decidido por el Presidente de la República en el Decreto N° 3 antes mencionado, había resuelto:

> *Primero:* Convocar para el día 25 de abril del año en curso, el referendo para que el pueblo se pronuncie sobre la convocatoria de una Asamblea Nacional Constituyente, *de conformidad con el Decreto N° 3 de fecha 2 de febrero de 1999 de fecha 02-02-99,* dictado por el Presidente de la República, en Consejo de Ministros.

Este acto administrativo, ante todo, conforme a todos los argumentos antes indicados[117], estaba viciado en su causa al fundamentarse en el mencionado Decreto N° 3 de 02-02-99, el cual, al igual que la Resolución, era ilegal e inconstitucional pues violaba los artículos 3, 4, 50, 117 y 139 de la Constitución y los artículos 181 y 184 de la Ley Orgánica del Sufragio y Participación Política; estaba viciado de desviación de poder; era ineficaz y de imposible ejecución, lo que lo hacía nulo conforme al artículo 19, ordinal 3° de la Ley Orgánica de Procedimientos Administrativos; y, en definitiva, por configurarse, en sí mismo, como un instrumento que podía conducir a un fraude a la Constitución.

En efecto, la Resolución del Consejo Nacional Electoral, al ordenar que se realizase el referendo "de conformidad con el Decreto N° 3 de fecha 02-02-99", es decir, tomando en consideración las bases establecidas en el mismo, no convocaba en realidad un referendo consultivo, que era el único que autorizaban los artículos 181 y siguientes de la Ley Orgánica del Sufragio y Participación Política, sino que desviando los poderes que derivaban de lo dispuesto en dichas normas, y contrariándolas, tanto el Presidente de la República en Consejo de Ministros como el Consejo Nacional Electoral, en definitiva, se habían valido de las normas que regulaban la figura del referendo consultivo en dicha Ley, pero para convocar un referendo decisorio, autorizatorio o plebiscitario, cuando ello no estaba autorizado en la Ley Orgánica del Sufragio y Participación Política.

En esta forma, al convocar a los ciudadanos venezolanos a un *referendo* no autorizado en la Constitución ni la Ley, se les estaban afectando sus derechos e intereses pues se los obligaba a ejercer una función pública que era el voto, conforme al artículo 110 de la Constitución de 1961, al margen del ordenamiento jurídico.

Por otra parte, el propósito del Decreto que sirvió de fundamento a la Resolución del Consejo Nacional Electoral, como se evidenciaba del texto de las preguntas previstas en su artículo 3°, y que se reprodujeron en el artículo Segundo de la Resolución, era otorgarle un poder ilimitado al Jefe del Estado, sin siquiera con el control del Consejo de Ministros para, entre otras cosas, fijar mecanismos destinados a con-

---

116 En estas páginas seguimos lo expuesto en Allan R. Brewer-Carías, "Comentarios sobre la inconstitucional convocatoria a referendo sobre una Asamblea Nacional Constituyente efectuada por el Consejo Nacional Electoral en febrero de 1999", *Revista Política y Gobierno,* FUNEDA Vol. I, N° 1, Caracas, Enero-Junio 1999, pp. 29 a 92.

117 Curiosamente dicha Resolución no fue publicada en la *Gaceta Oficial.* La referencia a la misma sólo aparece en las Resoluciones del Consejo Nacional Electoral de marzo de 1999 publicadas en *Gaceta Oficial* N° 36.669 de 25-03-99.

vocar y establecer, a su leal saber y entender, una Asamblea Nacional Constituyente para "transformar el Estado y crear un nuevo ordenamiento jurídico, que permita el funcionamiento de una democracia social y participativa".

Todo ello entrañaba una grave amenaza para la vigencia y garantía del Estado de Derecho, que podía conducir tal como la Resolución estaba concebida, a que la Constitución de 1961 pudiera ser derogada aún antes de ser sustituida por otra; a que la Asamblea Constituyente así concebida asumiera la totalidad de los Poderes Públicos, y a que se estableciera un régimen político social y participativo de contenido innominado, donde estuviesen ausentes el concepto de gobierno democrático, representativo, alternativo y responsable previsto en el artículo 3° de la Constitución de 1961, así como el derecho constitucional a la participación política, reconocido por la propia Sala Político Administrativa de la Corte Suprema de Justicia, con tal rango constitucional, en sus sentencias del 19-1-99; es decir, en definitiva, podía conducir a llevar el caos a un proceso de transición y cambio, aún antes de que el mismo comenzase, que debía realizarse sin tener que vulnerarse los valores permanentes de una sociedad democrática ni la vigencia plena de los derechos humanos.

El fundamento de la Resolución mencionada del Consejo Nacional Electoral, además de ser el Decreto N° 3 de 02-02-99, también lo eran los artículos 181 y 184 de la Ley Orgánica del Sufragio y Participación Política que exigían que cuando se le presentase una decisión de convocatoria a un referendo, como la contenida en el Decreto, el Consejo Nacional Electoral debía *verificar el cumplimiento de los requisitos de ley y pronunciarse fijando el día* en el cual debería celebrarse el referendo.

En esta forma, al fijar la Resolución el día 25 de abril de 1999 para que tuviera lugar el referendo cuya realización había decretado el Presidente de la República, era evidente que el Consejo Nacional Electoral debía haber verificado que la convocatoria formulada por el Presidente de la República supuestamente había cumplido con los requisitos de ley.

Es decir, el Consejo Nacional Electoral, para fijar fecha para el referendo, supuestamente debía haber verificado que el Decreto N° 3 del 02-02-99 cumplía los requisitos legales, es decir, que estaba ajustado a derecho. Precisamente por ello, la Resolución se dictó "de conformidad con el Decreto N° 3" del Presidente de la República para realizar el referendo en la fecha fijada tomando en consideración las bases establecidas en el mismo; es decir, la Resolución tenía como su única causa el Decreto N° 3 del Presidente de la República y, además, la decisión que contenía era la realización del referendo el 25 de abril de 1999, conforme a las bases establecidas en dicho Decreto.

Precisamente por ello, la Resolución del Consejo Nacional Electoral estaba indisolublemente ligada a la convocatoria del *referendo* contenida en el Decreto N° 3 del 02-02-99, siendo su fundamento legal el mismo conjunto de normas de la Ley Orgánica del Sufragio y Participación Política. Por ello el contenido de los recursos de nulidad que se ejercieron contra la Resolución del Consejo Supremo Electoral fue el mismo de los que se habían intentado contra el Decreto N° 3.

2. *Las modificaciones y la anulación de la Resolución N° 990217-32 del 17-02-99 del Consejo Nacional Electoral*

A. *La corrección de las inconstitucionalidades presidenciales*

Precisamente, en virtud de todas las impugnaciones formuladas ante la jurisdicción contencioso administrativa contra el Decreto N° 3 y contra la Resolución del Consejo Nacional Electoral de 17-02-99, así como en virtud de las observaciones críticas que se formularon a dicha Resolución, el Presidente de la República, Hugo Chávez Frías, el día 10 de marzo de 1999 tuvo que emitir un nuevo acto administrativo que, sin la menor duda, era un Decreto (aún cuando sin número) en los términos de los artículos 14 y 15 de la Ley Orgánica de Procedimientos Administrativos, mediante el cual ordenó publicar en *Gaceta Oficial* una propuesta del Ejecutivo Nacional mediante la cual fijaba las bases de la convocatoria de la Asamblea Nacional Constituyente, para ser *sometida para la aprobación del pueblo en el referendo* convocado. La Propuesta del Ejecutivo Nacional publicada como "Aviso Oficial" publicado en la *Gaceta Oficial* N° 36.658 de 10-03-99, fijando las bases de la Convocatoria de la Asamblea Nacional Constituyente tenía el siguiente texto: *FIJA*

Primero: Se considerará aprobada la convocatoria de la Asamblea Nacional Constituyente si el número de votos afirmativos es superior al número de votos negativos.

Segundo: La Asamblea Nacional Constituyente estará integrada por ciento tres (103) miembros y tendrá una conformación unicameral. A la Asamblea Nacional Constituyente sólo se elegirán representantes principales.

Tercero: La elección de los constituyentes será en forma personalizada (por su nombre y apellido) de acuerdo al siguiente mecanismo:

1. Se producirá la elección de setenta y seis (76) constituyentes en veinticuatro (24) circunscripciones regionales, coincidentes con los Estados y el Distrito Federal, de acuerdo con su número de habitantes: Amazonas, dos (2); Anzoátegui, tres (3); Apure, dos (2); Aragua, cuatro (4); Barinas, dos (2); Bolívar, cuatro (4); Carabobo, seis (6); Cojedes, dos (2); Delta Amacuro, dos (2); Falcón, dos (2); Guárico, dos (2); Lara, cuatro (4); Mérida, dos (2); Miranda, siete (7); Monagas, dos (2); Nueva Esparta, dos (2); Portuguesa, dos (2); Sucre, dos (2); Táchira, tres (3); Trujillo, dos (2); Vargas, dos (2); Yaracuy, dos (2); Zulia, nueve (9); y Distrito Federal, seis (6). El elector dispondrá de tantos votos como constituyentes se vayan a elegir en la circunscripción a la que pertenezca.

2. Se producirá la elección de veinticuatro (24) constituyentes en una circunscripción nacional. El elector dispondrá de un máximo de diez (10) votos.

Parágrafo único: En atención al régimen de excepción constitucional vigente y a los compromisos asumidos en los tratados y acuerdos internacionales, las comunidades indígenas de Venezuela estarán representadas por tres (3) constituyentes electos de acuerdo con sus costumbres y prácticas ancestrales, y el mecanismo que elijan las organizaciones indígenas. El derecho de participación aquí previsto atenderá a la pluralidad de culturas existentes en las distintas regiones del país.

Cuarto: La postulación de los candidatos se podrá presentar en algunas de las siguientes formas:

1. Por iniciativa propia,

2. Por iniciativa de los partidos políticos legalmente constituidos,

3. Por iniciativa de cualquiera de los sectores de la sociedad civil interesados en participar en el proceso. En cualquiera de las formas de postulación antes señaladas se deberá cumplir con los siguientes parámetros:

a)   Se podrá ser candidato sólo en una circunscripción, ya sea en la regional o en la nacional:

b)   Para ser postulado candidato en la circunscripción nacional se requiere como mínimo veinte mil (20.000) firmas electores;

c)   Para ser postulado candidato en una circunscripción regional se requerirá como mínimo:

c.1   En las entidades territoriales con más de dos millones (2.000.000) de habitantes, diez mil (10.000) firmas;

c.2   En las entidades territoriales que tengan entre un millón uno (1.000.001) y hasta dos millones (2.000.000) de habitantes, ocho mil (8.000) mil firmas;

c.3   En las entidades territoriales que tengan entre quinientos mil uno (500.001) y hasta un millón (1.000.000) de habitantes cinco mil (5.000) firmas;

c.4   En las entidades territoriales que tengan entre doscientos mil (200.000) y quinientos mil (500.000) habitantes, tres mil (3.000) firmas; y

c.5   En las entidades territoriales que tengan menos de doscientos mil (200.000) habitantes, mil (1.000) firmas

El elector sólo podrá postular candidatos regionales en el circuito regional en el que esté inscrito

Quinto: *El tiempo de funcionamiento de la Asamblea Nacional Constituyente será de ciento ochenta (180) días contados a partir del día de su instalación.*

Sexto: *Para ser representante de la Asamblea Nacional Constituyente se requerirán las condiciones generales de elegibilidad: ser venezolano por nacimiento y mayor de veintiún (21) años. Los constituyentes electos gozaran de inmunidad en los términos que consagrará la Asamblea Nacional Constituyente.*

Séptimo: *No podrán ser elegidos representantes a la Asamblea Nacional Constituyente: el Presidente de la República, los Ministros, los Presidentes y Directores de los Institutos Autónomos o Empresas del Estado, los Gobernadores y Secretarios de Gobierno de los Estados y el Distrito Federal, los Senadores y Diputados al Congreso de la República, los Diputados a las Asambleas Legislativas de los Estados, los Alcaldes y Concejales, Magistrados de la Corte Suprema de Justicia, Consejo de la Judicatura y demás jueces de la República, el Fiscal General, el Contralor General y el Procurador General de la República, los Militares activos y los miembros del Consejo Nacional Electoral; a menos que renuncien dentro de los quince (15) días siguientes a la convocatoria. El cargo de constituyente exige la dedicación exclusiva a los deberes inherentes a esta alta función, por lo que es incompatible con cualquier otro destino público o privado.*

Octavo: *El período de postulación será de treinta (30) días contados a partir del 25 de abril, fecha de la convocatoria. La campaña electoral tendrá una duración de treinta (30) días contados a partir del cumplimiento del lapso de postulación. La* *proclamación de los candidatos que resulten electos se realizará dentro de los cinco (05) días siguientes a la fecha de la elección.*

Noveno: *La Asamblea Nacional Constituyente se instalará, sin necesidad de previa convocatoria a las diez de la mañana (10.00 a.m.) del día 5 de julio de 1999.*

Décimo: *Una vez instalada la Asamblea Nacional Constituyente, como poder originario que recoge la soberanía popular, deberá dictar sus propios estatutos de funcionamiento, teniendo como límites los valores y principios de nuestra historia republicana, así como el cumplimiento de los tratados internacionales acuerdos y compromisos válidamente suscritos por la República, el carácter progresivo de los derechos fundamentales del hombre y las garantías democráticas dentro del más absoluto respeto de los compromisos asumidos.*

Undécimo: *La Constitución que redacte la Asamblea Nacional Constituyente será sometida a referendo dentro de los treinta (30) días continuos a su sanción. La Constitución quedará definitivamente aprobada si el número de votos afirmativos es superior al número de votos negativos.*[118]

Con este Decreto, sin duda, el Presidente, sin decirlo expresamente, había modificado el Decreto N° 3 de 02 de febrero de 1999, eliminando entonces la segunda pregunta que buscaba que se le delegara la fijación de las bases comiciales. Reconoció, así, el Presidente de la República el error constitucional que había cometido, como lo habíamos denunciado; y ello obligaba, por tanto, al Consejo Nacional Electoral a modificar la Resolución N° 990217-32 del 17-02-99, a los efectos de *incorporar a las preguntas del referendo* los elementos contenidos en las bases mencionadas que conformaban el régimen o estatuto de la Constituyente, y permitir así, al pueblo, ejercer su derecho a la participación.

El Presidente de la República, en esta forma, acogió las objeciones fundamentales que se le habían y que habíamos formulado respecto del Decreto N° 3 y de la Resolución del Consejo Nacional Electoral en cuanto a la no inclusión en las preguntas contenidas en dichos actos administrativos, de las bases del régimen de la Constituyente. Correspondía después al Consejo Nacional Electoral, modificar la Resolución N° 990217-32 del 17-02-99 para que, con la autorización de la Sala Político Administrativa de la Corte Suprema de Justicia conforme al artículo 239 de la Ley Orgánica del Sufragio y Participación Política, se incorporase a las preguntas del referendo el régimen de la Constituyente, en la forma de consulta popular.

Sin embargo, antes de que el Consejo Nacional Electoral llegara a adoptar alguna decisión al respecto, la Sala Político Administrativa de la Corte Suprema de Justicia, en sentencia del 18-3-99 (Ponente Magistrado Hermes Harting), se anticipó en juzgar la inconstitucionalidad denunciada, con motivo de la acción de nulidad ejercida por el abogado Gerardo Blyde, ejercida originalmente contra el Decreto N° 3 del 2-2-99 y luego de reformado el libelo, contra la Resolución N° 990217-32 del Consejo Supremo Electoral de 17-2-99. La Corte Suprema, en esa sentencia con-

---

118   *V.,* el "Aviso Oficial" publicado en *G.O.* N° 36.658 de 10-03-99, que contiene la "orden" de: publicación de la propuesta del Ejecutivo Nacional que fija las Bases de la convocatoria de la Asamblea Nacional Constituyente, analizada en el Consejo De Ministros del 9 de marzo de 1999, la cual será sometida para la aprobación del pueblo en el referéndum convocado por el Consejo Nacional Electoral a celebrarse el 25 de abril de 1999

cluyó declarando *con lugar* dicho recurso contra la mencionada Resolución del Consejo Nacional Electoral y, en consecuencia, *anulando* la segunda pregunta destinada al *referendo* convocado, contenida en dicha Resolución[119].

Los argumentos que sirvieron de fundamento a la mencionada acción de nulidad, tenían por objeto cuestionar la *segunda pregunta* del *referendo* convocado por el Consejo Nacional Electoral, que, como ya se ha señalado anteriormente, establecía lo siguiente:

> ¿Autoriza usted al Presidente de la República para que mediante un Acto de Gobierno fije, oída la opinión de los sectores políticos, sociales y económicos, las bases del proceso comicial en el cual se elegirán los integrantes de la Asamblea Nacional Constituyente?

Conforme a todo lo anteriormente dicho y argumentado, la Sala Político Administrativa consideró que si se formulaba una "pregunta sobre la conveniencia de instalar una Asamblea Nacional Constituyente", de acuerdo al derecho a la participación política que conforme a sus anteriores sentencias del 19-1-99, habían permitido que mediante un referendo consultivo se originase el mecanismo de la Asamblea Constituyente para reformar la Constitución; debía necesariamente procederse:

> A consultarse sobre aquellas reglas fundamentales que detallen su organización y régimen general.

En consecuencia, al haber ignorado la pregunta segunda tales postulados, y

> Al pretender delegar, en el ciudadano Presidente de la República, la fijación de las bases del proceso comicial por el que se elegirán los integrantes de la Asamblea Nacional Constituyente,

...la Corte Suprema concluyó considerando que dicha pregunta segunda era inconstitucional,

> Por vulneración del derecho a la participación política implícito en el artículo 50 de la Constitución de la República, como derecho inherente a la persona humana, y así expresamente se declara.

En esta sentencia de la Sala Político Administrativa del 18-03-99, además de decidirse que en el referendo consultivo sobre la convocatoria de la Asamblea Nacional Constituyente debía consultarse al pueblo sobre el estatuto y límites de la Asamblea, excluyendo la posibilidad de que esto pudiera ser establecido con posterioridad por el Presidente de la República; se resolvieron diversos aspectos en relación con el referendo convocado por el Presidente de la República por Decreto N° 3 del 2-2-99 y por el Consejo Nacional Electoral mediante la mencionada Resolución del 17-2-99, que deben destacarse y que se refieren, en *primer lugar,* al carácter consultivo del *referendo* regulado en el artículo 181 de la Ley Orgánica del Sufragio y Partici-

---

119   *V.,* el texto de la sentencia en Allan R. Brewer-Carías, *Poder Constituyente Originario y Asamblea Nacional Constituyente*, Caracas 1999, pp. 169 a 185.

pación Política; y en *segundo lugar*, a los límites de la Asamblea Nacional Constituyente que podía convocarse mediante tal referendo consultivo.

B.   *La precisión del carácter eminentemente consultivo del referendo que se podía convocar conforme a la Ley Orgánica del Sufragio y Participación Política*

La Corte Suprema de Justicia, en su sentencia del 18-3-99, ante todo argumentó y decidió que el referendo regulado en el artículo 181 de la Ley Orgánica del Sufragio y Participación Política, era un referendo eminentemente consultivo, es decir, que tenía por objeto conocer la opinión o el parecer del pueblo sobre determinada cuestión o texto, y que, por tanto, con fundamento en dicha norma no se podía convocar un referendo autorizatorio y, por supuesto, tampoco un referendo decisorio.

Por ello, incluso, la Corte, al resolver y declarar la nulidad de la pregunta segunda del referendo, se refirió a la pregunta primera contenida en la Resolución que había sido impugnada que, como se ha dicho, era del tenor siguiente:

¿Convoca Usted una Asamblea Nacional Constituyente con el propósito de transformar el Estado y crear un nuevo ordenamiento jurídico que permita el funcionamiento efectivo de una Democracia Social y Participativa?

Dicha pregunta no había sido objeto de impugnación por el recurrente en el caso decidido; sin embargo, la Corte consideró que era:

Menester referirse a la primera de las preguntas formuladas que deberán responder los votantes, a fin de fijar el marco referencial e interpretativo bajo el cual ha de estudiarse la segunda pregunta;

y, en consecuencia, la interpretó acorde con la Constitución, derivando que en la misma - pesar de su redacción- no se estaba convocando a un referendo decisorio, sino eminentemente consultivo.

Es decir, la Corte estableció clara y expresamente, a pesar de la forma de redacción de la misma, su carácter propio de un referendo consultivo. Señaló así la Corte, en relación con la primera pregunta, que:

Esa primera cuestión está dirigida a indagar sobre la convocatoria a una Asamblea Nacional Constituyente...

Con tal iniciativa se pretende, entonces, *conocer la opinión* de los electores en cuanto a una materia, ciertamente, de especial trascendencia nacional: la conveniencia de convocar una Asamblea Nacional Constituyente;

Es decir, a pesar de que la pregunta, como estaba formulada: *¿Convoca Ud.* una Asamblea Nacional Constituyente...? implicaba un referendo decisorio; la Corte Suprema lo interpretó en el sentido de que el mismo era sólo de carácter consultivo, destinado a indagar o conocer la opinión de los votantes sobre la conveniencia o no de convocar la Asamblea Constituyente.

Por ello, la Corte insistió en que conforme a sus anteriores sentencias del 19-1-99, (Caso: *Referendo Consultivo I y II*), lo que se podía realizar conforme a la Ley Orgánica del Sufragio, era un referendo para ser "consultado el parecer del cuerpo electoral sobre cualquier decisión de especial trascendencia nacional", por lo que concluyó señalando que:

Es perfectamente compatible con la anterior concepción *el interrogar al soberano si está de acuerdo* con la convocatoria a una Asamblea Nacional Constituyente...

Más adelante, al analizar sus anteriores sentencias del 19-1-99, la Corte señaló que ese:

Ejercicio de soberanía no delegado encuentra su cauce precisamente en los mecanismos de participación política directa, el *referendo consultivo,* entre otros, como manifestación concreta que permite conocer de primera mano, *cuál es la opinión del* cuerpo consultado respecto a determinadas materias de evidente trascendencia nacional.

Por ello, en otra parte de la decisión, al hacer referencia a la anterior sentencia del 19-1-99 (Casos *Referendo Consultivos I y II),* la Corte señaló que:

Se circunscribió a determinar si de conformidad con el artículo 181 de la Ley Orgánica del Sufragio y Participación Política puede convocarse a un referendo consultivo, a los fines de determinar si corresponde a la voluntad popular que se convoque a Asamblea Constituyente.

En tal sentido, insistió la Corte en su sentencia:

Que un mecanismo de consulta directo, llamado a resolver sobre materias que no han sido previamente delegadas en representantes, debe preservar, mantener y defender como principal valor, el ser fiel expresión de la verdadera voluntad popular.

De ello concluyó la Corte en que:

Entonces, es indispensable, que formulada la pregunta sobre la conveniencia de instalar una Asamblea Nacional Constituyente, proceda a consultarse sobre aquellas reglas fundamentales que detallen su organización y régimen general.

Es decir, en definitiva, la Corte resolvió que la primera pregunta era una consulta sobre la conveniencia de instalar una Asamblea Nacional Constituyente; y que por ello, resultaba indispensable que en la segunda pregunta se procediera a consultar al pueblo sobre las reglas fundamentales que detallasen su organización y régimen general; por lo que al no haberlo hecho así el Consejo, consideró que la segunda pregunta violaba el derecho a la participación. En igual vicio había incurrido, también, el Presidente de la República en su Decreto N° 3, como lo habíamos denunciado.

Pero además, sobre el carácter consultivo del referendo regulado en el artículo 181 de la Ley Orgánica del Sufragio, la Sala Político Administrativa en su sentencia del 18-3-99, insistió en lo siguiente:

El pronunciamiento de la Sala en fecha 19 de enero de 1999, se circunscribió a determinar si de conformidad con el artículo 181 de la Ley Orgánica del Sufragio y Participación Política puede convocarse a un referendo consultivo, a los fines de determinar si corresponde a la voluntad popular que se convoque a Asamblea Constituyente.

En aquella oportunidad la Sala se pronunció, dentro del análisis interpretativo solicitado, diferenciando la figura de referendo contenida en el precepto de la Ley electoral, del mecanismo de consulta plebiscitaria, estableciendo que el primero se refiere a la consulta sobre un texto o proyecto, en tanto que el segundo, esto es, el plebiscito, tiende a ratificar la confianza en un hombre o gobernante; y concluyó:

Se desprende así del texto aludido (artículo 181), la consagración jurídica de la figura del referendo consultivo como mecanismo llamado a canalizar la participación popular en los asuntos públicos nacionales.

De allí que la regla se dirija fundamentalmente a establecer las distintas modalidades para la iniciativa en la convocatoria de la consulta popular.

Retomando, entonces, esta apreciación inicial en cuando a la naturaleza de la figura consagrada en la norma antes aludida, reitera la Sala, que dicho mecanismo reviste un carácter eminentemente consultivo, a diferencia de otras modalidades bajo las cuales se presentan consultas de tipo autorizatorio dirigidas a delegar en determinado funcionario o persona la realización de específicas tareas y gestiones.

Precisamente, por ello, por estar:

Claro entonces el carácter consultivo del referendo previsto en el artículo 181 de la Ley Orgánica del Sufragio y Participación Política, la Corte Suprema al dilucidar si la estructura de la segunda pregunta del Referendo fijado por el Consejo Nacional Electoral, por iniciativa del Presidente de la República, se ajusta o no a la figura consagrada legalmente, concluyó señalando con toda precisión que:

Para la Sala, no cabe duda, que el planteamiento contenido en la cuestión segunda *no responde al referendo consultivo* que utiliza de fundamento.

En relación con dicho asunto, la Corte concluyó respecto de la mencionada segunda pregunta que:

Es evidente que, en modo alguno, se está sometiendo al criterio de los electores el examen sobre una materia determinada y específica, por el contrario lo que se persigue es que se delegue en una sola persona, la decisión sobre ese asunto, lo cual escapa al mecanismo consagrado en el artículo 181 de la Ley Orgánica del Sufragio y Participación Política, y así se declara.

De lo anterior deriva, por tanto, el carácter eminentemente consultivo del referendo regulado en los artículos 181 y siguientes de la Ley Orgánica del Sufragio y Participación Política, por lo cual no era posible conforme a dicha norma, convocar un referendo ni decisorio ni autorizatorio, sino solo consultivo.

Por ello, precisamente, la Corte anuló la segunda pregunta formulada para el referendo, que regulaba una consulta autorizatoria; y por ello, también, interpretó la primera pregunta redactada en la forma de un referendo decisorio, señalando que sólo podía tratarse de una consulta destinada a "indagar" el parecer o la opinión del pueblo sobre la convocatoria a una Asamblea Constituyente, en el sentido de "interrogar al Soberano si está de acuerdo con la convocatoria" de la misma, lo que, significaba que, conforme al criterio de la Corte, a pesar de la redacción de la primera pregunta, nunca podía derivarse de una respuesta afirmativa de la misma, que se estaba convocando dicha Asamblea.

Precisamente por ello, y a pesar de que en la Resolución N° 990323-71 de 23 de marzo de 1999 del Consejo Supremo Electoral sobre el referendo para la convocatoria a la Asamblea Nacional Constituyente que se efectuó el 25 de abril de 1999, la primera pregunta de la consulta quedó redactada en igual forma a la señalada, con la interpretación de la Corte quedaba claramente establecido que a pesar de su redacción, se trataba de un referendo consultivo, al punto de que después de efectuado el *referendo,* el Consejo Nacional Electoral procedió a convocar formalmente las elecciones de la Asamblea que se efectuaron el 25 de julio de 1999.

C.   *Los límites de la Asamblea Nacional Constituyente convocada con fundamento en el referendo consultivo*

La Sala Político Administrativa de la Corte Suprema, además de haber dejado claramente establecido el carácter eminentemente consultivo del referendo regulado en los artículos 181 y siguientes de la Ley Orgánica del Sufragio y Participación Política, en su sentencia del 18-3-99 precisó con toda claridad los límites de la Asamblea Constituyente que se podía convocar con fundamento en dicha norma y de acuerdo al derecho a la participación política que deriva del artículo 50 de la Constitución; y ello lo hizo al interpretar la pregunta primera del referendo convocado.

En efecto, la Sala en la misma sentencia que comentamos, dijo que:

La circunstancia de la posibilidad, por vía de ese mecanismo (referendo consultivo) convocado conforme a la Ley Orgánica del Sufragio de celebración de una Asamblea Constituyente, *no significa, en modo alguno, por estar precisamente vinculada su estructuración al propio espíritu de la Constitución vigente, bajo cuyos términos se producirá su celebración, la alteración de los principios fundamentales del Estado Democrático de Derecho.*

De ello se derivan los siguientes postulados en relación con la Asamblea Constituyente cuya celebración se convocó como resultado de un referendo consultivo del 25 de abril de 1999, y cuyos miembros se eligieron el 25 de julio de 1999:

En *primer lugar,* que la estructuración de la misma estaba vinculada al propio espíritu de la Constitución de 1961. Es decir, que la misma era resultado de la interpretación de la Constitución de 1961 y su estructuración tenía que responder al propio espíritu de dicho texto.

En *segundo lugar,* que durante el funcionamiento y la celebración de la Asamblea Constituyente, seguía en vigor la Constitución de 1961, texto que limitaba la actuación de la Asamblea Nacional Constituyente en el sentido de que no podía ser desconocido por la Asamblea.

En *tercer lugar*, que la celebración de la Asamblea Constituyente no significaba, en modo alguno, la alteración de los principios fundamentales del Estado democrático de derecho, es decir, de la organización del Poder Público tal como estaba regulado en la Constitución, tanto en su división vertical (Poder Nacional, Estadal y Municipal), como en la separación orgánica de poderes que existía en esos tres niveles, entre los órganos del Poder Legislativo, del Poder Ejecutivo y del Poder Judicial.

Lo anterior significaba entonces, que de acuerdo al criterio de la Corte Suprema, la Asamblea Constituyente cuyos miembros fueron electos como consecuencia del referendo consultivo del 25 de abril de 1999, no podía en forma alguna, durante su celebración y funcionamiento, desconocer, apartarse, suspender o derogar norma alguna de la Constitución de 1961.

Conforme a este postulado, la Sala Político Administrativa interpretó la forma genérica y ambigua del texto de la primera pregunta del referendo, precisando la "finalidad" o misión de la Asamblea en la siguiente forma:

En cuanto al cometido de "la transformación del Estado" a que se refería la primera pregunta, la Sala señaló que ello era:

> En base a la primacía del ciudadano, lo cual equivale a la consagración de los derechos humanos como norte fundamental del nuevo Texto Constitucional;

y en cuanto a la creación de "un nuevo ordenamiento jurídico", como cometido de la Asamblea, ello era con el objeto de:

> Que consolide el Estado de derecho a través de un mecanismo que permita la práctica de una democracia social y participativa, debiendo la *nueva Constitución* satisfacer las expectativas del pueblo, y al mismo tiempo cumplir los requerimientos del derecho constitucional democrático, lo cual implica, esencialmente, el mantenimiento de los principios fundamentales del Estado democrático de derecho, con sus diferentes estructuras de poder y sus cometidos específicos.

De lo anterior se derivaba, por tanto, que la misión y finalidad esencial de la Asamblea Nacional Constituyente cuyos miembros fueron electos el 25 de julio de 1999, era producir un nuevo texto constitucional donde se reflejase la transformación del Estado y se creare un nuevo ordenamiento jurídico; es decir, que esa misión era para reflejarla en una nueva Constitución; y que en el cumplimiento de esa tarea de proyectar un nuevo texto constitucional, la Asamblea Constituyente debía darle primacía al ciudadano; consagrar los derechos humanos como norte del nuevo texto constitucional; consolidar el Estado de derecho a través de un mecanismo que permitiera la práctica de una democracia social y participativa; satisfacer los requerimientos del derecho constitucional democrático; y mantener los principios fundamentales del Estado democrático de derecho, con sus diferentes estructuras de poder y sus cometidos específicos, lo que no era otra cosa que la distribución vertical del Poder Público (descentralización política y federalismo) y la separación orgánica de poderes.

En este sentido, la sentencia de la Sala reiteró que la futura Constitución, es decir,

> El establecimiento de este naciente orden jurídico-político deberá responder - conforme al sentido que se infiere de la redacción de la pregunta- a que el texto constitucional respete, y aún estimule, el desarrollo de aquellos valores que insufla una "democracia social y participativa", en virtud del principio de progresividad a que está sometida la materia.

En consecuencia, la misión y los cometidos indicados en la primera pregunta del referendo consultivo, sólo estaban destinados a guiar la actuación de la Asamblea Nacional Constituyente en la elaboración del nuevo texto constitucional, como límites a la misma y, en ningún caso, podían dar origen a poderes de la Asamblea, durante su funcionamiento, que pudieran afectar o alterar las regulaciones de la Constitución de 1961. Por ello la Corte fue enfática al señalar que:

> Es la Constitución vigente (1961) la que permite la preservación del Estado de derecho y la actuación de la Asamblea Nacional Constituyente, en caso de que la voluntad popular sea expresada en tal sentido en la respectiva consulta.

Es decir, lo que había permitido la creación y actuación de la Asamblea Nacional Constituyente convocada como consecuencia de un referendo consultivo efectuado el 25 de abril de 1999, era la Constitución que en ese momento estaba vigente, de 1961, la cual, además, permitía la preservación del Estado de derecho. Dicha Constitución de 1961, por tanto, no perdía vigencia alguna durante la actuación de la Asamblea Nacional Constituyente, la cual debía encontrar en dicho texto el límite de su actuación, lo que significaba que los poderes constituidos, durante el funcionamiento de la Asamblea, debían continuar actuando conforme a la Constitución que estaba vigente, no pudiendo la Asamblea ni disolverlos ni asumir directamente sus competencias constitucionales. En consecuencia, la Asamblea Constituyente convocada en esta forma no podía legislar, ni gobernar, ni juzgar, funciones que sólo correspondían a las Cámaras Legislativas, al Presidente de la República y sus Ministros y a la Corte Suprema de Justicia y demás Tribunales de la República, respectivamente.

Como lo precisó la misma Corte Suprema de Justicia en Sala Político Administrativa en la "aclaratoria" a la referida sentencia del 18-3-99, dictada el 23-3-99[120], calificando la afirmación como "interpretación vinculante":

> La Asamblea Nacional Constituyente, por estar vinculada al propio espíritu de la Constitución vigente (1961), está limitada por los principios fundamentales del Estado democrático de derecho.

3. *La necesaria reformulación de las preguntas del referendo convocado para el 25-04-99, por el Consejo Nacional Electoral*

Ahora bien, conforme a la sentencia de la Corte Suprema de Justicia del 18-03-99, anulada como fue la segunda pregunta del referendo convocado conforme a la Resolución del Consejo Nacional Electoral del 17-02-99, la Corte ordenó al Consejo Nacional Electoral:

> *Reformular* el contenido de la pregunta N° 2 del artículo segundo de la Resolución N° 990217-32 del 17 de febrero de 1999, *examinando* las bases publicadas como "Propuesta del Ejecutivo Nacional que fija la convocatoria de la Asamblea Nacional Constituyente", publicada en la *Gaceta Oficial* N° 36.658 de fecha 10 de marzo de 1999, y *decidir* sobre su incorporación al referendo consultivo.

Sin embargo, conforme a la interpretación que la Corte hizo en su sentencia acerca del contenido de la primera pregunta, la misma también consideramos que debió ser reformulada en su redacción por el Consejo Nacional Electoral, de manera que en la misma se interrogase al pueblo como lo indicó la Corte Suprema, "si está

---

120   *V.*, el texto en Allan R. Brewer-Carías, *Poder Constituyente Originario y Asamblea Nacional Constituyente*, Caracas 1999, pp. 186 a 188.

de acuerdo con la convocatoria a una Asamblea Nacional Constituyente"; en lugar de pretenderse, como resultaba del texto de la pregunta primera, si la respuesta era afirmativa, que el pueblo "convocara" directamente la Asamblea.

En todo caso, en cuanto a la reformulación de la pregunta segunda, que fue la anulada por la Corte Suprema, el Consejo Nacional Electoral debía examinar las bases propuestas por el Presidente de la República al corregir su decisión inicial, y decidir sobre su incorporación al referendo consultivo a los efectos de que se garantizase el derecho a la participación política para establecer el régimen o estatuto de la Constituyente o, como lo sentó la Corte, debía proceder "a consultarse sobre aquellas reglas fundamentales que detallen su organización y régimen general".

Ahora bien, el Presidente de la República mediante el antes mencionado acto administrativo de fecha 10 de marzo de 1999, modificatorio de su Decreto N° 3 del 02-02-99, ante la presión de la opinión pública y la inminencia de la sentencia de la Corte, ya había ordenado:

> La publicación de la propuesta del Ejecutivo Nacional que fija las bases de la convocatoria de la Asamblea Nacional Constituyente analizada en Consejo de Ministros el 9 de marzo de 1999, *la cual será sometida para la aprobación del pueblo* en el referendo convocado por el Consejo Nacional Electoral a celebrarse el 25 abril de 1999.

Dicho acto administrativo, sin duda, como hemos dicho, era un Decreto conforme lo precisan los artículos 14 y 15 de la Ley Orgánica de Procedimientos Administrativos, al tratarse de una decisión de mayor jerarquía dictada por el Presidente de la República. Como consecuencia de ello, y a pesar de que no se le puso la denominación de "Decreto" ni se le asignó número, la decisión del 10-03-99 tenía el mismo rango y jerarquía que el Decreto N° 3 del 02-02-99, el cual, sin duda, quedó derogado tácitamente en lo que se refería a la pregunta segunda prevista en su artículo 3°, pues en ella se establecía que se autorizaba al Presidente para fijar esas bases después del referendo y, en cambio, en la decisión del 10-03-99, se precisaban de antemano esas bases con la indicación de que debían someterse a "la aprobación del pueblo en el referendo".

En consecuencia, en nuestro criterio, la pregunta segunda del artículo 3° del Decreto N° 3 del 02-02-99 podía considerarse que había quedado derogada con el acto administrativo (Decreto sin número) dictado por el Presidente de la República, en Consejo de Ministros el 10-03-99.

Sin embargo, la pregunta segunda del artículo 3 del Decreto N° 3, al reproducirse en la Resolución del Consejo Nacional Electoral que fue el acto impugnado en el juicio de nulidad que concluyó con la sentencia de la Corte Suprema del 18-03-99, fue la que fue anulada por la Corte, como en efecto ocurrió, con la orden al Consejo de reformular dicha pregunta, examinando las mencionadas bases y decidiendo sobre su incorporación a las preguntas del referendo consultivo.

En tal sentido, y en cumplimiento al mandato judicial recibido, el Consejo Nacional Electoral, en nuestro criterio debió haber examinado cada una de las referidas bases, tal y como se lo propusimos en correspondencia que le enviamos en fecha 22 de marzo de 1999, en la cual expresamos el siguiente criterio sobre lo que el Consejo Nacional Electoral debía hacer:

En cuanto a la base primera, la misma se refiere a la previsión de una mayoría para que pueda considerarse "aprobada la convocatoria de la Asamblea Nacional Constituyente". Se trata de una base que busca complementar la pregunta primera de la Resolución del Consejo Nacional Electoral.

Sin embargo, si como lo ha interpretado la Corte Suprema de Justicia, la pregunta primera no puede entenderse como una decisión de convocar la Asamblea (referendo decisorio), sino como una consulta sobre si el electorado "está de acuerdo con la convocatoria" de la misma (referendo consultivo), no resulta necesario prever dicha base ni en las preguntas del referendo ni en la Resolución del Consejo Nacional Electoral. La mayoría que en ella se regula es para considerar "aprobada la convocatoria" de la Asamblea, pero en realidad, el referendo consultivo se va a realizar para conocer la opinión o parecer del pueblo sobre si la Asamblea se convoca, para lo cual no es necesario prever mayoría alguna, pues en una consulta popular es evidente que resultará afirmativa la voluntad popular si los votos afirmativos son superiores a los negativos y viceversa.

En cuanto a la base segunda, relativa al número de integrantes de la Asamblea Constituyente, la misma debería incluirse en las preguntas que se formulen en el referendo consultivo.

En cuanto a la base tercera, sobre la forma de elección personalizada en circuitos nacionales y regionales, mediante escrutinio nominal, la misma debería incluirse en las preguntas que se formulen en el referendo consultivo. En su formulación, sin embargo, el Consejo Nacional Electoral debería prever un mecanismo para garantizar la representación proporcional de las minorías como lo exige el artículo 113 de la Constitución.

En cuanto a la base cuarta, sobre la forma de postulación de los candidatos a constituyentes, la misma debería incluirse en las preguntas que se formulen en el referendo consultivo.

En cuanto a la base quinta, relativa a la duración de la Asamblea, la misma también debería incluirse en las preguntas del referendo consultivo.

En cuanto a la base sexta, sobre las condiciones de elegibilidad de los constituyentes, la misma también debería incluirse en las preguntas del referendo consultivo. El Consejo Nacional Electoral, sin embargo, debería eliminar la exigencia de venezolano "por nacimiento" como condición de postulación, para adecuar la pregunta a lo dispuesto en los artículos 111 y 112 de la Constitución que sólo exige para ser elegible y aptos para el desempeño de funciones públicas, el ser venezolano, lo cual incluye a los venezolanos por naturalización.

En cuanto a la base séptima, sobre condiciones de inelegibilidad de los constituyentes, la misma también debería ser incorporada a las preguntas del referendo consultivo.

En cuanto a la base octava, relativa al período de postulación, a la duración de la campaña electoral y a la proclamación de los candidatos electos, la misma se refiere a materias cuya regulación compete al Consejo Nacional Electoral, y que deben establecerse en el texto de la Resolución, no siendo materia que deba formar parte de las preguntas del referendo.

En cuanto a la base novena, sobre la fecha de instalación de la Asamblea, esta materia debe regularse en la Resolución del Consejo Nacional Electoral, por ser de su competencia, no siendo necesario su inclusión en las preguntas del referendo consultivo.

En cuanto a la base décima, relativa a los límites de la Asamblea Constituyente, la misma debería ser reformulada de acuerdo con la interpretación que la Corte dio en su sentencia del 18-03-99 a la pregunta primera del Decreto N° 3 de 02-02-99, e incorporada a las preguntas del referendo consultivo.

Por último, en cuanto a las base undécima, relativa a la aprobación de la nueva Constitución, la misma también debería incorporarse a las preguntas del referendo consultivo[121].

El Consejo Supremo Electoral, sin embargo, no hizo nada sobre lo solicitado, y reprodujo literalmente la propuesta del Presidente de la República, incurriendo en nuevas inconstitucionalidades.

4. *La nueva inconstitucionalidad derivada del desacato del Consejo Nacional Electoral en cumplir la orden judicial derivada de la anulación de la Resolución N° 990217-32 en relación al carácter "originario" de la Asamblea*

En efecto, el Consejo Nacional Electoral, como consecuencia de la anulación parcial de su Resolución N° 990217-32 por la Corte Suprema de Justicia, dictó una nueva Resolución, N° 990323-70 de 23 de marzo de 1999, en la cual, materialmente, reprodujo las bases fijadas por el Presidente de la República para la realización del referendo, tal como se habían publicado[122].

Como se señaló, el abogado Gerardo Blyde acudió de nuevo a la Sala Político Administrativa solicitando la ejecución de la sentencia anulatoria del 18-3-99, con fundamento, entre otros aspectos, en que la base comicial décima propuesta por el Ejecutivo, y reproducida por el Consejo Nacional Electoral, desacataba el fallo de la Corte del 18 de marzo de 1999, cuando le atribuía "carácter originario" a la futura Asamblea Nacional Constituyente.

La Sala Político Administrativa, en respuesta a este requerimiento, dictó la sentencia de 13 de abril de 1999 (Ponencia del Magistrado Hermes Harting)[123], en la cual observó que ciertamente, el Consejo Nacional Electoral había omitido pronunciamiento expreso acerca del examen que debió haber efectuado, de acuerdo a la orden contenida en la citada sentencia, y que originó la Resolución N° 990323-70 del 23 de marzo de 1999, tanto de la mencionada base, como de la establecida en el literal undécimo, de la referida "propuesta" del Ejecutivo Nacional.

Agregó la Sala:

Sin embargo, la circunstancia de haber dictado dicho ente, el mismo 23 de marzo de 1999, la Resolución N° 990323-71, a través de la cual estableció las bases comiciales para el referendo consultivo a celebrarse el 25 de abril de 1999, incluyendo literalmente el contenido de las referidas bases, modificando únicamente su numeración, a saber: literales octavo y noveno, revela, a juicio de esta Sala, la conformi-

---

121 *V.*, el texto de está propuesta en Allan R. Bewer-Carías, *Poder Constituyente Originario y Asamblea Nacional Constituyente, cit.*, pp. 211 y ss.

122 *V.*, el texto en la nota N° 118 de las pp. 150 y ss de este libro.

123 *V.*, el texto en Allan R. Brewer-Carías, *Poder Constituyente Originario y Asamblea Nacional Constituyente*, Caracas 1999, pp. 190 a 198.

dad del órgano electoral, vale decir, la aceptación implícita de aquellas proposiciones, tal y como fueron presentadas por el Ejecutivo Nacional.

Ahora bien, la base comicial designada bajo el literal octavo reza textualmente:

> Una vez instalada la Asamblea Nacional Constituyente, *como poder originario que recoge la soberanía popular,* deberá dictar sus propios estatutos de funcionamiento, teniendo como límites los valores y principios de nuestra historia republicana, así como el cumplimiento de los tratados internacionales, acuerdos y compromisos válidamente suscritos por la República, el carácter progresivo de los derechos fundamentales del hombre y las garantías democráticas dentro del más absoluto respeto de los compromisos asumidos.

> Sobre este particular, en la sentencia dictada por esta Sala el 18 de marzo de 1999 se expresó con *meridiana claridad* que la Asamblea Constituyente a ser convocada, "...no significa, en modo alguno, por estar precisamente vinculada su estructuración al propio espíritu de la Constitución vigente, bajo cuyos términos se producirá su celebración, la alteración de los principios fundamentales del Estado democrático de derecho...", y que "...En consecuencia, es la Constitución vigente la que permite la preservación del Estado de derecho y la actuación de la Asamblea Nacional Constituyente, en caso de que la voluntad popular sea expresada en tal sentido en la respectiva consulta....

> A su vez, en el fallo aclaratorio del 23 de marzo de 1999, emanado de esta Sala, se ratificó claramente la naturaleza vinculante de tal criterio interpretativo, referido a la primera pregunta del referendo consultivo nacional 1999, y cuyo contenido debía fijar el marco referencial y alcance de la segunda pregunta del mismo.

Por todo lo anterior, la Corte Suprema consideró que resultaba incontestable que el contenido de la base comicial identificada bajo el numeral octavo -reproducida en la Resolución N° 990323-71 del 23 de marzo de 1999, e incorporada posteriormente a la segunda pregunta del referendo consultivo, por remisión ordenada en la Resolución N° 990324-72 del 24 de marzo de 1999, ambas dictadas por el Consejo Nacional Electoral-, y específicamente, en lo referente a calificar la Asamblea Nacional Constituyente *"como poder originario que recoge la soberanía popular"*, estaba en franca "contradicción con los principios y criterios" vertidos en la sentencia pronunciada por esta Sala el 18 de marzo de 1999, y su aclaratoria del 23 de marzo de 1999,

> ...induciendo a error al electorado y a los propios integrantes de la Asamblea Nacional Constituyente, si el soberano se manifestase afirmativamente acerca de su celebración, en lo atinente a su alcance y límites.

En consecuencia de lo anterior, la Sala Político-Administrativa concluyó su sentencia del 13 de abril de 1999, resolviendo, en ejecución de su precedente sentencia fechada 18 de marzo de 1999, la eliminación de la frase *"como poder originario que recoge la soberanía popular"*, y, por tanto, corrigiendo el texto de la base comicial octava, en la forma siguiente:

> Se reformula la base comicial *octava* para el referendo consultivo sobre la convocatoria de la Asamblea Nacional Constituyente a realizarse el 25 de abril de 1999, en los términos siguientes:

Octavo: Una vez instalada la Asamblea Nacional Constituyente, ésta deberá dictar sus propios estatutos de funcionamiento, teniendo como límites los valores y principios de nuestra historia republicana, así como el cumplimiento de los tratados internacionales, acuerdos y compromisos válidamente suscritos por la República, el carácter progresivo de los derechos fundamentales del hombre y las garantías democráticas dentro del más absoluto respeto de los compromisos asumidos.

Quedó en esta forma abierto el proceso constituyente en el país, mediante la celebración del referendo consultivo que se efectuó el 25 de abril de 1999, en el cual se consultó al pueblo sobre la convocatoria de una Asamblea Nacional Constituyente, con una misión y unos límites específicos fijados por el mismo pueblo al responder afirmativamente a las preguntas y las bases comiciales que conforman su estatuto. En dicho referendo, votaron 4.137.509 de los 11.022.936 electores registrados con una abstención electoral del 62.2%. La votación "*sí*" representó un 92,4% y la votación "no" un 7,6%[124].

En esta forma, la Asamblea Nacional Constituyente, fue electa el 25 de julio de 1999 y estaba sometida a las normas supraconstitucionales que derivaban del *poder constituyente originario* que se había expresado en el referendo consultivo del 25 de abril de 1999. Durante su funcionamiento debió respetar la vigencia de la Constitución de 1961, la cual sólo debió perder dicha vigencia cuando el pueblo soberano, es decir, el poder constituyente originario se pronunciara aprobando, mediante posterior referendo aprobatorio, la nueva Constitución que elaborase la Asamblea, tal como se precisó en la base comicial novena del referendo de 25 de abril de 1999.

III. EL MARCO SUPRACONSTITUCIONAL DE LA ASAMBLEA NACIONAL CONSTITUYENTE IMPUESTO POR EL PODER CONSTITUYENTE ORIGINARIO EXPRESADO MEDIANTE REFERENDO CONSULTIVO DE 25-4-99

1. *El inicio del proceso constituyente venezolano como proceso de iure*

Como resulta de las decisiones de la Corte Suprema de Justicia antes comentadas, el proceso constituyente venezolano, hasta la elección de la Asamblea Nacional Constituyente, al contrario de lo que sucedió con todas las experiencias constituyentes del pasado en la historia política de país, no había sido producto de una ruptura constitucional con ocasión de una guerra, un golpe de Estado o una Revolución, sino de la interpretación dada por el máximo Tribunal de la República a la Constitución vigente de 1961 y de la voluntad popular expresada, como poder constituyente originario, en el referendo consultivo del 25 de abril de 1999.

De allí lo expresado por la Corte Suprema de Justicia en la sentencia del 21 de julio de 1999 (Ponencia del Magistrado Hildegard Rondón de Sansó) con ocasión de resolver un recurso de interpretación intentado por los candidatos nacionales a la

---

124 *V.*, José E. Molina V. y Carmen Pérez Baralt, "Procesos Electorales. Venezuela, abril, julio y diciembre de 1999" en *Boletín Electoral Latinoamericano*, CAPEL-IIDH, N° XXII, julio.dic. 1999, San José, 2000, pp. 61 y ss.

Asamblea Nacional Constituyente, Alberto Franceschi, Jorge Olavarría y Gerardo Blyde, acerca del régimen jurídico que regía el proceso electoral; en el sentido de que:

> Lo novedoso -y por ello extraordinario- del proceso constituyente venezolano actual, es que el mismo no surgió como consecuencia de un suceso fáctico (guerra civil, golpe de estado, revolución, etc.), sino que, por el contrario, fue concebido como un "proceso constituyente de *iure*" esto es, que se trata de un proceso enmarcado dentro del actual sistema jurídico venezolano[125].

La consecuencia de lo anterior estaba, conforme a la apreciación de la Corte Suprema en la víspera de la elección de la Asamblea, en que la Asamblea Nacional Constituyente no sólo "deriva de un proceso que se ha desarrollado dentro del actual marco del ordenamiento constitucional y legal", sino que en su actuación estaba sometida al orden jurídico establecido por la voluntad popular en el referendo del 25 de abril de 1999, expresada en el conjunto de normas que derivaban de las preguntas del referendo y de las bases comiciales aprobadas en el mismo, y que la misma Corte Suprema de Justicia, en la sentencia antes mencionada, "por su peculiaridad e importancia", había catalogado "como normas de un rango especial". En anterior sentencia del 3 de junio de 1999 (Caso *Celia María Colón de González*) había considerado al referendo consultivo como una "expresión popular" que "se tradujo en una decisión de obligatorio cumplimiento, pues posee validez suprema", es decir, de rango supraconstitucional. Dicha sentencia se cita, además, en la de 17 de junio de 1999 (Ponencia del Magistrado Hector Paradisi)[126] en la cual se declaró sin lugar el recurso contencioso administrativo de anulación que había sido interpuesto por el abogado Juan Carlos Apitz, en representación de un conjunto de ciudadanos contra un artículo de la Resolución N° 990519-154 del 19-05-99 del Consejo Nacional Electoral, que había negado la posibilidad de incluir símbolos, signos, siglas o colores que identificasen a los candidatos a la Asamblea Nacional Constituyente postulados por organizaciones políticas.

La Asamblea Nacional Constituyente que se eligió el 25 de julio de 1999, en consecuencia, estaba sometida a las normas aprobadas en el referendo consultivo del 25 de abril de 1999, que eran de obligatorio cumplimiento y de rango y validez suprema, como manifestación del poder constituyente originario, conforme a las cuales no sólo se precisó la misión de la Asamblea sino sus límites. Sobre ello se pronunció además la Corte Suprema, como se ha señalado, en dos decisiones posteriores de 17 de junio de 1999 y de 21 de julio de 1999.

---

125   *V.*, el texto de la sentencia en Allan R. Brewer-Carías, *Poder Constituyente Originario y Asamblea Nacional Constituyente, cit.*, pp. 241 a 251. *V.*, los comentarios de Lolymar Hernández Camargo, *La Teoría del Poder Constituyente, cit.*, pp. 68, 71.

126   *V.*, el texto en Allan R., Brewer-Carías, *Poder Constituyente Originario y Asamblea Nacional Constituyente, cit.*, pp. 223 a 240.

2. *La Asamblea Nacional Constituyente como producto de la soberanía popular expresada en el referendo del 25-04-99 y sus límites supra constitucionales*

De todo lo anteriormente expuesto y, en particular, de las decisiones de la Corte Suprema de Justicia, resultaba con claridad que la convocatoria y posterior elección de la Asamblea Nacional Constituyente el 25 de julio de 1999, fue posible en el ordenamiento constitucional venezolano, porque dicho instrumento había sido creado y era producto de la soberanía popular manifestada en el referendo consultivo del 25 de abril de 1999.

Es decir, la Asamblea Nacional Constituyente fue creada por la voluntad popular, por el poder constituyente originario que es el pueblo, como resultado del ejercicio ciudadano del derecho a la participación que la Corte Suprema de Justicia, en sus sentencias del 19 de enero de 1999, dedujo de la interpretación que le dio tanto al artículo 4 de la Constitución de 1961 como al artículo 181 de la Ley Orgánica del Sufragio y Participación Política.

En consecuencia, la Asamblea Nacional Constituyente, producto de la soberanía popular manifestada en el referido referendo consultivo, estaba exclusivamente sometida a lo expresado en el mismo, en el cual se le fijó el marco jurídico-político dentro el cual debía actuar. Es decir, en dicho referendo, el pueblo le precisó a la Asamblea Nacional Constituyente su misión y le indicó los límites de su actuación, los cuales, en consecuencia, no provenían ni podían provenir de los poderes constituidos del Estado, sino de la propia voluntad del pueblo, como poder constituyente originario.

De lo anterior resultaba que la Asamblea Nacional Constituyente, originada en la voluntad popular, tenía como marco jurídico de actuación la consulta popular efectuada y las bases comiciales adoptadas en el referendo del 25 de abril de 1999, las cuales, en consecuencia, adquirieron rango supraconstitucional, de manera que el trabajo de la Asamblea Nacional Constituyente, al elaborar la nueva Constitución, tenía que desarrollarse con sujeción a las referidas bases.

De ello resultaba que la Asamblea Nacional Constituyente electa el 25 de julio de 1999, tenía definido su régimen fundamental en las preguntas y bases comiciales consultadas en el referendo del 25 de abril de 1999 que, como se dijo, eran de naturaleza supraconstitucional, pues eran la manifestación más directa de la soberanía del pueblo, a la cual la Asamblea Nacional Constituyente estaba sujeta y debía respetar y seguir.

Es decir, si bien la Asamblea Nacional Constituyente no estaba sujeta a los poderes constituidos, nunca podía estar por encima de la voluntad popular y de la soberanía del pueblo, a quien correspondía, se insiste, el poder constituyente originario, al cual aquella no podía asumir.

La soberanía siempre es del pueblo, es decir, el pueblo es el soberano; es, en definitiva, el poder constituyente; por ello, nunca una Asamblea Nacional Constituyente puede pretender sustituir al pueblo y considerarse soberana o titular de la soberanía.

La Asamblea Nacional Constituyente, por tanto, teniendo como límites los que le impuso el pueblo soberano en las preguntas y bases comiciales que fueron sometidas a consulta popular en el referendo consultivo del 25 de abril de 1999, no podía asumir carácter "originario" alguno, pues ello hubiera significado, al contrario de lo dispuesto por la voluntad popular, suspender la vigencia de la Constitución de 1961 y pretender actuar fuera de los límites supraconstitucionales que debían guiar su actuación; en definitiva hubiera significado, como en efecto fue, un golpe de Estado.

Por ello, no era posible que la Asamblea Nacional Constituyente pudiera disponer, durante su funcionamiento que estaba limitado a un lapso de 6 meses, la disolución del Congreso o de la Corte Suprema de Justicia, o de cualesquiera de los poderes constituidos, que si bien no podían limitar la actuación de la Asamblea, continuaban rigiéndose por lo dispuesto en la Constitución de 1961 hasta tanto ésta fuera sustituida por la nueva Constitución.

La Asamblea Nacional Constituyente, como se ha dicho, estaba sometida a los límites que le impuso el poder constituyente originario, es decir, la soberanía popular manifestada en el referendo del 25-04-99[127], y que se referían, en *primer lugar,* a la precisión de su misión; en *segundo lugar,* a la vigencia de la Constitución de 1961 hasta tanto no fuera sustituida por la nueva Constitución que elaborase la Asamblea Nacional Constituyente luego de que fuera aprobada en referendo aprobatorio; y en *tercer lugar,* al conjunto de valores y principios que constituían los límites del trabajo que realizase la Asamblea Nacional Constituyente al elaborar la nueva Constitución.

A. *La misión de la Asamblea Nacional Constituyente: Elaborar una nueva Constitución*

En la pregunta primera del referendo consultivo del 25 de abril de 1999, se fijó con precisión la misión constitucional de la Asamblea Nacional Constituyente electa el 25 de julio de 1999, indicando la voluntad popular, manifestada a través del referendo, que la misma tenía como propósito transformar el Estado y crear un nuevo ordenamiento jurídico que permitiera el funcionamiento efectivo de una democracia social y participativa.

El mandato o misión de la Asamblea, por tanto, estaba claramente indicado: se la elegía y se constituía con el propósito de transformar el Estado y crear un nuevo ordenamiento jurídico que permitiera el funcionamiento efectivo de una democracia social y participativa, y ello sólo podía hacerse, por supuesto, modificando la Constitución vigente de 1961.

En efecto, el Estado venezolano estaba en ese momento regulado en la Constitución de 1961, cuyo propósito, como el de toda Constitución, era el establecimiento y regulación de un régimen político, en este caso, de democracia representativa; la organización, distribución y separación del Poder Público; y el estatuto de los ciudadanos (derechos y garantías).

Por tanto, transformar el Estado implicaba modificar la organización del Poder Público que regulaba la Constitución de 1961, al igual que también era indispensable la modificación de dicha Constitución para la creación de un nuevo ordenamiento jurídico que permitiera el funcionamiento efectivo de una democracia social y participativa.

---

127 *V.,* Allan R. Brewer-Carías, *Poder Constituyente Originario y Asamblea Nacional Constituyente, cit.,* pp. 255 y ss.

Es decir, la misión de la Asamblea Nacional Constituyente, precisada en la pregunta primera que se sometió a consulta popular en el referendo del 25 de abril de 1999, necesariamente conducía a una reforma de la Constitución de 1961, la cual de acuerdo con la base comicial novena que también era manifestación de la voluntad popular en el mencionado referendo del 25 de abril de 1999, sólo podía ser sustituida por una nueva que entrara en vigencia sólo cuando se aprobase mediante posterior referendo aprobatorio.

En consecuencia, mientras la Asamblea Nacional Constituyente cumpliera su tarea de elaborar un nuevo texto constitucional que reflejara su misión de transformar el Estado y crear un nuevo ordenamiento jurídico que asegurase la efectiva realización de la democracia social y participativa, durante los seis meses de su funcionamiento, necesariamente continuaba en vigencia la Constitución de 1961, la cual no podía ser violada ni siquiera por la propia Asamblea. Incluso, de acuerdo con la base comicial novena, sólo el pueblo era el que podía sustituirla por la otra que elaborase la Asamblea cuando la aprobara por referendo aprobatorio. Mientras esto no ocurriera, la Constitución de 1961 necesariamente conservaba todo su vigor.

De lo anterior resulta, por tanto, que no podía deducirse de la *pregunta primera* del referendo consultivo de 25 de abril de 1999, que la Asamblea Nacional Constituyente pudiera tener supuestos poderes ilimitados o absolutos para poder modificar o suspender la vigencia de la Constitución de 1961 durante su funcionamiento, y antes de que la nueva Constitución fuera aprobada por el pueblo. El hecho de tener como misión el transformar el Estado y crear un nuevo ordenamiento jurídico, lo que implicaba eran sus poderes para preparar una nueva Constitución que respondiera a esa misión, la cual sólo entraría en vigencia cuando el pueblo soberano la aprobara mediante referendo aprobatorio.

En consecuencia, si la Asamblea Nacional Constituyente por voluntad popular no tenía potestad para poder poner en vigencia la nueva Constitución que elaborase, tampoco podía tener poder, durante el breve lapso de su funcionamiento, para derogar, modificar o suspender la vigencia de la Constitución de 1961.

B. *La vigencia de la Constitución de 1961 durante el funcionamiento de la Asamblea Nacional Constituyente*

En efecto, como se ha dicho, el pueblo soberano, en el referendo consultivo del 25 de abril de 1999, no sólo indicó con precisión la misión de la Asamblea Nacional Constituyente al contestar positivamente la pregunta primera, sino que al contestar también positivamente la pregunta segunda, que estableció las bases comiciales de la Asamblea Nacional Constituyente, le fijó otros límites de su actuación.

El primero de estos límites al cual ya nos hemos referido, es el establecido en la base comicial novena que fue objeto del referendo, conforme a la cual, la nueva Constitución que recogiera las propuestas de la Asamblea Nacional Constituyente para transformar el Estado y que contuviera el nuevo ordenamiento jurídico para hacer efectiva la democracia social y participativa, es decir, la nueva Constitución que sancionase la Asamblea Nacional Constituyente, sólo entraría en vigencia al ser aprobada por el pueblo, mediante referendo aprobatorio posterior.

En consecuencia, la Asamblea Nacional Constituyente no sólo no tenía carácter soberano, sino que tampoco tenía poderes constitucionales de actuación, salvo los que se refirieran a la elaboración de una nueva Constitución que, como se dijo, ni siquiera podía poner en vigencia directamente, pues dicho poder sólo correspondía al pueblo soberano mediante posterior referendo aprobatorio.

La consecuencia de lo anterior era que mientras esa aprobación refrendaria de la nueva Constitución no ocurriera, la misma no podía entrar en vigencia y continuaba en vigencia la Constitución de 1961. Ello implicaba que durante su funcionamiento, la Asamblea Nacional Constituyente debía respetar y observar la Constitución de 1961, pero no en el sentido de que la misma pudiera regir su funcionamiento -lo que no era así, pues la Asamblea Nacional Constituyente como instrumento político no estaba prevista en la Constitución-, sino en el sentido de que nada la autorizaba para derogarla, modificarla o suspender su vigencia.

El marco jurídico de actuación de la Asamblea Nacional Constituyente durante su funcionamiento de seis meses, como se dijo, estaba establecido en las normas supraconstitucionales derivadas de la manifestación de la voluntad popular expresada en el referendo de 25 de abril de 1999, y de las mismas nada podía deducirse en el sentido de poder interpretar que la Asamblea Nacional Constituyente podía arrogarse un poder constituyente originario que le pudiera permitir disolver al Congreso, a la Corte Suprema de Justicia o a otros órganos constitucionales del Estado.

Cualquier actuación en tal sentido significaba una derogación o modificación de la Constitución de 1961, así fuera temporal, o una suspensión de su vigencia antes de haber sido sustituida por otra mediante referendo aprobatorio, lo cual hubiera significado una violación de la base comicial novena que como voluntad del pueblo originario, era parte del marco supraconstitucional que regía el funcionamiento de la Asamblea.

La disolución del Congreso y de la Corte Suprema de Justicia, en el sentido de terminación anticipada del mandato de dichos órganos constitucionales, sólo podía ocurrir después de que la nueva Constitución fuera aprobada, mediante referendo, sí así se disponía, por ejemplo, en sus Disposiciones Transitorias y resultaba necesaria del diseño de la transformación del Estado que proyectase la Asamblea.

C. *Los límites supraconstitucionales impuestos por la voluntad popular a la Asamblea Nacional Constituyente para el cumplimiento de su misión*

Pero incluso, en el cumplimiento de la propia misión que el pueblo le había asignado a la Asamblea Nacional Constituyente en la pregunta primera del referendo consultivo del 25 de abril de 1999, esta no tenía poderes ilimitados, sino que su tarea de transformar el Estado y crear un nuevo ordenamiento jurídico para hacer efectiva una democracia social y participativa, también la debía realizar dentro de los precisos límites que el pueblo soberano había dispuesto al manifestar su voluntad consultiva en relación a la base comicial octava, sometida a su consideración en el referendo consultivo de 25 de abril de 1999.

De ello resulta que en el cumplimiento de su misión, la Asamblea Nacional Constituyente no tenía poderes ilimitados ni absolutos, pues al contrario, como ya se ha dicho, estaba sometida a los límites que le fueron impuestos no por poder constituido alguno, sino por el poder constituyente originario, el pueblo, a través de la voluntad popular manifestada en el referendo consultivo del 25 de abril de 1999 que le dio origen, y que se configuraba como el marco supraconstitucional de la Asamblea.

Y había sido precisamente en la *base comicial octava* del estatuto de la Asamblea Nacional Constituyente votado en el referendo consultivo del 25 de abril de 1999, donde se estableció dicho marco supraconstitucional dentro del cual podría actuar la Asamblea, el cual estaba configurado dentro de los siguientes "límites": En *primer lugar,* "los valores y principios de nuestra historia republicana"; en *segundo lugar*, "el cumplimiento de los tratados internacionales, acuerdos y compromisos válidamente suscritos por la República"; en *tercer lugar*, "el carácter progresivo de los derechos fundamentales del hombre", y en *cuarto lugar*, "las garantías democráticas dentro del más absoluto respeto de los compromisos asumidos".

a. *Los valores y principios de la historia republicana*

El primer límite que tenía la Asamblea Nacional Constituyente en su misión de transformar el Estado y crear un nuevo ordenamiento jurídico que permitiera el desarrollo efectivo de una democracia social y participativa, estaba constituido por "los valores y principios de nuestra historia republicana".

Ahora bien, la historia republicana de Venezuela ha transcurrido, toda, dentro de los valores y principios del constitucionalismo moderno que tienen sus raíces tanto en la Revolución norteamericana de 1776 como en la Revolución francesa de 1789, y que se plasmaron, en primer lugar, en la Constitución de los Estados Unidos de Norteamérica de 1787, en segundo lugar, en la Constitución francesa de 1791 y en tercer lugar, en la Constitución de Venezuela de 1811, la tercera Constitución del mundo moderno.

Esos valores y principios de nuestra historia republicana, que constituían los límites dentro de los cuales debían llevarse a cabo los trabajos de la Asamblea Nacional Constituyente y que, por tanto, debían ser conservados, eran los siguientes:

En *primer lugar*, el principio del republicanismo mismo, que parte del postulado de que la soberanía sólo reside en el pueblo, lo que impide que se pueda considerar a cualquier órgano del Estado como soberano. Sólo el pueblo es soberano, por lo que no hay persona u órgano estatal alguno que pueda arrogarse la soberanía.

Ello implica el rechazo a cualquier idea monárquica o a cualquier intento de situar la soberanía en un órgano del Estado, incluso, en una Asamblea Constituyente, la cual no puede ser nunca soberana ni pretender asumir la soberanía, que sólo pertenece al pueblo. El pueblo es el soberano, nunca es la Asamblea. Así fue que se plasmó dicho principio, desde la propia Constitución de 1811, en la norma que constituyó el antecedente del artículo 4 de la Constitución de 1961 y del artículo 5 de la Constitución de 1999.

En *segundo lugar,* como segundo valor y principio de nuestra historia republicana, está el de la democracia representativa, que implica que el pueblo sólo puede ejercer su soberanía mediante el sufragio, a través de representantes. Es decir, uno de los principios constantes de nuestra historia republicana es el de la democracia representativa, el cual la Asamblea Constituyente debía respetar, debiendo sin embargo, por ejemplo, modificar radicalmente el sistema electoral, de manera que los representantes que se eligieran en el futuro, lo fueran efectivamente del pueblo y no de los solos partidos políticos.

Por ello, todas las propuestas que debían formularse para hacer efectiva la democracia participativa, debían respetar el principio republicano de la democracia representativa, que en ningún caso podía desaparecer o ser sustituida.

La democracia participativa, por tanto, no es un régimen político que pueda diseñarse en sustitución de la democracia representativa, sino que es su complemento y perfeccionamiento, de manera de asegurar una participación más efectiva del pueblo en la toma de decisiones políticas, por ejemplo, mediante referendos y consultas públicas.

El *tercer* principio fundamental de nuestra historia republicana, que ha sido el fundamento del constitucionalismo moderno, es el principio de la *supremacía constitucional* que implica que dado el carácter de ley suprema que tiene la Constitución, toda violación a la misma acarrea la nulidad del acto estatal que se encuentre en colisión con la Constitución. Este principio, por tanto, era otro de los límites impuestos por la soberanía popular a la Asamblea Nacional Constituyente, que esta debía respetar.

Dicho principio exige, en consecuencia, que el ordenamiento garantice la supremacía constitucional declarando nulo todo acto violatorio de la Constitución, y estableciendo, como ha sido tradición constitucional de Venezuela desde el siglo XIX, mecanismos efectivos de protección y defensa de la Constitución, como el control judicial tanto difuso como concentrado de la constitucionalidad de las leyes y demás actos normativos.

El *cuarto* de los valores de nuestra historia republicana es el principio de la distribución territorial del Poder Público como garantía de libertad y como mecanismo para la prevención del abuso de poder.

En toda nuestra historia republicana, en efecto, el Poder Público ha estado distribuido territorialmente habiéndose originado progresivamente tres niveles de gobierno que respectivamente ejercen, conforme a la forma federal del Estado, el Poder Nacional, el Poder de los Estados y el Poder Municipal. Por ello, el federalismo y el municipalismo son dos valores de nuestra historia republicana que debían ser respetados por la Asamblea Constituyente.

El *quinto* de los principios de nuestra historia republicana, es el principio de la separación orgánica de los Poderes Públicos en los tres niveles territoriales, entre el Poder Ejecutivo, el Poder Legislativo y el Poder Judicial, lo que origina un rechazo a toda fórmula de unicidad del Poder Público, y exige su separación en diversos órganos estatales, cada uno con sus competencias y, además, un sistema de frenos, controles y contrapesos entre ellos, a los efectos de garantizar la libertad.

Por ello, sería contrario al principio de la separación de poderes toda decisión que pretendiera la unicidad del Poder, es decir, que un solo órgano del Estado asumiera el ejercicio de varios poderes estatales.

El respeto al principio de la separación de poderes, incluso, impedía a la Asamblea Constituyente poder asumir, además de su tarea constituyente, el Poder Legislativo o el Poder Judicial disolviendo al Congreso o a la Corte Suprema.

Ello, además de que era contrario a la voluntad popular que le había dado origen, hubiera contrariado el principio de la separación de poderes que es esencial en nuestra historia republicana, establecido desde la Constitución de 1811, y que constituía uno de los límites específicos impuestos a la Asamblea Constituyente por el pueblo soberano en el referendo del 25 de abril de 1999.

El *sexto* de los principios de nuestra historia republicana que la Asamblea Constituyente debía respetar al organizar el Poder Público, era el del sistema presidencial de gobierno, lo que implica, no sólo la separación entre el órgano legislativo y el órgano ejecutivo, sino la atribución de la jefatura del Estado y del gobierno a un Presidente de la República electo mediante votación directa.

El presidencialismo, así, ha sido de la esencia no sólo de nuestra historia republicana sino de toda América Latina, donde nunca ha existido un sistema de gobierno parlamentario. Pueden establecerse correctivos parlamentarios (controles y contrapesos) en relación al presidencialismo como algunos de los que existían en la Constitución de 1961 (Consejo de Ministros responsable; voto de censura de las Cámaras Legislativas respecto de los Ministros; deber de comparecencia de éstos a las Cámaras; derecho de los Ministros a tener iniciativa legislativa y participar en la discusión de las leyes), pero ello no cambia la naturaleza presidencial del sistema de gobierno que, como principio del republicanismo, debía conservarse.

En relación con el sistema de gobierno, otros de los principios esenciales de nuestra historia republicana, que debían respetarse, eran los principios del gobierno alternativo y responsable, que además de los principios del gobierno democrático representativo, debían complementarse con otros como el del carácter participativo. La alternabilidad gubernamental, por tanto, es de la esencia de nuestra historia republicana, lo que había dado origen a la tradición de la limitación a la reelección presidencial; al igual que lo es la responsabilidad de los gobernantes.

El *séptimo* de los principios de nuestra historia republicana que debía respetar la Asamblea Nacional Constituyente, era el sistema constitucional de controles en relación con el ejercicio del Poder Público. Una formulación original de este principio fue la propuesta del Libertador Simón Bolívar en el Congreso de Angostura de 1819 sobre el "Poder Moral", y que el constitucionalismo contemporáneo ha regulado mediante el establecimiento de órganos constitucionales especializados, con autonomía funcional, como la Contraloría General de la República, o la Fiscalía General de la República. Nuevos órganos de control, sin duda, debían establecerse como el Defensor del Pueblo o de los Derechos Humanos, pero sin que se pretendiese pensar en eliminar el órgano de control fiscal o de control del cumplimiento de la Constitución.

El *octavo* de los valores de nuestra historia republicana, es la consagración constitucional de los derechos y garantías constitucionales en el texto fundamental, lo cual tiene su antecedente remoto en la "Declaración de los Derechos del Pueblo" adoptada el 1° de julio de 1811 por la Sección Legislativa de la Provincia de Caracas del Congreso General de 1811, incluso 4 días antes de la Declaración de Independencia.

La Asamblea Nacional Constituyente, por tanto, debía respetar el principio republicano de la enumeración de los derechos y garantías constitucionales, ampliándola sin duda conforme al principio de la progresividad, mediante la atribución de rango constitucional a los tratados internacionales que los han venido consagrando.

Por último, también puede decirse que se configuran como valores y principios de nuestra historia republicana, los denominados principios pétreos de nuestro constitucionalismo, a los cuales antes nos hemos referido, y que son tanto el principio de la independencia nacional como el principio de la integridad del territorio, a los que la Asamblea Nacional Constituyente estaba sujeta. La Asamblea, por tanto, en forma alguna podía afectar la Independencia de Venezuela o la integridad de su territorio que tiene su origen en el que correspondió a la Capitanía General de Venezuela antes de la transformación política independentista iniciada el 19 de abril de 1810.

b. *El cumplimiento de los tratados internacionales, acuerdos y compromisos válidamente suscritos por la República*

El segundo gran límite impuesto por la soberanía popular manifestada en el referendo del 25 de abril de 1999, a la Asamblea Nacional Constituyente, era el cumplimiento de los tratados internacionales, acuerdos y compromisos válidamente suscritos por la República.

Este límite, en realidad, le establecía a la Asamblea Nacional Constituyente un marco para transformar el Estado y crear un nuevo ordenamiento jurídico que hiciera efectiva la democracia social y participativa, conformado por todos los tratados, acuerdos y compromisos suscritos válidamente por la República, tanto de carácter bilateral como multilateral y, en los cuales, entre otros, se regula el principio democrático, el régimen de protección de los derechos humanos y las garantías ciudadanas a la libertad.

Por otra parte, este límite impuesto a la Asamblea, respondía al mismo principio del artículo 7 de la Constitución de 1961 que precisaba el territorio nacional en relación con el que era de la Capitanía General de Venezuela a inicios del siglo XIX, pero con las modificaciones resultantes de los tratados válidamente celebrados, lo que excluía toda posibilidad de que la Asamblea pretendiera desconocer los tratados de límites territoriales que habían sido celebrados por la República.

c. *El carácter progresivo de los derechos fundamentales del hombre*

El tercero de los límites establecidos por la voluntad popular expresada en el referendo del 25 de abril de 1999 a la Asamblea Nacional Constituyente, en su misión de transformar el Estado y crear un nuevo ordenamiento jurídico que asegurase efectivamente una democracia social y participativa, era el carácter progresivo de los derechos fundamentales del hombre.

Esto significa que la garantía de los derechos humanos no se agota con su enumeración constitucional y la previsión de los medios judiciales de protección, como la acción de amparo, sino mediante su aplicación e interpretación progresiva, en favor de la persona humana y de la libertad. Ello implica que en todo caso de duda, la ley debe ser interpretada de manera favorable a los derechos fundamentales, a su preservación y protección, buscando que siempre prevalezca la libertad.

En tal sentido las limitaciones a los derechos fundamentales establecidas legalmente, siempre deben interpretarse restrictivamente, a favor de la libertad.

d. *Las garantías democráticas dentro del más absoluto respeto de los compromisos asumidos*

Por último, la *base comicial octava* a que se refirió la consulta popular del 25 de abril de 1999, estableció como límite a la Asamblea Nacional Constituyente, el respeto de las garantías democráticas dentro del más absoluto respeto de los compromisos asumidos.

Estas garantías democráticas apuntan a los principios fundamentales del régimen democrático, representativo, alternativo y responsable que debían preservarse en la nueva Constitución, además de la previsión de instrumentos para hacer de la democracia un régimen más representativo, participativo y social.

Además, el respeto de las garantías democráticas implica el respeto de los valores esenciales de la democracia como régimen político, entre ellos, el de la igualdad, la libertad, la dignidad de la persona humana, el sometimiento al derecho, la tolerancia, el pluralismo, el respeto de las minorías y el control y limitación del poder como garantía de libertad.

SECCIÓN CUARTA: EL GOLPE DE ESTADO "CONSTITUYENTE" Y LA VIOLACIÓN DE LA CONSTITUCIÓN

I. LA ASAMBLEA NACIONAL CONSTITUYENTE Y LAS ETAPAS EN SU FUNCIONAMIENTO (JULIO 1999-ENERO 2000)

Luego del referendo consultivo del 25 de abril de 1999, como se ha señalado, el día 25 de julio de 1999 se eligieron los 131 miembros de la Asamblea Nacional Constituyente. De acuerdo con la base comicial tercera del referendo del 25 de abril de 1999, 24 constituyentes fueron electos en la circunscripción nacional; 104 constituyentes fueron electos en 24 circunscripciones regionales coincidentes con la división político territorial del país (23 Estados y el Distrito Federal); y 3 constituyentes fueron designados en representación de las comunidades indígenas.

Del total de los 131 constituyentes que conformaron la Asamblea sólo 4 de los electos en la circunscripción nacional y 2 de los electos en las circunscripciones regionales recibieron el voto popular (22.1%) sin formar parte de las listas electorales que apoyó el Presidente de la República y los partidos políticos de la coalición de gobierno (Movimiento V República, Movimiento al Socialismo, Partido Patria para Todos y Partido Comunista), los cuales, en cambio, recibieron el respaldo del 65% de los electores, en una elección en la cual se produjo una abstención del 53.7%[128]. En consecuencia, la Asamblea resultó dominada por los 125 constituyentes que recibieron el apoyo del Presidente Chávez, quedando configurada la "oposición" con sólo 6 constituyentes (Allan R. Brewer-Carías, Alberto Franceschi, Claudio Fermín y Jorge Olavarría como Constituyentes Nacionales y Antonio Di'Giampaolo y Virgilio Avila Vivas como Constituyentes Regionales).

La Asamblea se instaló el 3 de agosto de 1999[129], teniendo su primera sesión plenaria formal el día 7 de agosto de 1999, en la cual se inició la discusión de su

---

128   José E. Molina y Carmen Pérez Baralt, "Procesos electorales. Venezuela, abril, julio y diciembre 1999", en CAPEL-IIDH, *Boletín Electoral Latinoamericano,* N° XXII, *cit.,* pp. 63 y ss.

129   En el acto de instalación, el discurso dado por quien venía de ser electo presidente de la Asamblea concluyó con estas frases "la Asamblea Nacional Constituyente es originaria y soberana", en *Gaceta Constituyente (Diario de Debates), Agosto-Septiembre 1999,* Sesión de 03-08-99, N° 1, p. 4.

Estatuto de Funcionamiento, tal como lo exigía la base comicial octava del referendo del 25 de abril de 1999[130].

En dicha primera sesión plenaria, por supuesto, se planteó de nuevo la discusión sobre el pretendido carácter de "poder originario" de la Asamblea. Expusimos nuestro criterio tanto en la intervención oral como por escrito[131] de acuerdo con la doctrina jurisprudencial de la Corte Suprema que había originado la propia Asamblea, en el sentido de que el único poder constituyente originario en este proceso constituyente era la manifestación popular del referendo del 25 de abril de 1999, por lo que la Asamblea tenía los límites contenidos en las bases comiciales del mismo, que eran los que tenían carácter supraconstitucional, a los cuales estaba sometida.

Sin embargo, prevaleció el criterio de la mayoría que quedó plasmada, contra toda la doctrina jurisprudencial de la Corte Suprema, en el artículo 1º del Estatuto, con el siguiente texto:

> *ARTÍCULO 1. NATURALEZA Y MISIÓN. La ASAMBLEA NACIONAL CONSTITUYENTE* es la depositaria de la voluntad popular y expresión de su Soberanía con las atribuciones del Poder Originario para reorganizar el Estado Venezolano y crear un nuevo ordenamiento jurídico democrático. La Asamblea, en uso de las atribuciones que le son inherentes, podrá limitar o decidir la cesación de las actividades de las autoridades que conforman el Poder Público.
>
> Su objetivo será transformar el Estado y crear un nuevo ordenamiento jurídico que garantice la existencia efectiva de la democracia social y participativa.
>
> *PARÁGRAFO PRIMERO*: Todos los organismos del Poder Público quedan subordinados a la Asamblea Nacional Constituyente, y están en la obligación de cumplir y hacer cumplir los actos jurídicos estatales que emita dicha Asamblea Nacional.
>
> *PARÁGRAFO SEGUNDO*: La Constitución de 1961 y el resto del ordenamiento jurídico imperante, mantendrán su vigencia en todo aquello que no colida o sea contradictorio con los actos jurídicos y demás decisiones de la Asamblea Nacional Constituyente[132].

En esta forma, la Asamblea se autoatribuyó carácter de "poder originario", asignándose a sí misma la atribución de poder "limitar o decidir la cesación de las actividades de las autoridades que conforman el Poder Público", desvinculando dichas decisiones de la elaboración del proyecto de Constitución. Como consecuencia de ello, resolvió que "todos los organismos del Poder Público quedaban subordinados a la Asamblea" y, en consecuencia, que estaban en la obligación de cumplir y hacer cumplir los "actos jurídicos estatales" que emitiera.

---

130   *V., Gaceta Constituyente (Diario de Debates), Agosto-Septiembre 1999,* Sesión de 07-08-99, Nº 4, p. 151.

131   *V.,* los textos en Allan R. Brewer-Carías, *Debate Constituyente*, (Aportes a la Asamblea Nacional Constituyente) Tomo I, (8 agosto-8 septiembre 1999), Caracas 1999, pp. 15 a 39. Asímismo, en *Gaceta Constituyente* (Diario de Debates), Agosto-Septiembre 1999, Sesión de 07-08-99, Nº 4, pp. 6 a 13.

132   *V.,* en *Gaceta Constituyente* (Diario de Debates), Agosto-Septiembre 1999, Sesión de 07-08-99, Nº 4, p. 144. *V.,* el texto, además, en *Gaceta Oficial* Nº 36.786 de 14-09-99,

En esta forma, la Asamblea se auto atribuyó potestades públicas por encima de la Constitución de 1961 la cual, sin embargo, por disposición de la propia Asamblea, continuaba vigente durante su funcionamiento, pero sólo en todo aquello que no colidiera o fuera contrario con los actos jurídicos y demás decisiones de la Asamblea Nacional Constituyente[133].

Con este Estatuto, la labor de la Asamblea, cuyo mandato, de acuerdo con la base comicial novena del referendo del 25 de abril de 1999 era por 180 días, se realizó en cuatro etapas hasta el momento de la sanción de la nueva Constitución, ya que con posterioridad se abrió una quinta etapa de "régimen de transición del Poder Público" desvinculada, incluso, de lo dispuesto en las Disposiciones Transitorias de la propia Constitución de 1999, y totalmente ilegítima desde el punto de vista constitucional: En la *primera,* que abarcó el primer mes de funcionamiento (del 08 de agosto al 02 de septiembre de 1999), la Asamblea asumió la tarea de reorganizar los Poderes Públicos constituidos; en la *segunda,* que duró del 02 de septiembre al 18 de octubre, el trabajo se concentró en las Comisiones Permanentes y en la Comisión Constitucional, tendiente a la elaboración del proyecto de Constitución; en la *tercera,* que duró desde el 21 de octubre al 14 de noviembre, la Asamblea, en sesiones plenarias se dedicó a la discusión y aprobación del proyecto de Constitución; y la *cuarta,* desde el 15 de noviembre al 15 de diciembre, se dedicó a la difusión del texto del proyecto para el referendo aprobatorio que se efectuó el 15 de diciembre de 1999[134].

1. *Primera Etapa (agosto-septiembre 1999): la intervención de los órganos de los poderes públicos constituidos*

En la primera etapa, como se dijo, la Asamblea asumió el rol de poder constituyente originario, reorganizando e interviniendo los Poderes Públicos. Ello se evidenció en los siguientes actos y actuaciones:

En *primer lugar,* el 09-09-99, la Asamblea resolvió ratificar al Presidente de la República en su cargo "para el cual fue electo democráticamente el pasado 6 de diciembre de 1998", decretando recibir la juramentación del Presidente[135]. Nos abstuvimos de votar dicha propuesta, pues consideramos que la legitimidad de la elección del Presidente estaba fuera de discusión, no teniendo la Asamblea nada que decidir respecto del gesto del Presidente de poner su cargo a la orden de la Asamblea[136].

---

133   Como ha señalado Lolymar Hernández Camargo, con la aprobación del Estatuto "quedó consumada la inobservancia a la voluntad popular que le había impuesto límites a la Asamblea Nacional Constituyente... Se auto proclamó como poder constituyente originario, absoluto e ilimitado, con lo cual el Estado perdió toda razón de ser, pues si se mancilló la voluntad popular y su manifestación normativa (la Constitución), no es posible calificar al Estado como de derecho ni menos aun democrático", en *La Teoría del Poder Constituyente, cit.,* p. 73.

134   *V.,* Allan R. Brewer-Carías, *La Constitución de 1999,* 3ª Edición, Caracas, 2001, pp. 30 y ss.

135   *V.,* en *Gaceta Constituyente (Diario de Debates), Agosto-Septiembre 1999, cit.,* Sesión de 09-08-99, N° 5, p. 3.

136   *V.,* nuestra posición en Allan R. Brewer-Carías, *Debate Constituyente,* Tomo I, *op. cit.,* pp. 41 y 42; y en *Gaceta Constituyente (Diario de Debates), Agosto-Septiembre1999, cit.* Sesión de 09-08-99, N° 5, pp. 3 y 4.

En *segundo lugar,* el 12-08-99, la Asamblea decretó la reorganización de todos los órganos del Poder Público, decisión respecto de la cual argumentamos oralmente sobre su improcedencia y salvamos nuestro voto, razonándolo negativamente[137].

En *tercer lugar,* el 19-08-99, la Asamblea decretó la reorganización del Poder Judicial, sobre lo cual manifestamos nuestro acuerdo con que la Asamblea debía motorizar las reformas inmediatas e indispensables en el Poder Judicial, pero argumentamos oralmente y en voto negativo razonado, en contra de la forma de la intervención, que lesionaba la autonomía e independencia del Poder Judicial, con la creación de una Comisión de Emergencia Judicial que suplantaba los órganos regulares de la Justicia[138]. En general, sin embargo, a pesar del texto del Decreto de la Asamblea, las medidas respectivas conforme a las reformas legislativas en la materia que habían sido aprobadas en 1998, se adoptaron por los órganos del Consejo de la Judicatura con el impulso político de la Comisión.

En *cuarto lugar,* el 25-08-99, la Asamblea dictó el Decreto de regulación de las funciones del Poder Legislativo, decisión mediante la cual materialmente se declaraba la cesación de las Cámaras Legislativas (Senado y Cámara de Diputados), cuyos miembros habían sido electos en noviembre de 1998, y se atribuía la potestad legislativa a la Comisión Delegada del Congreso y a la propia Asamblea. Nos opusimos a este Decreto por considerarlo inconstitucional, por violar las bases comiciales del referendo del 25 de abril de 1999, tanto oralmente como en el voto salvado negativo que razonamos por escrito[139]. Con posterioridad, sin embargo, y con la intermediación de la Iglesia Católica, el 9-9-99, la directiva de la Asamblea llegó a un acuerdo con la directiva del Congreso, con lo cual, de hecho, se dejó sin efecto el contenido del Decreto, siguiendo el Congreso funcionando conforme al régimen de la Constitución de 1961[140].

En *quinto lugar,* el 26-08-99, la Asamblea decretó la suspensión de las elecciones municipales que debían convocarse en el segundo semestre de 1999, a lo cual nos opusimos, no porque políticamente no debían suspenderse, con lo cual estábamos de acuerdo, sino porque para ello era necesario reformar la Ley Orgánica del Sufragio, lo que sólo correspondía a las Cámaras Legislativas. Argumentamos nuestra posición oralmente y salvamos por escrito nuestro voto negativo, razonándolo[141].

---

137   *V.,* en Allan R. Brewer-Carías, *Debate Constituyente,* Tomo I, *op. cit.,* pp. 43 a 56; y en *Gaceta Constituyente (Diario de Debates), Agosto-Septiembre de 1999, cit.,* Sesión de 12-08-99, N° 8, pp. 2 a 4. *V.,* el texto del Decreto en *Gaceta Oficial* N° 36.764 de 13-08-99.

138   *V.,* en Allan R. Brewer-Carías, *Debate Constituyente,* Tomo I, *op. cit.,* p. 57 a 73; y en *Gaceta Constituyente (Diario de Debates), Agosto-Septiembre de 1999, cit,* Sesión de 18-08-99, N° 10, pp. 17 a 22. *V.,* el texto del Decreto en *Gaceta Oficial* N° 36.782 de 08-09-99

139   *V.,* en Allan R. Brewer-Carías, *Debate Constituyente,* Tomo I, *op. cit.,* pp. 75 a 113; y en *Gaceta Constituyente (Diario de Debates), Agosto-Septiembre 1999, cit.,* Sesión de 25-08-99, N° 13, pp. 12 a 13 y 27 a 30 y Sesión de 30-08-99, N° 16, pp. 16 a 19. *V.,* el texto del Decreto en *Gaceta Oficial* N° 36.772 de 26-08-99.

140   *V.,* el texto del Acuerdo en El Nacional, Caracas 10-9-99, p. D-4.

141   *V.,* en Allan R. Brewer-Carías, *Debate Constituyente,* Tomo I, *op. cit.,* pp. 115 a 122; y en *Gaceta Constituyente (Diario de Debates), Agosto-Septiembre 1999, cit.,* Sesión de 26-08-99, N° 14, pp. 7 a 8, 11, 13 y 14. *V.,* el texto del Decreto en *Gaceta Oficial* N° 36.776 de 31-08-99.

En consecuencia, durante el primer mes de funcionamiento de la Asamblea, puede decirse que la primera etapa de la misma se dedicó a la intervención de los poderes constituidos, habiendo dado un golpe de Estado, sin que en las plenarias de la Asamblea se hubiese prestado fundamental atención a la elaboración del proyecto de Constitución.

2. *Segunda Etapa (septiembre-octubre 1999): La elaboración de proyectos por las Comisiones*

En la segunda etapa de funcionamiento de la Asamblea, que duró del 2 de septiembre al 18 de octubre de 1999, no se realizaron sesiones plenarias de la Asamblea, habiéndose concentrado el trabajo en las 20 Comisiones Permanentes que se habían designado, las cuales elaboraron las partes correspondientes del Proyecto de articulado. Estas se remitieron a la Comisión Constitucional, la cual durante el período comprendido entre el 28 de septiembre y el 18 de octubre de 1999, pretendió realizar la labor de integración normativa necesaria para, de los 20 informes de las Comisiones, elaborar un anteproyecto de Constitución.

Lamentablemente, desde el inicio, no se llegó a adoptar una metodología adecuada para elaborar un proyecto de Constitución. Debió, ante todo, partirse de un anteproyecto concebido como un todo orgánico, sobre el cual las diversas Comisiones debieron haber trabajado para la elaboración de las ponencias respectivas. Lamentablemente no fue así, y no se siguió la experiencia de la Constituyente de 1947, que partió de un Anteproyecto elaborado por una Comisión que había sido nombrada por la Junta Revolucionaria de Gobierno el 17-11-45 (Decreto N° 53) y que presidió Andrés Eloy Blanco, quien luego presidió la Asamblea Constituyente de 1946-1947[142]. Asimismo sucedió en 1958, cuando el Congreso, para la elaboración de la Constitución de 1961, adoptó como anteproyecto el texto de la Constitución de 1947.

En la Asamblea Nacional Constituyente lamentablemente no se partió de algún anteproyecto elaborado previamente, a pesar de que el Presidente de la República había designado una Comisión Constituyente para ello. Del Presidente, sin embargo, la Asamblea recibió un documento[143] el cual, en realidad, no podía considerarse un anteproyecto de Constitución y ni siquiera fue considerado como tal por la Asamblea para que las Comisiones iniciaran su trabajo, como incluso lo propusimos en la Comisión de Coordinación.

Metodológicamente, por tanto, el trabajo de la Asamblea, se inició con la falla fundamental de carecer de un anteproyecto como punto de partida, por lo que la Comisión Constitucional, con la premura y presión que se le imprimió, no pudo realizar adecuadamente en los 15 días que sesionó, la tarea de elaborar un proyecto acabado de Constitución, totalmente integrado y coherente.

---

142 *V.,* el texto en Anteproyecto de Constitución de 1947. Elección directa de Gobernadores y eliminación de Asambleas Legislativas, Papeles de Archivo, N° 8, Ediciones Centauro, Caracas 1987.

143 Hugo Chávez Frías, *Ideas Fundamentales para la Constitución Bolivariana de la V República*, Caracas agosto 1999.

El 18 de octubre de 1999, en todo caso, la Comisión consignó ante la Asamblea el Proyecto de Constitución para la discusión en la plenaria, el cual sin embargo, fue revisado y reformulado por otras Comisiones especiales, razón por la cual la discusión en las sesiones plenarias se iniciaron el 19 de octubre de 1999[144].

3.   *Tercera Etapa (octubre-noviembre 1999): La discusión del Proyecto de Constitución*

La tercera etapa del funcionamiento de la Asamblea Nacional Constituyente, en consecuencia, duró desde el 19 de octubre al 17 de noviembre de 1999; cuando se firmó el proyecto de Constitución, sesión a la cual deliberadamente no concurrimos por estar en desacuerdo globalmente con el proyecto[145].

Durante esa etapa, la primera discusión del Proyecto, en una forma inusitadamente rápida y con celeridad casi irracional, se efectuó en 19 sesiones plenarias que se desarrollaron entre los días 20 de octubre y 09 de noviembre de 1999, y la segunda discusión se desarrolló en sólo tres sesiones plenarias, entre los días 12 al 14 de noviembre de 1999. En las discusiones desarrolladas en dichas sesiones intervenimos en todos los Títulos, Capítulos y Secciones del proyecto y en materialmente, en la discusión de todos los artículos del mismo.

Formulamos 127 votos salvados por escrito en relación con la aprobación de 132 artículos del proyecto de Constitución, que formulamos tanto en primera como en segunda discusión, que presentamos sucesivamente, conforme al artículo 77 del Estatuto de Funcionamiento de la Asamblea, ante el Secretario de la misma[146].

El país fue testigo del tiempo que le dedicamos a los trabajos de la Asamblea, así como de las propuestas que formulamos en diversas ocasiones para tratar de mejorar el texto constitucional. Hubiéramos querido que el mismo hubiese estado redactado en otra forma y lo más importante, hubiéramos querido que en el texto se hubiesen sentado, efectivamente, las bases para la transformación del sistema político venezolano.

Sin embargo, la Constitución que aprobó la Asamblea, lamentablemente en nuestro criterio, no asegura dicha transformación, de manera de garantizar el reemplazo del Estado centralizado de partidos, que está en crisis terminal, por uno descentralizado y participativo[147].

Siempre pensamos que el gran debate del momento constituyente que vivía y aún vive el país, era el relativo a la descentralización política y a la democracia participa-

---

144   *V., Gaceta Constituyente* (Diario de Debates), Octubre-Noviembre 1999, Sesión de 19-10-99, N° 23.

145   *V.,* nuestro razonamiento en Allan R. Brewer-Carías, *Debate Constituyente* (Aportes a la Asamblea Nacional Constituyente), Tomo III (18 octubre-30 noviembre 1999), Caracas 1999, pp. 311 a 314.

146   *V.,* el texto de los votos salvados en Allan R. Brewer-Carías, *Debate Constituyente*, Tomo III, *op. cit.* pp. 107 a 308.

147   Por ello no sólo no firmamos el Proyecto, sino que en el referendo consultivo del 15-12-99 votamos negativamente. *V.,* los argumentos para ello en Allan R. Brewer-Carías, *Debate Constituyente*, Tomo III, *op. cit.* , pp. 309 a 340. Sólo firmamos el texto constitucional en el acto de su proclamación, el 20-12-99, una vez que fue aprobado en el referendo del 15-12-99, en virtud de que ya había una decisión popular.

tiva. Más democracia exigía y exige más descentralización, única forma de lograr que sea más representativa y más participativa. Para ello debíamos construir un nuevo modelo de Estado descentralizado, con un nuevo sistema de democracia de participación, la cual no podía quedar sólo reducida a referendos, que eliminara el monopolio de la representatividad y de la participación que detentan los partidos políticos.

Lamentablemente, nada de ello se logró. La nueva Constitución, a pesar de que denomina al Estado como "Federal descentralizado" (art. 4), no pasa de consagrar el anhelo de siempre, no alcanzado. La verdad es que el texto aprobado no logró superar el esquema centralista de la Constitución de 1961, con Estados minimizados políticamente, sin recursos tributarios propios que se le quitaron en la segunda discusión y con entes legislativos regionales que no pasan de ser las Asambleas Legislativas tradicionales con otros nombres, pero ahora reguladas por el Poder Nacional.

El centralismo del Estado, en todo caso, ahora aparece agravado con la eliminación del Senado, institución que podía permitir una representación igualitaria de los Estados para participar en la formulación de las políticas nacionales. Con una Asamblea Nacional unicameral, los Estados poco poblados serán aplastados por la representación popular de los cinco o seis Estados densamente poblados del país, que dominará la Asamblea.

La descentralización política, como condición para el perfeccionamiento de la democracia, la verdad es que quedó pospuesta, defraudándose así al país en su conjunto.

Pero no sólo no se superó el centralismo del Estado, sino que la Asamblea no cambió nada en relación con la partidocracia, es decir, el sistema en el cual los partidos políticos han ejercido el monopolio de la representación popular y de la participación política.

De acuerdo con el texto aprobado, la elección de las Juntas Parroquiales, Concejos Municipales y Comisiones Legislativas Estadales, seguirá realizándose mediante el sistema de representación proporcional, el cual conduce, inexorablemente, a la sola representación de partidos políticos, los cuales podrán así seguir mediatizando la voluntad popular. La Asamblea no quiso introducir la elección uninominal a nivel local y asegurar la efectiva representatividad popular territorial por la que tanto se ha clamado.

En esta forma, el gran cambio político por el cual hemos venido luchando durante tantos años, no encontró cabida en la nueva Constitución, por lo que con ella difícilmente podrá superarse la crisis del Estado centralizado de partidos y llegar a perfeccionarse la democracia, lo que sólo puede lograrse con un sistema político descentralizado y participativo, que ha quedado ausente de la Constitución.

Y es que al centralismo y a la partidocracia en la nueva Constitución se agrega una concepción fuertemente estatista del sistema socio económico, contrario a toda idea de libertad y solidaridad social, en el cual el Estado sustituye a la propia sociedad y a las iniciativas particulares. El signo de la Constitución aprobada es el paternalismo estatal que minimiza la educación privada, los servicios médicos particulares y la participación de los individuos, incluso los asegurados, en el manejo de la seguridad social. Nosotros no fuimos electos para formar parte de una Asamblea Constituyente para constitucionalizar los fracasos del Estado en el Seguro

Social ni en los servicios públicos de salud, ni para reducir las iniciativas privadas en la educación.

Por supuesto, no nos arrepentimos de haber formado parte de la Asamblea, donde hicimos nuestro mejor esfuerzo por cumplir a cabalidad el mandato popular que nos confiaron más de un millón doscientos mil electores. Pero no podíamos votar por una Constitución que abre la vía al autoritarismo y el militarismo y que, en definitiva, cambia un centralismo por otro; cambia una partidocracia de unos partidos por otros; acentúa el estatismo y mezcla el presidencialismo con el militarismo. Ese no es el cambio político por el cual hemos luchado y por el cual continuaremos luchando[148].

4.   Cuarta Etapa (noviembre-diciembre 1999): La difusión del proyecto de Constitución sancionado por la Asamblea

La *cuarta etapa* del funcionamiento de la Asamblea Nacional Constituyente, tuvo por objeto la difusión del texto del proyecto de Constitución, lo que se hizo entre el 17 de noviembre y el 15 de diciembre de 2000, fecha, esta última, en la cual se realizó el referendo aprobatorio de la Constitución.

En el mismo, de los 10.860.789 votantes inscritos sólo votaron 4.819.786, de los cuales votaron "sí" 3.301.475 (71,78%) y votaron "no" 1.298.105 (28,22%). Hubo una abstención de 55,62% (6.044.003 electores); y de los votantes, aprobaron la Constitución sólo el 32% de los venezolanos con derecho al voto[149].

II.   EL GOLPE DE ESTADO Y LA VIOLACIÓN DE LA CONSTITUCIÓN

1.   El derecho a la Constitución y su violación

El principio más importante del constitucionalismo moderno, fundamento mismo del Estado de derecho, es la idea de Constitución, como orden jurídico supremo producto de la soberanía y voluntad popular, destinada a regular políticamente una sociedad determinada. Esta idea constituye el aporte más importante al constitucionalismo moderno no sólo de la Revolución norteamericana de 1776 y de la Revolución francesa de 1789, sino de la Revolución hispanoamericana iniciada en 1810[150].

A partir de estas revoluciones puede decirse que no ha existido en el mundo, ni existe Estado alguno como organización política de una sociedad dada, que no esté regido por una Constitución (escrita o no), entendida como norma suprema de carácter obligatorio para todos, tanto para las autoridades y funcionarios del Estado como para las personas, e inmodificable mediante los procedimientos ordinarios de la legislación. La Constitución es, en esta forma, el principal instrumento de ordenación normativa de una sociedad y la principal herramienta de la seguridad jurídica de sus integrantes.

---

148   *V.,* uno de nuestros primeros trabajos sobre este tema: Allan R. Brewer-Carías, *Cambio político y reforma del Estado en Venezuela,* Madrid 1975.

149   *V.,* Allan R. Brewer-Carías, *La Constitución de 1999, cit.,* p. 13.

150   Allan R Brewer-Carías, *Aportes de la Revolución americana (1776) y de la Revolución francesa (1789) al constitucionalismo moderno,* Caracas, 1991.

La Constitución es, por otra parte, el primer objeto de los derechos constitucionales de los ciudadanos de un Estado. Siendo la Constitución el producto más importante de la voluntad del pueblo, los ciudadanos que lo conforman, ante todo, como ya lo hemos señalado, tienen un "derecho fundamental a la Constitución", es decir, el derecho a que ésta, como producto de la voluntad popular, sea respetada y no pueda ser modificada sino mediante los mecanismos de revisión establecidos por el mismo pueblo en el propio texto de la Constitución.

De ello deriva, por tanto, que en el mundo moderno, los ciudadanos tienen derecho a la supremacía constitucional, en el sentido de que si la Constitución se concibe como la norma suprema que regula la organización del Estado, las relaciones del Estado con la sociedad y los derechos, deberes y garantías de los ciudadanos, ese orden jurídico es obligatorio y debe respetarse por todos. Ninguna persona, institución o poder del Estado puede violar la Constitución; todos deben someterse a ella y todos los ciudadanos tienen el derecho de exigir la efectiva vigencia de esa supremacía, incluso mediante el ejercicio de las acciones que ponen en funcionamiento la justicia constitucional.

Pero además del derecho a la Constitución y a su supremacía, los ciudadanos también tienen derecho a la rigidez de la Constitución, es decir, a la inmodificabilidad de la misma salvo por los mecanismos dispuestos por el propio pueblo en su texto. Si la Constitución es producto de la soberanía popular, sólo el pueblo puede revisarla o disponer la forma de su revisión, sin que pueda órgano alguno del Estado o los individuos determinar otra forma distinta de revisión constitucional.

Estos principios del constitucionalismo han estado inscritos formalmente en todas las Constituciones de Venezuela desde 1811, cuando se constituyó la República como Estado independiente de la monarquía española, aún cuando es claro que no siempre han sido respetados. Con más frecuencia que menos, la mayoría de las sucesivas Constituciones que hemos tenido después de la de 1811, fueron violadas, su supremacía pisoteada y su revisión hecha por la fuerza, por mecanismos distintos a los previstos en el texto constitucional[151].

En efecto, la Constitución de 1811 perdió vigencia efectiva casi en forma inmediata por la fuerza de las guerras de independencia y como consecuencia de ellas se adoptó la Constitución de 1819 propuesta por Simón Bolívar, en Angostura, en medio de aquel conflicto. La vigencia de esta última también fue muy corta, pues a propuesta del propio Libertador, algo más de un año después se materializó la unión de los pueblos de Colombia, con la consecuente desaparición de Venezuela como Estado independiente y soberano, y la creación de la República de Colombia mediante la Constitución de 1821.

Después de la "reconstitución" del Estado venezolano en 1830, luego de casi una década de su desaparición y de la integración de su territorio en tres Departamentos de la República de Colombia (1821-1830), la mayoría de las reformas o revisiones constitucionales que se produjeron posteriormente, fueron el resultado de actos

---

151 *V.,* Allan R. Brewer-Carías, *Las Constituciones de Venezuela,* Caracas 1997, donde no sólo se publican los textos constitucionales sino los diversos actos constituyentes y constitucionales adoptados como consecuencia de hechos de fuerza.

violentos contra la Constitución, sin que se hubiese respetado lo que disponían *expressis verbis,* sus normas, para su reforma o enmienda.

Así sucedió en 1857, con la irregular reforma constitucional de la Constitución de 1830 promovida por el Presidente José Tadeo Monagas; en 1858, con la Revolución de marzo, liderada por Julián Castro, la cual desembocó en la adopción de una nueva Constitución, producto de Convención Nacional (Convención de Valencia); en 1864, con motivo del triunfo de la Federación en las guerras federales y la adopción de otra nueva Constitución, por una Asamblea Nacional; en 1891, con otra irregular reforma constitucional de la Constitución de 1881, esta vez promovida por el presidente Raimundo Andueza Palacios; en 1893, con la Revolución Legalista, comandada por Joaquín Crespo, la cual originó la adopción de otra nueva Constitución, también dictada por una Asamblea Constituyente; en 1901, con la Revolución Liberal Restauradora, liderada por Cipriano Castro, la cual condujo a la adopción de otra nueva Constitución producto de una Asamblea Nacional Constituyente; en 1904, con la adopción de otra nueva Constitución, producto de otro Congreso Constituyente, también convocado por Cipriano Castro; en 1914, con la adopción de otra nueva Constitución, por un Congreso de Diputados Plenipotenciarios, consolidándose Juan Vicente Gómez en el poder; en 1947, con la Revolución de Octubre de 1945, liderizada por el partido Acción Democrática y las fuerzas militares, la cual condujo a la adopción de otra nueva Constitución, producto de una Asamblea Nacional Constituyente; en 1948, con la puesta en vigencia de la derogada Constitución de 1945, por una Junta Militar que asumió el Poder, derrocando al presidente Rómulo Gallegos; en 1953, con la adopción de otra nueva Constitución por una Asamblea Constituyente electa en el marco de la dictadura militar; en 1961, con la adopción de otra nueva Constitución, producto de un Congreso electo democráticamente como resultado del levantamiento cívico-militar del 23 de enero de 1958; y por último, en 1999, con la adopción de la nueva Constitución, elaborada y sancionada por una Asamblea Nacional Constituyente. La convocatoria y existencia de esta última, como se ha señalado, tampoco estaba prevista en el texto constitucional bajo cuyo marco, sin embargo, se eligieron sus miembros como consecuencia del referendo consultivo realizado el 25-04-99. Al instalarse en agosto de 1999, sin embargo, asumió poderes constituyentes originarios violando abiertamente la Constitución de 1961, la cual aún estaba vigente.

En 1999, por tanto, la Constitución de 1961 puede decirse que fue sistemáticamente violada por la Asamblea Nacional Constituyente. Posteriormente, una vez sancionada la nueva Constitución de 1999, después de ser aprobada por referendo del 15-12-99 y proclamada por la Asamblea Nacional Constituyente el 20-12-99, también fue sistemáticamente violada por la propia Asamblea Nacional Constituyente hasta que esta cesó en sus funciones (30-01-00). Con posterioridad, también fue impunemente violada por diversos órganos del Estado, con fundamento en un supuesto régimen constitucional transitorio que había sido ilegítimamente establecido por la propia Asamblea Nacional Constituyente el 22-12-99, al margen tanto de la Constitución de 1961 como de la nueva Constitución de 1999, y que no fue aprobado mediante referendo como lo exigían las bases comiciales del referendo del 25-04-99, que había originado a la propia Asamblea Nacional Constituyente.

De toda esta experiencia constitucional que hemos vivido, advirtiendo y criticando públicamente el atropello a la Constitución, en todo caso, se han producido varias situaciones jurídico constitucionales en el país violatorias del orden constitucional. En primer lugar, la Constitución fue violada, mediante diversos actos constituyentes dictados por la Asamblea Nacional Constituyente en la segunda mitad del año 1999, con los cuales se violó sistemáticamente lo que estaba dispuesto en la Constitución de 1961, la cual, supuestamente estuvo vigente hasta que la nueva Constitución de 1999 fue publicada en la *Gaceta Oficial* de 30-12-99[152].

En segundo lugar, una vez sancionada la nueva Constitución la misma fue burlada, mediante un régimen transitorio ilegítimamente adoptado e impuesto a los venezolanos, no aprobado por el pueblo mediante referendo y que ha atentado contra la vigencia de la propia Constitución de 1999. A pesar de que el texto de esta sí fue aprobado por referendo el 15-12-99, sin embargo, no ha adquirido la vigencia inmediata que su supremacía implicaba, quedando tal vigencia a la merced de los diversos órganos del Estado controlados por el nuevo poder, precisamente con la manipulación de la "transitoriedad" inventada, conforme a lo que fueron interpretando o queriendo, caso a caso, sobre el supuesto régimen transitorio.

Con motivo de estas situaciones político-constitucionales puede decirse que la Constitución en Venezuela fue secuestrada; se la despojó de imperatividad, y los factores del poder se la llevaron, abusando y burlándose de ella y del pueblo que la aprobó.

A partir de su publicación, puede decirse que los venezolanos perdimos la Constitución. En 1999, cuando funcionó la Asamblea Nacional Constituyente, no fue considerada como norma suprema y rígida, violándose además el texto vigente que era el de la Constitución de 1961; pero tampoco fue considerada como norma suprema y rígida a partir de 2000, violándosela también abierta y sistemáticamente. La Constitución, en definitiva, fue secuestrada, violada y burlada, por los mismos actores que entronizados en la Asamblea y en los órganos del Poder Público, además, fueron los que la diseñaron como castrada, con cláusulas contradictorias que, en la práctica político-constitucional, han originado resultados diametralmente distintos de los que supuestamente se buscaba.

2. *El golpe de Estado perpetrado por la Asamblea Nacional Constituyente*

Como antes se ha analizado, el proceso constituyente de 1999 fue conducido por una Asamblea Nacional Constituyente que fue electa el 25 de julio de 1999, de acuerdo con lo prescrito en el estatuto o bases comiciales que habían sido aprobadas por el pueblo en el referendo consultivo realizado el 25 de abril de 1999. El pueblo había manifestado su voluntad en dicho referendo y como consecuencia de la misma, la Asamblea Nacional Constituyente fue electa.

Esta Asamblea Nacional Constituyente, conforme a dicho referendo, tenía por misión elaborar una nueva Constitución cuyo texto, una vez sancionado, debía ser sometido a la aprobación del pueblo mediante otro referendo, texto que debía estar destinado a "transformar el Estado y crear un nuevo orden jurídico que permita el funcionamiento efectivo de una democracia social y participativa". El pueblo, en el

---

152 *V.,* la *Gaceta Oficial* N° 36.860 de 30-12-99. Véanse los comentarios a la Constitución en Allan R. Brewer-Carías, *La Constitución de 1999,* 3ª Edición, Caracas 2001.

referendo del 25-04-99, por tanto, no le había delegado ningún poder constituyente originario a la Asamblea Nacional Constituyente, la cual no podía poner en vigencia la nueva Constitución que elaborara y sancionara; reservándose, el pueblo, su aprobación mediante referendo posterior.

El proceso constituyente de 1999, sin embargo, conforme a ese mandato popular no se concretó en la sola elaboración de una nueva Constitución. Después de un escaso mes de discusión, ciertamente, la nueva Constitución fue sancionada y efectivamente aprobada por el pueblo, mediante referendo aprobatorio realizado el 15 de diciembre de 1999 habiendo sido publicada en la *Gaceta Oficial* del 30 de diciembre de 1999. A partir de esa fecha, y no antes, fue que la Constitución del 23 de enero de 1961 quedó derogada.

No obstante, paralelamente a la elaboración de la nueva Constitución, la Asamblea adoptó una serie de decisiones contenidas en Decretos, mediante los cuales dictó una serie de actos constituyentes, que contrariaban abiertamente lo que disponía la Constitución de 1961, que aún estaba vigente, y a los cuales, sin embargo, *a posteriori* el máximo órgano judicial del país le otorgó carácter, naturaleza y rango constitucional.

Dichos actos fueron dictados por la Asamblea Nacional Constituyente, como se ha dicho, al margen del orden constitucional establecido en la Constitución de 1961, el cual fue impunemente desconocido. Incluso, después de que la Constitución de 1961 fue derogada con la publicación de la nueva Constitución de 30-12-99, los actos constituyentes que dictó la Asamblea Nacional Constituyente en enero de 2000 también violaron la nueva Constitución que incluso había sido objeto de aprobación por el pueblo.

La emisión de estos actos constituyentes desconociendo el orden constitucional, constituyó un golpe de Estado perpetrado por la Asamblea Nacional Constituyente; el cual fue posteriormente legitimado por el supremo órgano judicial de la República, el cual, al contrario, era el que tenía la obligación de considerarlos y declararlos como contrarios a la Constitución. Así, ni la antigua Corte Suprema de Justicia, en su momento, ni el nuevo Tribunal Supremo de Justicia creado por acto constituyente el 22 de diciembre de 1999 (antes de la entrada en vigencia de la Constitución el 30-12-99), cumplieron con su deber constitucional, convirtiéndose en cómplices sobrevenidos del golpe de Estado.

Un golpe de estado ocurre, como lo ha señalado Diego Valadés, cuando se produce "el desconocimiento de la Constitución por parte de un órgano constitucionalmente electo"; agregando, incluso, como ejemplo que "un presidente elegido conforme a la Constitución no puede invocar una votación, así sea abrumadoramente mayoritaria, para desconocer el orden constitucional. Si lo hace habrá dado un golpe de Estado"[153].

Esto fue lo que sucedió en Venezuela en 1999. La Asamblea Nacional Constituyente, sin duda, fue electa por el pueblo, habiendo quedado integrada con una ma-

---

153   Diego Valadés, *Constitución y democracia*, UNAM, México 2000, p. 35; y "La Constitución y el Poder" en Diego Valadés y Miguel Carbonell (Coordinadores), *Constitucionalismo Iberoamericano del siglo XXI*, Cámara de Diputados, UNAM, México 2000, p.145

yoría abrumadora de representantes que fueron electos de listas escogidas por el nuevo Presidente de la República que había sido electo en diciembre de 1998, y además con su pleno respaldo electoral; pero ello no legitimaba a la Asamblea para desconocer el orden constitucional que estaba vigente. El Presidente de la República, a pesar de haber sido también electo por una abrumadora mayoría, tampoco podía alentar a la Asamblea, invocando esa mayoría, para vulnerar impunemente el orden constitucional.

La afirmación de la Corte Suprema de Justicia en Sala Político Administrativa, a la cual ya nos hemos referido, contenida en la sentencia de 21-07-99 dictada días antes de que hubiese comenzado la actuación de la Asamblea Nacional Constituyente, hasta ese momento todavía podría considerarse válida, al indicar que:

> Lo novedoso y por ello extraordinario del proceso constituyente venezolano actual es que el mismo no surgió como consecuencia de un suceso fáctico (guerra civil, golpe de Estado, revolución, etc), sino que, por el contrario, fue concebido como un proceso constituyente de *iure*, esto es, dentro del actual sistema jurídico venezolano"[154].

Hasta ese momento, en efecto, el proceso constituyente era un proceso de derecho, cuyo origen habían sido unas sentencias de la Corte Suprema de Justicia (19-1-99) las cuales habían abierto el camino a la convocatoria de una Asamblea Nacional Constituyente con fundamento en el derecho a la participación política que derivaba de la Constitución de 1961, y que en sentencias posteriores (18-3-99; 23-3-99; 13-4-99; 17-6-99) que hemos comentado, la Corte había considerado como enmarcado en la Constitución de 1961, avalando el referendo consultivo del 25-04-99 sobre la convocatoria a la Asamblea Nacional Constituyente, en virtud de que la misma no tendría poder constituyente originario alguno, sino la misión de elaborar una Constitución (poder constituyente instituido) que para entrar en vigencia tenía que ser aprobada por el pueblo mediante referendo (el que finalmente se realizó el 15-12-99).

El golpe de Estado, en realidad, lo dio la Asamblea Nacional Constituyente dos semanas después de esa sentencia, al auto-atribuirse un poder constituyente originario y proceder a la intervención de los órganos de los Poderes Públicos constituidos del Estado, para lo cual no tenía autoridad alguna en el mandato popular derivado del referendo del 25-04-99, que le había dado nacimiento.

A partir de entonces, el proceso constituyente venezolano comenzó a dejar de ser un "proceso de *iure*" como lo había visualizado quizás ingenuamente la Corte Suprema de Justicia, y comenzó a ser un proceso constituyente fáctico, producto de un golpe de Estado que se desarrolló violando "el sistema jurídico venezolano", el cual, precisamente, tenía en su cúspide a la Constitución de 1961. La Asamblea no tenía autoridad alguna para violar ni para derogar dicha Constitución teniendo precisada su misión, conforme a la voluntad popular expresada en el referendo del 25-04-99, a elaborar una nueva Constitución, de manera que la vieja fuera sustituida por la nueva, cuando ésta fuera aprobada popularmente, también por referendo.

---

154   *V.*, la referencia en pp. 164 y ss. de este libro.

En todo caso, el proceso constituyente venezolano de 1999 no sólo condujo a la sustitución de una Constitución (la de 1961) por otra (la de 1999), sino a la violación de ambas mediante la emisión, antes de que se aprobara la nueva Constitución, de una serie de actos estatales con supuesto rango constitucional (actos constituyentes), los cuales fueron seguidos de otros dictados aún después de sancionada y aprobada por referendo la nueva Constitución e, incluso, después de que fuera publicada.

A continuación analizaremos todos esos actos constituyentes que se dictaron en el tránsito de una Constitución a otra, y que materializaron el golpe de Estado, para lo cual previamente haremos un recuento del proceso de emanación de dichos actos dentro del proceso constituyente.

3. *Repaso de las decisiones que originaron el proceso constituyente*

Como ya lo hemos analizado detenidamente con anterioridad y, además, en otro lugar[155], la Corte Suprema de Justicia, al dictar su nada precisa y más bien ambigua decisión del 19 de enero de 1999[156], abrió la vía jurídico-judicial para la convocatoria de un referendo consultivo para que el pueblo se pronunciara sobre la convocatoria de una Asamblea Nacional Constituyente, sin que esta institución estuviese prevista en la Constitución de 1961, vigente en ese momento, como un mecanismo de revisión constitucional.

Con esta decisión, la Corte Suprema no sólo sentó las bases para el inicio del proceso constituyente venezolano de 1999, sino que dio comienzo al proceso que condujo al golpe de Estado y, casi un año después, a que los nuevos titulares del Poder Público decretaran su propia extinción.

Esa sentencia, en medio de su ambigüedad, a pesar de estar plagada de citas de todo tipo de libros viejos y nuevos, sin mucho concierto, de consideraciones generales sobre el significado del poder constituyente originario y derivado, totalmente innecesarias, salvo para originar confusión e interpretaciones variadas; y de precisiones sobre el derecho ciudadano a la participación política como inherente a la persona humana; no llegó a resolver lo esencial de la interpretación que le había sido requerida.

A la Corte se le había consultado mediante un recurso de interpretación en relación con las normas sobre referendos de la Ley Orgánica del Sufragio y de Participación Política, sobre si para convocar una Asamblea Constituyente era o no necesario reformar previamente la Constitución de 1961, para regularla en su texto. La Corte Suprema, sin embargo, sólo dijo que se podía consultar al pueblo, mediante referendo, sobre la convocatoria de una Asamblea Constituyente, pero nada dijo sobre si para convocarla debía o no previamente reformarse la Constitución de 1961 para regular dicha institución en la misma.

La ausencia de decisión de la Corte, sin embargo, como hemos dicho, en la práctica fue suplida por los titulares de primera página de los diarios nacionales de los días 20 de enero de 1999 y siguientes, los cuales fueron los que abrieron efectiva e insólitamente dicha vía hacia el proceso constituyente, al "informar" en grandes

---

155 *V.*, Allan Brewer-Carías, *Poder Constituyente Originario y Asamblea Nacional Constituyente*, Caracas 1999.

156 *V.*, el texto íntegro de la sentencia en *idem*, pp. 25 a 53

letras que supuestamente, la Corte Suprema de Justicia había decidido que se podía proceder a convocar una Asamblea Nacional Constituyente para revisar la Constitución, sin necesidad de reformar previamente la Constitución de 1961, que la regulara[157].

En ese momento, la euforia de los que de ello derivaron un "triunfo" jurídico[158], y la incredulidad y duda de otros, que no encontraban la "decisión" anunciada en el texto de la sentencia, impidieron precisar con exactitud el contenido de la misma. La verdad es que, como lo advertimos en su momento[159], eso no había sido lo que había decidido la Corte Suprema de Justicia en las sentencias de su Sala Político Administrativa del 19 de enero de 1999. La Corte, en efecto, como hemos dicho anteriormente, debía decidir un recurso de interpretación de las normas de la Ley Orgánica del Sufragio y Participación Política sobre referendos, en el cual se le habían formulado *dos preguntas* muy precisas: *primera,* si se podía convocar un referendo relativo a una consulta popular sobre la convocatoria de una Asamblea Nacional Constituyente; y *segunda,* si se podía convocar dicha Asamblea para dictar una nueva Constitución, sin que se reformarse previamente la Constitución de 1961, la cual no preveía la existencia de dicha Asamblea.

La Corte, como ya lo hemos analizado anteriormente, resolvió claramente la primera pregunta, pero simplemente, *no se pronunció sobre la segunda.*

Esto lo confirmó *ex post facto* con claridad, la magistrado Hildegard Rondón de Sansó en su voto salvado a la sentencia de la Corte Plena de 14-10-99 (Caso: *Impugnación del Decreto de Regulación de las Funciones del Poder Legislativo*) al afirmar que en aquella sentencia de 19-01-99, la Sala:

---

157   El titular de primera página del diario *El Nacional* del 20-01-99 rezó así: "CSJ, considera procedente realizar un referéndum para convocar la Constituyente"; el titular del cuerpo de *Política* del mismo diario, del 21-01-99, rezó así: "No es necesario reformar la Constitución para convocar el referéndum" y el del día 22-01-99 rezó así: "La Corte Suprema no alberga dudas sobre la viabilidad de la Constituyente". *V.,* los comentarios coincidentes de Lolymar Hernández Camargo, *La Teoría del Poder Constituyente, cit.,* p. 63

158   Ello se deducía de la propia Exposición de Motivos del Decreto N° 3 del 02-02-99 del Presidente de la República convocando al referendo consultivo sobre la Asamblea Nacional Constituyente en la se dijo que:

"b)   La Corte Suprema de Justicia, en sus decisiones del 19 de enero de 1999, ha establecido que para realizar el cambio que el país exige, es el Poder Constituyente, como poder soberano previo y total, el que puede, en todo momento, modificar y transformar el ordenamiento constitucional, de acuerdo con el principio de la soberanía popular consagrado en el artículo 4 de la Carta Fundamental;

c)   El referendo previsto en la Ley Orgánica del Sufragio y Participación Política, es un mecanismo democrático a través del cual se manifiesta el poder originario del pueblo para convocar una Asamblea Nacional Constituyente y un derecho inherente a la persona humana no enumerado, cuyo ejercicio se fundamenta en el artículo 50 del Texto Fundamental y que, ese derecho de participación, se aplica no sólo durante elecciones periódicas y de manera permanente a través del funcionamiento de las instituciones representativas, sino también en momentos de transformación institucional que marcan la vida de la Nación y la historia de la sociedad". (*Gaceta Oficial* N° 36.634 de 02-02-99).

159   *V.,* Allan R. Brewer-Carías, *Poder Constituyente Originario y Asamblea Nacional Constituyente, cit.,* pp. 66 y ss. *V.,* además, lo expuesto en pp.85 y ss. de este libro.

Únicamente se limitó a establecer la posibilidad de consulta al cuerpo electoral sobre la convocatoria a una Asamblea Nacional Constituyente sin reformar la Constitución.

Es decir, la sentencia se limitó a señalar que para realizar un referendo sobre el tema no era necesario reformar previamente la Constitución; pero la Sala no se pronunció sobre si luego de realizada la consulta refrendaria, para poder convocar efectivamente la Asamblea Nacional Constituyente que no estaba regulada en norma alguna, como mecanismo para la revisión constitucional, debía o no reformarse la Constitución de 1961 precisamente para regularla en ella como uno de dichos mecanismos.

Esta carencia, como se dijo, la suplió la "opinión pública" manifestada en los mencionados titulares de prensa antes mencionados, que seguramente se redactaron con el ánimo de querer expresar lo que en criterio de los periodistas debió haber sido lo que debía haber decidido la sentencia, que no lo fue. En todo caso, la prensa interpretó así lo que podía considerarse que opinaba y esperaba la mayoría opinante del país, pues de lo contrario, quizás en ese momento el país se encaminaba a un conflicto abierto de orden constitucional: la convocatoria de una Asamblea Nacional Constituyente, como lo quería y había prometido el recién electo Presidente de la República y como lo había formulado en su voluntarista Decreto N° 3 de 2 de febrero de 1999, sin que la Constitución vigente para el momento (la de 1961) previera tal Asamblea y permitiera tal convocatoria. Ello hubiera constituido, en sí mismo, el golpe de Estado.

Por tanto, a pesar de que la sentencia no resolvió el problema jurídico que se le planteó, al suplir esa falta la opinión pública, ninguna duda política quedó en la práctica, dejando entonces de tener mayor sentido todo planteamiento sobre la posibilidad constitucional o no, no sólo de la convocatoria al referendo consultivo sobre la Asamblea Nacional Constituyente, sino de su elección posterior para dictar una nueva Constitución en sustitución de la de 1961. La decisión de la Corte Suprema, sin decirlo, contribuyó a resolver fácticamente la controversia y así cesó del debate constitucional en tal sentido, pasando la controversia constitucional a otros terrenos.

Y así sucedió efectivamente. Como ya lo hemos señalado, la discusión se encaminó hacia otros dos aspectos. En *primer lugar*, sobre si debía o no garantizarse el derecho a la participación política en la formulación del "estatuto" de la Asamblea Nacional Constituyente (las llamadas bases comiciales), derecho constitucional que el Presidente de la República había querido confiscar, al pretender, con su Decreto del 2 de febrero de 1999, que el pueblo le "delegara", a él, en el referendo consultivo que convocaba, la potestad de formular, él solo, exclusivamente, dichas "bases". La Corte Suprema de Justicia en la misma Sala Político Administrativa, mediante la sentencia del 18 de marzo de 1999[160] rechazó tal pretensión presidencial, anulando la Resolución N° 990217-32 de 17 de febrero de 1999 del Consejo Supremo Electoral que reproducía las preguntas que el Presidente había formulado; o sea, consideró indirectamente que el Decreto del Presidente había sido inconstitucional como lo

---

160   *V.,* los comentarios a la misma en pp. 150 y ss. de este libro.

habíamos alegado y, en definitiva, ordenó que las mismas bases comiciales debían someterse a la consulta popular, y debían ser aprobadas por el pueblo.

En *segundo lugar*, resuelto el tema de la posibilidad de formular una consulta popular (referendo consultivo) que incluyera el texto íntegro de las bases comiciales contentivas del estatuto que aprobaría el pueblo para la convocatoria y la posterior elección de una Asamblea Nacional Constituyente, quedaba por resolver el carácter que podía tener dicha Asamblea.

Por supuesto que la Asamblea debía convocarse e integrarse para reformar y derogar la Constitución de 1961, pero mientras ello ocurriera, el tema de discusión era si podía adoptar "actos constitucionales", o actos constituyentes al margen de la Constitución de 1961 que era la que estaba en vigencia y que, conforme a la doctrina de la Corte Suprema, era la que había podido dar nacimiento a la Asamblea. En otras palabras, se trataba de determinar si la Asamblea tendría carácter de poder constituyente "originario" o si sería un órgano que sólo tendría la misión de elaborar una nueva Constitución como resultaba de las bases comiciales sometidas a aprobación popular el 25-04-99.

Debe señalarse que a pesar de lo poco precisa que fue la Sala Político Administrativa en su decisión de 19-01-99, algunos de los Magistrados que la adoptaron precisaron *ex post facto*, en sendos Votos Salvados a la sentencia de la Corte Suprema en Sala Plena de 14-10-99 (Caso: *Impugnación del Decreto de Regulación de las funciones del Poder Legislativo*) que en la mencionada sentencia y en otras posteriores, nada se había dicho sobre un pretendido carácter de poder constituyente originario de la Asamblea Constituyente cuya consulta refrendaria se había autorizado en la sentencia. El magistrado Hermes Harting señaló, en efecto, que las sentencias de 18-03-99, 23-03-99 y 13-04-99, las cuales en su criterio, no contradecían la sentencia de 19-01-99, en relación con los poderes de la Asamblea:

> Patentizan la naturaleza de la Asamblea Nacional Constituyente como procedimiento o mecanismo extra-constitucional, *limitado exclusivamente* a la redacción de una nueva Constitución, y cuya *derivación de la Constitución de 1961* lo vincula infragablemente al cumplimiento de los requerimientos del derecho constitucional democrático.

La magistrado Hildegard Rondón de Sansó, al calificar esta sentencia del 19-01-99, como "el punto de partida de todo el proceso constituyente" -y así había sido-, consideró que la sentencia reconoció que:

> El deseo de lo que se denominara "el soberano" de transformaciones básicas del sistema, podría canalizarse en una modalidad diferente a la prevista en la Constitución vigente, como lo es la manifestación mayoritaria de su voluntad de cambio, a través de un referendo.

Pero las más importantes precisiones sobre lo que había sido realmente lo decidido en esta materia en la sentencia del 19-01-99, (Caso *Referendo Consultivo I*), provinieron del magistrado ponente de la misma, Humberto J. La Roche, quien consideró que las citas y referencias a esa sentencia que se habían hecho en la sentencia de la Sala Plena del 14-10-99, habían tergiversado el contenido de aquélla, pretendiendo utilizarla indebidamente como fundamento de este fallo. Señaló el magistrado La Roche que:

La confusión reside esencialmente no sólo en considerarla en su verdadero contexto sino en atribuir a la Asamblea Nacional Constituyente el *poder soberano que reside en el pueblo y sólo en este*, el cual, aunque puede ejercerlo a través de representantes ordinarios como el Congreso de la República, o extraordinarios como la Asamblea Nacional Constituyente, *jamás se desprende de él* o en otros términos, identificando las nociones de poder constituyente y Asamblea Constituyente....

El magistrado La Roche, en esta misma línea, insistió en lo siguiente:

> Conviene observar que precisamente, *siendo el pueblo el titular de la soberanía* en el marco del Estado democrático de derecho, *su poder -el constituyente- es el único verdaderamente originario.* En consecuencia, tanto los poderes constituidos ordinarios como incluso la propia Asamblea Constituyente -poder constituido extraordinario- está conformada por quienes también determine el soberano, *reflejo del Poder Público derivado o delegado.*

Estas precisiones que hizo el magistrado La Roche, en octubre de 1999, en realidad, eran las que necesitaba el texto mismo de la sentencia de 19-01-99. Si allí se hubiese expresado esta posición con claridad, por el propio magistrado La Roche quien fue su ponente el 19-01-99, el país se hubiera ahorrado múltiples controversias interpretativas y desviaciones sobre el proceso constituyente. Pero diez meses después ya era demasiado tarde, pues ya la Asamblea Nacional Constituyente había dado el golpe de Estado; en todo caso, tan tarde que el magistrado La Roche tuvo que conformarse con salvar su voto a la sentencia citada de la Corte en Pleno de 14-10-99, lamentablemente en relación al uso, con interpretaciones diferentes, que se habían hecho de la sentencia de la cual había sido ponente el 19-01-99, cuya imprecisión había sido la causa de la misma. En su Voto Salvado, en efecto, el magistrado La Roche señaló lo siguiente en torno al criterio expuesto en la sentencia de 14-10-99, que no compartía, sobre el pretendido carácter de poder constituyente originario de la Asamblea Nacional Constituyente:

> A los fines de concluir que la Asamblea Nacional Constituyente es un órgano superior al régimen constitucional vigente, dado su pretendido carácter originario, el fallo del que se disiente cita de manera reiterada la referida sentencia de la Sala Político Administrativa de fecha 19 de enero de 1999. No obstante las facultades y la naturaleza jurídica que en la nombrada decisión de la Sala se consideran inmanentes al poder constituyente, esto es, *al pueblo* como máximo soberano, la sentencia de la Corte en Pleno *las atribuye al órgano elegido* por ese soberano como su representante para ejercer el máximo poder de organización político-jurídica, lo cual es, a todas luces diferente.

Por supuesto que se trataba de asuntos diferentes, pero ello no había quedando claro del texto de la sentencia de 19-01-99; si ese poder constituyente originario correspondía únicamente al pueblo, y nunca a una Asamblea Constituyente integrada por representantes electos del pueblo, como lo expresó el magistrado La Roche en el 14 de octubre de 1999, hubiera quedado expreso en su Ponencia del 19-01-99, la discusión sobre el carácter de poder constituyente originario de la Asamblea Nacional Constituyente, jamás se hubiera planteado en los términos que dominaron la discusión en el país.

Pero no fue así; al contrario, desde que se dictó la sentencia del 19-01-99 de la Sala Político Administrativa, se abrió la discusión precisamente sobre ese supuesto carácter de poder constituyente originario y soberano de la propia Asamblea Nacional Constituyente que defendía con ardor desafiante el Presidente de la República, respecto de cuya creación la sentencia abría el camino, dando inicio al proceso constituyente, sin necesidad de reformar la Constitución.

4. *Los intentos del presidente de la república de otorgar a la Asamblea Nacional Constituyente algún poder constituyente de carácter originario*

En todo caso, el Consejo Supremo Electoral, mediante Resolución N° 990323-71 de 23 de marzo de 1999[161], en cumplimiento de la sentencia de la Corte Suprema de Justicia de 18 de marzo de 1999 antes indicada, resolvió establecer las "bases comiciales para el referendo consultivo sobre la convocatoria de la Asamblea Nacional Constituyente a Celebrarse el 25 de abril de 1999", las cuales, en definitiva eran el "estatuto" de la Asamblea que debía someterse a la votación en el referendo. Por ello, el Consejo, sumiso como siempre a la voluntad presidencial, copió las "bases" que el Presidente había publicado días antes[162], anticipándose a la sentencia de la Corte, entre las cuales se establecía el carácter de la Asamblea Nacional Constituyente, *como poder originario que recoge la soberanía popular".*

Con esta propuesta de "base comicial" que, como se dijo, recogía en su totalidad lo que el Presidente de la República había propuesto y publicado, por supuesto se volvió a plantear la discusión sobre el "tema pendiente" del carácter de poder constituyente originario o derivado de la Asamblea Nacional Constituyente que se iba a elegir.

La referida "base comicial" que pretendía atribuir a la Asamblea Nacional Constituyente carácter de "poder constituyente originario" fue cuestionada ante la Corte Suprema de Justicia, Sala Político-Administrativa, y este alto Tribunal, mediante sentencia de fecha 13 de abril de 1999[163] declaró inconstitucional la frase "como poder originario que recoge la soberanía popular" ordenando su eliminación de las "bases" con fundamento en los siguientes argumentos:

> Resulta incontestable que el contenido de la base comicial identificada bajo el literal octavo -reproducida en la Resolución N° 990323-71 del 23 de marzo de 1999, e incorporada posteriormente a la segunda pregunta del Referendo Consultivo, por remisión ordenada en la Resolución N° 990324-72 del 24 de marzo de 1999, ambas dictadas por el Consejo Nacional Electoral-, y específicamente en lo referente a calificar la Asamblea Nacional Constituyente *como poder originario que recoge la soberanía popular, está en franca contradicción con los principios y criterios vertidos en la sentencia pronunciada por esta Sala el 18 de marzo de 1999, y su aclaratoria del 23 de marzo de 1999,* citados anteriormente, induciendo a error al electorado y a los propios integrantes de la Asamblea Nacional Constituyente, si el soberano se manifestase afirmativamente acerca de su celebración, en lo atinente en su alcance y límites.

---

161 *Gaceta Oficial* N° 36.669 de 25-03-99. Véanse los comentarios en pp. 155 y ss. de este libro.

162 "Propuestas del Ejecutivo Nacional", *Gaceta Oficial* N° 36.660 de 12-03-99. *V.,* el texto en nota 117, pp. 147 y ss. de este libro.

163 *V.,* los comentarios en pp. 162 y ss. de este libro.

La Corte Suprema de Justicia advertía, así, que una frase de ese tipo no sólo podía inducir a error a los electores, quienes podían pensar que votando afirmativamente en el referendo podían estar atribuyéndole a la Asamblea Nacional Constituyente el poder soberano que sólo puede tener el propio pueblo, no siendo la soberanía delegable; sino que también podía inducir a error a los propios miembros de la Asamblea Nacional Constituyente que resultasen electos si el referendo aprobaba las bases comiciales, quienes podían llegar a pensar que la Asamblea podía ser detentadora de un poder constituyente originario, sin sujeción a norma alguna, lo cual no era correcto constitucionalmente hablando. Precisamente para evitar que se produjera tal error, la Corte Suprema ordenó que se quitara de la "base comicial octava" impugnada la expresión cuestionada de que supuestamente la Asamblea podía considerarse "como poder originario que recoge la soberanía popular".

No podía entonces haber duda alguna sobre el tema, el cual había sido resuelto expresamente por la Corte Suprema en dicha sentencia, la cual, además había sido dictada en ejecución de la sentencia de fecha 18 de marzo de 1999. La Sala Político-Administrativa determinó con precisión el carácter *no originario* de la Asamblea eliminando la referida frase, teniendo como base para ello los postulados señalados en esta última decisión, en la cual precisó, además, la misión y finalidad de la Asamblea Nacional Constituyente, y determinó la necesaria vigencia de la Constitución de 1961 durante la actuación de la misma. Sobre esto, tampoco podía haber duda alguna, quedando expresado por la Corte, en la citada decisión del 18-03-99, como ya hemos indicado, lo siguiente:

La circunstancia de la posibilidad, por vía de ese mecanismo, de celebración de una Asamblea Nacional Constituyente, no significa, en modo alguno, por estar precisamente vinculada su estructuración al propio espíritu de la *Constitución vigente,* bajo cuyos términos se producirá su celebración, la alteración de los principios fundamentales del Estado democrático de derecho.

Así mismo, la Sala señaló que:

Es la *Constitución vigente la que permite* la preservación del Estado de derecho y *la actuación de la Asamblea Nacional Constituyente,* en caso de que la voluntad popular sea expresada en tal sentido en la respectiva consulta.

Por tanto, la Asamblea Nacional Constituyente se debía configurar como un instrumento de revisión constitucional y nada más, cuyo producto (la nueva Constitución), incluso, sólo podía entrar en vigencia cuando posteriormente fuera aprobada por el pueblo en referendo. La Asamblea, por tanto, ni siquiera tenía potestad para poner en vigencia la nueva Constitución, precisamente porque no tenía carácter de poder constituyente originario, quedando sujeta a la Constitución de 1961, por lo cual no podía afectar el funcionamiento de los órganos constitucionales constituidos del Poder Público.

Como consecuencia de la decisión de fecha 13 de abril de 1999, la Corte Suprema de Justicia ordenó al Consejo Supremo Electoral, la publicación del nuevo contenido de la "base comicial octava", el cual, con la corrección impuesta por la

Corte se publicó mediante Aviso Oficial; sólo cuatro días antes de la fecha del referendo[164].

En el referendo del 25 de abril de 1999, por tanto, resultó aprobado el texto de la "base comicial octava", *con la corrección anotada*, en la siguiente forma:

> *Octava:* Una vez instalada la Asamblea Nacional Constituyente, ésta deberá dictar sus propios estatutos de funcionamiento, teniendo como límites los valores y principios de nuestra historia republicana, así como el cumplimiento de los tratados internacionales, acuerdos y compromisos válidamente suscritos por la República, el carácter progresivo de los derechos fundamentales del hombre y las garantías democráticas dentro del más absoluto respeto de los compromisos asumidos".

Conforme a lo decidido por la Corte Suprema de Justicia, en Sala Político Administrativa, en otra sentencia posterior, la N° 639 de 3 de junio de 1999 dictada con motivo de la impugnación de la "base comicial tercera" indicada en la Resolución N° 990323-70 de 23 de marzo de 1999 del Consejo Supremo Electoral; una vez aprobadas en referendo, las bases comiciales pasaron a ser "una decisión del cuerpo electoral que aprobó convocar a una Asamblea Nacional Constituyente".

Conforme a este criterio, las bases comiciales debían considerarse como una manifestación del pueblo, al aprobarlas en el referendo, en ejercicio de su soberanía. Se trataba de una materia que había sido objeto de una consulta popular y que había sido aprobada por el pueblo. Como tal decisión del pueblo, la Corte, en esta sentencia, consideró inadmisible la acción de nulidad que había sido intentada contra la mencionada "base comicial", por considerar que "la misma ha sido asumida como una decisión propia del cuerpo electoral, en ejercicio del poder constituyente". Esa "expresión popular" a juicio de la Corte, se había traducido "en una decisión de obligatorio e inmediato cumplimiento", pues poseía "validez suprema", situándose el ejercicio del poder constituyente originario sólo en el pueblo, al aprobar en el referendo las referidas bases comiciales.

En efecto, la Corte estimó que el pueblo, como "cuerpo electoral", al expresarse en el referendo, había actuado como "poder constituyente", por supuesto de carácter originario, capaz de adoptar decisiones con "validez suprema".

Estas bases comiciales, por tanto, se podían considerar como de rango constitucional, al haber emanado directamente de la voluntad del pueblo expresada mediante referendo. Por ello, la Corte Suprema de Justicia en Sala Plena, en sentencia del 14 de octubre de 1999, dictada con motivo de la impugnación del Decreto de la Asamblea Nacional Constituyente de Regulación de las Funciones del Poder Legislativo, al analizar los mecanismos de reforma constitucional previstos en la Constitución de 1961 (arts. 245 y 246) e invocar lo que la propia Corte ya había resuelto en Sala Político Administrativa, en la sentencia de 19 de enero de 1999, con motivo de la interpretación del artículo 181 de la Ley Orgánica del Sufragio y Participación Política, sobre el referendo consultivo sobre la Asamblea Constituyente, dijo que la Corte Suprema:

---

164   *Gaceta Oficial* N° 36.684 de 21-04-99

Arribó a la conclusión de que en ejercicio del derecho de participación a través de referendo, *se podía consultar al pueblo sobre la convocatoria a la Asamblea Nacional Constituyente*. Según se desprende de las citadas sentencias existe un *tercer mecanismo constitucional para modificar la Constitución*. Tal mecanismo no es otro que el de la convocatoria, por parte del pueblo -quien detenta la soberanía y no la pierde por el hecho de delegarla- a una Asamblea Nacional Constituyente. La Asamblea Nacional Constituyente electa el 25 de junio de 1999, tiene definido su régimen fundamental en las preguntas y bases comiciales consultadas en el referendo del 25 de abril de 1999. Esas bases por haber sido aprobadas en ejercicio de la soberanía popular son de *similar rango y naturaleza que la Constitución*.

En esta forma, la Corte Suprema reconoció rango constitucional similar al de la Constitución de 1961, al contenido de las bases comiciales que se aprobaron por referendo el 25 de abril de 1999, donde se regulaba una Asamblea Nacional Constituyente expresamente *sin carácter de poder constituyente originario*, la cual ni siquiera podía poner en vigencia la nueva Constitución que sancionara, sino que ésta debía ser aprobada por el propio pueblo mediante referendo, quien se había reservado ese poder originario.

Ahora bien, conforme a dichas bases comiciales con validez suprema, el Consejo Supremo Electoral dictó las "Normas para la Elección de Representantes a la Asamblea Nacional Constituyente"[165] mediante Resolución N° 990519-154 de 19 de mayo de 1999, en la cual partió del *falso supuesto* de:

Que las bases comiciales contenidas en la Resolución N° 990323-71 de fecha 23 de marzo de 1999 y publicada en *Gaceta Oficial de la República de Venezuela N°* 36.669 de fecha 25 de marzo de 1999, contenidas en la segunda pregunta del Referendo Consultivo Nacional, celebrado el 25 de abril de 1999, *quedaron aprobadas por el soberano*.

Esta afirmación era completamente falsa. El Consejo Supremo Electoral, con esta Resolución, le mintió al país, pues en el referendo consultivo no se aprobaron las bases comiciales tal como aparecieron publicadas en la *Gaceta Oficial* de 25 de marzo de 1999, ya que la Corte Suprema de Justicia en Sala Político Administrativa, en su sentencia de fecha 13 de abril de 1999, antes comentada, había introducido la corrección de anular y eliminar una frase de la base comicial octava, precisamente la que rezaba "como poder originario que recoge la soberanía popular".

Como consecuencia de ello, las bases comiciales que se habían aprobado en el referendo del 25-04-99 habían sido las "corregidas", publicadas en la *Gaceta Oficial* N° 36.684 del 21-04-99, cuatro días antes de su realización, y no las publicadas en la *Gaceta Oficial* N° 36.669 del 25-03-99, como con toda falsedad, rayana en la mala fe, lo afirmó el Consejo Nacional Electoral en su Resolución comentada del 19-5-99.

En todo caso, tan no se concebía a la Asamblea Nacional Constituyente como un poder constituyente originario que sólo puede corresponder al pueblo, que en la base comicial novena, como se dijo, se indicó expresamente que la Constitución que ela-

---

165   *Gaceta Oficial* N° 36.707 de 24-05-99.

borara la Asamblea Nacional Constituyente, para entrar en vigencia, también debía ser aprobada por el pueblo mediante referendo aprobatorio. Es decir, fue voluntad del pueblo, manifestada expresamente en el referendo de 25 de abril de 1999, como poder constituyente originario, conservar este poder constituyente originario y disponer que sólo el pueblo podía poner en vigencia la nueva Constitución, no otorgándole tal potestad a la Asamblea, la cual, en consecuencia, sólo quedó como poder constituyente derivado extraordinario, con la sola misión de elaborar un texto constitucional en el cual se plasma la transformación del Estado y se creara un nuevo ordenamiento jurídico que permitiera el funcionamiento efectivo de una democracia social y participativa, como lo señalaba la pregunta primera del referendo del 25 de abril de 1999, que luego de sancionado por la Asamblea, para que entrara en vigencia, debía ser aprobado por el pueblo mediante referendo.

5. *La violación de la constitución de 1961 perpetrada por la asamblea nacional constituyente al asumir el poder constituyente originario en su estatuto de funcionamiento (08-08-99)*

La Asamblea Nacional Constituyente se instaló el día 3 de agosto de 1999[166]; y con ocasión de la discusión y aprobación de su Estatuto de Funcionamiento, precisamente al cual aludía la "base comicial octava" antes mencionada, y a pesar de que había quedado claro y definitivamente juzgado por la Corte Suprema de Justicia, que la Asamblea Nacional Constituyente electa no podía asumir ningún "poder constituyente originario"; después de un largo debate[167], la Asamblea Nacional Constituyente se declaró a sí misma en el primer artículo de su Estatuto, como *"la depositaria de la voluntad popular y expresión de su soberanía con las atribuciones del poder originario para reorganizar el Estado venezolano y crear un nuevo ordenamiento jurídico democrático"* Además, la Asamblea dispuso, que ella misma, *"en uso de las atribuciones que le son inherentes, podrá limitar o decidir la cesación de las actividades de las autoridades que conforman el Poder Público"*; agregando que *"Todos los organismos del Poder Público quedan subordinados a la Asamblea Nacional Constituyente, y están en la obligación de cumplir y hacer cumplir los actos jurídicos estatales que emita dicha Asamblea"*. En consecuencia, la propia Asamblea dispuso que *"La Constitución de 1961 y el resto del ordenamiento jurídico imperante, mantendrán su vigencia en todo aquello que no colida o sea contradictorio con los actos jurídicos y demás decisiones de la Asamblea Nacional Constituyente"*.

De esta norma resulta no sólo el desconocimiento más abierto de lo que había sido una decisión del Supremo Tribunal, que menospreció y retó la Asamblea, sino la asunción por la Asamblea de un supuesto poder originario que la autorizaba sin

---

166 El Presidente de la Asamblea, electo en el día de su instalación había concluido su discurso inaugural diciendo: "Terminó estas palabras con las que quería dejar inaugurada esta Asamblea Nacional Constituyente, con esas dos promesas solemnes: primero, La Asamblea Nacional Constituyente es originaria y soberana…". *V.*, en *Gaceta Constituyente (Diario de Debates), Agosto-Septiembre 1999*, Sesión de 03-08-99, N° 1, p. 4

167 *Gaceta Constituyente* (Diario de Debates) Agosto-Septiembre 1999, *cit*, Sesión de 07-08-99, N° 4, pp. 6 y ss.

límites a "limitar o decidir la cesación de las actividades de las autoridades que conformaban el Poder Público"; es decir, incluso, para sustituirse en ellos a su voluntad y, por tanto, para "suspender" la vigencia de la Constitución que los regulaba, que era la de 1961.

Con la asunción de este poder, la Asamblea había consumado el golpe de Estado, pues se daba a sí misma una carta blanca para violar una Constitución que estaba vigente, y sometía a todos los órganos del Poder Público constituido a que estuviesen "subordinados" a la Asamblea, imponiéndoles la obligación de cumplir sus "actos jurídicos estatales".

Como la Asamblea había decidido asumir este poder constituyente originario que nadie le había cedido, resolvió decidir que la Constitución de 1961 sólo permanecería vigente durante su funcionamiento en aquello que la Asamblea no la modificara, suspendiera o derogara.

En la Comisión Redactora del Estatuto de Funcionamiento de la Asamblea, de la cual formamos parte, al no estar de acuerdo con la pretensión de los proyectistas, que luego fue la votada, habíamos propuesto que el artículo 1° tuviera otra redacción, acorde con lo aprobado en las bases comiciales del referendo del 25-4-99.[168]

Nuestra propuesta no fue acogida por la Comisión, por lo cual exigimos que el Informe de la misma estuviese acompañado del texto de nuestras consideraciones sobre el artículo 1°[169]. Además, en el debate que precedió a la aprobación del artículo 1°, adicionalmente expusimos nuestra opinión contraria, en la siguiente forma:

> La Asamblea Nacional Constituyente, teniendo como límites los que le impuso el pueblo soberano en las preguntas y bases comiciales que fueron sometidas a consulta popular en el referendo consultivo del 25 de abril de 1999, no puede asumir "carácter originario" alguno, pues ello significaría, al contrario de lo dispuesto por la voluntad popular, *suspender la Constitución de 1961* y pretender actuar fuera de los límites supra constitucionales que deben guiar su actuación.

> Por ello, no es posible que la Asamblea Nacional Constituyente pueda disponer, durante su funcionamiento que está limitado a un lapso de 6 meses, la disolución del Congreso o de la Corte Suprema de Justicia, o de cualesquiera de los poderes constituidos, que si bien no pueden limitar la actuación de la Asamblea, continúan rigiéndose por lo dispuesto en la Constitución de 1961 hasta tanto sea sustituida por la nueva Constitución[170].

---

168 Propusimos el siguiente texto:

Artículo 1°. La Asamblea Nacional Constituyente es producto de la voluntad y soberanía popular expresada en las preguntas y bases comiciales del Referendo consultivo celebrado el 25 de abril de 1999.

Su propósito es transformar el Estado y crear un nuevo ordenamiento jurídico que permita el funcionamiento efectivo de una democracia social y participativa, el cual debe materializar en una Constitución que someterá a referendo aprobatorio dentro de los treinta días siguientes continuos a su sanción.

169 *V.,* Allan R. Brewer-Carías *Debate Constituyente (Aportes a la Asamblea Nacional Constituyente),* Tomo I *(8 agosto-8 septiembre), cit,* p. 20

170 *Gaceta Constituyente* (Diario de Debates), Agosto-Septiembre 1999, *cit,* Sesión de 07-08-99, N° 4, p. 33.

Además en relación con la aprobación del artículo 1° del Estatuto, aprobado definitivamente el 7 de agosto de 1999[171], salvamos nuestro voto, como voto negativo, con el texto de la comunicación que habíamos querido acompañara el Informe de la Comisión Redactora[172].

En todo caso, violando abiertamente tanto la Constitución de 1961, que la Corte Suprema había considerado que continuaba vigente y que debía ser respetada por la Asamblea Nacional Constituyente (sentencia del 18 de marzo de 1999); como el contenido de la sentencia de la propia Corte Suprema que consideró que la Asamblea no podía tener carácter "originario" (sentencia del 13 de abril de 1999); así como la voluntad popular expresada como efectivo y único poder constituyente originario en el referendo consultivo del 25 de abril de 1999, según el criterio de la misma Corte Suprema; la Asamblea Nacional Constituyente se declaró a sí misma como poder constituyente originario y con potestad para apartarse de la Constitución de 1961 vigente en ese momento (derogarla, suspenderla, violarla) y para intervenir todos los Poderes constituidos pudiendo cesar el mandato popular de los mismos.

A partir de ese momento comenzó en el país un sistemático proceso de ruptura del orden constitucional, mediante la emisión de actos constituyentes, que lamentablemente luego fueron reconocidos como de rango constitucional, primero, por la propia antigua Corte Suprema de Justicia hasta que fue cesada, víctima de su debilidad y, luego, por el Tribunal Supremo de Justicia creado y dominado por el nuevo poder.

Todos los actos constituyentes o constitucionales dictados por la Asamblea Nacional Constituyente, por supuesto, tuvieron como fundamento su propio Estatuto, dictado por ella misma, en el cual la Asamblea, ilegítimamente, se había auto-atribuido el carácter de poder constituyente originario; y nunca las bases comiciales aprobadas popularmente, que eran las únicas que podían tener rango constitucional e, incluso, supraconstitucional.

En primer lugar, fue la antigua Corte Suprema de Justicia, en una confusa sentencia del 14-10-99 (Caso: *Impugnación del Decreto de Regulación de las Funciones del Poder Legislativo*) la cual analizamos detalladamente más adelante, la que cambiando el criterio sustentado en la sentencia de la Sala Político Administrativa de 18-03-99, desligó a la Asamblea de las previsiones de la Constitución de 1961, permitiendo que aquélla pudiera desconocerla, con lo que ilegítimamente "legitimó" el golpe de Estado que la Asamblea había dado al desconocer la Constitución de 1961.

Posteriormente, fue el Tribunal Supremo de Justicia creado el 22-12-99 por la propia Asamblea Nacional Constituyente e integrado por Magistrados afectos al nuevo poder, el que convalidó las actuaciones de la Asamblea Nacional Constituyente adoptadas al margen y desconociendo la Constitución de 1961, admitiendo una supuesta "supremacía de la Asamblea Nacional Constituyente como poder constituyente".

En la sentencia N° 4 de 26-01-00 (*caso: Impugnación del Decreto de Régimen de Transición del Poder Público*), en esta forma, la Sala Constitucional del nuevo

171   *Gaceta Oficial* N° 36.786 de 14-09-99

172   *V.,* Allan R. Brewer-Carías, *Debate Constituyente* (Aportes a la Asamblea Nacional Constituyente); Tomo I, (8 agosto-8 septiembre), *cit.* pp. 17 y ss.

Tribunal Supremo de Justicia declaró improcedente el recurso, señalando expresamente que:

> Dado el *carácter originario del poder* conferido por el pueblo de Venezuela a la Asamblea Nacional Constituyente, mediante la pregunta N° 1 y la base comicial octava del referido referendo consultivo nacional, aprobado el 25 de abril de 1999, y por tanto, *la no sujeción de este poder al texto constitucional* vigente para la época...

Posteriormente, el mismo Tribunal Supremo de Justicia en la misma Sala Constitucional consideró los actos de la Asamblea Nacional Constituyente como de naturaleza "supraconstitucional".

Así lo señaló en la sentencia de 21-01-00 con motivo de otra impugnación del Decreto sobre "Régimen de Transición del Poder Público"; y de nuevo en otra sentencia con el mismo objeto de 20-06-99 (Caso: *Mario Pesci Feltri*), en la cual la Sala Constitucional señaló que:

> Las normas sancionadas por la Asamblea Nacional Constituyente tienen un fundamento supraconstitucional respecto de la Constitución de 1961 y constitucional respecto de la de 1999.

Hasta ese momento, lo que se había considerado como de carácter supraconstitucional era únicamente la voluntad popular expresada en el referendo del 25-4-99; ahora, el Tribunal Supremo "equiparaba" los actos de la Asamblea, que era un órgano representativo del pueblo, a los del propio pueblo y reconociéndole tal igual carácter, se derivaba, entonces, que la Asamblea podía modificar la propia voluntad popular, lo cual era una aberración constitucional.

La misma Sala Constitucional, posteriormente, agregó lo siguiente al considerar la denuncia de violación por el "Decreto de Régimen de Transición del Poder Público", de la Asamblea, del artículo 262 de la Constitución de 1999:

> Esta Sala una vez más sostiene que la Asamblea Nacional Constituyente, como órgano del poder originario y en ejercicio de la competencia que es inherente a la organicidad de ese poder originario, podía dentro de la segunda etapa de transitoriedad antes referida -además de dictar, abrogar, derogar o modificar normas-, disponer la integración provisional de las nuevas estructuras políticas creadas por el nuevo Texto Fundamental, en aquello no definido de manera expresa por dicho cuerpo de normas.

Posteriormente, la misma Sala Constitucional del Tribunal Supremo consolidó el carácter de "poder constituyente originario" de la Asamblea Nacional al dictar la sentencia N° 180 de 23 de marzo de 2000 (Caso: *Allan R. Brewer-Carías y otros, impugnación del Estatuto Electoral del Poder Público*), en el cual señaló entre otros aspectos, bajo la ponencia del magistrado Jesús Eduardo Cabrera, lo siguiente:

> Desde el 25 de abril de 1999, comenzó un régimen transitorio cuya finalidad no sólo era discutir y aprobar una nueva Constitución, por medio de la Asamblea Nacional Constituyente sino que según la pregunta 1° del Referendo Consultivo, la Asamblea se convirtió en un órgano con potestad para transformar el Estado y crear un nuevo ordenamiento jurídico que permitiera el funcionamiento efectivo de una democracia social y participativa. Ese régimen transitorio finalizó con la aprobación de la Constitución de la República Bolivariana de Venezuela, pero

dentro de este devenir, la Asamblea Nacional Constituyente decretó, el 12 de agosto de 1999 (publicado en la *Gaceta Oficial de la República de Venezuela* N° 36.764, del 13 de agosto de 1999) la reorganización de todos los Poderes Públicos y reformó las funciones del Poder Legislativo.

Durante este régimen transitorio, estuvo vigente la Constitución de la República de Venezuela de 1961, en lo que no colidiese con el régimen jurídico que creaba la Asamblea, ya que ésta ejercía en forma originaria el poder constituyente, por ser emanación del pueblo soberano, y por tanto, no existía norma superior preestablecido por encima de sus determinaciones, lo cual fue reconocido por sentencia de fecha 14 de octubre de 1999, emanada de la Sala Plena de la extinta Corte Suprema de Justicia. Así, las normas sancionadas por la Asamblea Nacional Constituyente tuvieron un fundamento supraconstitucional con respecto a la Constitución de la República de Venezuela de 1961, y conforman un sistema de rango equivalente a la Constitución, pero de vigencia determinada, con respecto a la Constitución que elaboraba. Tal sistema, nacido de un poder constituyente e indivisible, situado por encima de las ramas del Poder Público, está destinado a regir toda la transitoriedad, hasta el momento en que los Poderes Públicos sean electos e inicien el ejercicio de sus competencias; es decir, que su teleología, consiste en *"la implantación efectiva de la organización y funcionamiento de las instituciones previstas en la Constitución aprobada"* (artículo 3 del decreto que creó el Régimen de Transición del Poder Público, publicado con anterioridad a la entrada en vigencia de la Constitución de 1999).

Con fundamento, entonces, en este pretendido carácter de poder constituyente originario que la Asamblea Nacional Constituyente había asumido, en su propio Estatuto, sin fundamento en las bases comiciales del referendo del 25-4-99 que le había dado origen; y que luego, el Tribunal Supremo de Justicia en su Sala Constitucional se había encargado de otorgarle, olvidándose de sus funciones de juez constitucional; la Asamblea irrumpió contra el orden constitucional mediante diversos actos constituyentes que consolidaron el golpe de Estado contra la Constitución de 1961, que estaba vigente; y todo con la anuencia del nuevo Tribunal Supremo de Justicia.

III. LA INTERVENCIÓN "CONSTITUYENTE" DE TODOS LOS PODERES PÚBLICOS CONSTITUIDOS

1. *La reorganización de los poderes constituidos*

El primero de los actos constituyentes dictados por la Asamblea en violación de la Constitución de 1961, fue el contenido en el "Decreto mediante el cual se declara la reorganización de todos los órganos del Poder Público" de fecha 12 de agosto de 1999[173].

Para dictar el Decreto, la Asamblea invocó que ejercía "el poder constituyente otorgado por este mediante referendo..."; es decir, que ejercía un "poder constituyente" que supuestamente le había otorgado el "poder constituyente" (pueblo) en el "referendo", lo que si era así, se configuraba como un poder constituyente derivado.

---

173 *Gaceta Oficial* N° 36.764 de 13-08-99.

Sin embargo, la Asamblea se fundamentó, para aprobar el Decreto, en "lo dispuesto en el artículo primero del Estatuto de esta Asamblea", en el cual la Asamblea se auto confirió, a sí misma, el supuesto carácter de poder constituyente originario.

A pesar de la contradicción, la Asamblea declaró "la reorganización de todos los órganos del Poder Público", autorizándose a sí misma para "decretar las medidas necesarias para enfrentar situaciones específicas de la reorganización", autoatri-buyéndose, además, la potestad de disponer "la intervención, modificación o sus-pensión de los órganos del Poder Público que así considere...". Con esta decisión, sin duda, la Asamblea había materializado, técnicamente, el golpe de Estado, abriendo la vía para violar la Constitución vigente para ese momento (la de 1961) y colocándose por encima de la propia Constitución.

En el debate respecto de este Decreto, el cual, al principio había sido proyectado como "Decreto de Declaratoria de Emergencia Nacional", expresamos nuestra opi-nión contraria y señalamos que:

> Si la Asamblea Nacional Constituyente no tiene poder alguno derivado de la vo-luntad popular para poner en vigencia la nueva Constitución en la cual refleje la transformación del Estado que diseñe y el nuevo ordenamiento jurídico que elabore; menos aún tiene competencia alguna derivada del referendo consultivo del 25-04-99, para durante su funcionamiento, en estos seis meses, suspender, revocar, dero-gar o modificar, así sea temporalmente la actual Constitución de 1961, cuyo texto estará vigente hasta que se apruebe, mediante referendo, la nueva Constitución.

> En consecuencia, no es posible derivar del referendo consultivo de 25-04-99, fun-damento alguno para que la Asamblea pueda, durante su funcionamiento, arrogarse el poder de intervenir, modificar o suspender los órganos del Poder Público antes de que la nueva Constitución entre en vigencia al ser aprobada por referendo, pues ello implicaría una modificación o suspensión de la Constitución vigente[174].

A pesar de nuestra oposición, el mencionado decreto fue aprobado con nuestro voto negativo.

2. *La intervención del Poder Legislativo con la eliminación del Congreso y de las Asambleas Legislativas de los Estados y la limitación de la función legislativa de los órganos del Poder Público*

Luego de dictado el "Decreto mediante el cual se declaró la reorganización de todos los órganos del Poder Público" la Asamblea procedió a intervenir y a regular a casi todos los órganos constituidos del Poder Público, comenzando por los órganos que ejercían el Poder Legislativo.

A tal efecto, el 25 de agosto de 1999, la Asamblea dictó el "Decreto mediante el cual se regulan las funciones del Poder Legislativo"[175] que reformó cinco días des-pués, el 30 de agosto de 1999[176].

---

174   *V.*, Allan R. Brewer-Carías, *Debate Constituyente*, Tomo I, *op. cit.* pp. 51 y 52.

175   *Gaceta Oficial* N° 36.772 de 25-08-99

176   *Gaceta Oficial* N° 36.776 de 31-08-99

Este Decreto, sin embargo, tuvo una fundamentación distinta al anterior. La "timidez" expresada en el "Decreto de reorganización general de los órganos del Poder Público" puede considerarse que fue superada en este Decreto, pues la Asamblea no se limitó a invocar el ejercicio de un poder constituyente (derivado) que le había otorgado el poder constituyente (originario) que era el pueblo mediante el referendo consultivo de 25 de abril de 1999; sino que se arrogó directa y abiertamente un "poder constituyente originario" que nadie le había otorgado, sino ella misma en su propio Estatuto de funcionamiento. En efecto, en el encabezamiento del Decreto se afirmó que la Asamblea actuaba:

> En nombre y representación del pueblo soberano de Venezuela, *en ejercicio del poder constituyente originario otorgado por éste* mediante referendo aprobado democráticamente el 25 de abril de 1999...

En este acto constituyente por tanto, la Asamblea partió del falso supuesto de que el poder constituyente originario (el pueblo), expresado en el referendo del 25 de abril de 1999, le habría otorgado a la Asamblea un "poder constituyente originario", lo que no sólo era un contrasentido, sino que expresamente no fue así, en virtud de la sentencia comentada de la Corte Suprema de Justicia del 18-03-99 que había ordenado eliminar de la base comicial octava toda referencia a "poder constituyente originario" alguno, que pudiera pretender ejercer la Asamblea, precisamente para evitar toda confusión.

Se destaca, además, que la fundamentación normativa de este Decreto, como ocurrió en todos los otros actos constituyentes posteriores, fue el artículo 1° del Estatuto de Funcionamiento de la Asamblea y el artículo único del Decreto que declaró la reorganización de todos los órganos del Poder Público. En ausencia de manifestación popular alguna derivada del referendo de 25 de abril de 1999 y de fundamentación normativa alguna para poder dictar actos constituyentes, la Asamblea, de hecho y en aproximaciones sucesivas, fue "construyendo" su propio carácter de "poder constituyente originario" que nadie le había asignado.

De hecho, la Asamblea sumió el Poder Público y se arrogó la potestad de disponer sobre el Poder Público constituido conforme a la Constitución de 1961, que violó abiertamente.

Sobre el Decreto mediante el cual se regularon las funciones del Poder Legislativo, en el debate en la Asamblea, expresamos que su contenido violaba:

> La voluntad popular y soberana expresada en el referendo el 25-04-99, en el sentido de que *primero*, viola las garantías democráticas que la Asamblea Nacional Constituyente debe respetar; *segundo*, viola los principios del republicanismo, entre ellos, el de la separación de poderes, al modificar la Constitución de 1961 en cuanto la organización y funciones del Poder Legislativo Nacional y concentrar los Poderes del Estado en la Asamblea; *tercero*, viola compromisos internacionales de la República relativos al régimen democrático y a los derechos fundamentales; *cuarto*, viola el carácter progresivo de los derechos fundamentales del hombre, y *quinto*, viola el régimen autonómico de los Estados de la República[177].

---

177   *V.,* Allan R. Brewer-Carías, *Debate Constituyente,* Tomo I, *op. cit.* p. 76

El Decreto finalmente, y a pesar de nuestra oposición, fue aprobado, razón por la cual dejamos constancia de nuestro voto salvado negativo en el cual expresamos que la Asamblea Nacional Constituyente, al aprobar este Decreto:

En mi criterio, ha actuado al margen de los límites que le impuso la voluntad popular, lo que ya hizo, también, al aprobar su Estatuto, particularmente el contenido de su artículo 1°; al aprobar el Decreto de Reorganización de los Poderes Públicos y al aprobar el Decreto de Reorganización del Poder Judicial[178].

En todo caso, en resumen, mediante este Decreto, la Asamblea Nacional Constituyente, en violación abierta de lo previsto en la Constitución de 1961, reguló y limitó las funciones del Congreso de la República cuyos miembros habían sido electos unos meses antes, en diciembre de 1998. Para ello, el Decreto comenzó eliminando el Congreso, al disponer que éste sólo actuaría "por órgano de la Comisión Delegada" (art. 2); y en cuanto a la función legislativa del Congreso (que quedaba eliminado y que ejercía la Comisión Delegada) quedó confinada a un conjunto específico de materias, indicado como *numerus clausus* (art. 1).

La Asamblea dispuso, además, cuáles de las Comisiones Legislativas podían funcionar (Finanzas y Contraloría y dos especiales) y suspendió las sesiones del Congreso (que había reducido a ser una Comisión Delegada) en cualquier materia distinta a las indicadas, y de las otras Comisiones Legislativas que existían, distintas a las enumeradas como funcionables.

Debe señalarse en relación con el ejercicio de la potestad legislativa nacional, que la Asamblea Nacional Constituyente, incluso después de publicada la nueva Constitución (31-12-99), en fecha 18 de enero de 2000, emitió un Decreto mediante el cual decidió "asumir la competencia prevista en el artículo 187, numeral 6° de la (nueva) Constitución" de 1999 relativa a la discusión y aprobación el proyecto de Ley especial que autorizó al Ejecutivo Nacional para la contratación y ejecución de operaciones de crédito público[179] y, en efecto, dictó la "Ley Especial que autoriza al Ejecutivo Nacional para la Contratación y Ejecución de operaciones de Crédito Público destinadas a financiar programas, proyectos y gastos extraordinarios para atender la situación de calamidad pública, consecuencia de las precipitaciones de proporciones inusuales"[180].

Este Decreto, totalmente contrario a la nueva Constitución, la cual no preveía esta facultad de "asunción" de competencias atribuidas al órgano legislativo por la Asamblea Nacional Constituyente, se fundamentó en "el ejercicio del *poder soberano constituyente originario*, otorgado por este mediante referendo aprobado democráticamente el 25 de abril de 1999", lo cual, como se señaló, no fue así.

Además, cabe señalar que conforme a la interpretación dada por el Tribunal Supremo de Justicia, en Sala Constitucional, en su sentencia N° 6 de fecha 27 de enero de 2000, *"los actos dictados por la Asamblea Nacional Constituyente con posterioridad a la publicación de la nueva Constitución estarían sujetos a ésta"*, y la única

---

178   *V.,* Allan R. Brewer-Carías, *Debate Constituyente,* Tomo I, *op. cit.* p. 95

179   *Gaceta Oficial* N° 36.881 de 31-01-00

180   *Gaceta Oficial* N° 36.883 de 02-02-00

excepción transitoria constitucional expresa que autorizó a la Asamblea Nacional Constituyente para dictar alguna ley, fue la prevista en la Disposición Transitoria Primera de la Constitución de 1999, en relación con la Ley Especial del Distrito Metropolitano de Caracas. Por tanto, la Asamblea Nacional Constituyente, después de publicada la nueva Constitución, no podía asumir competencias de legislador ni, por tanto, violar la Constitución. No obstante, lo hizo sin rubor alguno.

Volviendo al "Decreto de regulación de las funciones del Poder Legislativo", la función legislativa limitada que se atribuyó a la Comisión Delegada, convirtió al órgano (Congreso) del Poder Legislativo que era bicameral (Cámara de Diputados y Senado) conforme a la Constitución de 1961, en un órgano unicameral, regulándose, en consecuencia, un nuevo procedimiento constitucional de formación de las leyes distinto al que establecía la Constitución de 1961, con sólo dos discusiones en la Comisión Delegada (art. 3).

La Asamblea Nacional Constituyente, en su carrera de inconstitucionalidades y para concluir la intervención del Congreso, se arrogó, a sí misma, el carácter de órgano del Poder Legislativo creando una Comisión Legislativa (art. 4) para legislar en todas *las otras* materias no asignadas específicamente en el artículo 1° del Decreto a la Comisión Delegada del eliminado Congreso.

La Asamblea, además, creó una Comisión de Investigación sobre las gestiones administrativas del Congreso, con lo cual intervino la administración del mismo (arts. 6 a 10).

En todo caso, mediante el antes mencionado Decreto de regulación del Poder Legislativo, la Asamblea también intervino y eliminó las Asambleas Legislativas de los Estados de la Federación, por supuesto también violando la Constitución, al vulnerar la autonomía de los Estados y su potestad constitucional de organizar sus poderes públicos que expresamente les garantizaba la Constitución de 1961 (art. 17), que estaba vigente en ese momento. La Asamblea dispuso, además, que las funciones de las Asambleas Legislativas de los Estados se ejercerían por unas Comisiones Delegadas de cada una, regulando la forma de su integración (art. 11), y en la reforma posterior del Decreto, garantizó la integración de los siete miembros de cada Asamblea, conforme al principio de la representación proporcional (art. 11).

La consecuencia de la eliminación de las Asambleas Legislativas fue, también, la suspensión de las actividades de todas la Comisiones que pudieran existir en todas las Asambleas (art. 11) de los Estados y, en consecuencia, la revocatoria del mandato de los Diputados de las Asambleas que no integrasen las Comisiones delegadas respectivas (art. 12). Esta norma, sin embargo, fue suprimida en la reforma del Decreto (art. 3), lo que ocurrió cinco días después, con lo cual "revivió" el mandato de los Diputados de las Asambleas Legislativas, en otro disparate constitucional improvisado.

En cuanto a los Concejos Municipales de los Municipios del país, si bien no se los eliminó, se les prohibió realizar operación alguna con los ejidos municipales, y aprobar o modificar los Planes de Desarrollo Urbano Local (art. 14), lo que se configuraba en una lesión a la autonomía municipal que garantizaba la Constitución de 1961 (art. 30), la cual, de nuevo, resultó violada.

Posteriormente, en esta materia, la Asamblea Nacional Constituyente dictó otros dos actos constituyentes en ejercicio del "poder soberano constituyente originario" que se había arrogado a sí misma: el Decreto de 25-01-00 que autorizó a los Municipios la enajenación de ejidos para planes de viviendas destinadas a los damnificados por las lluvias[181]; y el Decreto sobre el Régimen sobre autorización de operaciones de enajenación, disposición y afectación de terrenos ejidos de 30-01-00[182], mediante el cual se asignó a las Comisiones Legislativas Estadales otorgar las autorizaciones, y se derogó el art. 13 del Decreto de Regulación de las funciones del Poder Legislativo.

El Decreto de Regulación de las Funciones del Poder Legislativo, además, dispuso la evaluación por la Asamblea Nacional Constituyente, de los Contralores Generales de los Estados y de los Municipios, que eran órganos con autonomía funcional garantizada por la Constitución, arrogándose la Asamblea la facultad de ratificarlos o destituirlos "de acuerdo al resultado de la evaluación" (art. 13), violando el nuevo texto fundamental.

Este "Decreto de Regulación de las Funciones del Poder Legislativo", evidentemente contrario a lo que regulaba la Constitución de 1961 (eliminaba el Congreso, eliminaba las Asambleas Legislativas, cambiaba la estructura del Parlamento de bicameral a unicameral, e intervenía la autonomía e independencia de los órganos del Poder Público que regulaba la Constitución) fue impugnado ante la Corte Suprema de Justicia por el Presidente de la Cámara de Diputados.

La Corte Suprema de Justicia en (Sala Plena), y con ponencia del Magistrado Iván Rincón Urdaneta, mediante sentencia de fecha 14 de octubre de 1999, (Caso: *Decreto de Reorganización del Poder Legislativo*) resolvió el recurso declarando "improcedente la acción de nulidad intentada".

La Corte, con esta sentencia, se plegó al nuevo poder, avaló los desaguisados constitucionales de la Asamblea y, con ello firmó su sentencia de muerte y la remoción de sus integrantes con excepción, por supuesto, del magistrado Urdaneta, Presidente ponente, quien luego siguió de presidente del nuevo Tribunal Supremo de Justicia.

En todo caso, luego de unas confusas argumentaciones basadas en citas bibliográficas que, por supuesto, incluyeron al Abate Sièyes sobre el poder constituyente en la teoría y práctica políticas de la historia universal; y sobre la distinción entre el poder constituyente y los poderes constituidos, la Corte Suprema, en esta sentencia, concluyó observando que:

> El poder constituyente no puede ejercerlo por sí mismo el pueblo, por lo que la elaboración de la Constitución recae en un cuerpo integrado por sus representantes, que se denomina Asamblea Constituyente, cuyos títulos de legitimidad derivan de la relación directa que exista entre ella y el pueblo.

Con este "descubrimiento" la Corte lo que hizo fue observar que la Asamblea Nacional Constituyente electa el 25 de julio de 1999 tenía como límites las bases comiciales aprobadas por el poder constituyente originario (el pueblo) mediante referendo, bases a las cuales la Corte, en la misma sentencia, le había reconocido "similar rango y naturaleza que la Constitución", y en las cuales se encomendó a la

---

181   *Gaceta Oficial* N° 36.878 de 26-01-00
182   *Gaceta Oficial* N° 36.902 de 29-02-00

Asamblea "la elaboración de la Constitución", mas no su adopción o puesta en vigencia, que se reservó el pueblo como poder constituyente originario mediante referendo aprobatorio en la base comicial novena.

Sin embargo, en la misma sentencia, la Corte Suprema pasó de reconocerle a las bases comiciales "similar rango y naturaleza que la Constitución" (de 1961), a otorgarle rango "supraconstitucional". La Corte, en efecto, en la sentencia, luego de constatar las denuncias de inconstitucionalidad del Decreto impugnado, señaló:

> Como puede observarse, la pregunta N° 1 del referendo consultivo nacional aprobado el 25 de abril de 1999 y la base comicial octava del mismo referendo, *consagra la supraconstitucionalidad de sus prescripciones*, ya que en ningún momento remite a la Constitución de 1961 sino a la tradición de la cultura...

Por supuesto, en esta línea de razonamiento, la Corte Suprema se encontraba con el escollo de la sentencia del 13 de abril de 1999, de la Sala Político Administrativa de la propia Corte Suprema, que había ordenado eliminar de la base comicial octava, para evitar toda confusión, toda referencia al pretendido carácter originario del poder constituyente que ejercía la Asamblea, pero dijo lo siguiente:

> Si bien la sentencia de la Corte Suprema de Justicia en Sala Político Administrativa de fecha 13 de abril de 1999, excluyó de la base comicial octava "como poder constituyente originario que recoge la soberanía popular", es claro que la Asamblea Nacional Constituyente, no es un poder derivado, pues su función de sancionar una nueva Constitución implica el ejercicio del poder constituyente, el cual no puede estar sujeto a los límites del orden jurídico establecido, incluyendo la Constitución vigente.

De lo anterior resulta una contradicción abierta de criterios. La Corte reconocía que la sentencia de 13 de abril había dejado claro que la Asamblea Nacional Constituyente *no era un poder constituyente originario* (que sólo el pueblo lo es), lo que conducía entonces a considerarla como un poder constituyente "derivado", regulado por el pueblo en las bases comiciales a las cuales le reconoció rango "supraconstitucional". La Corte dijo, en definitiva, que la Asamblea no era ni poder constituyente originario ni poder constituyente derivado. Entonces, ¿de qué se trataba? Si toda la bibliografía citada en la sentencia establecía esta dicotomía, debía ser una cosa o la otra, pero lo que no podía era no ser alguna de las dos.

La inconsistencia de la sentencia, en todo caso, condujo a la Corte Suprema, luego de citar párrafos sueltos de la antigua sentencia del 19 de enero de 1999, a cambiar su propio criterio establecido en la sentencia del 13 de abril de 1999 sobre la ausencia del carácter originario del poder constituyente otorgado a la Asamblea.

Debe señalarse que es cierto que la Asamblea no tenía más límites que los establecidos en las bases comiciales para sancionar una nueva Constitución; pero sólo para eso es que ello implicaba el ejercicio del poder constituyente: para elaborar el texto de una nueva Constitución la cual no se podía poner en vigencia con la sola voluntad de la Asamblea, porque ésta no tenía poder constituyente para ello. Por eso, las comparaciones que hizo la Corte, en su sentencia, con el proceso de la Asamblea Constituyente de Colombia de 1991, son totalmente impertinentes, pues en ese país, al contrario de lo que sucedió en Venezuela, la Constitución sí fue puesta en vigencia por la Asamblea Constituyente, sin aprobación popular. En Venezuela, al contrario, el pueblo, como poder constituyente originario, en las bases comiciales mencionadas, se reservó la potestad de aprobar la Constitución mediante referendo aprobatorio posterior.

Sin embargo, incluso contrariando sus propias palabras (que la función de la Asamblea era "sancionar una nueva Constitución") la Corte Suprema en la sentencia, le atribuyó otras tareas (indefinidas) a la Asamblea así:

> El cambio constitucional dirigido a la supresión de la Constitución *vigente*, es un proceso que, como tal, no se limita a la sanción de la nueva Constitución, sino al interregno durante el cual, la Asamblea Nacional Constituyente actúa dentro del contexto jurídico donde rige, transitoriamente, la Constitución anterior...

Es decir, la Corte contradictoriamente reconoció en la sentencia la "vigencia" de la Constitución de 1961, así fuera "transitoriamente" hasta que se aprobara la nueva Constitución mediante referendo, y agregó luego, sin embargo, que:

> El hecho de que la supresión de la Constitución actual se produce sólo cuando es refrendada y sancionada por el pueblo la Constitución nueva, el tiempo de vigencia de la primera no puede impedir ni obstaculizar el cumplimiento de la función de la Asamblea Nacional Constituyente que es la creación de un nuevo ordenamiento jurídico a que se refiere la pregunta Nº 1 del referendo consultivo nacional del 25 de abril de 1999. Si el cambio constitucional es un proceso, que se inicia con dicho referendo y si este proceso implica forzosamente la coexistencia de poderes (del poder constituido y la Asamblea Nacional Constituyente), los Estatutos de Funcionamiento de ésta, basados, como se ha dicho, en normas presupuestas o supraconstitucionales, deben definir el modo de esta coexistencia, siendo la Constitución de 1961, el límite del poder constituido, pero no el criterio de solución de las controversias que puedan ocurrir entre ambos poderes.

Es decir, la Corte Suprema cambió el criterio que había sentado en la sentencia del 18 de marzo de 1999, según el cual la Constitución de 1961 era un marco límite de la Asamblea cuya elección debía aprobarse por el referendo del 25 de abril de 1999; y pasó a señalar, ya en medio del proceso constituyente, que esa misma Constitución de 1961 sólo era un límite a la actuación "de los poderes constituidos", pero no de la propia Asamblea Nacional Constituyente, cuya actuación pasaba a estar regulada por su Estatuto de Funcionamiento, que ella misma se había dictado, autoatribuyéndose "poder constituyente originario".

Como conclusión de estas contradicciones, sin más, la Corte Suprema, en su sentencia del 14 de octubre de 1999, afirmó que la pretensión de nulidad del "Decreto de Regulación de las Funciones del Poder Legislativo", al violar la Constitución de 1961, era "improcedente":

> Pues el fundamento del acto impugnado no puede ser la Constitución vigente, desde que la soberanía popular se convierte, a través de la Asamblea Nacional Constituyente, en supremacía de la Constitución, por razón del carácter representativo del poder constituyente, es decir, como mecanismo jurídico de producción originaria del nuevo régimen constitucional de la República, así se declara.

Con esta confusa declaración, de la que podía deducirse cualquier cosa por quien quiera que la lea, la Corte Suprema cambió los criterios que dieron origen al mismo proceso constituyente sentados por la misma Corte y, en definitiva, decretó su futura extinción. Sólo pasaron algo más de dos meses para que fuera cerrada y extinguida por la propia Asamblea Nacional Constituyente, precisamente en ejercicio de los "poderes" que la misma Corte le atribuyó a partir de esta sentencia.

Esta sentencia de la Corte en Pleno, en todo caso, fue objeto de severas criticas por parte de los siguientes Magistrados que salvaron su voto: Hermes Harting, quien había sido ponente de las sentencias de 18-03-99, 23-03-99 y 13-04-99 de la Sala Político Administrativa; Hildegard Rondón de Sansó; Belén Ramírez Landaeta; Héctor Grisanti Luciani, y Humberto J. La Roche, quien había sido el ponente de la sentencia inicial del proceso constituyente de 19-01-99.

El magistrado Harting insistió en la tesis de que la Asamblea Nacional Constituyente se había originado "en función de la Constitución de 1961, fuente de su nacimiento", por lo que estaba sujeta a la Constitución, lo que implicaba:

> El no poder ejercer la Asamblea Nacional Constituyente potestades correspondientes a los Poderes del Estado, ni realizar actuaciones atribuidas específicamente a estos por la Constitución y las Leyes, ni siquiera invocando circunstancias excepcionales.

Sobre este mismo tema, la magistrado Hildegard Rondón de Sansó también fue precisa al afirmar que la Asamblea Nacional Constituyente

> Está -ante todo- sujeta al sistema de la Constitución de 1961, al orden vigente y a las bases comiciales en el ejercicio y límites de su competencia.

Por ello, la magistrado Sansó consideró que la sentencia de 14-10-99 había tergiversado la base comicial octava al considerar que la Asamblea estaba exonerada del bloque normativo de la Constitución de 1961; afirmando que:

> La posición supraconstitucional de la Asamblea Nacional Constituyente radica en la facultad de erigir instituciones futuras, diferentes del texto constitucional vigente: no en la facultad de violar las normas que rigen el sistema dentro del cual opera.

La magistrado Sansó también denunció el "flagrante desconocimiento" que evidenció la sentencia de un Acuerdo que había adoptado la Corte en Pleno, días antes, el 23-08-99, en el cual la Corte declaró que:

> Se mantiene firme en su convicción de que dicha Asamblea no nació de un gobierno de facto, sino que surgió en un sistema de iure mediante un procedimiento al cual ella misma ha dado su respaldo.

Ahora bien, la acción de nulidad del Decreto que reguló la reorganización del Poder Legislativo se había fundamentado, entre otros aspectos, en la violación de la base comicial octava que la sentencia consideró como de rango y naturaleza constitucional e, incluso, supraconstitucional. Al declarar improcedente la acción sólo indicando que el Decreto no estaba sometido a la Constitución de 1961, pero sin confrontar su texto con la base comicial octava, la Corte en Pleno incurrió en denegación de justicia o quizás en absolución de la instancia, lo que fue destacado por los magistrados Humberto J. La Roche e Hildegard Rondón de Sansó en sus votos salvados.

La sentencia, en todo caso, fue dictada con un apresuramiento inconcebible; como lo destacó en su voto salvado la magistrada Belén Ramírez Landaeta:

La sentencia fue reformada y a menos de media hora de su distribución -vio-lando el Reglamento de Reuniones de la Corte Suprema de Justicia en Pleno dictado por la Corte Suprema de Justicia en fecha 26 de noviembre de 1996- fue votada sin derecho a examinar, con la cordura requerida, el contenido de la misma.

Ello condujo, conforme al criterio de la magistrado Ramírez, a un "fallo lleno de errores, tanto formales como conceptuales" en cuya emisión, la Corte no ejerció "la virtud de la prudencia" ni tomó en cuenta la trascendencia que la decisión tenía "para el país y para la historia".

El apresuramiento por complacer al nuevo poder hizo a la Corte incurrir en los desafortunados desaguisados que sus propios Magistrados denunciaron en los votos salvados.

Por último, los magistrados Héctor Grisanti Luciani, Humberto J. La Roche y Belén Ramírez Landaeta, quienes también salvaron su voto, destacaron la omisión del fallo en considerar el contenido del Acuerdo que había sido firmado entre representantes del Congreso y de la Asamblea Nacional Constituyente el 09-09-99, mediante el cual materialmente se había dejado sin efecto la médula del Decreto impugnado, estableciéndose un sistema de cohabitación o coexistencia pacífica de las dos instituciones.

En todo caso, con el "Decreto de Regulación de las funciones del Poder Legislativo" se materializó jurídicamente el golpe de Estado dado por la Asamblea Nacional Constituyente, al violar la Constitución de 1961, extinguir un órgano constitucional constituido y electo como era el Congreso, intervenir sus funciones legislativas, limitar la autonomía de los Estados y Municipios y lesionar la autonomía de las Contralorías. La Asamblea Nacional Constituyente, como lo destacó la magistrado Rondón de Sansó en su voto salvado a la sentencia de la Corte en Pleno del 14-10-99, ciertamente había nacido a raíz de la sentencia de 19-01-99 como una Asamblea sometida a un "régimen de *iure*". Por ello, al usurpar la autoridad del Congreso y violar la Constitución, la Asamblea Nacional Constituyente se constituyó a sí misma en un órgano bajo *régimen de facto,* actuando como una *Asamblea de facto,* al margen de la Constitución.

En esta forma, a partir de ese momento en adelante, se sucedieron diversos actos constituyentes que significaron la violación sistemática de la Constitución de 1961 y luego, de la propia Constitución de 1999.

3. *La intervención del Poder Judicial*

A. *El Decreto de reorganización del Poder Judicial*

En fecha 19 de agosto de 1999, le tocó su turno al Poder Judicial, incluida la propia Corte Suprema de Justicia, para lo cual la Asamblea Nacional Constituyente resolvió declarar "al Poder Judicial en emergencia" (art. 1°), creando una Comisión de Emergencia Judicial, que asumió el proceso de intervención[183].

---

183 *Gaceta Oficial* N° 36.772 de 25-08-99 reimpreso en *Gaceta Oficial* N° 36.782 de 08-09-99

Este Decreto tuvo la misma fundamentación que los anteriores: el ejercicio del poder constituyente originario supuestamente otorgado por éste a la Asamblea mediante referendo; el artículo 1° del Estatuto de Funcionamiento de la propia Asamblea y el artículo único del Decreto de la Asamblea que declaró la reorganización de todos los Poderes Públicos constituidos. Es decir, el fundamento del Decreto fue el que la propia Asamblea Constituyente se había construido a la medida, sin vínculo alguno con las normas supraconstitucionales como eran las bases comiciales aprobadas en el referendo consultivo del 25 de abril de 1999.

En el debate ante la Asamblea, expusimos nuestra opinión y las objeciones a la forma como se procedía a la intervención de la justicia, señalando que:

Si bien la Asamblea Nacional Constituyente debe ser la instancia política para motorizar las reformas inmediatas al Poder Judicial, y para propender a la renovación de la Judicatura, ello no lo puede hacer directamente sustituyendo los órganos con competencia legal para ello, sino instruyendo, vigilando y haciendo el seguimiento de sus propuestas. De lo contrario, corremos el grave riesgo de desencadenar iniciativas indeseadas por violación de los Tratados Internacionales que obligan al Estado Venezolano a proteger la independencia judicial, la cual lejos de salvaguardarse, se lesiona abiertamente con el Proyecto de Decreto[184].

En todo caso, el Decreto de Reorganización del Poder Judicial fue aprobado, atribuyendo a la Comisión de Emergencia Judicial amplias facultades de intervención del Poder Judicial, las cuales pueden resumirse así:

1. La proposición a la Asamblea de las medidas necesarias para la reorganización del Poder Judicial y "la ejecución de las aprobadas por la Asamblea de conformidad con su Estatuto de Funcionamiento" (art. 3,1).

2. La evaluación del desempeño de la Corte Suprema de Justicia (arts. 3,3 y 4).

3. La instrucción al Consejo de la Judicatura para la ejecución de sus decisiones (art. 3,4). Tanto el Consejo de la Judicatura como el Inspector General de Tribunales estaban obligados a acatar las instrucciones de la Comisión (art. 5), y la Comisión tenía la facultad de proponer a la Asamblea la sustitución de los Consejeros y del Inspector General de Tribunales (art. 5).

4. La destitución de cualquier funcionario judicial que obstaculizare su actividad o incumpliera sus instrucciones (art. 5).

5. La suspensión en forma inmediata a los funcionarios judiciales que tuvieran procedimientos iniciados por causas de corrupción (art. 6) y la destitución, también en forma inmediata, de jueces y funcionarios judiciales en caso de retardo judicial, de revocación de sus sentencias, de incumplimiento grave de sus obligaciones o que poseyeran signos de riqueza de procedencia no demostrada (art. 7).

6. La designación, a criterio de la Comisión, de suplentes o conjueces para sustituir a los jueces destituidos o suspendidos (art. 8).

El Decreto estableció que los jueces destituidos o suspendidos por la Comisión podían "apelar" de la decisión ante la Asamblea Nacional Constituyente (art. 9), con

---

184   *V.*, Allan R. Brewer-Carías, *Debate Constituyente*, Tomo I, *op. cit.* p. 73.

lo cual se pretendía convertir a la Asamblea en un órgano de alzada en el procedimiento administrativo.

Además, el Decreto destinó un conjunto de normas para regular la selección de jueces mediante evaluaciones y concursos públicos que, por supuesto, no se realizaron (art. 10 a 24).

En todo caso, la declaratoria de Emergencia Judicial tendría vigencia hasta que se sancionara la nueva Constitución (art. 32), sin embargo, fue prorrogada de hecho por más de un año, por la falta del Tribunal Supremo de Justicia en asumir el gobierno judicial conforme a la competencia que le asignó la nueva Constitución de 1999 (art. 267). El Tribunal Supremo de Justicia, a partir de enero de 2000, fue así complaciente con la forma irregular de intervención del Poder Judicial, y se abstuvo deliberadamente de asumir sus propias funciones.

Con posterioridad a la aprobación del Decreto de Reorganización del Poder Judicial, se emitió por la Junta Directiva de la Asamblea otro Decreto complementario de la intervención del Poder Judicial denominado "Decreto de Medidas Cautelares Urgentes de Protección al Sistema Judicial". El mismo ni siquiera fue aprobado por la Asamblea, ni publicado en *Gaceta Oficial,* sino que fue dictado por la "Junta Directiva de la Asamblea Nacional Constituyente y la Comisión de Emergencia Judicial autorizadas por la Asamblea en una sesión extraordinaria del 7 de octubre de 1999". O sea, la Asamblea se permitió, incluso, "delegar" en su Junta Directiva el supuesto poder constituyente originario que había asumido, hecho clandestino del cual no tuvieron conocimiento ni siquiera los mismos constituyentes. En todo caso, lo insólito de esta "delegación" fue que la fecha de emisión del Decreto fue el mismo día 7 de octubre de 1999, y ese mismo día fue reformado[185], razón por la cual no se entiende el porqué de tal delegación ni el porqué no fue sometido a la consideración de la plenaria de la Asamblea para su adopción por ella.

En este Decreto, en todo caso, se ordenó la inmediata suspensión de jueces contra quienes pesaran siete denuncias o más, o que tuvieran averiguaciones penales abiertas (art. 1), siendo el objeto inmediato de la suspensión, como medida cautelar, la separación del cargo de los jueces y su sometimiento a procedimientos disciplinarios (art. 3). El Decreto ordenaba, además, la incorporación de los suplentes de los jueces suspendidos (art. 2). Por otra parte, el Decreto ordenó la suspensión de los Inspectores de Tribunales por conductas omisivas (art. 4) y facultó a la Inspectoría General de Tribunales para la designación de inspectores interinos (art. 5). Por último, el Decreto facultó a la Comisión de Emergencia Judicial -el mismo órgano que participó en su adopción- para extender las medidas dictadas a otras situaciones graves (art. 9). Este Decreto de medidas cautelares, sin embargo, reguló un recurso contra las medidas ante la Sala Plena de la Corte Suprema de Justicia (art. 10), buscando garantizar de alguna manera el derecho a la defensa que había sido olvidado en el Decreto anterior.

Contra las medidas que al efecto dictaron los órganos comisionados para ello, se recurrió ante la Sala Político Administrativa del Tribunal Supremo de Justicia,

---

185   *Gaceta Oficial* N° 36.825 de 09-11-99

la cual en fecha 24 de marzo de 2000, dictó la sentencia N° 659, (caso: *Rosario Nouel*), en la cual declaró que:

> La Comisión de Emergencia Judicial, la Sala Administrativa del extinto Consejo de la Judicatura, así como la Inspectoría General de Tribunales ejercieron una competencia que les fue atribuida por la Asamblea Nacional Constituyente, y en consecuencia su competencia emanó de una *voluntad soberana*.

Esta vez fue la Sala Político Administrativa del nuevo y renovado Tribunal Supremo, que había sido creado el 22-12-99 por la propia Asamblea Nacional Constituyente en el Decreto sobre el "Régimen de Transición de los Poderes Públicos", la que en esta sentencia le atribuyó a las decisiones de la Asamblea, carácter de "voluntad soberana", es decir, directamente reconoció a la Asamblea la supuesta titularidad de la soberanía, lo que no tenía sentido, pues la única "voluntad soberana" que podía haber en el régimen constitucional era la que emanaba del pueblo, único titular de la soberanía, mediante el sufragio (elecciones) o votaciones (referenda).

En todo caso, con fundamento en estos Decretos se produjo la intervención del Poder Judicial, se destituyeron y suspendieron jueces, con precaria garantía al derecho a la defensa, se designaron suplentes e interinos sin sistema alguno de selección que no fuera la voluntad del designante, con lo cual, el Poder Judicial quedó signado por la provisionalidad, con su secuela de dependencia respecto del nuevo Poder, sin que se hubiera realizado concurso alguno para la selección de jueces[186].

El Decreto de Medidas Cautelares de Protección al Sistema Judicial fue impugnado por inconstitucionalidad ante la Corte Suprema de Justicia el 19 de noviembre de 1999, habiéndose decidido la causa por el Tribunal Supremo de Justicia, en Sala Constitucional, mediante sentencia del 2 de noviembre de 2000 N° 1320, (Caso: *Gisela Aranda Hermida*), en la cual al declarar la inadmisibilidad de la acción, consideró que el Decreto era:

> Un producto del proceso constituyente recientemente vivido en Venezuela y que se encuentra dentro de los denominados actos constituyentes, respecto de los cuales esta misma Sala ha dejado sentado en anteriores oportunidades con fundamento en algunas sentencias pronunciadas por al entonces Corte Suprema de Justicia en Pleno que, al tener "(...) su régimen fundamental en las preguntas y Bases Comiciales consultadas en el Referendo del 25 de abril de 1999", tales actos "(...) son para el ordenamiento que rige el proceso constituyente, □ de similar rango y naturaleza que la Constitución' como la cúspide de las normas del Proceso Constituyente", concluyendo así que, "(...) habiendo sido asimilado el rango de las Bases Comiciales con el más alto escalafón de la jerarquía normativa en el proceso constituyente, es esta Sala Constitucional el Tribunal competente para decidir las acciones intentadas contra los actos de ejecución de dichas Bases...

Se destaca de esta sentencia la insólita decisión de atribuir carácter de "acto constituyente" de igual rango y naturaleza que la Constitución, no ya a una decisión

---

186 Casi dos años después, en agosto de 2001, Magistrados del Tribunal Supremo de Justicia admitían que más del 90% de los jueces de la República eran provisionales. *V., El Universal*, Caracas 15-08-01, p. 1-4. En mayo de 2001 otros Magistrados del Tribunal Supremo reconocían el fracaso de la llamada "emergencia judicial". *V., El Universal*, Caracas 30-05-01, p. 1-4.

de la Asamblea Nacional Constituyente, sino de su Junta Directiva y de una Comisión creada por la Asamblea. La complacencia al nuevo poder no encontró límites.

Por último, también como parte de la intervención del Poder Judicial, la Asamblea Nacional Constituyente, esta vez "en uso a la atribución a que se contrae el artículo 1° del Estatuto de Funcionamiento de la Asamblea y en conformidad con el artículo 1° del Decreto de Reorganización del Poder Judicial del 25 de agosto de 1999", dictó otro Decreto que confirió facultades a la Comisión de Emergencia Judicial "hasta el 16 de diciembre del presente año" (1999) para reglamentar el plan de evaluación de los jueces, determinar la permanencia o sustitución de los mismos y el régimen de selección y concursos (art. único)[187].

El resultado de toda esta intervención del Poder Judicial fue la designación indiscriminada de "nuevos" jueces sin concursos, muchos de los cuales quedaron dependientes del nuevo Poder que los había designado.

B. *El Acuerdo de la Corte Suprema de Justicia de 23-08-99 y su "autodisolución"*

La Corte Suprema de Justicia, por su parte, en fecha 23 de agosto de 1999, y con motivo de la decisión de la Asamblea de intervenir el Poder Judicial, adoptó un desafortunado Acuerdo[188], elaborado con ponencia de la magistrado Hildegard Rondón de Sansó, en el cual fijó posición ante el Decreto de Reorganización del Poder Judicial dictado por la Asamblea Nacional Constituyente; y sobre la designación de uno de sus propios magistrados (Alirio Abreu Burelli) como integrante de la ilegítima Comisión de Emergencia Judicial; con lo cual, como lo expresó la magistrado Cecilia Sosa Gómez, quien hasta ese momento presidía la Corte Suprema, al salvar su voto: "Estimo que al acatar el Decreto de la Asamblea Nacional Constituyente, la Corte Suprema de Justicia se autodisuelve".

Y así ocurrió, de hecho, tres meses después.

En efecto, en el Acuerdo, la Corte, sin duda ingenuamente y en un último intento de detener la avalancha inconstitucional que había provocado con sus imprecisiones, ratificó su "convicción" sobre el hecho de que la Asamblea Nacional Constituyente no había nacido "de un gobierno de *facto*, sino que surgió en un sistema de *iure* mediante un procedimiento al cual ella ha dado su respaldo"; y procedió a evaluar el Decreto "independientemente de los vicios que puedan afectarlo", lo cual resultaba a todas luces extraño, por sólo decir lo menos. ¿A quién se le puede ocurrir que el Tribunal Supremo pueda evaluar un acto estatal que sospecha viciado, independientemente de sus vicios? ¿Puede un Tribunal Supremo desdoblarse así, acomodaticiamente?

En todo caso, de esa escéptica evaluación, la Corte Suprema captó el compromiso de la Asamblea Nacional Constituyente de proceder de inmediato, a través de la citada Comisión, a la revisión de los expedientes de los jueces y a su evaluación.

---

187 *Gaceta Oficial* N° 36.832 de 18-11-99

188 Véanse nuestros comentarios sobre el Acuerdo en Allan R. Brewer-Carías, *Debate Constituyente*, Tomo I, *op. cit.*, pp. 141 y ss. Véanse además, los comentarios de Lolymar Hernández Camargo, *La Teoría del Poder Constituyente, cit*, pp. 75 y ss.

Consideró, además, la Corte, que la ejecución del proceso de reorganización judicial debía respetar los principios fundamentales del derecho a la defensa, de la racionalidad y proporcionalidad de las decisiones y de la independencia y autonomía del Poder Judicial, lo cual precisamente no se había hecho ni se garantizaba en el Decreto que evaluaba, ofreciendo sin embargo, "su contribución para el objetivo fundamental perseguido por el Decreto", para lo cual, aunque parezca mentira, autorizó al magistrado Abreu Burelli para integrar la Comisión, lo cual también, en forma increíble, fue aceptado por éste.

De nuevo, el lenguaje impreciso y ambiguo utilizado en el Acuerdo, condujo a que varios Magistrados salvaran su voto. El magistrado Héctor Paradisi León estimó que el pronunciamiento de la Corte no respondía al ejercicio de sus atribuciones, dada las "motivaciones altamente políticas" del Decreto. El magistrado Hermes Harting consideró contradictorio el Acuerdo, pues el Decreto de la Asamblea "transgrede derechos como el ser juzgado por sus jueces naturales y la garantía del debido proceso" al atribuir a la Comisión de Reorganización Judicial, en desmedro de las atribuidas a la Corte Suprema de Justicia y al Consejo de la Judicatura. Similares contradicciones identificó el magistrado Héctor Grisanti Luciani. Finalmente, la magistrado Cecilia Sosa Gómez denunció la incoherencia del Acuerdo, al estimar que "Pretende convalidar el Decreto de la Asamblea dirigido directamente a desconocer el Estado de Derecho en el cual ha nacido".

Denunció, además, la Magistrada Sosa la contradicción del Acuerdo, pues al:

> Respaldar el contenido del Decreto de Emergencia Judicial dictado por la Asamblea, (la Corte) desconoce rotundamente no sólo el contenido de sus sentencias sino los límites demarcados en las bases comiciales que gobiernan el funcionamiento de la Asamblea y el ordenamiento constitucional y legal, enteramente vigente y cuya garantía ha sido confiada a este Alto Tribunal.

Consideró, además, que la Corte, con el Acuerdo:

> Reniega su propia jurisprudencia, que fijó la competencia de la Asamblea Nacional Constituyente, y, consecuentemente, ha mostrado su fragilidad y debilidad ante el Poder Político y, deberá su precaria permanencia al Presidente de la República, que magnánimamente no ha ordenado su disolución.

La magistrado Sosa, sin duda, tenía claro el panorama futuro de la Corte, cuyos magistrados fueron removidos tres meses después por la propia Asamblea Nacional Constituyente. Por ello, denunció, además, que con el Acuerdo, la Corte había permitido que la Asamblea enervara las facultades que el pueblo soberano:

> Donde reside el único y verdadero poder originario", confirió a la Asamblea, pues a la Asamblea no se la había autorizado "para intervenir o sustituir los poderes constituidos, erigiéndose en una suerte de "superpoder" donde se concentran todas las potestades públicas.

Consideró que ello lo había logrado la Asamblea "con el respaldo del Acuerdo" cuyo contenido deploró.

Advirtió la magistrado Sosa que la Corte, "mediante un artilugio jurídico", se había sometido "a los designios de la Asamblea, aceptando que ella pueda sustituirse a la Corte Suprema de Justicia y al Poder Judicial, a través de una falsa colaboración".

La Asamblea "no está por encima de la Constitución que le permitió existir" –dijo-, por lo que la Magistrado disidente denunció que con el Decreto, la Asamblea:

Se arrogó atribuciones del poder constituido, y olvidó que debe responder sólo a lo que el pueblo soberano le autorizó...; ...ha violentado con esta actuación –validada por la Corte- esa Constitución, desconociendo abierta y flagrantemente sus postulados. Y, sin una Constitución simplemente no hay Democracia... con ese Decreto la Asamblea Nacional Constituyente rompió el equilibrio de esa Democracia.

La verdad es que ya lo había roto con anterioridad al haber perpetrado el golpe de Estado de lo cual este Decreto era una manifestación más, pero no la única. Finalmente, la magistrado Sosa denunció que más que "sumisión al Estado de Derecho", la Corte con el Acuerdo, había declarado su "sumisión a la Asamblea Nacional Constituyente"; y con ello, en definitiva su disolución, como en efecto ocurrió tres meses después. Por último, la magistrado Sosa hizo esta definitiva afirmación, que patentizó la actuación de la Corte:

El miedo a desaparecer como Magistrados y el ansia de colaborar con una mayoría que se ha arrogado todos los poderes fue más grande que la dignidad y la defensa de los valores fundamentales que el Derecho y la Democracia imponen a la Corte Suprema de Justicia.

Basta glosar este voto salvado, tremendamente crítico, para entender la naturaleza del acto de sumisión de la Corte Suprema de Justicia a la Asamblea Nacional Constituyente. La magistrado Sosa, el mismo día del Acuerdo, renunció a su condición de Magistrado; y poco tiempo después, como se dijo, la mayoría de los otros Magistrados fueron sacados inmisericordemente de sus cargos, por el nuevo poder que ellos apuntalaron, y del cual fueron sus primeras víctimas.

IV. LA SUSPENSIÓN DE LAS ELECCIONES MUNICIPALES

Entre los actos constituyentes violatorios de la Constitución de 1961 también se destaca el de suspensión de las elecciones municipales.

En efecto, el Congreso, al sancionar la reforma de la Ley Orgánica del Sufragio y Participación Política de fecha 28 de mayo de 1998[189], en el artículo 278 de las Disposiciones Transitorias había resuelto que no se realizaran las elecciones para autoridades municipales y locales previstas para finales de ese año 1998, y las fijó para el 28 de noviembre de 1999, por lo que prorrogó así el mandato de los alcaldes, concejales y miembros de las Juntas Parroquiales.

Dada la inminencia de dichas elecciones, que debían realizarse durante el funcionamiento de la Asamblea Nacional Constituyente, ésta el 26 de agosto de 1999, dictó un "Decreto mediante el cual se suspende la convocatoria de los comicios para elegir Alcaldes, Concejales y Miembro de las Juntas Parroquiales hasta la fecha que considere la Asamblea Nacional Constituyente o determine el nuevo Texto Constitucional"[190]. El Decreto, además, resolvió que:

---

189   *Gaceta Oficial Extraordinaria* N° 5.233 de 28-05-98.
190   *Gaceta Oficial* N° 36.776 de 31-08-99.

Los actuales alcaldes, concejales y miembros de juntas parroquiales continuarán ejerciendo su mandato hasta que haya una decisión en contrario o se realicen las elecciones respectivas.

En el debate sobre este Decreto, expusimos nuestro criterio sobre la inconstitucionalidad del mismo, ya que consideramos que el Decreto no sólo prorrogaba el mandato a los concejales o a unos alcaldes, sino que afectaba:

Un derecho político de los venezolanos, que es el derecho al voto, que regula el artículo 110 de la Constitución, que corresponde a todos los venezolanos y que, además, como bien sabemos, en materia municipal, precisamente también corresponde a los extranjeros, con las condiciones de residencia que establezca la Ley, y la Ley Orgánica del Sufragio, precisamente, le atribuye también el derecho a elegir a nivel municipal a los extranjeros con residencia en el país por más de 10 años...[191]

Por ello, en el debate sobre el Decreto llamamos la atención de la Asamblea sobre el hecho de que con ese Decreto, la Asamblea estaba "legislando; dictando una Ley sin procedimiento alguno" de reforma del artículo 278 de la Ley Orgánica del Sufragio.

El Decreto, en todo caso, se fundamentó no sólo en que la Asamblea actuaba "en ejercicio del *poder constituyente originario* otorgado por este mediante referendo" como decía el "Decreto de Regulación de las Funciones del Poder Legislativo" dictado cinco días antes (25-8-99); sino que esta vez, la Asamblea fue aún más allá al calificar el poder que se había otorgado a sí misma, como "*soberano*". El Decreto, en efecto, lo dictó la Asamblea, como lo señala su encabezamiento:

En nombre y representación del pueblo soberano de Venezuela, en ejercicio del *poder soberano constituyente originario* otorgado por este mediante referendo...

Además, para dictar el Decreto, la Asamblea hizo referencia al artículo 1° de su Estatuto de Funcionamiento y al Decreto de reorganización de todos los órganos del Poder Público, antes mencionados.

La Asamblea, así, fue tejiendo su propia competencia fáctica, auto atribuyéndose poderes para violar la Constitución que estaba vigente de 1961. En cuanto a la Corte Suprema, a medida que fue avalando los desafueros constitucionales de la Asamblea, en esa misma medida se fue reduciendo el término del mandato de sus Magistrados, la mayoría de los cuales terminaron removidos.

En todo caso, mediante un proceso de aproximaciones sucesivas, como hemos destacado, la Asamblea Nacional Constituyente fue asumiendo el poder constituyente originario y fue sustituyendo al pueblo, asumiendo incluso la "soberanía" como propia. Por ello, al aprobarse este Decreto de suspensión de las elecciones, salvamos nuestro voto, como voto negativo, insistiendo en que el mismo:

Ni más ni menos, pretende tener el rango de ley, sin seguirse el procedimiento de formación de las leyes previsto en la Constitución, ni procedimiento alguno, ya que no está previsto en parte alguna que la Asamblea dicte leyes.

---

191 *V.,* Allan R. Brewer-Carías, *Debate Constituyente*, Tomo I, *op. cit.* p. 115 y ss.

Ello, sin duda, viola la garantía constitucional de la reserva legal que las *Bases comiciales del Referendo* del 25 de abril exigen respetar.

En todo caso, si la Asamblea está consciente de que con la aprobación de este acuerdo está modificando la Ley Orgánica del Sufragio y Participación política, lo menos que podría hacerse en beneficio de la seguridad jurídica es indicarlo expresamente en el texto que se apruebe[192]

V. LA VIOLACIÓN SISTEMÁTICA DE LA CONSTITUCIÓN

Como resulta de todo lo anteriormente expuesto, el proceso constituyente venezolano de 1999, institucionalmente comenzó a raíz de la sentencia de la Sala Político Administrativa de la Corte Suprema de Justicia de 19-1-99, en la cual fundamentándose en la consideración del derecho a la participación política como un derecho inherente a la persona humana, el Supremo Tribunal abrió la vía para que mediante referendo, la soberanía popular se manifestara para establecer un tercer mecanismo de revisión constitucional, distinto a la reforma y a la enmienda que regulaba la Constitución de 1961, consistente en la elección de una Asamblea Nacional Constituyente que cumpliera tal tarea.

Las sentencias de la Sala Político Administrativa que siguieron a las de 19-1-99, de marzo y abril de 1999[193], dejaron claramente sentado el criterio de que la Asamblea Nacional Constituyente, que se originaría del referendo del 25-4-99, surgía al calor de la interpretación de la Constitución de 1961, quedando sometida a la misma y a las bases comiciales (estatuto de la Constituyente) que se aprobaran en el referendo.

Estas bases comiciales, como manifestación de la voluntad popular, es decir, del pueblo como soberano poder constituyente originario, adquirieron entonces rango constitucional (naturaleza igual y similar a la Constitución).

La Asamblea Nacional Constituyente, así, se configuraba como un instrumento para la revisión constitucional y nada más. Se trataba de un poder constituido que, aunque extraordinario, no podía usurpar la autoridad de los poderes constituidos ordinarios (los regulados en la Constitución de 1961) y, por supuesto, no podría tener carácter alguno de "poder constituyente originario" que sólo tiene el pueblo.

El intento del Presidente de la República y del Consejo Supremo Electoral de pretender incorporar a las bases comiciales una expresión que buscaba atribuir a la Asamblea algún poder constituyente originario en la base comicial octava, fue debidamente frustrado por la Sala Político Administrativa de la Corte Suprema de Justicia en la sentencia de 18-3-99, en la cual ordenó eliminar de la base comicial octava la frase que calificaba a la Asamblea "como poder originario que recoge la soberanía popular".

En todo caso, las imprecisiones y ambigüedades de las sentencias de la Sala, comenzando por las de 19-1-99, habrían de costarle caro, porque apenas se instaló la Asamblea Nacional Constituyente electa el 25-7-99, al aprobar su Estatuto de Fun-

---

192 *V.,* Allan R. Brewer-Carías, *Debate Constituyente,* Tomo I, *op. cit.* p. 115 y ss.

193 *V.,*en Allan R. Brewer-Carías, *Poder Constituyente Originario y Asamblea Nacional Constituyente, cit.,* pp. 25 a 55; 169-198; 223 a 250. Véanse los comentarios en la Segunda Parte de este libro.

cionamiento, como se ha dicho, se autoatribuyó el carácter de "depositaria de la voluntad popular y expresión de su soberanía, con las atribuciones del poder originario".

Atrás quedaron los esfuerzos imprecisos de la Sala Político Administrativa. Con esta decisión se produjo un golpe de Estado, es decir, la asunción por un órgano constitucional de la potestad de desconocer la Constitución que en ese momento estaba vigente; auto atribuyéndose la facultad, supuestamente:

> En uso de las atribuciones que se le son inherentes, para limitar o decidir la cesación de las actividades de las autoridades que conformen el Poder Público.

De poder constituido extraordinario, la Asamblea decidió convertirse a sí misma en poder constituyente originario, usurpándoselo al pueblo, violentando su voluntad expresada en la Constitución que estaba vigente de 1961. En esta forma, se autoatribuyó el poder de desconocerla y violarla a su antojo y medida, al someter a todos los órganos del poder constituido ordinario a su voluntad. Precisamente fue por ello que en el Estatuto de Funcionamiento, la Asamblea dispuso que:

> Todos los organismos del Poder Público quedan sometidos a la Asamblea Nacional Constituyente, y están en la obligación de cumplir y hacer cumplir los actos jurídicos estatales que emita dicha Asamblea.

En cuanto a la Constitución de 1961, que era el texto vigente, como se ha dicho, la Asamblea resolvió que la misma, así como el resto del ordenamiento jurídico imperante:

> Mantendrán su vigencia en todo aquello que no colida o sea contradictorio con los actos jurídicos y demás decisiones de la Asamblea Nacional Constituyente.

La Asamblea así, se autoatribuyó potestad constituyente para modificar la Constitución de 1961, no mediante la elaboración de un nuevo proyecto de Constitución que luego debía ser aprobado por el pueblo mediante referendo, sino directa e inmediatamente durante su funcionamiento mediante los llamados actos constituyentes, todo lo cual violaba las bases comiciales que habían sido aprobadas por el referendo, que habían dado origen a la propia Asamblea, a las que luego la Corte Suprema le atribuiría carácter supraconstitucional.

Con la aprobación del Estatuto de Funcionamiento, como hemos dicho, sin duda, la Asamblea dio un golpe de Estado contra la Constitución, desconociéndola, lo cual la Corte Suprema de Justicia no fue capaz de corregir. La Corte, quizás, creyó que podía salvarse de la guillotina constituyente, y como siempre sucede en estos procesos, fue la primera cabeza que rodó.

La Corte Suprema de Justicia, en efecto, fue llamada a pronunciarse sobre la violación, por el Decreto de regulación de las funciones del Poder Legislativo dictado por la Asamblea Nacional Constituyente, de las bases comiciales que se habían aprobado en el referendo del 25-4-99; pero la Corte en un acto de denegación de justicia, se abstuvo de considerar tal violación. Esta técnica de avestruz se produjo con la sentencia de la Corte Plena del 14-10-99, que lejos de corregir la usurpación de autoridad realizada por la Asamblea, "legitimó" la inconstitucionalidad.

Por ello, en los actos constituyentes posteriores, la Asamblea Nacional Constituyente siempre invocaría, precisamente, esta sentencia para ejercer sus pretendidos poderes de desconocer la Constitución. En todo caso, el primero de estos actos fue, también precisamente, el acto constituyente del 22-12-99, que destituyó a los propios Magistrados de la Corte Suprema de Justicia, que eliminó a la propia Corte y que creó, en su lugar, un Tribunal Supremo de Justicia, con nuevas Salas, designando a su gusto a los nuevos Magistrados. Muy pocos de la antiguos Magistrados de la Corte Suprema de Justicia aparecieron en el nuevo Tribunal Supremo de Justicia, pero uno que sí apareció seguro fue el Magistrado Presidente, Iván Rincón, ponente de la desafortunada sentencia de la Corte Plena del 14-10-99.

SECCIÓN QUINTA: LA CONSTITUCIÓN DE 1999 Y SU RÉGIMEN TRANSITORIO

I. LA APROBACIÓN DE LA CONSTITUCIÓN DE 1999

Como se ha señalado anteriormente, el texto de la Constitución de 1999 fue sometido a dos discusiones en la Asamblea Nacional Constituyente durante los días 19 de octubre a 14 de noviembre de 1999, habiéndose dedicado 19 sesiones a la primera discusión y 3 a la segunda discusión.

El proyecto sancionado por la Asamblea fue firmado el día 19 de noviembre de 1999[194] y el mismo fue ampliamente difundido y publicado a los efectos de su sometimiento a referendo aprobatorio.

La Asamblea Nacional Constituyente, aún antes de haber concluido la primera discusión del proyecto de Constitución, había decretado la convocatoria al referendo aprobatorio que había sido previsto en la base comicial novena del referendo de 24 de abril de 1999, conforme a la cual sólo después de aprobada por el pueblo era que la Constitución se podía considerar definitivamente aprobada.

A tal efecto, mediante Decreto de 3 de noviembre de 1999 fijó del día 15 de diciembre de 1999 para la realización del referendo aprobatorio[195], para lo cual la Asamblea Nacional Constituyente se fundamentó, de nuevo, en el *"ejercicio del poder constituyente originario* otorgado por éste mediante referendo", en el artículo 1° del Estatuto de Funcionamiento de la Asamblea y en el artículo único del Decreto que declaró la reorganización de todos los órganos del Poder Público.

Entre los considerandos del Decreto, se destaca el sexto que señala lo siguiente:

Que la Asamblea Nacional Constituyente *ejerce el poder soberano constituyente originario* de conformidad con la pregunta N° 1 y la Base Comicial Octava, aprobadas en el Referendo celebrado en fecha 25 de abril de 1999 y cuyo alcance fue rati-

---

194 *V., Gaceta Constituyente (Diario de Debates), Noviembre 1999-Enero 2000*, Sesión de 19-11-99, N° 46, p. 4. Nosotros no firmamos el Proyecto de Constitución por las razones que expresamos al Presidente de la Asamblea el día anterior 18-11-99. *V.*, en Allan R. Brewer-Carías, *Debate Constituyente (Aportes a la Asamblea Nacional Constituyente) Tomo III (18 octubre-30 noviembre 1999)*, Caracas 1999, pp. 311 a 314.

195 *Gaceta Oficial* N° 36.821 de 03-11-99

ficado en sentencia dictada por la Corte Suprema de Justicia en Sala Plena, en fecha 6 de octubre del presente año...

En esta forma, mediante este Decreto, al igual que lo había hecho en el Decreto de suspensión de las elecciones municipales de 26-08-99, la Asamblea culminó el proceso de aproximaciones sucesivas tendiente a la construcción formal del poder que se había venido arrogando o atribuyendo a sí misma, al declarar, claramente que ella ejercía, no ya el "poder constituyente originario" que supuestamente le había sido otorgado por el pueblo, como se señalaba en Decretos anteriores, sino "*el poder soberano constituyente originario*", mediante lo cual, la Asamblea materialmente ahora pretendía suplantar totalmente al pueblo. Ahora la Asamblea se consideraba, a sí misma, como *poder soberano*. Ni más ni menos.

En este Decreto de convocatoria al referendo aprobatorio de la Constitución, debe también destacarse que la Asamblea hizo mención a que el alcance de dicho "poder soberano constituyente originario" que se autoatribuía, supuestamente, había sido ratificado en la sentencia de la Corte Suprema de Justicia del "6 de octubre de 1999", que es la sentencia que fue publicada el 14-10-99 antes reseñada, luego de recibirse los votos salvados. En esta sentencia, como se ha señalado, y contrariamente a lo que dedujo la Asamblea, sólo se le atribuyó rango supraconstitucional a las previsiones de las bases comiciales del referendo del 25 de abril de 1999, pero no a los actos de la Asamblea Nacional Constituyente.

En fin, el nuevo Texto Constitucional fue aprobado mediante referendo popular celebrado el día 15 de diciembre de 1999. En dicho referendo, votaron 4.819.786 de los 10.940.596 electores inscritos, es decir, sólo el 42,3% de los mismos, habiéndose producido una abstención del 57,7%. De los votos válidos, votaron "si" el 71,8% y votaron "no" el 28,2%[196]. Una vez realizado el referendo, la Constitución fue proclamada por la Asamblea Nacional Constituyente el 20 de diciembre de 1999[197], y entró en vigencia el 30 de ese mismo mes y año, fecha de su publicación en la *Gaceta Oficial*[198].

A continuación expondremos los aspectos más relevantes de la Constitución en cuanto a las innovaciones introducidas en el sistema constitucional, a las reformas más destacadas en relación con el texto de 1961 y a las críticas que ameritan.

---

196 *V.,* José E. Molina y Carmen Pérez Baralt, "Procesos Electorales. Venezuela, abril, julio y diciembre 1999", en CAPEL-IIDH, *Boletín Electoral Latinoamericano,* N° XXII, *cit.,* pp. 67 y ss.

197 *V.,* Asamblea Nacional Constituyente, *Gaceta Constituyente (Diario de Debates), Noviembre 1999-Enero 2000,* Sesión de 20-12-99, N° 49, pp. 5 y 6. En la ocasión de la proclamación de la Constitución, firmamos su texto al haber aprobado popularmente, pero exigimos indicará nuestra reserva y votos salvados. *V.,* Allan R. Brewer-Carías, *La Constitución de 1999,* 1ª Edición, Caracas 2000, p. 392.

198 *Gaceta Oficial* N° 36.860 de 30-12-99.

II. ALGUNAS INNOVACIONES RESPECTO DE LOS PRINCIPIOS FUNDA-MENTALES DE LA ORGANIZACIÓN DEL ESTADO

1. La denominación de la República como República Bolivariana de Venezuela

La innovación más destacada del artículo 1° de la Constitución de 1999, es la denominación de la República como "República Bolivariana de Venezuela", sobre lo cual pueden darse múltiples interpretaciones.

Esta denominación había sido propuesta por el Presidente de la República, en el texto *Ideas Fundamentales para la Constitución Bolivariana de la V República,* (Caracas 05-08-99), la cual fue rechazada en la primera discusión del Proyecto de Constitución, por abrumadora mayoría. Ello, sin embargo, cambió radicalmente en la segunda discusión[199].

Ahora bien, el anterior nombre de "República de Venezuela", nos había acompañado durante toda nuestra historia política constitucional desde 1811 cuando se constituyó la Confederación de Estados de Venezuela, con la sola excepción del período constitucional que transcurrió desde el Congreso de Angostura en 1819, y la reconstitución de la República de Venezuela por la Convención de Valencia de 1830. En 1819, en efecto, el Libertador hizo sancionar por el Congreso, la Ley Fundamental de la República de Colombia y luego, en 1821, la Ley Fundamental de la Unión de los Pueblos de Colombia[200] con las cuales se decretó la desaparición de la República de Venezuela, lo que se consolidó en 1821 cuando la Constitución de Cúcuta estableció la "República de Colombia" cuyo territorio comprendió tanto el de la Capitanía General de Venezuela como el del Virreinato de Nueva Granada.

Esa ha sido la única "República Bolivariana" en la historia de América Latina, con la cual se hizo realidad parte de lo que había sido el sueño del Libertador en cuanto a la unión de los pueblos de América.

La idea de la República Bolivariana, por tanto, históricamente y de acuerdo con la concepción del Libertador Simón Bolívar apunta a una organización política que implicó la desaparición de Venezuela como Estado, por lo que bajo dicho ángulo, el cambio de nombre era totalmente inadmisible y contrario a la misma idea de independencia del país.

Pero además, en la concepción de la distribución del Poder Público, la República que organiza la Constitución de 1999, como "Estado federal descentralizado" (art. 4), también puede considerarse como antibolivariana. Bolívar fue un

---

199   *V., Gaceta Constituyente (Diario de Debates), Noviembre 1999-Enero 2000,* Sesión de 12-11-99, N° 42, pp. 4 a 6. *V.,* además, nuestro voto salvado sobre este artículo en Allan R. Brewer-Carías, *Debate Constituyente, (Aportes a la Asamblea Nacional Constituyente),* Tomo III, (*18 octubre- 30 noviembre 1999),* Caracas 1999, p. 251

200   *V.,* el texto en Allan R. Brewer-Carías, *Las Constituciones de Venezuela,* Biblioteca de la Academia de Ciencias Políticas y Sociales, Caracas 1997, pp. 373 a 376.

crítico feroz a la forma federal del Estado y por ello propugnó el centralismo para su organización[201].

Así, en el Manifiesto de Cartagena, en 1812, al año siguiente de la sanción de la Constitución de la Confederación de los Estados de Venezuela de 1811 que instauró un sistema federal de gobierno, escribió:

> Lo que debilitó más el Gobierno de Venezuela fue la forma federal que adoptó, siguiendo las máximas exageradas de los derechos del hombre, que autorizándolo para que se rija por sí mismo, rompe los pactos sociales, y constituye a las naciones en anarquía. Tal era el verdadero estado de la Confederación. Cada Provincia se gobernaba independientemente; y a ejemplo de éstas, cada ciudad pretendía iguales facultades alegando la práctica de aquéllas, y la teoría de que todos los hombres y todos los pueblos gozan de la prerrogativa de instituir a su antojo el gobierno que les acomode"... "El sistema federal, bien que sea el más perfecto y más capaz de proporcionar la felicidad humana en la sociedad, es, no obstante, el más opuesto a los intereses de nuestros nacientes Estados[202].

Como se ha dicho, frente al esquema federal, el Libertador propugnaba una forma de Estado centralizada. Por ello afirmaba, en el mismo Manifiesto de Cartagena,:

> Yo soy de sentir que mientras no centralicemos nuestros gobiernos americanos, los enemigos obtendrán las más completas ventajas; seremos indefectiblemente envueltos en los horrores de las disensiones civiles, y conquistados vilipendiosamente por ese puñado de bandidos que infestan nuestras comarcas[203].

Posteriormente, en 1815, en su famosa Carta de Jamaica, insistió el Libertador en sus críticas al sistema federal al constatar que:

> Así como Venezuela ha sido la república americana que más se ha adelantado en sus instituciones políticas, también ha sido el más claro ejemplo de la ineficacia de la forma democrática y federal para nuestros nacientes estados[204].

Posteriormente, en 1819, expresaba en su discurso de Angostura: "Cuanto más admiro la excelencia de la Constitución Federal de Venezuela, tanto más me persuado de la imposibilidad de su aplicación a nuestro estado"[205].

El magnífico sistema federativo decía, "no era dado a los venezolanos ganarlo repentinamente al salir de las cadenas. No estábamos preparados para tanto bien; el bien como el mal, da muerte cuando es súbito y excesivo".

---

201   *V.*, Allan R. Brewer-Carías, "Ideas Centrales sobre la organización del Estado en la obra del Libertador y sus proyecciones contemporáneas" en *Boletín de la Academia de Ciencias Políticas y Sociales,* Caracas, enero-junio 1984, Nº 95-96, pp. 137 y ss.

202   *V.*, el texto en Simón Bolívar, *Escritos Fundamentales,* Caracas 1982, pp. 61 y 62

203   *Idem*, p. 63

204   *Idem*, p. 97

205   *Idem*, p. 120

Y agregaba

Horrorizado de la divergencia que ha reinado y debe reinar entre nosotros por el espíritu sutil que caracteriza al gobierno federativo, he sido arrastrado a rogaros para que adoptéis el centralismo y la reunión de todos los estados de Venezuela en un República sola, e indivisible...[206].

Este criterio político del Libertador a favor del centralismo lo acompañó hasta el fin de sus días. Así lo vemos expuesto en 1829 en una carta que envió desde Guayaquil a su antiguo edecán general Daniel Florencio O'Leary, al calificar al sistema federal, como la "...anarquía regularizada, o más bien es la Ley que prescribe implícitamente la obligación de disociarse y arruinar el Estado con todos sus individuos", lo que lo llevó a afirmar rotundamente: "Yo pienso que mejor sería para la América adoptar el Corán que el gobierno de los Estados Unidos, aunque es el mejor del mundo..."[207].

Nada Bolivariana, por tanto, es una república que se constituya como un Estado Federal Descentralizado (art. 4), por lo que la denominación es engañosa.

El cambio de nombre, por tanto, en nuestro criterio sólo tiene una motivación y es la de carácter político partidaria, partisana o partidista que deriva de la denominación inicial del Movimiento político que estableció el Presidente de la República y que, como partido político, pretendió funcionar con el nombre de "Movimiento Bolivariano 200", denominación que tuvo que ser cambiada por exigencias de la Ley Orgánica del Sufragio. El partido del Presidente de la República entonces es el "partido bolivariano" que pretende incluso consolidarlo como "partido militar" y es por ello que se le pretendió imponer como nombre de la República.

Ello debe ser rechazado no sólo por ser antibolivariano (no se olvide que el último grito del Libertador, en la víspera de su muerte, fue por que cesaran los partidos) sino porque pretende consolidar, desde el primer artículo de la Constitución, la supuesta división del país, entre bolivarianos y los que no lo son; entre patriotas y realistas; entre buenos y malos; entre puros y corruptos; entre revolucionarios y antirrevolucionarios; y todo ello manipulando la historia y los sentimientos populares con el control del Poder.

2.   *El Estado Democrático y Social de Derecho y de Justicia*

El artículo 2 de la Constitución define a Venezuela como un Estado democrático y social de derecho y de justicia, denominación que con el agregado respecto del Estado de justicia, sigue la tradición del constitucionalismo contemporáneo, tal como está expresado, por ejemplo, en la Constitución española (art. 1°), en la Constitución de Colombia (art. 1°) y en la Constitución de la República Federal de Alemania (art. 20,1)[208].

---

206   *Idem*, p. 140

207   *Idem*, p. 200 y 201

208   *V.*, Allan R. Brewer-Carías, *Debate Constituyente, (Aportes a la Asamblea Nacional Constituyente)*, Tomo II, (9 septiembre-17 de octubre 1999), Caracas 1999, cit., pp. 21, 30 y 31.

La idea de Estado social es la de un Estado con obligaciones sociales, de procura de la justicia social, lo que lo lleva a intervenir en la actividad económica y social, como Estado prestacional. Tal carácter social deriva principalmente del valor fundamental de la igualdad y no discriminación que deriva del Preámbulo y del artículo 1° de la Constitución, que además de derecho fundamental (art. 21) es el pilar de actuación del Estado (art. 2); y de la declaración del principio de la justicia social como base del sistema económico (art. 299)[209].

El Estado democrático, es el que fundamenta toda la organización política de la Nación en el principio democrático. Ello deriva también del Preámbulo (sociedad democrática) y de los artículos 2, 3, 5 y 6 de la Constitución. El primer valor, por tanto, del constitucionalismo es la democracia, quedando plasmado el Estado democrático en los principios fundamentales del texto constitucional, comenzando por la forma de ejercicio de la soberanía mediante mecanismos de democracia directa y de democracia representativa[210].

El Estado de derecho es el Estado sometido al imperio de la Ley como lo señala el Preámbulo, es decir, el Estado sometido a la legalidad. Ello deriva no sólo del principio de la supremacía constitucional consagrado en el artículo 7 y del sometimiento de los órganos del Poder Público a la Constitución y las leyes (art. 137), sino de los sistemas de control de constitucionalidad (arts. 334 y 336) y de control contencioso-administrativo (art. 259) que constituyen la garantía de la Constitución[211].

Por último, el Estado de justicia es el Estado que tiende a garantizar la justicia por encima de la legalidad formal, estableciendo no sólo el valor justicia en el Preámbulo y en el artículo 1°, sino regulando expresamente el derecho de acceso a la justicia y a la obtención de una tutela efectiva de los derechos e intereses de las personas, organizando unos tribunales que deben garantizar una justicia gratuita, accesible, imparcial, idónea, transparente, autónoma, independiente, responsable, equitativa y expedita, sin dilaciones indebidas, sin formalismos o reposiciones inútiles (art. 26).

3. *La forma del Estado: la "Federación descentralizada"*

La forma del Estado venezolano durante toda su existencia desde 1811, puede decirse que ha sido la federal, lo que implica el reconocimiento de autonomías territoriales en el nivel intermedio, es decir, de los Estados federados y, antes de 1864, de las entonces denominadas Provincias. En esa fecha, precisamente el triunfo de la Revolución federal condujo a la adopción definitiva de la forma federal del Estado, que sustituyó a la fórmula mixta de 1830, que a la vez había sustituido a la "Confederación" de 1811; adoptándose la denominación de la República como "Estados Unidos de Venezuela", la que se conservó hasta 1953.

Pero la Federación venezolana, a partir de 1901, cuando se produce el colapso del sistema de Estado federal liberal que se había instaurado en 1864, comenzó a ser

---

209 *V.*, lo expuesto sobre el tema en Allan R. Brewer-Carías, *Evolución histórica del Estado, Instituciones Políticas y Constitucionales*, Tomo I, Caracas-San Cristóbal 1996, pp. 508, 513 a 516, y 593 y ss.

210 *Idem*, pp. 507, 510 a 513, y 599.

211 *Ibídem*, pp. 509, 516 a 521, y 600.

una Federación centralizada, habiéndose centralizado el Estado en todos los órdenes[212]. El centralismo estatal continuó a pesar del cambio político de 1946 y 1958, desarrollándose a partir de esa fecha la forma democrática de la Federación centralizada que hemos tenido en las últimas décadas.

La gran transformación política que había que establecer en la Constitución de 1999 era, por tanto, sustituir efectivamente la Federación centralizada por una Federación descentralizada, tal y como lo propusimos formalmente a la Asamblea Nacional Constituyente[213].

Grandes esfuerzos se hicieron en la materia, pero la reforma y profundización de la descentralización política como forma de perfeccionar la democracia que debió ser el tema central del debate constituyente[214], no pasó del nominalismo expresado tanto en el Preámbulo como en el artículo 4 que precisa que "La República Bolivariana de Venezuela es un Estado federal descentralizado en los términos consagrados por esta Constitución"; fórmula más o menos similar a la del artículo 2 de la Constitución de 1961 que decía que "La República de Venezuela es un Estado federal, en los términos consagrados por esta Constitución".

En uno u otro caso, "los términos consagrados por la constitución" son la clave para determinar efectivamente el grado de descentralización del estado y, por tanto, de la federación; y la comparación entre unos y otros "términos" revela muy poca diferencia.

En la constitución de 1999, salvo en el nominalismo, no se avanzó mayormente en relación con lo que existía en el texto de 1961. En realidad, sólo se constitucionalizaron aspectos ya establecidos en la ley orgánica de descentralización, delimitación y transferencia de competencias del poder público de 1989, que ya tenía rango de ley constitucional en lo que se refería a la transferencia a los estados de competencias del poder nacional[215].

Pero no hubo los avances y transformaciones necesarias para hacer realidad la descentralización de la federación, como era el cambio necesario en la distribución de los recursos tributarios hacia los estados; y más bien se retrocedió institucionalmente al eliminarse el senado y establecerse una asamblea nacional unicameral (art. 186), y al permitirse la limitación por ley nacional de la autonomía de los estados (art. 162) y de los municipios (art. 168), lo que es negar, de entrada, la idea misma de des-

---

212 V., Allan R. Brewer-Carías, *Evolución histórica del Estado, Instituciones Políticas y Constitucionales*, Tomo I, Caracas-San Cristóbal 1996, pp. 351 y ss.; y en Allan R. Brewer-Carías, "El desarrollo institucional del Estado Centralizado en Venezuela (1899-1935) y sus proyecciones contemporáneas" en *Revista de Estudios de la Vida Local y Autonómica*, Nº 227 y 228, Madrid 1985, pp. 487 a 514 y 695 a 726, respectivamente.

213 V., Allan R. Brewer-Carías, *Debate Constituyente*, Tomo I, *op. cit.*, pp. 155 a 170; y Tomo II, *op. cit.*, pp. 227 a 233.

214 V., Allan R. Brewer-Carías, *Poder Constituyente Originario y Asamblea Nacional Constituyente*, Caracas 1999, pp. 269 y ss.

215 V., Carlos Ayala Corao, "Naturaleza y alcance de la descentralización estadal" en Allan R. Brewer-Carías y otros, *Leyes para la Descentralización Política de la Federación*, Caracas 1994, pp. 99 y ss.; Allan R. Brewer-Carías, *Asamblea Constituyente y Ordenamiento Constitucional*, Caracas 1999, pp. 122 y ss.

centralización política que está basada en el concepto de autonomía territorial, precisamente entre los entes políticos-territoriales.

En consecuencia, la denominación de "federación descentralizada" para identificar la forma del estado es, sin duda, un avance nominal, pero en los términos establecidos en la constitución, lo que no significa realmente avance alguno, sino consolidación y mantenimiento parcial de reformas que se venían realizando desde 1989, con algunos retrocesos.

4. *La soberanía popular y el régimen democrático*

El artículo 5° de la Constitución, establece lo siguiente:

> La soberanía reside intransferiblemente en el pueblo, quien la ejerce directamente en la forma prevista en esta Constitución y en la Ley, e indirectamente, mediante el sufragio, por los órganos que ejercen el Poder Público.

Con esta norma, que sigue la tradición republicana iniciada en 1811 y que se reflejaba en el artículo 4 de la Constitución de 1961, se consagran los principios fundamentales de la soberanía del pueblo y del régimen democrático[216], en particular, el concepto de representatividad política con el agregado de la participación.

Este artículo se complementa con el artículo 62 que consagra el derecho de todos los ciudadanos "de participar libremente en los asuntos públicos, directamente o por medio de sus representantes".

A. *La soberanía del Pueblo*

El principio más importante del constitucionalismo moderno, derivado de las Revoluciones francesa y norteamericana de fines del Siglo XVIII, sin duda, es el principio que permitió el traslado efectivo de la soberanía, como suprema potestad de mando y gobierno de una Nación, de un Monarca absoluto, al pueblo[217].

A partir de esas Revoluciones, la soberanía comenzó a residir en el pueblo; concepto que influyó directamente en el constitucionalismo latinoamericano, recogido desde la Constitución venezolana de 1811.

El artículo 5 de la Constitución de 1999 agrega, sin embargo, la expresión de que la soberanía debe residir "intransferiblemente" en el pueblo, lo que recoge el espíritu de la norma del artículo 145 de la misma Constitución de 1811. Es decir, la soberanía sólo y siempre reside en el pueblo y nadie puede asumirla, ni siquiera una asamblea constituyente la cual, por supuesto, nunca podría ser "soberana" y menos aún "soberanísima" como tantas veces e impropiamente se calificó a la asamblea nacional constituyente de 1999[218].

---

216   *V.,* nuestra propuesta en relación con este artículo en Allan R. Brewer-Carías, *Debate Constituyente,* Tomo I, *op. cit.,* pp. 183 a 199.

217   *V.,* en Allan R. Brewer-Carías, *Reflexiones sobre la Revolución Americana (1776) y la Revolución Francesa (1789) y sus aportes al constitucionalismo moderno,* Caracas 1992, pp. 90 y ss. y 186 y ss.

218   *V.,* los comentarios críticos sobre esto en Allan R. Brewer-Carías, *Poder Constituyente Originario y Asamblea Nacional Constituyente, op. cit.,* pp. 67 y ss.

En la Constitución de 1999, incluso se señala, al regularse la asamblea nacional constituyente, que "el pueblo de Venezuela es el depositario del poder constituyente originario" (art. 347) el cual, por tanto, no puede jamás ser transferido a asamblea alguna.

B. *La democracia representativa*

Por supuesto, la consagración constitucional del principio de la soberanía popular y su carácter intransferible condujo, en el mundo moderno, al desarrollo del principio de la democracia representativa, en el sentido de que el pueblo, quien es titular de la soberanía, normalmente la ejerce mediante representantes. Soberanía popular y democracia representativa son, por tanto, principios consustanciales e indisolubles, razón por la cual es imposible consagrar la soberanía popular, en régimen democrático, sin el principio de la democracia representativa[219].

La representatividad, en sí misma, es de la esencia de la democracia, y los vicios de aquella lo que exigen es perfeccionarla, pero no eliminarla. Por ejemplo, el gran problema derivado del sistema político de la democracia de partidos es que la representatividad democrática no ha correspondido realmente al pueblo, sino a los partidos políticos. La crisis que de ello deriva y que afecta la representatividad democrática, por tanto, no puede conducir a su eliminación, sino a su perfeccionamiento. Ello exigía, en nuestro criterio, superar el único sistema electoral que hemos tenido en las últimas décadas, el de la representación proporcional que conduce a la representación de partidos. Lamentablemente, en la Constitución de 1999 es el único sistema electoral que sigue teniendo rango constitucional (art. 63), por lo que el principio de la democracia representativa corre el riesgo de seguir atado a los partidos políticos.

Al contrario, el perfeccionamiento de la democracia exige ampliar el radio de la representatividad para permitir que el pueblo, sus lugares y comunidades encuentren representación directa en las Asambleas representativas y ello sólo se logra descentralizando el poder y estableciendo un sistema uninominal de elección, que conduce a la representatividad territorial.

En todo caso, en el artículo 5 de la Constitución queda claro que la soberanía, que reside en el pueblo en forma intransferible, se ejerce "indirectamente, mediante el sufragio, por los órganos que ejercen el Poder Público", precisando el artículo 62 el derecho de los ciudadanos de participar libremente en los asuntos públicos "por medio de sus representantes elegidos".

De ello deriva, por tanto, que la representatividad democrática siempre tiene que tener su fuente en elecciones populares (art. 70), y que éstas están destinadas a elegir los titulares de los órganos que ejercen el Poder Público que, por supuesto, son los que establece la Constitución conforme a los principios de distribución y separación del Poder Público (art. 136).

---

219 *V.*, en Allan R. Brewer-Carías, *Debate Constituyente*, Tomo I, *op. cit.*, pp. 184 y ss.

Sin embargo, en el texto de la Constitución de 1999 se eliminó del léxico constitucional la palabra "representativo" cuando se califica al gobierno democrático[220]; en el artículo 6, donde se dice que es "participativo, electivo, descentralizado, alternativo, responsable, pluralista y de mandatos revocables"; y en la práctica y discurso políticos se ha pretendido que hay que sustituir la "democracia representativa" por una "democracia participativa"[221].

Pero la verdad es que no existe democracia que no sea representativa. Es de la esencia del régimen político democrático la idea de representación, de manera que el pueblo, titular de la soberanía, no la ejerce directamente, sino a través de representantes. Ni en la democracia griega existió un sistema que se hubiese reducido a la democracia directa que supuestamente ejercía el pueblo, reunido en Asamblea. El gobierno de la ciudad griega, la verdad, estaba en manos de Magistrados que si bien no eran representantes pues no eran electos en votación, ejercían su mandato por designación de las Asambleas, por sorteo, incluso como una carga ciudadana[222].

No hay que remontarse a la democracia griega para entender que en el mundo moderno y contemporáneo, simplemente no existe ni ha existido la posibilidad del ejercicio de la democracia como régimen político que no sea mediante representantes electos.

La democracia, por tanto, siempre es representativa. Puede ser más o menos participativa en tanto y en cuanto se permita la participación directa del pueblo en la gestión de los asuntos públicos o en la toma de decisión sobre determinadas cuestiones, pero lo que no puede es dejar de ser representativa.

Sin embargo, la Constitución de 1999 pretendió haber instaurado una democracia participativa, lo que es totalmente falso, pues democracia representativa no se opone a democracia participativa. Es una ilusión engañosa y más aún cuando se pretende reducir la participación democrática a los referendos, que en realidad son manifestaciones de democracia directa. La Constitución de Venezuela los consagra todos (consultivas, aprobatorios, abrogatorios y revocatorios) (arts. 78 y sigts.), pero el participar en un referendo no puede conducir a pensar que exista una "democracia participativa", máxime cuando la realización de referendos constituyen hechos realmente excepcionales.

En todo caso, lo grave de todo este engaño radica en la incomprensión del verdadero sentido de la democracia participativa; incomprensión no necesariamente derivada de la ignorancia, sino en muchos casos, por razones de ejecución de un

---

220 V., nuestro voto salvado por la omisión en *Gaceta Constituyente (Diario de Debates), Noviembre 1999-Enero 2000*, Sesión de 12-11-99, N° 42, p. 7.

221 En la Cumbre Presidencial de las Américas de Québec, celebrada en abril de 2001, el Presidente Chávez formuló objeciones al Proyecto de Carta Democrática de la OEA pretendiendo que se sustituyera democracia representativa por democracia participativa. Véanse las referencias en Luis Henrique Ball, "Nadando contra la corriente en Québec", *El Universal*, Caracas 27-04-01, p. 2-11; y Adolfo R. Tayardat, "La pírrica victoria de San José", *El Nacional*, Caracas 16-06-01, p. A-8. En todo caso dicha posición fue abandonada y el Ministro de Relaciones Exteriores de Venezuela en agosto de 2001 manifestó su acuerdo con la definición de democracia representativa en la referida Carta Democrática. *V., El Nacional*, Caracas 28-08-01, p. A-2.

222 V., por ejemplo, Bernard Manin, *Los principios del gobierno representativo*, Madrid 1998, p. 58

proyecto político que basado en un pretendido apoyo popular, pretende acaparar el poder y consolidarlo como hegemónico, concentrado y autoritario, todo lo contrario a lo que impone un régimen democrático.

La democracia para que sea participativa, tiene que ser una forma de vida y su ejercicio tiene que ser cotidiano. Para que el ciudadano pueda participar en los asuntos públicos, como cosa regular, tiene que tener acceso al poder, lo tiene que tener cerca, lo que implica un bien arraigado y desarrollado sistema de gobierno local, en cada lugar, asentamiento urbano o rural. La lugarización, en definitiva, es el instrumento único para la participación política[223].

Pero descentralizar, creando autoridades locales en los niveles territoriales más pequeños, implica desparramar el poder. Todo lo contrario a la concentración del Poder y al centralismo que se están desarrollando al amparo de la Constitución de 1999, a pesar de que se la proclame como reguladora de la "democracia participativa". De lo que se trata, en definitiva, es de la utilización de una Constitución engañosa para que en nombre de la sustitución de la democracia representativa por una supuesta democracia participativa, se acabe con la propia democracia como régimen político sustituyéndola por un régimen autoritario, centralizador y concentrador del Poder.

En todo caso, en contraste con esa política, debe destacarse, por ejemplo, que la Constitución establece una forma de participación de la sociedad civil, absolutamente excepcional en el derecho comparado, en la gestión de los asuntos públicos, al establecer que la postulación para cargos de Magistrados del Tribunal Supremo de Justicia, de los Miembros del Consejo Nacional Electoral, del Defensor del Pueblo, del Contralor General de la República y del Fiscal General de la República debe hacerse ante la Asamblea Nacional, por sendos Comités de Postulaciones integrados por "representantes de los diferentes sectores de la sociedad" (arts. 270, 295 y 279).

Lamentablemente, sin embargo, el Tribunal Supremo de Justicia en sentencia de 30-06-00 (N° 656), al declarar improcedente una acción de amparo interpuesta el 31 de mayo de 2000 por el Defensor del Pueblo, contra la Comisión Legislativa Nacional que había creado la Asamblea Nacional Constituyente el 22-12-99, por la amenaza de designación de los nuevos miembros del Consejo Nacional Electoral, en sustitución de los que había designado la Asamblea Nacional Constituyente y que habían fracasado en la organización de las elecciones de marzo de 2000 para la elección de los diputados a la Asamblea Nacional; resolvió que para tal designación provisoria, la referida Comisión Legislativa "no tendría que ceñirse a las disposiciones de la Constitución de la República Bolivariana de Venezuela", agregando que en virtud de:

> La transitoriedad hacia la instalación de la Asamblea Nacional, así como en la elección sobrevenida de los miembros provisorios del Consejo Nacional Electoral, no es obligante para la Comisión Legislativa Nacional ceñirse al artículo 296 de la vigente Constitución. Igualmente no será necesario para la Comisión Legislativa Nacional la aplicación estricta de dicho artículo para la elección de otros miembros provisorios del Consejo Nacional Electoral".

---

223   *V.*, Francisco González, *Lugarización y globalización*, La Quebrada, 2001.

En esta forma quedó ilusoria la participación de la sociedad civil, ilusión que se repitió posteriormente en sentencia de la misma Sala Constitucional del Tribunal Supremo de fecha 12-12-2000 dictada con motivo de la impugnación, por parte del mismo Defensor del Pueblo, de la Ley Especial para la Ratificación o Designación de los Funcionarios y Funcionarias del Poder Ciudadano y Magistrados y Magistradas del Tribunal Supremo de Justicia para el Primer Período Constitucional[224].

C. La instrumentos de la democracia directa

Las críticas a la democracia representativa, fundamentadas más por la forma y carácter de la representación, que por la representatividad misma, en todo caso provocó la introducción de reformas para fomentar la participación popular directa en la conducción de los asuntos públicos, sin la intermediación o mediatización de partidos o de asambleas; como ha venido sucediendo en los regímenes democráticos contemporáneos, para consagrar vías de democracia directa.

En este esquema es que se inserta el agregado del artículo 5° de la Constitución, comparativamente con la tradición constitucional venezolana que reducía el ejercicio de la soberanía al concepto de representación, en el sentido de que la soberanía también la puede ejercer el pueblo "directamente en la forma prevista en esta Constitución y en la Ley", regulándose a la vez, el derecho de participar "directamente" en los asuntos públicos (art. 62).

Estas formas, por lo demás, se enumeran en el artículo 70 de la Constitución, al describirse los medios de participación y protagonismo del pueblo en ejercicio de su soberanía, así:

> ...en lo político: la elección de cargos públicos, el referendo, la consulta popular, la revocatoria del mandato, la iniciativa legislativa, constitucional y constituyente, el cabildo abierto y la asamblea de ciudadanos y ciudadanas cuyas decisiones serán de carácter vinculante....

5. El estatuto de las personas y de los ciudadanos

Para que exista un Estado no sólo es necesario un territorio con un sistema de organización política, sino por sobre todo un pueblo asentado en el mismo, compuesto por personas con derechos y obligaciones.

Por tanto, como uno de los elementos fundamentales de la organización política del Estado, está el estatuto de las personas y de los ciudadanos, a quienes corresponde el ejercicio de los derechos políticos.

Las personas, en cualquier Estado, se dividen en general en extranjeros y nacionales, es decir, en personas que no tienen vinculo jurídico esencial con el Estado y las que si lo tienen. Por ello, el artículo 45 de la Constitución de 1961 establecía que "Los extranjeros tienen los mismos deberes y derechos que los venezolanos, con las limitaciones o excepciones establecidas por esta Constitución y las leyes". Esta norma, sin embargo, desapareció del texto constitucional y nada se establece en la Constitución de 1999. No obstante, es evidente que el principio sigue rigiendo en la

---

224 Véanse los comentarios a esta sentencia en pp. 393 y ss. de este libro.

forma expresada, derivada del derecho fundamental a la igualdad ante la ley (art. 21) y de la regulación expresa de la nacionalidad y ciudadanía, lo que por exclusión permite construir el régimen de los extranjeros.

A. *El régimen de la nacionalidad*

A pesar de las propuestas por modernizar el régimen de la nacionalidad[225], en la Constitución 1999 no se avanzó mayormente en cuanto a la regulación del *jus soli* y del *jus sanguinis* como elementos determinantes de la nacionalidad, en relación con el régimen de la Constitución de 1961, los cuales en general, siguen teniendo una consagración de carácter absoluto[226].

En cuanto a la regulación de la nacionalidad venezolana por naturalización, el régimen de la Constitución de 1999 sigue la orientación de las normas de la Constitución de 1961, con algunas modificaciones en cuanto a la exigencia constitucional de al menos 10 años de residencia para obtener la carta de naturaleza; en cuanto al vínculo de la naturalización derivado del matrimonio, que ahora no sólo beneficia a la extranjera casada con venezolano sino también al extranjero casado con venezolana, aún cuando con el agregado de un número de años de matrimonio para restringir las posibilidades de fraude a la Constitución; y en cuanto a las facilidades especiales para los naturales de países latinoamericanos y del Caribe y de España, Portugal e Italia, respecto de los cuales se reduce el término de residencia para la obtención de la carta de naturaleza.

La innovación constitucional más importante respecto del régimen de la nacionalidad, es el de la admisión de la doble nacionalidad, es decir, que los venezolanos, sea por nacimiento o por naturalización, puedan tener otra nacionalidad sin perder la venezolana[227].

Este principio, consagrado en el artículo 34 al prescribir que "la nacionalidad venezolana no se pierde al optar o adquirir otra nacionalidad", cambia radicalmente el régimen anterior, conforme al cual, de acuerdo con el artículo 39 de la Constitución de 1961, la nacionalidad venezolana se perdía por opción o adquisición voluntaria de otra nacionalidad.

De acuerdo con el espíritu y propósito del nuevo régimen, por supuesto, que para que se otorgue la nacionalidad venezolana mediante carta de naturaleza no podría exigirse al interesado que renuncie a su nacionalidad de origen, la cual en lo que concierne a Venezuela puede conservarla conforme al régimen de la misma en el país de origen. Sobre esto debe señalarse, por último, que al avance constitucional al permitir la posibilidad de los venezolanos de tener doble nacionalidad, se restringe

---

225   *V.*, nuestra propuesta presentada por la Comisión de Nacionalidad y Ciudadanía de la Asamblea, en Allan R. Brewer-Carías, *Debate Constituyente*, Tomo II, *op. cit.* pp. 45 a 74

226   *V.*, sobre el tema Allan R. Brewer-Carías, *El régimen jurídico administrativo de la Nacionalidad y Ciudadanía venezolana*, Caracas, 1965; Allan R. Brewer-Carías, *Derechos y Garantías Constitucionales, Instituciones Políticas y Constitucionales*, Tomo IV, Caracas-San Cristóbal 1996, p. 19 a 42.

227   *V.*, nuestro voto salvado en relación con la redacción original de esta norma en Allan R. Brewer-Carías, *Idem*, p. 254.

en cuanto al ejercicio de altos cargos públicos al exigir la Constitución no sólo la nacionalidad originaria, sino como única nacionalidad (art. 41).

B.   *El régimen de la ciudadanía*

La ciudadanía es el vínculo político que se establece entre una persona y el Estado, que le permite participar en el sistema político. Por ello, el ciudadano es esencialmente el venezolano. De allí lo indicado en el artículo 39 de la Constitución, cuyo texto es una innovación en relación a lo que establecía la Constitución de 1961[228], así:

> Los venezolanos y venezolanas que no estén sujetos o sujetas a inhabilitación política ni a interdicción civil, y en las condiciones de edad previstas en esta Constitución, ejercen la ciudadanía y, en consecuencia, son titulares de derechos y deberes políticos de acuerdo con esta Constitución.

La condición de ciudadano, por tanto, corresponde a los venezolanos hábiles en derecho, no sujetos a interdicción civil ni a inhabilitación política (como pena accesoria a la pena principal en el campo penal) y, por supuesto, en las condiciones de edad previstas en la Constitución, que no son uniformes. Por ejemplo, para ejercer el derecho al sufragio basta ser mayor de 18 años (art. 64), pero para ser Gobernador se requiere ser mayor de 25 años (art. 160); para ser Diputado a la Asamblea Nacional y legislador estadal se requiere ser mayor de 21 años (arts. 188 y 162); para ser Alcalde se requiere ser mayor de 25 años (art. 174); para ser Presidente y Vicepresidente de la República se requiere ser mayor de 30 años (arts. 227 y 238), al igual que para ser Defensor del Pueblo (art. 280) y Contralor General de la República (art. 288); y para ser Ministro se requiere ser mayor de 25 años (art. 244).

Asimismo, en cuanto a los Magistrados del Tribunal Supremo de Justicia (art. 263), al Procurador General de la República (art. 249) y al Fiscal General de la República (art. 284), la Constitución exige al menos tener 35 años, lo que deriva de las condiciones que regula para ejercer dichos cargos.

La consecuencia de regular expresamente en la Constitución a la ciudadanía, es la reserva que hace el artículo 40, de los derechos políticos como privativos de los venezolanos, salvo las excepciones establecidas en la Constitución; las cuales se refieren sólo a la posibilidad, para los extranjeros, de votar en las elecciones locales (art. 64).

Del artículo 40 también deriva el principio constitucional de la igualdad entre venezolanos por nacimiento y venezolanos por naturalización en cuanto al ejercicio de los derechos políticos, "con las excepciones establecidas en la Constitución". Estas excepciones, en general, se establecen en el artículo 41 que dispone que sólo los venezolanos por nacimiento y sin otra nacionalidad, podrán ejercer los cargos de Presidente de la República, Vicepresidente Ejecutivo, Presidente y Vicepresidentes de la Asamblea Nacional, Magistrados del Tribunal Supremo de Justicia, Presidente del Consejo Nacional Electoral, Procurador General de la República, Contralor Ge-

---

228   *V.,* nuestra propuesta en este sentido, en Allan R. Brewer-Carías, *Debate Constituyente,* Tomo II, *op. cit.* p. 64 y ss. *V.,* nuestro voto salvado en la primera discusión, en Allan R. Brewer-Carías, *Debate Constituyente,* Tomo III, *op. cit.* p. 145.

neral de la República, Fiscal General de la República, Defensor del Pueblo, Ministros de los despachos relacionados con la seguridad de la Nación, finanzas, energía y minas, educación; Gobernadores y Alcaldes de los Estados y Municipios fronterizos y aquellos contemplados en la Ley Orgánica de la Fuerza Armada Nacional.

Por otra parte, para ejercer los cargos de Diputado a la Asamblea Nacional, Ministro, Gobernadores y Alcaldes de Estados y Municipios no fronterizos, la Constitución exige que los venezolanos por naturalización deben tener domicilio con residencia ininterrumpida en Venezuela no menor de quince años y cumplir los requisitos de aptitud previstos en la ley (art. 41).

Las excepciones antes indicadas que afectan a los venezolanos por naturalización, sin embargo, desaparecen en el supuesto regulado en el artículo 40, equivalente al artículo 45 de la Constitución de 1961, que establece que:

> Gozan de los mismos derechos de los venezolanos y venezolanas por nacimiento los venezolanos y venezolanas por naturalización que hubieren ingresado al país antes de cumplir los siete años de edad y residido en él permanentemente hasta alcanzar la mayoridad.

6. *La supremacía constitucional*

Dentro de los principios fundamentales de la organización del Estado, otro de los que son esenciales al constitucionalismo moderno, es el de la supremacía constitucional, el cual propusimos se consagrara expresamente en el texto constitucional[229].

De allí deriva el artículo 7 de la Constitución, en el cual se expresa lo que no tiene dudas, que "la Constitución es la norma suprema y el fundamento el ordenamiento jurídico", y que "todas las personas y los órganos que ejercen el Poder Público están sujetos a esta Constitución".

La idea de la constitución, como norma suprema y fundamento del ordenamiento jurídico se acompaña, así, con la prescripción expresa de la obligatoriedad de sus normas para todos los órganos que ejercen el poder público y los particulares.

La consecuencia de la consagración expresa del principio de la supremacía constitucional es la previsión del control difuso y concentrado de la constitucionalidad de las leyes[230]; y por la otra, la obligación de todos los jueces de asegurar la integridad de la Constitución (art. 334)[231].

7. *Régimen constitucional de la integración económica regional*

En el artículo 153 de la Constitución de 1999, el proceso de integración económica latinoamericano y andino, en particular, encontró fundamento constitucional en Venezuela. La precaria previsión del artículo 108 de la Constitución de 1961, en

---

229   *V.,* Allan R. Brewer-Carías, *Debate Constituyente,* Tomo II, *op. cit.,* p. 24.

230   *V.,* en general Allan R. Brewer-Carías, *Justicia Constitucional, Instituciones Políticas y Constitucionales,* Tomo VII, Caracas-San Cristóbal, 1997, *V.,* los comentarios en pp. 323 y ss. de este libro.

231   *V.,* la Sexta Parte de este libro.

nuestro criterio impedía a Venezuela ingresar decididamente al proceso[232]. Por ello propusimos a la Asamblea la incorporación de una norma expresa destinada a la materia[233], habiéndose en consecuencia regulado el tema en el artículo 153, del cual deriva: en *primer lugar,* la creación de órganos supranacionales, a los cuales se pueden atribuir competencias que la Constitución asigna a los órganos del Poder Público, para que pueda existir un derecho comunitario; y *segundo lugar,* que las normas comunitarias no sólo tienen aplicación directa e inmediata en el derecho interno, desde que se considera que son parte integrante del ordenamiento legal vigente, sino que tienen aplicación preferente en relación a las leyes nacionales que se les opongan.

8. *El régimen de la seguridad y defensa de la Nación*

En esta materia, la Constitución de 1999, sin duda, contiene un cambio sustancial respecto de la Constitución de 1961, la cual sólo contenía tres disposiciones relativas al tema: la que regulaba el régimen de las armas (art. 133) con antecedentes en la Constitución de 1901; la que establecía la prohibición del ejercicio simultáneo de la autoridad civil y la militar por un mismo funcionario, con excepción del Presidente de la República quien es Comandante en Jefe de las Fuerzas Armadas por razón de su cargo (art. 131); y la que regulaba en general a las Fuerzas Armadas (art. 132).

En la nueva Constitución, el régimen de la seguridad y defensa aparece con una normativa más militarista, en una forma que no tiene antecedentes en nuestro constitucionalismo[234].

A. *La competencia estatal y de la población*

El artículo 322 de la Constitución comienza por disponer que la seguridad de la Nación es competencia esencial y responsabilidad del Estado, fundamentada en el desarrollo integral de ésta; y su defensa es responsabilidad de los venezolanos y también de las personas naturales y jurídicas, tanto de derecho público como de derecho privado, que se encuentren en el espacio geográfico nacional.

Se destaca, así, el término seguridad de la Nación que se concibe como una función estatal; y la defensa de la Nación como responsabilidad de todas las personas naturales y morales que se encuentren en el territorio nacional.

B. *Los principios de la seguridad de la Nación como corresponsabilidad entre el Estado y la Sociedad Civil*

En cuanto a la seguridad de la Nación, como concepto constitucional, a pesar de la concepción estatista que se establece en el artículo 322 como responsabilidad esencial del Estado; en el artículo 326 se establece que la misma se fundamenta en la *corresponsabilidad* entre el Estado y la sociedad civil para dar cumplimiento a los

---

232   *V.,* Allan R. Brewer-Carías, *Implicaciones constitucionales del proceso de integración económica regional,* Caracas, 1997.

233   *V.,* Allan R. Brewer-Carías, *Debate Constituyente,* Tomo I, *op. cit.,* pp. 171 a 182

234   *V.,* nuestros votos salvados sobre diversas normas del Título en Allan R. Brewer-Carías, *Debate Constituyente,* Tomo III, *op. cit.* pp. 228 a 233 y 303 a 306.

principios de independencia, democracia, igualdad, paz, libertad, justicia, solidaridad, promoción y conservación ambiental y afirmación de los derechos humanos, así como en la satisfacción progresiva de las necesidades individuales y colectivas de los venezolanos sobre las bases de un desarrollo sustentable y productivo de plena cobertura para la comunidad nacional. Todos estos principios, por supuesto, son los que están enumerados en los artículos 1, 2 y 3 de la propia Constitución.

El principio de la corresponsabilidad que se establece en la norma, en todo caso, se ejerce sobre los ámbitos económico, social, político, cultural, geográfico, ambiental y militar.

Como se ha dicho, el artículo 327 también regula a los efectos de la aplicación de los principios de seguridad de la Nación, un régimen específico para las fronteras.

C.   Los órganos de Seguridad y Defensa

La Constitución de 1999 crea, con rango constitucional (art. 323), al Consejo de Defensa de la Nación como el máximo órgano de consulta para la planificación y asesoramiento del Poder Público en los asuntos relacionados con la defensa integral de la Nación, su soberanía y la integridad de su espacio geográfico y para establecer el concepto estratégico de la Nación.

El referido Consejo está presidido por el Presidente de la República y lo conforman, además, el Vicepresidente Ejecutivo, el Presidente de la Asamblea Nacional, el Presidente del Tribunal Supremo de Justicia, el Presidente del Consejo Moral Republicano y los Ministros de los sectores de defensa, seguridad interior, relaciones exteriores y planificación, y otros cuya participación se considere pertinente.

En todo caso, corresponde a la ley orgánica respectiva fijar su organización y atribuciones.

D.   La Fuerza Armada Nacional

Las antiguas Fuerzas Armadas Nacionales (Ejército, Armada, Aviación y Guardia Nacional), en la Constitución de 1999 pasan a ser una sola institución, la Fuerza Armada Nacional, integrada, sin embargo, conforme al artículo 328, por el Ejército, la Armada, la Aviación y la Guardia Nacional, que funcionan de manera integral dentro del marco de su competencia para el cumplimiento de su misión, con un régimen de seguridad social integral propio, según lo establezca su respectiva ley orgánica.

De acuerdo con el artículo 329, además, el Ejército, la Armada y la Aviación tienen como responsabilidad esencial la planificación, ejecución y control de las operaciones militares requeridas para asegurar la defensa de la Nación. En cuanto a la Guardia Nacional ésta sólo debe cooperar en el desarrollo de dichas operaciones y tiene como responsabilidad básica la conducción de las operaciones exigidas para el mantenimiento del orden interno del país.

En todo caso, se establece en la Constitución que la Fuerza Armada Nacional puede ejercer las actividades de policía administrativa y de investigación penal que le atribuya la ley.

En el artículo 328 se precisa el carácter de la Fuerza Armada como institución esencialmente profesional, sin militancia política, organizada por el Estado para garantizar la independencia y soberanía de la Nación y asegurar la integridad del espacio geográfico, mediante la defensa militar, la cooperación en el mantenimiento del orden interno y la participación activa en el desarrollo nacional, de acuerdo con la Constitución y la ley.

En el cumplimiento de sus funciones, está al servicio exclusivo de la Nación y en ningún caso al de persona o parcialidad política alguna. Sus pilares fundamentales son la disciplina, la obediencia y la subordinación.

No aparece en la Constitución, sin embargo, el carácter apolítico y no deliberante de la Fuerza Armada que establecía el artículo 132 de la Constitución de 1961, ni la obligación esencial de la Fuerza Armada Nacional de asegurar "la estabilidad de las instituciones democráticas y el respeto a la Constitución y las leyes, cuyo acatamiento estará siempre por encima de cualquier otra obligación", como lo disponía dicha norma.

En cuanto a los miembros de las Fuerzas Armadas, la Constitución de 1999, como se ha dicho, le otorga el derecho de voto (art. 325), y además precisa que los ascensos militares se obtienen por mérito, escalafón y plaza vacante y son competencia exclusiva de la Fuerza Armada Nacional, aún cuando deben estar regulados por la ley respectiva (art. 331). Se eliminó, así, la previsión de la Constitución de 1961 conforme a la cual los ascensos de altos oficiales debían tener autorización parlamentaria (art. 150, ord. 5º).

E. *Apreciación general: La base constitucional para el militarismo*

Analizada globalmente la normativa anterior, ella pone en evidencia un acentuado esquema militarista cuya combinación con el centralismo y el presidencialismo podría conducir inconvenientemente al autoritarismo.

En efecto, en la Constitución quedó eliminada toda idea de sujeción o subordinación de la autoridad militar a la autoridad civil, consagrándose, al contrario, una gran autonomía de la autoridad militar y de la Fuerza Armada Nacional, unificadas las cuatro fuerzas, con la posibilidad de intervenir en funciones civiles.

Ello se evidencia de las siguientes regulaciones ya indicadas: *primero,* de la eliminación de la tradicional prohibición de que la autoridad militar y la civil no pueden ejercerse simultáneamente, que establecía el artículo 131 de la Constitución de 1961; *segundo*, de la eliminación del control por parte de la Asamblea Nacional respecto de los ascensos de los militares de alta graduación (art. 331), que en el constitucionalismo histórico siempre se había previsto; *tercero*, de la eliminación del carácter no deliberante y apolítica de la institución militar, como lo establecía el artículo 132 de la Constitución de 1961, lo que abre la vía para que la Fuerza Armada, como institución militar, pueda deliberar políticamente e intervenir y dar su parecer sobre los asuntos de los que estén resolviendo los órganos del Estado; *cuarto,* de la eliminación de la obligación de la Fuerza Armada de velar por la estabilidad de las instituciones democráticas que preveía el artículo 132 de la Constitución de 1961; *quinto,* lo que es más grave aún, de la eliminación de la obligación de la Fuerza Armada de respetar la Constitución y las leyes "cuyo acatamiento estará siempre por encima de cualquier otra obligación", como lo decía el artículo 132 de la Constitución de 1961; *sexto*, de la atribución de los militares, en forma expresa, del derecho al sufragio (art. 330), lo cual podría ser incompatible, políticamente, con el principio de obediencia; *séptimo,* del sometimiento a la autoridad de la Fuerza Armada de todo lo concerniente con el uso de armas y no sólo las de guerra, lo que se le quita a la Administración civil del Estado (art. 324); *octavo,* de la atribución, en general, a la Fuerza Armada de competencias en materia de policía administrativa (art. 329); *noveno,* del establecimiento del privilegio procesal a favor de los generales y almirantes de que para poder ser enjuiciados, el Tribunal Supremo de Justicia debe declarar previamente si hay o no mérito para ello (art. 266, ord. 3); y *décimo,* de la adopción en la Constitución del concepto ya histórico de la doctrina de la seguridad nacional, como globalizante, totalizante y omnicomprensiva, conforme a la cual todo lo que acaece en el Estado y la Nación, concierne a la seguridad del Estado, incluso el desarrollo económico y social (art. 326).

Todo lo anterior da origen a un esquema militarista que constitucionalmente es una novedad, pero que puede conducir a un apoderamiento de la Administración civil del Estado por la Fuerza Armada, a la cual, incluso se le atribuye en la Constitución "la participación activa en el desarrollo nacional" (art. 328).

Todo lo anterior, muestra un cuadro de militarismo realmente único en nuestra historia constitucional que ni siquiera se encuentra en las Constituciones de los regímenes militares.

III. ASPECTOS RESALTANTES DE LA CONSTITUCIÓN POLÍTICA

Conforme a la tradición constitucional venezolana, la Constitución Política contenida en el texto de 1999, y organiza al Estado con forma federal, mediante un sistema de distribución del Poder Público en tres niveles: Nacional, Estadal y Municipal, atribuyendo su ejercicio a diversos órganos y asignando competencias exclusivas en los tres niveles, además de las competencias concurrentes entre ellos. Establece, además, las bases del sistema político democrático y el régimen de los derechos políticos.

1. *El sistema político*

El sistema político que ha estado vigente en el país durante las últimas décadas ha sido el del Estado centralizado de partidos, donde los partidos políticos asumieron el monopolio de la representatividad y de la participación. El sistema electoral de representación proporcional, en tal sentido, fue el instrumento para asegurar la representatividad exclusiva de los partidos políticos en las asambleas representativas, lo que condujo, por supuesto, a que sólo se pudiera participar en política a través de los partidos[235].

Ese fue el sistema político que entró en crisis en la década de los ochenta y que debía ser cambiado radicalmente con la nueva Constitución. Sin embargo, su articulado, en esta materia[236], si bien abre nuevos espacios para la participación política a través de los referendos, conserva el sistema electoral de representación proporcio-

---

235 *V.,* Allan R. Brewer-Carías, *Cambio Político y Reforma del Estado en Venezuela,* Madrid 1975, pp. 202 y ss.

236 *V.,* los planteamientos que formulamos en relación con la reforma al sistema político y a los derechos políticos en Allan R. Brewer-Carías, *Debate Constituyente,* Tomo II, *op. cit.* p. 119 a 134.

236 ALLAN R. BREWER-CARIAS

nal como el único de rango constitucional, y con ello el riesgo de que al no cambiar el sistema electoral no cambie el sistema de partidos, que es consecuencia del anterior. El Estado de partidos, por tanto, tiene todas las perspectivas de continuar, pero cambiando, sin embargo, unos partidos por otros.

A continuación, en todo caso, analizaremos las disposiciones más importantes de la nueva Constitución en cuanto al sistema político de democracia participativa que nominalmente se persigue.

A. *El derecho a la participación política*

Como se señaló, la Constitución comienza el Capítulo de los Derechos Políticos con la consagración, en el artículo 62, del derecho a la participación política de todos los ciudadanos, libremente, en los asuntos públicos, directamente o por medio de sus representantes elegidos; en la misma orientación de lo indicado en el artículo 5° de la Constitución, lo que consolida la idea de un sistema político democrático representativo y participativo[237].

Declara, además, la Constitución, que la participación del pueblo en la formación, ejecución y control de la gestión pública es el medio necesario para lograr el protagonismo que garantice su completo desarrollo, tanto individual como colectivo; siendo obligación del Estado y deber de la sociedad facilitar la generación de las condiciones más favorables para la práctica de la participación.

Por otra parte, el artículo 70 de la Constitución enumera como medios de participación y protagonismo del pueblo en ejercicio de su soberanía, por una parte, *en lo político*: la elección de cargos públicos, el referendo, la consulta popular, la revocatoria del mandato, la iniciativa legislativa, constitucional y constituyente, el cabildo abierto y la asamblea de ciudadanos cuyas decisiones deben ser de carácter vinculante, entre otros; y por la otra, *en lo social y económico,* las instancias de atención ciudadana, la autogestión, la cogestión, las cooperativas en todas sus formas incluyendo las de carácter financiero, las cajas de ahorro, la empresa comunitaria y demás formas asociativas guiadas por los valores de la mutua cooperación y la solidaridad.

B. *El sistema electoral y la democracia representativa*

a. *El derecho al sufragio y el sistema de escrutinio*

La Constitución regula al sufragio como un derecho (art. 63) eliminándose toda consideración del voto como un deber, como lo disponía la Constitución de 1961 (art. 110)[238].

Este derecho se debe ejercer mediante votaciones libres, universales, directas y secretas, estableciendo la norma que la ley debe garantizar el principio de la personalización del sufragio y la representación proporcional.

---

237 *V.,* nuestra proposición de este artículo en Allan R. Brewer Carías, *Debate Constituyente,* Tomo II, *op. cit.* p. 137.

238 *V.,* nuestra propuesta sobre el artículo en Allan R. Brewer-Carías, *Debate Constituyente,* Tomo II, *op. cit.* pp. 125.

Con esto se consagran, a nivel constitucional, dos elementos del sistema electoral que deben destacarse: por una parte, la llamada "personalización del sufragio", que no es otra cosa que la exigencia de la nominalidad, es decir, del necesario voto por nombre y apellido, sea que el escrutinio sea uninominal, en cuyo caso, no puede ser de otra forma que nominal o personificado, pues se vota por una persona; sea que el escrutinio sea plurinominal, es decir, por listas en una misma circunscripción, donde se elige a varias personas en forma nominal.

Pero por otra parte, constitucionalmente se establece que la ley debe garantizar la representación proporcional, para lo cual se requiere inexorablemente el escrutinio plurinominal, es decir, varios candidatos en una circunscripción electoral. Es decir, la representación proporcional excluye la elección uninominal en la elección de asambleas representativas, lo que implica que el sistema electoral que exige garantizar la Constitución es la votación por listas, en circunscripciones plurinominales, en forma nominal.

En este aspecto, en la Constitución tampoco se atacó el otro aspecto del sistema político que requería de una reforma radical, que era la representatividad política y la participación, de manera de romper el monopolio que en esa materia han tenido los partidos políticos.

En efecto, al centralismo de Estado lo ha acompañado como parte del sistema político, el Estado de partidos, en el cual los partidos políticos han sido los únicos mecanismos de participación política y los únicos que han obtenido representantes en los órganos representativos. Ello ha estado asegurado a través del método de escrutinio plurinominal basado en la representación proporcional, el cual como se ha dicho, no sólo no se ha cambiado, sino que es el único consagrado en la Constitución (art. 63). A pesar de que se señale en el texto que debe garantizarse la personalización del voto, ello no cambia la representatividad si se sigue el método de representación proporcional, que conduce a la representación de partidos.

Es decir, este sistema, inexorablemente conduce a la representación de partidos, habiéndose rechazado en la Asamblea nuestra propuesta de perfeccionar la representatividad, mediante escrutinios uninominales, que podrían asegurar la efectiva representación de los territorios y de las comunidades en ellos asentadas, particularmente en las elecciones para Juntas Parroquiales, Concejos Municipales y Consejos Legislativos Estadales[239].

En esta forma, el sistema electoral, constitucionalmente no sufrió cambio alguno, con lo que la representación de los partidos puede continuar dominando la escena política; lo que sin embargo, ha cambiado, son unos partidos por otros, pero no el concepto de representatividad partidaria.

Por último debe señalarse, en relación con la legislación electoral que el artículo 298 de la Constitución establece una restricción temporal en el sentido de que la ley que regule los procesos electorales no puede modificarse en forma alguna en el lap-

---

239 V., nuestra propuesta en Allan R. Brewer-Carías, *Debate Constituyente*, Tomo II, *op. cit.* p. 126; y nuestro voto salvado en relación con esta materia en Allan R. Brewer Carías, *Debate Constituyente*, Tomo III, *op. cit.,* p. 157 y 257.

so comprendido entre el día de la elección y los seis meses inmediatamente anteriores a la misma.

b.   *Los electores (el derecho a elegir)*

El artículo 64 de la Constitución califica como electores a todos los venezolanos que hayan cumplido 18 años de edad y que no estén sujetos a interdicción civil o inhabilitación política.

La Constitución, además, expresamente atribuye a los integrantes de la Fuerza Armada Nacional en situación de actividad, el derecho al sufragio de conformidad con la ley. Los militares, sin embargo, no pueden participar en actos de propaganda, militancia o proselitismo político (art. 330). Esto, sin duda, como se ha dicho, constituye una novedad en nuestro proceso político, en el cual tradicionalmente los militares no han tenido derecho de voto. Ahora habrá que compatibilizar el deber de obediencia derivado de la jerarquía militar, con este derecho al sufragio que podría ser distorsionado mediante órdenes de los superiores[240].

Por otra parte, en principio, los extranjeros no tienen derecho de voto. Sin embargo, el mismo artículo 64 de la Constitución regula la excepción al prescribir que el voto para las elecciones municipales, parroquiales y estadales se hará extensivo a los extranjeros que hayan cumplido 18 años de edad, no sujetos a interdicción civil o inhabilitación política, con más de 10 años de residencia en el país, con las limitaciones establecidas en esta Constitución y en la ley. Se sigue así, la misma orientación del artículo 111 de la Constitución de 1961.

c.   *Los representantes electos*

En el texto de la Constitución de 1999 no hay una norma que sea equivalente al artículo 112 de la Constitución de 1961 que establecía el derecho ciudadano a ser electo y desempeñar funciones públicas. Es decir, no existe en la Constitución de 1999 una norma general que regule el derecho de los ciudadanos a ejercer cargos públicos y a ser elegidos, lo cual es una falla evidente.

En la materia, lo único que regula la Constitución son normas restrictivas o prohibitivas. Así, en general, el artículo 65 de la Constitución establece que no podrán optar a cargo alguno de elección popular quienes hayan sido condenados por delitos cometidos durante el ejercicio de sus funciones y otros que afecten el patrimonio público, dentro del tiempo que fije la ley, a partir del cumplimiento de la condena y de acuerdo con la gravedad del delito.

Por otra parte, en cuanto a los integrantes de la Fuerza Armada Nacional en situación de actividad, el artículo 330, establece que a los mismos no les está permitido optar a cargos de elección popular.

De acuerdo con el artículo 67 de la Constitución la postulación para cargos elegibles puede ser hecha por iniciativa propia, o por las asociaciones políticas. Así,

---

240   *V.,* nuestro voto salvado sobre esta norma en Allan R. Brewer-Carías, *Debate Constituyente,* Tomo III, *op. cit.* p. 232 y 305.

todos los ciudadanos tienen derecho a concurrir a los procesos electorales postulando candidatos.

Con carácter general, el artículo 66 de la Constitución, consagra el derecho de los electores a que sus representantes rindan cuentas públicas, transparentes y periódicas sobre su gestión[241], "de acuerdo con el programa presentado" (art. 66). La última frase agregada a esta norma, que no propusimos, implica la exigencia constitucional indirectamente establecida, de que toda candidatura para cargo elegible debe acompañarse de un programa que ha de ser presentado al electorado. Esta exigencia, sin embargo, es de difícil cumplimiento en los casos de elecciones plurinominales de representación proporcional.

C.   *El sistema de partidos políticos y de asociación política*

En un marcado criterio reactivo contra los partidos políticos, en la Constitución de 1999 se eliminó tal expresión (sólo se regulan a las "organizaciones con fines políticos") estableciéndose, en cambio, un conjunto de regulaciones contra lo que habían sido los partidos políticos tradicionales.

La Constitución, en está forma, ha pretendido ignorar a los partidos políticos cuando éstos son los que controlado el poder y aún lo controlan. En efecto, como hemos dicho, la crisis del sistema político venezolano desencadenada a partir de la década de los ochenta del siglo pasado tuvo su motivo fundamental en la incomprensión de los partidos políticos y de su liderazgo respecto de los logros democráticos que habían alcanzado para Venezuela a partir de los inicios de la década de los sesenta. La democratización del país había comenzado a plantear exigencias de representatividad y de participación más allá de los propios partidos, de manera que se abriera la democracia y se descentralizara el poder y la participación, situación que los partidos no entendieron.

En todo caso, a finales del siglo XX, todos los males políticos de la República se atribuyeron a los partidos políticos, al Pacto de Punto Fijo y a la Constitución de 1961, centrándose el discurso político del nuevo liderazgo autoritario militarista y populista en la destrucción y anatema de aquellos. En ese contexto se desarrolló el proceso constituyente de 1999 y la sanción de la nueva Constitución. Un nuevo partido político constituido a la medida del nuevo liderazgo sirvió para el apoderamiento electoral del poder a partir de 1999, al cual acompañaron viejos y marginados partidos políticos que también participaron en el proceso de apoderamiento.

La Constitución de 1999, en definitiva, no ha cambiado nada respecto del sistema político de Estado centralizado de partidos que quedó incólume, con más centralismo, habiéndose en realidad, en la práctica política, cambiado unos partidos por otros, pero con mayor centralismo y con cúpulas más autocráticas, como son los partidos que han apoyado el proyecto concentrador y centralista del presidente Hugo Chávez.

---

241   *V.,* nuestra propuesta sobre este artículo en Allan R. Brewer-Carías, *Debate Constituyente,* Tomo II, *op. cit.* p. 138.

Pero, a pesar de ello, la Constitución de 1999 engaña, al pretender ignorar en sus regulaciones a los partidos políticos, siendo que el partidismo o la partidocracia está más arraigada que nunca.

La Constitución de 1999, en efecto, comenzó por eliminar el derecho político de los ciudadanos a agruparse en partidos políticos para participar en la conducción de la vida política nacional, como lo regulaba la Constitución de 1961. Esto dejó de ser un derecho político de los ciudadanos, y la Constitución de 1999 pasó a regular sólo la existencia de "agrupaciones con fines políticos" (art. 67), lo que en definitiva puede ser cualquier asociación o agrupación y no necesariamente un partido político. Sin embargo, en la práctica, lo que siguen existiendo son los partidos políticos en su configuración más tradicional.

La reacción contra la falta de democratización interna de los partidos políticos, y su conducción por cúpulas eternizadas de dirigentes, condujo a la inclusión de una disposición en la Constitución, conforme a la cual no sólo la designación de sus directivos debe realizarse mediante elecciones, sino que, incluso, la escogencia de los candidatos de los partidos políticos a los cuerpos y cargos representativos, debe realizarse mediante votación interna democrática (art. 67). Para ello, la Constitución, incluso, impuso la obligación de la organización de dichas elecciones internas, por el Consejo Nacional Electoral (art. 293, ord. 6).

Además, por los problemas derivados del financiamiento público a los partidos políticos que regulaba la Ley Orgánica del Sufragio y Participación Política, lo que había conducido a un acaparamiento de dichos fondos por los partidos tradicionales, los redactores de la Constitución reaccionaron contra ello, prohibiendo simplemente dicho financiamiento público y exigiendo control respecto del financiamiento privado de los partidos (art. 67). Indudablemente, con esto, se retrocedió en lo que es la constante en todo el mundo democrático, habiéndose abierto, de hecho, la posibilidad de financiamiento público irregular e ilegítimo a los partidos de gobierno[242].

Las elecciones realizadas en 2000, por otra parte mostraron cómo la Constitución además fue burlada. El Estatuto Electoral del Poder Público de enero de 2000, dictado por la Asamblea Nacional Constituyente después de la entrada en vigencia de la Constitución, la violó abiertamente, al exonerar a los partidos políticos de la obligación constitucional de escoger todos sus candidatos, mediante votación interna de toda su militancia como lo exigía el artículo 67 de la Constitución. El gasto electoral que mostró el candidato Hugo Chávez y los candidatos del partido de gobierno fueron cuantitativamente mayores que los originados en cualquier proceso electoral anterior; se había eliminado el financiamiento público directo de los partidos políticos, pero es imposible saber a cuánto ascendió el financiamiento público indirecto del partido de gobierno. Lo cierto fue que, incluso, el Consejo Nacional Electoral

---

242 *V.,* J.C. Rey y otros, *El financiamiento de los partidos políticos y la democracia en Venezuela,* Caracas 1981; Allan R. Brewer-Carías, "Consideraciones sobre el financiamiento de los partidos políticos en Venezuela" en *Financiación y democratización interna de partidos políticos. Aproximaciones. Memoria IV Curso Anual Interamericano de Elecciones,* Instituto Interamericano de Derechos Humanos-CAPEL, San José, 1991, pp. 121 a 139.

sancionó al Presidente de la República por el uso indebido de medios de comunicación del Estado en sus campañas electorales[243].

La Constitución, además, al establecer que los diputados a la Asamblea Nacional "no están sujetos a mandatos ni instrucciones, sino sólo a su conciencia" (art. 200), condujo a la pretensión de la eliminación de las fracciones parlamentarias de los partidos políticos en la Asamblea Nacional. Incluso, las antiguas e importantes sedes de las fracciones parlamentarias de los partidos políticos fueron desmanteladas, regulándose en la Constitución el principio expreso de que los diputados integrantes de la Asamblea Nacional representan sólo al pueblo en su conjunto.

Todo esto, sin embargo, no es más que otro engaño constitucional: las fracciones parlamentarias sólo cambiaron de nombre y ahora se llaman "grupos de opinión" y se reúnen cerca de a la sede de la Asamblea Nacional. El Presidente de la Asamblea y otros líderes parlamentarios de los partidos de gobierno han anunciado y amenazado, públicamente, que dominan la Asamblea y que disponen de un número determinado de votos "duros" o "fijos" en la Asamblea, como sucedió cuando se discutió públicamente, a comienzos de 2001 el Proyecto de Ley Orgánica de Educación. En la práctica política, en todo caso, después de la entrada en vigencia de la Constitución, los partidos tienen más presencia que nunca, al punto de que sin ningún recato, el Presidente de la República es el Presidente del Partido de Gobierno, y el Ministro del Interior y de Justicia es su Coordinador Nacional. Como nunca antes, la simbiosis partido-político, Administración Pública se ha enquistado en Venezuela, abriéndose así vasos comunicantes que permiten canalizar financiamientos específicos, como incluso no se llegaron a ver en la época dorada de la partidocracia de comienzos de los años ochenta.

Lo que en definitiva ocurrió como consecuencia del proceso constituyente, fue el cambio de unos partidos por otros en el control del poder y en el dominio del juego electoral. La partidocracia o democracia de partidos ha seguido incólume, con los mismos vicios clientelares y los mismos controles por cúpulas no electas en elecciones internas libres y democráticas. Y además, es la Constitución la que al regular el sistema electoral, ratifica el principio de la necesaria consagración del principio de la representación proporcional, lo que como es sabido, se trata de un sistema electoral destinado a lograr la representatividad de los partidos políticos. Nada, por tanto, ha cambiado en el sistema político, salvo la denominación de los partidos políticos, ahora son otros, y otro es su liderazgo.

En todo caso, el mismo artículo 67 de la Constitución remite a la Ley para regular lo concerniente al financiamiento y las contribuciones privadas de las organizaciones con fines políticos, y los mecanismos de control que aseguren la pulcritud en el origen y manejo de las mismas. Así mismo, la ley debe regular las campañas políticas y electorales, su duración y límites de gastos, propendiendo a su democratización.

Por último, debe destacarse que la Constitución atribuyó a un órgano del Poder Público (Poder Público Electoral) como es el Consejo Nacional Electoral, la potestad de "organizar las elecciones de las organizaciones con fines políticos" (art.

---

243   V., en *El Universal*, Caracas 23-03-00, p. 1-1.

293,6), con lo cual se incluyó un principio de intervención estatal intolerable en relación con los partidos políticos.

D. *El sistema de referendos y la democracia directa*

Como se señaló, tanto el artículo 5° como el 62 de la Constitución prevén el ejercicio del sufragio y del derecho a la participación política mediante la elección de representantes o en forma directa, a través de los mecanismos previstos en la Constitución y en la ley, en particular, además de los previstos en el artículo 70, mediante los referendos que son de 4 tipos en la Constitución: el referendo consultivo, el referendo revocatorio, el referendo aprobatorio, y el referendo abrogatorio[244].

a. *Los referendos consultivos*

Como lo indica el artículo 71, las materias de especial trascendencia nacional pueden ser sometidas a referendo consultivo, correspondiendo la iniciativa al presidente de la república en consejo de ministros; a la asamblea nacional, mediante acuerdo aprobado por el voto de la mayoría de sus integrantes; o a solicitud de un número no menor del 10% de los electores inscritos en el registro civil y electoral.

También pueden ser sometidas a referendo consultivo las materias de especial trascendencia parroquial, municipal, y estadal en cuyo caso, la iniciativa le corresponde a la Junta Parroquial, al Concejo Municipal y al Consejo Legislativo, respectivamente, por acuerdo de los 2/3 de sus integrantes; al Alcalde y al Gobernador de Estado, o a solicitud de un número no menor del 10% del total de inscritos en el registro civil y electoral en la circunscripción correspondiente.

b. *Los referendos revocatorios*

Conforme al artículo 72 de la Constitución, todos los cargos y magistraturas de elección popular son revocables (art. 6).

A tal efecto, transcurrida la mitad del período para el cual fue elegido un funcionario, un número no menor del 20% de los electores inscritos en la correspondiente circunscripción puede solicitar la convocatoria de un referendo para revocar su mandato. En todo caso no puede hacerse más de una solicitud de revocación del mandato, durante el período para el cual fue elegido el funcionario.

Sin embargo, a los efectos de que se produzca la revocatoria del mandato, se requiere que voten a favor de tal revocatoria un número de electores igual o mayor de los que eligieron al funcionario; siempre que hubieran concurrido al referendo un número de electores igual o superior al 25% de los electores inscritos en el registro civil y electoral. Estas condiciones, sin duda, pueden considerarse de difícil materialización.

Ahora bien, en caso de que se produzca la revocatoria debe procederse de inmediato a cubrir la falta absoluta conforme a lo dispuesto en la Constitución y en la Ley.

---

244 *V.,* nuestra propuesta respecto de este articulado en Allan R. Brewer-Carías, *Debate Constituyente,* Tomo II, *op. cit.* pp. 138 a 143.

c.   *Los referendos aprobatorios*

En cuanto a los referendos aprobatorios, el artículo 73 establece que aquellos proyectos de ley en discusión por la Asamblea Nacional, deben ser sometidos a referendo cuando así lo decidan por lo menos las 2/3 partes de los integrantes de la Asamblea. En estos casos, si el referendo concluye en un sí aprobatorio, el proyecto correspondiente debe ser sancionado como ley, siempre que haya concurrido el 25% de los electores inscritos en el registro civil y electoral.

Debe destacarse, además, la previsión de un tipo particular de referendo aprobatorio que debe realizarse cuando presentado un proyecto de ley por iniciativa popular (art. 204, ord. 7), si la discusión del proyecto no se inicia en la Asamblea Nacional a más tardar en el período de sesiones ordinarias siguientes al que se haya presentado (art. 205).

La Constitución es explícita, además, en disponer que pueden ser sometidos a referendo los tratados, convenios o acuerdos internacionales que pudieren comprometer la soberanía nacional o transferir competencias a órganos supranacionales, como serían los tratados de integración. En estos casos, la iniciativa corresponde al Presidente de la República en Consejo de Ministros; a la Asamblea Nacional por el voto de las 2/3 partes de sus integrantes; o al 15% de los electores inscritos en el registro civil y electoral.

d.   *Los referendos abrogatorios*

La Constitución regula, además, los referendos abrogatorios respecto de las leyes al señalar, en el artículo 74, que deben ser sometidas a referendo, para ser abrogadas total o parcialmente, las leyes cuya abrogación fuere solicitada por iniciativa de un número no menor del 10% de los electores inscritos en el registro civil y electoral o por el Presidente de la República en Consejo de Ministros.

También pueden ser sometidos a referendo abrogatorio los decretos con fuerza de ley que dicte el Presidente de la República en uso de la atribución prescrita en el numeral 8 del artículo 236 de esta Constitución, en cuyo caso la iniciativa corresponde sólo a un número no menor del 5% de los electores inscritos en el registro civil y electoral.

En todo caso, para la validez del referendo abrogatorio es indispensable la concurrencia del 40% de los electores inscritos en el registro civil y electoral.

La Constitución precisa, además, que no puede hacerse más de un referendo abrogatorio en un período constitucional para la misma materia.

Pero no toda ley puede ser sometida a referendo abrogatorio, pues el artículo 74 de la Constitución excluye a las leyes de presupuesto, las que establezcan o modifiquen impuestos, las de crédito público y las de amnistía, así como aquellas que protejan, garanticen o desarrollen los derechos humanos y las que aprueben tratados internacionales.

2.   *La distribución vertical del Poder Público: Nacional, Estadal y Municipal*

En las Constituciones venezolanas, la forma federal del Estado concretizada en la distribución vertical del Poder Público, comenzó a expresarse formalmente en texto constitucional en la Constitución de 1858, que estableció que "El Poder Público se divide en Nacional y Municipal" (art. 9). Posteriormente, en la Constitución de 1901 se retomó la fórmula, expresándose que "El Poder Público se distribuye entre el Poder Federal y el Poder de los Estados" (art. 29), lo que se repitió en todas las Constituciones posteriores hasta la de 1925, en la cual se agregó al Poder Municipal así: "El Poder Público se distribuye entre el Poder Federal, el de los Estados y el Municipio" (art. 51).

La norma se repitió en las Constituciones posteriores hasta que en la Constitución de 1947 se invirtió la enumeración así: "El Poder Público se distribuye entre el Poder Municipal, el de los Estados y el Nacional..." (art. 86), lo que se repitió en la Constitución de 1953 (art. 40).

La Constitución de 1961 no utilizó la fórmula tradicional y se limitó a señalar que "Cada una de las ramas del Poder Público tienen sus funciones propias..." (art. 118), aludiendo, sin duda, a las ramas Nacional, Estadal y Municipal, pero sin enumerarlas.

Ahora, a propuesta nuestra[245], la Constitución de 1999 volvió a la fórmula tradicional al disponer en su artículo 136 que: "El Poder Público se distribuye entre el Poder Municipal, el Poder Estadal y el Poder Nacional". Ello se completa con la fórmula de colaboración o cooperación entre los Poderes que regulaba la Constitución de 1961 (art. 118), que se recoge en el artículo 136 de la Constitución[246].

En todo el texto constitucional, en consecuencia, se pueden encontrar disposiciones que se refieren, en general, al Poder Público que, por tanto, rigen respecto de los órganos de los tres niveles territoriales; y disposiciones específicamente destinadas a cada uno de los niveles[247].

3. La organización del Poder Público Nacional

La Constitución en su artículo 136, además de organizar al Estado conforme al principio de la distribución vertical del Poder Público (Nacional, Estadal y Municipal), establece el régimen del Poder Público Nacional conforme al principio de la separación orgánica de poderes, rompiendo con la tradicional división tripartita del Poder (Legislativo, Ejecutivo y Judicial) y agregando dos más (Ciudadano y Electoral) en la siguiente forma: "El Poder Público Nacional se divide en Legislativo, Ejecutivo, Judicial, Ciudadano y Electoral".

A. La penta división del poder y la ausencia de independencia entre los poderes

En efecto, en las últimas décadas, en Venezuela y en toda América Latina, habían comenzado a aparecer con arraigada autonomía constitucional otros órganos

---

245 V., Allan R. Brewer-Carías, *Debate Constituyente, (Aportes a la Asamblea Nacional Constituyente)*, Tomo II, (9 septiembre-17 octubre de 1999), Caracas, 1999, p. 161 a 164.

246 V., Allan R. Brewer-Carías, *El Poder Público: Nacional, Estadal y Municipal, Instituciones Políticas y Constitucionales*, Tomo II, Caracas-San Cristóbal, 1996, p. 111 y ss.

247 V., Allan R. Brewer-Carías, "Consideraciones sobre el régimen constitucional de la organización y funcionamiento de los Poderes Públicos" en *Derecho y Sociedad, Revista de Estudiantes de Derecho de la Universidad Monte Avila*, N° 2, Caracas abril 2001, p.p. 135 a 149.

del Poder Público Nacional, que no se encontraban sometidos o sujetos a los órganos de los clásicos poderes Legislativos, Ejecutivos y Judiciales. Así habían aparecido las Contralorías Generales, la Defensorías del Pueblo o de los Derechos Ciudadanos, el Ministerio Públicos, los Consejos de la Magistratura o de la Judicatura, y los órganos de conducción electoral. Esta evolución autonomista puede decirse que ha encontrado un paso formal de gran importancia en la Constitución de 1999, al regularizarse el rango constitucional de dichos órganos y el *status* de órganos del Poder Público que tenían, pasándose a una pentadivisión del Poder Público Nacional, que establece la separación entre los poderes Legislativo, Ejecutivo Judicial, Ciudadano y Electoral. El Poder Legislativo ejercido por la Asamblea Nacional; el Poder Ejecutivo, por el Presidente de la República y demás funcionarios del Gobierno y Administración Pública; el Poder Judicial, por el Tribunal Supremo de Justicia y demás Tribunales; el Poder Ciudadano, por la Contraloría General de la República, el Ministerio Público (Fiscalía General de la República) y el Defensor del Pueblo, y el Poder Electoral, por el Consejo Nacional Electoral y demás órganos electorales.

La esencia del principio de la separación de poderes en la Constitución es que cada órgano del Poder Público tiene sus funciones propias, que ejerce con autonomía e independencia, en un sistema de balances y contrapesos conforme al cual ningún órgano del Poder Público está sujeto a otro ni puede estarlo, salvo en lo que se refiere a los mecanismos de control judicial, control fiscal o la protección de derechos humanos.

La separación pentapartita del Poder Público Nacional en la Constitución de 1999, sin embargo, es engañosa, pues encubre un peligroso sistema de sujeción de unos poderes a otros, que constituyen la puerta abierta a la concentración del Poder Público y al autoritarismo.

De hecho, aún antes de que entrara en vigencia la Constitución, al dictarse el Régimen de Transición del Poder Público por la Asamblea Nacional Constituyente, el 22-12-99, ésta, con la abrumadora mayoría oficialista que la controlaba, designó a todos los titulares de los Poderes Públicos: al Presidente de la República, que había puesto su cargo a "la orden de la Asamblea", a los integrantes de la Comisión Legislativa Nacional (Congresillo), que sustituyó transitoriamente al Congreso (Senado y Cámara de Diputados) que había sido extinguido; a los Magistrados del Tribunal Supremo de Justicia, que había sido creado con sus Salas; al Fiscal General de la República; al Contralor General de la República, al Defensor del Pueblo y a los miembros del Consejo Nacional Electoral, todos designados a dedo, con personas afectas o sometidas al nuevo poder. Al poco tiempo, el fracaso de los Miembros del Consejo Nacional Electoral en conducir y organizar las primeras elecciones después de la puesta en vigencia de la Constitución, de mayo de 2000, condujo a su destitución y a la designación de otros, no precisamente conforme a lo que exigía la Constitución a través de un Comité de Postulaciones que no se estableció. Luego, al pretender el Fiscal General de la República ejercer sus funciones e ingenuamente, quizás, pretender que era autónomo e independiente sometiendo a un antejuicio de méritos al Presidente del Congresillo y Coordinador General del partido de gobierno, fue consecuentemente destituido por la Asamblea Nacional. Igual suerte corrió la Defensora del Pueblo quien pretendió también ejercer sus funciones con autonomía. La destitución vino encubierta por la supuesta designación definitiva, por la Asamblea Nacional recién electa, de dichos funcionarios titulares de los órganos del Poder Ciudadano, no precisamente conforme a las pautas constitucionales que exigían la Constitución de sendos Comités de Postulaciones integrados por representantes de la sociedad civil. La Asamblea, para ello, dictó una Ley de Postulaciones obviando las normas expresas de la Constitución, nombrando directamente a los funcionarios con la votación exclusiva de la mayoría oficialista, inventando unas "mesas de diálogo" no previstas en la Constitución. La Constitución fue burlada, como se ha dicho, y la Asamblea nombró a nuevos Fiscal General de la República y Defensor del Pueblo, afectos al Poder y ratificó al Contralor General de la República, como premio por no haber ejercido sus funciones de control fiscal[248].

La práctica constitucional del ejercicio del Poder hegemónico puso en evidencia que lejos de una separación de poderes, se estaba en presencia de una concentración del poder en la Asamblea Nacional y una sujeción de aquél y de ésta al Presidente de la República.

La Constitución, en todo caso, es engañosa en esta materia, pues después de proclamar la separación de poderes, la contradice al someter y sujetar los poderes públicos a la Asamblea Nacional. En efecto, un sistema de separación de poderes implica ante todo que el mandato de los titulares de los órganos que ejercen el Poder Público no puede ser revocado por otro órgano del Poder Público y que los titulares tienen el derecho de permanecer en sus cargos hasta su término, sin poder ser removidos, salvo mediante enjuiciamiento penal. Esto sin embargo, está roto en la Constitución de 1999, al atribuirse a la Asamblea Nacional la potestad de remover conforme se regule en la Ley que la propia Asamblea debe dictar, a los magistrados del Tribunal Supremo (art. 265), al Fiscal General de la República, al Defensor del Pueblo, al Contralor General de la República (art. 279) y a los miembros del Consejo Nacional Electoral (art. 296).

Así, la separación de poderes y la autonomía e independencia que supuestamente existe en la flamante pentadivisión del Poder es un engaño, al incorporarse, por primera vez en el constitucionalismo venezolano, la sujeción en última instancia de todos los poderes públicos no electos a la Asamblea Nacional, lo que puede conducir a una concentración del poder en el órgano político como lo ha demostrado la práctica de la transición constitucional.

La Constitución, por tanto, es engañosa al proclamar una separación de poderes, cuando establece el germen de su indebida concentración política.

B. *El sistema presidencial de gobierno*

Por otra parte, en la relación entre el Poder Ejecutivo Nacional y el Poder Legislativo, la Constitución optó por continuar con el sistema presidencial de gobierno, aún cuando se le hayan incrustado algunos elementos del parlamentarismo como ya había sucedido en la Constitución de 1961.

Sin embargo, en la Constitución de 1999, el presidencialismo se ha exacerbado por la extensión del período constitucional del Presidente de la República, con re-

---

248   *V.,* sobre el régimen transitorio lo expuesto en la Sexta Parte de este libro.

elección inmediata; y por la pérdida de balance o contrapeso de los dos poderes, entre otros aspectos por la eliminación del bicameralismo.

En efecto, el modelo presidencial escogido se combina con los siguientes cuatro factores: en *primer lugar,* la extensión del período presidencial a seis años; y en *segundo lugar,* la reelección inmediata del Presidente de la República (art. 230). Ello atenta contra el principio de la alternabilidad republicana al permitir un largo período de gobierno de 12 años. Pero los dos elementos anteriores se combinan con otros dos: *tercero,* lo complicado del referendo revocatorio del mandato (art. 72), lo que lo hace prácticamente inaplicable; y *cuarto,* la eliminación del principio de la elección del Presidente por mayoría absoluta y doble vuelta, que estaba en el proyecto aprobado en primera discusión del proyecto de Constitución. Ello se eliminó en segunda discusión, conservándose la elección por mayoría relativa (art. 228) que preveía la Constitución de 1961 y, por tanto, de gobiernos electos con una minoría de votos, que hace al sistema ingobernable.

Con este modelo presidencialista, al que se agrega la posibilidad de disolución de la Asamblea por el Presidente de la República, aún cuando en casos excepcionales de tres votos de censura parlamentaria al Vicepresidente Ejecutivo (art. 240); se exacerba el presidencialismo que no encuentra contrapeso en el bicameralismo que se eliminó, sino más bien refuerzo en otras reformas, como la regularización de las leyes habilitantes o de delegación legislativa a los efectos de emisión de Decretos-leyes y no sólo en materia económica y financiera (art. 203), lo que podría significar un atentado a la garantía constitucional de la reserva legal.

Otro elemento que debe mencionarse en la relación entre los Poderes del Estado, es la atribución dada al Tribunal Supremo de Justicia para decretar, sin mayores precisiones "la destitución del Presidente de la República" (art. 233).

C.   *El Poder Legislativo Nacional: la Asamblea Nacional*

a.   *La organización de la Asamblea Nacional y sus miembros*

El Poder Legislativo Nacional se ejerce por la Asamblea Nacional como cuerpo unicameral. El Capítulo I del Título V de la Constitución de 1999 cambió así, radicalmente, la tradición bicameral que caracterizaba a los órganos del Poder Legislativo Nacional desde 1811, y establece una sola Cámara Legislativa lo que, por lo demás, es contradictorio con la forma federal del Estado. En una Cámara federal o Senado, en realidad, es que tiene sentido la disposición del artículo 159 que declara a los Estados como entidades políticas *iguales.* Esa igualdad sólo puede ser garantizada en una Cámara federal, donde haya igual representación de cada uno de los Estados, independientemente de su población, para participar igualitariamente en la definición de las políticas nacionales.

Con la eliminación del Senado y el establecimiento de una Asamblea Nacional unicameral, en esta forma, se establece una contradicción institucional entre el federalismo y la descentralización política[249].

---

249   *V.,* nuestro voto salvado sobre este tema en Allan R. Brewer-Carías, *Debate Constituyente,* Tomo III, *op. cit.* pp. 196 a 198.

De acuerdo con el artículo 186 de la Constitución, la Asamblea Nacional está integrada por diputados elegidos en cada entidad federal, es decir, en los Estados y el Distrito Capital por votación universal, directa, personalizada y secreta con representación proporcional, según una base poblacional del 1,1% de la población total del país.

Cada entidad federal tiene derecho a elegir, además, tres diputados adicionales a los antes señalados.

Los pueblos indígenas de la República tienen derecho a elegir tres diputados de acuerdo con lo establecido en la ley electoral, respetando sus tradiciones y costumbres (art. 125).

En todo caso, cada diputado debe tener un suplente escogido en el mismo proceso.

En cuanto al período constitucional de los diputados y, por tanto, de la Asamblea, el artículo 192 dispone que durarán 5 años en el ejercicio de sus funciones, pudiendo ser reelegidos por dos períodos consecutivos como máximo.

Los diputados son representantes del pueblo y de los Estados en su conjunto, no sujetos a mandatos ni instrucciones, sino sólo a su conciencia. Su voto en la Asamblea Nacional es personal (art. 201). Con esta norma, en principio, habrían quedado proscritas las fracciones parlamentarias de carácter partidista o grupal.

Los diputados a la Asamblea Nacional no son responsables por votos y opiniones emitidos en el ejercicio de sus funciones y sólo responden ante los electores y el cuerpo legislativo de acuerdo con la Constitución y los reglamentos (art. 199).

Los diputados a la Asamblea Nacional gozan de inmunidad en el ejercicio de sus funciones desde proclamación hasta la conclusión de su mandato o de la renuncia del mismo (art. 200).

Entre las competencias de la Asamblea (art. 187), además de las competencias para legislar en las materias de la competencia nacional y sobre el funcionamiento de las distintas ramas del Poder Nacional (ord. 1) y dar voto de censura al Vicepresidente Ejecutivo y a los Ministros o Ministras (ord. 10); se destaca la de remover a los Magistrados del Tribunal Supremo de Justicia (art. 265), al Contralor General de la República, al Fiscal General de la República y al Defensor del Pueblo (art. 279); y a los integrantes del Consejo Nacional Electoral (art. 296), atribuciones que, sin duda, constituyen una contradicción con el principio de la autonomía del Poder Judicial, del Poder Ciudadano y del Poder Electoral.

Además, la Asamblea ejerce funciones de control sobre el Gobierno y la Administración Pública Nacional, en los términos consagrados en esta Constitución y la ley (ord. 3).

b.   *El régimen constitucional de las leyes*

De acuerdo con el artículo 202, ley es el acto sancionado por la Asamblea Nacional como cuerpo legislador, en un procedimiento de dos discusiones (art. 205). Las leyes que reúnan sistemáticamente las normas relativas a determinada materia se pueden denominar códigos.

Por otra parte, el artículo 203 define a las *leyes orgánicas* como las que así denomina la Constitución; las que se dicten para organizar los Poderes Públicos o para desarrollar los derechos constitucionales y las que sirvan de marco normativo a otras leyes. La Constitución de 1999, en esta forma, varió el concepto de ley orgánica, en el sentido de no repetir la previsión del artículo 163 de la Constitución de 1961 que admitía que podían ser orgánicas las así calificadas por la mayoría absoluta de las Cámaras, independientemente de su contenido.

Por otra parte, otra innovación en la materia es la previsión del control constitucional *a priori* de las leyes orgánicas al disponer, el artículo 203, que las leyes que la Asamblea Nacional haya calificado de orgánica deben ser remitidas, antes de su promulgación, a la Sala Constitucional del Tribunal Supremo de Justicia, para que se pronuncie acerca de la constitucionalidad de su carácter orgánico.

La Constitución de 1999 amplió la legitimidad para la iniciativa para la discusión de las leyes ante la Asamblea la cual corresponde conforme al art. 204: al Poder Ejecutivo Nacional (ord. 1); a la Comisión Delegada y a las Comisiones Permanentes (ord. 2); a los integrantes de la Asamblea Nacional, en número no menor de tres (ord. 3); al Tribunal Supremo de Justicia, cuando se trate de leyes relativas a la organización y procedimientos judiciales (ord. 4); al Poder Ciudadano, cuando se trate de leyes relativas a los órganos que lo integran (ord. 5); al Poder Electoral, cuando se trate de leyes relativas a la materia electoral (ord. 6); a los electores en un número no menor del 0,1% de los inscritos en el registro electoral permanente (ord. 7); y a los al Consejos Legislativos estadales, cuando se trate de leyes relativas a los Estados.

En el caso de proyectos de ley presentados por los ciudadanos la discusión debe iniciarse a más tardar en el período de sesiones ordinarias siguiente al que se haya presentado. El artículo 205 establece que si el debate no se inicia dentro de dicho lapso, el proyecto se debe someter a referendo aprobatorio de conformidad con la ley.

El artículo 211 establece en forma general que durante el procedimiento de discusión y aprobación de los proyectos de leyes, la Asamblea Nacional o las Comisiones Permanentes, deben consultar a los otros órganos del Estado, a los ciudadanos y a la sociedad organizada para oír su opinión sobre los mismos.

En particular, además, conforme al artículo 206, los Estados deben ser consultados por la Asamblea Nacional, a través de los Consejos Legislativo, cuando se legisle en materias relativas a los mismos. La ley debe establecer los mecanismos de consulta a la sociedad civil y demás instituciones de los Estados, por parte de los Consejos en dichas materias.

En la discusión de las leyes, como lo dispone el artículo 211, tienen derecho de palabra los Ministros en representación del Poder Ejecutivo; el magistrado del Tribunal Supremo de Justicia a quien éste designe, en representación del Poder Judicial; el representante del Poder Ciudadano designado por el Consejo Moral Republicano; los integrantes del Poder Electoral; los Estados, a través de un representante designado por el Consejo Legislativo y los representantes de la sociedad organizada, en los términos que establezca el reglamento de la Asamblea Nacional.

De acuerdo con lo establecido en el artículo 214, el Presidente de la República debe promulgar la ley dentro de los diez días siguientes a aquél en que la haya recibido. La ley queda promulgada al publicarse con el correspondiente "Cúmplase" en la Gaceta Oficial de la República (art. 215).

Sin embargo, dentro de este lapso el Presidente puede, con acuerdo del Consejo de Ministros, solicitar a la Asamblea Nacional, mediante exposición razonada, que modifique alguna de las disposiciones de la ley o levante la sanción a toda la ley o parte de ella.

La Asamblea Nacional debe decidir acerca de los aspectos planteados por el Presidente de la República, por mayoría absoluta de los diputados presentes y debe remitirle la ley para la promulgación. En este caso, el Presidente de la República debe proceder a promulgar la ley dentro de los cinco días siguientes a su recibo, sin poder formular nuevas observaciones.

Sin embargo, cuando el Presidente de la República considere que la ley o alguno de sus artículos es inconstitucional, debe solicitar el pronunciamiento de la Sala Constitucional del Tribunal Supremo de Justicia, en el lapso de diez días que tiene para promulgar la misma; debiendo decidir la Sala en el término de 15 días contados desde el recibo de la comunicación del Presidente de la República.

Si el Tribunal niega la inconstitucionalidad invocada o no decidiese en el lapso anterior, el Presidente de la República debe promulgar la ley dentro de los 5 días siguientes a la decisión del Tribunal o al vencimiento de dicho lapso.

Cuando el Presidente de la República no promulgare la ley en los términos señalados, el Presidente y los dos Vicepresidentes de la Asamblea Nacional deben proceder a su promulgación, sin perjuicio de la responsabilidad en que aquél incurra por su omisión (art. 216).

En cuanto a las leyes aprobatorias de tratados, acuerdos, o convenios internacionales la oportunidad en que deba ser promulgada la ley quedará a la discreción del Ejecutivo Nacional, de acuerdo con los usos internacionales y la conveniencia de la República (art. 217).

c.   *Los instrumentos de control político y administrativo*

Tal como lo precisa el artículo 222 de la Constitución, la Asamblea Nacional puede ejercer su función de control mediante los siguientes mecanismos: las interpelaciones, las investigaciones, las preguntas, las autorizaciones y las aprobaciones parlamentarias previstas en la Constitución y en la ley y cualquier otro mecanismo que establezcan las leyes y su reglamento.

En ejercicio del control parlamentario, la Asamblea puede declarar la responsabilidad política de los funcionarios públicos[250] y solicitar al Poder Ciudadano que intente las acciones a que haya lugar para hacer efectiva tal responsabilidad.

Por otra parte, tanto la Asamblea como sus Comisiones pueden realizar las investigaciones que juzguen convenientes en las materias de su competencia, de conformidad con el reglamento (art. 223).

Todos los funcionarios públicos están obligados, bajo las sanciones que establezcan las leyes, a comparecer ante dichas Comisiones y a suministrarles las informaciones y documentos que requieran para el cumplimiento de sus funciones. Esta

---

250   *V.,*sobre esto Allan R Brewer-Carías "Aspectos del control político sobre la Administración Pública" en *Revista de Control Fiscal,* N° 101, Contraloría General de la República, Caracas 1981, pp. 107 a 130.

obligación comprende también a los particulares; quedando a salvo los derechos y garantías que la Constitución consagra[251].

Por último, debe destacarse que conforme al artículo 224, el ejercicio de la facultad de investigación no afecta las atribuciones de los demás poderes públicos. Sin embargo, en cuanto a los jueces, estos están obligados a evacuar las pruebas para las cuales reciban comisión de la Asamblea Nacional y de sus Comisiones.

D. El Poder Ejecutivo Nacional

Conforme al artículo 225 de la Constitución, el Poder Ejecutivo se ejerce por el Presidente de la República, el Vicepresidente Ejecutivo, los Ministros y demás funcionarios que determinen la Constitución y la ley.

a. El Presidente de la República

Dado el sistema presidencial de gobierno que se conserva en la Constitución, el artículo 226 dispone que el Presidente de la República es a la vez el Jefe del Estado y del Ejecutivo Nacional, en cuya condición dirige la acción del Gobierno.

La elección del Presidente de la República se debe siempre realizar por votación universal, directa y secreta, en conformidad con la ley; y para ser elegido Presidente de la República se requiere ser venezolano por nacimiento, no poseer otra nacionalidad, mayor de treinta años, de estado seglar y no estar sometido a condena mediante sentencia definitivamente firme y cumplir con los demás requisitos establecidos en la Constitución (art. 227).

Sin embargo, no puede ser elegido Presidente de la República quien esté en ejercicio del cargo de Vicepresidente Ejecutivo, o Gobernador y Alcalde en el día de su postulación o en cualquier momento entre esta fecha y la de la elección (art. 229).

Se debe proclamar electo el candidato que hubiere obtenido la mayoría de votos válidos. Así lo dispone el artículo 228 de la Constitución, el cual siguió el mismos principio de la elección por mayoría relativa del Presidente de la República que establecía el artículo 183 de la Constitución de 1961. Respaldamos la propuesta para que en la nueva Constitución se estableciera el principio de la mayoría absoluta y la doble vuelta en la elección presidencial, lo cual se eliminó en la segunda discusión del Proyecto[252].

De acuerdo con el artículo 230, el período del Presidente de la República es de 6 años, pudiendo ser reelegido de inmediato y por una sola vez, para un período adicional. Estimamos que no era conveniente regular la reelección inmediata extendiendo a la vez el período constitucional del Presidente de los 5 años que establecía

---

251 V., Allan R. Brewer-Carías, "Los poderes de investigación de los cuerpos legislativos y sus limitaciones, con particular referencia a los asuntos secretos", *Revista de Derecho Público*, N° 10, Caracas 1982, pp. 25 a 42.

252 V., nuestro voto salvado en Allan R. Brewer-Carías, *Debate Constituyente*, Tomo III, *op. cit.* pp. 191 y 195.

la Constitución de 1961 (art. 135) a 6 años; por ello propusimos que el período fuese de 4 años para que hubiera reelección[253].

b. *El Vicepresidente Ejecutivo*

Una de las innovaciones de la Constitución de 1999 es la creación de la figura del Vicepresidente Ejecutivo, como órgano directo y colaborador inmediato del Presidente de la República en su condición de Jefe del Ejecutivo Nacional (art. 238).

El Vicepresidente Ejecutivo debe reunir las mismas condiciones exigidas para ser Presidente de la República, y no puede tener ningún parentesco de consanguinidad ni de afinidad con éste.

Esta figura, tal como está concebida, no cambia el carácter presidencial del sistema de gobierno, como resulta de sus atribuciones[254].

Conforme al artículo 240, la aprobación de un moción de censura al Vicepresidente Ejecutivo, por una votación no menor de las 3/5 partes de los integrantes de la Asamblea Nacional, implica su remoción. En estos casos, el funcionario removido no puede optar al cargo de Vicepresidente Ejecutivo o de Ministro por el resto del período presidencial.

Por otra parte, la remoción del Vicepresidente Ejecutivo en tres oportunidades dentro de un mismo período constitucional, como consecuencia de la aprobación de mociones de censura, faculta al Presidente de la República para disolver la Asamblea Nacional.

Esta es la única posibilidad que tiene el Presidente de la República de disolver la Asamblea, la cual se puede considerar como de difícil materialización, salvo que la propia Asamblea así lo provoque aprobando el tercer voto de censura. En todo caso, el decreto de disolución conlleva la convocatoria de elecciones para una nueva legislatura dentro de los 60 días siguientes a su disolución.

En todo caso, la Asamblea no puede ser disuelta en el último año de su período constitucional.

c. *Los Ministros*

Los Ministros son órganos directos del Presidente de la República, y reunidos conjuntamente con este y con el Vicepresidente Ejecutivo, integran el Consejo de Ministros (art. 242).

Los Ministros, en general, son los titulares de los Despachos Ministeriales que resulten de la organización de los Ministerios. Sin embargo, conforme al artículo 243, el Presidente de la República también puede nombrar Ministros de Estado, los cuales, además de participar en el Consejo de Ministros, deben asesorar al Presidente de la República y al Vicepresidente Ejecutivo en los asuntos que les fueren asignados.

253 *V.*, nuestro voto salvado en Allan R. Brewer-Carías, *Debate Constituyente*, Tomo III, *op. cit.* pp. 199 y 289.

254 *V.*, los comentarios críticos en torno a esta reforma en Carlos Ayala Corao, *El Régimen Presidencial en América Latina y los planteamientos para su Reforma*, Caracas, 1992.

Los Ministros tienen derecho de palabra en la Asamblea Nacional y en sus Comisiones (art. 211). Además, pueden tomar parte en los debates de la Asamblea Nacional, sin derecho al voto (art. 245).

El artículo 246 de la Constitución establece que la aprobación de una moción de censura a un Ministro por una votación no menor de las 3/5 partes de los integrantes presentes de la Asamblea Nacional, implica su remoción.

En este caso, el funcionario removido no puede optar al cargo de Ministro ni de Vicepresidente Ejecutivo por el resto del período presidencial.

d. *El Consejo de Ministros*

Como se señaló, los Ministros reunidos con el Presidente y con el Vicepresidente integran el Consejo de Ministros (art. 242). Conforme al artículo 236 de la Constitución el Presidente de la República debe obligatoriamente ejercer, en Consejo de Ministros, un conjunto de atribuciones (numerales 7, 8, 9, 10, 12, 13, 14, 18, 20, 21, 22) y las que la atribuya la ley para ser ejercida en igual forma.

Las reuniones del Consejo de Ministros las preside el Presidente de la República pero puede autorizar al Vicepresidente Ejecutivo para que las presida cuando no pueda asistir a ellas. En todo caso, las decisiones tomadas deben ser ratificadas por el Presidente de la República.

Conforme al mismo artículo 242 de la Constitución, de las decisiones del Consejo de Ministros son solidariamente responsables el Vicepresidente Ejecutivo y los Ministros que hubieren concurrido, salvo aquellos que hayan hecho constar su voto adverso o negativo. Por supuesto que dicha responsabilidad solidaria también comprende al Presidente de la República cuando presida el cuerpo.

El Procurador General de la República debe asistir al Consejo de Ministros, pero con sólo derecho a voz (art. 250).

e. *La Procuraduría General de la República*

La Procuraduría General de la República se define en la Constitución, como un órgano del Poder Ejecutivo Nacional que asesora, defiende y representa judicial y extrajudicialmente los intereses patrimoniales de la República (art. 247). En particular, la Constitución exige que la Procuraduría debe ser consultada para la aprobación de los contratos de interés público nacional.

f. *El Consejo de Estado*

Otra innovación de la Constitución de 1999 es la creación del Consejo de Estado como órgano superior de consulta del Gobierno y la Administración Pública Nacional (art. 251).

Tiene a su cargo recomendar políticas de interés nacional en aquellos asuntos a los que el Presidente o Presidenta de la República reconozca de especial trascendencia y requiera su opinión. Corresponde a la ley respectiva determinar sus funciones y atribuciones[255].

El Consejo de Estado lo preside el Vicepresidente Ejecutivo y esta conformado, además, por cinco personas designadas por el Presidente de la República; un representante designado por la Asamblea Nacional; un representante designado por el Tribunal Supremo de Justicia y un Gobernador designado por el conjunto de mandatarios estadales (art. 252).

E. El Poder Judicial

a. Principios fundamentales

Conforme al artículo 253 de la Constitución, la potestad de administrar justicia emana de los ciudadanos y se imparte en nombre de la República por autoridad de la ley.

Además, conforme al artículo 26 de la Constitución, el Estado debe garantizar "una justicia gratuita, accesible, imparcial, idónea, transparente, autónoma, independiente, responsable, equitativa y expedita, sin dilaciones indebidas ni formalismos o reposiciones inútiles".

El sistema de justicia, es decir, los órganos del Poder Judicial está constituido por el Tribunal Supremo de Justicia, los demás tribunales que determine la ley, el Ministerio Público, la Defensoría Pública, los órganos de investigación penal, los auxiliares y funcionarios de justicia, el sistema penitenciario, los medios alternativos de justicia, los ciudadanos que participan en la administración de justicia conforme a la ley y los abogados autorizados para el ejercicio.

El principio de la independencia del Poder Judicial está declarado en el artículo 254 de la Constitución, el cual, además, establece la autonomía financiera del mismo. Dicha norma, en efecto, dispone que el Tribunal Supremo de Justicia goza de "autonomía funcional, financiera y administrativa".

A tal efecto, dentro del presupuesto general del Estado se le debe asignar al sistema de justicia una partida anual variable, no menor del 2% del presupuesto ordinario nacional, para su efectivo funcionamiento, el cual no puede ser reducido o modificado sin autorización previa de la Asamblea Nacional.

Lamentablemente, lo que aparecía como una norma constitucional rígida, se cambió al atribuir a la Asamblea Nacional la posibilidad de reducir o modificar el porcentaje señalado.

El artículo 26 de la Constitución garantiza la "justicia gratuita" por lo que conforme al mismo artículo 254 de la Constitución, el Poder Judicial no está facultado para establecer tasas, aranceles, ni exigir pago alguno por sus servicios.

Conforme al artículo 257, el proceso constituye un instrumento fundamental para la realización de la justicia. Por ello, las leyes procesales deben establecer la simplificación, uniformidad y eficacia de los trámites y adoptarán un procedimiento breve, oral y público.

---

255 V., nuestro voto salvado sobre este tema en Allan R. Brewer-Carías, *Debate Constituyente,* Tomo III, *op. cit.* p. 199. En los primeros dos años de vigencia de la Constitución, este órgano no se había creado.

En ningún caso se debe sacrificar la justicia por la omisión de formalidades no esenciales. Esto lo complementa el artículo 26 de la Constitución al establecer que el Estado debe garantizar una justicia expedita, sin dilaciones indebidas, sin formalismo o reposiciones inútiles.

Por su parte, el artículo 258 de la Constitución remite a la Ley para promover el arbitraje, la conciliación, la mediación y cualesquiera otros medios alternativos para la solución de conflictos.

b. *Las jurisdicciones*

En la Constitución se establecen algunas normas que regulan en particular, las jurisdicciones constitucional, disciplinaria judicial, contencioso-administrativo, electoral, penal militar, justicia de paz y jurisdicción indígena.

La Constitución de 1999 establece expresamente que corresponde al Tribunal Supremo de Justicia en Sala Constitucional, ejercer exclusivamente la jurisdicción constitucional, para declarar la nulidad de las leyes y demás actos de los órganos que ejercen el Poder Público, dictados en ejecución directa e inmediata de la Constitución o que tengan rango de Ley (art. 334).

El artículo 267 de la Constitución establece la jurisdicción disciplinaria judicial, remitiendo a la Ley la determinación de los Tribunales disciplinarios que la ejercerán.

Siguiendo la orientación del artículo 206 de la Constitución de 1961, el artículo 259 de la Constitución de 1999 dispone que:

> La jurisdicción contencioso administrativa corresponde al Tribunal Supremo de Justicia y a los demás tribunales que determine la ley. Los órganos de la jurisdicción contencioso administrativa son competentes para anular los actos administrativos generales o individuales contrarios a derecho, incluso por desviación de poder; condenar al pago de sumas de dinero y a la reparación de daños y perjuicios originados en responsabilidad de la Administración; conocer de reclamos por la prestación de servicios públicos; y disponer lo necesario para el restablecimiento de las situaciones jurídicas subjetivas lesionadas por la actividad administrativa.

De acuerdo con el artículo 297 de la Constitución debe existir una jurisdicción contencioso-electoral ejercida por la Sala Electoral del Tribunal Supremo de Justicia y los demás tribunales que determine la ley.

Conforme al artículo 261, la jurisdicción penal militar es parte integrante del Poder Judicial, y sus jueces deben ser seleccionados por concurso. Su ámbito de competencia, organización y modalidades de funcionamiento se deben regir por el sistema acusatorio, de acuerdo con lo previsto en el Código Orgánico de Justicia Militar. En todo caso, la comisión de delitos comunes, violaciones de derechos humanos y crímenes de lesa humanidad, serán juzgados por los tribunales ordinarios, limitándose la competencia de los tribunales militares a delitos de naturaleza militar.

Siguiendo la orientación de la Ley Orgánica de la Justicia de Paz, el artículo 258 remite a la ley la organización de la justicia de paz en las comunidades previendo, además, que los jueces de paz deben ser elegidos por votación universal, directa y secreta, conforme a la ley.

Conforme al artículo 260 de la Constitución se autoriza a las autoridades legítimas de los pueblos indígenas para aplicar en su hábitat instancias de justicia con base en sus tradiciones ancestrales y que sólo afecten a sus integrantes, según sus propias normas y procedimientos, siempre que no sean contrarios a la Constitución, a la ley y al orden público. En todo caso, la ley debe determinar la forma de coordinación de esta jurisdicción especial con el sistema judicial nacional.

c. El régimen general de la carrera judicial

De acuerdo con lo dispuesto en el artículo 255 de la Constitución, el ingreso a la carrera judicial y el ascenso de los jueces se debe hacer por concursos de oposición públicos que aseguren la idoneidad y excelencia de los participantes y serán seleccionados por los jurados de los circuitos judiciales, en la forma y condiciones que establezca la ley.

El nombramiento y juramento de los jueces corresponde al Tribunal Supremo de Justicia. La ley debe garantizar la participación ciudadana en el procedimiento de selección y designación de los jueces.

La Constitución concibe al Comité de Postulaciones Judiciales (art. 270), como un órgano asesor del Poder Judicial para la selección de los candidatos a magistrados o magistradas del Tribunal Supremo de Justicia (art. 264). Igualmente, el Comité debe asesorar a los colegios electorales judiciales para la elección de los jueces de la jurisdicción disciplinaria.

Este Comité de Postulaciones Judiciales debe estar integrado por representantes de los diferentes sectores de la sociedad, de conformidad con lo que establezca la ley.

Los jueces sólo pueden ser removidos o suspendidos de sus cargos mediante los procedimientos expresamente previstos en la ley (art. 255).

La ley debe propender a la profesionalización de los jueces, a cuyo efecto las Universidades deben colaborar en este propósito, organizando en los estudios universitarios de Derecho la especialización judicial correspondiente.

Tal como lo señala el artículo 255 de la Constitución, los jueces son personalmente responsables, en los términos que determine la ley, por error, retardo u omisiones injustificadas, por la inobservancia sustancial de las normas procesales, por denegación, parcialidad, y por los delitos de cohecho y prevaricación en que incurran en el desempeño de sus funciones.

Con la finalidad de garantizar la imparcialidad y la independencia en el ejercicio de sus funciones, el artículo 256 de las Constitución prescribe que los magistrados, jueces, fiscales del Ministerio Público y defensores públicos, desde la fecha de su nombramiento y hasta su egreso del cargo respectivo, no pueden, salvo el ejercicio del voto, llevar a cabo activismo político partidista, gremial, sindical o de índole semejante, ni realizar actividades privadas lucrativas incompatibles con su función, ni por sí ni por interpuesta persona, ni ejercer ninguna otra función pública a excepción de actividades educativas.

Se prohíbe a los jueces asociarse entre sí (art. 256). Esto constituye, sin duda, una limitación constitucional al derecho de asociación (art. 52).

d. El Tribunal Supremo de Justicia y sus atribuciones

La Constitución de 1999 creó el Tribunal Supremo de Justicia en sustitución de la Corte Suprema de Justicia, el cual funciona en Sala Plena y en Salas Constitucional, Político-Administrativa, Electoral, de Casación Civil, Casación Penal y de Casación Social, cuya integración y competencia deben ser determinadas por su ley orgánica, regulándose sólo la competencia de la Sala Social en lo referente a la casación agraria, laboral y de menores (art. 262). En la primera discusión[256] se aprobó que cada Sala estaría integrada por 3 Magistrados, lo cual se modificó en segunda discusión[257]. Sin embargo, la Asamblea Nacional Constituyente al hacer las designaciones provisionales de Magistrado el 22-12-99, nombró sin fundamento legal ni constitucional, 3 Magistrados en cada Sala con excepción de la Sala Constitucional donde designó 5 Magistrados.

El artículo 263 de la Constitución establece con todo detalle los requisitos para ser Magistrado del Tribunal Supremo de Justicia, remitiendo el artículo 264 de la Constitución a la Ley para la determinación del procedimiento de elección de los Magistrados del Tribunal Supremo.

Sin embargo, precisa directamente que, en todo caso, podrán postularse candidatos ante el Comité de Postulaciones Judiciales que debe estar integrado por representantes de los diferentes sectores de la sociedad, (art. 270), por iniciativa propia o por organizaciones vinculadas con la actividad jurídica. El Comité, oída la opinión de la comunidad, debe efectuar una preselección para su presentación al Poder Ciudadano, el cual debe efectuar una segunda preselección que debe ser presentada a la Asamblea Nacional, la cual en definitiva, es la que debe efectuar la selección[258].

Los ciudadanos pueden ejercer fundadamente objeciones a cualquiera de los postulados ante el Comité de Postulaciones Judiciales, o ante la Asamblea Nacional.

El artículo 264 dispone que los magistrados del Tribunal Supremo de Justicia deben ser elegidos por un único período de doce años. En consecuencia, se excluye en reelección de los Magistrados.

De acuerdo con el artículo 265, los magistrados del Tribunal Supremo de Justicia pueden ser removidos por la Asamblea Nacional mediante una mayoría calificada de las dos terceras partes de sus integrantes, previa audiencia concedida al interesado, en caso de faltas graves ya calificadas por el Poder Ciudadano, en los términos que la ley establezca. Esta, sin duda, es una inherencia no conveniente ni aceptable de la instancia política del Poder en relación con la Administración de Justicia.

El Tribunal Supremo de Justicia, ejerce, en exclusiva, a través de la Sala Constitucional la Jurisdicción constitucional (art. 334); es la máxima autoridad judicial en la jurisdicción contencioso-administrativa (art. 259); resuelve los conflictos entre autoridades judiciales; conoce en exclusiva de los recursos de casación y de interpretación y tiene a su cargo declarar si hay o no méritos para el enjuiciamiento de altos funcionarios (art. 266).

---

256   *V.,* nuestro voto salvado en esta materia en Allan R. Brewer-Carías, *Debate Constituyente,* Tomo III, *op. cit.* p. 200.

257   *V., Gaceta Constituyente* (Diario de Debates), Octubre 1999-Noviembre 2000, Caracas 2000, Sesión de 5-11-99, N° 37, pp. 25 y 26.

258   *V.,* nuestro voto salvado en esta materia en Allan R. Brewer-Carías, *Debate Constituyente,* Tomo III, *op. cit.* pp. 201 y ss. y 290. En el 2000, la designación de los Magistrados del Tribunal Supremo se hizo desconociendo las normas constitucionales. Véanse los comentarios en la Sexta Parte de este libro.

e. El gobierno y administración del Poder Judicial

Una de las innovaciones de la Constitución de 1999 fue el atribuir al Tribunal Supremo de Justicia el "Gobierno y la Administración del Poder Judicial", eliminando al Consejo de la Judicatura que como órgano con autonomía funcional ejercía estas funciones conforme a la previsión del artículo 217 de la Constitución de 1961.

De acuerdo con el artículo 267, entonces, corresponde al Tribunal Supremo de Justicia la dirección, el gobierno y la administración del Poder Judicial, la inspección y vigilancia de los tribunales de la República y de las Defensorías Públicas. Igualmente, le corresponde la elaboración y ejecución de su propio presupuesto y del presupuesto del Poder Judicial, conforme a los principios establecidos en el artículo 254.

Para el ejercicio de estas atribuciones, el Tribunal Supremo en pleno debe crear una Dirección Ejecutiva de la Magistratura, con sus oficinas regionales.

La jurisdicción disciplinaria judicial debe estar a cargo de los tribunales disciplinarios que determine la ley (art. 267).

El régimen disciplinario de los magistrados y jueces debe estar fundamentado en el *Código de Ética* del Juez Venezolano, que debe dictar la Asamblea Nacional.

El procedimiento disciplinario debe ser público, oral y breve, conforme al debido proceso, en los términos y condiciones que establezca la ley.

La ley debe regular la organización de circuitos judiciales, así como la creación y competencias de tribunales y cortes regionales a fin de promover la descentralización administrativa y jurisdiccional del Poder Judicial. (art. 269)

F. El Poder Ciudadano

Otra innovación de la Constitución de 1999 ha sido declarar formalmente como formando parte de la distribución del Poder Público Nacional, además del Poder Legislativo Nacional, del Poder Ejecutivo Nacional y del Poder Judicial, tanto al Poder Ciudadano como al Poder Electoral (art. 136).

En cuanto al Poder Ciudadano, el mismo lo ejercen dos órganos de rango Constitucional con tradición en el país, como la Contraloría General de la República y el Ministerio Público (Fiscalía General de la República) y un órgano nuevo creado por la Constitución de 1999, el Defensor del Pueblo, en la orientación general de los organismos similares creados en toda América Latina.

a. Composición y funciones

Conforme al artículo 273 de la Constitución los órganos del Poder Ciudadano son la Defensoría del Pueblo, el Ministerio Público y la Contraloría General de la República y sus titulares, reunidos, forman el Consejo Moral Republicado (art. 274).

Estos órganos tienen a su cargo, como atribución común de conformidad con la Constitución y la ley, prevenir, investigar y sancionar los hechos que atenten contra la ética pública y la moral administrativa; velar por la buena gestión y la legalidad en el uso del patrimonio público, el cumplimiento y la aplicación del principio de la legalidad en toda la actividad administrativa del Estado, e igualmente, promover la educación como proceso creador de la ciudadanía, así como la solidaridad, la libertad, la democracia, la responsabilidad social y el trabajo (art. 274).

En todo caso, el Poder Ciudadano es independiente y sus órganos gozan de autonomía funcional, financiera y administrativa. A tal efecto, dentro del presupuesto general del Estado se le debe asignar una partida anual variable.

Los representantes del Consejo Moral Republicano deben formular a las autoridades, y funcionarios de la Administración Pública, las advertencias sobre las faltas en el cumplimiento de sus obligaciones legales. De no acatarse estas advertencias, el Consejo Moral Republicano puede imponer las sanciones establecidas en la ley. En caso de contumacia, el Presidente del Consejo Moral Republicano debe presentar un informe al órgano o dependencia al cual esté adscrito el funcionario público, para que esa instancia tome los correctivos de acuerdo con el caso, sin perjuicio de las sanciones a que hubiere lugar en conformidad con la ley (art. 275).

Además, conforme al artículo 278, el Consejo Moral Republicano debe promover todas aquellas actividades pedagógicas dirigidas al conocimiento y estudio de la Constitución, al amor a la patria, a las virtudes cívicas y democráticas, a los valores trascendentales de la República y a la observancia y respeto de los derechos humanos.

A los efectos del nombramiento de los titulares de los órganos del Poder Ciudadano por la Asamblea Nacional, el Consejo Moral Republicano debe convocar un Comité de Evaluación de Postulaciones del Poder Ciudadano, que debe estar integrado por representantes de diversos sectores de la sociedad.

Dicho Comité debe adelantar un proceso público de cuyo resultado se debe obtener una terna por cada órgano del Poder Ciudadano, que debe ser sometida a la consideración de la Asamblea Nacional que, mediante el voto favorable de las 2/3 partes de sus integrantes, escogerá en un lapso no mayor de treinta días continuos, al titular del órgano del Poder Ciudadano que esté en consideración.

Si concluido este lapso no hay acuerdo en la Asamblea Nacional, el Poder Electoral debe someter la terna a consulta popular.

El artículo 279 dispone, sin embargo, que en caso de no haber sido convocado el Comité de Evaluación de Postulaciones del Poder Ciudadano, la Asamblea Nacional debe proceder, dentro del plazo que determine la ley, a la designación del titular del órgano del Poder Ciudadano correspondiente.

Por último, la misma norma dispone que los integrantes del Poder Ciudadano pueden ser removidos de sus cargos por la Asamblea Nacional, previo pronunciamiento del Tribunal Supremo de Justicia, de acuerdo con lo establecido en la ley.

b.   *La Defensoría del Pueblo*

La Defensoría del Pueblo tiene a su cargo la promoción, defensa y vigilancia de los derechos y garantías establecidos en la Constitución y los tratados internacionales sobre derechos humanos, además de los intereses legítimos, colectivos y difusos de los ciudadanos (art. 280).

La actividad de la Defensoría del Pueblo, en todo caso se debe regir por los principios de gratuidad, accesibilidad, celeridad, informalidad e impulso de oficio (art. 283).

La Defensoría del Pueblo actúa bajo la dirección y responsabilidad del Defensor del Pueblo, quien debe ser designado por la Asamblea por un único período de siete años (art. 280). Esto implica que no puede ser reelecto.

c. *El Ministerio Público: el Fiscal General de la República*

Conforme al Artículo 284, el Ministerio Público está bajo la dirección y responsabilidad del Fiscal General de la República, quien ejerce sus atribuciones directamente con el auxilio de los funcionarios que determine la ley.

Para ser Fiscal General de la República se requieren las mismas condiciones de elegibilidad de los magistrados del Tribunal Supremo de Justicia. El Fiscal General de la República debe ser designado para un período de siete años.

d. *La Contraloría General de la República*

La Contraloría General de la República es el órgano de control, vigilancia y fiscalización de los ingresos, gastos, bienes públicos y bienes nacionales, así como de las operaciones relativas a los mismos. Goza de autonomía funcional, administrativa y organizativa, y orienta su actuación a las funciones de inspección de los organismos y entidades sujetas a su control (art. 287).

Conforme al artículo 288, la Contraloría General de la República está bajo la dirección y responsabilidad del Contralor General de la República, quien debe ser venezolano, mayor de treinta años y con probada aptitud y experiencia para el ejercicio del cargo. Sin embargo, el artículo 41 de la Constitución exige para ser Contralor la nacionalidad venezolana por nacimiento sin otra nacionalidad.

El Contralor General de la República también debe ser designado para un período de siete años (art. 288).

G. *El Poder Electoral*

Otra innovación de la Constitución de 1999 fue elevar al rango constitucional al órgano de control electoral, el cual conforme a la Constitución de 1961 (art. 113) sólo tenía rango legal.

El artículo 292 dispone que el Poder Electoral se ejerce por el Consejo Nacional Electoral como ente rector y, como organismos subordinados a éste, la Junta Electoral Nacional, la Comisión de Registro Civil y Electoral y la Comisión de Participación Política y Financiamiento, con la organización y el funcionamiento que establezca la ley orgánica respectiva.

Entre las funciones del Poder Electoral (artículo 293) además de la organización, administración, dirección y vigilancia de todos los actos relativos a la elección de los cargos de representación popular de los poderes públicos, así como de los referendos (ord. 5), está la de organizar las elecciones de sindicatos, gremios profesionales y organizaciones con fines políticos en los términos que señale la ley. Así mismo, puede organizar procesos electorales de otras organizaciones de la sociedad civil a solicitud de éstas, o por orden de la Sala Electoral del Tribunal Supremo de Justicia (ord. 6). Esto se configura como una injerencia intolerable del Estado en las organizaciones intermedias de la sociedad.

El artículo 296 exige que el Consejo Nacional Electoral debe estar integrado por cinco personas no vinculadas a organizaciones con fines políticos; tres de ellos serán postulados por la sociedad civil, uno por las facultades de ciencias jurídicas y políticas de las universidades nacionales, y uno por el Poder Ciudadano.

Los tres integrantes postulados por la sociedad civil deben tener seis suplentes en secuencia ordinal, y cada designado por las Universidades y el Poder Ciudadano tendrá dos suplentes, respectivamente.

El artículo 295 crea un Comité de Postulaciones Electorales de candidatos a integrantes del Consejo Nacional Electoral, el cual debe estar integrado por representantes de los diferentes sectores de la sociedad, de conformidad con lo que establezca la ley.

Los integrantes del Consejo Nacional Electoral son designados por la Asamblea Nacional con el voto de las 2/3 partes de sus integrantes. Los integrantes del Consejo Nacional Electoral escogerán de su seno a su Presidente, de conformidad con la ley.

Los integrantes del Consejo Nacional Electoral duran siete años en sus funciones y deben ser elegidos por separado: los tres postulados o postuladas por la sociedad civil al inicio de cada período de la Asamblea Nacional, y los otros dos a la mitad del mismo (art. 296).

Los integrantes del Consejo Nacional Electoral pueden ser removidos por la Asamblea Nacional, previo pronunciamiento del Tribunal Supremo de Justicia (art. 296).

4.   *La organización del Poder Público Estadal*

   A.   *La autonomía e igualdad de los Estados*

La distribución territorial del Poder Público en el marco de la federación implica la estructuración, en forma descentralizada, de las entidades políticas, las cuales por esencia gozan de autonomía.

Por ello, el artículo 159 de la Constitución establece que los Estados que son un total de 24, son entidades "autónomas e iguales en lo político", con personalidad jurídica plena, y quedan obligados a mantener la independencia, soberanía e integridad nacional, y a cumplir y hacer cumplir la Constitución y las leyes de la República.

Esta autonomía, por supuesto, es política (elección de sus autoridades), organizativa (se dictan su Constitución), administrativa (inversión de sus ingresos), jurídica (no revisión de sus actos sino por los tribunales) y tributaria (creación de sus tributos); y sus límites deben ser los establecidos en la Constitución, razón por la cual la Ley nacional no podría regular a los Estados. Sin embargo, esta autonomía está limitada en la Constitución en forma absolutamente inconveniente, al remitir el artículo 162 a la ley nacional para establecer "el régimen de la organización y el funcionamiento de los Consejos Legislativos Estadales, es decir, el órgano que ejerce el Poder Legislativo en los Estados". Esa materia debería ser competencia exclusiva de los Estados a ser regulados en sus respectivas Constituciones (art. 164, ord. 1).

Limitaciones similares se establecen en la Constitución en cuanto al ejercicio de las competencias. Por ejemplo, en materia de tributos, en la Constitución no sólo se ha dejado la materia a una legislación nacional futura, sino que en definitiva, el Poder Nacional es el llamado a regular el ejercicio de la potestad tributaria, estadal y municipal (art. 156, ord. 13).

En cuanto a las competencias, las que son de carácter concurrente sólo pueden ejercerse por los Estados conforme a las "leyes de base" que dicte el Poder Nacional (art. 165); y en algunos casos, como en materia de policía, la función de policía estadal sólo puede ejercerse conforme a la legislación nacional aplicable (art. 164, ord. 6).

Todo lo anterior configura una autonomía limitada, lo que es lo mismo que una descentralización más nominal que real.

Por otra parte, en cuanto a la igualdad de los Estados, la misma ha perdido la garantía que le daba la representación igualitaria en el Senado, al haberse previsto en la Constitución una Asamblea Legislativa unicameral.

B. *El Poder Ejecutivo Estadal: los Gobernadores*

De acuerdo con el artículo 160, el gobierno y administración de cada Estado corresponde a un Gobernador, que es elegido por un período de 4 años por mayoría de las personas que votan. El Gobernador puede ser reelegido de inmediato y por una sola vez, para un período adicional.

Lamentablemente no se estableció la elección por mayoría absoluta y doble vuelta, para asegurar la legitimidad de la representación[259].

C. *El Poder Legislativo Estadal: los Consejos Legislativos Estadales*

En cuanto al Poder Legislativo estadal, este se ejerce en cada Estado por un Consejo Legislativo conformado por un número no mayor de 15 ni menor de 7 integrantes, quienes proporcionalmente representarán a la población del Estado y a los Municipios (art. 162).

La representación proporcional, como sistema de escrutinio, tiende, como hemos visto, a asegurar la representación de los partidos políticos al preverse elecciones plurinominales en circuitos por listas. La referencia a la representación proporcional, por una parte, de la población, y por la otra, de los Municipios, realmente no se entiende, particularmente por el número reducido de miembros de los Consejos.

El artículo 162 contiene una norma que sin duda atenta contra la autonomía de los Estados, al establecer que la ley nacional debe regular el régimen de la organización y el funcionamiento del Consejo Legislativo, cuando eso corresponde a las Constituciones que deben dictar los Consejos Legislativos de los Estados (art. 164).

En todo caso, en cuanto a su competencia, los Consejos Legislativos tienen las atribuciones siguientes: 1) Legislar sobre las materias de la competencia estadal; 2) Sancionar la Ley de Presupuesto del Estado; y 3) Las demás que le atribuya la Constitución y la ley (art. 162).

---

259 *V.*, nuestro voto salvado sobre esto en Allan R. Brewer-Carías, *Debate Constituyente*, Tomo III, *op. cit.*, p. 191 y 192.

5.   La organización del Poder Público Municipal

A.   Régimen General

De acuerdo con el artículo 168 de la Constitución, los Municipios constituyen la unidad política primaria de la organización nacional, gozan de personalidad jurídica y autonomía dentro de los límites de la Constitución y de la ley[260]. En todo caso, la organización municipal debe ser democrática y debe responder a la naturaleza propia del gobierno local (art. 169).

La autonomía municipal comprende, conforme al artículo 168, lo siguiente: 1. La elección de sus autoridades; 2. La gestión de las materias de su competencia; y 3. La creación, recaudación e inversión de sus ingresos. Además, conforme lo establecía el artículo 29 de la Constitución de 1961, los actos de los Municipios no pueden ser impugnados sino ante los tribunales competentes, de conformidad con la Constitución y la ley; por lo que no pueden ser revisados, en forma alguna, por los órganos del Poder Nacional ni de los Estados.

De acuerdo con el mismo artículo 168, las actuaciones de los Municipios en el ámbito de sus competencias se deben cumplir incorporando la participación ciudadana al proceso de definición y ejecución de la gestión pública y en el control y evaluación de sus resultados, en forma efectiva, suficiente y oportuna, conforme a la ley.

El artículo 169, en el mismo sentido que el artículo 26 de la Constitución de 1961, dispone que la organización de los Municipios y demás entidades locales se debe regir por la Constitución, por la normas que para desarrollar los principios constitucionales establezcan las leyes orgánicas nacionales, y por las disposiciones legales que en conformidad con aquellas dicten los Estados mediante sus Consejos Legislativos.

Una de las críticas más importantes que se habían formulado respecto de nuestro régimen municipal, era el excesivo uniformismo en la organización municipal, que ha hecho prácticamente inaplicable la Ley Orgánica de Régimen Municipal en muchos de los Municipios actuales[261]. Por ello, el artículo 169, establece que la legislación que se dicte para desarrollar los principios constitucionales relativos a los Municipios y demás entidades locales, debe obligatoriamente establecer diferentes regímenes para su organización, gobierno y administración, incluso en lo que respecta a la determinación de sus competencias y recursos, atendiendo a las condiciones de población, desarrollo económico, capacidad para generar ingresos fiscales propios, situación geográfica, elementos históricos y culturales y otros factores relevantes. En particular, dicha legislación debe establecer las opciones para la organización del régimen de gobierno y administración local que debe corresponder a los Municipios con población indígena.

Además de los Municipios, la Constitución regula expresamente a otras entidades locales como las Mancomunidades, los Distritos Metropolitanos y las Parroquias.

---

260   *V.,* nuestras propuestas para la reforma hacia un Nuevo Municipalismo en Allan R. Brewer-Carías, *Debate Constituyente,* Tomo I, *op. cit.* pp. 164 a 169; y los comentarios críticos al proyecto constitucional en Tomo II, *op. cit.* pp. 230 y ss.

261   *V.,* nuestra propuesta en Allan R. Brewer-Carías, *Debate Constituyente,* Tomo I, *op. cit.* p. 165.

B. El Poder Ejecutivo Municipal: los Alcaldes

El gobierno y administración del Municipio corresponde al Alcalde, quien además, y en los términos del Código Civil (art. 446 y siguientes) tiene el carácter de la primera autoridad civil (art. 174)[262].

El Alcalde debe ser elegido por un período de 4 años por mayoría de las personas que votan, y podrá ser reelegido de inmediato y por una sola vez, para un período adicional.

Tampoco se estableció, en este caso, el principio de la elección por mayoría absoluta, como se había planteado en la discusión constitucional[263].

C. El Poder Legislativo Municipal: los Concejos Municipales

El artículo 175 de la Constitución, atribuye la función legislativa del Municipio al Concejo, integrado por concejales elegidos en la forma establecidas en la Constitución, en el número y condiciones de elegibilidad que determine la ley.

Lamentablemente no se estableció en la Constitución el principio de la elección uninominal de concejales, para asegurar la efectiva representatividad de las comunidades y sus electores, remitiéndose el sistema electoral al principio de la representación proporcional destinado a permitir la representatividad de partidos[264].

6. El problema del Estado federal descentralizado con un marco centralista

Uno de los grandes cambios políticos que debió propugnar la nueva Constitución era transformar definitivamente la Federación centralizada que hemos tenido durante los últimos cien años, por una Federación descentralizada, con una efectiva distribución territorial del poder hacia los Estados y Municipios[265]. En tal sentido apuntaba la reforma constitucional no sólo al concebirse la forma del Estado como un Estado federal descentralizado (art. 4), sino al preverse a la descentralización política de la Federación como una política nacional de carácter estratégico (art. 158).

Sin embargo, el resultado final del esquema constitucional de distribución territorial del poder, no ha significado avance sustancial alguno respecto del proceso de descentralización que se venía desarrollando durante la última década en el país, al amparo de la Constitución de 1961[266]; y más bien, en muchos aspectos ha significado un retroceso institucional. Por ello, la denominación de "Estado federal descentralizado", en definitiva, no pasa de ser el mismo "desideratum" inserto en la

---

262 Las competencias en materia de registro civil, en consecuencia, deben ser asumidas por los Alcaldes. *V.*, sobre esto Allan R. Brewer-Carías, *Informe sobre la Descentralización en Venezuela 1993, Memoria del Ministro de Estado para la Descentralización, op. cit.* pp. 957 y ss.

263 *V.*, nuestro voto salvado en Allan R. Brewer-Carías, *Debate Constituyente*, Tomo III, *op. cit.*, p. 195.

264 *V.*, nuestro voto salvado en Allan R. Brewer-Carías, *Debate Constituyente*, Tomo III, *op. cit.*, pp. 195 y 196.

265 *V.*, nuestras propuestas en Allan R. Brewer-Carías, *Poder Constituyente Originario y Asamblea Nacional Constituyente*, Caracas 1999, pp. 271 y ss.

266 *V.*, en general Allan R. Brewer-Carías, "Informe sobre la Descentralización en Venezuela 1993", *Memoria del Ministro de Estado para la Descentralización*, Caracas 1993.

Constitución de 1961, hacia el cual se puede ir, pero que no se consolidó en la Constitución.

En este caso, incluso, como se ha señalado, el régimen se concibe en forma contradictoria, pues institucionalmente se limita en forma amplia la autonomía de los Estados y Municipios, al remitirse su regulación a la Ley, y se lesiona la igualdad de los Estados al eliminarse el Senado y con ello, la posibilidad de la participación política igualitaria de los Estados en la conducción de las políticas nacionales.

En efecto, como se ha dicho, en la Constitución se estableció una organización unicameral de la Asamblea Nacional (art. 186) que no sólo rompe una tradición que se remonta a 1811, sino que es contradictoria con la forma federal del Estado, que exige una Cámara Legislativa con representación igualitaria de los Estados, cualquiera que sea su población, y que sirva de contrapeso a la cámara de representación popular según la población del país. La "eliminación" del Senado o Cámara Federal es, por tanto, un atentado contra la descentralización política efectiva, al extinguir el instrumento para la igualación de los Estados en el tratamiento de los asuntos nacionales en la Asamblea Nacional; y además, un retroceso tanto en el proceso de formación de las leyes nacionales, como en el ejercicio de los poderes de control parlamentario sobre el Ejecutivo.

Por otra parte, la autonomía de los entes territoriales, Estados y Municipios, exige su garantía constitucional, en el sentido de que no puede ser limitada por ley nacional posterior. De ello se trata al establecerse una distribución constitucional del Poder en el territorio.

En la Constitución, sin embargo, la regulación del funcionamiento y la organización de los Consejos Legislativos Estadales se remite a la ley nacional (art. 162), lo cual, además de contradictorio con la atribución de los Estados de dictarse su Constitución para organizar sus poderes públicos (art. 164, ord. 1), es una intromisión inaceptable del Poder Nacional en el régimen de los Estados.

En cuanto a los Municipios, la autonomía municipal tradicionalmente garantizada en la propia Constitución, también se encuentra interferida, al señalarse que los Municipios gozan de la misma, no sólo "dentro de los límites" establecidos en la Constitución, sino en la ley nacional (art. 168), con lo cual el principio descentralizador básico, que es la autonomía, queda minimizado.

Por otra parte, en cuanto a la distribución de competencias entre los entes territoriales, el proceso de descentralización exigía, ante todo, la asignación efectiva de competencias tributarias a los Estados, sobre todo en materia de impuestos al consumo, como sucede en todas las Federaciones. Los avances que el Proyecto tenía en esta materia en la primera discusión fueron abandonados, y en la segunda discusión se le quitaron a los Estados todas las competencias tributarias que se le habían asignado,[267] con lo que se retrocedió al mismo estado que existía en la Constitución de 1961. En esta forma, los Estados seguirán dependientes del Situado Constitucional, el cual puede incluso disminuirse, además de que se le fijó un tope máximo (20% de los ingresos nacionales) que en la Constitución de 1961 no tenía (sólo había un

---

267   *Gaceta Constituyente* (Diario de Debates), Noviembre 1999-Enero 2000, Sesión de 13-11-99, Nº 43, pp. 54 y ss.

mínimo); y si bien se crea en la Constitución el Consejo Federal de Gobierno (art. 185) como órgano intergubernamental, su organización por ley nacional puede conducir a su control por los órganos nacionales.

Conforme a lo anterior, en líneas generales, el esquema de Federación centralizada de la Constitución de 1961 no logró ser totalmente superado en la nueva Constitución, y si bien se habla de descentralización, sigue siendo un *desideratum*, no actualizado. La gran reforma del sistema político, necesaria e indispensable para perfeccionar la democracia, en todo caso, era desmontar el centralismo del Estado y distribuir el Poder Público en el territorio; única vía para hacer realidad la participación política. Ello sólo justificaba el proceso constituyente; pero su decisión se pospuso y con ello, se perdió la gran oportunidad de comenzar a sustituir el Estado centralizado por un Estado descentralizado. La Asamblea Constituyente, para superar la crisis política, debió diseñar la transformación del Estado, descentralizando el poder y sentar las bases para acercarlo efectivamente al ciudadano. Al no hacerlo, ni transformó el Estado ni dispuso lo necesario para hacer efectiva la participación.

IV. ASPECTOS DE LA CONSTITUCIÓN SOCIAL Y DEL RÉGIMEN DE LOS DERECHOS Y GARANTÍAS

Así como la Constitución Política regula la organización del Estado mediante sistemas de distribución y división (separación) del Poder Público; la Constitución Social tiene por objeto regular el estatuto de las personas y de la sociedad civil y sus relaciones con el Estado. Ello se concreta en el régimen de los derechos y deberes constitucionales de las personas, en el cual se establece esa relación Estado-Sociedad.

En esta materia de los derechos constitucionales y, en particular, en relación con los derechos humanos, sin duda, la Constitución de 1999 es un texto en el cual se han incorporado notables innovaciones signadas por la progresividad de la protección de los derechos humanos, como resulta del texto del Capítulo I sobre Disposiciones Generales del Título IV sobre los Deberes, Derechos Humanos y Garantías[268]. Sin embargo, también ha habido notables regresiones específicas, como la eliminación del derecho de protección de los niños, a la violación de la reserva legal como garantía de los derechos por la previsión de la delegación legislativa al Ejecutivo, y de las regulaciones excesivamente paternalistas y estatistas en el campo de los derechos sociales, en las cuales se ha marginado a la sociedad civil.

1. *El régimen general de los derechos humanos*

   A. *El principio de la progresividad y la no discriminación*

El artículo 19 de la Constitución de 1999 comienza el Título relativo a los "Deberes, Derechos y Garantías constitucionales", disponiendo que el Estado debe ga-

---

268 *V.,* las propuestas que formulamos en está materia en Allan R. Brewer-Carías, *Debate Constituyente,* (Aportes a la Asamblea Nacional Constituyente), Tomo II, (9 septiembre-17 octubre 1999), Caracas 1999, pp. 77 a 115.

rantizar a toda persona, conforme al principio de progresividad y sin discriminación alguna, el goce y ejercicio irrenunciable, indivisible e interdependiente de los derechos humanos.

El respeto y garantía de los derechos, por tanto, son obligatorios para los órganos del Poder Público de conformidad con la Constitución, los tratados sobre derechos humanos suscritos y ratificados por la República y las leyes que los desarrollen.

Se establece así, en primer lugar, la garantía estatal de los derechos humanos, conforme al principio de la progresividad y no discriminación; y en segundo lugar, la obligación estatal de respetarlos y garantizarlos no sólo conforme a la Constitución y a las leyes sino conforme a los tratados sobre derechos humanos ratificados por la República.

B.   *El principio de la libertad*

Al igual que en el artículo 43 de la Constitución de 1961, el artículo 20 de la Constitución de 1999 consagra el principio de la libertad, como fundamento de todo el sistema en la materia al establecer que:

> *Artículo 20:* Toda persona tiene derecho al libre desenvolvimiento de su personalidad, sin más limitaciones que las que derivan del derecho de las demás y del orden público y social.

Como se había señalado en la Exposición de Motivos de la Constitución de 1961, esta norma "sustituye el enunciado tradicional de que todos pueden hacer lo que no perjudique a otro y nadie está obligado a hacer lo que la ley no ordene ni impedido de ejecutar lo que ella no prohíba".

C.   *La cláusula abierta de los derechos humanos*

Los derechos humanos garantizados y protegidos conforme a la Constitución, no son sólo los enumerados en su texto sino todos los demás que sean inherentes a la persona humana. Así se establecía en el artículo 50 de la Constitución de 1961 lo que permitió, conforme a dicha norma, que la jurisprudencia incorporara, con rango constitucional, muchos derechos humanos no enumerados en el texto constitucional[269], y se recoge, ampliado, en el artículo 22 de la Constitución de 1999.

D.   *La jerarquía constitucional de los Tratados internacionales sobre derechos humanos*

Una de las grandes innovaciones de la Constitución de 1999 en esta materia, ha sido el otorgarle rango constitucional a los Tratados internacionales sobre derechos humanos, siguiendo los antecedentes de la Constitución del Perú de 1979 (art. 105), de la Constitución Argentina de 1994 (art. 75) y la orientación de la jurisprudencia de la Corte Suprema sentada desde antes de dictar la sentencia de declaratoria de

---

269   El último ejemplo importante fue la definición del derecho a la participación política como derecho inherente a las personas en la sentencia de la Corte Suprema del 19-01-99 que abrió la vía constitucional hacia la elección de la Asamblea Nacional Constituyente. *V.,* el texto en Allan R. Brewer-Carías, *Poder Constituyente Originario y Asamblea Nacional Constituyente*, Caracas 1999, p. 41.

nulidad de la Ley de Vagos y Maleantes de 14-10-97[270]. Estos antecedentes llevaron a la inclusión de una norma[271], en el artículo 23, de la cual se destacan los siguientes aspectos: primero, la jerarquía constitucional de los tratados, pactos y convenciones sobre derechos humanos; segundo, la aplicación prevalente de los mismos en relación con la Constitución y las leyes, si establecen normas más favorables; y tercero, la aplicación inmediata y directa de los mismos por los órganos que ejercen el Poder Público.

2.   El régimen general de las garantías constitucionales

En la Constitución de 1999 también se han incorporado un conjunto de regulaciones muy importantes, relativas a las garantías constitucionales de los derechos humanos, es decir, de los instrumentos que permiten hacer efectivo el ejercicio de los derechos[272].

En efecto, en la Constitución se regula ampliamente la garantía de la irretroactividad de la ley (art. 24); la garantía de la nulidad de los actos violatorios de derecho y de la responsabilidad de los funcionarios (art. 25); la garantía de la igualdad ante la ley (art. 21); la garantía judicial y el derecho de acceso a la justicia que tiene toda persona para hacer valer sus derechos e intereses, incluso los colectivos o difusos, a la tutela efectiva de los mismos y a obtener con prontitud la decisión correspondiente (art. 26). De esta norma, se destaca no sólo el derecho de acceder a la justicia para la protección de sus derechos e intereses, incluso de carácter colectivo y difuso[273], sino el derecho a la tutela efectiva de los mismos, y el derecho a obtener con prontitud la decisión correspondiente.

Además, en el mismo artículo constitucional se establecen los principios generales del sistema judicial al establecer que:

> El Estado garantizará una justicia gratuita, accesible, imparcial, idónea, transparente, autónoma, independiente, responsable, equitativa y expedita, sin dilaciones indebidas, sin formalismo o reposiciones inútiles.

La Constitución regula, además, la garantía de protección mediante recursos efectivos: el derecho y la acción de amparo y la acción de habeas data (art. 27)[274], conforme a todos los principios fundamentales en materia de amparo que se desarrollaron en aplicación de la Ley Orgánica de Amparo sobre Derechos y Garantías Constitucionales[275].

---

270 V., por ejemplo, sentencia de la Sala Político-Administrativa de 29-05-97 (Caso *ACOMISUR)*, en *Revista de Derecho Público,* N° 69-70, Caracas 1997, pp. 178-179.

271 V., Allan R. Brewer-Carías, *Debate Constituyente,* Tomo II, *op. cit,* pp. 111 a 115.

272 V., en general, Allan R. Brewer-Carías, *El derecho y la acción de amparo, Instituciones Políticas y Constitucionales,* Tomo V, 1998, pp. 11 y ss.

273 V., sobre los intereses colectivos y difusos, Allan R. Brewer-Carías, *Jurisdicción contencioso-administrativa, Instituciones Políticas y Constitucionales,* Tomo VII, Caracas, 1997, pp. 83 y ss.

274 V., Allan R. Brewer-Carías, *El Derecho y la acción de amparo,* Instituciones Políticas y Constitucionales, Tomo V, op. cit., pp. 163 y ss.

275 V., Allan R. Brewer-Carías y Carlos M. Ayala Corao, *Ley Orgánica de Amparo sobre derechos y garantías constitucionales*, Caracas 1988.

La más importante de las garantías constitucionales, además del acceso a la justicia, es que ésta se imparta de acuerdo con las normas establecidas en la Constitución y las leyes, es decir, en el curso de un debido proceso. Estas garantías se han establecido detalladamente en el artículo 49 que exige que "el debido proceso se aplicará a todas las actuaciones judiciales y administrativas", regulándose las siguientes en forma detallada: el derecho a la defensa; la presunción de inocencia; el derecho a ser oído; el derecho al ser juzgado por su juez natural, que debe ser competente, independiente e imparcial; las garantías de la confesión; el principio *nullum crimen nulla poena sine lege*; el principio *non bis in idem* y la garantía de la responsabilidad estatal por errores o retardos judiciales.

Pero entre las garantías constitucionales de los derechos humanos, sin duda, la más importante es la garantía de la reserva legal, es decir, que las limitaciones y restricciones a los derechos sólo pueden establecerse mediante ley formal[276]. De allí la remisión que los artículos relativos a los derechos constitucionales hacen a la ley.

Pero ley, en los términos de la garantía constitucional, sólo puede ser el acto emanado de la Asamblea Nacional actuando como Cuerpo Legislador (art. 202). Este es el único acto que puede restringir o limitar las garantías constitucionales, como lo indica el artículo 30 de la Convención Americana sobre Derechos Humanos.

Sin embargo, esta garantía puede considerarse que se ha violentado en el propio texto constitucional, al regular la "delegación legislativa" al Presidente de la República, mediante las llamadas "leyes habilitantes" (art. 203), para poder dictar actos con rango y valor de ley en cualquier materia (art. 236, ord. 8), que en la Constitución de 1961 sólo estaban reducidos a materias económicas y financieras (art. 190, ord. 8).

Esto podría abrir la vía constitucional para la violación de la reserva legal que, como se dijo, es la garantía constitucional más importante en relación con la efectiva vigencia y ejercicio de los derechos humanos.

La Corte Interamericana de Derechos Humanos, en todo caso, ha decidido formalmente en la opinión consultiva OC-6/86 de 9-3-86 que la expresión "leyes" en el artículo 30 de la Convención sólo se refiere a las emanadas de "los órganos legislativos constitucionalmente previstos y democráticamente electos"[277], por lo que en ningún caso las leyes habilitantes podrían autorizar al Presidente de la República para dictar "decretos-leyes" restrictivos de derechos y garantías constitucionales.

Por último, entre las garantías constitucionales, en el artículo 29 de la Constitución se estableció expresamente la obligación del Estado de investigar y sancionar legalmente los delitos contra los derechos humanos cometidos por sus autoridades[278], y en el artículo 30 de la Constitución[279] se estableció la obligación del Estado de indem-

---

276 *V.*, Allan R Brewer-Carías, "Consideraciones sobre la suspensión o restricción de las garantías constitucionales", *Revista de Derecho Público*, N° 37, Caracas 1989, pp. 6 y 7.

277 *V.*, "La expresión "leyes" en el artículo 30 de la Convención Americana sobre Derechos Humanos" (Opinión Consultiva, OC-6/86) Corte Interamericana de Derechos Humanos, en *Revista IIDH*; Instituto Interamericano de Derechos Humanos N° 3, San José 1986, pp. 107 y ss.

278 *V.*, Allan R. Brewer-Carías, *Debate Constituyente*, Tomo II, *op. cit.*, p. 104.

279 *Idem*, p. 106.

nizar integralmente a las víctimas de violaciones a los derechos humanos que le sean imputables, y a sus derechohabientes, incluido el pago de daños y perjuicios. A tal efecto, en la Constitución se exige que el Estado adopte las medidas legislativas y de otra naturaleza, para hacer efectivas estas indemnizaciones.

El Estado, además, debe proteger a las víctimas de delitos comunes y debe procurar que los culpables reparen los daños causados.

El colorario internacional de las garantías constitucionales está en el artículo 31 de la Constitución[280], que regula el acceso a la justicia internacional para la protección de los derechos humanos en la siguiente forma: como derecho de toda persona con el objeto de solicitar el amparo a sus derechos humanos[281].

Por otra parte, la Constitución establece la obligación para el Estado de adoptar, conforme a procedimientos establecidos en la Constitución y la ley, las medidas que sean necesarias para dar cumplimiento a las decisiones emanadas de los órganos internacionales previstos en este artículo.

3. Los derechos individuales

El Capítulo IV del Título III de la Constitución se destina a regular "los derechos civiles", los que, en realidad, en castellano y conforme a la tradición constitucional venezolana, son los *derechos individuales*[282].

En realidad, la expresión "derechos civiles" es una traducción de la expresión en inglés, *"civil rights"* que se incorporó en la traducción al español del Pacto Internacional de Derechos Civiles y Políticos de Naciones Unidas, que es ley en la República[283].

Se regula, así el derecho a la vida, como inviolable, con la prohibición de que se pueda establecer la pena de muerte (art. 43). En la Constitución de 1999, se reforzó la previsión de este derecho, obligándose en particular al Estado a proteger "la vida de las personas que se encuentren privadas de su libertad, prestando el servicio militar o civil, o sometidas a su autoridad en cualquier otra forma".

La Constitución, además, reguló expresamente el derecho al nombre (art. 56); y el derecho a la inviolabilidad de la libertad personal (art. 44), con los siguientes derechos y garantías: garantías ante el arresto o detención; derecho a la defensa y a no estar incomunicado; límite personal de las penas; la identificación de la autoridad; el derecho a la excarcelación; la protección frente a la esclavitud o servidumbre; la prohibición de la desaparición forzosa de personas (art. 45).

Se reguló, además, detalladamente, el derecho a la integridad personal (art. 46), con los siguientes derechos: el derecho a no ser sometido a torturas o penas degra-

---

280 *Ibídem*, p. 107

281 *V.,* Carlos M. Ayala Corao, *Del amparo constitucional al amparo Interamericano como Institutos para la protección de los Derechos Humanos,* EJV-IIDH, Caracas 1998.

282 *V.,* la denominación desde la Constitución de 1858 en Allan R. Brewer-Carías, *Las Constituciones de Venezuela,* Caracas, 1997, p. 488; y Allan R. Brewer-Carías, *Los Derechos y garantías constitucionales, Instituciones Políticas y Constitucionales,* Tomo IV, *op. cit.* pp. 53 y ss.

283 *V.,* en *Gaceta Oficial Extraordinaria* N° 2.146 de 28-01-78.

dantes; el derecho de los detenidos al respeto a la dignidad humana; el derecho a decidir sobre experimentos y tratamientos; y la responsabilidad de los funcionarios.

Adicionalmente, el texto constitucional, conforme a la tradición de los textos anteriores, consagra el derecho a la inviolabilidad del hogar doméstico (art. 47); la inviolabilidad de las comunicaciones privadas (art. 48); la libertad de tránsito (art. 50)[284]; el derecho de petición y a la oportuna respuesta (art. 51); y el derecho de asociación.

En relación con este último derecho, el artículo 52 establece que toda persona tiene derecho de asociarse con fines lícitos, de conformidad con la ley, estando obligado el Estado a facilitar el ejercicio de este derecho. Este derecho sin embargo, encuentra limitaciones de rango constitucional, en el artículo 256 respecto de los jueces, a quienes se prohíbe asociarse; y en el artículo 294,6 en cuanto a la inherencia del Estado en las elecciones de los gremios profesionales, que deben ser organizadas por el Consejo Supremo Electoral, como órgano del Poder Público (Poder Electoral).

Por otra parte, la Sala Electoral del Tribunal Supremo, en sentencia de 19-5-2000 bajo la ponencia del Magistrado Antonio García García, (Caso *Asociación de Profesores de la Universidad Central de Venezuela*) le ha dado a la expresión "gremio profesional", una interpretación amplísima, al considerar como tales cualquier "conjunto de personas que en su condición de profesionales, se aúnan para defender sus intereses comunes y lograr mejoras también de carácter común, independientemente de que su conformación no sea por disposición expresa de la ley, sino por acuerdo común de sus integrantes, bajo una forma de derecho privado". De ello dedujo la Sala Electoral que la Asociación de Profesores de la Universidad Central de Venezuela era un gremio profesional. En consecuencia, conforme a esa doctrina, las elecciones de cualquier asociación de profesionales tendrían que ser organizadas por el Estado (Consejo Nacional Electoral), lo que en nuestro criterio constituye una limitación intolerable y excesiva al derecho de asociación.

En relación con los derechos individuales, la Constitución garantiza, además, el derecho de reunión (art. 53); el derecho a la libre expresión del pensamiento (art. 57); y el derecho a la información *oportuna, veraz e imparcial,* así como el derecho de réplica y rectificación cuando se vean afectados directamente por informaciones inexactas o agraviantes (art. 58)[285].

Una larga polémica se planteó respecto de la utilización de los adjetivos "oportuna, veraz e imparcial" para calificar la información que toda persona tiene derecho a recibir, no porque no deba ser así, sino porque todos estos calificativos en la Constitución podrían dar lugar a que desde el Estado pueda establecerse algún control para determinar la veracidad, la oportunidad o la imparcialidad de la información, y con

---

284   *V.,* nuestras observaciones sobre esta norma en Allan R. Brewer-Carías, *Debate Constituyente,* Tomo III, *op. cit.* pp. 150 y 151.

285   *V.,* en torno al derecho a la libre expresión del pensamiento y a la rectificación y respuesta: Allan R. Brewer-Carías, y otros, *La libertad de expresión amenazada (sentencia 1.013),* EJV-IIDH, Caracas 2001.

ello el establecimiento de alguna "verdad oficial"[286]. En una Constitución signada por el principio de la progresión en la mayoría de los derechos individuales, esta regresión en materia de derechos individuales es inadmisible, pues abre una grieta que puede servir al autoritarismo.

En el marco de los derechos individuales, además, encuentran regulación expresa la libertad religiosa (art. 59); el derecho a la protección del honor y la intimidad (art. 60); el derecho a la libertad de conciencia (art. 61); el derecho de protección por parte del Estado (art. 55).

4. *Los derechos sociales y de las familias*

En el campo de los derechos sociales y de las familias, la Constitución de 1999 contiene extensas y complejas declaraciones, muchas de las cuales no guardan relación con el principio de la alteridad, que atribuyen al Estado innumerables obligaciones y que en gran parte marginalizan a la sociedad civil. El esquema, globalmente considerado es altamente paternalista.

Por una parte la Constitución reguló una serie de derechos sociales que pueden denominarse como derechos de protección, y son los siguientes: la protección de las familias (art. 75)[287]; la protección de la maternidad (art. 76)[288]; la protección del matrimonio "entre un hombre y una mujer", (art. 77); la protección de los niños (art. 78) y los derechos de los jóvenes (art. 79) (no se estableció, sin embargo, que este derecho a protección integral lo tienen los niños desde su concepción, como lo establecía el artículo 74 de la Constitución de 1961)[289]; la protección de los ancianos (art. 80); y los derechos de los discapacitados (art. 81), regulándose expresamente en el artículo 101, la obligación para los medios televisivos de incorporar subtítulos y traducción a la lengua de señas para las personas con problemas auditivos.

La Constitución reguló, además, expresamente, el derecho a la vivienda (art. 82), como una declaración[290]; y el derecho a la salud[291] y a su protección (art. 83). En esta materia, a los efectos de que el Estado pueda garantizar "el derecho a la protección de la salud", el artículo 84 le impone la obligación de crear, ejercer la rectoría y gestionar un "sistema público nacional de salud", de carácter intersectorial, descentralizado y participativo, integrado al sistema de seguridad social, regido por los principios de gratuidad, universalidad, integralidad, equidad, integración social y solidaridad.

---

286   *V.,* nuestro voto salvado sobre esta norma en Allan R. Brewer-Carías, *Debate Constituyente,* Tomo III, *op. cit.,* pp. 154 a 156.

287   *V.,* nuestro voto salvado en relación con este concepto de la familia como "asociación" en Allan R. Brewer-Carías, *Debate Constituyente,* Tomo III, *op. cit.* p. 163.

288   *V.,* nuestra posición en la discusión de este artículo, en *idem,* p. 164.

289   *V.,* nuestro voto salvado en esta materia en Allan R. Brewer-Carías, *Debate Constituyente,* Tomo III, *op. cit.,* pp. 165 y 166 y 262 a 265.

290   *V.,* nuestro voto salvado en Allan R. Brewer-Carías, *Debate Constituyente,* Tomo III, *op. cit.* pp. 167.

291   *V.,* nuestro voto salvado en Allan R. Brewer-Carías, *Debate Constituyente,* Tomo III, *op. cit.* pp. 169 y 170 y 265 y 266.

Es decir, el servicio de salud se concibe constitucionalmente como integrado al sistema de seguridad social (como un subsistema) y se lo concibe como gratuito y universal, lo que no guarda relación alguna con el sistema de seguridad social que se establece para los afiliados o asegurados. El servicio de salud, en realidad, tiene esas características, pero siempre que esté fuera del sistema de seguridad social. Esta norma, en realidad constitucionaliza inconvenientemente el régimen de la seguridad social de las últimas décadas, que no ha funcionado[292].

Se establece además, con rango constitucional, que los bienes y servicios públicos de salud son propiedad del Estado y no pueden ser privatizados.

Por último, se establece el principio de que la comunidad organizada tiene el derecho y el deber de participar en la toma de decisiones sobre la planificación, ejecución y control de la política específica en las instituciones públicas de salud.

En el artículo 85 de la Constitución se establece que es una obligación del Estado, el financiamiento del sistema público de salud, que debe integrar los recursos fiscales, las cotizaciones obligatorias de la seguridad social y cualquier otra fuente de financiamiento que determine la ley[293]. El Estado, además, debe garantizar un presupuesto para la salud que permita cumplir con los objetivos de la política sanitaria.

Finalmente, el artículo 85 termina su normación indicando que el Estado "regulara las instituciones públicas y privadas de salud", en la única norma en la que se nombra a las instituciones privadas de salud, pero como el objeto de regulación.

En cuanto al derecho a la seguridad social, el artículo 86 de la Constitución lo regula "como servicio público de carácter no lucrativo, que garantice la salud y asegure protección en contingencias de maternidad, paternidad, enfermedad, invalidez, enfermedades catastróficas, discapacidad, necesidades especiales, riesgos laborales, pérdida de empleo, desempleo, vejez, viudedad, orfandad, vivienda, cargas derivadas de la vida familiar y cualquier otra circunstancia de previsión social"[294].

5. *Los derechos laborales*

En el mismo Capítulo relativo a los derechos sociales y de la familia, la Constitución de 1999, en la misma orientación de la Constitución de 1961, incorporó el conjunto de derechos laborales al texto constitucional, pero esta vez ampliándolos y rigidizándolos aún mas, llevando a rango constitucional muchos derechos que por su naturaleza podrían ser de rango legal. Se reguló, así, expresamente, el derecho y el deber de trabajar (art. 87); la igualdad en el trabajo (art. 88); la protección estatal al trabajo (art. 89); la jornada laboral y el derecho al descanso (art. 90); el derecho al salario (art. 91); el derecho a prestaciones sociales (art. 92); el derecho a la estabilidad laboral (art. 93); las responsabilidades laborales; el derecho a la sindi-

---

292 *V.*, nuestro voto salvado sobre esto en Allan R. Brewer-Carías, *Debate Constituyente*, Tomo III, *op. cit.* pp.170 y 226.

293 *V.*, nuestro voto salvado en Allan R. Brewer-Carías, *Debate Constituyente*, Tomo III, *op. cit.* pp. 171 y 267.

294 *V.*, nuestro voto salvado en Allan R. Brewer-Carías, *Debate Constituyente*, Tomo III, *op. cit.* pp. 172 a 174 y 257 a 270.

calización (art. 95); el derecho a la contratación colectiva (art. 96); y el derecho a la huelga (art. 97).

Sobre el derecho a la sindicalización, debe destacarse la injerencia del Estado en el funcionamiento de los sindicatos, al establecer el artículo 294,6 de la Constitución la competencia del Consejo Nacional Electoral, que es un órgano del Poder Público (Poder Electoral) para "organizar las elecciones de los sindicatos y gremios profesionales". En consecuencia, en Venezuela, los sindicatos no son libres de organizar la elección de sus autoridades y representantes, sino que las mismas deben ser organizadas por el Estado.

6. *Los derechos culturales y educación*

La Constitución además, consagró una serie de derechos relativos a la cultura, como la libertad y la creación cultural y la propiedad intelectual (art. 98); los valores de la cultura y la protección del patrimonio cultural (art. 99); la protección de la cultura popular (art. 100) y a la información cultural (art. 101), estableciendo que el Estado debe garantizar la emisión, recepción y circulación de la información cultural. A tal efecto, se impone a los medios de comunicación el deber de coadyuvar a la difusión de los valores de la tradición popular y la obra de los artistas, escritores, compositores, cineastas, científicos y demás creadores y creadoras culturales del país.

En cuanto al derecho a la educación, el artículo 102 de la Constitución comienza estableciendo, en general, que "la educación es un derecho humano y un deber social fundamental, es democrática, gratuita y obligatoria". La consecuencia de lo anterior es la previsión del mismo artículo 102, en el sentido de imponer al Estado la obligación de asumir la educación como "función indeclinable" y de máximo interés en todos sus niveles y modalidades, y como instrumento del conocimiento científico, humanístico y tecnológico al servicio de la sociedad.

En consecuencia, constitucionalmente se declara a la educación como un servicio público; precisándose, sin embargo, que "el Estado estimulará y protegerá la educación privada que se imparta de acuerdo con los principios contenidos en esta Constitución y en las Leyes".

Se regula, además, el derecho a la educación integral, la gratuidad de la educación pública; y el carácter obligatorio de la educación en todos sus niveles, desde el maternal hasta el nivel medio diversificado. La impartida en las instituciones del Estado es gratuita hasta el pregrado universitario (art. 103). Además, se establece el régimen de los educadores; (art. 104); el derecho a educar (art. 106); y la educación ambiental e histórica (art. 107). En el artículo 108, se precisa, además, que los medios de comunicación social, públicos y privados, deben contribuir a la formación ciudadana. Además, los centros educativos deben incorporar el conocimiento y aplicación de las nuevas tecnologías, de sus innovaciones, según los requisitos que establezca la ley.

En la Constitución de 1999, además, se constitucionalizó el principio de la autonomía universitaria (art. 109); se reguló el régimen de las profesiones liberales (art. 105); el régimen de la ciencia y la tecnología (art. 110); y el derecho al deporte (art. 111).

7. Los derechos ambientales

La Constitución de 1999 también constituye una novedad en cuanto a la regulación de los derechos constitucionales relativos a los derechos ambientales, que precisan el derecho al ambiente (art. 127); la política de ordenación territorial (art. 128); los estudios de impacto ambiental y el régimen de los desechos tóxicos; y las cláusulas contractuales ambientales obligatorias (art. 129).

8. Los derechos de los pueblos indígenas

Otra de las innovaciones de la Constitución de 1999, polémica por cierto, fue la incorporación de un conjunto de normas sobre los derechos de los pueblos indígenas, respecto de los cuales sólo había una escueta norma de protección en la Constitución de 1961 (art. 77). La forma como quedaron redactados estos artículos, sin embargo, la consideramos altamente discriminatoria en relación al conjunto de la población venezolana en favor de un grupo porcentualmente reducido de etnias que no superan el 1.5% de la población venezolana[295].

El capítulo comienza en el artículo 119, con la siguiente redacción

> *Artículo 119:* El Estado reconocerá la existencia de los pueblos y comunidades indígenas, su organización social, política y económica, sus culturas, usos y costumbres, idiomas y religiones, así como su hábitat y derechos originarios sobre las tierras que ancestral y tradicionalmente ocupan y que son necesarias para desarrollar y garantizar sus formas de vida. Corresponderá al Ejecutivo Nacional, con la participación de los pueblos indígenas, demarcar y garantizar el derecho a la propiedad colectiva de sus tierras, las cuales serán inalienables, imprescriptibles, inembargables e intransferibles de acuerdo con lo establecido en esta Constitución y la ley.

De esta norma surge, ante todo, el peligro del reconocimiento de un Estado dentro del Estado, desde que se reconoce que puede haber, en específico, en el país, un *pueblo,* con su *organización política* en sus propios *territorios.* Estos elementos: pueblo, gobierno y territorio son los componentes esenciales de todo Estado, lo que podría originar, en el futuro, problemas en cuanto a la integridad territorial.

Precisamente por ello, sin embargo, fue que se incorporó el artículo 126, con el siguiente texto:

> *Artículo 126:* Los pueblos indígenas, como culturas de raíces ancestrales, forman parte de la Nación, del Estado y del pueblo venezolano como único, soberano e indivisible. De conformidad con esta Constitución tienen el deber de salvaguardar la integridad y la soberanía nacional.
>
> El término pueblo no podrá interpretarse en esta Constitución en el sentido que se le da en el derecho internacional.

Conforme al artículo 120, el aprovechamiento de los recursos naturales en los hábitat indígenas por parte del Estado se debe hacer sin lesionar la integridad cultu-

---

295   *V.,* nuestro voto salvado sobre esta norma y la propuesta de redacción alternativa en Allan R. Brewer-Carías, *Debate Constituyente,* Tomo III, *op. cit.,* pp. 186 a 190.

ral, social y económica de los mismos e, igualmente, está sujeto a previa información y consulta a las comunidades indígenas respectivas. Por interpretación en contrario, todo otro aprovechamiento por parte de los particulares de estos mismos recursos no estarían sujetos a la previa información y consulta.

El artículo 121 de la Constitución declara el derecho de los pueblos indígenas a mantener y desarrollar su identidad étnica y cultural, cosmovisión, valores, espiritualidad y sus lugares sagrados y de culto.

A tal efecto se obliga al Estado a fomentar la valoración y difusión de las manifestaciones culturales de los pueblos indígenas, los cuales tienen derecho a una educación propia y a un régimen educativo de carácter intercultural y bilingüe, atendiendo a sus particularidades socioculturales, valores y tradiciones.

Igualmente, el artículo 122 establece el derecho de los pueblos indígenas a una salud integral que considere sus prácticas y culturas. En consecuencia, se obliga al Estado a reconocer su medicina tradicional y las terapias complementarias, con sujeción a principios bioéticos.

Por otra parte, el artículo 123 de la Constitución establece el derecho de los pueblos indígenas a mantener y promover sus propias prácticas económicas basadas en la reciprocidad, la solidaridad y el intercambio; sus actividades productivas tradicionales, su participación en la economía nacional y a definir sus prioridades. Además, se consagra el derecho de los pueblos indígenas a servicios de formación profesional y a participar en la elaboración, ejecución y gestión de programas específicos de capacitación, servicios de asistencia técnica y financiera que fortalezcan sus actividades económicas en el marco del desarrollo local sustentable.

Por otra parte, el Estado también esta obligado a garantizar a los trabajadores y trabajadoras pertenecientes a los pueblos indígenas el goce de los derechos que confiere la legislación laboral.

El artículo 124 de la Constitución se garantiza y protege la propiedad intelectual colectiva de los conocimientos, tecnológicas e innovaciones de los pueblos indígenas, exigiendo que toda actividad relacionada con los recursos genéticos y los conocimientos asociados a los mismos perseguirán beneficios colectivos. La Constitución, además, prohíbe el registro de patentes sobre estos recursos y conocimientos ancestrales.

Por último, el artículo 125 de la Constitución consagra el derecho de los pueblos indígenas a la participación política; garantizando el artículo 182 de la Constitución, "la representación indígena en la Asamblea Nacional y en los cuerpos deliberantes de las entidades federales y locales con población indígena, conforme a la ley".

9. *Los deberes constitucionales*

En el Capítulo X del Título III se establecen el conjunto de deberes constitucionales de las personas, los cuales se complementan con otras disposiciones del texto constitucional: el deber de defender a la patria (art. 130); el deber de acatar la Constitución (art. 131); los deberes de solidaridad social (art. 132); el deber de contribuir con los gastos públicos (art. 133); el deber de prestar el servicio civil y militar (art. 134); el deber de educarse (art. 102); el deber de trabajar (art. 87); y los deberes de los padres e hijos (art. 76).

10. *Los problemas de una Constitución social concebida para el paternalismo y el populismo*

La Constitución Social o del ciudadano, como hemos señalado, es la que establece las relaciones entre el Estado y la Sociedad y sus componentes individuales, compuesta por el conjunto de libertades y derechos de los ciudadanos y habitantes del país, antes indicados, con sus correlativos deberes de parte del Estado y sus autoridades de protección, abstención o de prestación social. Lo cierto es que no puede haber un derecho consagrado constitucionalmente que no tenga un deber u obligación correlativo a cargo del Estado.

En esta materia, a pesar de los avances que contiene la nueva Constitución, por ejemplo, en la enumeración de los derechos individuales y en la constitucionalización, con rango constitucional, de los Tratados internacionales sobre derechos humanos a los cuales se les prescribió aplicación preferente cuando sean más favorables; consideramos que contiene muchos aspectos negativos específicos, como la grave lesión a la garantía de la reserva legal respecto de los derechos constitucionales en virtud de la delegación legislativa al Presidente de la República que en forma amplia regula la Constitución; y como las fallas en la protección de los derechos del niño y en el régimen del derecho a la información.

Pero en global, desde el punto de vista social, el principal problema de la Constitución es la confusión entre las buenas intenciones y los derechos constitucionales y el engaño que puede derivar de la imposibilidad de satisfacer algunos derechos sociales.

En efecto, en la consagración de los derechos humanos, uno de los principios esenciales de orden constitucional es el denominado principio de alteridad, que implica que todo derecho comporta una obligación y que todo titular de un derecho tiene que tener relación con un sujeto obligado.

No hay, por tanto, derechos sin obligaciones ni obligados; por lo que la consagración de supuestos derechos que no pueden originar obligaciones u obligados, por imposibilidad conceptual, no es más que un engaño.

Así sucede, por ejemplo, con varios de los derechos y garantías sociales, tal y como se consagraron en la Constitución, cuya satisfacción es simplemente imposible. Constituyen, más bien, declaraciones de principio y de intención de indiscutible carácter teleológico, pero difícilmente pueden concebirse como "derechos" por no poder existir un sujeto con obligación de satisfacerlos.

Es el caso, por ejemplo, del "derecho a la salud", que se consagra como "un derecho social fundamental, obligación del Estado, que lo garantizará como parte del derecho a la vida" (art. 83). Lo cierto es que es imposible que alguien garantice la salud de nadie y que constitucionalmente se pueda consagrar el derecho a la salud. Ello equivaldría a consagrar en la Constitución, el derecho a no enfermarse, lo cual es imposible pues nadie garantizar a otra persona que no se va a enfermar.

En realidad, el derecho que se puede consagrar en materia de salud, como derecho constitucional, es el derecho a la protección de la salud, lo que comporta la obligación del Estado de velar por dicha protección, estableciendo servicios públicos de medicina preventiva y curativa. De resto, regular el derecho a la salud, por imposibilidad de la alteridad, es una ilusión.

Lo mismo podría señalarse, por ejemplo, del derecho que se consagra en la Constitución a favor de "toda persona", "a una vivienda adecuada, segura, cómoda, higiénica, con servicios básicos esenciales que incluyan un hábitat que humanice las relaciones familiares, vecinales y comunitarias" (art. 82). Este derecho, como está consagrado, es de imposible satisfacción; se trata, más bien, de una declaración de principio o de intención bellamente estructurada que no puede conducir a identificar a un obligado a satisfacerla, y menos al Estado.

También resulta una ilusión establecer en la Constitución, pura y simplemente, que "toda persona tiene derecho a la seguridad social como servicio público no lucrativo que garantice la salud y asegure protección en contingencias... de previsión social"; siendo igualmente una imposibilidad prever que "El Estado tiene la obligación de asegurar la efectividad de este derecho, creando un sistema de seguridad social..." (art. 86).

De nuevo aquí, la intención es maravillosa, pero no para pretender regularla como un "derecho" constitucional con una obligación estatal correlativa, también de rango constitucional, cuya satisfacción es imposible. Se confundieron, en esta materia, las buenas intenciones y declaraciones sociales con derechos y obligaciones constitucionales, que originan otro tipo de relaciones jurídicas, incluso con derecho de ser amparados constitucionalmente.

Además, del texto de la Constitución social se evidencia un excesivo paternalismo estatal y la minimización de las iniciativas privadas en materia de salud, educación y seguridad social.

En efecto, en la regulación de los derechos sociales, en la Constitución no sólo se ponen en manos del Estado excesivas cargas, obligaciones y garantías, de imposible cumplimiento y ejecución en muchos casos, sino que se minimiza, al extremo de la exclusión, a las iniciativas privadas. En esta forma, servicios públicos esencial y tradicionalmente concurrentes entre el Estado y los particulares, como los de educación, salud y seguridad social, aparecen regulados con un marcado acento estatista y excluyente.

Por ejemplo, en materia de salud, se dispone que para garantizarla "el Estado creará, ejercerá la rectoría y gestionará un sistema público nacional de salud, ...integrado al sistema de seguridad social, regido por los principios de gratuidad, universalidad, integralidad, equidad, integración social y solidaridad" (art. 84). Se trata, por tanto, de un sistema público de salud, regulado como un servicio público gratuito que forma parte del sistema de seguridad social.

Nada se dice en la norma sobre los servicios privados de salud, aún cuando en otro artículo se indica que el Estado "regulará las instituciones públicas y privadas de salud" (art. 85).

En materia de seguridad social, el rasgo estatista del sistema es aún mayor: se declara la seguridad social como un servicio público de carácter no lucrativo, estando obligado el Estado "de asegurar la efectividad de este derecho, creando un sistema de seguridad social universal, integral, de financiamiento solidario, unitario, eficiente y participativo, de contribuciones directas o indirectas", precisándose, además, que las cotizaciones obligatorias sólo "podrán ser administradas con fines sociales bajo la rectoría del Estado" (art. 86). Se excluye así, en principio, toda iniciativa privada en materia de seguridad social y se minimiza la participación privada en la administración reproductiva de los fondos de pensiones.

En materia de educación, la tendencia estatista es similar: se regula la educación, en general, como un derecho humano y un deber social fundamental; se la declara en general como "democrática, gratuita y obligatoria" y se la define como "un servicios público" que el Estado debe asumir "como función indeclinable" (art. 102).

Nada se indica en la norma que se refiere a la educación privada, y sólo es en otro artículo que se consagra el derecho de las personas "a fundar y mantener instituciones educativas privadas bajo la estricta inspección y vigilancia del Estado, previa aceptación de este" (art. 106). La posibilidad de estatización de la educación, por tanto, no tiene límites en la Constitución, habiéndose eliminado del texto constitucional la disposición, que en la materia preveía la Constitución de 1961 de que "El Estado estimulará y protegerá la educación privada que se imparta de acuerdo con los principios contenidos en esta Constitución y en las leyes" (art. 79).

V. ALGUNOS ASPECTOS DE LA CONSTITUCIÓN ECONÓMICA

El tercer componente normativo de toda Constitución contemporánea, además de la *Constitución Política* que regula la organización del Estado mediante la distribución territorial y división orgánica del Poder Público; y de la *Constitución Social* que regula el estatuto de las personas y de los ciudadanos, y su relación con el Estado al igual que la relación general entre la sociedad y el Estado; es la *Constitución Económica* que tiene por objeto establecer los principios del régimen de las relaciones económicas y el papel que, en las mismas, corresponde a la iniciativa privada y al propio Estado.

En el constitucionalismo venezolano, puede decirse que en las últimas cinco décadas se ha venido desarrollando un régimen constitucional y político propio de una sociedad democrática, con la configuración, en la Constitución del 23 de enero de 1961, y ahora, en la del 30 de diciembre de 1999, de un Estado Social de Derecho, y la formulación, en esos textos, de una Constitución Económica que opta por un modelo económico de libertad como opuesto al de economía dirigida, similar al que existe en todos los países occidentales.

La aplicación práctica de ese modelo constitucional ha provocado, desde el punto de vista político, la consolidación del régimen democrático representativo, pluralista y, ahora, con vocación participativa; y desde el punto de vista económico, y a pesar de los múltiples problemas de desarrollo económico-social que continúan existiendo, el modelo ha enmarcado el desenvolvimiento de una economía basada en la libertad económica y la iniciativa privada, pero con una intervención importante y necesaria del Estado para asegurar los principios de justicia social que constitucionalmente deben orientar el régimen económico.

Además, el Estado, al ser titular desde siempre del dominio público sobre el subsuelo conforme a la pauta que marcaron las Ordenanzas de Nueva España, en vigencia en los territorios de las antiguas Provincias Coloniales de España en el Mar Caribe desde al segunda mitad del siglo XVII, en el caso de Venezuela ha convertido al Estado en la entidad económica más poderosa del país, por ser dueño del petróleo, lo que le ha llevado a intervenir en forma importante en la actividad económica.

Siguiendo, en cierta forma, las orientaciones de la Constitución de 1961 en materia de Constitución Económica[296], la Constitución de 1999 establece igualmente, pero sin decirlo, un sistema económico de economía social de mercado[297] que se fundamenta en la libertad económica, pero que debe desenvolverse conforme a principios de justicia social, que requieren de la intervención del Estado.

1. *Principios del sistema económico*

En esa orientación, precisamente se inscribe el contenido del artículo 299, al prescribir que el régimen socioeconómico de la República se fundamenta en los siguientes principios: justicia social, democratización, eficiencia, libre competencia, protección del ambiente, productividad y solidaridad, a los fines de asegurar el desarrollo humano integral y una existencia digna y provechosa para la colectividad.

El sistema económico, por tanto, se fundamenta en la libertad económica, la iniciativa privada y la libre competencia, pero con la participación del Estado como promotor del desarrollo económico, regulador de la actividad económica, y planificador con la participación de la sociedad civil, como se indica más adelante.

2. *El régimen de los derechos económicos*

En el Título de los "Derechos, Deberes y Garantías Constitucionales" se incorporó un Capítulo que enumera los *derechos económicos* de las personas, en la siguiente forma: por una parte la libertad económica (art. 112); y por la otra el derecho de propiedad y la expropiación (art. 115). Esta norma sigue la orientación del constitucionalismo venezolano[298], aún cuando deben destacarse algunas variaciones en relación con su equivalente en la Constitución de 1961 (art. 99), que son las siguientes: *primero,* no se establece que la propiedad privada tiene una función social que cumplir, como lo indicaba la Constitución de 1961; *segundo,* en la nueva Constitución se enumeran los atributos del derecho de propiedad (uso, goce y disposición) lo que era materia de rango legal (art. 545 del Código Civil); y *tercero,* en cuanto a la expropiación, se exige en el nuevo texto constitucional que el pago de la justa indemnización sea "oportuno". En esa forma, en general, la norma garantiza con mayor fuerza el derecho de propiedad[299].

La Constitución, además, prohíbe que se decreten o ejecuten confiscaciones de bienes salvo en los casos permitidos por la propia Constitución y, en particular, por vía de excepción, mediante sentencia firme, respecto de los bienes de personas naturales o jurídicas, nacionales o extranjeras, responsables de delitos cometidos contra el patrimonio público, o de quienes se hayan enriquecido ilícitamente al amparo del

---

296 *V.,* Allan R. Brewer-Carías, "Reflexiones sobre la Constitución Económica" en *Estudios sobre la Constitución Española. Homenaje al Profesor Eduardo García de Enterría,* Madrid 1991, pp. 3839 a 3853.

297 *V.,* lo que expusimos ante la Asamblea, en Allan R. Brewer-Carías, *Debate Constituyente,* Tomo III, *op. cit.,* pp. 15 a 52.

298 *V.,* Allan R. Brewer-Carías "El derecho de propiedad y libertad económica. Evolución y situación actual en Venezuela" en *Estudios sobre la Constitución. Libro Homenaje a Rafael Caldera,* Tomo II, Caracas 1979, pp. 1139 a 1246.

299 *V.,* además, los comentarios que formulamos sobre el régimen de la propiedad en Allan R. Brewer-Carías, *Debate Constituyente,* Tomo I, (8 agosto-8 Septiembre 1999), Caracas 1999, pp. 201 y ss.

Poder Público y los provenientes de las actividades comerciales, financieras o cualesquiera otras vinculadas al tráfico ilícito de sustancias psicotrópicas y estupefacientes (art. 116 y 271).

El artículo 307 de la Constitución declara al régimen latifundista como contrario al interés social, y remite al legislador para disponer lo conducente en materia tributaria para gravar las tierras ociosas y establecer las medidas necesarias para su transformación en unidades económicas productivas, rescatando igualmente las tierras de vocación agrícola.

Por otra parte, la norma establece el derecho de los campesinos y demás productores agropecuarios a la propiedad de la tierra, en los casos y formas especificados por la ley respectiva. Esto implica el establecimiento de obligaciones constitucionales al Estado para proteger y promover las formas asociativas y particulares de propiedad para garantizar la producción agrícola, y para velar por la ordenación sustentable de las tierras de vocación agrícola con el objeto de asegurar su potencial agroalimentario.

Excepcionalmente dispone el mismo artículo constitucional, que el legislador creará contribuciones parafiscales con el fin de facilitar fondos para financiamiento, investigación, asistencia técnica, transferencia tecnológica y otras actividades que promuevan la productividad y la competitividad del sector agrícola.

Una innovación constitucional en materia económica es el derecho que regula el artículo 117, de todas las personas a disponer de bienes y servicios de calidad, así como a una información adecuada y no engañosa sobre el contenido y características de los productos y servicios que consumen, a la libertad de elección y a un trato equitativo y digno.

3.   *El régimen de la intervención del Estado en la economía*

En el texto constitucional se regulan las diferentes facetas de la intervención del Estado en la economía, como se han venido desarrollando en las últimas décadas[300].

En primer lugar, de las normas constitucionales se puede construir la figura del Estado promotor, es decir, que no sustituye a la iniciativa privada, sino que fomenta y ordena la economía para asegurar su desarrollo. Ello resulta de las siguientes regulaciones: la promoción del desarrollo económico (art. 299); la promoción de la iniciativa privada (art. 112); la promoción de la agricultura para la seguridad alimentaria (art. 305); la promoción de la industria (art. 302); la promoción del desarrollo rural integrado (art. 306); la promoción de la pequeña y mediana industria (art. 308); la promoción de la artesanía popular (art. 309); y la promoción del turismo (art. 310).

En el texto constitucional, por otra parte, se establecen un conjunto de atribuciones que facultan al Estado para regular el ejercicio de los derechos económicos, como resulta de lo antes expuesto y, en particular, se precisa el régimen de la prohibición de los monopolios (art. 113), declarándose contrarios a los principios fundamentales de esta Constitución cualquier acto, actividad, conducta o acuerdo de los y

---

300   *V.,* Allan R. Brewer-Carías, *Instituciones Políticas y Constitucionales*, Tomo I, *op.cit.*, pp. 594 y ss.

las particulares que tengan por objeto el establecimiento de un monopolio o que conduzcan, por sus efectos reales e independientes de la voluntad de aquellos o aquellas, a su existencia, cualquiera que fuere la forma que adoptare en la realidad[301]. También se declaró constitucionalmente contraria a dichos principios, el abuso de la posición de dominio que un particular, un conjunto de ellos o una empresa o conjunto de empresas, adquiera o haya adquirido en un determinado mercado de bienes o de servicios, con independencia de la causa determinante de tal posición de dominio, así como cuando se trate de una demanda concentrada. En todos los casos antes indicados, el Estado debe adoptar las medidas que fueren necesarias para evitar los efectos nocivos y restrictivos del monopolio, del abuso de la posición de dominio y de las demandas concentradas, teniendo como finalidad la protección del público consumidor, los productores y productoras y el aseguramiento de condiciones efectivas de competencia en la economía.

Por otra parte, la Constitución reguló el régimen de las concesiones estatales (art. 113); el régimen de protección a los consumidores o usuarios (art. 117); el régimen de la política comercial (art. 301); y los principios sobre los ilícitos económicos (art. 114).

En lo que concierne a la intervención del Estado en la economía, como Estado empresario, la Constitución regula en forma específica, el régimen de la creación de empresas estatales (art. 300); el régimen de la nacionalización petrolera y el régimen de la reserva de actividades económicas al Estado.

Sobre estos últimos aspectos, el artículo 302 de la Constitución, luego de intensos debates[302] estableció que "el Estado se reserva, mediante la ley orgánica respectiva y por razones de conveniencia nacional, la actividad petrolera". En esta forma, la reserva de la industria petrolera efectuada mediante la Ley Orgánica que reserva al Estado la Industria y el Comercio de los Hidrocarburos de 1975[303], adquirió rango constitucional en el texto de 1999, pero conforme lo establezca la ley orgánica respectiva, la cual puede ser modificada. La reserva, por tanto, puede considerarse que no es ni rígida ni absoluta, sino flexible, conforme lo establezca la ley orgánica respectiva.

En particular, en todo caso, en la Constitución (art. 303) se estableció expresamente que por razones de soberanía económica, política y de estrategia nacional "el Estado conservará la totalidad de las acciones de Petróleos de Venezuela, S.A"., o del ente creado para el manejo de la industria petrolera, exceptuando la de las filiales, asociaciones estratégicas, empresas y cualquier otra que se haya constituido o se constituya como consecuencia del desarrollo de negocios de Petróleos de Venezuela, S.A. En esta forma, lo que de acuerdo con la Constitución debe permanecer co-

---

301   *V.*, nuestro criterio sobre esta norma en Allan R. Brewer-Carías, *Debate Constituyente, Tomo III, op.cit.* pp. 185 y 186.

302   *V., Gaceta Constituyente (Diario de Debates), Noviembre 1999-Enero 2000,* Sesión de 14-11-99, Nº 44, pp. 3 y ss. *V.*, nuestro voto salvado en primera discusión en Allan R. Brewer-Carías, *Debate Constituyente, Tomo III, op. cit.,* pp. 209 y 210.

303   *V.*, nuestros comentarios sobre ese proceso en Allan R. Brewer-Carías, "Aspectos organizativos de la industria petrolera nacionalizada", en *Archivo de Derecho Público y Ciencias de la Administración,* Instituto de Derecho Público UCV, Vol. III, Tomo I, Caracas 1981, pp. 407 a 492.

mo propiedad de la República (no del Estado) son las acciones de PDVSA, es decir, del holding de la industria petrolera, pero no de las filiales, las cuales son, en realidad, las que realizan las actividades económicas en la industria.

El mismo artículo 302 de la Constitución, también establece que el Estado se puede reservar, mediante ley orgánica, y por razones de conveniencia nacional, industrias, explotaciones, servicios y bienes de interés público y de carácter estratégico.

En este caso, distinto al de la industria petrolera ya reservada desde 1975, se trata de una previsión que sigue la orientación del artículo 97 de la Constitución de 1961, y que se refiere tanto a otras actividades ya reservadas en el pasado (por ejemplo la industria del mineral de hierro), como a la posibilidad, en el futuro, que se pueda dictar una reserva de actividades económicas de interés público o de carácter estratégico[304].

4. *El régimen tributario*

El régimen tributario de la Constitución, respecto del cual formulamos diversas propuestas[305], lamentablemente no quedó integrado constitucionalmente y resultó con una dispersión e insuficiencia injustificable. Las siguientes, sin embargo, son las normas más destacadas en esta materia.

En forma casi idéntica que lo establecido en el artículo 223 de la Constitución de 1961, el artículo 316 de la Constitución de 1999 dispuso que el sistema tributario debe procurar la justa distribución de las cargas públicas según la capacidad económica del contribuyente, atendiendo al principio de progresividad, así como la protección de la economía nacional y la elevación del nivel de vida de la población, y se sustentará para ello en un sistema eficiente para la recaudación de los tributos[306]. Se reguló, además, el principio de la legalidad tributaria (art. 317)[307] y se estableció en forma expresa lo que constituye una novedad en nuestro ordenamiento constitucional, que es el principio de que "ningún tributo puede tener efecto confiscatorio". Ello lo propusimos repetidamente en los debates[308], siguiendo la tendencia existente en el derecho comparado[309].

En el artículo 156, ordinal 13 se atribuye al Poder Nacional la potestad de dictar la legislación que garantice la coordinación y armonización de las distintas potesta-

---

304   *V.,* nuestro voto salvado en primera discusión en Allan R. Brewer-Carías, *Debate Constituyente,* Tomo III, *op. cit.* pp. 210 y 211.

305   *V.,,* Allan R. Brewer-Carías, *Debate Constituyente (Aportes a la Asamblea Nacional Constituyente),* Tomo III, *(9 septiembre-17 octubre 1999),* Caracas 1999, pp. 253 a 286; y Tomo II, *op. cit.,* pp. 53 a 91.

306   *V.,* la propuesta de ampliación de esta norma que formulamos en nuestros votos salvados, en Allan R. Brewer-Carías, *Debate Constituyente,* Tomo III, *op. cit.,* pp. 53 a 91, 218 y 295 y ss.

307   *V.,* nuestro voto salvado sobre esta norma en Allan R. Brewer-Carías, *Debate Constituyente,* Tomo III, *op. cit.* pp. 220 a 226.

308   *V.,* Allan R. Brewer-Carías, *Debate Constituyente,* Tomo II, *op. cit.,* p. 279; y Tomo III, *op. cit.,* pp. 70 y ss.

309   *V.,* Allan R. Brewer-Carías, "Les protections constitutionnelles et légales contre les impositions confiscatoires", *Rapports Generaux. XIII Congrès International de Droit Comparé,* Montreal 1990, pp. 795 a 824. *V.,* también en Allan R. Brewer-Carías, *El Poder Público: Nacional Estadal y Municipal, Instituciones Políticas y Constitucionales,* Tomo II, Caracas, San Cristóbal 1996, pp. 85 y ss.

des tributarias (nacional, estadal y municipal), para definir principios, parámetros y limitaciones, específicamente para la determinación de los tipos impositivos o alícuotas de los tributos estadales y municipales, así como para crear fondos específicos que aseguren la solidaridad interterritorial.

En esta forma se establece en la nueva Constitución, una nueva forma de limitación mediante ley nacional, de la autonomía de los Estados y Municipios.

El texto del artículo 18 de la Constitución de 1961 fue básicamente recogido, a propuesta nuestra[310], en el artículo 183 de la Constitución que prohíbe a los Estados y los Municipios el establecimiento de tributos sobre importación, exportación o tránsito sobre bienes, sobre las demás materias rentísticas de la competencia nacional; y sobre consumo de bienes en casos específicos.

Sin embargo, en cuanto a los gravámenes relativos a la agricultura, la cría, la pesca y la actividad forestal, la nueva Constitución eliminó la prohibición constitucional impuesta a los Estados y Municipios, y se estableció que sólo pueden ser gravados en la oportunidad, forma y medida que lo permita la ley.

5. El régimen fiscal y económico del Estado

Por otra parte, en la Constitución de 1999, también constituyendo una novedad, se incorporaron unas secciones sobre el régimen fiscal y presupuestario; el sistema monetario nacional y la coordinación macroeconómica; estableciéndose, además, en general, que los principios y disposiciones establecidas en la Constitución para la administración económica y financiera nacional, deben regular la de los Estados y Municipios, en cuanto sean aplicables (art. 311 a 317).

Además, por primera vez en el constitucionalismo venezolano se incorporaron al texto fundamental un conjunto de normas relativas al Banco Central de Venezuela y a la política macroeconómica del Estado, (arts. 318 a 321).

6. El régimen de los bienes públicos

Por último, en materia económica, la nueva Constitución trae un conjunto de disposiciones constitucionales, muchas novedosas, sobre el régimen de los bienes del Estado, que deben destacarse.

En la nueva Constitución se declaran como bienes del dominio público y que, por tanto, en los términos del Código Civil (art. 543) son inalienables e imprescriptibles a los yacimientos mineros y de hidrocarburos, cualquiera que sea su naturaleza, existentes en el territorio nacional, bajo el lecho del mar territorial, en la zona económica exclusiva y en la plataforma continental, (art. 12)[311].

La misma norma del artículo 12 de la Constitución dispone que las costas marinas son bienes del dominio público; entendiéndose por tales costas, la parte de la

---

310　V., Allan R. Brewer-Carías, *Debate Constituyente*, Tomo II, *op. cit.* p. 282 y Tomo III, *op. cit.* p. 81.

311　En esta forma se le da rango constitucional a lo ya previsto en la Ley de Minas (art. 2) (*Gaceta Oficial* N° 5382 de 28-09-99) y en la Ley Orgánica de Hidrocarburos Gaseosos (art. 1°) (*Gaceta Oficial* N° 36.793 de 23-9-99). *V.,* nuestra propuesta sobre esto en Allan R. Brewer-Carías, *Debate Constituyente*, Tomo II, *op. cit.* pp. 35 y 39.

ribera que baña el mar, es decir, la playa o zona que está entre la alta y la baja marea, como lo ha establecido la jurisprudencia de la Corte Suprema[312].

El artículo 304 de la Constitución dispone que todas las aguas son bienes del dominio público de la Nación, insustituibles para la vida y el desarrollo. Corresponde a la ley establecer las disposiciones necesarias a fin de garantizar su protección, aprovechamiento y recuperación, respetando las fases del ciclo hidrológico y los criterios de ordenación del territorio[313].

En cuanto a las tierras baldías, estas de acuerdo con el Código Civil, son los bienes inmuebles que no tienen dueño (art. 542), y que se atribuyen a los Estados. La nueva Constitución les asigna la "administración" de las tierras baldías de su jurisdicción" (art. 164, ord. 5), cambiando el régimen de la Constitución de 1961 que reservaba dicha administración de baldíos al Poder Nacional (art. 136, ord. 10).

En cuanto a los ejidos municipales en la Constitución de 1999 se repitió el dispositivo del artículo 32 de la Constitución de 1961, en el sentido de que su inalienabilidad e imprescriptibilidad (art. 181).

En la Constitución sin embargo, se agregó una disposición novedosa que en forma similar a la definición de las tienen baldías en relación con los Estados, considera que los terrenos situados dentro del área de las poblaciones de los Municipios, carentes de dueño, se consideran terrenos ejidos, sin menoscabo de legítimos derechos de terceros, válidamente constituidos. Igualmente, el artículo 181 de la Constitución constituye en ejidos, las tierras baldías ubicadas en el área urbana, quedando sólo exceptuadas las tierras correspondientes a las comunidades y pueblos indígenas. Además, se establece que la ley debe determinar la conversión en ejidos de otras tierras públicas.

7. *Los problemas de una Constitución económica concebida para el estatismo insolvente*

El paternalismo estatal en el campo social analizado anteriormente, también conduce inexorablemente a la concepción de una Constitución económica con una gran carga estatista. En efecto, como hemos señalado, la tercera parte de la Constitución, como toda Constitución contemporánea, está destinada a regular la Constitución económica, en la cual se establecen las reglas de juego del sistema económico del país, el cual sigue concibiéndose, en principio, como un sistema de economía mixta, que se basa en reconocer la iniciativa privada y los derechos de propiedad y libertad económica, pero fundamentándolo en principios de justicia social, lo que permite la intervención del Estado en la economía, en algunos casos en forma desmesurada.

---

312 *V.,* la sentencia de la Corte Suprema de Justicia en Sala Político Administrativa de 13-08-64 en *Gaceta Forense* N° 45, 1964, p. 235 a 237; y en Allan R. Brewer-Carías, *Jurisprudencia de la Corte Suprema 1930-1974 y Estudios de Derecho Administrativo,* Tomo II, Caracas 1976, pp. 523 a 528

313 *V.,* Allan R. Brewer-Carías, "La declaratoria de todas las aguas como del dominio público en el derecho venezolano", en *Revista de la Facultad de Derecho y Ciencias Sociales,* N° 3-4, XXIII, Montevideo, 1975, pp. 157 a 167. Además, *V.,* Allan R. Brewer-Carías *Derecho y Administración de las Aguas y otros Recursos Naturales Renovables,* Caracas 1976, pp. 79 a 91.

En esta materia, a pesar de que en las discusiones del Proyecto se lograron establecer algunos equilibrios importantes entre la libertad económica y la intervención del Estado, existe un marcado acento estatista, lo que aunado a las consecuencias fiscales del paternalismo social y del populismo que contiene, hacen materialmente inviable financieramente el rol del Estado, previéndose un esquema de terrorismo tributario que informa la Disposición Transitoria Quinta, contrario a la iniciativa privada.

En efecto, la Constitución no sólo es manifiestamente estatista en materia económica, al atribuir al Estado la responsabilidad fundamental en la gestión y prestación de los servicios públicos básicos en materia de salud, educación y seguridad social, y de los de carácter domiciliario como distribución de agua, electricidad y gas, sino que ello también deriva de la regulación, en el mismo, de un conjunto de potestades reguladoras, de control y de planificación.

Las normas relativas a la economía, por tanto, son básicamente las destinadas a prever la intervención del Estado, destinándose a lo privado, en realidad, las escuetas normas reguladoras de la libertad económica (art. 112) y de la propiedad privada (art. 115). No existe, sin embargo, el equilibrio necesario entre lo público y lo privado, privilegiándose en el sector privado sólo actividades no fundamentales en la generación de riqueza y empleo como la agrícola (art. 305), la artesanía (art. 309), la pequeña y mediana empresa (art. 308), y el turismo (art. 310).

A ello se agregan normas de control y persecución como las relativas a los monopolios y a los delitos económicos (arts. 113 y 114); la declaración como del dominio público del subsuelo, las costas marítimas y las aguas (arts. 112 y 304) lo que abre un campo importante adicional respecto del control estatal del uso y aprovechamiento de dichos bienes; la reserva al Estado de la industria petrolera, y la posibilidad de reserva de otras actividades, servicios o explotaciones de carácter estratégico (art. 302); y las normas que prevén las potestades planificadoras del Estado, tanto a nivel nacional (arts. 112 y 299) como a nivel local (art. 178).

El Estado, así, en la Constitución es responsable de casi todo, y puede regularlo todo. La iniciativa privada aparece marginal y marginada. No se asimiló la experiencia del fracaso del Estado regulador, de control, planificador y empresario de las últimas décadas, ni se entendió la necesidad de privilegiar las iniciativas privadas y estimular la generación de riqueza y empleo por la sociedad.

El resultado del texto constitucional en materia económica, visto globalmente y en su conjunto, es el de una Constitución hecha para la intervención del Estado en la economía y no para el desarrollo de la economía por los privados bajo el principio de la subsidiariedad de la intervención estatal

Por otra parte, el Estado que se concibe en el texto constitucional, cuando se analiza en su conjunto el enorme cúmulo de responsabilidades que se le atribuyen en el campo social, de la salud, educación, seguridad social y cargas laborales, con exclusión sistemática de las iniciativas privadas; lo hacen totalmente incapaz, financieramente, para atenderlas. Para la previsión de las regulaciones del Estado paternalista previstas en la Constitución, no hubo cálculo alguno de costos, lo que coloca al Estado, si pretendiese asumirlas y cumplirlas, de entrada, en una situación de quiebra, por estar obligado a pagar más de lo que es capaz y puede recaudar en impuestos, máxime en un país en el cual no hay hábito ciudadano de contribuyente.

Si a ello se agrega la previsión con rango constitucional de que la gestión fiscal debe equilibrarse en un marco plurianual del presupuesto "de manera que los ingresos ordinarios deben ser suficientes para cubrir los gastos ordinarios" (art. 311); no se entiende cómo será posible la atención por el Estado de todas las obligaciones que se le imponen.

En todo caso, la enorme responsabilidad social atribuida al Estado y los costos financieros que conlleva su atención, por supuesto que implicarán la exacerbación del ejercicio de la potestad tributaria del Estado en sus diversos niveles territoriales y, de inmediato, en el nivel nacional y en el nivel municipal. Ello exigía, por sobre todo, el establecimiento de un adecuado equilibrio entre la potestad pública y los derechos de los individuos, de manera que el ejercicio de la primera no afectase la capacidad económica de los contribuyentes ni sus garantías constitucionales, que requieren de protección especial.

La Constitución, en esta materia, no reguló nada específico sobre el necesario respeto de la capacidad contributiva de las personas ni sobre el principio de que la imposición debía revertir hacia los contribuyentes-ciudadanos, en servicios públicos adecuados. Nada se reguló en el texto constitucional, además, sobre las garantías constitucionales del contribuyente frente al ejercicio de la potestad tributaria, ya que es precisamente con ocasión de su ejercicio que todo el poder del Estado se puede volcar sobre los individuos. Al contrario, las únicas normas nuevas previstas en la Constitución en esta materia, tienden a castigar la evasión fiscal con penas privativas de la libertad personal (art. 317), estableciéndose en las Disposiciones Transitorias normas destinadas a regularizar el terrorismo fiscal (Disposición Transitoria Quinta), elaboradas pensando como si sólo las grandes empresas fueran contribuyentes, a quienes sólo hay que perseguir, e ignorando que en un sistema de Estado con incapacidad financiera estructural, todas las personas son o deben ser potencialmente contribuyentes y, por tanto, sujetos de persecución fiscal.

En esta materia consideramos que la Constitución se olvidó del ciudadano y de la protección y seguridad que había que brindarle.

VI. LOS SISTEMAS DE PROTECCIÓN Y GARANTÍA DE LA CONSTITUCIÓN

El artículo 7 de la Constitución de 1999, reafirma que la Constitución es la norma suprema y el fundamento de todo el ordenamiento jurídico, de manera que todas las personas y los órganos que ejercen el Poder Público están sujetos a la misma; constituyendo, además, uno de los deberes constitucionales "cumplir y acatar" la Constitución (art. 131). Ello conduce a la previsión, en el propio texto constitucional, de un conjunto de sistemas para la protección y garantía de esa supremacía constitucional que, sin duda, constituye uno de los pilares fundamentales del constitucionalismo contemporáneo y del Estado de Derecho[314].

---

314   V., Allan R. Brewer-Carías, *Evolución Histórica del Estado, Instituciones Políticas y Constitucionales*, Tomo I, Caracas, San Cristóbal 1996, pp. 47 y ss.

1. La garantía de la Constitución: el control judicial de la constitucionalidad

La consolidación en Venezuela del Estado de Derecho, como ha ocurrido en todo el constitucionalismo moderno, está en el establecimiento de un completo sistema de control de la constitucionalidad de los actos estatales, es decir, de justicia constitucional[315].

A. Aspectos de la justicia constitucional[316]

a. La competencia judicial

En efecto, siendo la Constitución norma suprema y el fundamento del ordenamiento jurídico (art. 7); dicha supremacía no tendría efectividad si no fuera por la existencia de un sistema de justicia constitucional para garantizarla. De allí que el artículo 334 de la Constitución atribuya a todos los jueces, en el ámbito de sus competencias y conforme a lo previsto en la Constitución y la ley, la obligación "de asegurar la integridad de la Constitución"[317].

En consecuencia la justicia constitucional como competencia judicial para velar por la integridad y supremacía de la Constitución, corresponde a todos los jueces en cualquier causa o proceso que conozcan y, además, en particular, cuando conozcan de acciones de amparo o de las acciones contencioso-administrativa al tener la potestad para anular actos administrativos por contrariedad a la Constitución (como forma de contrariedad al derecho) (art. 259)[318]; y no sólo al Tribunal Supremo de Justicia. Este, sin embargo, en forma particular, tiene expresamente como competencia garantizar "la supremacía y efectividad de las normas y principios constitucionales", correspondiéndole ser "el máximo y último intérprete de la Constitución" y velar "por su uniforme interpretación y aplicación" (art. 335); y, en particular, ejercer la jurisdicción constitucional (arts. 266, ord. 1° y 336).

b. El control difuso de la constitucionalidad de las leyes

Una de las formas específicas para el ejercicio de la justicia constitucional, es la posibilidad que tiene todo juez de la República de ser juez de la constitucionalidad de las leyes.

---

315   V., Allan R. Brewer-Carías, *La Justicia Constitucional, Instituciones Políticas y Constitucionales,* Tomo VI, Caracas 1996.

316   V., en general Allan R. Brewer-Carías, *El sistema de justicia constitucional de 1999,* Caracas 2000, 130 pp.; y "La justicia constitucional en la constitución de 1999", en *Derecho Procesal Constitucional,* Colegio de Secretarios de la Suprema Corte de Justicia de la Nación, México 2001, pp. 931 a 961.

317   V., nuestra propuesta en relación con este artículo en Allan R. Brewer-Carías, *Debate Constituyente (Aportes a la Asamblea Nacional Constituyente), Tomo II, (9 septiembre-17 octubre 1999),* Caracas 1999, pp. 24 y 34.

318   V.,Allan R. Brewer-Carías, *La Justicia Contencioso-Administrativa, Instituciones Políticas y Constitucionales,* Tomo VII, Caracas 1997, pp. 26 y ss.

Se trata del método denominado de control difuso de control de la constitucionalidad de leyes que existe en nuestro país desde el siglo XIX[319], regulado en el artículo 20 del Código de Procedimiento Civil, que establece que:

Artículo 20: Cuando la ley vigente, cuya aplicación se pida, colidiere con alguna disposición constitucional, los jueces aplicarán ésta con preferencia.

El principio del control difuso, más recientemente, se recogió en el artículo 19 del Código Orgánico Procesal Penal, con este texto:

Artículo 19: Control de la Constitucionalidad. Corresponde a los jueces velar por la incolumidad de la Constitución de la República. Cuando la ley cuya aplicación se pida colidiere con ella, los tribunales deberán atenerse a la norma constitucional.

A los efectos de consolidar constitucionalmente el método de control difuso de la constitucionalidad de las leyes, como ha ocurrido en otros países como Colombia, por ejemplo, desde 1910 (art. 4) y, en Guatemala, 1965 (art. 204), Bolivia, 1994 (art. 228), Honduras, 1982 (art. 315) y Perú, 1993 (art. 138); propusimos incorporar a la Constitución una disposición similar[320], que terminó siendo ubicada a propuesta nuestra[321] en el artículo 334, con el siguiente texto:

En caso de incompatibilidad entre esa Constitución y una ley u otra norma jurídica, se aplicarán las disposiciones constitucionales, correspondiendo a los tribunales en cualquier causa, aun de oficio, decidir lo conducente.

En esta forma, el método de control difuso de la constitucionalidad, adquirió en nuestro país rango constitucional, el cual, incluso, puede ser ejercido *de oficio* por los tribunales[322].

c.   *El control concentrado de la constitucionalidad de las leyes: la Jurisdicción Constitucional*

Pero además de constitucionalizarse el control difuso de la constitucionalidad de las leyes, en la Constitución de 1999 se precisó el régimen del control concentrado de la constitucionalidad de las leyes, configurándose claramente al Tribunal Supremo de Justicia, como Jurisdicción constitucional, a los efectos de la anulación de las mismas.

---

319   *V.,* Allan R. Brewer-Carías, *Judicial Review in Comparative Law*, Cambridge 1989, pp. 127 y ss.; Allan R. Brewer-Carías, *La Justicia Constitucional, Instituciones Políticas y Constitucionales*, Tomo VI, *cit.,* pp. 86 y ss.

320   *V.,* nuestras propuestas respecto del artículo 7 en Allan R. Brewer-Carías, *Debates Constituyentes*, Tomo II, *op. cit.,* pp. 24 y 34.

321   *V.,* Allan R. Brewer-Carías, *Debate Constituyente* (Aportes a la Asamblea Nacional Constituyente), Tomo III, (18 octubre-30 noviembre 1999), Caracas 1999, pp. 94 a 105.

322   Esta ha sido una de las características del sistema venezolano. *V.,* Allan R. Brewer-Carías, *La Justicia Constitucional, Instituciones Políticas y Constitucionales*, Tomo VI, op. cit., p. 101.

Por ello, el mismo artículo 334 de la Constitución dispone:

> Corresponde exclusivamente a la Sala Constitucional del Tribunal Supremo de Justicia como jurisdicción constitucional, declarar la nulidad de las leyes y demás actos de los órganos que ejercen el Poder Público dictados en ejecución directa e inmediata de la Constitución o que tengan rango de ley.

En esta forma quedó definitivamente establecida la diferencia entre la jurisdicción contencioso-administrativa y la Jurisdicción constitucional, por el objeto del control y no por los motivos de control[323], por lo que sólo compete a la Jurisdicción constitucional conocer de la anulación, por inconstitucionalidad, por supuesto, de las leyes y demás actos dictados en ejecución directa e inmediata de la Constitución (como los actos de gobierno, o los *interna corporis* de la Asamblea) o que tengan rango de Ley (Decretos-Leyes); correspondiendo, en cambio, a la jurisdicción contencioso-administrativa conocer de la nulidad de los actos administrativos, incluidos los Reglamentos, por motivos de inconstitucionalidad y de ilegalidad (contrariedad del derecho).

B. *Las competencias del Tribunal Supremo de Justicia en materia de justicia constitucional*

Una de las novedades de la Constitución de 1999 ha sido la creación de la Sala Constitucional del Tribunal Supremo de Justicia (art. 262), a la cual se le ha atribuido la Jurisdicción constitucional (art. 266, ord. 1°) consistente en la potestad anulatoria de las leyes y demás actos de igual rango y jerarquía, y el ejercicio de otras competencias en materia de justicia constitucional.

a. *La potestad anulatoria por inconstitucionalidad*

La Sala Constitucional del Tribunal Supremo, como Jurisdicción constitucional, tiene las siguientes atribuciones de control concentrado de la constitucionalidad de determinados actos estatales, con poderes anulatorios, previstas en el artículo 336:

1. Declarar la nulidad total o parcial de las *leyes nacionales* y demás actos con *rango de ley* de la Asamblea Nacional que colidan con esta Constitución.

2. Declarar la nulidad total o parcial de las *Constituciones* y *leyes estadales*, de las *ordenanzas municipales* y demás actos de los cuerpos deliberantes de los Estados y Municipios dictados en *ejecución directa e inmediata* de la Constitución y que colidan con ésta.

3. Declarar la nulidad total o parcial de los *actos con rango de ley* dictados por el Ejecutivo Nacional que colidan con esta Constitución.

4. Declarar la nulidad total o parcial de los *actos en ejecución directa e inmediata* de la Constitución, dictados por cualquier otro órgano estatal en ejercicio del Poder Público.

---

323 *V.,* Allan R. Brewer-Carías, *La Justicia Contencioso-Administrativa, Instituciones Políticas y Constitucionales*, Tomo VII, *op. cit.,* pp. 26 a 33.

La acción para la solicitud de declaratoria de nulidad de las leyes, es una acción popular, que puede intentarse por cualquier ciudadano conforme a una tradición que se remonta al año 1858[324].

b.   El control previo de la constitucionalidad de actos estatales

El Tribunal Supremo de Justicia en Sala Constitucional, además, tiene las siguientes competencias para controlar la constitucionalidad de actos estatales antes de su entrada en vigencia:

En *primer lugar,* la prevista en el artículo 336, ordinal 5° en relación con los *tratados internacionales* de:

> 5.   Verificar, a solicitud del Presidente o Presidenta de la República o de la Asamblea Nacional, la conformidad de la Constitución con los tratados internacionales suscritos por la República antes de su ratificación.

En *segundo lugar*, la prevista en el artículo 203 de la Constitución conforme al cual, la Sala Constitucional debe pronunciarse sobre la constitucionalidad del carácter orgánico, antes de su promulgación, de las *leyes orgánicas* que así hayan sido calificadas por la Asamblea Nacional.

En *tercer lugar*, la prevista en el artículo 204 de la Constitución, en los casos del veto presidencial a las leyes, conforme al cual la Sala Constitucional debe pronunciarse sobre la inconstitucionalidad de una ley o de algunos de sus artículos, a solicitud del Presidente de la República, antes de la promulgación de la ley.

c.   La revisión obligatoria de la constitucionalidad de los Decretos de Estado de Emergencia

De acuerdo con el artículo 339 de la Constitución, el Decreto que declare el Estado de Excepción debe ser presentado a la Sala Constitucional del Tribunal Supremo, para que se pronuncie sobre su inconstitucionalidad. Por ello, el artículo 336 le atribuye a la Sala, competencia expresa para dicha revisión, que puede ejercer aun de oficio.

d.   El control de constitucionalidad de las leyes por omisión

Otra institución novedosa en materia de justicia constitucional que establece la Constitución de 1999, es el denominado control de la constitucionalidad de las leyes por omisión[325] al atribuirle, el artículo 336, a la Sala Constitucional, competencia para:

> 7.   Declarar la inconstitucionalidad de la omisión del poder legislativo municipal, estadal o nacional, cuando haya dejado de dictar las normas o medidas indispensables para garantizar el cumplimiento de la Constitución, o

---

324   *V.,* Allan R. Brewer-Carías, *El sistema mixto o integral de control de constitucionalidad en Colombia y Venezuela,* Bogotá 1995, pp. 10 y ss.

325   Es una institución que tiene su origen en el sistema portugués, *V.,* Allan R. Brewer-Carías, *Judicial Review in Comparative Law, op. cit.,* p. 269.

las haya dictado en forma incompleta, y establecer el plazo y, de ser necesario, los lineamientos de su corrección.

e.   *El control de la constitucionalidad de las leyes mediante la declaración de colisión*

Conforme a una tradicional competencia de la Corte Suprema de Justicia (art. 215, ord. 5° de la Constitución de 1961), el artículo 336 de la Constitución de 1999 le atribuye al Tribunal Supremo competencia para "resolver las colisiones que existan entre diversas disposiciones legales y declarar cuál de éstas debe prevalecer" (ord. 8).

f.   *La resolución de controversias constitucionales entre los órganos del Poder Público*

El Tribunal Supremo, en Sala Constitucional, también tiene competencia, conforme al artículo 336, para "dirimir las controversias constitucionales que se susciten entre cualesquiera de los órganos del Poder Público" (ord. 9).

Esta competencia de orden constitucional tiene por objeto resolver los conflictos entre los órganos del Poder Público, tanto en su distribución vertical (República, Estados y Municipios), como en su división horizontal a nivel nacional (Poder Legislativo, Poder Ejecutivo, Poder Judicial, Poder Ciudadano, Poder Electoral) y a nivel estadal y municipal (Poder Legislativo y Poder Ejecutivo).

Es decir, se trata de resolución de controversias sobre atribuciones *constitucionales* entre los órganos del Poder Público; que son distintas a las controversias administrativas que se susciten entre la República, los Estados, Municipios u otro ente público, las que compete ser resueltas por la Sala Político-Administrativa del Tribunal Supremo (art. 266, ord. 4°), como jurisdicción contencioso-administrativa.

g.   *La revisión de las sentencias dictadas por los tribunales de instancia en cuestiones de constitucionalidad*

Por último, el artículo 336 de la Constitución atribuye a la Sala Constitucional, competencia para:

10. Revisar las sentencias definitivamente firmes de amparo constitucional y de control de constitucionalidad de leyes o normas jurídicas dictadas por los tribunales de la República, en los términos establecidos por la ley orgánica respectiva.

Por supuesto, esta competencia no se configura como la de una apelación ni como la de una segunda instancia general en la materia. Se trata de una competencia excepcional para que la Sala Constitucional pueda revisar, a su juicio y discreción, mediante un recurso extraordinario que se puede ejercer contra sentencias de última instancia dictadas por los tribunales de la República (excluido, por supuesto, el Tribunal Supremo y sus Salas) en materia de amparo constitucional o en ejercicio de control difuso de la constitucionalidad de las leyes.

Esta potestad de revisión no es obligatoria, sino que se ejerce a juicio de la Sala, en forma discrecional[326]. De lo que se trata fue de evitar que se pudiera abrir un recurso extraordinario, de obligatoria decisión por la Sala, contra todas las sentencias referidas, lo cual sería imposible de manejar, por la magnitud de casos.

C. *El Tribunal Supremo como supremo intérprete de la Constitución*

De acuerdo con el artículo 335 de la Constitución el Tribunal Supremo de Justicia debe garantizar la supremacía y efectividad de las normas y principios constitucionales; y es el máximo y último intérprete de la Constitución, por lo que debe velar por su uniforme interpretación y aplicación.

En todo caso, el valor de las interpretaciones constitucionales que, en particular, establezca la Sala Constitucional sobre el contenido o alcance de las normas y principios constitucionales "son vinculantes para las otras Salas del Tribunal Supremo de Justicia y demás tribunales de la República".

Se le da, así, a las interpretaciones constitucionales de la Sala, valor de precedente, de obligatoria aplicación por los demás tribunales y, además, por las otras Salas del Tribunal Supremo.

Ello, no excluye, sin embargo, la competencia de las otras Salas para tomar decisiones en materia constitucional e interpretar la Constitución, al aplicarla en los casos concretos que conozcan. Todas las Salas deben considerarse que son en sí mismas el Tribunal Supremo.

3. *El régimen de los estados de excepción*

El Capítulo II del Título relativo a la "Protección de la Constitución", está destinado a regular las circunstancias excepcionales que pueden originar situaciones de excepción que afecten gravemente la seguridad de la Nación, de las instituciones y de las personas, y que ameritan la adopción de medidas político constitucionales para afrontarlas.

A. *Los estados de excepción*

El artículo 337 de la Constitución califica expresamente como estados de excepción,

> las circunstancias de orden social, económico, político, natural o ecológico, que afecten gravemente la seguridad de la Nación, de las instituciones y de los ciudadanos y ciudadanas, a cuyo respecto resultan insuficientes las facultades de las cuales se disponen para hacer frente a tales hechos.

Se trata, por tanto, de circunstancias excepcionales que sobrepasan las posibilidades de su atención mediante los mecanismos institucionales previstos para situaciones normales.

---

326 La frase mencionada, sin embargo, fue inexplicablemente eliminada. En cierta forma, el recurso es similar al denominado writ of cerciorari del sistema norteamericano. *V.*, Allan R. Brewer-Carías, *Judicial Review in Comparative Law*, *op.cit.* p. 141.

294

El artículo 338 remite a una Ley Orgánica para regular los estados de excepción y determinar las medidas que pueden adoptarse con base en los mismos[327].

El artículo 338 de la Constitución, además, precisa los diversos tipos específicos de estados de excepción, en la siguiente forma:

Puede decretarse el estado de alarma cuando se produzcan catástrofes, calamidades públicas u otros acontecimientos similares que pongan seriamente en peligro la seguridad de la Nación o de sus ciudadanos. Dicho estado de excepción debe tener una duración de hasta treinta días, siendo prorrogable por treinta días más.

El estado de emergencia económica puede decretarse cuando se susciten circunstancias económicas extraordinarias que afecten gravemente la vida económica de la Nación. Su duración debe ser de sesenta días prorrogables por un plazo igual.

También puede decretarse el estado de conmoción interior o exterior en caso de conflicto interno o externo, que ponga seriamente en peligro la seguridad de la Nación, de sus ciudadanos o de sus instituciones. En este caso, la duración puede ser de hasta por noventa días, siendo prorrogable hasta por noventa días más.

B. El Decreto de estado de excepción

En las circunstancias excepcionales antes mencionadas, corresponde al Presidente de la República, en Consejo de Ministros, decretar los estados de excepción. (art. 337).

De acuerdo con el artículo 339, el Decreto que declare el estado de excepción, debe ser presentado, dentro de los ocho días siguientes de haberse dictado, a la Asamblea Nacional, o a la Comisión Delegada, para su consideración y aprobación, y a la Sala Constitucional del Tribunal Supremo de Justicia, para que se pronuncie sobre su constitucionalidad.

El Decreto debe cumplir con las exigencias, principios y garantías establecidos en el Pacto Internacional de Derechos Civiles y Políticos y en la Convención Americana sobre Derechos Humanos.

El Presidente de la República puede solicitar a la Asamblea Nacional la prórroga del Decreto por un plazo igual, y puede ser revocado por el Ejecutivo Nacional o por la Asamblea Nacional o su Comisión Delegada, antes del término señalado, al cesar las causas que lo motivaron. En todo caso, la aprobación de la prórroga de los estados de excepción corresponde a la Asamblea Nacional (art. 338).

C. La restricción de las garantías constitucionales

En los casos en los cuales se decreten estados de excepción, el Presidente de la República en Consejo de Ministros también puede restringir temporalmente las garantías consagradas en la Constitución.

salvo las referidas a los derechos a la vida, prohibición de incomunicación o tortura, el derecho al debido proceso, el derecho a la información y los demás derechos humanos intangibles (art. 377).

---

327 V., la Ley Orgánica sobre los Estados de Excepción en Gaceta Oficial N° 37.261 de 15-08-01.

A esta lista de garantías constitucionales que no pueden restringirse en forma alguna, y que están reguladas en los artículos 43, 43, ord. 2 y 46, ord. 1, 49 y 58; se deben considerar como "los demás derechos humanos intangibles" cuyas garantías tampoco pueden restringirse, a los indicados en el Pacto Internacional de Derechos Civiles y Políticos (art. 4), y en la Convención Americana de Derechos Humanos (art. 27), y que son: la garantía de la igualdad y no discriminación; la garantía de no ser condenado a prisión por obligaciones contractuales; la garantía de la irretroactividad de la ley; el derecho a la personalidad; la libertad religiosa; la garantía de no ser sometido a esclavitud o servidumbre; la garantía de la integridad personal; el principio de legalidad; la protección de la familia; los derechos del niño; la garantía de la no privación arbitraria de la nacionalidad y el ejercicio de los derechos políticos al sufragio y el acceso a las funciones públicas.

En esta forma, en *primer lugar,* se eliminó de la Constitución la posibilidad de que se pudiesen "suspender" las garantías constitucionales, como lo autorizaba el artículo 241, en concordancia con el artículo 190, ordinal 6 de la Constitución de 1961, y que dio origen a tantos abusos institucionales[328], quedando la potestad de excepción, a la sola posibilidad de "restringir" (art. 236, ord. 7) las garantías constitucionales.

En *segundo lugar*, se exige expresamente que el Decreto que declare el estado de excepción y restrinja las garantías, obligatoriamente debe "regular el ejercicio del derecho cuya garantía se restringe" (art. 339). Es decir, no basta "restringir" una garantía constitucional pura y simplemente, sino que es indispensable que en el mismo Decreto se regule (normativamente) en concreto el ejercicio del derecho. Por ejemplo, si se restringe la libertad de tránsito, en el mismo Decreto de restricción debe especificarse en qué consiste la restricción, como podría ser la prohibición de circular a determinadas horas (toque de queda), por ejemplo, o en determinados vehículos[329].

D.   *La garantía del normal funcionamiento de los Poderes Públicos*

La declaratoria del estado de excepción en ningún caso interrumpe el funcionamiento de los órganos del Poder Público (art. 339).

Además, la declaración de los estados de excepción no modifica el principio de la responsabilidad del Presidente de la República, ni la del Vicepresidente Ejecutivo, ni la de los Ministros de conformidad con la Constitución y la ley (art. 232).

---

328   *V.,* Allan R. Brewer-Carías, "Consideraciones sobre la suspensión o restricción de las garantías constitucionales", *Revista de Derecho Público*, N° 37, Caracas 1989, pp. 5 a 25; y Allan R. Brewer-Carías, *Derecho y acción de amparo, Instituciones Políticas y Constitucionales,* Tomo V, Caracas 1997, pp. 11 a 44.

329   *V.,* las críticas a la suspensión no regulada de las garantías constitucionales con motivo de los sucesos de febrero de 1989, en Allan R. Brewer Carías, "Consideraciones sobre la suspensión...", *loc. cit,* pp. 19 y ss., y en Allan R. Brewer Carías, en "Prólogo" el libro de Daniel Zovatto G., *Los Estados de Excepción y los Derechos Humanos en América Latina*, Caracas, San José 1990, pp. 24 y ss.

4. La revisión constitucional

La rigidez de la Constitución se concretiza en la previsión de procedimientos y vías institucionales específicas para la revisión de la Constitución, la cual en ningún caso puede hacerse por la Asamblea Nacional mediante el solo procedimiento de formación de las leyes. En general, se exige para la revisión constitucional la participación del pueblo como poder constituyente originario.

En la Constitución de 1999 se han establecido tres mecanismos institucionales para la revisión constitucional que se distinguen según la intensidad de las transformaciones que se proponen, y que son las Enmiendas constitucionales, las Reformas Constitucionales y la Asamblea Nacional Constituyente.

A. Las Enmiendas constitucionales

El procedimiento de la Enmienda para la reforma constitucional, tiene por objeto la adición o modificación de uno o varios artículos de la Constitución, sin alterar su estructura fundamental (art. 340).

De acuerdo con el artículo 341, ordinal 1, la iniciativa para la Enmienda puede partir del quince por ciento de los ciudadanos inscritos en el registro civil y electoral; o de un treinta por ciento de los integrantes de la Asamblea Nacional o del Presidente de la República en Consejo de Ministros. Cuando la iniciativa parta de la Asamblea Nacional, la enmienda requiere la aprobación de ésta por la mayoría de sus integrantes y se debe discutir, según el procedimiento establecido en esta Constitución para la formación de leyes (art. 341,2).

De esta norma se deduce, por tanto, que la discusión legislativa de las Enmiendas sólo se produce cuando la iniciativa parta de la Asamblea Nacional. Por tanto, si la Enmienda parte de una iniciativa popular o del Presidente de la República, no se somete a discusión ni a aprobación por la Asamblea Nacional, sino que directamente se debe someter a referendo aprobatorio (art. 341,3 y 4), al cual deben concurrir al menos el 25% de los electores inscritos, bastando para la aprobación que haya mayoría de votos afirmativos (art. 73).

Conforme a lo establecido en el artículo 346, el Presidente de la República está obligado a promulgar las Enmiendas dentro de los 10 días siguientes a su aprobación.

Por último, la Constitución exige que las enmiendas sean numeradas consecutivamente. Se deben publicar a continuación de la Constitución sin alterar el texto de ésta, pero anotando al pie del artículo o artículos enmendados la referencia de número y fecha de la enmienda que lo modificó.

B. Las Reformas constitucionales

En cuanto a las Reformas constitucionales, conforme al artículo 342 de la Constitución, tienen por objeto una revisión parcial de la Constitución y la sustitución de una o varias de sus normas que no modifiquen la estructura y principios fundamentales del texto constitucional.

De lo anterior resulta que la diferencia entre la Enmienda y la Reforma es muy sutil: aquella tiene por objeto "la adición o modificación de uno o varios artículos de la Constitución, sin alterar su estructura fundamental"; ésta tiene por objeto, "la sustitución de una o varias de sus normas que no modifiquen la estructura y principios fundamentales del texto constitucional". En definitiva, podría decirse que la Enmienda tiene por objeto "añadir o modificar" unos artículos y la Reforma la "sustitución" de unos artículos, pero en uno u otro caso, sin alterar o modificar la estructura fundamental de la Constitución.

Sin embargo, el procedimiento para la reforma es más complejo, pues requiere que el texto sea discutido y aprobado por la Asamblea Nacional antes de ser sometido a referendo.

En efecto, la iniciativa de la Reforma de la Constitución la puede ejercer la Asamblea Nacional mediante acuerdo aprobado por el voto de la mayoría de sus integrantes; el Presidente de la República en Consejo de Ministros o a solicitud de un número no menor del quince por ciento de los electores inscritos en el registro civil y electoral (art. 342).

Conforme al artículo 343, la iniciativa de reforma constitucional debe ser tramitada por la Asamblea Nacional en dos discusiones (art. 343). El proyecto de reforma constitucional aprobado por la Asamblea Nacional debe ser sometido a referendo dentro de los treinta días siguientes a su sanción (art. 344).

El pueblo, en el referendo, se debe pronunciar en conjunto sobre la reforma, pero puede votarse separadamente hasta una tercera parte de ella, si así lo aprueba un número no menor de una tercera parte de la Asamblea Nacional o si en la iniciativa de reforma así lo hubiere solicitado el Presidente de la República o un número no menor del cinco por ciento de los electores inscritos en el registro civil y electoral.

La Reforma constitucional se debe declarar aprobada si el número de votos afirmativos es superior al número de votos negativos (art. 345).

En caso de que no sea aprobada la reforma, el artículo 345 dispone que la iniciativa de la reforma no puede presentarse de nuevo en un mismo período constitucional a la Asamblea Nacional.

El Presidente de la República debe promulgar las reformas dentro de los diez días siguientes a su aprobación. Si no lo hiciere, se aplica lo previsto en el artículo 216 de la Constitución (art. 346).

C. La Asamblea Nacional Constituyente

Por último, como mecanismo de revisión constitucional, la Constitución de 1999, producto de una Asamblea Nacional Constituyente que como institución para la reforma constitucional no estaba prevista ni regulada en la Constitución de 1961; prevé precisamente dicho mecanismo en los artículos 347 y siguientes.

El artículo 347 comienza precisando lo que es lo esencial en este proceso: que el pueblo de Venezuela es el depositario del poder constituyente originario[330]; y que en consecuencia, en ejercicio de dicho poder puede convocar una Asamblea Nacional Constituyente "con el objeto de transformar al Estado, crear un nuevo ordenamiento jurídico y redactar una nueva Constitución".

---

330 V., todo lo expuesto sobre el tema en Allan R. Brewer-Carías, *Poder Constituyente originario y Asamblea Nacional Constituyente*, Caracas 1999.

La Asamblea Nacional Constituyente en la Constitución de 1999, por tanto, no está concebida como "poder originario" alguno, el cual queda reservado al pueblo, en forma intransferible. Sin embargo, contradictoriamente se especifica en el artículo 349 que los poderes constituidos no pueden en forma alguna impedir las decisiones de la Asamblea Nacional Constituyente, con lo cual la misma podría sobreponerse a los poderes constituidos.

La iniciativa de convocatoria a la Asamblea Nacional Constituyente corresponde al Presidente de la República en Consejo de Ministros; a la Asamblea Nacional, mediante acuerdo de la dos terceras partes de sus integrantes; a los Concejos Municipales en cabildos, mediante el voto de las dos terceras partes de los mismos; y al quince por ciento de los electores inscritos en el registro electoral (art. 348).

Ahora bien, sobre está figura de la Asamblea Nacional Constituyente como mecanismo para la reforma constitucional, debe observarse lo siguiente:

En primer lugar, su convocatoria no está sometida a referendo consultivo previo, regulado, sin embargo, en la propia Constitución (art. 71). Tratándose como en efecto se trata de una materia de especial trascendencia nacional, debió haberse previsto el referendo consultivo de acuerdo con la experiencia de 1999, conforme a la cual la Asamblea Nacional Constituyente de 1999 fue el producto final del referendo consultivo del 25-04-99.

En segundo lugar, la aprobación de la Constitución que emane de la Asamblea Nacional Constituyente no está sometida a referendo aprobatorio, el cual, sin embargo, está ahora regulado en la Constitución (art. 73 y 74). En contraste, también debe recordarse que la Constitución de 1999, sancionada por la Asamblea Nacional Constituyente, fue aprobada mediante referendo del 15-12-99 para poder entrar en vigencia. Asimismo, en contraste, debe destacarse que la propia Constitución exige que en los casos de Enmiendas y de Reformas constitucionales, las mismas deben ser sometidas a referendos aprobatorios (arts. 341 y 344).

En tercer lugar, nada se especifica en la Constitución en cuanto al "estatuto" de la Asamblea Nacional Constituyente, es decir, sobre su integración, la forma de elección de sus miembros y la duración. La determinación de este estatuto, por tanto, quedaría en manos del ente convocante, lo cual es totalmente inconveniente.

La figura de la Asamblea Nacional Constituyente, tal como está regulada, lamentablemente se configura como una grieta estructural en los cimientos del orden constitucional, abriendo las puertas a la arbitrariedad[331], pues en una forma más expedita que el referendo revocatorio de mandatos (art. 72), mediante la convocatoria a una Asamblea Nacional Constituyente, por ejemplo por la sola voluntad del Poder Ejecutivo, podría decretarse la cesación de todos los titulares de los órganos del Estado y cambiar la totalidad de la estructura constitucional venezolana, sin intervención popular de naturaleza alguna. Ello contradice el propio espíritu de la Constitución que habla de participación política hasta la saciedad.

---

331 V., Miriam Kornblich "Luz y sombra de la Constitución de 1999: La Asamblea Constituyente", *El Universal*, Caracas, 15-06-01, pp. 2 a 15.

VII. EL SENTIDO DE LAS DISPOSICIONES TRANSITORIAS DE LA CONSTITUCIÓN DE 1999 APROBADAS POPULARMENTE

La Constitución sancionada por la Asamblea Nacional Constituyente en noviembre de 1999, sometida a aprobación popular mediante el referendo del 15-12-99, contiene 28 Disposiciones Transitorias que contienen normas para asegurar la vigencia inmediata de la Constitución; posponer la vigencia de algunas normas; y regular el programa legislativo para la ejecución de la Constitución. Esa fue la voluntad expresada por el poder constituyente originario (el pueblo) en torno a la transitoriedad constitucional.

Ahora bien, a los efectos de regular la inmediata transición entre los titulares de los órganos del Poder Público que establecía la Constitución de 1961, que habían sido electos en noviembre y diciembre de 1998; y los nuevos órganos del Poder Público previstos en la Constitución de 1999, dichas Disposiciones Transitorias nada establecían.

En efecto, la voluntad de la Asamblea Nacional Constituyente expresada en el proyecto de Constitución que sancionó y había sometido a votación, no había régimen alguno que pudiera hacer pensar en la insuficiencia de los textos normativos integrados en las Disposiciones Transitorias. Tampoco fue voluntad de los constituyentes disponer alguna transición distinta a la contenida en las referidas Disposiciones Transitorias.

El intento de combinar un referendo consultivo junto con el referendo aprobatorio de la Constitución, para conocer la opinión popular sobre la cesación del mandato de las autoridades ejecutivas de la República motorizado por la Asamblea, había sido abortado por la propia Asamblea Nacional Constituyente[332].

Por tanto, la no previsión de normas expresas para asegurar la inmediata sustitución de los titulares de los órganos del Poder Público en las Disposiciones Transitorias producía, como en su momento dijimos[333], la siguiente situación constitucional en un régimen democrático, que era precisamente la que se había aprobado en el referendo del 15-12-99:

En cuanto a los órganos del Poder Público Nacional, la nueva Constitución establecía una Asamblea Nacional unicameral. Sin embargo, al no preverse una Disposición Transitoria expresa que dispusiera otra cosa, mientras se elegía la nueva Asamblea Nacional, las Cámaras Legislativas (Senado y Cámara de Diputados) cuyos miembros habían sido electos en noviembre de 1998 debían continuar funcionando. Los diputados y senadores no podían dejar de ejercer sus funciones, pues de lo contrario se podía producir un vacío institucional insalvable en la propia Constitución, totalmente inaceptable.

La elección de los nuevos diputados a la Asamblea Nacional, por otra parte, debía realizarse conforme a las leyes electorales vigentes, adaptadas a la Constitu-

---

332 *V., Gaceta Constituyente (Diario de Debates), Noviembre 1999-Enero 2000,* Sesión de 19-11-99, N° 46, p. 3; y Sesión de 9-12-99, N° 48, pp. 5 y ss.

333 *V.,* los comentarios que hemos hecho en Allan R. Brewer-Carías, *La Constitución de 1999,* Caracas 2000, pp. 253 y ss.

ción por el Consejo Supremo Electoral conforme a sus competencias para resolver las dudas y vacíos que suscitasen las leyes (art. 293, Ord. 1°) y la interpretación del Tribunal Supremo de Justicia.

En todo caso, la permanencia de los diputados y senadores derivaba del principio elemental del funcionamiento del Estado, de que mientras un nuevo funcionario no tome posesión de un cargo, el funcionario anterior está obligado a permanecer en el mismo. De lo contrario, podría incurrir en el delito de abandono de funciones (art. 209 Código Penal).

Por ello, también, en relación con el Presidente de la República que había sido electo en diciembre de 1998, éste debía permanecer en su cargo hasta que se produjese la elección de un nuevo Presidente de la República conforme a las previsiones de la nueva Constitución.

En cuanto a los Magistrados de la Corte Suprema de Justicia, también debían permanecer en sus cargos hasta tanto la nueva Asamblea Nacional que se eligiera regulara legalmente el nuevo Tribunal Supremo de Justicia y nombrara sus Magistrados conforme a las nuevas Salas, de acuerdo con los nuevos criterios previstos en la Constitución en cuanto a la transparencia para la postulación y selección (Comité Postulaciones Judiciales).

En lo que se refiere al Fiscal General de la República, al Contralor General de la República, y a los miembros del Consejo Nacional Electoral, también debían permanecer en sus cargos, hasta tanto la nueva *Asamblea Nacional* que se eligiese, designara sus sustitutos conforme al procedimiento y criterios de transparencia de postulación y selección previstos en la nueva Constitución. (Comité de Postulaciones del Poder Ciudadano).

Por su parte, en cuanto al nombramiento del Defensor del Pueblo, que también era una creación de la nueva Constitución, en este caso, la Constitución expresamente previó la única solución constitucional para la transición de funcionarios del Poder Público, al atribuir a la propia Asamblea Nacional Constituyente, en la Disposición Transitoria Novena, la potestad de efectuar tal *nombramiento provisional* del Defensor, hasta tanto la nueva Asamblea Nacional que se eligiese designase definitivamente a dicho funcionario.

Se destaca, por tanto, que la Constitución sancionada por la Asamblea Nacional Constituyente y aprobado en el referendo de 15-12-99, sólo estableció un régimen de transición respecto del nombramiento un solo funcionario, el Defensor del Pueblo, sin disponer nada distinto respecto de los otros órganos de los otros poderes del Estado, cuya transición tenía que regirse, entonces, ineludiblemente, por los principios antes indicados. El Constituyente que, en definitiva, fue el pueblo al aprobar la Constitución el 15-12-99, no había dispuesto otra cosa.

En cuanto a los órganos del Poder Estadal, los Diputados a las Asambleas Legislativas electos en noviembre de 1998, en ausencia de Disposición Transitoria constitucional alguna que regulara algo distinto, también debían continuar en sus cargos y dichos órganos debían continuar funcionando, hasta tanto se eligiera, conforme a la nueva Constitución, a los miembros de los nuevos Consejos Legislativos Estadales.

En igual forma, en cuanto a los Gobernadores de Estado que habían sido electos en noviembre de 1998, debían permanecer en sus cargos hasta tanto se eligieran los nuevos Gobernadores conforme a la nueva Constitución.

En cuanto a los órganos del Poder Municipal, tanto los Alcaldes como los Concejales miembros de los Concejos Municipales, conforme a lo previsto en el Decreto de la Asamblea Nacional Constituyente de 26-8-99[334], cuyo período además, estaba vencido, debían permanecer en sus cargos, hasta tanto fueran electos los nuevos Concejales y Alcaldes conforme a las previsiones de la nueva Constitución.

El anterior debía ser, en un régimen democrático, en estricta lógica constitucional y en ausencia de previsiones expresas en las Disposiciones Transitorias de la Constitución, el régimen de transición de los órganos del Poder Público. Este, por otra parte, fue el sentido de la regulación contenida, por ejemplo, en el Decreto de la Asamblea Nacional Constituyente de "Régimen de Transición del Poder Público", dictado el 22-12-99[335] pero referida sólo a la transición respecto de los órganos del Poder Ejecutivo (Nacional, Estadal y Municipal), así:

> Artículo 16: El actual Presidente de la República, *los actuales* Gobernadores de los Estados y Alcaldes de los Municipios continuarán *en el ejercicio de sus funciones hasta tanto se produzca su elección mediante comicios populares.*

Una regulación similar, en ausencia de Disposiciones Transitorias en la Constitución, era la que el principio democrático exigía respecto de todos los otros cargos electivos para regular la transición de los órganos del Poder Público.

Sin embargo, la Constitución de 1999, si bien había sido aprobada por el pueblo el 15-12-99, ello había sido sólo para que la Asamblea Nacional Constituyente se burlara de su propia obra, proceso que comenzó una semana después, con la sanción del Decreto mencionado de Régimen de Transición del Poder Público de 20-12-99; lo que luego harían sucesivamente los diversos órganos de los nuevos Poderes Públicos, cuyos titulares fueron designados por la propia Asamblea Nacional Constituyente, al margen de la propia Constitución, y aún antes de que entrara en funcionamiento.

SECCIÓN SEXTA: LA USURPACIÓN "CONSTITUYENTE" DE LA VOLUNTAD POPULAR Y LA INCONSTITUCIONAL TRANSICIÓN DE LOS ÓRGANOS DEL PODER PÚBLICO DISPUESTA POR LA ASAMBLEA NACIONAL CONSTITUYENTE

I. LOS INTENTOS FALLIDOS DE DISPONER UN RÉGIMEN CONSTITUCIONAL DE TRANSICIÓN DEL PODER PÚBLICO VÍA REFERÉNDUM APROBATORIO

El 19-11-99, el mismo día de la firma del Proyecto de Constitución, la Asamblea Nacional Constituyente había aprobado un Decreto convocando a un "referendo consultivo" que debía realizarse el mismo día fijado para el referendo aprobatorio de la Constitución (15-12-99), el cual tenía por objeto que:

---

334 *Gaceta Oficial* N° 36.776 de 31-08-99.

335 *V.,* en *Gaceta Oficial* N° 36.859 de 29-12-99.

el pueblo venezolano se pronuncie sobre la permanencia o no, de la Presidencia de la República y a las gobernaciones de cada una de las 23 entidades, sujetas a elección popular en ejercicio de sus funciones[336].

Se pretendía, así, convertir el referendo destinado a la aprobación de la Constitución, que establecía la base comicial novena del referendo de 25-04-99, en un plebiscito sobre la permanencia del Presidente de la República, lo cual no sólo era inaceptable, sino que distorsionaba el sentido de la aprobación refrendaria de la Constitución.

En una forma por demás confusa, la Asamblea, días después, en la sesión de 09-12-99, escasos días antes de la realización del referendo aprobatorio y consultivo (plebiscito) que había sido aprobado, revocó este último, sin mayores motivaciones, señalándose incluso en la propuesta de revocación que supuestamente habría habido una "revocación por una plenaria" anterior, lo cual era falso[337].

En todo caso, el primer intento de modificar las Disposiciones Transitorias de la Constitución elaborada, y cuyo proyecto había sido difundido para el referendo aprobatorio, que como se ha dicho no tenía disposición alguna sobre terminación del mandato de los titulares de los órganos del poder público, había quedado frustrado, pero sólo por poco tiempo[338].

En efecto, en la sesión ordinaria siguiente de la Asamblea, celebrada el 20-12-99, y luego de la proclamación de la Constitución que había sido ya aprobada por el pueblo mediante el referendo de 15-12-99, la Asamblea Nacional Constituyente, que técnicamente había concluido su misión con ese acto de proclamación conforme a las bases comiciales del 24-5-99[339], procedió a dictar un Decreto en el cual, al constatar que el lapso máximo de funcionamiento de la Asamblea fijado por la base comicial del referendo del 25-4-99, había sido de 180 días, resolvió convocar para el 30 de enero de 2000 la sesión de clausura de la Asamblea[340].

En los "Considerandos" del Decreto, sin embargo, se puso en evidencia la intención de la Asamblea, que no era otra que seguir ejerciendo el poder constituyente "originario" que se había auto atribuido, al margen incluso del texto de la nueva Constitución, con lo que se institucionalizó el golpe de Estado, ahora contra la nue-

---

336 *Gaceta Constituyente* (Diario de Debates), Noviembre 1999-Enero 2000, *cit.*, Sesión 19-11-99, N° 46, p. 3.

337 *Gaceta Constituyente* (Diario de Debates), Noviembre 1999-Enero 2000, *cit.*, Sesión 09-12-99, N° 48, p. 5.

338 Debe destacarse que el constituyente Hermánn Escarrá Malavé, en la sesión de la Asamblea de 15-11-99, distinguía entre las Disposiciones Transitorias y un supuesto "Régimen Transitorio" que debía ser aprobado por referendo y sobre el cual dijo que no se le preguntara. *V., Gaceta Constituyente* (Diario de Debates), Noviembre 1999-Enero 2000, *cit.*, Sesión de 15-11-99, N° 45, p. 9.

339 Por eso a partir de esa Sesión no acudimos a ninguna otra Sesión de la Asamblea salvo la realizada para ejecutar la Disposición Transitoria Primera de la Constitución consistente en la aprobación de la Ley Especial del Distrito Metropolitano de Caracas. *V., Gaceta Constituyente* (Diario de Debates), Noviembre 1999-Enero 2000, *cit.*, Sesión de 25-04-00, N° 58, pp. 8 y ss.

340 *Gaceta Constituyente* (Diario de Debates), Noviembre 1999-Enero 2000, *cit.* Sesión de 20-12-99, N° 49, p. 6.

va Constitución[341]. En dichos "Considerandos" para fijar la sesión de clausura de la Asamblea para el 30-1-00, la Asamblea declaró que:

> Los poderes otorgados a la Asamblea Nacional Constituyente han sido reconocidos por la Corte Suprema de Justicia, en sentencia, como *originario y supraconstitucional*.

En esta forma, se recurría nuevamente a la doctrina de la Corte Suprema de Justicia, supuestamente contenida en la sentencia de 14-10-99 (*Caso Decreto de regulación de funcionamiento del Poder Legislativo*)[342], alegando la Asamblea que sus "poderes" no sólo eran "originarios" sino "supraconstitucionales", es decir, por encima de la propia Constitución recién aprobada y promulgada. Con base en ese "Considerando", en el siguiente, la Asamblea Nacional Constituyente anunció su plan de violación constitucional, al constatar que:

> Se requiere decretar los actos constitucionales necesarios para la transición hacía el nuevo Estado previsto en la Constitución aprobada por el pueblo de Venezuela.

La verdad es que la "Constitución aprobada por el pueblo de Venezuela" era la única que podía disponer el régimen para "la transición hacía el nuevo Estado", pero en sus Disposiciones Transitorias elaboradas por la propia Asamblea Nacional Constituyente, como se ha dicho, nada disponían sobre ello.

La Asamblea, en cierta forma había engañado al pueblo: sancionó una Constitución y la sometió a aprobación popular y el mismo día que la proclamó, decretó su violación mediante el anuncio de su permanencia por algo más de un mes, con poderes "supraconstitucionales", es decir, por encima de la Constitución, para dictar "actos constitucionales" no autorizados en las Disposiciones Transitorias de la Constitución y que contrariaron sus normas.

II. EL ILEGÍTIMO RÉGIMEN DE TRANSICIÓN DEL PODER PÚBLICO DICTADO DESPUÉS DE APROBADA LA NUEVA CONSTITUCIÓN POR EL PUEBLO

La primera burla a la Constitución, en efecto, fue realizada por la propia Asamblea Nacional Constituyente en los días posteriores al 15-12-99, precisamente en medio de la conmoción nacional que había provocado el dramático y masivo deslave ocurrido el 15-12-99, el mismo día del referendo aprobatorio de la Constitución, en el Litoral Central del país (Estado Vargas); y ello se hizo mediante la emisión de un nuevo Decreto, el de "Régimen de Transición del Poder Público", el 22-12-99[343], dos días después de la "proclamación" de la Constitución y antes de su entrada en vigencia, cuya publicación fue deliberadamente demorada hasta el 30-12-99[344].

---

341 Por ello, Lolymar Hernández Camargo señaló que la Constitución de 1999 era de "observancia dudosa", preguntándose "si en Venezuela existe válidamente la Constitución y el Estado de Derecho", en *La Teoría del Poder Constituyente, cit.*, p. 76.

342 Véanse los comentarios en pp. 218 y ss. de este libro.

343 *V.*, en *Gaceta Oficial* N° 36.859 de 29-12-99.

344 *V.*, en *Gaceta Constituyente (Diario de Debates), Noviembre 1999-Enero 2000, cit.* Sesión de 22-12-9, N° 51, pp. 2 y ss. *V., Gaceta Oficial* N° 36.859 de 29-12-99; y *Gaceta Oficial* N° 36.860 de 30-12-99.

En efecto, ante la ausencia de alguna regulación en las Disposiciones Transitorias de la nueva Constitución que se refiriera a cesación en sus cargos de los titulares de los órganos del Poder Público y al nombramiento de nuevos funcionarios para ello, y ante el afán sobrevenido en el nuevo poder de sustituir a todos los titulares de los órganos del Estado sin esperar la elección de la nueva Asamblea Nacional; la Asamblea Nacional Constituyente, antes de la publicación de la nueva Constitución, con fecha 22-12-99, sin tener competencia constitucional alguna para ello y, por tanto, en forma ilegítima, dictó el Decreto de "Régimen de Transición del Poder Público" disponiendo así lo que el pueblo el 15-12-99 no había querido resolver de esa forma.

Para hacerlo, de nuevo, la Asamblea se fundamentó en los supuestos poderes que se había auto atribuido en el artículo 1° de su Estatuto de Funcionamiento, respecto de la potestad de decidir la cesación de las autoridades de los órganos del Poder Público; supuestos poderes que también consideró como derivados del referendo del 25 de abril de 1999 "para hacer efectivo el proceso de transición hacia el régimen establecido en la Constitución de 1999", lo que no estaba escrito en norma alguna; y, finalmente, en el "carácter presupuesto y supra constitucional" de las normas que aprobase la Asamblea, para lo cual de nuevo invocó la sentencia del 06-10-99 (publicada el 14-10-99) de la Corte Suprema de Justicia, que había resuelto el recurso de nulidad intentado contra el Decreto de la Regulación del Poder Legislativo, en la cual sólo se le había atribuido rango supraconstitucional a las previsiones de las bases comiciales del *referendo* del 25-4-99, pero no a los actos de la Asamblea Nacional Constituyente.

Dicho "Régimen de Transición del Poder Público", como se precisó en el Capítulo I del Decreto, tenía por objeto establecer un régimen de transición para "permitir la vigencia inmediata de la Constitución" (art. 1). La verdad es que nada impedía dicha vigencia inmediata y habían sido las Disposiciones Transitorias de la Constitución aprobada por el pueblo, las que habían dispuesto los aspectos concernientes a los efectos inmediatos o mediatos, según los casos, de las normas de la Constitución.

La Asamblea, sin autoridad alguna, resolvió dictar el mencionado régimen de transición cuyas previsiones, como se señaló en su texto, supuestamente "desarrollan y complementan las Disposiciones Transitorias" (art. 2) de la nueva Constitución. Nada de esto había sido autorizado en el nuevo texto constitucional, aprobado por el pueblo, por lo que la Asamblea Nacional Constituyente no tenía competencia alguna para ello.

Es decir, la Asamblea, sin ningún poder derivado del pueblo, ilegítimamente, decidió dictar por sí misma y al margen de la nueva Constitución que ella misma había redactado, sancionado y proclamado dos días antes (20-12-99) un régimen constitucional transitorio no establecido en el texto de la nueva Constitución y sin someterlo a aprobación popular por la vía de referendo.

Supuestamente, para suplir los vacíos que la misma Asamblea había originado al no prever, el régimen de transición del Poder en las Disposiciones Transitorias de la Constitución, la Asamblea, en lugar de aplicar, en general, el mencionado principio de continuidad del Poder que se reflejó en el artículo 16 del Decreto, incurrió en usurpación de autoridad, la del poder constituyente originario del pueblo, quien era el que podía aprobar ese régimen transitorio en el referendo del 15-12-99, y lo estableció una semana después (22-12-99), en el antes mencionado Decreto, y violó, además, las bases comiciales del referendo del 25 de abril de 1999. La Asamblea Nacional Constituyente había continuado con su táctica del golpe de Estado.

En este Decreto, fundamentalmente, la Asamblea Nacional Constituyente tomó el siguiente conjunto de decisiones en cuanto a los órganos del Poder Público:

1.   *La eliminación del Congreso y el nombramiento de una Comisión Legislativa Nacional*

La Asamblea, en primer lugar, decidió la definitiva disolución del Congreso y acordó la cesación en sus funciones de los senadores y diputados (art. 4) que habían sido electos un año antes. Esta decisión, violatoria del principio democrático, indudablemente que fue la que creó un vacío constitucional, pues implicaba que hasta que se produjera la elección de los nuevos miembros de la nueva Asamblea Nacional, la República podía carecer de órgano legislativo nacional.

Por ello, para "suplir" el vacío que la misma Asamblea Nacional Constituyente creaba, tomó otra decisión, que fue la de "crear" un nuevo órgano no previsto en la nueva Constitución aprobada por el pueblo, ni en la de 1961, para lo cual no tenía poder ni autoridad alguna, siendo en consecuencia, totalmente ilegítimo. Se trató de una "Comisión Legislativa Nacional" (denominada "Congresillo"), a la cual le asignó el Poder Legislativo Nacional "hasta tanto se elijan y tomen posesión los diputados integrantes de la Asamblea Nacional" (art. 5), y cuyos miembros también fueron designados por la Asamblea (art. 5), a dedo, con integrantes afectos al nuevo poder y a los partidos de gobierno. Posteriormente, mediante otro acto constituyente de 28-01-00, la Asamblea Nacional Constituyente también "en ejercicio del poder constituyente originario" que se había arrogado, nombró a otro miembro de la referida Comisión Legislativa Nacional[345].

Esta Comisión Legislativa Nacional debía funcionar "en forma permanente" desde su instalación el día 1° de febrero de 2000 (art. 7), hasta la fecha de "la reunión efectiva de la Asamblea Nacional" (art. 8); y debía asumir todos "los derechos y obligaciones" del Congreso de la República (art. 9).

Por supuesto, estas decisiones de la Asamblea Nacional Constituyente violaban las bases comiciales establecidas en el referendo del 25-4-99, pues la decisión de dar por terminado un mandato popular resultado de una elección democrática, y nombrar para integrar un órgano legislativo, así fuera temporalmente, a un conjunto de personas que no había sido electas popularmente para que legislasen y controlasen sin tener la representación popular, violaba el principio democrático representativo (la garantía democrática), el principio de progresividad del derecho político a la participación y elección, y los tratados internacionales que obligan a la República a asegurar el ejercicio efectivo de la democracia representativa (Carta de la OEA y Convención Americana de Derechos Humanos, art. 23[346].

---

345   *Gaceta Oficial* N° 36.903 de 01-03-00.

346   *V.,* lo que expusimos en Allan R. Brewer-Carías, *Debate Constituyente*, Tomo I, *op. cit.,* p.76 a 81.

En consecuencia, esta "Comisión Legislativa Nacional", creada por la Asamblea, con "representantes" no electos popularmente, era absolutamente ilegítima, y constituyó una grotesca burla a la nueva Constitución.

Con posterioridad, la Asamblea Nacional Constituyente, en fecha 30-01-2000, dictó un Decreto de Ampliación de las Competencias de la Comisión Legislativa Nacional[347], en el cual asignó a dicha Comisión una serie de competencias especiales para considerar diversas materias y dictar legislación al respecto. La Asamblea dictó el Decreto nuevamente "en ejercicio del poder soberano constituyente originario", con lo cual ya no era posible asignarle ningún otro calificativo al poder que se había otorgado a la Asamblea; habiendo sido calificado dicho Decreto por sentencia N° 1454 de fecha 18-2-01 de la Sala Constitucional del Tribunal Supremo de Justicia, (Caso: *C.A. Good Year de Venezuela*) como de "rango constitucional".

En efecto, las inconstitucionalidades de la Asamblea y la burla a la Constitución fueron sucesiva y lamentablemente "lavadas" por el nuevo Tribunal Supremo, que había sido precisamente designado a dedo para ello, conforme al referido régimen transitorio.

En consecuencia, con ocasión de la impugnación del "Acuerdo mediante el cual se recomienda la reincorporación a sus puestos de trabajo de los dirigentes sindicales y trabajadores injusta e inconstitucionalmente despedidos en las diferentes regiones del país", que había dictado por la Comisión Legislativa Nacional en fecha 19-5-00[348] en ejercicio de las atribuciones que le otorgó la Asamblea Nacional Constituyente mediante el antes referido Decreto de Ampliación de Competencias, la Sala Constitucional señaló:

> Siendo en fecha 14 de octubre de 1999 la entonces Corte Suprema de Justicia en Pleno, dictaminó que las bases comiciales consultadas mediante Referendo de 25 de abril del mismo año, ostentaban *rango supraconstitucional* respecto a la Constitución de 1961, es por lo que se ha concluido que los actos normativos u organizativos dictados por la Asamblea Nacional Constituyente, en ejecución de dichas bases comiciales, tienen *rango constitucional*. Visto que en el encabezamiento del "Decreto de Ampliación de las competencias de la Comisión Legislativa Nacional", dicha Asamblea hace referencia implícita a las referidas bases comiciales, al fundar sus potestades en el *"referendo aprobado democráticamente el veinticinco de abril de mil novecientos noventa y nueve"*, es por lo que el mencionado Decreto de ampliación tendría, en rigor, *rango constitucional*.

Por último, debe mencionarse que la Junta Directiva de la Asamblea Nacional Constituyente, mediante Resolución del 19-01-00[349], también había resuelto la reestructuración de los servicios administrativos del Poder Legislativo Nacional, y había creado al efecto una Comisión de Reestructuración del Poder Legislativo Nacional.

---

347 *Gaceta Oficial* N° 36.884 de 03-02-00.
348 *Gaceta Oficial* N° 36.965 de 05-06-00.
349 *Gaceta Oficial* N° 36.880 de 28-01-00.

2. *La disolución de las Asambleas Legislativas de los Estados y el nombramiento de Comisiones Legislativas Estadales*

La Asamblea Nacional Constituyente, en el Decreto del 22-12-99, también se burló de la nueva Constitución, cuando declaró la "disolución de las Asambleas Legislativas de los Estados" (art. 11), para lo cual no tenía autoridad alguna de carácter constitucional, al no haberse resuelto ello en esa forma en las Disposiciones Transitorias de la Constitución; pues ni siquiera ello estaba establecido en su Estatuto de Funcionamiento. Además, la Asamblea decidió la cesación en sus funciones, de los diputados que integraban las Asambleas (art. 11).

Pero la Asamblea Nacional Constituyente, al igual que lo que ocurrió con el Poder Legislativo Nacional, a nivel estadal también creó, sin competencia alguna, sendas "Comisiones Legislativas Estadales", atribuyendo el nombramiento de sus miembros, incluso, a la "Comisión Coordinadora de la Asamblea Nacional Constituyente" (art. 12).

Ello no sólo era ilegítimo, al no estar prevista esa facultad en norma alguna, sino que también era violatorio de las bases comiciales aprobadas en el referendo del 25-04-99, así como de la antes mencionada garantía democrática, que era uno de sus límites supraconstitucionales.

La Constitución de 1999 sigue el principio democrático representativo, y no admitía ni admite que se pueda atribuir el poder de legislar en representación del pueblo a unos órganos integrados por personas no electas popularmente, en esos casos, designadas por la propia Asamblea Nacional Constituyente, sin poder constitucional alguno para ello.

Posteriormente, la Comisión de Coordinación de la Asamblea Nacional Constituyente, supuestamente "de conformidad con las facultades otorgadas por dicha Asamblea en sesión del 22-12-99", las cuales no se identificaban, resolvió el 04-01-00 dictar un "Régimen para la integración de las Comisiones Legislativas de los Estados"[350], para lo cual creó una "Comisión Receptora Nacional" para la selección de los candidatos a dichas Comisiones Legislativas, atribuyéndoles competencias a las Comisiones Legislativas de los Estados, lo que no había hecho el Régimen Transitorio del Poder Público, "usurpando", además, en consecuencia, dicha Comisión Coordinadora, las "potestades" de regulación constitucional que se había "autoatribuido" la Asamblea Nacional Constituyente.

3. *El control de Alcaldías y Concejos Municipales*

En cuanto a los órganos del Poder Municipal, el artículo 15 del Decreto de la Asamblea de fecha 22-12-99[351] estableció que los Concejos Municipales y los Alcaldes "actuales", ejercerían sus funciones "bajo la supervisión y control de la Asamblea Nacional Constituyente o de la Comisión Legislativa Nacional" hasta tanto se eligieran popularmente sus nuevos integrantes; atribuyendo a la Comisión

---

350 *Gaceta Oficial* N° 36.865 de 07-01-00.

351 *V., Gaceta Constituyente* (Diario de Debates), Noviembre 1999-Enero 2000, *cit.*, Sesión de 22-12-99, N° 51, p. 5.

Coordinadora de la Asamblea Nacional Constituyente o la Comisión Legislativa Nacional la potestad de sustituir parcial o totalmente la integración de los Concejos Municipales, así como sustituir a los Alcaldes, en los casos de graves irregularidades administrativos.

Esta norma también constituyó una burla a la nueva Constitución, pues violaba en su totalidad la garantía de la autonomía municipal prevista en la Constitución, así como el principio democrático respecto de las autoridades municipales que impone que las mismas sólo pueden ser electas popularmente.

4. *La eliminación de la Corte Suprema de Justicia, la creación del Tribunal Supremo y de sus Salas, la designación de los Magistrados y la creación de la Comisión de Funcionamiento y Reestructuración del Poder Judicial*

El artículo 17 del Decreto dispuso, además, que la Corte Suprema de Justicia, sus Salas y dependencias desaparecían y pasaban a conformar el nuevo Tribunal Supremo de Justicia, por lo que, además de las Salas Político Administrativa, de Casación Penal y de Casación Civil de la Corte Suprema de Justicia, cuya extinción se decretó, la Asamblea creó las Salas Constitucional, Social y Electoral que preveía la nueva Constitución y que aún no había entrado en vigencia.

En el artículo 19 del Decreto, la Asamblea, además, designó los Magistrados que pasaban a integrar el Tribunal Supremo de Justicia, sin sujetarse a las condiciones establecidas en la nueva Constitución para dichos cargos, entre los cuales estaba quien en los dos últimos meses había sido el Presidente de la Corte Suprema de Justicia. Sus servicios habían sido reconocidos.

En materia de funcionamiento del Poder Judicial, por otra parte, era patente la ausencia de Disposiciones Transitorias en la nueva Constitución, pero esa había sido la voluntad de la Asamblea y del pueblo al aprobar la Constitución mediante el referendo del 15-12-99. Dichas Disposiciones Transitorias, en efecto, sólo contenían una mención en la *Disposición Transitoria Cuarta,* en relación con una "Comisión de Funcionamiento y Reestructuración del Sistema Judicial" únicamente a los efectos de que desarrollase transitoriamente el "sistema de defensa pública" hasta que se dictase la ley respectiva. Y nada más. Incluso, dicha Comisión prevista en dicha Disposición Transitoria, no existía al redactarse y someterse a referendo la Constitución el 15-12-99 y sólo fue posteriormente, en el Decreto de la Asamblea Nacional Constituyente del 22-12-99, que se creó "la Comisión de Funcionamiento y Reestructuración del Sistema Judicial" (art. 27).

Ese órgano, sin embargo, constitucionalmente sólo tenía la competencia prevista en la mencionada Disposición Transitoria Cuarta de la Constitución de 1999, de desarrollar el sistema de defensa pública.

Ahora bien, en esta materia, la Asamblea Nacional Constituyente tomó diversas decisiones totalmente incongruentes. Como se ha dicho, comenzó en el Decreto, antes de entrar en vigencia la nueva Constitución, nombrando provisionalmente (art. 20) a los Magistrados del Tribunal Supremo de Justicia (art. 19) y de las nuevas Salas (art. 17) que para ese momento ni siquiera existían por no estar en vigencia el nuevo texto constitucional, y "creó", incluso, las Salas, (art. 17), para lo cual no tenía competencia constitucional alguna.

Por otra parte, la Asamblea adopto diversas normas transitorias no previstas en la nueva Constitución para asegurar la "vigencia inmediata" de la misma que aún no estaba en vigencia, y dispuso que el Consejo de la Judicatura pasaría a conformar la Dirección Ejecutiva de la Magistratura del Tribunal Supremo de Justicia, conforme a lo dispuesto en el artículo 267 de la Constitución que aún no estaba en vigencia, a cuyo fin dispuso la cesación en sus funciones de los consejeros del Consejo de la Judicatura (art. 26).

A renglón seguido, dispuso otro nuevo régimen transitorio, en relación al anterior, también transitorio, sin competencia alguna para ello, al señalar que mientras el Tribunal Supremo no organizase la referida Dirección Ejecutiva, el gobierno y administración, la inspección y vigilancia de los Tribunales, y todas las competencias que la legislación para ese momento vigente atribuían al Consejo de la Judicatura, serían ejercidas por la "Comisión de Funcionamiento y Reestructuración del Sistema Judicial" (art. 21).

La Asamblea Nacional Constituyente así, incluso para después de que la nueva Constitución entrara en vigencia, pretendió confiscarle una de sus nuevas funciones al Tribunal Supremo de Justicia, cuyos miembros designó, y atribuírsela a una "Comisión" creada y designada por la propia Asamblea y ni siquiera por el nuevo Tribunal Supremo; situación irregular que el propio Tribunal Supremo de Justicia aceptó resignadamente durante más de un año.

Por otra parte, la disposición del artículo 23 del Decreto del 22-12-99 constituía una verdadera Disposición Transitoria que debió haber sido incorporada en las de la Constitución, y que dictó la Asamblea, en evidente usurpación de autoridad, la del pueblo, disponiendo que la competencia disciplinaria judicial que correspondía a los tribunales disciplinarios de conformidad con el artículo 267 de la Constitución aprobada, sería ejercida por la Comisión de Funcionamiento y Reestructuración del Sistema Judicial:

De acuerdo con el presente régimen de *transición y hasta* que la Asamblea Nacional *apruebe la legislación* que determine los *procesos y tribunales* disciplinarios.

Conforme a la nueva Constitución sólo los jueces pueden ejercer la función judicial (art. 253), por lo que era totalmente ilegítimo y contrario a la garantía del debido proceso (art. 49), el atribuir funciones judiciales a una Comisión como la mencionada, que no era un Tribunal.

Si se trataba de establecer, así fuera arbitrariamente, un régimen transitorio para la jurisdicción disciplinaria, las funciones judiciales que implica debieron atribuirse a tribunales o jueces preexistentes, y no a una "Comisión" *ad hoc*, pues ello, además, violaba la garantía del debido proceso y del juez natural que la nueva Constitución regulaba expresamente (art. 49).

Con posterioridad la Asamblea Nacional Constituyente dictó otros dos Decretos el 18-01-00, en relación con el Poder Judicial, también, "en ejercicio del poder soberano constituyente originario", que fueron el relativo a la designación del Inspector de Tribunales[352]; y el relativo a la designación de los miembros de la Comisión de Funcionamiento y Reestructuración del Poder Judicial[353].

5. La designación de los titulares de los órganos del Poder Ciudadano

La Asamblea Nacional Constituyente, en el Decreto sobre Régimen de Transición de Poder Público de 22-12-99, no sólo nombró al Defensor del Pueblo (art. 34), que era para lo único que tenía competencia constitucional en las Disposiciones Transitorias de la Constitución, sino también al Contralor General de la República (art. 36) y al Fiscal General de la República (art. 35), en forma provisional mientras la Asamblea Nacional, una vez que se eligiese, designara a los nuevos titulares.

Incluso, en el Decreto le asignó al Contralor General de la República una competencia no prevista en norma alguna del ordenamiento, que era la posibilidad de *intervenir* las Contralorías Estadales y Municipales y designar con carácter provisional a los titulares de esas entidades (art. 37), con lo cual violaba la autonomía de los Estados y Municipios garantizada en la nueva Constitución.

6. La designación de los miembros del Consejo Nacional Electoral

En cuanto al Poder Electoral, por último, la Asamblea Nacional Constituyente, careciendo totalmente de competencia para ello, y en forma ilegítima, en el Decreto del 22-12-99 se autoatribuyó competencia para designar a los integrantes del Consejo Nacional Electoral (art. 40), designaciones que realizó días después, con carácter provisorio, al nombrar a personas, todas vinculadas al nuevo poder y a los partidos que apoyaban al gobierno, lo que incluso no garantizaba la imparcialidad electoral necesaria, burlándose del artículo 296 de la nueva Constitución.

Además, la Asamblea se autoatribuyó competencia para fijar la oportunidad de las primeras elecciones para los cargos representativos previstos en la Constitución (art. 39), y se autoatribuyó competencia para dictar el Estatuto Electoral que debería regir en los primeros comicios para la elección de todos los cuerpos representativos legislativos y los órganos ejecutivos del Poder Público.

7. El reconocimiento, por el Tribunal Supremo de Justicia, que había sido producto del "Régimen de transición del Poder Público", del rango constitucional del mismo y de la existencia de un doble régimen transitorio constitucional: uno constitucional y otro paraconstitucional

El Decreto sobre el Régimen de Transición del Poder Público fue impugnado ante la Sala Plena de la antigua Corte Suprema de Justicia en fecha 29 de diciembre de 1999, respecto a los nombramientos del Fiscal General de la República, Contralor General de la República, Magistrados del Tribunal Supremo de Justicia, Defensora del Pueblo, Directivos del Consejo Nacional Electoral y miembros de la Comisión Legislativa Nacional ("Congresillo").

---

352   *Gaceta Oficial* N° 36.878 de 26-01-00
353   *Gaceta Oficial* N° 36.878 de 26-01-00

Luego de la remisión del expediente a la Sala Constitucional del nuevo Tribunal Supremo de Justicia, ésta, mediante sentencia N° 4 de fecha 26 de enero de 2000 (Caso *Eduardo García*), cuyo Ponente fue el magistrado Iván Rincón Urdaneta, último Presidente de la extinta Corte Suprema de Justicia y Presidente del nuevo Tribunal Supremo de Justicia, reconoció que el Decreto era "un acto de rango y naturaleza constitucional" y, además

de naturaleza organizativa, por el cual se produjo la designación de altos funcionarios del Poder Público Nacional, el cual se fundamenta en los propósitos de reorganización del Estado, conferidos a la Asamblea Nacional Constituyente.

El Tribunal Supremo, además, concluyó señalando que:

Tomando en cuenta lo antes señalado, estima la Sala que, dado el carácter originario del poder conferido por el pueblo de Venezuela a la Asamblea Nacional Constituyente, mediante la pregunta N° 1 y la Base Comicial Octava del referendo consultivo nacional, aprobado el 25 de abril de 1999, y por tanto la no sujeción de este poder al texto constitucional vigente para la época, la demanda propuesta, al fundamentar las presuntas transgresiones en la referida Constitución y no en los parámetros y principios consagrados en las bases fijadas en le citado referendo, conduce forzosamente a su improcedencia.

De igual manera, la Sala Constitucional del Tribunal Supremo de Justicia se pronunció sobre el Decreto del "Régimen de Transición del Poder Público", al ser éste impugnado en fecha 17 de enero de 2000. En efecto, mediante sentencia N° 6 de fecha 27 de enero de 2000 cuyo Ponente fue el magistrado Héctor Peña Torrelles, el Tribunal Supremo de Justicia declaró improcedente la acción de nulidad interpuesta contra el referido Decreto con base en los siguientes argumentos:

En tal sentido, entiende la Sala que hasta la fecha de la publicación de la nueva Constitución, la que le precedió (1961) estuvo vigente, lo cual se desprende de la Disposición Derogatoria Única; y como los actos de la Asamblea Nacional Constituyente no estaban sujetos a la Constitución derogada, los mismos sólo podrían estar regulados -como fuera señalado por la sentencia de la Corte Suprema de Justicia en Pleno antes referida- por normas supraconstitucionales. Así, por argumento en contrario, sólo los actos dictados por la Asamblea Nacional Constituyente con posterioridad a la publicación de la nueva Constitución estarían sujetos a ésta.

De todo lo anterior emerge que el acto de la Asamblea Nacional Constituyente impugnado en esta oportunidad publicado en la *Gaceta Oficial* número 36.859 del 29 de diciembre de 1999, esto es, con anterioridad a la vigencia de la Constitución de la República Bolivariana de Venezuela de 1999, no está sujeto ni a ésta, ni a la Constitución de 1961.

Se reconoció, así, por el Tribunal Supremo de Justicia, rango constitucional al régimen transitorio inventado por la Asamblea Nacional Constituyente, desligado tanto de la Constitución de 1961 como de la propia Constitución de 1999; régimen transitorio que, además, contenía el acto de designación de los propios Magistrados. Lo menos que podían haber hecho era inhibirse, pero no fue así; y esa y otras sentencias que juzgaron dicho régimen constituyeron violación del principio elemental del Estado de derecho conforme al cual nadie puede ser juez en su propia causa.

Ahora bien, el aspecto jurídico medular que deriva del Decreto sobre el Régimen Transitorio del Poder Público es que la Asamblea Nacional Constituyente, burlándose del texto de las Disposiciones Transitorias de la Constitución de 1999, después que la misma había sido aprobada por el pueblo en el referendo del 15-12-99, dispuso otro régimen transitorio al margen de la Constitución, contenido en el mencionado Decreto, que no fue aprobado por el pueblo. Se violó así lo dispuesto en la "base comicial novena" del referendo del 25-04-99 que exigía que la nueva Constitución debía ser aprobada por el pueblo.

El Tribunal Supremo de Justicia creado, precisamente, en el Decreto sobre el Régimen de Transición del Poder Público, se encargó de avalar este desaguizado constitucional, en la sentencia de 28-03-2000 (caso: *Allan R. Brewer-Carías y otros*) dictada con ponencia del magistrado Jesús Eduardo Cabrera, con motivo de declarar sin lugar la demanda de nulidad intentada contra el Estatuto Electoral del Poder Público dictado por la Asamblea el 30 de enero de 2000[354].

En efecto, la Sala Constitucional fundamentó su decisión en el argumento de que conforme al referendo del 25 de abril de 1999, la Asamblea Nacional Constituyente para cumplir su misión de transformar el Estado, crear un nuevo ordenamiento jurídico y dictar una nueva Constitución que sustituyera a la de 1961, supuestamente tenía varias alternativas para regular el régimen constitucional transitorio: *Una*, elaborar unas Disposiciones Transitorias que formaran parte de la Constitución para ser aprobada por el pueblo mediante referendo; y *otra*, dictar actos constituyentes aparte, de valor y rango constitucional, que originarían un régimen transitorio constitucional paralelo, no aprobado por el pueblo.

Esto, por supuesto, era un disparate constitucional. De acuerdo con el referendo del 25-4-99 y conforme se establece en la base novena de rango supraconstitucional como lo consideró la antigua Corte Suprema de Justicia, y cuyo contenido no consideró el Tribunal Supremo, las nuevas normas constitucionales producto del proceso constituyente, para entrar en vigencia, debían ser aprobadas por referendo popular. Esa fue la voluntad expresada por el pueblo el 25-4-99: que la Asamblea Nacional Constituyente no podía poner en vigencia actos con rango constitucional sino que sólo el pueblo, por referendo, podía poner en vigencia la nueva Constitución. Por ello, el pueblo venezolano fue convocado a referendo el 15-12-99, para aprobar la Constitución. Por tanto, conforme a la voluntad popular del 25-4-99, sólo el propio pueblo podía aprobar la Constitución mediante referendo aprobatorio, por lo que no podía existir ninguna otra norma de rango constitucional que no fuera aprobada por el propio pueblo.

Por ello, al considerar el Tribunal Supremo de Justicia en la sentencia mencionada que el Estatuto Electoral dictado por la Asamblea Nacional Constituyente tenía un supuesto rango constitucional, con el objeto de llenar los supuestos vacíos de las Disposiciones Transitorias de la Constitución, vacíos que habían sido inventados y provocados por la propia Asamblea Nacional Constituyente antes de publicar la Constitución; puede considerarse que el Tribunal violó la soberanía popular expresada el 25-4-99 y marginó la soberanía popular expresada el 15-12-99. La verdad es

---

354   *V.,* en *Gaceta Oficial* N° 36.884 de 03-02-00.

que de nada sirvió que los venezolanos hubiésemos aprobado por referendo una Constitución el 15-12-99, si paralelamente la Asamblea Nacional Constituyente podía dictar otras normas constitucionales no aprobadas por el pueblo.

Partiendo del falso supuesto anterior de que conforme al referendo del 25-4-99, la Asamblea Nacional Constituyente podía poner en vigencia normas constitucionales no aprobadas por el pueblo, el Tribunal Supremo de Justicia consideró que el Estatuto Electoral impugnado, al tener rango constitucional, no podía violar la Constitución de 30-12-99, como fue lo que habíamos alegado en el recurso de nulidad[355].

De esta premisa fundamental, falsa y contradictoria, el Tribunal Supremo de Justicia derivó su decisión, en la cual:

Primero: Reconoció la existencia de un vacío legal (que sólo la Asamblea había creado) en las Disposiciones Transitorias de la Constitución de 1999, y pretendió llenarlo con una interpretación violatoria de la soberanía popular. El "limbo jurídico" que refiere con toda diligencia la sentencia había sido inventado por la Asamblea Nacional Constituyente, y no fue originado por las Disposiciones Transitorias de la Constitución. Al haber sido creado por dicha Asamblea, por su arbitrariedad, de lo que se requería era de un remedio judicial constitucional por parte del Tribunal Constitucional y no de una bendición. Este, en efecto, lo que hizo fue aceptar la violación constitucional y forzando la interpretación, trató de enderezar un entuerto constitucional.

Segundo: Incurrió en contradicción, al considerar que el régimen transitorio de orden constitucional iniciado el 25-4-99 "finalizó con la aprobación de la Constitución" de 30-12-99 por el pueblo, y paralelamente admitió la existencia de otro régimen transitorio "paraconstitucional" no aprobado por el pueblo.

Tercero: Contradijo la sentencia de la propia Sala Constitucional del 27-2-2000, que había establecido la sumisión a la Constitución de 1999 de los actos de la Asamblea Nacional Constituyente dictados con posterioridad a la publicación de la Constitución el 30-12-99, pues en esta nueva sentencia, señaló que los actos de la Asamblea Nacional Constituyente dictados después de esa fecha también tenían rango "constitucional"; no que eran "supraconstitucionales", sino de igual rango que la Constitución aprobada por referendo, sin estar ello regulado en las Disposiciones Transitorias de la propia Constitución y sin haber sido aprobadas por el pueblo.

Cuarto: Contradijo y desconoció el poder derogatorio expreso de la nueva Constitución en relación con todas las normas preconstitucionales contrarias a sus disposiciones y no sólo las dictadas basadas en la Constitución de 1961. No hay Disposición Transitoria alguna en la Constitución de 30-12-1999 que hubiera asegurado la supervivencia de normas dictadas por la Asamblea Nacional Constituyente, que después de publicada la Constitución, contrariasen sus disposiciones. El Tribunal Supremo de Justicia, así, pretendió de nuevo suplir el vacío producido por la arbitrariedad de la Asamblea Nacional Constituyente, y marginó la voluntad popular.

---

355   *V.,* Allan R. Brewer-Carías, *La Constitución de 1999,* 3ª Edición, Caracas 2001, pp. 270 y ss.

Sin embargo, el aspecto más importante de la sentencia que se comenta del Tribunal Supremo es el que dejó sentado el principio de que supuestamente, la Asamblea Nacional Constituyente podía dictar normas de rango constitucional, no aprobadas mediante referendo por el pueblo. Esto, sin duda, era un criterio violatorio de la base comicial novena del referendo del 25-4-99, que la antigua Corte Suprema de Justicia en Corte Plena, en la citada sentencia de 14 de octubre de 1999 (*Caso: Henrique Capriles Radonski vs. Decreto de Regulación de funciones del Poder Legislativo*) había considerado de rango "supraconstitucional".

En efecto, la base comicial novena del referendo del 25-04-99, que, se insiste, se había considerado de rango supraconstitucional por lo que a ella estaba sometida la Asamblea Nacional Constituyente en su actuación, estableció que la nueva Constitución que elaborara la Asamblea sólo entraría en vigencia una vez aprobada mediante referendo. De ello se deducía que la voluntad popular en Venezuela, expresada en el referendo del 25-4-99, fue que la Asamblea Nacional Constituyente –a diferencia de lo que había ocurrido en Colombia en 1991- no podía poner en vigencia la nueva Constitución ni norma constitucional alguna, sino que éstas tenían que ser aprobadas por el pueblo, mediante referendo.

Sin embargo, ese no fue el criterio del Tribunal Supremo en la sentencia indicada, en la cual la Sala Constitucional, como se dijo, partió del siguiente supuesto:

La Asamblea Nacional Constituyente, a fin de cumplir el mandato que le otorgó el pueblo, *tenía varias alternativas*, una, elaborar una Constitución con un conjunto de disposiciones transitorias que regularan al máximo la implementación jurídica del régimen transitorio entre las instituciones previstas en la Constitución de la República de Venezuela de 1961, y las prevenidas en la Constitución de la República Bolivariana de Venezuela de 1999.

Otra alternativa era, no realizar dicha implementación en las disposiciones transitorias de la Constitución y efectuarla mediante un cuerpo legislativo aparte, complementado por actos destinados a llenar el vacío institucional que se crearía al entrar en vigencia la nueva Constitución. Esta fue la vía escogida por la Asamblea Nacional Constituyente, cuando dictó el Régimen Transitorio del Poder Público, publicado el 29 de diciembre de 1999 en la *Gaceta Oficial* N° 36.859, destinado al régimen de transición en lo atinente a la reestructuración del poder público. A tal fin, el artículo 2 del "Régimen de Transición del Poder Público", textualmente reza:

Las previsiones del presente régimen de transición desarrollan y complementan las Disposiciones Transitorias de la Constitución aprobada por el pueblo de Venezuela.

El régimen de transición señalado reguló al Poder Legislativo nacional, mediante la creación de la Comisión Legislativa Nacional, la cual funcionará hasta la fecha en que se reúna efectivamente la Asamblea Nacional prevenida en la Constitución vigente, y a quien señaló en el artículo 6 del Régimen de Transición del Poder Público, sus atribuciones.

Igualmente, dentro del régimen transitorio, el constituyentista reguló el Poder Electoral, y el artículo 39 del Régimen de Transición del Poder Público, expresó *"Los primeros comicios para la elección de la Asamblea Nacional, de los Consejos Legislativos de los Estados, de los Consejos Municipales, del Presidente de la República, de los Gobernadores de Estado y de los Alcaldes de los Municipios, serán organizados por el Consejo Nacional Electoral, de acuerdo a la fecha y al Estatuto Electoral que apruebe la Asamblea Nacional Constituyente"* (Subrayado de la Sala).

Entrada en vigencia la Constitución de la República Bolivariana de Venezuela el 30 de diciembre de 1999, según su propio texto, se hace necesario elegir a la Asamblea Nacional, institución básica entre los poderes públicos para el funcionamiento del sistema político-jurídico que desarrolla la Constitución recién promulgada, y hasta su elección e instalación, nace un segundo régimen transitorio, el cual se rige por las normas sancionadas a ese fin por la Asamblea Nacional Constituyente, en ejercicio de su competencia constituyente, y que responde a las Bases Primera y Octava para lo que se convocó el referendo del 25 de abril de 1999, las cuales se proyectan paralelamente a la Constitución vigente, tal como lo estableció el Régimen de Transición de Poder Público, que obran -por disposición del artículo 2 de dicha normativa- como Disposiciones Transitorias de la Constitución vigente. Esta normativa de rango análogo a la Constitución, está destinada a que las instituciones prevenidas en la Constitución, pero que aún no han entrado en funcionamiento, se realicen, y se agota al cumplir su cometido.

Las normas de transición devienen así en integrantes del sistema constitucional, en cuanto hacen posible la plena vigencia de la naciente Constitución. La transitoriedad es inherente al propio proceso constituyente y le es inmanente.

De este razonamiento se deduce, entonces, el absurdo constitucional de que podía haber un régimen constitucional transitorio no previsto en la Constitución de 1999, ni aprobado por el pueblo, dictado por la Asamblea Nacional Constituyente, lo cual es totalmente incorrecto. El Tribunal Supremo se había olvidado consultar la base comicial novena (la sentencia sólo hizo referencia a las bases primera y octava) que imponía, con carácter supraconstitucional, la exigencia de que la Constitución y toda norma de rango constitucional producto de la Asamblea Nacional Constituyente tenía que ser aprobada por el pueblo, mediante referendo, para poder considerarse aprobada definitivamente. Eso ocurrió con el texto de la Constitución y sus Disposiciones Transitorias aprobadas en el referendo del 15-12-99, pero no ocurrió con el Régimen Transitorio del Poder Público dictado por la Asamblea con posterioridad y, al cual, sin embargo, el Tribunal Supremo le reconoció "rango análogo a la Constitución" con vigencia "paralelamente a la Constitución vigente".

Para reforzar esta absurda consideración, la Sala Constitucional utilizó un argumento propio del derecho privado, de que "quien puede lo más puede lo menos", el cual es totalmente inaplicable en derecho público, donde la competencia tiene que ser expresa. La Sala, en efecto argumentó como sigue:

> Tal disposición, emanada del poder constituyente *que podía lo más,* cual era la transformación del Estado, lo que iba a adelantar mediante la aprobación de una nueva Constitución y del régimen de transición, claro *que podía lo menos,* dentro de su cometido de transformación del Estado, cual era dictar las normas que permitirían la transición entre el sistema constitucional abrogado y el nuevo, que conforme al texto constitucional de 1999, no podía de inmediato constituirse en todas sus instituciones.

De lo anterior, entonces, la Sala Constitucional dedujo lo siguiente, desconociendo el poder derogatorio de la Constitución de 1999 y su supremacía:

La Constitución de la República Bolivariana de Venezuela, al entrar en vigor, deroga el ordenamiento jurídico basado en la Constitución de la República de Venezuela de 1961, pero no el nacido de la transitoriedad a que se refiere el tipo de normas antes señalado, y que como emanación del poder constituyente deben complementar a la Constitución en la instalación de las instituciones, cuyas fórmulas para esa instalación no se previeron dentro del texto constitucional, o dentro de las disposiciones transitorias a él incorporadas, pero estas normas, producto de la Asamblea Nacional Constituyente, surgen del régimen nacido del referendo del 25 de abril de 1999, que es un régimen de producción originaria de rango análogo a la Constitución misma, pero cuya vigencia termina cuando se logre la implantación efectiva de la organización y funcionamiento de las instituciones previstas por la Constitución.

Más adelante, la sentencia insistió en este argumento así:

El régimen de transición del poder público se proyecta hacia el futuro, no sólo hasta la instalación de la Asamblea Nacional, sino aún más allá; ya que el artículo 3 de dicho régimen, señala: *"Cada disposición del régimen de transición del Poder Público tendrá vigencia hasta la implantación efectiva de la organización y funcionamiento de las instituciones previstas por la Constitución aprobada, de conformidad con la legislación que a los efectos apruebe la Asamblea Nacional"*, por lo que mientras tales legislaciones no se aprueben, las normas y actos emanados de la Asamblea Nacional Constituyente tienen plena vigencia, hasta que de conformidad con la Constitución se establezca el régimen legal que vaya derogando la provisionalidad, y vaya dejando sin efectos las normas y actos emanados de la Asamblea Nacional Constituyente.

Ese régimen legal es el ordinario que corresponde a la Asamblea Nacional, y el que le ordena adelantar las Disposiciones Transitorias que como parte integrante del texto constitucional, se publicaron con él.

Resulta de un formalismo conducente a la irrealidad, pretender que el sistema de una Constitución que recién se implante, pueda organizarse dentro sí misma, sobre todo, cuando las disposiciones transitorias dejen vacíos sobre la etapa de transición de un sistema constitucional, como lo es el caso de la vigente Constitución.

Ante tal situación, adquiere rango especial la normativa que el constituyente como representante del pueblo soberano, crea para que el sistema pueda funcionar. Se trata de normas complementarias de la Constitución de igual rango que ella, las cuales, de existir, permiten minimizar los vacíos y lagunas de que adolezca el texto constitucional. Tal vez la existencia de estas normas y su reconocimiento disguste a constitucionalistas formalistas y dogmáticos, o a personas que juegan a intereses distintos que los jurídicos, pero ello atiende a la necesidad de resolver situaciones reales, y así permiten integrar la constitucionalidad.

De lo anterior resulta, por tanto, la siguiente situación irregular:

1. La Asamblea Nacional Constituyente aprobó el 17 de noviembre de 1999 una Constitución con un régimen transitorio previsto en sus Disposiciones Transitorias, que implicaban la permanencia de los titulares de los órganos de los Poderes Públicos, hasta que fueran electos los nuevos titulares. En la expresión de la voluntad popular (referendo del 15-12-99) y de la voluntad de la Asamblea Nacional Constituyente que sancionó y proclamó la Constitución, por tanto, no quedó vacío legal alguno respecto de la transición constitucional.

2. Dicha Constitución de 1999, con dicho régimen transitorio, fue sometida a referendo aprobatorio, y así fue aprobada por el pueblo el 15-12-99, siendo proclamada formalmente por la Asamblea Nacional Constituyente el 20-12-99.

3. Con posterioridad, dos días después, la Asamblea Nacional Constituyente cambió de opinión y resolvió alterar el régimen transitorio que estaba previsto en la Constitución de 1999 aprobada en referendo, y antes de que se publicara para que entrara en vigencia, el 22-12-99 dictó el Régimen de Transición del Poder Público, que sustituyó a todos los titulares de los órganos del Poder Público y modificó su estructura. Dicho régimen originó, entonces, un supuesto "vacío legal" que pretendió llenar con normas de rango constitucional no aprobadas por el pueblo.

4. El Tribunal Supremo de Justicia, en su sentencia del 28-3-2000, le atribuyó a dicho Régimen de Transición del Poder Público, dictado por la Asamblea Nacional Constituyente sin aprobación popular, rango y valor constitucional, contrariando así la base comicial novena del referendo del 25-4-99, que se configuraba como el conjunto normativo supraconstitucional que constituía el límite de la actuación de la Asamblea.

5. En el país, entonces, y como consecuencia de la sentencia del Tribunal Supremo, existen dos regímenes constitucionales paralelos: uno contenido en la Constitución de 1999, aprobada por el pueblo; y otro, dictado con posterioridad a dicha aprobación por la Asamblea Nacional Constituyente, no aprobado por el pueblo y de vigencia imprecisa hasta que se apruebe toda la legislación que prevé la propia Constitución de 1999, lo cual puede durar décadas.

El Tribunal Supremo de Justicia, lamentablemente, en lugar de cumplir su deber como contralor de la constitucionalidad, quiso resolver el vacío creado por la Asamblea después de aprobada la Constitución de 1999 por referendo popular, violentó el ordenamiento constitucional y frustró la esperanza de que apuntalara el Estado de Derecho, precisamente cuando comenzaba a entrar en aplicación la nueva Constitución.

Todo este sistema de doble régimen constitucional paralelo y yuxtapuesto lo confirmó la Sala Constitucional, posteriormente, en el auto dictado el 12-12-00 con motivo de resolver sobre la pretensión de amparo que había acumulado la Defensora del Pueblo a la acción de nulidad por inconstitucionalidad que intentó contra la Ley Especial para la Ratificación o Designación de los Funcionarios y Funcionarias del Poder Ciudadano y Magistrados y Magistradas del Tribunal Supremo de Justicia para el Primer Período Constitucional de 14-11-00[356], en el cual señaló:

> A partir de la aprobación de las bases comiciales y la instalación de la Asamblea Nacional Constituyente surge una situación inédita en el constitucionalismo nacional. En una primera fase, hasta la promulgación de la actual Constitución, sin ruptura constitucional de ninguna especie, siguió vigente la Constitución de la República de Venezuela de 1961, coexistiendo con los actos que dictó la Asamblea Nacional Constituyente, en lo que contraríen a dicha Constitución, adquirieron la categoría de actos constitucionales, ya que es el pueblo soberano, por medio de sus

---

356 *Gaceta Oficial* N° 37.077 de 14-11-00.

representantes, quien deroga puntualmente disposiciones constitucionales, creando así un doble régimen, donde como ya lo ha señalado esta Sala, coexistía la Constitución de 1961 con los actos constituyentes. Una segunda etapa, de este sistema constitucional, surge a partir de la promulgación de la Constitución de la República Bolivariana de Venezuela, la cual crea una serie de instituciones no previstas en las cartas fundamentales anteriores, pero cuyas pautas de funcionamiento no fueron consagradas en el texto constitucional, quedando sujetas a una regulación posterior mediante leyes que dictare la Asamblea Nacional.

Para evitar el vacío institucional mientras se promulguen las leyes, la Asamblea Nacional Constituyente decretó el Régimen de Transición del Poder Público (*Gaceta Oficial* N° 36.920 de 28 de marzo de 2000), de manera que las instituciones delineadas en la Constitución de 1999, aun no desarrolladas por las leyes, pudieran funcionar, evitándose así que las normas constitucionales quedaran sin contenido. Este régimen de transición, que se fue complementando con otras normativas emanadas del poder constituyente, necesariamente tiene naturaleza constitucional, ya que integra la Constitución, vigente mientras las instituciones se normalicen, por lo que no puede considerarse que los poderes actuales sean ilegítimos o inconstitucionales, si se fundan en el Régimen de Transición del Poder Público. Basta leer el *artículo 2 del Régimen de Transición del Poder Público,* para constatar que dicho régimen desarrolla y complementa las disposiciones transitorias de la Constitución de 1999.

La normalización total de instituciones nuevas como el Poder Ciudadano y el Tribunal Supremo de Justicia, requieren de leyes orgánicas que desarrollen el texto constitucional, y mientras ellas no se dicten, las mismas se rigen por dos cuerpos legales coexistentes e integrativos: Decreto sobre el Régimen de Transición del Poder Público y la Constitución de la República Bolivariana de Venezuela, en lo que se complementan.

Por ello, en fallo de esta Sala, de fecha 30 de junio de 2000 (caso *Defensoría del Pueblo*), la Sala enfatizó, que cuando las leyes orgánicas respectivas se dictaren, cesaría definitivamente el régimen provisorio que gobierna a las instituciones, actualmente carentes de dichas leyes especiales, pero mientras tanto, conformaban un solo bloque constitucional el Régimen de Transición del Poder Público y la Constitución de la República Bolivariana de Venezuela, tal como lo ha apuntado esta Sala en fallos de fechas 14 de marzo y 28 de marzo de 2000.

Es insólito que un tribunal constitucional, encargado de velar por la supremacía constitucional, pudiera llegar a considerar que el Régimen de Transición del Poder Público dictado por la Asamblea Nacional Constituyente, después de aprobada popularmente la Constitución de 1999 y de haber sido proclamada por la propia Asamblea, pudiera tener el mismo rango que la Constitución. ¿Para qué, entonces, la payasada del referendo aprobatorio de la Constitución si la Asamblea Nacional Constituyente podía, a su discreción, poner en vigencia normas de rango constitucional, sin aprobación popular? El papel del Tribunal Supremo de Justicia en relación con el proceso constituyente, sin duda, se recordará, sí, en los anales de nuestra historia constitucional, pero no precisamente por su apego a la constitucionalidad.

III. EL RÉGIMEN ELECTORAL PARA LAS PRIMERAS ELECCIONES DE 2000 DICTADO AL MARGEN DE LA CONSTITUCIÓN

La Asamblea Nacional Constituyente, al haber dispuesto en el Régimen de Transición del Poder Público, en una forma que no estaba prevista en la Constitución aprobada por el pueblo, la cesación en sus cargos de los representantes electos un año antes, no tuvo otra alternativa que pretender llenar el vacío que ella misma había creado, con el establecimiento de un régimen electoral para las primeras elecciones de 2000, sobre lo cual nada se había regulado en las Disposiciones Transitorias de la Constitución.

1. *El Estatuto Electoral del Poder Público (30-1-2000)*

En efecto, la Asamblea Nacional Constituyente con fecha 30 de enero del 2000 en el día de su propia cesación, dictó un Estatuto Electoral del Poder Público[357], mediante el cual derogó parcialmente la Ley Orgánica del Sufragio y Participación Política; y además, mediante Decreto de igual fecha, 30 de enero del 2000, fijó para el día 28 de mayo del 2000 la realización de las primeras elecciones nacionales, estadales y municipales y para representantes ante el Parlamento Andino y el Parlamento Latinoamericano, las cuales por el fracaso del Consejo Nacional Electoral nombrado por la propia Asamblea, tuvieron que ser suspendidas y realizadas varios meses después.

Dichos actos, en virtud de la vigencia inmediata y el poder derogatorio de la Constitución (de sus artículos y de sus Disposiciones Transitorias) estaban sujetos y tenían que ajustarse a lo dispuesto en la Constitución de 1999. Sin embargo, de nuevo, no fue así como lo interpretó el Tribunal Supremo de Justicia.

En efecto, el Estatuto Electoral fue dictado por la Asamblea Nacional Constituyente, a pesar de que ya se había publicado la nueva Constitución, fundamentándose en el "ejercicio del poder soberano constituyente originario" que supuestamente le habría sido otorgado por el referendo del 25-04-99 para transformar el Estado y crear un nuevo ordenamiento jurídico que permitiera el funcionamiento efectivo de una democracia social y participativa. Además, se fundamentó en lo establecido en el artículo 39 del Decreto sobre el "Régimen de Transición del Poder Público", aprobado por la Asamblea Nacional Constituyente el 22-12-99. La Asamblea Nacional Constituyente, así, se burló de la Constitución de 1999 y de la misma voluntad popular expresada el 15-12-99. Para la Asamblea, eso no tenía importancia, ya que dictó un texto postconstitucional que violaba la propia Constitución, basada en los supuestos "poderes constituyentes" que ya habían cesado por la aprobación popular de la nueva Constitución.

Ahora bien, con fundamento en estas disposiciones, la Asamblea Nacional Constituyente estableció el régimen que debía regir "los primeros procesos comiciales para la elección de todos los representantes que integran los órganos de los Poderes Públicos, así como el Parlamento Latinoamericano y el Parlamento Andino", y derogó parcialmente la Ley Orgánica del Sufragio y Participación Política, al decretar que ésta debía ser "de aplicación supletoria al presente Estatuto Electoral" (art. 1).

---

357   *V.*, en *Gaceta Oficial* N° 36.884 de 03-02-00.

Debe insistirse en que a partir del 30-12-99, la Asamblea Nacional Constituyente no podía atribuirse a sí misma el ejercicio del poder constituyente originario, el cual, conforme al artículo 347 de la Constitución, a partir de su entrada en vigencia, no había duda de que *correspondía exclusivamente al pueblo.* Dicha norma establece, en efecto, que "el pueblo de Venezuela es el depositario del poder constituyente originario", y sólo el pueblo puede "ejercerlo", incluso convocando una Asamblea Nacional Constituyente.

En consecuencia, el Estatuto Electoral no sólo carecía de base constitucional para que se pudiera dictar, sino que al haberse dictado por la Asamblea, supuestamente "en ejercicio del poder soberano constituyente originario" como se indica en los fundamentos del mismo, se violó abiertamente lo establecido en el artículo 347 de la Constitución que ya estaba en vigencia desde un mes antes. Por ello, además, el Estatuto estaba viciado de usurpación de autoridad, por lo cual era nulo conforme al artículo 138 de la nueva Constitución. Conforme a la interpretación dada por la Sala Constitucional, después de publicada la Constitución de 1999 la Asamblea no podía autoatribuirse tal "poder soberano constituyente originario", que sólo corresponde al pueblo. Al haberlo hecho, dictando el Estatuto Electoral, insistimos, no sólo usurpó la autoridad del pueblo, siendo dicho acto nulo conforme al artículo 138 de la Constitución; sino que violó abiertamente el artículo 347 de la Constitución.

Por otra parte, en cuanto al fundamento indicado respecto del artículo 39 del Decreto sobre el "Régimen de Transición del Poder Público", la Asamblea se había autoatribuido competencia para dictar el Estatuto Electoral que debía regir en los primeros comicios para la elección de todos los cuerpos representativos legislativos y los órganos ejecutivos del Poder Público. Sobre dicha competencia, debe señalarse que la Constitución de 1999, una vez sometida a referendo popular el 15 de diciembre de 1999 y publicada el 30-12-99, había entrado en vigencia inmediata, y en ella se indicaba que la única competencia legislativa que se le atribuía a la Asamblea Nacional Constituyente, mientras estuviese en funcionamiento, era la de dictar la "Ley Especial del Distrito Capital" (Disposición Transitoria Primera), y nada más.

La competencia que en el Decreto sobre el Régimen de Transición del Poder Público se autoatribuyó la Asamblea para dictar el Estatuto Electoral, por no estar prevista en la Constitución aprobada por el pueblo, al entrar ésta en vigencia el 30 de diciembre de 1999, puede considerarse que había quedado tácitamente derogada por contrariar lo dispuesto en su texto (Disposición Derogatoria), pues conforme a la Constitución, sólo la Asamblea Nacional que se eligiera tenía potestad legislativa en materia electoral (arts. 63, 156, ord. 32, 187, ord. 1°, y 202); correspondía, sin embargo, al Consejo Nacional Electoral, órgano del nuevo Poder Público Nacional creado en la Constitución, establecer las adaptaciones normativas necesarias para la realización de las primeras elecciones.

El Decreto sobre el Estatuto Electoral, en todo caso, fue impugnado en varias oportunidades ante la Sala Constitucional del Tribunal Supremo de Justicia[358]. La primera sentencia (N° 179) recaída al efecto (caso: *Gonzalo Pérez Hernández*) fue

---

358   *V.,* en general Carlos Luis Carrillo Artiles, "El desplazamiento del principio de supremacía constitucional por la vigencia de los interregnos temporales", *Revista de Derecho Constitucional,* N° 3, Caracas 2000, pp. 77 y ss.

dictada en fecha 28 de marzo de 2000, bajo la ponencia del magistrado J.M. Delgado Ocando, en la cual se señaló que:

> ...Es claro que si la vigente Constitución prevé la legislación electoral como competencia de la Asamblea Nacional, ésta no puede, por razones lógicas, ejercer dicha competencia antes de ser instituida. Por eso, la Disposición Transitoria Octava de la Constitución de la República Bolivariana de Venezuela prevé la atribución del Consejo Nacional Electoral para convocar, organizar y supervisar los procesos electorales, mientras se promulgan las leyes electorales previstas en la Constitución vigente, pero no para dictar las normas conforme deba discurrir dicho proceso. La prescripción de la Base Transitoria Octava responde a este carácter inmanente y necesario de la transición al prever la competencia del Consejo Nacional Electoral y el propio régimen electoral que, al no poder ser sancionado por la Asamblea Nacional, y no estar explicitado en la Constitución de la República Bolivariana de Venezuela, sólo puede ser sancionado por la Asamblea Nacional Constituyente, pues la Disposición Transitoria Octava carecería de sentido si las previsiones de la vigente Constitución, incluido el artículo 298 *eiusdem*, pudieran ser aplicadas en el período de transición.

La Sala Constitucional al decidir esto, sin duda, se había olvidado de consultar el artículo 293, ordinal 1° de la nueva Constitución que le atribuía competencia al Consejo Nacional Electoral, como una de las ramas del Poder Público Nacional, para "resolver las dudas y vacíos" que las leyes electorales "susciten y contengan" y, por tanto, así poder adaptar la normativa electoral que estaba vigente a la nueva Constitución para la realización de las mencionadas primeras elecciones. En todo caso, el Tribunal Supremo de Justicia tenía el poder para interpretar la ley y adaptarla a la nueva Constitución como ya lo había hecho en la materia electoral, en la sentencia N° 17 de la Sala Electoral de 14-03-2000 al resolver que la Asamblea Nacional no tenía "diputados adicionales".

En todo caso, el Tribunal Supremo de Justicia, continuó señalando en su sentencia que:

> El Estatuto Electoral del Poder Público ha integrado el régimen constitucional nacido del proceso constituyente, en orden a hacer efectivo el proceso de transición hacia la plena vigencia de la Constitución de la República Bolivariana de Venezuela, de acuerdo con la pregunta 1° del Referendo del 25 de abril de 1999. Esta Sala considera que sólo por una ficción jurídica podría distinguirse la naturaleza de la Constitución de la República Bolivariana de Venezuela y las otras normas sancionadas por la Asamblea Nacional Constituyente, aunque estas últimas normas tengan una vigencia determinada diferente a la vigencia indefinida de la Carta Magna. La Sala considera, asimismo, que todas las normas sancionadas por la Asamblea Nacional Constituyente, incluida la Constitución de la República Bolivariana de Venezuela, constituyen un sistema normativo constitucional, cuya teleología tiende a "la transformación del Estado y la creación de un nuevo ordenamiento jurídico", mediante un proceso que garantice la continuidad institucional, el Estado de Derecho y la "implantación efectiva de la organización y funcionamiento de las instituciones previstas por la Constitución aprobada.

En esta forma, el Tribunal Supremo continuó otorgándole rango constitucional a todas las actuaciones de la Asamblea Nacional Constituyente, incluso las dictadas con posterioridad a la entrada en vigencia de la nueva Constitución, burlándose de sus disposiciones y contrariando la misma doctrina de la Sala, expresada en la sentencia N° 6 dictada el 17-01-00 conforme a la cual:

Los actos dictados por la Asamblea Nacional Constituyente con posterioridad a la publicación de la nueva Constitución estarían sujetos a ésta.

En la misma fecha 28-3-00, la Sala Constitucional dictó otra sentencia (N° 180) con motivo de otra impugnación del Estatuto Electoral (Caso: *Allan R. Brewer-Carías y otros*), bajo la ponencia del magistrado Jesús Eduardo Cabrera, en la cual, con razonamientos totalmente alejados de lo que es el control de constitucionalidad, contradictorios, y partiendo de premisas falsas, esta vez no fue que declaró improcedente el recurso intentado, sino que lo declaró sin lugar.

La primera argumentación de la Sala giró en torno a las consecuencias que originaría la declaratoria con lugar de la acción de inconstitucionalidad propuesta, con razonamientos de mérito, es decir, de oportunidad o conveniencia, muy alejados del control de constitucionalidad que debía ejercer un Tribunal Constitucional, sobre todo si los argumentos de mérito eran falsos. La Sala, en efecto, señaló entre otros aspectos, lo siguiente:

Si tal pedimento fuese declarado con lugar, no se podría elegir la Asamblea Nacional, desapareciendo así uno de los poderes en que se divide el Estado, y dejando sin efecto el sistema democrático (…).

La Asamblea Nacional Constituyente dictó el Estatuto Electoral del Poder Público, el cual de ser nulo, dejaría en un limbo jurídico la elección de la Asamblea Nacional, hasta el punto que no podría realizarse su elección, a menos que se llamara de nuevo una Asamblea Nacional Constituyente con ese objeto.

Mientras ocurre tal llamado, y se instala de nuevo la Asamblea Nacional Constituyente, lo que resulta indefinido en el tiempo, Venezuela dejaría de ser un Estado Democrático, ya que uno de sus poderes, la Asamblea Nacional (Poder Legislativo) no podría instalarse, y aceptar tal situación es violar flagrantemente no sólo la Constitución vigente, sino los principios de organización política que la informan".

La República tendría entonces el Poder Ejecutivo y el Judicial sin ser relegitimados, y con un Poder Legislativo limitado a lo que el régimen transitorio de los Poderes Públicos le permite a la Comisión Legislativa Nacional.

Declarar una nulidad del Estatuto que regula las únicas elecciones posibles para normalizar el funcionamiento del Estado es una irresponsabilidad que conduce a la negación del sistema democrático, al dejar indefinida la instalación de la Asamblea Nacional, con sus deberes esenciales para la vida del Estado. Por ello, considera esta Sala que la acción intentada contraría el orden público constitucional, y así se declara.

La visión apocalíptica y desconsolada que el Magistrado ponente de la sentencia vio en la acción intentada, al punto de declararla que contrariaba "el orden público constitucional" (¿cuál? ¿el que estaba en su imaginación alucinada?), se hubiera disipado suavemente, si sólo hubiera considerado la acción intentada desde el punto de vista jurídico-constitucional, no de mérito, y se hubiera percatado de que la nueva Constitución había creado no una división tripartita del Poder Público Nacional, sino una división pentapartita (no sólo Legislativo, Ejecutivo y Judicial, sino también el Ciudadano y el Electoral), que originaba el Poder Electoral, con todas las características del Poder Público Nacional y con las competencias que le asignaba el artículo 292 de la Constitución, precisamente para resolver todos los "cataclismos" institucionales que se imaginó. Sólo bastaba que el Magistrado ponente hubiera leído un artículo de la Constitución, el art. 292, y ello hubiera evitado que condujera a la Sala Constitucional a pronunciar tan alucinada y apocalíptica sentencia.

Todos los problemas, inconvenientes o incomodidades que significaban ejercer el control de constitucionalidad en ese caso, se hubieran disipado si el Magistrado ponente hubiera "descubierto" que la misma Constitución preveía la salida institucional a la inconstitucionalidad cometida por la Asamblea Nacional Constituyente, consistente en que el Poder Electoral ejerciera sus competencias de adaptar la legislación electoral que estaba vigente a la nueva Constitución, precisamente con las orientaciones de interpretación constitucional que debía darle la Sala Constitucional. Toda la imaginación que la Sala Constitucional ya había desplegado en la "interpretación" constitucional, al punto de crear todo un cuerpo normativo sobre el procedimiento de amparo, modificando incluso la Ley Orgánica de Amparo, en la sentencia Nº 7 de fecha 01-02-00 (Caso: *José A. Mejía y otros*) dictada bajo la ponencia del mismo magistrado Jesús Eduardo Cabrera[359] pudo haberse ejercido en este caso del Estatuto Electoral. Pero aquí, el nuevo poder, al cual los Magistrados le debían su nombramiento, podía reaccionar "inconvenientemente"; en cambio, en materia de amparo, nadie protestaría. Cuando la justicia constitucional es moldeable según la presencia o presión del poder y se pone a su servicio, la mejor construcción jurídico-formal sobre control de constitucionalidad como la que contiene la Constitución de 1999, lamentablemente queda diluida y no sirve de mucho, salvo para consolidar la arbitrariedad.

En todo caso, para justificar la "constitucionalidad" del Estatuto Electoral, la Sala Constitucional no analizó los alegatos de inconstitucionalidad formulados (¿entonces, cómo pudo declarar sin lugar la acción?), sino que de nuevo se basó en la consideración del rango constitucional del Régimen Transitorio creado por la Asamblea Nacional Constituyente, a la cual le asignó, sin rubor alguno, incluso después de la entrada en vigencia de la nueva Constitución de 1999, el carácter de "poder constituyente originario" y, por tanto, por encima de la propia Constitución. Por ello, la Sala señaló:

> La Constitución de la República Bolivariana de Venezuela, al entrar en vigor, deroga el ordenamiento jurídico basado en la Constitución de la República de Venezuela de 1961, pero no el nacido de la transitoriedad a que se refiere el tipo antes señalado, y que como emanación del poder constituyente deben complementar a la Constitución en la instalación de sus instituciones, cuyas fórmulas para esa instalación no se previeron dentro del texto constitucional, o dentro de las disposiciones transitorias a él incorporadas....

No tuvo en cuenta la Sala Constitucional que si esas normas no se incorporaron a la Constitución y a sus Disposiciones Transitorias fue porque esa fue la voluntad popular expresada en el referendo del 15-12-99, y nadie tenía el poder de sustituirse al pueblo, ni la Asamblea Nacional Constituyente ni su producto primario, el Tribu-

---

359   *V.*, los comentarios a está sentencia en Allan R. Brewer-Carías, *El sistema de justicia constitucional en la Constitución de 1999,* Caracas 2000, pp. 49 y ss.

nal Supremo de Justicia. Con esta sentencia, ambos órganos incurrieron en usurpación de la voluntad popular.

Ninguna razón constitucional podía invocar la Sala Constitucional para decir que la Ley Orgánica del Sufragio y Participación Política, con las adaptaciones que el Poder Electoral debía establecer conforme a su competencia de "reglamentar las leyes electorales y resolver las dudas y vacíos que susciten o contengan (art. 293,1), no podía regir las primeras elecciones de órganos del Poder Público, y menos cuando el Constituyente en la Disposición Transitoria Octava había dispuesto que "mientras no se promulguen las nuevas leyes electorales previstas en esta Constitución los procesos electorales serán convocados, organizados, dirigidos y supervisados por el Consejo Nacional Electoral".

Sin embargo, señaló la Sala:

Ese acto inicial, destinado a la instalación de esos órganos y al nombramiento de algunos miembros del Poder Público, como esta Sala –por ejemplo -, tenía que ser sancionado por el poder constituyente, único capaz de hacerlo, al no estar regulado en la Constitución su desarrollo inmediato, y vive dentro del segundo régimen transitorio que nació –necesariamente esto último– a partir del 30 de diciembre de 1999, fecha en que entró en vigencia la Constitución, sin resolver dentro de su cuerpo, ni en las disposiciones transitorias publicadas junto con ella, lo relativo a la instalación de la Asamblea Nacional, Presidente de la República, diputados a los Consejos Legislativos y Gobernadores de los Estados, Concejales al Cabildo Metropolitano de Caracas y Alcalde del Distrito Metropolitano de Caracas, integrantes de los Concejos Municipales y Alcaldes de los Municipios, Juntas Parroquiales, representantes al Parlamento Latinoamericano y representantes al Parlamento Andino, instituciones básicas de la democracia participativa y de la estructura del Estado, y que permiten la vigencia plena de la Constitución de la República Bolivariana de Venezuela.

Al ejercer la Asamblea Nacional Constituyente su competencia constituyente, conforme al referendo del 25 de abril de 1999, cumplió el mandato que el pueblo le otorgó y sin que exista ruptura alguna del orden constitucional, ha permitido la continuidad normativa entre la abrogada Constitución de 1961 y la entrada en vigencia (con el funcionamiento de sus instituciones cuya instalación no fue normada en su texto) de la Constitución de 1999.

La violación a la reserva legal que se aduce en la acción intentada, como causa de la inconstitucionalidad del Estatuto Electoral del Poder Público, por ser las leyes electorales competencia de la Asamblea Nacional, es un argumento válido cuando se agote el régimen de transitoriedad que se apunta en este fallo, y que termina en este sentido con la elección de la Asamblea Nacional prevista en la Constitución de la República Bolivariana de Venezuela.

Esta decisión, sin duda, violó la soberanía popular expresada en el referendo del 25 de abril de 1999, ya que, de acuerdo con la base comicial novena, de rango supraconstitucional como lo consideró la antigua Corte Suprema de Justicia, y cuyo contenido no consideró el Tribunal Supremo, las nuevas normas constitucionales del proceso constituyente, para entrar en vigencia debían ser aprobadas por referendo popular.

De acuerdo con esta decisión, se consolidó el criterio de que podía haber un régimen constitucional transitorio no previsto en la Constitución de 1999 ni aprobado por el pueblo, dictado por la Asamblea Nacional Constituyente. Como antes señalamos, se olvidó el Tribunal Supremo de consultar la base comicial novena (la sentencia sólo hizo referencia a las bases primera y octava) que al contrario impuso, con carácter supraconstitucional, la exigencia de que la Constitución y toda norma de rango constitucional producto de la Asamblea Nacional Constituyente, tenía que ser aprobada por el pueblo mediante referendo, para poder considerarse aprobada definitivamente.

2. *La fijación de la fecha de las primeras elecciones de 2000 y la inaplicabilidad de la nueva Constitución*

En la misma fecha 30-01-00, la Asamblea Nacional Constituyente dictó otro Decreto mediante el cual fijó para el día 28-05-2000 la elección de los nuevos órganos representativos del Estado[360]. Este Decreto también fue impugnado junto con el Estatuto Electoral del Poder Público ante el Tribunal Supremo de Justicia. El Máximo Tribunal, en la antes señalada sentencia N° 180 de fecha 28 de marzo de 2000, al analizar los vicios imputados al Decreto de fijación de la fecha para las elecciones que violaba la nueva Constitución, señaló que la Constitución de 1999, a pesar de su vigencia, *no era aplicable* para la fijación de la fecha de las elecciones. Se dio inicio, así, a una serie de sentencias de la Sala Constitucional en las cuales este máximo intérprete de la Constitución, al cual le correspondía y le corresponde velar por su integridad (art. 334) y garantizar su supremacía y efectividad (art. 335), se dio el lujo de decir, a su antojo, cuándo la Constitución era o no era aplicable en diversos casos concretos.

La Sala, en efecto, decidió la impugnación del Decreto que fijó la fecha de las elecciones, señalando lo siguiente:

> Con relación a la impugnación del Decreto que fijó la fecha para las elecciones, esta Sala debe señalar que, aunque a la Comisión Legislativa Nacional, le fue atribuida la fijación de la fecha para los comicios de los cargos de elección popular (artículo 6, numeral 17), de todas maneras la Asamblea Nacional Constituyente, obrando dentro de los ciento ochenta (180) días de su vigencia, se reservó para sí la fijación de la fecha para la elección de la Asamblea Nacional, Consejos Legislativos de los Estados, Concejos Municipales, Presidente de la República, Gobernadores de Estados y Alcaldes de Municipios, tal como lo señala el artículo 39 del Régimen Transitorio del Poder Público, lo que además concretó en el Decreto de fecha 30 de enero de 2000, que fue impugnado. Surge una aparente antinomia entre el numeral 17 del artículo 6 del Régimen de Transición del Poder Público y la fecha de fijación de las elecciones, pero considerando que ambas determinaciones emanan del poder constituyente dentro del régimen de transición, esta Sala debe resolver la supuesta antinomia.

> El Poder Constituyente contiene una suma de todos los poderes. Conforme al artículo 39 del Régimen Transitorio del Poder Público, a pesar que en dicho régimen se autorizó a la Comisión Legislativa Nacional para fijar fecha de los comicios de elección popular, la propia Asamblea, se reservó la fijación de la fecha para la elec-

---

360   *Gaceta Oficial* N° 36.884 de 03-02-00.

ción de la Asamblea Nacional, Consejos Legislativos de los Estados, Concejos Municipales, Presidente de la República, Gobernadores de Estado y Alcaldes de Municipios, lo que podía hacer por su especial naturaleza. Dicha fijación de fecha, prevenida en el Régimen de Transición del Poder Público, publicado el 29 de diciembre de 1999, tiene por objeto la integración de las personas que van a desarrollar un sector de las instituciones regidas por la Constitución de 1999, y se trata de unas elecciones especiales, destinadas a integrar por primera vez los organismos previstos en la Constitución.

La fecha de esas especiales elecciones se las reservó la Asamblea Nacional Constituyente, y las fijó en el Decreto de fecha 30 de enero de 2000, como parte del sistema que rige la transitoriedad.

A dicho Decreto se le impugna por ser la fecha fijada contradictoria con la prohibición del artículo 298 de la Constitución de la República Bolivariana de Venezuela. Al respecto esta Sala observa:

El proceso constituyente en ningún momento rompió el orden constitucional establecido por la Constitución de la República de Venezuela de 1961, y para pasar del régimen nacido de esa Constitución al que se regirá por la Constitución actual manteniendo el orden constitucional, la Asamblea Nacional Constituyente no procedió a modificar leyes, como la Ley Orgánica del Sufragio y Participación Política, ya que detentando todo el poder podía dictar, como en efecto lo hizo, un Estatuto Electoral para organizar y regular las primeras elecciones destinadas a la organización del Estado, de acuerdo a la nueva Constitución. Con ello obedeció a una necesidad interna normativa de la transitoriedad, para lo cual la Asamblea Nacional Constituyente *es soberana*, y no necesitaba ceñirse a leyes u otras normas jurídicas, y por ello al crear el Estatuto Electoral y fijar la fecha de las elecciones, instauró un régimen electoral transitorio y extraordinario, destinado a permitir la vigencia inmediata y plena de la Constitución de la República Bolivariana de Venezuela, sin quedar sujeto a ella.

El artículo 298 de la Constitución vigente, no está referido, ni puede estarlo, al régimen electoral transitorio: **1)** porque él contempla la modificación de la ley que regula los procesos electorales, en un lapso de seis (6) meses antes del día de la elección y ninguna ley se está modificando; **2)** porque el artículo 298 citado, se refiere a procesos electorales normales, regulados por leyes electorales promulgados por la Asamblea Nacional, la cual aún no se ha constituido. La norma constitucional no está ni puede estar destinada a procesos electorales nacidos de la transitoriedad, cuyo fin es permitir la vigencia de la Constitución de la República Bolivariana de Venezuela. Es la ley electoral adaptada y sin colisiones con la Constitución, dictada por la Asamblea Nacional, aun por elegirse, la que no puede ser modificada en los seis (6) meses anteriores a la fecha de la elección; **3)** siendo la fijación de la fecha para las elecciones una emanación del poder soberano de la Asamblea Nacional Constituyente, antes de su desaparición, conforme a lo señalado en este fallo, sus mandatos en cuanto a lo concerniente al régimen de transición, tienen rango constitucional, que es el caso bajo estudio, estando ellos proyectado hacia una especial situación, como lo es la elección de quienes integrarán los cuerpos a que se refiere el decreto impugnado, elección que debía ser regida por lo que dictara la Asamblea Nacional Constituyente al efecto, como lo fue la fecha para ella.

El Estatuto Electoral del Poder Público es una ley electoral distinta, que responde a la transitoriedad, que no se está modificando una ley; sino que está naciendo para un fin único y extraordinario, y por ello, a una ley de esa naturaleza, no está dirigida la prohibición del artículo 298 *ejusdem*.

En esta forma, la Sala Constitucional, para justificar que la Constitución de 1999, a pesar de su vigencia e imperatividad, *no se aplicaba* para fijar las primeras elecciones de 2000, llegó a atribuirle a la Asamblea Nacional Constituyente carácter soberano ("es soberana", afirmó la Sala), por lo que supuestamente "no necesitaba ceñirse a las leyes u otras normas jurídicas" que, por lo visto, para la Sala eran menudencias. ¡¡"Es soberana"!!, nunca antes el Tribunal Supremo había incurrido en este vasallaje, de olvidarse de que el único soberano es el pueblo y que una Asamblea de representantes nunca "es soberana".

Sólo esta frase bastaba para justificar cualquier actuación de la Asamblea Nacional Constituyente y declarar inadmisibles todos los recursos que se intentaran contra sus decisiones, por lo que no hubiera sido necesaria la trascripción, en blanco y negro, de las alucinaciones del Magistrado Ponente, que vio un apocalipsis institucional que plasmó por escrito, induciendo a sus compañeros de Sala a suscribir el desafortunado fallo.

En todo caso, con esta decisión se dio inicio a otras dictadas con posterioridad, en las cuales con base en la supuesta "transitoriedad", la Sala Constitucional justificó la no vigencia o la inaplicabilidad de la Constitución. Por lo visto, el pueblo soberano aprobó una Constitución para que fuera burlada, siendo la Sala Constitucional, al concluir la Asamblea Nacional Constituyente sus funciones, la llamada a orquestar la burla.

En cuanto a las elecciones del 28-05-00, las mismas fueron "suspendidas" por imposibilidad de su realización, por el Tribunal Supremo de Justicia en Sala Constitucional mediante sentencia de 25-05-00, al declarar con lugar un amparo interpuesto por representantes de la sociedad civil (Liliana Ortega en representación de COFAVIC y Elías Santana en representación de Queremos Elegir) alegando la representación de intereses colectivos o difusos[361].

IV. LA USURPACIÓN DE COMPETENCIAS LEGISLATIVAS ORDINARIAS POR LA ASAMBLEA NACIONAL CONSTITUYENTE

1. *La sanción de la Ley de Presupuesto y de una Ley Especial de Crédito Público*

La Constitución de 1999 establece en su artículo 187, ordinal 6 que corresponde a la Asamblea Nacional "discutir y aprobar el presupuesto nacional y todo proyecto de ley concerniente al régimen tributario y al crédito público". Al haber dispuesto la propia Asamblea Nacional Constituyente la disolución del Congreso, decretó, en el Régimen Transitorio del Poder Público, que hasta que se eligieran los integrantes de la nueva Asamblea Nacional prevista en la Constitución, la Comisión Legislativa Nacional ejercería el Poder Legislativo Nacional (art. 4 y 5), designó sus miembros, y le otorgó, entre otras atribuciones, la de discutir y aprobar las leyes concernientes al crédito público (art. 6, ord. 4).

La Asamblea Nacional Constituyente, sin embargo, mediante Decreto de 18-01-00, de nuevo "en ejercicio del poder soberano constituyente originario" que supues-

---

361   *V., El Universal,* Caracas 26-05-00, p. 1-2. *V.,* la sentencia en *Revista de Derecho Público,* Nº 82, Caracas 2000, pp. 32 y ss.

tamente le había otorgado el pueblo en el referendo de 25-4-99, y en concordancia con el artículo 1° de su Estatuto de Funcionamiento y con el Decreto que declaró la reorganización de todos los órganos del Poder Público, olímpicamente decidió asumir directamente la competencia mencionada prevista en el artículo 187, ord. 6° de la Constitución a los efectos de dictar la Ley de Presupuesto 2000[362] y además, la Ley Especial de Crédito Público para atender a las calamidades públicas, consecuencia de la catástrofe nacional producida por las constantes precipitaciones de lluvia[363]; y como consecuencia decretó la mencionada ley con fecha 24-1-00[364] por un monto de un mil millones de dólares, para lo cual se fundamentó, de nuevo, en el ejercicio "del poder soberano constituyente originario" que supuestamente tenía. La Asamblea Nacional Constituyente, en está forma, violó la Constitución que había sancionado dos meses antes, usurpando la función legislativa.

2. La reincorporación de personal militar a la Fuerza Armada Nacional

La Asamblea Nacional Constituyente, nuevamente "en ejercicio del poder soberano constituyente originario" que se había arrogado a sí misma ilegítimamente, dictó el Decreto de 28-01-00[365] mediante el cual dispuso la reincorporación a la Fuerza Armada del personal militar participante e involucrado en los fallidos levantamientos militares de 4 de febrero y 27 de noviembre de 1992, que calificó como "acciones cívico-militares", y que habían sido objeto de separación de la Fuerza Armada Nacional como consecuencia directa de tales hechos (art. 1). El Decreto dispuso, además, el goce de pensión en los casos de personal militar incapacitado y para los familiares, del personal militar que había fallecido a consecuencia de tales hechos (art. 2 y 3).

Ninguna norma de la nueva Constitución atribuía a la Asamblea la posibilidad de ejercer esta competencia.

3. La fijación de las remuneraciones de los altos funcionarios de los Estados y Municipios

En ejercicio del mismo "poder soberano constituyente originario" y en los actos de la Asamblea antes indicados como fundamento de los Decretos anteriores, en fecha 27-01-00 la Asamblea Nacional Constituyente dictó un "Régimen Transitorio de Remuneración de los más altos funcionarios de los Estados y Municipios[366], el cual derogó expresamente la Ley Orgánica sobre Emolumentos y Jubilaciones de Altos Funcionarios de las Entidades Federales y Municipales (art. 10). No se entiende cómo este cuerpo normativo se dictó como "régimen transitorio", pero sin tener referencia alguna de término; y menos se entiende como al decretarse un régimen transitorio, se pudo haber derogado una ley orgánica, para lo cual, luego de

---

362   V., *Gaceta Constituyente* (Diario de Debates), Noviembre 1999-Enero 2000, *cit.*, Sesión de 21-12-99, N° 50, pp. 2 y ss.

363   *Gaceta Oficial* N° 36.881 de 31-01-00.

364   *Gaceta Oficial* N° 36.883 de 02-02-00.

365   *Gaceta Oficial* N° 36.878 de 28-01-00.

366   *Gaceta Oficial* N° 36.830 de 28-01-00.

entrada en vigencia la nueva Constitución, el Asamblea Nacional Constituyente no tenía poder alguno.

V.   LA VIOLACIÓN DE LA GARANTÍA A LA LIBERTAD SINDICAL Y OTROS ACTOS CONSTITUYENTES EN MATERIA LABORAL

La Constitución de 1999 establece expresamente en su artículo 95, el derecho de los trabajadores, sin distinción alguna y sin necesidad de autorización previa, a constituir libremente organizaciones sindicales, las cuales "no están sujetas a intervención, suspensión o disolución administrativa". La Constitución protege además, a los trabajadores "contra todo acto... de injerencia contraria al ejercicio de este derecho". Además, señala la norma que "para el ejercicio de la democracia sindical, los estatutos y reglamentos de las organizaciones sindicales establecerán la alternabilidad de los integrantes de las directivas y representantes mediante sufragio universal, directo y secreto". Dicha libertad sindical se encuentra limitada, sin embargo, por el hecho de haberse atribuido al Consejo Nacional Electoral, como Poder Público, la potestad de "organizar las elecciones de sindicatos" (art. 293,6).

Adicionalmente a estas normas, Venezuela ratificó los convenios 87 y 98 de la Organización Internacional del Trabajo que garantizan el derecho de los trabajadores a constituir, sin autorización previa, organizaciones sindicales, afiliarse a las mismas y elegir libremente a sus representantes, sin injerencia de las autoridades públicas. Estas normas internacionales tienen rango constitucional en el país, conforme a lo dispuesto en el artículo 23 de la Constitución.

Ahora bien, a pesar de la claridad de estos principios constitucionales, los mismos fueron burlados por la Asamblea Nacional Constituyente al dictar diversos actos de intervención pública en los sindicatos.

1.   *La intervención pública en las elecciones sindicales*

En efecto, mediante Decreto de 30-01-00, la Asamblea Nacional Constituyente dictó supuestas medidas para "garantizar la libertad sindical"[367], creando una Comisión Nacional Electoral Sindical para garantizar la realización de elecciones libres, democráticas, universales, directas y secretas para elegir a los directivos de las organizaciones sindicales de trabajadores. Este Decreto lo dictó de nuevo, la Asamblea, con posterioridad a la entrada en vigencia de la nueva Constitución, "en ejercicio del poder soberano constituyente" que supuestamente le había dado el pueblo mediante el referendo del 25-04-00, en concordancia con el Estatuto de Funcionamiento de la Asamblea (art. 1) y el Decreto que había declarado la reorganización de todos los órganos del Poder Público.

Ahora bien, contrariamente a las normas constitucionales antes indicadas, este Decreto lo que estableció fue un principio de intervención de los sindicatos por la referida Comisión, integrada por representantes de las centrales nacionales de trabajadores, no prevista en los "Estatutos y Reglamentos de las organizaciones sindicales". La Asamblea Nacional Constituyente, además, dispuso que tres de sus miembros con un miembro designado por el Consejo Nacional Electoral serían "ga-

---

367   *Gaceta Oficial* N° 36.904 de 02-03-00

rantes de todo el proceso de democratización y unificación del movimiento sindical" (art. 7).

Y es que el decreto de la Asamblea había dispuesto que antes de las elecciones generales de los representantes laborales, la Comisión Nacional Electoral Sindical debía procurar la unificación sindical en una misma industria, rama o empresa y debía crear las condiciones propias para la unificación del movimiento sindical, "representando la libre decisión de los trabajadores y de sus respectivas organizaciones". A tal efecto, el Decreto dispuso que "la Comisión Electoral Sindical convocará referéndum para que los trabajadores resuelvan sobre la unidad sindical" (art. 3).

Este Decreto también fue considerado por la Sala Constitucional del Tribunal Supremo, como parte del régimen constituyente del país, al conocer de la acción de amparo interpuesta por varias organizaciones sindicales contra la Resolución del Consejo Nacional Electoral N° 1115-1979 de 15-11-00 convocando a un referendo aprobatorio sobre la renovación de la dirigencia sindical (referendo sindical)[368]. En la sentencia respectiva N° 1447 de 28-11-2000 que declaró improcedente el amparo, la Sala Constitucional consideró a dicho Decreto como:

> Parte integrante del sistema constitucional vigente, por ser un acto constituyente sancionado por la Asamblea Nacional Constituyente el 30 de enero de 2000.

La Sala Constitucional formuló la misma consideración en la sentencia N° 1490 de 01-12-2000 mediante la cual declaró improcedente otro amparo intentado por otra organización sindical contra el referendo sindical. Ratificó, así, la Sala Constitucional la tesis que venía elaborando sobre la existencia a partir del 30-12-99, de dos Constituciones paralelas: una aprobada por el pueblo en el referendo de 15-12-00 y otra conformada por normas de rango constitucional sancionadas por la Asamblea Nacional Constituyente antes y después de que fuese publicada la Constitución de 1999.

La burla a la Constitución, así, fue consolidada por la Sala Constitucional.

2.   *El referendo sindical y la suspensión de los directivos de los sindicatos*

La dificultad de aplicación del Decreto de intervención sindical dictado por la Asamblea Nacional Constituyente llevó a la nueva Asamblea Nacional, al poco tiempo de su elección, a dictar un Acuerdo de fecha 10-10-00[369] mediante el cual exhortó a los trabajadores del país "a poner en marcha el proceso constituyente de las organizaciones sindicales, con el fin de democratizar el movimiento sindical", convocando al efecto a un referendo nacional con las siguientes preguntas:

> 1. ¿Está Usted de acuerdo con la democratización y reorganización del movimiento laboral-sindical venezolano en todos los niveles que procure la unificación en concordancia con la Constitución de la República Bolivariana de Vene-

---

368   *Gaceta Oficial* N° 37.081 de 20-11-00.
369   *Gaceta Oficial* N° 37.057 de 16-10-00.

zuela y los convenios internacionales suscritos por la República en materia de libertad sindical?

2. ¿Está Usted de acuerdo con la convocatoria y elección de una Asamblea Constituyente de Trabajadores, bajo estatuto electoral especial aprobado por el Poder Electoral, previa consulta y oídos los distintos movimientos organizados de trabajadores cuyo fin sea refundar el movimiento sindical venezolano en el marco del artículo 95 de la Constitución de la República Bolivariana de Venezuela?

A pesar de la invocación a las disposiciones constitucionales e internacionales en la materia, este Acuerdo constituía una burla al principio constitucional que garantizaba la libertad sindical al pretender democratizar el movimiento sindical mediante una Asamblea Constituyente Sindical, cuyo estatuto se desconocía. El recuerdo del conflicto originado con la imprecisión de las preguntas que desembocaron en el referendo del 25-4-99 estaba muy fresco, por lo que la polémica que provocó este Acuerdo y las protestas, incluso de la Organización Internacional del Trabajo, llevaron a la Asamblea Nacional a modificar el texto de las preguntas que proponía para el referendo sindical, en un nuevo Acuerdo de fecha 13-11-00[370], en el cual se formuló la siguiente única pregunta:

¿Está Usted de acuerdo con la renovación de la dirigencia sindical, en los próximos 180 días, bajo Estatuto Electoral elaborado por el Poder Electoral, conforme a los principios de alternabilidad y elección universal, directa y secreta consagrados en el artículo 95 de la Constitución de la República Bolivariana de Venezuela, y que se suspendan durante ese lapso en sus funciones los directivos de las centrales, federaciones y confederaciones sindicales establecidas en el país?

De nuevo, esta pregunta constituía una burla mayor a lo dispuesto en la Constitución que garantiza a los trabajadores protección contra todo acto "de injerencia" contrarios al ejercicio de la libertad sindical, y llegó el Acuerdo de la Asamblea Nacional al cinismo de declarar que:

Los efectos que deriven de la realización del referéndum tendrán lugar en el marco del artículo 95 de la Constitución de la República Bolivariana de Venezuela y de manera particular en lo referente a la preservación de los derechos de los sindicatos, los cuales no estaban sujetos a intervención, suspensión o disolución administrativa.

Mayor injerencia en los sindicatos que la suspensión en sus funciones de los directivos de las centrales, federaciones y confederaciones era realmente difícil de imaginar. La pregunta que se proponía, por tanto, no sólo constituía una burla a la Constitución, sino que en sí misma violaba el texto fundamental y por más que se tratase de un referendo, no era posible que se sometiera a referendo una reforma a la Constitución sin que se cumplieran con las condiciones establecidas en el artículo 340 sobre reforma constitucional.

El Consejo Nacional Electoral no analizó la constitucionalidad de la pregunta que propuso la Asamblea Nacional para el llamado referendo sindical, y dictó la

---

370 *Gaceta Oficial* N° 37.078 de 15-11-00.

Resolución N° 001115-1979 del 15-11-00[371] mediante la cual convocó a todos los electores para que participaran en el proceso refrendario sindical que debía realizarse el 3-12-00 conjuntamente con las elecciones municipales, como lo había dispuesto la Asamblea Nacional.

El referendo sindical se realizó con una abstención electoral que constituyó récord histórico en el país[372], resultando aprobado por una exigua votación. Así, por voluntad popular se había dispuesto la violación de la Constitución.

El texto de la Resolución del Consejo Nacional Electoral había sido objeto de una acción de amparo constitucional ejercido por el Frente Constituyente de Trabajadores, alegando la violación por el Decreto de la Asamblea Nacional Constituyente sobre medidas para garantizar la libertad sindical, de los artículos 95 y 349 de la Constitución y de los Convenios internacionales en materia sindical.

La Sala Constitucional del Tribunal Supremo de Justicia, con ponencia del magistrado J. M. Delgado Ocando, decidió la acción de amparo, y como era de esperarse la declaró improcedente mediante sentencia N° 1490 de 01-12-00, y legitimó la intervención pública de los sindicatos, argumentando en cuanto a "la suspensión temporal de los directivos" de los mismos, que ello:

> No afecta la libertad sindical prevista en el artículo 95 de la Constitución de la República Bolivariana de Venezuela, pues tal suspensión respeta los principios de alternabilidad y elección universal, directa y secreta consagrados en el *artículo 95 de la Constitución de la República Bolivariana de Venezuela*, aparte que el Poder Electoral es competente, según el *artículo 293 eiusdem*, para organizar las elecciones de sindicatos, gremios profesionales y organizaciones con fines políticos en los términos que señale la ley.
>
> El referendo no viola el artículo 95 citado, pues la prohibición contenida en éste se refiere a la intervención, suspensión o disolución administrativa de las organizaciones sindicales, lo cual no es materia del referendo. Por el contrario, éste prevé, en un lapso perentorio, la renovación de la dirigencia sindical bajo el Estatuto Especial elaborado por el Poder Electoral, según lo pautado en el artículo 293,6 de la *Constitución de la República Bolivariana de Venezuela*.
>
> La suspensión propuesta por el referendo no implica ninguna intervención administrativa, ni tampoco la suspensión de las organizaciones sindicales, las cuales deben continuar su ejercicio durante la suspensión temporal de los directivos, conforme a su regulación interna, de conformidad con lo dispuesto en la Sección Tercera, Capítulo II de la Ley Orgánica del Trabajo, en concordancia con el Convenio N° 87 de la Organización Internacional del Trabajo y el *artículo 95 de la Constitución de la República Bolivariana de Venezuela*.

---

371 *Gaceta Oficial* N° 37.081 de 20-11-00.

372 La abstención fue del 76,57%. *V., El Universal*, Caracas 04-12-00, p. 1-1 y 1-2, y *El Universal*, Caracas 08-12-00, p. 1-1. Del 23% de los votantes que acudieron al referendo (2.632.523) el 64,49% votó "sí" (1.632.750) y el 26,60% votó "no" (719.771). *V., El Universal*, Caracas 05-12-00, p. 1-2, y *El Universal*, Caracas 08-12-00, p. 1-1.

Tal conformidad hace improcedente el alegato de la violación del *artículo 49*, pues la suspensión, en la hipótesis de que el referendo sea aprobado, sería un mandato constitucional del soberano.

La Sala Constitucional, lamentablemente, aquí también olvidó leer completo el artículo 95 de la Constitución, particularmente en cuanto a la garantía de los trabajadores de ser protegidos "contra todo acto de ... injerencia contrarios al ejercicio de este derecho", es decir, a la libertad sindical. Si hubiera leído y trascrito esta parte del artículo, que olvidó, no hubiera podido "legitimar" la burla a la Constitución contenida en la pregunta del referendo. Por ello, la Sala, en otro párrafo de la sentencia, insistió en señalar que:

> La Sala Constitucional no considera contrario a la libertad sindical el referendo destinado al cumplimiento de los derechos consagrados en dicho artículo, máxime cuando el referendo apunta a la renovación de la dirigencia sindical según los principios de alternabilidad y elección universal, directa y secreta, consagrados en el artículo 95 citado. El referendo, según la pregunta que lo conforma, no implica, pues, suspensión o intervención administrativas, sino protección del Estado para hacer efectiva la democracia sindical, por lo que la inconstitucionalidad alegada está excluida en la medida en que la consulta al pueblo versa sobre la instrumentación del propio texto fundamental, exigido por su artículo 95.

3. *Los otros actos públicos de intervención de derechos laborales*

Con posterioridad al Acuerdo de la Asamblea Nacional Constituyente sobre medidas para garantizar la libertad sindical, la misma Asamblea dictó otros actos constituyentes en materia laboral, todos con fundamento igual, "en ejercicio del poder soberano constituyente originario" o del "poder constituyente originario" y en el Estatuto de Funcionamiento de la propia Asamblea.

Dichos actos fueron los siguientes: el Decreto de 30-01-00 de convocatoria al proceso electoral de la Federación Campesina de Venezuela[373]; el Decreto de 30-01-00 de cesación de sus funciones de los dos directores laborales principales y suplentes indicados en el artículo 610 de la Ley Orgánica del Trabajo, en los entes descentralizados del Estado[374]; y el Decreto de 30-01-00 de suspensión del proceso de discusión de la Convención Colectiva de Petróleos de Venezuela, S.A.[375].

Ni la Constitución de 1999 ni sus Disposiciones Transitorias autorizaban a la Asamblea para dictar estas decisiones.

VI. LA TRASTOCACIÓN DE LA TRANSITORIEDAD CONSTITUCIONAL, EL SECUESTRO DE LA CONSTITUCIÓN Y LA CONSOLIDACIÓN DE UN FRAUDE A LA VOLUNTAD POPULAR

La Sala Constitucional del Tribunal Supremo de Justicia, en las sentencias dictadas con motivo de la impugnación del Estatuto Electoral del Poder Público dictado

---

373   *Gaceta Oficial* N° 36.920 de 28-01-00.

374   *Gaceta Oficial* N° 36.904 de 02-03-00.

375   *Gaceta Oficial* N° 36.904 de 02-03-00.

por la Asamblea Nacional Constituyente, había sentado un criterio contradictorio sobre el régimen constitucional transitorio. En la sentencia N° 179 de 28-03-00, con ponencia del magistrado José M. Delgado Ocando, había dicho que el régimen constitucional transitorio creado por la Asamblea Nacional Constituyente estaría vigente "hasta que los poderes constituidos sean designados o electos"; pero en la sentencia N° 180 de la misma fecha, con ponencia del magistrado Jesús Eduardo Cabrera Romero, se señaló que:

> El régimen de transición del poder público se proyecta hacia el futuro, no sólo hasta la instalación de la Asamblea Nacional, sino aún más allá.

En particular, en esta última sentencia se abrió la puerta a la arbitrariedad constitucional, al preverse la vigencia ilimitada de la transitoriedad, así:

> El artículo 3 de dicho régimen (Decreto sobre Régimen de Transición del Poder Público) señala: "Cada disposición del régimen de transición del Poder Público tendrá vigencia hasta la implantación efectiva de la organización y funcionamiento de las instituciones previstas por la Constitución aprobada, de conformidad con la legislación que a los efectos apruebe la Asamblea Nacional", por lo que mientras tales legislaciones no se aprueben, las normas y actos emanados de la Asamblea Nacional Constituyente tienen plena vigencia, hasta que de conformidad con la Constitución se establezca el régimen legal que vaya derogando la provisionalidad, y vaya dejando sin efectos las normas y actos emanados de la Asamblea Nacional Constituyente.

En esta forma, la vigencia de la Constitución de 1999 puede decirse que permanece pospuesta, porque su vigencia efectiva dependerá de lo que en el futuro haga o deje de hacer la Asamblea Nacional.

1. *La imprecisa transitoriedad constitucional*

Indudablemente que al ponerse en vigencia una nueva Constitución que deroga una anterior y que, adicionalmente, crea nuevas instituciones y transforma el régimen político del Estado, resulta indispensable el establecimiento normativo de un régimen transitorio que tiene que tener rango constitucional.

En Venezuela, el proceso constituyente de 1999 tendiente a la adopción de una nueva Constitución en la cual se transformara el Estado y se creara un nuevo orden jurídico que permitiera el funcionamiento efectivo de una democracia social y participativa, fue iniciado conforme a la doctrina sentada por la Sala Político Administrativa de la Corte Suprema de Justicia en la citada sentencia del 19-01-99, mediante la realización del referendo consultivo del 25-04-99 relativo a la convocatoria de una Asamblea Constituyente que realizara tal tarea.

Fue, por tanto, la voluntad popular la que manifestada en dicho referendo fijó el estatuto de la Asamblea Nacional Constituyente y su carácter de "poder constituido extraordinario" como lo calificó el magistrado Humberto J. La Roche (para distinguirlo de los poderes constituidos ordinarios regulados en la Constitución de 1961), lo cual resultaba claro de la base comicial novena que le quitaba a la Asamblea todo poder para poner en vigencia la Constitución que elaborara y sancionara, reservándose el pueblo su poder constituyente originario para aprobar la nueva Constitución mediante referendo. Incluso, la base comicial octava del referendo de 25-04-99, como fue votada, por decisión de la Corte Suprema de Justicia en la misma Sala

Político Administrativa, no tenía la frase del proyecto presidencial de considerar a la Asamblea "como poder originario que recoge la soberanía popular". En consecuencia, fue la voluntad popular la que dio nacimiento a la Asamblea Nacional Constituyente, como órgano constituido extraordinario con una misión específica, de elaborar una nueva Constitución, careciendo de todo poder constituyente originario que se reservó el pueblo.

La Constitución que elaboró la Asamblea Nacional Constituyente, por tanto, tenía que establecer el régimen transitorio entre la Constitución precedente de 1961 y la nueva Constitución, y para ello, la propia Asamblea Nacional Constituyente elaboró las Disposiciones Transitorias que fueron sancionadas junto con la Constitución y que fueron aprobadas por el pueblo en el referendo de 15-12-99.

En esas Disposiciones Transitorias, que son, como se ha dicho, las únicas de rango constitucional aprobadas por el pueblo en el referendo de 15-12-99 conforme a lo resuelto por el propio pueblo en el referendo del 25-4-99, nada se dispuso sobre la cesación en sus funciones de los titulares de los órganos del poder constituido conforme a la Constitución anterior (de 1961) y que habían sido electos un año antes. Esa fue, y no otra, la voluntad popular.

De haberse dispuesto en esas Disposiciones Transitorias la cesación de los titulares de los órganos de los poderes constituidos, quizás la votación en el referendo hubiera sido mayoritariamente negativa.

En todo caso, independientemente de los motivos que llevaron a la Asamblea Nacional Constituyente a no prever en las Disposiciones Transitorias nada que implicara la cesación de los titulares de los órganos de los poderes constituidos, lo cierto es que en las mismas nada se reguló sobre esa materia, de lo que resultaba que los nuevos órganos del Estado sólo entrarían a ser integrados cuando terminara el mandato de los precedentes.

Sin duda, fue una omisión imperdonable para quienes tenían programado un cambio inmediato de los titulares de los órganos del Estado; pero esa fue la Constitución sancionada por la Asamblea y aprobada por el pueblo, la cual, como lo declara el artículo 7, "es la norma suprema y el fundamento del ordenamiento jurídico" a la cual están sujetos "todas las personas y los órganos que ejercen el Poder Público".

Fue esa Constitución, aprobada así por el pueblo, además, la que dispuso que una vez que entrara en vigencia "el mismo día de su publicación en la *Gaceta Oficial de la República de Venezuela*, después de su aprobación por el pueblo mediante referendo" (Disposición Final), quedaba "derogada la Constitución de la República de Venezuela decretada el 23-01-1961" y que "el resto del ordenamiento jurídico" mantendría su vigencia en todo lo que no contradijera la nueva Constitución (Disposición Derogatoria).

El ordenamiento jurídico es un todo, por lo que la derogación tácita que esta norma dispone no admite excepciones respecto de normas que contradijeran la nueva Constitución, fuera cualquiera la fuente de creación, incluso, las normas que hubiera podido dictar la propia Asamblea Nacional Constituyente, la cual no podía estar por encima de la voluntad popular.

Fue entonces, la Asamblea Nacional Constituyente la que trastocó el ordenamiento jurídico y la transitoriedad constitucional, al dictar con posterioridad a la aprobación popular de la nueva Constitución mediante el referendo del 15-12-99, un régimen de "disposiciones transitorias" de la nueva Constitución, distinto al que ella preveía, en el Decreto sobre Régimen de Transición del Poder Público adoptado el 22-12-99, una semana después de que la Constitución hubiese sido aprobada por el pueblo.

A partir del 22-12-99, por tanto, ha habido dos regímenes de transitoriedad constitucional en el proceso constituyente venezolano: uno legítimo, constitucional, aprobado por el pueblo en las Disposiciones Transitorias de la Constitución; y otro ilegítimo, paraconstitucional, adoptado por la Asamblea Nacional Constituyente cuando ya había concluido su misión, dos días antes, el 20-12-99 al proclamar la nueva Constitución y sus Disposiciones Transitorias aprobadas por el pueblo.

Esta era la situación jurídica que debía enfrentar el Tribunal Supremo de Justicia, particularmente en su Sala Constitucional, a la cual correspondía y corresponde "garantizar la supremacía y efectividad de las normas y principios constitucionales" (art. 335). Pero el Tribunal Supremo de Justicia había sido "creado" por la Asamblea Nacional Constituyente, en el mismo mencionado Régimen de Transición del Poder Público, en el cual se nombró a sus Magistrados. Estos le debían su existencia a la Asamblea Nacional Constituyente y al Régimen Transitorio paraconstitucional en el cual sus Magistrados habían sido nombrados.

No es difícil, por tanto, deducir cuál podría ser la "interpretación constitucional" que daría la Sala Constitucional. Declarar la inconstitucionalidad, por violación de las normas supraconstitucionales adoptadas en las bases comiciales del referendo del 25-04-99, hubiera significado declararse a sí mismos como de designación inconstitucional.

El malabarismo constitucional quedó claro, por lo que la Sala Constitucional, por supuesto, le reconoció rango y valor constitucional a lo que no tenía, al Régimen de Transición del Poder Público que contenía disposiciones transitorias a la Constitución no aprobadas por el pueblo, como éste lo había exigido en el referendo de 25-04-99.

Y así, como ya hemos señalado, con ocasión de la impugnación del Estatuto Electoral del Poder Público dictado por la Asamblea Nacional Constituyente, la Sala Constitucional sin considerar el vicio denunciado de violación de las bases comiciales definidas por el pueblo en el referendo de 25-04-99, y declarar sin lugar el recurso, sentó el criterio de la coexistencia de dos regímenes constitucionales transitorios, uno aprobado por el pueblo y otro no aprobado por el pueblo.

Antes, la Sala Constitucional del Tribunal Supremo se había pronunciado sobre el Régimen de Transición del Poder Público en varias ocasiones. En la sentencia N° 4 de 26-01-00 había dicho que el mismo, dictado bajo la vigencia de la Constitución de 1961, no estaba sujeto a este texto. Al fundamentarse la acción intentada en presuntas transgresiones a la Constitución de 1961 y no en los parámetros y principios consagrados en las bases comiciales fijadas en el referendo del 25-04-00, la Sala Constitucional concluyó declarando la improcedencia del recurso, no sin antes estimar "el carácter originario del poder conferido por el pueblo" a la Asamblea, lo cual no era cierto.

En otra sentencia del día siguiente, 27-01-00, al conocer de otra impugnación del Decreto sobre Régimen de Transición del Poder Público, el Tribunal Supremo no sólo reiteró el criterio de que el mismo no estaba sujeto a la Constitución de 1961, sino que tampoco estaba sujeto a la nueva Constitución de 30-12-99, pues se había dictado con anterioridad a la vigencia de ésta, declarando improcedente la acción.

Sin embargo, fue en la sentencia dictada el 28-03-00 con ocasión de la impugnación del Estatuto Electoral del Poder Público dictado por la Asamblea Nacional Constituyente, que el Tribunal Supremo, a través de su Sala Constitucional, delineó su tesis ya comentada de la existencia de dos regímenes transitorios: el constitucional (Disposiciones Transitorias a la Constitución de 1999), y paraconstitucional (Decreto sobre Régimen de Transición del Poder Público). En la sentencia (caso *Allan R. Brewer-Carías y otros*) con la ponencia del magistrado Jesús Eduardo Cabrera, la Sala dijo:

> La Asamblea Nacional Constituyente, a fin de cumplir el mandato que le otorgó el pueblo, tenía varias alternativas, una, elaborar una Constitución con un conjunto de disposiciones transitorias que regularán el máximo la implementación jurídica del régimen transitorio entre las instituciones previstas en la Constitución de la República de Venezuela de 1961 y las previstas en la Constitución de la República Bolivariana de Venezuela de 1999.
>
> Otra alternativa era, no realizar dichas implementación en las disposiciones transitorias de la Constitución, y efectuarla mediante un cuerpo legislativo (*sic*) aparte, complementado por actos destinados a llenar el vacío institucional que se crearía al entrar en vigencia la nueva Constitución. Esta fue la vía escogida por la Asamblea Nacional Constituyente, cuando dictó el Régimen de Transición del Poder Público...

Por supuesto, como ya hemos señalado, nada más falso. Esas "alternativas" no las tenía la Asamblea Nacional Constituyente en el mandato popular recibido; tenía una sola: dictar una Constitución con su régimen transitorio si era necesario, para que fuera sometida a aprobación popular íntegramente. No había posibilidad de que parte de la nueva Constitución, así fuera sobre régimen transitorio, quedase excluida de la aprobación popular. Con la sentencia, así, se configuró un fraude a la voluntad popular.

Por tanto, en una forma absolutamente contraria al proceso constituyente, el Tribunal Supremo en dicha sentencia señaló que el Régimen Transitorio del Poder Público constituyó "un segundo régimen transitorio", con normas que:

> Se proyectan paralelamente a la Constitución vigente (1999),... como Disposiciones Transitorias de la Constitución vigente. Esta normativa de rango análogo a la Constitución, está destinada a que las instituciones prevenidas en la Constitución, pero que aún no han entrado en funcionamiento, se realicen, y se agotan al cumplir su cometido.

En la otra sentencia de 28-03-00 sobre la impugnación del Estatuto Electoral del Poder Público (caso *Gonzalo Pérez Hernández y otros*) la Sala Constitucional citando a C. Schmitt, G. Burdeau y G. Jellinek, sentó el criterio de que:

> El Régimen de Transición del Poder Público, el Estatuto Electoral del Poder Público y el Decreto de la Asamblea Nacional Constituyente que fijó la fecha para la realización de las elecciones son normas constitucionales, es decir, actos de decisión política fundamental... tales actos son orgánicamente iniciales, autónomos, incondicionados e indivisibles...

En estas dos sentencias además, se introdujo la afirmación de que:

La transición es necesaria e inmanente al proceso de producción originaria que ha abrogado la Constitución de 1961 y promulgado la Constitución de la República Bolivariana de Venezuela.

Toda esta formulación teórica de justificación de un régimen de disposiciones transitorias de la Constitución de 1999, que no forma parte de ella ni fue sometida a la aprobación popular mediante el referendo del 15-12-99, se pretendió afinar en la sentencia dictada por la Sala Constitucional, el 27-04-01, al resolver un recurso de interpretación sobre la duración del mandato del Presidente de la República, de la cual fue ponente, de nuevo, el magistrado José M. Delgado Ocando.

Ya antes, en su Discurso de apertura de las actividades judiciales del año 2001 el magistrado Delgado Ocando había elaborado el tema de la transitoriedad[376], también como "necesaria e inherente" al proceso constituyente, justificando los actos de la Asamblea Nacional Constituyente, sobre transitoriedad, no aprobados por el referendo del 15-12-99, como producto "del ejercicio temporal de la potestad originaria" supuestamente conforme a las bases comiciales del referendo del 25-04-99. "De la transitoriedad necesaria -dijo el Magistrado- resulta que aún en la hipótesis de que la Asamblea Nacional Constituyente no hubiera sancionado normas transitorias, la producción originaria hubiera exigido la transitoriedad y el máximo Tribunal había tenido que resolver los problemas inherentes a ella".

Distinguió el magistrado Delgado Ocando, en su discurso, lo que llamo las normas transitorias "de permanencia indeterminada", refiriéndose al texto de la Constitución de 1999; de las normas transitorias "de permanencia determinada" refiriéndose al Régimen de Transición del Poder Público y a las Disposiciones Transitorias de la Constitución de 1999. Estas últimas, dijo, están "proyectadas a invalidarse, pro futuro, cuando las preguntas refrendarias hayan sido contestadas y cumplidas". En nuestro criterio, esta afirmación hace que el tal carácter de "determinadas" sea lo más imaginativamente indeterminado y conduce a que la transitoriedad pueda no terminar nunca. Por ello la afirmación del magistrado Delgado Ocando, por ejemplo, de que "la transitoriedad necesaria del proceso hace de imposible cumplimiento los artículos 270 y 279 de la Constitución de la República Bolivariana de Venezuela".

Estas normas, precisamente, son las que regulan la participación de los diversos sectores de la sociedad civil en los Comités de Postulaciones para la designación de los Magistrados del Tribunal Supremo y de los Jueces y de los órganos del Poder Ciudadano. La Constitución, por tanto, conforme a este criterio se convierte en la "hoja de papel" de la cual habla la sentencia del 27-04-01, de la cual fue ponente el mismo magistrado Delgado Ocando.

En esta sentencia, en efecto, sobre el tema de transitoriedad, la Sala Constitucional recogió el criterio del carácter "necesario e inmanente" de la misma al proceso constituyente, definiéndolo como "proceso inmanente a la producción originaria sin censura institucional" y precisando que el sistema constitucional "está integrado por todas las normas sancionadas por la Asamblea Nacional Constituyente; incluidas las

---

376   V., la reseña en *El Universal*, Caracas 12-01-01, p. 1-4.

destinadas a la reestructuración del Poder Público y la vigencia inmediata de la Constitución de 1999".

El Tribunal Supremo, en esta forma, consolidó el fraude a la voluntad popular que significó darle rango constitucional a unas normas que el pueblo no aprobó mediante el referendo de 15-12-99; y que conduce a que la supuesta transitoriedad establecida en un acto constituyente no aprobado por el pueblo conlleve a la inaplicabilidad de la Constitución que si fue aprobada mediante referendo.

Esta anómala situación constitucional, lamentablemente, fue acogida por otras Salas del Tribunal Supremo de Justicia, como la Sala Político Administrativa la cual, en una sentencia de 19-07-01 dictada con ponencia de Yolanda Jaimes Guerrero, con motivo del conflicto de autoridades surgido con la designación del Contralor del Estado Táchira y la aplicación del Régimen de Transición del Poder Público, "interpretó" la sentencia de la Sala Constitucional dictada con motivo de la acción de nulidad del Estatuto Electoral, antes citada, de fecha 28-03-00, en la cual se había pronunciado "acerca de dos etapas de la transitoriedad por la que ha atravesado el proceso constituyente venezolano", declarando que la "Sala lo entiende de la manera siguiente:

1. Una *etapa de transitoriedad previa* a la entrada en vigencia de la Constitución de la República Bolivariana de Venezuela. Etapa que en criterio de la Sala Constitucional (expuesto en decisión de fecha 28 de marzo de 2000) comenzó el 25 de abril de 1999, con la finalidad no sólo de discutir y aprobar una nueva Constitución, por medio de la Asamblea Nacional Constituyente, sino que según la Pregunta Primera del Referéndum Consultivo, la Asamblea se convirtió en un órgano para transformar el Estado y crear un nuevo ordenamiento jurídico que permitiera el funcionamiento efectivo de una democracia social y participativa. Esta etapa previa de transición finalizó una vez aprobado el Texto Fundamental. Adicionalmente, en este período, precisa la Sala Constitucional la Asamblea Nacional Constituyente el 12 de agosto de 1999, decretó la reorganización de todos los Poderes Públicos y reformó las funciones del Poder Legislativo.

2. Otra *etapa de transitoriedad posterior* a la promulgación y entrada en vigencia del Texto Fundamental, durante la cual, la Asamblea Nacional Constituyente dictó una serie de normas (entre las cuales destaca el Régimen de Transición del Poder Público) que a criterio de la Sala Constitucional "...conforman un sistema de rango equivalente a la Constitución, pero de vigencia determinada con respecto a la Constitución que elaboraba..." (subrayado de esta Sala), destinado a regir toda la transitoriedad. La Sala Político Administrativa considera –como se ha expuesto– que esta transitoriedad trasciende de la entrada en vigencia de la Constitución, pues bajo el enunciado del artículo 3 del citado Régimen de Transición del Poder Público, el mismo se encuentra destinado a regir hasta la implantación efectiva de la organización y el funcionamiento de las instituciones previstas en la Constitución.

Con esta decisión se consolidaron dos situaciones inconstitucionales: la violación de la Constitución de 1961 por la Asamblea Nacional Constituyente sin tener autoridad alguna para ello, durante su funcionamiento; y la violación de la Constitución de 1999 con base en una supuesta transitoriedad que hace inaplicables sus normas; y todo avalado por el Tribunal Supremo de Justicia.

2. *La burla a la Constitución por la confiscación del derecho constitucional a la participación de la sociedad civil en la designación de los titulares de los órganos del Poder Público no electos popularmente para el primer período constitucional*

Uno de los motivos principales que originó la crisis política y la necesidad de una Asamblea Constituyente y de una reforma constitucional como la de 1999, fue la reacción contra la democracia meramente representativa de partidos, buscando su perfeccionamiento con aspectos de democracia de participación.

La crítica al sistema de designación de los altos funcionarios públicos no electos por el Congreso (Fiscal General, Contralor General, Magistrados de la Corte Suprema) que establecía la Constitución de 1961, y que le daba poder discrecional para ello, puede decirse que fue generalizada en el país. La queja se refería a la falta de participación y al monopolio que ejercían los partidos políticos representados en el Congreso, en dichas designaciones. Por ello, en la Asamblea Nacional Constituyente, en esta materia se impuso el principio de la participación sobre el principio de la representatividad, y si bien se le atribuyó a la Asamblea Nacional la competencia para designar a los titulares de los órganos no electos popularmente del Poder Público, la reforma más importante que se introdujo consistió en *quitarle a la Asamblea la potestad discrecional para hacer tales nombramientos.*

En concreto, la Constitución reguló una forma precisa de *participación activa de la sociedad*, consistente en atribuirle a unos Comités de Postulaciones la *potestad exclusiva* de hacer las postulaciones de candidatos ante la Asamblea Nacional, por lo que no se pueden formular postulaciones directamente ante la Asamblea Nacional ni la Asamblea puede designar otras personas distintas a las postuladas por los Comités de Postulaciones. Esos Comités son órganos intermedios, algunos permanentes, que obligatoriamente deben estar integrados por *representantes de los diferentes sectores de la sociedad*. Son diferentes a la Asamblea Nacional y los representantes populares no pueden formar parte de los mismos.

En efecto, en cuanto a la designación de los magistrados del Tribunal Supremo de Justicia, el artículo 264 de la Constitución dispone que las postulaciones de candidatos sólo puede hacerse ante un Comité de Postulaciones Judiciales, por iniciativa propia o por organizaciones vinculadas a la actividad jurídica.

El Comité de Postulaciones Judiciales, conforme al artículo 270 de la Constitución, es un órgano asesor del Poder Judicial para la selección de los candidatos a magistrados del Tribunal Supremo de Justicia, por lo que se trata de un órgano permanente que, además, debe asesorar a los Colegios electorales judiciales para la elección de los jueces de la jurisdicción disciplinaria. Este Comité de Postulaciones Judiciales debe estar integrado "por representantes de los diferentes sectores de la sociedad, de conformidad con lo que establezca la Ley" (art. 270)

Ahora bien, el procedimiento constitucional previsto para la designación de los magistrados del Tribunal Supremo, que debe ser regulado en la Ley, es el siguiente: El Comité, recibidas las postulaciones, "oída la opinión de la comunidad, efectuará una preselección para su presentación al Poder Ciudadano". Este órgano, integrado por el Fiscal General de la República, el Defensor del Pueblo y el Contralor General de la República (art. 273) debe efectuar "una segunda preselección que será presentada a la Asamblea Nacional, la cual hará la selección definitiva" (art. 264).

La Asamblea Nacional Constituyente, al dictar el Decreto sobre el Régimen Transitorio el Poder Público el 22-12-99 había designado los magistrados del Tribunal Supremo, e indicó que serían "de carácter provisorio" hasta tanto la Asamblea Nacional realizase las designaciones o ratificaciones definitivas *de conformidad con la Constitución* (art. 20). Por tanto, la Asamblea Nacional electa en 2000 tenía el mandato Constitucional (tanto en virtud del texto expreso de la Constitución, como en virtud del Régimen Transitorio del 22-12-99 al cual el Tribunal Supremo reconocía rango constitucional) de designar a los magistrados en forma definitiva de conformidad con la Constitución.

En cuanto a la designación de los órganos del Poder Ciudadano, la postulación de candidatos también debe hacerse ante un Comité de Evaluación de Postulaciones regulado en el artículo 279 de la Constitución, que debe ser convocado por el Consejo Moral Republicano (integrado por el Fiscal General de la República, el Defensor del Pueblo y el Contralor General de la República).

Este Comité "estará integrado por representantes de diversos sectores de la sociedad" y debe adelantar "un proceso público de cuyo resultado se obtendrá una terna para cada órgano del Poder Ciudadano". Estas ternas son las que deben ser sometidas a la consideración de la Asamblea Nacional, la cual, mediante el voto favorable de las dos terceras partes de sus integrantes, escogerá en un lapso no mayor de 30 días continuos al titular del órgano del Poder Ciudadano que esté en consideración. Si concluye ese lapso sin acuerdo en la Asamblea Nacional, el Poder Electoral debe entonces someter la terna a consulta popular.

Sólo en caso de no haber sido convocado el Comité de Evaluación de Postulaciones del Poder Ciudadano, la Asamblea Nacional podría proceder, dentro del plazo que determine la ley, a la designación del titular del órgano del Poder Ciudadano correspondiente (art. 279).

En el Régimen Transitorio del Poder Público establecido por la Asamblea Nacional Constituyente el 22-12-99, se dispuso que a los fines de la designación por la Asamblea Nacional electa en 2000 del Defensor del Pueblo, del Fiscal General de la República y del Contralor General de la República "de conformidad con la Constitución", la Asamblea Nacional Constituyente debía designar a los integrantes del primer Comité de Evaluaciones y Postulaciones del Poder Ciudadano, lo que en definitiva nunca hizo.

En cuanto a los miembros del Consejo Nacional Electoral, éste debe estar integrado por personas no vinculadas a organizaciones con fines políticos; tres de ellos deben ser postulados por la sociedad civil, uno, por las facultades de ciencias jurídicas y políticas de las Universidades nacionales y uno por el Poder Ciudadano (art. 296).

Las postulaciones de candidatos a integrar el Consejo Nacional Electoral, deben realizarse ante el Comité de Postulaciones Electorales, el cual debe estar integrado "por representantes de los diferentes sectores de la sociedad, de conformidad con lo que establezca la ley" (art. 295).

Los integrantes del Consejo Nacional Electoral, de acuerdo a las postulaciones que formule el Comité, deben ser designados por la Asamblea Nacional con el voto de las dos terceras partes de sus integrantes (art. 296)

El resultado de estas regulaciones es que de acuerdo con la Constitución, no se pueden formular postulaciones a los mencionados cargos directamente ante la Asamblea Nacional, sino ante los Comités, y la Asamblea Nacional no podría designar para los cargos a personas que no estén en las listas de postulados que elaboren los Comités de Postulaciones. Se trata, en definitiva, en una Constitución que en más de cincuenta artículos habla de participación, del *único mecanismo directamente regulado en la Constitución* que asegura la participación de los "diversos sectores de la sociedad" en la gestión de asuntos públicos. No se trata de un mecanismo de consulta y mucho menos a través de mesa de diálogos, sino de participación activa.

Por supuesto, la forma de integración de los Comités de Postulaciones era esencial para que se aplicara la Constitución, por lo que la Asamblea Nacional estaba y está *obligada a llenar el vacío legal*, mediante una legislación que regulase los Comités de Postulaciones. Resultaba inadmisible que la Asamblea Nacional pretendiera legislar, para no legislar, como sucedió con la Ley Especial para la Ratificación o Designación de los Funcionarios y Funcionarias del Poder Ciudadano y Magistrados y Magistradas del Tribunal Supremo de Justicia para el primer período constitucional de 14-11-00[377], que violó tanto los artículos 264, 270 y 279 de la Constitución, como los artículos 20 y 33 del Decreto de la Asamblea Nacional Constituyente sobre Régimen de Transición del Poder Público cuyo rango constitucional fue reconocido por el Tribunal Supremo. Estas normas exigían que la Asamblea Nacional, una vez electa, debía realizar las designaciones definitivas del los altos funcionarios "de conformidad con la Constitución".

La referida Ley Especial para la designación de los altos funcionarios públicos del Poder Judicial y del Poder Ciudadano violó la Constitución al no organizar los Comités de Postulaciones que ésta exigía, integrados por representantes de los diversos sectores de la sociedad, y sustituirlos por una Comisión Parlamentaria.

En efecto, la Ley Especial dispuso que la Asamblea Nacional para hacer las designaciones de los mencionados funcionarios públicos, debía designar una "Comisión integrada por 15 diputados o diputadas, que actuará como Comisión de Evaluación de Postulaciones" (art. 3); la cual, una vez instalados sus miembros, debían seleccionar, "a través de mecanismos de consulta, una lista de 12 representantes de los diversos sectores de la sociedad, que presentará ante la Asamblea Nacional para que ésta proceda a designar, por mayoría absoluta, 6 representantes, quienes integrarán la Comisión y actuarán como miembros de la misma, con derecho a voz y voto" (art. 4).

Se dispuso, además, que "para hacer efectivos los principios de publicidad y participación de la ciudadanía", la Comisión debía implementar "dichos mecanismos a través de consultas y participación de las comunidades", para lo cual debía instrumentar "mesas de diálogo donde estén representados los diversos sectores de la sociedad y con las cuales se consultarán y evaluarán las postulaciones recibidas" (art. 5). Esos representantes debían ser designados por la Comisión de listas que presen-

---

377   *Gaceta Oficial* N° 37.077 de 14-11-00. *V.,* en general, Carlos Luis Carrillo Artiles, "El desplazamiento del principio de supremacía constitucional...", *loc. cit.*, p. 86 y ss.

taran "las diversas organizaciones de la ciudadanía interesadas en participar en el proceso" (art. 6).

Las postulaciones recibidas para la designación de los integrantes de los Poderes Públicos Nacionales regulados en la ley debían ser objeto de consulta pública a los efectos de que se presentasen ante el Comité los respaldos u objeciones fundadas (art. 7).

Como resultado del proceso, la Comisión debía elaborar una lista de postulados para ser sometida a la consideración de la Asamblea Nacional, para la designación definitiva (art.9).

Basta leer dicha Ley Especial para evidenciar su inconstitucionalidad. Fue una burla a la Constitución y constituyó la confiscación del derecho a la participación política garantizado en forma expresa en el Texto Constitucional. Tanto que se ha hablado de participación y de democracia participativa, como supuestamente sustitutiva de democracia representativa, y cuando correspondía hacerla realidad, por primera vez, cumpliendo la Constitución, como implicaba un límite al poder hegemónico, se ignoró.

Como consecuencia de ello, mediante sendos Acuerdos[378] la Asamblea Nacional designó al Fiscal General de la República, al Defensor del Pueblo, al Contralor General de la República y a los Magistrados del Tribunal Supremo de Justicia, sin ajustarse a lo que disponían los artículos 264, 270 y 279 de la Constitución.

La Asamblea Nacional, así, se había burlado de la Constitución, lo que incluso había llevado a la Defensora del Pueblo, antes de ser sustituida, a intentar una acción de nulidad por inconstitucionalidad contra la Ley Especial ante la Sala Constitucional del Tribunal Supremo.

La Asamblea Nacional Constituyente, para proceder a designar a los mencionados altos funcionarios del Estado, por supuesto que tenía que dictar las respectivas leyes orgánicas que exigía la Constitución y llenar el vacío legal existente. Sin embargo, fue la propia Asamblea la que renunció a legislar lo que debía y, en su lugar, "prorrogó" el régimen transitorio por su carencia legislativa, dictando, en lugar de las leyes orgánicas respectivas, la Ley Especial mencionada, que violaba la Constitución.

Lo grave de esta situación fue que el Tribunal Supremo de Justicia legitimó esta omisión del legislador y justificó la violación de la Constitución. En un auto de fecha 12-12-00, dictado días antes de la designación por la Asamblea Nacional de los referidos altos funcionarios del Estado, con ocasión de resolver la pretensión de amparo acumulada al recurso de nulidad por inconstitucionalidad de la Ley Especial que había intentado la Defensora del Pueblo[379], la Sala Constitucional señaló que una segunda etapa del sistema constitucional derivado del proceso constituyente:

> Surge a partir de la promulgación de la Constitución de la República Bolivariana de Venezuela, la cual crea una serie de instituciones no previstas en las Cartas Fundamentales anteriores, pero cuyas pautas de funcionamiento no fueron consagradas

---

378 Publicados en *Gaceta Oficial* Nº 37.105 de 22-12-00.

379 *V., El Universal,* Caracas 13-12-00, p. 1-2.

en el texto constitucional, *quedando sujetas a una regulación posterior mediante leyes que dictare la Asamblea Nacional.*

De ello resulta, por tanto, que era indispensable que la Asamblea Nacional dictase tales Leyes Orgánicas para que las nuevas instituciones pudieran entrar definitivamente en funcionamiento. Por ello, la afirmación que de seguidas hizo la misma Sala Constitucional:

La normalización total de las instituciones nuevas como el Poder Ciudadano y el Tribunal Supremo de Justicia requieren de Leyes Orgánicas que desarrollen el texto constitucional, y mientras ellas no se dicten, las mismas se rigen por dos cuerpos legales coexistentes e integrativos: Decreto sobre el Régimen de Transición de Poder Público y la Constitución de la república Bolivariana de Venezuela, en lo que se complementan.

Por ello, en fallo de esta Sala, de fecha 30 de junio de 2000 (caso *Defensoría del Pueblo*), la Sala enfatizó que cuando las Leyes Orgánicas respectivas se dictaren, cesaría definitivamente el régimen provisorio que gobierna a las instituciones, actualmente carentes de dichas Leyes especiales, pero mientras tanto, conformaban un solo bloque constitucional el Régimen Transitorio del Poder Público y la Constitución de la república Bolivariana de Venezuela, tal como lo ha apuntado esta Sala en fallos de fecha 14 de marzo y 28 de marzo de 2000.

De manera que el Régimen Transitorio estaría vigente hasta que la Asamblea Nacional dictase las referidas leyes orgánicas, por lo que conforme a la doctrina de la Sala, mientras esas leyes orgánicas no se dictasen, el régimen transitorio y provisorio continuaría indefinidamente.

Pero en lugar de exhortar a la Asamblea Nacional a dictar dichas leyes, la Sala lo que hizo fue "legitimar" el contenido de la Ley Especial mencionada que no contenía las regulaciones que debían contener las leyes orgánicas indicadas, aceptando así, la burla a la Constitución[380]. No se debe dejar de mencionar que en la "Exposición de Motivos" que acompañó el Proyecto de Ley Especial, se afirmó como motivación la "falta de disposiciones expresas que regulen la designación de los integrantes del Poder Ciudadano y de los magistrados del Tribunal Supremo de Justicia", (que sólo la Asamblea Nacional podía dictar), constatando que "aun no existen los órganos que han de intervenir en tal designación" (que sólo la Asamblea Nacional podía regular), por lo cual se señalaba que "la Asamblea Nacional debe cubrir el vacío legal".

No se percató la Asamblea Nacional que el vacío legal debía cubrirlo ella misma, no mediante la Ley Especial que violaba la Constitución, sino mediante la sanción, precisamente, de las leyes orgánicas que exigía la Constitución con las cuales se pondría final al régimen provisorio y transitorio. Al renunciar a su obligación, la Asamblea Nacional "prorrogó" dicho régimen, el cual quedó vigente a su antojo, y el Tribunal Supremo así lo avaló, renunciando a su obligación de "asegurar la

---

380 El Director General de la Defensoría del Pueblo, Juan Navarrete, calificó la decisión del Tribunal Supremo de Justicia como un abuso de poder. *V., El Universal,* Caracas 14-12-00, p. 1-2.

integridad de la Constitución" (art. 334) y garantizar su "supremacía y efectividad" (art. 335).

3.   *La burla a la Constitución en cuanto a la inaplicabilidad de las condiciones de elegibilidad de los Magistrados del Tribunal Supremo para el primer período constitucional*

La burla sistemática de la Constitución de 1999 puede decirse que llegó a su clímax cuando la Sala Constitucional del Tribunal Supremo de Justicia decidió que las condiciones para ser magistrado del Tribunal Supremo que regula con precisión el artículo 263 de la Constitución, no resultaban aplicables a los propio Magistrados decisores que ocupaban posiciones en el Tribunal Supremo y aspiraban a ser ratificados por la Asamblea Nacional. De ello resultaba que la Constitución, como norma suprema, era obligatoria para todas las personas e instituciones (art. 7), menos para los magistrados del Tribunal Supremo de Justicia a quienes correspondía garantizar la supremacía y efectividad de sus normas (art. 335) y asegurar su integridad (art. 334).

En efecto, con motivo de la mencionada acción de nulidad por inconstitucionalidad que la Defensora del Pueblo había ejercido contra la Ley Especial para la Ratificación o Designación de los Funcionarios o Funcionarias del Poder Ciudadano y Magistrados y Magistradas del Tribunal Supremo de Justicia para el Primer Período Constitucional, al momento de pronunciarse sobre la admisibilidad de la pretensión de amparo formulada conjuntamente por la Defensora del Pueblo, la Sala Constitucional, por auto de 12-12-00, luego de reiterar la vigencia de dos regímenes constitucionales: el establecido en la Constitución de 1999 y el establecido en el Régimen de Transición del Poder Público contenido en el Decreto de la Asamblea Nacional Constituyente de 22-12-99, resolvió solicitar a la Defensora del Pueblo que aclarase su solicitud de amparo.

Sin embargo, hizo las siguientes consideraciones mediante las cuales decidió que la Constitución de 1999 no se aplicaba a los Magistrados del Tribunal Supremo de Justicia que estaban firmando el auto.

En efecto, en esa decisión, la Sala comenzó constatando lo siguiente sobre la designación definitiva de los Magistrados del Tribunal Supremo:

> El Régimen de Transición del Poder Público, emanado de la Asamblea Nacional Constituyente y publicado en la *Gaceta Oficial de la República Bolivariana de Venezuela* de fecha 28 de marzo de 2000 (N° 36.920), previó en su artículo 21 que la Asamblea Nacional realizará las designaciones o ratificaciones definitivas de conformidad con la Constitución, de los Magistrados del Tribunal Supremo de Justicia y de sus suplentes, ya que los Magistrados nombrados en los artículos 19 y 20 del Régimen de Transición del Poder Público, ejercerían sus cargos en forma provisoria.

Es decir, la Sala admitió que el Régimen de Transición del Poder Público exigía que se cumpliera la Constitución en el proceso de "designación o ratificación definitiva" de los Magistrados del Tribunal Supremo. Sin embargo, para desligarse de la Constitución en cuanto al cumplimiento de las condiciones de elegibilidad previstas en el artículo 263 respecto de los Magistrado en funciones que habían sido designados provisionalmente el 22-12-99 y que aspiraban ser "ratificados", la Sala "inventó" el argumento de que la figura de la "ratificación" no estaba prevista en la Constitución, por lo que el artículo 263 de la misma supuestamente sólo se aplicaba cuando los Magistrados fueran a designarse *ex novo*, pero no cuando fueran ratificados. El siguiente fue el razonamiento de la Sala:

> La figura de la ratificación no está prevista en la Constitución vigente, sino en el Régimen de Transición del Poder Público, y ella fue tomada en cuenta sólo con relación a los Magistrados del Tribunal Supremo de Justicia, mas no con respecto a los miembros del Poder Ciudadano, ya que los artículos 35, 36, 37 y 38 del Régimen de Transición del Poder Público no contemplaron la ratificación de quienes ejercían provisionalmente los cargos del Poder Ciudadano.

> Resultado de la aplicación necesaria del Régimen de Transición del Poder Público, el cual -como lo apunta esta Sala- es de rango constitucional, es que solo con respecto a los Magistrados del Tribunal Supremo de Justicia ha de utilizarse la figura de la ratificación, la cual carece de previsión en la Constitución, por lo que la frase del *artículo 21 del Régimen de Transición del Poder Público*, según la cual las ratificaciones definitivas *se harán de conformidad con la Constitución, carece de aplicación*, ya que como antes apuntó la Sala, la vigente Constitución no previó normas sobre ratificación de Magistrados del Tribunal Supremo de Justicia.

En esta forma, de un plumazo, la Sala Constitucional que es la primera institución obligada a garantizar la supremacía y efectividad de las normas y principios constitucionales (art. 336), resolvió que la Constitución no era aplicable precisamente, a los Magistrados mismos del Tribunal Supremo y de la Sala que eran los que estaban decidiendo. Se estaba haciendo justicia por las propias manos de los que se beneficiaban de la decisión[381].

El resultado de declarar la inaplicabilidad de la Constitución para la "ratificación" de los magistrados, llevó a los Magistrados de la Sala, entonces a "legislar" y autodefinirse el "régimen especial" relativo a las condiciones de elegibilidad de los mismos, aplicables a ellos mismos, además, alegando el principio de no discriminación. ¿Qué mayor discriminación, en realidad, que la contraria, es decir, definir para ellos mismos y sólo para ellos un régimen especial de condiciones para ser designados? La Sala, en efecto, dijo lo siguiente:

> En consecuencia, el régimen de ratificación debe ser especial, orientado hacia cual ha sido el rendimiento de los Magistrados a ratificarse y la calidad de sus ponencias, ya que son éstos los parámetros que permiten conocer la calidad de quienes como Magistrados ya han impartido justicia desde la más alta Magistratura, y por tanto se han hecho o no dignos de ratificación.

> Exigírsele a dichos Magistrados, además, otros requisitos que ni la Constitución (que no previó la figura), ni ninguna otra ley contempla, es crear una discriminación en contra de los ratificables, en relación con quienes no han sido Magistrados, que aspiran integrar las Salas del Tribunal Supremo de Justicia.

---

381 Por eso la Defensora del Pueblo anunciaba que solicitaría la inhibición de los Magistrados de la Sala Constitucional. *V., El Universal*, Caracas 16-12-00, p. 1-4.

Y luego, la Sala pasó a examinar cada una de las condiciones de elegibilidad exigidas en el artículo 263 para ser magistrado del Tribunal Supremo, así:

Conforme al *artículo 263 de la vigente Constitución*, aplicable a los aspirantes a la más alta Magistratura, para pertenecer a ella se requiere:

1. Tener la nacionalidad venezolana por nacimiento.

2. Ser ciudadano o ciudadana de reconocida honorabilidad

3. En forma alternativa y no acumulativa:

3.1) Ser jurista de reconocida competencia, gozar de buena reputación, haber ejercido la abogacía durante un mínimo de quince años y tener título de postgrado en materia jurídica.

Se trata de un conjunto de requisitos que deben concurrir, pero que para no violar derechos adquiridos, también de naturaleza constitucional, hay que analizar si para la fecha de graduación del abogado, existía o no organizado en el país un sistema de postgrado a que pudiera acceder.

Es de observar, sobre este tema, que aquí comenzó la Sala a cambiar la Constitución, pues los postgrados no sólo se realizan para la fecha de graduación del interesado al terminar el pregrado. Por tanto, la exigencia constitucional del postgrado es independiente de la fecha de graduación de la persona.

La Sala continuó analizando las condiciones, distorsionando la categoría legal de lo que es "profesor titular" conforme a la Ley de Universidades, así:

3.2) Haber sido profesor o profesora universitario en ciencias jurídicas durante un mínimo de quince años, y tener la categoría de profesor titular.

La categoría de profesor titular no podría entenderse en el sentido de un grado dentro de la jerarquía de una carrera, ya que la norma para nada se refiere a la carrera universitaria, y a la necesidad de ser profesor a tiempo completo dentro de ella, que es la que permite acceder a los grados superiores; y además, quien ingresa a una universidad como instructor difícilmente puede llegar a la más alta jerarquía en un lapso de quince años. De allí que la categoría de titular tiene que ser entendida como la condición de una persona respecto de las demás.

El autor Manuel Ossorio, en su Diccionario de Ciencias Jurídicas, Políticas y Sociales, al referirse a esta acepción menciona que "en este último sentido habría categorías de abogados, médico, pintores, militares, albañiles. Es lo que Cabanellas ha llamado la "categoría profesional" o "estatuto personal", con lo cual no estaríamos en presencia de jerarquías dentro de una profesión sino de la condición o estatuto de una profesión, "respecto de las demás", en este caso hablaríamos de la categoría de profesor universitario por oposición a la categoría de médico o militar.

Por otra parte, la condición de titular tampoco denota exclusivamente un grado jerárquico. En efecto, el Diccionario de la Real Academia dice que titular es el que "ejerce cargo, oficio o profesión con cometido especial y propio", y agrega, a título de ejemplo, "juez, médico, profesor universitario TITULAR".

A este respecto Ossorio aclara que el titular es "aquel que ejerce un cargo u oficio por derecho propio o nombramiento definitivo; *a diferencia de substitutos, reem-*

plazantes o interinos. (Diccionario de Derecho Usual de Cabanellas)" (Subrayado de la Sala).

En virtud de lo expuesto, considera la Sala que este requisito para los profesores universitarios se interpreta como la exigencia de que el docente universitario tenga una antigüedad mínima de quince años como profesor y se trate de un profesor titular, es decir, ordinario activo o jubilado".

En la Ley de Universidades, y esa fue la intención del constituyente, se define la categoría de "profesores titulares" como miembros ordinarios del personal docente (art. 87), a la cual se accede después de ascender sucesivamente desde profesor instructor, profesor asistente, profesor agregado y profesor asociado, de manera que para ser profesor titular "se requiere haber sido profesor asociado, por lo menos durante cinco años". (art. 97). Es contrario a la Ley identificar, entonces, "profesor titular" con "profesor ordinario" como lo hizo la Sala.

¡Cómo pudo la Sala, simplemente, ignorar la Ley! Para resolver la duda no necesitaba citar a Ossorio ni a Cabanellas; bastaba con que consultara la Ley de Universidades.

Por tanto, "profesor titular" es lo que está definido en la Ley y es falso que para poder ascender en el escalafón universitario se necesite ser profesor a tiempo completo. Además, también es falso que "sea muy difícil" ascender desde instructor a titular en un lapso de 15 años. La decisión de la Sala, en realidad, lo que constituyó fue la entronización de la mediocridad y el abandono de la excelencia universitaria que es lo que la Constitución exigía expresamente para los magistrados.

Pero el análisis de la Sala continuó con el otro requisito de elegibilidad, así:

3.3)   Ser o haber sido juez o jueza superior en la especialidad correspondiente a la Sala para la cual se postula, con un mínimo de quince años en el ejercicio de la carrera judicial, y reconocido prestigio en el desempeño de sus funciones.

Al respecto, la Sala acotó:

A)   Es necesario que el aspirante tenga como mínimo quince años en el ejercicio de la carrera judicial. Dentro de este lapso deben computarse no sólo los años como juez de instancia sino, eventualmente, como Magistrado de la antigua Corte Suprema de Justicia o del actual Tribunal. En efecto, según el *artículo 2° del "Régimen de Transición del Poder Público"*, los actuales Magistrados pueden ser ratificados de forma definitiva por la Asamblea Nacional.

B)   El requisito de haberse desempeñado como Juez Superior, es una exigencia mínima. Obviamente, si se han desempeñado como Magistrados de la antigua Corte o del Tribunal Supremo de Justicia, con mayor razón (por argumento a *fortiori*), el aspirante a ser designado o ratificado cumpliría con este requisito constitucional.

C)   La "especialidad correspondiente a la Sala", a la que alude este numeral, debe ser interpretada de una manera amplia, al menos en lo que concierne a la Sala Constitucional y a la Sala Social.

La primera, porque las atribuciones y competencias de esta Sala, en materia de protección a la Constitución abarca varios ámbitos, que exceden la especialidad académica del Derecho Constitucional; y la segunda, porque las materias de que debe conocer la Sala Social exceden también del campo laboral *strictu sensu*, que es su competencia por excelencia, por lo cual, lo ideal es que sea integrada por especialistas en las distintas materias que la Constitución y la Ley le puedan asignar (Familia, menores, etc.).

De nuevo, en este razonamiento, la Sala interpretó la exigencia constitucional de haber sido "juez superior" como quiso, a la medida de los Magistrados decisores.

Poco se puede agregar en cuanto a comentarios a esta conducta del Tribunal Supremo de Justicia, integrado por Magistrados designados por el nuevo poder, a dedo, el 22-12-99, que con la mayor desfachatez, en un auto que lo que decide es exigir que el accionante (Defensor del Pueblo) aclarase su acción, aprovecharon para decidir que la Constitución no era aplicable a sus integrantes que aspiraban a ser designados, con el argumento de que de lo que se trataba era que iban a ser "ratificados" y ¡ello no estaba regulado en la Constitución!. En todo caso, la decisión de fondo de la acción intentada no se adoptó posteriormente.

VII. LA BURLA A LA RIGIDEZ CONSTITUCIONAL Y LAS MODIFICACIONES ILEGÍTIMAS A LA CONSTITUCIÓN

La Constitución de 1999, en su Título IX que regula la Reforma Constitucional, establece tres mecanismos de revisión de la Constitución, que son: la Enmienda constitucional, la Reforma constitucional y la Asamblea Nacional Constituyente. (arts. 304 a 349).

La rigidez constitucional deriva de que es la propia Constitución la que en esos artículos regula con precisión el procedimiento de la revisión constitucional.

En cuanto a la Enmienda, que tiene por objeto al adición o modificación de uno o varios artículos sin alterar la estructura fundamental de la Constitución (art. 340), el procedimiento se regula precisándose quiénes pueden tener la iniciativa de la Enmienda (art. 341,1), la aprobación por mayoría de la Asamblea Nacional cuando la iniciativa parta de ésta (art. 341,2), la aprobación por referendo de la Enmienda (art. 341,3 y 4) y la forma de publicación y promulgación de la misma (art. 341,5 y 346).

En cuanto a la Reforma constitucional, que tiene por objeto una revisión parcial de la Constitución y la sustitución de una o varias de sus normas que no modifiquen la estructura y principios fundamentales del texto constitucional (art. 342), la Constitución regula quiénes tienen la iniciativa de la Reforma (art. 342), la tramitación de la misma y su discusión y aprobación por la Asamblea Nacional (art. 343), la aprobación por referendo (art. 344 y 345) y promulgación de la Reforma (art. 346).

Por último, en cuanto a la Asamblea Nacional Constituyente, la cual se regula como un órgano representativo del pueblo como "depositario del poder constituyente originario" (art. 347), se precisa quiénes tiene la iniciativa para convocarla (art. 348) y las normas de su funcionamiento (art. 349).

1. *La ilegítima admisibilidad de la revisión refrendaria de la Constitución*

Las anteriores normas confirman la rigidez de la Constitución, la cual no puede revisarse por ningún otro mecanismo.

Sin embargo, no lo resolvió así la Sala Constitucional, la cual en una ambigua sentencia dictada con ocasión de declarar improcedente una acción de amparo ejercida contra el denominado "referendo sindical", en la cual parece admitir que

además de las formas de revisión de la Constitución expresamente reguladas en el
Título IX, había otra que sería el referendo consultivo, lo que, por supuesto, constituye una burla a la rigidez constitucional.

En efecto, con ocasión de la convocatoria, a instancias de la Asamblea Nacional
por el Consejo Nacional Electoral al denominado referendo sindical realizado el 03-
11-00, destinado a aprobar la suspensión de los dirigentes de las más altas organizaciones sindicales, lo que evidentemente constituía una violación del derecho a la
libertad sindical garantizado en el artículo 95 de la Constitución, la Sala Constitucional del Tribunal Supremo de Justicia, al dictar la sentencia de 1-12-00 (caso
Frente Constituyente de Trabajadores), no sólo resolvió que no existía tal violación
-refiriéndose sólo a una parte del artículo, pero ignorando otra, como antes se ha
argumentado-, sino que sentó un criterio teórico que podría permitir fundamentar
reformas constitucionales no aprobadas conforme a lo dispuesto en el Título IX de
la Constitución, como consecuencia de la realización de un referendo, por ejemplo,
aprobatorio.

En efecto, en esa sentencia, la Sala analizó el tema del "referendo consultivo y el
mandato constitucional emanado de la consulta", señalando lo siguiente:

> La Sala observa además, que el Referendo impugnado es un procedimiento de-
> mocrático fundado en el principio de participación en los asuntos públicos confor-
> me al *artículo 62 de la Constitución de la República Bolivariana de Venezuela,* el
> cual consagra la obligación del Estado y de la sociedad en facilitar la generación de
> las condiciones más favorables para su práctica, lo que permite a los ciudadanos re-
> solver por sí mismos los problemas importantes y evitar que "*sus representantes
> acaparen todo el poder político*" (Duverger, *Instituciones Políticas y Derechos
> Constitucionales*, Barcelona, Ariel, 1980, Trad. De E. Aja y otros, p. 82), de modo
> que la aplicación del ordenamiento jurídico vigente impida la manifestación de la
> voluntad popular por efecto de dicha aplicación; todo lo cual supone el ejercicio
> directo de dicha voluntad popular, por lo que su decisión soberana, en sentido
> afirmativo o negativo, sería un mandato constitucional del pueblo venezolano, ti-
> tular de la soberanía, mandato que por su origen, integraría el sistema constitu-
> cional y no podría asimilarse, en caso afirmativo, a una intervención, suspensión o
> disolución administrativa, que es lo que prohíbe el *artículo 95 de la Constitución de
> la República Bolivariana de Venezuela*, aparte de que el referendo ha sido convo-
> cado por el Consejo Nacional Electoral a instancia de la Asamblea Nacional. Debe
> mencionarse que el mandato que el pueblo conferiría al Consejo Nacional Electoral,
> en caso de que la pregunta del Referendo sea aprobada, tendría carácter constitucio-
> nal y sus efectos no constituirían una suspensión "administrativa" como se despren-
> de de los alegatos del accionante.

De esto resulta, por tanto, que lo aprobado en cualquier referendo consultivo sería "un mandato constitucional" del pueblo, que pasaría a integrar "el sistema constitucional", aún cuando la pregunta del referendo fuera contraria a la Constitución
misma, lo que significa la "legitimación" de otro procedimiento para la revisión
constitucional distinto a los previstos en el Título IX y la puerta abierta para la violación de la Constitución mediante la realización de referendos consultivos.

La Sala Constitucional, incluso, "legitimó" esta burla a la rigidez constitucional,
al agregar en la sentencia que:

El referendo, pues, como institución democrática, es la reivindicación del poder constituyente dentro del sistema constitucional vigente, para garantizar el proyecto político de la Constitución y para realizar, respecto de la consulta refrendaria, el ejercicio de la democracia participativa, la que, por esta vía, deviene democracia gobernante o social, como lo señala Burdeau (*Letat,* Paris, Seuil, 1971, Poder Público 57-61). Los referendos populares exceden, por tanto, la representación y la participación misma y le permiten al pueblo reivindicar su poder de decisión directa en asuntos de interés público, lo que significa la irrupción ocasional de la potestad soberana dentro del régimen legal constitucional de democracia representativa.

2. *Las ilegítimas modificaciones al texto constitucional de 1999 desde su sanción hasta su publicación*

El proceso de puesta en vigencia de la Constitución de 1999 y de su publicación posterior estuvo plagado de improvisaciones y abusos por parte de supuestas "comisiones técnicas" que fueron moldeando el texto constitucional a su antojo. Con un ejemplo puntual puede apreciarse cómo fue cambiada la Constitución, sin que ello hubiese sido producto ni de la voluntad de la Asamblea Nacional Constituyente ni del pueblo.

En efecto, en el texto publicado por la Asamblea Nacional Constituyente del proyecto sancionado el 15-11-99, que fue el mismo texto, en principio, publicado por el Consejo Nacional Electoral para el referendo del 15-12-99, el artículo 317 de la Constitución, que regula el principio de la legalidad tributaria, establecía que no podían concederse exenciones y rebajas, ni otras formas de incentivos fiscales, *sino en los casos previstos por la ley que cree el tributo correspondiente*[382].

Ese había sido el texto aprobado por la Asamblea Nacional Constituyente y aprobado en el referendo del 15-12-99, es decir, el aprobado por el pueblo. Sin embargo, en el texto publicado en la *Gaceta Oficial* N° 36.860 del 30-12-99, el artículo 317 aparece con la siguiente redacción:

Ni concederse exenciones o rebajas, ni otras formas de incentivos fiscales, *sino en los casos previstos por las leyes.*

No se trataba de argumentar cuál de las dos redacciones es más adecuada a las exigencias de la legislación tributaria, sino de afirmar que se publicó como texto constitucional un texto que no fue aprobado por el pueblo en el referendo y que, por tanto, no es constitucional. Se había reformado la Constitución sin el voto de la Asamblea ni el voto popular.

3. *Las reformas a la Constitución efectuadas después de su publicación el 30-12-99*

El proceso de reforma ilegítima de la Constitución no se quedó en los cambios indicados, de los cuales sólo hemos mencionado ejemplos puntuales, pues con seguridad debe haber muchos otros; sino que continuó con la "republicación" del texto

---

382   *V., Gaceta Constituyente* (Diario de Debates), Noviembre 1999-Enero 2000, *cit.,* Sesión de 08-11-99, N° 40, p.13.

constitucional en la *Gaceta Oficial* N° 5.453 Extraordinaria del 24-03-2000, en la cual, además, se publicó una Exposición de Motivos de la Constitución que no había sido aprobada en el referendo del 15-12-99, y que supuestamente había sido aprobada por la Asamblea Nacional Constituyente en su última sesión del 30-1-00, lo cual era falso.

La "nueva versión" de la Constitución se publicó supuestamente corrigiendo "errores de gramática, sintaxis y estilo", lo que de por sí era improcedente, pues ello implicaba un cambio en el texto constitucional aprobado por el pueblo. Sin embargo, la verdad es que con tal excusa, se introdujeron múltiples cambios sustanciales al texto constitucional, en una forma ilegítima, muchos de los cuales denunciamos y enumeramos en su oportunidad[383], los cuales fueron objeto de un recurso de interpretación interpuesto ante la Sala Constitucional por el entonces Fiscal General de la República[384] y por Hermánn Escarrá Malavé[385] sin que la Sala haya resuelto el asunto.

Un solo ejemplo de estos cambios que podemos citar puntualmente es el referido, precisamente, a la competencia de la Sala Constitucional para revisar las sentencias de instancia en materia de amparo o control difuso de la constitucionalidad. El artículo 336,10 de la Constitución aprobada en el referendo del 15-12-99 y publicada el 30-12-99, atribuía a la Sala competencia para:

10. Revisar las sentencias de amparo constitucional y de control de constitucionalidad de leyes o normas jurídicas dictadas por los tribunales de la República en los términos establecidos por la Ley Orgánica respectiva.

Esta norma se modificó en la "versión" de la Constitución publicada el 24-03-00, en una forma absolutamente ilegítima, estableciéndose la siguiente redacción:

10. Revisar las sentencias *definitivamente firmes* de amparo constitucional o de control de constitucionalidad de leyes o normas jurídicas dictadas por los tribunales de la República, en los términos establecidos por la Ley Orgánica respectiva.

De nuevo, no se trataba de argumentar sobre la conveniencia o no de esta "reforma" del texto constitucional, no aprobada ni por la Asamblea ni por el pueblo, sino de advertir lo ilegítimo de la modificación, lo que también denunciamos en su oportunidad[386].

Lo grave de esta irregularidad que confirma la falsedad de que la "Exposición de Motivos" de la Constitución publicada el 24-03-00 hubiera sido aprobada el 30-01-00 por la Asamblea, es que en dicha "Exposición de Motivos" elaborada supuesta-

---

383   V., Allan R. Brewer-Carías, *La Constitución de 1999*, con nuestros comentarios, 3ª Edición, Caracas 2001, p. 282 a 289.

384   El Fiscal General de la República detectó cambios en 179 artículos, la mayoría de forma y 19 de fondo. *V.*, en El Universal, Caracas 10-12-00, p. 1-4.

385   El ex constituyente Hermánn Escarrá Malavé, quien había presidido la Comisión Constitucional de la Asamblea Nacional Constituyente, detectó 278 "reformas" al texto constitucional. *V., El Universal*, Caracas 13-12-00, p. 1-4.

386   V., Allan R. Brewer-Carías, *El sistema de justicia Constitucional en la Constitución de 1999*, Caracas 2000, pp.110 y ss.

mente respecto del texto publicado el 30-12-99 se explica el ordinal 10 del artículo 336 haciendo alusión a la competencia de la Sala "para revisar las decisiones *definitivamente firmes*" dictadas en materia de amparo y control difuso de la constitucionalidad, cuando dicha frase ("definitivamente firmes") sólo "apareció" en el texto de la Constitución publicado dos meses después de la "aprobación" de la "Exposición de Motivos".

Muchos otros cambios sustanciales se hicieron al texto constitucional con la excusa de "corrección de errores de gramática, sintaxis y estilo" todos los cuales significaron una burla a la rigidez constitucional, pues fue evidente que estos cambios o reformas constitucionales ilegítimos fueron hechos por supuestos revisores técnicos y gramaticales, sin aprobación popular.

SEGUNDA PARTE

ESTUDIOS SOBRE LA REFORMA CONSTITUCIONAL Y EL PROCESO CONSTITUYENTE

SECCIÓN PRIMERA: **SOBRE LA REFORMA CONSTITUCIONAL EN UNA SOCIEDAD DEMOCRÁTICA (SANTO DOMINGO, REPÚBLICA DOMINICANA, JULIO 2006)**

Texto de las palabras leídas en el acto de presentación del libro sobre las conclusiones del *Seminario de Reforma Constitucional, 2005*, 12 de julio 2006, Salón Juan Pablo Duarte, Biblioteca del Congreso Nacional, Santo Domingo, República Dominicana. Publicado en el libro *Estudios sobre el Estado Constitucional (2005-2006)*, Caracas 2007, pp. 709-712.

Hablar de reforma constitucional en una sociedad democrática es, en definitiva, hablar del Estado Constitucional, del Estado de derecho y de la democracia constitucional. Es decir, del Estado constitucional y democrático de derecho, en el cual, tanto la democracia como la soberanía popular se encuentran juridificadas, lo que por sobre todo implica limitación. Y es que el derecho, la regulación constitucional o la ley, siempre es limitación.

Esa juridificación, en el Estado constitucional de derecho implica limitación constitucional no sólo respecto del Estado mismo y su funcionamiento, sino también respecto de la propia democracia y a la soberanía popular.

Por ello, si bien las Constituciones, como ocurre con la de la República Dominicana (art. 2), proclaman que el pueblo es el titular de la soberanía nacional, sin embargo, le imponen al pueblo en su ejercicio, la observancia de las propias disposiciones constitucionales. Como lo dice el artículo 2 de la Constitución: si bien del pueblo "emanan todos los Poderes del Estado", los mismos sólo "se ejercen por representación".

En esta forma a la soberanía se la ha dotado de un carácter jurídico y no sólo fáctico, lo que por supuesto no implica que se haga de la Constitución una fuente de la soberanía misma. El pueblo es el que es el soberano y, como tal, el que ha juridificado su propia soberanía, y además, es el que ha dotado a la Constitución de supremacía al establecer, como lo hace la Constitución de la República Dominicana, que "son nulos de pleno derecho toda ley, decreto, resolución, reglamento o acto contrarios a esta Constitución" (art. 46).

En el Estado constitucional, por tanto, es el pueblo el que se autolimita a través de la Constitución para ejercer la soberanía; de manera que la Constitución normativiza su ejercicio.

Pero sin duda, la soberanía, a pesar de haber sido dotada de ese carácter jurídico, en definitiva es un concepto político o una cuestión de hecho, cuyo ejercicio en una sociedad democrática tiene que tender a fundamentarse en el consenso político, para lograr que sea, precisamente, la expresión del pueblo.

En otras palabras, el ejercicio de la soberanía popular en un Estado constitucional de derecho, nunca puede consistir en la imposición de la voluntad de una fracción sobre la otra. Tiene que buscar responder al consenso político, que por supuesto es cambiante como también lo son el juego de las relaciones sociales y políticas.

La clave del éxito de las Constituciones es, precisamente, llegar a ser el resultado del consenso o pacto de toda una sociedad -y no de voluntades circunstanciales- y, además, el prever en sus normas, tanto la forma de materialización de los cambios, como los mecanismos que permitan garantizar, en su momento, que la voluntad popular no va a ser suplantada.

Por eso, la normativización de la soberanía popular, más que su limitación, es una garantía de que al pueblo debe asegurársele la libre determinación de decidir su futuro. Por eso es que decimos que la juridificación de la soberanía popular implica su autolimitación procedimental, mediante el establecimiento de normas que aseguren efectivamente la formación de la voluntad soberana; normas precisamente como las que están en los artículos 116 y siguientes de la Constitución de la República Dominicana.

En general, por tanto, se trata de una limitación adjetiva, auto impuesta, para asegurar la manifestación de la voluntad popular; lo que sin embargo no excluye la posibilidad de que como lo regulan muchas Constituciones, también se establezcan limitaciones de orden material, como cláusulas pétreas que buscan limitar el propio contenido de la voluntad popular, restringiendo su facultad de cambiar determinados principios e, incluso, sistemas políticos. Por ello el artículo 119 de la Constitución de la República Dominicana dispone que "Ninguna reforma podrá versar sobre la forma de gobierno, que deberá ser siempre civil, republicano, democrático y representativo".

La reforma constitucional en las Constituciones, por tanto, debe ser regulada en forma tal que asegurando la manifestación de la voluntad popular (que en el caso de la República Dominicana sólo es a través de sus representantes), a la vez permita que se realicen los cambios necesarios que exige la sociedad democrática.

Se trata, siempre, de la búsqueda del equilibrio entre soberanía popular y supremacía constitucional, que son los principios que siempre están presentes en toda reforma constitucional: Por una parte, la supremacía constitucional, que implica que la Constitución es la ley de leyes, que obliga por igual a gobernantes y gobernados. Y por la otra, la soberanía popular que faculta al pueblo, como titular de la soberanía, el ejercicio del poder constituyente para modificar el Estado constitucional, su organización y la propia Constitución.

El primero, el principio de la supremacía constitucional, es un concepto jurídico; y el segundo, el de la soberanía popular, es un concepto político (aunque juridificado); y en torno a ambos es que gira el poder constituyente, es decir, el poder de reformar la Constitución que siempre debe resultar de un punto de equilibrio entre ambos principios. Ni la supremacía constitucional puede impedir el ejercicio de la soberanía por el pueblo, ni este pueda expresarse al margen de la Constitución.

En esta forma, en el equilibrio entre ambos principios, que es el equilibrio entre el derecho y los hechos, o entre el derecho y la política, es cómo el poder constituyente debe manifestarse en un Estado constitucional y democrático de derecho.

Es decir, la reforma constitucional debe resultar del equilibrio previsto en la Constitución entre soberanía popular y supremacía constitucional, como juridificación del poder constituyente, para hacerlo operativo desde el punto de vista democrático.

Por todo lo anterior, puede decirse que la reforma de la Constitución o el poder de reforma constitucional, es un poder jurídico que descansa en un acto de autolimitación del poder constituyente el cual fija en el texto constitucional los mecanismos de actuación de ese poder de revisión. Por ello el artículo 120 de la Constitución de la República Dominicana dispone claramente que "La reforma de la Constitución sólo podrá hacerse en la forma que indica ella misma, y no podrá jamás ser suspendida ni anulada por ningún poder ni autoridad ni tampoco por aclamaciones populares".

Lo importante a destacar es que esta juridificación o fijación, no implica que la soberanía nacional, como poder constituyente, desaparezca. En realidad puede decirse que por la propia autolimitación, una vez regulado el poder constituyente en la Constitución, entra en un estado latente pero teniendo siempre la posibilidad de actuar cuando sea requerido, conforme al procedimiento que él mismo ha instituido en el texto constitucional que ha creado.

Por ello la importancia que tiene para el Estado constitucional democrático de derecho que esta juridificación del poder constituyente sea, en definitiva, un instrumento para el fortalecimiento de la democracia. Se trata de la previsión en forma de normas, de los mecanismos pacíficos y racionales para que el pueblo adopte en un momento y circunstancias determinadas, el orden político y jurídico apropiado para sus fines esenciales. De allí la posibilidad también de pensar en el mecanismo constitucional de la Asamblea Constituyente para la reforma de la Constitución, pero la misma debe ser previamente juridificada.

Cualquiera que sea el procedimiento constitucionalmente previsto, garantiza la manifestación democrática de la voluntad popular en el marco constitucional, y evita que por la fuerza o por la expresión de mayorías circunstanciales se imponga la voluntad de una facción del pueblo sobre las otras.

La historia, por lo demás, enseña que nada que se imponga a una sociedad por la fuerza, perdura; ni nada que pretenda basarse en la imposición de la voluntad de una facción de la sociedad aplastando o excluyendo a las otras, perdura.

Una reforma constitucional, por tanto, para que perdure, por sobretodo tiene que ser un instrumento para la inclusión, el consenso y la conciliación. Es cierto que a veces ha sido el resultado de un armisticio después de alguna guerra fraticida, como tantos ejemplos nos muestra la historia; en otros casos, ha sido el resultado de un pacto para evitar la confrontación, como también nos lo muestra la historia reciente. Pero en todo caso, debe ser un instrumento de conciliación, que permita no sólo adaptar las Constituciones a las exigencias políticas de los tiempos contemporáneos, sino que las mismas sean efectivamente la manifestación de la voluntad popular.

Ese es el reto que todo país tiene al plantearse el tema de la reforma constitucional, cuya asunción tiene que garantizar la perdurabilidad de la democracia, perfeccionándola para todos. Ese es el reto que, por supuesto, tienen ustedes en la República Dominicana, el cual tienen que asumirlo como responsabilidad de todos, pero no como una cuestión coyuntural para resolver situaciones de momento, como tantas veces ocurrió en el pasado, sino para perfeccionar las instituciones existentes y, además, para resolver las cuestiones constitucionales pendientes, muchas de las cuales han venido siendo discutidas y en gran parte están recogidas en el libro que hoy se presenta.

Entre esas, permítanme recordarlas, está la previsión constitucional de las bases para la inserción de la República Dominicana en el mundo internacional y globalizado contemporáneo, sin afectar su soberanía; la reformulación de la forma de ejercicio de la democracia para hacerla más representativa y abrir canales para ejercicios de democracia directa; la distribución efectiva del poder público en forma vertical, hacia las comunidades territoriales, para hacer posible la participación democrática, la cual sólo puede ocurrir cuando reformulando el régimen provincial y municipal, el poder está mas cerca del ciudadano; la reafirmación del principio de la separación de poderes, previendo los efectivos mecanismos para asegurar su independencia y autonomía, y por sobretodo, el control recíproco, donde radica la base de la propia democracia y el antídoto frente el autoritarismo; y entre esos controles, mediante la reformulación del sistema de justicia para asegurar aún más su independencia y autonomía; la acentuación de la constitucionalización de la internacionalización de los derechos humanos, individuales, económicos y sociales, y por ejemplo, la constitucionalización de la protección de los mismos mediante la institución del amparo, que si bien ha sido desarrollada por la jurisprudencia de la Corte Suprema, todavía resulta que la República Dominicana es el único país de América latina que no lo garantiza expresamente en el texto de su Constitución; y por último, la reformulación del propio sistema constitucional de revisión constitucional sólo mediante representantes, para además asegurar una participación popular por ejemplo, mediante un referendo aprobatorio.

En fin, los temas pendientes ustedes los conocen y los han estudiado. Lo importante, ahora es hacer de la reforma la tarea de todos, de todos los poderes del Estado, de todos los partidos y de todas las organizaciones de la sociedad, de manera que sea producto del pueblo en su conjunto. Ello no sólo le garantizaría perdurabilidad sino que permitiría darle el contenido sustancial que permita superar el viejo método coyuntural de las reformas.

SECCIÓN SEGUNDA: **MODELOS DE REVISIÓN CONSTITUCIONAL (REFORMAS Y ENMIENDAS) EN AMÉRICA LATINA, (SANTIAGO DE CHILE, ENERO 2004)**

Ponencia preparada para el *VI Congreso Mundial de Derecho Constitucional*, Asociación Internacional de Derecho Constitucional y Asociación Chilena de Derecho Constitucional, Santiago de Chile, 11-16 enero, 2004. Publicada en el libro: *Constitución, democracia y control del poder*, Mérida 2004, pp. 245-290

I.   RIGIDEZ Y REVISIÓN CONSTITUCIONAL: ENTRE EL DERECHO Y LOS HECHOS

Si algo caracteriza a las Constituciones rígidas es, precisamente, la previsión en sus textos de procedimientos específicos y, en general, complejos para llevar a cabo su revisión, sea a través de reformas generales o mediante enmiendas o modificaciones puntuales a sus previsiones. Normalmente estos procedimientos de revisión constitucional se han establecido desde el inicio de la aparición de los Estados o de su reconstitución, como producto de una Asamblea o Convención constituyente que en nombre del pueblo aprobó la Constitución.

El objetivo de estos procedimientos de revisión constitucional como parte del pacto político contenido en la Constitución, es la preservación del mismo, de manera que no puedan éstas ser modificadas unilateralmente por grupos aislados, sino mediante la participación de todas las fuerzas o componentes de la sociedad política. Por ello, incluso, ha sido común en los Estados federales que surgieron como consecuencia de un pacto político entre Estados, el establecer mecanismos para garantizar la participación de éstos en los procesos futuros de revisión constitucional. Así ocurrió, por ejemplo, en la misma Constitución Norteamericana con la cual se inició el federalismo mismo (art. V) en 1787, en la cual se prevé la ratificación de las enmiendas por tres cuartas partes de las Asambleas Legislativas de los Estados o por Convenciones (constituyentes) constituidas en tres cuartas partes de los Estados; y así también se estableció, veintidós años después, en la primera Constitución federal adoptada con posterioridad, la Constitución de los Estados de Venezuela de 1811, en la cual se previó la posibilidad de aprobar reformas por las dos terceras partes de las Legislaturas provinciales (Art. 135).

Los procedimientos de revisión constitucional en las Constituciones rígidas, por tanto, son procedimientos establecidos para proteger el pacto político constitucional que contienen, de manera de evitar modificaciones unilaterales y al contrario, asegurar la participación de todos los componentes políticos de la sociedad. En principio, por tanto, las normas que los regulan tienen un marcado tinte conservador respecto de la Constitución y sus principios, por lo que los procedimientos establecidos para la revisión buscan lograr consensos.

Pero las Constituciones, como normas supremas reguladoras de la sociedad, en ningún caso pueden ser de carácter eterno ni estático, ni pueden pretender dejar políticamente congelada a la sociedad. Estas necesariamente cambian, como también cambian los sistemas políticos, por lo que la excesiva rigidez constitucional que impida la adaptación progresiva de la norma constitucional a la realidad, puede incluso conducir a lo contrario de lo perseguido, y provocar la consolidación de los cambios políticos por la vía de los hechos, los que luego consiguen en una u otra forma, alguna legitimación *ex post factum*.

La rigidez constitucional mediante la previsión de procedimientos específicos de revisión constitucional, por tanto, debe ser de tal naturaleza que el principio conservador del pacto político que estos buscan no sea el que conduzca por la vía de los hechos a su ruptura. Los principios y procedimientos de la revisión constitucional, por tanto, puede decirse que se mueven entre el conservadurismo y el cambio político, lo que es lo mismo que señalar que se mueven entre el derecho y los hechos.

Por tanto, si en una sociedad dada se producen cambios sustanciales de orden político y social, las normas relativas a la revisión constitucional o son capaces de canalizar las exigencias de los mismos y permiten la preservación del derecho o constituyen una resistencia insalvable que provoca la producción de los cambios pero por medio de los hechos. He allí el dilema de las previsiones constitucionales sobre procedimientos de revisión constitucional: que la excesiva rigidez del derecho puede conducir a su ruptura de hecho.

Ahora bien, todas las Constituciones de los países de América Latina fueron adoptadas a comienzos del Siglo XIX, con motivo de la declaración de independencia de España, por voluntad popular expresada a través de Congresos, Convenciones o Asambleas Constituyentes, las cuales en su momento asumieron el poder constituyente originario para la organización de los Estados con forma republicana.

Como constituciones rígidas, en ellas también se establecieron los procedimientos para su reforma o enmienda, como poder constituyente derivado, regulándose excepcionalmente la figura de la Convención o Asamblea Constituyente, como sólo sucedió en la Constitución Argentina (1853) la cual reguló una Convención (art. 30) constituyente, adoptando la terminología de la Constitución Norteamericana.

En todo caso, las Constituciones del Siglo XIX, por supuesto, durante los casi doscientos años que nos separan de los movimientos independentistas, han sido objeto de múltiples reformas pero en ellas no necesariamente se han seguido y respetado los procedimientos previstos para el poder constituyente derivado que regulaban las Constituciones, al punto de que por ejemplo, en la actualidad, casi todas las Constituciones vigentes de América Latina han sido el producto de Asambleas o Convenciones Constituyentes, las cuales en su momento asumieron el poder constituyente sin que necesariamente hubieran estado reguladas expresamente en los textos constitucionales precedentes, tal y como recientemente ha sucedido, por ejemplo, en Colombia (1991), en Ecuador (1998) y en Venezuela (1999).

Las Asambleas Constituyentes, por tanto, como mecanismos fácticos de revisión constitucional no son extrañas en la historia constitucional de América Latina, y para darse cuenta de ello, bastaría con citar un solo ejemplo, el de Venezuela, donde en múltiples oportunidades se ha reformado la Constitución a través de dicho mecanismo de revisión constitucional sin que el mismo hubiese estado regulado jamás (hasta 1999) en el texto constitucional.

En efecto, en Venezuela, puede decirse que Asambleas Constituyentes, como cuerpos representativos convocados con el objeto de constituir un Estado, es decir, establecer inicialmente la organización política de una sociedad dada en un territorio determinado, en sentido estricto solo ha habido dos: el *Congreso General* de 1811 reunido en Caracas con el objeto de constituir el Estado venezolano independiente de la Corona Española con la sanción de la Constitución Federal para los Estados de Venezuela 21-12-1811; y el *Congreso Constituyente* convocado en la ciudad de Valencia, en 1830, para reconstituir el Estado venezolano separado de la Gran Colombia y sancionar la Constitución del Estado venezolano (22-9-1830). Pero estas no han sido las únicas Asambleas Constituyentes, pues a partir de 1830 se convocaron nueve más, pero con el objeto de *reconstituir* el sistema político y reformar la Constitución, lo que en toda la historia política venezolana, excepto con la Asamblea Constituyente de 1999, siempre ocurrió después de una ruptura de hilo constitucional.

En efecto, después de la revisión de la Constitución de 1830 por el Congreso en 1857 conforme al procedimiento previsto en la misma (Art. 227), al año siguiente y como consecuencia del golpe de Estado, se convocó a una *Gran Convención Nacional* reunida en Valencia la cual sancionó la Constitución de 31-12-1858. Luego de la anulación de dicha Constitución y como secuela de las Guerras Federales, fue una *Asamblea Constituyente* reunida en Caracas en 1864 la que sancionó la Constitución de los Estados Unidos de Venezuela (13-4-64), con la cual se consolidó la forma federal del Estado (1864-1901).

Después de múltiples vicisitudes políticas que afectaron la vigencia de la Constitución de 1864, el Congreso la modificó conforme a sus normas (art. 122) en 1874, 1881 y 1891; pero en 1893, luego de otra Revolución se convocó una *Asamblea Nacional Constituyente* que se reunió en Caracas, la cual sancionó la Constitución de los Estados Unidos de Venezuela de 1893 (21-6-1893).

En 1900 otra Revolución provocó la convocatoria de una *Asamblea Nacional Constituyente* que sancionó la Constitución de 1901 (29-3-01), con la que se inició el período del *Estado Centralizado Autocrático* (1901-1945). Esa Constitución fue, sin embargo, nuevamente reformada en 1904 por el Congreso, el cual asumió las funciones, facultades y derechos que correspondían al *Poder Constituyente,* sancionando la Constitución de 1904. Esta fue enmendada en 1909 por el Congreso, pero en 1914, un *Congreso de Diputados Plenipotenciarios* convocado al efecto promulgó un Estatuto Constitucional Provisorio y luego sancionó la Constitución de 1914 (19-6-14). Dicha Constitución, como lo establecía su texto (Art. 130), fue enmendada o reformada en múltiples ocasiones, en 1922, 1925, 1928, 1929, 1931, 1936 y 1945 (5-5-45).

Una nueva Revolución, la de Octubre de 1945, con la cual se inició el proceso de establecimiento *Estado Democrático Centralizado,* condujo, al año siguiente, a la convocatoria de una nueva *Asamblea Constituyente* que se reunió en Caracas y sancionó la Constitución de 1947 (5-7-47). Al año siguiente, sin embargo, se produjo otro golpe de Estado, instalándose un régimen militar que en 1953 convocó a una *Asamblea Constituyente* de los Estados Unidos de Venezuela, la cual sancionó la Constitución de 1953 (15-4-53).

Luego de un nuevo golpe de Estado, en 1958, la Junta Militar y la subsiguiente Junta de Gobierno asumieron el poder, continuando sin embargo en aplicación la Constitución de 1953 hasta que el *Congreso* electo en 1958, conforme a dicho texto (arts. 140 y ss.), reformó totalmente la Constitución, sancionando la Constitución del 23-1-61.

Cuarenta años después, en medio de la crisis que todavía sacude al sistema político venezolano, resultaba inevitable la necesidad de una nueva reconstitución del sistema político y del Estado, para lo cual por primera vez en la historia de Venezuela, en 1999, luego de un proceso de interpretación judicial de la Constitución, se procedió a convocar una *Asamblea Constituyente* pero en democracia, para precisamente evitar la ruptura del hilo constitucional y reconstituir el sistema político en libertad. El hilo constitucional, sin embargo, fue roto por la propia Asamblea Nacional Constituyente al dar un golpe de Estado contra la Constitución de 1961 y contra los poderes constituidos, particularmente, contra los órganos de representación popular (Congreso y Asambleas Legislativas de los Estados). La nueva Constitución aprobada por la Asamblea Nacional Constituyente, sin embargo, fue aprobada mediante referéndum, con el cual se buscó legitimar el proceso constituyente precedente.

La revisión constitucional en América latina, por tanto, no siempre ha sido un proceso de jure, sino que en múltiples ocasiones ha sido producto de los hechos, cuyos resultados constitucionales luego han encontrado *ex post factum,* en una forma u otra, alguna vía de legitimación política. Lo cierto, en todo caso, es que en casi 200 años de historia constitucional, en Venezuela por ejemplo, han funcionado diez Asambleas Constituyentes como mecanismos de revisión constitucional y ninguna había estado prevista en el texto constitucional precedente. La Constitución de 1999 ha sido por tanto, la primera en regular expresamente dicho modelo de revisión constitucional.

II. LA CONSTITUCIONALIZACIÓN DEL PODER CONSTITUYENTE DERIVADO Y SUS CONSECUENCIAS

En todo caso, como se ha dicho, como todas las Constituciones rígidas del mundo contemporáneo, las Constituciones vigentes de los países de América Latina aprobadas en la forma escogida al sancionarse, establecen expresamente los procedimientos de revisión constitucional con trámites que son distintos a los establecidos para las reformas de la legislación ordinaria. En estos procedimientos, en general, se ha asegurado no sólo la participación de los órganos de representación popular (Congresos o Asambleas Legislativas) para la revisión constitucional sino, en la mayoría de los casos, se ha asegurado la participación directa del pueblo mediante un proceso de votación sea para la elección de una Convención o Asamblea Constituyente o para la aprobación mediante referendo o plebiscito de la reforma constitucional.

Estos procedimientos de revisión constitucional, por supuesto, al estar expresamente regulados en la Constitución, están sometidos al cumplimiento de la normativa constitucional que lo regula. La supremacía constitucional por tanto, puede decirse que se aplica incluso, para el ejercicio del poder constituyente regulado en la propia Constitución.

La consecuencia de este sometimiento a la Constitución es que el cumplimiento de dichos procedimientos de reforma o enmienda constitucional están sujetos a control de constitucionalidad por parte de la Jurisdicción Constitucional, la cual, en muchas Constituciones latinoamericanas incluso se establece expresamente.

Es el caso, por ejemplo, de la Constitución de Colombia, cuyo artículo 241 atribuye a la Corte Constitucional la guarda de la integridad y supremacía de la Constitución, asignándole en particular competencia para:

1. Decidir sobre las demandas de inconstitucionalidad que promuevan los ciudadanos contra los actos reformatorios de la Constitución, cualquiera que sea su origen, sólo por vicios de procedimiento en su formación.

2. Decidir, con anterioridad al pronunciamiento popular, sobre la constitucionalidad de la convocatoria a un referendo o a una asamblea constituyente para reformar la Constitución, sólo por vicios de procedimiento en su formación.

3. Decidir sobre la constitucionalidad de los referendos sobre leyes y de las consultas populares y plebiscitos del orden nacional. Estos últimos sólo por vicios de procedimiento en su convocatoria y realización.

Por su parte, el artículo 379 de la misma Constitución de Colombia dispone expresamente que en todos los procedimientos de revisión constitucional en los cuales haya actos legislativos, convocatoria a referendo, de consulta popular o convocatoria a la Asamblea Constituyente, los mimos pueden ser declarados inconstitucionales por la Corte Constitucional cuando violen los requisitos establecidos en el Título XIII de la Constitución en el cual se regula la reforma constitucional. La acción pública contra estos actos sólo procede dentro del año siguiente a su promulgación, con observancia de lo dispuesto en el artículo 241 numeral 2 de la propia Constitución (potestad de la Corte Constitucional de decidir, con anterioridad al pronunciamiento popular, sobre la constitucionalidad de la convocatoria a un referendo o a una asamblea constituyente para reformar la Constitución, sólo por vicios de procedimiento en su formación).

Por otra parte, la Constitución de Bolivia enumera entre las atribuciones del Tribunal Constitucional (Art. 119, VII, 10), la de conocer y resolver sobre las demandas respecto a procedimientos en la reforma de la Constitución, las cuales se pueden plantear por cualquier Senador o Diputado o por el Presidente de la República, en relación con los proyectos de reforma.

En Costa Rica, el artículo 10, b) de la Constitución atribuye a la Sala Constitucional de la Corte Suprema de Justicia, competencia para conocer de las consultas sobre proyectos de reforma constitucional.

En la Constitución de Chile, el artículo 82, 2 atribuye al Tribunal Constitucional competencia para resolver las cuestiones sobre constitucionalidad que se susciten durante la tramitación de los proyectos de reforma constitucional. En este caso el Tribunal sólo puede conocer de la materia a requerimiento del Presidente de la República, de cualquiera de las Cámaras o de una cuarta parte de sus miembros en ejercicio, siempre que sea formulado antes de la promulgación de la reforma. El Tribunal debe resolver dentro del plazo de diez días contado desde que reciba el requerimiento, a menos que decida prorrogarlo hasta por otros diez días por motivos graves y calificados. Este requerimiento, en todo caso, no suspende la tramitación del proyecto; pero la parte impugnada de éste no podría ser promulgada hasta la expiración del plazo referido.

En consecuencia, durante el desarrollo de los procedimientos para la revisión constitucional, puede decirse que los órganos a los que se atribuye el ejercicio del poder constituyente derivado están sometidos a la Constitución, la cual, como lo indica la Constitución de Nicaragua, tiene que seguir en vigencia "mientras no se apruebe por la Asamblea Nacional Constituyente la nueva Constitución" (Art. 194).

Los procedimientos de revisión constitucional, por tanto, se ha regulado como formas específicas de manifestación del poder constituyente derivado, los cuales ha sido regulados en las Constituciones mediante la consagración, en términos generales, de tres procedimientos, según (i) que el poder constituyente se ejerza directamente por el pueblo, o (ii) que su ejercicio, en representación del mismo, se haya otorgado a los órganos de representación popular (Congresos o Asambleas Legislativas) o (iii) que se haya otorgado a una Asamblea o Convención Constituyente convocada al efecto.

En algunos países, incluso, se han regulado estos tres procedimientos de revisión constitucional, en paralelo, tal y como sucede por ejemplo en Colombia, donde el artículo 374 de la Constitución establece que:

> Art. 374. "La Constitución Política podrá ser reformada por el Congreso, por una asamblea constituyente o por el pueblo mediante referendo".

Lo que es claro de las Constituciones latinoamericanas es que los procedimientos de revisión constitucional que ellas regulan, dada su supremacía se han establecido con carácter obligatorio, razón por la cual en sus propios textos se niega valor a toda reforma constitucional realizada mediante procedimientos no previstos en la Constitución. De allí, por ejemplo, la tajante declaración de la Constitución de República Dominicana, cuyo artículo 120 dispone que:

> Art. 120. La reforma de la Constitución sólo podrá hacerse en la forma que indica ella misma, y no podrá jamás ser suspendida ni anulada por ningún poder ni autoridad ni tampoco por aclamaciones populares.

En sentido algo similar, la Constitución de Venezuela establece en su artículo 333 que:

> Art. 333. Esta Constitución no perderá su vigencia si dejare de observarse por acto de fuerza o porque fuere derogada por cualquier otro medio distinto al previsto en ella.

> En tal eventualidad todo ciudadano investido o ciudadana investida o no de autoridad, tendrá el deber de colaborar en el restablecimiento de su efectiva vigencia.

Sin embargo, debe señalarse que los procedimientos formales de revisión constitucional (reforma o enmienda) que analizaremos en detalle a continuación, no son los únicos previstos para la modificación de la Constitución y su adaptación a los cambios políticos y sociales.

La adaptación constitucional puede ocurrir, en efecto, mediante otros medios que la propia Constitución dispone para asegurar la mutación constitucional, sin que se pongan en movimiento los instrumentos formales de revisión constitucional (enmiendas, reformas, asambleas constituyentes), como sucede cuando el texto constitucional regula la sanción de leyes especiales y específicas de rango constitucional para el desarrollo de determinadas materias de orden constitucional, como la descentralización política. Por ejemplo, en la Constitución de Venezuela de 1961 y en la vigente de 1999, se establece expresamente la atribución de competencias exclusivas en los tres niveles de gobierno (nacional, estadal y municipal) conforme al sistema federal de distribución vertical del Poder Público (arts. 156, 164 y 178), pero el artículo 157 de la misma Constitución establece que mediante ley, la Asamblea Nacional puede transferir a los Estados algunas de las competencias exclusivas del Poder Nacional. Cuando se dicta una ley de esta naturaleza, sin duda que se produce una modificación de la Constitución, autorizada en su mismo texto, pero mediante una forma distinta a la reforma o enmienda, es decir, mediante una ley que adquiere rango constitucional.

Otro ejemplo de modificación constitucional mediante mecanismos distintos a los procedimientos de reforma o enmienda, puede ocurrir mediante la aprobación legislativa de tratados internacionales en materia de derechos humanos y su ratificación, como puede suceder en Venezuela. En efecto, en este país no sólo se ha establecido en la Constitución el rango constitucional de los tratados en materia de derechos humanos ratificados por la República, sino su aplicación prevalente incluso respecto de la misma Constitución, cuando aquellos contengan previsiones más favorables al ejercicio y goce de los derechos humanos (art. 23). En consecuencia, mediante la aprobación legislativa de un tratado y su ratificación ejecutiva, si contiene normas en materia de derechos humanos más favorables a las establecidas en la Constitución, se produce una modificación automática de la misma, autorizada en el mismo texto.

Por supuesto, otro mecanismo para asegurar la mutación constitucional, lo constituye el desarrollo de las Jurisdicciones Constitucionales en América Latina, a través de la actuación de los Tribunales o Cortes Constitucionales o de las Salas Constitucionales de las Cortes Supremas de Justicia, con potestad constitucional para establecer interpretaciones vinculantes de la Constitución y sus principios. A través de la interpretación constitucional, por tanto, sin que la Constitución sea formalmente enmendada o reformada, se puede producir la adaptación de las disposiciones constitucionales formales a las nuevas exigencias políticas y sociales de una sociedad en un momento dado. El juez constitucional, por tanto, ciertamente que puede considerarse como un fenomenal instrumento de adaptación de la Constitución, y para el afianzamiento del Estado de derecho, pero también puede ser un instrumento diabólico de dictadura constitucional, no sometido a controles, cuando justifica todas las violaciones constitucionales que se producen en regímenes autoritarios o donde la separación de poderes no está realmente asegurada.

Por otra parte, tratándose de un poder constituyente derivado el que se regula en los propios textos constitucionales, el mismo tiene límites, no sólo en cuanto a los propios poderes que puede asumir el órgano constituyente en relación con los Poderes constituidos del Estado, sino en relación con las materias reformables o enmendables, por lo que muchas Constituciones, mediante cláusulas pétreas, excluyen de toda reforma determinados principios y disposiciones que se declaran inmutables, y por tanto, irrevisables o irreformables.

Ahora bien, siendo la Constitución en los Estados constitucionales democráticos contemporáneos emanación de la soberanía popular, para el estudio comparativo de los procedimientos de revisión constitucional formalmente establecidos (reforma o enmienda), este estudio lo dividiremos en tres partes: en primer lugar, analizaremos los casos en los cuales la revisión constitucional se regula como poder atribuido al pueblo como partícipe en el poder constituyente derivado; en segundo lugar, estudiaremos los casos en los cuales la revisión constitucional se atribuye a los órganos constituidos del Estado, los cuales asumen entonces el poder constituyente derivado; y en tercer lugar, analizaremos los límites generales al poder constituyente derivado.

III. EL PODER DE REVISIÓN CONSTITUCIONAL ATRIBUIDO AL PUEBLO SOBERANO

En efecto, muchas Constituciones de América Latina regulan la revisión constitucional atribuyendo el poder constituyente derivado directamente al pueblo, el cual debe expresar su manifestación de voluntad mediante la aprobación de la reforma a través de una votación realizada por vía de un referendo, de un plebiscito o de una consulta popular. En algunos casos, la participación del pueblo como poder constituyente se establece en forma exclusiva, como único procedimiento de revisión constitucional (Uruguay); y en otros casos, se establece como una de las alternativas de revisión constitucional, conjuntamente con otros procedimientos. Es el caso, por ejemplo, de Venezuela, Colombia, Paraguay, Guatemala y Costa Rica, donde además se regula el funcionamiento de una Asamblea Constituyente; y del Perú, Cuba, Chile, Ecuador y Panamá, donde además se atribuye al órgano legislativo la potestad de aprobar la reforma constitucional. En Colombia, además del procedimiento de revisión constitucional mediante referendo, se regula la Asamblea Constituyente y los Actos Legislativos de reforma constitucional aprobados por el Congreso.

1. *La revisión constitucional ejercida exclusivamente por el pueblo: el caso de Uruguay*

En América Latina, sólo la Constitución de Uruguay atribuye al pueblo, en exclusividad, la posibilidad de aprobación de las reformas constitucionales mediante referendo. En efecto, el artículo 331 de la Constitución establece la posibilidad de su reforma total o parcial conforme a diversos procedimientos, los cuales siempre deben concluir con una aprobación de la misma mediante votación popular.

Los procedimientos para la reforma constitucional, por tanto, sólo varían según la iniciativa para la misma, que puede corresponder a la iniciativa popular, a la del órgano que ejerce el Poder Legislativo, o a los representantes en el mismo o al Poder Ejecutivo.

En primer lugar, se establece la posibilidad de que por iniciativa del diez por ciento de los ciudadanos, inscritos en el registro Cívico Nacional, se pueda presentar un proyecto de articulado que se debe elevar al Presidente de la Asamblea General, debiendo ser *sometido a la decisión popular,* en la elección más inmediata. En este caso, la Asamblea General, en reunión de ambas Cámaras puede formular proyectos sustitutivos que debe someter a la decisión plebiscitaria, juntamente con la iniciativa popular.

Para que el plebiscito sea afirmativo en este caso, se requiere que vote por "Sí" la mayoría absoluta de los ciudadanos que concurran a los comicios, la que debe representar por lo menos, el treinta y cinco por ciento del total de inscritos en el registro Cívico Nacional.

En este caso sólo se deben someter a la ratificación plebiscitaria simultánea a las más próximas elecciones, los proyectos que hubieren sido presentados con seis meses de anticipación -por lo menos- a la fecha de aquellas, o con tres meses para las fórmulas sustitutivas que aprobare la Asamblea General. Los que se presenten después de tales términos, se deben someter al *plebiscito* conjuntamente con las elecciones subsiguientes.

En *segundo lugar*, la revisión constitucional puede ser iniciativa de la Asamblea General, en cuyo caso, el artículo 331 establece dos procedimientos de reforma constitucional: mediante la aprobación de proyectos de reforma o mediante la aprobación de leyes constitucionales.

A. *Iniciativa mediante proyectos de reforma constitucional*

El inciso B del artículo 331 dispone que la Asamblea General también puede elaborar proyectos de reforma constitucional que deben reunir dos quintos del total de componentes de la Asamblea general, presentados al Presidente de la misma, los cuales deben ser sometidos al *plebiscito en la primera elección* que se realice.

Para que en este caso el plebiscito sea afirmativo también se requiere que vote por "Sí" la mayoría absoluta de los ciudadanos que concurran a los comicios, la cual también debe representar por lo menos, el treinta y cinco por ciento del total de inscritos en el registro Cívico Nacional.

En este caso sólo se deben someter a la ratificación plebiscitaria simultánea a las más próximas elecciones, los proyectos que hubieren sido presentados con seis meses de anticipación -por lo menos- a la fecha de aquellas. Los que se presenten después de tales términos, se deben someter al plebiscito conjuntamente con las elecciones subsiguientes.

B. *Iniciativa mediante leyes constitucionales*

El inciso D del mismo artículo 331 de la Constitución dispone que la Constitución también puede ser reformada por leyes constitucionales para cuya sanción se requieren los dos tercios del total de componentes de cada una de las Cámaras dentro de una misma Legislatura. Las leyes constitucionales no pueden ser vetadas por el Poder Ejecutivo y entran en vigencia luego que el *electorado convocado especialmente* en la fecha que la misma ley determine, exprese su conformidad por mayoría absoluta de los votos emitidos y serán promulgadas por el Presidente de la Asamblea General.

En *tercer lugar*, la iniciativa de la reforma puede partir del Poder Ejecutivo o de representantes ante la Asamblea General mediante la convocatoria de una Convención Nacional Constituyente. En tal caso, el inciso C del mismo artículo 331 de la Constitución dispone que los Senadores, los Representantes y el Poder Ejecutivo también pueden presentar proyectos de reforma, los cuales deben ser aprobados por mayoría absoluta del total de los componentes de la Asamblea General. Si el proyecto fuere desechado el mismo no podrá reiterarse hasta el siguiente período legislativo, debiendo observar las mismas formalidades.

Ahora bien, aprobada la iniciativa y promulgada por el Presidente de la Asamblea General, el Poder Ejecutivo debe convocar, dentro de los noventa días siguientes, a elecciones de una Convención Nacional Constituyente que debe deliberar y resolver sobre las iniciativas aprobadas para reforma, así como sobre las demás que puedan presentarse ante la Convención.

A los efectos de la elección de la Convención Nacional Constituyente, el artículo 331 de la Constitución dispone que el número de convencionales será el doble del de Legisladores, debiendo elegirse conjuntamente suplentes en numero doble al de convencionales; siendo las condiciones de elegibilidad, inmunidades e incompatibilidades, las mismas que rigen para los Representantes. La elección debe realizarse por listas departamentales, rigiéndose por el sistema de la representación proporcional integral y conforme a las leyes vigentes para la elección de Representantes.

La Convención se debe reunir dentro del plazo de un año, contado desde la fecha en que se haya promulgado la iniciativa de reforma. Sus resoluciones deben tomarse por mayoría absoluta del número total de convencionales, debiendo terminar sus tareas dentro del año contado desde la fecha de su instalación. El proyecto o proyectos redactados por la Convención deben ser comunicados al Poder ejecutivo para su inmediata y profusa publicación.

El proyecto o proyectos redactados por la Convención deben ser *ratificados por el Cuerpo Electoral* convocado al efecto por el Poder Ejecutivo, en la fecha que haya indicado la Convención Nacional Constituyente.

En este caso, los votantes también deben expresarse por "Sí" o por "No" y si fueran varios los textos de enmiendas, se deben pronunciar por separado sobre cada uno de ellos. A tal efecto, la Convención Constituyente debe agrupar las reformas que por su naturaleza exijan pronunciamiento de conjunto. Sin embargo, un tercio de miembros de la Convención puede exigir el pronunciamiento por separado de uno o varios textos.

La reforma o reformas deben ser aprobadas por mayoría de sufragios, en número no inferior al treinta y cinco por ciento de los ciudadanos inscritos en el registro Cívico Nacional.

Por último debe señalarse que en todos los procedimientos de reforma constitucional antes indicados, si la convocatoria del Cuerpo Electoral para la ratificación de las enmiendas coincidiera con alguna elección de integrantes de órganos del Estado, los ciudadanos deben expresar su voluntad sobre las reformas constitucionales, en documento separado y con independencia de las listas de elección. Cuando las reformas se refieran a la elección de cargos electivos, al ser sometidas al plebiscito, simultáneamente se debe votar para esos cargos por el sistema propuesto y por el anterior, teniendo fuerza imperativa la decisión plebiscitaria.

2. *La revisión constitucional ejercida por el pueblo (en forma no exclusiva) como alternativa entre otros procedimientos*

Salvo el caso del Uruguay donde siempre se requiere la participación popular para la aprobación de las reformas constitucionales, en los otros países latinoamericanos en los cuales se regula la participación del pueblo en el proceso de revisión constitucional, ello se establece con excepciones o en paralelo a otros procedimientos de revisión los cuales se realizan sin la aprobación popular de la reforma. Es el caso, por ejemplo, de Venezuela, Colombia, Paraguay, Guatemala y Costa Rica, donde además se regula el funcionamiento de una Asamblea Constituyente; y del Perú, Cuba Chile, Ecuador y Panamá, donde además se atribuye al órgano legislativo la potestad de aprobar la reforma constitucional.

En Colombia, además del procedimiento de revisión constitucional mediante referendo, se regula la Asamblea Constituyente y los Actos Legislativos de reforma constitucional aprobados por el Congreso.

A. *El referendo constitucional y su excepción en el Perú*

La iniciativa de reforma constitucional en el Perú corresponde al Presidente de la República, con aprobación del Consejo de Ministros; a los congresistas; y a un número de ciudadanos equivalente al cero punto tres por ciento (0.3%) de la población electoral, con firmas comprobadas por la autoridad electoral

De acuerdo con el Artículo 206 de la Constitución del Perú, toda reforma constitucional debe ser sometida a la consideración del Congreso, órgano que debe aprobarla con mayoría absoluta del número legal de sus miembros y *ratificada mediante referéndum.*

Sin embargo, dispone la misma norma que puede omitirse el referéndum cuando el acuerdo del Congreso se obtenga en dos legislaturas ordinarias sucesivas con una votación favorable, en cada caso, superior a los dos tercios del número legal de congresistas.

En todo caso, la ley de reforma constitucional no puede ser observada (objetada) por el Presidente de la República.

B. *El referendo aprobatorio de reformas constitucionales en Colombia*

En el caso de Colombia, como se dijo, el artículo 374 de la Constitución establece que la misma puede ser reformada mediante tres procedimientos: por el Congreso, mediante la sanción de actos legislativos; por una asamblea constituyente convocada al efecto o por el pueblo mediante referendo.

En los casos de aprobación de reformas constitucionales por el pueblo mediante referendo, la convocatoria al mismo debe realizarse en dos casos: en primer lugar, en algunos casos de reformas aprobadas por el Congreso mediante actos legislativos referidas a determinadas materias; y en segundo lugar, cuando para ello se produzca una iniciativa gubernamental o popular.

En efecto, en *primer lugar*, el artículo 377 de la Constitución exige que deben someterse a referendo las reformas constitucionales aprobadas por el Congreso mediante acto legislativo, cuando se refieran: 1) a los derechos reconocidos en el capítulo 1 del título II de la Constitución y a sus garantías, 2) a los procedimientos de participación popular, o 3) al Congreso. Y, además, si dentro de los seis meses siguientes a la promulgación del acto legislativo, así lo solicita un cinco por ciento de los ciudadanos que integren el censo electoral. En este caso, la reforma se debe entender derogada por el voto negativo de la mayoría de los sufragantes, siempre que en la votación hubiere participado al menos la cuarta parte del censo electoral.

En *segundo lugar*, conforme al artículo 378 de la Constitución, por iniciativa del gobierno o de los ciudadanos en las condiciones establecidas en el artículo 155 de la Constitución, el Congreso, mediante ley que requiere la aprobación de la mayoría de miembros de ambas Cámaras, puede someter a referendo un proyecto de reforma constitucional que el mismo Congreso incorpore a la ley. En este caso, el referendo debe ser presentado de manera que los electores puedan escoger libremente en el temario o articulado qué votan positivamente y qué votan negativamente.

La aprobación de reformas a la Constitución por vía de referendo requiere el voto afirmativo de más de la mitad de los sufragantes, y que el número de éstos exceda de la cuarta parte del total de ciudadanos que integren el censo electoral.

Conforme al artículo 379 de la Constitución, en todos estos casos de actos legislativos, de convocatoria a referendo, o de consulta popular, los mimos sólo pueden ser declarados inconstitucionales cuando se violen los requisitos establecidos en el Título XIII de la Constitución en el cual se regula la reforma constitucional. La acción pública contra estos actos sólo procede dentro del año siguiente a su promulgación, con observancia de lo dispuesto en el artículo 241 numeral 2 de la propia Constitución.

C. *El referendo aprobatorio de las enmiendas y reformas constitucionales en Venezuela*

En el caso de Venezuela, la revisión constitucional se puede realizar mediante la adopción de enmiendas y reformas que siempre requieren de la aprobación popular por la vía de referendo, o a través de la convocatoria de una Asamblea Nacional Constituyente.

En efecto, en *primer lugar*, los artículos 340 y 341 de la Constitución regulan las **Enmiendas constitucionales,** las cuales deben tener por objeto la adición o modificación de uno o varios artículos de esta Constitución, sin alterar su estructura fundamental; debiendo tramitarse conforme al artículo 341, en la forma siguiente:

1. La iniciativa puede partir del quince por ciento de los ciudadanos inscritos en el Registro Civil y Electoral; o de un treinta por ciento de los integrantes de la Asamblea Nacional o del Presidente de la República en Consejo de Ministros.

2. Cuando la iniciativa parta de la Asamblea Nacional, la enmienda requiere la aprobación de ésta por la mayoría de sus integrantes y se debe discutir, según el procedimiento establecido en esta Constitución para la formación de leyes.

3. El Poder Electoral debe someter a referendo las enmiendas a los treinta días siguientes a su recepción formal.

4. Se consideran aprobadas las enmiendas de acuerdo con lo establecido en esta Constitución y en la ley relativa al referendo aprobatorio.

5. Las enmiendas deben ser numeradas consecutivamente y se deben publicar a continuación de la Constitución sin alterar su texto, pero anotando al pie del artículo o artículos enmendados la referencia de número y fecha de la enmienda que lo modificó.

El Presidente de la República está obligado a promulgar las enmiendas dentro de los diez días siguientes a su aprobación. Si no lo hiciere, se aplicará lo previsto en la Constitución (art. 346). En este último caso, se aplica el artículo 216 de la Constitución, el cual establece la obligación del Presidente y de los Vicepresidentes de la Asamblea Nacional de promulgar la ley cuando el Presidente de la República no lo hiciere en los lapsos respectivos.

En *segundo lugar*, en cuanto a las *Reformas constitucionales*, conforme al artículo 342 de la Constitución, las mismas tienen por objeto una revisión parcial de la misma y la sustitución de una o varias de sus normas que no modifiquen la estructura y principios fundamentales del texto constitucional.

La iniciativa de la Reforma puede ser tomada por la Asamblea Nacional mediante acuerdo aprobado por el voto de la mayoría de sus integrantes; por el Presidente de la República en Consejo de Ministros; o por un número no menor del quince por ciento de los electores inscritos en el Registro Civil y Electoral.

El artículo 343 de la Constitución regula el trámite de la iniciativa de reforma constitucional por la Asamblea Nacional en la forma siguiente:

1. El proyecto de reforma constitucional debe tener una primera discusión en el período de sesiones correspondiente a la presentación del mismo.

2. Una segunda discusión por Título o Capítulo, según fuera el caso.

3. Una tercera y última discusión artículo por artículo.

4. La Asamblea Nacional debe aprobar el proyecto de reforma constitucional en un plazo no mayor de dos años, contados a partir de la fecha en la cual conoció y aprobó la solicitud de reforma.

5. El proyecto de reforma se debe considerar aprobado con el voto de las dos terceras partes de los o las integrantes de la Asamblea Nacional.

El proyecto de reforma constitucional aprobado por la Asamblea Nacional, conforme lo exige el artículo 344 de la Constitución, debe ser sometido a referendo dentro de los treinta días siguientes a su sanción. El referendo se debe pronunciar en conjunto sobre la reforma, pero puede votarse separadamente hasta una tercera parte de ella, si así lo aprobara un número no menor de una tercera parte de la Asamblea Nacional o si en la iniciativa de reforma así lo hubiere solicitado el Presidente de la República o un número no menor del cinco por ciento de los electores inscritos en el Registro Civil y Electoral.

La Reforma constitucional se debe declarar aprobada si el número de votos afirmativos es superior al número de votos negativos. La iniciativa de reforma constitucional que no sea aprobada no puede presentarse de nuevo en un mismo período constitucional a la Asamblea Nacional (art. 345).

El Presidente de la República está obligado a promulgar las reformas dentro de los diez días siguientes a su aprobación. Si no lo hiciere, se aplicará lo previsto en la Constitución (art. 346). En este caso, igual que en las enmiendas, se aplica el artículo 216 de la Constitución.

D. *El referendo aprobatorio de las enmiendas constitucionales en Paraguay*

Además del procedimiento para la reforma de la Constitución que se atribuye a una Convención Nacional Constituyente, la Constitución del Paraguay regula el procedimiento de la enmienda, que debe ser aprobada mediante referendo.

A tal efecto, el artículo 290 de la Constitución establece que transcurridos tres años de promulgada esta Constitución, podrán realizarse enmiendas a iniciativa de la cuarta parte de los legisladores de cualquiera de las Cámaras del Congreso, del Presidente de la República o de treinta mil electores, en petición firmada.

El texto íntegro de la enmienda debe ser aprobado por mayoría absoluta tanto en la Cámara de origen como en la Cámara revisora. Si en cualquiera de las Cámaras no se reuniese la mayoría requerida para su aprobación, se debe tener por rechazada la enmienda, no pudiendo volver a presentarse dentro del término de un año.

Aprobada la enmienda por ambas Cámaras del Congreso, su texto debe remitirse al Tribunal Superior de Justicia Electoral para que, dentro del plazo de ciento ochenta días, se convoque a un *referéndum*. Si el resultado de este es afirmativo, la enmienda quedará sancionada y promulgada, incorporándose al texto constitucional. Si la enmienda es derogatoria, no podrá promoverse otra sobre el mismo tema antes de tres años.

No se utilizará el procedimiento indicado de la enmienda, sino el de la reforma, para aquellas disposiciones que afecten el modo de elección, la composición, la duración de mandatos o las atribuciones de cualquiera de los poderes del Estado, o las disposiciones de los Capítulos I, II, III y IV del Título II, de la Parte I, referidos a derechos y garantías constitucionales, específicamente, el derecho a la vida, el derecho a un ambiente sano, el derecho a la protección de la libertad y seguridad personales, el derecho a la igualdad, y finalmente, los derechos de la familia.

E. *El referendo aprobatorio de reformas constitucionales sobre cuestiones fundamentales en Cuba*

De acuerdo con el artículo 137 de la Constitución de Cuba, corresponde a la Asamblea Nacional del Poder Popular la aprobación de las reformas constitucionales; sin embargo, si la reforma se refiere a la integración y facultades de la Asamblea Nacional del Poder Popular o de su Consejo de Estado o a los derechos y deberes consagrados en la Constitución, la misma requiere, además, la ratificación por el voto favorable de la mayoría de los ciudadanos con derecho electoral, en referendo convocado al efecto por la propia Asamblea.

F. *La aprobación popular de reformas constitucionales en determinadas cuestiones constitucionales en Guatemala*

En la Constitución de Guatemala se establecen dos procedimientos para las reformas constitucionales según la parte de la Constitución que deba ser objeto de la reforma: en primer lugar, si se trata de reformar el artículo 278 (que la regula la misma reforma constitucional) o cualesquiera de los artículos contenidos en el Capítulo I del Título II de la Constitución (Capítulo que regula los derechos individuales), la reforma debe hacerse mediante una Asamblea Nacional Constituyente; y en segundo lugar, si se trata de cualquier otra reforma constitucional, conforme al artículo 280 de la Constitución, es necesario que las reformas las apruebe el Congreso de la República con el voto afirmativo de las dos terceras partes del total de diputados, pero las mismas sólo pueden entrar en vigencia una vez que sean ratificadas mediante la *consulta popular* a que ser refiere el artículo 173 de la Constitución, el cual regula el procedimiento consultivo a que deben ser sometidas las decisiones políticas de especial trascendencia.

El mismo artículo 280 dispone que si el resultado de la consulta popular fuere de ratificación de la reforma, ésta entrará en vigencia sesenta días después que el Tribunal Supremo Electoral anuncie el resultado de la consulta.

G. *El plebiscito aprobatorio de reformas constitucionales en caso de desacuerdo entre los poderes del Estado en Chile*

En Chile, los artículos 116 y siguientes de la Constitución le atribuyen en general al Congreso Nacional la potestad de aprobar las reformas constitucionales. Ahora bien, una vez aprobado el Proyecto de reforma, el mismo debe ser enviado al Presidente de la República para su promulgación, quien puede rechazarlo, en cuyo caso, si el Congreso insiste en el proyecto, el Presidente debe promulgarlo, a menos que *consulte a la ciudadanía mediante plebiscito.*

Igualmente, en caso de que el Presidente formule observaciones parciales a un proyecto de reforma constitucional aprobado por el Congreso, en caso de que ambas Cámaras insistieren en la parte del proyecto aprobado por ellas, se debe devolver al Presidente para su promulgación la parte del proyecto que haya sido objeto de insistencia, salvo que éste *consulte a la ciudadanía* para que se pronuncie mediante un plebiscito, respecto de las cuestiones en desacuerdo.

Conforme al artículo 119 de la Constitución, la *convocatoria a plebiscito* debe efectuarse dentro de los treinta días siguientes a aquél en que ambas Cámaras insistan en el proyecto aprobado por ellas, y se debe ordenar mediante decreto supremo en el cual se debe que fijar la fecha de la votación plebiscitaria, la que no podrá tener lugar antes de treinta días ni después de sesenta, contado desde la publicación de dicho decreto. Transcurrido este plazo sin que el Presidente convoque a plebiscito, se promulgará el proyecto que hubiere aprobado el Congreso.

El decreto de convocatoria debe contener, según corresponda, el proyecto aprobado por el Congreso Pleno y vetado totalmente por el Presidente de la República, o las cuestiones del proyecto en las cuales el Congreso haya insistido. En este último caso, cada una de las cuestiones en desacuerdo deberá ser votada separadamente en el plebiscito.

El Tribunal Calificador deba comunicar al Presidente de la República el resultado del plebiscito, y debe especificar el texto del proyecto aprobado por la ciudadanía, el que debe ser promulgado como reforma constitucional dentro de los cinco días siguientes a dicha comunicación. Una vez promulgado el proyecto y desde la fecha de su vigencia, sus disposiciones formarán parte de la Constitución y se deben tender por incorporadas a ésta.

H.   *La consulta popular de aprobación de reformas constitucionales en caso de urgencia o de abstención del Congreso en Ecuador*

De acuerdo con el artículo 280 de la Constitución Política del Ecuador, la misma puede ser reformada por el Congreso Nacional o mediante consulta popular.

El sometimiento a consulta popular de la aprobación de reformas constitucionales, conforme al artículo 283 de la Constitución, se puede producir cuando así lo haga el Presidente de la República en casos de urgencia, los cuales deben ser calificados previamente por el Congreso Nacional con el voto de la mayoría de sus integrantes.

Además, también procede la realización de la consulta popular, cuando los proyectos de reforma se presenten ante el Congreso Nacional y éste no los haya conocido, aprobado o negado en un término de ciento veinte días contados a partir del vencimiento del plazo de un año, que se establece en el artículo 282 para dar comienzo al segundo debate para la aprobación de las reformas (art. 283).

En ambos casos se debe poner en consideración del electorado los textos concretos de la reforma constitucional los cuales, de ser aprobados, se incorporan inmediatamente a la Constitución.

I.   *La aprobación popular de reformas constitucionales en caso de desacuerdo entre dos legislaturas en Panamá*

El artículo 308 de la Constitución de Panamá establece que a iniciativa de la Asamblea Legislativa, el Consejo de Gabinete o la Corte Suprema de Justicia, se puede iniciar el procedimiento de reforma constitucional, el cual necesariamente conlleva la consideración y aprobación por la Asamblea Legislativa de un Acto Legislativo con mayorías calificadas en dos Legislaturas subsiguientes. Si en la segunda Legislatura no se producen modificaciones, la reforma se considera aprobada; en cambio, si en esa segunda Legislatura se introducen modificaciones, entonces se requiere la aprobación popular mediante referendo de la reforma constitucional, sin que en la segunda el proyecto de reforma sufra modificación.

El mismo artículo 308 de la Constitución regula este procedimiento al establecer que la reforma constitucional puede ser aprobada por un Acto Legislativo aprobado en tres debates por la mayoría absoluta de los miembros de la Asamblea Legislativa, en una legislatura, y aprobado igualmente, en tres debates, por mayoría absoluta de los miembros de la mencionada Asamblea, en la legislatura inmediatamente siguiente. En ésta se puede modificar el texto aprobado en la legislatura anterior.

El Acto Legislativo aprobado de esta forma debe ser publicado en la *Gaceta Oficial* y sometido a *consulta popular directa mediante referéndum* que se debe celebrar en la fecha que señale la Asamblea Legislativa, dentro de un plazo que no puede ser menor de tres meses ni exceder de seis meses, contados desde la aprobación del Acto Legislativo por la segunda legislatura.

El Acto Legislativo aprobado con arreglo al procedimiento señalado, empezará a regir a partir de su publicación en la *Gaceta Oficial*, la cual debe hacerse por el Órgano Ejecutivo, dentro de los treinta días hábiles siguientes a su aprobación mediante referéndum, según fuere el caso, sin que la publicación posterior a dichos plazos sea causa de inconstitucionalidad.

J.   *La aprobación por referendo en las reformas parciales por acuerdo de la Asamblea Legislativa en Costa Rica*

En Costa Rica se distinguen dos procedimientos para la reforma constitucional, según se trate de reforma general en cuyo caso se atribuye a una Asamblea Nacional Constituyente, o de una reforma parcial, que se sigue ante el órgano del Poder legislativo. En este procedimiento para la reforma parcial, dispone el artículo 8 de la Constitución que de conformidad con el artículo 105 del mismo texto, las reformas constitucionales *podrán someterse a referéndum* después de ser aprobadas en una legislatura y antes de la siguiente, si lo acuerdan las dos terceras partes del total de los miembros de la Asamblea Legislativa.

IV. EL PODER CONSTITUYENTE DERIVADO ATRIBUIDO A ÓRGANOS CONSTITUIDOS DEL ESTADO

Aparte de atribuir directamente el poder constituyente derivado al pueblo soberano, otras Constituciones de América latina atribuyen tal poder a diversos órganos del Estado, de carácter representativos: sea un órgano especialmente concebido para ello, como son las Asambleas o Convenciones constituyentes; sea los órganos legislativos del Estado (órganos constituidos) mediante procedimientos específicos.

En efecto, en *primer lugar*, muchas otras Constituciones regulan el poder constituyente derivado atribuyéndolo a una Convención o Asamblea Constituyente, sea como procedimiento exclusivo de reforma constitucional como sucede en Argentina; como procedimiento exclusivo para las reformas constitucionales o reformas totales, distintas a las enmiendas, como sucede en Bolivia, Costa Rica, Paraguay y Nicaragua; como procedimiento exclusivo para la reforma de determinadas normas de la Constitución, como sucede en Guatemala; o en combinación con otros procedimientos de revisión constitucional como el referendo popular, como sucede en Colombia y Venezuela.

En *segundo lugar*, otras Constituciones atribuyen el ejercicio del poder constituyente derivado a los órganos que ejercen el Poder Legislativo, como los Congresos o Asambleas legislativas, en algunos casos en forma exclusiva, como sucede El Salvador, y como también sucede en México pero combinando la participación de los órganos legislativos Federal y de los Estados federados; y en otros casos, como alternativa de reforma respecto de otros procedimientos como el referendo, como sucede en Panamá, Colombia, Cuba, Chile y Ecuador; o como la Asamblea Constituyente, como sucede en Bolivia, Colombia, Costa Rica y Nicaragua.

En todo caso, además, sean cuales fueren los procedimientos de revisión constitucional, en una u otra forma siempre tienen participación los órganos de representación popular.

1. *El poder de revisión constitucional ejercido por una Asamblea o Convención constituyente*

En muchos países de América Latina, como se ha dicho, se ha regulado el poder constituyente derivado atribuyendo su ejercicio conforme a la Constitución, a una Convención o Asamblea Constituyente, sea como procedimiento exclusivo de reforma constitucional como sucede en Argentina; como procedimiento exclusivo para las reformas constitucionales o reformas totales, distintas a las enmiendas, como sucede en Bolivia, Costa Rica, Paraguay y Nicaragua; como procedimiento exclusivo para la reforma de determinadas normas de la Constitución, como sucede en Guatemala; o en combinación con otros procedimientos de revisión constitucional como el referendo popular, como sucede en Colombia y Venezuela.

A. *La revisión constitucional ejercida exclusivamente por una Asamblea o Convención Constituyente*

a. *La Asamblea Constituyente con competencia exclusiva en toda reforma constitucional: La Convención Constituyente de Argentina*

En Argentina, la Constitución puede reformarse en todo o en cualquiera de sus partes. Para ello el artículo 30 de la misma, establece dos fases que deben cumplirse: primero, tiene que producirse una declaratoria de la necesidad de reforma por el Congreso con el voto de dos terceras partes, al menos, de sus miembros; y segundo, una vez que se produce tal declaratoria, la reforma sólo puede efectuarse por una Convención convocada al efecto.

b. *La Asamblea Constituyente con competencia exclusiva para reformas constitucionales (distintas a las enmiendas)*

a'. *La Asamblea Constituyente en Bolivia*

En la reforma constitucional efectuada en febrero de 2004 en Bolivia, se creó la figura de la Asamblea Constituyente como uno de los medios mediante los cuales el pueblo delibera y gobierna (art. 4); estableciéndose específicamente como potestad privativa de la misma la "reforma total de la Constitución Política del Estado" (art. 232). A tal efecto, la Asamblea Constituyente debe ser convocada por Ley Especial de convocatoria, en la cual se deben señalar las formas y modalidades de la elección de los constituyentes, debiendo ser sancionada por dos tercios de votos de los miembros presentes en el Congreso Nacional. Dicha Ley y no puede ser vetada por el Presidente de la República.

b'. *La Asamblea Constituyente de Costa Rica para las reformas generales*

En Costa Rica, el artículo 196 de la Constitución dispone expresamente que la reforma general de la Constitución, sólo puede hacerse por una Asamblea Constituyente convocada al efecto. Tal convocatoria debe hacerse mediante una ley aprobada por votación no menor de dos tercios del total de los miembros de la Asamblea Legislativa y no requiere sanción del Poder Ejecutivo.

c'. *La Convención Nacional Constituyente de Paraguay para las reformas constitucionales*

La Constitución de Paraguay distingue entre la reforma y la enmienda como procedimientos para la revisión constitucional, atribuyendo la primera a una Convención Nacional Constituyente, y la segunda a la aprobación por referendo.

En cuanto al procedimiento de la reforma mediante Convención Nacional Constituyente, el mismo debe utilizarse necesariamente para la reforma de aquellas disposiciones que afecten el modo de elección, la composición, la duración de mandatos a las atribuciones de cualquiera de los poderes del Estado, o las disposiciones de los Capítulos I, II, III y IV del Título II, de la Parte I, referidos a derechos y garantías constitucionales, específicamente, el derecho a la vida, el derecho a un ambiente sano, el derecho a la protección de la libertad y seguridad personales, el derecho a la igualdad, y finalmente, los derechos de la familia.

Ahora bien, dispone el artículo 289 de la Constitución que la reforma sólo procede luego de diez años de la promulgación de la Constitución; y la pueden solicitar el veinticinco por ciento de los legisladores de cualquiera de las Cámaras del Congreso, el Presidente de la República o treinta mil electores, en petición firmada. Se requiere, sin embargo, una declaración de la necesidad de la reforma que debe ser aprobada por mayoría absoluta de dos tercios de los miembros de cada Cámara del Congreso.

Una vez decidida la necesidad de la reforma, el Tribunal Superior de Justicia Electoral debe llamar a elecciones de una Convención Nacional Constituyente dentro del plazo de ciento ochenta días, en comicios generales que no coincidan con ningún otro.

El número de miembros de la Convención Nacional Constituyente no puede exceder del total de los integrantes del Congreso; y sus condiciones de elegibilidad, así como la determinación de sus incompatibilidades, deben ser fijadas por ley. Los convencionales tendrán las mismas inmunidades establecidas para los miembros del Congreso.

Sancionada la nueva Constitución por la *Convención* Nacional Constituyente, queda promulgada de pleno derecho.

d'. *La Asamblea Nacional Constituyente para la reforma total de la Constitución en Nicaragua*

La Constitución de Nicaragua establece dos procedimientos de reforma constitucional, según se trate de reformas parciales o totales. Las reformas parciales se atribuyen a la Asamblea Nacional, así como la potestad para conocer y resolver sobre la iniciativa de reforma total de la misma con el voto de la mitad más uno de los diputados de la Asamblea Nacional (Art. 191).

El artículo 193 de la Constitución dispone que la iniciativa de reforma total corresponde a la mitad más uno de los diputados de la Asamblea Nacional (Art. 191), y su aprobación requiere el voto de los dos tercios del total de los diputados (Art. 192).

Una vez aprobada la iniciativa de reforma total, la Asamblea Nacional debe fijar un plazo para la convocatoria de elecciones de Asamblea Nacional Constituyente. La Asamblea Nacional conserva su mandato hasta la instalación de la nueva Asamblea Nacional Constituyente.

En todo caso, dispone expresamente el artículo 194 de la Constitución, que "mientras no se apruebe por la Asamblea Nacional Constituyente la nueva Constitución, seguirá en vigencia la presente Constitución".

c. *La Asamblea Constituyente con competencia exclusiva en determinadas materias de reformas constitucionales*

a'. *La Asamblea Nacional Constituyente de Guatemala*

De acuerdo con el artículo 277 de la Constitución, tienen iniciativa para proponer reformas a la Constitución el Presidente de la República en Consejo de Ministros; diez o más diputados al Congreso de la República; la Corte de Constitucionalidad; y el pueblo mediante petición dirigida al Congreso de la República, por no menos de cinco mil ciudadanos debidamente empadronados por el Registros de Ciudadanos.

La competencia para resolver sobre las reformas constitucionales se atribuye en la Constitución, según los artículos constitucionales a reformar, tanto al Congreso con aprobación popular como a una Asamblea Nacional Constituyente.

En particular, cuando se trate de la reforma del artículo 278 (que regula precisamente la Asamblea Nacional Constituyente) así como de cualquier artículo de los contenidos en el Capítulo I del Título II de la Constitución (que se refieren a los derechos individuales), es indispensable que el Congreso de la República, con el voto afirmativo de las dos terceras partes de los miembros que lo integran, convoque a una Asamblea Nacional Constituyente.

En el decreto de convocatoria el Congreso debe señalar el artículo o los artículos que hayan de revisarse, comunicándose al Tribunal Supremo Electoral para que fije la fecha en que se deban llevar a cabo las elecciones dentro del plazo máximo de ciento veinte días, procediéndose en lo demás conforme a la Ley Electoral Constitucional.

El artículo 279 de la Constitución precisa que las calidades requeridas para ser diputado a la Asamblea Nacional Constituyente son las mismas que se exigen para ser Diputado al Congreso y los diputados constituyentes gozarán de iguales inmunidades y prerrogativas. Sin embargo, no se puede ser simultáneamente diputado a la Asamblea Nacional Constituyente y al Congreso de la República. Las elecciones de diputados a la Asamblea Nacional Constituyente, el número de diputados a elegir y las demás cuestiones relacionadas, con el proceso electoral se normarán en igual forma que las elecciones al Congreso de la República.

En cuanto al funcionamiento de la Asamblea Nacional Constituyente, conforme se establece en el mismo artículo 279 de la Constitución, "la Asamblea Nacional Constituyente y el Congreso de la República podrán funcionar simultáneamente".

b'. *La Asamblea Nacional Constituyente en Venezuela para transformar el Estado y crear un nuevo ordenamiento jurídico*

En Venezuela y en la misma orientación de la experiencia colombiana de 1991, en 1999 se sometió a referendo consultivo el tema de la convocatoria de una Asamblea Nacional Constituyente como instrumento de revisión constitucional, sin que el texto de la Constitución vigente de 1961 regulara en forma alguna dicho procedimiento de revisión constitucional. En todo caso, al igual que en Colombia, luego de un intenso debate sobre el tema y de decisiones de la jurisdicción constitucional, la Asamblea Nacional Constituyente fue electa, y en el texto de la Constitución que sancionó y que fue sometida a un referendo aprobatorio, se reguló expresamente este procedimiento de revisión constitucional, paralelamente a los de la Enmienda y la Reforma con referendos aprobatorios.

En efecto, el artículo 347 de la Constitución comienza por precisar que "el pueblo de Venezuela es el depositario del poder constituyente originario" y que "en ejercicio de dicho poder", el pueblo "puede convocar una Asamblea Nacional Constituyente con el objeto de transformar el Estado, crear un nuevo ordenamiento jurídico y redactar una nueva Constitución". Con esta declaración expresa, la Constitución de 1999 eliminó toda discusión sobre si la Asamblea Nacional Constituyente, una vez electa, pudiese o no asumir el poder constituyente originario o sólo tendría un poder constituyente derivado. Esta discusión en cambio fue la que precisamente presidió el funcionamiento de la Asamblea Nacional Constituyente de 1999, la cual se arrogó tal poder constituyente originario, dando entonces un golpe de Estado. El texto constitucional que sancionó, en cambio, eliminó toda posibilidad de que la Asamblea Nacional Constituyente usurpe el poder constituyente originario que sólo lo tiene el pueblo.

Ahora bien, conforme al artículo 348 de la Constitución, la iniciativa para la convocatoria de una Asamblea Nacional Constituyente la puede tomar el Presidente de la República en Consejo de Ministros; la Asamblea Nacional, mediante acuerdo de las dos terceras partes de sus integrantes; los Concejos Municipales en cabildo, mediante el voto de las dos terceras partes de los mismos; o el quince por ciento de los electores inscritos en el Registro Civil y Electoral.

Durante su funcionamiento como mecanismo de revisión constitucional con el único objeto "de transformar el Estado, crear un nuevo ordenamiento jurídico y redactar una nueva Constitución" (art. 347), "los poderes constituidos no podrán en forma alguna impedir las decisiones de la Asamblea Nacional Constituyente" (art. 349).

Por otra parte, dispone el artículo 349 de la Constitución, que el Presidente de la República no puede objetar la nueva Constitución; la cual una vez promulgada, debe publicarse en la *Gaceta Oficial de la República Bolivariana de Venezuela* o en la Gaceta de la Asamblea Nacional Constituyente.

B.   *La Asamblea Constituyente con competencia (no exclusiva) alternativa entre otros procedimientos de revisión constitucional la Asamblea Constituyente en Colombia*

La Constitución colombiana de 1991, producto de una Asamblea Constituyente que en su momento fue convocada sin que dicho poder constituyente estuviese regulado expresamente en la Constitución, ha regulado en cambio, en forma expresa y como alternativa para la revisión constitucional, además del referendo aprobatorio y de los actos legislativos emanados del Congreso, el procedimiento a través de una Asamblea Constituyente.

En efecto, el artículo 376 de la Constitución dispone que mediante ley aprobada por mayoría de los miembros de una y otra cámara del Congreso, éste puede disponer que el pueblo en votación popular decida si convoca una asamblea constituyente con la competencia, el período y la composición que la misma ley determine.

Se debe entender que el pueblo convoca la asamblea, si así lo aprueba, cuando menos, una tercera parte de los integrantes del censo electoral. En tal caso, la asamblea debe ser elegida por el voto directo de los ciudadanos, en acto electoral que no puede coincidir con otro.

En este caso de convocatoria de una Asamblea Constituyente para la revisión constitucional, entonces la Asamblea asume en exclusiva el poder constituyente derivado, por lo que a partir de su elección *queda en suspenso la facultad ordinaria del Congreso para reformar la Constitución durante el término señalado* para que la asamblea cumpla sus funciones.

La asamblea una vez electa e instalada debe adoptar su propio reglamento.

En este caso del acto de convocación de la asamblea constituyente, el artículo 379 de la Constitución establece que el mismo sólo puede ser declarado inconstitucional cuando se violen los requisitos establecidos en el Título VIII en cual se regula la reforma constitucional, procediendo la acción pública contra el mismo dentro del año siguiente a su promulgación, con observancia de lo dispuesto en el artículo 241 numeral 2 de la Constitución (potestad de la Corte Constitucional de decidir, con anterioridad al pronunciamiento popular, sobre la constitucionalidad de la convocatoria a un referendo o a una asamblea constituyente para reformar la Constitución, sólo por vicios de procedimiento en su formación).

2. *El poder de revisión constitucional ejercido por los órganos del poder legislativo del Estado*

Por último, otras Constituciones atribuyen el ejercicio del poder constituyente derivado al órgano que ejerce el Poder Legislativo, en algunos casos en forma exclusiva como sucede en El Salvador, y como también sucede en México pero combinando la participación de los órganos legislativos federal y de los Estados federados; y en otros casos, como alternativa de reforma respecto de otros procedimientos como el referendo, como sucede en Panamá, Colombia, Cuba, Chile y Ecuador; o como la Asamblea Constituyente, como sucede en Bolivia, Colombia, Costa Rica y Nicaragua.

A. *La revisión constitucional ejercida exclusivamente por el órgano del Poder Legislativo*

a. *La competencia exclusiva del órgano legislativo nacional*

a'. *La reforma constitucional por la Asamblea Legislativa en El Salvador*

De acuerdo con lo que se establece en el artículo 248 de la Constitución de El Salvador, la reforma de la misma puede acordarse por la Asamblea Legislativa, únicamente a propuesta de al menos diez Diputados; y con el voto de la mitad más uno de los Diputados electos. Sin embargo, para que tal reforma pueda decretarse deberá ser ratificada por la siguiente Asamblea Legislativa con el voto de los dos tercios de los Diputados electos. Así ratificada, se emitirá el decreto correspondiente, el cual se mandará a publicar en el Diario Oficial.

b'. *La reforma constitucional por el Congreso Nacional en la República Dominicana*

El artículo 116 de la Constitución de la república Dominicana establece el método para la reforma constitucional, indicando que la proposición de la misma se debe presentar en el Congreso Nacional con el apoyo de la tercera parte de los miembros de una u otra Cámara, o si es sometida por el Poder Ejecutivo.

Una vez presentado el proyecto de reforma, conforme al artículo 117, el Congreso debe declarar la necesidad de la reforma por una ley, mediante la cual se ordenará la reunión de la Asamblea Nacional, se determinará el objeto de la reforma y se indicarán los artículos de la Constitución sobre los cuales versará la reforma. Esta ley no puede ser observada por el Poder Ejecutivo.

Para resolver acerca de las reformas propuestas, el artículo 118 dispone que la Asamblea Nacional se debe reunir dentro de los quince días siguientes a la publicación de la ley que declare la necesidad de la reforma, con la presencia de más de la mitad de los miembros de cada una de las Cámaras. Por excepción de lo dispuesto en el artículo 27 constitucional, en este caso las decisiones se deben tomar por la mayoría de las dos terceras partes de los votos.

Una vez votadas y proclamadas las reformas por la Asamblea Nacional, la Constitución debe ser publicada íntegramente con los textos reformados.

c'. La enmienda constitucional por el Congreso Nacional en Brasil

En Brasil, la Constitución sólo puede ser enmendada por el Congreso Nacional, como parte del "proceso legislativo" (art. 59); pero ninguna enmienda puede ser aprobada bajo la vigencia de intervención federal, del estado de defensa o del estado de sitio (Art. 60, § 1°)

La propuesta de enmienda puede ser presentada conforme lo indica el artículo 60 de la Constitución: I. De un tercio, al menos, de los miembros de la Cámara de los Diputados o del Senado Federal; II. Del Presidente de la República; III. De más de la mitad de las Asambleas Legislativas de las unidades de la Federación, manifestándose, cada una de ellas, por mayoría relativa de sus miembros.

La propuesta debe ser discutida y votada en cada Cámara del Congreso Nacional, dos veces, considerándose aprobada si se obtuviera, en ambas, tres quintos de los votos de los respectivos miembros (art. 60 § 2°).

La enmienda a la Constitución será promulgada por las Mesas de las Cámara de los Diputados y del Senado Federal, con el respectivo número de orden (art. 60 § 3°). La materia objeto de propuesta de enmienda rechazada o considerada inoperante no podrá ser objeto de nueva propuesta en la misma sesión legislativa (art. 60 § 5°).

b. La competencia exclusiva de los órganos del Poder Legislativo Federal y de los poderes legislativos estadales (sub nacionales): México

La Constitución de México es la única de las Constituciones de los Estados con forma federal de América Latina que establece la necesidad de que las reformas constitucionales además de ser aprobadas por el Congreso federal, sean también aprobadas por las Asambleas Legislativas de los Estados federados.

En efecto, el artículo 135 de la Constitución de 1917 dispone que la misma puede ser adicionada o reformada; pero para que dichas adiciones o reformas lleguen a ser parte de la misma, se requiere que el Congreso de la Unión, por el voto de las dos terceras partes de los individuos presentes, acuerde las reformas o adiciones, y que éstas sean aprobadas por la mayoría de las legislaturas de los Estados. El Congreso de la Unión o la Comisión Permanente en su caso deben hacer el cómputo de los votos de las legislaturas y la declaración de haber sido aprobadas las adiciones o reformas.

B. El órgano del Poder Legislativo con competencia (no exclusiva) en materia de reforma constitucional como alternativa entre otros procedimientos de revisión

a. La aprobación por el órgano legislativo como alternativa con el referendo o la consulta popular

a'. La reforma constitucional por la Asamblea Legislativa en Panamá como alternativa a la aprobación por referendo

Como se dijo, en Panamá se regulan dos procedimientos de reforma constitucional, uno de los cuales conlleva la participación popular mediante referendo aprobatorio cuando en la discusión de la reforma en las dos legislaturas de la Asamblea Legislativa se produzcan modificaciones en la segunda.

En caso contrario, con la sólo participación del órgano legislativo se puede reformar la Constitución, conforme al siguiente procedimiento que se regula en el
artículo 308 de la Constitución:

La iniciativa para proponer reformas constitucionales corresponde a la Asamblea
Legislativa, al Consejo de Gabinete o a la Corte Suprema de Justicia, y las reformas
pueden ser aprobadas por un Acto Legislativo aprobado en tres debates por la mayoría absoluta de los miembros de la Asamblea Legislativa, el cual debe ser publicado en la *Gaceta Oficial* y transmitido por el Órgano Ejecutivo a dicha Asamblea, dentro de los primeros cinco días de las sesiones ordinarias siguientes a las
elecciones para la renovación del órgano Legislativo, a efecto de que, en esta
última legislatura, sea nuevamente debatido y aprobado sin modificación, en un
solo debate, por la mayoría absoluta de los miembros que la integran.

El Acto Legislativo así aprobado empieza a regir a partir de su publicación en la
Gaceta oficial, la cual debe hacerse por el Órgano Ejecutivo, dentro de los diez días
hábiles que siguen a su ratificación por parte de la Asamblea Legislativa, sin que la
publicación posterior a dichos plazos sea causa de inconstitucionalidad.

b'. *Las reformas constitucionales por la Asamblea del Poder Popu-*
lar en Cuba

El principio general conforme al artículo 137 de la Constitución de Cuba es que
la Constitución solo puede ser reformada por la Asamblea Nacional del Poder Popular mediante acuerdo adoptado, en votación nominal, por una mayoría no inferior a
las dos terceras partes del número total de sus integrantes.

Como se ha dicho, sin embargo, sólo si la reforma se refiere a la integración y
facultades de la Asamblea Nacional del Poder Popular o de su Consejo de Estado o
a derechos y deberes consagrados en la Constitución, se requiere, además, la ratificación por el voto favorable de la mayoría de los ciudadanos con derecho electoral,
en referendo convocado al efecto por la propia Asamblea.

c'. *Las reformas constitucionales por el Congreso Nacional en Chile*

El artículo 116 de la Constitución de Chile establece que los proyectos de reforma de la Constitución pueden ser iniciados por mensaje del Presidente de la República o por moción de cualquiera de los miembros del Congreso Nacional, con las
limitaciones señaladas en el inciso primero del artículo 62 (dependiendo de la materia a tratar la discusión tendrá origen en la Cámara de Diputados o en la Cámara del
Senado).

El proyecto de reforma necesita para ser aprobado en cada cámara el voto conforme de las tres quintas partes de los diputados y senadores en ejercicio. Sin embargo, si la reforma recayere sobre los capítulos I, III, VII, X, XI o XIV, referidos
éstos a las bases de la institucionalidad, los derechos constitucionales, el Tribunal
Constitucional, las Fuerzas Armadas, de Orden y Seguridad Pública, el Consejo de
Seguridad Nacional y el procedimiento de reforma constitucional, respectivamente,
necesitará, en cada Cámara, la aprobación de las dos terceras partes de los diputados
y senadores en ejercicio. El sistema de urgencia será aplicable a los proyectos de
reforma constitucional.

A los efectos de la discusión, conforme al artículo 117, las dos Cámaras, reunidas en Congreso Pleno, serán convocadas por el Presidente del Senado a una sesión pública, que se celebrará no antes de treinta ni después de sesenta días contados desde la aprobación de un proyecto en la forma señalada en el artículo anterior, en la que, con asistencia de la mayoría del total de sus miembros, tomarán conocimiento de él y procederán a votarlo sin debate.

Si a la hora señalada no se reuniere la mayoría del total de los miembros del Congreso, la sesión se verificará el mismo día, a una hora posterior que el Presidente del Senado haya fijado en la convocatoria, con los diputados y senadores que asistan.

El proyecto que apruebe la mayoría del Congreso Pleno pasará al Presidente de la República. Si el Presidente de la República rechazare totalmente un proyecto de reforma aprobado por el Congreso y éste insistiere en su totalidad por las dos terceras partes de los miembros en ejercicio de cada Cámara, el Presidente deberá promulgar dicho proyecto, a menos que consulte a la ciudadanía mediante plebiscito.

Si el Presidente observare parcialmente un proyecto de reforma aprobado por el Congreso, las observaciones se entenderán aprobadas con el voto conforme de las tres quintas o dos terceras partes de los miembros en ejercicio de cada Cámara, según corresponda de acuerdo con el artículo 116 y se devolverá al Presidente para su promulgación.

En caso de que las Cámaras no aprueben todas o algunas de las observaciones del Presidente, no habrá reforma constitucional sobre los puntos en discrepancia, a menos que ambas Cámaras insistieren por los dos tercios de sus miembros en ejercicio en la parte del proyecto aprobado por ellas. En este último caso, se devolverá al Presidente la parte del proyecto que haya sido objeto de insistencia para su promulgación, salvo que éste consulte a la ciudadanía para que se pronuncie mediante un plebiscito, respecto de las cuestiones en desacuerdo.

La ley orgánica constitucional relativa al Congreso regulará en lo demás lo concerniente a los vetos de los proyectos de reforma y a su tramitación en el Congreso.

d'. *Las reformas constitucionales por el Congreso Nacional en Ecuador*

De acuerdo con el artículo 280 de la Constitución de Ecuador, la Constitución Política podrá ser reformada por el Congreso Nacional o mediante consulta popular.

En cuanto a las reformas aprobadas por el Congreso Nacional, el artículo 281 dispone que los proyectos de reforma constitucional pueden presentarse ante el Congreso Nacional por: un número de diputados equivalente al veinte por ciento de sus integrantes o un bloque legislativo; el Presidente de la República; la Corte Suprema de Justicia; el Tribunal Constitucional, o un número de personas en ejercicio de los derechos políticos, cuyos nombres consten en el padrón electoral, y que equivalga al uno por ciento de los inscritos en él.

Conforme al artículo 282, el Congreso Nacional debe conocer y discutir los proyectos de reforma constitucional, mediante el mismo trámite previsto para la aprobación de las leyes. Sin embargo, el segundo debate, en el que se requerirá del voto favorable de las dos terceras partes de la totalidad de miembros del Congreso, no podrá efectuarse sino luego de transcurrido un año a partir de la realización del primero. Una vez aprobado el proyecto, el Congreso lo debe remitir al Presidente de la República para su sanción u objeción, conforme a las disposiciones de esta Constitución.

e'. *Las reformas constitucionales parciales por la Asamblea Nacional en Nicaragua*

Conforme se establece en el artículo 191 de la Constitución de Nicaragua, la Asamblea Nacional está facultada para reformar parcialmente la Constitución Política y para conocer y resolver sobre la iniciativa de reforma total de la misma. El mismo procedimiento debe aplicarse para la reforma de las leyes constitucionales (Electoral, de Emergencia y de Amparo conforme al artículo 185), con la excepción del requisito de las dos legislaturas (art. 195).

La iniciativa de reforma parcial corresponde al Presidente de la República o a un tercio de los diputados de la Asamblea Nacional, y conforme al artículo 192, debe señalar el o los artículos que se pretenden reformar con expresión de motivos. Tal iniciativa debe ser enviada a una comisión especial que dictaminará en un plazo no mayor de sesenta días. El proyecto de reforma debe recibir a continuación el trámite previsto para la formación de la ley, y debe ser discutida en dos legislaturas.

La aprobación de la reforma parcial requiere del voto favorable del sesenta por ciento de los diputados. El Presidente de la República debe promulgar la reforma parcial y en este caso no puede ejercer el derecho al veto (art. 194).

b. *La aprobación por el órgano legislativo como alternativa con la Asamblea Constituyente o con referendo*

a'. *La enmienda constitucional por las Cámaras Legislativas en Bolivia*

La Constitución de Bolivia, además de regular la reforma total mediante una Asamblea Constituyente, establece el procedimiento para la reforma parcial o enmienda, atribuyendo a las Cámaras de Diputados y de Senadores el poder constituyente conforme al siguiente procedimiento que se regula en los artículos 230 a 33 del texto fundamental.

La iniciativa de la reforma parcial conforme al artículo 230 corresponde a las Cámaras, mediante la previa declaración de la necesidad de la reforma, la cual debe determinarse con precisión en una ley ordinaria aprobada por dos tercios de los miembros presentes en cada una de las Cámaras. Esta ley, a su vez, puede ser iniciada en cualquiera de las Cámaras, en la forma establecida por esa Constitución para el proceso de formación de las leyes (artículos 71 y siguientes). Una vez sancionada la ley de declaración de la necesidad de la reforma, la misma debe ser enviada al Ejecutivo para su promulgación, sin que éste pueda vetarla.

La Ley de declaratoria de la necesidad de la reforma, que contiene el proyecto de la misma, conforme lo dispone el artículo 231 de la Constitución, debe entonces ser considerada y discutida en las primeras sesiones de la legislatura de un nuevo período constitucional por la Cámara que proyectó la reforma y, si ésta fuere aprobada por dos tercios de votos, se pasará a la otra para su revisión, la que también requerirá dos tercios; siguiéndose en los demás trámites los mismos que la Constitución señala para las relaciones entre las dos Cámaras.

En todo caso, las cámaras deliberarán y votarán las reformas ajustándolas a las disposiciones que determinen la Ley Declaratoria de aquella. La reforma sancionada pasará al Ejecutivo para su promulgación, sin que el Presidente de la República pueda observarla. Cuando la enmienda sea relativa al período constitucional del Presidente o Vicepresidente de la República, entrará en vigencia sólo en el siguiente período constitucional (art. 233).

b'. La reforma de la Constitución por Acto Legislativo en Colombia

Como se ha dicho, en Colombia se regulan tres procedimientos alternativos de reforma constitucional; mediante referendo, mediante una Asamblea Constituyente o mediante Acto Legislativo emanado del Congreso.

En este último caso, dispone el artículo 375 de la Constitución, que el gobierno, diez miembros del Congreso, el veinte por ciento de los concejales o de los diputados y los ciudadanos en un número equivalente al menos, al cinco por ciento del censo electoral vigente, pueden presentar ante el Congreso proyectos de Actos Legislativos para la reforma constitucional.

El trámite del proyecto debe tener lugar en dos períodos ordinarios y consecutivos. Aprobado en el primero de ellos por la mayoría de los asistentes, el proyecto será publicado por el gobierno. En el segundo período la aprobación requerirá el voto de la mayoría de los miembros de cada cámara. En este segundo período sólo podrán debatirse iniciativas presentadas en el primero.

Conforme al artículo 379, los actos legislativos sólo pueden ser declarados inconstitucionales cuando se violen los requisitos establecidos en el Título XIII de la Constitución (todo el procedimiento de reforma constitucional). Además, se establece que la acción pública contra estos actos sólo procede dentro del año siguiente a su promulgación, con observancia de lo dispuesto en el artículo 241 numeral 2 de la Constitución (potestad de la Corte Constitucional de decidir, con anterioridad al pronunciamiento popular, sobre la constitucionalidad de la convocatoria a un referendo o a una asamblea constituyente para reformar la Constitución, sólo por vicios de procedimiento en su formación).

c'. Las reformas parciales por la Asamblea Legislativa en Costa Rica

En Costa Rica, como se dijo, se distinguen dos tipos de procedimientos para la reforma constitucional según se trate de reformas generales o parciales. En el primer caso debe convocarse una Asamblea Constituyente; y en el segundo caso, el poder constituyente se atribuye a la Asamblea legislativa.

En efecto, el artículo 195 de la Constitución dispone que la Asamblea Legislativa podrá reformar parcialmente la Constitución con absoluto arreglo a las siguiente disposiciones:

1. La proposición para reformar uno o varios artículos debe ser presentada a la Asamblea Legislativa en sesiones ordinarias, firmada al menos por diez diputados o por el cinco por ciento (5%) como mínimo, de los ciudadanos inscritos en el padrón electoral;

2. Esta proposición debe ser leída por tres veces con intervalos de seis días, para resolver si se admite o no a discusión;

3. En caso afirmativo, la proposición debe pasar a una comisión nombrada por mayoría absoluta de la Asamblea, para que dictamine en un término de hasta veinte días hábiles.

4. Presentado el dictamen, se debe proceder a su discusión por los trámites establecidos para la formación de las leyes; pero dicha reforma debe aprobarse por votación no menor de los dos tercios del total de los miembros de la Asamblea;

5. Acordado que procede la reforma, la Asamblea debe preparar el correspondiente proyecto, por medio de una Comisión, bastando en este caso la mayoría absoluta para aprobarlo;

6. El mencionado proyecto debe entonces pasar al Poder Ejecutivo; y éste lo debe enviar a la Asamblea con el Mensaje Presidencial al iniciarse la próxima legislatura ordinaria, con sus observaciones, o recomendándolo;

7. La Asamblea Legislativa, en sus primeras sesiones, debe discutir el proyecto en tres debates, y si lo aprobare por votación no menor de dos tercios de votos del total de los miembros de la Asamblea, entonces formará parte de la Constitución, y se comunicará al Poder Ejecutivo para su publicación y observancia.

V. LOS LÍMITES AL PODER CONSTITUYENTE DERIVADO

Como puede apreciarse de lo antes expuesto, los procedimientos para la revisión o reforma constitucional en América Latina se han regulado en el propio texto de las Constituciones, por lo que el poder constituyente derivado está sujeto a límites constitucionales, sea que se ejerza directamente por el pueblo o por órganos constituidos del Estado. Estos límites además de los que derivan de las propias regulaciones constitucionales en cuanto al procedimiento de revisión constitucional, son, en primer lugar, los límites que derivan de las denominadas cláusulas pétreas o inmodificables; en segundo lugar, los límites que derivan del funcionamiento de los órganos constituidos del Estado durante del proceso de reforma o enmienda constitucional; en tercer lugar, los límites derivados de circunstancias excepcionales; y en cuarto lugar, los límites temporales.

1. *Los límites derivados de las cláusulas pétreas*

El primer límite al poder constituyente es el que deriva de las denominadas cláusulas pétreas o inmodificables que se establecen en los textos constitucionales, en las cuales se establecen principios o normas que se proclaman como irrevisables en forma total o parcial. En muchos casos se trata de cláusulas expresas, en otros de cláusulas que derivan de la interpretación del propio texto constitucional.

Entre las primeras, se destacan las que excluyen toda reforma sobre determinadas materias como sucede con el artículo 248 de la Constitución de El Salvador en el cual se dispone que:

Art. 248: "...No podrán reformarse en ningún caso los artículos de esta Constitución que se refieren a la forma y sistema de gobierno, al territorio de la República y a la alternabilidad en el ejercicio de la Presidencia de la República".

En igual sentido se debe destacar el artículo 119 de la Constitución de República Dominicana, en el cual se declara que:

Art. 119. "Ninguna reforma podrá versar sobre la forma de Gobierno, que deberá ser siempre civil, republicano, democrático y representativo".

En la Constitución de Guatemala se establece una enumeración de artículos de la Constitución como "no reformables", al disponer su artículo 281, que "en ningún caso podrán reformarse los artículos 140 (independencia del Estado y al sistema de gobierno), 141 (soberanía popular), 165, inciso g) (desconocimiento del mandato del Presidente después de vencido su período constitucional), 186 (prohibiciones para optar a cargos de Presidente y Vicepresidente) y 187 (prohibición de reelección), ni en forma alguna toda cuestión que se refiera a la forma republicana de gobierno, al principio de no reelección para el ejercicio de la Presidencia de la República, ni restársele efectividad o vigencia a los artículos que estatuyen alternabilidad en el ejercicio de la Presidencia de la República, así como tampoco dejárseles en suspenso o de cualquier otra manera de variar o modificar su contenido".

En el caso de Honduras, el artículo 374 de la Constitución también dispone una enumeración de artículos no reformables, así:

Artículo 374: No podrán reformarse, en ningún caso, el Artículo anterior (procedimiento para la reforma constitucional), el presente Artículo, los artículos constitucionales que se refieren a la forma de gobierno, al territorio nacional, al período presidencial, a la prohibición para ser nuevamente Presidente de la República, el ciudadano que lo haya desempeñado bajo cualquier título y referente a quienes no pueden ser Presidente de la República por el período subsiguiente.

En otros casos, como en la Constitución del Brasil, lo que se establece es que no se puede abolir determinadas instituciones o principios, pero ello no impide la reforma de los artículos que las consagran. En tal sentido, el artículo 60 § 4, establece que:

"No será objeto de deliberación la propuesta de enmienda tendiente a abolir: I. La forma federal del Estado; II. El voto directo, secreto, universal y periódico; III. La separación de los Poderes; IV. Los derechos y garantías individuales".

En el artículo 137 de la Constitución de Cuba también se ha establecido una cláusula de esta naturaleza irrevocabilidad respecto del "sistema político, económico y social, cuyo carácter irrevocable lo establece el artículo 3 del Capítulo I, y la prohibición de negociar acuerdos bajo agresión, amenaza o coerción de una potencia extranjera". Además, en la reforma de junio de 2002, la Asamblea Nacional del Poder Popular añadió al texto constitucional otra cláusula pétrea con el siguiente texto:

"*Disposición Especial.* El pueblo de Cuba, casi en su totalidad, expresó entre los días 15 y 18 de junio del 2002, su más decidido apoyo al proyecto de reforma constitucional propuesto por las organizaciones de masas en asamblea extraordinaria de todas sus direcciones nacionales que había tenido lugar el día 10 del propio mes de junio, en el cual se ratifica en todas sus partes la Constitución de la república y se propone que el carácter socialista y el sistema político y social contenido en ella sean declarados irrevocables, como digna y categórica respuesta a las exigencias y amenazas del gobierno imperialista de los Estado Unidos el 20 de mayo de 2002".

Pero aparte de las cláusulas pétreas así expresamente insertas en los textos constitucionales, de las disposiciones de los mismos se pueden derivar muchas otras cláusulas que encajarían dentro del carácter irrevisable por parte del poder constituyente.

Es el caso, por ejemplo, de la Constituciones que establecen en algunos de sus artículos el carácter eterno de un principio o disposición, como resulta del artículo 1 de la Constitución de Venezuela cuando declara que la República "es *irrevocablemente* libre e independiente..."; del artículo 5 que declara que "la soberanía reside *intransferiblemente* en el pueblo", o del artículo 6 de la misma Constitución cuando prescribe que el gobierno de la República "y de las entidades políticas que la componen *es y será siempre* democrático, participativo, electivo, descentralizado, alternativo, responsable, pluralista y de mandatos revocables".

Otras cláusulas que implicarían límites a la revisión constitucional serían las que establecen la protección constitucional de los derechos humanos inherentes a la persona humana, las cuales no podrían reformarse para reducir el ámbito de protección de los derechos; límite que deriva del principio de la progresividad que debe regir en la garantía de los derechos que establecen algunas Constituciones como la de Venezuela (Art. 19).

2. *Los limites derivados del funcionamiento de los poderes constituidos del Estado*

Los procedimientos de revisión constitucional establecidos en los textos constitucionales tienden a reformar o enmendar las Constituciones, sin alterar el funcionamiento de los órganos constituidos del Estado.

Este es el principio general que resulta del texto de todas las Constituciones latinoamericanas, sea cual sea el procedimiento de revisión constitucional que se regule.

En efecto, en los casos en los cuales el poder constituyente derivado se haya atribuido al pueblo para la aprobación de la reforma o enmienda constitucional, durante el procedimiento de elaboración del proyecto de reforma o enmienda y de aprobación popular del mismo mediante referendo, plebiscito o consulta popular, los órganos constituidos del Estado continúan funcionando sin interrupción ni interferencia de cualquier clase.

Sólo excepcionalmente algunas potestades de los órganos del Estado pueden verse afectadas durante los procedimientos de revisión constitucional, lo cual debe establecerse expresamente, como sucede con las limitaciones a la posibilidad de veto presidencial respecto de los actos del órgano legislativo concernientes con la reforma o enmienda constitucional, como por ejemplo lo prevén las Constituciones de Bolivia, Perú, Nicaragua, Uruguay y Venezuela.

En los casos en los cuales el poder constituyente se atribuye a una Asamblea Nacional Constituyente, en principio, y salvo disposición expresa en contrario, el funcionamiento de la Asamblea nacional Constituyente no afecta ni impide el funcionamiento simultáneo de los órganos constituidos del Estado. Este principio está formulado expresamente en la Constitución del Paraguay, en cuyo artículo 291 se establece lo siguiente:

Art. 291. *De la potestad de la Convención Nacional Constituyente*. La Convención Nacional Constituyente es independiente de los poderes constituidos. Se limitará, durante el tiempo que duren sus deliberaciones, a sus labores de reforma, con exclusión de cualquier otra tarea. No se arrogará las atribuciones de los poderes del Estado, no podrá sustituir a quienes se hallen en ejercicio de ellos, ni acortar o ampliar su mandato.

En igual sentido, pero en relación con el funcionamiento del Congreso durante el funcionamiento de la Asamblea Constituyente, en la Constitución de Guatemala, el artículo 279 dispone expresamente que "la Asamblea Nacional Constituyente y el Congreso de la República podrán funcionar simultáneamente". La excepción a este principio, en forma también expresa, está establecida en la Constitución de Nicaragua, en cuyo artículo 193 se establece que una vez aprobada la iniciativa de reforma total de la Constitución por la Asamblea Nacional, esta debe fijar un plazo para la convocatoria de elecciones de Asamblea Nacional Constituyente, conservando "su mandato hasta la instalación de la nueva Asamblea Nacional Constituyente".

En otras Constituciones, como la de Colombia, una vez instalada la Asamblea Nacional Constituyente, sólo se limitan las potestades de los órganos constituidos del Estado en relación con la revisión constitucional. Así, el artículo 376 dispone que a partir de la elección de la Asamblea Constituyente para la revisión constitucional "queda en suspenso la facultad ordinaria del Congreso para reformar la Constitución durante el término señalado para que la asamblea cumpla sus funciones".

Por último, debe mencionarse la Constitución de Venezuela, en la cual sólo se establece que durante el funcionamiento de la Asamblea Nacional Constituyente la cual tiene como único objeto "transformar el Estado, crear un nuevo ordenamiento jurídico y redactar una nueva Constitución" (art. 347), entonces, "los poderes constituidos no podrán en forma alguna impedir las decisiones de la Asamblea Nacional Constituyente" (art. 349). Esta disposición tiene que interpretarse, por supuesto, de acuerdo con los mismos términos de la Constitución, conforme a la cual la Asamblea Constituyente no tiene poder alguno para alterar las normas constitucionales mientras estén en vigencia y hasta que sean sustituidas por las normas de la nueva Constitución. En consecuencia, mientras la Asamblea esté funcionamiento, no puede alterar el funcionamiento de los órganos constituidos del Estado.

3. *Los limites derivados de la existencia de circunstancias extraordinarias*

Otro límite a la posibilidad de revisión constitucional deriva de la existencia de circunstancias constitucionales extraordinarias, como los estados de excepción o de sitio, las cuales una vez decretadas impiden que se desarrollen los procedimientos de reforma.

Es el caso en particular de la Constitución de Brasil, en la cual al regularse la posibilidad de enmienda constitucional como una potestad atribuida al Congreso Nacional, como parte del "proceso legislativo" (art. 59), en el artículo 60, § 1° se dispone expresamente que "ninguna enmienda puede ser aprobada bajo la vigencia de intervención federal, del estado de defensa o del estado de sitio".

Estas circunstancias excepcionales que deben ser decretadas por el Presidente de la República (art. 84, IX y X) con participación variada de otros Poderes de la Unión (arts. 34 y ss. y 136 y ss.).

En Venezuela, una limitación similar estaba establecida en la Ley Orgánica del Sufragio y Participación Política de 1997 reformada en 1998 (*Gaceta Oficial* N° 5233 Extraordinario de 28-5-98), en cuyo artículo 186 se estableció que "No podrán celebrarse referendos durante la vigencia de estado de emergencia, de suspensión o restricción de garantías constitucionales o de graves trastornos del orden público previstos en los artículos 240, 241 y 244 de la Constitución de la República". Como en esa fecha, la figura de los refrendos era un medio de participación política de rango legal, pues nada al respecto establecía la Constitución de 1961, podía admitirse que la propia ley que los regulaba estableciera limitaciones de este tipo para su realización. Sin embargo, estando ahora regulados los refrendos en la Constitución de 1999, incluyendo los que son necesarios para la aprobación de las enmiendas y reformas constitucionales y para la convocatoria de una Asamblea Nacional Constituyente para la revisión constitucional, al no estar prevista alguna limitación para la realización de referendos, no podría la ley establecerlas. Por ello, la norma del artículo 186 de la Ley Orgánica del sufragio y participación Política puede considerarse que fue derogada tácitamente por la Constitución de 1999, no existiendo en consecuencia, limites a la realización del proceso de revisión constitucional por el hecho de que se decrete un estado de excepción.

4. *Los límites temporales*

Algunas Constituciones establecen límites temporales para la revisión constitucional, en el sentido de que en el texto constitucional se ha establecido un lapso mínimo de irrevisabilidad constitucional. Así se regula, por ejemplo, en Paraguay, en cuya Constitución (art. 289) se estableció que la reforma de la Constitución "sólo procederá luego de diez años de su promulgación"; y las enmiendas sólo "transcurridos tres años de promulgada la Constitución" (art. 290).

APRECIACIÓN FINAL

Los mecanismos para la revisión constitucional son de la esencia del proceso constitucional. No hay ni puede haber Constituciones inmutables ni eternas; al contrario, los textos constitucionales requieren adaptación permanente para regular la sociedad conforme a los cambios políticos y sociales. Uno de esos mecanismos de cambio constitucional lo constituyen los de revisión o reforma formal de la Constitución, como son los procedimientos de enmiendas, de reformas o de convocatoria de Asambleas o Convenciones Constituyentes, que permiten la modificación de las Constituciones con la participación directa del pueblo (vía referéndum o plebiscito) o de sus representantes electos en los Parlamentos o en las Asambleas Constituyentes. Se trata, en todo caso, de métodos de revisión constitucional a través de los cuales sólo se manifiesta el poder constituyente derivado sometido, precisamente, a los límites y procedimientos regulados expresamente en las Constituciones. El poder constituyente originario, en cambio, sólo se manifiesta en los procesos de revisión constitucional realizados *de facto*, al margen del hilo constitucional.

Ahora bien, del análisis comparativo los procedimientos de revisión constitucional regulados en las Constituciones de América Latina, pueden formularse las siguientes apreciaciones generales:

1) En casi todas las Constituciones se regula la participación popular en los procesos de revisión constitucional, siendo excepcional los países que no prevén algún referendo o consulta popular que permita la participación del pueblo como poder constituyente originario. Es el caso de Argentina y Nicaragua que sólo regulan como mecanismo para la revisión constitucional por una Asamblea o Convención Constituyente; y de El Salvador y México que atribuyen el poder constituyente derivado sólo a los órganos legislativos del Estado, por supuesto, a través de procedimientos particulares con mayorías calificadas. De resto, en Uruguay, Colombia, Venezuela, Paraguay, Guatemala, Costa Rica, Perú, Cuba, Chile, Ecuador y Panamá se regula la participación del pueblo en la revisión constitucional e, incluso, en Uruguay, como la única forma para la reforma constitucional.

2) En todas las Constituciones latinoamericanas se establece la participación del órgano legislativo nacional (Congresos, Asambleas) en los procedimientos de revisión constitucional, de manera que en los mismos siempre participa la representación popular. Sólo excepcionalmente los órganos legislativos son los únicos con poder constituyente derivado, mediante mayorías calificadas especiales como sucede en El Salvador y México. En este último país, además del Congreso de la Unión, también participan en el procedimiento de revisión constitucional, las Asambleas legislativas de los Estados de la Federación. En ninguna de las otras Constituciones federales (Argentina. Brasil o Venezuela) se establece la participación de las Asambleas Legislativas de los Estados en el procedimiento de reforma constitucional. En Argentina y en Brasil, sin embargo, podría señalarse que los Estados participarían sólo mediante la representación en el Senado.

3) En todas las Constituciones se establece también la participación del Presidente de la República en el procedimiento de revisión constitucional sea mediante la iniciativa de reforma o mediante la promulgación de la misma, limitándose en este último caso, en muchas Constituciones, el poder de veto del Presidente como sucede en Bolivia, Perú, Nicaragua, Uruguay y Venezuela.

4) En todas las Constituciones latinoamericanas se regulan expresamente los procedimientos de revisión constitucional, por lo que los mismos al tener rango constitucional deben ser respetados por todos los órganos del Estado. No es posible, por tanto realizar una reforma constitucional mediante un procedimiento distinto al establecido en la Constitución. En consecuencia, los procedimientos de reforma o enmienda constitucional que no se desarrollen conforme a las normas constitucionales que los regulan, o que versen sobre asuntos o materias que la Constitución prohíbe, son inconstitucionales y pueden ser controlados por la Jurisdicción Constitucional. Ello se prevé incluso en forma expresa en algunas Constituciones que atribuyen a los Tribunales Constitucionales o Salas Constitucionales de los Tribunales Supremos, el control de la constitucionalidad de los actos relativos a las reformas o enmiendas constitucionales, como lo hacen las Constituciones de Bolivia, Colombia, Costa Rica y Chile.

El problema de la relación entre rigidez y revisión constitucional, sin embargo, como se dijo al inicio, deriva de la situación fronteriza entre el derecho y los hechos, en la cual se mueven. No ha sido infrecuente en América Latina que a pesar de las previsiones constitucionales, se hayan producido reformas parciales e incluso totales de los textos constitucionales sin seguirse los procedimientos prescritos para las reformas o enmiendas, originándose sin duda, inconstitucionalidades, que luego, por la fuerza de los hechos, han encontrado alguna legitimación política. El problema radica en la duración de la estabilidad constitucional que pueda derivarse de la supuesta legitimación y en el consenso que se haya podido haber obtenido para las reformas. Reformas impuestas por minorías o por mayorías circunstanciales sin que hayan sido producto de acuerdos, compromisos y consensos, es decir, de verdaderos pactos políticos, generalmente no tienen larga vida y las más de las veces, la vida que tienen termina estando vinculada a la vida política del o de los actores que las impusieron.

SECCIÓN TERCERA: **LOS SISTEMAS PARA LA REFORMA CONSTITU-CIONAL EN AMÉRICA LATINA (SPEYER, ALEMANIA, OCTUBRE 2005),**

Texto de la intervención en el Seminario sobre reforma constitucional en América latina, organizado por la Escuela Superior Alemana de Ciencias Administrativas, Instituto de Investigación para la Administración Pública, (Forschungsinsitut fuer Oeffentliche Verwaltung bei der Deutschen Hochschule für Verwaltungswissenschaften), Speyer, 28 de octubre 2005. Publicado en el libro: *Estudios sobre el Estado Constitucional (2005-2006),*Caracas **2007, pp. 715-730.**

EXPOSICIÓN INTRODUCTORIA

Debo comenzar agradeciendo al Instituto de Investigación para la Administración de Espira, y muy especialmente a su director el profesor Harl-Peter Sommermann, por la invitación que me ha formulado para participar en este Coloquio así como por sus generosas palabras de presentación. Me es muy honroso poder participar en esta actividad del Instituto que ha convocado con todo éxito a tantos distinguidos profesores interesados en los temas de América Latina así como al nutrido número de doctorandos latinoamericanos en las diversas universidades alemanas que están presentes.

Igualmente quiero expresar en forma muy especial mi agradecimiento a la doctoranda Mariela Morales, por la iniciativa que tuvo en proponer la realización del Coloquio aprovechando mi viaje a Alemania.

Mi participación hoy en el Coloquio, además, tiene para mi una significación muy especial: No sólo es una ocasión privilegiada para volver a tomar contacto directo con el mundo académico alemán particularmente interesado en los ordenamientos jurídicos de América Latina; sino que por las circunstancias de la vida, es el primer acto académico en el cual intervengo con un nuevo título o un nuevo status, el de perseguido político en mi país, Venezuela.

Hace una semana, estando de viaje para cumplir compromisos académicos en la Universidad de Columbia, antes de mi viaje a Europa, fui acusado formalmente por el Ministerio Público de mi país por el delito de conspiración para cambiar violentamente la Constitución. Se trata de una manifestación más de la persecución política que se ha desatado contra la disidencia, y contra todo aquél que haya opinado u opine en forma contraria al régimen. Los hechos a los que se refiere la acusación se relacionan con la crisis política que ocurrió en Venezuela en abril de 2002, provocada por la anunciada renuncia del Presidente de la República; con motivo de la cual fui consultado como abogado para dar una opinión jurídica sobre un proyecto de decreto de regulación de un gobierno de transición, opinión que incluso fue contraria a dicho documento pues violentaba los principios democráticos. Por el sólo hecho de haber estado presente en el lugar de los acontecimientos y haber dado una opinión, ahora soy perseguido a pesar de que no existe el delito de opinión.

Además, debe destacarse que durante el desarrollo de la investigación penal de los últimos meses que antecede a la acusación fiscal, el Ministerio Público ha violado masivamente mis derechos constitucionales al debido proceso y, en particular, el derecho a la presunción de inocencia que me garantiza la Constitución y el derecho a aportar pruebas para mi defensa, las cuales han sido negadas sistemáticamente.

Se me ha condenado de antemano, por lo que con la acusación lo que ocurre es que en realidad, se abre un proceso político contra la disidencia, que ahora afecta abiertamente al mundo académico, pues va contra la oposición jurídica, contra el pensamiento disidente, en fin, contra todos los que propugnamos la vuelta al Estado de derecho, al respeto a los derechos humanos, a la efectiva separación de los poderes en el funcionamiento del Estado, a la autonomía e independencia del Poder Judicial, en fin, a la existencia de órganos de control y contrapeso del poder; todo lo cual es de la esencia de la democracia.

Todo ello, sin embargo, en los últimos años ha desaparecido en Venezuela dando paso a un régimen abiertamente autoritario, en un proceso de deterioro institucional que comenzó precisamente con una reforma constitucional mal hecha y peor concebida, la que realizó la Asamblea Nacional Constituyente de 1999. Yo fui electo como miembro independiente de la misma, y formé parte de la oposición que se configuró por sólo 4 constituyentes de los 141 que tuvo la Asamblea, la cual fue dominada abrumadoramente por los seguidores del Presidente de la República, Teniente Coronel Chávez. Me correspondió debatir en cada sesión de la Asamblea y en relación a cada uno de los artículos de la Constitución hice aportes fundamentales al texto, como son los principios relativos al rango constitucional de los derechos humanos, o a la supranacionalidad en materia de integración regional; pero fui crítico permanente respecto de las bases autoritarias que contenía el proyecto. Por ello en diciembre de 1999 denuncié el marco autoritario de la Constitución sancionada y lideré la campaña de oposición por el NO en el referendo aprobatorio de la misma. Entonces dije que el texto de la Constitución aprobada era una mesa servida al autoritarismo, y lamentablemente los hechos me han dado la razón: el régimen autoritario se ha dado un banquete en estos últimos cinco años, demoliendo las bases del Estado de derecho y de la democracia, con una ropa de camuflaje de legalidad.

Es un honor para mi, por tanto, participar en este importante Coloquio, en esta doble condición, primero, de la del profesor y académico, que ha dedicado 40 de su vida a la investigación, al estudio y a la docencia del derecho constitucional y del derecho administrativo, y que lo que ha hecho más, ha sido escribir y publicar sus ideas; y segundo, de la del perseguido político del régimen autoritario venezolano, cuyas actuaciones contrarias a la democracia y al Estado de derecho, pronto harán que sea un honor el haber sido perseguido por el mismo, particularmente porque la

única arma que he tenido y tengo con la cual he propugnado cambios instituciona-
les para que podamos volver al Estado de derecho y a la democracia, ha sido mi
pluma!!

En todo caso, partiendo de la experiencia de haber sido Constituyente en 1999,
quisiera ahora referirme al tema que nos ha convocado, sobre los modelos de reforma constitucional en nuestros países latinoamericanos.

I.   RIGIDEZ Y REVISIÓN CONSTITUCIONAL

Si algo caracteriza a las Constituciones rígidas es, precisamente, la previsión en
sus textos de procedimientos específicos y, en general, complejos para llevar acabo
su revisión, sea a través de reformas generales o mediante enmiendas o modificaciones puntuales a sus previsiones. Normalmente estos procedimientos de revisión
constitucional se han establecido desde el inicio de la aparición de los Estados o de
su reconstitución, como producto de una Asamblea o Convención constituyente que
en nombre del pueblo apruebe la Constitución.

El objetivo de todos estos procedimientos de revisión constitucional como parte
del pacto político contenido en la Constitución, es la preservación del mismo, de
manera que no puedan éstas ser modificadas unilateralmente por grupos aislados,
sino mediante la participación de todas las fuerzas o componentes de la sociedad
política. Por ello, incluso, ha sido común en los Estados federales que surgieron
como consecuencia de un pacto político entre Estados, establecer mecanismos para
garantizar la participación de éstos en los procesos futuros de revisión constitucional. Así ocurrió, por ejemplo, en la misma Constitución Norteamericana con la cual
se inició el federalismo art. V) en 1787, en la cual se prevé la ratificación de las
enmiendas por tres cuartas partes de las Asambleas legislativas de los Estados o por
Convenciones (constituyentes) constituidas en tres cuartas partes de los Estados; y
así también por ejemplo, se estableció veintidós años después, en la primera Constitución federal adoptada con posterioridad, la Constitución de los Estados de Venezuela de 1811, en la cual se previó la posibilidad de aprobar reformas por las dos
terceras partes de las Legislaturas provinciales (art. 135).

Los procedimientos de reforma constitucional en las Constituciones rígidas, por
tanto, son procedimientos establecidos para proteger el pacto político constitucional
que contienen, de manera de evitar modificaciones unilaterales y al contrario, asegurar la participación de todos los componentes políticos de la sociedad. Por eso puede
decirse que las normas que los regulan siempre tienen un marcado tinte conservador
respecto de la Constitución y sus principios, por lo que los procedimientos establecidos para la revisión buscan lograr consensos.

Pero las Constituciones, como normas supremas reguladoras de la sociedad, en
ningún caso pueden ser de carácter eterno ni estático, ni pueden pretender dejar políticamente congelada a la sociedad. Estas necesariamente cambian, como también
cambian los sistemas políticos, por lo que a veces la excesiva rigidez constitucional
que impida la adaptación progresiva de la norma constitucional a la realidad, puede
incluso conducir a lo contrario de lo deseado, y provocar más bien la consolidación
de los cambios políticos por la vía de los hechos, los que luego consiguen en una u
otra forma, alguna legitimación *ex post factum.*

La rigidez constitucional mediante la previsión de procedimientos específicos de reforma constitucional, por tanto, debe ser de tal naturaleza que el principio conservador del pacto político que estos buscan no sea el que conduzca por la vía de los hechos a su ruptura. Los principios y procedimientos de la revisión constitucional, por tanto, puede decirse que se mueven entre el conservadurismo y el cambio político, lo que es lo mismo que señalar que se mueven entre el derecho y los hechos.

La consecuencia de ello es que si en una sociedad dada se producen cambios sustanciales de orden político y social, las normas relativas a la reforma constitucional o son capaces de canalizar las exigencias de los mismos y permiten la preservación del derecho o constituyen una resistencia insalvable que provoca la producción de los cambios pero por medio de los hechos. He allí el dilema de las previsiones constitucionales sobre procedimientos de reforma constitucional: que la excesiva rigidez del derecho puede conducir a su ruptura de hecho.

En América Latina, todas las Constituciones iniciales adoptadas a comienzos del Siglo XIX, con motivo de la declaración de independencia de España, por voluntad popular expresada a través de Congresos, Convenciones o Asambleas Constituyentes, las cuales en su momento asumieron el poder constituyente originario para la organización de los Estados con forma republicana.

Como constituciones rígidas, en ellas también siempre se establecieron los procedimientos para su reforma o enmienda, como poder constituyente derivado, regulándose muy excepcionalmente la figura de la Convención o Asamblea Constituyente, como sólo sucedió, por ejemplo, en la Constitución Argentina (1853), la cual reguló una Convención (Art. 30) constituyente, adoptando la terminología de la Constitución Norteamericana.

Pero a pesar del derecho, es un hecho que esas Constituciones del Siglo XIX, durante los casi doscientos años que nos separan de los movimientos independentistas, fueron objeto de múltiples reformas en las cuales, en muchos casos, no necesariamente se siguieron ni respetaron los procedimientos previstos para el poder constituyente derivado que regulaban las Constituciones, al punto de que por ejemplo, en la actualidad, casi todas las Constituciones vigentes de América Latina han sido el producto de Asambleas o Convenciones Constituyentes, las cuales en su momento asumieron el poder constituyente sin que necesariamente hubieran estado reguladas expresamente en los textos constitucionales precedentes. Tal es el caso, en los últimos lustros, por ejemplo, en Colombia (1991), en Ecuador (1998) y en Venezuela (1999).

Las Asambleas Constituyentes, por tanto, como mecanismos fácticos de reforma constitucional no son extrañas en la historia constitucional de América Latina, y para darse cuenta de ello, bastaría con citar un solo ejemplo, el de Venezuela, donde en múltiples oportunidades se ha reformado la Constitución a través de dicho mecanismo de reforma constitucional sin que el mismo hubiese estado regulado jamás (hasta 1999) en el texto constitucional.

En efecto, en Venezuela puede decirse que Asambleas Constituyentes como cuerpos representativos convocados con el objeto de constituir un Estado, es decir, establecer inicialmente la organización política de una sociedad dada en un territorio determinado, en sentido estricto solo ha habido dos: el *Congreso General* de 1811 reunido en Caracas con el objeto de constituir el Estado venezolano independiente de la Corona Española con la sanción de la Constitución Federal para los Estados de

Venezuela 21-12-1811; y el *Congreso Constituyente* convocado en la ciudad de Valencia, en 1830, para reconstituir el Estado separado de la Gran Colombia y sancionar la Constitución del Estado de Venezuela (22-9-1830). Pero estas no han sido las únicas Asambleas Constituyentes, pues a partir de 1830 se convocaron nueve más, pero con el objeto de *reconstituir* el sistema político y reformar la Constitución, lo que en toda la historia política venezolana, excepto con la Asamblea Constituyente de 1999, siempre ocurrió después de una ruptura violenta (guerra o revolución) de hilo constitucional.

En efecto, después de la reforma de la Constitución de 1830 por el Congreso en 1857 conforme al procedimiento previsto en la misma (art. 227), al año siguiente y como consecuencia de un golpe de Estado (Revolución de Marzo), se convocó a una *Gran Convención Nacional* reunida en Valencia la cual sancionó la Constitución de 31-12-1858. Ello fue la antesala de las Guerras Federales, al final de las cuales dicha Constitución fue anulada (1862), convocándose una *Asamblea Constituyente* que se reunió en Caracas en 1864, la cual sancionó la Constitución de los Estados Unidos de Venezuela (13-4-64), consolidándose la forma federal del Estado (1864-1901).

Después de múltiples vicisitudes políticas que afectaron la vigencia de la Constitución de 1864, el Congreso la modificó conforme a sus normas (Art. 122), en 1874 y 1881. En 1891 se produjo otra reforma, la cual fue cuestionada por la forma que se hizo, provocando en 1892, otra Revolución (Revolución Legalista) la cual condujo a la convocatoria de una *Asamblea Nacional Constituyente* que se reunió en Caracas, la cual sancionó la Constitución de los Estados Unidos de Venezuela de 1893 (21-6-1893).

Luego en 1900, como consecuencia de otra Revolución (Revolución Liberal Restauradora), se convocó otra *Asamblea Nacional Constituyente* que sancionó la Constitución de 1901 (29-3-01), con la cual se inició el período del *Estado Centralizado Autocrático* (1901-1945). Después de otra Revolución (Revolución Reivindicadora) la Constitución fue nuevamente reformada en 1904 por el Congreso que asumió las funciones, facultades y derechos que correspondían al *Poder Constituyente,* sancionando la Constitución de 1904. Esta fue enmendada por el Congreso en 1909, pero en 1914, un *Congreso de Diputados Plenipotenciarios* convocado al efecto, promulgó un Estatuto Constitucional Provisorio y luego sancionó la Constitución de 1914 (19-6-14). Dicha Constitución, como lo establecía su texto (art. 130), fue posteriormente enmendada o reformada en múltiples ocasiones, en 1922, 1925, 1928, 1929, 1931, 1936 y 1945 (5-5-45).

Una nueva Revolución ocurrida en octubre de 1945 (Revolución de Octubre), con la cual se inició el proceso de establecimiento *Estado Democrático Centralizado,* condujo, al año siguiente a la convocatoria de una nueva *Asamblea Constituyente* la cual se reunió en Caracas y sancionó la Constitución de 1947 (5-7-47). Al año siguiente, sin embargo, se produjo otro golpe de Estado, instalándose un régimen militar que en 1953 convocó a otra *Asamblea Constituyente* de los Estados Unidos de Venezuela, la cual sancionó la Constitución de 1953 (15-4-53).

Luego de un nuevo golpe de Estado, el 23 de enero de 1958, una Junta Militar y la subsiguiente Junta de Gobierno asumieron el poder, continuando sin embargo en aplicación la Constitución de 1953 hasta que el *Congreso* electo en 1958, conforme a dicho texto (arts. 140 y ss.), reformó totalmente la Constitución, sancionando la Constitución del 23-1-61.

Cuarenta años después, en 1998, en medio de la crisis que todavía sacude al sistema político venezolano, resultaba inevitable la necesidad de una nueva reconstitución del sistema político y del Estado, para lo cual, aún cuando por primera vez en la historia de Venezuela, sin violencia, y luego de un proceso de interpretación judicial de la Constitución similar al que ocurrió en Colombia, en 1999 se procedió a convocar una *Asamblea Constituyente*, para precisamente evitar la ruptura violenta del hilo constitucional y reconstituir el sistema político en libertad. Todas las anteriores Asambleas Constituyente, como se dijo, fueron en cambio producto de guerras, golpes de Estado y revoluciones. La diferencia fue que en 1999, el golpe de Estado lo dio la Asamblea Constituyente una vez convocada.

Por ello, en 1999, el hilo constitucional también fue efectivamente roto, pero por la propia Asamblea Nacional Constituyente que fue la que al asumir sin autoridad alguna el "poder constituyente originario", dio un golpe de Estado contra la Constitución de 1961 y contra los poderes constituidos, particularmente, contra los órganos de representación popular (Congreso y Asambleas legislativas de los Estados) que habían sido electos un año antes (1998). La nueva Constitución sancionada por la Asamblea Nacional Constituyente, sin embargo, fue posteriormente aprobada mediante referéndum, con el cual, a pesar de la poca participación ciudadana, se "legitimaría" el proceso constituyente precedente.

Ahora bien, las Constituciones incluso pueden indicar expresamente, como por ejemplo lo dice el texto de la República Dominicana, que "la reforma de la Constitución sólo podrá hacerse en la forma que indica ella misma" (art. 120); pero lo cierto es que la revisión constitucional en América Latina, no siempre ha sido un proceso de jure, sino que en múltiples ocasiones ha sido producto de los hechos, cuyos resultados constitucionales luego han encontrado *ex post factum,* en una forma u otra, alguna vía de legitimación política. En el caso de Venezuela, como se ha dicho, en casi 200 años de historia constitucional, funcionaron diez Asambleas Constituyentes como mecanismos de revisión constitucional y ninguna estaba prevista en los textos constitucionales precedentes. La Constitución de 1999, en realidad, ha sido la primera en regular expresamente dicho modelo de reforma constitucional.

En todo caso, como he señalado, como todas las Constituciones rígidas del mundo contemporáneo, las Constituciones vigentes de los países de América Latina aprobadas en la forma escogida al sancionarse, establecen expresamente los procedimientos de reforma constitucional con trámites que son distintos a los establecidos para las reformas de la legislación ordinaria.

En estos procedimientos, en general, se ha asegurado, no sólo la participación de los órganos de representación popular (Congresos o Asambleas Legislativas) para la revisión constitucional sino, en la mayoría de los casos, se ha asegurado la participación directa del pueblo mediante un proceso de votación sea para la elección de una Convención o Asamblea Constituyente o para la aprobación mediante referendo o plebiscito de la reforma constitucional.

Estos procedimientos de reforma constitucional, por supuesto, al estar expresamente regulados en la Constitución, están sometidos al cumplimiento de la normativa constitucional que lo regula, por lo que, la supremacía constitucional puede decirse que se aplica incluso para el ejercicio del poder constituyente regulado en la propia Constitución.

Las *formas específicas de manifestación del poder constituyente derivado*, que se han establecido en las Constituciones, en general, obedecen a tres formas, según, primero, que el poder constituyente se ejerza directamente por el pueblo; segundo, que su ejercicio, en representación del mismo, se haya otorgado a los órganos de representación popular (Congresos o Asambleas Legislativas);o tercero, que se haya otorgado a una Asamblea o Convención Constituyente convocada al efecto.

En algunos países, incluso, se han regulado estos tres procedimientos de reforma constitucional, en paralelo, tal y como sucede por ejemplo en Colombia, donde el artículo 374 de la Constitución establece que:

> *Art. 374.* "La Constitución Política podrá ser reformada por el Congreso, por una asamblea constituyente o por el pueblo mediante referendo".

Lo que es claro de las Constituciones latinoamericanas es que los procedimientos de revisión constitucional que ellas regulan, dada su supremacía se han establecido con carácter obligatorio, razón por la cual en sus propios textos se niega valor a toda reforma constitucional realizada mediante procedimientos no previstos en la Constitución. De allí, por ejemplo, la tajante declaración de la Constitución de República Dominicana, antes indicada (art. 120), así como la previsión de la Constitución de Venezuela que establece en su artículo 333 que:

> *Art. 333.* Esta Constitución no perderá su vigencia si dejare de observarse por acto de fuerza o porque fuere derogada por cualquier otro medio distinto al previsto en ella.
>
> En tal eventualidad todo ciudadano investido o ciudadana investida o no de autoridad, tendrá el deber de colaborar en el restablecimiento de su efectiva vigencia.

Por otra parte, también hay que tener en cuenta que estos procedimientos formales de revisión constitucional (reforma o enmienda) no son los únicos previstos para la modificación de la Constitución y su adaptación a los cambios políticos y sociales.

La adaptación constitucional puede ocurrir, en efecto, mediante otros medios que la propia Constitución dispone para asegurar la mutación constitucional sin que se pongan en movimiento los instrumentos formales de revisión constitucional (enmiendas, reformas, asambleas constituyentes), como sucede cuando el texto constitucional regula la sanción de leyes especiales y específicas de rango constitucional para el desarrollo de determinadas materias de orden constitucional, como la descentralización política. Por ejemplo, en la Constitución de Venezuela de 1961 y en la vigente de 1999, se establece expresamente la atribución de competencias exclusivas en los tres niveles de gobierno (nacional, estadal y municipal) conforme al sistema federal de distribución vertical del Poder Público (arts. 156, 164 y 178), pero el artículo 157 de la misma Constitución establece que mediante ley, la Asamblea Nacional puede transferir a los Estados algunas de las competencias exclusivas del Poder Nacional. Cuando se dicta una ley de esta naturaleza, sin duda que se produce una modificación de la Constitución, autorizada en su mismo texto, pero mediante una forma distinta a la reforma o enmienda, es decir, mediante una ley que adquiere rango constitucional.

Otro ejemplo de modificación constitucional mediante mecanismos distintos a los procedimientos de reforma o enmienda, puede ocurrir mediante la aprobación legislativa de tratados internacionales en materia de derechos humanos y su ratificación, como puede suceder en Venezuela, donde no sólo se ha establecido en la Constitución el rango constitucional de los tratados en materia de derechos humanos ratificados por la República, sino su aplicación prevalente incluso respecto de la misma Constitución, cuando aquellos contengan previsiones más favorables al ejercicio y goce de los derechos humanos (Art. 23). En consecuencia, cuando se produce la aprobación legislativa de un tratado y su ratificación ejecutiva, si el mismo contiene normas en materia de derechos humanos más favorables a las establecidas en la Constitución, se produce una modificación automática de la misma, autorizada en el mismo texto.

Por supuesto, otro mecanismo para asegurar la mutación constitucional, lo constituye el desarrollo mismo de las Jurisdicciones Constitucionales, a través de la actuación de los Tribunales o Cortes Constitucionales o de las Salas Constitucionales de las Cortes Supremas de Justicia, con potestad constitucional para establecer interpretaciones vinculantes de la Constitución y sus principios. A través de la interpretación constitucional, por tanto, sin que la Constitución sea formalmente enmendada o reformada, se puede producir la adaptación de las disposiciones constitucionales formales a las nuevas exigencias políticas y sociales de una sociedad en un momento dado. El juez constitucional, por tanto, ciertamente que puede considerarse como un fenomenal instrumento de adaptación de la Constitución, y para el afianzamiento del Estado de derecho, pero también puede ser un instrumento diabólico de dictadura constitucional, no sometido a controles, cuando justifica todas las violaciones constitucionales que se producen en regímenes autoritarios o donde la separación de poderes no está realmente asegurada, como ha ocurrido en los últimos cinco años con la Sala Constitucional del Tribunal Supremo de Justicia en Venezuela.

Pero por otra parte, tratándose de un poder constituyente derivado el que se regula en los propios textos constitucionales, también debe señalarse que el mismo tiene límites, no sólo en cuanto a los propios poderes que puede asumir el órgano constituyente en relación con los Poderes constituidos del Estado, sino en relación con las materias reformables o enmendables, por lo que muchas Constituciones, mediante cláusulas pétreas expresas, excluyen de toda reforma determinados principios y disposiciones que se declaran inmutables, y por tanto, irrevisables o irreformables.

Ahora bien, siendo la Constitución en los Estados constitucionales democráticos contemporáneos emanación de la soberanía popular, los procedimientos de reforma constitucional formalmente establecidos (reforma o enmienda) en nuestros países, pueden clasificarse en dos grandes grupos: primero, aquellos en los cuales la reforma constitucional se regula como poder atribuido al pueblo como partícipe en el poder constituyente derivado; y segundo, aquellos en los cuales la reforma constitucional se atribuye a los órganos constituidos del Estado, los cuales asumen entonces el poder constituyente derivado.

II. SISTEMAS DE REFORMAS CONSTITUCIONALES

El primer sistema de reforma constitucional se caracteriza por la atribución al pueblo del poder constituyente, el cual está consagrado en muchas Constituciones de América Latina que atribuyen el poder constituyente derivado directamente al pueblo, el cual debe expresar su manifestación de voluntad mediante la aprobación de la reforma a través de una votación realizada por vía de un referendo, de un plebiscito o de una consulta popular.

En algunos casos, incluso, la participación del pueblo como poder constituyente se establece en forma exclusiva, como único procedimiento de revisión constitucional (Uruguay); y en otros casos, se establece como una de las alternativas de revisión constitucional, conjuntamente con otros procedimientos. Es el caso, por ejemplo, de Venezuela, Colombia, Paraguay, Guatemala y Costa Rica, donde además se regula el funcionamiento de una Asamblea Constituyente; y del Perú, Cuba, Chile, Ecuador y Panamá, donde además se atribuye al órgano legislativo la potestad de aprobar la reforma constitucional. En Colombia, además del procedimiento de revisión constitucional mediante referendo, se regula la Asamblea Constituyente y los Actos Legislativos de reforma constitucional aprobados por el Congreso.

El segunda sistema, se da cuando se atribuye el poder constituyente derivado a los órganos constituidos del Estado, de carácter representativos: sea un órgano especialmente concebido para ello, como son las Asambleas o Convenciones constituyentes; sea los órganos legislativos del Estado (órganos constituidos) mediante procedimientos específicos.

En efecto, en *primer lugar*, muchas Constituciones regulan el poder constituyente derivado atribuyéndolo a una Convención o Asamblea Constituyente, sea como procedimiento exclusivo de reforma constitucional como sucede en Argentina; sea como procedimiento exclusivo para las reformas constitucionales o reformas totales, distintas a las enmiendas, como sucede en Bolivia, Costa Rica, Paraguay y Nicaragua; sea como procedimiento exclusivo para la reforma de determinadas normas de la Constitución, como sucede en Guatemala; o sea en combinación con otros procedimientos de revisión constitucional como el referendo popular, como sucede en Colombia y Venezuela.

En *segundo lugar*, otras Constituciones atribuyen el ejercicio del poder constituyente derivado a los órganos que ejercen el Poder Legislativo, como los Congresos o Asambleas legislativas. En algunos casos en forma exclusiva, como sucede El Salvador, y como también sucede en México pero combinando la participación de los órganos legislativos Federal y de los Estados federados; y en otros casos, como alternativa de reforma respecto de otros procedimientos como el referendo, como sucede en Panamá, Colombia, Cuba, Chile y Ecuador; o como la Asamblea Constituyente, como sucede en Bolivia, Colombia, Costa Rica y Nicaragua.

En todos estos casos, sean cuales fueren los procedimientos de reforma constitucional, en una u otra forma siempre tienen participación los órganos de representación popular.

III. LOS LÍMITES AL PODER CONSTITUYENTE DERIVADO Y EL CONTROL DE CONSTITUCIONALIDAD

Pero aparte de los procedimientos establecidos para la reforma constitucional, el otro aspecto que debe destacarse es el de los límites al poder constituyente derivado y consecuencialmente, el de la posibilidad de control judicial de dichos procedimientos de reforma.

En todos los casos señalados, los procedimientos para la revisión o reforma constitucional en América Latina se han regulado en el propio texto de las Constituciones, por lo que el poder constituyente derivado está sujeto a límites constitucionales, sea que se ejerza directamente por el pueblo o por órganos constituidos del Estado.

Estos límites, el América Latina, en general, son los siguientes cinco: en primer lugar, los límites que derivan de las propias regulaciones constitucionales en cuanto al procedimiento de revisión constitucional; en segundo lugar, los límites que derivan de las denominadas cláusulas pétreas o inmodificables; en tercer lugar, los límites que derivan del funcionamiento de los órganos constituidos del Estado durante del proceso de reforma o enmienda constitucional; en cuarto lugar, los límites derivados de circunstancias excepcionales; y en quinto lugar, los límites temporales.

Siendo límites constitucionales establecidos al poder constituyente derivado, dado el principio de la supremacía constitucional que rige en todas las Constituciones latinoamericanas, los mismos deberían estar sujetos a control de constitucionalidad por las respectivas Jurisdicciones Constitucionales. La única excepción de principio se podría plantear en los casos de aprobación de las reformas o enmiendas mediante referendo o consulta popular, en cuyo caso podría considerarse que priva el principio de la soberanía popular sobre el de la supremacía constitucional. Pero incluso en estos casos, si existe disposición expresa de la Constitución, como sucede en Colombia, el control de constitucionalidad procedería por vicios de procedimiento en la formación de los actos reformatorios de la Constitución, *cualquiera que sea su origen* (art. 241,1).

En primer lugar, como se ha dicho, las Constituciones han establecido precisos procedimientos que debe seguir el poder constituyente derivado para la revisión constitucional, los cuales se constituyen en límites constitucionales adjetivos o procedimentales para la revisión constitucional.

La consecuencia lógica de estas regulaciones y del sometimiento a la Constitución es que el cumplimiento de dichos procedimientos de reforma o enmienda constitucional, dado el principio de la supremacía constitucional, debe estar sujeto a control de constitucionalidad por parte de los órganos de la Jurisdicción Constitucional, el cual en muchas Constituciones latinoamericanas incluso se establece expresamente.

Es el caso mencionado, por ejemplo, de la Constitución de Colombia, cuyo artículo 241 atribuye a la Corte Constitucional la guarda de la integridad y supremacía de la Constitución, y *en particular de los procedimientos para la revisión constitucional*, asignándole en particular competencia para:

1. Decidir sobre las demandas de inconstitucionalidad que promuevan los ciudadanos contra los actos reformatorios de la Constitución, *cualquiera que sea su origen, sólo por vicios de procedimiento en su formación.*

2. Decidir, con anterioridad al pronunciamiento popular, sobre la constitucionalidad de la convocatoria a un referendo o a una asamblea constituyente para reformar la Constitución, *sólo por vicios de procedimiento en su formación.*

3. Decidir sobre la constitucionalidad de los referendos sobre leyes y de las consultas populares y plebiscitos del orden nacional. Estos últimos *sólo por vicios de procedimiento en su convocatoria y realización.*

Por su parte, el artículo 379 de la misma Constitución de Colombia dispone expresamente que en todos los procedimientos de reforma constitucional en los cuales haya actos legislativos, convocatoria a referendo, de consulta popular o convocatoria a la Asamblea Constituyente, los mimos pueden ser declarados inconstitucionales por la Corte Constitucional requerida mediante acción pública, cuando violen los requisitos establecidos en el Título XIII de la Constitución en el cual se regula la reforma constitucional.

Por otra parte, la Constitución de Bolivia enumera entre las atribuciones del Tribunal Constitucional (art. 119, VII, 10), la de conocer y resolver sobre las demandas *respecto a procedimientos en la reforma* de la Constitución, las cuales se pueden plantear por cualquier Senador o Diputado o por el Presidente de la República, en relación con los proyectos de reforma.

En Costa Rica, el artículo 10, b) de la Constitución atribuye a la Sala Constitucional de la Corte Suprema de Justicia, competencia para conocer de las *consultas sobre proyectos* de reforma constitucional.

En la Constitución de Chile, recientemente reformada, el artículo 92, 2 atribuye al Tribunal Constitucional competencia para resolver las *cuestiones sobre constitucionalidad que se susciten durante la tramitación de los proyectos* de reforma constitucional.

En consecuencia, durante el desarrollo de los procedimientos para la revisión constitucional, puede decirse que los órganos a los que se atribuye el ejercicio del poder constituyente derivado están sometidos a la Constitución, la cual, como lo indica la Constitución de Nicaragua, tiene que seguir en vigencia "mientras no se apruebe por la Asamblea Nacional Constituyente la nueva Constitución" (art. 194); o como lo indica la Constitución de República Dominicana "no podrá jamás ser suspendida ni anulada por ningún poder ni autoridad ni tampoco por aclamaciones populares"(art. 120).

Pero la reforma constitucional realizada por el poder constituyente derivado, no sólo tiene los límites adjetivos antes analizados, sino que también puede tener tiene límites de orden sustantivo.

El primer límite de esta naturaleza al poder constituyente es el que deriva de las denominadas cláusulas pétreas o inmodificables que se establecen en los textos constitucionales, en las cuales se establecen principios o normas que se proclaman como irrevisables en forma total o parcial. En muchos casos se trata de cláusulas expresas como en su momento ocurrió con las Constituciones alemana e italiana, pero en otros se trata de cláusulas que derivan de la interpretación del propio texto constitucional.

Entre las primeras se destacan las que excluyen toda reforma sobre determinadas materias, como sucede con el artículo 248 de la Constitución de El Salvador en el cual se dispone que:

> *Art. 248*: [...] No podrán reformarse en ningún caso los artículos de esta Constitución que se refieren a la forma y sistema de gobierno, al territorio de la República y a la alternabilidad en el ejercicio de la Presidencia de la República.

En igual sentido se debe destacar el artículo 119 de la Constitución de República Dominicana, en el cual se declara que:

Art. 119. Ninguna reforma podrá versar sobre la forma de Gobierno, que deberá ser siempre civil, republicano, democrático y representativo.

En la Constitución de Guatemala se establece una enumeración de artículos de la Constitución como "no reformables", al disponer su artículo 281, que "en ningún caso podrán reformarse los artículos 140 (independencia del Estado y al sistema de gobierno), 141 (soberanía popular), 165, inciso g) (desconocimiento del mandato del Presidente después de vencido su período constitucional), 186 (prohibiciones para optar a cargos de Presidente y Vicepresidente) y 187 (prohibición de reelección), ni en forma alguna toda cuestión que se refiera a la forma republicana de gobierno, al principio de no reelección para el ejercicio de la Presidencia de la República, ni restársele efectividad o vigencia a los artículos que estatuyen alternabilidad en el ejercicio de la Presidencia de la República, así como tampoco dejárseles en suspenso o de cualquier otra manera de variar o modificar su contenido".

En el caso de Honduras, el artículo 374 de la Constitución también dispone una enumeración de artículos no reformables, así:

Artículo 374: No podrán reformarse, en ningún caso, el Artículo anterior (procedimiento para la reforma constitucional), el presente Artículo, los artículos constitucionales que se refieren a la forma de gobierno, al territorio nacional, al período presidencial, a la prohibición para ser nuevamente Presidente de la República, el ciudadano que lo haya desempeñado bajo cualquier título y referente a quienes no pueden ser Presidente de la República por el período subsiguiente.

En otros casos, como en la Constitución del Brasil, lo que se establece es que no se puede abolir determinadas instituciones o principios, pero ello no impide la reforma de los artículos que las consagran. En tal sentido, el artículo 60 § 4, establece que:

No será objeto de deliberación la propuesta de enmienda tendiente a abolir: I. La forma federal del Estado; II. El voto directo, secreto, universal y periódico; III. La separación de los Poderes; IV. Los derechos y garantías individuales.

En el artículo 137 de la Constitución de Cuba también se ha establecido una cláusula de esta naturaleza irrevocabilidad respecto del "sistema político, económico y social, cuyo carácter irrevocable lo establece el artículo 3 del Capítulo I, y la prohibición de negociar acuerdos bajo agresión, amenaza o coerción de una potencia extranjera". Además, en la reforma de junio de 2002, la Asamblea Nacional del Poder Popular añadió al texto constitucional otra cláusula pétrea al indicar que "el carácter socialista y el sistema político y social" contenido en la Constitución se declaran irrevocables.

Pero aparte de las cláusulas pétreas así expresa y textualmente insertas en los textos constitucionales, de otras disposiciones de las Constituciones también se pueden derivar muchas otras cláusulas que encajarían dentro de tal categoría, por el carácter irrevisable como se ha establecido, por parte del poder constituyente.

Es el caso, por ejemplo, de la Constituciones que establecen en algunos de sus artículos el *carácter eterno* de un determinado principio o disposición constitucional, como resulta del artículo 1 de la Constitución de Venezuela cuando declara que la República "es **irrevocablemente** libre e independiente..."; del artículo 5 que declara que "la soberanía reside **intransferiblemente** en el pueblo", o del artículo 6 de la misma Constitución cuando prescribe que el gobierno de la República "y de las entidades políticas que la componen **es y será siempre** democrático, participativo, electivo, descentralizado, alternativo, responsable, pluralista y de mandatos revocables".

Otras cláusulas que implican límites a la revisión constitucional son las que establecen el principio de la progresividad en la protección o garantía de los derechos humanos, por ejemplo en cuanto a los inherentes a la persona humana, las cuales implican que dichas garantías no pueden ser objeto de reformas que reduzcan el ámbito de protección de los derechos. Es el caso de la previsión del artículo 19 de la Constitución de Venezuela.

La consecuencia de todos estos límites constitucionales a la reforma constitucional, que derivan de normas expresas, es que si se traspasan por el poder constituyente derivado, las reformas serían contrarias a la Constitución, por lo que deberían ser objeto de control constitucional por parte de los órganos de la Jurisdicción Constitucional.

Sin embargo, en esta materia, estamos en el campo de los principios que derivan del principio de la supremacía constitucional, ya que ninguna Constitución de América Latina establece expresamente competencia de los órganos de la Jurisdicción Constitucional para controlar la constitucionalidad *sustantiva* de las reformas constitucionales.

Por otra parte, están los límites derivados del funcionamiento de los poderes constituidos del Estado. Así, en general, los procedimientos de revisión constitucional establecidos en los textos constitucionales tienen por objeto reformar o enmendar las Constituciones, sin alterar el funcionamiento de los órganos constituidos del Estado. Este es el principio general que resulta del texto de todas las Constituciones latinoamericanas, sea cual sea el procedimiento de revisión constitucional que se regule.

En esta forma, en los casos en los cuales el poder constituyente derivado se haya atribuido al pueblo para la aprobación de la reforma o enmienda constitucional, durante el procedimiento de elaboración del proyecto de reforma o enmienda y de aprobación popular del mismo mediante referendo, plebiscito o consulta popular, los órganos constituidos del Estado continúan funcionando sin interrupción ni interferencia de cualquier clase. Sólo excepcionalmente durante los procedimientos de revisión constitucional, podrían verse afectadas algunas potestades de los órganos del Estado, lo cual debe establecerse expresamente en la Constitución, como sucede con las limitaciones a la posibilidad de veto presidencial respecto de los actos del órgano legislativo concernientes a la reforma o enmienda constitucional, como por ejemplo lo prevén las Constituciones de Bolivia, Perú, Nicaragua, Uruguay y Venezuela.

Por otra parte, en los casos en los cuales el poder constituyente se atribuye a una Asamblea Nacional Constituyente, en principio, y salvo disposición expresa en contrario, el funcionamiento de la Asamblea Nacional Constituyente no debería afectar ni impedir el funcionamiento simultáneo de los órganos constituidos del Estado. Este principio está formulado expresamente, por ejemplo, en la Constitución del Paraguay, en cuyo artículo 291 se establece lo siguiente:

Art. 291. De la potestad de la Convención Nacional Constituyente. La Convención Nacional Constituyente es independiente de los poderes constituidos. Se limitará, durante el tiempo que duren sus deliberaciones, a sus labores de reforma, con exclusión de cualquier otra tarea. No se arrogará las atribuciones de los poderes del Estado, no podrá sustituir a quienes se hallen en ejercicio de ellos, ni acortar o ampliar su mandato.

En igual sentido, pero en relación con el funcionamiento del Congreso durante el funcionamiento de la Asamblea Constituyente, en la Constitución de Guatemala, el artículo 279 dispone expresamente que "la Asamblea Nacional Constituyente y el Congreso de la República podrán funcionar simultáneamente".

La excepción a este principio, formulada también en forma expresa, está establecida en la Constitución de Nicaragua, en cuyo artículo 193 se establece que una vez aprobada la iniciativa de reforma total de la Constitución por la Asamblea Nacional, esta debe fijar un plazo para la convocatoria de elecciones de Asamblea Nacional Constituyente, conservando "su mandato hasta la instalación de la nueva Asamblea Nacional Constituyente".

En otras Constituciones, como la de Colombia, una vez instalada la Asamblea Nacional Constituyente, sólo se limitan las potestades de los órganos constituidos del Estado en relación con el tema de la revisión constitucional. Así, el artículo 376 dispone que a partir de la elección de la Asamblea Constituyente para la revisión constitucional "queda en suspenso la facultad ordinaria del Congreso para reformar la Constitución durante el término señalado para que la Asamblea cumpla sus funciones".

Por último, debe mencionarse la Constitución de Venezuela de 1999, en la cual, después de la experiencia del proceso constituyente de ese año, al regularse a la Asamblea Nacional Constituyente como mecanismo para la revisión constitucional, con el único objeto de "transformar el Estado, crear un nuevo ordenamiento jurídico y redactar una nueva Constitución" (art. 347), se establece que durante el funcionamiento de dicha Asamblea, "los poderes constituidos no podrán en forma alguna impedir las decisiones de la Asamblea Nacional Constituyente" (art. 349); lo que no implica que, al contrario, la Asamblea sí pueda impedir las decisiones de los poderes constituidos.

Esta disposición tiene que interpretarse de acuerdo con los mismos términos de la Constitución, en el sentido de que los poderes constituidos, es decir, los órganos de los Poderes Legislativo, Ejecutivo, Judicial, Ciudadano y Electoral no pueden en forma alguna impedir las decisiones de la Asamblea Nacional Constituyente, la cual sólo tiene por objeto "redactar una nueva Constitución" en la cual se proponga "transformar el Estado y crear un nuevo ordenamiento jurídico".

En esa función, las decisiones de la Asamblea Nacional Constituyente que no pueden ser "impedidas" por los poderes constituidos, son las que en la consecución de su objeto, la Asamblea adopte siempre de acuerdo con la Constitución vigente cuya reforma debe redactar. Es decir, la norma constitucional del artículo 349 no puede entenderse como una carta abierta dada a la Asamblea Nacional Constituyente para que durante su funcionamiento pueda adoptar decisiones que puedan ser contrarias a la Constitución y al funcionamiento de los órganos constitucionales constituidos; es decir, de ella no se deriva que la Asamblea Constituyente tenga poder alguno para alterar las normas constitucionales mientras estén en vigencia y mientras no sean sustituidas por las de la nueva Constitución que redacte, la cual en todo caso debe ser aprobada mediante referendo. En consecuencia, mientras la Asamblea Nacional Constituyente esté funcionamiento, los órganos de los diversos Poderes Públicos (poderes constituidos) también continúan en funcionamiento, no pudiendo la Asamblea ni disolverlos, ni sustituirlos ni alterar su funcionamiento.

De lo anterior resulta, en consecuencia, que los actos dictados por la Asamblea Nacional Constituyente durante su funcionamiento que violen la Constitución vigente, podrían ser objeto de control de constitucionalidad por la Sala Constitucional del Tribunal Supremo como Jurisdicción Constitucional.

La consecuencia de lo anterior es que cualquier acto de los órganos a los cuales la Constitución le asigne la potestad de intervenir o realizar la reforma de la Constitución, que atente contra los poderes constituidos del Estado o su funcionamiento conforme se regula en la propia Constitución, serían inconstitucionales, y podrían ser objeto de control de constitucionalidad por los órganos de la Jurisdicción Constitucional. Ninguna de las Constituciones latinoamericanas, sin embargo, atribuye tal competencia en forma expresa a dicha Jurisdicción.

Otro límite a la posibilidad de reforma constitucional deriva de la existencia de circunstancias constitucionales extraordinarias, como los estados de excepción o de sitio, las cuales una vez decretadas en algunos casos impiden que se desarrollen los procedimientos de reforma,

Es el caso en particular de la Constitución de Brasil, en la cual al regularse la posibilidad de enmienda constitucional como una potestad atribuida al Congreso Nacional, como parte del "proceso legislativo" (art. 59), en el artículo 60, § 1° se dispone expresamente que "ninguna enmienda puede ser aprobada bajo la vigencia de intervención federal, del estado de defensa o del estado de sitio" Estas circunstancias excepcionales que deben ser decretadas por el Presidente de la República (Art. 84, IX y X) con participación variada de otros Poderes de la Unión (arts. 34 y ss. y 136 y ss.)

Sin embargo, en el supuesto regulado en el Brasil, si una enmienda constitucional fuera aprobada bajo la vigencia de intervención federal, del estado de defensa o del estado de sitio, la consecuencia lógica es que entonces dicha enmienda podría estar sujeta a control de constitucionalidad por parte del Tribunal Supremo Federal.

Por último, el quinto límite se refiere al tiempo de la reforma. Algunas Constituciones establecen límites temporales para la revisión constitucional, en el sentido de que en el texto constitucional se ha establecido un lapso mínimo de irrevisabilidad constitucional, como sucede en Paraguay, en cuya Constitución (art. 289) se estableció que la reforma de la Constitución "sólo procederá luego de diez años de su promulgación"; y las enmiendas sólo "transcurridos tres años de promulgada la Constitución" (art. 290).

En consecuencia, en estos casos, toda enmienda o reforma constitucional sancionada sin que dichos lapsos hubieran transcurrido, también podría debería ser considerada como violatoria a la Constitución, y sometida a control de constitucionalidad.

IV. APRECIACIÓN FINAL

De todo lo anterior resulta que los mecanismos para la revisión constitucional pueden considerarse que son de la esencia del proceso constitucional, de manera que no hay ni puede haber Constituciones inmutables o eternas. Al contrario, los textos constitucionales requieren adaptación permanente para regular la sociedad conforme a los cambios políticos y sociales.

Uno de esos mecanismos de cambio constitucional precisamente lo constituyen los de revisión o reforma formal de la Constitución, como son los procedimientos de enmiendas, de reformas o de convocatoria de Asambleas o Convenciones Constituyentes, que permiten la modificación de las Constituciones con la participación directa del pueblo (vía referéndum o plebiscito) o de sus representantes electos en los Parlamentos o en las Asambleas Constituyentes. Se trata, en todo caso, de métodos de revisión constitucional a través de los cuales sólo se manifiesta el poder constituyente derivado sometido, precisamente, a los límites y procedimientos regulados expresamente en las Constituciones. El poder constituyente originario, en cambio, sólo se manifiesta en los procesos de revisión constitucional realizados *de facto*, al margen del hilo constitucional.

Ahora bien, recapitulando y a manera de conclusión del análisis comparativo de los procedimientos de revisión constitucional regulados en las Constituciones de América Latina, se pueden formular las siguientes apreciaciones generales:

Primero, en casi todas las Constituciones se regula la participación popular en los procesos de revisión constitucional, siendo excepcional los países que no prevén algún referendo o consulta popular que permita la participación del pueblo como poder constituyente originario. Es el caso de Argentina y Nicaragua, países donde sólo regula como mecanismo para la revisión constitucional, una Asamblea o Convención Constituyente; y de El Salvador, México, Brasil y República Dominicana donde se atribuye el poder constituyente derivado sólo a los órganos legislativos del Estado, por supuesto, a través de procedimientos particulares con mayorías calificadas. De resto, en Uruguay, Colombia, Venezuela, Paraguay, Guatemala, Costa Rica, Perú, Cuba, Chile, Ecuador y Panamá se regula la participación del pueblo en la revisión constitucional e, incluso, en Uruguay, como la única forma para la reforma constitucional.

Segundo, en todas las Constituciones latinoamericanas se establece la participación, en una forma u otra, del órgano legislativo nacional (Congresos, Asambleas) en los procedimientos de revisión constitucional, de manera que en los mismos siempre participa la representación popular. Sólo excepcionalmente los órganos legislativos son los únicos con poder constituyente derivado, mediante mayorías calificadas especiales como sucede en El Salvador, México, Brasil y República Dominicana. En México, además del Congreso de la Unión, también participan en el procedimiento de revisión constitucional, las Asambleas legislativas de los Estados de la Federación. En ninguna de las otras Constituciones federales (Argentina, Brasil o Venezuela) se establece la participación de las Asambleas o Consejos Legislativos de los Estados de en el procedimiento de reforma constitucional. En Argentina y en Brasil, sin embargo, podría señalarse que los Estados sólo participarían por la vía de la representación que tienen en el Senado, institución que fue eliminada en Venezuela en 1999.

Tercero, en todas las Constituciones se establece también la participación del Presidente de la República en el procedimiento de revisión constitucional sea mediante la iniciativa de reforma o mediante la promulgación de la misma, limitándose en este último caso, en muchas Constituciones, el poder de veto del Presidente como sucede en Bolivia, Perú. Nicaragua, Uruguay y Venezuela.

Cuarto, en todas las Constituciones latinoamericanas se regulan expresamente estos procedimientos de revisión constitucional, por lo que los mismos, al tener rango constitucional, deben ser respetados por todos los órganos del Estado. No es posible, por tanto, realizar una reforma constitucional mediante un procedimiento distinto al establecido en la Constitución.

En consecuencia, los procedimientos de reforma o enmienda constitucional que no se desarrollen conforme a las normas constitucionales que los regulan, o que versen sobre asuntos o materias que la Constitución expresamente prohíbe, son inconstitucionales y pueden ser controlados por la Jurisdicción Constitucional.

La competencia que se atribuye en forma expresa en algunas Constituciones, a los Tribunales Constitucionales o Salas Constitucionales de los Tribunales Supremos, sin embargo, es sólo respecto del control de la constitucionalidad de los procedimientos relativos a las reformas o enmiendas constitucionales, como lo hacen las Constituciones de Bolivia, Colombia, Costa Rica y Chile.

El tema de la competencia de los Tribunales constitucionales para el control de la constitucionalidad de carácter sustantivo de las reformas constitucionales, en cambio, no está regulado en forma expresa, y su procedencia sólo puede derivar de otras previsiones del texto expreso constitucional, como las establecidas en las cláusulas expresamente formuladas como pétreas e inmutables.

Por otra parte, el problema de la relación entre rigidez y reforma constitucional, sin embargo, como se dijo al inicio, deriva de la situación fronteriza entre el derecho y los hechos, en la cual se mueven. Por ello, no ha sido infrecuente en América Latina, que a pesar de las previsiones constitucionales, se hayan producido reformas parciales e incluso totales de los textos constitucionales sin seguirse los procedimientos prescritos para las reformas o enmiendas, originándose sin duda, inconstitucionalidades, que luego, por la fuerza de los hechos, han encontrado alguna legitimación política.

El problema radica en la duración de la estabilidad constitucional que pueda derivarse de la supuesta legitimación y en el consenso que se haya podido haber obtenido para las reformas.

La historia demuestra que reformas impuestas por minorías o por mayorías circunstanciales sin que hayan sido producto de acuerdos, compromisos y consensos, es decir, de verdaderos pactos políticos, generalmente no tienen larga vida y las más de las veces, la vida que tienen termina estando vinculada a la vida política del o de los actores que las impusieron.

Eso sucede con la Constitución venezolana de 1999, elaborada a la medida de un régimen autoritario.

SECCIÓN CUARTA: EL PROCESO CONSTITUYENTE VENEZOLANO Y LA NUEVA CONSTITUCIÓN DE 1999 (FEBRERO, 2000)

Texto de la exposición en la Conferencia sobre *Challenges to Fragile Democracies in the Americas: Legitimacy and Accountability*, Faculty of Law, University of Texas, Austin, 25 de febrero de 2000. Publicado en el libro *Reflexiones sobre el constitucionalismo en América*, Caracas 2001, pp. 153-164.

La Asamblea Nacional Constituyente electa en Venezuela en 1999 sancionó una nueva Constitución (30-12-99) que sustituyó la de 1961. De los 131 miembros que tuvo la Asamblea, sólo cuatro puede decirse que conformaron una "oposición" ante la abrumadora mayoría de los que fueron electos con el apoyo electoral del Presidente de la República, Hugo Chávez Frías, quien había sido electo en diciembre de 1998.

Esta Asamblea Nacional Constituyente, sin duda, respondió a las exigencias del momento constitucional que existía en el país y que, en mi opinión, aún existe, provocado por la crisis -una crisis terminal- del sistema político del gobierno centralizado de partidos y de las prácticas democráticas representativas de partidos que se establecieron en Venezuela desde los años 40. Dicho sistema estaba basado en dos pilares fundamentales: primero, el Estado centralizado, y segundo, la democracia de partidos, los cuales asumieron el monopolio de la participación y de la representación.

Particularmente durante las dos últimas décadas (1980-2000), el sistema necesitaba cambiarse para permitir, no sólo el perfeccionamiento de la democracia, sino también su supervivencia. Ello implicaba, por una parte, la transformación del Estado para hacerlo más democrático, lo que a su vez conllevaba el desmantelamiento del gobierno centralista y la construcción de un sistema descentralizado de gobierno. En otras palabras, significaba cambiar la federación centralizada por una federación descentralizada.

Por otra parte, implicaba la creación de un nuevo orden legal para permitir el efectivo funcionamiento de una democracia participativa y social que debía incorporar a los individuos e instituciones privadas en el proceso social, económico y político, y debía asegurar la participación política en el ejercicio del gobierno. Esto fue lo que se persiguió en el referendo consultivo del 25 de abril de 1999, del cual surgió la Asamblea Nacional Constituyente.

Ahora, la interrogante más importante que debemos plantearnos en relación con la nueva Constitución del 30 de diciembre de 1999 que sancionó dicha Asamblea, es si ella respondió a la demanda popular de reforma política manifestada en el mencionado referendo de abril de 1999. Debe también determinarse si la Constitución, realmente, contribuyó no sólo a superar la crisis del sistema de gobierno centralizado de partidos, sino también a construir en su lugar un sistema de Estado descentralizado y participativo que permitiera la preservación de la democracia.

En mi opinión, la nueva Constitución no garantiza ni estableció las bases para la transformación segura del sistema político. Antes por el contrario, mantiene tanto el centralismo de Estado imperante como el partidismo, lo que asegura el continuo monopolio de la representatividad por los partidos políticos y sus agentes, aun cuando, en la actualidad, se trate de nuevos partidos políticos, pero que operan con el mismo esquema del sistema político centralista y partidocrático.

Considero que los venezolanos perdimos una oportunidad histórica única de introducir los cambios políticos que necesitábamos en democracia.

Hay que tener en cuenta que convocar a una Asamblea Nacional Constituyente en democracia, no es un acontecimiento político común en nuestra historia; más bien es un hecho muy excepcional. En términos generales, todas las Asambleas Constituyentes anteriores en nuestra historia, se habían establecido como consecuencia de una revolución, de una guerra o de un golpe de estado; nunca fueron electas pacíficamente, en democracia.

Por primera vez en 1999, por tanto, se eligió democráticamente una Asamblea Constituyente que estaba llamada a producir un cambio radical del sistema imperante de Estado centralizado y de democracia de partidos. El cambio debió ser diseñado por el país, en la Asamblea Constituyente electa, como nunca antes, sin ruptura constitucional. Es por ello que sólo la historia dirá si la nueva Constitución es, de hecho, la primera de un nuevo período de nuestra historia política, como lo ha sostenido ocasionalmente el Presidente de la República, Sr. Hugo Chávez Frías, o si, realmente, es una más del último período que comenzó en la década de los cuarenta del siglo XX.

En todo caso, cabe preguntarse: ¿Cuáles cambios políticos podemos esperar de esta nueva Constitución? La verdad es que la nueva Constitución no resuelve los problemas centrales de la crisis política para perfeccionar la democracia, ni establece las bases de un cambio político democrático. De hecho, en mi opinión, agrava la crisis del sistema político, ya que establece las bases constitucionales para el desarrollo de un autoritarismo político basado en regulaciones que refuerzan el centralismo, el presidencialismo, el paternalismo del Estado, el partidismo y el militarismo, con el peligro del colapso de la democracia misma. Es decir, consagró y reforzó todo aquello que había que cambiar.

La Constitución, en efecto, fue concebida para el autoritarismo; y desde la óptica política, contiene algunos aspectos muy negativos, particularmente en relación con el perfeccionamiento de la democracia. Estos aspectos negativos, por otra parte, lamentablemente cuentan más que las reformas positivas que ella contiene, como son, por ejemplo, la consolidación de los principios del Estado de Derecho y Justicia con excelentes mecanismos de control constitucional y de reforma judicial y una enumeración exhaustiva de derechos civiles y políticos. Desafortunadamente, estas disposiciones corren el riesgo de ser inefectivas, dado los elementos de autoritarismo y de concentración de poder que contiene la Constitución.

I. LA NUEVA DENOMINACIÓN DE LA REPÚBLICA

El primer aspecto que debe destacarse de las reformas contenidas en la Constitución de 1999 es el aparentemente inofensivo cambio de nombre de la República: le hemos cambiado el nombre de República de Venezuela por el de República Bolivariana de Venezuela. Soy de la opinión de que ello responde a una clara y exclusiva motivación partidista.

El nombre anterior, República de Venezuela se adoptó originalmente en 1811, cuando luego de la independencia de España, se estableció la Confederación de los Estados de Venezuela; confederación criticada por el Libertador Simón Bolívar el año siguiente. La única excepción en cuanto a este nombre de la República la constituye el período constitucional entre 1819 y 1830, cuando se constituyó la República de Colombia con el territorio conformado por la antigua República de Venezuela y el antiguo Virreinato de Nueva Granada, que comprendía lo que actualmente constituye el territorio de Colombia, Ecuador y Venezuela.

Con la Constitución de 1821, puede decirse que se hizo realidad parte del sueño de Bolívar en relación con la unión de los pueblos de Colombia y de América, pero sólo durante nueve años, entre 1821 y 1830. La República de Colombia, en esa forma, fue una "República Bolivariana"; de lo que resulta que la idea misma de una "República Bolivariana" apuntaría históricamente a una organización política que implicaría la desaparición de Venezuela como Estado. Ello en el siglo XXI es totalmente inadmisible.

Por ello, el cambio de nombre de la República, en mi criterio, es totalmente inaceptable y contrario no sólo a la idea de independencia de nuestro país, sino también contrario a los ideales de Simón Bolívar, quien fue gran crítico de la forma federal del Estado. En consecuencia, el cambio de nombre sólo puede tener otra explicación, muy alejada de las ideas de Bolívar. La verdadera motivación, por ello, parecería derivar de la denominación inicial que tuvo el partido político creado por el Presidente de la República, Sr. Hugo Chávez, el cual se llamaba en sus inicios, cuando lideró el golpe de Estado de 1992, "Movimiento Bolivariano Revolucionario 200".

El partido del Presidente de la República es, por tanto, el partido bolivariano, por lo que con el cambio de nombre de la República, en realidad, el Presidente ha impuesto a la República de los venezolanos, el nombre de su partido. Esto fue lo que sucedió, por ejemplo, en Nicaragua, con el Partido Sandinista y el calificativo de sandinista dado a muchas instituciones del Estado. También se puede mencionar el caso de la República Islámica de Irán.

II. EL CENTRALISMO DE LA "FEDERACIÓN DESCENTRALIZADA"

El segundo aspecto al que quiero hacer referencia es al proceso de descentralización, el cual se ha paralizado con la nueva Constitución: la Constitución regula formalmente un Estado federal descentralizado, pero dentro de un marco centralista y, adicionalmente, con la eliminación del Senado del esquema de la federación.

En mi criterio, uno de los grandes cambios políticos que debía provocar la Constitución y la Asamblea Nacional Constituyente en 1999 era la transformación definitiva del esquema de federación centralizada que hemos tenido durante los últimos cien años. En Venezuela no ha habido una federación descentralizada efectiva, con una real distribución de poder territorial hacia los Estados y los Municipios. Esto, a pesar del proceso constituyente, no ha cambiado, y el resultado final del esquema constitucional aprobado en 1999, de distribución territorial del Poder Público, no ha supuesto avance sustancial alguno en relación con el proceso de descentralización, particularmente del iniciado en 1989 con la Ley Orgánica de Descentralización, Delimitación y Transferencia de Competencias del Poder Público.

Más aún, en muchos aspectos, la nueva Constitución ha supuesto un retroceso institucional y, adicionalmente, el régimen constitucional en ella previsto presenta aspectos contradictorios.

La autonomía de los Estados y Municipios debe ser garantizada por la Constitución, pero en la nueva Constitución, la autonomía no sólo puede ser limitada por ella, sino por ley nacional. Esto es contrario a lo que debe ser la garantía constitucional de la autonomía de las instituciones del Estado. También el régimen es contradictorio debido a que, con la eliminación del Senado, no se garantiza la igualdad de los Estados, creándose en la nueva Constitución una Asamblea Nacional unicameral. Tenemos, por tanto, una federación sin cámara federal o senado, lo que sólo existe en algunos países con forma federal, pero con un territorio muy reducido. Esta reforma también conspira contra el proceso de elaboración de las leyes y contra el control parlamentario sobre el Ejecutivo.

En cuanto a la distribución del poder entre las entidades territoriales, el proceso de descentralización requiere, por sobre todo, que se asignen, por ejemplo, facultades impositivas a los Estados, específicamente el impuesto a las ventas, como sucede en casi todas las federaciones. Resultaron deficientes las reformas de la Constitución en esta materia, al punto de eliminar todas las facultades impositivas asignadas a los Estados, lo cual es un paso atrás en relación con la Constitución anterior.

La gran reforma del sistema político, necesaria y esencial para el perfeccionamiento de la democracia, era desmontar el centralismo del Estado y distribuir el poder en el territorio. Ésta era la única forma de hacer realidad la participación política, y sólo esto justificaba el proceso constituyente. No obstante, esto se pospuso y con ello, se perdió la gran oportunidad de sustituir el esquema del Estado centralizado por un Estado descentralizado. La Asamblea Nacional Constituyente, para superar la crisis política, ha debido diseñar la transformación del Estado descentralizando el poder para acercarlo efectivamente a los ciudadanos. Dicha Asamblea, al contrario, no transformó el Estado ni dispuso lo necesario para hacer efectiva la participación política.

III. EL SISTEMA ELECTORAL REPRESENTATIVO DE LOS PARTIDOS

El tercer aspecto al que quiero hacer referencia es el relativo a la relación entre el sistema electoral de representación proporcional y la supervivencia de la democracia de partidos. En mi opinión, la nueva Constitución no aborda el otro aspecto del sistema político que sí requiere de una transformación radical: la representación política y participación necesaria para evitar el monopolio que han tenido los partidos políticos. Como parte del sistema político que hemos tenido durante las últimas décadas, los partidos políticos han sido el único mecanismo de participación política y los únicos que han obtenido representación en el orden estatal, lo cual se mantiene en el sistema electoral establecido en la nueva Constitución. Desafortunadamente no fueron aceptadas todas las propuestas para establecer un sistema nominal de elección para los representantes de gobiernos locales, con el fin de obtener representación territorial o local de las comunidades respectivas.

IV. EL PRESIDENCIALISMO EXAGERADO

Otro aspecto que se debe señalar en la nueva Constitución es el exagerado presidencialismo que contiene, el cual contrasta con el presidencialismo moderado consagrado en las Constituciones anteriores.

Este exagerado presidencialismo deriva de los siguientes cuatro factores: Primero, la extensión del período presidencial de cinco a seis años, y segundo, la reelección inmediata del Presidente de la República, lo cual no existía anteriormente. Estos dos elementos atentan contra el principio de alternabilidad ya que permiten un período de gobierno excesivamente largo de doce años. Estos dos elementos se combinan con otros dos: tercero, el referendo establecido para revocar el mandato se ha regulado en forma tal que lo hace casi inaplicable; y cuarto, la no aceptación del principio de la elección presidencial por una mayoría absoluta y el sistema de doble vuelta; conservándose, en cambio, la elección por mayoría relativa, lo cual afecta la gobernabilidad democrática.

A este modelo presidencial, se ha añadido la posibilidad de que el Presidente de la República disuelva la Asamblea Nacional en el caso excepcional de que se produzcan tres votos de censura contra el Vicepresidente Ejecutivo. Este sistema presidencial exacerba el peso del Presidente y no tiene el contrapeso que existía en el sistema bicameral del órgano legislativo.

Más aún, el modelo presidencial se refuerza con otras reformas, tales como la previsión de una delegación legislativa amplia por parte de la Asamblea Nacional al Presidente de la República para la emisión de leyes, que no se limitan a asuntos económicos y financieros, sino respecto de cualquier materia. Ello no tiene precedentes en el constitucionalismo contemporáneo y con ello se pueden afectar, por ejemplo, las regulaciones relativas a los derechos humanos.

V. EL DESBALANCE DE LA SEPARACIÓN DE PODERES

El quinto aspecto al que quiero hacer referencia en la nueva Constitución es el desbalance que contiene en relación con la separación de poderes, debido a la previsión de una concentración de poderes en la Asamblea Nacional unicameral, nunca antes conocido.

Con la configuración del sistema presidencial de gobierno, la Constitución adoptó un esquema de separación de poderes no sólo entre el Legislativo y el Ejecutivo, sino también entre él Poder Judicial, cuya autonomía se consagra repetidamente, y también entre los dos nuevos Poderes establecidos en la Constitución: el Poder Ciudadano, el cual abarca al Fiscal General de la República, al Defensor del Pueblo y al Contralor General de la República; y el Poder Electoral, ejercido por el Consejo Nacional Electoral. Ahora tenemos cinco poderes en vez de tres.

Sin embargo, una efectiva separación de poderes se fundamenta en el balance e independencia entre ellos, de manera que el origen de los titulares de los poderes del Estado por elección o por nombramiento no puede quedar a la merced de ninguno de los otros poderes del Estado. En esta nueva Constitución, por el contrario, se consagra un desbalance entre los poderes del Estado, pues la Asamblea Nacional está autorizada para remover al Fiscal General, el Defensor del Pueblo, el Contralor General, a los miembros del Consejo Nacional Electoral y, peor aún, a los magistrados del Tribunal Supremo de Justicia. Ello constituye la antítesis de la independencia y el contrapeso entre los poderes del Estado y configura un modelo de concentración de poder en la Asamblea Nacional como órgano político, lo cual es totalmente incompatible con una sociedad política democrática.

VI. EL MILITARISMO

Para finalizar, dentro de las innovaciones de la nueva Constitución, debo referirme a la base constitucional para el militarismo. En la nueva Constitución, en efecto, se consagra un acentuado esquema militarista lo cual se agrega al presidencialismo como forma de gobierno y a la concentración de poderes en la Asamblea Nacional. Esta combinación puede llevar fácilmente al autoritarismo como forma de gobierno.

En la Constitución, en efecto, se eliminó toda idea de sujeción o subordinación de la autoridad militar a la autoridad civil; al contrario, se estableció una gran autonomía de la autoridad militar y de la Fuerza Armada, con la posibilidad de intervenir sin límites en funciones civiles.

Ello se evidencia, por ejemplo, de las siguientes regulaciones: Primero, se eliminó la tradicional prohibición del ejercicio simultáneo de la autoridad civil con la autoridad militar. Segundo, se eliminó el control civil parlamentario en relación con la promoción de militares de altos rangos, lo cual es ahora una atribución exclusiva de la Fuerza Armada. Tercero, se eliminó la norma que establecía el carácter apolítico de la institución militar y su carácter no-deliberante, lo cual abre el camino para que la Fuerza Armada delibere e intervenga en los asuntos que estén resolviendo los órganos del Estado. Cuarto, se eliminó de la Constitución la obligación de la Fuerza Armada de velar por la estabilidad de las instituciones democráticas que antes estaba prevista expresamente. Quinto, y más grave aún, se eliminó la obligación de la Fuerza Armada de obedecer la Constitución y leyes, cuya observancia debe estar siempre por encima de cualquier otra obligación, como lo establecía la Constitución anterior. Sexto, por vez primera se le concedió a los militares el derecho al voto, lo cual puede ser políticamente incompatible con el principio de obediencia. Séptimo, la nueva Constitución establece el requisito de que el Tribunal Supremo de Justicia debe decidir si hay méritos para juzgar a los militares de alto rango de la Fuerza Armada, lo cual siempre había sido un privilegio procesal reservado a altos funcionarios civiles, como el Presidente de la República. Octavo, el uso de cualquier tipo de armas en el país está sujeto a la autoridad de la Fuerza Armada, control éste que antes estaba atribuido a la administración civil. Noveno, se pueden atribuir a la Fuerza Armada funciones de policía administrativa. Finalmente, décimo, se adoptó el concepto de la doctrina de seguridad nacional, definida de forma total, global y omnicomprensiva. De acuerdo con esta doctrina, desarrollada en los regímenes militares de América latina en los setenta, casi todo lo que suceda en la Nación concierne a la seguridad del Estado, aun el desarrollo económico y social.

Todo esto da origen a un esquema militar que es una novedad constitucional y puede conducir a una situación en la cual la Fuerza Armada podría apoderarse de la administración civil del Estado. Adicionalmente, la nueva Constitución le atribuye a la Fuerza Armada una participación activa en el desarrollo nacional.

Todas estas disposiciones muestran un cuadro constitucional de militarismo verdaderamente único en nuestra historia política y constitucional, que no se encuentra ni siquiera en las Constituciones de nuestros anteriores regímenes militares.

CONCLUSIÓN

Por todo lo anterior, concluyo señalando que la Constitución política de Venezuela, al analizarse de forma global, evidencia un esquema institucional concebido para el autoritarismo derivado de la combinación del centralismo del Estado, el presidencialismo exacerbado, la democracia de partidos, la concentración de poder en la Asamblea y el militarismo, que constituye el elemento central diseñado para la organización del poder del Estado. En mi opinión, esto no era lo que se requería para el perfeccionamiento de la democracia; al contrario, se debió basar en la descentralización del poder, en un presidencialismo controlado y moderado, en la participación política para balancear el poder del Estado y en la sumisión de la autoridad militar a la autoridad civil.

Es por ello que la Constitución de 1999, en mi criterio, no introdujo los cambios que necesitaba nuestro país como consecuencia del movimiento constituyente, que se originó con la crisis del modelo político del Estado centralizado de partidos establecido desde 1945 y restablecido en 1958, que continúa todavía. El país necesitaba un cambio radical para perfeccionar la democracia, para hacerla más representativa y para estructurar un Estado democrático, descentralizado y participativo. No se logró nada de esto y el resultado fue un esquema de autoritarismo constitucional que, en el futuro, puede lesionar a la propia democracia.

SECCIÓN QUINTA: **EL PROCESO CONSTITUYENTE Y LA FALLIDA REFORMA DEL ESTADO EN VENEZUELA (SEPTIEMBRE, 2001)**

Texto de la conferencia dictada en el *Seminario Estrategias y Propuestas para la Reforma del Estado*, Instituto de Investigaciones Jurídicas, Universidad Nacional Autónoma de México, México, 7 de septiembre de 2001. Publicado en el libro *Reflexiones sobre el constitucionalismo en América*, Caracas 2001, pp. 165-186.

I.   REFORMA DEL ESTADO Y REFORMA CONSTITUCIONAL

La reforma del Estado puede considerarse como un proceso político de orden constitucional tendiente a transformar la organización del Poder. El Estado es la organización política de la sociedad, es decir, el conjunto de instituciones, órganos, procesos y mecanismos destinados a regular la distribución del Poder, su separación y su control. Por ello, para que una reforma constitucional pueda considerarse como una reforma del Estado, como proceso, tiene que referirse e incidir sobre esos aspectos medulares de la ordenación del Poder; de lo contrario, no puede hablarse de reforma del Estado sino de reformas institucionales o administrativas e, incluso, sólo de reformas constitucionales.

En consecuencia, una reforma del Estado tiene que incidir necesariamente en primer lugar, sobre la forma de gobierno, es decir, sobre el régimen político y, en nuestro mundo occidental, sobre la democracia, por ejemplo, para hacerla más representativa y más participativa, o para introducirle mecanismos de democracia directa.

En definitiva, una reforma del Estado tiene que incidir en el tema de las relaciones de la sociedad y el Estado, el ejercicio de la soberanía por el pueblo y el régimen de los derechos y deberes de los ciudadanos.

En segundo lugar, una reforma del Estado tiene que referirse a la forma de Estado, es decir, al sistema de distribución territorial (vertical) del Poder Público. En la organización estatal, el Poder puede estar centralizado o descentralizado, estableciéndose en este caso diversos niveles territoriales autónomos para su ejercicio. La forma de Estado tiene que ver, por tanto, con la estructuración de un Estado de manera unitaria o descentralizada políticamente, y en este último supuesto, con forma federal o regional, es decir, sobre la base de autonomías territoriales. Por ello, el Federalismo y el Municipalismo son temas de reforma del Estado que derivan de la forma del mismo.

En tercer lugar, una reforma del Estado incide sobre la organización (horizontal) del Poder Público y de su separación o concentración, sobre el sistema de gobierno y sobre el control del ejercicio del Poder por el propio Poder y por la sociedad y los ciudadanos. En tal sentido, la relación de balance y contrapeso entre los poderes del Estado, su control recíproco y, particularmente, el de orden judicial, son piezas fundamentales de una reforma del Estado. Igualmente el sistema de gobierno que resulte de la separación de poderes, particularmente en cuanto a la opción entre presidencialismo y parlamentarismo.

De lo anterior resulta, por tanto, que una reforma del Estado implica siempre, una reforma constitucional; pero no toda reforma constitucional conlleva una reforma del Estado. Con gran frecuencia y dependiendo de los mecanismos de revisión constitucional, en los Estados se realizan reformas constitucionales puntuales que no inciden en los aspectos medulares del Poder y que, por tanto, no dan origen a una reforma del Estado.

En Venezuela, por ejemplo, con la nueva Constitución de 1999, a pesar de haber sido producto de una Asamblea Nacional Constituyente convocada en un momento constituyente excepcional, derivado de la severa crisis del sistema político, sin embargo, puede decirse que con ella no se produjo reforma del Estado alguna para afianzar la democracia, pues no se cambiaron las relaciones del Poder, salvo por la adopción de un esquema autoritario y concentrador del Poder. En todo caso, hemos tenido un importante cambio político ocurrido en ese momento constituyente el cual condujo a un radical cambio en la titularidad de los órganos del Poder, con nuevos partidos y un nuevo liderazgo; pero sin embargo, ni la reforma constitucional ni dicho cambio político significaron que hubiese habido una reforma del Estado para perfeccionar la democracia; y ello, a pesar de todos los estudios y propuestas que en esta materia se habían elaborado y formulado durante más de dos décadas.

En efecto, y dejando aparte los estudios sobre reforma administrativa desarrollados durante los años setenta del siglo pasado, a cargo de la Comisión de Administración Pública de la Presidencia de la República, la cual presidimos entre 1969 y 1972; cuando la crisis del sistema político del Estado centralizado de democracia representativa de partidos comenzó a aflorar, en 1984 se nombró una Comisión Presidencial para la Reforma del Estado, de carácter plural, que produjo importantísimos análisis, estudios y propuestas que lograron consenso en la opinión pública. Estos estudios, sin embargo, no fueron implementados fundamentalmente por la falta de decisión del liderazgo partidista al no haber entendido su necesidad, derivada de la grave crisis del sistema político, que no comprendieron, y que exigía la democratización de la democracia, es decir, más y mayor representatividad (y no sólo de los partidos políticos) y más y mayor participación política (y no sólo a través de los partidos). En definitiva, no entendieron ni lograron interpretar cuales habían sido los frutos y resultados de la obra democratizadora que los partidos políticos habían emprendido desde finales de los años cincuenta del siglo pasado, y que habían hecho de Venezuela, país que quizás para ese momento (1958) tenía la menor tradición democrática en América Latina, en el país que a partir de los setenta mostraba una sólida institucionalidad democrática.

Por ello, la crisis política llegó a una etapa terminal en la década de los noventa, por lo que si se quería continuar con la democracia, la reforma del Estado era un programa de ineludible ejecución. Pero la misma no se asumió. En todo caso, para entender tanto esta crisis terminal, como la frustración causada por el proceso constituyente de 1999 y la fallida reforma del Estado, es útil puntualizar cuales eran las características del sistema político venezolano a finales de los noventa y de sus crisis.

II. LAS CARACTERÍSTICAS DEL SISTEMA POLÍTICO DE ESTADO DEMOCRÁTICO CENTRALIZADO DE PARTIDOS, SU CRISIS Y LAS EXIGENCIAS DE REFORMA

El sistema político venezolano instaurado a partir de la revolución democrática (cívico-militar) de 1958, que provocó la huida del entonces Presidente de la República, General Marcos Pérez Jiménez, quien había dominado militarmente el gobierno de la República durante casi una década (1948-1957); estuvo comandado por los partidos políticos que se habían consolidado en la década de los cuarenta, y cuyos líderes habían acordado implantar la democracia en Venezuela, entre otros instrumentos, mediante el denominado "Pacto de Punto Fijo" (1958).

El sistema político que se consolidó durante las décadas de los años sesenta y setenta, al amparo de dicho pacto, puede entonces caracterizarse como el propio de un Estado democrático centralizado de partidos, derivado de los siguientes elementos relativos a la ordenación del Poder.

1. *La democracia de partidos: la democracia representativa de partidos y la necesidad de que fuera más representativa y participativa*

En cuanto a la forma de gobierno, desde los años sesenta en Venezuela se había establecido un régimen democrático, representativo y pluralista, el cual, sin embargo, progresivamente fue monopolizado por los partidos políticos. A ellos se le debe la implantación de la democracia pero, sin duda, en ese proceso asumieron progresivamente el monopolio de la misma. La representatividad democrática terminó siendo un asunto exclusivo de los partidos políticos, pues el sistema electoral se concibió para que sólo los representantes de partidos, progresivamente desligados del pueblo y sus comunidades, fueran elegidos (sistema de representación electoral proporcional de método d'Hondt). Se trató, por tanto, de una democracia representativa de partidos, exclusivamente, en la cual la participación política también terminó siendo un monopolio de los partidos políticos.

No había otra forma de participar políticamente en los asuntos públicos, que no fuera a través de los partidos políticos los cuales, además, progresivamente fueron penetrando, intermediando y apoderándose de todas las asociaciones sociales intermedias, desde los sindicatos y los gremios profesionales hasta asociaciones de vecinos.

Después de dos décadas de implantación y estabilización de la democracia, puede decirse que la democratización del país dio sus frutos, por lo que se comenzaron a plantear nuevas y diversas exigencias de representatividad y de participación política, y no sólo de los partidos o a través de ellos.

Entre otros factores se planteó la necesidad de cambiar el sistema electoral pero, por sobre todo, se propugnó hacer a la democracia más participativa. Para ello, por ejemplo, se debió plantear la necesidad urgente de una reforma del régimen local, lo cual no siempre se comprendió, siendo que en definitiva, es la única vía para la efectiva participación democrática.

Acaso nos hemos preguntado en América Latina sobre qué es lo que le falta a nuestras democracias, cuando las comparamos con las de los países europeos o de Norteamérica. Con ellas tenemos en común sistemas electorales, sistemas de partidos políticos, bases del Estado de derecho, de control judicial del Poder y garantías de los derechos humanos. Con mayor o menor efectividad esos son los rasgos comunes, pero la democracia en todos esos países no son iguales, pues hay democracias más democráticas y desarrolladas que las nuestras.

En todo caso, la diferencia está, precisamente, en la participación política que los Estados más desarrollados democráticamente tienen y aseguran, y que nosotros no tenemos. Esta situación la tienen aquellos Estados y no la tenemos nosotros, pero con gran frecuencia sin saber por qué, y sin detenernos a determinar las razones.

La clave de la diferencia y de la mayor o menor participación política, en todo caso, está en los gobiernos locales. ¿Hemos realmente tomado conciencia del número de gobiernos locales que tenemos, comparativamente con otras sociedades más democráticas; y de la relación entre aquellos y la población? La clave de la democracia y de la participación, está precisamente en ello.

Por ejemplo, en México, con casi 2 millones de km^2 de superficie y casi 100 millones de habitantes, sólo existen 2.418 Municipios. En cambio, en Francia, con ¼ del territorio de México y algo más de la mitad de su población, tiene 36.559 Municipios (Comunas). ¿Por qué allí habrá más democracia?

En Suiza, además, con sólo 41 mil km^2 de superficie y algo más de 2 millones de habitantes, sin embargo, tiene 3.000 Municipios. ¡Más que en México!. España, por su parte, tiene alrededor de 500 mil km^2 de superficie y sobre 40 millones de habitantes, y tiene 8.082 Municipios; y en Italia, con sólo 300 mil km^2 y casi 60 millones de habitantes, tiene 8.140 Municipios. ¿Por qué, insisto, será que esos países tienen una democracia más arraigada que la de nuestros países latinoamericanos?.

Sin embargo, lo importante no es el número de Municipios o gobiernos locales que tenga un país, sino la relación entre gobiernos locales y ciudadanos, de manera de determinar cuán cerca está el Poder del ciudadano, de sus organizaciones y de sus comunidades. Y allí, precisamente, está el *quid* de la participación política, de manera que la democracia constituye un asunto cotidiano, en definitiva, es una forma de vida; la que, precisamente, descubrió en América Alexis de Tocqueville y que plasmó en su libro *La Democracia en América*, destacando cómo el poder, en el naciente Estado norteamericano, estaba extremadamente "desparramado" en el territorio de las ex colonias británicas.

Es esa relación la que muestra la diferencia patética entre nuestras democracias de América Latina, carentes de participación ciudadana, y las de los países europeos o norteamericanos con democracias más consolidadas. Por ejemplo, así como en México la proporción (que deriva de la relación entre Municipio y población) es de 40.116 habitantes por Municipio; en contraste, en Francia es de 1.614 habitantes por Municipio; en Suiza es de 2.333 habitantes por Municipio; en España es de 4.825 habitantes por Municipio; en Alemania es de 5.086 habitantes por Municipio, y en Italia es de 7.156 habitantes por Municipio. En EE.UU. y en Canadá, a pesar de la disparidad de población (260 millones de habitantes y 30 millones de habitantes, respectivamente) ubicada en territorios casi iguales de más de 9 millones de km^2, con un número muy disímil de Municipios (70.500 en USA y 4.507 en Canadá), la proporción habitante por Municipio oscila entre 3.872 habitantes por Municipio en EE.UU. y 6.878 habitantes por Municipio en Canadá.

México, en cambio, como dijimos, tiene un promedio de 40.116 habitantes por Municipio, pero incluso podrían consolarse, pues la autoridad local no está tan lejos el ciudadano, como sucede en otros países latinoamericanos: 71.715 habitantes por Municipio en Venezuela; en Haití, 60.150 habitantes por Municipio; y en República Dominicana, 88.889 habitantes por Municipio.

¿Se entiende entonces, en el caso de Venezuela, el bajo nivel de representatividad y participación de la democracia?. El Municipio en Venezuela estaba y continúa estando tan lejos del ciudadano, que materialmente no sirve para nada bueno: ni para ser la unidad política primaria dentro de la organización nacional y centro de la participación política, ni para ser un efectivo instrumento de gestión de los intereses locales. Tan lejos está el ciudadano, además, que por ello se torna incontrolable, no le interesa a nadie (salvo a los partidos) y se convierte en un mecanismo de activismo político y de corrupción impune.

La crisis de la democracia representativa de partidos planteaba entonces, en Venezuela, la necesidad de su sustitución, sin dejar de ser representativa, por una democracia participativa en la cual el ciudadano encontrara instrumentos cotidianos para participar en los asuntos locales.

2. *La forma del Estado: el centralismo de Estado y la necesidad de la descentralización de la Federación*

En cuanto a la forma de Estado, debe señalarse que Venezuela siempre ha tenido la forma federal. En la primera de las Constituciones de los países de América Latina, que fue la "Constitución de la Confederación de los Estados de Venezuela" de 21-12-1811 se estableció la forma federal que siempre nos ha acompañado en nuestro constitucionalismo. En el inicio, en 1811, como había ocurrido en los Estados Unidos de Norteamérica, era la única fórmula constitucional recién inventada para unir políticamente lo que no había estado realmente unido.

Esto sucedió con las 7 Provincias disgregadas y aisladas que desde 1777 conformaban la Capitanía General de Venezuela, y cuyos representantes electos votaron la Constitución de 1811. Con posterioridad, toda la historia política venezolana ha estado signada por el movimiento pendular centralización-descentralización: al inicio de la República, las orientaciones centralistas de Simón Bolívar (1819-1821) terminaron por ceder (1830) dando paso a la forma federal que se consolidó definitivamente con los Estados Unidos de Venezuela en 1864. La federación del siglo XIX, por su parte, también cedió a partir de 1901, produciéndose durante todo el siglo XX un proceso de centralización política, primero autocrática, hasta 1935, y luego democrática, hasta el presente.

A finales del siglo XX, la forma del Estado en Venezuela era y sigue siendo, la de una Federación centralizada, que concentra el poder en el nivel nacional (federal) con un vaciamiento sustancial de competencias y poder de los Estados federados. El centralismo del Estado, por otra parte, ha ido de la mano del centralismo democrático como forma de organización interna de los partidos, dominados por "cúpulas" centrales y centralizantes.

La democracia y su perfeccionamiento, una vez que durante todo el siglo XX se había logrado la consolidación del Estado nacional y la superación de su disgregación caudillista del siglo XIX, exigía en Venezuela un gran esfuerzo de descentralización política hacia los niveles intermedios del poder, los Estados; para hacerlos autoridades realmente autónomas. Se exigía una descentralización efectiva de la Federación, para hacer de la Federación centralizada tradicional, una Federación descentralizada.

Sin duda, la descentralización política puede considerarse como la vía para la democracia y, por supuesto, no se puede confundir descentralización con federalismo. La federación puede ser un instrumento de descentralización, pero no es el sólo instrumento. Existen cada vez con más frecuencia Estados unitarios descentralizados o Estados regionales, más descentralizados que muchas antiguas federaciones latinoamericanas.

Por otra parte, la federación como forma de Estado no siempre ha sido garantía de democracia, y allí está el caso de la antigua URSS. No se puede confundir, por tanto, federación con descentralización política.

En todo caso, lo que sí era y es una pieza esencial de la reforma del Estado para la consolidación de la democracia en Venezuela, era y es la necesaria descentralización política de la Federación. La democracia, en definitiva, es consecuencia y a la vez motivo de la descentralización política como instrumento de articulación de poderes intermedios en el territorio, que permitan la actuación nacional más cerca de las comunidades y regiones. No ha habido ni existen autocracias descentralizadas; la descentralización del poder sólo es posible en democracias; por lo que la descentralización política es un asunto de las democracias. Es una consecuencia de la democratización y un producto de la democracia; y, a la vez, una condición para su sobrevivencia y perfeccionamiento.

Por lo demás, la creación y fortalecimiento de los niveles intermedios de gobierno es un fenómeno universal del mundo democrático, incluso para asegurar la posibilidad de la municipalización y participación política. Todos los Estados democráticos del mundo actual, o son Federaciones (Alemania, Austria, Suiza, Bélgica, EE.UU., Canadá) o son Estados descentralizados políticamente, con entidades regionales autónomas (Comunidades Autónomas en España o Regiones políticas en Francia o Italia, por ejemplo). Incluso, en el Reino Unido, la reforma del Estado que allí está en proceso, está montada en la idea de la *devolution* hacia los antiguos reinos, lo que ha implicado la elección de Parlamentos en Gales, lo que nunca antes había ocurrido, y Escocia, lo que no había ocurrido en los últimos 300 años.

La misma consecuencia de la democratización se había planteado en Venezuela: la Federación centralizada debía ser sustituida por una Federación descentralizada. La afloración de la crisis en el sistema político a partir de 1989, en tal sentido, incluso obligó a acelerar las reformas partiendo de las vías que permitía la Constitución de 1961, habiéndose pasado, en 1989, aceleradamente, a la elección directa de los gobernadores de Estados (lo que no había ocurrido en los últimos 100 años), y a la elección directa de los Alcaldes municipales, superándose el sistema de gobiernos municipales colegiados. Esos "remedios" democráticos contribuyeron a oxigenar el sistema y, sin duda, en la década de los noventa permitir la sobrevivencia de la democracia. Se avanzó en materia de descentralización política hasta 1993, cuando ejercimos como Ministro de Estado para la Descentralización, pero luego se abandonaron las reformas, entrando el sistema político en la crisis terminal de finales de los años noventa, que provocó la convocatoria a la Asamblea Nacional Constituyente.

3.   *La separación de poderes, el sistema de gobierno y el control del Poder*

En cuanto al tercer aspecto que permite identificar una reforma del Estado, este se refiere al sistema de separación (horizontal) de poderes, al sistema de gobierno y a los instrumentos de control y contrapeso entre los poderes del Estado.

En cuanto a la separación de poderes como forma de distribución horizontal del Poder Público, además de los clásicos poderes Legislativo, Ejecutivo y Judicial, es evidente que en el constitucionalismo americano de las últimas décadas, han aparecido una serie de órganos con autonomía constitucional, no sujetos a los clásicos tres poderes del Estado. Estos órganos han requerido consolidación constitucional como Poderes del Estado, tal y como ha sucedido con las Contralorías Generales, con los Defensores del Pueblo o de los Derechos Humanos, con el Ministerio Público y con los órganos de conducción electoral. El equilibrio, balance y contrapeso entre todos esos poderes del Estado ha sido una de las exigencias de reforma en Venezuela desde finales de la década de los noventa.

En cuanto al sistema de gobierno, es decir, a las relaciones entre el Poder Ejecutivo y el Parlamento, la tradición del constitucionalismo venezolano, como el de toda América Latina, ha sido el del presidencialismo, es decir, un sistema de gobierno conforme al cual el Jefe de Gobierno que generalmente es el Jefe de Estado (Presidente), es electo por vía directa y no depende del Parlamento. Esto distingue el sistema presidencial de los sistemas de gobierno parlamentarios, en los cuales el Parlamento es el único cuerpo electo, siendo el Gobierno una emanación del Parlamento

En el caso de Venezuela, el presidencialismo, particularmente el que se había desarrollado durante las últimas cuatro décadas, había sido un presidencialismo moderado, conforme al cual se consolidó un sistema presidencial con sujeción parlamentaria y, por tanto, con varios injertos de parlamentarismo. La crisis del sistema de gobierno, por tanto, en realidad, no estaba en el presidencialismo, sino en el excesivo parlamentarismo, particularmente por el control férreo que existía por parte de los partidos políticos. En particular, en cuanto a la designación de los titulares de los poderes públicos no electos (Corte Suprema de Justicia, Consejo de la Judicatura, Contralor General de la República, Fiscal General de la República, Consejo

Supremo Electoral) por el Congreso, se habían formulado graves críticas por el excesivo partidismo de dichas designaciones, sin participación alguna posible de otras organizaciones sociales intermedias.

Las exigencias de reforma, en todo caso, apuntaban a asegurar mayor balance e independencia entre los poderes, y a la despartidización de su conformación. En materia de control de la constitucionalidad y de garantías judiciales de los derechos constitucionales, la reforma apuntaba a la consolidación de la jurisdicción constitucional y al perfeccionamiento de la acción de amparo.

III. LOS RESULTADOS DEL PROCESO CONSTITUYENTE: LA REFORMA CONSTITUCIONAL DE 1999 Y LA AUSENCIA DE REFORMA DEL ESTADO

La crisis del sistema político de Estado democrático centralizado de partidos que en las dos primeras décadas de la democracia (1960-1970) había contribuido a consolidar el régimen democrático, pero que en las últimas dos décadas (1980-1990) había sido un instrumento conspirativo contra la propia democracia, por tanto, exigía su transformación en un sistema político de Estado democrático descentralizado y participativo.

La incomprensión del liderazgo partidista en haber entendido la crisis y en haber asumido el cambio político, condujo inevitablemente al proceso constituyente de 1999, derivado del triunfo electoral del Presidente Hugo Chávez Frías en diciembre de 1998, quien, además, había enarbolado en su campaña electoral la bandera del cambio político y de la convocatoria a una Asamblea Nacional Constituyente. Ese proceso debía haber asumido el proceso de reforma del Estado en los aspectos señalados de sistema de gobierno democrático, forma de Estado descentralizado y separación de poderes con pesos, contrapesos y controles recíprocos.

Sin embargo, concluido el proceso constituyente de 1999 con la publicación de la nueva Constitución (30-12-99) elaborada por la Asamblea Nacional Constituyente que había sido electa el 25 de julio de 1999, como consecuencia de un referendo consultivo que le dio origen (25-04-99), se puede constatar que en Venezuela, si bien se produjo una importante reforma constitucional, no se produjo reforma del Estado alguna. Nada de lo que había que cambiar en el sistema político fue cambiado; no hubo, por tanto, una reforma del Estado, y más bien el resultado constitucional del proceso constituyente, fue la acentuación de los aspectos más negativos del sistema.

Sin duda, en 1999 se produjo un cambio político sin procedentes en la historia política del país desde los años cuarenta, en el sentido de que aparecieron nuevos partidos políticos, habiendo sido materialmente barridos los partidos tradicionales, que asumieron el poder con carácter casi monopólico. Un nuevo liderazgo político se entronizó en todos los niveles del Poder, habiendo quedado desplazado el liderazgo partidista y no partidista anterior. Además, se produjeron importantes cambios y reformas constitucionales como, por ejemplo, la separación pentapartita del Poder Público, la eliminación del Senado como parte del Poder Legislativo Nacional, la consagración de la reelección presidencial, la creación de la figura del Vicepresidente de la República, la creación del Defensor del Pueblo, y la constitucionalización de los tratados internacionales sobre derechos humanos. Sin embargo, ninguna de esas reformas produjeron una reforma del Estado, es decir, del sistema político de Estado democrático centralizado representativo de partidos. A pesar del verbalismo constitucional, el Estado continúa montado sobre una democracia meramente representativa de partidos (sólo que ahora son nuevos partidos); el Estado sigue siendo centralizado a pesar de que se lo denomine "descentralizado"; y el presidencialismo se ha exacerbado, agregándose a los poderes del Estado, el poder militar, sin sujeción a la autoridad civil como nunca antes había ocurrido en nuestro constitucionalismo. En definitiva, hay un nuevo y acentuado centralismo y partidismo, con un acentuado presidencialismo y un nuevo militarismo constitucionalizado.

Esas reformas constitucionales, que no pueden considerarse como reformas del Estado, y que se introdujeron en la Constitución de 1999 para dejar todo igual o peor desde el punto de vista democratizador; pueden agruparse en relación con los mismos tres aspectos respecto de los cuales se requería y continúa requiriéndose una reforma del Estado para perfeccionar la democracia.

1. *La pervivencia de la democracia representativa de partidos*

La partidocracia o democracia monopolizada en forma exclusiva por los partidos políticos, sistema en la cual los partidos políticos monopolizan la representatividad, controlan la participación política y todas las manifestaciones del poder, ha continuado en Venezuela a pesar del proceso constituyente de 1999 o quizás, como consecuencia de la forma hegemónica como aquél se desarrolló.

En efecto, la Asamblea Nacional Constituyente electa el 25 de julio de 1999, se constituyó con 141 miembros de los cuales 135 fueron electos de las listas de candidatos apoyados abiertamente por el Presidente de la República que había sido electo meses antes, en diciembre de 1998, y de su partido, el Movimiento V República. La Asamblea, por tanto, fue un instrumento de imposición y exclusión y lejos estuvo de ser un instrumento constitucional para establecer un pacto político de la sociedad venezolana que se plasmara en una nueva Constitución. Al contrario, la Constitución de 1999 puede considerarse como un texto impuesto por la mayoría partidista y partidaria del Presidente de la República en la Asamblea Nacional Constituyente, que estuvo sometida a sus designios.

Como consecuencia del proceso constituyente, es cierto, los partidos políticos tradicionales casi desaparecieron, habiéndose trastocado el sistema multipartidista tradicional por un sistema de partido hegemónico cuyo Presidente es el propio Presidente de la República y cuyo coordinador o director nacional ha sido el Ministro de Relaciones Interiores y de Justicia. La Constitución dispone que los funcionarios públicos no pueden estar al servicio de parcialidad alguna, sino al servicio del Estado (art. 145), pero ello parece que no ha importado a los nuevos controladores del poder. Además, el sistema electoral no fue cambiado en la nueva Constitución, conservándose el sistema de representación proporcional personificado, que es un instrumento de dominio partidista.

La nueva Constitución, sin embargo, formalmente estableció un conjunto de regulaciones que evidenciaron lo que puede denominarse una reacción contra los partidos políticos, pero las cuales en la práctica han constituido letra muerta. Entre estas se destacan las siguientes: primero, la eliminación del léxico constitucional de la misma expresión "partidos políticos" y su sustitución por el de organizaciones con fines políticos (art. 67); segundo, la imposición constitucional a los diputados de representar al pueblo en su conjunto y del voto a conciencia, sin estar sujetos a mandatos ni instrucciones, ni a ataduras partidistas (art. 201) lo cual no se cumple; tercero, la pretendida eliminación de las fracciones parlamentarias en la Asamblea Nacional, existiendo en su lugar "bloques de opinión", los cuales controlan los votos en la misma forma; cuarto, la obligación de los representantes de rendir cuenta pública de su gestión (art. 197) y de acompañar su candidatura con un programa (art. 66), lo cual no se ha cumplido; quinto, la obligación de los partidos políticos de escoger sus directivos y candidatos mediante procesos de votación internos (art. 67), lo cual no se ha cumplido; sexto, la atribución al Consejo Nacional Electoral de la organización de las elecciones internas de los partidos políticos (art. 293,6), lo cual constituye una intolerable ingerencia estatal en la sociedad política; y séptimo, la prohibición constitucional del financiamiento público a los partidos políticos (art. 67) lo cual lamentablemente dará pie, no sólo al financiamiento privado ilegítimo (narcotráfico, comisiones de partidos), sino al financiamiento público irregular y corrupto, difícil de identificar en un sistema donde no existe control del ejercicio del poder, precisamente por su control hegemónico partidista.

Pero a pesar de todas estas normas "reactivas" contra los partidos políticos, sin embargo, estos siguen siendo el eje del proceso político, aún cuando ahora se trate de nuevos partidos, entre ellos el del Presidente de la República. Se trata de su instrumento electoral y político, a través del cual, incluso, respaldó políticamente al candidato gubernamental a la presidencia de la Confederación de Trabajadores de Venezuela.

La democracia venezolana, por tanto, sigue siendo esencialmente representativa de los partidos políticos, los cuales la controlan totalmente. Nada ha cambiado en el sistema, salvo que ahora hay nuevos partidos, con nuevos nombres y nuevos líderes, y un Presidente de la República que impunemente actúa como Presidente de un partido político.

Además, el sistema se ha configurado con nuevas e intolerables ingerencias en la sociedad civil, al atribuirse por ejemplo al Consejo Nacional Electoral, la potestad de organizar todas las elecciones sindicales y de gremios profesionales (art. 293,6).

Pero por otra parte, es cierto, la Constitución de 1999 es quizás, el texto constitucional que más emplea la palabra participación, regulando el derecho constitucional a la participación política (art. 62) y calificando al sistema de gobierno como democracia participativa, sentando incluso las bases para un municipalismo que concrete la participación (art. 184). Sin embargo, nada de ello ha ocurrido y es seguro que con un régimen con tendencia a la centralización y concentración del poder, no habrá efectiva descentralización política a la cual, incluso, la Constitución califica como una política nacional (art. 158).

Pero debe destacarse que en un aspecto, la Constitución de 1999 materializó directamente el espíritu de participación que la verbaliza, estableciendo directamente un mecanismo de participación "de los diversos sectores de la sociedad civil" en la designación de los titulares de los Poderes Públicos que no son elegidos por vía de sufragio universal, es decir, de los Magistrados del Tribunal Supremo de Justicia (Poder Judicial), del Contralor General de la República, del Fiscal General de la República y del Defensor del Pueblo (Poder Ciudadano) y de los miembros del Consejo Nacional Electoral (Poder Electoral). En estos casos, y como una reacción contra los partidos políticos que tradicionalmente escogían y se repartían esas posiciones mediante el control de los votos de diputados en el antiguo Congreso Nacional; la Constitución de 1999 le quitó expresamente a la Asamblea Nacional el voto discrecional para tales designaciones, y estableció un complejo sistema conforme al cual las postulaciones para esos cargos sólo la pueden hacer sendos Comités de Postulaciones integrados "por representantes de los diversos sectores de la sociedad" (arts. 264, 279, 295). En esta forma, la Asamblea Nacional no puede recibir directamente postulaciones para esos cargos y no puede designar a nadie que no haya sido postulado por los Comités de Postulaciones.

Por supuesto, este sistema de participación política previsto en la Constitución, puede considerarse como un atentado contra la hegemonía partidista en la Asamblea Nacional, por lo que ésta, simplemente, dictó en el año 2000, una Ley Especial mediante la cual no sólo no desarrolló la Constitución, sino que más bien la violó, atribuyéndose, a si misma, como Asamblea Nacional mediante una Comisión parlamentaria, las designaciones. Ello, lamentablemente fue amparado por una supuesta e indefinida transitoriedad constitucional, convalidada por la Sala Constitucional del Tribunal Supremo de Justicia, a pesar, incluso, de la acción de nulidad y amparo que ejerció contra dicha Ley, la entonces Defensora del Pueblo.

Aparte de lo anterior, sin embargo, no puede dejar de mencionarse que la Constitución de 1999 incorporó al constitucionalismo todos los mecanismos imaginables de democracia directa, mediante toda suerte de referendos (arts. 71 a 74). Pero en relación con la forma de gobierno democrático, el aspecto de las reformas constitucionales de 1999 que podía considerarse como parte de la reforma del Estado, era el de la atribución a los representantes de los diversos sectores de la sociedad civil, la potestad exclusiva de postular a los candidatos para ocupar las altas posiciones en los órganos del Poder Público no electos popularmente. Sin embargo, como hemos señalado, se trató de una reforma fallida, por burlada, por la Asamblea Nacional y la Sala Constitucional del Tribunal Supremo de Justicia.

2.   *La pervivencia de la Federación centralizada con el nombre de Federación descentralizada*

La gran reforma política del Estado que debió haber signado los debates de la Asamblea Nacional Constituyente, era la concerniente al reforzamiento del federalismo mediante la descentralización política de la Federación. Se trataba de avanzar en las reformas que se habían iniciado en 1989, con la elección directa de los gobernadores de Estado y con el inicio de transferencias de competencias nacionales a los Estados. Era necesario prever una más precisa distribución de competencias exclusivas entre el nivel nacional, el de los Estados y el de los Municipios, así como la identificación, también más precisa, de las competencias concurrentes entre las diversas entidades político-territoriales.

Por lo demás, el aspecto más importante en el cual debía avanzarse para hacer realidad la descentralización política de la Federación, era la previsión expresa de competencias tributarias propias para los Estados.

En esta materia, sin embargo, nada se avanzó respecto de lo que ya había ocurrido con las reformas iniciadas en 1989. Más bien hubo notables retrocesos: primero, se eliminó el Senado y el bicameralismo en el Parlamento nacional, eliminándose en consecuencia toda posibilidad de igualdad entre los Estados (art. 159), pues la única instancia en la cual podrían ser iguales es cuando tienen un mismo voto, con igual valor, en una Cámara Federal; segundo, la competencia tradicionalmente residual de los Estados de la Federación fue trastocada, estableciéndose además, una competencia residual a favor del Poder Nacional en materia tributaria no atribuida expresamente a los Estados y Municipios (art. 156,12); tercero, ninguna competencia tributaria fue atribuida expresamente a los Estados, por lo que incluso la competencia tradicional en materia de impuestos al consumo que tenían como competencia originaria, fue eliminada totalmente (art. 156,12); cuarto, los Estados sólo podrán tener competencias tributarias en las materias que le sean asignadas expresamente por ley nacional (art. 167,5); quinto, las competencias que se identifican como exclusivas de los Estados de orden sustantivo, sólo pueden ejercerse de conformidad con la legislación nacional que se dicte (art. 164); sexto, la autonomía de los Estados fue duramente lesionada, al prescribirse que la regulación de las materias de competencia concurrente sólo pueden dictarla los Consejos Legislativos, cuando en el nivel nacional se dicten leyes de base y conforme a ellas (art. 165); y séptimo, la autonomía estadal fue seriamente limitada al atribuirse a la ley nacional (art. 162) la regulación del régimen y funcionamiento de los Consejos Legislativos de los Estados que son parte de sus poderes públicos, y respecto de los cuales debía corresponder a los Estados regularlos en su propia Constitución (art. 164,1).

La Federación, en Venezuela, por tanto, sólo es "descentralizada" en el calificativo inserto en el artículo 4 de la Constitución; pues en la práctica, está tanto o más centralizada que en la Constitución de 1961. En esta materia, la reforma del Estado, si la hubo, fue regresiva, acentuándose el centralismo.

3. *La concentración del Poder Público, el presidencialismo exacerbado y el militarismo*

El tercer aspecto que se puede configurar como un campo para una reforma del Estado, es el que concierne a la separación orgánica de poderes, para el establecimiento de sus autonomías, balances, contrapesos y controles.

En esta materia, en la Constitución de 1999 se introdujo una reforma constitucional de importancia, consistente en la sustitución de la clásica división tripartita del Poder Público (Legislativo, Ejecutivo y Judicial) por una división pentapartita, al agregarse al Poder Ciudadano y al Poder Electoral como parte de la separación orgánica de Poderes.

Sin embargo, es de la esencia de todo sistema de separación orgánica de poderes, la consagración efectiva de la autonomía e independencia entre los poderes, lo que implica, fundamentalmente, que la permanencia de los titulares de los Poderes Públicos no puede estar sujeta a decisiones de los otros poderes del Estado, salvo por lo que respecta a las competencias del Tribunal Supremo de enjuiciar a los altos funcionarios del Estado. Pero salvo estos supuestos de enjuiciamiento, los funcionarios públicos designados como titulares de los órganos del Poder Público, sólo pueden cesar cuando se les revoque su mandato mediante referendo; por lo que los titulares de los Poderes Públicos no electos, tendrían derecho a permanecer en sus cargos durante todo el período de tiempo de su mandato. Esta era la tradición del constitucionalismo venezolano.

Ahora, sin embargo, en la Constitución de 1999, esta autonomía entre los poderes del Estado ha quedado trastocada, distorsionándose la propia esencia de la separación de poderes al atribuirse a la Asamblea Nacional la potestad de remover tanto a los Magistrados del Tribunal Supremo de Justicia (art. 265), como a los titulares de los órganos del Poder Ciudadano, es decir, al Contralor General de la República, al Fiscal General de la República y al Defensor del Pueblo (art. 279) y a los Miembros del Consejo Nacional Electoral (art. 296). Es decir, los titulares de los órganos del Poder Electoral, del Poder Judicial y del Poder Ciudadano han quedado a la merced de la Asamblea Nacional, la cual, como órgano político, puede disponer la remoción de aquellos. Esto es la negación de la separación de poderes, y más bien es un signo de concentración del Poder en una Asamblea que, además, está controlada por el partido de gobierno y por tanto, directamente por el Presidente de la República, quien es el Presidente en ejercicio de dicho partido. Esto es la negación a la separación de poderes y, más bien, es el signo más evidente de su concentración en una sola Magistratura, con grave riesgo para la libertad.

Pero en otro aspecto de la separación de poderes, entre el Legislativo y el Ejecutivo que concierne al sistema de gobierno, tampoco se introdujeron reformas esenciales, salvo las que han provocado la exacerbación del presidencialismo, abandonándose así el sistema tradicional del presidencialismo moderado o con sujeción parlamentaria que era la tradición de nuestro constitucionalismo reciente. Esta exacerbación del presidencialismo, en efecto, resulta de los siguientes elementos: primero, la elección presidencial por mayoría relativa (art. 228), abandonándose la propuesta de la elección por mayoría absoluta y doble vuelta, para buscar una mayor legitimidad; segundo, la extensión del período presidencial de 5 a 6 años (art. 230); tercero, la previsión por primera vez en muchas décadas, de la reelección presidencial inmediata (art. 230); cuarto, la atribución al Presidente de la República de la potestad de legislar, cuando sea habilitado mediante ley, sin que haya límites en cuanto a las materias que pueden ser objeto de la delegación legislativa (arts. 203 y 236,8); y quinto, la posibilidad que tiene el Presidente de la República para disolver las Cámaras Legislativas en el caso de que se produzcan tres votos de censura contra el Vicepresidente de la República (art. 236,21).

Por último, debe señalarse en relación con la separación de poderes, que en la Constitución de 1999 lamentablemente se trastocó la tradicional concepción constitucional de la sujeción del poder militar al poder civil, estableciéndose, al contrario, un régimen específico sobre la "seguridad de la Nación" y de la Fuerza Armada (arts. 322 y sgts.), cuyo único vínculo con el poder civil, materialmente, es la coincidencia de la figura del Presidente de la República con el de Comandante en Jefe de la Fuerza Armada Nacional (art. 236,5), atribuyéndose al Presidente de la República además de la potestad de ejercer el mando supremo de la Fuerza Armada Nacional, la de promover sus oficiales a partir del grado de coronel o capitán de navío (arts. 236, 5 y 6), correspondiendo a la propia Fuerza Armada Nacional las otras promociones.

La Constitución de 1999, por tanto, está imbuida de un militarismo nunca conocido en el constitucionalismo venezolano anterior, el cual se concretiza, entre otros, en las siguientes regulaciones que apuntan a la eliminación de la tradicional subordinación de la autoridad militar a la civil: primero, la eliminación de la prohibición que establecían las Constituciones anteriores del ejercicio simultáneo de autoridad civil y autoridad militar; segundo, la eliminación del control por parte del Parlamento de los ascensos militares; tercero, el abandono de la previsión constitucional del carácter no deliberante y apolítico de la institución militar; cuarto, la eliminación de la obligación constitucional de velar por la estabilidad de las instituciones democráticas que preveía la Constitución de 1961; quinto, la atribución a los militares del derecho al sufragio activo (art. 330); sexto, el establecimiento del privilegio del antejuicio de mérito ante el Tribunal Supremo de Justicia para el enjuiciamiento de altos oficiales (art. 266,3); séptimo, la atribución a la Fuerza Armada del control sobre todas las armas, incluso las civiles (art. 324); octavo, la atribución a la Fuerza Armada Nacional de competencias generales la materia de policía administrativa (art. 329); y por último, la introducción a la Constitución de principios relativos a la doctrina de la seguridad nacional, globalizante y omnicomprensiva, abandonada en el constitucionalismo latinoamericano de las últimas décadas (art. 322 y sigts).

Lamentablemente, las reformas constitucionales antes referidas relativas a aspectos de concentración del poder y debilitamiento de la autonomía e independencia entre los poderes públicos; al presidencialismo exacerbado, y al militarismo; han configurado un marco constitucional, lamentablemente abierto al autoritarismo "democrático" o de presidencialismo plebiscitario, que puede llegar a impedir toda idea de democracia basada en la participación política, y pretender centrar las relaciones de poder en una supuesta relación directa entre un líder y el pueblo, sin siquiera la intermediación de partidos, y sólo con un "partido militar" que, con el apoyo de la fuerza, apuntale un sistema político populista.

Todas esas reformas constitucionales, por supuesto, en nada han contribuido a la democratización del Estado y del país.

CONCLUSIÓN

Del panorama anterior resulta, por tanto, que la reforma del Estado para la democratización efectiva del mismo, todavía es una tarea pendiente en Venezuela. En 1999, luego de un proceso constituyente, se adoptó una nueva Constitución, sin duda, con un conjunto importante de reformas constitucionales; sin embargo, las mismas no llegan a configurarse como un proceso de reforma del Estado que exigía la democracia venezolana, para sustituir el Estado democrático centralizado de partidos por un Estado, igualmente democrático, pero descentralizado y participativo.

El proceso constituyente de Venezuela, en 1999, por tanto, no condujo a una mayor democratización del país y, al contrario fue utilizado para constitucionalizar el autoritarismo, el cual, en definitiva, puede ser un instrumento profundamente antidemocrático.

De ello, puede decirse que el régimen constitucional de 1999, no es un régimen constitucional definitivo y consolidado; pues ni siquiera logró ser el producto de un consenso político. Al contrario, fue el resultado de la imposición de un grupo político sobre el resto de la población. Su duración, por tanto, es previsible que sea corta, tanta como dure en el control del poder, el grupo que lo asaltó en 1999.

La Constitución de 1999, por tanto, puede considerarse como una Constitución de transición, dictada en medio de la crisis de un sistema político, pero que no ha producido su solución. En el futuro, por tanto, continúa pendiente la realización de la reforma del Estado para su democratización, la cual no se logró realizar por la Asamblea Nacional Constituyente de 1999.

SECCIÓN SEXTA: GÉNESIS Y EVOLUCIÓN DE LA CONSTITUCIÓN DE 1999 (2009)

Texto preparado para las IX Jornadas de Derecho Público, Facultad de Ciencias Jurídicas y Políticas, Universidad Monteávila, Caracas, 7 de mayo de 2009

I

La Constitución de 1999 fue el producto de una Asamblea Nacional Constituyente que si buen no derivó, ella misma, de un golpe de Estado o de una revolución como había sido la tradición en nuestra historia constitucional precedente[387], fue producto de un fraude a la Constitución cometido por los recién Poderes constituidos en 1999, luego de que la Asamblea Constituyente diera un golpe de Estado contra la Constitución de 1961.

En efecto, debe recordarse que una vez que Hugo Chávez Frías se posesionó en su cargo el Presidente de la República, después de haber sido electo en diciembre de 1998, el día 2 de febrero de 1999 procedió a convocar un referendo consultivo sobre la convocatoria de una Asamblea Constituyente, que no estaba regulada en la Constitución vigente para la época, que era la de 1961. Con ello, por supuesto, en el país se inició una batalla legal para encauzar el proceso constituyente dentro del marco de la constitucionalidad, de manera que la necesaria convocatoria de la Asamblea Constituyente se hiciese sin la ruptura constitucional que había caracterizado las anteriores.

II

La pauta en la materia, aún cuando bastante ambigua, la dio la Corte Suprema de Justicia en Sala Político Administrativa, en sentencias dictadas el 19 de enero de 1999, (casos: *Referendo Consultivo I y II*), con motivo de resolver sendos recursos de interpretación que se le habían formulado sobre la posibilidad de convocar un referendo consultivo sobre la Asamblea Constituyente conforme al artículo 181 de la Ley Orgánica del Sufragio, y la posibilidad de la convocatoria de la misma, no estando dicha instancia política prevista en la Constitución de 1961[388].

---

387   *V.*, sobre las Asambleas Constituyentes y sus actos en la historia de Venezuela, Elena Plaza y Ricardo Combellas (Coordinadores), *Procesos Constituyentes y Reformas Constitucionales en la Historia de Venezuela: 1811-1999*, Universidad Central de Venezuela, 2 Tomos, Caracas 2005; Allan R. Brewer-Carías, *Las Constituciones de Venezuela*, Academia de Ciencias Políticas y Sociales, 2 vols., Caracas 2008; *Historia Constitucional de Venezuela*, Edi. Alfa, 2 vols, Caracas 2008.

388   *V.*, el texto de las sentencias en Allan R. Brewer-Carías, *Poder Constituyente Originario y Asamblea Nacional Constituyente*, Editorial Jurídica Venezolana, Caracas 1998, pp. 25 a 53; y véanse los comentarios a dichas sentencias en ese mismo libro, pp. 55 a 114 y en Allan R. Brewer-Carías, *Asamblea Constituyente y Ordenamiento Constitucional*, Academia de Ciencias Políticas y Sociales, Caracas 1998, pp. 153 a 228. Igualmente en *Revista de Derecho Público*, N° 77-80, Editorial Jurídica Venezolana, Caracas 1999, pp. 56 y ss. y 68 y ss.

Era evidente que la Constitución de 1961 debía ser objeto de una reforma puntual para regular la Asamblea Nacional Constituyente como un instrumento político para la reforma constitucional, a los efectos de que pudiese ser convocada, ya que dicha institución no se encontraba dentro de los mecanismos de revisión de la Constitución. La verdad es que nada impedía que se convocara a un referendo consultivo para consultar al pueblo sobre el tema de la convocatoria a una Constituyente; en cambio, la Constitución nada regulaba para que una reforma constitucional sólo se derivase de una consulta popular, sin que su texto fuera previamente discutido y sancionado por las Cámaras que integraban el Congreso mediante el procedimiento de Reforma General y luego sancionado mediante referendo aprobatorio.

En todo caso, en el dilema que surgió en el momento entre supremacía constitucional y soberanía popular, la única forma para que la segunda prevaleciera sobre la primera tenía que ser por vía de una interpretación constitucional emitida por la Corte Suprema de Justicia, lo que se concretó en las sentencias señaladas, de las cuales "se dedujo," a pesar de que no resolvieron expresamente el tema, que se podía convocar un referendo consultivo sobre la Asamblea Constituyente, y que la misma en definitiva se podía crear mediante la voluntad popular al margen de la Constitución de 1961.

Las sentencias, en efecto, sólo resolvieron que era "procedente convocar a un referendo en la forma prevista en el artículo 181 de la Ley Orgánica del Sufragio y Participación Política, para consultar la opinión mayoritaria, respecto de la posible convocatoria a una Asamblea Constituyente, en los términos expuestos en este fallo" pero no que dicha convocatoria e instalación de una Constituyente podía hacerse sin regularla previamente en la Constitución.

Es decir, la solicitud de los recurrentes de si "con fundamento en dicha norma puede convocarse un Referendo que sirva de base para la convocatoria de una Asamblea Constituyente *sin que medie una Enmienda o una Reforma de la Constitución*", no fue resuelto expresamente por la Corte Suprema[389].

La Corte, sin embargo, había hecho en las sentencias una serie de consideraciones sobre el derecho inherente de las personas a la participación política, sobre el poder constituyente y los poderes constituidos y sobre las revisiones constitucionales que tocaron aspectos esenciales del constitucionalismo y que permitían vaticinar una posición jurídica futura en caso de nuevos conflictos.

Por ello, con dichas sentencias se abrió el camino para la estructuración de una tercera vía para reformar la Constitución de 1961, distinta a la Reforma General y la Enmienda previstas en sus artículos 245 y 246, como consecuencia de una "consulta" popular para convocar una Asamblea Constituyente[390].

---

389 *Idem*. Sobre esta decisión de la sentencia, Lolymar Hernández Camargo señala: "lejos de dar una respuesta directa a la importante interrogante planteada, abre la posibilidad para que se realice el referendo consultivo, pero no establece con precisión el mecanismo que permita tal convocatoria, sino que entrega tal cometido a los 'órganos competentes'" en *La Teoría del Poder Constituyente. Un caso de estudio: el proceso constituyente venezolano de 1999*, UCAT, San Cristóbal, 2000, pp. 54 a 63.

390 *V.*, Allan R. Brewer-Carías, "La configuración judicial del proceso constituyente o de cómo el guardián de la Constitución abrió el camino para su violación y para su propia extinción", en *Revista de Derecho*

III

El primer paso para ello lo dio el Presidente de la República el día 2 de febrero de 1999, el mismo día que tomó posesión de su cargo, dictando el Decreto Nº 3 mediante el cual tomó la iniciativa de decretar "la realización de un referendo para que el pueblo se pronunciase sobre la convocatoria de una Asamblea Nacional Constituyente" (art. 1); "con el propósito de transformar el Estado y crear un nuevo ordenamiento jurídico que permita el funcionamiento efectivo de una Democracia Social y Participativa"(primera pregunta); y buscando que el pueblo lo autorizara, pura y simplemente, para que el propio Presidente "mediante un Acto de Gobierno fije, oída la opinión de los sectores políticos, sociales y económicos, las bases del proceso comicial en el cual se elegirán los integrantes de la Asamblea Nacional Constituyente" (Segunda pregunta)[391]. De ese contenido resultaba entonces, que el Decreto violaba el artículo 181 de la Ley Orgánica del Sufragio y Participación Política, que se invocó como su base legal, en virtud de que las preguntas evidenciaban que en lugar de convocarse un referendo "consultivo," lo que el Presidente estaba convocando en realidad, era un referendo decisorio y autorizatorio no regulado ni previsto en dicha norma legal[392], no para que la Asamblea reformara la Constitución, sino para que asumiera un poder total y pudiera incluso sustituir a los poderes constituidos aún antes de la aprobación de la reforma constitucional, delegando además en el Presidente de la República el poder soberano de decidir sobre las bases comiciales de la Constituyente, lo que vulneraba los principios más elementales del Estado de derecho y era incompatible con los valores supremos de una sociedad democrática.

Como era de esperarse, a las pocas semanas, el Decreto Nº 3, tratándose como era de un acto administrativo, fue impugnado por inconstitucionalidad ante la Sala Político Administrativa de la Corte Suprema de Justicia[393], por ser un instrumento que podía servir para un fraude a la Constitución, e igualmente fueron impugnados los actos del Consejo Supremo Electoral convocando el referendo. Una de dichas acciones de nulidad, fue decidida por la Sala Político Administrativa en sentencia de 18 de marzo de 1999, mediante la cual se anuló la Segunda Pregunta de la convocatoria al referendo[394]; afirmándose que la actuación de la Asamblea Constituyente era posible porque lo permitía la Constitución de 1961, lo que implicaba afirmar que

---

Público, Nº 77-80, Editorial Jurídica Venezolana, Caracas 1999, pp. 453 y ss.; y *Golpe de Estado y proceso constituyente en Venezuela*, UNAM, México, 2001, pp. 60 y ss.

391   *V.*, en *Gaceta Oficial* Nº 36.634 de 02–02–99.

392   Como lo señaló Ricardo Combellas, "Estamos hablando de un referendo consultivo, no de un referendo decisorio, cuya aprobación demanda necesariamente en Venezuela, tal como lo propuso con visión avanzada la Comisión Bicameral, una reforma constitucional", en *¿Qué es la Constituyente? Voz para el futuro de Venezuela*, COPRE, Caracas 1998.

393   *V.*, un texto de la acción de nulidad en Allan R. Brewer-Carías, *Asamblea Constituyente y Ordenamiento Constitucional*, Academia de Ciencias Políticas y Sociales, Caracas 1999, pp. 255 a 321. *V.*, la relación de todas las acciones de nulidad intentadas en Carlos M. Escarrá Malavé, *Proceso Político y Constituyente*, Caracas 1999, anexo 4.

394   *V.*, el texto de la sentencia en Allan R. Brewer-Carías, *Poder Constituyente Originario y Asamblea Nacional Constituyente*, Caracas 1999, pp. 169 a 185. Igualmente en *Revista de Derecho Público*, Nº 77-80, Editorial Jurídica Venezolana, Caracas 1999, pp. 73 y ss.

esta última no podía perder vigencia alguna durante la actuación de la Asamblea Nacional Constituyente, la cual debía encontrar en dicho texto el límite de su actuación, lo que significaba que los poderes constituidos, durante el funcionamiento de la Asamblea, debían continuar actuando conforme a la Constitución que estaba vigente, no pudiendo la Asamblea ni disolverlos ni asumir directamente sus competencias constitucionales[395].

Días antes de ser publicada dicha sentencia, el día 10 de marzo de 1999, sin embargo y sin duda ya advertido, el Presidente de la República emitió un nuevo acto administrativo reformatorio del Decreto N° 3, mediante el cual ordenó publicar en *Gaceta Oficial* la propuesta del Ejecutivo Nacional mediante la cual fijaba las bases de la convocatoria de la Asamblea Nacional Constituyente, para ser *sometida para la aprobación del pueblo en el referendo* convocado[396]. En esas bases, sin embargo, se incorporó una, la Décima, en la cual se afirmaba que "Una vez instalada la Asamblea Nacional Constituyente, *como poder originario que recoge la soberanía popular*, deberá dictar sus propios estatutos de funcionamiento, teniendo como límites los valores y principios de nuestra historia republicana, así como el cumplimiento de los tratados internacionales, acuerdos y compromisos válidamente suscritos por la República, el carácter progresivo de los derechos fundamentales del hombre y las garantías democráticas dentro del más absoluto respeto de los compromisos asumidos".

Este texto fue reproducido por el Consejo Nacional Electoral en la nueva convocatoria que tuvo que hacer para el referendo, de manera que la Resolución respectiva que dictó, de nuevo fue impugnada por considerarse que desacataba el fallo de la Corte Suprema del 18 de marzo de 1999, cuando le pretendía atribuir "carácter originario" a la futura Asamblea Nacional Constituyente.

Dicha impugnación fue resuelta por la Sala Político Administrativa, en la sentencia de 13 de abril de 1999[397], en la cual observó que ciertamente, "en la sentencia dictada por esta Sala el 18 de marzo de 1999 se expresó con *meridiana claridad* que la Asamblea Constituyente a ser convocada, 'no significa, en modo alguno, por estar precisamente vinculada su estructuración al propio espíritu de la Constitución vigente, bajo cuyos términos se producirá su celebración, la alteración de los principios fundamentales del Estado democrático de derecho', y que 'en consecuencia, es la Constitución vigente la que permite la preservación del Estado de derecho y la actuación de la Asamblea Nacional Constituyente, en caso de que la voluntad popular sea expresada en tal sentido en la respectiva consulta".

En consecuencia, a los efectos de que no se indujera "a error al electorado y a los propios integrantes de la Asamblea Nacional Constituyente, si el soberano se manifestase afirmativamente acerca de su celebración, en lo atinente a su alcance y lími-

395 *V.,* Allan R. Brewer-Carías, *Golpe de Estado y proceso constituyente en Venezuela, op. cit,* p. 160.

396 Contenido en un "Aviso Oficial" publicado en *G.O.* N° 36.658 de 10-03-99, con las bases de la convocatoria de la asamblea nacional constituyente, para ser sometida para la aprobación del pueblo en el referéndum convocado para el 25 de abril de 1999.

397 *V.,* el texto en Allan R. Brewer-Carías, *Poder Constituyente Originario y Asamblea Nacional Constituyente,* Caracas 1999, pp. 190 a 198. Igualmente en *Revista de Derecho Público,* N° 77-80, Editorial Jurídica Venezolana, Caracas 1999, pp. 85 y ss.

tes", la Sala ordenó que se **eliminase** la frase *"como poder originario que recoge la soberanía popular",* a cuyo efecto corrigió y reformuló expresamente el texto de la base comicial octava, sin dicha frase.

IV

Después de todas estas vicisitudes judiciales, y de la corrección del Decreto N° 3 de 2 de febrero de 1999, que fue el primer acto violatorio de la Constitución de 1961 en todo aquél proceso, el proceso constituyente quedó abierto, habiéndose celebrado el referendo consultivo el 25 de abril de 1999, en el cual votaron 4.137.509 de los 11.022.936 electores registrados con una abstención electoral del 62.2%. La votación por el *"sí"* representó un 92,4% y la votación "no" un 7,6%[398].

En consecuencia, la Asamblea Nacional Constituyente fue electa el 25 de julio de 1999, en una votación donde la abstención fue del 53.7%[399], resultando, de un total de 131 constituyentes electos, 125 con el apoyo del Presidente Chávez, con lo que la "oposición" quedó formada por sólo 6 constituyentes[400].

La Asamblea, en todo caso, estaba sometida a las bases aprobadas por la voluntad popular expresada en el referendo consultivo del 25 de abril de 1999; razón por la cual, durante su funcionamiento debió haber respetado la vigencia de la Constitución de 1961, la cual sólo podía perder vigencia cuando el pueblo se pronunciara, mediante posterior referendo aprobatorio, sobre la nueva Constitución.

Sin embargo, ello no fue así, y si bien es cierto que el golpe de Estado que significó el inconstitucional Decreto N° 3 del 2 de febrero de 1999 de convocatoria del referendo consultivo, al irrumpir contra la Constitución, no llegó a materializarse pues sus vicios fueron corregidos judicialmente; fue en cambio la Asamblea Nacional Constituyente la que en un proceso sucesivo materializó el golpe de Estado contra la Constitución, desacatando además las órdenes judiciales emanadas de la Corte Suprema, al haber asumido desde su instalación en agosto de 1999, un poder constituyente originario que no tenía conferido.

En efecto, la ruptura del hilo constitucional en Venezuela y el golpe de Estado contra la Constitución de 1961, que está en la génesis de la Constitución de 1999, puede decirse que lo dio la propia Asamblea Nacional Constituyente que se instaló el 3 de agosto de 1999[401], al aprobar su Estatuto de Funcionamiento[402] e, inconstitu-

---

398 *V.,* José E. Molina V. y Carmen Pérez Baralt, "Procesos Electorales. Venezuela, abril, julio y diciembre de 1999" en *Boletín Electoral Latinoamericano,* CAPEL-IIDH, N° XXII, julio-diciembre 1999, San José, 2000, pp. 61 y ss.

399 *Idem,* pp. 63 y ss.

400 Cuatro electos en la circunscripción nacional (Allan R. Brewer-Carías, Alberto Franceschi, Claudio Fermín y Jorge Olavarría) y dos en las circunscripciones regionales (Antonio Di'Giampaolo y Virgilio Avila Vivas).

401 En el acto de instalación, el discurso dado por quien venía de ser electo presidente de la Asamblea concluyó con estas frases "la Asamblea Nacional Constituyente es originaria y soberana", en *Gaceta Constituyente (Diario de Debates), Agosto-Septiembre 1999,* Sesión de 03-08-99, N° 1, p. 4.

402 *V., Gaceta Constituyente (Diario de Debates), Agosto-Septiembre 1999,* Sesión de 07-08-99, N° 4, p. 151.

cionalmente[403], al declararse a si misma como *"depositaria de la voluntad popular y expresión de su Soberanía con las atribuciones del Poder Originario para reorganizar el Estado Venezolano y crear un nuevo ordenamiento jurídico democrático"*, auto atribuyéndose, además, potestad para "en uso de las atribuciones que le son inherentes, *podrá limitar o decidir la cesación de las actividades de las autoridades que conforman el Poder Público*" (artículo 1). Como consecuencia de ello, la Asamblea también resolvió que "todos los organismos del Poder Público *quedaban subordinados"* a la misma y, en consecuencia, que estaban en la obligación de *cumplir y hacer cumplir* los "actos jurídicos estatales" que emitiera (parágrafo primero, artículo 1°).

En esta forma, la Asamblea se auto atribuyó potestades públicas por encima de la Constitución de 1961, cuyas normas, por disposición de la propia Asamblea, se dispuso que sólo se mantendrían en vigencia "en todo aquello que no colida o sea contrario con los actos jurídicos y demás decisiones de la Asamblea Nacional Constituyente" (parágrafo segundo, artículo 1°)[404].

Con la asunción de este poder, la Asamblea había consumado el golpe de Estado, pues se daba a sí misma una carta blanca para violar una Constitución que estaba vigente, y someter a todos los órganos del Poder Público constituido y electos a que le estuviesen "subordinados", imponiéndoles la obligación de cumplir sus "actos jurídicos estatales"; ruptura del hilo constitucional que luego se materializó mediante sucesivos actos constituyentes que la propia antigua Corte Suprema de Justicia no supo controlar hasta que fue cesada, víctima de su propia debilidad.

Notoria fue una confusa sentencia del 14 de octubre de 1999 (caso: *Impugnación del Decreto de Regulación de las Funciones del Poder Legislativo*)[405] en la cual la Corte, cambiando el criterio que había sustentado en la sentencia anterior de la Sala Político Administrativa del 18 de marzo de 1999, desligó a la Asamblea Constituyente de las previsiones de la Constitución de 1961, permitiendo que aquélla pudiera desconocerla, con lo que ilegítimamente, "legitimó" el golpe de Estado que la Asamblea había dado al desconocer la Constitución de 1961, particularmente mediante los diversos actos "constituyentes" e inconstitucionales que había adoptado en los dos meses precedentes.

---

403   *V.,* los votos salvados por razones de inconstitucionalidad respecto de la aprobación del Estatuto en Allan R. Brewer-Carías, *Debate Constituyente, (Aportes a la Asamblea Nacional Constituyente)* tomo I, *(8 agosto-8 septiembre 1999),* Caracas 1999, pp. 15 a 39. Así mismo, en *Gaceta Constituyente (Diario de Debates), Agosto-Septiembre 1999,* Sesión de 07-08-99, N° 4, pp. 6 a 13.

404   *V.,* en *Gaceta Constituyente (Diario de Debates), Agosto-Septiembre 1999,* Sesión de 07–08–99, N° 4, p. 144. *V.,* el texto, además, en *Gaceta Oficial* N° 36.786 de 14-09-99. Como ha señalado Lolymar Hernández Camargo, con la aprobación del Estatuto "quedó consumada la inobservancia a la voluntad popular que le había impuesto límites a la Asamblea Nacional Constituyente... Se auto proclamó como poder constituyente originario, absoluto e ilimitado, con lo cual el Estado perdió toda razón de ser, pues si se mancilló la voluntad popular y su manifestación normativa (la Constitución), no es posible calificar al Estado como de derecho ni menos aun democrático", en *La Teoría del Poder Constituyente, cit.,* p. 73.

405   *V.,* en *Revista de Derecho Público,* N° 77-80, Editorial Jurídica Venezolana, Caracas 1999, pp. 111 y ss.

V

En *primer lugar*, el primero de los actos constituyentes dictados por la Asamblea en violación de la Constitución de 1961[406], fue el contenido en el "Decreto mediante el cual se declara la *reorganización de todos los órganos del Poder Público*" de fecha 12 de agosto de 1999[407], para cuya emisión la Asamblea invocó que ejercía "el poder constituyente otorgado por este [el pueblo]mediante referendo..."; es decir, que ejercía un "poder constituyente" que supuestamente le había otorgado el "poder constituyente" (pueblo) en el "referendo", lo cual no era cierto.

Lo cierto es que la Asamblea se fundamentó, para aprobar el Decreto, en "lo dispuesto en el artículo primero del Estatuto de esta Asamblea", en el cual la Asamblea se auto confirió, a sí misma, el supuesto carácter de poder constituyente originario; auto atribuyéndose en el Decreto la potestad de disponer "la intervención, modificación o suspensión de los órganos del Poder Público que así considere...". Con esta decisión, sin duda, la Asamblea había materializado, técnicamente, el golpe de Estado, con lo que procedió a intervenir y a regular a casi todos los órganos constituidos del Poder Público, comenzando por los órganos que ejercían el Poder Legislativo.

En *segundo lugar,* el 19 de agosto de 1999, la Asamblea Nacional Constituyente resolvió declarar "al Poder Judicial en emergencia" (art. 1°), creando una Comisión de Emergencia Judicial, que asumió el proceso de intervención[408], lesionando la autonomía e independencia del Poder Judicial, y suplantando los órganos regulares del gobierno y administración de la Justicia[409]. El Decreto tuvo la misma fundamentación que los anteriores en el sentido de que la Asamblea se había ido construyendo a la medida; el ejercicio del poder constituyente originario supuestamente otorgado por éste a la Asamblea mediante referendo; el artículo 1° del Estatuto de Funcionamiento de la propia Asamblea y el artículo único del Decreto de la Asamblea que declaró la reorganización de todos los Poderes Públicos constituidos.

A este decreto de intervención del Poder Judicial, lo siguieron otros como el "Decreto de Medidas Cautelares Urgentes de Protección al Sistema Judicial"[410], que inició el proceso de suspensión masiva de jueces y su sometimiento a procedimientos disciplinarios, de incorporación de suplentes, y de designación indiscriminada de "nuevos" jueces sin concursos, los cuales quedaron dependientes del nuevo Poder que los había designado.

Lo lamentable de todo este proceso de intervención política del poder judicial fue que la Corte Suprema de Justicia, en fecha 23 de agosto de 1999, adoptó un desafor-

---

406   *V.*, en Allan R. Brewer-Carías, *Debate Constituyente*, tomo I, *op. cit.*, pp. 43 a 56; y en *Gaceta Constituyente (Diario de Debates), Agosto-Septiembre de 1999, cit.*, Sesión de 12-08-99, N° 8, pp. 2 a 4. *V.*, el texto del Decreto en *Gaceta Oficial* N° 36.764 de 13-08-99.

407   *Gaceta Oficial* N° 36.764 de 13-08-99.

408   *Gaceta Oficial* N° 36.772 de 25-08-99 reimpreso en *Gaceta Oficial* N° 36.782 de 08-09-99.

409   *V.*, en Allan R. Brewer-Carías, *Debate Constituyente*, tomo I, *op. cit.*, p. 57 a 73; y en *Gaceta Constituyente (Diario de Debates), Agosto-Septiembre de 1999, cit*, Sesión de 18-08-99, N° 10, pp. 17 a 22. *V.*, el texto del Decreto en *Gaceta Oficial* N° 36.782 de 08-09-99.

410   *Gaceta Oficial* N° 36.825 de 09-11-99.

tunado Acuerdo[411], en el cual fijó posición ante el Decreto de Reorganización del Poder Judicial dictado por la Asamblea Nacional Constituyente; y sobre la designación de uno de sus propios magistrados como integrante de la ilegítima Comisión de Emergencia Judicial; con el cual, en definitiva, aceptó la inconstitucionalidad, lo que inexorablemente condujo a su disolución posterior.

En *tercer lugar*, en efecto, el 25 de agosto de 1999, la Asamblea dictó el "Decreto mediante el cual *se regulan las funciones del Poder Legislativo*"[412] que reformó cinco días después, el 30 de agosto de 1999[413]; arrogándose esta vez directa y abiertamente un "poder constituyente originario" que nadie le había otorgado, sino ella misma en su propio Estatuto de funcionamiento. Mediante este Decreto, la Asamblea materialmente declaró la cesación de las Cámaras Legislativas (Senado y Cámara de Diputados), cuyos miembros habían sido electos en noviembre de 1998, atribuyéndole además, inconstitucionalmente, la función legislativa del Estado a la Comisión Delegada del Congreso y a la propia Asamblea Constituyente[414].

En el Decreto de regulación del Poder Legislativo, la Asamblea también intervino y eliminó las Asambleas Legislativas de los Estados de la Federación, violando la Constitución y vulnerando su autonomía de los Estados al disponer que las funciones de las mismas serían ejercerían por unas Comisiones Delegadas de cada una, regulando la forma de su integración (art. 11); y además, revocando el mandato de los Diputados de las Asambleas que no integrasen las Comisiones delegadas respectivas (art. 12). En cuanto a los Concejos Municipales de los Municipios del país, si bien no se los eliminó, se les prohibió realizar operación alguna con los ejidos municipales, y aprobar o modificar los Planes de Desarrollo Urbano Local (art. 14), lo que se configuraba en una lesión a la autonomía municipal que garantizaba la Constitución de 1961 (art. 30), la cual, de nuevo, resultó violada.

En *cuarto lugar,* el 26 de agosto de 1999, la Asamblea decretó la suspensión de las elecciones municipales que debían convocarse el 28 de noviembre de 1999[415], lo que constituía una decisión inconstitucional[416], pues para que pudiera realizarse dicha suspensión debía haberse reformado la Ley Orgánica del Sufragio, que dispu-

---

411   Véanse nuestros comentarios sobre el Acuerdo en Allan R. Brewer-Carías, *Debate Constituyente,* tomo I, *op. cit.,* pp. 141 y ss. Véanse además, los comentarios de Lolymar Hernández Camargo, *La Teoría del Poder Constituyente, cit,* pp. 75 y ss.

412   *Gaceta Oficial* N° 36.772 de 25-08-99.

413   *Gaceta Oficial* N° 36.776 de 31-08-99.

414   *V.,* en Allan R. Brewer-Carías, *Debate Constituyente,* tomo I, *op. cit.,* pp. 75 a 113; y en *Gaceta Constituyente (Diario de Debates), Agosto-Septiembre 1999, cit.,* Sesión de 25-08-99, N° 13, pp. 12 a 13 y 27 a 30 y Sesión de 30-08-99, N° 16, pp. 16 a 19. *V.,* el texto del Decreto en *Gaceta Oficial* N° 36.772 de 26-08-99.Con posterioridad, sin embargo, y con la intermediación de la Iglesia Católica, el 9-9-99, la directiva de la Asamblea llegó a un acuerdo con la directiva del Congreso, con lo cual, de hecho, se dejó sin efecto el contenido del Decreto, siguiendo el Congreso funcionando conforme al régimen de la Constitución de 1961. *V.,* el texto del Acuerdo en *El Nacional,* Caracas 10-9-99, p. D-4.

415   *Gaceta Oficial* N° 36.776 de 31-08-99.

416   *V.,* en Allan R. Brewer-Carías, *Debate Constituyente,* tomo I, *op. cit.,* pp. 115 a 122; y en *Gaceta Constituyente (Diario de Debates), Agosto-Septiembre 1999, cit.,* Sesión de 26-08-99, N° 14, pp. 7 a 8, 11, 13 y 14. *V.,* el texto del Decreto en *Gaceta Oficial* N° 36.776 de 31-08-99.

siera que los alcaldes, concejales y miembros de juntas parroquiales electos en 1998 continuarían ejerciendo sus mandatos.

Finalmente, en *quinto lugar*, luego de que se discutió y sancionó la nueva Constitución de 1999, la cual fue aprobada junto con sus Disposiciones Transitorias en referendo aprobatorio realizado el 15 de diciembre de 1999, una semana después, el 22 de diciembre de 1999, la propia Asamblea Nacional Constituyente emitió un nuevo Decreto "constitucional" no aprobado por el pueblo, el de "Régimen de Transición del Poder Público"[417], dos días después de la "proclamación" de la Constitución pero antes de su entrada en vigencia, pues la publicación de la Constitución en *Gaceta Oficial* había sido deliberadamente demorada hasta el 30 de diciembre de 1999[418].

VI

Así, ante la deliberada ausencia de alguna regulación en las Disposiciones Transitorias de la nueva Constitución que se refiriera a cesación en sus cargos de los titulares de los órganos del Poder Público y al nombramiento de nuevos funcionarios para ello, y ante el afán sobrevenido en el nuevo poder de sustituir a todos los titulares de los órganos del Estado sin esperar la elección de la nueva Asamblea Nacional; la Asamblea Nacional Constituyente, quiso "hacer efectivo el proceso de transición hacia el régimen establecido en la Constitución de 1999", lo que no estaba escrito en norma alguna; y dictó un régimen constitucional transitorio no establecido en el texto de la nueva Constitución y sin someterlo a aprobación popular por la vía de referendo.

En este Decreto, fundamentalmente, la Asamblea Nacional Constituyente tomó el siguiente conjunto de decisiones en cuanto a los órganos del Poder Público:

En primer lugar, decidió la definitiva disolución del Congreso, y acordó la cesación en las funciones de los senadores y diputados (art. 4) que habían sido electos un año antes. Esta decisión, violatoria del principio democrático, indudablemente creó un vacío constitucional, pues implicaba que hasta que se produjera la elección de los nuevos miembros de la nueva Asamblea Nacional, la República podía carecía de órgano legislativo nacional. Por ello, para "suplir" el vacío que la misma Asamblea Nacional Constituyente ilegítimamente creaba, tomó otra decisión, que fue la de "crear" un nuevo órgano no previsto en la nueva Constitución aprobada por el pueblo, ni en la previa de 1961, para lo cual no tenía poder ni autoridad alguna, siendo en consecuencia, totalmente ilegítimo. Se trató de una "Comisión Legislativa Nacional" (denominada "Congresillo"), a la cual le asignó el Poder Legislativo Nacional "hasta tanto se elijan y tomen posesión los diputados integrantes de la Asamblea Nacional" (art. 5), y cuyos miembros también fueron designados por la Asamblea (art. 5), a dedo, con integrantes afectos al nuevo poder y a los partidos de gobierno.

En segundo lugar, la Asamblea Nacional Constituyente, en el Decreto del 22 de diciembre de 1999, también se burló de la nueva Constitución, cuando declaró la

417   *V.*, en *Gaceta Oficial* N° 36.859 de 29-12-99.

418   *V.*, en *Gaceta Constituyente (Diario de Debates), Noviembre 1999-Enero 2000, cit.*, Sesión de 22-12-9, N° 51, pp. 2 y ss. *V.*, *Gaceta Oficial* N° 36.859 de 29-12-99; y *Gaceta Oficial* N° 36.860 de 30-12-99.

"disolución de las Asambleas Legislativas de los Estados" (art. 11), para lo cual no tenía autoridad alguna de carácter constitucional, al no haberse resuelto ello en esa forma en las Disposiciones Transitorias de la Constitución; pues ni siquiera ello estaba establecido en su Estatuto de Funcionamiento. Además, la Asamblea decidió la cesación en sus funciones, de los diputados que integraban las Asambleas (art. 11). Pero la Asamblea Nacional Constituyente, al igual que lo que ocurrió con el Poder Legislativo Nacional, a nivel estadal también creó, sin competencia alguna, sendas "Comisiones Legislativas Estadales", atribuyendo el nombramiento de sus miembros, incluso, a la "Comisión Coordinadora de la Asamblea Nacional Constituyente" (art. 12). Ello no sólo era ilegítimo, al no estar prevista esa facultad en norma alguna, sino que también era violatorio de las bases comiciales aprobadas en el referendo del 25-04-99, así como de la antes mencionada garantía democrática, que era uno de sus límites supra constitucionales.

En tercer lugar, en cuanto a los órganos del Poder Municipal, el artículo 15 del Decreto de la Asamblea de fecha 22-12-99[419] estableció que los Concejos Municipales y los Alcaldes "actuales", ejercerían sus funciones "bajo la supervisión y control de la Asamblea Nacional Constituyente o de la Comisión Legislativa Nacional" hasta tanto se eligieran popularmente sus nuevos integrantes; atribuyendo a la Comisión Coordinadora de la Asamblea Nacional Constituyente o la Comisión Legislativa Nacional la potestad de sustituir parcial o totalmente la integración de los Concejos Municipales, así como sustituir a los Alcaldes, en los casos de graves irregularidades administrativas.

Esta norma también constituyó una burla a la nueva Constitución, pues violaba en su totalidad la garantía de la autonomía municipal prevista en la Constitución, así como el principio democrático respecto de las autoridades municipales que impone que las mismas sólo pueden ser electas popularmente.

En cuarto lugar, el artículo 17 del Decreto dispuso, además, que la Corte Suprema de Justicia, sus Salas y dependencias desaparecían y pasaban a conformar el nuevo Tribunal Supremo de Justicia, por lo que, además de las Salas Político Administrativa, de Casación Penal y de Casación Civil de la Corte Suprema de Justicia, cuya extinción se decretó, la Asamblea creó las Salas Constitucional, Social y Electoral que preveía la nueva Constitución y que aún no había entrado en vigencia.

En el artículo 19 del Decreto, la Asamblea, además, designó los Magistrados que pasaban a integrar el Tribunal Supremo de Justicia, sin sujetarse a las condiciones establecidas en la nueva Constitución para dichos cargos, entre los cuales estaba quien en los dos últimos meses había sido el Presidente de la Corte Suprema de Justicia. Sus servicios habían sido reconocidos

En quinto lugar, La Asamblea Nacional Constituyente, en el Decreto sobre Régimen de Transición del Poder Público de 22-12-99, no sólo nombró al Defensor del Pueblo (art. 34), que era para lo único que tenía competencia constitucional expresa en las Disposiciones Transitorias de la Constitución de 1999, sino después de cesar a sus titulares designados por el Congreso un año antes, también nombró al

---

419 *V., Gaceta Constituyente* (Diario de Debates), Noviembre 1999-Enero 2000, *cit.*, Sesión de 22-12-99, Nº 51, p. 5.

Contralor General de la República (art. 36) y al Fiscal General de la República (art. 35), en forma provisional mientras la Asamblea Nacional, una vez que se eligiese, designara a los nuevos titulares.

Incluso, en el Decreto le asignó al Contralor General de la República una competencia no prevista en norma alguna del ordenamiento, que era la posibilidad de *intervenir* las Contralorías Estadales y Municipales y designar con carácter provisional a los titulares de esas entidades (art. 37), con lo cual violaba la autonomía de los Estados y Municipios garantizada en la nueva Constitución.

En sexto lugar, en cuanto al Poder Electoral, por último, la Asamblea Nacional Constituyente, careciendo totalmente de competencia para ello, y en forma ilegítima, en el Decreto del 22 de diciembre de 1999 se auto-atribuyó competencia para designar a los integrantes del Consejo Nacional Electoral (art. 40), designaciones que realizó días después, con carácter provisorio, al nombrar a personas, todas vinculadas al nuevo poder y a los partidos que apoyaban al gobierno, lo que incluso no garantizaba la imparcialidad electoral necesaria, burlándose del artículo 296 de la nueva Constitución.

VII

El Decreto sobre el Régimen de Transición del Poder Público fue por supuesto impugnado ante la Sala Plena de la antigua Corte Suprema de Justicia en fecha 29 de diciembre de 1999, respecto a los nombramientos del Fiscal General de la República, Contralor General de la República, Magistrados del Tribunal Supremo de Justicia, Defensora del Pueblo, Directivos del Consejo Nacional Electoral y miembros de la Comisión Legislativa Nacional ("Congresillo"). Luego de la remisión del expediente a la nueva Sala Constitucional del nuevo Tribunal Supremo de Justicia, sus Magistrados, que habían sido producto de dicho régimen transitorio que se impugnaba, en lugar de inhibirse, pasaron a decidir en causa propia, apresuradamente, mediante sentencia N° 4 de fecha 26 de enero de 2000 (caso: *Eduardo García),* considerando que el Decreto era "un acto de rango y naturaleza constitucional" y, además "de naturaleza organizativa, por el cual se produjo la designación de altos funcionarios del Poder Público Nacional, el cual se fundamenta en los propósitos de reorganización del Estado, conferidos a la Asamblea Nacional Constituyente," desestimando el recurso, para lo cual concluyeron señalando que:

> "dado el carácter *originario del poder conferido por el pueblo* de Venezuela a la Asamblea Nacional Constituyente, mediante la pregunta N° 1 y la Base Comicial Octava del referendo consultivo nacional, aprobado el 25 de abril de 1999, y por tanto *la no sujeción de este poder al texto constitucional vigente para la época,* la demanda propuesta, al fundamentar las presuntas transgresiones en la referida Constitución y no en los parámetros y principios consagrados en las bases fijadas en el citado referendo, conduce forzosamente a su improcedencia"[420].

En el país, entonces, y como consecuencia de esta y otras sentencias posteriores del Tribunal Supremo, existieron dos regímenes constitucionales paralelos: uno contenido en la Constitución de 1999, aprobada por el pueblo; y otro, dictado con poste-

---

420   *V.,* en *Revista de Derecho Público,* N° 81, Editorial Jurídica Venezolana, Caracas 2000, pp. 93 y ss.

rioridad a dicha aprobación por la Asamblea Nacional Constituyente, no aprobado por el pueblo y de vigencia imprecisa hasta que se apruebe toda la legislación que prevé la propia Constitución de 1999, lo cual en 2009 aún no ha ocurrido.

El Tribunal Supremo de Justicia, lamentablemente, en lugar de cumplir con su deber como contralor de la constitucionalidad, al querer "resolver" el vacío creado por la Asamblea Constituyente después de aprobada por referendo popular la Constitución de 1999, violentó el ordenamiento constitucional y frustró la esperanza de que se afianzara el Estado de Derecho, precisamente cuando comenzaba a entrar en aplicación la nueva Constitución.

VIII

La Constitución de 1999, por tanto, no sólo tuvo su génesis en un golpe de Estado que fue el proceso constituyente de 1999, sino que aún antes de que entrada en vigencia comenzó a ser violada. Con posterioridad, la evolución de la misma nos la muestra como un texto que ha sido sucesivamente violentado, en la mayoría de los casos con la anuencia de la Jurisdicción Constitucional, la cual estaba llamada a ser su guardián, habiendo sido "adaptado" progresivamente para apuntalar un régimen autoritario como el que se ha desarrollado bajo su manto, todo en *fraude a la Constitución*, que conforme lo señaló la propia Sala Constitucional del Tribunal Supremo de Justicia en la sentencia N° 74 de 25 de enero de 2006, ocurre cuando se destruyen las teorías democráticas "mediante el procedimiento de cambio en las instituciones existentes aparentando respetar las formas y procedimientos constitucionales", o cuando se utiliza "del procedimiento de reforma constitucional para proceder a la creación de un nuevo régimen político, de un nuevo ordenamiento constitucional, sin alterar el sistema de legalidad establecido, como ocurrió con el *uso fraudulento de los poderes* conferidos por la ley marcial en la Alemania de la Constitución de *Weimar*, forzando al Parlamento a conceder a los líderes fascistas, en términos de dudosa legitimidad, la plenitud del poder constituyente, otorgando un poder legislativo ilimitado"[421].

El fraude a la Constitución, fue así lo que caracterizó el proceso de reforma constitucional que a iniciativa del Presidente de la República se llevó a cabo en 2007, la cual fue afortunadamente rechazada por el pueblo en el referendo del 2 de diciembre de 2007. Dicha "reforma constitucional," con la cual se pretendía transformar radicalmente el Estado democrático y social de derecho en un Estado Socialista, Centralizado, Policial y Militarista[422], se adelantó en fraude a la Constitución pues esas modificaciones sólo podían realizarse mediante la convocatoria de una Asamblea Nacional Constituyente (art. 347), habiendo sido la Sala Constitucional cómplice del fraude al haberse negado sistemáticamente a ejercer el control de constitucionalidad de los diversos actos preparatorios de la fraudulenta reforma[423].

---

421 *V.,* en *Revista de Derecho Público,* Editorial Jurídica Venezolana, No. 105, Caracas 2006, pp. 76 ss.

422 *V.,* Allan R. Brewer-Carías, *Hacia la consolidación de un Estado Socialista, Centralizado, Policial y Militarista. Comentarios sobre el sentido y alcance de las propuestas de reforma constitucional 2007,* Colección Textos Legislativos, N° 42, Editorial Jurídica Venezolana, Caracas 2007.

423 *V.,* el estudio de las respectivas sentencias en Allan R. Brewer-Carías, "El juez constitucional *vs.* la supremacía constitucional. O de cómo la Jurisdicción Constitucional en Venezuela renunció a controlar

El pueblo, sin embargo, se ocupó de rechazar la reforma, pero con efectos limitados, pues tanto la Asamblea Nacional como el propio Poder Ejecutivo, de nuevo con la complicidad del guardián de la Constitución, procedieron a "implementar", en fraude a la Constitución y a la voluntad popular[424], muchos aspectos de la rechazada reforma, mediante Decretos Leyes dictados en ejecución de la Ley habilitante de febrero de 2007[425], tendientes, por ejemplo, a establecer la planificación centralizada[426], implementar las bases del Estado Socialista y del sistema económico socialista[427], y transformar la Fuerza Armada en una Fuerza Armada Bolivariana con una Milicia no prevista en la Constitución[428], todo lo cual había rechazado el pueblo; así como mediante otras leyes dictadas para regular la Administración Pública, y el Distrito Capital como entidad territorial totalmente dependiente del Poder Nacional. En este último caso, por ejemplo, de acuerdo con la Ley Especial sobre el Distrito Capital[429], el mismo, contrariando lo dispuesto en la Constitución, no tiene autoridades propias de gobierno, sino que es gobernada por el Poder Nacional mediante, un "régimen especial ... de gobierno" que consiste en que el ejercicio de la función legislativa en el Distrito esta a cargo de la Asamblea Nacional, y que el órgano ejecutivo es ejercido por un Jefe de Gobierno (art. 3), el cual de acuerdo con el artículo 7 de la Ley Especial es "de libre nombramiento y remoción" por parte del Presidente de la República, con lo que en el mismo territorio del Municipio Libertador se le ha superpuesto una estructura nacional, mediante una Ley nacional, totalmente inconstitucional.

---

la constitucionalidad del procedimiento seguido para la "reforma constitucional" sancionada por la Asamblea Nacional el 2 de noviembre de 2007, antes de que fuera rechazada por el pueblo en el referendo del 2 de diciembre de 2007", en *Revista de Derecho Público*, N° 112, Caracas, Editorial Jurídica Venezolana, 2007, pp. 661-694

424   Véanse los trabajos de Lolymar Hernández Camargo, "Límites del poder ejecutivo en el ejercicio de la habilitación legislativa: Imposibilidad de establecer el contenido de la reforma constitucional rechazada vía habilitación legislativa," en *Revista de Derecho Público*, N° 115 *(Estudios sobre los Decretos Leyes)*, Editorial Jurídica venezolana, Caracas 2008, pp. 51 ss.; Jorge Kiriakidis, "Breves reflexiones en torno a los 26 Decretos-Ley de Julio-Agosto de 2008, y la consulta popular refrendaría de diciembre de 2007", *Idem*, pp. 57 ss.; y José Vicente Haro García, Los recientes intentos de reforma constitucional o de cómo se está tratando de establecer una dictadura socialista con apariencia de legalidad (A propósito del proyecto de reforma constitucional de 2007 y los 26 decretos leyes del 31 de julio de 2008 que tratan de imponerla)", *Idem*, pp. 63 ss

425   *Gaceta Oficial* N° 38.617, de fecha 1° de febrero de 2007

426   *V.,* Allan R. Brewer-Carías, "Comentarios sobre la inconstitucional creación de la Comisión Central de Planificación, centralizada y obligatoria", *Revista de Derecho Público*, N° 110, (abril-junio 2007), Editorial Jurídica Venezolana, Caracas 2007, pp. 79-89

427   Por ejemplo, Ley Orgánica de Seguridad y Soberanía Agroalimentaria, y Ley para el fomento y desarrollo de la economía popular, *Gaceta Oficial* N° 5.890 Extraordinaria de 31 julio de 2008.

428   *V.,* Ley sobre la Ley Orgánica de la Fuerza Armada Nacional, *Gaceta Oficial* con fecha 31 de julio de 2008.

429   *Gaceta Oficial* N° 39.156 de 13 de abril de 2009.

Dos años antes, además, ya se había iniciado el proceso de transformación del Estado sin base constitucional, desmunicipalizandose el país y minando la democracia representativa, con la Ley de los Consejos Comunales[430].

IX

El fraude constitucional también caracterizó el proceso de "enmienda constitucional" de 2009, mediante el cual se utilizó un procedimiento distinto al previsto en la Constitución para reformar uno de los principios fundamentales del gobierno de las entidades políticas del Estado consagrado en el artículo 6 de la Constitución, referente a la necesidad de que siempre sea "alternativo".

Se trata de un principio de los llamados pétreo que no puede cambiarse y que en todo caso hubiera requerido la convocatoria de una Asamblea Constituyente para su consideración.

Nada de ello se hizo, y más bien fue la complicidad de la Sala Constitucional con el nuevo fraude constitucional, la que mediante sentencia No 53 de 3 de febrero de 2009[431], allanar el camino constitucional para la realización del referendo aprobatorio del 15 de febrero de 2009, en le cual se aprobó el proyecto de Enmienda Constitucional relativa a los artículos 160, 162, 174, 192 y 230 de la Constitución, que estableció en Venezuela, al contrario de la tradición constitucional anterior, el principio de la posibilidad reelección continua de cargos electivos eliminando el principio constitucional de la alternabilidad republicana (art. 6), violando además, la prohibición constitucional de realizar una consulta popular sobre modificaciones a la Constitución ya rechazadas por el pueblo en un mismo período constitucional (art. 345).

X

Sin embargo, lamentablemente, las modificaciones a la Constitución en la década que ha transcurrido de su vigencia, también han resultado de su falseamiento, que ocurre como lo ha dicho la misma Sala Constitucional, cuando se otorga "a las normas constitucionales una interpretación y un sentido distinto del que realmente tienen, que es en realidad una modificación no formal de la Constitución misma"[432]. Y ello es precisamente lo que ha ocurrido en múltiples sentencias precisamente de la misma Sala Constitucional, en las cuales por la vía de la interpretación vinculante se ha producido una ilegítima mutación de la Constitución, en muchos casos incluso sin que las normas interpretadas hayan sido ambiguas, imprecisas, mal redactadas y con errores de lenguaje, legitimando y soportando la estructuración progresiva de un

430 Ley de Consejos Comunales, *Gaceta Oficial*, N° 5806 *Extraordinario*, 10-04-2006. *V.*, Allan R. Brewer-Carías, "El inicio de la desmunicipalización en Venezuela: La organización del Poder Popular para eliminar la descentralización, la democracia representativa y la participación a nivel local", en *AIDA, Opera Prima de Derecho Administrativo. Revista de la Asociación Internacional de Derecho Administrativo*, Universidad Nacional Autónoma de México, México, 2007, pp. 49 a 67

431 *V.*, la sentencia N° 53, de la Sala Constitucional de 2 de febrero de 2009 (Caso: *Interpretación de los artículos 340,6 y 345 de la Constitución*), en http:/www.tsj.gov.ve/decisions/scon/Febrero/53-3209-2009-08-1610.html

432 *V.*, en *Revista de Derecho Público*, Editorial Jurídica Venezolana, N° 105, Caracas 2006, pp. 76 ss.

Estado autoritario. Es decir, ha falseado el contenido de la Constitución, mediante una "mutación"[433], ilegítima y fraudulenta de la misma[434]. Ello ha ocurrido, por ejemplo, mediante el trastocamiento del sistema de justicia constitucional, con lo cual la Sala ha venido asumiendo y auto-atribuyéndose competencias no previstas en la Constitución, no sólo en materia de interpretación constitucional, sino en relación con los poderes de revisión constitucional de cualquier sentencia dictada por cualquier tribunal, incluso por las otras Salas del Tribunal Supremo de Justicia; con los amplísimos poderes de avocamiento en cualquier causa; con los supuestos poderes de actuación de oficio no autorizados en la Constitución; con los poderes de solución de conflictos entre las Salas; con los poderes de control constitucional de las omisiones del Legislador; con la restricción del poder de los jueces de ejercer el control difuso de la constitucionalidad de las leyes; y con la asunción del monopolio de interpretar los casos de prevalencia en el orden interno de los tratados internacionales en materia de derechos humanos[435].

Una de las ilegítimas mutaciones constitucionales más notorias efectuadas por la Sala Constitucional, fue la relativa al sistema federal de distribución territorial de competencias entre el Poder nacional y el Poder estadal, que además se había incorporado en la rechazada propuesta de reforma constitucional de 2007, tendiente a eliminar la competencia "exclusiva" atribuida a los Estados en el artículo 164,10 de la Constitución en materia de "La conservación, administración y aprovechamiento de carreteras y autopistas nacionales, así como de puertos y aeropuertos de uso comercial, en coordinación con el Poder Nacional." En este caso, la fraudulenta implementación de la rechazada reforma correspondió hacerlo a la Sala Constitucional del Tribunal Supremo de Justicia, al decidir un recurso de interpretación introducido precisamente por el Procurador General de la República en representación del Ejecutivo Nacional, mediante la sentencia N° 565 de 15 de abril de 2008[436], en la cual, pura y simplemente "modificó" el contenido de esta norma constitucional y dispuso, mutándola, como interpretación vinculante de la misma, que esa "competencia ex-

---

433   Una mutación constitucional ocurre cuando se modifica el contenido de una norma constitucional de tal forma que aún cuando la misma conserva su contenido, recibe una significación diferente. *V.,* Salvador O. Nava Gomar, "Interpretación, mutación y reforma de la Constitución. Tres extractos" en Eduardo Ferrer Mac-Gregor (coordinador), *Interpretación Constitucional,* Tomo II, Ed. Porrúa, Universidad Nacional Autónoma de México, México 2005, pp. 804 ss. *V.,* en general sobre el tema, Konrad Hesse, "Límites a la mutación constitucional", en *Escritos de derecho constitucional,* Centro de Estudios Constitucionales, Madrid 1992.

434   *V.,* Néstor Pedro Sagües, *La interpretación judicial de la Constitución,* Buenos Aires 2006, pp. 56-59, 80-81, 165 ss.

435   *V.,* Allan R. Brewer-Carías, *"Quis Custodiet Ipsos Custodes*: De la interpretación constitucional a la inconstitucionalidad de la interpretación," en *VIII Congreso Nacional de derecho Constitucional, Perú,* Fondo Editorial 2005, Colegio de Abogados de Arequipa, Arequipa, septiembre 2005, pp. 463-489; y en *Revista de Derecho Público,* N° 105, Editorial Jurídica Venezolana, Caracas 2006, pp. 7-27. *V.,* además, en *Crónica sobre La "In" Justicia Constitucional. La Sala Constitucional y el autoritarismo en Venezuela,* Colección Instituto de Derecho Público, Universidad Central de Venezuela, N° 2, Caracas 2007.

436   *V.,* Sentencia de la Sala Constitucional, N° 565 , caso *Procuradora General de la República,* recurso de interpretación del artículo 164.10 de la Constitución de 1999 de fecha 15 de Abril de 2008, en http://www.tsj.gov.ve/decisiones/scon/Abril/565-150408-07-1108.htm

clusiva" *no es tal competencia exclusiva*, sino una competencia "concurrente" y que, incluso, el Poder Nacional podía revertir a su favor la materia "descentralizada" eliminando toda competencia de los Estados. La sala fue consiente del trastocamiento al orden jurídico que la sentencia provocaba, por lo que instó a la Asamblea Nacional a dictar la legislación acorde con la "reforma" constitucional que efectuaba, lo cual efectivamente originó en marzo de 2009, la reforma de la Ley Orgánica de Descentralización, Delimitación y Transferencia de Competencias del Poder Público,[437] con la cual se eliminaron las competencias exclusivas de los Estrados establecidas en los ordinales 3 y 5 del artículo 11 de dicha Ley, agregando dos nuevas normas que autorizan al Ejecutivo Nacional, para revertir la transferencia de las competencias a los Estados (art. 8); y decretar la intervención de bienes y servicios públicos transferidos a los Estados en la materia (art. 9).

Con ello se completó el fraude constitucional dispuesto por la Sala Constitucional, trastocándose el régimen federal[438].

Como puede apreciarse de todo lo anteriormente expuesto, lamentablemente, la génesis de la Constitución de 1999 estuvo signada por el fraude constitucional cometido en la convocatoria de la Asamblea Nacional Constituyente, y luego cometido por esta misma al violentar el orden jurídico y dar un golpe de Estado tanto contra la Constitución de 1961, cuya interpretación le había dado origen, como contra su producto final que fue la Constitución de 1999; y su evolución posterior, ha estado también signada, por una parte, por el fraude a la Constitución tanto en el desarrollo de la rechazada "reforma constitucional" de 2007, como de la aprobada "enmienda constitucional" de 1999, y por la otra, por el falseamiento o ilegítima mutación de la Constitución, obra de una Sala Constitucional controlada por el Poder Ejecutivo que ha estado al servicio del autoritarismo.

Por ello, la crisis política del país, precisamente la que estalló a partir de 1989 y que permitió el asalto al poder en 1999, diez años después no ha concluido, y más bien se prolonga ante la vista de todos, en medio de la más grande destrucción institucional que se haya producido en toda nuestra historia política, donde todos los valores del Estado de derecho y de la democracia han sido relegados con el mayor desprecio.

Ello está poniendo en evidencia lo que ya hace años se quería evitar, y es que la ya larga crisis política, lejos encontrar caminos de solución negociada, quizás termine en desenlace.

437　*Gaceta Oficial* N° 39 140 del 17 de marzo de 2009

438　*V.,* Allan R. Brewer-Carías, "La Sala Constitucional como poder constituyente: la modificación de la forma federal del estado y del sistema constitucional de división territorial del poder público, en *Revista de Derecho Público*, N° 114, (abril-junio 2008), Editorial Jurídica Venezolana, Caracas 2008, pp. 247-262

SECCIÓN SÉPTIMA: **LA CONSTITUCIÓN ESPAÑOLA DE 1978 Y LA CONSTITUCIÓN DE VENEZUELA DE 1999: ALGUNAS INFLUENCIAS Y OTRAS COINCIDENCIAS (DICIEMBRE 2003)**

Texto publicado en el libro DE Francisco Fernández Segado (Coordinador), *La Constitución de 1978 y el Constitucionalismo Iberoamericano,* **Coordinador Ministerio de la Presidencia. Secretaría General Técnica, Centro de Estudios Políticos y Constitucionales, Madrid 2003, pp. 765-786; y en el libro** *Constitución, democracia y control del poder,* **Mérida 2004, pp. 221-244.**

INTRODUCCIÓN

La Constitución venezolana de 1999 fue sancionada el 15 de noviembre de 1999 por una Asamblea Nacional Constituyente, la cual había sido electa el 25 de julio del mismo año, con el "propósito de transformar el Estado y crear un nuevo ordenamiento jurídico que permita el funcionamiento efectivo de una democracia social y participativa". Así lo había sido resuelto el pueblo al manifestar su voluntad en el referéndum consultivo que sobre la convocatoria de dicha Asamblea había sido convocado por el Presidente de la República, el cual se realizó el 25 de abril del mismo año 1999. El término de duración de la Asamblea para el cumplimiento de su mandato, conforme a dicho referéndum, se fijó en 180 días.

La misión de la Asamblea Nacional Constituyente, por supuesto, implicaba reformar o sustituir la Constitución de 23 de enero de 1961, que había sido sancionada por el Congreso que había sido electo en 1958 después de la revolución cívico-militar que produjo el derroca miento del régimen autoritario del general Marcos Pérez Jiménez. Esa Constitución de 1961, inspirada en el texto constitucional de 1947, puede decirse que incorporó definitivamente a Venezuela en las corrientes del constitucionalismo contemporáneo que se habían venido delineando con posterioridad a la Segunda Guerra Mundial. Precisamente fue bajo su manto que se desarrolló el régimen democrático en el país.

La Asamblea Nacional Constituyente que se instaló el 3 de agosto de 1999, sin embargo interpretó que su misión no se limitaba a la sola elaboración de una nueva Constitución, tal y como derivaba del mandato popular que le dio origen; ejerciendo entonces otras funciones y poderes para los cuales no tenía autoridad alguna[439]. La Asamblea Nacional Constituyente asumió, así, incluso contra lo que había sido decidido por la Corte Suprema de Justicia[440] un poder constituyente originario, que la

---

439   *V.,* Allan R. Brewer-Carías, *Debate Constituyente (Aportes a la Asamblea Nacional Constituyente),* Tomo I, (8 agosto-8 septiembre), Editorial Jurídica Venezolana, Caracas 1999, pp. 17 y ss.

440   *V.,* Allan R. Brewer-Carías, *Poder Constituyente originario y Asamblea Nacional Constituyente,* Editorial Jurídica Venezolana, Caracas 1999, pp. 205 y ss.

llevó a tomar decisiones que iban más allá de la creación de un ordenamiento jurídico para la transformación del Estado.

En esta forma, de las cinco etapas en las cuales se puede dividir las actividades de la Asamblea, sólo dos se dedicaron a la tarea que tenía popularmente prescrita, que era, precisamente, la producción de una nueva Constitución.

En efecto, durante la *primera etapa* de funcionamiento de la Asamblea, que transcurrió durante casi la totalidad del primer mes de su actividad, del 08 de agosto al 02 de septiembre de 1999, con base en el poder originario que asumió, la Asamblea se dedicó a realizar una ilegítima intervención y reorganización de los Poderes Públicos constituidos y cuyos titulares habían sido electos unos meses antes, en diciembre del año anterior. En esta etapa la Asamblea irrumpió contra la Constitución que estaba vigente, la de 1961, provocando un golpe de Estado[441].

En la *segunda etapa,* que duró algo más de mes y medio, del 02 de septiembre al 18 de octubre, el trabajo de la Asamblea se concentró en el funcionamiento de las 20 Comisiones Permanentes y de la Comisión Constitucional que la componían, donde se elaboró el Proyecto de Constitución. En efecto durante esta etapa no se realizaron sesiones plenarias de la Asamblea, habiéndose concentrado el trabajo de la misma en las Comisiones Permanentes que se habían designado, las cuales elaboraron en forma completamente aislada las partes correspondientes del Proyecto de articulado, las cuales se remitieron a la Comisión Constitucional. Esta, durante 20 días, en el período comprendido entre el 28 de septiembre y el 18 de octubre de 1999, pretendió realizar la labor de integración normativa necesaria para, partiendo de informes aislados de las Comisiones, elaborar un Anteproyecto de Constitución.

En cuanto a la tarea de elaboración del nuevo texto constitucional, lamentablemente, desde el inicio, la Asamblea no llegó a adoptar una metodología adecuada para la elaboración del Proyecto. Debió haberse partido de un Anteproyecto concebido como un todo orgánico sobre el cual las diversas Comisiones debieron haber trabajado para la elaboración de las ponencias respectivas. Pero lamentablemente ello no sucedió así, ignorándose las experiencias de anteriores Asambleas o Congresos Constituyentes como los de 1947 y 1960. En consecuencia, en la Asamblea Nacional Constituyente de 1999, para la elaboración del nuevo texto constitucional no se partió de algún Anteproyecto elaborado previamente, y ello a pesar de que el Presidente de la República había designado una Comisión Constituyente que debió haber realizado dicha labor. Esta Comisión no presentó Proyecto alguno y fue el Presidente de la República, quien a las pocas semanas de instalarse la Asamblea le envió un documento intitulado *Ideas Fundamentales para la Constitución Bolivariana de la V República* (agosto 1999), el cual, en realidad, no podía considerarse como un Anteproyecto de Constitución, no siendo ni siquiera considerado así por la propia Asamblea para que las Comisiones iniciaran su trabajo. El documento, sin embargo, fue seguido por muchas de las Comisiones, aun cuando aisladamente.

Metodológicamente, por tanto, el trabajo de la Asamblea se inició con la falla fundamental de carecer de un Anteproyecto que sirviera de punto de partida general

---

441   *V.,* Allan R. Brewer-Carías, *Golpe de Estado y Proceso Constituyente en Venezuela,* UNAM, México 2002, pp. 189 y ss.

para los trabajos de preparación de una nueva Constitución, por lo que la Comisión Constitucional, con la premura y presión que se le imprimió para concluir su labor, durante los solos 15 días en los cuales sesionó no pudo realizar adecuadamente la tarea de elaborar un Proyecto acabado de Constitución, totalmente integrado y coherente. El 18 de octubre de 1999, sin embargo, la Comisión consignó ante la Asamblea un Proyecto de Constitución para la discusión en la plenaria, el cual, revisado y reformulado por otras Comisiones especiales, se sometió a discusión en las sesiones plenarias a partir del 20 de octubre de 1999.

En la *tercera etapa,* que también sólo duró casi un mes desde el 20 de octubre al 17 de noviembre, la Asamblea se dedicó en sesiones plenarias a la discusión y aprobación del Proyecto de Constitución. En ese período se efectuó la *primera discusión* del articulado del Proyecto en una forma inusitadamente rápida y con una celeridad casi irracional, en sólo 19 sesiones plenarias que se desarrollaron durante 19 días, entre el 20 de octubre y 09 de noviembre de 1999; y, además, la *segunda discusión* del articulado, en sólo 3 sesiones plenarias que se efectuaron los días 12, 13 y 14 de noviembre de 1999.

Quien escribe esta nota intervino como Constituyente en las discusiones que se desarrollaron en dichas sesiones en relación con todos los Títulos, Capítulos y Secciones del Proyecto y, materialmente, con todos los artículos del mismo. En ese proceso, formulamos 127 votos salvados en relación con la aprobación de 132 de los 350 artículos del Proyecto de Constitución, que presentamos y consigamos por escrito[442]. El país fue testigo del tiempo que le dedicamos a los trabajos de la Asamblea así como de las propuestas que formulamos en diversas ocasiones para tratar de mejorar el texto constitucional[443]. Hubiésemos querido que el mismo hubiese quedado redactado en otra forma, y lo más importante, hubiésemos querido que en el texto efectivamente, se hubiesen sentado, las bases para la transformación del sistema político venezolano con vistas a perfeccionar la democracia, lo cual al final, en nuestro criterio, no se logró. Al contrario, lo que resultó fue una Constitución que si bien contiene elementos de progresión en la protección de los derechos humanos, sin embargo, abrió la puerta al autoritarismo por el esquema centralista y concentrador del poder que adoptó y por el militarismo, estatismo y populismo que caracterizan el modelo de Estado que se siguió[444], el cual, en definitiva, anula todos los aspectos positivos que pudiera tener el texto constitucional.

En la *cuarta etapa,* la cual también duró un mes, desde el 15 de noviembre al 15 de diciembre, la labor de la Asamblea y de los Constituyentes se dedicó a la difusión del texto del *Proyecto* para su votación en el *referéndum aprobatorio,* el cual se

---

442   *V.,* el texto de los votos salvados en Allan R. Brewer-Carías, *Debate Constituyente, (Aportes a la Asamblea Nacional Constituyente)*, Tomo III, (18-octubre-30 noviembre 1999), Caracas 1999, pp. 107 a 308.

443   *V.,* Allan R. Brewer-Carías, *Debate Constituyente (Aportes a la Asamblea Nacional Constituyente),* 3 Tomos, Editorial Jurídica Venezolana, Caracas 1999.

444   *V.,* lo que hemos expuesto en Allan R. Brewer-Carías, "Reflexiones críticas sobre la Constitución de Venezuela de 1999", en Diego Valadés y Miguel Carbonell (Coordinadores), *Constitucionalismo Iberoamericano del Siglo XXI,* UNAM, México 2000, pp. 171 a 193; y *Golpe de Estado y Proceso Constituyente en Venezuela,* UNAM, México 2002.

realizó precisamente el 15 de diciembre de 1999. En ese período, junto con otros Constituyentes, liderizamos la campaña por el voto negativo de la Constitución[445].

En la *quinta etapa*, la cual duró casi dos meses desde la realización del referéndum de aprobación de la Constitución hasta la conclusión de su período de duración el 2 de febrero de 2000, la Asamblea, se dedicó a dictar e implementar un denominado "régimen de transición del Poder Público" y a nombrar nuevos titulares de los órganos del Poder Público, para lo cual no tenía autoridad popular alguna y más bien contrariando lo que se establecía en la nueva Constitución, publicada en *Gaceta Oficial* el 30 de diciembre de 1999.

En esta forma, la Asamblea Nacional Constituyente continuó con el golpe de Estado que había iniciado meses atrás contra la Constitución de 1961, pero esta vez contra la Constitución de 1999 que ella misma había sancionado. En particular, debe destacarse que dicho régimen transitorio no había sido sometido al referéndum aprobatorio del 15 de diciembre, y su contenido no sólo estaba desvinculado de lo dispuesto en las propias *Disposiciones Transitorias* de la nueva Constitución de 1999 sino que eran totalmente contrarias a sus regulaciones, siendo por tanto ilegítimo desde el punto de vista constitucional[446].

Ahora bien, en las diversas etapas de elaboración y discusión del texto que sirvió para la sanción del Proyecto de Constitución que fue sometido a dicho referéndum aprobatorio el 15 de diciembre de 1999, por supuesto y fundamentalmente por la premura e improvisación que caracterizó el trabajo de la Asamblea, muchos Constituyentes tomaron en cuenta y copiaron frases o partes de muchos artículos de diversos instrumentos internacionales y de textos constitucionales que se habían dictado durante las últimas décadas en el mundo occidental de habla hispana y, especialmente, artículos aislados de la Constitución española de 1978 y de la Constitución colombiana de 1991. Por supuesto, ello no puede conducir a señalar que, haya tenido una influencia global de alguna Constitución extranjera en la elaboración de la Constitución venezolana de 1999.

La tradición constitucional venezolana se remonta al texto de la Constitución de la Confederación de los Estados de Venezuela de 1811, sancionada después de la Declaración de Independencia, y ya en ella se pueden apreciar las bases del constitucionalismo[447] que se han sucedido en las 26 Constituciones posteriores, incluyendo la vigente, entre ellas, la supremacía y rigidez constitucional, la declaración de derechos, la separación de poderes y el presidencialismo como sistema de gobierno; la distribución territorial del poder partiendo de la idea federal y del municipalismo; todas las cuales se complementaron a partir del mitades del Siglo XIX, con la previsión del control judicial de la constitucionalidad de las leyes.

---

445   *V.,* Allan R. Brewer-Carías, *Debate Constituyente (Aportes a la Asamblea Nacional Constituyente),* Tomo III, (18 octubre-30 noviembre 1999), Editorial Jurídica Venezolana, Caracas 1999, pp. 315 a 340.

446   *V.,* Allan R. Brewer-Carías, *Golpe de Estado y Proceso Constituyente en Venezuela, cit.,* pp. 239 y ss.

447   *V.,* Allan R. Brewer-Carías, *Reflexiones sobre la Revolución Americana (1776) y la Revolución Francesa (1789) y sus aportes al constitucionalismo moderno,* Editorial Jurídica Venezolana, Caracas 1992; y *Evolución histórica del Estado,* Tomo I, Instituciones Políticas y Constitucionales, Caracas 1996.

Sin embargo, si se compara el articulado de la Constitución española de 1978 con el de la Constitución de Venezuela de 1999, se pueden detectar muchas influencias aisladas y, además, otras coincidencias, que son las que precisamente queremos destacar en estas notas, al celebrarse el XXV Aniversario de la Constitución española.

I. EN MATERIA DE PRINCIPIOS FUNDAMENTALES

1. *El concepto de Estado democrático y social de derecho y los valores superiores del ordenamiento*

El artículo 2 de la Constitución de 1999 no sólo incorporó el concepto de "Estado democrático y Social de Derecho", para calificar al Estado, sino que estableció los valores superiores de su ordenamiento jurídico. El concepto, que si bien ya se había venido utilizando en la doctrina para calificar al Estado venezolano bajo la vigencia de la Constitución de 1961[448], no estaba expresamente establecido en el mismo texto constitucional, que ahora dispone que:

> *Artículo 2*: Venezuela se constituye en un Estado democrático y social de Derecho y de Justicia, que propugna como valores superiores de su ordenamiento jurídico y de su actuación, la vida, la libertad, la justicia, la igualdad, la solidaridad, la democracia, la responsabilidad social y, en general, la preeminencia de los derechos humanos, la ética y el pluralismo político.

Sin duda, la redacción de esta norma se inspiró en el texto del artículo 1 de la Constitución española, que es del tenor siguiente:

> *Artículo 1.1*. España se constituye en un Estado social y democrático de Derecho, que propugna como valores superiores de su ordenamiento jurídico la libertad, la justicia, la igualdad y el pluralismo político.

En ambos casos se encuentra la expresión de que el país "se constituye" en un Estado democrático y social de Derecho, pero con el agregado en el texto venezolano, de que también se constituye en un Estado "de Justicia".

En cuanto a los "valores superiores del ordenamiento jurídico" del Estado, la frase también proviene del texto de la Constitución española, a cuya enumeración, en la redacción venezolana, se agregaron otros valores superiores como la vida, la solidaridad, la democracia, la responsabilidad social y la preeminencia de los derechos humanos.

2. *La sujeción general a la Constitución*

El principio general de la "sujeción a la Constitución" tanto de los ciudadanos como de los funcionarios públicos que es consustancial al principio de la supremacía

---

448   Nosotros mismos, en diversos estudios, analizamos dicho el concepto en la Constitución de 1961: Allan R. Brewer-Carías, *Cambio Político y Reforma del Estado en Venezuela. Contribución al estudio del Estado Democrático y Social de Derecho*, Madrid 1975; "La Constitución de 1961 y los problemas del Estado democrático y social de derecho" en *Reflexiones sobre la Constitución* (Tres décadas en vigencia), Fundación Procuraduría General de la República, Caracas 1991, pp. 15-38.

constitucional, se ha expresado formalmente en el texto de la Constitución de 1999, al señalarse que:

> *Artículo 7.* La Constitución es la norma suprema y el fundamento del ordenamiento jurídico. Todas las personas y los órganos que ejercen el poder público están sujetos a esta Constitución.

En particular, la expresión "sujetos a la Constitución" tiene su antecedente en el artículo 9,1 de la Constitución española, cuando dispone que:

> *Artículo 9,1.* Los ciudadanos y los poderes públicos están sujetos a la Constitución y al resto del ordenamiento jurídico.

3. *La declaratoria de bienes como del dominio público*

En la Constitución de 1999, como con tantos otros aspectos del derecho administrativo, se produjo la constitucionalización, en este caso del dominio público, al establecer en el artículo 12, lo siguiente:

> *Artículo 12.* Los yacimientos mineros y de hidrocarburos, cualquiera que sea su naturaleza, existente en el territorio nacional, bajo el lecho del mar territorial, en la zona económica exclusiva y en la plataforma continental, pertenecen a la República, son bienes del dominio público y, por tanto, inalienables e imprescriptibles. Las costas marinas son bienes del dominio público.

Esta regulación, sin duda, puede decirse que encuentra su antecedente en el artículo 132 de la Constitución española, el cual dispone:

> *Artículo 132.1.* La ley regulará el régimen jurídico de los bienes de dominio público y de los comunales, inspirándose en los principios de inalienabilidad, imprescriptibilidad e inembargabilidad, así como su desafectación.

> 2. Son bienes de dominio público estatal los que determine la ley y, en todo caso, la zona marítimo-terrestre, las playas, el mar territorial y los recursos naturales de la zona económica y la plataforma continental.

4. *La responsabilidad del Estado*

En la Constitución de 1999 se estableció expresamente y por primera vez en el constitucionalismo venezolano, el principio de la responsabilidad del Estado por las actuaciones tanto de la Administración Pública como de los jueces. El régimen, por tanto, dejó ser el producto de la sola elaboración doctrinal y jurisprudencial que se había venido desarrollando en las últimas décadas, siguiéndose así la orientación de la Constitución española.

En efecto, en materia de responsabilidad administrativa, el artículo 140 de la Constitución de 1999 dispone que:

> *Artículo 140:* El Estado responderá patrimonialmente por los daños que sufran los o las particulares en cualquiera de sus bienes y derechos, siempre que la lesión sea imputable al funcionamiento de la Administración Pública.

En sentido relativamente coincidente, el artículo 160 de la Constitución española, dispone:

Artículo 106,2. Los particulares, en los términos establecidos por la ley, tendrán derecho a ser indemnizados por toda lesión que sufran en cualquiera de sus bienes y derechos, salvo en los casos de fuerza mayor, siempre que la lesión sea consecuencia del funcionamiento de los servicios públicos.

En materia de responsabilidad del Estado por las actuaciones judiciales, en la Constitución venezolana de 1999, se estableció el principio en dos normas con el siguiente contenido:

Artículo 49,8. Toda persona podrá solicitar del Estado el restablecimiento o reparación de la situación jurídica lesionada por error judicial, retardo u omisión injustificados.

Artículo 255. Los jueces o juezas son personalmente responsables, en los términos que determine la ley, por error, retardo u omisiones injustificados, por la inobservancia sustancial de las normas procesales, por denegación, parcialidad y por los delitos de cohecho y prevaricación en que incurran en el desempeño de sus funciones.

Estas normas, sin duda, tienen su antecedente en la regulación del artículo 121 de la Constitución española, que establece:

Artículo 121: Los daños causados por error judicial, así como los que sean consecuencia del funcionamiento anormal de la Administración de Justicia darán derecho a una indemnización a cargo del Estado, conforme a la ley.

II.   EN EL ÁMBITO DE LA REGULACIÓN DE LOS DERECHOS CONSTITUCIONALES

Como se dijo, en contraste con la tradición constitucional española donde puede decirse que fue en la Constitución de 1978 cuando se incorporó efectivamente al texto constitucional una efectiva y completa declaración de derechos; en Venezuela ello ha sido formalmente constante desde la Constitución de 1811, aún cuando no siempre con la efectividad deseada. La Constitución de 1999, por tanto, continúa una tradición de casi 200 años de declaraciones de derechos que han ido perfeccionándose. En este proceso, sin embargo, puede detectarse que alguna fraseología de la Constitución española ha tenido influencia en la regulación de 1999.

1.   *La precisión del concepto de integridad física y moral en la garantía a la integridad personal y de las prohibiciones subsecuentes*

El derecho a la integridad personal, el cual por supuesto ya estaba regulado en la Constitución venezolana de 1961 y ampliamente desarrollado en los instrumentos internacionales sobre derechos humanos, se precisó en la Constitución de 1999, no sólo al agregársele los calificativos de "física, psíquica y moral", sino al precisarse las prohibiciones respecto de penas, torturas o tratos crueles, inhumanos o degradantes; a cuyo efecto en el artículo 46 se dispuso que:

Artículo 46: Toda persona tiene derecho a que se respete su integridad física, psíquica y moral; en consecuencia:

1. Ninguna persona puede ser sometida a penas, torturas o tratos crueles, inhumanos o degradantes...

Esta norma, sin duda, coincide con la fraseología del artículo 15 de la Constitución española cuando dispone que:

> *Artículo 15*: Todos tienen derecho a la vida y a la integridad física y moral, sin que, en ningún caso, puedan ser sometidos a tortura ni a penas o tratos inhumanos o degradantes.

2. *La amplia consagración del derecho a la intimidad*

En la Constitución venezolana de 1961 no se consagraba expresamente el derecho a la intimidad, sino que el mismo sólo se podía deducir de la norma que consagraba en forma muy insuficiente el derecho de toda persona a la protección de su honor y reputación (art. 59)[449]. En el artículo 60 de la Constitución de 1999, en cambio, se reguló detalladamente el derecho a la intimidad, en la siguiente forma:

> *Artículo 60*: Toda persona tiene derecho a la protección de su honor, vida privada, intimidad, propia imagen, confidencialidad y reputación.

La ley limitará el uso de la informática para garantizar el honor y la intimidad personal y familiar de los ciudadanos y ciudadanas y el pleno ejercicio de sus derechos.

Sin duda, en la redacción de esta norma influyó el texto del artículo 18 de la Constitución española, cuya fraseología se repite en el artículo 20,4 de la misma, el cual dispone que:

> *Artículo 18.1*. Se garantiza el derecho al honor, a la intimidad personal y familiar y a la propia imagen...
>
> 4. La ley limitará el uso de la informática para garantizar el honor y la intimidad personal y familiar de los ciudadanos y el pleno ejercicio de sus derechos.

3. *La ampliación de la protección al secreto de las comunicaciones*

En la Constitución venezolana de 1961 sólo se garantizaba la clásica "inviolabilidad de la correspondencia" (art. 63); derecho que fue significativamente ampliado en la Constitución de 1999 con el objeto de adaptar la regulación a los desarrollos tecnológicos contemporáneos, en relación con las comunicaciones privadas de cualquier clase que sean, así:

> *Artículo 48*: Se garantiza el secreto e inviolabilidad de las comunicaciones privadas en todas sus formas...

Esta expresión del "secreto de las comunicaciones" en lugar de la sola inviolabilidad de la correspondencia, coincide con la fraseología del artículo 18 de la Constitución española, el cual dispone:

---

449 *V*.,, por ejemplo, Allan R. Brewer-Carías y Carlos Ayala Corao, *El derecho a la intimidad y a la vida privada y su protección frente a las injerencias abusivas o arbitrarias del Estado*, Editorial Jurídica Venezolana, Caracas 1995.

Artículo 18,3. Se garantiza el secreto de las comunicaciones y, en especial, de las postales, telegráficas y telefónicas, salvo resolución judicial.

4. *La libertad de expresión del pensamiento y la inconveniente limitación a la libertad de información, al agregársele el calificativo de veraz*

En la Constitución venezolana de 1961 se regulaba en forma general la libertad de expresión del pensamiento, con la prohibición de la censura previa y de las expresiones anónimas o que constituyeran delito o fueran propaganda de guerra (art. 66). Ello se recogió en el artículo 57 de la Constitución de 1999, en el cual se agregó a la libertad de expresión del pensamiento, la expresión de "ideas u opiniones de viva voz, por escrito o mediante cualquier otra forma de expresión y de hacer uso para ello de cualquier medio de comunicación y difusión".

La fraseología adoptada en esta norma, particularmente en cuanto a las "ideas y a los medios de expresión y difusión", coincide con la contenida en el artículo 26,1 de la Constitución española cuando reconoce y protege el derecho a:

a) A expresar y difundir libremente los pensamientos, ideas y opiniones mediante la palabra, el escrito o cualquier otro medio de reproducción...

Pero en esta materia, en la Constitución de Venezuela de 1999, a la normativa constitucional sobre libertad de expresión, se agregó por primera vez en forma expresa el derecho de toda persona a la información, conforme a lo que ya se había regulado en las Convenciones internacionales, con la previsión del derecho de rectificación y respuesta, pero con el inconveniente agregado de la posible limitación que proviene del calificativo de "veraz" para las informaciones. El artículo 58 de la Constitución de 1999, en efecto, dispone que:

Artículo 58: La comunicación es libre y plural y comporta los deberes y responsabilidades que indique la ley. Toda persona tiene derecho a la información oportuna, veraz e imparcial, sin censura, de acuerdo con los principios de esta Constitución, así como a la réplica y rectificación cuando se vea afectada directamente por informaciones inexactas o agraviantes...

El calificativo de la "información veraz" podría decirse que tiene su antecedente en el artículo 29, 1 de la Constitución española, el cual reconoce y protege el derecho a:

...d) A comunicar o recibir libremente información veraz por cualquier medio de difusión...

Lamentablemente, la incorporación al texto constitucional venezolano del calificativo de "veraz" para las informaciones a que tienen derecho las personas, en nuestro criterio constituye una inadecuada limitación al derecho a ser informado, pues abre la posibilidad de que algún órgano del Estado pudiera pretender asumir la función de calificar la "veracidad" de las informaciones, con la consiguiente posibilidad de la imposición de sanciones por supuestas faltas o delitos que puedan ser contrarios a la verdad "oficial" que pueda establecerse[450].

---

450   *V.,* nuestro voto salvado respecto de esta norma en Allan R. Brewer-Carías, *Debate Constituyente,* Tomo III, *cit.* pp. 154 a 156.

5. *La previsión del derecho a la participación*

La Constitución de 1961, al regular el derecho al sufragio, no establecía expresamente el derecho general de los ciudadanos a la participación política como en cambio, y sin duda siguiendo la orientación de los instrumentos internacionales sobre derechos humanos, se regula en la Constitución de 1999, así:

> *Artículo 62*: Todos los ciudadanos y ciudadanas tienen el derecho a participar libremente en los asuntos públicos, directamente o por medio de sus representantes elegidos o elegidas...

La redacción de esta norma sobre el derecho de "participar en los asuntos públicos", coincide con lo expresado en el artículo 23 de la Constitución española, el cual dispone que:

> *Artículo 23.1*. Los ciudadanos tienen el derecho a participar en los asuntos públicos, directamente o por medio de representantes, libremente elegidos en elecciones periódicas por sufragio universal...

6. *La previsión del derecho a la tutela judicial efectiva*

La expresión "tutela judicial efectiva" como elemento esencial del derecho al debido proceso y como complemento del derecho ciudadano de acceso a la justicia para la protección no sólo de los derechos sino de los intereses de las personas, sin duda puede considerarse como uno de los aportes fundamentales de la Constitución española de 1978 al constitucionalismo de lengua castellana. En dicho texto, en efecto se establece que:

> *Artículo 24.1*. Todas las personas tienen derecho a obtener la tutela efectiva de los jueces y tribunales en el ejercicio de sus derechos e intereses legítimos, sin que, en ningún caso, pueda producirse indefensión.

En la Constitución venezolana de 1999, se ha recogido el mismo concepto de "tutela judicial efectiva" respecto de derechos e intereses, agregándose incluso los intereses colectivos y difusos, así:

> *Artículo 26*: Toda persona tiene derecho de acudir a los órganos de administración de justicia para hacer valer sus derechos e intereses, incluso los colectivos o difusos; a la *tutela efectiva* de los mismos y a obtener con prontitud la decisión correspondiente.

7. *La extensión de los principios del debido proceso a los procedimientos administrativos*

Una de las innovaciones importantes de la Constitución venezolana de 1999 fue la extensión expresa de todos los principios del debido proceso a los procedimientos administrativos (art. 49). En consecuencia, por ejemplo, la garantía *nullum crimen nulla poena sine legge* se ha extendido expresamente en relación con las infracciones administrativas al establecer el numeral 6 del artículo 49 que:

> ...6. Ninguna persona podrá ser sancionada por actos u omisiones que no fueren previstos como delitos, faltas o infracciones en leyes preexistentes.

Esta redacción coincide con la previsión contenida en el artículo 25 de la Constitución española, que prevé:

Artículo 25: Nadie puede ser condenado o sancionado por acciones u omisiones que en el momento de producirse no constituyan delito, falta o infracción administrativa, según la legislación vigente en aquel momento...

8. *La previsión del derecho a una vivienda adecuada*

Contrariamente a las previsiones de la Constitución de 1961 que no regulaba expresamente el derecho humano a la vivienda, en la Constitución de 1999 se estableció el derecho de toda persona *"a una vivienda adecuada" (art. 82), frase que coincide con la del texto de la Constitución española cuando en su artículo 47* garantiza que "Todos los españoles tienen derecho a disfrutar de una vivienda digna y adecuada".

9. *El derecho de los jóvenes a la participación*

En la Constitución de 1961 tampoco se establecían regulaciones expresas en relación con los jóvenes y adolescentes, lo cual al contrario, se ha regulado con cierto detalle en el texto de la Constitución de 1999, así:

Artículo 79: Los jóvenes y las jóvenes tienen el derecho y el deber de ser sujetos activos del proceso de desarrollo. El Estado con la participación solidaria de las familias y la sociedad, creará oportunidades para estimular su tránsito productivo hacia la vida adulta y, en particular, la capacitación y el acceso al primer empleo, de conformidad con la ley.

La previsión de este derecho de los jóvenes a la participación en el proceso de desarrollo, ya se había regulado en la Constitución española, así:

Artículo 48: Los poderes públicos promoverán las condiciones para la participación libre y eficaz de la juventud en el desarrollo político, social, económico y cultural.

III. SOBRE LA FUNCIÓN LEGISLATIVA DEL ESTADO

1. *La calificación de orgánicas de las leyes de desarrollo de los derechos constitucionales*

La institución de las leyes orgánicas se había regulado detalladamente en la Constitución venezolana de 1961, pero sin la precisión expresa de que en particular, las leyes destinadas a desarrollar los derechos constitucionales debían tener tal carácter. Ello, al contrario, se estableció en la Constitución de 1999, así:

Artículo 203: Son leyes orgánicas las que así denomina esta Constitución; las que se dicten para organizar los poderes públicos o *para desarrollar los derechos constitucionales* y las que sirvan de marco normativo a otras leyes...

Esta previsión coincide con lo que establece el artículo 81 de la Constitución española, al disponer que:

Artículo 81,1. Son leyes orgánicas las relativas al desarrollo de los derechos fundamentales y de las libertades públicas, las que aprueben los Estatutos de Autonomía y el régimen electoral general y las demás previstas en la Constitución.

2. *La regulación de la delegación legislativa*

En la Constitución venezolana de 1961 se había previsto la posibilidad de que el Presidente de la República pudiera dictar decretos leyes en materias económicas y financieras, cuando así hubiera sido habilitado por el Congreso mediante una ley especial (art. 190,8) denominada "ley habilitante", y por el tiempo que fijara dicha ley. Dicha regulación fue ampliada en una forma excesiva en la Constitución de 1999, al regularse en general la delegación legislativa, así:

Artículo 203. Son leyes habilitantes las sancionadas por la Asamblea Nacional por las tres quintas partes de sus integrantes, a fin de establecer las directrices, propósitos y marco de las materias que se delegan al Presidente o Presidenta de la República, con rango y valor de ley. Las leyes habilitantes deben fijar el plazo de su ejercicio.

Esta "delegación legislativa", extraña a la tradición constitucional venezolana, puede decirse que tiene su antecedente en la Constitución española de 1978, pero sin las limitaciones expresas previstas en esta, y que se regulan en el artículo 82, así:

Artículo 82.1. Las Cortes Generales podrán delegar en el Gobierno la potestad de dictar normas con rango de ley sobre materias determinadas no incluidas en el artículo anterior.

... 3. La delegación legislativa habrá de otorgarse al Gobierno de forma expresa para materia concreta y con fijación del plazo para su ejercicio...

En particular, por tanto, en España no toda materia puede ser objeto de delegación, excluyéndose de ellas las leyes que se regulan en el artículo 81,1, que son las orgánicas, "relativas al desarrollo de los derechos fundamentales y de las libertades públicas, las que aprueben los Estatutos de Autonomía y el régimen electoral general y las demás previstas en la Constitución".

Lamentablemente, sin embargo, al acogerse en Venezuela la institución de la delegación legislativa, no se establecieron las materias excluidas de la misma lo que ha provocado un abuso no sólo la delegación sino de la posibilidad de regulación por el Ejecutivo Nacional, de la normativa relativa al desarrollo de los derechos constitucionales, lo cual debería ser materia exclusiva del Parlamento[451].

3. *La no sujeción de los diputados a mandatos imperativos*

En la Constitución de 1999, y como una reacción al dominio de los partidos políticos en el funcionamiento del Estado, se estableció el principio de la no sujeción de los diputados de la Asamblea Nacional a las líneas de partido, en la siguiente forma:

---

451 *V.,* Allan R. Brewer-Carías,"Apreciación general sobre los vicios de inconstitucionalidad que afectan los decretos leyes habilitados" en *Ley Habilitante del 13-11-2000 y sus decretos-leyes,* Academia de Ciencias Políticas y Sociales, Caracas 2002, pp. 63 a 103.

Artículo 201. Los diputados o diputadas son representantes del pueblo y de los Estados en su conjunto, no sujetos o sujetas a mandatos ni instrucciones, sino sólo a su conciencia. Su voto en la Asamblea Nacional es personal.

Esta norma, que en la práctica no se cumple pues desde la sanción de la Constitución de 1999, particularmente en cuanto a los diputados oficialistas, la sujeción a las líneas de partido ha sido férrea[452], sin embargo, puede decirse que tiene como antecedente la norma del artículo 67 de la Constitución española que establece:

Artículo 67.2. Los miembros de las Cortes Generales no estarán ligados por mandato imperativo.

IV. SOBRE EL GOBIERNO Y LA ADMINISTRACIÓN PÚBLICA

1. *La atribución al Presidente de la República de la dirección de la acción del gobierno*

Conforme al sistema presidencial de gobierno que siempre ha existido en Venezuela, por supuesto que corresponde al Presidente de la República dirigir la acción del Gobierno nacional. Sin embargo, tal expresión, en esa forma, no se había establecido expresamente en el texto constitucional. En la Constitución de 1999, sin embargo, se recogió expresamente la expresión, al disponerse su artículo 226, que:

Artículo 226: El Presidente o Presidenta de la República es el Jefe o Jefa del Estado y del Ejecutivo Nacional, en cuya condición dirige la acción del Gobierno.

La expresión coincide con la previsión establecida en la Constitución española, necesaria en un sistema parlamentario como el de España, al regularse la figura del Presidente del Gobierno, y que prevé el artículo 98,2 al prescribir que "el Presidente dirige la acción del Gobierno".

2. *La precisión de la responsabilidad de los órganos del Poder Ejecutivo, incluso en los estados de excepción*

De acuerdo con lo establecido en el artículo 232 de la Constitución de 1999;

Artículo 232: *La declaración de los estados de excepción no modifica el principio de su responsabilidad* (la del Presidente), ni la del Vicepresidente Ejecutivo o Vicepresidenta Ejecutiva, ni la de los Ministros o Ministras, de conformidad con esta Constitución y con la ley.

El principio, sin duda, tiene sus antecedentes en la regulación del artículo 116 de la Constitución española, que dispone:

Artículo 116.6. La declaración de los estados de alarma, de excepción y de sitio no modificarán el principio de responsabilidad del Gobierno y de sus agentes reconocidos en la Constitución y en las leyes.

---

452 *V.,* Allan R. Brewer-Carías, *La crisis de la democracia venezolana. La Carta Democrática Interamericana y los sucesos de abril de 2002,* Libros de El Nacional, Caracas 2002, p. 148.

3. *Los principios relativos al funcionamiento de la Administración Pública
    y el estatuto de la función pública*

En la Constitución venezolana de 1999 se estableció una norma expresa relativa
a los principios que han de regir la actividad de la Administración Pública, la cual
no tiene antecedentes en el constitucionalismo previo, con el siguiente texto:

> *Artículo 141*: La Administración Pública está al servicio de los ciudadanos y ciu-
> dadanas y se fundamenta en los principios de honestidad, participación, celeridad,
> eficacia, eficiencia, transparencia, rendición de cuentas y responsabilidad en el ejer-
> cicio de la función pública, con sometimiento pleno a la ley y al derecho.

Buena parte de la fraseología de esta norma puede decirse que proviene del texto
de la Constitución española de 1978, cuando en su artículo 103 dispone que:

> *Artículo 103.1.* La Administración Pública sirve con objetividad los intereses gene-
> rales y actúa de acuerdo con los principios de eficacia, jerarquía, descentralización,
> desconcentración y coordinación, con sometimiento pleno a la ley y al derecho...

4. *El derecho de acceso a los documentos y archivos oficiales*

En la Constitución venezolana de 1999, siguiendo la tendencia desarrollada en la
Administración democrática contemporánea, se reguló el derecho ciudadano de acceso a los archivos y documentos públicos, así:

> *Artículo 143*: Los ciudadanos... tienen acceso a los archivos y registros adminis-
> trativos, sin perjuicio de los límites aceptables dentro de una sociedad democrática
> en materias relativas a seguridad interior y exterior, a investigación criminal y a la
> intimidad de la vida privada, de conformidad con la ley que regule la materia de
> clasificación de documentos de contenido confidencial o secreto.

El acceso "a los archivos y registros administrativos" es una expresión que tiene
su antecedente en el artículo 105 de la Constitución española, la cual dispone que la
ley regulará:

> ...b) El acceso de los ciudadanos a los archivos y registros administrativos, salvo
> en lo que afecte a la seguridad y defensa del Estado, la averiguación de los delitos y
> la intimidad de las personas...

5. *La institución del Consejo de Estado*

La institución del Consejo de Estado como órgano consultivo, fue ideada por primera vez en América Latina, en 1817, por Simón Bolívar cuando estaba en plena
reorganización del Estado como consecuencia de la guerra de independencia, un año
antes de la sanción de la Constitución de Angostura. La institución tomó raíces posteriormente en el constitucionalismo colombiano, pero nunca se estableció en Venezuela, hasta su creación en la Constitución de 1999, así:

> *Artículo 251*: El Consejo de Estado es el órgano superior de consulta del Gobier-
> no y de la Administración Pública Nacional. Será de su competencia recomendar
> políticas de interés nacional en aquellos asuntos a los que el Presidente o Presidenta
> de la República reconozca de especial trascendencia y requieran de su opinión.

La ley respectiva determinará sus funciones y atribuciones.

La fraseología de esta norma al establecer el Consejo de Estado como "órgano superior de consulta del Gobierno", coincide con la del artículo 107 de la Constitución española, cuando dispone:

Artículo 107: El Consejo de Estado es el supremo órgano consultivo del Gobierno. Una ley orgánica regulará su composición y competencia.

V. SOBRE EL PODER JUDICIAL

1. *La independencia judicial y el activismo político*

También como reacción al sistema de Estado de Partidos que ha funcionado en Venezuela durante las últimas décadas, en la Constitución de 1999 se ha establecido la prohibición a los jueces de formar parte de partidos o sindicatos, así:

Artículo 256: Con la finalidad de garantizar la imparcialidad y la independencia en el ejercicio de sus funciones, los magistrados o las magistradas, los jueces o las juezas; los fiscales o las fiscales del Ministerio Público; y los defensores públicos o las defensoras públicas, desde la fecha de su nombramiento y hasta su egreso del cargo respectivo, no podrán, salvo el ejercicio del voto, llevar a cabo *activismo político partidista, gremial, sindical* o de índole semejante, ni realizar actividades privadas lucrativas incompatibles con su función, ni por sí ni por interpósita persona, ni ejercer ninguna otra función pública a excepción de actividades educativas...

El principio, también se había establecido en la Constitución española, en cuyo artículo 127 se dispone:

Artículo 127,1. Los Jueces y Magistrados, así como los Fiscales, mientras se hallen en activo, no podrán desempeñar otros cargos públicos, ni pertenecer a partidos políticos o sindicatos...

2. *Los principios de la celeridad, oralidad, publicidad y gratuidad en la Administración de Justicia*

En la Constitución de 1999 se han acogido diversos conceptos que se establecieron en la Constitución española de 1978 sobre la administración de justicia en general, relativos a la celeridad, oralidad, publicidad y gratuidad.

En efecto, en el artículo 24,2 de la Constitución española, se establece la exigencia de que la administración de justicia debe realizarse "sin dilaciones indebidas", concepto que ha sido incorporado en el artículo de 26 de la Constitución venezolana, así:

Artículo 26. El Estado garantizará una justicia gratuita, accesible, imparcial, idónea, transparente, autónoma, independiente, responsable, equitativa y expedita, *sin dilaciones indebidas*, sin formalismos o reposiciones inútiles.

En cuanto a la gratuidad de la justicia, sin embargo, en la Constitución española sólo se establece en su artículo 119, para "cuando así lo disponga la ley, y, en todo caso, respecto de quienes acrediten insuficiencia de recursos para litigar".

En cuanto a la oralidad y publicidad en el procedimiento judicial, en el artículo 257 de la Constitución venezolana, se estableció:

> *Artículo 257*: El proceso constituye un instrumento fundamental para la realización de la justicia. Las leyes procesales establecerán la simplificación, uniformidad y eficacia de los trámites y adoptarán un procedimiento breve, *oral* y público. No se sacrificará la justicia por la omisión de formalidades no esenciales.

Estos principios de oralidad y publicidad, aún sin la generalidad de la previsión constitucional venezolana, como se dijo, ya se habían recogido en la Constitución española, al establecerse en su artículo 120, lo siguiente:

> *Artículo 120.1.* Las actuaciones judiciales serán públicas, con las excepciones que prevean las leyes de procedimiento.
>
> 2. El procedimiento será predominantemente oral, sobre todo en materia criminal...
>
> 3. Las sentencias serán siempre motivadas y se pronunciarán en audiencia pública.

VI. SOBRE LA DISTRIBUCIÓN TERRITORIAL DEL PODER

1. *El Fondo de Compensación Interterritorial en el proceso de descentralización política*

Venezuela, desde la creación del Estado en 1811, ha adoptado la forma federal para la distribución del Poder Público, la cual sigue consagrando la Constitución de 1999, aún cuando con nuevas restricciones. España, en cambio, ha adoptado un esquema de descentralización política basada en las Comunidades Autónomas, el cual, en muchos aspectos, supera la distribución del poder existente en muchas Federaciones.

En la regulación del sistema venezolano, sin embargo, en artículos aislados, se puede detectar la influencia de la Constitución española.

En efecto, en Venezuela, desde 1993 y como parte del proceso de descentralización política de la Federación se había creado el Fondo Intergubernamental para la Descentralización (FIDES) para financiar el proceso de descentralización y transferencia de competencias[453]. El régimen del Fondo se cambió en 1994 para convertirlo en un Fondo Nacional de Financiamiento de los Estados, al cual en la Constitución de 1999 se le ha cambiado el nombre, denominándoselo ahora "Fondo de Compensación Interterritorial.

En efecto al regularse los ingresos de los Estados, el artículo 167 de la Constitución de 1999 establece entre ellos:

> ... 6. Los recursos provenientes del Fondo de Compensación Interterritorial y de cualquier otra transferencia, subvención o asignación especial, así como de aquellos que se les asigne como participación en los tributos nacionales, de conformidad con la respectiva ley.

---

453 Informe sobre la descentralización en Venezuela 1993, Memoria del Dr. Allan R. Brewer-Carías, Ministro de Estado para la Descentralización, (Junio 1993-Febrero 1994), Caracas 1994.

El artículo 185 de la Constitución hace depender dicho Fondo del Consejo Federal de Gobierno, precisando que está "destinado al financiamiento de inversiones públicas para promover el desarrollo equilibrado de las regiones, la cooperación y complementación de las políticas e iniciativa de desarrollo de las distintas entidades públicas territoriales, y a apoyar especialmente la dotación de obras y servicios esenciales en las regiones y comunidades de menor desarrollo relativo".

La nueva denominación del Fondo, sin duda, proviene del artículo 157,1 de la Constitución española que al regular los recursos de las Comunidades Autónomas especificando entre ellos, las:

...c) Transferencias de un fondo de compensación interterritorial y otras asignaciones con cargo a los Presupuestos Generales del Estado...

De acuerdo con el artículo 158 de la misma Constitución española, dicho Fondo también se establece:

2. Con el fin de corregir desequilibrios económicos interterritoriales y hacer efectivo el principio de solidaridad se constituirá un Fondo de Compensación con destinos a gastos de inversión, cuyos recursos serán distribuidos por las Cortes Generales entre las Comunidades Autónomas y provincias, en su caso.

2. Las leyes de bases como limitación al sistema federal

Conforme a la tradición del sistema federal venezolano, a pesar de la deficiente distribución territorial de competencias estatales, las materias que correspondían a los Estados o que estos asumían no estaban sujetas a lineamientos normativos algunos dictados por el Parlamento Nacional. En otros términos, la legislación que dictaran las Asambleas Legislativas de los Estados en las materias de su competencia no estaba sometida a una legislación nacional tendiente a uniformizarla.

Esta tradición se ha cambiado radicalmente en la Constitución de 1999, sujetándose en múltiples casos la legislación de los Estados en materia de su competencia a lo que prescriban las leyes nacionales. En particular, se ha incorporado a la Constitución de 1999 la institución de las "leyes de bases" que debe dictar la Asamblea Nacional en materia de competencias concurrentes, para que sean desarrolladas por las leyes de los Estados. El artículo 165 de la Constitución, en efecto, establece:

Artículo 165. Las materias objeto de competencias concurrentes serán reguladas mediante leyes de bases dictadas por el Poder Nacional, y leyes de desarrollo aprobadas por los Estados. Esta legislación estará orientada por los principios de la interdependencia, coordinación, cooperación, corresponsabilidad y subsidiariedad.

Esta institución de las "leyes de base", sin duda, se ha inspirado en las "leyes marco" y en las "leyes de armonización" respecto de las Comunidades Autónomas que regula el artículo 150 de la Constitución española, así:

Artículo 150.1. Las Cortes Generales, en materias de competencia estatal, podrán atribuir a todas o a alguna de las Comunidades Autónomas la facultad de dictar, para sí mismas, normas legislativas en el marco de los principios, bases y directrices fijados por una ley estatal. Sin perjuicio de la competencia de los Tribunales, en cada ley marco se establecerá la modalidad del control de las Cortes Generales sobre estas normas legislativas de las Comunidades Autónomas.

3. El Estado podrá dictar leyes que establezcan los principios necesarios para armonizar las disposiciones normativas de las Comunidades Autónomas, aun en el caso de materias atribuidas a la competencia de éstas, cuando así lo exija el interés general. Corresponde a las Cortes Generales, por mayoría absoluta de cada Cámara, la apreciación de esta necesidad.

CONCLUSIÓN

Como se puede apreciar de lo anteriormente expuesto, desde el punto de vista de los grandes y básicas instituciones del constitucionalismo moderno, puede decirse que no ha habido influencia de la Constitución española ni de ninguna otra extranjera en la formulación del texto de la Constitución venezolana de 1999. Venezuela cuenta con una larga tradición en el constitucionalismo moderno que se inicia en 1811, cuando la que fue la primera de las Constituciones de América hispana independiente, recogió todos los principios y aportes que en las tres décadas precedentes habían sido establecidos por las Revoluciones norteamericana y francesa. Además, el país ha tenido una larga experiencia en la redacción de Constituciones, siendo la de 1999 la número 27.

Ello no significa, por supuesto, que en cada proceso constituyente y en la redacción de una nueva Constitución para perfeccionar la redacción de sus normas, no se haya tenido en cuenta la redacción de normas insertas en Constituciones extranjeras. Así sucedió, sin duda, como se ha explicado anteriormente, con la Constitución española de 1978 en relación con la Constitución venezolana de 1999. En XXV años de vigencia, por ello en el caso de Venezuela la Constitución española ha rendido sus frutos más allá de la Península Ibérica.

SECCIÓN OCTAVA: EL PROCESO CONSTITUYENTE Y LA CONSTITUCIÓN COLOMBIANA DE 1991, COMO ANTECEDENTES DIRECTOS DEL PROCESO CONSTITUYENTE Y DE ALGUNAS PREVISIONES DE LA CONSTITUCIÓN VENEZOLANA DE 1999 (2011)

Documento preparado para el *Congreso Internacional de Derecho Constitucional (20 Años de la Constitución de Colombia de 1991),* Facultad de Ciencias Jurídicas, Pontifica Universidad Javeriana, Bogotá 12 al 14 de mayo de 2011.

INTRODUCCIÓN

La Constitución venezolana de 1999, al igual que la Constitución colombiana de 1991, fue sancionada por una Asamblea Constituyente que fue convocada al efecto, sin que existieran en las respectivas Constituciones que las precedieron en ambos países, entonces vigentes, previsiones algunas relativas a ese mecanismo institucional para la reforma constitucional.

Por ello, en ambos casos, para la convocatoria de la Asamblea Constituyente fue necesaria una decisión adoptada por las respectivas Cortes Supremas de Justicia en cada país, mediante las cuales, por vía de interpretación constitucional y legal, se pudo finalmente realizar la convocatoria de las respectivas Asambleas Constituyentes.

Esta coincidencia de eventos políticos en los años noventa del siglo XX en la historia constitucional de ambos países, sin duda, es una más en el paralelismo histórico constitucional que ha existido en ambos países, y que de ambos lados de la frontera en general ignoramos. Sólo para recordar brevemente, evoquemos que ambos países tuvieron una primera etapa común de inicio de nuestro constitucionalismo con las Constituciones de Angostura de 1819 y de Cúcuta de 1821, ambas con la impronta de Bolívar.

Luego vino la segunda etapa, en paralelo en ambos países, de reconstrucción del Estado autónomo a partir de las respectivas Constituciones de 1830 (Venezuela) y 1832 (Colombia), el cual fue moldeando sobre la base del conflicto entre las fuerzas políticas centrífugas y centrípetas existentes, es decir, entre federación y centralismo. Esos conflictos desembocaron a comienzos de la segunda mitad del siglo XIX en las paralelas guerras federales, que culminaron después de sendas reformas constitucionales en 1858, con la Constitución de los Estados Unidos de Colombia de 1863 y la Constitución de los Estados Unidos de Venezuela en 1864.

Ello originó una tercera etapa constitucional que se desarrollo en la segunda mitad del siglo XIX, montada, con o sin federación, sobre el desarrollo del caudillismo regionalista, y que luego de hacer crisis, desembocó, luego de la guerra de los mil días en Colombia (1899-1902) y de la Revolución Liberal Restauradora en Venezuela (1899-1901) a comienzos siglo XX, al inicio de una cuarta etapa de regímenes constitucionales autoritarios y centralistas, donde en cierta forma, y por supuesto con diferencias notables, en ambos países se produjo la consolidación del Estado nacional.

Hacia mitades del siglo XX, igualmente en ambos países, luego de varias reformas constitucionales que comenzaron a ampliar derechos electorales importantes en 1936 y 1945, en los años cuarenta, se afianzó la crisis del sistema político que estalló, en Venezuela, con la Revolución de Octubre de 1945, liderizada por Rómulo Betancourt, y en Colombia, con el asesinato de Jorge Eliécer Gaitán en 1948, originando el Bogotazo. Esos hechos desembocaron en ambos países, en la instalación de sendas dictaduras militares que fueron incluso "legitimadas" por sendas Asambleas Constituyentes: la de de 1953 en Venezuela, declarando Presidente Constitucional a Marcos Pérez Jiménez, y la de 1954 en Colombia, declarando igualmente Presidente Constitucional a Gustavo Rojas Pinilla. Ambos militares fueron derrocados casi simultáneamente en 1957 y 1958 respectivamente, iniciándose en ambos países la quinta etapa de la historia política de consolidación de la democracia sobre la base de sendos pactos políticos suscritos para asegurar la gobernabilidad democrática que se firmaron en 1958 entre los diversos partidos políticos: el Frente Nacional en Colombia, que tuvo su origen en el Pacto de Benidorm de 1956 firmado por el liberal Alberto Lleras Camargo y el conservador Laureano Gómez; y el Pacto de Punto Fijo en Venezuela que tuvo su origen en el acuerdo al cual llegaron en Nueva York el mismo de 1958, los líderes de los tres partidos políticos democráticos, Rómulo Betancourt, Rafael Caldera y Jóvito Villalva.

Fue precisamente esa etapa democrática iniciada en 1958 la que hizo crisis en ambos países en los años ochenta y noventa, desembocando, en Colombia, en 1990, y en Venezuela, en 1999, en la elección de la Asamblea Constituyente para recomponer el régimen democrático.

En Colombia, gracias a la base de consenso político que existió para la convocatoria y composición de dicha Asamblea constituyente, el país pudo evolucionar posteriormente en forma democrática, como hoy lo constatamos. Para ello, como años después lo explicaría en Venezuela Cesar Gaviria Trujillo:

"Nuestra Asamblea Constituyente fue fruto de un sano equilibrio entre el pragmatismo político y la creatividad jurídica. Ambos se combinaron para abrir un camino nuevo que parecía inalcanzable, para movilizar políticamente a todo un país en torno a la idea de la necesidad de cambiar la Constitución por fuera del Congreso de la República. Y de que tal cambio tenía que trascender la simple operación de algunas instituciones. Lo que se requería era un cambio en los principios que fundaban la nacionalidad, en lo que comúnmente se denomina la parte dogmática de la Constitución".

Agregando sobre el consenso político logrado para convocar la Asamblea, lo siguiente:

"Apelamos entonces al mecanismo que fue usado para regresar a la democracia y hacerle frente a la violencia partidista, después de la ruptura constitucional del General Rojas, de crear el Frente Nacional. Ello fue un Acuerdo político que esta vez incluiría no solo a los partidos tradicionales de Colombia, el liberal y el Conservador, sino a las nuevas fuerzas políticas, el Movimiento de Salvación Nacional y el movimiento de la recién desmovilizada guerrilla, el M-19.

Después de una extensa negociación suscribimos dos acuerdos políticos con los jefes de los partidos y fuerzas políticas que obtuvieron en esas mismas elecciones más del 96% de los votos. En ellos se definieron los lineamientos generales para la convocación, elección, integración y organización de la Asamblea Constitucional. También se fijaron el número de sus delegatarios, sus poderes y su competencia, que estaba limitada a los temas de reforma señalados expresamente en él. Además, mediante esos acuerdos se convocó a la ciudadanía a votar el 8 de diciembre de 1990. Así, las fuerzas políticas eran las que respaldaban, en representación del pueblo, esta segunda etapa de auto convocatoria[454]".

La misma crisis del régimen democrático que también se produjo en Venezuela en las mismas décadas de los ochenta y noventa, en cambio, y he aquí la disidencia histórica respecto del paralelismo político constitucional que siempre ha existido entre los dos países, no originó una recomposición democrática del sistema político que hubiese sido el producto de un consenso político entre todos los actores del sistema, sino el apoderamiento del poder por un solo grupo político, que lo asaltó a mansalva y con alevosía, utilizando fraudulentamente los instrumentos democráticos para terminar de destruir lo que quedaba de sistema de partidos, demoler las instituciones democráticas e imponer un régimen autoritario, lo que se inició mediante la convocatoria y elección en 1999 de una Asamblea Constituyente sectaria, exclusionista y excluyente. En Venezuela, lamentablemente no aprendimos las virtudes de

---

454   V., Cesar Gaviria Trujillo, ¿Cómo nació la Asamblea Constituyente colombiana?, *Palabras del Secretario General de la Organización de los Estados Americanos, César Gaviria en el encuentro "Jornadas Constituyentes" organizado por el Consejo Nacional Electoral de Venezuela,* Caracas, Venezuela, 15 de julio, 1999, en http://7papeleta.org/2010/01/22/%C2%BFcomo-nacio-la-asamblea-constituyente-colombiana-cesar-gaviria-trujillo-caracas-1999/

la negociación y el consenso democráticos, y la Asamblea Constituyente de 1999 fue impuesta al país por una facción política que aplastó la institucionalidad democrática.

Ahora bien, el tema del proceso constituyente de 1990 y 1991 en Colombia, y del proceso de elaboración de la Constitución de ese último año es historia conocida en este país que no me corresponde a mi analizar, por lo que mis cometarios se centrarán sólo, primero, en destacar las modalidades que tuvo el proceso constituyente venezolano y la elaboración de la Constitución de 1999, de manera que los lectores colombianos puedan hacer sus propias comparaciones con la experiencia desarrollada casi una década antes en Colombia; y segundo, en tratar determinar las más importantes previsiones de la Constitución venezolana de 1999 en materia de principios fundamentales, respecto de los cuales se pueden encontrar antecedentes directos en el texto de la Constitución colombiana de 1991.

I. UNA INDISPENSABLE REFERENCIA PREVIA: LA INSPIRACIÓN COLOMBIANA PARA EL DESENCADENAMIENTO DEL PROCESO CONSTITUYENTE VENEZOLANO DE 1999

Siguiendo sin duda la inspiración en el proceso constituyente colombiano de 1991 en el cual, aún sin reformar previamente la Constitución para regular la institución de la Asamblea Nacional Constituyente como mecanismo de reforma de la Constitución, se pudo hacer prevalecer la soberanía popular sobre la supremacía constitucional mediante una interpretación de la entonces Corte Suprema de Justicia; en Venezuela, durante la campaña electoral presidencial de 1998, el entonces candidato Hugo Chávez Frías propuso al electorado como su fundamental propuesta política sobre el Estado, la idea de la convocatoria de una Asamblea Nacional Constituyente para "refundar el Estado".

Dicho mecanismo tampoco estaba previsto en la Constitución de 1961 como un procedimiento válido para la reforma constitucional, previéndose en la misma solamente dos mecanismos para su revisión, que eran la "enmienda" y la "reforma general"[455]. Una Asamblea Constituyente cuando no es producto de un golpe de Estado o una ruptura fáctica del orden constitucional, para poder ser convocada tiene que estar regulada constitucionalmente como mecanismo para la reforma de la Constitución, como a partir de la Constitución de 1991, en Colombia, y a partir de 1999, en Venezuela, se estableció expresamente en las respectivas Constituciones[456].

---

455   *V.*, sobre estas previsiones Allan R. Brewer-Carías, "Los procedimientos de revisión constitucional en Venezuela" en *Boletín de la Academia de Ciencias Políticas y Sociales*, N° 134, Caracas 1997, pp. 169-222; y en Eduardo Rozo Acuña (Coord.), *I Procedimenti di revisione costituzionale nel Diritto Comparato*, Atti del Convegno Internazionale organizzato dalla Facoltà di Giurisprudenza di Urbino, 23-24 aprile 1997, a cargo del Prof., Università Degli Studi di Urbino, pubblicazioni della Facoltà di Giurisprudenza e della Facoltá di Scienze Politiche, Urbino, Italia, 1999, pp. 137-181.

456   *V.*, los comentarios sobre los mecanismos de reforma de la Constitución en la Constitución de 1999 en Allan R. Brewer-Carías, *La Constitución de 1999. Derecho Constitucional Venezolano*, Editorial Jurídica Venezolana, Tomo I, Caracas 2004, pp. 157 ss.

En 1998, por tanto, ante la propuesta del entonces Presidente electo Hugo Chávez Frías sobre la Asamblea Constituyente, al igual que sucedió en Colombia en 1999, el problema político planteado era cómo elegirla.

Sobre ello, a comienzos de 1999, decíamos lo siguiente:

"El reto que tenemos los venezolanos hacia el futuro, incluyendo el presidente electo Hugo Chávez Frías y su futuro gobierno, por tanto, no es resolver si vamos o no a tener una Asamblea Constituyente en el futuro próximo, sino cómo la vamos a realizar. Las elecciones de noviembre y diciembre de 1998 iniciaron el proceso, pero el dilema es el mismo de siempre: ¿la vamos a convocar violando la Constitución o la vamos a convocar respetando la Constitución? En el pasado, por la fuerza, siempre hemos optado por la primera vía; en el momento presente, con la globalización democrática que caracteriza al mundo contemporáneo y con el desarrollo político de nuestro propio pueblo, no habría derecho a que el nuevo gobierno y los partidos tradicionales, por su incomprensión, también nos lleven a tomar la vía del desprecio a la Constitución, precisamente, la "fulana Constitución," como se la ha calificado recientemente.

Las fuerzas políticas tradicionales representadas en el Congreso tienen que aceptar que el sistema político iniciado en los años cuarenta, sencillamente terminó, y tienen que entender que el precio que tienen que pagar por mantener la democracia, consecuencia de su incomprensión pasada, es reformar de inmediato la Constitución para establecer el régimen de la Asamblea Constituyente, en la cual, sin duda, nuevamente perderán cuotas de poder.

Pero las nuevas fuerzas políticas también representadas en el Congreso, y el presidente electo Hugo Chávez Frías, también tienen que entender que la Constitución no está muerta, que es el único conjunto normativo que rige a todos los venezolanos y que su violación por la cúpula del poder lo único que lograría sería abrir el camino a la anarquía.

Los venezolanos de comienzos del siglo XXI no nos merecemos una ruptura constitucional y tenemos que exigir que la inevitable y necesaria Asamblea Constituyente se convoque y elija lo más pronto posible, pero mediante un régimen establecido constitucionalmente, pues no hay otra forma que no sea mediante una reforma de la Constitución para establecer la forma de la Asamblea (unicameral o no), el número de sus integrantes, las condiciones y forma de su elección y postulación (uninominal o no) su rol democrático y su relación con los principios republicanos y de la democracia representativa, incluyendo, la separación de los Poderes Públicos.

Ninguna otra autoridad o poder del Estado puede establecer ese régimen y menos aún puede ser el resultado de una consulta popular o referéndum consultivo. Este, para lo único que sirve es para obtener un mandato popular que habría que actualizar constitucionalmente, mediante una reforma del Texto Fundamental. De lo contrario sería como si se pretendiera establecer la pena de muerte, prohibida en el artículo 51 de la Constitución, mediante un simple "referéndum consultivo." Si éste se realizase, lo único que significaría sería la expresión de una voluntad popular que habría de plasmarse en la reforma constitucional del artículo 51 de la Constitución, pero no podría nunca considerarse, en sí mismo, como una reforma a la Constitución.

Lo mismo sucede con el tema de la Asamblea Constituyente: la elección de Hugo Chávez Frías puede considerarse como la expresión de una voluntad popular pro

constituyente que debe plasmarse en la Constitución mediante su reforma específica. Por ello, si el 23 de enero próximo el Congreso inicia la reforma específica
de la Constitución para establecer el régimen de la Constituyente, para cuando se
realice el referéndum consultivo prometido por el Presidente electo (60 días después del 15 de febrero, es decir, el 15 de abril) podría en realidad realizarse el referéndum aprobatorio de la reforma constitucional que regule la Constituyente y
procederse a su convocatoria.

Esta es una fórmula para resolver el tema de la constitucionalización de la Asamblea Constituyente, la cual es indispensable para poder convocarla democráticamente, es decir, en el marco de la Constitución, conforme a la cual fue electo presidente
Hugo Chávez Frías y se juramentará próximamente en su cargo"[457].

Por tanto, a comienzos de 1999, aún bajo la vigencia de la Constitución de 1961,
la única forma de poder convocar una Asamblea Constituyente en Venezuela, era
reformando la Constitución para regularla[458], y si no se reformaba la Constitución,
sólo podía ser electa si ello resultaba de alguna interpretación judicial que se hiciese
de la Constitución por parte de la Corte Suprema de Justicia, como juez constitucional, tal y como sucedió en 1990 en Colombia, para precisamente, evitar que ocurriera una confrontación fáctica entre el principio de la soberanía popular y el principio
de la supremacía constitucional.

Ello, en todo caso, fue lo que se pretendió obtener mediante el ejercicio, en 1998,
de dos recursos de interpretación sobre los alcances del "referendo consultivo" que
entonces sólo estaba previsto en la Ley Orgánica del Sufragio y Participación Política de 1998, que fueron interpuestos por ante la Sala Político Administrativa (Contencioso-administrativa) de la antigua Corte Suprema de Justicia en 1998, de los
cuales sin embargo, y lamentablemente, no resultó decisión judicial expresa alguna.

La Sala, en efecto, dictó sendas sentencias el 19 de enero de 1999[459], pero a diferencia de la sentencia adoptada por la Corte Suprema de Colombia el 9 de octubre
de 1990 sobre el mismo tema, las mismas resultaron con un contenido ambiguo, sin
decidir con precisión lo que se le había consultado a la Corte. Ello no impidió sin
embargo, que las decisiones fueran "interpretadas" por la "opinión pública" como la
supuesta solución al conflicto constitucional existente, dando lugar, en definitiva,
como consecuencia de un "referendo consultivo", a la subsecuente convocatoria,
elección y constitución de una Asamblea Nacional, lo que en todo caso ocurrió en
democracia y sin ruptura constitucional a la usanza tradicional.

457   V., Allan R. Brewer-Carías, "[Sobre la Asamblea Constituyente] "Necesaria e inevitable,", en *El Uni-
      versal*, Caracas, 19-01-1999, p. 1-14.

458   V., Allan R. Brewer-Carías, *Asamblea Constituyente y ordenamiento constitucional*, Serie Estudios N°
      53, Biblioteca de la Academia de Ciencias Políticas y Sociales, Caracas 1999, 328 pp

459   V., el texto en *Revista de Derecho Público*, N° 78-80, Editorial Jurídica Venezolana, Caracas 1999, pp.
      55-73. V., los comentarios a dichas sentencias en Allan R. Brewer-Carías, *Poder constituyente origina-
      rio y Asamblea Nacional Constituyente (Comentarios sobre la interpretación jurisprudencial relativa
      a la naturaleza, la misión y los límites de la Asamblea Nacional Constituyente)*, Colección Estudios
      Jurídicos N° 72, Editorial Jurídica Venezolana, Caracas 1999; y en "La configuración judicial del proce-
      so constituyente o de cómo el guardián de la Constitución abrió el camino para su violación y para su
      propia extinción", en *Idem*. pp. 453 ss.; y en Allan R. Brewer-Carías, *Asamblea Constituyente y Orde-
      namiento Constitucional, cit*. pp. 151 ss.

Pero la verdad es que en Venezuela, conforme al texto de las sentencias, no hubo tal interpretación constitucional, habiendo el juez contencioso administrativo, al contrario, renunciado a ejercer su función interpretativa. De ello resultó, en definitiva, que la ruptura constitucional o golpe de Estado en Venezuela la terminó dando la propia Asamblea Nacional Constituyente una vez que fue electa el 25 de julio de 1999, al irrumpir desde el mismo momento de su constitución el 8 de agosto de 1999, contra la Constitución de 1961[460], interviniendo los poderes constituidos sin autoridad alguna para ello, incluyendo la propia Corte Suprema que le había dado nacimiento, la cual también terminó siendo eliminada.

El tema que debió haber resuelto la Corte Suprema y que renunció a hacer, era el que resultaba del debate político que existía a comienzos de 1999 y que se le había planteado para que interpretara, sobre la forma de convocar la Asamblea Constituyente que tanto había prometido el Presidente electo, en el sentido de que: o se reformaba previamente la Constitución para regularla y luego elegía, como planteábamos[461]; o se convocaba la Asamblea sin regularla previamente en la Constitución, sólo apelando a la soberanía popular al margen de las previsiones constitucionales[462] como lo planteaba el Presidente electo. Se trataba, en definitiva de resolver el conflicto constitucional mencionado entre supremacía constitucional y soberanía popular, que la Corte Suprema tenía que enfrentar y asumir, pues sólo el juez contencioso administrativo actuando como juez constitucional podía hacerlo.

Sin embargo, aún antes de que se pudiera asumir que la Corte Suprema habría resuelto el conflicto, lo cierto es que el Presidente electo había optado pública y abiertamente por la segunda vía, anunciando su decisión de convocar la Asamblea Constituyente apenas asumiera la Presidencia de la República, el 2 de febrero de 1999, sin necesidad de reformar previamente la Constitución de 1961 para regularla. Durante esos días, en todo caso, apoyado por la popularidad que en ese momento tenía, formuló amenazas y ejerció indebida y pública presión sobre la Corte Suprema de Justicia buscando apoyo de su propuesta[463].

La propuesta presidencial, en todo caso, consistía en utilizar ilegítimamente la vía de un referendo consultivo previsto en una ley para convertirlo en un "referendo decisorio", en fraude a la Constitución. En 1999, por ello, indicábamos que

"La convocatoria a dicha Asamblea Constituyente, sin estar prevista en la Constitución, siempre consideramos que no sería otra cosa que un desconocimiento de la

460 *V.*, en general, Allan R. Brewer-Carías, *Golpe de Estado y Proceso Constituyente en Venezuela*, UNAM, México 2002.

461 *V.*, en Allan R. Brewer-Carías, *Asamblea Constituyente y Ordenamiento... cit.*, pp.153 a 227; Allan R. Brewer-Carías, "El desequilibrio entre soberanía popular y supremacía constitucional y la salida constituyente en Venezuela en 1999, en *Revista Anuario Iberoamericano de Justicia Constitucional*, Nº 3, 1999, Centro de Estudios Políticos y Constitucionales, Madrid 2000, pp. 31-56,.

462 Sobre los problemas jurídicos que precedieron a la conformación de la Asamblea Nacional Constituyente, *V.*, Hildegard Rondón de Sansó, *Análisis de la Constitución venezolana de 1999*, Editorial Ex Libris, Caracas, 2001, pp. 3-23.

463 *V.*, las críticas que expresamos en su momento a las presiones presidenciales al Poder Judicial, en Allan R. Brewer-Carías, "Expresiones de Chávez atentan contra independencia del Poder Judicial," en *Cambio*. Mérida, 14 de febrero 1999, p. 3; y en *Frontera*, Mérida, 14 de febrero 1999, p. 3-A.

Constitución de 1961. En efecto, el referéndum consultivo que prevé el artículo 181 de la Ley Orgánica del Sufragio es un medio de participación popular de carácter consultivo y no de orden decisorio. Es evidente que una consulta al pueblo nunca podría considerarse inconstitucional, pues es una manifestación de la democracia. Pero pretender que mediante una consulta popular pudiera crearse un órgano constitucional, como la Asamblea Constituyente, establecerse su régimen y que pudiera proceder a realizar la reforma constitucional eso si podía considerarse inconstitucional, pues ello implicaría reformar la Constitución, y para ello, habría que seguir ineludiblemente el procedimiento pautado en el artículo 246 que exige la actuación del Poder Constituyente Instituido que implica, incluso, que la reforma sancionada se someta a un referéndum aprobatorio. Sustituir todo ello por un referéndum consultivo podía considerarse como una violación de la Constitución.

El referéndum consultivo, en realidad, sólo es eso, una consulta que se traduce en la manifestación de un mandato político que debe ser seguido por los órganos constitucionales para reformar la Constitución y regular lo que la consulta popular propone. Pero pretender que con la sola consulta popular se pudiera crear un nuevo Poder Constituyente de reforma, podía significar el desconocimiento de la Constitución y la apertura del camino de la anarquía.

El problema constitucional que estaba planteado, sin embargo, sólo podía ser resuelto por la Corte Suprema de Justicia, y así ocurrió con las mencionadas sentencias del 19-01-99[464]".

En efecto, como se dijo, para diciembre de 1998, la Corte Suprema conocía de sendos recursos de interpretación que habían sido intentados para que resolviera, precisamente, sobre si era necesario o no reformar la Constitución para regular la Asamblea Constituyente para poder convocarla. El resultado de la presión política que se originó, fue precisamente la emisión de las dos mencionadas sentencias por la Corte Suprema, el 19 de enero de 1999, dos semanas antes de que el Presidente electo tomara posesión de su cargo, en las cuales la Corte Suprema, sin resolver expresamente lo que se le había solicitado interpretar, sin embargo se refirió ampliamente al derecho constitucional a la participación política y glosó también ampliamente, aún cuando en forma teórica, la doctrina constitucional sobre el poder constituyente, desencadenando así el proceso que luego no pudo ni contener ni limitar, costándole como se dijo, su propia existencia.

En relación con el mencionado dilema que existía en ese momento político entre supremacía constitucional y soberanía popular, de la interpretación que se dio a las mencionadas sentencias de la Corte Suprema sobre si se podía convocar un *referéndum consultivo* sobre la Asamblea Constituyente, en definitiva se dedujo que la misma se podía crear mediante la sola manifestación de esa voluntad popular consultiva, aunque fuera expresada al margen de la Constitución de 1961, sin que ésta se reformara previamente.

El tema que tenía que enfrentar la Corte Suprema era dilucidar cuál principio de los dos que constituyen los dos pilares fundamentales que rigen al Estado Constitucional, debía prevalecer en Venezuela en ese momento: o el principio democrático representativo o el principio de la supremacía constitucional, lo que en todo caso

---

464   *V.,* en Allan R. Brewer-Carías, *Asamblea Constituyente y Ordenamiento... cit.*, pp. 181-182

exigía que se mantuviera el equilibrio entre ambos[465]. En ese dilema, si la Corte se atenía al sólo principio democrático de democracia representativa que está a la base del Estado constitucional, el pueblo soberano sólo podía manifestarse como poder constituyente instituido mediante los mecanismos de modificación constitucional previstos en la Constitución de 1961 (art. 246). Sin embargo, de acuerdo con lo expresado por la Corte Suprema de Justicia en su mencionada sentencia, "Si la Constitución, como norma suprema y fundamental puede prever y organizar sus propios procesos de transformación y cambio..., *el principio democrático quedaría convertido en una mera declaración retórica...* " Es decir, conforme a esa frase se podía deducir que para que el principio democrático no fuera una mera "declaración retórica", los procesos de cambio o transformación constitucional no debían quedar reducidos a los que se preveían en la Constitución como norma suprema y fundamental.

Pero si la Corte se atenía al otro principio del constitucionalismo moderno, como es el de la supremacía constitucional, es decir, el necesario respeto de la Constitución adoptada por el pueblo soberano que obliga y se impone por igual, como lo dijo la Corte, tanto a los gobernantes (poderes constituidos) como a los gobernados (poder constituyente), toda modificación de la voluntad popular plasmada en la Constitución sólo podía realizarse a través de los mecanismos de reforma o enmienda que establecía la misma Constitución que era, precisamente, obra de la soberanía popular. Sobre ello, sin embargo, la Corte Suprema dijo que "Si se estima que para preservar la soberanía popular, es al pueblo a quien corresponderá siempre, como titular del poder constituyente, realizar y aprobar cualquier modificación de la Constitución,... *la que se verá corrosivamente afectada será la idea de supremacía*". Es decir, para que el principio de la supremacía constitucional no se viera corrosivamente afectado, las modificaciones a la Constitución sólo la podía realizar el pueblo a través de los mecanismos previstos en la propia Constitución.

Era claro, por tanto, cual era el dilema abierto desde el punto de vista constitucional en ese momento histórico de Venezuela: o la soberanía popular era pura retórica si no podía manifestarse directamente fuera del marco de la Constitución; o la supremacía constitucional se veía corrosivamente afectada si se permitía que el pueblo soberano, como titular del poder constituyente, pudiera modificar la Constitución fuera de sus normas.

La solución del dilema podía ser relativamente fácil en una situación de hecho o de ruptura constitucional: el pueblo, como poder constituyente puede manifestarse siempre, particularmente porque al romperse el hilo constitucional no existe el principio de la supremacía constitucional. Ello sin embargo, no podía ocurrir en un proceso constituyente de derecho sometido a una Constitución, de manera que no estando Venezuela, a comienzos de 1999, en una situación de hecho, sino de vigencia del orden constitucional del texto de 1961, el dilema planteado entre soberanía popular y supremacía constitucional, frente a un proceso de cambio político

---

465. *V.,* los comentarios sobre el dilema en Lolymar Hernández Camargo, *La Teoría del Poder Constituyente. Un caso de estudio: el proceso constituyente venezolano de 1999,* UCAT, San Cristóbal, 2000, pp. 53 y ss; Claudia Nikken, *La Cour Suprême de Justice et la Constitution vénézuélienne du 23 Janvier 1961.* Thèse Docteur de l'Université Panthéon Assas, (Paris II), Paris 2001, pp. 366 y ss.

incontenible como el que se estaba produciendo, no podía tener una solución que derivase de la sola discusión jurídica, sino que necesaria y básicamente tenía que tener una solución de carácter político, pero guiada por el órgano judicial del Estado constitucional, que podía interpretar la Constitución, es decir, la Corte Suprema de Justicia. Lo que era claro en ese momento es que en la discusión jurídica que se había abierto en el país para enfrentar el mismo dilema, habían quedado precisadas las dos posiciones indicadas:

Por una parte, la de quienes sostenían y sostuvimos que derivado del principio de la supremacía constitucional, en el Estado constitucional democrático de derecho representativo la Constitución establece los mecanismos para su revisión (reforma y enmienda), y al no regular a la Asamblea Constituyente como medio para la reforma, para que ésta pudiera convocarse debía previamente crearse y establecerse su régimen en el texto constitucional, mediante una reforma constitucional, que le diese *status* constitucional.

Por otra parte, la de quienes sostenían, encabezados por el Presidente de la República, que derivado del principio de que la soberanía reside en el pueblo como lo decía el artículo 4 de la Constitución de 1961, la consulta popular sobre la convocatoria y régimen de la Asamblea Constituyente, como manifestación de dicha soberanía popular declarada por el pueblo como poder constituyente originario mediante referendo, era suficiente para que la misma se convocara y eligiera, y acometiera la reforma constitucional sin necesidad de que previamente se efectuase una reforma constitucional para regularla. Se trataba, en definitiva, del debate sobre el poder constituyente en el Estado constitucional democrático representativo que intermitentemente ha dominado la discusión constitucional en todos los Estados modernos, y que siempre ha estado en la precisa frontera que existe entre los hechos y el derecho.

A la Sala Político Administrativa de la Corte Suprema de Justicia, como se ha dicho, se le había solicitado que interpretara en relación con la posibilidad de una consulta popular (referendo consultivo) sobre la convocatoria de la Asamblea Nacional Constituyente, si a través de un "referendo consultivo" como el establecido en el artículo 181 de la Ley Orgánica del Sufragio y de Partición Política "se puede determinar *la existencia de voluntad popular para una futura reforma constitucional* y, en caso afirmativo, si ese mecanismo legal de participación puede servir de fundamento a los efectos de convocar a una Asamblea Constituyente, de manera tal que se respete el ordenamiento constitucional vigente."

En las sentencias, la Corte Suprema después de realizar algunas citas doctrinales genéricas, precisó el dilema que tenía que resolver, así: "El asunto planteado es el dilema de si la propia Constitución, le es dado regular sus propios procesos de modificación y de reforma o si se considera que la soberanía corresponde directamente al pueblo, como titular del poder constituyente, reordenando al Estado. En el primer caso estaríamos en presencia del poder constituido. En el segundo, el poder constituyente tendría carácter absoluto e ilimitado". Después de disquisiciones como estas, la Corte Suprema terminó decidiendo que "la interpretación que debe atribuirse al artículo 181 de la Ley Orgánica del Sufragio y Participación Política, respecto del alcance del referendo consultivo que consagra, en cuanto se refiere al caso concreto objeto del recurso que encabeza las presentes actuaciones, es que: a través del mismo *puede ser consultado el parecer del cuerpo electoral sobre cualquier decisión de especial trascendencia nacional* distinto a los expresamente excluidos por la propia Ley Orgánica del Sufragio y Participación Política en su artículo 185, incluyendo la relativa a la convocatoria de una Asamblea Constituyente".

Es decir, la Corte Suprema de Justicia en esta sentencia, muy lamentablemente, no sólo no resolvió de manera expresa el dilema constitucional que se le había planteado y que ella misma había identificado, sino que se limitó sólo a decidir que conforme al artículo 181 de la Ley Orgánica del Sufragio y Participación Política, sí se podía realizar un referendo consultivo para consultar el parecer del pueblo sobre la convocatoria de una Asamblea Constituyente; lo que nadie negaba, pues se trataba de una consulta popular sobre una materia de trascendencia nacional. Pero aparte de decidir lo anterior, sobre el otro asunto que se le había planteado a la Corte Suprema, que era el esencial desde el punto de vista constitucional, sobre si en definitiva, para convocar la Asamblea Constituyente bastaba el referendo consultivo o era necesario, además, reformar previamente la Constitución, la Corte nada resolvió ni decidió, y menos en forma precisa y clara.

En realidad, sobre este asunto, en las sentencias, la Sala llegó a la conclusión de que una vez efectuado un referendo consultivo conforme al artículo 181 de la Ley Orgánica del Sufragio y Participación Política, "aún cuando el resultado de la decisión popular adquiera vigencia inmediata, *su eficacia sólo procedería* cuando, mediante los *mecanismos legales establecidos se de cumplimiento a la modificación jurídica aprobada*. Todo ello siguiendo procedimientos ordinarios previstos en el orden jurídico vigente, a través de los órganos del Poder Público *competentes* en cada caso. Dichos órganos estarán en la *obligación de proceder* en ese sentido".

De este párrafo lo que se deducía, en realidad, era que una consulta popular sobre la convocatoria a una Asamblea Constituyente no bastaba para efectivamente convocarla y reunirla, de manera que la consulta popular sólo podía interpretarse como un mandato político para que los órganos del Poder Público *competentes* pudieran proceder a efectuar las modificaciones jurídicas derivadas de la consulta popular, siguiendo los procedimientos ordinarios previstos en el orden jurídico vigente, tanto constitucional como legal. Sólo después de que estas modificaciones se efectuasen, conforme al criterio de la Corte, que no podían ser otras que no fueran las que resultasen de una revisión constitucional (reforma o enmienda), entonces era que la consulta popular podía ser efectiva. Ello implicaba que para efectuar la reforma e incorporar a la Constitución la figura de la Asamblea Constituyente, debía asegurarse la participación de los diputados y senadores y de las Cámaras Legislativas, con la participación del pueblo vía referendo aprobatorio conforme a los artículos 245 y 246 de la Constitución de 1961.

Es decir, lejos de decidir con precisión la cuestión constitucional planteada respecto de la posibilidad constitucional de la convocatoria de una Asamblea Constituyente sin una reforma previa de la Constitución, las sentencias de la Corte Suprema del 19 de enero de 1999, dentro de su imprecisión y ambigüedad, dejaron abierta la discusión constitucional, y con ello, la vía jurídico-judicial para la convocatoria de un referendo consultivo para que el pueblo se pronunciara sobre la convocatoria de una Asamblea Nacional Constituyente, sin que esta institución estuviese prevista en la Constitución de 1961, vigente en ese momento, como un mecanismo de revisión constitucional[466]. Con esta decisión, la Corte Suprema no sólo sentó las bases para el inicio del proceso constituyente venezolano de 1999, sino que dio comienzo al proceso que condujo al golpe de Estado perpetrado por la Asamblea Constituyente la cual al finalizar su mandato decretaría la extinción de la propia Corte Suprema que con su abstención había iniciado el proceso que le dio origen.

Como antes se dijo, la Corte Suprema no llegó a resolver lo esencial de la interpretación que le había sido requerida, y solo dijo que conforme a las normas sobre referendos de la Ley Orgánica del Sufragio y de Participación Política, se podía consultar al pueblo sobre la convocatoria de una Asamblea Constituyente, pero nada dijo sobre si para convocarla debía o no previamente reformarse la Constitución de 1961 para regularla en su texto. El resultado de esta ausencia de decisión precisa de la Corte, sin embargo, en el momento político que vivía el país, en la práctica fue suplida por la "opinión pública" que se conformó por los titulares de primera página de los diarios nacionales de los días 20 de enero de 1999 y siguientes, los cuales fueron los que abrieron efectiva e insólitamente dicha vía hacia el proceso constituyente, al "informar" en grandes letras que, supuestamente, la Corte Suprema de Justicia había decidido que se podía proceder a convocar una Asamblea Nacional Constituyente para revisar la Constitución, sin necesidad de reformar previamente la Constitución de 1961, que la regulara[467].

En ese momento, la euforia de los que de ello derivaron un "triunfo" jurídico[468], y la incredulidad y duda de otros, que no encontraban la "decisión" que anunciaba la prensa en el texto de la sentencia, impidieron precisar con exactitud el contenido de la misma. La verdad es que, como lo advertimos en su momento[469], eso no había

---

466   *V.*, Jesús María Casal, "La apertura de la Constitución al proceso político", en *Constitución y Constitucionalismo Hoy*, Fundación Manuel García-Pelayo, Caracas 2000, pp. 127 y ss.

467   *El Nacional*, Caracas 21-01-99, p. A-4 y D-1; *El Universal*, Caracas 21-01-99, p. 1-2 y 1-3; *El Universal*, Caracas 20-01-99, p. 1-15. El titular de primera página del diario *El Nacional* del 20-01-99 rezó así: "CSJ, considera procedente realizar un referéndum para convocar la Constituyente"; el titular del cuerpo de *Política* del mismo diario, del 21-01-99, rezó así: "No es necesario reformar la Constitución para convocar el referéndum" y el del día 22-01-99 rezó así: "La Corte Suprema no alberga dudas sobre la viabilidad de la Constituyente". *V.*, los comentarios coincidentes de Lolymar Hernández Camargo, *La Teoría del Poder Constituyente, cit.*, p. 63.

468. Ello se deducía de la propia Exposición de Motivos del Decreto N° 3 del 02-02-99 del Presidente de la República convocando al referendo consultivo sobre la Asamblea Nacional Constituyente en la se dijo que: "b) La Corte Suprema de Justicia, en sus decisiones del 19 de enero de 1999, ha establecido que para realizar el cambio que el país exige, es el Poder Constituyente, como poder soberano previo y total, el que puede, en todo momento, modificar y transformar el ordenamiento constitucional, de acuerdo con el principio de la soberanía popular consagrado en el artículo 4 de la Carta Fundamental; c) El referendo previsto en la Ley Orgánica del Sufragio y Participación Política, es un mecanismo democrático a través del cual se manifiesta el poder originario del pueblo para convocar una Asamblea Nacional Constituyente y un derecho inherente a la persona humana no enumerado, cuyo ejercicio se fundamenta en el artículo 50 del Texto Fundamental y que, ese derecho de participación, se aplica no sólo durante elecciones periódicas y de manera permanente a través del funcionamiento de las instituciones representativas, sino también en momentos de transformación institucional que marcan la vida de la Nación y la historia de la sociedad". (*Gaceta Oficial* N° 36.634 de 02-02-99).

469   *V.*, Allan R. Brewer-Carías, *Poder Constituyente Originario y Asamblea Nacional Constituyente*, Fundación de Derecho Público, Caracas 1999, pp. 66 y ss. *V.*, además, lo expuesto en Allan R. Brewer-Carías, *Golpe de Estado y proceso constituyente en Venezuela*, Universidad Nacional Autónoma de México, México 2002, pp. 85 y ss.

sido lo que había decidido la Corte Suprema de Justicia en las sentencias de su Sala Político Administrativa del 19 de enero de 1999. Se insiste, la Corte debía decidir sendos recursos de interpretación de las normas de la Ley Orgánica del Sufragio y Participación Política sobre referendos, en los cuales se le habían formulado *dos preguntas* muy precisas: *primera,* si se podía convocar un referendo relativo a una consulta popular sobre la convocatoria de una Asamblea Nacional Constituyente; y *segunda,* si se podía convocar dicha Asamblea para dictar una nueva Constitución, sin que se reformarse previamente la Constitución de 1961, la cual no preveía la existencia de dicha Asamblea. La Corte, como ya lo hemos analizado anteriormente, resolvió claramente sólo la primera pregunta, y simplemente *no se pronunció sobre la segunda.* La sentencia se limitó a señalar que para realizar un referendo sobre el tema de la Constituyente no era necesario reformar previamente la Constitución; pero la Sala no se pronunció sobre si luego de efectuada la consulta popular, debía o no reformarse la Constitución de 1961 para poder convocar efectivamente la Asamblea Nacional Constituyente que no estaba regulada en norma alguna, como mecanismo para la revisión constitucional, precisamente para regularla en la Constitución como uno de dichos mecanismos.

El resultado final de esta carencia, y la opinión pública construida de ella, buscándose evitar el conflicto constitucional, provocó la desviación de la discusión jurídica constitucional hacia otros aspectos, siendo el resultado final, la convocatoria del referendo consultivo sobre la Asamblea Nacional Constituyente que se efectuó en 25 de abril de 1999, y la elección de los miembros de la Asamblea el 25 de julio del mismo año, con el "propósito de transformar el Estado y crear un nuevo ordenamiento jurídico que permita el funcionamiento efectivo de una democracia social y participativa", como lo había resuelto el pueblo al manifestar su voluntad en el mencionado referéndum consultivo. El término de duración de la Asamblea para el cumplimiento de su mandato, conforme a dicho referéndum, se fijó en 180 días, habiéndose instalado el 8 de agosto de 1999, en sesión en la cual la Asamblea asumió el "poder constituyente originario", con lo cual intervino todos los poderes constituidos, entre ellos el Poder Judicial, disolviendo el Congreso y finalmente a la propia Corte Suprema, dando, en fin, un golpe de Estado.

II. EL PROCESO DE ELABORACIÓN DE LA CONSTITUCIÓN VENEZO-LANA DE 1999 POR LA ASAMBLEA NACIONAL CONSTITUYENTE

La misión de la Asamblea Nacional Constituyente, por supuesto, también implicaba reformar o sustituir la Constitución de 23 de enero de 1961, que había sido sancionada por el Congreso que había sido electo en 1958 después de la revolución cívico-militar que produjo el derrocamiento del régimen autoritario del general Marcos Pérez Jiménez. Esa Constitución de 1961, inspirada en el texto constitucional de 1947, puede decirse que incorporó definitivamente a Venezuela en las corrientes del constitucionalismo democrático contemporáneo que se habían venido delineando con posterioridad a la Segunda Guerra Mundial. Precisamente fue bajo su manto que se desarrolló el régimen democrático en el país (1958-1999).

La Asamblea Nacional Constituyente que se instaló el 3 de agosto de 1999, sin embargo, como se dijo, interpretó que su misión no se limitaba a la sola elaboración de una nueva Constitución, tal y como derivaba del mandato popular que le dio origen; ejerciendo entonces otras funciones y poderes para los cuales no tenía autoridad alguna[470]. La Asamblea Nacional Constituyente asumió, en efecto, incluso contra lo que había sido decidido por la Corte Suprema de Justicia en sentencia de marzo de 1999[471] un poder constituyente originario, que la llevó a tomar decisiones que fueron más allá de la creación de un ordenamiento jurídico para la transformación del Estado. En esta forma, de las cinco etapas en las cuales se puede dividir las actividades de la Asamblea, sólo dos se dedicaron a la tarea que tenía popularmente prescrita, que era, precisamente, la producción de una nueva Constitución.

En efecto, durante la *primera etapa* de funcionamiento de la Asamblea que transcurrió durante casi la totalidad del primer mes de su actividad, del 08 de agosto al 02 de septiembre de 1999, con base en el poder originario que asumió, la Asamblea se dedicó a realizar una ilegítima intervención y reorganización de todos los Poderes Públicos constituidos y cuyos titulares habían sido electos unos meses antes, en diciembre del año anterior. En esta primera etapa la Asamblea irrumpió contra la Constitución que estaba vigente, la de 1961, provocando un golpe de Estado[472].

En la *segunda etapa,* que duró algo más de mes y medio, del 02 de septiembre al 18 de octubre, el trabajo de la Asamblea se concentró en el funcionamiento de las 20 Comisiones Permanentes y de la Comisión Constitucional que la componían, donde se elaboró el Proyecto de Constitución. En efecto, durante esta etapa no se realizaron sesiones plenarias de la Asamblea, habiéndose concentrado el trabajo de la misma en las Comisiones Permanentes que se habían designado, las cuales elaboraron en forma completamente aislada unas de otras, las partes correspondientes del Proyecto de articulado, las cuales se remitieron a la Comisión Constitucional. Esta, durante 20 días, en el período comprendido entre el 28 de septiembre y el 18 de octubre de 1999, pretendió realizar la labor de integración normativa necesaria para, partiendo de veinte informes aislados de las Comisiones, elaborar un Anteproyecto de Constitución.

En cuanto a la tarea de elaboración del nuevo texto constitucional, lamentablemente, desde el inicio, la Asamblea no llegó a adoptar una metodología adecuada para la elaboración del Proyecto. Debió haberse partido de un Anteproyecto concebido como un todo orgánico sobre el cual las diversas Comisiones debieron haber trabajado para la elaboración de las ponencias respectivas. Pero lamentablemente ello no sucedió así, ignorándose las experiencias de anteriores Asambleas o Congresos Constituyentes como los de 1947 y 1960. En consecuencia, en la Asamblea Nacional Constituyente de 1999, para la elaboración del nuevo texto constitucional no se partió de algún Anteproyecto elaborado previamente, y ello a pesar de que el Presidente de la República había designado una Comisión Constituyente que debió haber realizado dicha labor. Esta Comisión no presentó Proyecto alguno y fue el Presidente de la República, quien a las pocas semanas de instalarse la Asamblea le envió un documento intitulado *Ideas Fundamentales para la Constitución Boliva-*

---

470   *V.,* Allan R. Brewer-Carías, *Debate Constituyente (Aportes a la Asamblea Nacional Constituyente),* Tomo I, (8 agosto-8 septiembre), Editorial Jurídica Venezolana, Caracas 1999, pp. 17 y ss.

471   *V.,* Allan R. Brewer-Carías, *Poder Constituyente originario y Asamblea Nacional Constituyente,* Editorial Jurídica Venezolana, Caracas 1999, pp. 205 y ss.

472   *V.,* Allan R. Brewer-Carías, *Golpe de Estado y Proceso Constituyente en Venezuela,* UNAM, México 2002, pp. 189 y ss.

riana de la V República (agosto 1999), el cual, en realidad, no podía considerarse como un Anteproyecto de Constitución, no habiendo sido ni siquiera considerado así por la propia Asamblea para que las Comisiones iniciaran su trabajo. El documento, sin embargo, fue seguido por muchas de las Comisiones, aun cuando aisladamente.

Metodológicamente, por tanto, el trabajo de la Asamblea se inició con la falla fundamental de carecer de un Anteproyecto que sirviera de punto de partida general para los trabajos de preparación de una nueva Constitución, por lo que la Comisión Constitucional, con la premura y presión que se le imprimió para concluir su labor, durante los solos 15 días en los cuales sesionó no pudo realizar adecuadamente la tarea de elaborar un Proyecto acabado de Constitución, totalmente integrado y coherente. El 18 de octubre de 1999, sin embargo, la Comisión consignó ante la Asamblea un Proyecto de Constitución para la discusión en la plenaria, el cual, revisado y reformulado por otras Comisiones especiales, se sometió a discusión en las sesiones plenarias a partir del 20 de octubre de 1999.

En la *tercera etapa,* que también sólo duró algo menos de un mes desde el 20 de octubre al 17 de noviembre, la Asamblea se dedicó en sesiones plenarias a la discusión y aprobación del Proyecto de Constitución. En ese período se efectuó la *primera discusión* del articulado del Proyecto en una forma inusitadamente rápida y con una celeridad casi irracional, en sólo 19 sesiones plenarias que se desarrollaron durante 19 días, entre el 20 de octubre y 09 de noviembre de 1999; y, además, la *segunda discusión* del articulado, en sólo 3 sesiones plenarias que se efectuaros los días 12, 13 y 14 de noviembre de 1999.

Quien escribe esta nota intervino como Constituyente en las discusiones que se desarrollaron en dichas sesiones en relación con todos los Títulos, Capítulos y Secciones del Proyecto y, materialmente, con todos los artículos del mismo. En ese proceso, formulamos 127 votos salvados en relación con la aprobación de 132 de los 350 artículos del Proyecto de Constitución, que presentamos y consigamos por escrito[473]. El país fue testigo del tiempo que le dedicamos a los trabajos de la Asamblea así como de las propuestas que formulamos en diversas ocasiones para tratar de mejorar el texto constitucional[474]. Hubiésemos querido que el mismo hubiese quedado redactado en otra forma, y lo más importante, hubiésemos querido que en el texto efectivamente, se hubiesen sentado las bases para la transformación del sistema político venezolano con vistas a perfeccionar la democracia, lo cual al final, en nuestro criterio, no se logró. Al contrario, lo que resultó fue una Constitución que si bien contiene elementos de progresión en materia de protección de los derechos humanos, sin embargo, abrió la puerta al autoritarismo por el esquema centralista y concentrador del poder que adoptó y por el militarismo, estatismo y populismo que caracterizan el

---

473   *V.,* el texto de los votos salvados en Allan R. Brewer-Carías, *Debate Constituyente, (Aportes a la Asamblea Nacional Constituyente),* Tomo III (18-octubre-30 noviembre 1999), Caracas 1999, pp. 107 a 308.

474   *V.,* Allan R. Brewer-Carías, *Debate Constituyente (Aportes a la Asamblea Nacional Constituyente),* 3 Tomos, Editorial Jurídica Venezolana, Caracas 1999.

modelo de Estado que se siguió[475], el cual, en definitiva, anula todos los aspectos positivos que pudiera haber tenido el texto constitucional.

En la *cuarta etapa,* la cual también duró un mes, desde el 15 de noviembre al 15 de diciembre, la labor de la Asamblea y de los Constituyentes se dedicó a la difusión del texto del *Proyecto* para su votación en el *referéndum aprobatorio,* el cual se realizó precisamente el 15 de diciembre de 1999. En ese período, junto con otros Constituyentes, liderizamos la campaña por el voto negativo de la Constitución[476].

En la *quinta etapa*, la cual duró casi dos meses desde la realización del referéndum de aprobación de la Constitución hasta la conclusión de su período de seis meses de duración el 2 de febrero de 2000, la Asamblea, se dedicó a dictar e implementar un denominado "régimen de transición del Poder Público" y a nombrar nuevos titulares de los órganos del Poder Público, para lo cual no tenía autoridad popular alguna y más bien contrariando lo que se establecía en la nueva Constitución, publicada en *Gaceta Oficial* el 30 de diciembre de 1999. En esta forma, la Asamblea Nacional Constituyente continuó con el golpe de Estado que había iniciado meses atrás contra la Constitución de 1961, pero esta vez contra la nueva Constitución de 1999 que ella misma había sancionado. En particular, debe destacarse que dicho régimen transitorio no fue sometido al referéndum aprobatorio del 15 de diciembre, y su contenido no sólo estaba desvinculado de lo dispuesto en las propias *Disposiciones Transitorias* de la nueva Constitución de 1999 sino que era totalmente contrario a sus regulaciones, siendo por tanto ilegítimo desde el punto de vista constitucional[477].

Ahora bien, en las diversas etapas de elaboración y discusión del texto que sirvió para la sanción del Proyecto de Constitución que fue sometido a dicho referéndum aprobatorio el 15 de diciembre de 1999, por supuesto y fundamentalmente por la premura e improvisación que caracterizó el trabajo de la Asamblea, en muchos casos se tomaron en cuenta frases o partes de muchos artículos de diversos instrumentos internacionales y de textos constitucionales que se habían dictado durante las últimas décadas en el mundo occidental de habla hispana y, especialmente, artículos de la Constitución colombiana de 1991 y de la Constitución española de 1978[478]. Por supuesto, ello no puede conducir a señalar que alguna Constitución extranjera haya tenido una influencia global en la elaboración de la Constitución venezolana de

---

475   *V.,* lo que hemos expuesto en Allan R. Brewer-Carías, "Reflexiones críticas sobre la Constitución de Venezuela de 1999", en Diego Valadés y Miguel Carbonell (Coordinadores), *Constitucionalismo Iberoamericano del Siglo XXI,* UNAM, México 2000, pp. 171 a 193; y *Golpe de Estado y Proceso Constituyente en Venezuela,* UNAM, México 2002.

476   *V.,* Allan R. Brewer-Carías, *Debate Constituyente (Aportes a la Asamblea Nacional Constituyente),* Tomo III, (18 octubre-30 noviembre 1999), Editorial Jurídica Venezolana, Caracas 1999, pp. 315 a 340.

477   *V.,* Allan R. Brewer-Carías, *Golpe de Estado y Proceso Constituyente en Venezuela*, cit., pp. 239 y ss.

478   *V.,* lo que hemos expuesto en relación con los antecedentes de normas de la Constitución española en la venezolana, en Allan R. Brewer-Carías, "La Constitución Española de 1978 y la Constitución de la República Bolivariana de Venezuela de 1999: algunas influencias y otras coincidencias", en Francisco Fernández Segado (Coord.), *La Constitución de 1978 y el Constitucionalismo Iberoamericano*, Ministerio de la Presidencia. Secretaría General Técnica, Centro de Estudios Políticos y Constitucionales, Madrid 2003, pp.765-786.

1999. La tradición constitucional venezolana se remonta al texto de la Constitución Federal de los Estados de Venezuela de 1811, sancionada después de la Declaración de Independencia, y ya en ella se pueden apreciar las bases del constitucionalismo[479] que se sucedieron en las 26 Constituciones posteriores, incluyendo la vigente, entre ellas, la supremacía y rigidez constitucional, la declaración de derechos, la separación de poderes y el presidencialismo como sistema de gobierno; la distribución territorial del poder partiendo de la idea federal y del municipalismo; todas las cuales se complementaron a partir de mitades del Siglo XIX, con la previsión del control judicial de la constitucionalidad de las leyes[480]. Incluso, muchas de las disposiciones de la Constitución venezolana de 1961, en su momento, influyeron en la redacción de la propia Constitución colombiana de 1991, como sin duda fue la previsión relativa a la acción de tutela (art. 86) que siguió la orientación del artículo de la Constitución de Venezuela de 1961 sobre la acción de amparo (art. 49)[481].

Sin embargo, si se compara el articulado de la Constitución colombiana de 1991 con el de la Constitución de Venezuela de 1999, aparte de encontrarse, por supuesto, muchas coincidencias regulatorias entre ambas, se pueden identificar muchas normas en la primera que pueden considerarse como antecedentes de las equivalentes en la segunda, particularmente porque las mismas no tenían antecedentes directos en las Constituciones anteriores, siendo por tanto novedosas en el constitucionalismo venezolano.

Precisamente queremos, con ocasión del XX Aniversario de la Constitución colombiana, destacar estas previsiones, que se refieren básicamente, a regulaciones de carácter principistas sobre principios fundamentales, el sistema de justicia constitucional y en relación con la Asamblea Constituyente como mecanismo de reforma constitucional.

III. LA CONSTITUCIONALIZACIÓN DE LOS PRINCIPIOS FUNDAMENTALES DEL ESTADO EN LA CONSTITUCIÓN DE VENEZUELA DE 1999 Y LOS ANTECEDENTES EN LA CONSTITUCIÓN DE COLOMBIA DE 1991

En relación con muchos de los principios fundamentales del Estado[482], puede decirse que en efecto, el texto de la Constitución venezolana de 1999 tuvo como ante-

---

479   V., Allan R. Brewer-Carías, *Reflexiones sobre la Revolución Americana (1776) y la Revolución Francesa (1789) y sus aportes al constitucionalismo moderno*, Editorial Jurídica Venezolana, Caracas 1992; y *Evolución histórica del Estado*, Tomo I, *Instituciones Políticas y Constitucionales*, Caracas 1996.

480   V., el texto de todas las Constituciones y actos constitucionales de Venezuela en Allan R. Brewer-Carías, *Las Constituciones de Venezuela*, Academia de Ciencias Políticas y Sociales, 2 Vols., Caracas 2008

481   V., Allan R. Brewer-Carías, "El amparo a los derechos y libertades constitucionales y la acción de tutela a los derechos fundamentales en Colombia: una aproximación comparativa" en Manuel José Cepeda (editor), *La Carta de Derechos. Su interpretación y sus implicaciones*, Editorial Temis, Bogotá 1993, pp. 21-81.

482   Sobre la inclusión de los principios fundamentales en la Constitución de 1999 *V.,* nuestro aporte en el trabajo "Los principios fundamentales sobre la República," en Allan R. Brewer-Carías, *Debate Constituyente (Aportes a la Asamblea Nacional Constituyente)*, Tomo II (9 septiembre-17 octubre 1999), Fundación de Derecho Público, Caracas 1999, pp. 17-27.

cedente el de la Constitución colombiana de 1991. Esto se evidencia de las siguientes regulaciones:

1. *La definición constitucional de los fines esenciales del Estado*

Una disposición novedosa que se incorporó en la Constitución venezolana de 1999, sin antecedente expreso en las Constituciones precedentes, fue la relativa a los fines del Estado, expresados en el artículo 3, con el siguiente texto:

> *Artículo 3.* El Estado tiene como fines esenciales la defensa y el desarrollo de la persona y el respeto a su dignidad, el ejercicio democrático de la voluntad popular, la construcción de una sociedad justa y amante de la paz, la promoción de la prosperidad y bienestar del pueblo y la garantía del cumplimiento de los principios, derechos y deberes reconocidos y consagrados en esta Constitución.

Esta disposición, sin duda, tuvo como antecedente la primera parte del artículo 2º de la Constitución colombiana de 1991, en el cual igualmente se dispone que:

> *Artículo 2º.* Son fines esenciales del Estado: servir a la comunidad, promover la prosperidad general y garantizar la efectividad de los principios, derechos y deberes consagrados en la Constitución; facilitar la participación de todos en las decisiones que los afectan y en la vida económica, política, administrativa y cultural de la Nación; defender la independencia nacional, mantener la integridad territorial y asegurar la convivencia pacífica y la vigencia de un orden justo.

2. *La enunciación constitucional de las formas de ejercicio de la soberanía popular*

El principio de que la soberanía reside en el pueblo que la puede ejercer mediante el sufragio a través de sus representantes, fue incorporado en el constitucionalismo venezolano desde la sanción de Constitución Federal para los Estados de Venezuela de 21 de diciembre de 1811, y así se siguió expresando en todas las Constituciones posteriores hasta la de 1961.

En el texto constitucional de 1999, sin embargo, al ejercicio de la soberanía en forma indirecta a través de representantes (que es la democracia indirecta), se agregó por primera vez, en forma expresa, la posibilidad del ejercicio de la soberanía en forma directa (que es la democracia directa) a través de los mecanismos que la propia Constitución previó.[483] En ese sentido, en el artículo 5 de la Constitución venezolana de 1999 se estableció lo siguiente:

---

483   *V.,* sobre esta propuesta lo que expusimos en "Propuesta sobre la regulación del principio democrático representativo y participativo," en Allan R. Brewer-Carías, *Debate Constituyente (Aportes a la Asamblea Nacional Constituyente)*, Tomo I (8 agosto - 8 septiembre 1999), Fundación de Derecho Público, Caracas 1999, pp. 183-199; v en "Principios generales sobre derechos políticos,"y en "Derecho a la participación política,"en Allan R. Brewer-Carías, *Debate Constituyente (Aportes a la Asamblea Nacional Constituyente)*, Tomo II (9 septiembre - 17 octubre 1999), Fundación de Derecho Público, Caracas 1999, pp. 119-134 y 135-143, respectivamente.

Artículo 5. La soberanía reside intransferiblemente en el pueblo, quien la ejerce directamente en la forma prevista en esta Constitución y en la ley, e indirectamente, mediante el sufragio, por los órganos que ejercen el Poder Público.

Esta norma, estimamos que también tuvo su antecedente en el texto de la Constitución colombiana de 1991, en la cual se dispuso el mismo principio en la forma siguiente:

Artículo 3°. La soberanía reside exclusivamente en el pueblo, del cual emana el poder público. El pueblo la ejerce en forma directa o por medio de sus representantes, en los términos que la Constitución establece.

3. *La enumeración constitucional de los mecanismos de participación política, o de ejercicio de la democracia indirecta y directa*

Como consecuencia de la previsión constitucional de la posibilidad de ejercicio de la democracia directa, conforme a los antes mencionados artículos 5 y 3 de las Constituciones venezolana y colombiana, respectivamente, en ambas textos constitucionales, además de los mecanismos destinados al ejercicio de la democracia indirecta (sufragio, mediante representantes), se establecieron mecanismos para el ejercicio de la democracia directa, aún cuando regulárselos global y conjuntamente como mecanismos de participación política. Así, en el artículo 70 de la Constitución venezolana de 1999, al regularse los medios de participación política, se dispuso lo siguiente:

Artículo 70. Son medios de participación y protagonismo del pueblo en ejercicio de su soberanía, en lo político: la elección de cargos públicos, el referendo, la consulta popular, la revocación del mandato, las iniciativas legislativa, constitucional y constituyente, el cabildo abierto y la asamblea de ciudadanos y ciudadanas cuyas decisiones serán de carácter vinculante,

Esta norma, sin duda, puede considerarse que tiene su antecedente en el artículo 103 de la Constitución colombiana, en la cual también se regularon los mecanismos de participación política, de la siguiente manera:

Artículo 103. Son mecanismos de participación del pueblo en ejercicio de su soberanía: el voto, el plebiscito, el referendo, la consulta popular, el cabildo abierto, la iniciativa legislativa y la revocatoria del mandato. La ley los reglamentará.

4. *La constitucionalización del principio de la responsabilidad del Estado*

En la Constitución venezolana de 1999 se estableció en forma expresa por primera vez en nuestro constitucionalismo el principio de la responsabilidad del estado por los daños causados por sus actuaciones[484]; con lo cual el régimen de dicha responsabilidad dejó ser el producto de la sola elaboración doctrinal y jurisprudencial

---

484 Sobre la propuesta de incorporar esta norma, *V.,* lo expuesto en nuestro trabajo "Régimen general del Poder Público y de las competencias del Poder Público nacional", en Allan R. Brewer-Carías, *Debate Constituyente (Aportes a la Asamblea Nacional Constituyente),* Tomo II (9 septiembre - 17 octubre 1999), Fundación de Derecho Público, Caracas 1999, pp. 184-189.

que se había venido desarrollando en las últimas décadas, pasándose a su regulación en un texto constitucional expreso.

Así, el artículo 140 de la Constitución venezolana de 1999 dispone que:

> *Artículo 140*: El Estado responderá patrimonialmente por los daños que sufran los o las particulares en cualquiera de sus bienes y derechos, siempre que la lesión sea imputable al funcionamiento de la Administración Pública.

Este artículo puede decirse que encuentra su antecedente inmediato, aún cuando con redacción diferente, en el artículo 90 de la constitución colombiana, en el cual se dispone:

> *Artículo 90*. El Estado responderá patrimonialmente por los daños antijurídicos que le sean imputables, causados por la acción o la omisión de las autoridades públicas.

5.   *La constitucionalización de la posibilidad de la supranacionalidad con motivo de los procesos de integración*

Una de las carencias constitucionales para que Venezuela pudiese incorporarse a procesos de integración, había sido la ausencia de previsiones constitucionales que permitieran el establecimiento de órganos supranacionales a los cuales el estado podía transferir poderes y competencias constitucionales, lo que sin duda, conspiró contra la participación efectiva del país en procesos de integración como el inicial pacto andino luego transformado en la Comunidad Andina de Naciones[485].

Para solucionar esta carencia, en el texto de la constitución venezolana de 1999 se incorporó una norma expresa[486] que permite la supranacionalidad, mediante la transferencia de competencias a órganos comunitarios y la aplicación directa en el país del derecho comunitario que sancionen, en la siguiente forma:

> *Artículo 153*. La República promoverá y favorecerá la integración latinoamericana y caribeña, en aras de avanzar hacia la creación de una comunidad de naciones, defendiendo los intereses económicos, sociales, culturales, políticos y ambientales de la región. La República podrá suscribir tratados internacionales que conjuguen y coordinen esfuerzos para promover el desarrollo común de nuestras naciones, y que garanticen el bienestar de los pueblos y la seguridad colectiva de sus habitantes. Pa-

---

485   *V.*, en general, lo que hemos expuesto en Allan R. Brewer-Carías, "Las exigencias constitucionales de los procesos de integración y la experiencia latinoamericana" en *Congreso de Academias Iberoamericanas de Derecho*, Academia Nacional de Derecho y Ciencias Sociales de Córdoba, Córdoba 1999, pp. 279-317; "Las implicaciones constitucionales de la integración económica regional" en *El Derecho Venezolano a finales del Siglo XX*, Ponencias Venezolanas XV Congreso Internacional de Derecho Comparado, Bristol, julio-agosto 1998, Biblioteca de la Academia de Ciencias Políticas y Sociales, Caracas 1998, pp. 407-511; y "El derecho comunitario europeo: Experiencias para el proceso de integración andino", en *Revista de Derecho Público*, Nos. 61-62, enero-junio 1995, Editorial Jurídica Venezolana, Caracas 1997, pp. 5-49

486   *V.*, sobre la propuesta de incorporar esta norma en la Constitución nuestro trabajo "Propuesta sobre la regulación de la integración económica,"en Allan R. Brewer-Carías, *Debate Constituyente (Aportes a la Asamblea Nacional Constituyente)*, Tomo I (8 agosto - 8 septiembre 1999), Fundación de Derecho Público, Caracas 1999, pp. 171-182.

ra estos fines, la República podrá atribuir a organizaciones supranacionales, mediante tratados, el ejercicio de las competencias necesarias para llevar a cabo estos procesos de integración.

Dentro de las políticas de integración y unión con Latinoamérica y el Caribe, la República privilegiará relaciones con Iberoamérica, procurando sea una política común de toda nuestra América Latina. Las normas que se adopten en el marco de los acuerdos de integración serán consideradas parte integrante del ordenamiento legal vigente y de aplicación directa y preferente a la legislación interna.

Este artículo puede decirse que encuentra su antecedente inmediato, aún cuando con redacción diferente, en el artículo 90 de la constitución colombiana, en el cual se abrió constitucionalmente el paso hacia la integración con mayor base, el cual dispone:

> *Artículo 227.* El Estado promoverá la integración económica, social y política con las demás naciones y especialmente, con los países de América Latina y del Caribe mediante la celebración de tratados que sobre bases de equidad, igualdad y reciprocidad, creen organismos supranacionales, inclusive para conformar una comunidad latinoamericana de naciones. La ley podrá establecer elecciones directas para la constitución del Parlamento Andino y del Parlamento Latinoamericano.

6. *La constitucionalización de la declaratoria del subsuelo como bienes del dominio público*

En la Constitución venezolana de 1999, al igual que en la Constitución de Colombia de 1991, se produjo una destacada constitucionalización expresa de muchos principios del derecho administrativo[487], incluyendo la declaratoria de determinados bienes como del dominio público, lo que no tenía precedente en el constitucionalismo venezolano.

Con anterioridad, la declaratoria de bienes como del dominio público correspondía al código civil a previsiones en leyes especiales[488].

Así, en el artículo 12 de la Constitución de 1999, en cambio, se dispuso lo siguiente:

> *Artículo 12.* Los yacimientos mineros y de hidrocarburos, cualquiera que sea su naturaleza, existente en el territorio nacional, bajo el lecho del mar territorial, en la zona económica exclusiva y en la plataforma continental, pertenecen a la República,

---

487 *V.*, Allan R. Brewer-Carías, "El proceso de constitucionalización del Derecho Administrativo en Colombia" en *Revista de Derecho Público*, N° 55-56, Editorial Jurídica Venezolana, Caracas, julio-diciembre 1993, pp. 47-59; y en "Juan Carlos Cassagne (Director), *Derecho Administrativo. Obra Colectiva en Homenaje al Prof. Miguel S. Marienhoff,* Buenos Aires 1998, pp. 157-172; "Algunos aspectos de proceso de constitucionalización del derecho administrativo en la Constitución de 1999" en *Los requisitos y vicios de los actos administrativos. V Jornadas Internacionales de Derecho Administrativo Allan Randolph Brewer-Carías, Caracas 1996,* Fundación Estudios de Derecho Administrativo (FUNEDA), Caracas 2000, pp. 23-37.

488 *V.*, por ejemplo, sobre las aguas como del dominio público, Allan R. Brewer-Carías, *Ley de Aguas*, Editorial Jurídica Venezolana, Caracas 2007, 39-56.

son bienes del dominio público y, por tanto, inalienables e imprescriptibles. Las costas marinas son bienes del dominio público.

Esta regulación, conceptualmente, en cuanto a la constitucionalización de subsuelo como bien del dominio público[489], puede decirse que encuentra su antecedente en el artículo 332 de la Constitución colombiana que dispone:

> *Artículo 332.* El Estado es propietario del subsuelo y de los recursos naturales no renovables, sin perjuicio de los derechos adquiridos y perfeccionados con arreglo a las leyes preexistentes.

7. *La constitucionalización de la jerarquía constitucional de los tratados en materia de derechos humanos*

En la Constitución venezolana de 1999, a pesar de los doscientos años de tradición en materia de declaración de derechos constitucionales que se iniciaron con la declaración de derechos del pueblo de 1811, se incorporó expresamente al texto constitucional una efectiva y completa declaración de derechos, algunos de los cuales fueron por primera vez constitucionalizados. Muchas de dichas previsiones, por supuesto, coinciden con las que están en la Constitución Colombiana; pudiendo decirse, sin embargo, que algunas tienen su antecedente inmediato en ella, como la referida a la jerarquía constitucional de los tratados internacionales en materia de derechos humanos.

En efecto, una de las importantes innovaciones de la Constitución de 1999 en esta materia, ha sido el otorgarle rango constitucional a los Tratados internacionales sobre derechos humanos, siguiendo también los antecedentes de la Constitución del Perú de 1979 (art. 105) y de la Constitución Argentina de 1994 (art. 75), así como la orientación de la jurisprudencia de la Corte Suprema de Justicia sentada desde en la sentencia de declaratoria de nulidad de la Ley de Vagos y Maleantes de 14 de octubre de 1997[490]. Estos antecedentes nos llevaron a proponer la inclusión de una norma[491], que quedó redactada así:

> *Artículo 23.* Los tratados, pactos y convenciones relativos a derechos humanos, suscritos y ratificados por Venezuela, tienen jerarquía constitucional y prevalecen en el orden interno, en la medida en que contengan normas sobre su goce y ejercicio más favorable a las establecidas por esta Constitución y la ley de la República, y son

---

489 *V.*, sobre la propuesta de incorporar en la Constitución la declaratoria del subsuelo como dominio público, nuestro trabajo "El territorio de la república y la soberanía," en Allan R. Brewer-Carías, *Debate Constituyente (Aportes a la Asamblea Nacional Constituyente)*, Tomo II (9 septiembre - 17 octubre 1999), Fundación de Derecho Público, Caracas 1999, pp. 35 y 39.

490 *V.*, en Humberto J. La Roche, *Ensayos de Derecho Constitucional*, Tribunal Supremo de Justicia, Caracas 2002, pp. 223 y ss.; Carlos M. Ayala Corao, "Recepción de la jurisprudencia internacional sobre Derechos Humanos por la jurisprudencia constitucional", en *Estudios de Derecho Público: Libro Homenaje a Humberto J. La Roche Rincón*, Volumen I. Tribunal Supremo de Justicia, Caracas, 2001, pp. 153-224.

491 *V.*, nuestra propuesta sobre "La constitucionalización de los tratados sobre derechos humanos", en Allan R. Brewer-Carías, *Debate Constituyente (Aportes a la Asamblea Nacional Constituyente)*, Tomo II (9 septiembre - 17 octubre 1999), Fundación de Derecho Público, Caracas 1999, pp. 111 a 118.

de aplicación inmediata y directa por los tribunales y demás órganos del Poder Público.

Se destacan, de esta disposición, los siguientes aspectos: *primero*, la jerarquía constitucional de los tratados, pactos y convenciones sobre derechos humanos[492]; *segundo*, la aplicación prevalente de los mismos en relación con la Constitución y las leyes, si establecen normas más favorables; y *tercero*, la aplicación inmediata y directa de los mismos por los órganos que ejercen el Poder Público.

La norma, en cuanto a la declaratoria de la prevalencia de los tratados en el orden interno, puede decirse que también tuvo su antecedente en el artículo 93 de la Constitución de Colombia, en el cual se estableció:

> *Artículo 93*. Los tratados y convenios internacionales ratificados por el Congreso, que reconocen los derechos humanos y que prohíben su limitación en los estados de excepción, prevalecen en el orden interno.
>
> Los derechos y deberes consagrados en esta Carta, se interpretarán de conformidad con los tratados internacionales sobre derechos humanos ratificados por Colombia.

El texto venezolano, sin embargo, fue más preciso al declarar la jerarquía constitucional expresa de los tratados en materia de derechos humanos; pero careció de la previsión del texto colombiano en el sentido de establecer el principio interpretativo de los derechos declarados en la Constitución "de conformidad" con los tratados internacionales sobre derechos humanos.

8. *La constitucionalización del principio de la autonomía de ciertas corporaciones*

Otra innovación de la Constitución venezolana de 1999, fue la consagración en el texto constitucional de la autonomía universitaria y de la autonomía del instituto emisor, es decir del Banco Central. Esas previsiones también puede decirse que tienen sus antecedentes en el texto de la constitución colombiana de 1999.

El artículo 109 de la Constitución venezolana, en efecto, luego de una larga tradición de autonomía universitaria consagrada legalmente en el país desde inicios de los años sesenta, constitucionalizó dicha autonomía en la siguiente forma:

> *Artículo 109*. El Estado reconocerá la autonomía universitaria como principio y jerarquía que permite a los profesores, profesoras, estudiantes, egresados y egresadas de su comunidad dedicarse a la búsqueda del conocimiento a través de la investigación científica, humanística y tecnológica, para beneficio espiritual. Las universidades autónomas se darán sus normas de gobierno, funcionamiento y la administración eficiente de su patrimonio bajo el control y vigilancia que a tales efectos es-

---

492 *V.*, en general, Carlos M. Ayala Corao, "La jerarquía constitucional de los tratados relativos a Derechos Humanos y sus consecuencias", en *Bases y principios del sistema constitucional venezolano (Ponencias del VII Congreso Venezolano de Derecho Constitucional realizado en San Cristóbal del 21 al 23 de Noviembre de 2001)*, Volumen I, pp. 167-240; y Lorena Rincón Eizaga, "La incorporación de los tratados sobre derechos humanos en el derecho interno a la luz de la Constitución de 1999", en *Revista de la Facultad de Ciencias Jurídicas y Políticas de la UCV*, N° 119, Caracas, 2000, pp. 87-108.

tablezca la ley. Se consagra la autonomía universitaria para planificar, organizar, elaborar y actualizar los programas de investigación, docencia y extensión. Se establece la inviolabilidad del recinto universitario. Las universidades nacionales experimentales alcanzarán su autonomía de conformidad con la ley.

En la Constitución colombiana de 1991, también se había constitucionalizado la autonomía universitaria, aún cuando en forma mucho más escueta que en la Constitución venezolana, así:

> *Articulo 69.* Se garantiza la autonomía universitaria. Las universidades podrán darse sus directivas y regirse por sus propios estatutos, de acuerdo con la ley. La ley establecerá un régimen especial para las universidades del Estado.

En cuanto a la autonomía del Banco Central de Venezuela, en el artículo 318 de la Constitución venezolana se dispuso lo siguiente:

> *Artículo 318.* El Banco Central de Venezuela es persona jurídica de derecho público con autonomía para la formulación y el ejercicio de las políticas de su competencia. El Banco Central de Venezuela ejercerá sus funciones en coordinación con la política económica general, para alcanzar los objetivos superiores del Estado y la Nación.

Esta norma, en cuanto a la constitucionalización del principio de la autonomía y de la personalidad jurídica de derecho público del Banco Central puede decirse que tuvo su antecedente en el artículo 371 de la Constitución colombiana de 1991, en el cual se dispuso:

> *Artículo 371.* El Banco de la República ejercerá las funciones de banca central. Estará organizado como persona jurídica de derecho público, con autonomía administrativa, patrimonial y técnica, sujeto a un régimen legal propio.

IV. LA CONSTITUCIONALIZACIÓN DE ALGUNOS ELEMENTOS DEL SISTEMA DE JUSTICIA CONSTITUCIONAL EN LA CONSTITUCIÓN VENEZOLANA DE 1999 Y SUS ANTECEDENTES EN LA CONSTITUCIÓN DE COLOMBIA DE 1991

El sistema mixto o integral de justicia constitucional que existe en Colombia y Venezuela,[493] y que combina el control concentrado de constitucionalidad de las

---

493 *V.,* Allan R. Brewer-Carías, *El sistema mixto o integral de control de la constitucionalidad en Colombia y Venezuela,* Universidad Externado de Colombia (Temas de Derecho Público N° 39) y Pontificia Universidad Javeriana (Quaestiones Juridicae N° 5), Bogotá 1995; "El sistema mixto o integral de control de la constitucionalidad en Colombia y Venezuela", en G. J. Bidart Campos y J. F. Palomino Manchego (Coordinadores*), Jurisdicción Militar y Constitución en Iberoamérica, Libro Homenaje a Domingo García Belaúnde,* Instituto Iberoamericano de Derecho Constitucional (Sección Peruana), Lima 1997, pp. 483-560; Allan R. Brewer-Carías, *El control de la constitucionalidad de los actos estatales,* Caracas, 1977; "Algunas consideraciones sobre el control jurisdiccional de la constitucionalidad de los actos estatales en el Derecho venezolano", *Revista de Administración Pública,* N° 76, Madrid, 1975, pp. 419 a 446, y "La Justicia Constitucional en Venezuela", documento presentado al Simposio Internacional sobre Modernas Tendencias de Derecho Constitucional (España y América Latina). Universidad Externado de Colombia, Bogotá, Nov. 1986, 102 páginas. *V.,* además, M. Gaona Cruz, "El control judicial ante el Derecho Comparado" en *Archivo de Derecho Público y Ciencias de la Administración* (El Derecho Público en Colombia y Venezuela), Vol. VII, Caracas, 1986.

leyes, inicialmente a cargo de las Cortes Supremas, luego a cargo de sus Salas Constitucionales y finalmente en Colombia a cargo de una Corte Constitucional; con el
control difuso de la constitucionalidad de las mismas por parte de todos los jueces,
tiene en ambos países sus raíces en el siglo XIX. Incluso mucho se ha discutido,
particularmente entre los autores colombianos, sobre el origen de los componentes
de este sistema de justicia constitucional y sobre si los mismos se establecieron por
primera vez en Venezuela o en Colombia. Sin entrar a discutir cuándo y como se
establecieron en Colombia como sistemas de control judicial, es decir atribuidos a
tribunales (la Corte Suprema o todos los jueces), la situación histórica constitucional
en Venezuela fue la siguiente:

1. *Antecedentes del control difuso de la constitucionalidad de las leyes*

En lo que refiere al control difuso de la constitucionalidad, la base constitucional
para el desarrollo del mismo se estableció desde la Constitución Federal para los
Estados de Venezuela de 1811, al prever la garantía objetiva de la Constitución en la
forma siguiente:

> *Artículo 227.* La presente Constitución, las leyes que en consecuencia se expidan
> para ejecutarla y todos los tratados que se concluyan bajo la autoridad del gobierno
> de la Unión serán la Ley Suprema del Estado en toda la extensión de la Confedera-
> ción, y las autoridades y habitantes de las Provincias estarán obligados a obedecer-
> las religiosamente sin excusa ni pretexto alguno; pero las leyes que se expiden con-
> tra el tenor de ella no tendrán ningún valor sino cuando hubieren llenado las condi-
> ciones requeridas para una justa y legítima revisión y sanción".

Nótese que este artículo, en su primera parte, sigue el modelo de la cláusula de
supremacía establecida en la Constitución de los Estados Unidos de América de
1789 que le sirvió de inspiración (art. 6.2), con la diferencia de que en el texto venezolano se agregó expresamente la consecuencia de la violación de la supremacía que
producía la inconstitucionalidad y que en Estados Unidos sólo se había elaborado
por la jurisprudencia (Marbury v. Madison, 1803), al indicarse que *"las leyes que se
expiden contra el tenor de ella no tendrán ningún valor sino cuando hubieren llenado las condiciones requeridas para una justa y legítima revisión y sanción"*, lo
que significaba declarar la nulidad de las leyes contrarias a la Constitución, salvo
que al sancionarse se hubiese reformado la propia Constitución, para despejar cualquier vicio.

Pero no quedó allí el avance del constituyente venezolano de 1811 en materia de
supremacía constitucional con la previsión expresa de la "garantía objetiva" de la
Constitución que luego, cien años después Hans Kelsen concebiría[494], sino que re-
afirmó en el último artículo del Capítulo VIII de la misma Constitución, en particular en relación con los derechos declarados en la Constitución que:

> *Artículo 199.* Para precaver toda transgresión de los altos poderes que nos han si-
> do confiados, declaramos: Que todas y cada una de las cosas constituidas en la ante-
> rior declaración de derechos están exentas y fuera del alcance del Poder General or-

---

[494]   H. Kelsen, "La garantie juridictionnelle de la Constitution (La justice constitutionnelle)", en *Revue du
Droit Public et de la Science Politique en France et a l'Etranger,* Paris, 1928, pp. 197-257.

dinario del gobierno y que conteniendo o apoyándose sobre los indestructibles y sagrados principios de la naturaleza, toda ley contraria a ellos que será absolutamente nula y de ningún valor.

Esta, sin duda, fue una previsión novedosa que no encuentra antecedentes ni en los textos constitucionales norteamericanos ni franceses, pero que, sin duda, como "garantía objetiva" de los derechos declarados en la Constitución, al declarar en su propio texto como "nulas y de ningún valor" las leyes que contrariaran la declaración de derechos, siguió la línea de argumentación que utilizó la jurisprudencia norteamericana sobre la supremacía constitucional y el control judicial ya establecidos a partir de la sentencia *Marbury contra Madison*, de 1803, de la Corte Suprema de los Estados Unidos[495].

Así puede decirse que las bases del método difuso de control de la constitucionalidad de las leyes se sentaron en forma expresa en Venezuela desde el texto de la Constitución de 1811, siguiéndose en todas las Constituciones posteriores, lo que sin duda permitía a los jueces, desde el inicio, ejercer el control difuso de la constitucionalidad de las leyes[496]. Incluso en la Constitución de 1883 se agregó la declaración formal de que las leyes que reglamentaren los derechos constitucionales no debían menoscabarlos ni dañarlos, pues de lo contrario "serán tenidas como inconstitucionales y carecerán de toda eficacia" (art. 17). Es en este contexto y tradición que en el Código de Procedimiento Civil de 1897 se positivizó expresamente el control difuso de la constitucionalidad de las leyes al atribuirse a todos los jueces expresamente el poder de apreciar la constitucionalidad de las leyes[497], así:

> *Artículo 10*. "Cuando la ley vigente, cuya aplicación se pida, colidiere con alguna disposición constitucional, los tribunales aplicarán ésta con preferencia".

Desde el punto de vista histórico, en esta evolución debe también destacarse la previsión excepcionalísima de la Constitución de 1901, en la cual al ratificarse el poder de todos los jueces de controlar la constitucionalidad de las leyes, se atribuyó a la Corte Federal competencia para:

> *Artículo 106.8*. Declarar en el término más breve posible cuál disposición ha de prevalecer en el caso especial que se le someta, cuando la autoridad llamada a aplicar la ley, en el lapso legal señalado para su decisión, motu proprio, o a instancia de interesado, acuda en consulta a este Tribunal con copia de lo conducente, porque se

---

495 *V.,* el comentario sobre esta decisión en Allan R. Brewer-Carías, *La Justicia Constitucional. Procesos y Procedimientos Constitucionales*, Instituto Mexicano de Derecho Procesal Constitucional, Ed. Porrúa, México 2007, pp. 14 ss.

496 Véanse los comentarios acerca de control judicial de la constitucionalidad como consecuencia de la supremacía de la Constitución, en Pablo Ruggeri Parra, *La supremacía de la Constitución y su defensa*, Caracas 1941; José Guillermo Andueza, *La Jurisdicción Constitucional en el derecho venezolano*, Caracas 1955.

497 Véanse los comentarios en relación a las previsiones iniciales en los Código de Procedimiento Civil en R. Feo, *Estudios sobre el Código de Procedimiento Civil Venezolano*, Caracas, 1904, Tomo I, pp. 26-35; R. Marcano Rodríguez, *Apuntaciones Analíticas sobre las materias fundamentales y generales del Código de Procedimiento Civil Venezolano*, Caracas, Tomo I, pp. 36-38; Arminio Borjas, *Comentarios al Código de Procedimiento Civil*, Caracas, Tomo I, pp. 33-35.

considere que hay colisión de las leyes federales o de los Estados con la Constitución de la república. Sin embargo, por este motivo no se detendrá el curso de la causa y llegada la oportunidad de dictar sentencia sin haberse recibido la declaración de que se trata esta facultad, aquélla se conforme s lo que sobre el particular dispone el Código de Procedimiento Civil. En el caso de que la decisión llegue a encontrándose la causa en apelación, el Tribunal de alzada aplicará lo dispuesto por la Corte Federal".

Independientemente de esta "consulta" optativa ante el Supremo Tribunal, absolutamente excepcional porque no aparece nuevamente en la trayectoria histórica del control de constitucionalidad, en todas las reformas de los Códigos de Procedimiento Civil de la República se conservó invariablemente el texto incluido en el citado artículo 10 del Código de 1897, siendo el texto del Código vigente el siguiente:

Artículo 20: "Cuando la ley vigente, cuya aplicación se pida, colidiere con alguna disposición constitucional, los jueces aplicarán ésta con preferencia".

Esta norma además, se recogió en el Código Orgánico Procesal Penal, en cuyo artículo 19 se dispone:

Artículo 19. Control de la Constitucionalidad. Corresponde a los jueces velar por la incolumidad de la Constitución de la República. Cuando la ley cuya aplicación se pida colidiere con ella, los tribunales deberán atenerse a la norma constitucional".

La culminación de la regulación en la materia, como se explica más adelante lo constituyó la constitucionalización expresa del control difuso en el artículo 334 de la Constitución de 1999.

En el caso de Colombia, puede decirse que fue en la Ley 57 de 15 de abril de 1887 "Sobre adopción de Códigos y unificación de la legislación Nacional," que en el Capítulo I "De la Ley", donde se reguló por primera vez en el derecho positivo –aún cuando sólo por unos meses– el control difuso de constitucionalidad, al preverse en el encabezamiento del artículo 5, que:

Artículo 5. "Cuando haya incompatibilidad entre una disposición constitucional y una legal, preferirá aquélla".

La norma, sin duda, consagraba el control difuso de la constitucionalidad de las leyes, pero lamentablemente sólo por cuatro meses, pues la Ley 153 de 15 de agosto del mismo año, en su Parte Primera relativa a las "Reglas generales sobre validez y aplicación de las leyes", dispuso en su artículo 6 lo siguiente:

Artículo 6: Una disposición expresa de ley posterior a la Constitución se reputa constitucional, y se aplicará aun cuando parezca contraria á la Constitución. Pero si no fuere disposición terminante, sino oscura ó deficiente, se aplicará en el sentido más conforme con lo que la Constitución preceptúe.

En esta forma se eliminó toda posibilidad de que los jueces pudieran desaplicar leyes dictadas con posterioridad a la Constitución de 1886 que considerasen inconstitucionales en la resolución de casos concretos, exigiéndoles al contrario, aplicarlas "aún cuando parezca contraria a la Constitución". El control difuso sólo quedó entonces vigente respecto de leyes pre-constitucionales[498], lo que en realidad consistía en un ejercicio interpretativo sobre el poder derogatorio de la Constitución respecto de las leyes precedentes.

Posteriormente, sólo fue mediante el Acto Legislativo N° 3 de 31 de octubre de 1910 (reformatorio de la Constitución Nacional, que el sistema de control difuso de justicia constitucional adquirió plena consagración en Colombia, al establecerse en el artículo 40, lo siguiente:

> *Artículo 40.* En todo caso de incompatibilidad entre la Constitución y la Ley se aplicarán de preferencia las disposiciones constitucionales.

2.   *Antecedentes del control concentrado de la constitucionalidad de las leyes*

En cuanto al control judicial concentrado de la constitucionalidad de las leyes, en Venezuela se consagró por primera vez en la Constitución de 1858 en la cual se previó la competencia de la Corte Suprema de Justicia para conocer de la *acción popular* de inconstitucionalidad contra los actos de las Legislaturas Provinciales, al atribuírsele en el artículo 113, ordinal 8° competencia para:

> *Artículo 114.8.* Declarar la nulidad de los Actos Legislativos sancionados por las legislaturas provinciales, a petición de cualquier ciudadano, cuando sean contrarios a la Constitución.

Esta atribución de la Corte Suprema se amplió a partir de la Constitución de 1893, al atribuírsele competencia a la Alta Corte Federal en el artículo 110, ordinal 8 para anular todas leyes, decretos y resoluciones inconstitucionales, así:

> *Artículo 110.8.* Declarar cuál sea la ley, decreto o resolución vigente cuando estén en colisión las nacionales entre sí, o éstas con las de los Estados, o la de los mismos Estados, o cualquiera con esta Constitución.

Disposiciones similares, perfeccionando la acción de inconstitucionalidad, se repitieron a lo largo de las reformas constitucionales de los siglos XX y XXI hasta culminar en la previsión del artículo 336 de la Constitución de 1999 al atribuir competencia a la Sala Constitucional del Tribunal Supremo de Justicia para:

> 1.   Declarar la nulidad total o parcial de las leyes nacionales y demás actos con rango de ley de la Asamblea Nacional que colidan con esta Constitución.

> 2.   Declarar la nulidad total o parcial de las Constituciones y leyes estadales, de las ordenanzas municipales y demás actos de los cuerpos deliberantes de los Estados y Municipios dictados en ejecución directa e inmediata de esta Constitución y que colidan con ella.

> 3.   Declarar la nulidad total o parcial de los actos con rango de ley dictados por el Ejecutivo Nacional que colidan con esta Constitución.

---

498.   *V.,* Manuel Gaona Cruz, "El control judicial ante el Derecho Comparado" en *Archivo de Derecho Público y Ciencias de la Administración* (El Derecho Público en Colombia y Venezuela), Vol. VII, 1986, Instituto de Derecho Público, Universidad Central de Venezuela, Caracas, 1986, p. 91.

4. Declarar la nulidad total o parcial de los actos en ejecución directa e inmediata de esta Constitución, dictados por cualquier otro órgano estatal en ejercicio del
Poder Público, cuando colidan con ésta.

En el caso de Colombia, el control judicial concentrado de la constitucionalidad
de las Leyes, entendemos que también se estableció en el antes mencionado Acto
Legislativo N° 3 de 31 de octubre de 1910, reformatorio de la Constitución Nacional), en su artículo 41 que prevé la acción popular de inconstitucionalidad, en paralelo con el control difuso de la constitucionalidad de las leyes, en la forma siguiente:

> *Artículo 41.* A la Corte Suprema de Justicia se le confía la guarda de la integridad
> de la Constitución. En consecuencia, además de las facultades que le confieren ésta
> y las leyes, tendrá las siguientes:
>
> "Decidir definitivamente sobre la exequibilidad de los actos legislativos que
> hayan sido objetados como inconstitucionales por el Gobierno, o sobre todas
> las leyes o decretos acusados ante ella por cualquier ciudadano como incons-
> titucionales, previa audiencia del Procurador General de la Nación".

De lo anterior resulta que la acción popular de control jurisdiccional de la constitucionalidad de las leyes para declararlas como "inejecutables", tiene su antecedente
en la Constitución venezolana de 1858[499] y en la Constitución colombiana de 1910;
y que en el derecho positivo, el control difuso de la constitucionalidad de las leyes
se consagró formalmente en Venezuela a partir de 1897 y en Colombia en un breve
período en 1887 y luego, a partir de la reforma constitucional de 1910.

Teniendo en cuenta estos antecedentes, sin embargo, puede decirse que en la incorporación formal en la Constitución venezolana de 1999 de algunas previsiones en
materia de justicia constitucional, el antecedente inmediato estuvo en las previsiones
de la Constitución colombiana de 1991.

3. *La previsión expresa de los principios de la supremacía constitucional
   y de la sujeción general a la Constitución, y la constitucionalización del
   control difuso de la constitucionalidad*

En efecto, teniendo en cuenta que el principio general de la supremacía constitucional con el consiguiente principio del control difuso de la constitucionalidad y de
la sujeción general al texto fundamental son principios del constitucionalismo venezolano y colombiano cuyo origen se remonta al siglo XIX, sin embargo, su constitucionalización expresa en Venezuela, es decir, su expresión formal expresa en el
texto de la Constitución (a pesar de que sus elementos estuvieron incorporados en la
Constitución de 1811 y en cuanto al control difuso en el Código de Procedimiento
Civil desde 1897) puede considerarse como una de las novedades de la Constitución
de 1999,[500] expresada en los artículos 7, 131 y 334, que disponen:

---

499. Contrariamente a lo que afirmó Cesar A. Quintero, "La jurisdicción constitucional en Panamá", en Jorge
     Fabrega P. (Compilador), Estudios de Derecho Constitucional Panameño, Panamá, 1987, p. 826.

500 *V.,* en general, Allan R. Brewer-Carías, *El Sistema de Justicia Constitucional en la Constitución de
     1999: Comentarios sobre su desarrollo jurisprudencial y su explicación a veces errada,* en la Exposi-
     ción de Motivos, Editorial Jurídica Venezolana, Caracas, 2000; Allan R. Brewer-Carías, "La Justicia

Artículo 7. La Constitución es la norma suprema y el fundamento del ordenamiento jurídico. Todas las personas y los órganos que ejercen el poder público están sujetos a esta Constitución.

Artículo 131. Toda persona tiene el deber de cumplir y acatar esta Constitución, las leyes y los demás actos que en ejercicio de sus funciones dicten los órganos del Poder Público.

Artículo 334. Todos los jueces o juezas de la República, en el ámbito de sus competencias y conforme a lo previsto en esta Constitución y en la ley, están en la obligación de asegurar la integridad de esta Constitución.

En caso de incompatibilidad entre esta Constitución y una ley u otra norma jurídica, se aplicarán las disposiciones constitucionales, correspondiendo a los tribunales en cualquier causa, aun de oficio, decidir lo conducente.

Estos principios, como se dijo, son, sin duda, los que han regido en Venezuela desde el siglo XIX, siendo aquí lo novedoso el hecho de su expresión formal en el texto de la Constitución,[501] y no sólo en el Código de Procedimiento Civil, respecto de lo cual puede decirse que su antecedente inmediato es el artículo 7 de la Constitución colombiana de 1991, que ya había resumido todos esos principios antes mencionados, así:

Artículo 4. La Constitución es norma de normas. En todo caso de incompatibilidad entre la Constitución y la ley u otra norma jurídica, se aplicarán las disposiciones constitucionales.

Es deber de los nacionales y de los extranjeros en Colombia acatar la Constitución y las leyes, y respetar y obedecer a las autoridades

---

Constitucional en la Nueva Constitución" en *Revista de Derecho Constitucional*, N° 1, Septiembre-Diciembre 1999, Editorial Sherwood, Caracas, 1999, pp. 35-44; Allan R. Brewer-Carías, "La justicia constitucional en la Constitución de 1999", en *Derecho Procesal Constitucional*, Colegio de Secretarios de la Suprema Corte de Justicia de la Nación, A.C., Editorial Porrúa, México 2001, pp. 931-961, Jesús M. Casal H., *Constitución y justicia constitucional: los fundamentos de la justicia constitucional en la nueva Carta Magna*, Universidad Católica Andrés Bello, Caracas, 2000; Jesús M. Casal H., "Hacia el fortalecimiento y racionalización de la justicia constitucional", en *Revista de Derecho Constitucional*, N° 2 (enero-junio), Editorial Sherwood, Caracas, 2000, pp. 215-242; Antonio Canova González, "La futura justicia constitucional en Venezuela", en *Revista de Derecho Constitucional*, N° 2 (enero-junio), Editorial Sherwood, Caracas, 2000, pp. 93-181; María A. Bonnemaison, "El control constitucional de los Poderes Públicos", en *Bases y principios del sistema constitucional venezolano* (Ponencias del VII Congreso Venezolano de Derecho Constitucional realizado en San Cristóbal del 21 al 23 de Noviembre de 2001), Volumen II, pp. 233-260; Carla Crazut Jimenez, "Progreso de la protección constitucional en Venezuela", en *Libro Homenaje a Enrique Tejera París, Temas sobre la Constitución de 1999*, Centro de Investigaciones Jurídicas (CEIN), Caracas, 2001, pp. 273 a 289.

501   *V.,* en específico sobre la propuesta de incluir formalmente en la Constitución el principio de la supremacía constitucional y el control difuso de la constitucionalidad (artículo 334), lo que indicamos en nuestros trabajos "Los principios fundamentales sobre la República," en en Allan R. Brewer-Carías, *Debate Constituyente (Aportes a la Asamblea Nacional Constituyente)*, Tomo II (9 septiembre - 17 octubre 1999), Fundación de Derecho Público, Caracas 1999, p. 24; y en "Sobre el control difuso de la constitucionalidad de las leyes," en Allan R. Brewer-Carías, *Debate Constituyente (Aportes a la Asamblea Nacional Constituyente)*, Tomo III (18 octubre - 30 noviembre 1999), Fundación de Derecho Público, Caracas 1999, pp. 95-107.

4. *La previsión expresa del control a priori de la constitucionalidad de los trata-
    dos internacionales*

En el artículo 336.5 de la Constitución Venezolana de 1999 se estableció una innovación en materia de control concentrado de constitucionalidad, al regularse la
competencia de la Sala Constitucional, en relación con los tratados internacionales,
para:

> *Artículo 336.5.* Verificar, a solicitud del Presidente o Presidenta de la República o
> de la Asamblea Nacional, la conformidad con esta la Constitución de los tratados
> internacionales suscritos por la República antes de su ratificación.

Se incorporó así al sistema de justicia constitucional venezolano un proceso de
control de constitucionalidad que tuvo su origen en los sistemas constitucionales
europeos, como el francés y el español, y que existía en Colombia, mediante el cual
se permite el control de la constitucionalidad de un tratado internacional suscrito por
la República, antes de su ratificación y en su caso, antes de su aprobación por ley.
Esta atribución de la Sala Constitucional, por supuesto, no elimina la posibilidad de
que mediante una acción popular cualquier persona pueda iniciar un proceso constitucional contra la ley aprobatoria de un tratado. Lo que se persigue con esta atribución, es que en forma preventiva, es decir, antes de la ratificación del tratado y en su
caso, antes de que se sancione la ley aprobatoria, la Sala Constitucional pueda pronunciarse sobre su constitucionalidad, la conformidad del tratado internacional con
la Constitución.

Como se dijo, en esta materia, la Constitución colombiana de 1991 puede considerarse como un antecedente importante, en la cual, en el artículo 241, se le atribuyó
a la Corte Constitucional competencia para:

> *Artículo 241.10.* Decidir definitivamente sobre la exequibilidad de los tratados in-
> ternacionales y de las leyes que los aprueben. Con tal fin, el Gobierno los remitirá a
> la Corte, dentro de los seis días siguientes a la sanción de la ley. Cualquier ciudada-
> no podrá intervenir para defender o impugnar su constitucionalidad. Si la Corte los
> declara constitucionales, el Gobierno podrá efectuar el canje de notas; en caso con-
> trario no serán ratificados. Cuando una o varias normas de un tratado multilateral
> sean declaradas inexequibles por la Corte Constitucional, el Presidente de la Re-
> pública sólo podrá manifestar el consentimiento formulando la correspondiente re-
> serva.

5. *La previsión expresa del control concentrado de la constitucionalidad a priori
    y automático respecto de los decretos de excepción*

La Constitución venezolana de 1999 reguló el régimen de los estados de excepción, autorizando al Presidente de la República para decretarlos mediante decretos
leyes, conforme al artículo 337 de la Constitución, en caso de "circunstancias de
orden social, económico, político, natural o ecológico, que afecten gravemente la
seguridad de la Nación, de las instituciones y de los ciudadanos, a cuyo respecto
resultan insuficientes las facultades de las cuales se disponen para hacer frente a
tales hechos".

En estos casos de estados de excepción, que conforme al artículo 338 de la Constitución, pueden ser el estado de alarma, el estado de emergencia económica, el es-

tado de conmoción interior y el estado de conmoción exterior, el Presidente de la República, en Consejo de Ministros, puede decretarlos mediante actos que como lo precisa el artículo 22 de la Ley Orgánica sobre Estados de Excepción de 15 de agosto de 2001[502], tiene "rango y fuerza de ley".

De acuerdo con el artículo 339 de la Constitución, el decreto que declare el estado de excepción debe en todo caso ser remitido por el Presidente de la República a la Sala Constitucional del Tribunal Supremo, para que ésta se pronuncie sobre su inconstitucionalidad. Por ello, el artículo 336 le atribuye a la Sala, competencia expresa para:

> *Artículo 336.6.* Revisar, en todo caso, aun de oficio, la constitucionalidad de los decretos que declaren estados de excepción dictados por el Presidente o Presidenta de la República.

Se trata por tanto de una atribución de control de constitucionalidad de carácter obligatorio, lo que constituye otra novedad introducida por la Constitución de 1999, y que puede decirse que encuentra su antecedente en el artículo 241.7 la Constitución de Colombia que establece entre las atribuciones de la Corte Constitucional, como titular de la guarda de la integridad y supremacía de la Constitución:

> *Artículo 241.7.* Decidir definitivamente sobre la constitucionalidad de los decretos legislativos que dicte el Gobierno con fundamento en los artículos 212, 213 y 215 de la Constitución.

En Venezuela se agregó, sin embargo, la posibilidad de ejercicio de esta atribución por la Sala, *de oficio,* tratándose del único supuesto constitucional en el cual la Sala puede iniciar un procedimiento *ex officio,* una vez que el decreto se haya publicado en *Gaceta Oficial.*

6.   *La previsión expresa de la revisión constitucional de sentencias dictadas en materia constitucional*

Tradicionalmente, el control concentrado de la constitucionalidad en Venezuela se había construido en torno al objeto de control, habiéndose referido en general a las leyes, a los actos con rango legal o con valor de ley y a los actos dictados en ejecución directa e inmediata de la Constitución. Por otra parte, el control concentrado de la constitucionalidad de los actos administrativos siempre ha estado atribuido a la Jurisdicción Contencioso Administrativa (art. 259, Constitución); no existiendo sistema alguno de control concentrado de la constitucionalidad de los actos judiciales, salvo el que se ejerce mediante el recurso de casación

Sin embargo, en los sistemas mixtos o integrales de control de la constitucionalidad, al combinarse el control difuso con el control concentrado, se habían venido previendo mecanismos extraordinarios para la revisión de sentencias dictadas por los tribunales de instancia en materia constitucional, atribuyéndose el conocimiento de tales recursos de revisión a la Jurisdicción Constitucional, como órgano de control concentrado de control de constitucionalidad.

---

502   *Gaceta Oficial* N° 37261 de 15-08-2001.

Esta tendencia se recogió en Venezuela, previéndose entonces en el artículo 336.10 de la Constitución la competencia de la Sala Constitucional del Tribunal Supremo de Justicia para:

> *Artículo 336.10.* Revisar las sentencias definitivamente firmes de amparo constitucional y de control de constitucionalidad de leyes o normas jurídicas dictadas por los tribunales de la República, en los términos establecidos por la ley orgánica respectiva.

Esta potestad revisora de la Sala, como lo propusimos a la Asamblea Nacional Constituyente,[503] es de ejercicio discrecional a los efectos evitar que se pudiera abrir un recurso de obligatoria admisión y decisión por la Sala, contra todas las sentencias referidas, lo cual hubiese sido imposible de manejar por la magnitud del número de casos. De allí la discrecionalidad que tiene la Sala Constitucional para escoger los casos en los cuales juzga conveniente conocer del recurso de revisión.

En la propuesta que formulamos ante la Asamblea Nacional Constituyente el 31 de octubre de 1999 sobre el control difuso de la constitucionalidad de las leyes, consideramos que en la Constitución:

> "También debería atribuirse a la Sala Constitucional una competencia para conocer de un recurso extraordinario de revisión que pueda intentarse contra las sentencias de última instancia en las cuales se resuelvan cuestiones constitucionales relativas a las leyes, de conocimiento discrecional por la Sala. En esta forma, en materia de cuestiones de constitucionalidad, la Sala Constitucional de la Suprema Corte, a su juicio, podría tener la última palabra en estas materias y en los casos en los que estime necesario estatuir con fuerza de precedente y uniformizar la jurisprudencia"[504].

Un antecedente parcial de la norma de la Constitución venezolana puede decirse que está en el artículo 241.9 de la Constitución colombiana de 1991, en el cual se dispone la competencia de la Corte Constitucional para:

> *Artículo 241.9.* Revisar, en la forma que determine la ley, las decisiones judiciales relacionadas con la acción de tutela de los derechos constitucionales.

En el caso venezolano, sin embargo, de acuerdo con la Constitución, las sentencias que pueden ser objeto de revisión son, como se dijo, además de las sentencias definitivamente firmes de amparo constitucional, las dictadas por los tribunales cuando ejercen el control difuso de constitucionalidad de leyes o normas jurídicas dictadas por los tribunales de la República. La Sala Constitucional, sin embargo, fue ampliado el objeto del recurso hasta incluir, conforme a la sentencia N° 93 de 6 de febrero de 2001 (Caso: *Olimpia Tours and Travel vs. Corporación de Turismo de Venezuela*):

---

503   *V.,* Allan R. Brewer-Carías, *Debate Constituyente (Labor en la Asamblea Nacional Constituyente,* Tomo III (18-octubre-30 noviembre 1999), Caracas 1999, p. 105. En cierta forma, el recurso es similar al denominado *writ of cerciorari* del sistema norteamericano. *V.,* Allan R. Brewer-Carías, *Judicial Review in Comparative Law, op. cit.,* p. 141. *V.,* los comentarios de Jesús María Casal, *Constitución y Justicia Constitucional,* Caracas 2000, p. 92.

504   *V.,* Allan R. Brewer-Carías, *Debate Constituyente, (Labor en la Asamblea Nacional Constituyente),* Tomo III (18-octubre-30 noviembre 1999), Caracas 1999, Tomo III, *op. cit.,* p. 105.

"3. Las sentencias definitivamente firmes que hayan sido dictadas por las demás Salas de este Tribunal o por los demás tribunales o juzgados del país apartándose u obviando expresa o tácitamente alguna interpretación de la Constitución contenida en alguna sentencia dictada por esta Sala con anterioridad al fallo impugnado, realizando un errado control de constitucionalidad al aplicar indebidamente la norma constitucional.

4. Las sentencias definitivamente firmes que hayan sido dictadas por las demás Salas de este Tribunal o por los demás tribunales o juzgados del país que de manera evidente hayan incurrido, según el criterio de la Sala, en un error grotesco en cuanto a la interpretación de la Constitución o que sencillamente hayan obviado por completo la interpretación de la norma constitucional. En estos casos hay también un errado control constitucional"[505].

Esta evolución culminó con la previsión expresa en el artículo 25 de la Ley Orgánica del Tribunal Supremo de Justicia de 2010, de la competencia de la Sala Constitucional para revisar constitucionalmente las sentencias:

10. Revisar las sentencias definitivamente firmes que sean dictadas por los Tribunales de la República, cuando hayan desconocido algún precedente dictado por la Sala Constitucional; efectuado una indebida aplicación de una norma o principio constitucional; o producido un error grave en su interpretación; o por falta de aplicación de algún principio o normas constitucionales.

11. Revisar las sentencias dictadas por las otras Salas que se subsuman en los supuestos que señala el numeral anterior, así como la violación de principios jurídicos fundamentales que estén contenidos en la Constitución de la República, tratados, pactos o convenios internacionales suscritos y ratificados válidamente por la República o cuando incurran en violaciones de derechos constitucionales.

12. Revisar las sentencias definitivamente firmes en las que se haya ejercido el control difuso de la constitucionalidad de las leyes u otras normas jurídicas, que sean dictadas por las demás Salas del Tribunal Supremo de Justicia y demás tribunales de la República[506].

V. CONSTITUCIONALIZACIÓN DE LA ASAMBLEA CONSTITUYENTE COMO MECANISMO DE REFORMA CONSTITUCIONAL

Una de las consecuencias fundamentales de la convocatoria y elección en 1999 de una Asamblea Constituyente que no estaba prevista en el texto de la Constitución de 1961[507], al igual que sucedió en Colombia, fue la previsión en el texto de la nue-

---

505 *V.,* en *Revista de Derecho Público*, N° 85-88, Editorial Jurídica Venezolana, Caracas, 2001, pp. 414-415. Criterio ratificado en sentencia N° 727 de 8 de abril de 2003, Caso: *Revisión de la sentencia dictada por la Sala Electoral en fecha 21 de noviembre de 2002*, en *Revista de Derecho Público*, N° 93-96, Editorial Jurídica Venezolana, Caracas, 2003.

506 *V.,* en *Gaceta Oficial* N° 39.483 de 09-08-2010. Véanse los comentarios en Allan R. Brewer-Carías y Víactor Hernández Mendible, *Ley Orgánica del Tribunal Supremo de Justicia*, Editorial Jurídica venezolana, Caracas 2010, pp. 61-62 y 130 ss.

507 *V.,* Allan R. Brewer-Carías, "Los procedimientos de revisión constitucional en Venezuela", en *Boletín de la Academia de Ciencias Políticas y Sociales*, N° 134, Caracas 1997, pp. 169-222; y en Eduardo Rozo Acuña (Coord.), *I Procedimenti di revisione costituzionale nel Diritto Comparato, Atti del Conveg-*

va Constitución venezolana de 1999, además de los mecanismos de Enmienda y Reforma de la Constitución, del mecanismo de la Asamblea Nacional Constituyente para la reforma integral de la Constitución. Así se estableció en los artículos 347 y 348 de la Constitución de 1999, donde se dispone que:

> *Artículo 347*. El pueblo de Venezuela es el depositario del poder constituyente originario. En ejercicio de dicho poder, puede convocar una Asamblea Nacional Constituyente con el objeto de transformar el Estado, crear un nuevo ordenamiento jurídico y redactar una nueva Constitución.

> *Artículo 348*. La iniciativa de convocatoria a la Asamblea Nacional Constituyente podrán tomarla el Presidente o Presidenta de la República en Consejo de Ministros; la Asamblea Nacional, mediante acuerdo de las dos terceras partes de sus integrantes; los Concejos Municipales en cabildo, mediante el voto de las dos terceras partes de los mismos; o el quince por ciento de los electores inscritos y electoras inscritas en el Registro Civil y Electoral.

Estas previsiones puede considerarse que tienen su antecedente inmediato en la Constitución colombiana de 1991, en la cual también se constitucionalizó figura de la Asamblea Constituyente como mecanismo de reforma de la Constitución, aún con características diferentes así:

> *Articulo 374*. La Constitución Política podrá ser reformada por el Congreso, por una Asamblea Constituyente o por el pueblo mediante referendo.

> *Articulo 376*. Mediante ley aprobada por mayoría de los miembros de una y otra Cámara, el Congreso podrá disponer que el pueblo en votación popular decida si convoca una Asamblea Constituyente con la competencia, el período y la composición que la misma ley determine.

> Se entenderá que el pueblo convoca la Asamblea, si así lo aprueba, cuando menos, una tercera parte de los integrantes del censo electoral. La Asamblea deberá ser elegida por el voto directo de los ciudadanos, en acto electoral que no podrá coincidir con otro. A partir de la elección quedará en suspenso la facultad ordinaria del Congreso para reformar la Constitución durante el término señalado para que la Asamblea cumpla sus funciones. La Asamblea adoptará su propio reglamento.

REFLEXIÓN FINAL

Como se puede apreciar de lo anteriormente expuesto, desde el punto de vista de las grandes y básicas instituciones del constitucionalismo moderno, puede decirse que en la formulación del texto de la Constitución venezolana de 1999, así como sucedió en su momento con la Constitución colombiana de 1999, es evidente que en ninguna de ellas puede decirse que se produjo alguna influencia decisiva por parte de alguna Constitución extranjera; lo que no significa que no se hayan tenido en cuenta, en la redacción de normas, regulaciones ya previstas en otros textos consti-

no Internazionale organizzato dalla Facoltà di Giurisprudenza di Urbino, 23-24 aprile 1997, Università Degli Studi di Urbino, pubblicazioni della Facoltà di Giurisprudenza e della Facoltá di Scienze Politiche, Urbino, Italia, 1999, pp. 137-181 tucionales. Tanto Colombia como Venezuela cuentan con una larga tradición en el constitucionalismo moderno que se inicia en 1811, cuando en la primera de las Constituciones de América hispana independiente, que fue la Constitución Federal para los Estados de Venezuela de 21 de diciembre de 1811, se recogieron todos los principios y aportes que en las tres décadas precedentes habían sido establecidos por las Revoluciones norteamericana y francesa[508]. Además, desde 1811, los países han tenido una larga experiencia en la redacción de Constituciones, aún con modalidades diferentes: en Venezuela, cada reforma originó una nueva Constitución, siendo la de 1999 la número 27; en Colombia, sobre todo en el siglo XX, con la modalidad de los Actos Institucionales, las reformas constitucionales adquirieron mayor flexibilidad y frecuencia.

Nuestras propias experiencias, sin embargo, como se dijo, no significa, por supuesto, que en cada proceso constituyente y en la redacción de una nueva Constitución, para perfeccionar sus normas no se haya tenido en cuenta normas insertas en Constituciones extranjeras. Así sucedió con la Constitución colombiana de 1991, por ejemplo, con la incorporaron de instituciones que encuentran sus antecedentes en la Constitución venezolana, como sucedió con la acción de tutela que siguió los lineamientos de nuestra acción de amparo[509]; y así sucedió con la Constitución venezolana de 1999 muchas de cuyas normas, como antes hemos explicado, encuentran su antecedente en la Constitución colombiana de 1991.

En sus XX años de vigencia, por ello, en el caso de Venezuela, la Constitución colombiana puede decirse que rindió algunos de sus frutos del otro lado de la frontera, habiendo sido, además, el proceso constituyente colombiano de 1990 el antecedente inmediato del proceso constituyente venezolano de 1999.

SECCIÓN NOVENA: LA SUPREMACÍA Y LA RIGIDEZ CONSTITUCIONAL COMO PARADIGMA CONSTITUCIONAL PARA LA CONSTRUCCIÓN DE UN ESTADO CONSTITUCIONAL DE DERECHO, Y SU DESPRECIO EN EL PROCESO DE DESCONSTITUCIONALIZACIÓN DEL ESTADO EN VENEZUELA A PARTIR DE 2000 (2011)

Trabajo preparado para la obra coordinada por David Aníbal Ortíz Gaspar y José Víctor García Yzaguirre (Coord.), *Los Paradigmas Constitucionales: Elementos para la construcción de un Estado Constitucional de Derecho*, Ed. Adrus, Lima, Perú 2011/2012

---

508   *V.,* Allan R. Brewer-Carías, *Reflexiones sobre la Revolución Norteamericana (1776), la Revolución Francesa (1789) y la Revolución Hispanoamericana (1810-1830) y sus aportes sl constitucionalismo moderno,* 2ª Edición Ampliada, Serie Derecho Administrativo N° 2, Universidad Externado de Colombia, Editorial Jurídica Venezolana, Bogotá 2008.

509   *V.,* Allan R. Brewer-Carías, "El amparo a los derechos y libertades constitucionales y la acción de tutela a los derechos fundamentales en Colombia: una aproximación comparativa," en Manuel José Cepeda (editor), *La Carta de Derechos. Su interpretación y sus implicaciones*, Editorial Temis, Bogotá 1993, pp. 21-81.

I. LA SUPREMACÍA Y RIGIDEZ CONSTITUCIONAL Y EL DERECHO CIUDADANO A DICHA SUPREMACÍA

Uno de los paradigmas constitucionales más destacados y elementales en la construcción del Estado Constitucional en el constitucionalismo moderno, es el de la supremacía y rigidez constitucional que hace de la Constitución la norma suprema del ordenamiento jurídico, ubicada fuera del alcance del legislador ordinario.

En Venezuela, el paradigma deriva formalmente del texto mismo de la Constitución de 1999. al disponer sobre su supremacía que:

> *Artículo 7.* La Constitución es la norma suprema y el fundamento del ordenamiento jurídico. Todas las personas y los órganos que ejercen el Poder Público están sujetos a esta Constitución.

Esta norma, por supuesto, conllevó a la previsión de todo un sistema de control de la constitucionalidad que combina el control difuso con el control concentrado.

En cuanto al control difuso, se dispuso en el artículo 334 de la misma Constitución, que:

> *Artículo 334.* Todos los jueces o juezas de la República, en el ámbito de sus competencias y conforme a lo previsto en esta Constitución y en la ley, están en la obligación de asegurar la integridad de esta Constitución.
>
> En caso de incompatibilidad entre esta Constitución y una ley u otra norma jurídica, se aplicarán las disposiciones constitucionales, correspondiendo a los tribunales en cualquier causa, aun de oficio, decidir lo conducente.

Además, se estableció en el artículo 335 que el Tribunal Supremo de Justicia es el llamado a garantizar "la supremacía y efectividad de las normas y principios constitucionales"; a cuyo efecto es el "máximo y último intérprete de esta Constitución" con el poder de velar "por su uniforme interpretación y aplicación"; y en el artículo 336 se definieron las competencias de control concentrado de constitucionalidad de las leyes atribuidas a la Sala Constitucional del Tribunal Supremo como Jurisdicción Constitucional.

De todas estas normas resulta materializado, por tanto, en expresas declaraciones constitucionales, este principio de la supremacía de la Constitución, la cual, como norma de normas, es el fundamento de todo el ordenamiento jurídico, razón por la cual en caso de incompatibilidad entre la Constitución y cualquier norma jurídica, los jueces, al resolver casos concretos, deben aplicar con preferencia las disposiciones constitucionales. La consecuencia de esta supremacía constitucional, además, es el deber de todas las personas y de los funcionarios públicos de acatar la Constitución, a la cual están sujetos, tal como se dispone expresamente en las normas señaladas[510].

Para asegurar esta supremacía de la Constitución, además del sistema de control judicial de la constitucionalidad, el texto fundamental también establece expresa-

---

510 Además, el artículo 131 de la Constitución de Venezuela enumera dentro de los deberes constitucionales de los ciudadanos y funcionarios, el "cumplir y acatar" la Constitución (art. 131).

mente, la garantía específica de la misma que es la derivada del principio de la rigidez constitucional, de manera de asegurar que siendo la Constitución producto de la voluntad popular, su reforma o modificación esté fuera del alcance del legislador ordinario, estableciendo, en cambio, mecanismos y procedimientos específicos para las reformas constitucionales que sólo pueden realizarse con participación popular.

De estas normas, en todo caso, resulta una consecuencia fundamental, y es la existencia en las Constituciones modernas de un derecho ciudadano a la Constitución misma, y a su supremacía[511], de manera que el texto fundamental no pierda vigencia ni sea violada ni sea reformada por el legislador o mediante medios distintos a los en ella previstos. Es decir, el principio de la supremacía implica un derecho de los ciudadanos a que la Constitución aprobada por el pueblo en todo momento sea la norma suprema, a que no sea modificada sino mediante los procedimientos previstos en la Constitución, y a que, además, no sea violada. Y la garantía de este derecho ciudadano a la Constitución y a su supremacía está, precisamente, como se ha dicho, en los medios de control judicial de la constitucionalidad de los actos estatales previstos en la Constitución.

Es indudable que el elenco de los derechos constitucionales que en las últimas décadas ha tenido una expansión considerable en las declaraciones constitucionales e internacionales sobre derechos, ha llevado a que además de los clásicos derechos civiles y políticos, se hayan venido incorporando los derechos sociales, culturales, económicos, ambientales y de los pueblos indígenas. Mas recientemente, además, se han comenzado a identificar otros derechos constitucionales específicos que derivan de la propia concepción del Estado Constitucional moderno, como el derecho a la democracia, el derecho a la paz y el derecho a la Constitución, en este último caso, como producto que es, precisamente, de un pacto social.

Para que una Constitución sea efectivamente la ley suprema de una sociedad en un momento dado de su historia, "la norma de normas", debe ser producto de esa misma sociedad, globalmente considerada, sin imposiciones externas ni internas. Las Constituciones impuestas por un grupo político al resto de los integrantes de la sociedad o por una potencia extranjera invasora tienen, no sólo una precaria supremacía, sino una duración limitada generalmente ligada a la presencia efectiva en el poder del grupo que la impuso. La Sala Constitucional del Tribunal Supremo de Venezuela, en este sentido, cuando todavía no se había lamentablemente convertido totalmente en un instrumento del autoritarismo[512], destacó en sentencia de 9 de noviembre de 2000 lo que consideró un "hecho fundamental" aunque no siempre "evidente a simple vista", el cual es que:

511 Al tema me he referido en diversos trabajos, y entre ellos, en el libro Allan R. Brewer-Carías, *Mecanismos nacionales de protección de los derechos humanos (Garantías judiciales de los derechos humanos en el derecho constitucional comparado latinoamericano),* Instituto Interamericano de Derechos Humanos, San José, 2005, pp. 74 ss. Debo recordar aquí, que el tema lo discutí en múltiples ocasiones con mi entrañable amigo Rodolfo Piza Escalante, quien fue Juez de la Corte Interamericana de Derechos Humanos y Magistrado de la importante Sala Constitucional de la Corte Suprema de Costa Rica.

512 *V.,* lo que hemos expuesto en Allan R. Brewer-Carías, *Crónica de la "In" Justicia Constitucional. La Sala Constitucional y el autoritarismo en Venezuela,* Colección Instituto de Derecho Público, Universidad Central de Venezuela, Caracas 2007.

"La Constitución es suprema en tanto es producto de la autodeterminación de un pueblo, que se la ha dado a sí mismo sin intervención de elementos externos y sin imposiciones internas. Así, la Constitución viene a ser, necesariamente, la norma fundamental a la cual se encuentran vinculadas las múltiples formas que adquieren las relaciones humanas en una sociedad y tiempo determinados"[513].

De ello deriva el postulado antes señalado de que la Constitución, para ser tal, tiene que ser producto de un pacto social formulado por el pueblo, "sin intervención de elementos externos y sin imposiciones internas", que es, además, lo que le da el carácter de norma suprema o fundamental, de obligatorio acatamiento por los gobernantes y los gobernados. Y es precisamente por ser la Constitución producto de la voluntad del pueblo expresada como pacto de la sociedad, que el propio pueblo, colectivamente, y todos sus integrantes individualmente, tienen un derecho esencial a que esa Constitución se respete, a que se mantenga conforme a la voluntad popular y a que sea suprema. De ello deriva otro derecho fundamental que es el derecho ciudadano a la supremacía de la Constitución. Ambos derechos, como todo derecho constitucional, deben poder ser exigibles ante los tribunales.

Este derecho a la Constitución y a la supremacía constitucional, por otra parte, es de la esencia del Estado de Derecho que está montado, precisamente, sobre la idea de la Constitución como norma fundamental y suprema, que debe prevalecer sobre toda otra norma o acto estatal. Ese fue el gran y principal aporte de la revolución norteamericana al constitucionalismo moderno[514], y su desarrollo progresivo ha sido el fundamento de los sistemas de justicia constitucional en el mundo contemporáneo, incluyendo los destinados a la protección, amparo o tutela de los derechos y libertades consagrados en las Constituciones.

Esta idea de la supremacía constitucional, fundamento del derecho a la Constitución como norma fundamental y suprema, puede decirse que fue doctrinalmente elaborada por primera vez en Norteamérica, en 1788, por Alexander Hamilton en *El Federalista*[515], cuando al referirse al papel de los jueces como intérpretes de la ley, señaló:

"Una Constitución es, de hecho, y así debe ser vista por los jueces, como ley fundamental, por tanto, corresponde a ellos establecer su significado así como el de cualquier acto proveniente del cuerpo legislativo si se produce una situación irreconocible entre los dos, por supuesto, aquel que tiene una superior validez es el que debe prevalecer; en otras palabras, la Constitución debe prevalecer sobre las leyes, *así como la intención del pueblo debe prevalecer sobre la intención de sus agentes*".

De esta afirmación, además del poder de los jueces para poder controlar la constitucionalidad de las leyes si la Constitución debe verse como norma suprema, deriva el postulado esencial de que la Constitución, como producto de la voluntad popu-

---

513 Sentencia de la Sala Constitucional N° 1347 de 9 de noviembre de 2001, en *Revista de Derecho Público, N° 81*, (enero-marzo), Editorial Jurídica Venezolana, Caracas 2000, p. 265.

514 *V.*, Allan R. Brewer-Carías, *Reflexiones sobre la Revolución Americana (1776), la Revolución Francesa (1789) y la Revolución Hispanoamericana (1810-1830) y sus aportes al constitucionalismo moderno*, Colección Derecho Administrativo N° 2, Universidad Externado de Colombia, Bogotá 2008.

515 *The Federalist* (ed. por B.F. Wrigth), Cambridge, Mass. 1961, pp. 491-493.

lar, debe siempre prevalecer sobre la intención de los gobernantes. Este es, precisamente, el derecho ciudadano a que la voluntad popular expresada en la Constitución sea respetada por quienes gobiernan, quienes en su gestión no pueden pretender hacer prevalecer su voluntad frente a la voluntad popular del pueblo expresada en la Constitución, y no pueden reformar la Constitución sino como el pueblo dispuso que debe hacerse.

Además, por ello, el mismo Hamilton, al desarrollar el principio del poder de los jueces de declarar la nulidad de los actos legislativos contrarios a la Constitución, y argumentar que ello no significaba dar superioridad del Poder Judicial sobre el Legislador, señaló que ello:

> "Lo único que supone es *que el poder del pueblo es superior a ambos; y* que en los casos en que la voluntad del legislador declarada en las leyes, esté en *oposición con la del pueblo declarada en la Constitución,* los Jueces deben estar condicionados por la última, antes que por las primeras".

Concluyó Hamilton señalando que:

> "Ningún acto legislativo contrario a la Constitución puede ser válido. Negar esto, significaría afirmar que el subalterno es más importante que el principal; que el sirviente está por encima de sus patrones; *que los representantes del pueblo son superiores al pueblo mismo".*

De estas proposiciones de Hamilton lo que nos interesa aquí es destacar, más que el principio que se refiere al poder de la Corte Suprema de los Estados Unidos para declarar como nulas y sin valor las leyes estadales y federales contrarias a la Constitución[516], lo que por supuesto tuvo un efecto fundamental en el desarrollo de los sistemas de justicia constitucional como materialización del derecho a la supremacía constitucional; es la idea misma antes expuesta de que siendo la Constitución manifestación de la voluntad del pueblo, el principal derecho constitucional que los ciudadanos pueden tener, *es el derecho a dicha Constitución y a su supremacía,* es decir, el derecho al respecto de la propia voluntad expresada en ella.

Nada se ganaría con señalar que la Constitución, como manifestación de la voluntad del pueblo, es ley suprema o norma de normas que debe prevalecer sobre las actuaciones de los órganos del Estado y sobre la actuación de los individuos, si no existiere el derecho de los integrantes del pueblo, es decir, de los ciudadanos a dicha supremacía y, además, a exigir el respeto de esa Constitución, es decir, el derecho a la tutela judicial efectiva de la propia Constitución. Por ello, precisamente, los postulados establecidos en los antes mencionados artículos 7 y 333 de la Constitución de Venezuela de 1999[517].

---

516 *V.,* los comentarios sobre los célebres casos *Vanhorne's Lessee v. Dorrance, 1776 y Masbury v. Madison,* 1803, en Allan R. Brewer-Carías, *Judicial Review in Comparative Law,* Cambridge University Press, Cambridge 1989.

517 Me correspondió proponer en la Asamblea Nacional Constituyente de 1999 la consagración en forma expresa de dicho principio constitucional. *V.,* Allan R. Brewer-Carías, *Debate Constituyente, (Aportes a la Asamblea Nacional Constituyente),* Tomo II, (9 septiembre-17 octubre 1999), Fundación de Derecho Público-Editorial Jurídica Venezolana, Caracas, 1999, p. 24.

Esta idea de la Constitución como norma suprema y fundamento del ordenamiento jurídico, en todo caso, se ha conformado en Venezuela conforme a una tradición normativa que se remonta al texto de la Constitución Federal de los Estados de Venezuela de 21 de diciembre de 1811[518], con la prescripción expresa de la obligatoriedad de sus normas tanto para todos los órganos que ejercen el Poder Público como para los particulares. Así se dispuso en el artículo 227, que consagró la cláusula de supremacía:

"La presente Constitución, las leyes que en consecuencia se expidan para ejecutarla y todos los tratados que se concluyan bajo la autoridad del gobierno de la Unión serán la Ley Suprema del Estado en toda la extensión de la Confederación, y las autoridades y habitantes de las Provincias estarán obligados a obedecerlas religiosamente sin excusa ni pretexto alguno; pero las leyes que se expiden contra el tenor de ella no tendrán ningún valor sino cuando hubieren llenado las condiciones requeridas para una justa y legítima revisión y sanción".

Por eso la Sala Constitucional del Tribunal Supremo de Venezuela en la misma sentencia antes citada señaló, en 2000, que de la supremacía deriva:

"Que la Constitución ostente, junto con el ordenamiento jurídico en su totalidad, un carácter normativo inmanente; esto es, un deber ser axiológico asumido por la comunidad como de obligatorio cumplimiento, contra cuyas infracciones se activen los mecanismos correctivos que el propio ordenamiento ha creado. La Constitución, también, sin que pueda ser de otro modo, impone modelos de conducta encaminados a cumplir pautas de comportamiento en una sociedad determinada"[519].

Ahora bien, la consecuencia fundamental de la consagración expresa de este principio de la supremacía constitucional en Venezuela, fue, como se dijo, por una parte, la previsión en los propios textos constitucionales de todo un sistema específico para la posibilidad de reforma o modificación de la Constitución; y por la otra, de los mecanismos para la protección y garantía de esa supremacía constitucional frente a las leyes y demás actos de los órganos del Estado, a través del control de su constitucionalidad, lo cual, sin duda, constituye uno de los pilares fundamentales del constitucionalismo contemporáneo y del Estado de Derecho[520].

En cuanto a los procedimientos de revisión constitucional que son propios de las Constituciones rígidas, las Constituciones los han establecido para proteger el pacto político constitucional que contienen, de manera de evitar modificaciones unilaterales y, al contrario, asegurar la participación de todos los componentes políticos de la sociedad. En principio, por tanto, las normas que los regulan tienen un marcado tinte conservador respecto de la Constitución y sus principios, y por ello, esos procedi-

---

518   La que fue la primera Constitución nacional sancionada en Hispano América. V., Allan R. Brewer-Carías, *Las Constituciones de Venezuela*, Tomo I, Academia de Ciencias Políticas y Sociales, Caracas 2008.

519   V., en Sentencia de la Sala Constitucional N° 1347 de 9 de noviembre de 2001, en *Revista de Derecho Público*, N° 81, (enero-marzo), Editorial Jurídica Venezolana, Caracas 2000, p. 264.

520   V., Allan R. Brewer-Carías, *Instituciones Políticas y Constitucionales*, Tomo I, *Evolución Histórica del Estado*, Universidad Católica del Táchira-Editorial Jurídica Venezolana, Caracas-San Cristóbal, 1996, pp. 47 ss.

mientos buscan en una u otra forma lograr consensos. Pero las Constituciones, como normas supremas reguladoras de la sociedad, en ningún caso pueden ser de carácter eterno ni estático, ni pueden pretender dejar políticamente congelada a la sociedad. Las sociedades necesariamente cambian, como también cambian los sistemas políticos, por lo que la excesiva rigidez constitucional que puede impedir la adaptación progresiva de la norma constitucional a la realidad, puede incluso conducir a lo contrario de lo perseguido, y provocar la consolidación de los cambios políticos por la vía de los hechos, los que luego consiguen en una u otra forma, alguna legitimación *ex post factum*.

La rigidez constitucional mediante la previsión de procedimientos específicos de revisión constitucional, por tanto, debe ser de tal naturaleza que el principio conservador del pacto político que estos buscan no sea el que conduzca por la vía de los hechos a su ruptura. De allí que tales procedimientos se muevan siempre entre el conservadurismo y el cambio político, lo que es lo mismo que señalar que se mueven entre el derecho y los hechos. Por tanto, si en una sociedad dada se producen cambios sustanciales de orden político y social, las normas relativas a la revisión constitucional deben ser capaces de canalizar las exigencias de los mismos y permiten la preservación del derecho.

Si al contrario, constituyen una resistencia insalvable, ello lo que puede es provocar la producción de los cambios pero por medio de los hechos. He allí el dilema de las previsiones constitucionales sobre procedimientos de revisión constitucional: que la excesiva rigidez del derecho puede conducir a su ruptura de hecho.

En términos generales, los mecanismos de revisión constitucional, como formas específicas de manifestación del poder constituyente derivado, se han regulado en América latina, en general, mediante la consagración de tres procedimientos, según que el poder constituyente se ejerza directamente por el pueblo, o que su ejercicio, en representación del mismo, se haya otorgado a los órganos de representación popular o que se haya conferido a una Asamblea o Convención Constituyente convocada al efecto. En el caso de Venezuela, la revisión constitucional se puede realizar mediante la adopción de enmiendas y reformas que siempre requieren de la aprobación popular por la vía de referendo, o a través de la convocatoria de una Asamblea Nacional Constituyente por iniciativa popular (arts. 340 a 341).

En ambos casos, la supremacía constitucional implica la existencia de un derecho ciudadano a que las modificaciones o reformas a la Constitución solo se puedan efectuar a través de los precisos procedimientos que la misma consagra.

La otra consecuencia del principio de la supremacía constitucional es la previsión también en los propios textos constitucionales, de todo un sistema específico para garantizar esa supremacía frente a las leyes y demás actos de los órganos del Estado, que se configura igualmente como un derecho constitucional del ciudadano al control de la constitucionalidad de los actos estatales, lo cual, sin duda, constituye otro de los pilares fundamentales del Estado constitucional. Consecuencia de esta otra consecuencia del principio de la supremacía constitucional, es que en ambos países se ha consagrado expresamente del derecho constitucional fundamental ciudadano a la tutela de dicha supremacía, sea mediante el ya mencionado control difuso de la constitucionalidad (art. 334) o mediante el control concentrado de la constitucionalidad por la Sala Constitucional del Tribunal Supremo de Justicia en Venezuela (art. 336)[521]; sea mediante el ejercicio de las acciones de *hábeas corpus* o de amparo de los derechos constitucionales fundamentales (art. 27, Venezuela).

El constitucionalismo moderno, por tanto, en nuestro criterio, está montado sobre un paradigma constitucional que es la supremacía de la Constitución, que origina no sólo el derecho a la Constitución sino el *derecho ciudadano a su supremacía,* que se concreta, en la existencia de un procedimiento rígido para modificar la Constitución, y además, conforme al principio de la separación de poderes, en *un derecho fundamental a la tutela judicial de la supremacía constitucional,* tanto respecto de la parte orgánica de la Constitución como respecto de su parte dogmática, para cuya preservación se establecen un conjunto de garantías. Ese derecho implica, además, en cuanto a la parte orgánica de la Constitución, el derecho ciudadano a la separación de poderes y el derecho a la distribución territorial del poder o a la autonomía de las instituciones político territoriales; y en cuanto a la parte dogmática, el derecho a la efectividad y goce de los derechos constitucionales mediante las garantías establecidas en la Constitución.

Para asegurar la supremacía, las Constituciones, por otra parte, además de las judiciales, establecen otra serie de garantías, como la garantía objetiva que declara como nulos los actos contrarios a la Constitución; o la garantía de la reserva legal a los efectos del establecimiento de las limitaciones a los derechos, que no pueden establecerse por cualquier acto de autoridad sino por ley formal. Además, está la garantía de la responsabilidad, por supuesto, que deriva de que todo acto contrario a la Constitución y a los derechos constitucionales genera responsabilidad respecto de quien lo ejecute.

Y por supuesto, está también la garantía fundamental del derecho a la Constitución, a su supremacía y a los derechos constitucionales, es justamente la posibilidad de acudir ante los órganos judiciales para que estos aseguren que los derechos se hagan efectivos. Por ello, la garantía fundamental de los derechos constitucionales es la garantía judicial porque, en definitiva, el sistema judicial en cualquier país se establece precisamente para la protección de los derechos y garantías. Esto lo regulan, incluso, casi todas las Constituciones cuando se refieren al Poder Judicial o al derecho de acceder a la justicia, para la protección de los derechos y garantías.

Este derecho fundamental a la Constitución y a su supremacía, y con ellos, al respeto de los derechos constitucionales, como antes se dijo, se concreta tanto en un derecho al control jurisdiccional de la constitucionalidad de los actos estatales, sea mediante sistemas de justicia constitucional concentrados o difusos, y en un derecho al amparo o tutela judicial de los demás derechos fundamentales de las personas, sea mediante acciones o recursos de amparo o tutela u otros medios judiciales de protección inmediata de los mismos. La consecuencia de este derecho fundamental, sin duda, implica el poder atribuido a los jueces de asegurar la supremacía constitucional, sea declarando la nulidad de los actos contrarios a la Constitución, sea restable-

---

521 *V.,* en general Allan R. Brewer-Carías, *Instituciones Políticas y Constitucionales,* Tomo VII, *Justicia Constitucional,* Universidad Católica del Táchira-Editorial Jurídica Venezolana, Caracas-San Cristóbal, 1997, 658 pp.; y *El Sistema mixto o integral de control de la constitucionalidad en Colombia y Venezuela,* Universidad Externado de Colombia (Temas de Derecho Público Nº 39) y Pontificia Universidad Javeriana (Quaestiones Juridicae Nº 5), Bogotá 1995.

ciendo los derechos fundamentales vulnerados por acciones ilegítimas, tanto de los órganos del Estado como de los particulares.

Por otra parte, tratándose de un derecho fundamental de los ciudadanos el de asegurar la supremacía constitucional mediante la tutela judicial de la misma, es evidente que sólo la Constitución podría limitar dicho derecho, es decir, es incompatible con la idea del derecho fundamental a la supremacía constitucional que postulamos, que se establezcan limitaciones legales a la misma, sea manifestada en actos estatales excluidos del control judicial de constitucionalidad; sea en derechos constitucionales cuya violación no pudiera ser amparable en forma inmediata. Tal como lo señaló la antigua Corte Suprema de Justicia de Venezuela en 1962:

> "Si la regla general constitucionalmente establecida es la del pleno ejercicio del control constitucional de todos los actos del Poder Público, cualquier excepción a dicha regla tendría que emanar, necesariamente, de la propia Constitución. Ni siquiera una disposición legal podría sustraer alguno de aquellos actos al control antes dicho; y menos aún pueden autorizarlo los órganos jurisdiccionales como intérpretes fieles que deben ser del contenido de aquella norma.
>
> A todo evento, y, ante la duda que pudiera surgir acerca de si algún acta emanado del Poder Público es o no susceptible de revisión constitucional por acción directa, debe optarse, en obsequio a aquel amplio y fundamental principio constitucional, por admitir su examen por parte de este Alto Tribunal"[522].

La supremacía constitucional es una noción absoluta, que no admite excepciones, por lo que el derecho constitucional a su aseguramiento tampoco puede admitir excepciones, salvo por supuesto, que sean establecidas en la propia Constitución. De lo anterior resulta que, en definitiva, en el derecho constitucional contemporáneo, la justicia constitucional se ha estructurado como una garantía adjetiva al derecho fundamental del ciudadano a la Constitución y a la supremacía constitucional, e incluso, a que las reformas constitucionales se hagan sólo como lo dispone la Constitución. De allí, por ejemplo, que en el caso de Venezuela, el sistema de justicia constitucional está concebido conforme al principio de la universalidad del control, por lo que todos los actos estatales, incluso aquellos que se dicten con motivo de los procedimientos de revisión o reforma constitucional, cualquiera que sea su naturaleza, en tanto que sean manifestaciones de voluntad de los poderes constituidos, están sometidos a la Constitución y al control judicial de constitucionalidad. De lo contrario, no tendría sentido ni la supremacía constitucional ni el derecho ciudadano a dicha supremacía constitucional.

Por otra parte, debe recordarse que en cierta forma, como lo señaló Sylvia Snowiss en su análisis histórico sobre los orígenes de la justicia constitucional de Norteamérica, los sistemas de control de constitucionalidad han surgido como un sustituto a la revolución[523], en el sentido de que si los ciudadanos tienen derecho a la supremacía constitucional como pueblo soberano, cualquier violación de la Constitución podría

---

522 *V.*, sentencia de la Corte Suprema de Justicia en Pleno de 15-03-1962, en *Gaceta Oficial*, N° 760, Extraordinaria de 22-3-62.

523 *V.*, Silvia Snowiss, *Judicial Review and the Law of the Constitution*, Yale University Press 1990, p. 113.

dar lugar a la revocatoria del mandato a los representantes o a su sustitución por otros, en aplicación del derecho a la resistencia o revuelta que defendía John Locke[524]. Antes del surgimiento del Estado de derecho, en caso de opresión de los derechos o de abuso o usurpación del poder, la revolución era la vía de solución a los conflictos entre el pueblo y los gobernantes. Como sustituto de la misma, sin embargo, precisamente surgió el poder atribuido a los jueces para dirimir los conflictos constitucionales entre los poderes constituidos o entre éstos y el pueblo. Esa es, precisamente, la tarea del juez constitucional, quedando configurada la justicia constitucional como la principal garantía al derecho ciudadano a la supremacía constitucional.

Sin embargo, a pesar de la previsión de los mecanismos de justicia constitucional, debe destacarse que muchas Constituciones aún consagran el derecho ciudadano a la desobediencia civil, respecto de regímenes, legislación y autoridades que contraríen la Constitución. Un ejemplo es el artículo 350 de la Constitución de Venezuela de 1999, en el cual se dispone que:

> "El pueblo de Venezuela, fiel a su tradición republicana, a su lucha por la independencia, la paz y la libertad, desconocerá cualquier régimen, legislación o autoridad que contraríe los valores, principios y garantías democráticas o menoscabe los derechos humanos".

Este artículo consagra constitucionalmente lo que la filosofía política moderna ha calificado como desobediencia civil[525], que es una de las formas como se manifiesta el mencionado derecho de resistencia, que tuvo su origen histórico en el antes mencionado derecho a la insurrección que en la teoría política difundió John Locke. Además, tiene su antecedente constitucional remoto en el artículo 35 de la Constitución Francesa de 1793, que era el último de los artículos de la Declaración de los Derechos del Hombre y del Ciudadano que la precedía, en el cual se estableció que "Cuando el gobierno viole los derechos del pueblo, la insurrección es, para el pueblo y para cada porción del pueblo, el más sagrado de los derechos y el más indispensable de los deberes".

Esta norma, típica de un gobierno revolucionario como el del Terror, sin duda, fue anómala y desapareció de los anales del constitucionalismo. Sin embargo, ello no ha impedido la aparición en las Constituciones de algunas versiones contemporá-

---

524 V., John Locke, *Two Treatises of Government* (ed. Peter Laslett), Cambridge UK, 1967, pp. 211 y 221 ss.

525 Sobre la desobediencia civil y el artículo 350 de la Constitución de Venezuela, V.,: María L. Álvarez Chamosa y Paola A. A. Yrady, "La desobediencia civil como mecanismo de participación ciudadana", en *Revista de Derecho Constitucional*, N° 7 (Enero-Junio). Editorial Sherwood, Caracas, 2003, pp. 7-21; Andrés A. Mezgravis, "¿Qué es la desobediencia civil?", en *Revista de Derecho Constitucional*, N° 7 (enero-junio), Editorial Sherwood,Caracas, 2003, pp. 189-191; Marie Picard de Orsini, "Consideraciones acerca de la desobediencia civil como instrumento de la democracia", en *El Derecho Público a comienzos del siglo XXI. Estudios homenaje al Profesor Allan R. Brewer-Carías,* Tomo I, Instituto de Derecho Público, UCV, Civitas Ediciones, Madrid, 2003, pp. 535-551; y Eloisa Avellaneda y Luis Salamanca, "El artículo 350 de la Constitución: derecho de rebelión, derecho resistencia o derecho a la desobediencia civil", en *El Derecho Público a comienzos del siglo XXI. Estudios homenaje al Profesor Allan R. Brewer-Carías,* Tomo I, Instituto de Derecho Público, UCV, Civitas Ediciones, Madrid, 2003, pp. 553-583.

neas, no del derecho a la insurrección sino del derecho a la rebelión contra los gobiernos de fuerza, como el consagrado, por ejemplo, en el artículo 333 de la Constitución venezolana que establece el deber de "todo ciudadano investido o no de autoridad, de colaborar en el restablecimiento de la efectiva vigencia de la Constitución", si la misma perdiera "su vigencia o dejare de observarse por acto de fuerza o porque fuere derogada por cualquier otro medio distinto al previsto en ella". Es el único caso en el cual una Constitución pacifista como la venezolana de 1999, admite que pueda haber un acto de fuerza para reaccionar contra un régimen que por la fuerza haya irrumpido contra la Constitución[526]. El tema central en esta materia, por supuesto, es la determinación de cuándo desaparece la obligación de la obediencia a las leyes y cuándo se reemplaza por la también obligación-derecho de desobedecerlas y esto ocurre, en general, cuando la ley es injusta; cuando es ilegítima, porque por ejemplo emana de un órgano que no tiene poder para legislar, o cuando es nula, por violar la Constitución.

En todo caso, todas estas no son más que manifestaciones del derecho que los ciudadanos tienen a la Constitución y a su supremacía, que es necesario continuar reafirmando y consolidando, sobre todo ante regímenes que en fraude a la Constitución y a la propia democracia, han venido usando sus propias normas para violarlas y demoler las bases de la democracia, tal como ha venido ocurriendo en Venezuela en estos comienzos del Siglo XXI.

II. LAS EXIGENCIAS DE LA RIGIDEZ CONSTITUCIONAL Y LOS PROCEDIMIENTOS DE REVISIÓN CONSTITUCIONAL

Si algo caracteriza a las Constituciones rígidas es, precisamente, la previsión en los textos de procedimientos específicos y, en general, complejos para llevar a cabo su revisión, que se diferencian del procedimiento de formación de las leyes, sea a través de reformas generales o mediante enmiendas o modificaciones puntuales a sus previsiones[527]. Normalmente estos procedimientos de revisión constitucional se han establecido desde el inicio de la aparición de los Estados o de su reconstitución, como producto de una Asamblea o Convención constituyente que en nombre del pueblo aprobó la Constitución.

El objetivo de estos procedimientos de revisión constitucional como parte del pacto político contenido en la Constitución, es la preservación del mismo, de manera que no puedan éstas ser modificadas unilateralmente por grupos aislados, sino mediante la participación de todas las fuerzas o componentes de la sociedad política. Por ello, incluso, ha sido común en los Estados federales que surgieron como consecuencia de un pacto político entre Estados, el establecer mecanismos para garantizar

---

526   *V.*, expuesto en Allan R. Brewer-Carías, *La crisis de la democracia en Venezuela*, Ediciones Libros El Nacional, Caracas 2002, pp. 33 y ss.

527   *V.*, sobre este tema Allan R. Brewer-Carías, "Reforma Constitucional y Control de Constitucionalidad", en *Reforma de la Constitución y control de constitucionalidad. Congreso Internacional*, Pontificia Universidad Javeriana, Bogotá Colombia, Bogotá, 2005, pp. 108-159; y en *Libro Homenaje al Padre José Del Rey Fajardo S.J.*, Fundación de Derecho Público, Universidad Valle del Momboy, Editorial Jurídica Venezolana, Caracas Valera, 2005, Tomo II, pp. 977-1011. Igualmente, Allan R. Brewer-Carías, "Modelos de revisión constitucional en América Latina", en *Boletín de la Academia de Ciencias Políticas y Sociales*, enero-diciembre 2003, N° 141, Año LXVV, Caracas 2004, pp. 115-154.

la participación de éstos en los procesos futuros de revisión constitucional. Así ocurrió, por ejemplo, en la misma Constitución Norteamericana con la cual se inició el federalismo mismo (Art. V) en 1787, en la cual se prevé la ratificación de las enmiendas por tres cuartas partes de las Asambleas legislativas de los Estados o por Convenciones (constituyentes) constituidas en tres cuartas partes de los Estados; y así también se estableció, veintidós años después, en la primera Constitución federal adoptada con posterioridad, la Constitución de los Estados de Venezuela de 1811, en la cual se previó la posibilidad de aprobar reformas por las dos terceras partes de las Legislaturas provinciales (Art. 135).

Conforme a la Constitución de 1999, el principio de la rigidez de la Constitución se reflejó en la previsión de procedimientos específicos para la revisión de la Constitución, de manera tal que en ningún caso puede hacerse una reforma constitucional por la Asamblea Nacional mediante el solo procedimiento de formación de las leyes, exigiéndose siempre para cualquier revisión constitucional, la participación del pueblo como poder constituyente originario.

En tal sentido en la Constitución de 1999 se establecieron tres mecanismos institucionales para la revisión constitucional que se distinguen según la intensidad de las transformaciones que se proponen, y que son las Enmiendas Constitucionales, las Reformas Constitucionales y la Asamblea Nacional Constituyente. Cada procedimiento tiene su sentido y ámbito de aplicación según la importancia de las modificaciones a la Constitución, de manera que para la aprobación de las "enmiendas" se estableció la sola participación del pueblo como poder constituyente originario manifestado mediante referendo aprobatorio; para la aprobación de la "reforma constitucional" se estableció la participación de uno de los poderes constituidos, -la Asamblea Nacional- y, además, del pueblo como poder constituyente originario manifestado mediante referendo; y para la revisión constitucional mediante una "Asamblea Nacional Constituyente", se estableció la participación del pueblo como poder constituyente originario, para primero, decidir mediante referendo su convocatoria, y segundo, para la elección de los miembros de la Asamblea Constituyente.

Sobre estos tres mecanismos para la revisión constitucional, la propia Sala Constitucional del Tribunal Supremo de Justicia ha señalado que:

> "Cada uno de estos mecanismos de reforma tiene sus peculiaridades, los cuales con una somera lectura del texto constitucional se puede apreciar que, por ejemplo, el procedimiento de enmienda, va a tener por objeto la adición o modificación de uno o varios artículos de la Constitución, tal como lo señala el artículo 340 de la Carta Magna. Por su parte, la reforma constitucional, se orienta hacia la revisión parcial de la Constitución, así como la sustitución de una o varias de sus normas (artículo 342). Ambos mecanismos, están limitados por la no modificación de la estructura fundamental del texto constitucional, y por un referéndum al cual debe estar sometido para su definitiva aprobación, Ahora bien, en el caso de que se quiera transformar el Estado, crear un nuevo ordenamiento jurídico y redactar una nueva Constitución, el texto constitucional vigente consagra la posibilidad de convocatoria a una Asamblea Nacional Constituyente (Artículo 347 *eiusdem*).

Igualmente, las iniciativas para proceder a la enmienda, reforma o convocatoria de la Asamblea Constituyente, están consagradas en el texto constitucional de manera expresa"[528].

De lo anterior resulta que no puede utilizarse uno de los procedimientos de revisión constitucional para fines distintos a los regulados en la propia Constitución, pues de lo contrario, se incurriría en un fraude constitucional[529], tal como ocurrió con la reforma constitucional sancionada por la Asamblea Nacional el 2 de noviembre de 2007, que fue rechazada por voto popular en el referendo del 2 de diciembre de 2007. A ello nos referimos más adelante[530].

1. Las Enmiendas constitucionales

El procedimiento de la Enmienda constitucional tiene por objeto la adición o modificación de uno o varios artículos de la Constitución, sin alterar su estructura fundamental (Art. 340).

De acuerdo con el artículo 341, ordinal 1, la iniciativa para la Enmienda puede partir del quince por ciento de los ciudadanos inscritos en el registro civil y electoral; o de un treinta por ciento de los integrantes de la Asamblea Nacional o del Presidente de la República en Consejo de Ministros. Cuando la iniciativa parta de la Asamblea Nacional, la enmienda requiere la aprobación de ésta por la mayoría de sus integrantes y se debe discutir, según el procedimiento establecido en esta Constitución para la formación de leyes (Art. 341,2).

De esta norma se deduce, por tanto, que la discusión legislativa de las Enmiendas sólo se produce cuando la iniciativa parta de la Asamblea Nacional. Por tanto, si la Enmienda parte de una iniciativa popular o del Presidente de la República, no se somete a discusión ni a aprobación por la Asamblea Nacional, sino que directamente se debe someter a referendo aprobatorio (Art. 341,3 y 4), al cual deben concurrir al menos el 25% de los electores inscritos, bastando para la aprobación que haya mayoría de votos afirmativos (Art. 73).

---

528   V., sentencia N° 1140 de la Sala Constitucional de 05-19-2000, en *Revista de Derecho Público*, N° 84, Editorial Jurídica Venezolana, Caracas, 2000.

529   La Sala Constitucional del Tribunal Supremo de Justicia en la sentencia N° 74 de 25-01-2006 señaló que un *fraude a la Constitución* ocurre cuando se destruyen las teorías democráticas "mediante el procedimiento de cambio en las instituciones existentes aparentando respetar las formas y procedimientos constitucionales", o cuando se utiliza "del procedimiento de reforma constitucional para proceder a la creación de un nuevo régimen político, de un nuevo ordenamiento constitucional, sin alterar el sistema de legalidad establecido, como ocurrió con el *uso fraudulento de los poderes* conferidos por la ley marcial en la Alemania de la Constitución de *Weimar*, forzando al Parlamento a conceder a los líderes fascistas, en términos de dudosa legitimidad, la plenitud del poder constituyente, otorgando un poder legislativo ilimitado"; y que un *falseamiento de la Constitución* ocurre cuando se otorga "a las normas constitucionales una interpretación y un sentido distinto del que realmente tienen, que es en realidad una modificación no formal de la Constitución misma", concluyendo con la afirmación de que "*Una reforma constitucional sin ningún tipo de límites, constituiría un fraude constitucional*". V., en *Revista de Derecho Público*, N° 105, Editorial Jurídica Venezolana, Caracas 2006, pp. 76 ss.

530   V., Allan R. Brewer-Carías, *Reforma constitucional y fraude a la Constitución (1999-2009)*, Academia de Ciencias Políticas y Sociales, Caracas 2009.

Conforme a lo establecido en el artículo 346, el Presidente de la República está obligado a promulgar las Enmiendas dentro de los 10 días siguientes a su aprobación.

Por último, la Constitución exige que las enmiendas sean numeradas consecutivamente. Se deben publicar a continuación de la Constitución sin alterar el texto de ésta, pero anotando al pie del artículo o artículos enmendados la referencia de número y fecha de la enmienda que lo modificó.

2. *Las Reformas constitucionales*

En cuanto a las Reformas constitucionales, conforme al artículo 342 de la Constitución, tienen por objeto una revisión parcial de la Constitución y la sustitución de una o varias de sus normas que no modifiquen la estructura y principios fundamentales del texto constitucional.

De lo anterior resulta que la diferencia entre la Enmienda y la Reforma es muy sutil: aquella tiene por objeto "la adición o modificación de uno o varios artículos de la Constitución, sin alterar su estructura fundamental"; ésta tiene por objeto, "la sustitución de una o varias de sus normas que no modifiquen la estructura y principios fundamentales del texto constitucional". En definitiva, podría decirse que la Enmienda tiene por objeto "añadir o modificar" unos artículos y la Reforma la "sustitución" de unos artículos, pero en uno u otro caso, sin alterar o modificar la estructura fundamental de la Constitución.

Sin embargo, el procedimiento para la Reforma es más complejo, pues requiere que el texto sea discutido y aprobado por la Asamblea Nacional antes de ser sometido a referendo.

En efecto, la iniciativa de la Reforma de la Constitución la puede ejercer la Asamblea Nacional mediante acuerdo aprobado por el voto de la mayoría de sus integrantes; el Presidente de la República en Consejo de Ministros o a solicitud de un número no menor del quince por ciento de los electores inscritos en el registro civil y electoral (Art. 342).

Conforme al artículo 343, la iniciativa de reforma constitucional debe ser tramitada por la Asamblea Nacional en dos discusiones (Art. 343). El proyecto de reforma constitucional aprobado por la Asamblea Nacional debe ser sometido a referendo dentro de los treinta días siguientes a su sanción (Art. 344).

El pueblo, en el referendo, se debe pronunciar en conjunto sobre la reforma, pero puede votarse separadamente hasta una tercera parte de ella, si así lo aprueba un número no menor de una tercera parte de la Asamblea Nacional o si en la iniciativa de reforma así lo hubiere solicitado el Presidente de la República o un número no menor del cinco por ciento de los electores inscritos en el registro civil y electoral.

La Reforma constitucional se debe declarar aprobada si el número de votos afirmativos es superior al número de votos negativos (Art. 345).

En caso de que no sea aprobada la reforma, el artículo 345 dispone que la iniciativa de la reforma no puede presentarse de nuevo en un mismo período constitucional a la Asamblea Nacional.

El Presidente de la República debe promulgar las reformas dentro de los diez días siguientes a su aprobación. Si no lo hiciere, se aplica lo previsto en el artículo 216 de la Constitución (art. 346).

3. *La Asamblea Nacional Constituyente*

Por último, como mecanismo de revisión constitucional, la Constitución de 1999, producto de una Asamblea Nacional Constituyente que como institución para la reforma constitucional no estaba prevista ni regulada en la Constitución de 1961; prevé precisamente dicho mecanismo en los artículos 347 y siguientes.

El artículo 347 comienza precisando lo que es lo esencial en este proceso: que el pueblo de Venezuela es el depositario del poder constituyente originario[531]; y que en consecuencia, en ejercicio de dicho poder, el pueblo puede convocar una Asamblea Nacional Constituyente "con el objeto de transformar al Estado, crear un nuevo ordenamiento jurídico y redactar una nueva Constitución".

La Asamblea Nacional Constituyente en la Constitución de 1999, por tanto, no está concebida como "poder originario" alguno, el cual siempre queda reservado al pueblo, en forma intransferible. Sin embargo, contradictoriamente se especifica en el artículo 349 que los poderes constituidos no pueden en forma alguna impedir las decisiones de la Asamblea Nacional Constituyente, con lo cual la misma podría sobreponerse a los poderes constituidos. Ello abriría la discusión sobre si la Asamblea podría hacer cesar a aquellos.

La iniciativa de convocatoria a la Asamblea Nacional Constituyente corresponde al Presidente de la República en Consejo de Ministros; a la Asamblea Nacional, mediante acuerdo de la dos terceras partes de sus integrantes; a los Concejos Municipales en cabildos, mediante el voto de las dos terceras partes de los mismos; y al quince por ciento de los electores inscritos en el registro electoral (Art. 348). Esa iniciativa debe formularse ante el Poder Electoral. Una vez formulada la iniciativa, conforme antes se ha mencionado, corresponde al pueblo como poder constituyente originario, convocar la Asamblea Constituyente, por lo que a pesar de que no esté expresamente regulado en el texto de la Constitución, el Consejo Nacional Electoral debe convocar un referendo para que el pueblo se pronuncie sobre dicha convocatoria, y sobre el estatuto básico de la Asamblea en relación con su integración, forma de elección de sus miembros, misión y duración.[532]

Luego de que el pueblo se pronuncie sobre la convocatoria de la Asamblea, debe procederse a la elección de los miembros de la misma conforme al resultado de la consulta popular.

La aprobación de la Constitución que emane de la Asamblea Nacional Constituyente que se elija, sin embargo, no está sometida a referendo aprobatorio. En contraste, debe recordarse que la Constitución de 1999, sancionada por la Asamblea

---

531 *V.,* lo expuesto en Allan R. Brewer-Carías, *Poder Constituyente originario y Asamblea Nacional Constituyente,* Caracas 1999.

532 En esta forma por mi parte quedan superadas las dudas que expresé en esta materia en Allan R. Brewer-Carías, *Las Constituciones de Venezuela,* Academia de Ciencias Políticas y Sociales, tomo I, Caracas 2008, pp. 346-347; y en *Historia Constitucional de Venezuela,* tomo II, Editorial Alfa, pp. 251-252.

Nacional Constituyente, fue aprobada mediante referendo del 15 de diciembre de 1999 para poder entrar en vigencia; y que la propia Constitución exige que en los casos de Enmiendas y de Reformas constitucionales, las mismas deben ser sometidas a referendos aprobatorios (Arts. 341 y 344).

III. EL DESPRECIO A LA RIGIDEZ CONSTITUCIONAL EN LA PRÁCTICA CONSTITUCIONAL VENEZOLANA: LA "REFORMA CONSTITUCIONAL" DE 2007 RECHAZADA POPULARMENTE

Sin embargo, a pesar de estas previsiones constitucionales tan precisas, la practica constitucional venezolana en la última década lo que ha mostrado es un desprecio abierto al principio de la rigidez constitucional y por tanto a la supremacía constitucional, habiéndose la Constitución modificado o intentado modificar por medios y procedimientos distintos. Esto ocurrió, destacadamente en 2007 cuanto se intento aprobar una "reforma constitucional" que requería la convocatoria de una Asamblea nacional Constituyente.

1. *La reforma constitucional de 2007 sancionada por la Asamblea Nacional pero rechazada por el pueblo*

A pesar de la previsión expresa de los procedimientos para la reforma constitucional antes indicados, el Presidente de la República de Venezuela, en enero de 2007, al tomar posesión de su segundo mandato presidencial (2007-2013), anunció al país que propondría una serie de reformas a la Constitución de 1999, para cuya elaboración designó un Consejo Presidencial para la Reforma de la Constitución[533], el cual estuvo presidido por la Presidenta de la Asamblea Nacional e integrado por altos funcionarios del Estado, como fueron: el Segundo Vicepresidente de la Asamblea Nacional y otros cuatro diputados, la Presidenta del Tribunal Supremo de Justicia, el Defensor del Pueblo, el Ministro del Trabajo, la Procuradora General de la República, y el Fiscal General de la República. En esta forma, el Presidente de la República comprometió de antemano en su proyecto a los titulares de materialmente, todos los poderes públicos, indicando en forma expresa en el Decreto que el trabajo de dicho Consejo se debía realizar "de conformidad con los lineamientos del Jefe de Estado en estricta confidencialidad" (art. 2)[534]. Es decir, el Consejo no tenía libertad alguna de pensamiento, y su trabajo debía desarrollarse en estricta confidencialidad, lo que de por sí es contrario a los principios que deben guiar cualquier reforma constitucional en un país democrático.

Las pautas para la reforma constitucional que en diversos discursos y alocuciones fue dando el Presidente de la República, apuntaron, por una parte, a la conformación de un Estado del Poder Popular o del Poder Comunal, o Estado Comunal, estructurado desde los Consejos Comunales que ya habían sido creados en 2006, al margen de la Constitución[535], como unidades u organizaciones sociales no electas mediante

---

533   *V.,* Decreto N° 5138 de 17-01-2007, *Gaceta Oficial,* N° 38.607, de 18-01-2007.

534   Ello también lo declaró públicamente, además, la Presidenta de la Asamblea Nacional al instalarse el Consejo. *V.,* en *El Universal,* 20-02-2007.

535   Ley de Consejos Comunales, *Gaceta Oficial,* N° 5806 *Extra.,* 10-04-2006. *V.,* Allan R. Brewer-Carías, "El inicio de la desmunicipalización en Venezuela: La organización del Poder Popular para eliminar la

sufragio universal, directo y secreto y sin autonomía territorial, supuestamente dispuestos para canalizar la participación ciudadana, pero conforme a un sistema de conducción centralizado desde la cúspide del Poder Ejecutivo Nacional; y por la otra, a la estructuración de un Estado socialista, con una doctrina socialista y "bolivariana" como doctrina oficial, sustituyendo al sistema plural de libertad de pensamiento y acción que siempre ha existido en el país y, en particular, sustituyendo la libertad económica y el estado de economía mixta que siempre ha existido, por un sistema de economía estatista y colectivista, de capitalismo de Estado, sometido a una planificación centralizada, minimizando el rol del individuo y eliminando todo vestigio de libertad económica y de propiedad privada.

Es decir, el objetivo definido por el Presidente era transformar radicalmente al Estado y crear un nuevo ordenamiento jurídico, lo que no podía realizarse mediante el mecanismo de "reforma constitucional" que regula la Constitución, sino que exigía, conforme a su artículo 347, que se convocara y eligiera una Asamblea Nacional Constituyente, lo que, por supuesto, hubiera podido implicar que la reforma se le escapara de su control férreo.

El 2 de noviembre de 2007, la Asamblea Nacional, luego de haberle dado tres discusiones en algo más de un mes al Anteproyecto de reforma que el Presidente de la República le había presentado el 15 de agosto de 2007[536], sancionó el proyecto de reforma a la Constitución de 1999, el cual fue sometido a referendo que se fijó para el 2 de diciembre de 2007, en el cual, como se ha dicho, el poder constituyente originario se pronunció por rechazarlo por la mayoría de votos.

La rechazada reforma, en todo caso, era una propuesta de modificación constitucional que buscaba transformar aspectos esenciales y fundamentales del Estado, por lo que, sin duda, de haber sido aprobada, hubiera sido una de las más sustanciales de toda la historia constitucional de Venezuela. Con ella, en efecto, se buscaba cambiar radicalmente el modelo de Estado Descentralizado, Democrático, Pluralista y Social de Derecho que, con todos sus problemas, está regulado en la Constitución de 1999, por el de un Estado socialista, centralizado, policial y militarista, con una doctrina oficial "bolivariana", que se identificaba como "el Socialismo del Siglo XXI"[537] y un sistema económico de capitalismo de Estado. Esa reforma se sancionó, como se ha dicho, conforme a la propuesta que durante 2007 formuló el Presidente de la República, Hugo Chávez Frías, burlando el procedimiento que la Constitución requería para un cambio tan fundamental. Se trataba, por tanto, de una reforma fraudulenta o

---

descentralización, la democracia representativa y la participación a nivel local", en *AIDA, Opera Prima de Derecho Administrativo. Revista de la Asociación Internacional de Derecho Administrativo*, Universidad Nacional Autónoma de México, Facultad de Estudios Superiores de Acatlán, Coordinación de Postgrado, Instituto Internacional de Derecho Administrativo "Agustín Gordillo", Asociación Internacional de Derecho Administrativo, México, 2007, pp. 49 a 67

536 *V.*, el *Proyecto de Exposición de Motivos para la Reforma Constitucional, Presidencia de la República, Proyecto Reforma Constitucional. Propuesta del Presidente Hugo Chávez Agosto 2007.* El texto completo fue publicado como *Proyecto de Reforma Constitucional. Versión atribuida al Consejo Presidencial para la reforma de la Constitución de la República Bolivariana de Venezuela*, Caracas, Atenea, 1 de julio de 2007.

537 *V.*, el Proyecto de Exposición de Motivos para la Reforma Constitucional, Presidencia de la República, Proyecto Reforma Constitucional. Propuesta del presidente Hugo Chávez Agosto 2007, p. 19.

realizada en fraude a la Constitución, pues se ha utilizado para ello un procedimiento previsto para otros fines, engañando al pueblo[538].

La consecuencia de esta propuesta de reforma a la Constitución en relación con los ciudadanos, era que, con la misma, de haber sido aprobada, se hubiera establecido en Venezuela, formalmente, una ideología y doctrina de Estado, de corte socialista y supuestamente "bolivariana", la cual, en consecuencia, a pesar de su imprecisión -y he allí lo más peligroso-, se pretendía que fuera una doctrina "oficial", y por tanto, no hubiera admitido disidencia alguna. No se olvide que todos los ciudadanos tienen un deber constitucional esencial de cumplir y hacer cumplir la Constitución (Art. 131), por lo que, de haberse aprobado la reforma, todos los ciudadanos hubieran tenido el deber de contribuir activamente en la implementación de la doctrina oficial del Estado. En ello no hubiera podido admitirse ni siquiera la neutralidad. Por tanto, todo pensamiento, toda expresión del pensamiento, toda acción o toda omisión que pudiera haber sido considerada como contraria a la doctrina oficial socialista y "bolivariana", o que simplemente la "autoridad" no considerase que contribuía a la construcción y siembra del socialismo, hubiera constituido una violación a un deber constitucional y hubiera podido, por tanto, ser criminalizada; es decir, hubiera podido haber dado lugar a sanciones, incluso, penales. Se trataba de crear un pensamiento único, que constitucionalmente no hubiera admitido disidencia.

En todo caso, lo que planteó el Presidente como "reforma constitucional", lo que propuso su Consejo Presidencial y lo que sancionó la Asamblea Nacional en noviembre de 2007, como se ha dicho, evidentemente no constituía "una revisión parcial de la Constitución y la sustitución de una o varias de sus normas que no modifiquen la estructura y principios fundamentales del texto Constitucional", que es lo que, conforme al artículo 342, puede realizarse mediante el procedimiento de la "reforma constitucional", el cual se desarrolla mediante la sola discusión y sanción del proyecto por la Asamblea Nacional y posterior sometimiento a referendo aprobatorio. En efecto, lo que se sancionó por la Asamblea nacional como "reforma constitucional" en realidad buscaba:

Primero, transformar el Estado en un **Estado Socialista**, con una doctrina política oficial de carácter socialista, que se denomina además como "doctrina bolivariana", con lo cual se eliminaba toda posibilidad de pensamiento distinto al oficial y, por tanto, toda disidencia, pues la doctrina política oficial se incorporaba en la Constitución, como política y doctrina del Estado y la Sociedad, constituyendo un deber constitucional de todos los ciudadanos cumplir y hacerla cumplir. Con ello, se sentaban las bases para la criminalización de la disidencia.

Segundo, transformar el Estado en un **Estado Centralizado**, de poder concentrado bajo la ilusión del Poder Popular, lo que implicaba la eliminación definitiva de la forma federal del Estado, imposibilitando la participación política y degradando la democracia representativa; todo ello, mediante la supuesta organización de la población para la participación en los Consejos del Poder Popular, como los Comunales, que son instituciones sin autonomía política alguna, cuyos miembros se declaraba

---

538 Sobre el concepto de fraude a la Constitución *V.*, la sentencia de la Sala Constitucional del Tribunal Supremo de Justicia, N° 74 de 25-01-2006, en *Revista de Derecho Público* N° 105, Editorial Jurídica Venezolana, Caracas, 2006, pp. 76 y ss.

que no eran electos, y que son controlados desde la Jefatura del gobierno y para cuyo funcionamiento, el instrumento preciso era el partido único que el Estado ha tratado de crear durante 2007.

Tercero, transformar el Estado en un **Estado de economía estatista, socialista y centralizada,** propia de un capitalismo de Estado, con lo que se eliminaba la libertad económica y la iniciativa privada, y desaparecía la propiedad privada, que con la reforma hubieran dejado de ser derechos constitucionales, dándosele al Estado la propiedad de los medios de producción, la planificación centralizada y la posibilidad de confiscar bienes de las personas materialmente sin límites, configurándolo como un Estado del cual todo dependía, y a cuya burocracia quedaba sujeta la totalidad de la población. Ello chocaba, sin embargo, con las ideas de libertad y solidaridad social que se proclamaban en la propia Constitución, sentando las bases para que el Estado sustituyera a la propia sociedad y a las iniciativas particulares, minimizándoselas.

Cuarto, transformar el Estado en un **Estado Policial** (represivo), con la tarea fundamental de someter a toda la población a la doctrina oficial socialista y "bolivariana", y velar que la misma se cumpliera en todos los órdenes, lo que se aseguraba mediante la regulación, con acentuado carácter regresivo y represivo del ejercicio de los derechos civiles en situaciones de excepción, previéndose amplios márgenes de restricción y suspensión.

Quinto, transformar el Estado en un **Estado Militarista**, dado el rol que se le daba a la "Fuerza Armada Bolivariana" en su configuración y funcionamiento, toda sometida al Jefe de Estado, y con la creación del nuevo componente de la Milicia Popular Bolivariana[539].

Lo que se sancionó como proyecto de reforma constitucional por la Asamblea Nacional, en realidad, requería la convocatoria de una Asamblea Constituyente, y al no hacerlo, lo que el Presidente de la República y la Asamblea Nacional cometieron fue un fraude a la Constitución, como lo advirtieron reiteradamente las instituciones más representativas del país[540]. Incluso, sobre la necesidad de haber acudido en este

---

539 *V.,* sobre estas reformas, Allan R. Brewer-Carías, *La reforma constitucional de 2007 (Comentarios al proyecto inconstitucionalmente sancionado por la Asamblea Nacional el 2 de noviembre de 2007),* Editorial Jurídica Venezolana, Caracas 2007.

540 En tal sentido se pronunciaron, por ejemplo, las Academias de Medicina, Ciencias Políticas y Sociales, y de Ingeniería y el Hábitat (23-10-2007, *El Universal*); la Conferencia Episcopal Venezolana (19-10-2007, *El Nacional*), el Instituto de Previsión Social del Abogado, los Colegios de Abogados de Distrito Capital, de los Estados Miranda, Aragua, Cojedes, Falcón, Lara, Guárico, Carabobo y la Confederación de Profesionales Universitarios de Venezuela (02-11-2007). Incluso, es significativo que el día 5 de noviembre de 2007, el general Raúl Baduel, quien fuera Ministro de la Defensa del Presidente Chávez hasta julio de 2007, se hubiera pronunciado públicamente sobre el tema advirtiendo sobre el proceder de los Poderes Ejecutivo y Legislativo "que innecesariamente y de forma atropellada, mediante procedimientos fraudulentos, quieren imponer una propuesta que requiere una consulta más amplia a través de una Asamblea Nacional Constituyente"; que con ello, ambos Poderes "le están quitando poder al pueblo alterando los valores, los principios y la estructura del Estado sin estar facultados para ello, ya que el Poder Constituyente reside en el pueblo y es el único capaz de llevar a cabo un cambio de esa magnitud", que "esta propuesta de reforma sólo le está quitando poder al pueblo por dos vías, primero, porque usurpa de manera fraudulenta el Poder Constituyente del pueblo y segundo, porque las autoridades de la nueva geometría del poder que se crearía no serían elegidas por el pueblo"; y que "de culminar este pro-

caso al procedimiento de la Asamblea Nacional Constituyente, el Magistrado Jesús Eduardo Cabrera se refirió en términos precisos en su Voto salvado a misma sentencia N° 2042 de la Sala Constitucional de 2 de noviembre de 2007, antes citada, así:

> 1.- En sentencia de 24 de enero de 2002, con ponencia de quien suscribe esta Sala expreso: "Las directrices del Estado Social de Derecho, inciden sobre las libertades económicas y sobre el derecho de propiedad...".
>
> Igualmente el fallo citado acotó: "No es que el Estado Social de Derecho propende a un Estado Socialista, o no respete la libertad de empresa o el derecho de propiedad..."; sin embargo puede "restringir la propiedad con fines de utilidad pública o interés general, o limitar legalmente la libertad económica por razones de desarrollo humano, seguridad, sanidad, protección del ambiente u otros de interés social (artículo 112 Constitucional)".
>
> Apuntó igualmente el fallo citado que el Estado Social persigue mantener un equilibrio entre clases, o entre el Estado y los ciudadanos. Ahora bien, los artículos 70, 113, 158, 168, 184, 300, 318 y 321 del Anteproyecto para la primera reforma constitucional propuesta por el Presidente de la República, plantea la construcción del socialismo, de la democracia socialista.
>
> En criterio de quien disiente, un sistema de organización social o económico basado en la propiedad y administración colectiva o estatal de los medios de producción, como lo es básicamente el socialista, en sus distintas concepciones, cual es el propuesto en el Proyecto de Reforma, chocaría con lo que quien suscribe, y la propia Sala, era considerado Estado Social, y ello -en criterio del disidente- puede afectar toda la estructura y los principios fundamentales del Texto Constitucional, hasta el punto que un nuevo ordenamiento jurídico tendría que ser creado para desarrollar la construcción del socialismo.
>
> No es que Venezuela no puede convertirse en un Estado Socialista. Si ello lo decide el pueblo, es posible; pero a juicio del voto salvante, tal logro sería distinto al que la Sala ha sostenido en el fallo de 24 de enero de 2002 (Caso: *Créditos Indexados*) y ello conduciría no a una reforma de la Constitución sino a una nueva Constitución, la cual debería ser votada por el Poder Constituyente Originario. Al menos, en nuestro criterio esto es la consecuencia del fallo N° 85 de 24 de enero de 2002"[541].

Y es que, en efecto, la reforma constitucional sancionada el 2 de noviembre de 2007 era de tal trascendencia, que así, incluso, lo reconocieron, quizás sin darse cuenta, los propios diputados de la Asamblea Nacional cuando dispusieron que con la misma se sustituyera completamente la Constitución de 1999, ordenando a tal efecto, en la Disposición Final, que la Constitución -de haber sido aprobada por el pueblo- se imprimiera "íntegramente en un solo texto... Con la reforma aquí sancionada y en el correspondiente texto único corríjanse los artículos aplicando la nueva

---

ceso con la aprobación del mismo por las vías propuestas y la Asamblea Nacional, se estaría consumando en la práctica un golpe de Estado, violando de manera descarada el texto constitucional y sus mecanismos e introduciendo cambios de manera fraudulenta", *El Universal*, Caracas, 6-11-07.

541   *V.*, sentencia del Tribunal Supremo de Justicia en Sala Constitucional N° 2042 del 2 de Noviembre de 2007, *Caso Néstor Luis Romero Méndez* en http://www.tsj.gov.ve/decisiones/scon/Noviembre/2042-021107-07-1374.htm

terminología señalada en esta Reforma Constitucional, en cuanto sea aplicable, su-primiéndose y sustituyéndose de acuerdo al contenido de esta Reforma así como las firmas, fechas y demás datos de sanción y promulgación".

Es decir, de haberse aprobado la reforma por referendo, la Constitución hubiera tenido que conocerse como la "Constitución de 2007", es decir, una Constitución diferente, como efectivamente resultaba de su contenido. Por lo demás, con esa Dis-posición final se le pretendía dar carta blanca, no se sabe a quién, para que cambiase otras normas constitucionales sin procedimiento constitucional alguno, como ya ocurrió con la "reimpresión" de la Constitución de 1999, en marzo de 2000[542].

En todo caso, fue la voluntad de llevar adelante la reforma contrariando la Cons-titución y con la sola participación de una Asamblea Nacional, totalmente controla-da y dominada por el Presidente y sus seguidores, y evitar los "riesgos" que podían derivar de la elección de una Asamblea Nacional Constituyente, lo que llevó al Pre-sidente de la República y a sus seguidores, a repetir una vez más la táctica política del fraude a la Constitución, que ya era un común denominador del régimen instala-do en el país a partir de 1999, es decir, utilizar las instituciones existentes aparen-tando respetar las formas y procedimientos constitucionales (en este caso el proce-dimiento de "reforma constitucional"), para en cambio proceder a una radical tras-formación del Estado, o sea, como lo ha advertido el Tribunal Supremo al definir el fraude constitucional, a pretender realizar "la creación de un nuevo régimen político, de un nuevo ordenamiento constitucional, sin alterar el sistema de legalidad estable-cido[543]".

Esto como se dijo anteriormente, ya había ocurrido en febrero de 1999, mediante la convocatoria del referendo consultivo sobre la Asamblea Nacional Constituyente que no estaba entonces prevista en la Constitución vigente de 1961[544]; luego ocurrió con la emisión por dicha Asamblea Constituyente, después de que la nueva Consti-tución de 1999 ya se había aprobado por referendo popular, el "Decreto del Régi-men Transitorio de los Poderes Públicos" que obviamente no fue sometido a apro-bación popular[545]; y continuó ocurriendo en los últimos años, con la destrucción progresiva y sistemática de la democracia y de las instituciones del Estado de dere-cho, utilizándose sus instituciones desde el ejercicio del poder, secuestrando de los derechos y libertades públicas[546].

---

542   *Gaceta Oficial* N° 5453 Extra. de 24-03-2000.

543   *V.*, la sentencia N° 74 de 25-01-2006 de la Sala Constitucional del Tribunal Supremo de Justicia en *Revista de Derecho Público*, N° 105, Editorial Jurídica Venezolana, Caracas 2006, pp. 76 ss.

544   *V.*, Allan R. Brewer-Carías, *Asamblea Constituyente y Ordenamiento Constitucional*, Academia de Ciencias Políticas y Sociales, Caracas 1999.

545   *V.*, Allan R. Brewer-Carías, *Golpe de Estado y proceso constituyente en Venezuela*, Universidad Na-cional Autónoma de México, México 2002.

546   *V.*, Allan R. Brewer-Carías, "El autoritarismo establecido en fraude a la Constitución y a la democracia y su formalización en "Venezuela mediante la reforma constitucional. (De cómo en un país democrático se ha utilizado el sistema eleccionario para minar la democracia y establecer un régimen autoritario de supuesta "dictadura de la democracia" que se pretende regularizar mediante la reforma constitucional)" en el libro *Temas constitucionales. Planteamientos ante una Reforma*, Fundación de Estudios de Dere-cho Administrativo, FUNEDA, Caracas 2007, pp. 13-74. *V.*, también, "Constitution Making in Defraudation of the Constitution and Authoritarian Government in Defraudation of Democracy. The

En 2007, una vez más, para sancionar una reforma a la Constitución se utilizaron fraudulentamente sus propias previsiones pero para fines distintos a los establecidos en ellas, acudiéndose al procedimiento de "reforma constitucional" (art. 342), pero para producir una transformación radical del Estado, y trastocar el Estado Social y Democrático de Derecho y de Justicia de orden civil y convertirlo en un Estado Socialista, Centralizado, Policial y Militarista, donde se buscaba que desapareciera la democracia representativa, la alternabilidad republicana y toda idea de descentralización del poder, se retrocedía en materia de protección de los derechos humanos, y se concentraba todo el poder en la Jefatura del Estado, desapareciendo la libertad económica y el derecho de propiedad. Ello no era posible hacerlo constitucionalmente con el procedimiento de la "reforma", sino que requería del procedimiento de convocatoria de una Asamblea Nacional Constituyente (Art. 347). Por ello, en sentido similar, como lo reseñó el Tribunal Supremo de Justicia al referirse a un hecho histórico trascendente, ello también ocurrió "con el uso fraudulento de los poderes conferidos por la ley marcial en la Alemania de la Constitución de Weimar, forzando al Parlamento a conceder a los líderes fascistas, en términos de dudosa legitimidad, la plenitud del poder constituyente, otorgando un poder legislativo ilimitado"[547].

Con las reformas sancionadas por la Asamblea, además, materialmente desaparecía la democracia representativa y las autonomías político territoriales, buscando sustituírsela por un esquema estatal centralizado supuestamente montado sobre una democracia "participativa y protagónica" que estaba controlada total y centralizadamente desde arriba, por el Jefe de Estado, en la cual quedaba proscrita toda forma de descentralización política y autonomía territorial, y que a la vez, restringía los mecanismos de participación política que estaban directamente regulados en la Constitución, como son los referendos y la participación de la sociedad civil en los Comité de Postulaciones de altos funcionarios.

En efecto, el texto que había sancionado la Asamblea Nacional de Venezuela el 2 de noviembre de 2007, como reforma constitucional, evidentemente que no constituía "una revisión parcial de la Constitución y la sustitución de una o varias de sus normas que no modifiquen la estructura y principios fundamentales del texto Constitucional", que era lo que conforme al artículo 342 podía realizarse mediante el procedimiento de la "reforma constitucional", que se desarrolla mediante la sola discusión y sanción del proyecto por la Asamblea Nacional y posterior sometimiento a referendo aprobatorio. Lo que se sancionó como proyecto de reforma constitucional, en realidad, era una total transformación de Estado, que requería de la convocatoria de una Asamblea Constituyente, y al no hacerlo, lo que el Presidente de la República y la Asamblea Nacional cometieron fue un fraude a la Constitución.

Afortunadamente, fue el pueblo, consultado en referendo el 2 de diciembre de 2007, el que rechazó la reforma propuesta, la cual por tanto no se pudo materiali-

Recent Venezuelan Experience", en *Lateinamerika Analysen*, 19, 1/2008, GIGA, Germa Institute of Global and Area Studies, Institute of latin American Studies, Hamburg 2008, pp. 119-142.

547 *V.,* la sentencia de la Sala Constitucional del Tribunal Supremo de Justicia N° 74 de 25-01-2006, en *Revista de Derecho Público,* N° 105, Editorial Jurídica Venezolana, Caracas 2006, pp. 76 y ss.

zar[548]. Pero en realidad, de haber funcionado los mecanismos institucionales para la protección del Estado de derecho, el referendo convocado para el 2 de diciembre de 2007 hubiera podido detenerse por la Sala Constitucional del Tribunal Supremo de Justicia, como supremo guardián de la Constitución.

La Sala, sin embargo, renunció a cumplir su obligación y se negó sistemáticamente a controlar la constitucionalidad del procedimiento de reforma constitucional.

2. *La renuncia por parte del Juez Constitucional a controlar el fraude a la Constitución perpetrado con la reforma constitucional de 2007*

En efecto, ante la reforma constitucional de 2007 efectuada violando la propia Constitución, la Jurisdicción Constitucional atribuía a la Sala Constitucional del Tribunal Supremo de Justicia renunció a ejercer el control de la constitucionalidad de los actos de los poderes constituidos cumplidos para llevar adelante una "reforma constitucional" y, en particular, del acto del Presidente de la República de presentación del anteproyecto de reforma ante la Asamblea Nacional el 15 de agosto de 2007; del acto definitivo de ésta de sanción del proyecto de reforma de la Constitución del día 2 de noviembre de 2007, y de la convocatoria a referendo por parte del Consejo Nacional Electoral el mismo día, todo conforme al procedimiento de "reforma constitucional regulado en los artículos 342 y siguientes de la Constitución", cuando por las trasformaciones fundamentales que contenía el proyecto debía haberse sometido al procedimiento de la Asamblea Nacional Constituyente conforme al artículo 347 y siguientes del texto fundamental.

En todas y cada una de las sentencias que dictó la Sala Constitucional en octubre y noviembre de 2007, que resolvieron las diversas acciones intentadas contra dichos actos, la Sala Constitucional desconoció el derecho ciudadano a la supremacía constitucional y a la tutela judicial efectiva, y fue declarando inadmisibles o que no había lugar a ellas, considerando, por una parte, que no había legitimación alguna de parte de los recurrentes para intentar las acciones, y por la otra, con el absurdo argumento de que los actos estatales dictados en el procedimiento de reforma constitucional (la presentación del proyecto y la sanción de la Asamblea Nacional) no eran actos que producían efectos jurídicos externos, ni podían causar gravamen a los derechos de los ciudadanos, concluyendo que solamente hubieran podido ser impugnados cuan-

---

548   Tomando en cuenta los resultados anunciados por el Consejo Nacional Electoral en día 2 de diciembre en la noche, de un universo de más de 16.109.664 de electores inscritos, sólo acudieron a votar 9.002.439 votantes, lo que significó un 44.11% de abstención; y de los electores que votaron, votaron por rechazar la reforma (voto NO) por el Bloque de artículos marcado A, 4.504.354 de votantes, con 50.70% y por el Bloque de artículos marcado B, 4.522.332 de votantes, con 51.05%. Es decir, sólo votaron por aprobar la reforma (voto SÍ), por el bloque A 4 379 392 votantes, con 49.29%; y por el bloque B 4.335.136 votantes con 48.94%. Ello equivale a que sólo el 28% del universo de los electores inscritos en el Registro Electoral votaron por aprobar la reforma constitucional. En dicho referendo, por tanto, en realidad, no fue que "triunfó" el voto NO por poco margen, como aludió el Presidente de la República, Hugo Chávez, sino que lo que ocurrió fue que su propuesta de reforma fue rechazada por el 72% de los electores inscritos, quienes, o votaron por el NO (50.7%), o simplemente no acudieron a votar para pronunciarse por la reforma.

do concluyera el procedimiento con el referendo aprobatorio de la reforma, y la reforma hubiera sido aprobada[549].

La primera decisión en esta materia, se adoptó por la Sala Constitucional mediante sentencia N° 1974 de 23 de octubre de 2007, (Ponencia Luisa Estella Morales) en el Caso *José Ignacio Guédez Yépez*, en una acción de amparo constitucional que había sido intentada antes de que la reforma constitucional fuera sancionada por la Asamblea Nacional, ejercida por un ciudadano en su propio nombre y en protección de derechos difusos y colectivos, contra la Asamblea Nacional por la amenaza de violación del derecho constitucional difuso correspondiente "a la alternabilidad democrática del poder" consagrado en el artículo 6 de la Constitución, por la eventual aprobación por la Asamblea Nacional, del proyecto de Reforma constitucional que le había presentado el Presidente de la República.

La Sala declaró inadmisible la acción, argumentando que el accionante:

> "no sólo no señaló de qué forma se verían afectados los intereses de la sociedad - o de alguna porción definida de la misma-, sino que al contrario de los planteamientos formulados por el accionante en torno a la interpretación y materialización del principio del alternabilidad, es preciso reiterar que la reelección en nuestro ordenamiento no supone un cambio de régimen o forma del Estado, y muy por el contrario, reafirma y fortalece los mecanismos de participación dentro del Estado Democrático, Social de Derecho y Justicia, que estableció el Constituyente en 1999 (*Cfr.* Sentencia de la Sala N° 1.488 del 28 de julio de 2006)"[550].

La Sala estimó, entonces, que la acción intentada "no corresponde a derechos o intereses difusos, sino a un interés particular del accionante de limitar el ámbito de la reforma constitucional propuesta", razón por la cual estimó que el presunto agraviado **carecía de legitimación** procesal para intentar una acción de amparo en tutela de derechos o intereses difusos o colectivos".

---

549 La primera sentencia en la materia del Tribunal Supremo de Justicia en Sala Constitucional fue la No. 1974 de 23-10-2007, Caso *José Ignacio Guedez Yépez* en http://www.tsj.gov.ve/decisiones/scon/Octu bre/1974-231007-07-1055.htm. *V.*, además, entre otras: sentencia del Tribunal Supremo de Justicia en Sala Constitucional No. 2042 del 2 de Noviembre de 2007, Caso *Néstor Luis Romero Méndez* en http://www.tsj.gov.ve/decisiones/scon/Noviembre/2042-021107-07-1374.htm; sentencia del Tribunal Supremo de Justicia en Sala Constitucional N° 2108 del 7 de Noviembre de 2007, Caso *Jorge Paz Nava* y otros en http://www.tsj.gov.ve/decisiones/scon/Noviembre/2108-071107-07-1484.htm; sentencia del Tribunal Supremo de Justicia en Sala Constitucional N° 2147 del 13 de Noviembre de 2007, Caso *Rafael Ángel Briceño*, en http://www.tsj.gov.ve/decisiones/scon/Noviembre/2147-131107-07-1476.htm; sentencia del Tribunal Supremo de Justicia en Sala Constitucional N° 2191 del 22 de Noviembre de 2007, Caso *Yvett Lugo Urbaéz* en http://www.tsj.gov.ve/decisiones/scon/Noviembre/2191-221107-07-1605.htm (Criterio reiterado también en las sentencias 2108/2007; 2147/2007 y 2189/2007 de esta misma Sala); sentencia del Tribunal Supremo de Justicia en Sala Constitucional N° 2193 del 22 de Noviembre de 2007, Caso *Luis Hueck Henríquez* en http://www.tsj.gov.ve/decisiones/scon/Noviembre /2193-221107-07-1641.htm; sentencia del Tribunal Supremo de Justicia en Sala Constitucional, No 2198 del 23 de Noviembre de 2007, Caso *Moisés Troconis Villareal* en http://www.tsj.gov.ve/ decisiones/scon/Noviembre/2198-231107-07-1645.htm; Sentencia del Tribunal Supremo de Justicia en Sala Constitucional N° 2211 de 29-11-2007, Caso *Claudia Nikken y Flavia Pesci Feltri*, en http://www. tsj.gov.ve/decisiones/scon/Noviembre/2211-291107-07-1617.htm

550 *V.*, Sentencia del Tribunal Supremo de Justicia en Sala Constitucional N° 1974 de 23 de octubre de 2007, Caso *José Ignacio Guedez Yépez* en http://www.tsj.gov.ve/decisiones/scon/Octubre/1974-231007 -07-1055.htm

Por otra parte, en cuanto a la posibilidad de admitir una acción de amparo contra las amenazas a los derechos del accionante, la Sala, reiterando su jurisprudencia sobre que la necesidad de que la amenaza sea "inminente, factible y practicable por la persona a quien se le imputa el acto, hecho u omisión que se señala como lesiva", señaló que en el caso concreto de la acción de amparo contra la presunta amenaza que se derivaba de la posible sanción, en ese momento, del proyecto de reforma constitucional por la Asamblea Nacional, que esta sólo era un órgano que participaba en el proceso de reforma constitucional "pero en el marco del mismo, sólo corresponde al pueblo mediante referendo", concluyendo entonces señalando que "el presunto agraviado no puede pretender la materialización de una lesión constitucional, de un hecho futuro o incierto como lo es la eventual aprobación por parte de la Asamblea Nacional y consecuentemente del correspondiente referendo aprobatorio del texto de reforma constitucional"; y que "para que la supuesta amenaza se concrete y, en consecuencia, surta algún efecto jurídico, es necesario la verificación de un conjunto de circunstancias hipotéticas para que se materialice lo que a decir del accionante, constituye una amenaza de lesión constitucional"[551].

Posteriormente, mediante sentencia N° 2042 (Ponencia de Francisco A. Carrasquero), dictada en el Caso *Néstor Luis Romero* de 2 de noviembre de 2007, es decir, el mismo día en el cual la Asamblea Nacional sancionó el proyecto de reforma constitucional, la Sala Constitucional decidió una acción de amparo también intentada contra la amenaza de lesión de los derechos constitucionales del accionante derivados de los artículos 342 y siguientes de la Constitución, por parte del Presidente de la República y la Asamblea Nacional al pretender tramitar como reforma constitucional un proyecto que contenía modificaciones a la estructura y principios fundamentales del Estado, violando la Constitución. La acción había sido intentada específicamente contra el Presidente de la República, por haber presentado el proyecto, y contra la Asamblea Nacional, por haberlo admitido para su discusión. En este caso, la Sala Constitucional también declaró inadmisible la acción, pero en este caso por falta de legitimación del recurrente, considerando que al intentar la acción, el mismo "no señaló, ni se evidencia de autos, de qué manera las actuaciones denunciadas como lesivas son susceptibles de vulnerar sus derechos constitucionales"[552].

Para decidir, la Sala recordó el "carácter personalísimo" de la acción de amparo, "de modo que sólo puede ser incoada por el afectado inmediato de la infracción constitucional, dejando a salvo supuestos especiales, como los reclamos efectuados en protección de los derechos colectivos o difusos, que nacen del reconocimiento de esta esfera de derechos por parte del artículo 26 de la Constitución, o el caso del amparo a la libertad y la seguridad personal, en el que cualquier persona está legitimada para intentarlo". En el caso concreto, por tanto, la Sala concluyó que: "el accionante no señaló cuál es la situación jurídica subjetiva lesionada o amenazada por las actuaciones que denunció como lesivas" siendo que "la denuncia planteada está referida a la supuesta amenaza de infracción constitucional producida por la inclu-

---

551   *Ibídem*

552   *V.,* sentencia del Tribunal Supremo de Justicia en Sala Constitucional N° 2042 del 2 de Noviembre de 2007, Caso *Néstor Luis Romero Méndez* en http://www.tsj.gov.ve/decisiones/scon/Noviembre /2042-021107-07-1374.htm

sión en el contenido del Proyecto de Reforma presentado ante la Asamblea Nacional por iniciativa del Presidente de la República, de normas que, en opinión del accionante, modifican la estructura y principios fundamentales del Texto Constitucional, en contravención a los límites establecidos en el artículo 342 de la Constitución vigente". Sin embargo, decidió la Sala que el accionante "no expuso de qué forma su situación jurídica personal se vería afectada por las actuaciones denunciadas, ya que sólo se limitó a señalar la presunta inconstitucionalidad del aludido proyecto de reforma"[553].

Para afirmar esto, la Sala desconoció el derecho ciudadano a la supremacía constitucional, afirmando que del artículo 342 de la Constitución que regula el procedimiento de reforma constitucional, "no consagra derechos, garantías o libertades de carácter individual" ni "establece derechos difusos, ya que la misma no prevé una prestación genérica o indeterminada en cuanto a sus posibles beneficiarios, en los términos establecidos por la doctrina de esta Sala". Por último, la Sala consideró que la acción de amparo interpuesta no podía tampoco "ser considerada como ejercido en protección de derechos colectivos, ya que se ejerció en nombre propio y no en nombre de un sector poblacional determinado e identificable"[554].

Con base en estos argumentos declaró la inadmisibilidad de la acción de amparo interpuesta, contrariando doctrina de la propia Sala, como la sentada en sentencia que suspendió las elecciones generales de mayo de 2000, que benefició "tanto para las personas naturales y organizaciones que han solicitado la protección de amparo constitucional como para todos los electores en su conjunto"[555].

A la anterior decisión N° 2042 -Caso *Néstor Luis Romero*- le siguió la sentencia de la misma Sala Constitucional N° 2191 de 22 de noviembre de 2007 (Ponente Marcos Tulio Dugarte), dictada en el Caso *Yvett Lugo Urbáez* con motivo de la acción de amparo intentada, en esta oportunidad contra el acto sancionatorio de la reforma constitucional adoptado por la Asamblea Nacional el 2 de noviembre de 2007 y la convocatoria a referendo efectuada por el Consejo Nacional Electoral, porque dichos actos constituían una subversión del trámite procedimental para la modificación de la Constitución, pues el procedimiento de reforma constitucional no podía utilizarse para alterar la estructura y principios fundamentales de la Constitución Nacional.

En este caso, la Sala decidió que **"no ha lugar a la acción"**, pues los actos impugnados supuestamente no causaban gravámenes susceptibles de control. Para llegar a esta conclusión, la Sala, citando dos previas decisiones de 7 de noviembre de 2007 (N° 2108, Caso *Jorge Paz Nava y otros*)[556] y de 13 de noviembre de 2007

---

553 *Ibídem*

554 *Ibídem*

555 *V.*, sentencia de la Sala Constitucional N° 483 de 29-05-2000, Caso: *"Queremos Elegir" y otros*, en *Revista de Derecho Público*, N° 82, Caracas, 2000, Editorial Jurídica Venezolana, pp. 489-491.

556 *V.*, la sentencia del Tribunal Supremo de Justicia en Sala Constitucional N° 2108 del 7 de Noviembre de 2007, Caso *Jorge Paz Nava y otros* en http://www.tsj.gov.ve/decisiones/scon/Noviembre/2108-071107-07-1484.htm

(N° 2147, caso *Rafael Ángel Briceño*)[557], reiteró su criterio de que "la reforma constitucional es un proceso complejo conformado por la concreción de múltiples factores para asegurar la legitimidad institucional y democrática del cambio"[558], el cual "se configura en etapas sucesivas en la que interactúan autoridades públicas (Presidente de la República), órganos del Estado (Asamblea Nacional y Consejo Nacional Electoral) y el pueblo, que en definitiva ostenta el poder para aprobar y validar mediante el voto la reforma propuesta"[559]. Con base en ello, la Sala consideró que "las etapas tempranas o de formación del proyecto de reforma constitucional no causan gravamen alguno porque no exteriorizan sus efectos y, por lo tanto, no son susceptibles de control jurisdiccional"[560], de manera que "sólo será el desenvolvimiento de ese proceso el que determine la posibilidad de control de un acto que, sin exteriorizar sus efectos, puede ser objeto de control"[561].

Es decir, conforme al criterio de la Sala, debía esperarse la aprobación de la reforma mediante referendo para poder juzgar su constitucionalidad, pues supuestamente los actos estatales de las diversas fases del procedimiento no producen efectos jurídicos externos. Para llegar a esta conclusión, la Sala afirmó que

> "el acto de la Asamblea Nacional sancionado el 2 de noviembre de 2007 contentivo de la "Reforma de la Constitución de la República Bolivariana de Venezuela" no es un acto normativo, por cuanto al no adquirir eficacia no produce efectos jurídicos externos, esto es, no afecta relaciones jurídicas abstractas o concretas, por lo que mal puede lesionar o amenazar derecho constitucional alguno ya que no posee carácter obligatorio y, por tanto, no puede órgano del Estado alguno o particular darle ejecución"[562].

Luego, analizando el procedimiento de reforma constitucional como si fuera equivalente al de formación de las leyes, concluyó la Sala señalando que en Venezuela no hay control previo de constitucionalidad sobre los proyectos de leyes, declarando entonces que no se puede impugnar en forma previa el acto sancionado por la Asamblea Nacional, declarando en consecuencia que **"no ha lugar a la acción"**[563].

Se observa, con esta decisión, que la Sala no fue que declaró "inadmisible" la acción, sino que con la misma, en realidad, lo que hizo fue negar el derecho ciudadano de acceso a la justicia y a la tutela judicial efectiva consagrados en la Constitu-

---

557 *V.*, sentencia del Tribunal Supremo de Justicia en Sala Constitucional N° 2147 de 13 de Noviembre de 2007, Caso *Rafael Ángel Briceño*, en http://www.tsj.gov.ve/decisiones/scon/Noviembre/2147-131107-07-1476.htm

558 *V.*, sentencia del Tribunal Supremo de Justicia en Sala Constitucional N° 2191 del 22 de Noviembre de 2007, Caso *Yvett Lugo Urbáez* en http://www.tsj.gov.ve/decisiones/scon/Noviembre/2191-221107-07-1605.htm. Criterio reiterado también en las sentencias 2108/2007; 2147/2007 y 2189/2007 de esta misma sala.

559 *Ibídem*

560 *Ibídem*

561 *Ibídem*

562 *Ibídem*

563 *Ibídem*

ción (Art. 26), al "inventar" la Sala un tipo de "decisión" no prevista en la Ley que rige sus funciones, de que "**no ha lugar a la acción**" que equivale a decidir, que el ciudadano en ese caso, no tiene derecho de acceder a la justicia. Ello es la negación misma del Estado de derecho.

Por otra parte, en cuanto a la acción de amparo ejercida contra el acto del Consejo Nacional Electoral convocando el referendo, la Sala lo declaró **inadmisible** porque dicho acto sólo se podía impugnar mediante acción de inconstitucionalidad por supuestamente tratarse de actos de ejecución directa de la Constitución, con lo cual, de otro plumazo, la Sala Constitucional renunció a proteger la Constitución, se negó a reconocer la existencia del derecho ciudadano a la supremacía constitucional, y negó la posibilidad de la acción de amparo contra actos del Consejo Nacional Electoral en contra del principio de la universalidad del amparo de otrora arraigada raíz en la jurisprudencia, expresada en la sentencia de la antigua Corte Suprema de Justicia, de 31 de enero de 1991 (Caso *Anselmo Natale*), en la famosa frase de que "no puede existir ningún acto estatal que no sea susceptible de ser revisado por vía de amparo"[564].

La comentada sentencia N° 2191[565], se dictó en paralelo con la sentencia N° 2193 del mismo día 22 de noviembre de 2007 (Ponente: Carmen Zuleta de Merchán), dictada en el Caso *Luis Hueck Henríquez*[566], con motivo de la interposición de una acción de amparo constitucional también contra los actos de la Asamblea Nacional y contra el Consejo Nacional Electoral mediante los cuales se aprobó el texto definitivo de la Reforma Constitucional y se convocó al referendo a que alude el artículo 346 de la Constitución, a cuyo efecto el recurrente adujo actuar "en nombre de los intereses colectivos y difusos de los inscritos en el Registro Electoral Permanente"[567].

Esta acción también fue declarada **inadmisible**, para lo cual la Sala estimó que en el caso concreto, no estaban presentes "aspectos que caracterizan a este tipo de derechos o intereses, y a los cuales se ha referido esta Sala en distintas oportunidades (entre otras, en sentencia del 18 de febrero de 2003, recaída en el Caso *César Pérez Vivas*) como lo son que los hechos en que se funde la acción sean genéricos y que la prestación requerida sea indeterminada"[568], constatando que la acción intentada no perseguía "la protección de la calidad de vida de un grupo determinado o indeterminable de ciudadanos, sino que, en la forma en la cual fue planteada dicha pretensión, persigue un pronunciamiento jurisdiccional de esta Sala tendiente a res-

---

564 Citada por la sentencia de la Sala Político Administrativa de la misma antigua Corte Suprema de 24 de mayo de 1993, en *Revista de Derecho Público*, N° 55-56, Editorial Jurídica Venezolana, Caracas 1993, pp. 284-285.

565 *V.*, sentencia del Tribunal Supremo de Justicia en Sala Constitucional N° 2191 del 22 de Noviembre de 2007, Caso *Yvett Lugo Urbaéz* en http://www.tsj.gov.ve/decisiones/scon/Noviembre/2191-221107-07-1605.htm.

566 *V.*, sentencia del Tribunal Supremo de Justicia en Sala Constitucional N° 2193 del 22 de Noviembre de 2007, Caso *Luis Hueck Henríquez* en http://www.tsj.gov.ve/decisiones/scon/Noviembre/2193-221107-07-1641.htm

567 *Ibídem*

568 *Ibídem*

tringir o anular dos actos dictados por órganos que ejercen el Poder Público en los términos previstos en el artículo 343 y 346 de la Constitución"[569]. De ello concluyó la Sala, señalando que "la pretensión de la parte accionante escapa del carácter protector de la calidad de vida que involucra la tutela de los derechos difusos, por cuanto no se persigue la protección de un bien común"[570].

En el caso concreto, además, la Sala señaló que "la lesión constitucional se le atribuye a un proyecto de reforma aprobado por la Asamblea Nacional y que será sometido a referendo próximamente", lo que supuestamente "quiere decir que la efectividad del texto definitivo **aún no se ha verificado** y, por lo tanto, no se cumple con el requisito de la inmediatez de la lesión"[571], razón por la cual declaró la inadmisibilidad de la acción.

En otra sentencia N° 2198 de 23 de noviembre de 2007 (Ponente: Arcadio Delgado Rosales), Caso *Moisés Troconis Villarreal*[572], la misma Sala Constitucional también declaró **inadmisible** otra acción de amparo intentada, esta vez por quien había sido un magistrado del Tribunal Supremo, intentada contra la sanción de la reforma constitucional por la Asamblea Nacional, alegando violación al "derecho fundamental a la Constitución de la República, a su integridad y a su revisión", en particular, "del derecho y de la garantía constitucionales consagrados en los artículos 334, primer párrafo y 342, primer párrafo, de la Constitución de la República". Para tal fin, la Sala consideró que no evidenciaba "que las precitadas normas consagren derechos, garantías o libertades de carácter individual o de naturaleza colectiva o difusa", sino más bien "estas disposiciones consagran competencias a ser ejercidas por el Poder Público"; decidiendo, en definitiva que "no contempla derechos" y que "al no advertirse en dichas normas ningún derecho o garantía, sino competencias y atribuciones a ser ejercidas por lo poderes públicos, esta Sala considera que en las aludidas disposiciones no existen derechos a ser tutelados"[573].

Por ello la Sala concluyó, en el caso concreto, que no había evidenciado del escrito del accionante "cómo las actuaciones denunciadas como lesivas son susceptibles de vulnerar sus derechos o garantías constitucionales", decidiendo también que carecía "de legitimación activa para incoar la acción de amparo"[574]. Desconoció, así, la Sala Constitucional, de nuevo, el derecho ciudadano a la supremacía constitucional.

La Sala Constitucional, en efecto, al declarar la inadmisibilidad de estas acciones de amparo constitucional, en definitiva, lo que consideró fue que la norma del artículo 342 supuestamente no contenía derecho constitucional alguno, concluyendo como lo dijo en la antes citada sentencia N° 2042 (Caso *Néstor Luis Romero*) de 2

---

569   *Ibídem*

570   *Ibídem*

571   *Ibídem*

572   *V.,* la sentencia del Tribunal Supremo de Justicia en Sala Constitucional, N° 2198 de 23 de Noviembre de 2007, Caso *Moisés Troconis Villareal* en http://www.tsj.gov.ve/decisiones/scon/Noviembre/2198-231107-07-1645.htm

573   *Ibídem*

574   *Ibídem*

de noviembre de 2007, que el accionante "no tiene legitimación activa alguna para incoar la presente acción de amparo constitucional, por cuanto no señaló, ni se evidencia de autos, de qué manera las actuaciones denunciadas como lesivas son susceptibles de vulnerar sus derechos constitucionales", por lo cual declaró inadmisible la acción de conformidad con lo dispuesto en el artículo 19,5, de la Ley Orgánica del Tribunal Supremo de Justicia, "por la falta de legitimación del accionante".

El magistrado Pedro Rafael Rondón Haaz, en cambio, en dicha sentencia N° 2042 salvó su Voto por considerar básicamente que, al contrario, la norma del artículo 342:

> "entraña un evidente derecho de rango constitucional y alcance general para todos los ciudadanos, en el sentido de que, sólo por su condición de tales, en cuanto suscriptores del pacto social que es, en definitiva, una Constitución, que determina la directa afectación de su esfera jurídica constitucional cuando dicho pacto es alterado, lo cual les proporciona legitimación para la defensa de dicha esfera jurídica y título jurídico suficiente para exigir a los destinatarios directos de la norma (la Asamblea Nacional -mediante acuerdo aprobado por el voto de la mayoría de sus integrantes-, el Presidente o Presidenta de la República en Consejo de Ministros; o un número no menor del quince por ciento de los electores inscritos y electoras inscritas en el Registro Civil y Electoral, que son quienes tienen iniciativa para solicitarla), como conducta determinada de la cual es acreedor aquél, el estricto cumplimiento o apego a ella. En el peor de los casos, se trataría, en términos análogos, de un interés -por oposición a derecho propiamente dicho- igualmente legitimador"[575].

El Magistrado salvante del voto ratificó entonces su criterio de que no cabe duda de que:

> "el artículo 342 entraña un derecho de todos -como miembros de la sociedad suscriptora del pacto social- a que la reforma constitucional proceda -y solo proceda- para *"una revisión parcial de esta Constitución y la sustitución de una o varias de sus normas que no modifiquen la estructura y principios fundamentales del Texto Constitucional"*, de manera que, cuando el demandante alegó la supuesta vulneración de esta norma ante una eventual reforma constitucional que incluya modificaciones en la estructura y principios fundamentales del Estado, está, ciertamente, haciendo referencia a la supuesta lesión a derechos constitucionales difusos, los cuales tienen expresa protección constitucional según dispone el artículo 26 de la Constitución de la República Bolivariana de Venezuela"[576].

En la misma orientación restrictiva de las anteriores sentencias, la Sala Constitucional mediante sentencia N° 2211 (Ponente: Arcadio Delgado Rosales) de 29 de noviembre de 2007, Caso *Claudia Nikken y Flavia Pesci Feltri*[577], también declaró

---

575   *V.,* sentencia del Tribunal Supremo de Justicia en Sala Constitucional N° 2042 de 2 de Noviembre de 2007, Caso *Néstor Luis Romero Méndez* en http://www.tsj.gov.ve/decisiones/scon/Noviembre/2042-021107-07-1374.htm.

576   *Ibídem*

577   *V.,* Sentencia del Tribunal Supremo de Justicia en Sala Constitucional N° 2211 de 29-11-2007, *Caso Claudia Nikken y Flavia Pesci Feltri*, en http://www.tsj.gov.ve/decisiones/scon/Noviembre/2211-291107-07-1617.htm

la **inadmisibilidad** de la acción de amparo que estas ciudadanas habían interpuesto en nombre propio como abogadas integrantes del sistema de justicia y asumiendo "la representación del Pueblo de Venezuela" contra el Presidente de la República, la Asamblea Nacional y el Consejo Nacional Electoral, con fundamento en los artículos 26, 27 y 333 de la Constitución, con la finalidad de que se proteja el derecho del pueblo de Venezuela al reconocimiento de su soberanía, que consideraron violado al rebasar dichos órganos los límites sustanciales de su competencia al darle curso a la reforma constitucional.

En este caso, la inadmisibilidad de la acción fue declarada por la Sala, por inepta acumulación de dos acciones que la Sala estimó como no acumulables, que eran la referida en el artículo 26, que es la acción de tutela de intereses colectivos o difusos, y la referida en el artículo 27, que es la acción de amparo. Sin embargo, ello no impidió que la Sala en forma expresa, desconociera el carácter de derecho constitucional del *"derecho del pueblo de Venezuela al reconocimiento de su soberanía",* el cual estimó que en '*sensu stricto*' **no es un derecho** (no está incluido como tal en el Título III de la Constitución), sino un principio contemplado expresamente en el Título I, artículo 5 de la Carta Fundamental," decisión con la cual el juez constitucional redujo la categoría de derechos constitucionales a los incluidos en el Título III de la Constitución, y desconociendo tal condición a los otros derechos fundamentales derivados de la organización del Estado, como el derecho a la democracia, el derecho al control del poder, el derecho a la supremacía constitucional y el derecho al reconocimiento de la soberanía popular.

En todo caso, la actitud de la Sala Constitucional del Tribunal Supremo en 2007 al renunciar a ejercer su rol de guardián de la Constitución, no es de extrañar. El día 17 de agosto de 2007, sólo dos días después de que el Presidente de la República había presentado su Anteproyecto de reforma constitucional ante la Asamblea Nacional para inconstitucionalmente y en fraude a la Constitución iniciar el procedimiento de "reforma constitucional", la Presidenta de la Sala Constitucional del Tribunal Supremo (es decir, de la Jurisdicción Constitucional) y del propio Tribunal Supremo, quien a la vez era miembro del Consejo Presidencial para la Reforma Constitucional, adelantándose a cualquier posible y previsible impugnación por inconstitucionalidad de la iniciativa presidencial y del trámite parlamentario, y emitiendo opinión impunemente, prejuzgando cualquier asunto, dijo lo siguiente conforme se reseñó en la prensa:

> "dejó en claro que la Sala Constitucional no tramitará ninguna acción relacionada con las modificaciones al texto fundamental, hasta tanto éstas no hayan sido aprobadas por los ciudadanos en el referendo. "Cualquier acción debe ser presentada después del referendo cuando la reforma ya sea norma, porque no podemos interpretar una tentativa de norma.
>
> Después de que el proyecto sea una norma podríamos entrar a interpretarla y a conocer las acciones de nulidad"[578].

---

578   Reseña del periodista Juan Francisco Alonso, en *El Universal*, Caracas 18-08-07.

Y eso fue, precisamente, lo que decidió la Sala Constitucional en su sentencia N° 2189 de Noviembre de 2007 (Caso *Confederación de Profesionales Universitarios de Venezuela (CONFEPUV)* y otros), (Ponente: Arcadio Delgado Rosales), en la cual participó la Magistrado Presidenta, pues no se inhibió como hubiera correspondido en un Estado de derecho al haber adelantado públicamente opinión sobre lo decidido comprometiendo su imparcialidad[579], declarando como **"improponible"** una acción de inconstitucionalidad contra el acto de la Asamblea Nacional que había sancionado la reforma constitucional[580].

Al contrario, la inconstitucionalidad en el procedimiento de revisión constitucionalidad debía ser controlada por la Jurisdicción Constitucional que ejerce la Sala Constitucional, en sus fases, desde la iniciativa, la sanción por la Asamblea y la convocatoria de referendo, para lo cual tenía y tiene competencia al tratarse de acciones de nulidad de dichos actos estatales contrarios a la Constitución.

Lamentablemente ello no lo entendió así la Sala Constitucional, y sucesivamente, en diversas sentencias dictadas con motivo de variadas acciones de inconstitucionalidad intentadas contra los diversos actos estatales de las diversas fases del procedimiento de reforma constitucional, las fue sucesiva y sistemáticamente declarando como **"improponibles"**, es decir, **negó incluso el derecho ciudadano acceder a la justicia y a obtener tutela judicial**.

En efecto, en sentencia N° 2108 de 7 de noviembre de 2007 (Ponente: Francisco Carrasqueño), dictada en el Caso *Jorge Paz y otros* con motivo de decidir una acción popular de inconstitucionalidad contra los actos ejecutados por el Presidente de la República el 15 de agosto de 2007; los actos del Ministro del Poder Popular del Despacho de la Presidencia; los actos de la Asamblea Nacional y de la Comisión Mixta, todos relacionados con el proyecto de reforma de la Constitución que por iniciativa del Presidente de la República tramitaba la Asamblea Nacional, la Sala la declaró la acción como **"improponible"**, "inventando" así una nueva categoría de decisiones de la Jurisdicción Constitucional, distinta a la inadmisibilidad, o a declarar sin lugar la acción, consistente en **la negación del derecho ciudadano de accionar**, es decir, de acceso a la justicia y a una tutela judicial efectiva que consagra el artículo 26 de la Constitución. Eso, y no otra cosa, es esto de declarar como **"improponible"** una acción.

Como se dijo, a pesar de la renuncia por arte de la Jurisdicción Constitucional de controlar la constitucionalidad del irregular procedimiento seguido buscando modificar sustancialmente el orden constitucional sin convocar una Asamblea Nacional Constituyente como correspondía, fue el pueblo el que rechazó la inconstitucional reforma constitucional planteada en 2007.

---

579   Conforme al artículo 8 del Código de Ética del Juez, "La imparcialidad constituye supuesto indispensable para la correcta administración de justicia, y por ello el magistrado...juez... que se hallare incurso en alguna causal de inhibición o recusación o viere comprometida su imparcialidad por alguna circunstancia previa o sobreviniente al proceso del cual deba conocer, debe separarse inmediatamente del mismo sin esperar a que se le recuse".

580   *V.*, la sentencia del Tribunal Supremo de Justicia en Sala Constitucional N° 2189 de 22 de Noviembre de 2007, Caso *Confederación de Profesionales Universitarios de Venezuela (CONFEPUV) y otros*, en http://www.tsj.gov.ve/decisiones/scon/Noviembre/2189-221107-07-1596.htm.

IV. LAS REFORMAS CONSTITUCIONALES REALIZADAS SIN SEGUIR LOS PROCEDIMIENTOS CONSTITUCIONALES

Por otra parte, el desprecio a la supremacía y rigidez constitucional durante la última década en Venezuela, aparte de intentos de reforma constitucional como el realizado en 2007, se ha materializado en una serie de reformas a la Constitución efectuadas en varias oportunidades en forma completamente irregular, sin seguirse procedimiento alguno para ello, afectando gravemente la certeza sobre el propio orden constitucional.

1. *Las primeras discrepancias entre el texto constitucional sancionado por la Asamblea Nacional Constituyente en noviembre de 1999, que fue sometido a aprobación popular, y el publicado oficialmente el 30 de diciembre de 1999*

La Constitución vigente de 1999[581], fue sancionada por la Asamblea Nacional Constituyente el 15 de noviembre de 1999, y su texto fue divulgado para el conocimiento del pueblo a los efectos de realización de referendo aprobatorio fijado para el 15 de diciembre de 1999, en el cual el texto constitucional fue aprobado. La Constitución fue luego proclamada el 20 de diciembre de 1999 por la misma Asamblea Constituyente que la había redactado, y posteriormente fue publicada en la *Gaceta Oficial* N° 36.860 de 30 de diciembre de 1999.

Sin embargo, lo que se publicó en esta *Gaceta Oficial,* no fue el texto aprobado popularmente y proclamado por la Asamblea Constituyente, sino un texto distinto al cual se introdujeron subrepticiamente modificaciones indebidas.

La más notoria de esas modificaciones, que citamos como ejemplo, fue la efectuada al texto del artículo 317 de la Constitución destinado a regular el principio de la legalidad tributaria. En el texto constitucional sometido a la aprobación popular en el referéndum de 15 de diciembre de 1999, en efecto, en el artículo 317 se dispuso que las rebajas y exenciones de impuestos sólo podían ser establecidas "por la ley que cree el tributo correspondiente"; sin embargo, en el texto publicado quince días después, el 30 de diciembre de 1999, se indicó que dichas rebajas y exenciones de impuestos debían ser establecidas "por las leyes".

Se cambió, en esa forma, sustancialmente, un principio constitucional de orden tributario que tal como había sido aprobado por el pueblo, ponía fin a las zonas francas y a los beneficios fiscales que estaban previstos en leyes distintas a las que creaban los respectivos tributos. El texto originalmente aprobado por el pueblo podría haberse considerado inconveniente, pero así había sido aprobado, y nadie podía arrogarse la potestad de cambiar la voluntad popular, salvo el propio pueblo. Sin embargo, algún "corrector" de pruebas de la *Gaceta Oficial* corrigió supuestos errores del texto, usurpando la voluntad popular.

Es decir, en los 15 días que separaron el hecho de la aprobación popular de la Constitución y su posterior publicación oficial, se cambió el texto constitucional sin que los cambios hubiesen sido aprobados por el pueblo mediante referendo. Ello

---

581   Sobre el proceso de aprobación de la Constitución de 1999 *V.,* Allan R. Brewer-Carías, *La Constitución de 1999. Derecho Constitucional Venezolano*, Tomo I, Caracas 2004.

afectó la seguridad jurídico-constitucional, al no tenerse certeza de qué fue lo realmente aprobado por el pueblo como Constitución.

2. *La primera "reforma constitucional" efectuada el 22 de diciembre de 1999 en relación con el régimen constitucional transitorio, sin respetarse los procedimientos previstos en el texto constitucional para su reforma constitucional*

Pero además, en esos mismos días finales de diciembre de 1999, la Constitución sufrió su primera reforma, antes incluso de ser publicada, sin seguirse los procedimientos previstos en ella para las reformas.

En la Constitución, como se dijo, como texto supremo y rígido y como manifestación formal de seguridad jurídica, se establecieron los medios y mecanismos particulares para su revisión (arts. 340 a 349), excluyéndose por supuesto la posibilidad de modificación constitucional mediante el procedimiento de formación de las leyes o mediante cualquier otro medio distinto al previsto constitucionalmente, donde siempre se requiere además, siempre la participación del pueblo[582]. La consecuencia de estos procedimientos específicamente previstos en la Constitución para su revisión, es que cualquier modificación de la misma realizada en cualquier forma sin respetarse los mismos, debe considerarse ilegítima y contraria a la seguridad jurídica. En ello consiste la seguridad jurídica que derivaba del texto constitucional, a los efectos de que el administrado pueda tener certeza sobre el texto vigente y que le es aplicable.

Sin embargo, lo cierto, en Venezuela, fue que a la semana de haberse aprobado popularmente la Constitución en el referendo del 15 de diciembre de 1999, y luego de que fuera proclamada por la Asamblea Nacional Constituyente que la había redactado y sancionado el 20 de diciembre de 1999, la Constitución sufrió su primera "reforma" fundamental el día 22 de diciembre de 1999, mediante un "Decreto de Régimen de Transición del Poder Público"[583] sancionado por la misma Asamblea Nacional Constituyente, sin aprobación popular, por supuesto, sin haberse seguido las pautas para la reforma de la Constitución, y sin haber tenido poder ni potestad alguna para ello; Decreto en el cual dictó un régimen constitucional transitorio distinto al previsto en el texto aprobado por el pueblo. La Asamblea con ello, dispuso un régimen constitucional para supuestamente "permitir la vigencia inmediata de la Constitución" (art. 1), y "hacer efectivo el proceso de transición hacia el régimen establecido en la Constitución de 1999," distinto al que estaba establecido den las Disposiciones Transitorias de la propia Constitución. A tal efecto, en dicho Decreto se procedió a eliminar el antiguo Congreso y a crear y nombrar una Comisión Legislativa Nacional transitoria que funcionó como Poder legislativo no electo popularmente hasta que la nueva Asamblea Nacional fuera electa en 2000; a la disolución de las Asambleas Legislativas de los Estados y a la creación y el nombramiento de sendas Comisiones Legislativas Estadales igualmente por personas no electas popularmen-

582   *V.,* en *Revista de Derecho Público,* N° 84, Editorial Jurídica Venezolana, Editorial Jurídica Venezolana, Caracas, 2000.

583   *V.,* en *Gaceta Oficial* N° 36.859 de 29-12-99. *V.,* sobre este Decreto los comentarios que hicimos en Allan R. Brewer-Carías, *Golpe de Estado y proceso constituyente en Venezuela,* Universidad Nacional Autónoma de México, México 2002.

te; al establecimiento de un régimen de control de Alcaldías y Concejos Municipales; a la eliminación de la Corte Suprema de Justicia, la creación de las salas del Tribunal Supremo y de sus Salas, la designación de sus Magistrados sin seguirse las previsiones constitucionales para ello y la creación de la Comisión de Funcionamiento y Reestructuración del Poder Judicial que ha seguido existiendo hasta el presente, habiendo quedando en suspenso *sine die* las normas constitucionales sobre ingreso, estabilidad y remoción de los jueces, atribuyendo a dicha Comisión la función disciplinaria respecto de los jueces; a la designación de los titulares de los órganos del Poder Ciudadano y del Poder Electoral. A pesar del que el Tribunal Supremo de Justicia, decidiendo en su propia causa consideró que el régimen transitorio tenía rango y naturaleza constitucional (sentencia N° 4 de fecha 26 de enero de 2000, *Caso Eduardo García*)[584], la situación de inseguridad jurídica fue catastrófica, habiendo admitido el propio Tribunal Supremo en otra decisión de 2000 (sentencia N° 180 de 28 de marzo de 2000, caso: *Allan R. Brewer-Carías y otros*)[585], que en el país existían dos regímenes constitucionales transitorios: uno contenido en la Constitución de 1999, aprobada por el pueblo; y otro, dictado con posterioridad a dicha aprobación por la Asamblea Nacional Constituyente, no aprobado por el pueblo y de vigencia imprecisa hasta que se aprobase toda la legislación que preveía la propia Constitución de 1999, lo cual ha durado tiempo interminable.

3. *Las "reformas" efectuadas a la Constitución el 24 de marzo de 2000 mediante la "republicación" del texto de la Constitución*

Con posterioridad, la seguridad jurídica constitucional respecto de la certeza de las normas vigentes, fue de nuevo gravemente lesionada el 24 de marzo de 2000, cuando se produjo otra ilegítima "reforma" del texto constitucional que había sido originalmente publicado en la *Gaceta Oficial* N° 36.860 del 30 de diciembre el 30 de diciembre de 1999, y que se efectuó irregularmente, mediante la "republicación" del texto en *Gaceta Oficial* N° 5453 Extraordinario de 24 de marzo de 2000. en la cual, además de aparecer por primera vez publicado un texto de una supuesta *Exposición de Motivos* de la Constitución, antes desconocida[586]; se efectuaron al articulado de la Constitución diversas supuestas "correcciones de estilo" que en algunos casos llegaron a cambiar su significado.

En esta forma, a pesar de la rigidez constitucional que deriva de los procedimientos previstos para la reforma o enmienda de la Constitución, a los tres meses de haberse publicado originalmente la Constitución, se "republicó" una nueva versión del texto constitucional, que modificaba el aprobado por el pueblo en el referendo de diciembre de 1999.

Este hecho constitucional, de insólitas consecuencias, como se dijo se produjo mediante una "republicación" del texto de la Constitución, en la cual además, se agregó, como antes se dijo, una *Exposición de Motivos*.

---

584   *V.,* en *Revista de Derecho Público*, N° 81, Editorial Jurídica Venezolana, Caracas 2000, pp. 93 y ss.

585   *V.,* en *Gaceta Oficial* N° 36.884 de 03-02-00.

586   *V.,* en general, Allan R. Brewer-Carías, "Comentarios sobre la ilegítima 'Exposición de Motivos' de la Constitución de 1999 relativa al sistema de justicia constitucional", en *Revista de Derecho Constitucional*, N° 2, enero-junio 2000, Editorial Sherwood, Caracas 2000, pp. 47-59.

En efecto, en la publicación del texto de la Constitución que se efectuó en la *Gaceta Oficial* Nº 36.860 del 30 de diciembre de 1999, como se dijo, no se incluyó "Exposición de Motivos" alguna que explicara o justificara su redacción, pues la misma nunca se elaboró durante los debates, ni llegó a ser discutida en los mismos, ni aprobada por la Asamblea Nacional Constituyente durante los meses de redacción de la Constitución hasta noviembre de 1999, ni fue divulgada para el conocimiento popular con ocasión del referendo aprobatorio, ni fue proclamada por la Asamblea, por lo que no fue publicada en diciembre de 1999.

Sin embargo, en la "republicación" del texto constitucional en la *Gaceta Oficial* Nº 5453 Extraordinario de 24 de marzo de 1999, como se dijo, se le incorporó al texto una "Exposición de Motivos," que supuestamente habría sido adoptado por decreto de la Asamblea Nacional Constituyente en su sesión final del 30 de enero de 2000, celebrada en Ciudad Bolívar[587]. Pero lo cierto es que a pesar de ello, el texto de la Exposición ni siquiera fue conocido con anterioridad a dicha fecha ni tampoco en los dos meses que transcurrieron desde dicho decreto y la republicación en la *Gaceta Oficial* el día 24 de marzo de 2000. Dicha "Exposición de Motivos" por tanto, no es tal, y menos puede considerarse que habiendo sido aprobada el 30 de enero de 2000, pueda supuestamente ser la Exposición de una Constitución que había sido publicada un mes antes, el 30 de diciembre de 1999, cuando en su propio texto se evidencia que el mismo, en realidad, a lo que se refiere es al texto que fue "corregido", y publicado el 24 de marzo de 2000, y no al que supuestamente se "explica" publicado en diciembre de 1999.

Dicho texto, contiene en muchos casos solo la "interpretación" derivada de criterio "personal" de quien o quienes redactaron la "Exposición", estableciendo incluso, arbitrariamente, supuestas "orientaciones" que debían ser seguidas por el legislador, y que nunca fueron siquiera discutidas en la Asamblea, ni en sus Comisiones ni en las discusiones o comentarios formales o informales de quienes intervinieron en la redacción de su articulado. Ello es notorio, por ejemplo, en lo que se refiere al Capítulo I *(De la garantía de esta Constitución)* del Título VIII *(De la protección de esta Constitución)*, en la cual, si bien se explica correctamente la orientación general del sistema de justicia constitucional mixto o integral que se consolidó en la Constitución; sin embargo, se hacen afirmaciones, se emiten conceptos y se proponen futuras

---

587   A esa sesión no acudí, a pesar de haber sido Miembro de la Asamblea Constituyente, consideramos que la Asamblea había cesado en sus funciones. El hecho de nuestra "ausencia" de dicha sesión, sin embargo, fue expresamente manifestado por los redactores de la mencionada Exposición de Motivos, para dejar constancia expresa de ello, lo que sin embargo no se expresó respecto de los otros constituyentes que no asistieron a dicha sesión. Así consta de la página 15 de *Gaceta Oficial,* donde se constata que la palabra "ausente", sin embargo, no se colocó a continuación del nombre de los otros veintiocho (28) Constituyentes que no asistieron a la Sesión, según consta de la *Gaceta Constituyente (Diario de Debates),* Noviembre 1999-Enero 2000, Caracas 2000, Sesión del 30-01-2000, p. 2. Después de aprobada la Constitución por el pueblo el 15 de diciembre de 1999, consideramos ilegítimos todos los supuestos "actos constituyentes" dictados por la Asamblea Nacional Constituyente luego de haber sido *proclamada* por la misma Asamblea, el 20 de diciembre de 1999, razón por la cual la última oportunidad en la que asistimos a sus sesiones fue, precisamente, ese día 20-12-99; excepción hecha de la Sesión del 25-01-2000, después de publicada la Constitución, en la cual se inició la discusión de la Ley Especial sobre el Régimen del Distrito Capital, *Única competencia legislativa* que se había asignado a la Asamblea Nacional Constituyente en la Disposición Transitoria Primera de la Constitución.

regulaciones legales que no responden a lo que fue la intención de los Constituyentes[588].

Pero la inseguridad jurídica sobre el texto constitucional no sólo quedó en la ilegítima incorporación al mismo de una "Exposición de Motivos" agregada tres meses después de su inicial publicación el 30 de diciembre de 1999, sino que se agravó con ocasión de la "republicación" del texto efectuada el 24 de marzo de 2000, supuestamente para corregir "errores de gramática, sintaxis y estilo" del mismo, cuando en realidad, en muchos casos de lo que se trató fue de un nuevo texto constitucional, que no fue aprobado por el pueblo en el referéndum del 15 de diciembre de 1999, y que, por tanto, no puede considerarse como "la Constitución".

Lo cierto, en todo caso, es que después del 24 de marzo de 2000, se puso en vigencia una "nueva versión" de la Constitución que, además de tener corregidos supuestos "errores de gramática, sintaxis y estilo", introdujo una serie de cambios en el texto constitucional, que excedían las simples correcciones, apoderándose la inseguridad jurídica del texto constitucional. Ello motivó, incluso, a que fuera el propio Fiscal General de la República el que introdujera un recurso de interpretación ante la Sala Constitucional del Tribunal Supremo de Justicia para determinar *cuál era el texto constitucional vigente*. Dicho recurso aún cuando supuestamente habría sido resuelto en junio de 2003, según se anunció en la prensa[589], indicándose que en la anunciada sentencia se decía que el texto constitucional vigente era el que se había publicado el 30 de diciembre de 1999, el texto de la sentencia jamás fue publicado.

Por supuesto, si algo imponía la seguridad jurídica era establecer que el texto de la Constitución aprobado en el referéndum del 15 de diciembre de 1999 que era el que debió haberse publicado en 30 de diciembre de 1999 *era el texto oficial*, aún cuando tuviese errores de gramática, sintaxis o estilo. Una "reimpresión" por error de copia, no puede "corregir" el texto aprobado por el pueblo. Incluso, conforme al artículo 4 de la vieja y aún vigente Ley de Publicaciones Oficiales de 1941, que se invocó en el *Aviso Oficial* para la nueva publicación de la Constitución, permite la republicación sólo "cuando haya evidente discrepancia entre el original y la impresión de una ley", que es cuando la misma puede volver a publicarse, corregida, en la *Gaceta Oficial.*

En el caso de la republicación de la Constitución de 1999 el 24 de marzo de 2000, la misma, en realidad, no obedeció a que hubiera discrepancia entre el "original" aprobado en el referéndum, y el texto publicado en *Gaceta Oficial* el 30 de diciembre de 1999, sino que, en realidad, de lo que se trató fue de un texto que es *distinto del original* aprobado por el pueblo e incluso del publicado el 30 de diciembre de 1999, y que se republicó por supuestos "errores de gramática, sintaxis o estilo" del texto original. Esto significó, en definitiva, que alguien ilegítimamente se erigió en "órgano constituyente", usurpó la soberanía popular y pretendió dar una

---

588   *V.,* en general, Allan R. Brewer-Carías, "Comentarios sobre la ilegítima 'Exposición de Motivos' de la Constitución de 1999 relativa al sistema de justicia constitucional", en *Revista de Derecho Constitucional*, Nº 2, enero-junio 2000, Editorial Sherwood, Caracas 2000, pp. 47-59

589   *V.,* en *El Universal,* Caracas 13-06-2003.

nueva versión de la Constitución distinta a la aprobada en el referéndum del 15 de diciembre de 1999.

En algunos casos, la versión publicada el 24 de marzo de 2000, como hemos dicho, pretendía "corregir" errores de sintaxis y de gramática. Así sucedió, por ejemplo, con la eliminación del texto de la Constitución publicada en marzo de 1999, de las palabras "Fiscala" (art. 284) y "estudiantas" (art. 109) que no existen en castellano y que aparecían en el texto publicado en diciembre de 1999. Igualmente, en el nuevo texto se corrigieron múltiples errores de redacción.

En otros casos, en la versión publicada el 24 de marzo de 2000, se agregaron, eliminaron y cambiaron palabras y frases, en muchos casos incluso modificando el sentido de la regulación inicial constitucional. Entre las "modificaciones" más destacadas al texto constitucional, y que como supuestas "correcciones" cambiaron totalmente el sentido del texto de la Constitución, se pueden mencionar, por ejemplo, las siguientes:

Primero, el agregado de la palabra "nacional" para calificar un servicio público como el de salud. En un Estado federal, no es lo mismo, que se hiciera referencia en los artículos 84 y 85 del texto original publicado en diciembre de 1999, al "servicio público de salud", lo que implicaba una competencia constitucional concurrente entre los diversos niveles territoriales del Poder Público (Poderes Nacional, Estadal y Municipal); a que con la "corrección" del texto en la edición de marzo de 2000, se califique dicho servicio público identificándolo como "servicio público *nacional* de salud". Ello, en definitiva, constituyó una modificación constitucional incorporando una inadmisible "nacionalización" del servicio público de salud, contrario a la idea misma de un "Estado Federal Descentralizado" (art. 4) y a las competencias que en la materia se atribuyen además de al Poder Nacional, a los Estados (art. 164, ordinal 8), y a los Municipios (art. 178, ordinal 5°).

Segundo, el agregado de la palabra metropolitano, para calificar a los distritos. En el régimen municipal regulado en la Constitución, no es lo mismo que el artículo 170 diga, como estaba en la versión inicial de la Constitución de diciembre de 1999, que los Municipios podían agruparse "en distritos", a que se haya modificado el texto y se diga ahora en la versión de marzo de 2000, que sólo se pueden agrupar en "distritos metropolitanos", lo que significó una modificación constitucional que eliminó la agrupación de municipios rurales o en zonas no urbanas.

Tercero, la sustitución de la expresión "con el acuerdo" del Consejo de Ministros al "en acuerdo con" el Consejo de Ministros. No es lo mismo que artículo 214 diga, como decía en la versión original de la Constitución de diciembre de 1999, que el veto presidencial a las leyes debía ser decidido por el Presidente de la República *"con acuerdo del* Consejo de Ministros", que es una de las maneras de decidir del Presidente, pues él preside el Consejo de Ministros; a establecer como se hizo en la "modificación" efectuada con la republicación de marzo de 2000, que la decisión del Presidente en la materia debe adoptarla *"en acuerdo con el* Consejo de Ministros" como si éste fuera un órgano aparte en la estructura orgánica del Poder Ejecutivo, en acuerdo con el cual el Presidente supuestamente decide.

La Constitución es el cuerpo normativo de mayor jerarquía en el país; y se caracteriza, además, por su rigidez, es decir, que su modificación sólo puede ser adoptada conforme a los procedimientos de revisión constitucional regulados en la propia Constitución (arts. 340 y siguientes). No tiene sentido, entonces, y es contrario a la seguridad jurídica, que se hayan introducido modificaciones al texto constitucional, como las indicadas, mediante una supuesta "corrección de errores de gramática, sintaxis y estilo," que son inconstitucionales. La Constitución es algo serio, pero por lo visto así no la percibieron quienes hicieron las "correcciones" reseñadas, atentando gravemente contra la seguridad jurídica del país.

V. LAS "REFORMAS CONSTITUCIONALES" REALIZADAS A TRAVÉS DE LEGISLACIÓN ORDINARIA

Uno de los aspectos más graves del proceso de desconstitucionalización del Estado de derecho en Venezuela, en desprecio de la rigidez constitucional, ha sido la introducción de reformas constitucionales mediante legislación ordinaria, lo que ha ocurrido a raíz del rechazo popular a la reforma constitucional de 2007, como reacción autoritaria a la voluntad popular. En efecto, en relación con dicho proyecto de reforma constitucional, en burla a la voluntad popular y en fraude a la Constitución, desde antes de que se efectuara dicho referendo, la Asamblea Nacional en abierta violación a la Constitución había comenzado a desmantelar el Estado Constitucional para sustituirlo por un Estado Socialista mediante leyes y decretos leyes habilitados[590] e, incluso, mediante mutaciones constitucionales formuladas por el juez constitucional[591], particularmente en relación con la estructura y concepción misma del Estado y del sistema económico, y la estructuración *paralela* del mismo Estado del Poder Popular o Estado Comunal que se había propuesto en la reforma, a través de la sanción de la antes mencionada Ley de los Consejos Comunales de 2006[592], re-

---

590   *V.*, Allan R. Brewer-Carías, *Reforma constitucional y fraude a la constitución (1999-2009)*, Academia de Ciencias Políticas y Sociales, Caracas 2009; y "Reforma Constitucional y fraude a la Constitución: el caso de Venezuela 1999-2009", en Pedro Rubén Torres Estrada y Michael Núñez Torres (Coordinadores), *La reforma constitucional. Sus implicaciones jurídicas y políticas en el contexto comparado*, Cátedra Estado de Derecho, Editorial Porrúa, México 2010, pp. 421-533. Véanse además todos los estudios sobre los Decretos Leyes de 2008 y la implementación fraudulenta de la reforma constitucional rechazada en 2007, publicados en la *Revista de Derecho Público*, N° 115 (Estudios sobre los decretos leyes), Editorial Jurídica Venezolana, Caracas 2008.

591   *V.*, Allan R. Brewer-Carías, "El juez constitucional al servicio del autoritarismo y la ilegítima mutación de la Constitución: el caso de la Sala Constitucional del Tribunal Supremo de Justicia de Venezuela (1999-2009)", en *Revista de Administración Pública*, N° 180, Madrid 2009, pp. 383-418; "La fraudulenta mutación de la Constitución en Venezuela, o de cómo el juez constitucional usurpa el poder constituyente originario", en *Anuario de Derecho Público*, Centro de Estudios de Derecho Público de la Universidad Monteávila, Año 2, Caracas 2009, pp. 23-65; "La ilegítima mutación de la Constitución por el juez constitucional y la demolición del Estado de derecho en Venezuela", en *Revista de Derecho Político*, N° 75-76, Homenaje a Manuel García Pelayo, Universidad Nacional de Educación a Distancia, Madrid, 2009, pp. 289-325.

592   *V.*, en *Gaceta Oficial* N° 5.806 Extra. de 10-04-2006. *V.*, Allan R. Brewer-Carías, "El inicio de la desmunicipalización en Venezuela: La organización del Poder Popular para eliminar la descentralización, la democracia representativa y la participación a nivel local", en *AIDA, Opera Prima de Derecho Administrativo. Revista de la Asociación Internacional de Derecho Administrativo*, Universidad Nacional Autónoma de México, Facultad de Estudios Superiores de Acatlán, Coordinación de Postgrado, Instituto Internacional de Derecho Administrativo "Agustín Gordillo", Asociación Internacional de Derecho Administrativo, México, 2007, pp. 49 a 67.

formada posteriormente y elevada al rango de Ley Orgánica en 2009[593], y de la Ley de la Comisión de Planificación Centralizada[594].

El Estado Constitucional en Venezuela, conforme a la Constitución de 1999, en efecto, puede decirse que se encuentra estructurado como un Estado Democrático y Social de Derecho y de Justicia con la forma de un Estado federal descentralizado,[595] sobre la base de tres sistemas político constitucionales:

En primer lugar, un sistema de control de poder, al establecer el principio fundamental de la separación de poderes entre cinco y no sólo tres poderes del Estado, pues además de los clásicos Legislativo, Ejecutivo y Judicial, se han incluido el Poder Electoral y el Poder Ciudadano, regularizándose la autonomía de viejos órganos constitucionales; y un sistema de distribución vertical del Poder Público en tres niveles territoriales, entre el Poder Nacional, el Poder de los Estados y el Poder Municipal (art. 136), cada uno con autonomía política y debiendo tener siempre un gobierno de carácter "electivo, descentralizado, alternativo, responsable, pluralista y de mandatos revocables".

En segundo lugar un sistema político democrático, de democracia representativa mediante la elección de los representantes por sufragio directo, universal y secreto, es decir, de democracia indirecta, que siempre posibilita la participación política, enriquecida con elementos de democracia directa, al preverse todos los tipos imaginables de referendos (aprobatorios, abrogatorios y revocatorios), las consultas populares y las asambleas de ciudadanos.

En tercer lugar, un sistema económico conforme a un modelo de económico de economía mixta, basado en el principio de la libertad como opuesto al de economía dirigida, similar al que existe en todos los países contemporáneos desarrollados de Occidente[596], con la participación del Estado como promotor del desarrollo econó-

---

593   *V.,* en *Gaceta Oficial* N° 39.335 de 28-12-2009. *V.,* la sentencia N° 1.676 de 03-12-2009 de la Sala Constitucional del Tribunal Supremo de Justicia sobre la constitucionalidad del carácter orgánico de esta Ley Orgánica de los Consejos Comunales, en http://www.tsj.gov.ve/decisiones/scon/diciembre/ 1676-31209-2009-09-1369.html. *V.,* sobre esta Ley: Allan R. Brewer-Carías, *Ley Orgánica de los Consejos Comunales,* Editorial Jurídica Venezolana, Caracas 2010

594   *V.,* en *Gaceta Oficial* N° 5.841, Extra. de 22 de junio de 2007. *V.,* Allan R. Brewer-Carías, "Comentarios sobre la inconstitucional creación de la Comisión Central de Planificación, centralizada y obligatoria", *Revista de Derecho Público",* N° 110, (abril-junio 2007), Editorial Jurídica Venezolana, Caracas 2007, pp. 79-89.

595   *V.,* el estudio de la Constitución en cuanto a la regulación de este modelo de Estado Constitucional en Allan R. Brewer-Carías, *La Constitución de 1999. Derecho Constitucional Venezolano,* 2 tomos, Caracas 2004.

596   *V.,* sobre la Constitución Económica, lo que hemos expuesto en Allan R. Brewer-Carías, *La Constitución de 1999. Derecho Constitucional Venezolano,* Tomo II, Editorial Jurídica Venezolana, Caracas 2004 pp. 53 ss; y en "Reflexiones sobre la Constitución Económica" en *Estudios sobre la Constitución Española. Homenaje al Profesor Eduardo García de Enterría,* Madrid, 1991, pp. 3.839 a 3.853. *V.,,* además, Henrique Meier, "La Constitución económica", en *Revista de Derecho Corporativo,* Vol. 1, N° 1. Caracas, 2001, pp. 9-74; Dagmar Albornoz, "Constitución económica, régimen tributario y tutela judicial efectiva", en *Revista de Derecho Constitucional,* N° 5 (julio-diciembre), Editorial Sherwood, Caracas, 2001, pp. 7-20; Ana C. Nuñez Machado, "Los principios económicos de la Constitución de 1999", en *Revista de Derecho Constitucional,* N° 6 (enero-diciembre), Editorial Sherwood, Caracas, 2002, pp. 129-140; Claudia Briceño Aranguren y Ana C. Núñez Machado, "Aspectos económicos de la

mico, regulador de la actividad económica, y planificador con la participación de la sociedad civil. En definitiva, es un sistema de economía social de mercado que se basa en la libertad económica, pero que debe desenvolverse conforme a principios de justicia social.

Ese sistema estatal de Estado Federal Descentralizado Democrático Social de Derecho y de Justicia, y su sistema de economía mixta, como se dijo, se trató de cambiar radicalmente, mediante una propuesta formulada por el Presidente de la República en 2007, para sustituirlo por un sistema de Estado Socialista, centralizado, Militarista y Policial[597] montado sobre los siguientes tres sistemas políticos constitucionales antagónicos a los del Estado Constitucional:

Primero, un sistema de concentración del Poder del Estrado en el Poder Ejecutivo, con el apoyo militar; y además, por la completa centralización del poder por el desmantelamiento de la federación y la minimización del régimen municipal.

En segundo lugar, un sistema democrático exclusivamente de democracia directa, excluyente de la representatividad y el sufragio.

Y en tercer lugar, un sistema de economía socialista de planificación centralizada donde desaparecía de la Constitución la garantía de la libertad económica y se reformaba el artículo relativo al derecho de propiedad, de manera de eliminar su garantía, y sólo reconocerse y garantizarse "las diferentes formas de propiedad", las cuales se enumeraban "La propiedad pública" que era "aquella que pertenece a los entes del Estado"; la propiedad social que era aquella "que pertenece al pueblo en su conjunto y las futuras generaciones"; "la propiedad colectiva" que era "la perteneciente a grupos sociales o personas, para su aprovechamiento, uso o goce en común"; "la propiedad mixta" que era "la conformada entre el sector público, el sector social, el sector colectivo y el sector privado, en distintas combinaciones"; y "la propiedad privada" que era "aquella que pertenece a personas naturales o jurídicas y que se reconoce sobre bienes de uso, consumo y medios de producción legítimamente adquiridos." Estos cambios, al decir de voto salvado emitido por uno de los Magistrados que más contribuyeron en los años recientes desde el Tribunal Supremo, al afianzamiento del régimen autoritario, constituía, ni más ni menos, que una "transforma-

---

nueva Constitución", en *Comentarios a la Constitución de la República Bolivariana de Venezuela*, Vadell Hermanos Editores, Caracas, 2000, pp. 177 y ss.

597 *V.,* Allan R. Brewer-Carías, *Hacia la Consolidación de un Estado Socialista, Centralizado, Policial y Militarista. Comentarios sobre el sentido y alcance de las propuestas de reforma constitucional 2007,* Colección Textos Legislativos, N° 42, Editorial Jurídica Venezolana, Caracas 2007; Allan R. Brewer-Carías, *La reforma constitucional de 2007 (Comentarios al Proyecto inconstitucionalmente sancionado por la Asamblea Nacional el 2 de noviembre de 2007),* Colección Textos Legislativos, No.43, Editorial Jurídica Venezolana, Caracas 2007; "Estudio sobre la propuesta presidencial de reforma constitucional para la creación de un Estado Socialista, Centralizado y Militarista en Venezuela (análisis del anteproyecto presidencial, agosto 2007", en *Anuario da Facultade de Dereito da Universidade da Coruña, Revista jurídica interdisciplinaria internacional,* N° 12, La Coruña 2008, pp. 87-125; "Hacia la creación de un Estado Socialista, Centralizado y Militarista en Venezuela. Análisis de la propuesta presidencial de reforma constitucional," en *Estudios Jurídicos,* Volumen XIII, Enero 2004-Diciembre 2007, Asociación Hipólito Herrera Billini, Santo Domingo, República Dominica 2008, pp. 17-66; "Estudio sobre la propuesta presidencial de reforma constitucional para la creación de un Estado Socialista, Centralizado y Militarista en Venezuela (Agosto 2007)", *Revista de Derecho Público",* N° 111, (julio-septiembre 2007), Editorial Jurídica Venezolana, Caracas 2007, pp. 7-42

ción de la estructura del Estado, particularmente "al limitar la propiedad privada solo sobre bienes de uso, es decir aquellos que una persona utiliza (sin especificarse en cual forma); o de consumo, que no es otra cosa que los fungibles"[598], la cual sin duda, requería de una revisión constitucional mediante una Asamblea Constituyente.

Como se ha dicho, la Reforma Constitucional de 2007, una vez aprobada por la Asamblea Nacional fue sometida a referendo, que se efectuó en diciembre de 2007, habiendo sido la reforma Constitucional propuesta rechazada por el pueblo. Ello no impidió, sin embargo, que las propuestas de la rechazada "reforma" hayan venido sido parcialmente ejecutadas en forma irregular y al margen de la Constitución mediante leyes ordinarias. Por una parte, mediante decretos leyes[599], como el Decreto Ley N° 6.130 de 2008, contentivo de la Ley para el Fomento y Desarrollo de la Economía Popular[600], o el relativo a la Fuerza Armada Bolivariana[601], así como mediante la ejecución de una política masiva de estatización de empresas, de ocupación de otras, de expropiación y confiscación de toda clase de bienes[602]. Y por la otra, mediante leyes como la ley que reguló la organización del Distrito Capital, donde tiene su sede Caracas, eliminándosele el carácter de entidad local autónoma que regula la

---

598 V., Voto salvado a la sentencia N° 2042 de la Sala Constitucional de 2 de noviembre de 2007 en la cual se declaró inadmisible un amparo constitucional ejercido contra el Presidente de la República y la Asamblea Nacional, con motivo de la inconstitucional "reforma constitucional" de 2007, en *Revista de Derecho Público*, N° 112 (Estudios sobre la reforma constitucional), Editorial Jurídica Venezolana, Caracas 2007, pp. 642 ss.

599 V., sobre el conjunto de Leyes: Allan R. Brewer-Carías, Claudia Nikken, Luis A. Herrera Orellana, Jesús María Alvarado Andrade, José Ignacio Hernández y Adriana Vigilanza, *Leyes Orgánicas sobre el Poder Popular (Los Consejos Comunales, las Comunas, la Sociedad Socialista y el Sistema Económico Comunal)*, Editorial Jurídica Venezolana, Caracas, 2011. *V.,* Lolymar Hernández Camargo, "Límites del poder ejecutivo en el ejercicio de la habilitación legislativa: Imposibilidad de establecer el contenido de la reforma constitucional rechazada vía habilitación legislativa", en *Revista de Derecho Público* N° 115 *(Estudios sobre los Decretos Leyes),* Editorial Jurídica Venezolana, Caracas 2008, pp. 51ff.; Jorge Kiriakidis, "Breves reflexiones en torno a los 26 Decretos-Ley de julio-agosto de 2008, y la consulta popular refrendaria de diciembre de 2007", *id.,* pp. 57ff.; José Vicente Haro García, "Los recientes intentos de reforma constitucional o de cómo se está tratando de establecer una dictadura socialista con apariencia de legalidad (A propósito del proyecto de reforma constitucional de 2007 y los 26 decretos leyes del 31 de julio de 2008 que tratan de imponerla)," *id.,* pp. 63 ss; Ana Cristina Nuñez Machado, "Los 26 nuevos Decretos-Leyes y los principios que regulan la intervención del Estado en la actividad económica de los particulares", *id.,* pp. 215-20; Aurilivi Linares Martínez, "Notas sobre el uso del poder de legislar por decreto por parte del Presidente venezolano", *id.,* pp. 79-89; Carlos Luis Carrillo Artiles, "La paradójica situación de los Decretos Leyes Orgánicos frente a la Ingeniería Constitucional de 1999", *id.,* pp. 93-100; Freddy J. Orlando S., "El "paquetazo", un conjunto de leyes que conculcan derechos y amparan injusticias", *id.,* pp. 101-104..

600 V., en *Gaceta Oficial* N° 5.890 Extra. de 31 de julio de 2008.

601 V., Decreto Ley N° 6.239, de ley Orgánica de la Fuerza Armada Bolivariana, en *Gaceta Oficial* N° 5.933, Extra., de 21 de Octubre de 2009. *V.,* en general, Alfredo Arismendi A., "Fuerza Armada Nacional: Antecedentes, evolución y régimen actual", en *Revista de Derecho Público*, N° 115 (Estudios sobre los Decretos Leyes), Editorial Jurídica Venezolana, Caracas 2008, pp. 187-206; Jesús María Alvarado Andrade, "La nueva Fuerza Armada Bolivariana (Comentarios a raíz del Decreto N° 6.239, con rango, valor y fuerza de Ley Orgánica de la Fuerza Armada Nacional Bolivariana)", *id.,* pp. 207-14.

602 V., en general, Antonio Canova González, Luis Alfonso Herrera Orellana, y Karina Anzola Spadaro, *¿Expropiaciones o vías de hecho? (La degradación continuada del derecho fundamental de propiedad en la Venezuela actual)*", Funeda, Universidad Católica Andrés Bello, Caracas 2009.

Constitución[603], conforme a la propuesta de reforma constitucional que había formulado el Presidente.

La secuela de todo esto, fue el golpe dado a la Constitución, el cual es parte, técnicamente, del golpe de Estado continuado que institucionalmente ha ocurrido en el país desde 1999[604], y que se produjo en diciembre de 2010, cuando la Asamblea Nacional aprobó un conjunto de leyes destinadas a implementar la rechazada reforma constitucional, pero esta vez con un definitivo signo marxista, tal como resultó de la declaración del Presidente de la República a comienzos de dicho año, de asumir el marxismo[605], lo cual fue incorporado también ese mismo año 2010, en la Declaración de Principios del partido oficial[606].

Ello ocurrió luego de la pérdida de la mayoría de la votación popular en las elecciones parlamentarias por parte del partido de gobierno, realizadas en septiembre de 2010, donde la oposición llegó a obtener un número de votos suficiente que le impediría a la bancada oficialista a partir de enero de 2011, poder controlar la mayoría calificada de la votación en la Asamblea. Esas elecciones legislativas fueron planteadas por el Presidente de la República y el partido oficial, como una suerte de "plebiscito" respecto de su actuación así como de sus políticas socialistas que ya habían sido previamente rechazadas por el pueblo en 2007; "plebiscito" que el Presidente de la República y su partido perdieron pues la mayoría del país votó en contra de las mismas.

Sin embargo, al haber perdido el Presidente y su partido el control absoluto que ejercían sobre la Asamblea Nacional, lo que en el futuro les impedía imponer a su antojo la legislación que quisieran, antes de que los nuevos diputados electos a la Asamblea pudieran tomar posesión de sus cargos en enero de 2011, en diciembre de 2010, atropelladamente y de nuevo en fraude a la voluntad popular y a la Constitución, la deslegitimada Asamblea Nacional precedente procedió a la sanción de un conjunto de Leyes Orgánicas mediante las cuales se ha terminado de definir, al margen de la Constitución, el marco normativo de un nuevo Estado, *paralelo al Estado Constitucional*, que no es otra cosa que un Estado Socialista, Centralizado, Militarista y Policial denominado "Estado Comunal".

Dichas Leyes Orgánicas son las Leyes Orgánicas del Poder Popular, de las Comunas, del Sistema Económico Comunal, de Planificación Pública y Comunal y de Contraloría Social[607]. Además, en el mismo marco de estructuración del Estado Co-

---

603   *V.,* en *Gaceta Oficial* N° 39.156, de 13 de abril de 2009. *V.,* en general, Allan R. Brewer-Carías et al., *Leyes sobre el Distrito Capital y el Área Metropolitana de Caracas*, Editorial Jurídica Venezolana, Caracas 2009.

604   *V.,* en general, Allan R. Brewer-Carías, *Golpe de estado y proceso constituyente en Venezuela*, Universidad Nacional Autónoma de México, México 2002.

605   En su Mensaje anual ante la Asamblea Nacional, el 15 de enero de 2010, el Presidente Chávez declaró, que "asumía el marxismo" aunque confesó que nunca había leído los trabajos de Marx. *V.,* María Lilibeth Da Corte, "Por primera vez asumo el marxismo," en *El Universal*, Caracas Jan. 16, 2010, http://www.eluniversal.com/2010/01/16/pol_art_por-primera-vez-asu_1726209.shtml.

606   *V.,* la "Declaración de Principios, I Congreso Extraordinario del Partido Socialista Unido de Venezuela," Apr. 23, 2010, at http://psuv.org.ve/files/tcdocumentos/Declaracion-de-principios-PSUV.pdf.

607   *V.,* en *Gaceta Oficial* N° 6.011 Extra. de 21-12-2010. *V.,* en general sobre estas leyes, Allan R. Brewer-Carías, Claudia Nikken, Luis A. Herrera Orellana, Jesús María Alvarado Andrade, José Ignacio Hernán-

munal montado sobre el Poder Popular se destaca la reforma de la Ley Orgánica del Poder Público Municipal, y de las Leyes de los Consejos Estadales de Planificación y Coordinación de Políticas Públicas, y de los Consejos Locales de Planificación Pública[608].

La Asamblea Nacional, además, sancionó una Ley habilitante autorizando al Presidente de la República para por vía de legislación delegada, dictar leyes en todas las materias imaginables, incluso de carácter orgánico, vaciando así por un período de 18 meses, hasta 2012, a la nueva Asamblea Nacional de materias sobre las cuales poder legislar.

Con estas leyes, sin duda, se decretó una transformación radical del Estado, estableciendo un Estado Socialista por el cual nadie había votado, y más bien había sido rechazado; con el agravante de que ello se hizo sin reformarse la Constitución, sino mediante leyes estableciendo un Estado paralelo al Estado Constitucional, denominado Estado Comunal o del Poder Popular.

Este Estado paralelo tiene a la Comuna como a su célula fundamental, suplantando inconstitucionalmente al Municipio en el carácter que tiene de "unidad política primaria de la organización nacional" (art. 168 de la Constitución). A través de las Comunas conforme a dichas leyes, ese Estado ejerce el Poder Popular, el cual se concreta en el ejercicio de la soberanía popular sólo directamente por el pueblo, y no mediante representantes. Se trata por tanto, de un sistema político estatal en el cual se ignora la democracia representativa violándose así abiertamente la Constitución de la República.

La creación del Estado Comunal, *en paralelo* al Estado Constitucional, se basa en un simple esquema constitucional: Como el artículo 5 de la Constitución dispone que "La soberanía reside intransferiblemente en el pueblo, quien la ejerce directamente en la forma prevista en esta Constitución y en la ley, e indirectamente, mediante el sufragio, por los órganos que ejercen el Poder Público", habiéndose estructurado el Estado Constitucional basado en el concepto de democracia representativa, es decir, el ejercicio de la soberanía en forma indirecta mediante el sufragio (ignorando que también tiene previsiones sobre democracia directa); entonces ahora se estructura el Estado Comunal, basado exclusivamente en el ejercicio de la soberanía en forma directa, siendo la Comuna la célula fundamental de dicho Estado Comunal.

Ese Estado Comunal, producto del ejercicio de una democracia directa, sin sufragio ni representación, irá vaciando progresivamente de competencias al Estado Constitucional. Sin embargo, en su organización, se prevé que el Estado Comunal ejerce la soberanía en realidad en forma "indirecta", pues el pueblo en definitiva actúa mediante "representantes", pero que sin embargo no se "eligen" mediante sufragio, sino que son "nombrados" para ejercer el Poder Popular en nombre del pueblo, y que son denominados "voceros" o "vocerías".

---

dez y Adriana Vigilanza, *Leyes Orgánicas sobre el Poder Popular y el Estado Comunal (Los consejos comunales, las comunas, la sociedad socialista y el sistema económico comunal)* Colección Textos Legislativos N° 50, Editorial Jurídica Venezolana, Caracas 2011; Allan R. Brewer-Carías, "La Ley Orgánica del Poder Popular y la desconstitucionalización del Estado de derecho en Venezuela", en *Revista de Derecho Público*, N° 124, Editorial Jurídica Venezolana, Caracas 2010, pp. 81-101,

608   *V.,* en *Gaceta Oficial* N° 6.015 Extra. de 30-12-2010.

El sistema que se busca montar, en definitiva, controlado todo por un Ministerio del Ejecutivo Nacional, lejos de ser un instrumento de descentralización –concepto que está indisolublemente unido a la autonomía política– es un sistema de centralización y control férreo de las comunidades por el Poder Central. Por ello la aversión al sufragio. En ese esquema, una verdadera democracia participativa sería la que garantizaría que los miembros de los Consejos Comunales, las comunas y todas las organizaciones e instancias del Poder Popular fueran electas por sufragio universal, directo y secreto, y no a mano alzada por asambleas controladas por el partido oficial y el Ejecutivo Nacional, en contravención al modelo de Estado democrático y social de derecho y de justicia descentralizado establecido en la Constitución.

Es decir, la supuesta democracia participativa no es más que una falacia, pues en definitiva en ese "edificio" del Estado Comunal se le niega al pueblo el derecho de elegir libremente, mediante sufragio universal, directo y secreto a quienes van a representarlo en todos esos ámbitos. Se trata más bien de un "edificio" de organizaciones para evitar que el pueblo realmente ejerza la soberanía e imponerle mediante férreo control central políticas por las cuales nunca tendrá la ocasión de votar.

Por otra parte, el principio esencial del régimen político democrático, basado en la igualdad, la no discriminación y el pluralismo se rompe desde que el sistema de Estado Comunal, paralelo al Estado Constitucional, se monta sobre una concepción única, que es el Socialismo, de manera que quien no sea socialista está automáticamente discriminado.

No es posible, por tanto, en el marco de esta ley poder conciliar el pluralismo que garantiza la Constitución y el principio de la no discriminación por razón de "opinión política" con sus disposiciones que persiguen todo lo contrario, es decir, el establecimiento de un Estado Comunal, cuyas instancias sólo pueden actuar en función del Socialismo y en las cuales todo ciudadano que tenga otra opinión queda excluido.

Por otra parte, también hay que descartar que el artículo 5 de la Ley Orgánica del Poder Popular declara que toda esa concepción de "la organización y participación del pueblo en el ejercicio de su soberanía se inspira en la doctrina del Libertador Simón Bolívar, y se rige por los principios y valores socialistas"[609]. Ello por supuesto, es históricamente insostenible pues no hay forma alguna de poder vincular "la doctrina del Libertador Simón Bolívar" con los principios y valores socialistas. En la obra de Bolívar y en relación con su concepción del Estado nada puede encontrarse al respecto[610], no siendo la norma sino una pretensión más de continuar manipulando el "culto" a Bolívar para justificar los autoritarismos, como tantas veces ha ocurrido antes en nuestra historia. Así fue el caso de Antonio Guzmán Blanco en el siglo XIX, y de Cipriano Castro, Juan Vicente Gómez, Eleazar López Contreras y Marcos Pérez Jiménez en el siglo XX. John Lynch ha señalado sobre esto que: "El

---

609   La misma expresión se utilizó en la Ley Orgánica de las Comunas respecto de la constitución, conformación, organización y funcionamiento de las mismas (art. 2); en la Ley Orgánica de los Consejos Comunales respecto de los mismos (art. 1), y en la Ley Orgánica de Contraloría Social (art. 6).

610   V., Allan R. Brewer-Carías, "Ideas centrales sobre la organización el Estado en la Obra del Libertador y sus Proyecciones Contemporáneas" en *Boletín de la Academia de Ciencias Políticas y Sociales*, N° 95-96, enero-junio 1984, pp. 137-151.

tradicional culto a Bolívar ha sido usado como ideología de conveniencia por dictadores militares, culminando con los regímenes de Juan Vicente Gómez y Eleazar
López Contreras; quienes al menos respetaron, más o menos, los pensamientos básicos del Libertador, aún cuando tergiversaron su significado". Concluye Lynch señalando que en el caso de Venezuela, en la actualidad, el proclamar al Libertador como fundamento de las políticas del régimen autoritario, constituye una distorsión de
sus ideas[611].

Por lo demás, no hay que olvidar que si algo hubiese habido de socialismo en las
ideas de Bolívar, Karl Marx, quien una década después de haber publicado su obra
fundamental sobre el comunismo, en conjunto con Engels, que fue *La ideología
alemana*[612], escribió la entrada sobre Simón Bolívar en la Nueva Enciclopedia Americana editada en Nueva York[613], lo habría advertido. Lejos de ello, dicho trabajo de
Marx más bien, ha sido uno de los escritos más críticos sobre Bolívar que se conocen en la bibliografía bolivariana.

En todo caso, la concepción misma del Estado Comunal para desarrollar y consolidar el Poder Popular, se ha formulado ignorando los valores y principios constitucionales básicos que tienen que tener todas las instancias de gobierno en Venezuela que deben ser "electivos, descentralizados, alternativos, responsables, pluralistas y
de mandatos revocables". (Artículo 6 de la Constitución).

Al contrario, las "formas de autogobierno comunitarias y comunales, para el
ejercicio directo del poder" que se regulan en la Ley Orgánica (art. 1), son contrarias
a la concepción de un Estado descentralizado, siendo carentes de autonomía política.
Por lo demás, los mecanismos de participación que puedan establecerse conforme a
la Constitución no son para vaciar a las estructuras del Estado Constitucional, es
decir, de los "gobiernos locales y estadales", sino para reforzarlas en la gestión
pública. Además, conforme a la Constitución, no puede haber gobierno alguno que
no sea electivo, descentralizado y pluralista; sin embargo, en la Ley Orgánica del
Poder Popular se define un Estado paralelo que es el Estado Comunal, montado
sobre "gobiernos" o "autogobiernos" que no son ni electivos, ni descentralizados ni
pluralistas, sino exclusivamente socialistas.

La Ley Orgánica regula las diversas instancias del poder popular las cuales define como las "diversas y disímiles formas de organización, que edifican el Estado
Comunal" (art. 2), y que son los consejos comunales, las comunas, las ciudades

611 *V.,* John Lynch, *Simón Bolívar: A Life*, Yale University Press, New Haven 2007, p. 304. *V.,* también,
     Germán Carrera Damas, *El culto a Bolívar, esbozo para un estudio de la historia de las ideas en Vene-
     zuela*, Universidad Central de Venezuela, Caracas 1969; Luis Castro Leiva, *De la patria boba a la teo-
     logía bolivariana*, Monteávila, Caracas 1987; Elías Pino Iturrieta, *El divino Bolívar. Ensayo sobre una
     religión republicana*, Alfail, Caracas 2008; Ana Teresa Torres, *La herencia de la tribu. Del mito de la
     independencia a la Revolución bolivariana*, Editorial Alfa, Caracas 2009. Sobre la historiografía en re-
     lación con estos libros *V.,* Tomás Straka, *La épica del desencanto*, Editorial Alfa, Caracas 2009.

612 *V.,* en Karl Marx and Frederich Engels,"The German Ideology," en *Collective Works*, Vol. 5, Interna-
     tional Publishers, New York 1976, p. 47. Véanse además los textos pertinentes en http://www. educa.
     madrid.org/cms_tools/files/0a24636f-764c-4e03-9c1d-6722e2ee60d7/Texto%20Marx%20y%20   Engels.
     pdf

613 *V.,* el trabajo de Karl Marx en *The New American Cyclopaedia*, Vol. III, 1858, sobre "Bolivar y Ponte,
     Simón," en http://www.marxists.org/archive/marx/works/1858/01/bolivar.htm

comunales, las federaciones comunales, las confederaciones comunales y las otras que surjan de la iniciativa popular.

Todas estas instancias del Poder Popular, sin embargo, dice la ley (art. 32), adquieren personalidad jurídica mediante el registro ante el Ministerio del Poder Popular de las Comunas, atendiendo a los procedimientos que se establezcan en el Reglamento de la Ley. Con ello, en definitiva, se deja en manos del Ejecutivo Nacional la decisión de registrar o no un consejo comunal, una comuna o una ciudad comunal, y ello lo hará, por supuesto, aplicando la letra de la Ley lo que significa que si no está dominada por "voceros" que no sean socialistas, no cabe su registro ni, por tanto, su reconocimiento como persona jurídica, así sea producto genuino de una iniciativa popular.

Todas estas instancias del poder popular, por otra parte, como he señalado, no tiene carácter representativo. Los "voceros" de las mismas no tienen su origen en elecciones efectuadas mediante sufragio directo, universal y secreto. Ni siquiera puede decirse que tienen su origen en elecciones indirectas, pues en ningún caso hay elección directa de primer grado. Esos voceros son "electos" por las asambleas de ciudadanos (arts. 4.6 y 11), y no precisamente mediante sufragio universal, directo y secreto como lo prescribe la Constitución, sino mediante una supuesta "votación popular" que no es organizada por el Poder Electoral, y que se realiza en asambleas abiertas en las cuales no hay garantía del sufragio secreto, y son controladas por el gobierno central.

Entre ellas, la pieza clave en la Ley son los Consejos Comunales, definidos como la "instancia de participación, articulación e integración entre los ciudadanos, ciudadanas y las diversas organizaciones comunitarias, movimientos sociales y populares, que permiten al pueblo organizado ejercer el gobierno comunitario y la gestión directa de las políticas públicas y proyectos orientados a responder a las necesidades, potencialidades y aspiraciones de las comunidades, en la construcción de nuevo modelo de sociedad socialista de igualdad, equidad y justicia social" (art. 15.1).

Se destaca de esta definición legal, como se ha dicho, que los Consejos Comunales sólo y exclusivamente pueden tener por objeto contribuir a "la construcción de un nuevo modelo de sociedad socialista", en violación al principio del pluralismo que establece el artículo 6 de la Constitución, por lo que todo aquél ciudadano que no siga o acepte la doctrina socialista no tiene cabida en este nuevo Estado paralelo que se busca construir con esta Ley.

Esta instancia del Poder Popular constituida por los Consejos Comunales está regulada en la mencionada Ley Orgánica de los Consejos Comunales[614], a cuyos "voceros," incluso, mediante la reforma de la Ley Orgánica del Poder Público Municipal de diciembre de 2010, se les ha asignado la función de designar a los miembros de las Juntas Parroquiales, las cuales, en consecuencia, fueron "degradadas" dejando de ser las "entidades locales" que eran, con gobiernos electos por sufragio universal directo y secreto, pasando a ser simples órganos "consultivos, de evaluación y articulación entre el Poder Popular y los órganos del Poder Público Municipal" (art. 35), cuyos miembros, además, los deben designar los voceros de los conse-

---

614   V., en *Gaceta Oficial* N° 39.335 de 28-12-2009.

jos comunales de la parroquia respectiva (art. 35), y sólo de entre aquellos avalados por la Asamblea de Ciudadanos "de su respectivo consejo comunal" (at. 36). A tal efecto, en forma evidentemente inconstitucional, la Ley de reforma del Poder Municipal, decretó la "cesación" en sus funciones de "los miembros principales y suplentes, así como los secretarios o secretarias, de las actuales juntas parroquiales, quedando las alcaldías responsables del manejo y destino del personal, así como de los bienes correspondientes" (Disposición Derogatoria Segunda).

Las Comunas, por su parte, están concebidas en la LOPP como la "célula fundamental" del Estado Comunal (artículo 15.2) como el "espacio socialista que como entidad local es definida por la integración de comunidades vecinas," donde los ciudadanos, en el ejercicio del Poder Popular, ejercen el pleno derecho de la soberanía y desarrollan la participación protagónica mediante formas de autogobierno para la edificación del estado comunal, en el marco del Estado democrático y social de derecho y de justicia" (art. 1).

La calificación de las Comunas como "entidades locales" se ha hecho ignorando que conforme a la Constitución (arts. 169, 173), esta expresión de entidad local sólo se puede aplicar a las entidades políticas del Estado en las cuales necesariamente tiene que haber "gobiernos" integrados por representantes electos mediante sufragio universal, directo y secreto (arts. 63, 169) que además, tienen que ser "siempre democrático, participativo, electivo, descentralizado, alternativo, responsable, pluralista y de mandatos revocables". Conforme a la Constitución, por tanto, no puede haber "entidades locales" con gobiernos que no sean democráticos en los términos mencionados, y menos por "representantes" designados por otros órganos públicos.

Pero además de la reforma política para la estructuración del Estado Comunal del Poder Popular, en la Ley Orgánica del Sistema Económico Comunal[615], se lo ha establecido, definiéndolo como "el conjunto de relaciones sociales de producción, distribución, intercambio y consumo de bienes y servicios, así como de saberes y conocimientos, desarrolladas por las instancias del Poder Popular, el Poder Público o por acuerdo entre ambos, a través de organizaciones socio-productivas bajo formas de propiedad social comunal" (art. 2)

Se trata de un sistema económico que se desarrolla exclusivamente "a través de organizaciones socio-productivas bajo formas de propiedad social comunal" las cuales conforme a la Ley son solamente las empresas del Estado Comunal creadas por las instancias del Poder Público; las empresas públicas creadas por los órganos que ejercen del Poder Público; las unidades productivas familiares; o los grupos de trueque, donde está excluida toda iniciativa privada y la propiedad privada de los medios de producción y comercialización de bienes y servicios, y está excluida la idea misma de la empresa privada.

Este Sistema Económico Comunal, cuyo establecimiento requería de una Asamblea Nacional Constituyente, se configura en paralelo y para sustituir el sistema de economía mixta que garantiza la Constitución de 1999, como un sistema económico estatista o controlado por el Estado, mezclado con previsiones propias de sociedades primitivas y lugareñas que en el mundo globalizado de hoy ya simplemente no exis-

---

615   *V.*, en *Gaceta Oficial* Nº 6.011 Extra. de 21 de diciembre de 2010

ten, que presuponen la miseria como forma de vida, para regular y justificar el "trueque" como sistema, pensando quizás en sociedades agrícolas o recolectoras, donde al fin del día se podrían intercambiar unos pescados por una liebre; o una consulta profesional de abogado por el planchado de una ropa; y para crear una moneda al margen de la de curso legal que es el Bolívar, llamada "moneda comunal" como medio de intercambio de bienes y servicios que recuerda a los viejos "vales" de las haciendas de hace más de un siglo, donde el campesino estaba confinado al ámbito geográfico de la economía que controlaba estrictamente el hacendado.

Por ello es que este sistema económico comunal se lo concibe como la "herramienta fundamental para construcción de la nueva sociedad", que supuestamente debe regirse sólo "por los principios y valores socialistas" que en esta LOSEC sin fundamento histórico alguno, también se declara que supuestamente se inspira en la doctrina de Simón Bolívar (art. 5).

En ese sistema, la propiedad privada queda reducida a la mínima expresión, sustituyéndosela en la Ley por la "propiedad social" como dominio del Estado, lo que significa que en la práctica, no se trata de ningún derecho que sea "de la sociedad", sino del aparato Estatal, cuyo desarrollo, regido por un sistema de planificación centralizada, elimina toda posibilidad de libertad económica e iniciativa privada, y convierte a las "organizaciones socio-productivas" en meros apéndices del aparato estatal.

Ese sistema de "propiedad social comunal" debe ser desarrollado exclusivamente a través de "organizaciones socio-productivas bajo formas de propiedad comunal," Siendo denominado como **modelo productivo socialista**, el cual está expresamente definido en la ley como el:

> "modelo de producción basado en la propiedad social, orientado hacia la eliminación de la **división social del trabajo** propio del modelo capitalista. El modelo de producción socialista está dirigido a la satisfacción de necesidades crecientes de la población, a través de nuevas formas de generación y apropiación así como de la **reinversión social del excedente**". (art. 6.12)

Se destaca de esta definición, sus tres componentes fundamentales: propiedad social, eliminación de la división social del trabajo y reinversión social del excedente; para lo cual los redactores de la norma, sin duda, se basaron quizás en algún Manual vetusto de revoluciones comunistas fracasadas, han parafraseado en la Ley lo que Carlos Marx y Federico Engels escribieron hace más de 150 años, en 1845 y 1846, sobre la sociedad comunista.

En el conocido libro *La Ideología Alemana*, en efecto, refiriéndose a la sociedad primitiva de la época, en muchas partes aún esclavista y en todas, preindustrial, después de afirmar que la propiedad es "el derecho de suponer de la fuerza de trabajo de otros" y declarar que la "división del trabajo y la propiedad privada" eran "términos idénticos: uno de ellos, referido a la esclavitud, lo mismo que el otro, referido al producto de ésta", Marx y Engels escribieron que:

"la división del trabajo nos brinda ya el primer ejemplo de cómo, mientras los hombres viven en una sociedad natural, mientras se da, por tanto, una separación entre el interés particular y el interés común, mientras las actividades, por consiguientes no aparecen divididas voluntariamente, sino por modo natural,[616] los actos propios del hombres se erigen ante él en un poder hostil y ajeno, que lo sojuzga, en vez de ser él quien los domine. En efecto, a partir del momento en que comienza a dividirse el trabajo, cada cual se mueve en un determinado circulo exclusivo de actividad, que le es impuesto y del cual no puede salirse; el hombre es cazador, pescador, pastor o crítico, y no tiene más remedio que seguirlo siendo, si no quiere verse privado de los medios de vida; al paso que en la sociedad comunista, donde cada individuo no tiene acotado un círculo exclusivo de actividades, sino que puede desarrollar sus aptitudes en la rama que mejor le parezca, la sociedad se encarga de regular la producción general, con lo que hace cabalmente posible que yo pueda por la mañana cazar, por la tarde pescar y por la noche apacentar ganado, y después de comer, si me place, dedicarme a criticar, sin necesidad de ser exclusivamente cazador, pescador, pastor o crítico, según los casos"[617].

Los redactores de la Ley, por tanto, no se han percatado de que las sociedades contemporáneas ya no se reducen a ser aquellas que vivían de la caza y de la pesca, o de la siembra y cría de animales, y de que en las sociedades globalizadas de la actualidad, es imposible no basar la producción en la división social del trabajo; y además, parece que ni siquiera se han percatado que después de tantos años de estancamiento y de miseria, tratando de imponer la sociedad comunista, el desarrollo del sistema capitalista es el que le ha permitido a China catapultarse económicamente, aún cuando sometida a una dictadura del Estado capitalista; y que en Cuba, el régimen comunista clama por su auto eliminación para lo cual en 2011 ha comenzado a lanzar a la calle a decenas de miles de antiguos asalariados o servidores del Estado, para forzarlos a desarrollar iniciativas privadas, basadas en la supuesta "esclavitud" de la división social del trabajo y en el supuesto producto de esa esclavitud, que es la propiedad, convencidos de que en el mundo contemporáneo no es posible "la eliminación de la división social del trabajo" como en cambio se propugna en el artículo 6.12 de la Ley del Sistema Económico Comunal, y de que sólo, precisamente, mediante la división social del trabajo, es posible la producción industrial, la generación de empleo y la generación de riqueza.

Por otra parte, para eliminar toda forma de generar riqueza y con ello, de trabajo libre y la generación de empleo, además de imponer la propiedad social, la ley Orgánica declara como pieza esencial del nuevo sistema económico comunal, la necesaria "reinversión social del excedente", como principio esencial que rige las organizaciones socio-productivas, definida como "el uso de los recursos remanentes provenientes de la actividad económica de las organizaciones socio-productivas, en pro de satisfacer las necesidades colectivas de la comunidad o la comuna, y contri-

---

616 Esta división "natural" se daba según Marx y Engels "en atención a las dotes físicas (por ejemplo, la fuerza corporal), a las necesidades, las coincidencias fortuitas, etc".

617 *V.*, en Karl Marx and Frederich Engels,"The German Ideology," en *Collective Works*, Vol. 5, International Publishers, New York 1976, p. 47. Véanse además los textos pertinentes en http://www. educa.madrid.org/cms_tools/files/0a24636f-764c-4e03-9c1d-6722e2ee60d7/Texto%20Marx%20y%20Engels.pdf

buir al desarrollo social integral del país" (art. 6.19). Con este principio, los redactores de la Ley incorporaron a su articulado, otros de los pilares del sistema comunista, tal como fue concebido por Marx y Engels, como contrapuesto al sistema capitalista, y es la necesaria "reinversión social de excedente" producto de la actividad económica. Lo cierto es que al contrario, las sociedades industriales se desarrollaron económicamente gracias a la acumulación del excedente económico que genera el empresario privado y a la reinversión de este excedente para generar mayor crecimiento, que fue en definitiva lo que generó la industrialización.

Basada, por tanto, en los principios utópicos comunistas de la "propiedad social de los medios de producción", la "eliminación de la división social del trabajo" y la "reinversión social del excedente", la Ley está sin duda concebida para implantar en Venezuela el sistema comunista como contrario al sistema capitalista.

Por supuesto, todo este sistema de economía comunal, como sistema de producción socialista está sometido a una planificación centralizada bajo el control directo del Poder Ejecutivo nacional, donde está proscrita toda iniciativa privada para su conducción, como se dijo, la ley ha establecido un Ministerio de las Comunas, como "órgano coordinador de las políticas públicas relacionadas con la promoción, formación, acompañamiento integral y financiamiento de los proyectos socio-productivos, originados del seno de las comunidades, las comunas o constituidos por entes del Poder Público conforme a lo establecido en el Plan de Desarrollo Económico y Social de la Nación, las disposiciones de la Ley, su Reglamento y demás normativas aplicables" (art 7), al cual se le asignan competencias que van desde otorgar la personalidad jurídica a las organizaciones socio-productivas, hasta dictar las políticas y lineamientos en materia de economía comunal, y proyectos socio-productivos, así como asignar los recursos para el desarrollo de las organizaciones socio-productivas.

Todo este Estado Comunal y el Sistema Económico Comunal que se regulan e estas leyes de 2001, en todo caso, se han establecido como formando un "Estado paralelo" al Estado Constitucional.

Se trata así, de dos Estados establecidos en paralelo, uno en la Constitución y otro en una ley inconstitucional, pero con previsiones en la ley que de llegar a ser aplicadas, permitirán al Estado Comunal ahogar y secar al Estado Constitucional, como en botánica lo hace el árbol **Ficus Benjamina L.**, originario de la India, Java y Bali, muy conocido en nuestros países de América Latina como "matapalo" que puede crecer como "estranguladora", rodeando al árbol huésped hasta formar un tronco hueco, destruyéndolo.

Por ello, en la Ley Orgánica del Poder Popular se establecen una serie de previsiones para regular las relaciones entre el Estado o el Poder Público y el Poder Popular, y que son las siguientes:

En *primer lugar*, se establece como obligación legal para los órganos, entes e instancias del Poder Público el promover, apoyar y acompañar las iniciativas populares para la constitución, desarrollo y consolidación de las diversas formas organizativas y de autogobierno del pueblo (art. 23). En particular, incluso, la Ley Orgánica de Comunas dispone que "los órganos integrantes del Poder Ciudadano apoyarán a los consejos de contraloría comunal a los fines de contribuir con el cumplimiento de sus funciones" (art. 48).

En *segundo lugar*, se sujeta a todos los órganos del Estado Constitucional que ejercen el Poder Público, a los mandatos de las organizaciones del Poder Popular, al instaurarse un nuevo principio de gobierno, consistente en "gobernar obedeciendo". El artículo 24 de la LOPP en efecto dispone:

> *Artículo 24.* Actuaciones de los órganos y entes del Poder Público. Todos los órganos, entes e instancias del Poder Público guiarán sus actuaciones por el principio de gobernar obedeciendo, en relación con los mandatos de los ciudadanos, ciudadanas y de las organizaciones del Poder Popular, de acuerdo a lo establecido en la Constitución de la República y las leyes.

Como las organizaciones del Poder Popular no tienen autonomía política pues sus "voceros" no son electos democráticamente mediante sufragio universal, directo y secreto, sino designados por asambleas de ciudadanos controladas e intervenidas por el partido oficial y el Ejecutivo Nacional que controla y guía todo el proceso organizativo del Estado Comunal, en el ámbito exclusivo de la ideología socialista, sin que tenga cabida vocero alguno que no sea socialista, en definitiva esto de "gobernar obedeciendo" es una limitación a la autonomía política de los órganos del Estado Constitucional electos, como la Asamblea nacional, los Gobernadores y Consejos legislativos de los Estados y los Alcaldes y Concejos Municipales, a quienes se le impone en definitiva la obligación de obedecer lo que disponga el Ejecutivo Nacional y el partido oficial enmarcado en el ámbito exclusivo del socialismo como doctrina política. La voluntad popular expresada en la elección de representantes del Estado Constitucional, por tanto, no tiene valor alguno, y al pueblo se le confisca su soberanía trasladándola de hecho a unas asambleas que no lo representan.

En *tercer lugar*, en particular, se establece la obligación para el Poder Ejecutivo Nacional, para que "conforme a las iniciativas de desarrollo y consolidación originadas desde el Poder Popular" planifique, articule y coordine "acciones conjuntas con las organizaciones sociales, las comunidades organizadas, las comunas y los sistemas de agregación y articulación que surjan entre ellas, con la finalidad de mantener la coherencia con las estrategias y políticas de carácter nacional, regional, local, comunal y comunitaria" (art. 25).

En *cuarto lugar*, se establece la obligación para los órganos y entes del Poder Público en sus relaciones con el Poder Popular, de dar "preferencia a las comunidades organizadas, a las comunas y a los sistemas de agregación y articulación que surjan entre ellas, en atención a los requerimientos que las mismas formulen para la satisfacción de sus necesidades y el ejercicio de sus derechos, en los términos y lapsos que establece la ley" (art. 29). Igualmente se prevé que los órganos, entes e instancias del Poder Público, en sus diferentes niveles político-territoriales, deben adoptar "medidas para que las organizaciones socio-productivas de propiedad social comunal, gocen de prioridad y preferencia en los procesos de contrataciones públicas para la adquisición de bienes, prestación de servicios y ejecución de obras" (art. 30)[618].

---

618 En particular, conforme al artículo 61 de la Ley Orgánica de las Comunas, se dispone que "todos los órganos y entes del Poder Público comprometidos con el financiamiento de proyectos de las comunas y

En *quinto lugar*, se establece la obligación para la República, los estados y municipios, de acuerdo con la ley que rige el proceso de transferencia y descentralización de competencias y atribuciones, la obligación de trasferir "a las comunidades organizadas, a las comunas y a los sistemas de agregación que de éstas surjan; funciones de gestión, administración, control de servicios y ejecución de obras atribuidos a aquéllos por la Constitución de la República, para mejorar la eficiencia y los resultados en beneficio del colectivo" (art. 27)[619].

Con ello, se dispone legalmente un proceso de centralización desde las entidades formalmente descentralizadas, mediante el vaciamiento de competencias de los Estados y Municipios, de manera que queden como estructuras vacías, con gobiernos representativos electos por el pueblo pero que no tienen materias sobre las cuales gobernar.

Con esta Ley Orgánica marco del Poder Popular, no cabe duda de la decisión política adoptada en diciembre de 2010 por la completamente deslegitimada Asamblea Nacional que había sido electa en 2005, pues ya no representaba a la mayoría de la voluntad popular que se expresó el 26 de septiembre de 2010 en contra del Presidente de la República, de la propia Asamblea Nacional y de la política socialista que han adelantado; en imponerle a los venezolanos en contra de la voluntad popular y en fraude a la Constitución, un modelo de Estado Socialista, denominado "Estado Comunal", basado en el ejercicio del Poder Popular por el pueblo, como supuesta forma de ejercicio de la soberanía en forma directa (lo que no es cierto pues se ejerce mediante "voceros" que lo "representan" y que no son electos en votaciones universales, directas y secretas); modelo de Estado Socialista establecido en forma paralela al Estado Constitucional (el Estado federal descentralizado, democrático y social, de derecho, y de justicia previsto en la Constitución de 1999) establecido para el ejercicio del Poder Público por el pueblo tanto en forma indirecta mediante representantes electos en votaciones universales, directas y secretas, como en forma directa mediante los mecanismos autorizados en la Constitución, donde se incluye a las Asambleas de Ciudadanos.

Esta regulación, en paralelo, de dos Estados y dos formas de ejercicio de la soberanía, uno, el Estado Constitucional regulado en la Constitución y el otro, el Estado Comunal o Estado Socialista regulado en leyes orgánicas inconstitucionales, se ha dispuesto en forma tal que como se ha dicho el segundo irá estrangulando al primero, rodeándolo hasta formar un tronco hueco, destruyéndolo.

En esta forma, al fraude a la Constitución, que ha sido la técnica constantemente aplicada por el gobierno autoritario en Venezuela desde 1999 para imponer sus de-

---

sus sistemas de agregación, priorizarán aquéllos que impulsen la atención a las comunidades de menor desarrollo relativo, a fin de garantizar el desarrollo territorial equilibrado.

619   Esta misma norma se repite en la Ley Orgánica de las Comunas (art. 64). El 31 de diciembre de 2010, quedó pendiente en la Asamblea Nacional la segunda discusión del proyecto de Ley Orgánica del Sistema de Transferencia de Competencias y atribuciones de los Estados y Municipios a las organizaciones del Poder Popular.

cisiones a los venezolanos al margen de la Constitución[620], se suma ahora el fraude a la voluntad popular, al imponerle a los venezolanos mediante leyes orgánicas, un modelo de Estado por el cual nadie ha votado y que cambia radical e inconstitucionalmente el texto de la Constitución de 1999, que no ha sido reformado conforme a sus previsiones, en abierta contradicción al rechazo popular mayoritario que se expresó en diciembre de 2007 a la reforma constitucional que se intentó realizar incluso violando la propia Constitución, y al rechazo popular mayoritario del pueblo expresado respecto de la política del Presidente de la República y de su Asamblea Nacional con ocasión de las elecciones parlamentarias del 26 de septiembre de 2010.

---

620 *V.*, Allan R. Brewer-Carías, *Reforma constitucional y fraude a la Constitución (1999-2009)*, Academia de Ciencias Políticas y Sociales, Caracas 2009; *Dismantling Democracy. The Chávez Authoritarian Experiment*, Cambridge University Press, New York 2010.

TERCERA PARTE
ESTUDIOS SOBRE EL CONSTITUCIONALISMO
Y LA DEMOCRACIA

SECCIÓN PRIMERA: **RETOS CONSTITUCIONALES PARA EL SIGLO XXI (EL SALVADOR, JUNIO, 2000)**

Texto ampliado de la Conferencia dictada en el Seminario sobre "América Latina: Retos para la Constitución del Siglo XXI" con ocasión del *Encuentro Anual de los Presidentes y Magistrados de los Tribunales Constitucionales y Salas Constitucionales de América Latina*, Corte Suprema de El Salvador, Federación de Asociaciones de Abogados de El Salvador y Fundación Konrad Adenauer, San Salvador, 8 de junio de 2000. Fue publicado en *Revista Politeia (Constitución y Constitucionalismo hoy. Bicentenario del Derecho Constitucional Comparado de Manuel García Pelayo)*, Instituto de Estudios Políticos, UCV, Caracas 2001, pp. 47 a 68; y en el libro *Reflexiones sobre el constitucionalismo en América*, Caracas 2001, pp. pp. 11-40

La Revolución de Independencia Hispanoamericana de principios del Siglo XIX, puede decirse que fue el primer campo de ensayo del constitucionalismo moderno que tuvo sus raíces en las Revoluciones Norteamericana y Francesa de fines del Siglo XVIII.

Ha sido ese constitucionalismo el que ha enmarcado durante los últimos 200 años, el régimen político de todos los Estados del mundo y, particularmente, el de los Estados Latinoamericanos, caracterizado por los siguientes siete principios esenciales: la idea de Constitución y su supremacía; la soberanía del pueblo, el republicanismo y la democracia representativa como régimen político; la distribución vertical del Poder Público, el federalismo, el regionalismo político y el municipalismo; la separación orgánica de poderes y los sistemas presidencial y parlamentario de gobierno; la declaración constitucional de los derechos del hombre y sus garantías; el rol del Poder Judicial como garante del Estado de Derecho y del principio de legalidad; y el control jurisdiccional de la constitucionalidad de las leyes.

Sin embargo, la verdad es que fue realmente a partir de la Segunda Guerra Mundial cuando esos principios llegaron efectivamente a afianzarse en el mundo contemporáneo. No olvidemos que en Europa, con anterioridad, la Constitución no siempre se consideró como norma suprema de efectos directos; el centralismo signó la configuración de los Estados, impidiendo en gran medida el desarrollo de la democracia; la soberanía parlamentaria atentó contra los derechos humanos, cuyo reconocimiento y garantía no constituían un valor esencial; y el control judicial de la constitucionalidad de las leyes constituía una rareza inaceptable, propia del derecho americano.

En consecuencia, fue durante la segunda mitad del siglo pasado que la Constitución, efectivamente, se convirtió en norma suprema; que la democracia representativa comenzó a funcionar realmente; que la descentralización política se convirtió en instrumento de democratización; que los sistemas de gobierno comenzaron a desarrollar sus mecanismos de balance; que los derechos humanos adquirieron real efectividad y protección; que el Poder Judicial encontró mecanismos de garantía de su independencia y autonomía, y que se desarrolló mundialmente un verdadero sistema de control jurisdiccional de la constitucionalidad de las leyes.

En las últimas décadas todos los países de América Latina han reformado sus Constituciones, y en todas ellas se puede encontrar la consolidación de todos esos principios. Hemos llegado, así, al Siglo XXI, con un conjunto de Constituciones que contienen un arsenal de instituciones que recogen lo mejor de dos siglos de constitucionalismo.

La pregunta que ahora debemos formularnos, sin embargo, es si las mismas satisfacen efectivamente las exigencias constitucionales del nuevo Siglo; es decir, ¿La Constitución del Siglo XXI está ya elaborada? Y si no, ¿cuáles son los retos de América Latina para constitucionalmente enfrentar el nuevo milenio?.

Nuestro propósito es, precisamente, referirnos a estas preguntas y tratar de darles respuestas, para lo cual analizaremos las diez cuestiones constitucionales que consideramos más importantes en el momento actual, y que conforman las nuevas tendencias del constitucionalismo para enfrentar el Siglo que estamos iniciando.

I. LA REFORMULACIÓN DEL CONCEPTO DE SOBERANÍA PARA ASEGURARLA EN EL MARCO DE COMUNIDADES SUPRANACIONALES

En *primer lugar* está el tema de la soberanía o del poder superior que existe en todo Estado, sobre el cual, en principio, no podría existir otro.

La soberanía fue la que permitió al Estado ser Estado y, además, luego, el republicanismo. Con las Revoluciones del Siglo XVIII la soberanía pasó del Monarca absoluto al pueblo o a la Nación en los términos de la Revolución Francesa, y este comenzó a ejercerla mediante representantes. De allí, incluso, la idea de la democracia representativa como régimen político.

Un Estado, por tanto, no puede tener un poder superior a sí mismo, pues entonces, este último poder superior sería el soberano y el Estado.

Este principio, esencial de la construcción del Estado Moderno, sin embargo, ha comenzado a ser efectivamente trastocado imponiéndose su reformulación. Cincuenta años de experiencia en la construcción de la ahora Unión Europea desde la suscripción de los Tratados de París de 1951, pusieron en evidencia que, precisamente para afianzar la soberanía de los Estados Europeos y hacerlos efectivamente más soberanos, había que limitar dicha soberanía; y que el reconocimiento constitucional de un poder superior a los propios Estados Nacionales en un marco comunitario de Estados, no necesariamente conducía a reconocer a la Comunidad como soberana, negando la soberanía de aquellos. Se llegó, así, a la conclusión de que la supranacionalidad no implicaba ni implica terminar con la soberanía nacional; pero para ello fueron precisamente las Constituciones nacionales y no el derecho internacional, las que encontraron el camino.

Por ello, no hay que perder de vista que el esquema de integración regional europeo fue, ante todo, una creación del constitucionalismo. Ni un paso se dio en la limitación de la soberanía nacional y en la transferencia de poderes de los órganos constitucionales de los Estados a la comunidad supranacional, que no estuviese previamente prevista y autorizada en las Constituciones respectivas. Por ello, la integración regional se desarrolló fundada sobre disposiciones constitucionales expresas y no sobre interpretaciones. En las Constituciones fue que se previó la limitación de los poderes soberanos de los órganos de los Estados y, por tanto, de los pueblos, y allí fue que se le dio valor de fuente del derecho interno, de aplicación inmediata y prevalente, al derecho comunitario emanado de los órganos supranacionales.

En el mundo actual, sin duda, América Latina tiene el mismo reto que se plantearon los países europeos después de la Segunda Guerra Mundial, de renunciar al concepto cerrado de soberanía para la construcción de relaciones interestatales en un marco de paz, lo que en definitiva condujo, al final, a la creación de la Unión Europea.

En el futuro, para sobrevivir en la civilización contemporánea unipolar y globalizante, tendremos que asumir la integración como política continental y ello tiene que permitirlo, expresamente, la Constitución del Siglo XXI.

La orientación, en esta materia, puede derivarse por ejemplo, de las recientes Constituciones de Colombia, Argentina, Paraguay y Venezuela y de algunos de los países centroamericanos, como El Salvador, en las cuales se le ha dado solución constitucional a un problema que, de otra forma, sería insoluble, que es la limitación de la soberanía de los Estados en beneficio de un poder supranacional, sin que esté expresamente previsto y autorizado en la Constitución.

Insistimos, la solución que compatibilice la soberanía de los Estados Nacionales con Comunidades de Estados que tengan carácter supranacional sólo la pueden dar las Constituciones y en tal sentido la más reciente de las Constituciones de América Latina, la de Venezuela de 1999, es un ejemplo, al establecer en su artículo 153, no sólo que la República "promoverá y favorecerá la integración latinoamericana y caribeña, en aras de avanzar hacia la creación de una comunidad de naciones", sino que "podrá atribuir a organizaciones supranacionales, mediante tratados, el ejercicio de las competencias necesarias para llevar a cabo estos procesos de integración"; previendo expresamente que "Las normas que se adopten en el marco de los acuerdos de integración serán consideradas parte integrante del ordenamiento legal vigente y de aplicación directa y preferente a la legislación interna".

La soberanía, dice la Constitución venezolana de 1999, reside en el pueblo, quien la ejerce directamente mediante referendos o indirectamente mediante el sufragio, por los órganos de los Poderes Públicos (art. 5). Pero como se dijo, la misma Constitución limita la soberanía al prever la supraconstitucionalidad y así, incluso, poder apuntalar la soberanía nacional con la creación de una Comunidad de Estados que asuma poderes que tradicionalmente estaban en las manos aisladas de estos. Incluso, para reforzar la propia soberanía popular en un proceso de integración y supranacionalidad, se destaca la posibilidad de que los Tratados Internacionales en los cuales se pueda comprometer la soberanía nacional o se transfieran competencias a órganos supranacionales (art. 73), se sometan a referendo aprobatorio.

En todo caso, la idea de la supranacionalidad y la consecuente transformación de la soberanía como poder cerrado, es uno de los grandes retos en América Latina para la Constitución del Siglo XXI.

II. LA REFORMULACIÓN DE LA FORMA DE EJERCICIO DE LA DEMOCRACIA PARA HACERLA MÁS REPRESENTATIVA

En *segundo lugar* está el tema de la democracia, que tiene que llegar a ser más representativa.

No hay duda de que la democracia como régimen político, está basada en la idea de la representación, al punto de que la historia no conoce de experiencias de democracias ejercidas por el pueblo exclusivamente en forma directa, sin representantes. Aún en la democracia griega gobernaban Magistrados escogidos por sorteo.

No tienen sentido, por tanto, los planteamientos que con motivo de los vicios de la representatividad en las democracias de partidos, pretenden sustituir la democracia representativa por una supuesta democracia directa. La democracia, en las complejas sociedades contemporáneas, tiene que ser representativa y, en realidad, lo que hay que perfeccionar es esa representatividad, precisándose a quién, efectivamente, es que tiene que representarse.

Definitivamente es al pueblo, por lo que el reto constitucional de nuestros países, en el futuro, está en diseñar un esquema de efectiva representación popular y superar aquellos sistemas políticos en los cuales los partidos políticos monopolizaron toda la representación, desligándose del pueblo. Los partidos, en una democracia, son instrumentos esenciales de intermediación entre el pueblo y el gobierno del Estado; pero no por ello deben confiscar la propia soberanía y asumir el monopolio de la representación, muchas veces de espaldas al propio pueblo. Las comunidades, los pueblos, las regiones deben tener representantes y los partidos no pueden sustituirse en aquellos, sino contribuir y orientar para que realmente encuentren representación en los órganos representativos.

Pero ello sólo es posible cuando la democracia llegue a ser una forma de vida político-social y no sólo un mecanismo eleccionario, donde el Poder, lejos de estar concentrado, este desparramado en el territorio, ubicándose cerca del ciudadano y sus organizaciones comunales. Ello tiende, a la vez, a garantizar que las sociedades intermedias, como los gremios profesionales o los sindicatos, respondan a la organización democrática.

Ahora bien, la representación democrática y su reforma, para sacarla de las exclusivas manos de los partidos políticos exige, por supuesto, la reforma del sistema electoral. Si este, con un método como el de representación proporcional, tiende a asegurar la representación de los partidos políticos, se llegará ineludiblemente a una democracia de partidos. De lo contrario, si de lo que se trata, particularmente a nivel regional y local, es lograr la representatividad de la comunidad, entonces la uninominalidad como sistema de escrutinio debe imponerse, y con ella, el sistema mayoritario.

La Constitución de América Latina para el Siglo XXI, en esta materia tiene que optar por más representatividad democrática, y estructurar el sistema electoral acorde con ello.

Otro aspecto que debe enfrentar la Constitución de América Latina para el Siglo XXI, es el del régimen mismo de los partidos políticos, para hacerlos, internamente, entidades democráticas, cuyas autoridades deben ser el resultado de elecciones libres internas, como lo ha regulado la Constitución venezolana (art. 67); y, además, el del régimen de financiamiento de los partidos políticos y, consecuentemente, de las campañas electorales. Los grandes males de la política contemporánea en América Latina pasan por este tema.

Pero además de la transformación del principio de la representatividad democrática, por supuesto que tienen que establecerse mecanismos de democracia directa, no como sustitutivos de la democracia representativa, sino como medios para asegurar la participación directa del pueblo en ciertos asuntos públicos. En el futuro, por tanto, la figura de los referendos tendrá que encontrar cabida en los textos constitucionales, como ha sucedido, precisamente, en algunas Constituciones recientes de América Latina como las de Colombia y Venezuela. En esta última, por ejemplo, se prevén los referendos como "medios de participación y protagonismo del pueblo en ejercicio de su soberanía" (art. 74) en todas sus manifestaciones: los consultivos, tanto nacionales, estadales y municipales, sobre materias de trascendencia en los diversos niveles territoriales; los revocatorios, respecto de todos los cargos y magistraturas de elección popular; los aprobatorios, de leyes y tratados; y los abrogatorios, de leyes y decretos leyes (art. 71 a 74).

III. LA REFORMULACIÓN DE LA DISTRIBUCIÓN VERTICAL DEL PODER Y DE LA DESCENTRALIZACIÓN POLÍTICA PARA PERFECCIONAR LA DEMOCRACIA

En *tercer lugar* está el tema de la distribución territorial del Poder y de la descentralización política para perfeccionar la democracia.

En efecto, el gran aporte del constitucionalismo moderno a la organización del Estado y que implicó el desmantelamiento del Estado Absoluto, fue la distribución vertical del Poder. Ello se inició con el ejercicio democrático de la soberanía mediante el federalismo norteamericano y el municipalismo francés. Después de doscientos años de experiencia, hoy el municipalismo es el signo de la organización territorial del Poder en el más bajo nivel; y el federalismo o las otras formas de unidades político territoriales regionales o intermedias entre el Poder Central y el Poder Local, también se han generalizado en el mundo contemporáneo.

No hay país democrático en el mundo occidental, desarrollado y consolidado después de la Segunda Guerra Mundial, cuyo Estado no este montado sobre la distribución vertical del Poder en dos niveles. Ya no hay Estados democráticos centralizados. En todas partes existen Federaciones (Alemania, Suiza, Canadá, EEUU) o esquemas regionales de carácter político, como las Regiones en Italia, Francia o Bélgica, o las Comunidades Autónomas en España. Incluso en el Reino Unido, la *devolution* o descentralización del Poder constituye la gran reforma política del laborismo desde los años noventa, reflejada en la elección de Parlamentos en Escocia y Gales y del Alcalde del Gran Londres. Y en cuanto al municipalismo, es en el nivel local donde la democracia realmente existe.

Cuántas veces no nos hemos preguntado los latinoamericanos, por ejemplo, por qué los países europeos y de norteamérica tienen democracias funcionales auténticas y por qué, en nuestros países, la democracia no ha llegado a funcionar, salvo formalmente. La respuesta, tan simple, es que en aquellos países la democracia, por sobre todo, es vida local, lo que significa gobierno local y, en definitiva, municipalismo. Ello lo descubrió Alexis De Tocqueville hace casi 200 años cuando se topó con "la democracia en América", y ello es lo que ha caracterizado la democracia en el mundo desarrollado de la post guerra. No se olvide, por ejemplo, que en Francia hay más de 36.000 comunas, las cuales, después de las reformas políticas impulsadas a partir de 1982, son, además, autónomas; que en Alemania hay más de 16.000 gobiernos locales y que en España hay más de 8.000 municipios.

Pero lo importante no es tanto el número de entidades locales autónomas políticamente hablando, sino la relación entre ellas y la población. En todo el mundo democrático desarrollado contemporáneo, esa relación oscila entre aproximadamente 6.000 habitantes por autoridad local, como sucede en los Estados Unidos y Canadá, independientemente de la extensión del territorio y la densidad de población, y aproximadamente 1.500 habitantes por Municipio, como sucede en Francia. Entre esos dos extremos, están, por ejemplo, Suiza, España y Alemania.

Eso es precisamente lo que nos hace falta en América Latina: vida local, la cual no se puede lograr cuando el Municipio está lejos del ciudadano como en Venezuela, que por más verbalismo constitucional que haya sobre democracia, participación, descentralización y protagonismo del pueblo, hay sólo 332 Municipios en un territorio que tiene el doble de superficie del de Francia. Por eso, en Venezuela, la relación población-gobierno local es más de 66.000 habitantes por Municipio, lo que definitivamente no permite que la vida local sea la escuela de la libertad y el campo propicio del juego democrático. Una relación similar, quizás menor, existe en todos nuestros países de América Latina.

Es cierto que el municipalismo es parte de nuestra historia política y constitucional, al punto de que los Cabildos fueron los que hicieron la Revolución de Independencia. Pero en la realidad democrática contemporánea no logran ser la cuna del ejercicio democrático, porque están demasiado lejos del ciudadano; lo que en muchos casos, también los hace inservibles para la adecuada gestión de los intereses locales.

En cuanto al Federalismo, este ha sido consustancial al constitucionalismo latinoamericano; pero la verdad es que nuestras Federaciones, como las de México, Venezuela, Brasil y Argentina y las que fueron y ya no son en otros países, como por ejemplo en los de Centroamérica y en Colombia; todas han sido Federaciones centralizadas, muy poco propicias para una efectiva distribución vertical del Poder. En los otros países de dimensión territorial importante, por lo demás, no se han logrado implantar niveles políticos intermedios.

La Constitución de América Latina del Siglo XXI, por tanto, para perfeccionar y arraigar la democracia, tiene que impulsar la descentralización política, tanto a nivel intermedio como a nivel local, desparramando efectivamente el Poder en el territorio. Como lo dice la Constitución de Venezuela de 1999,

...la descentralización, como política nacional, debe profundizar la democracia, acercando el poder a la población y creando las mejores condiciones tanto para el ejercicio de la democracia como para la prestación eficaz y eficiente de los cometidos estatales (art. 158).

IV. LA REAFIRMACIÓN DE LA SEPARACIÓN ORGÁNICA DE PODERES PARA ENFRENTAR EL AUTORITARISMO

En *cuarto lugar* está el tema de la separación de poderes.

Desde que la Declaración francesa de los Derechos del Hombre y del Ciudadano de 1789 proclamó que "toda sociedad en la cual la garantía de los derechos no esté asegurada, ni la separación de poderes determinada, no tiene Constitución" (art. XVI); el principio de la separación orgánica de poderes, como manifestación de la distribución horizontal del Poder, ha sido y continúa siendo el signo más arraigado del constitucionalismo contemporáneo para garantizar la libertad.

Por ello, toda vez que se ha conculcado la libertad y desconocido los derechos humanos, se ha comenzado por concentrar el Poder. Esa fue la experiencia de los países de Europa oriental, en los cuales durante el Siglo XX, frente a la distribución horizontal del Poder propia de las democracias occidentales, se erigió el principio de la Unicidad del Poder, ubicándolo, todo, en una Asamblea popular que lo concentraba, de la cual dependía toda la organización del Estado y que controlaba todo. Esa estructura unitaria del Poder estalló en mil pedazos ante nuestros ojos, quedando sus escombros enterrados en las ruinas del muro de Berlín. Por ello, en nuestra América Latina, el caso de la Constitución de Cuba, con su Asamblea Popular que concentra todo el Poder, ha quedado como un fósil político.

En contraste, la Constitución de América Latina para el Siglo XXI tiene que arraigar el principio de la separación orgánica de poderes, como antídoto efectivo frente al autoritarismo. Incluso debe consolidar la separación de Poderes más allá del Legislativo, del Ejecutivo y del Judicial y hacer partícipes efectivos del Poder Público, con rango constitucional como lo tienen desde hace décadas, a los órganos de control, como las Contralorías Generales, el Ministerio Público, los Defensores del Pueblo o de los Derechos Humanos y los órganos electorales. Un ejemplo de ello es la nueva estructura del Poder Público en la Constitución de Venezuela, en cuyo artículo 136 se establece que "El Poder Público Nacional se divide en Legislativo, Ejecutivo, Judicial, Ciudadano y Electoral". En este contexto, el llamado Poder Ciudadano comprende a la Contraloría General de la República, a la Fiscalía General de la República y al Defensor del Pueblo.

Pero por elemental que sea el planteamiento no debemos dejar de insistir en la reafirmación del principio de la separación de poderes. No pasemos por alto que los fracasos de la representatividad y participación democráticas, por los abusos de los partidos políticos, han hecho surgir en América Latina la tentación autoritaria que, precisamente, se monta sobre el concepto de la concentración del Poder, lo que se agrava aún más si al Poder Militar se lo erige como Poder no subordinado. Ya en el Perú se han visto manifestaciones en esta orientación, incluso con carta de naturaleza constitucional; pero las más graves se están viendo en Venezuela, implantadas en la propia Constitución.

En efecto, a pesar de la antes mencionada flamante separación del Poder Público en cinco conjuntos de órganos del Estado que deberían ser autónomos e independientes entre sí –de eso se trata la separación de poderes–, en la Constitución venezolana encontramos una absurda distorsión de dicha separación, que es necesario superar y evitar en América; y ello en tres sentidos: en *primer lugar,* en el otorgamiento a la Asamblea Nacional que como órgano político ejerce el Poder Legislativo y de control, del poder de remover de sus cargos –léase bien, *remover*– a los Magistrados del Tribunal Supremo de Justicia, al Fiscal General de la República, al Contralor General de la República, al Defensor del Pueblo y a los Miembros del Consejo Nacional Electoral (arts. 265, 279 y 296); en algunos casos, por simple mayoría. En *segundo lugar,* en la previsión de la delegación legislativa por parte de la Asamblea Nacional al Presidente de la República, mediante una ley habilitante, para regular mediante Decreto-Ley cualquier materia (arts. 203, y 236, ord. 8), lo que puede dar al traste, incluso, con la garantía de la reserva legal respecto de los derechos humanos. Y en *tercer lugar,* con la eliminación del Senado, no sólo como Cámara Federal para balancear la Cámara de representantes, sino como instrumento para garantizar la participación igualitaria de los Estados en la elaboración y control de las políticas nacionales.

Con estos tres atentados al principio de la separación de poderes, Venezuela con su nueva Constitución, no sólo entró en el libro de récord de las contradicciones constitucionales (una Federación sin Senado; una delegación legislativa ilimitada; y una concentración inusitada del poder en el órgano político representativo), sino que ha abierto el camino constitucionalizado al autoritarismo; sobre todo si a ello se agrega el acentuado militarismo, también constitucionalizado.

No hay que perder de vista que en la nueva Constitución venezolana desapareció el principio de la subordinación de la autoridad militar a la civil, así como la prohibición tradicional del ejercicio simultáneo de mando militar con autoridad civil; desapareció el carácter no deliberante y apolítico de la Fuerza Armada e, incluso, su obligación tradicional de velar por la estabilidad de las instituciones democráticas. La Institución militar, así, adquiere casi la característica de un Poder más autónomo dentro del Estado, cuyo único vínculo con los demás Poderes es que tiene como Comandante en Jefe al Presidente de la República.

En contraste con la incubadora autoritaria que en este aspecto constituye la Constitución de Venezuela, la Constitución de América Latina para el Siglo XXI, al contrario, tiene que montarse en un auténtico sistema de separación, balance y contrapeso de poderes, para garantizar la libertad. En el constitucionalismo, ciertamente, aún no hemos inventado otro sistema más efectivo de garantía de la libertad y contra el abuso del poder, que no sea su efectiva separación orgánica.

V. LA NECESARIA CONCEPTUALIZACIÓN DEL SISTEMA DE GOBIERNO PRESIDENCIAL LATINOAMERICANO

En *quinto lugar* está el tema del sistema de gobierno y particularmente del sistema presidencial, que es endémico de América Latina.

Ciertamente, en toda la historia republicana nunca en nuestro Continente hemos tenido algún ejemplo de sistema parlamentario de gobierno. Así como el parlamentarismo es propio de Europa, el presidencialismo, desde que se inició el republicanismo, se propagó por todo el Continente Americano.

Pero el presidencialismo "puro" como lo suelen definir los constitucionalistas europeos al estudiar el sistema norteamericano para contrastarlo con el sistema parlamentario, sin duda que no existe en América Latina, como tampoco existe el federalismo "puro" en ninguna parte del mundo.

La verdad es que progresivamente se ha venido configurando un sistema de gobierno presidencial latinoamericano, en el cual se han incrustado todo tipo de elementos clásicos del parlamentarismo. Por ello hemos hablado del sistema presidencial con sujeción parlamentaria o de presidencialismo intermedio, moderado, modificado, atenuado o racionalizado.

No se olvide, por ejemplo, que en el sistema latinoamericano en general y muy lejos del sistema norteamericano, no se concibe al Ejecutivo como unipersonal, pues el Presidente de la República en general actúa con el refrendo de los Ministros o en Consejo de Ministros; y con responsabilidad política solidaria ante la Asamblea. Por ello, el Ejecutivo tiene iniciativa legislativa y los Ministros no sólo pueden ser interpelados por la Asamblea, sino que tienen derecho de palabra en ellas, y varias Constituciones ya establecen el voto de censura a los Ministros, originando su remoción.

Recientemente, incluso, como ha sucedido en Argentina con el Jefe de Gabinete y en la reciente Constitución de Venezuela, con el Vicepresidente Ejecutivo, de designación exclusivamente ejecutiva, se han incorporado otros elementos al sistema de gobierno latinoamericano que sin tener nada que ver con la figura parlamentaria del Primer Ministro, buscan establecer un puente expedito entre el Ejecutivo y la Asamblea y hacer más efectivo el funcionamiento de la Administración del Estado. Todo ello, sin embargo, sin deslindar la jefatura del Estado de la jefatura del Gobierno, las cuales continúa coincidiendo en el Presidente de la República.

A estas reformas se agrega la figura del *ballottage* en la elección presidencial directa, ya generalizada en toda América Latina, con muy contadas excepciones como el penoso caso de Venezuela, en cuya novísima Constitución, al contrario, se siguió la tradición de la elección presidencial por mayoría relativa. A esto se agrega que la reelección inmediata del Presidente de la República, contrariamente a la tendencia en otros países, se introdujo por primera vez en muchas décadas, en la Constitución venezolana.

En todo caso, la Constitución de América Latina para el Siglo XXI tiene que terminar de encuadrar o conceptualizar el sistema de gobierno latinoamericano, deslastrándose de la comparación con los presidencialismos o parlamentarismos "puros" que, como se dijo, por lo demás no existen; y ello tienen que hacerlo nuestros países, alertando respecto del principal problema que históricamente hemos tenido y que parece comenzar a revivir en algunas Constituciones como la venezolana: el autoritarismo constitucional, que conduce al ejercicio del poder en forma unipersonal, sin partidos políticos que sirvan de intermediarios entre la sociedad civil y el poder, sin controles ni contrapesos efectivos y con un poder militar autónomo. He allí el reto para el Siglo XXI: identificar el sistema de gobierno latinoamericano con sus orígenes presidenciales, vacunándolo contra el autoritarismo constitucional; para lo cual, entre otros factores, es indispensable establecer un verdadero control parlamentario, que no se quede en la obstrucción gubernamental, y que garantice el balance entre los Poderes del Estado.

VI. LA REFORMULACIÓN DEL SISTEMA DE JUSTICIA PARA LOGRAR SU INDEPENDENCIA Y AUTONOMÍA EFECTIVAS

En *sexto lugar* está el tema del Poder Judicial y, en particular, el de su independencia y autonomía efectivas.

De la esencia misma del principio de la separación de poderes surge la necesidad de un Poder Judicial autónomo en el sentido de que para decidir sólo debe estar sujeto a la ley; e independiente, particularmente de los otros Poderes del Estado y de los grupos de intereses, de presión política o de cualquier otra naturaleza.

Hacia la preservación de la independencia judicial es que se han movido todos los sistemas constitucionales en todos los tiempos del constitucionalismo; y la opción tradicional ha estado en hacer participar o no al Poder Ejecutivo en la designación de los jueces.

Ha sido precisamente la tendencia a neutralizar la injerencia del Poder Ejecutivo en la Administración del sistema judicial, lo que ha hecho florecer en América Latina, a una institución de origen europeo y con antecedentes en Italia desde 1907, que es el Consejo de la Judicatura o de la Magistratura. Este órgano ha sido concebido con rango constitucional, con autonomía funcional respecto de los tres clásicos poderes, al cual se le ha atribuido en general la función de velar por la independencia del Poder Judicial, desarrollar la carrera judicial comenzando por la designación de los jueces y ejercer la función disciplinaria judicial.

Esta figura se ha generalizado completamente en América Latina, al punto de que se puede considerar ya como propia del constitucionalismo latinoamericano.

Todo comenzó con la creación en la Constitución de Venezuela de 1961 del Consejo de la Judicatura, que comenzó a funcionar en 1970, lo cual fue seguido en el Perú en 1979 con la creación del Consejo Nacional de la Magistratura. En la década de los ochenta la institución se estableció en El Salvador, Panamá y Brasil, y en los noventa en Colombia, Paraguay, Ecuador, Bolivia, Costa Rica, Argentina y México. Con la creación de esta institución, por supuesto se ha producido un vaciamiento de competencias de las Cortes o Tribunales Supremos en materia de administración del sistema judicial, lo cual comienza ahora a ser evaluado con la experiencia.

Y no podemos dejar de destacar en este campo, de nuevo, la experiencia venezolana, que habiendo sido el primer país de América Latina en introducir la institución con rango constitucional, también, ahora, es el primer país en desaparecerla, al establecer la nueva Constitución que "Corresponde al Tribunal Supremo de Justicia la dirección, el gobierno y la administración del Poder Judicial, la inspección y vigilancia de los tribunales de la República y de las Defensorías Públicas", así como "la elaboración y ejecución de su propio presupuesto y del presupuesto del Poder Judicial…. Para el ejercicio de estas atribuciones, el Tribunal Supremo en pleno creará una Dirección Ejecutiva de la Magistratura, con sus oficinas regionales" (art. 267).

Esta norma, al ser de carácter orgánico, como lo ha decidido la Sala Constitucional del Tribunal Supremo de Justicia, debió ser de aplicación inmediata, por lo que a partir del 1° de enero de 2000 el Tribunal Supremo debió haber asumido tal competencia, absorbiendo la estructura administrativa y burocrática del antiguo Consejo de la Judicatura. Lamentablemente, sin embargo, incurrió en una omisión constitucional y en su lugar continuó actuando por muchos meses una "Comisión de Reestructuración y Funcionamiento del Poder Judicial" creada por la Asamblea Nacional Constituyente antes de la entrada en vigencia de la nueva Constitución. Esta Comisión ejerció las competencias que correspondían al Tribunal Supremo, particularmente en cuanto a la disciplina de los jueces (que constitucionalmente es una función atribuida a los jueces y no a un órgano administrativo), y al nombramiento de jueces provisionales, que terminaron siendo la mayoría. Incluso la Comisión pretendió convocar concursos para designación de jueces, lo cual es competencia exclusiva del Tribunal Supremo.

De ello resulta que el remedio que se quiso introducir a los males derivados de la actuación del Consejo de la Judicatura, que originó una nueva dependencia del sistema judicial inicialmente de los partidos políticos y luego de grupos de jueces que se enquistaron en la Judicatura, deformando y corrompiendo el sistema de justicia; ha causado otro mal, y es otra dependencia respecto del Poder. Algo similar, pero mediante la deformación del Consejo de la Magistratura a través de leyes sucesivas, ocurrió desde 1994 en el Perú, con la consecuencia de que la mayoría de los jueces han terminado siendo suplentes o provisionales y, por tanto, con dependencia del Poder. Ello, al final, originó la renuncia masiva de los Consejeros del Consejo Nacional de la Magistratura en 1998, denunciando las violaciones constitucionales cometidas por el Congreso.

Por todo ello, el tema de la independencia del Poder Judicial sigue siendo otro de los grandes retos de América Latina para la Constitución del Siglo XXI. Todo se ha ensayado, pero aún carecemos del modelo adecuado para asegurar dicha independencia respecto de los otros poderes del Estado.

En todo caso, también están pendiente de solución los mecanismos legales para la protección de los jueces. Si queremos que sean autónomos e independientes, hay que protegerlos frente a las presiones indebidas, provengan del Poder o de los intereses privados. Definitivamente estamos en un círculo vicioso que tiene que romperse: no se protege a los jueces porque se desconfía de su autonomía e independencia, pero nunca lograrán ser autónomos e independientes, si no se les protege de presiones.

Pero además del tema de la independencia judicial, en relación con la actuación de los jueces y con su autonomía está el conflicto entre el formalismo y la justicia, respecto del cual, en muchos casos, los procedimientos legales inclinan la balanza a favor de la formalidad de la ley sacrificando la justicia. Hay que hacer esfuerzos porque la justicia, en su forma más elemental de dar a cada quien lo que le corresponde, pueda actualizarse independientemente de las formas, y a ello es que tiene que apuntar, por ejemplo, la nueva Constitución venezolana de 1999, al establecer expresamente que el Estado de Derecho es además un Estado de Justicia (art. 22); que el Estado debe garantizar una "justicia gratuita, accesible, imparcial, idónea, transparente, autónoma, independiente, responsable, equitativa y expedita, sin dilaciones indebidas, sin formalismos o reposiciones inútiles" (art. 26); que en materia de la acción de amparo el procedimiento debe ser "oral, público, breve, gratuito y no sujeto a formalidad" (art. 27); y que, en general, en el proceso "No se sacrificará la justicia por la omisión de formalidades no esenciales" (art. 257).

Pero una cosa en el imperio de la justicia sobre los formalismos no esenciales, cuya observancia ciega no puede sacrificar la primera; y otra es pretender dar al juez libertad absoluta respecto de su sujeción al derecho positivo. Su autonomía consiste en sujeción a la ley, y sólo a la ley; lesionaría la propia autonomía y la seguridad jurídica si el juez, respecto de normas sustantivas, pudiera apartarse de ellas so pretexto de aplicar su concepción subjetiva y temporal de la justicia. Así, el derecho quedaría sustituido por la anarquía.

Pero en todo caso, el juez, precisamente por su autonomía e independencia, es responsable de sus decisiones. De allí que deba destacarse la previsión expresa de la responsabilidad del Estado y de los Jueces por las actuaciones judiciales, particularmente por error judicial, retardo u omisiones injustificadas (art. 49, ord. 8); y en particular de los jueces, además, por la inobservancia sustancial de las normas procesales, por denegación y parcialidad, y por los delitos de cohecho y prevaricación en que incurran en el desempeño de sus funciones (art. 255).

VII. EL REDIMENSIONAMIENTO DE LA DECLARACIÓN DE LOS DERECHOS HUMANOS Y DE SU PROTECCIÓN JUDICIAL

En *séptimo lugar* está el tema de los derechos humanos.

La batalla por su reconocimiento universal que comenzó con el constitucionalismo moderno desde la Revolución Norteamericana en 1776, sólo comenzó a cristalizar efectivamente, con su Declaración Universal por todos los países civilizados, después de la segunda guerra mundial, lo cual ha venido progresivamente dando sus frutos en las Constituciones contemporáneas.

No sólo en todos los textos constitucionales se han incorporado declaraciones de derechos, tanto individuales como sociales, culturales, económicos, políticos, ambientales e incluso de los pueblos indígenas; sino que también se han regulado sus garantías fundamentales como la igualdad ante la ley, su irretroactividad, la reserva legal, el acceso a la justicia, el debido proceso y la protección judicial inmediata por la vía del amparo o la tutela.

El amparo a los derechos humanos, así, puede decirse que es una institución propia del constitucionalismo latinoamericano, que si bien tiene su antecedente en la institución mexicana del juicio de amparo adoptada a mitades del Siglo XIX, en las últimas décadas se ha configurado en la mayoría de los países latinoamericanos como un derecho constitucional de todos a ser amparados por los Tribunales, mediante mecanismos o acciones judiciales mucho más protectivos que la propia institución original mexicana, entre los cuales está la acción de amparo, la de *habeas corpus* y la de *habeas data* ya bastante generalizada. La Constitución de América Latina del Siglo XXI, por supuesto, tiene que continuar esta línea de afianzamiento de la acción de amparo o tutela de todos los derechos constitucionales, no sólo frente a los Poderes Públicos sino también ante los particulares que los violen.

Pero en esta materia, el más grande reto de la Constitución de América latina del Siglo XXI es la constitucionalización de la internacionalización de la protección de los derechos humanos. En efecto, el régimen de los derechos inicialmente de origen constitucional, se ha ido internacionalizando progresivamente con las Declaraciones Americana y Universal de 1948, los Pactos Internacionales de 1966 y la Convención Americana de los Derechos Humanos de 1969, además de los múltiples tratados multilaterales protectivos de los mismos; hasta el establecimiento de sistemas internacionales de protección.

Toca ahora la retroalimentación del constitucionalismo, con la incorporación, en los Textos Fundamentales, de los progresos logrados en esta materia en el ámbito internacional.

La dirección en este sentido se ha venido conformando en los últimos años al dársele rango constitucional, por ejemplo en la Constitución de Guatemala de 1985 y de Argentina de 1994, a tratados y convenciones sobre derechos humanos, lo cual se ha perfeccionado en la reciente Constitución de Venezuela de 1999, que no sólo establece la obligación del Estado de garantizar a toda persona "conforme al principio de la progresividad y sin discriminación alguna, el goce y ejercicio irrenunciable, indivisible e interdependiente de los derechos humanos" (art. 19); sino que precisa que:

> *Artículo 23:* Los tratados, pactos y convenciones relativos a derechos humanos, suscritos y ratificados por Venezuela, tienen jerarquía constitucional y prevalecen en el orden interno, en la medida en que contengan normas sobre su goce y ejercicio más favorables a las establecidas en esta Constitución y en las leyes de la República, y son de aplicación inmediata y directa por los tribunales y demás órganos del Poder Público.

En esta forma, todos los instrumentos internacionales en la materia tienen no sólo rango constitucional, sino incluso supraconstitucional, cuando contengan normas más favorables para el goce y ejercicio de los derechos respecto de las previstas en la Constitución.

Además, la Constitución de Venezuela, al establecer la cláusula abierta de protección de los derechos y garantías inherentes a la persona, no enunciados expresamente en la Constitución, no sólo se refiere a estos sino también a los no enumerados en los propios instrumentos internacionales sobre derechos humanos (art. 22).

Pero la Constitución venezolana, en esta materia, además, no sólo establece la imprescriptibilidad de los delitos de lesa humanidad, de violaciones graves de los derechos humanos y de crímenes de guerra, los cuales en todo caso deben ser juzgados por los tribunales ordinarios quedando excluidos de los beneficios que puedan conllevar a su impunidad, como el indulto y la amnistía (art. 29); sino que prescribe expresamente que el Estado tiene "la obligación de indemnizar integralmente a las víctimas de violaciones de los derechos humanos que le sean imputables o a su derechohabientes, incluido el pago de daños y perjuicios", debiendo adoptarse "las medidas legislativas y de otra naturaleza" para hacer efectivas tales indemnizaciones (art. 30).

En esta forma puede decirse que se ha constitucionalizado la obligación que deriva de la Convención Americana sobre Derechos Humanos, como resultado de las sentencias de la Corte Interamericana; estableciéndose, además, en la propia Constitución el derecho ciudadano de acceso a la justicia internacional, así:

> *Artículo 31:* Toda persona tiene derecho, en los términos establecidos por los tratados, pactos y convenciones sobre derechos humanos ratificados por la República, a dirigir peticiones o quejas ante los órganos internacionales creados para tales fines, con el objeto de solicitar el amparo a sus derechos humanos;
>
> ...agregándose además, en la norma, la obligación del Estado de adoptar "conforme a procedimientos establecidos en esta Constitución y en la ley, las medidas que

sean necesarias para dar cumplimiento a las decisiones emanadas de los órganos internacionales".

Este marco de constitucionalización de la internacionalización de la protección de los derechos humanos, en nuestro criterio, también debe orientar la formulación de la Constitución de América Latina para el Siglo XXI.

VIII. EL REDIMENSIONAMIENTO DEL ESTADO SOCIAL PARA ABRIRLO A LA PARTICIPACIÓN

En *octavo lugar* está el tema del Estado Social y su redimensionamiento.

Debemos destacar, por ejemplo, que la Constitución de Colombia de 1991 (art. 1) y la reciente de Venezuela de 1999 (art. 2), quizás sin tener en cuenta las transformaciones del Estado contemporáneo en las últimos 30 años, y siguiendo la terminología de la Constitución alemana de 1949 (art. 20,1) y de la española de 1978 (art. 1) han calificado al Estado como Estado Democrático y Social de Derecho.

La idea del Estado Social, en efecto, apareció precisamente a partir de la Segunda postguerra como consecuencia de la transformación social provocada por la urbanización o la desruralización en gran escala, con la consecuente concentración de la población en las ciudades. Ello provocó en todo el mundo y especialmente en Europa, la aparición de una masa enorme de nuevos actores políticos, identificados con el proletariado urbano e industrial, en gran parte marginal, que comenzó a reclamar la protección del Estado y, además, el acceso al Poder. La presión social fue tan real que el Estado tuvo que asumir un rol protector y benefactor, en definitiva social, lo cual luego resultó inevitable ante la quiebra generalizada de las economías después de la Segunda Guerra Mundial.

Surgió así el Estado Social, en muchos casos rico y todopoderoso (como en Venezuela, por ser Estado petrolero), el cual asumió para sí la justicia social. El Estado dejó de ser sólo regulador y se convirtió en gestor, asumiendo directamente la carga, *primero,* ni siquiera de redistribuir la riqueza sino de distribuirla directamente, subsidiándolo todo, sustituyendo al ciudadano contribuyente y ahuyentando toda idea de solidaridad social; y *segundo*, prestando toda clase de servicios públicos para asegurar el funcionamiento de la sociedad. El Estado Social se convirtió así, en el único responsable del bienestar de la colectividad, al cual se reclamaba todo y lo pretendía solucionar todo, con vistas a asegurarle a todos una existencia digna y provechosa. Ello lo llevó no sólo a prestar todos los servicios públicos, y tratar de suministrar a la población todos los beneficios sociales inimaginables; sino a asumir una intervención directa y activa en la economía, llegando a ser empresario de todo y, además, dirigiendo y ordenado la economía en su conjunto.

La consecuencia de todo ello fue una desatada inflación administrativa, surgiendo así una Administración Pública centralista y todopoderosa, que apagó progresivamente las autonomías territoriales y locales, y que originó empresas públicas de todo tipo.

Ese Estado Social, por cierto, desde hace 20 ó 30 años está en un proceso de observación y en plena transformación. Es decir, el Estado rico, todopoderoso, intervencionista, empresario, prestador de todos los servicios, asistencial, asegurador de los beneficios sociales, benefactor, paternalista y, por tanto, industrial, hotelero y hasta organizador monopólico de loterías y juegos; simplemente terminó en el mundo contemporáneo y ya no podrá ser más lo que fue. El Estado, hoy, con la complejidad creciente del mundo moderno y la quiebra generalizada de las finanzas públicas, es incapaz de seguir siendo el Estado Social benefactor de hace varias décadas, que todo lo daba, que todo lo aseguraba, que todo lo prestaba y que todo lo atendía.

No se olvide que ese Estado Social, ante todo, acabó con las iniciativas privadas y minimizó a la sociedad civil, la cual fue sustituida por la burocracia pública. Al controlar, dirigir, someter y regular todo, el Estado no ha dejado libre a la iniciativa privada, a la cual, por lo demás, no logra siquiera suplirla a medias pues no sólo no tiene recursos suficientes para ello, sino que se ha endeudado excediendo su capacidad de pago.

Ese Estado Social ineficiente y agobiado por tantas demandas, tiene que sufrir un proceso de racionalización definitiva, de desregulación y de privatización, para liberar la iniciativa privada y permitir la participación privada en las tareas públicas, y así poder ocuparse de las funciones básicas que ha descuidado. Basta del Estado que todo lo pretende hacer y controlar, mediante funcionarios controladores que no tienen la capacidad y la experiencia de los ciudadanos controlados; pues, en definitiva, aquellos terminan no haciendo ni controlando nada, y estos también terminan haciendo lo que quieren, en muchos casos intermediando la corrupción.

La Constitución de América Latina para el Siglo XXI, sin duda, tiene que redefinir el papel del Estado Social, para asegurar los principios de justicia social del régimen económico, tanto público como privado; pero para ello tiene que deslastrarse de la imposición a los particulares de tantas limitaciones y controles –tiene que desregularse-; y tiene que salir de tantas empresas y actividades que tiene que privatizar, de manera que se liberen las iniciativas privadas, se asegure la participación de la sociedad civil y el sector privado en tantas tareas tradicionalmente públicas, y el Estado se concentre en la conducción y asunción de las políticas públicas que aseguren seguridad, salud, educación, infraestructura y servicios a todos y con la participación de todos.

En este aspecto, por ejemplo, el modelo que no se debe seguir es el de la reciente Constitución de Venezuela de 1999, que plantea un esquema de organización del Estado Social montado en el estatismo, el paternalismo y el populismo más tradicionales, con la consecuente minimización de las iniciativas privadas, que hace responsable al Estado de casi todo, pudiendo regularlo todo. Dicha Constitución no asimiló la experiencia del fracaso del Estado regulador, de control, planificador y empresario de las últimas décadas, ni entendió la necesidad de privilegiar las iniciativas privadas y estimular la generación de riquezas y empleo por la sociedad. El resultado de dicho texto constitucional en materia económica, visto globalmente y en su conjunto, es el de una Constitución hecha para la intervención del Estado en la economía y no para el desarrollo de la economía bajo el principio de la subsidiariedad de la intervención estatal.

En materia social, por otra parte, el texto de la Constitución venezolana pone en evidencia un excesivo paternalismo estatal y la minimización de las iniciativas privadas, por ejemplo, en materia de salud, educación y seguridad social. La regulación de estos derechos en la Constitución no sólo ponen en manos del Estado excesivas cargas, obligaciones y garantías, de imposible cumplimiento y ejecución en muchos casos, sino que minimiza al extremo de la exclusión, a las iniciativas privadas. En esta forma, servicios públicos esencial y tradicionalmente concurrentes entre el Estado y los particulares, como los de educación, salud y seguridad social, aparecen regulados con un marcado acento estatista y excluyente.

IX. LA REAFIRMACIÓN DEL SISTEMA LATINOAMERICANO DE CONTROL DE LA CONSTITUCIONALIDAD DE LAS LEYES

En *noveno lugar* está el tema del control jurisdiccional de la constitucionalidad de las leyes que, por sobre todo, también es un tema del constitucionalismo latino-americano.

No se olvide que la cláusula de supremacía que tenía la Constitución de los Estados Unidos de América fue adoptada, ampliada, en América Latina, a partir de la Constitución Federal para los Estados de Venezuela de 1811, en la cual, además, se estableció en forma expresa la garantía objetiva de la Constitución, declarándose nulas y sin valor, las leyes y actos estatales contrarios a la Constitución. Se constitu-cionalizó, así, en América Latina, ocho años después lo que la Corte Suprema de los Estados Unidos de Norteamérica había deducido, en forma pretoriana, a partir del caso *Marbury vs. Madison* de 1803.

El llamado control difuso de la constitucionalidad de las leyes, por tanto, se instaló en América Latina desde del Siglo XIX y así sucedió en Argentina, a partir de 1887, con el caso *Sojo*; en México, a partir de 1847, con la introducción en la Constitución del juicio de amparo; en Brasil, a partir de su previsión expresa en la Constitución de 1891; y en Venezuela, a partir de su consagración expresa en el Código de Procedimiento Civil de 1897.

La tendencia siguió durante en el Siglo pasado con la constitucionalización del control difuso, en Colombia, a partir de su consagración expresa en la reforma cons-titucional de 1910; en Guatemala, en la Constitución de 1921, y luego más recien-temente en las Constituciones de Honduras (1982), Perú (1993), Bolivia (1994) y Ecuador (1996).

La última de las constituciones latinoamericanas en constitucionalizar en forma expresa, el control difuso de la constitucionalidad de las leyes y demás actos norma-tivos, ha sido la Constitución de Venezuela de 1999, en la cual se estableció no sólo que "La Constitución es la norma suprema y el fundamento del ordenamiento jurídi-co" de manera que "Todas las personas y los órganos que ejercen el Poder Público están sujetos a la Constitución" (art. 7), sino que se reguló expresamente la garantía judicial de dicha supremacía, al establecerse que:

> *Artículo 334:* Todos los jueces de la República en el ámbito de sus competencias y conforme a lo previsto en esta Constitución y en la ley, están en la obligación de asegurar la integridad de la Constitución.
>
> En caso de incompatibilidad entre esta Constitución y una ley u otra norma jurídi-ca, se aplicarán las disposiciones constitucionales, correspondiendo a los tribunales en cualquier causa, aún de oficio, decidir lo conducente.

La Constitución de América Latina para el Siglo XXI, en nuestro criterio, tiene que reafirmar este control difuso de la constitucionalidad de las leyes como meca-nismo de garantía judicial de la Constitución, conforme al cual todos los jueces, en los casos concretos que deban decidir, son jueces de la constitucionalidad de las leyes y normas, al punto de que pueden desaplicarlas al caso concreto cuando las juzguen inconstitucionales, aplicando con preferencia la Constitución.

Pero no sólo el control difuso de la constitucionalidad de las leyes es consustancial al constitucionalismo latinoamericano y debe ser afianzado en el futuro, sino que también, el control concentrado de la constitucionalidad de las leyes por un Tribunal Supremo también debe ser afianzado en la Constitución para el Siglo XXI, pues incluso tuvo su origen en nuestros países.

En efecto, no hay que dejar de mencionar que ochenta años antes de que Hans Kelsen ideara el control concentrado de la constitucionalidad de las leyes el cual, por la tradicional desconfianza europea respecto de los tribunales y la vigencia en la época del principio de la soberanía parlamentaria, fue atribuido a un Tribunal Constitucional separado del Poder Judicial; a partir de 1858, en América Latina, ya se había establecido en la Constitución venezolana de la época la competencia anulatoria de la Corte Suprema, por razones de inconstitucionalidad, de determinadas leyes.

Este método de control que atribuye a una Jurisdicción Constitucional el poder anulatorio respecto de las leyes inconstitucionales, se caracteriza precisamente por esto último, y no por el órgano que conforma la Jurisdicción constitucional, que puede ser sea la Corte Suprema o un Tribunal Constitucional especializado. Por ello, el órgano estatal dotado de este poder de ser el único juez constitucional con poder anulatorio respecto de las leyes, en el caso de México, Brasil, Panamá, Honduras, Uruguay, Paraguay, El Salvador, Nicaragua, Costa Rica y Venezuela, es la Corte Suprema aún cuando en estos cinco últimos países, sea a través de una Sala Constitucional; pero también puede tratarse de una Corte o Tribunal Constitucional creado especialmente por la Constitución, dentro o fuera del Poder Judicial, como sucede en Colombia, Chile, Perú, Guatemala, Ecuador o Bolivia.

En Venezuela, por ejemplo, la reciente Constitución de 1999 precisa que:

> *Artículo 334:* ... Corresponde exclusivamente a la Sala Constitucional del Tribunal Supremo de Justicia como jurisdicción constitucional, declarar la nulidad de las leyes y demás actos de los órganos que ejercen el Poder Público dictados en ejecución directa o inmediata de la Constitución o que tengan rango de ley.

De esta norma resulta claro, por tanto, que lo que caracteriza a la Jurisdicción constitucional es el objeto del control (leyes, actos de rango legal o de ejecución inmediata o directa de la Constitución), más que el órgano o el motivo de control.

De lo señalado resulta que el control de la constitucionalidad de las leyes ha sido una tradición constitucional de América Latina, cuya implantación se remonta al Siglo XIX, pudiendo decirse, incluso, que ha sido en nuestro continente donde se ha originado el sistema mixto o integral de control de la constitucionalidad, que combina el método difuso con el método concentrado de control de la constitucionalidad que se ha desarrollado, por ejemplo, en Colombia, Venezuela, El Salvador, Guatemala, Brasil, México, Perú y Bolivia; siendo incluso de origen Latinoamericano, la institución de la acción popular de inconstitucionalidad que existe en Colombia y Venezuela.

En el futuro, por tanto, la Constitución de América Latina para el Siglo XXI tiene que reafirmar estos métodos de control de la constitucionalidad, por lo demás de origen o carácter latinoamericano.

X. LA REFORMULACIÓN DE LOS MÉTODOS DE REVISIÓN CONSTITUCIONAL

Por último, en *décimo lugar,* está el tema de la revisión constitucional, que incide en uno de los principios más clásicos del constitucionalismo moderno, como es el de la rigidez.

Todas las Constituciones latinoamericanas han sido y son rígidas, en el sentido de que su revisión no puede hacerse mediante los métodos ordinarios de formación o reforma de la legislación ordinaria, sino que, al contrario, son especialmente establecidos para ello con un mayor grado de complejidad. En la generalidad de los casos, en nuestros países se atribuye al órgano legislativo del Estado, mediante un procedimiento específico y quórum calificado, la potestad de revisar la Constitución como sucede en Bolivia, Costa Rica, Cuba, Chile, El Salvador, Honduras, Perú, México, Panamá y República Dominicana. En otros casos, además de la intervención del órgano legislativo, se exige la aprobación popular de la reforma, como sucede en Ecuador, Guatemala, Paraguay, Uruguay y Colombia. En otros países se exige la intervención adicional de una Asamblea Nacional Constituyente, institución que encuentra regulación expresa en las Constituciones de Colombia, Costa Rica, Nicaragua y Paraguay. En otros países se distingue el procedimiento de la Enmienda del de la Reforma Constitucional.

En todo caso, un aspecto fundamental que debe desarrollar la Constitución de América Latina del Siglo XXI, es el de conciliar las exigencias de las mutaciones constitucionales con los procedimientos propios de la rigidez constitucional para la revisión de las Constituciones y, en todo caso, resolver expresamente el conflicto que puede presentarse entre la soberanía popular y la supremacía constitucional.

En este aspecto, la recién experiencia venezolana puede servir de estudio de caso a los efectos de asimilar su experiencia. La Constitución de 1961 establecía dos métodos de revisión constitucional: la Enmienda y la Reforma General, con procedimientos diferenciados según la importancia de la revisión, en los cuales la parte preponderante estaba en el Congreso Nacional, exigiéndose referéndum aprobatorio sólo para las Reformas Generales. En la Constitución, a pesar de la importante experiencia histórica del país en la actuación de Asambleas Constituyentes, sin embargo, no estaba prevista la posibilidad de convocar alguna para que pudiera asumir la tarea de revisar el Texto Fundamental y reformular el sistema político en crisis.

En 1999, sin embargo, el entonces recién electo Presidente de la República planteó la necesidad de convocar una Asamblea Nacional Constituyente, con lo cual muchas personas y sectores ajenos al Presidente estábamos de acuerdo, y decretó convocar un referéndum consultivo para tal fin. La discusión constitucional que se produjo sobre dicha posibilidad, sin previsión constitucional, finalmente terminó con una ambigua decisión e interpretación de la Corte Suprema de Justicia que, fundada en el derecho a la participación como inherente a las personas, abrió el camino para la elección de la Asamblea Constituyente, al aprobarse la iniciativa mediante referéndum en abril de 1999.

La Asamblea se eligió en julio de 1999, pero en lugar de concentrarse en la revisión constitucional, pretendió asumir poderes constituyentes originarios y colocarse por encima de los poderes constituidos, cuyos titulares habían sido electos meses atrás. Por supuesto, los conflictos constitucionales y políticos no se hicieron esperar y se sucedieron durante todo el segundo semestre de 1999, concluyendo el proceso, en principio, con la aprobación de la nueva Constitución la cual fue sometida a referendo aprobatorio en diciembre de 1999. La Asamblea Nacional Constituyente, sin embargo, e incluso al margen tanto de la nueva Constitución, como de la anterior, asumió poderes constitucionales paralelos, dictando normas de rango constitucional que, sin embargo, no fueron aprobadas por el pueblo, lo cual lamentablemente así fue aceptado por el nuevo Tribunal Supremo de Justicia, en marzo de 2000.

El resultado del proceso constituyente venezolano, en todo caso, ha sido la regulación en el texto Constitucional, de todas las modalidades de revisión constitucional (arts. 340 y sigts): en *primer lugar,* la Enmienda Constitucional destinada a adicionar o modificar uno o varios artículos de la Constitución, sin alterar su estructura fundamental, la cual luego de aprobada mediante un procedimiento especial por la Asamblea Nacional, debe someterse a referéndum aprobatorio; en *segundo lugar,* las Reformas Constitucionales con el objeto de revisar parcialmente la Constitución y sustituir una o varias de sus normas sin alterar los principios fundamentales del Texto, la cual también tiene un procedimiento algo más complicado y la necesidad de aprobación mediante referendo; y en *tercer lugar,* la Asamblea Nacional Constituyente para transformar el Estado, crear un nuevo ordenamiento jurídico y redactar una nueva Constitución. Por supuesto, a partir de la Constitución de 1999, y estando expresamente previsto en su texto, como un mecanismo para su revisión, esa Asamblea –al contrario de lo que ocurrió con la de 1999- no podría pretender asumir un poder constituyente originario, sino que para cumplir su misión, debe actuar en paralelo con los órganos de los Poderes constituidos.

El artículo 349 de la Constitución, sin embargo, establece que "los poderes constituidos no podrán en forma alguna impedir las decisiones de la Asamblea Nacional Constituyente", lo que podría conducir a que la Asamblea acuerde, por ejemplo, la cesación del mandato de los órganos de los poderes constituidos. El asunto, en todo caso, lo resuelve expresamente, la Constitución de Paraguay con una luminosa previsión:

> *Artículo 291:* La Convención Nacional Constituyente es independiente de los poderes constituidos. Se limitará, durante el tiempo que duren sus deliberaciones, a sus labores de reforma, con exclusión, de cualquier otra tarea. No se arrogara las atribuciones de los poderes del Estado, no podrá sustituir a quienes se hallen en ejercicio de ellos, ni acortar o ampliar su mandato.

Una norma como esta, de haber existido en la Constitución venezolana de 1961, ciertamente nos hubiera ahorrado no sólo un año de conflictos políticos y constitucionales, sino el conjunto de "interpretaciones" constitucionales que la antigua Corte Suprema y el actual Tribunal Supremo tuvieron que hacer para justificar lo injustificable. La Constitución de América Latina para el Siglo XXI, sin duda, debe nutrirse de conflictos vivos como el de Venezuela, para prevenirlos o encauzarlos en su propio texto, y permitir las revisiones constitucionales necesarias e indispensables, particularmente en momentos de crisis del sistema político.

En América Latina, sin duda, tenemos suficiente experiencia constitucional como para poder aprender de nosotros mismos. Como dijimos al inicio, fue en nuestros países donde se comenzaron a ensayar todos los principios del constitucionalismo moderno, pues aquí fue que penetraron, en paralelo, las ideas y aportes de la Revolución Norteamericana de 1776 y de la Revolución Francesa de 1789. América Latina fue así un campo de ensayo de esos principios desde que se inició su Independencia a comienzos del Siglo XIX y, por supuesto, mucho antes que en la mayoría de los países europeos.

Aquí hemos probado de todo, y tenemos experiencia propia en todo lo que tenga que ver con la organización del Poder. Nuestra Constitución para el Siglo XXI, por tanto, tiene que surgir de nuestras propias experiencias, para lo cual, por supuesto, tenemos que pasar por conocerlas, porque la verdad es que muchas veces los latinoamericanos no nos conocemos a nosotros mismos. De allí, a veces, la inadecuada importación de tantas instituciones de otras latitudes, que a veces se enquistan en nuestros sistemas constitucionales, y no terminan ni siquiera de latino americanizarse.

SECCIÓN SEGUNDA: LA DEMOCRACIA. SUS ELEMENTOS Y COMPONENTES ESENCIALES Y EL CONTROL DEL PODER (2007)

Texto del estudio que con el mismo título "Democracia: sus elementos y componentes esenciales y el control del poder," fue publicado en el libro: *Grandes temas para un observatorio electoral ciudadano*, **Tomo I,** *Democracia: retos y fundamentos, (Compiladora Nuria González Martín),* **Instituto Electoral del Distrito Federal, México 2007, pp. 171-220.**

INTRODUCCIÓN

La democracia es un régimen político destinado a asegurar el gobierno del pueblo, cuya voluntad debe expresarse siempre mediante mecanismos que garanticen al pueblo, configurado en los ciudadanos, el derecho a la participar en la gestión de los asuntos públicos, conforme a los principios de igualdad, libertad, pluralismo y tolerancia. Esa expresión de voluntad puede manifestarse directamente por el pueblo, mediante instrumentos de democracia directa; y además, en el mundo contemporáneo, siempre, mediante la elección de representantes, dando origen a la democracia representativa. Los gobernantes representantes, en ella, siempre tienen que estar sometidos tanto al control del propio pueblo y de sus organizaciones políticas y sociales, como al control por parte de los diversos poderes públicos, asegurando un balance entre ellos.

La democracia, por tanto, si bien implica la elección de representantes y la participación política del pueblo, no puede confundirse con la sola elección popular de los gobernantes, ni con la sola posibilidad de participación de los ciudadanos en la gestión de los asuntos públicos. La democracia es bastante más que la sola elección popular de los gobernantes, que no sólo tienen que ser electos mediante sistemas que garanticen los mencionados principios de igualdad, libertad, pluralismo y tolerancia, y tiene siempre que responder, como lo indicó la *Carta Democrática Interamericana* adoptada por la Organización de los Estados Americanos en septiembre de 2001, a los siguientes *elementos esenciales:* 1) el respeto a los derechos humanos y las libertades fundamentales; 2) el acceso al poder y su ejercicio con sujeción al Estado de derecho; 3) la celebración de elecciones periódicas, libres, justas y basadas en el sufragio universal y secreto, como expresión de la soberanía del pueblo; 4) el régimen plural de partidos y organizaciones políticas y 5) la separación e independencia de los poderes públicos (art. 3)[621].

En este contexto, la democracia como gobierno del pueblo, por sobre todo, tiene que responder a un sistema que garantice el control efectivo del poder de los gobernantes, y a través de ellos, del Estado,. Ello es precisamente, lo que es inconcebible en los gobiernos y Estados autoritarios, incluso cuando en fraude a la Constitución y a la democracia, puedan haber tenido su origen en elecciones.

De manera que la democracia como gobierno del pueblo, solo existe, en realidad, cuando el ejercicio del poder que tiene que tener siempre su origen en la elección de los gobernantes, pueda ser efectivamente controlado, tanto por la Sociedad como por los propios órganos del Estado. De lo contrario, la ausencia de mecanismos e instrumentos de control del poder y de los gobernantes que lo ejercen, por más origen electoral que estos puedan haber tenido, conduce a la tiranía. Como lo advirtió hace varias centurias Charles Louis de Secondat, Barón de Montesquieu:

> "Es una experiencia eterna que todo hombre que tiene poder tiende a abusar de él; y lo hace hasta que encuentra límites... Para que no se pueda abusar del poder es necesario que por la disposición de las cosas, el poder limite al poder"[622].

De este postulado derivó, precisamente el principio de la separación de poderes que recogieron las Constituciones que se formularon con ocasión de la Revolución Norteamericana de 1776 y de la Revolución Francesa de 1789, el cual no sólo se convirtió en uno de los principios fundamentales del constitucionalismo moderno sino después, de la propia democracia como régimen político, para garantizar que quienes hayan sido electos para gobernar y ejercen el poder estatal en representación del pueblo, no abusen del mismo.

Estos elementos esenciales de la democracia, además, se complementan con otros componentes fundamentales de su ejercicio, que también enumera la misma *Carta Democrática Interamericana*, y que son 1) la transparencia de las actividades gubernamentales; 2) la probidad y la responsabilidad de los gobiernos en la gestión pública; 3) el respeto de los derechos sociales; 4) el respeto de la libertad de expresión y de prensa; 5) la subordinación constitucional de todas las instituciones del Estado a la autoridad civil legalmente constituida y 6) el respeto al Estado de derecho de todas las entidades y sectores de la sociedad (art. 4).

De todo ello resulta, por tanto, que además de ser el gobierno del pueblo, la democracia solo es tal cuando el régimen político dispuesto para el ejercicio del Poder está sometido a controles, pues en definitiva, sólo controlando al Poder es que puede haber elecciones completamente libres y justas, así como efectiva representatividad; sólo controlando al poder es que puede haber pluralismo político; sólo controlando al Poder es que puede haber efectiva participación democrática; sólo controlando al Poder es que puede haber transparencia en el ejercicio del gobierno, con exigencia

---

621   *V.,* sobre la Carta Democrática Interamericana y la crisis de la democracia en Venezuela, Allan R. Brewer-Carías, *La crisis de la democracia venezolana. La Carta Democrática Interamericana y los sucesos de abril de 2002,* Ediciones El Nacional, Caracas 2002. pp. 137 y ss.

622   *De l'Espirit des Lois* (ed. G. Tunc), Paris 1949, Vol. I, Libro XI, Cáp. IV, pp. 162-163

de la rendición de cuentas por parte de los gobernantes; sólo controlando el Poder es que se puede asegurar un gobierno sometido a la Constitución y las leyes, es decir, un Estado de derecho; sólo controlando el Poder es que puede haber un efectivo acceso a la justicia de manera que esta pueda funcionar con efectiva autonomía e independencia; y sólo controlando al Poder es que puede haber real y efectiva garantía de respeto a los derechos humanos. En fin, sólo cuando existe un sistema de control del poder es que puede haber democracia.

Por ello, precisamente, en el mundo contemporáneo, la democracia no se puede definir sólo como el gobierno del pueblo, sino como el gobierno del pueblo mediante representantes que ejercen el poder sometidos a controles, y no solo por parte del poder mismo, como lo ideó Montesquieu conforme al principio de la separación de los poderes del Estado, sino por parte del pueblo mismo, es decir, de los ciudadanos, individual y colectivamente.

Es este aspecto del control del poder como elemento esencial de la democracia, el que queremos destacar en estas notas, distinguirse al menos seis sistemas de control que son hoy esenciales al Estado democrático Constitucional: por una parte, dos sistemas que derivan de los mecanismos de contrapesos en los poderes del Estado, mediante **(i)** su división o separación horizontal, y **(ii)** su distribución vertical o territorial, de manera que los diversos poderes del Estado puedan limitarse mutuamente; y por otra parte, cuatro sistemas adicionales dispuestos para garantizar que los ciudadanos puedan a su vez controlar el poder del Estado, mediante **(iii)** un sistema electoral que garantice elecciones libres y justas que garanticen la alternabilidad republicana; **(iv)** un sistema de partidos que permita el libre juego del pluralismo democrático; **(v)** un sistema que asegure la libre manifestación y expresión del pensamiento y de la información que pueda movilizar la opinión pública; y **(vi)** un sistema de recursos judiciales que puedan ejercerse ante jueces independientes que permitan asegurar la vigencia de los derechos humanos y el sometimiento del Estado al derecho.

Los problemas de cualquier Estado democrático de derecho radican, precisamente, en las funciones y disfunciones en este esquema de control del poder, lo que se puede producir en los seis sistemas mencionados, y a los cuales nos vamos a referir, destacando la experiencia venezolana, donde se ha venido consolidando un Estado autoritario, precisamente por el desmantelamiento, distorsión o neutralización de los sistemas de control del poder del Estado con la consiguiente extinción paulatina de la democracia.

I.   LA SEPARACIÓN DE PODERES EN EL ESTADO DEMOCRÁTICO Y LA CONCENTRACIÓN DEL PODER EN EL RÉGIMEN AUTORITARIO VENEZOLANO

En primer lugar está, por supuesto, el clásico principio de la separación e independencia de los Poderes Públicos, para permitir el control del poder estatal por el poder estatal mismo, al punto de que su existencia, como hemos dicho, pueda garantizar la vigencia de los diversos factores esenciales de la democracia. Este principio sigue siendo el pilar fundamental en la organización del Estado democrático Constitucional.

Al contrario, como lo enseña la historia de la humanidad, demasiada concentración y centralización del poder, como ocurre en cualquier gobierno autoritario, así tenga origen electoral, inevitablemente conduce a la tiranía. El mundo contemporáneo ha tenido demasiadas experiencias que han mostrado toda suerte de tiranos que usaron el voto popular para acceder al poder, y que luego mediante su ejercicio incontrolado, desarrollaron gobiernos autoritarios, contrarios al pueblo, que acabaron con la propia democracia y con todos sus elementos, comenzando por el irrespeto a los derechos humanos.

Y lamentablemente ello es lo que ha venido ocurriendo en Venezuela a la vista de todo el mundo democrático en los primeros años del Siglo XXI, donde se ha arraigado un gobierno autoritario, partiendo de elementos insertos en la misma Constitución de 1999[623], en la cual se dispuso el germen de la concentración del poder en manos de la Asamblea Nacional y, consecuencialmente, del Poder Ejecutivo que la controla políticamente, sometiendo a la voluntad de este, a los otros Poderes Públicos, particularmente al Poder Judicial[624], al Poder ciudadano y al Poder Electoral[625]. En la misma Constitución también se dispuso el germen de la centralización del poder, a pesar de que proclama al Estado como "federal descentralizado" (art. 4, Constitución), consolidándose una "federación centralizada"[626] que se ha venido desarrollando, ahora, incluso sin la institución del Senado como instrumento

---

623   V., los comentarios críticos a la semilla autoritaria en la Constitución de 1999, en Allan R. Brewer-Carías, *Debate Constituyente (Aportes a la Asamblea Nacional Constituyente), Tomo III (18 octubre-30 noviembre 1999),* Fundación de Derecho Público-Editorial Jurídica Venezolana, Caracas 1999, pp. 311-340; "Reflexiones críticas sobre la Constitución de Venezuela de 1999" en el libro de Diego Valadés, Miguel Carbonell (Coordinadores), *Constitucionalismo Iberoamericano del Siglo XXI,* Cámara de Diputados. LVII Legislatura, Universidad Nacional Autónoma de México, México 2000, pp. 171-193; en *Revista de Derecho Público,* N° 81, Editorial Jurídica Venezolana, Caracas, enero-marzo 2000, pp. 7-21; en *Revista Facultad de Derecho, Derechos y Valores,* Volumen III N° 5, Universidad Militar Nueva Granada, Santafé de Bogotá, D.C., Colombia, Julio 2000, pp. 9-26; y en el libro *La Constitución de 1999,* Biblioteca de la Academia de Ciencias Políticas y Sociales, Serie Eventos 14, Caracas 2000, pp. 63-88.

624   V., Allan R. Brewer-Carías, "La progresiva y sistemática demolición institucional de la autonomía e independencia del Poder Judicial en Venezuela 1999-2004", en el libro: *XXX Jornadas J.M Domínguez Escovar, Estado de derecho, Administración de justicia y derechos humanos,* Instituto de Estudios Jurídicos del Estado Lara, Barquisimeto, 2005, pp. 33-174.

625   V., Allan R. Brewer-Carías, "El secuestro del Poder Electoral y la confiscación del derecho a la participación política mediante el referendo revocatorio presidencial: Venezuela 2000-2004", en *Boletín Mexicano de Derecho Comparado,* Instituto de Investigaciones Jurídicas, Universidad Nacional Autónoma de México, N° 112. México, enero-abril 2005 pp. 11-73; *La Sala Constitucional versus el Estado Democrático de Derecho. El secuestro del poder electoral y de la Sala Electoral del Tribunal Supremo y la confiscación del derecho a la participación política,* Los Libros de El Nacional, Colección Ares, Caracas 2004, 172 pp.

626   V., Allan R. Brewer-Carías, "La descentralización política en la Constitución de 1999: Federalismo y Municipalismo (una reforma insuficiente y regresiva" en *Boletín de la Academia de Ciencias Políticas y Sociales,* N° 138, Año LXVIII, Enero-Diciembre 2001, Caracas 2002, pp. 313-359; y publicado también en *Provincia. Revista Venezolana de Estudios Territoriales,* Número 7, julio-diciembre 2001, II Etapa, Centro Iberoamericano de Estudios Provinciales y Locales (CIEPROL), Universidad de los Andes, Mérida, 2001, pp. 7-92; "El Estado Federal descentralizado y la centralización de la Federación en Venezuela. Situación y Perspectiva de una contradicción constitucional", en *Revista de Estudios de la Administración Local (REAL),* 292-293, mayo-diciembre 2003, Madrid 2003, pp. 11-43; «La federación centralizada en Venezuela. Una contradicción constitucional», en *Revista Iberoamericana de Estudios Autonómicos,* Centro de Estudios de Derecho Público y Gobierno "Goberna y Derecho, Syntagma, Centro de Estudios Estratégicos de Madrid, Año 1, N° 1, Guayaquil, 2005, pp. 59-68

para garantizar la participación igualitaria de los Estados en la elaboración y control de las políticas nacionales, que fue eliminado en 1999.

La Constitución Venezolana de 1999, en realidad, encubrió con una palabrería florida y engañosa, un sistema de gobierno basado en la concentración y en la centralización del poder del Estado, afectando de muerte a los otros elementos esenciales de la democracia, lo que ha conducido a la propia negación del Estado de derecho[627].

Debemos decir, que ello lo denunciamos en noviembre de 1999, antes de que se aprobara la Constitución, cuando en la campaña para el referendo aprobatorio constitucional propugnamos el "Voto No", y advertimos que si la Constitución se aprobaba, ello iba a implicar la implantación en Venezuela, de:

> Un **esquema institucional concebido para el autoritarismo derivado de la combinación del centralismo del Estado, el presidencialismo exacerbado, la democracia de partidos, la concentración de poder en la Asamblea y el militarismo**, que constituye el elemento central diseñado para la organización del poder del Estado. En mi opinión –agregaba-, esto no es lo que se requería para el perfeccionamiento de la democracia; la cual al contrario, se debió basar en la descentralización del poder, en un presidencialismo controlado y moderado, en la participación política para balancear el poder del Estado y en la sujeción de la autoridad militar a la autoridad civil[628].

Aquella advertencia de entonces, que muchos no quisieron oír, lamentablemente se ha hecho realidad, y con base en la propia Constitución, en los últimos años se ha instrumentando en Venezuela un sistema político estatal basado en una total concentración y centralización del poder, con consecuencias demoledoras para la propia democracia y para el Estado de derecho.

Ese proceso se inició, con un golpe de Estado, que dio la Asamblea Nacional Constituyente de 1999, la cual sin autoridad alguna y antes de sancionar la nueva Constitución que era su misión principal, irrumpió contra la Constitución entonces vigente, de 1961, y contra todos los poderes constituidos, asaltando y concentrando todo el poder del Estado. Ello provocó una inacabada, inconclusa y moldeable "transitoriedad constitucional"[629], que entre otros aspectos, ha permitido la sobrevivencia hasta ahora (2007), de una inconstitucional Comisión de Funcionamiento del Poder Judicial que ejerce poderes disciplinarios sobre los jueces, contrariando lo dispuesto en la Constitución y, lo más grave, con la anuencia de la Jurisdicción Constitucional (Sala Constitucional del Tribunal Supremo) que ha avalado la inconstitucionalidad, soca-

---

627   V., Allan R. Brewer-Carías, La crisis de la democracia venezolana. La Carta Democrática Interamericana y los sucesos de abril de 2002, Los Libros de El Nacional, Colección Ares, Caracas 2002, 263 pp.

628   Documento de 30 de noviembre de 1999. V., en Allan R. Brewer-Carías, *Debate Constituyente (Aportes a la Asamblea Nacional Constituyente)*, Tomo III, Fundación de Derecho Público, Editorial Jurídica Venezolana, Caracas 1999, p. 339.

629   V., Allan R. Brewer-Carías, *Golpe de Estado y proceso constituyente en Venezuela*, Universidad Nacional Autónoma de México, México, 2003. pp. 179 y ss.

vando los principios fundamentales del control democrático del poder, de la democracia y del Estado de derecho[630].

El primer signo de concentración del poder en la Constitución de 1999 ha sido, contradictoriamente, la división del poder del Estado que se estableció con florido verbalismo, no entre los tres clásicos poderes Legislativo, Ejecutivo y Judicial, sino agregando a ellos dos poderes más, el Ciudadano y el Electoral (art. 136).

Sin embargo, sean tres o sean cinco los poderes del Estado, para que la separación entre ellos y su control mutuo sea efectivo y pueda garantizarse la democracia, los mismos tienen que ser independientes y autónomos. Ello, precisamente, fue lo que no se aseguró en Venezuela, habiéndose previsto en la Constitución la dependencia de todos los poderes (excepto del Ejecutivo) respecto de la Asamblea Nacional, al atribuírsele a ésta, no sólo la potestad de nombrar a sus titulares, lo que es lógico, sino de removerlos de sus cargos, lo que no es lógico. Por tanto, los Magistrados del Tribunal Supremo de Justicia, al Fiscal General de la República, al Contralor General de la República, al Defensor del Pueblo y a los Miembros del Consejo Nacional Electoral (Art. 265, 279 y 296), incluso en algunos casos por simple mayoría de votos, pueden ser removidos por el voto de los diputados.

Simplemente, es imposible que pueda hablarse de independencia de los poderes públicos, cuando la misma existencia de sus titulares depende de la voluntad política de uno de ellos, que puede removerlos precisamente cuando actúen con alguna independencia[631]. Y ello ya ha ocurrido en los últimos años en Venezuela, precisamente cuando ha habido algún mínimo signo de autonomía e independencia en las acciones de alguno de los titulares de los altos órganos del Estado, casos en los cuales éstos han sido inmisericordemente removidos de sus cargos. Así ocurrió con la Defensora del Pueblo y el Fiscal General de la República quienes ingenuamente pensaron que podían actuar con cierta autonomía respecto de la Asamblea Nacional, por lo que fueron removidos inmediatamente de sus cargos[632]; y así sucedió también con algunos Magistrados del Tribunal Supremo que se atrevieron a votar sentencias donde se contrariaban los designios del Jefe del Estado, lo que también provocó su inmediata remoción o que se acordase su "jubilación"[633].

---

630 *V.*, por ejemplo, Allan R. Brewer-Carías, La Sala Constitucional versus el Estado democrático de derecho. *El secuestro del poder electoral y de la Sala Electoral del Tribunal Supremo y la confiscación del derecho a la participación política*, los Libros de El Nacional, Colección Ares, Caracas 2004; "La progresiva y sistemática demolición institucional de la autonomía e independencia del Poder Judicial en Venezuela 1999-2004", en XXX Jornadas J.M Domínguez Escovar, *Estado de derecho, Administración de justicia y derechos humanos*, Instituto de Estudios Jurídicos del Estado Lara, Barquisimeto, 2005, pp. 33-174.

631 *V.*, "Democracia y control del poder", en Allan R. Brewer-Carías, *Constitución, democracia y control del poder*, Centro Iberoamericano de Estudios Provinciales y Locales, Universidad de Los Andes, Mérida 2004, pp. 25 ss.

632 Fue el caso del Fiscal General de la República designado en diciembre de 1999, que se le ocurrió que podía iniciar el procedimiento de antejuicio de mérito (penal) contra el entonces Ministro del Interior; y de la Defensora del Pueblo, que también pensó que podía impugnar la Ley Especial de la Asamblea Nacional de 2001 sobre nombramiento de los Magistrados del Tribunal Supremo sin cumplir con los requisitos constitucionales. Ambos fueron debidamente sustituidos en 2001.

633 Fue el caso del Magistrado Franklin Arrieche, Vice Presidente del Tribunal Supremo de Justicia, quien fue Ponente de la sentencia de la Sala Plena Accidental de 14-08-2002 que decidió el antejuicio de méri-

La consecuencia fundamental que ha provocado esta "dependencia" fáctica de los órganos de control frente a la Asamblea Nacional, ha sido la abstención total de aquellos en el ejercicio de control alguno, como ha sucedido, por ejemplo, con el Contralor General de la República, cuya existencia misma es motivo de conjetura ya que en los últimos años ni siquiera se ha oído de alguna actuación efectiva en materia de control fiscal; y de las complacencias del Defensor del Pueblo con el poder, que han provocado que se lo perciba, antes que como defensor de los ciudadanos frente al poder, como el defensor del Poder frente a los ciudadanos.

La dependencia de los poderes del Estado en relación con la Asamblea Nacional, se ha consolidado, además, mediante la burla que la propia Asamblea ha efectuado respecto del novedoso sistema que la Constitución de 1999 había establecido para asegurar la participación de la sociedad civil en la designación de los titulares de los diversos poderes públicos, y evitar las designaciones de antaño, exclusivamente partidistas.

La Constitución estableció que los candidatos a magistrados del Tribunal Supremo de Justicia, a Fiscal General de la República, a Contralor General de la República, a Defensor del Pueblo y a miembros del Consejo Nacional Electoral, debían ser escogidos por unos sendos Comités de Postulaciones que debían estar "**integrados por representantes de los diversos sectores de la sociedad**". Ello hubiera implicado, por supuesto, de haber sido implementado, la pérdida del poder discrecional de designación por parte de la Asamblea Nacional de dichos altos funcionarios, por lo que su respuesta, en un evidente fraude a la Constitución, fue la configuración legal de dichos Comités de postulaciones como simples Comisiones parlamentarias "ampliadas", integrados por diputados, quienes por definición no son ni pueden ser representantes de la "sociedad civil" y, además, por algunas otras personas debidamente escogidas por la propia Asamblea como "representantes" de la sociedad civil, por supuesto de organizaciones "muy" gubernamentales"[634].

Todo este marco institucional ha dado origen a la primacía de la Asamblea Nacional sobre los Poderes Judicial, Ciudadano y Electoral, lo que en la práctica política y constitucional ha conducido a la concentración total del poder en manos del Ejecutivo, dado el control político partidista que éste ejerce sobre la Asamblea Nacional. A consolidar ese control, además, ha contribuido la exacerbación del presidencialismo prevista en la Constitución de 1999, con la extensión del período presidencial a seis años, la consagración de la reelección presidencial inmediata (art. 230); y la posibilidad de que el Legislativo le delegue materialmente toda la potestad de legislar, lo

---

to a los generales que actuaron el 12 de abril de 2002), declarando que no había mérito para enjuiciarlos porque en esa ocasión no había ocurrido un golpe militar sino un vacío de poder; y de los Magistrados Alberto Martini Urdaneta, Presidente de la Sala Electoral y Rafael Hernández y Orlando Gravina, Magistrados de la misma Sala, quienes suscribieron la sentencia N° 24 del 15-03-2004 (Caso: *Julio Borges, César Pérez Vivas, Henry Ramos Allup, Jorge Sucre Castillo, Ramón José Medina y Gerardo Blyde vs. Consejo Nacional Electoral*), que suspendió los efectos de la Resolución N° 040302-131 de 02-03-2004, del Consejo Nacional Electoral que en su momento impidió la realización del referendo revocatorio presidencial

634 *V.,* Allan R. Brewer-Carías, "La participación ciudadana en la designación de los titulares de los órganos no electos de los Poderes Públicos en Venezuela y sus vicisitudes políticas", en *Revista Iberoamericana de Derecho Público y Administrativo*, Año 5, N° 5-2005, San José, Costa Rica 2005, pp. 76-95.

que efectivamente ha ocurrido mediante varias leyes habilitantes (Art. 203), la última de las cuales fue sancionada en febrero de 2007.

Esa delegación, además de constituir un atentado a la garantía constitucional de la reserva legal particularmente en relación a la regulación de los derechos constitucionales, ha conducido a que la legislación fundamental que se ha emitido en los últimos años en Venezuela (2001-2007) haya estado contenida en decretos leyes dictados, incluso, sin que se hubiera respetado la exigencia constitucional de la consulta pública obligatoria requerida en el procedimiento de formación de las leyes (arts. 206, 211).

Por otra parte, el presidencialismo se ha alimentado con el acentuado carácter militarista de la Constitución, que ha eliminado toda idea de sujeción o subordinación de la autoridad militar a la autoridad civil; dándose, al contrario, una gran autonomía de la autoridad militar y de la Fuerza Armada, con posibilidad incluso de intervenir sin límites en funciones civiles, bajo la comandancia general del Presidente de la República[635].

Ese esquema ha dado origen a un novedoso sistema que ha conducido a que la Fuerza Armada, con el soporte del Jefe de Estado, se haya apoderado progresivamente de la Administración civil del Estado, como ni siquiera ocurrió en los viejos regímenes militares.

Todo este sistema de ausencia de autonomía y de dependencia de los poderes del Estado respecto del Ejecutivo Nacional, por supuesto, en particular han sido catastróficos en relación con el Poder Judicial, el cual desde que fue intervenido por la Asamblea Nacional Constituyente en 1999, ha continuado intervenido por el eje Ejecutivo-Asamblea Nacional, pero con la lamentable anuencia y complicidad del propio Tribunal Supremo de Justicia, como juez constitucional, el cual se ha abstenido de asumir el completo gobierno del Poder Judicial, permitiendo una inconstitucional convivencia con la mencionada Comisión de Reorganización del Poder Judicial – a la cual ha legitimado- con poderes disciplinarios que conforme a la Constitución sólo unos jueces disciplinarios nombrados por concurso podrían ejercer.

Y todo este sistema de concentración del poder en manos del Poder Ejecutivo y de presidencialismo exacerbado se busca consolidar y acentuar con las propuestas de reforma constitucional que en octubre de 2007 estaban en proceso de discusión en la Asamblea Nacional[636].

---

635   *V.*, sobre el militarismo en la Constitución de 1999, Allan R. Brewer-Carías, "Razones para el Voto NO en el referéndum sobre la Constitución", (Documento de 30-11-1999), *Debate Constituyente (Aportes a la Asamblea Nacional Constituyente)*, Tomo III, *cit.*, p. 325 y ss.

636   *V.*, Allan R. Brewer-Carías, *Hacia la consolidación de un Estado Socialista, Centralista, Policial y Militarista. Comentarios sobre el alcance y sentido de las propuestas de reforma constitucional 2007*, Editorial Jurídica Venezolana, Caracas 2007.

II. LA DISTRIBUCIÓN TERRITORIAL DEL PODER PARA LA PARTICIPA-
     CIÓN POLÍTICA EN EL ESTADO DEMOCRÁTICO Y LA CENTRALIZA-
     CIÓN DEL PODER Y LA AUSENCIA DE REAL PARTICIPACIÓN EN EL
     AUTORITARISMO VENEZOLANO

El segundo sistema de control del poder por el poder mismo y que, además, es el
único que puede garantizar la participación política democrática, es el de la distribución vertical del poder público mediante un proceso de descentralización política
entre entidades territoriales dotadas de autonomía política.

Ese sistema, también con un lenguaje florido, se enunció en la Constitución de
1999 al definirse la forma del Estado como la de un Estado federal descentralizado
(art. 4); pero en la práctica política, también lamentablemente, conforme a normas
contradictorias de la propia Constitución[637], lo que se ha producido en Venezuela en
los últimos años, ha sido la progresiva centralización del poder en los niveles nacionales del Estado, en perjuicio de los Estados y municipios, lo que a su vez ha provocado una distorsión del propio ejercicio de la democracia y de la participación popular, encubierta por un falaz discurso populista que pretende sustituir la democracia
representativa por una "democracia participativa", como si se tratara, además, de
conceptos dicotómicos, conduciendo en realidad a la propia destrucción de la democracia.

En la Constitución de 1999, en efecto, en materia de descentralización política, a
pesar de los floridos enunciados, se retrocedió institucionalmente al eliminarse el
Senado, y con ello, el principio de igualdad institucional de los Estados de la "federación", estableciéndose por primera vez en la historia constitucional de Venezuela
una Asamblea Nacional unicameral (Art. 186); además, se permitió la posibilidad de
establecer limitaciones mediante simple ley nacional a la autonomía de los Estados
(Art. 162) e, incluso, de los Municipios (Art. 168), lo que se configura como una
negación de la idea misma de descentralización política y de su garantía constitucional. Las competencias de los Estados se redujeron a un precario ámbito, cuyo ejercicio, además, se sujetó a lo dispuesto en la legislación nacional, eliminándose toda
competencia tributaria, colocándose a los Estados en una dependencia financiera
más acentuada, y hasta invirtiéndose incluso en esta materia el viejo principio federal del carácter residual de las competencias públicas a favor de los Estados, que
ahora se asignan al Poder nacional.

En todo caso, el retroceso en la descentralización distorsionó la propia posibilidad de participación política, es decir, la posibilidad para el ciudadano de participar
en la toma de decisiones políticas, lo cual sólo es posible cuando el poder está cerca
de él, como consecuencia, precisamente, de la descentralización del poder basado en

---

637   V., Allan R. Brewer-Carías, *Federalismo y Municipalismo en la Constitución de 1999 (Alcance de una
      reforma insuficiente y regresiva)*, Cuadernos de la Cátedra Allan R. Brewer-Carías de Derecho Público,
      Nº 7, Universidad Católica del Táchira, Editorial Jurídica Venezolana, Caracas-San Cristóbal 2001, pp.
      187. *V.*, además, Allan R. Brewer-Carías, "El 'Estado Federal descentralizado' y la centralización de la
      Federación en Venezuela. Situación y Perspectiva de una contradicción constitucional", en *Revista de
      Estudios de la Administración Local (REAL)*, 292-293, mayo-diciembre 2003, Madrid 2003, pp. 11-43.

la multiplicación de las autoridades locales con autonomía política[638], que es lo que puede, además, permitir que el poder controle al poder. Al contrario, en un esquema de centralización del poder, no sólo la participación política se torna en una ilusión retórica, sino que el sistema se convierte en fácil instrumento del autoritarismo[639].

Por ello, también con motivo de la realización del referendo aprobatorio de la Constitución de 1999, en el mismo documento explicativo de las razones por las cuales en su momento propugnamos el "Voto No", advertíamos que:

> "La gran reforma del sistema político, necesaria e indispensable para perfeccionar la democracia era **desmontar el centralismo de Estado y distribuir el Poder Público en el territorio**; única vía para hacer realidad la participación política. La Asamblea Constituyente –agregábamos-, para superar la crisis política, **debió diseñar la transformación del Estado, descentralizando el poder** y sentar las bases para acercarlo efectivamente al ciudadano. Al no hacerlo, **ni transformó el Estado ni dispuso lo necesario para hacer efectiva la participación**"[640].

La Constitución de 1999, en esta materia, en realidad resultó un fraude encubierto en una mezcolanza terminológica contradictoria. En su texto regula un esquema de Estado centralizado, pero engañosamente utilizando en múltiples ocasiones las palabras "descentralización" y "participación" y, además, proclamando como valor global a la llamada "democracia participativa", pero, contradictoriamente, sin distribuir efectivamente el poder en el territorio, y sin permitir la efectiva posibilidad de participación política del ciudadano en la conducción de los asuntos públicos en entidades políticas autónomas y descentralizadas.

La participación política, que no debe confundirse con la movilización popular, sólo es posible en las democracias a nivel local, en unidades territoriales políticas y autónomas descentralizadas donde se practique el autogobierno mediante representantes electos en forma directa universal y secreta; y no se puede confundir con mecanismos de democracia directa como los referendos, las asambleas de ciudadanos y los Consejos Comunales, éstos últimos recién creados en Venezuela, paralelamente a los Municipios, los cuales, sin embargo, no se han configurado como instancias con autonomía política, sino que son conducidos exclusivamente desde la jefatura del Estado para la centralización del poder.

Por ello no puede haber ni ha habido nunca autoritarismos descentralizados, y menos autoritarismos que hayan podido permitir efectivamente la participación política. Al contrario, la centralización política del poder es la que ha sido y es de la

---

638   *V.*, nuestras propuestas para el reforzamiento de la descentralización de la federación y el desmantelamiento de su centralización en Allan R. Brewer-Carías, *Debate Constituyente (Aportes a la Asamblea Nacional Constituyente)*, Tomo I, Fundación de Derecho Público, Editorial Jurídica Venezolana, Caracas 1999, pp. 155 y ss.

639   *V.*, los estudios "La opción entre democracia y autoritarismo (julio 2001)", pp. 41-59; "Democratización, descentralización política y reforma del Estado (julio-octubre 2001)", pp. 105-125; y "El Municipio, la descentralización política y la democracia (octubre 2001)", pp. 127-141, en Allan R. Brewer, *Reflexiones sobre el constitucionalismo en América*, Editorial Jurídica Venezolana, Caracas 2001.

640   Documento de 30 de noviembre de 1999. *V.*, en Allan R. Brewer-Carías, *Debate Constituyente (Aportes a la Asamblea Nacional Constituyente)*, Tomo III, Fundación de Derecho Público, Editorial Jurídica Venezolana, Caracas 1999, p. 323.

esencia de los autoritarismos, y contraria a la democracia, impidiendo a la vez la participación. Consecuencialmente, sin temor a equivocarnos se puede afirmar que la distribución territorial del poder, es decir, la descentralización política, es la base de la democracia participativa y, a la vez, el impulso del control del poder; y el centralismo, en cambio, es la base de la exclusión política al concentrar el poder en unos pocos, incluso si acaso electos. Por ello, solo los autoritarismos temen y rechazan tanto la real descentralización política como a la participación democrática, y eso es lo que ha venido ocurriendo en Venezuela, con el engaño de la "democracia participativa y protagónica".

Estos mecanismos de la llamada "democracia participativa", como los Consejos Comunales que se han creado en Venezuela en 2006[641], no sólo eliminan la representatividad política, pues sus miembros no son electos por votación universal, directa y secreta del pueblo, pues son designados a dedo por asambleas de ciudadanos, por supuesto, controladas por el partido de gobierno, que pretende configurarse como partido único que es el que controla los recursos financieros; sino que pretenden establecer una supuesta relación directa entre un líder mesiánico y el pueblo, a través de los mecanismos institucionales paralelos a los de los órganos electos, dispuestos para hacerle creer al ciudadano que participa, cuando lo que se hace es movilizarlo, sometido totalmente al control del poder central.

Con ello, lo que en definitiva se busca es la eliminación de la democracia representativa y su sustitución por una supuesta democracia refrendaria, plebiscitaria o de cabildos abiertos permanentes del Poder Popular, y con ello, toda forma de distribución vertical o territorial del poder, o de descentralización política[642].

La verdad es que para que la democracia sea inclusiva o de inclusión, es decir, participativa, la misma tiene que permitir al ciudadano poder ser parte efectivamente de una comunidad política que tenga autonomía; lo que sólo puede tener lugar en los niveles autónomos más ínfimos de los territorios de los Estados, en las entidades políticas autónomas como los Municipios; es decir, en la base de la distribución territorial del poder, como sucede en todas las sociedades democráticas desarrolladas de occidente, donde predomina la existencia de muchos municipios y, entre ellos, de municipios pequeños en cada aldea, pueblo, villa y ciudad, bien cerca del ciudadano[643].

---

641 *V.,* Allan R. Brewer-Carías, "El inicio de la desmunicipalización en Venezuela: La organización del Poder Popular para eliminar la descentralización, la democracia representativa y la participación a nivel local", en *AIDA, Opera Prima de Derecho Administrativo. Revista de la Asociación Internacional de Derecho Administrativo,* Universidad Nacional Autónoma de México, Facultad de Estudios Superiores de Acatlán, Coordinación de Postgrado, Instituto Internacional de Derecho Administrativo "Agustín Gordillo", Asociación Internacional de Derecho Administrativo, México, 2007, pp. 49 a 67.

642 *V.,* Allan R. Brewer-Carías, "Democracia Municipal, Descentralización y Desarrollo Local" (Conferencia Inaugural del XXVI Congreso Iberoamericano de Municipios, Organización Iberoamericana de Cooperación Intermunicipal, Ayuntamiento de Valladolid, Valladolid, 13-15 de octubre de 2004), en *Revista Iberoamericana de Administración Pública,* Nº 11, julio-diciembre 2003, INAP, Madrid 2003, pp. 11-34.

643 Por ejemplo, en Alemania, de sus 16.098 municipios, un 76% tiene menos de 5.000 habitantes; y en España, alrededor del 86% de sus más de 8.056 municipios, tienen menos de 5.000 habitantes, agrupando sólo el 16% de la población, y el 61% tiene menos de 1.000 habitantes643. Debe destacarse

Ello, por supuesto, contrasta con nuestra América Latina, donde en general se ha ubicado históricamente al municipio demasiado lejos del ciudadano[644], de manera que en el mismo, en general, no sólo no ha habido posibilidad alguna de participación, sino que en muchos países, en definitiva, no sirvan para nada, pues ni sirven para gerenciar adecuadamente los intereses locales, ni para servir de instancias de participación política de la ciudadanía en la decisión o gestión de sus propios asuntos comunales. Pero para ponerlos a funcionar no se puede optar por simplemente eliminarlos y sustituirlos por entidades no electivas ni autónomas.

Al contrario, en cuanto al poder municipal, la gran reforma democrática que se requería en el país para asegurar la participación política era, esencialmente, acercar las instituciones locales autónomas al ciudadano, municipalizándose el territorio, para lo cual lo que había que hacer era multiplicar los municipios en lugar de reducirlos. Nada de eso se hizo, y más bien, por una parte, la Ley Orgánica del Poder Público Municipal de 2005[645] impidió deliberadamente la municipalización del territorio, al establecer limitaciones mayores para la creación de entidades políticas locales autónomas; y por la otra, en lugar de multiplicarse los Municipios, lo que se ha hecho es marginarlos y ahogarlos financieramente.

---

además, ya que nos encontramos en Valladolid, como un ejemplo de lo que significa para un país tener territorialmente muchos pequeños municipios, el caso precisamente de esta Comunidad de Castilla y León, que alberga algo más de un cuarto del total de los Municipios de España, con 2.248 municipios para 2,484.603 habitantes, de los cuales el 68,5 %, es decir, 1.540 municipios tienen menos de 500 habitantes. *V.,* en *Informe sobre el Gobierno Local,* Ministerio para las Administraciones Públicas, Fundación Carles Pi i Sunyer d'Etudis Autonòmics y Locals, Madrid 1992, p. 27

644   En Argentina, para 37 MM de habitantes, hay 1617 municipios con un promedio de población de 22.882 habitantes; en Bolivia, para 8 MM de habitantes, hay 312 municipios con un promedio de población de 25.642 habitantes; en Brasil, para 168 MM de habitantes, hay 5.581 municipios con un promedio de población de 30.102 habitantes; en Chile, para 15 MM de habitantes, hay 340 municipios con un promedio de población de 44.117 habitantes; en Colombia, para 42 MM de habitantes, hay 1.068 municipios con un promedio de población de 39.326 habitantes; en Cuba,, para 11 MM de habitantes, hay 169 municipios con un promedio de población de 65.389 habitantes; en Ecuador, para 12 MM de habitantes, hay 1.079 municipios con un promedio de población de 11.121 habitantes; en El Salvador, para 6 MM de habitantes, hay 262 municipios con un promedio de población de 22.900 habitantes; en Guatemala, para 11 MM de habitantes, hay 324 municipios con un promedio de población de 33.950 habitantes; en Honduras, para 6 MM de habitantes, hay 293 municipios con un promedio de población de 20.478 habitantes; en México, para 97 MM de habitantes, hay 2.418 municipios con un promedio de población de 40.116 habitantes; en Nicaragua, para 5 MM de habitantes, hay 143 municipios con un promedio de población de 34.965 habitantes; en Paraguay, para 5 MM de habitantes, hay 212 municipios con un promedio de población de 23.585 habitantes; en Perú, para 25 MM de habitantes, hay 1808 municipios con un promedio de población de 13.827 habitantes; en República Dominicana, para 8 MM de habitantes, hay 90 municipios con un promedio de población de 88.889 habitantes; en Uruguay, para 3 MM de habitantes, hay 19 municipios con un promedio de población de 157894 habitantes; y en Venezuela, para 24 MM de habitantes, hay 338 municipios con un promedio de población de 71.006 habitantes. *V.,* las referencias en Allan R. Brewer-Carías, *Reflexiones sobre el constitucionalismo en América,* Editorial Jurídica Venezolana, Caracas 2001, pp. 139 y ss.

645   *V., Gaceta Oficial* N° 38.204 de 8 de junio de 2005. La Ley Orgánica fue objeto de una reforma en noviembre de 2005, *Gaceta Oficial* N° 38.327 de 2 de diciembre de 2005; y luego en abril de 2006, *Gaceta Oficial* N° 5.806 Extra. de 10 de abril de 2006, reimpresa por error material en *Gaceta Oficial* N° 38.421 de 21 de abril de 2006. *V.,* Allan R. Brewer-Carías et al, *Ley Orgánica del Poder Público Municipal,* Editorial Jurídica Venezolana, Caracas 2005.

Partiendo de los elementos de democracia directa que se establecieron en la Constitución, como las "asambleas de ciudadanos cuyas decisiones son de carácter vinculante" (art. 70), en lugar de afianzar y multiplicar los municipios, con la Ley de los Consejos Comunales de 2006[646], lo que ha establecido es un sistema institucional *centralizado* para sustituir al régimen municipal, denominado "del Poder Popular".

Con ello se ha iniciando formalmente el proceso de eliminación del municipio como instancia de democracia participativa, y en nombre de ella para eliminar la propia democracia representativa[647]. Por ello, por ejemplo, el propio Presidente de la República en enero de 2007, anunció "la explosión revolucionaria del poder comunal" mediante los consejos comunales, con lo cuales señaló que:

"debemos trascender ahora lo local, y debemos ir creando por ley en primer lugar, una especie de **Confederación regional, local, nacional de Consejos Comunales**. Tenemos que ir marchando **hacia la conformación de un estado comunal** y el viejo estado burgués que todavía vive, que está vivito y coleando, tenemos que irlo **desmontando progresivamente mientras vamos levantando al estado comunal, el estado socialista, el estado bolivariano**"[648].

Agregó claramente, dos días después, que el objetivo era "transitar hacia el camino de una "ciudad comunal" **donde no se necesiten alcaldías ni juntas municipales**, sino sólo el poder comunal"[649]. Este, por lo demás, era el sentido de la reforma constitucional que estaba en discusión en Venezuela, en octubre de 2007[650].

La gran diferencia de este pretendido sistema de "participación protagónica", sin embargo, es que en democracia, los alcaldes y concejos municipales son electos por votación popular, universal, directa y secreta y, en cambio, en el esquema sancionado del poder comunal, los integrantes de los Consejos Comunales son designados a dedo por asambleas de ciudadanos controladas directamente por la jefatura del Estado a través de una Comisión Presidencial que es la que dispone los recursos, con la asistencia de los agentes del partido único.

Con esta estructura paralela del Poder Popular no autónoma, lo que ha comenzado es el desmantelamiento de la democracia representativa en el país; y el proceso de desmunicipalización de la participación ciudadana, sustituyéndose al Municipio como la unidad política primaria y autónoma en la organización nacional que esta-

646 *V.*, en *Gaceta Oficial* N° 5.806 Extraordinaria del 10 de abril de 2006.

647 *V.*, Allan R. Brewer-Carías, "El inicio de la desmunicipalización en Venezuela: La organización del Poder Popular para eliminar la descentralización, la democracia representativa y la participación a nivel local", en *AIDA, Opera Prima de Derecho Administrativo. Revista de la Asociación Internacional de Derecho Administrativo*, Universidad Nacional Autónoma de México, Facultad de Estudios Superiores de Acatlán, Coordinación de Postgrado, Instituto Internacional de Derecho Administrativo "Agustín Gordillo", Asociación Internacional de Derecho Administrativo, México, 2007, pp. 49 a 67

648 Discurso de Hugo Chávez, 08-01-2007.

649 Discurso de Hugo Chávez, *El Nacional* 11-01-2007, p. A2

650 *V.*, Allan R. Brewer-Carías, *Hacia la consolidación de un Estado Socialista, Centralista, Policial y Militarista. Comentarios sobre el alcance y sentido de las propuestas de reforma constitucional 2007*, Editorial Jurídica Venezolana, Caracas 2007.

blece la Constitución y que debería estar inserto en un sistema de descentralización política (distribución vertical) del poder; por un sistema de entidades sin autonomía política alguna "del Poder Popular" (Consejos Comunales), directamente vinculadas y dependientes, en un esquema centralizado del poder.

La consecuencia fundamental de todo este sistema ha sido la centralización progresiva del poder en la Jefatura del Ejecutivo nacional, y el aniquilamiento de cualquier forma de control del poder mediante su distribución territorial, ahogando progresivamente a las instancias de los Estados y de los Municipios; lo que se busca consolidar con la reforma constitucional que en octubre de 2007 se estaba discutiendo en Venezuela[651].

III. LA GARANTÍA DEL DERECHO AL SUFRAGIO COMO INSTRUMENTO PARA EL CONTROL POLÍTICO Y EL SECUESTRO DEL PODER ELECTORAL Y DEL SISTEMA DE ELECCIONES EN EL AUTORITARISMO VENEZOLANO

El tercer mecanismo de control del poder político en un sistema democrático, además de los que resultan de la separación de poderes y de la distribución territorial o descentralización del poder del Estado, es el control que pueden ejercer los ciudadanos sobre los gobernantes mediante el sistema de sufragio universal, directo, secreto e igualitario que la democracia exige; es decir, la posibilidad de elegir a los gobernantes y de revocarles el mandato, y el poder decidir sobre la alternabilidad en los gobiernos.

Esos elementos también han sido regulados en la Constitución de 1999, pero en la práctica política del autoritarismo, también han sido progresivamente distorsionados o secuestrados.

En efecto, en cuanto al sistema electoral, la Constitución reguló al sufragio como un derecho (art. 63) eliminándose toda consideración del voto como un deber, como lo disponía la Constitución de 1961 (art. 110), estableciendo que debe ejercerse mediante votaciones libres, universales, directas y secretas, combinando el principio de la personalización del sufragio con la representación proporcional de las minorías, lo cual ya se había establecido legalmente desde la reforma de la Ley Orgánica del Sufragio y Participación Política de 1989[652], y fue ratificado en el Estatuto Electoral del Poder Público dictado por la Asamblea Constituyente el 30 de enero de 2000[653].

Este mismo principio se repite en el artículo 63 que regula al sufragio como un derecho constitucional que debe ejercerse "mediante votaciones libres, universales, directas y secretas" y exige que la ley garantice "el principio de la personalización del sufragio y la representación proporcional"; y en el artículo 293 en el cual al regular las competencias de los órganos del Poder Electoral, dispuso que los mismos deben garantizar "la igualdad, confiabilidad, imparcialidad, transparencia y eficien-

---

651 *V.,* Allan R. Brewer-Carías, *Hacia la consolidación de un Estado Socialista, Centralista, Policial y Militarista. Comentarios sobre el alcance y sentido de las propuestas de reforma constitucional 2007,* Editorial Jurídica Venezolana, Caracas 2007.

652 *G.O.* Extra. N° 5.233 de 28-05-1998

653 *G.O.* N° 36.884 de 03-02-2000

cia de los procesos electorales, así como la aplicación de la personalización del sufragio y la representación proporcional". Además, el artículo 186 que regula específicamente la integración de la Asamblea Nacional, exige que los diputados sean elegidos en cada entidad federal "por votación universal, directa, personalizada y secreta con representación proporcional, según una base poblacional del uno coma uno por ciento de la población total del país".

En esta forma, constitucionalmente se estableció un sistema electoral mixto para la elección de los órganos representativos (Asamblea Nacional, Consejos Legislativos estadales, Concejos Municipales, Juntas parroquiales) que combina la elección por mayoría y la elección por representación proporcional, lo que implica la necesidad de que un porcentaje de los representantes electos se elijan en circunscripciones uninominales y otro porcentaje en circunscripciones plurinominales, por listas cerradas y bloqueadas. En la Ley Orgánica se dispuso, para los disputados, unos porcentajes del 50 % en cada caso; y para la elección de los concejales, un porcentaje del 66% para los cargos nominales y del 34% para los cargos electos de acuerdo a la aplicación del principio de la representación proporcional (art. 12). En el Estatuto Electoral de 2000 se dispuso que el 60% de todos los representantes populares debían ser elegidos en circunscripciones uninominales, según el principio de la personalización; y el 40 % se debía elegir por lista, según el principio de la representación proporcional (art. 15).

Para garantizar la combinación y aplicación de ambos sistemas, conforme a la Ley Orgánica y el Estatuto Electoral, el procedimiento de adjudicación de puestos comienza mediante la adjudicación de los electos por representación proporcional en las circunscripciones plurinominales, para posteriormente sustraer de los puestos que en esa forma sean adjudicados a los partidos, los que obtengan por mayoría de votos en las circunscripciones uninominales. Con ello se persigue mantener el grado de proporcionalidad entre los votos obtenidos y los puestos adjudicados conforme al principio de igualdad del sufragio.

El sistema opera, por supuesto, en relación con los candidatos de un mismo partido postulados para la elección mayoritaria en los circuitos uninominales y para la elección por lista en las circunscripciones plurinominales. Por tanto, si un partido postula candidatos sólo para elecciones uninominales o postula candidatos sólo para las elecciones en las circunscripciones por lista, no habría deducción alguna que hacer.

Este sistema, sin embargo, ha sido burlado en la práctica política por los partidos de gobierno en 2005, eliminándose en fraude a la Constitución materialmente toda proporcionalidad, al aplicarse el método que se denominó de "las morochas" (las gemelas), que consistió en un sistema de postulación de candidatos a cuerpos deliberantes, donde una pluralidad de partidos o grupos políticos que apoyaron al gobierno actuaron en conjunto postulando candidatos por lista y candidatos nominales, pero con la característica de que algunos partidos agrupados participaron postulando candidatos por listas, pero no lo hicieron en los circuitos uninominales, de manera que los candidatos que fueron electos en estos, no se dedujeron de los electos en aquellas, atribuyéndose en consecuencia al grupo o partido político, más representantes que los que debían haberle correspondido mediante el método del cociente.

Este fraudulento método electoral, lamentablemente aceptado por el Consejo Nacional Electoral, aunque fue impugnado vía acción de amparo ante la Sala Constitucional del Tribunal Supremo de Justicia, ésta, mediante sentencia N° 74 de 25 de enero de 2006[654], se limitó a señalar que "El principio de personalización del sufragio está garantizado por la nominalidad y la representación proporcional por el voto lista, dejando a la iniciativa de los ciudadanos y de las organizaciones políticas el sistema de selección y postulación de sus candidatos". Fue el Magistrado que salvó su voto respecto de dicha decisión (Pedro Rafael Rondón Haaz), quien calificó el método, con razón, como "un fraude a la Ley y más grave aún, en un fraude a la Constitución, a través de un evidente abuso de las formas jurídicas en pro de conseguir una finalidad distinta a la que las normas constitucional y legal establecieron respecto del método de elecciones mixtas uninominal-lista y a través de un evidente abuso de derecho de las organizaciones con fines políticos a postular candidatos"[655].

En esta forma, la representatividad se distorsionó, se violó la igualdad del voto[656], y la Asamblea Nacional en las elecciones de 2005 terminó siendo dominada en su totalidad por los partidos que apoyaron al gobierno, por la negativa de los partidos de oposición de participar en esa forma en un proceso electoral que consideraron amañado y así avalar el fraude cometido.

Se debe mencionar, por otra parte, que conforme al principio de la penta división del poder público, el Poder Electoral quedó configurado en la Constitución de 1999 como una rama nacional del Poder Público con autonomía e independencia, lo que además se buscó asegurar con la integración no partidista del Consejo Nacional Electoral, mediante el nombramiento de sus miembros por postulaciones que debían ser efectuadas ante un Comité de Postulaciones Electorales que debía estar integrado por representantes de los diversos sectores de la sociedad, y cuyos miembros, además, debían ser postulados por sectores precisamente identificados de la sociedad civil, entre ellos por las Facultades de Derecho.

Lamentablemente, en 2002, mediante la Ley Orgánica del Poder Electoral[657] se distorsionó la integración del Comité y se lo sustituyó, en fraude a la Constitución, por una Comisión parlamentaria ampliada; y en 2003, ante la imposibilidad de que los partidos de gobierno pudieran reunir las 2/3 partes de los votos de la Asamblea Nacional que exige la Constitución para poder hacer unilateralmente las designaciones, la Sala Constitucional del Tribunal Supremo, al ejercer el "control" constitucional sobre la omisión legislativa, lo que hizo fue proceder como agente del gobierno a hacer directamente el nombramiento de los miembros del Consejo Nacional Electoral, sin sujetarse a los requisitos constitucionales, designando para ello a personas, todas, afectas al gobierno[658], al punto de que los Presidentes del organismo, luego,

---

654   *V.*, en *Revista de Derecho Público*, N° 105, Caracas 2006, pp. 122-144

655   *V.*, en *Revista de Derecho Público*, N° 105, Caracas 2006, pp. 122-144

656   *V.*, Dieter Nohlen y Nicolas Nohlen, "El sistema electoral alemán y el tribunal constitucional federal (La igualdad electoral en debate con una mirada a Venezuela)", en *Revista de Derecho Público*, N° 109, Editorial Jurídica Venezolana, Caracas 2007; J. E. Molina, "Las "morochas" defraudan la ley y la Constitución", en El Nacional, Caracas, 13-04-2005.

657   *G.O.* N° 37.573 de 19-11-2002.

658   *V.*, Allan R. Brewer-Carías, *La Sala Constitucional versus el Estado democrático de derecho. El secuestro del poder electoral y de la Sala Electoral del Tribunal Supremo y la confiscación del derecho a la participación política*, los Libros de El Nacional, Colección Ares, Caracas 2004; "El secuestro del

han sido designados uno, como Magistrado de la Sala Constitucional y otro, como Vice Presidente de la República.

El Poder Electoral, en esa forma fue secuestrado por el Poder Ejecutivo usando para ello a la Sala Constitucional, y en esa forma, el Poder Electoral ya secuestrado, fue el instrumento para confiscarle a los ciudadanos, su derecho a la participación política mediante referendo revocatorio[659]. Ello también ocurrió en 2004 en el proceso de convocatoria y realización del referendo revocatorio presidencial que, al final, luego de que la Sala Constitucional del Tribunal Supremo impidiera que la Sala Electoral del mismo Tribunal cumpliera sus funciones de control judicial sobre los actos del Consejo Nacional Electoral que obstaculizaron ilegalmente la convocatoria del referendo revocatorio, este terminó siendo convertido por el Poder Electoral en un referendo "reafirmatorio" o plebiscito, no autorizado en la Constitución.

Con el Poder Electoral secuestrado con la complicidad de la propia Sala Constitucional del Tribunal Supremo, las elecciones que se han efectuado en Venezuela han carecido de justicia, y las últimas reformas políticas realizadas y propuestas, simplemente apuntan a la sustitución de la representatividad electoral por supuestas agrupaciones de ciudadanos en comunidades y consejos comunales cuyos integrantes no son electos, sino designados desde la cúpula del Poder Popular que controla el Presidente de la República.

Por otra parte, a los efectos de asegurar el control de los gobernantes por el pueblo, la Constitución establece el principio de que el gobierno democrático de la República y de todas las entidades políticas debe ser "alternativo", y de allí las limitaciones que la propia Constitución establece respecto de la reelección de funcionarios.

En tal sentido, en cuanto al Presidente de la República, el artículo 230, cambió la tradición constitucional anterior y estableció la posibilidad de la reelección inmediata del Presidente de la República, aún cuando por una sola vez, para un nuevo período; el artículo 192 dispuso que los diputados a la Asamblea Nacional podían ser

---

Poder Electoral y la confiscación del derecho a la participación política mediante el referendo revocatorio presidencial: Venezuela 2000-2004", en *Revista Jurídica del Perú*, Año LIV N° 55, Lima, marzo-abril 2004, pp. 353-396; "El secuestro del Poder Electoral y de la Sala Electoral del Tribunal Supremo y la confiscación del derecho a la participación política mediante el referendo revocatorio presidencial: Venezuela: 2000-2004", en *Revista Costarricense de Derecho Constitucional*, Tomo V, Instituto Costarricense de Derecho Constitucional, Editorial Investigaciones Jurídicas S.A., San José 2004, pp. 167-312; "El secuestro de la Sala Electoral por la Sala Constitucional del Tribunal Supremo de Justicia, en *La Guerra de las Salas del TSJ frente al Referendum Revocatorio*, Editorial Aequitas, Caracas 2004, C.A., pp. 13-58; "El secuestro del poder electoral y la conficación del derecho a la participación política mediante el referendo revocatorio presidencial: Venezuela 2000-2004, Studi Vrbinati, *Rivista tgrimestrale di Scienze Giuridiche, Politiche ed Economiche*, Año LXXI – 2003/04 Nuova Serie A – N° 55,3, Università degli studi di Urbino, Urbino, 2004, pp.379-436; "El secuestro del Poder Electoral y la confiscación del derecho a la participación política mediante el referendo revocatorio presidencial: Venezuela 2000-2004" en *Boletín Mexicano de Derecho Comparado*, N° 112, Instituto de Investigaciones Jurídicas, Universidad Nacional Autónoma de México, México, enero-abril 2005 pp. 11-73.

659   Véanse las referencias a las sentencias en Allan R. Brewer-Carías, *La Sala Constitucional versus el Estado democrático de derecho. El secuestro del poder electoral y de la Sala Electoral del Tribunal Supremo y la confiscación del derecho a la participación política*, los Libros de El Nacional, Colección Ares, Caracas 2004.

reelegidos sólo "por dos periodos consecutivos como máximo"; el artículo 160 dispuso que los Gobernadores de Estado podían ser "reelegidos, de inmediato y por una sola vez, para un nuevo período"; el artículo 162 dispuso que los legisladores a los Consejos Legislativos de los Estados podían ser reelegidos sólo "por dos periodos consecutivos como máximo"; y el artículo 174 dispuso que los Alcaldes podían ser "reelegidos, de inmediato y por una sola vez, para un nuevo período".

Todo ello, sin embargo, se pretende cambiar ahora en las propuestas de reforma de la Constitución que estaban en discusión en octubre de 2007, en las cuales, se busca establecer el principio general de la reelección indefinida del Presidente de la República[660].

Con esta propuesta el principio de la alternabilidad republicana desaparece totalmente, al permitirse la reelección indefinida del Jefe de Estado, en un sistema electoral a cargo de un Consejo Nacional Electoral completamente controlado por el sindicato establecido entre la Asamblea Nacional y el Ejecutivo Nacional, con el aval del juez constitucional, cuyo vaso comunicante es el partido único, que pretende excluir de la vida política a todo aquél que no pertenezca al mismo y, en definitiva, eliminar toda posibilidad de control que en una democracia pluralista deben ejercer los partidos políticos.

IV. LA NECESARIA EXISTENCIA DE UN RÉGIMEN PLURAL DE PARTIDOS POLÍTICOS EN DEMOCRACIA PARA CONTROLAR EL PODER, Y LA DESTRUCCIÓN DEL PLURALISMO POLÍTICO Y LA CONFIGURACIÓN DE UN PARTIDO ÚNICO EN EL AUTORITARISMO VENEZOLANO

Y es que, en efecto, el cuarto sistema de control del poder en una sociedad democrática está configurado por el libre juego de los partidos políticos, que conforme al pluralismo ideológico y a la alternabilidad republicana, puedan participar en la vida política del país, y canalizar las aspiraciones de los ciudadanos. No puede haber democracia sin un régimen plural de partidos políticos que en forma igualitaria participen en la vida política.

El más importante logro de la revolución democrática en Venezuela de 1958, fue el haber sentado las bases para el desarrollo del sistema plural de partidos políticos en Venezuela, que en las décadas posteriores fueron los que arraigaron la democracia en el país, permitiendo una amplia alternabilidad republicana. Los partidos le impusieron la democracia a los venezolanos y gobernaron el país y, al final, lamentablemente entraron en crisis, alentada por la propia crisis de su liderazgo, al punto que a finales del siglo pasado habían caído en total desprestigio, al no lograr entender la profundidad de la crisis política que ellos mismos habían provocado[661] por no

---

660 *V.,* Allan R. Brewer-Carías, *Hacia la consolidación de un Estado Socialista, Centralista, Policial y Militarista. Comentarios sobre el alcance y sentido de las propuestas de reforma constitucional 2007,* Editorial Jurídica Venezolana, Caracas 2007.

661 Allan R. Brewer-Carías, *La crisis de las instituciones: responsables y salidas,* Cátedra Pío Tamayo, Centro de Estudios de Historia Actual (mimeografiado) FACES, Universidad Central de Venezuela, Caracas 1985, 40 pp; publicado también en *Revista del Centro de Estudios Superiores de las Fuerzas Ar-*

haber adelantado las reformas que la sociedad clamaba respecto del régimen político democrático. Se quería más democracia, para lo cual, el sistema de Estado de partidos que se había desarrollado[662] debía transformarse, precisamente por ellos mismos. Sin embargo, los partidos políticos lo que demostraron fue una total incomprensión tanto respecto de los logros democráticos que habían alcanzado para Venezuela a partir de los inicios de la década de los sesenta, como de las exigencias de representatividad y de participación más allá de los propios partidos que se planteaban, de manera que se abriera la democracia, se descentralizara el poder y se profundizara la participación, situación que los partidos no entendieron.

Esa crisis de los partidos fue la que provocó el colapso del sistema político en 1999[663], lo que se aprovechó para atribuirles todos los males políticos de la República, junto con el "Pacto de Punto Fijo" que había originado del régimen democrático y la Constitución de 1961, centrándose el discurso político del nuevo liderazgo autoritario militarista y populista que emergió, en la destrucción y anatema contra aquellos. En ese contexto fue que se desarrolló el proceso constituyente de 1999 y la sanción de la nueva Constitución, en el cual un nuevo partido político oficialista constituido a la medida del nuevo liderazgo, acompañado de otros viejos y marginados partidos políticos, sirvió para el apoderamiento electoral del poder a partir de 1999.

El resultado de todo ese proceso fue el marcado carácter reactivo contra los partidos políticos que guió la redacción de la Constitución de 1999, de la cual incluso desapareció la expresión misma de "partidos políticos", regulándose genéricamente solo a las "organizaciones con fines políticos", estableciéndose en el propio texto constitucional un conjunto de regulaciones redactadas contra lo que habían sido los partidos políticos tradicionales.

La Constitución de 1999, en efecto, comenzó por eliminar el derecho político de los ciudadanos "a agruparse en partidos políticos para participar en la conducción de la vida política nacional", como lo establecía la Constitución de 1961. Esto dejó de ser un derecho político de los ciudadanos, y la Constitución de 1999 sólo reguló la existencia de "agrupaciones con fines políticos" (art. 67), que no necesariamente son ni tienen que ser partidos políticos. Sin embargo, en la práctica, lo que siguen existiendo son los partidos políticos en su configuración más tradicional, aún cuando en un sistema de partido oficialista dominante.

---

madas de Cooperación, N° 11, Caracas 1985, pp. 57-83; y en *Revista de la Facultad de Ciencias Jurídicas y Políticas*, N° 64, Universidad Central de Venezuela, Caracas 1985, pp. 129-155.

662   *V.*, Allan R. Brewer-Carías, *Problemas del Estado de partidos*, Editorial Jurídica Venezolana, Caracas 1988.

663   *V.*, Allan R. Brewer-Carías, "Reflexiones sobre la crisis del sistema político, sus salidas democráticas y la convocatoria a una Constituyente", en el libro *Los Candidatos Presidenciales ante la Academia*. Ciclo de Exposiciones 10-18 Agosto 1998, (Presentación y organización de la Edición Allan R. Brewer-Carías), Serie Eventos N° 12, Biblioteca de la Academia de Ciencias Políticas y Sociales, Caracas 1998, pp. 9-66; y en *Ciencias de Gobierno* N° 4, Julio-Diciembre 1998, Gobernación del Estado Zulia, Instituto Zuliano de Estudios Políticos Económicos y Sociales (IZEPES), Maracaibo, Edo. Zulia, 1998, pp. 49-88.

La reacción contra la falta de democratización interna de los partidos políticos, y su conducción por cúpulas eternizadas de dirigentes, condujo a la inclusión de otra disposición en la Constitución, conforme a la cual no sólo la designación de sus directivos debía realizarse mediante elecciones, sino que, incluso, la escogencia de los candidatos de los partidos políticos a los cuerpos y cargos representativos, debía realizarse mediante votación interna democrática (art. 67). Para ello, la Constitución, incluso, impuso la obligación de que el Consejo Nacional Electoral debía organizar dichas elecciones internas (art. 293,6), lo que nunca ha ocurrido en la práctica.

Por otra parte, por los problemas derivados del financiamiento público a los partidos políticos que regulaba la Ley Orgánica del Sufragio y Participación Política, que había conducido a un acaparamiento inequitativo de dichos fondos, la reacción de la Constitución de 1999 fue la prohibición total de dicho financiamiento público (art. 67). Con ello se retrocedió en lo que es la constante en todo el mundo democrático, habiéndose abierto, de hecho, sin embargo, la posibilidad de financiamiento público irregular e ilegítimo a los partidos de gobierno, como ha ocurrido en los últimos años, dada la imbricación total que se ha configurado entre el partido oficial y el Estado.

La Constitución, además, pretendió desligar a los diputados de toda vinculación partidista, al establecer que los diputados a la Asamblea Nacional "no están sujetos a mandatos ni instrucciones, sino sólo a su conciencia" (art. 200), lo que condujo a la pretensión de eliminar las propias fracciones parlamentarias de los partidos políticos en la Asamblea Nacional, cuyas sedes fueron desmanteladas. Sin embargo, no fue más que otro engaño constitucional ya que las fracciones parlamentarias sólo cambiaron de nombre y comenzaron a llamarse "grupos de opinión" y como siempre se reúnen cerca de a la sede de la Asamblea Nacional, con el agravante de que en los últimos años hay una sola fracción parlamentaria que controla toda la Asamblea. Además, como nunca antes había ocurrido, los directivos de los partidos de gobierno aún antes de controlar la totalidad de los votos en la Asamblea Nacional, se jactaban en anunciar públicamente sobre el control férreo que ejercían sobre sus diputados y sobre los votos de los cuales disponían.

En la práctica política, en todo caso, después de la entrada en vigencia de la Constitución, los partidos han tenido más presencia que nunca, al punto de que sin ningún recato, el Presidente de la República es el Presidente del Partido de Gobierno, y la mayoría de su gabinete son militantes activos de la directiva del partido, de manera que en 2007, la creación del "partido socialista único" por parte del gobierno, fue una operación del propio Estado, usando los recursos y medios públicos y hasta utilizando el propio Consejo Nacional Electoral, para promover abierta y públicamente la inscripción de militantes, muchos de ellos forzados a hacerlo como funcionarios públicos o beneficiarios de ayudas oficiales. Como nunca antes, la simbiosis partido-político Administración Pública se ha enquistado en Venezuela, abriéndose así vasos comunicantes que permiten canalizar financiamientos específicos, como incluso no se llegaron a ver en la época dorada de la partidocracia de comienzos de los años ochenta.

En realidad, lo que ocurrió en Venezuela como consecuencia del proceso constituyente de 1999 y de la práctica política posterior, ha sido un simple cambio de unos partidos políticos por otros en el control del poder y en el dominio del juego electoral; pero con el aditivo de que mediante la manipulación de los procesos electorales por el control que ejercen sobre el Poder Electoral, se ha producido la eliminación definitiva de los partidos tradicionales y con ello la desaparición del pluralismo político democrático.

La partidocracia o democracia de partidos, por tanto, ha seguido incólume, con los mismos vicios clientelares y los mismos controles por cúpulas no electas en elecciones internas libres y democráticas, y lo único que ha cambiado es que de un régimen plural multipartidista se pasado a un sistema político de partido único, que es el ya oficialmente anunciado Partido Único Socialista, imbricado en el aparato del Estado y también dirigido por el Presidente de la República, en cual se ha apoderado no sólo del embrionario Poder Popular, sino de la Administración Pública[664] y de toda la vida política, social y militar[665] del país, dado el capitalismo de Estado que se ha intensificado como consecuencia del florecimiento del Estado rico petrolero. Como todo depende del Estado, el gobierno busca que sólo quien pertenezca al Partido Único pueda tener vida política, administrativa, económica y social, formalizándose así un régimen de discriminación política, alentado por el propio gobierno, que excluye abiertamente a los disidentes, y los penaliza.

El régimen de partidos, por tanto, en ese esquema ha dejado de ser un instrumento de la sociedad para el control político del poder, y se ha convertido en el instrumento para acaparar y ejercer el poder, eliminando todo control, y discriminando masivamente a quienes no estén alienados con el gobierno.

V. EL CONTROL DEL PODER POR EL LIBRE EJERCICIO DEL DERECHO A LA LIBRE EXPRESIÓN DEL PENSAMIENTO Y DE LA INFORMACIÓN QUE MOVILICE LA OPINIÓN PÚBLICA, Y LAS LIMITACIONES IMPUESTAS POR EL AUTORITARISMO VENEZOLANO

El quinto sistema de control del poder en una sociedad democrática es el que se ejerce por la opinión pública y el ejercicio de la libertad de expresión de pensamiento mediante los medios de comunicación plurales. Ella es la que permite la existencia de medios de comunicación plural, la movilización de la opinión publica para vigilar las acciones gubernamentales, y para exigir la rendición de cuentas de los gobernantes.

A tal efecto, en los artículos 57 y 58 de la Constitución de 1999 se regulan un conjunto de derechos vinculados a la libertad de expresión del pensamiento, que

---

664 Por ello, el Gobernador del Estado Carabobo de Venezuela señalaba: "Comparto la posición del Presidente cuando dice que aquella persona que no quiera aliarse con el partido socialista único, pues que se vaya del Gobierno, y se lo dijo a los secretarios (del gobierno de Carabobo), que en el gobierno bolivariano estamos involucrados todos y hay un lineamiento de nuestro máximo líder que es inscribirse y crear un solo partido, y el secretario que no quiera cumplir con esa orden, que se vaya". *V.* reportaje de Marianela Rodríguez, en *El Universal*, Caracas 21-04-2007.

665 El 12 de abril de 2007 el Presidente Chávez en Fuerte Tiuna, declaró que si algún oficial se siente incómodo con la consigna acogida por su gobierno de "patria, socialismo o muerte", puede tramitar su baja de las fuerzas militares, agregando: "La llamada institucionalidad fue una manera de enmascararse y asumir una posición contraria al gobierno, a la revolución, al mandato legítimo del pueblo. Por eso, hoy todo comandante de unidad en todos los niveles está obligado a repetir desde el alma y levantar la bandera con esta consigna: patria, socialismo o muerte, sin ambigüedades de ningún tipo, sin complejos". *V.* en El Nacional, Caracas 13-04-2007, Sección Política, p. 4.

también implican el derecho a comunicar o a informar, el derecho a establecer y desarrollar medios de la comunicación e información; el derecho a recibir información oportuna, veraz e imparcial, y el derecho a la réplica (o respuesta) y a rectificación frente a informaciones inexactas o agraviantes, que tienen las personas que se vean afectadas directamente por las mismas[666].

El primero de los derechos constitucionales es la libertad de las personas a expresarse libremente en cuanto a sus pensamientos, sus ideas y sus opiniones, sin limitaciones ni restricciones, salvo las que derivan del derecho de los demás y del orden público y social (art. 20 C). Por ello, la propia norma constitucional prohíbe el anonimato, la propaganda de guerra, los mensajes discriminatorios, los que promuevan la intolerancia religiosa, y toda apología del odio nacional, racial o religioso que constituyan incitaciones a la discriminación, a la hostilidad o a la violencia o cualquier otra acción ilegal similar contra cualquier persona o grupos de personas, por cualquier motivo, inclusive los de raza, color, religión, idioma u origen nacional.

Esta libertad de expresión del pensamiento, ideas y opiniones puede realizarse por cualquier medio, sea de viva voz, por escrito o mediante cualquier otra forma de expresión, siendo un derecho que tienen no sólo las personas en general, sino también quienes informan, es decir, aquellos que han hecho de la búsqueda de información, de su expresión y de su comunicación, su profesión u oficio, es decir, los comunicadores o periodistas.

El ejercicio de este derecho, sin embargo, depende de los medios mismos y del acceso que estos den a las personas, de acuerdo al tiempo, el espacio y el propio interés del medio. No puede una persona obligar a un medio a comunicar su pensamiento, pero a la vez el medio no puede discriminar a una persona (vetarlo) para expresar y comunicar su pensamiento.

La libertad de expresión, por otra parte, no puede estar sometida a censura previa de tipo alguno, por parte de nadie, ni del Estado ni de los privados, con lo que la norma constitucional incluso prohíbe la posibilidad de censura a los funcionarios públicos para dar cuenta de los asuntos bajo sus responsabilidades.

El ejercicio de esta libertad de expresión y el derecho a informar o comunicar, como de toda libertad, por supuesto, acarrea responsabilidad personal por los daños y perjuicios que se pueda causar. Por ello, señala el mismo artículo 57 de la Constitución, que quien haga uso de este derecho a la libre expresión del pensamiento, asume plena responsabilidad por todo lo expresado, de manera que si bien la comunicación es libre, ella comporta deberes y responsabilidades.

El segundo de los derechos constitucionales vinculados a la libre expresión del pensamiento, es el derecho de toda persona a informar o comunicar, es decir, el derecho a la libre expresión del pensamiento a través de medios de comunicación o de información, siempre que pueda tener acceso a los mismos y también está sujeto sólo a las limitaciones generales del respeto del derecho a los demás y del orden

---

666   *V.*, Allan R. Brewer-Carías, "La libertad de expresión del pensamiento y el derecho a la información y su violación por la Sala Constitucional del Tribunal Supremo de Justicia", en el libro *La libertad de expresión amenazada. (Sentencia 1013)*, Edición Conjunta Instituto Interamericano de Derechos Humanos y Editorial Jurídica Venezolana, Caracas-San José 2001, pp. 17-57.

público o social (art. 20 de la Constitución). Este derecho corresponde, igualmente, a todos, por lo que no sólo lo tienen quienes ejercen la profesión de informar, como los periodistas o comunicadores, sino todas las personas, sin discriminación, pues como lo dice la Constitución (art. 58) indica que la comunicación es libre y plural, es decir, es una libertad de todas las personas, sin discriminaciones.

El derecho a la libre expresión del pensamiento conlleva el derecho no sólo de crear y establecer medios de comunicación, sino el derecho de las personas a utilizar dichos medios de comunicación para comunicarse con los demás, incluso cuando se hace de la comunicación una profesión u oficio, como la que ejercen los periodistas.

El tercero de los derechos que consagran los artículos 57 y 58 de la Constitución, derivados de los derechos ciudadanos a la libre expresión del pensamiento y a la comunicación e información, es el derecho de toda persona a establecer medios de comunicación; es decir, crear los instrumentos necesarios para que el pensamiento pueda expresarse en forma masiva, como pueden ser, por ejemplo, los diarios, revistas y las estaciones de radio o televisión.

Este derecho al igual que los anteriores, no puede ser restringido en forma alguna por medios indirectos, mediante controles públicos abusivos, como por ejemplo, los que puedan ejercerse sobre el papel para periódicos. Lo mismo se puede decir de los medios audiovisuales, que si usan las ondas electromagnéticas que son del dominio público, requieren de una concesión del Estado. En estos casos, por ejemplo, la Convención Americana de derechos Humanos prohíbe que se restrinja el derecho por medios indirectos, tales como el abuso de controles oficiales o particulares de las frecuencias radioeléctricas o de los enseres o aparatos usados en la difusión de informaciones, como podrían ser los controles de importación o aduaneros de los aparatos para las estaciones de radio o televisión.

Los medios de comunicación son, en todo caso, el vehículo indispensable para la comunicación e información del pensamiento de las personas, por lo que deben asegurar la pluralidad propia de una sociedad democrática, garantizando el acceso a los mismos a todas las personas sin discriminaciones.

El cuarto derecho que consagra la Constitución es el derecho de toda persona a la información, que el artículo 58 exige que sea oportuna, veraz e imparcial, sin censura, de acuerdo con los principios de la igualdad y no discriminación. En cuanto a la oportunidad, esta exigencia tiene una connotación temporal, y su apreciación es difícil que llegue a ser totalmente objetiva. Tanto quien informa como quien recibe la información tienen sus respectivos parámetros del sentido de la oportunidad, los cuales pueden no coincidir. Por ello, en definitiva, es el informador el que debe establecer cuándo el suministro de una información es o no oportuno. Es decir, quien suministra la información y quien la difunde o comunica es el que debe juzgar sobre la oportunidad de hacerlo; y si bien la misma no puede ser arbitraria, pues queda sometida a los límites de la racionalidad, razonabilidad o logicidad, no es posible concebir que exista una sola autoridad, la llamada a decir cuándo es o no oportuna la información.

Pero la información, además, debe ser veraz, es decir, debe responder a criterios de veracidad o certeza, elemento que tampoco es ni puede ser absoluto y enteramente objetivo, ya que la verdad objetiva no existe; la verdad es siempre subjetiva y cada persona tiene su verdad. Ello, sin embargo, no ocurre respecto de los hechos, que en general no admiten apreciación en cuanto a su acaecimiento. Acaecen, por lo que cuando la información sólo se refiere a hechos, su misma expresión, es en sí misma, verdad. Llovió, alguien murió, hubo un choque de trenes. La expresión del hecho es, en sí misma, la verdad, si el hecho es cierto, es decir, si efectivamente acaeció.

Sin embargo, al pasar a la apreciación del hecho, en cuanto a su interpretación, la explicación de lo que lo motivó, sus circunstancias y las consecuencias de su realización, la posibilidad de veracidad objetiva desaparece. Cada persona tiene su forma y manera de apreciar los hechos; y es libre de hacerlo, así como de interpretarlos, por lo que la expresión de ello es siempre subjetiva y depende de la voluntad del comunicador, bajo su responsabilidad.

La veracidad, por tanto, nunca es objetiva, sino que siendo subjetiva, su apreciación corresponde primeramente a quien informa. Por supuesto, esta libertad de apreciación está sometida a los mismos límites de racionalidad, razonabilidad y logicidad, pero lo definitivo es que nadie puede establecer una verdad objetiva ni, por supuesto, puede pretenderse que una autoridad sea la que determine la verdad única u "oficial".

Además, la información debe ser imparcial, es decir, no debe efectuarse en favor o para beneficiar a alguien en perjuicio de otro. La imparcialidad tampoco puede ser determinada objetivamente, es decir, nadie puede establecer con carácter general cuándo una información es o no parcial o imparcial. La apreciación sobre esto es también, esencialmente subjetiva. Cada quien, al recibir una información y según el conocimiento de los hechos, tendrá su apreciación sobre la parcialidad o no de la información, y siempre será diferente de una a otra persona. Por tanto, la imparcialidad, de nuevo, tiene que ser apreciada por el comunicador, quien también tiene como límites de su apreciación, los principios de racionalidad, razonabilidad o logicidad. Sin embargo, nadie puede establecer, con carácter general, los criterios de parcialidad o imparcialidad de las informaciones.

El quinto derecho que regula la Constitución, conforme al artículo 58, es el derecho de toda persona a la réplica (respuesta) y a la rectificación cuando se vea afectada directamente por informaciones inexactas o agraviantes, de cualquier naturaleza, expresadas en medios de comunicación escritos, auditivos o visuales, por cualquier persona. El informante puede ser un periodista que informa sobre un hecho o acaecimiento y da una noticia o puede ser cualquier persona que exprese su opinión en un medio dirigido al público en general, porque escriba un artículo o cualquier otro escrito, o tenga, lleve o conduzca cualquier programa de opinión o de noticias en un medio de comunicación.

Por tanto, el que da la información que origina el derecho a la réplica y rectificación puede ser o no ser un periodista o profesional de la comunicación; y quien se ve afectado por la información personalmente, porque es inexacta o lo agravia, puede ser o no ser un periodista o un director de un medio de comunicación. La Constitución no distingue. Lo único que exige es que para que alguien tenga derecho a la réplica y a la rectificación, debe estar afectado directamente (no indirectamente) por una información que tiene que ser inexacta o tiene que haber agraviado a la persona.

Este derecho, por otra parte, consiste en un derecho a respuesta o réplica; es decir, la persona afectada directamente por la información tiene derecho a responderla, se entiende, en la misma forma y por el mismo medio en el cual salió la información lesiva; o como lo dice la Convención Americana, tiene derecho a efectuar por el mismo órgano de difusión su rectificación o respuesta en las condiciones que establezca la ley. Por ello, además, la persona afectada tiene derecho a que quien suministró la información inexacta o agraviante, rectifique la misma, en la misma forma y en el mismo medio en el cual se dio la información.

El sujeto pasivo de este derecho a réplica y rectificación, por supuesto, tiene que ser la persona que expresó o comunicó la información, y esa persona puede ser el periodista que suscribe la información en la prensa o que la suministra en los medios audiovisuales, o la persona que edita una publicación o un programa de radio o televisión, si la información suministrada no tiene autoría específica, o la persona que tiene una columna periodística regular o un programa de radio o televisión regular, y que, por tanto, tienen los medios para poder rectificar y dar cabida a la respuesta que origine la información suministrada.

Lamentablemente, todos estos derechos a la libre expresión del pensamiento, han venido progresivamente siendo minados y limitados en Venezuela durante los últimos años, paralelamente a la consolidación del régimen autoritario en el país, coartándose así las posibilidades de control de la ciudadanía y de la opinión pública sobre el gobierno y sus ejecutorias.

La primera limitación ocurrió por virtud de una decisión de la Sala Constitucional del Tribunal Supremo de Justicia, mediante sentencia n° 1.013 de 12 de junio de 2001[667], en la cual al rechazar una petición de una asociación civil y de unos ciudadanos para ejercer un derecho a réplica contra el Presidente de la República por expresiones que usó en su programa de televisión semanal, la Sala interpretó los artículos 57 y 58 de la Constitución sentando una "doctrina vinculante", considerando que tal derecho a réplica y respuesta sólo lo tienen los ciudadanos cuando está vinculado o relacionado con "el derecho a la información" o con "la información comunicacional" (p. 5 de 22) y cuando se ejerce la libre expresión del pensamiento, reduciendo su ejercicio sólo "ante los medios de comunicación en general". En esta forma, ante las expresiones inexactas y agraviantes formuladas por el Presidente de la república que afectaron directamente a personas, el juez constitucional negó el derecho constitucional a la réplica, porque el Presidente de la República con su programa televisivo semanal no era un medio de comunicación.

La segunda limitación a los derechos ciudadanos a la libre expresión del pensamiento por el régimen autoritario que se ha instalado en Venezuela, deriva del abusivo uso y acaparamiento de los medios de comunicación por parte del Estado, el cual ha venido progresivamente asumiendo la propiedad de los mismos, sin que exista posibilidad alguna de exigir responsabilidad por todo lo que desde los mismos se informa o difunde.

Debe recordarse, por ejemplo, que la Sala Constitucional, en la mencionada sentencia N° 1.013 de 12-06-01, dedicó una serie de consideraciones a destacar la plena responsabilidad que corresponde al emisor del pensamiento por todo lo que exprese, la cual puede ser de orden civil, penal o disciplinaria, conforme al daño que cause a

---

667 V., los comentarios a dicha sentencia en el libro Allan R. Brewer-Carías et al, *La libertad de expresión amenazada. (Sentencia 1013)*, Edición Conjunta Instituto Interamericano de Derechos Humanos y Editorial Jurídica Venezolana, Caracas-San José 2001.

los demás, la libertad de expresión utilizada ilegalmente. De allí derivó la apreciación de la Sala de que "la libertad de expresión, aunque no está sujeta a censura previa, tiene que respetar los derechos de las demás personas" (p. 7 de 22). Esta responsabilidad para el emisor de la información, señaló la Sala, en muchos casos está compartida:

> "Con el vehículo de difusión, sobre todo cuando éste se presta a un terrorismo comunicacional que busca someter al desprecio público a personas o a instituciones, máxime cuando lo difundido no contiene sino denuestos, insultos y agresiones que no se compaginan con la discusión de ideas y conceptos" (p. 7. de 22).

La Sala construyó, así, una responsabilidad solidaria entre comunicador y medio de comunicación que sin embargo no ha habido forma de que se exija en la práctica cuando se trata de medios de comunicación controlados por el Estado y que son utilizados para aplastar, ofender y difamar a la disidencia. Y esto es lo que ha ocurrido, en los últimos años en Venezuela, en los programas de radio y televisión en los medios de comunicación del Estado, incluso del propio Presidente de la República, que se han encargado de expresar "denuestos, insultos y agresiones que no se compaginan con la discusión de ideas y conceptos" respecto de todo lo que sea disidencia con el gobierno y su política, exponiendo al desprecio público a personas o a instituciones.

La tercera limitación a la libertad de expresión del pensamiento que se ha establecido en los últimos años en Venezuela, es la que deriva de la Ley de Responsabilidad Social en Radio y Televisión de 2004[668], con la cual con la excusa de la protección integral de los niños y adolescentes, se ha buscado regular los contenidos informativos que transmitan los medios audiovisuales, limitándose la pluralidad, la diversidad y la segmentación natural de los medios audiovisuales de acuerdo con sus audiencias, estableciéndose regulaciones de contenidos según una clasificación horaria y modalidades de censura previa, incluso con la prohibición de transmisiones de información bajo el criterio de la oportunidad[669]. La Ley, además, establece posibilidades ilimitadas e imprecisas de carácter sancionatorio, como por ejemplo, al establecer la posibilidad de suspensión de transmisiones cuando los mensajes "sean contrarios a la seguridad de la Nación", noción que conforme a los artículos 322 y siguientes de la Constitución comprenden todas las actividades posibles que determine el ente sancionador; y al utilizar para regular el ejercicio de la potestad sancionatoria, innumerables conceptos jurídicos indeterminados.

La cuarta limitación a la libertad de expresión del pensamiento en Venezuela, ha sido la utilización de los instrumentos administrativos de autorizaciones y concesiones por parte del Estado, para cerrar medios de comunicación que tengan una línea de oposición al gobierno, reduciendo progresivamente las posibilidades de expresión de la disidencia, que no tiene cabida, por supuesto, en los ahora mayoría me-

---

668   *G. O.* 38081 de 7-12-2004.

669   *V.,,* Asdrúbal Aguiar, "Hacia el dominio estatal de la personalidad humana (Análisis crítico de la Ley de responsabilidad Social en radio y televisión o Ley de Contenidos de Venezuela", en el libro *Ley de responsabilidad Social en radio y televisión*, Editorial Jurídica Venezolana, FUNEDA, Caracas 2006, pp. 11 y ss.

dios oficiales. Estas limitaciones se han materializado en materia de radio y televisión, con motivo de la aplicación de la Ley Orgánica de Telecomunicaciones de 2000 que exigió a las empresas de radio y televisión que tenían concesiones, autorizaciones y permisos de adaptarlas a la nueva Ley; y en particular, en mayo de 2007, con la decisión gubernamental de cerrar la empresa de televisión Radio Caracas Televisión (RCTV), al no renovar la concesión de uso del espectro radioeléctrico que tenía desde hace más de medio siglo.

En el caso, además, la Sala Constitucional del Tribunal Supremo de Justicia de Venezuela (sentencia N° 956 EXP: 07-0720 de 25-5-2007,) con la complicidad de la Sala Político Administrativa del mismo Tribunal (sentencia N° 920, EXP: 07-0197 de 17-5-2007), en lugar de proteger los derechos constitucionales de la empresa, conspiraron, en su carácter de instrumentos controlados por el Poder Ejecutivo, para secuestrárselos y violárselos[670]. El más alto nivel del Poder Judicial, así, avaló las arbitrariedades gubernamentales, cubriéndolas con un velo de judicialidad, aniquilando la libertad de expresión del pensamiento plural, y decretando impunemente la confiscación de bienes de propiedad privada; decisión ésta última, que ni siquiera el Ejecutivo o el Legislador hubieran podido haber tomado por prohibirlo la Constitución (art. 115).

Es decir, como la entidad que había creado el gobierno para sustituir la señal de RCTV no estaba en capacidad de transmitir efectivamente una señal de televisión con cobertura nacional, el juez constitucional decidió, de oficio, como si fuera gobierno arbitrario, confiscar los bienes de la empresa RCTV que cesaba en su actividad, asignándoselos "en uso temporal" indefinido y gratuito a la entidad oficial que comenzó a transmitir la señal de televisión en el mismo espacio radioeléctrico. Como lo indicó el único magistrado que salvó su voto a la decisión (Pedro Rafael Rondón Haaz), la misma implicó "la desposesión de todos los bienes indispensables para el ejercicio de la actividad económica de su preferencia de un tercero ajeno a la litis, sin límite, sin procedimiento y sin contraprestación alguna y sin siquiera llamarlo a juicio". Agregó el Magistrado disidente que con esa sentencia se había asignado a la Comisión Nacional de Telecomunicaciones "el derecho de uso de los equipos propiedad de RCTV –suerte de expropiación o, a lo menos, de ocupación previa con prescindencia absoluta del procedimiento aplicable– para acordar su uso "al operador que a tal efecto disponga", lo que implicó "la sustracción de un atributo del derecho de propiedad (el uso) de Radio Caracas Televisión RCTV C.A. sobre los bienes que fueron afectados, sin que se exprese ninguna fundamentación de naturaleza legal, la cual es la única fuente de limitación a la propiedad privada, siempre con los fundamentos que la Constitución Nacional preceptúa"[671].

---

670   *V.,* las referencias y comentarios a dichas sentencias en Allan R. Brewer-Carías, "El juez constitucional en Venezuela como instrumento para aniquilar la libertad de expresión y para confiscar la propiedad privada: el caso *RCTV*" (I de III), en *Gaceta Judicial*, Santo Domingo, República Dominicana, mayo 2007, pp. 24-27; y en Allan R. Brewer-Carías, *Crónica de la "In" Justicia Constitucional. La Sala Constitucional y el autoritarismo en Venezuela*, Editorial Jurídica Venezolana, Caracas 2007, pp. 470 y ss.

671   *V.,* los comentarios a dicha sentencia en Allan R. Brewer-Carías, *Crónica de la "In" Justicia Constitucional. La Sala Constitucional y el autoritarismo en Venezuela*, Editorial Jurídica Venezolana, Caracas 2007, pp. 470 y ss.

La libertad de expresión, por tanto, ha sido fuerte y progresivamente limitada en Venezuela y, con ello, las posibilidades de que se pueda ejercer un efectivo control de las actuaciones del Estado por parte de la opinión pública expresada y formulada mediante medios de comunicación plurales.

VI. LA GARANTÍA JUDICIAL EN EL ESTADO DE DERECHO PARA CONTROLAR EL PODER MEDIANTE RECURSOS JUDICIALES ANTE JUECES INDEPENDIENTES Y EL SOMETIMIENTO DEL PODER JUDICIAL EN EL ESTADO AUTORITARIO VENEZOLANO

Por último, en sexto lugar, en un Estado democrático de derecho, el instrumento por excelencia para poder realizar el control efectivo del ejercicio del poder del Estado para asegurar su sometimiento al derecho, es el control judicial que exige, ineludiblemente, que la autonomía e independencia del Poder Judicial en su conjunto y de los jueces en particular, esté garantizada. Sin estas últimas, simplemente no puede hablarse ni de Estado de derecho ni de posibilidad de control judicial del poder.

El principio de la independencia del Poder Judicial está declarado en el artículo 254 de la Constitución de 1999, el cual, además, establece cierta autonomía financiera del mismo, al disponer un porcentaje mínimo de orden presupuestario. Pero la base fundamental para asegurar la independencia y autonomía de los jueces, está en las normas relativas al ingreso a la carrera judicial y a la permanencia y estabilidad en los cargos. A tal efecto, en cuanto a la carrera judicial, de acuerdo con lo dispuesto en el artículo 255 de la Constitución, el ingreso a la misma y el ascenso de los jueces solo se debería hacer por concursos públicos de oposición que aseguren la idoneidad y excelencia de los participantes, debiendo la ley garantizar la participación ciudadana en el procedimiento de selección y designación de los jueces.

Por otra parte, la Constitución dispuso que los jueces sólo podían ser removidos o suspendidos de sus cargos mediante juicios disciplinarios llevados por jueces disciplinarios (art. 255), los cuales hasta 2007 no se habían ni regulado ni nombrado. La consecuencia es que por la prolongación de la transitoriedad constitucional y del funcionamiento de la Comisión de Funcionamiento del Poder Judicial creada en 1999 por la Asamblea Constituyente, la importante jurisdicción disciplinaria aún no existe y peor aún, con la anuencia del propio Tribunal Supremo de Justicia el cual ha renunciado a asumir sus funciones constitucionales.

Es decir, lamentablemente, nada de lo que estableció la Constitución para asegurar la independencia y autonomía de los jueces se ha implementado, y en 2007 todavía no se habían realizado los concursos públicos, después de que en pocos años, a partir de 1999, se destituyeron a materialmente casi todos los jueces del país, y se nombraron a dedo para reemplazarlos, a jueces provisorios o temporales. En 2006, sin embargo, en lugar de los concursos, lo que se estableció fue un sistema de titulación de los jueces suplentes, sin concursos, en clara violación de la Constitución. Es decir, el sentido de las normas constitucionales, en la práctica política ha sido distorsionado o desconocido, mediante un proceso de intervención sistemática y continua del Poder Judicial, que comenzó con la que decretó la Asamblea Nacional Constitu-yente en 1999[672], y que ha continuado mediante la demolición de su autonomía[673].

En efecto, desde que el Poder Judicial fue intervenido por la Asamblea Constitu-yente, se lo plagó de jueces provisorios sin estabilidad alguna en sus cargos, siendo por ello susceptibles de manipulación política. Esta trágica situación de la provisio-nalidad de los jueces con la consecuente notoria falta de independencia que afecta al sistema judicial en Venezuela, desde 2002 fue advertido por la Comisión Interame-ricana de Derechos Humanos en las *Observaciones Preliminares* formuladas el 10 de mayo de 2002[674], que formuló con motivo de su visita a Venezuela, señalando que: "luego de casi tres años de reorganización del Poder Judicial, un número signi-ficativo de los jueces tiene carácter provisorio, que oscila entre el 60 y el 90% según las distintas fuentes. Ello afecta la estabilidad, independencia y autonomía que debe regir a la judicatura"[675]; agregando que había sido: "informada que el problema de la provisionalidad de los jueces se ha profundizado y aumentado desde que el presente Gobierno inició un proceso de reestructuración judicial"[676].

En el antes citado *Informe Especial* sobre Venezuela del año 2003, esta la misma Comisión también expresó, que "un aspecto vinculado a la autonomía e indepen-dencia del Poder Judicial es el relativo al carácter provisorio de los jueces en el sis-tema judicial de Venezuela. Actualmente, la información proporcionada por las dis-tintas fuentes indica que más del 80% de los jueces venezolanos son "provisiona-les"[677].

En todo caso, después de siete años de vigencia de la Constitución, aún no se había establecido la jurisdicción disciplinaria de los jueces que exige la Constitución (artículos 254 y 267) tendiente a garantizar su sola remoción mediante juicios disci-plinarios, por jueces disciplinarios, por lo que con la anuencia del propio Tribunal Supremo ha continuando en funcionamiento una "transitoria" Comisión de Reorga-nización del Poder Judicial (creada en 1999), que ha removido a los jueces sin debi-do proceso, y ha dado pie a la instauración de los mencionados jueces provisorios.

El resultado ha sido, como la mencionada Comisión Interamericana de Derechos Humanos también lo registró en su informe sobre la situación de los derechos humanos en Venezuela contenido en el Capítulo IV del *Informe* que rindió ante la Asamblea General de la OEA en 2006, que los "casos de destituciones, sustituciones

672 *V.*, nuestro voto salvado a la intervención del Poder Judicial por la Asamblea Nacional Constituyente en Allan R. Brewer-Carías, *Debate Constituyente, (Aportes a la Asamblea Nacional Constituyente)*, Tomo I, (8 agosto-8 septiembre), Caracas 1999; y las críticas formuladas a ese proceso en Allan R. Brewer-Carías, *Golpe de Estado y proceso constituyente en Venezuela*, Universidad Nacional Autónoma de México, México 2002.

673 *V.*, Allan R. Brewer-Carías, "La progresiva y sistemática demolición de la autonomía en independencia del Poder Judicial en Venezuela (1999-2004)", en *XXX Jornadas J.M Domínguez Escovar, Estado de derecho, Administración de justicia y derechos humanos*, Instituto de Estudios Jurídicos del Estado Lara, Barquisimeto, 2005, pp. 33-174.

674 *V.*, "Comunicado de Prensa" de 10-05-2000, en *El Universal*, Caracas 11-5-2002.

675 *Idem*, párrafo 30.

676 *Idem*, párrafo 31.

677 Informe sobre la Situación de los Derechos Humanos en Venezuela 2003, *cit.* párr. 161.

y otro tipo de medidas que, en razón de la provisionalidad y los procesos de reforma, han generado dificultades para una plena vigencia de la independencia judicial en Venezuela[678]"; destacando aquellas "destituciones y sustituciones que son señaladas como represalias por la toma de decisiones contrarias al Gobierno[679]"; concluyendo que para 2005, según cifras oficiales, "el 18,30% de las juezas y jueces son titulares y 81,70% están en condiciones de provisionalidad"[680].

Lo más grave de esta irregular situación, es que en 2006 se ha pretendido solventar el problema de la provisionalidad a través de un "Programa Especial para la Regularización de la Titularidad" dirigido a los jueces accidentales, temporales o provisorios, con un lapso mayor a tres meses en el ejercicio de la función judicial. Semejante programa burla el sistema de ingreso a la función judicial que constitucionalmente sólo puede ocurrir mediante concursos públicos de oposición (artículo 255), pues se limita a una evaluación de los jueces provisorios, sin concurso ni competencia algunos, de modo que más que a "regularizar" lo que tiende es a consolidar los efectos de los nombramientos "a dedo" provisionales, y su consecuente dependencia del poder.

Por otra parte, en cuanto a los Magistrados del Tribunal Supremo de Justicia, como se ha dicho, la Constitución de 1999 creó el Comité de Postulaciones Judiciales (art. 270), como un órgano asesor del Poder Judicial para la selección de los candidatos a Magistrados (art. 264); el cual también debía asesorar a los colegios electorales judiciales para la elección de los jueces de la jurisdicción disciplinaria. Este Comité debía haber estado integrado por representantes de los diferentes sectores de la sociedad, pero la Ley Orgánica del Tribunal Supremo de Justicia de 2004, lo que reguló fue una Comisión parlamentaria ampliada, controlada por el Parlamento, burlando la disposición constitucional[681].

Las actuaciones al margen de la Constitución comenzaron en esta materia en 1999, con el nombramiento "transitorio" de los nuevos Magistrados del Tribunal Supremo de Justicia por la Asamblea Constituyente sin cumplirse los requisitos constitucionales que imponían la necesaria participación de la sociedad civil en los nombramientos. En esa forma, las previsiones constitucionales sobre condiciones para ser magistrado y los procedimientos para su designación con participación de los sectores de la sociedad, se violaron desde el inicio, continuándose luego las violaciones por la Asamblea Nacional en 2000 al hacer las primeras designaciones conforme a una "Ley especial" sancionada para efectuarlas transitoriamente, con contenido completamente al margen de las exigencias constitucionales.

Después vino, como se dijo, la reforma de la Ley Orgánica del Tribunal Supremo de Justicia de 2004, aprobada en medio de una amplia discusión y cuestionamiento respecto de la mayoría calificada que se requería por la Constitución, por tratarse de una ley orgánica.

---

678 *Ídem,* párrafo 291

679 *Ídem,* párrafos 295 y ss.

680 *Ídem,* párrafo 292

681 *V.,* los comentarios en Allan R. Brewer-Carías, *Ley Orgánica del Tribunal Supremo de Justicia,* Editorial Jurídica Venezolana, Caracas 200, pp. 32 ss.

La reforma aumentó el número de Magistrados de 20 a 32, que fueron elegidos por la Asamblea Nacional, en un procedimiento enteramente dominado por el Presidente de la República, al punto de que en víspera de los nombramientos, el entonces Presidente de la Comisión parlamentaria encargada de escoger los candidatos a Magistrados del Tribunal Supremo[682], declaró a la prensa que:

"Si bien los diputados tenemos la potestad de esta escogencia, el Presidente de la República fue consultado **y su opinión fue tenida muy en cuenta.**"(Resaltado añadido). Agregó: "**Vamos a estar claros, nosotros no nos vamos a meter autogoles.** En la lista había gente de la oposición que cumple con todos los requisitos. La oposición hubiera podido usarlos para llegar a un acuerdo en las últimas sesiones, pero no quisieron. Así que nosotros no lo vamos a hacer por ellos. **En el grupo de los postulados no hay nadie que vaya a actuar contra nosotros** y, así sea en una sesión de 10 horas, lo aprobaremos[683]".

Con razón, la Comisión Interamericana de Derechos Humanos indicó en su *Informe* a la Asamblea General de la OEA correspondiente a 2004 que "estas normas de la Ley Orgánica del Tribunal Supremo de Justicia habrían facilitado que el Poder Ejecutivo manipulara el proceso de elección de magistrados llevado a cabo durante 2004[684]".

Por otra parte, en cuanto a la estabilidad de los Magistrados del Tribunal Supremo de Justicia, el artículo 265 de la Constitución dispuso que los mismos podían ser removidos por la Asamblea Nacional mediante una mayoría calificada de las dos terceras partes de sus integrantes, previa audiencia concedida al interesado, en caso de faltas graves calificadas por el Poder Ciudadano. Con esta disposición, la autonomía e independencia de los magistrados, puede decirse que desapareció, conformando una vía de injerencia no conveniente ni aceptable de la instancia política del Poder en relación con la administración de Justicia. Con ello, es la Asamblea Nacional la que ejerce un control político sobre los Magistrados del Tribunal Supremo, quienes están advertidos de que siempre pueden ser investigados y removidos incluso hasta con el voto de la mayoría absoluta de los diputados, como inconstitucionalmente se estableció en la Ley Orgánica del Tribunal Supremo de Justicia en 2004, en evidente fraude a la Constitución[685].

Ello provocó la destitución o "jubilación" de los Magistrados que osaron no seguir la línea gubernamental[686], con lo cual el gobierno asumió un control absoluto

---

682 El diputado Pedro Carreño, quien en enero de 2007 fue luego designado Ministro del Interior y de Justicia.

683 *V.,* en *El Nacional*, Caracas, 13-12-2004.

684 Comisión Interamericana de Derechos Humanos, *Informe sobre Venezuela 2004*, párrafo 180.

685 *V.,* los comentarios en Allan R. Brewer-Carías, *Ley Orgánica del Tribunal Supremo de Justicia*, Editorial Jurídica Venezolana, Caracas 200, pp. 41 ss.

686 Fue el caso, por ejemplo, del Magistrado Franklin Arrieche, Vice Presidente del Tribunal Supremo de Justicia, quien fue Ponente de la sentencia de la Sala Plena Accidental de 14-08-2002 que decidió el antejuicio de mérito a los generales que actuaron el 12 de abril de 2002, declarando que no había mérito para enjuiciarlos porque en esa ocasión no había ocurrido un golpe militar sino un vacío de poder; y de los Magistrados Alberto Martini Urdaneta, Presidente de la Sala Electoral y Rafael Hernández y Orlando Gravina, Magistrados de la misma Sala, quienes suscribieron la sentencia de fecha sentencia N° 24 del

del Tribunal Supremo de Justicia en general, y de cada una de sus Salas en particular, especialmente de la Sala Constitucional.

En esta forma, en Venezuela se ha configurado un Tribunal Supremo de Justicia altamente politizado y sujeto a la voluntad del Presidente de la República, que ha eliminado en la práctica toda la autonomía del Poder Judicial y el propio postulado de la separación de los poderes, como piedra angular del Estado de Derecho y de la vigencia de las instituciones democráticas; y ha eliminado toda posibilidad de control judicial efectivo del poder por parte de los ciudadanos. El propio Presidente de la República se ha encargado de decir cómo es que tiene que funcionar el Tribunal Supremo, consultando previamente al jefe de Estado, cuando al referirse a una sentencia de la Sala Constitucional muy criticada, en la cual reformó de oficio una norma de la Ley del Impuesto sobre la renta, simplemente dijo:

> "Muchas veces llegan, viene el Gobierno Nacional Revolucionario y quiere tomar una decisión contra algo por ejemplo que tiene que ver o que tiene que pasar por decisiones judiciales y ellos empiezan a moverse en contrario a la sombra, y muchas veces logran neutralizar decisiones de la Revolución a través de un juez, o de un tribunal, o **hasta en el mismísimo Tribunal Supremo de Justicia, a espaldas del líder de la Revolución**, actuando por dentro contra la Revolución. Eso es, repito, traición al pueblo, traición a la Revolución[687]".

Este sometimiento del Tribunal Supremo a la voluntad del Ejecutivo Nacional, es catastrófica en relación a le autonomía e independencia del Poder Judicial, particularmente si se tiene en cuenta, además, que dicho Tribunal ejerce el gobierno y administración de todo el Poder judicial.

Debe recordarse que la Constitución de 1999 eliminó al antiguo Consejo de la Judicatura que era el órgano que desde 1961 administraba el Poder Judicial, y en su lugar, el Tribunal Supremo de Justicia pasó a ser la institución que constitucionalmente domina enteramente el sistema judicial venezolano, en particular en lo que se refiere al nombramiento y remoción de los jueces, cuya inestabilidad avalada y promovida por el mismo Tribunal Supremo, y el nombramiento de los jueces sin el concurso público que exige la Constitución, es el componente esencial de la sujeción política de los tribunales venezolanos.

Todo ello ha alienado al Poder Judicial de su función fundamental de servir de instrumento de control de las actividades de los otros órganos del Estado para asegurar su sometimiento a la ley.

15-03-2004 (Caso: *Julio Borges, César Pérez Vivas, Henry Ramos Allup, Jorge Sucre Castillo, Ramón José Medina y Gerardo Blyde vs. Consejo Nacional Electoral*), que suspendió los efectos de la Resolución N° 040302-131 de 02-03-2004, del Consejo Nacional Electoral que en su momento impidió la realización del referendo revocatorio presidencial.

687   Discurso del Presidente de la Republica en el Primer Evento con propulsores del Partido Socialista Unido de Venezuela , Teatro Teresa Carreño, Caracas 24 marzo 2007.

APRECIACIÓN FINAL

Para que exista una democracia como régimen político, y un Estado constitucional y democrático de derecho es evidente que no bastan las declaraciones contenidas en los textos constitucionales que hablen del derecho al sufragio y a la participación política; ni de la división o separación horizontal del Poder Público, ni de su distribución vertical o territorial del poder público, de manera que los diversos poderes del Estado puedan limitarse mutuamente; así como tampoco bastan las declaraciones que se refieran a la posibilidad de los ciudadanos de controlar el poder del Estado, mediante elecciones libres y justas que garanticen la alternabilidad republicana; mediante un sistema de partidos que permita el libre juego del pluralismo democrático; mediante la libre manifestación y expresión del pensamiento y de la información que movilice la opinión pública; y mediante el ejercicio de recursos judiciales ante jueces independientes que permitan asegurar la vigencia de los derechos humanos y el sometimiento del Estado al derecho. Tampoco bastan las declaraciones constitucionales sobre la "democracia participativa y protagónica" o la descentralización del Estado; así como tampoco la declaración extensa de derechos humanos.

Además de las declaraciones, es necesaria la voluntad política para su implementación en la práctica de manera que sirvan para que en democracia, se pueda efectivamente controlar el poder, como única forma de garantizar la vigencia del Estado de derecho, y el ejercicio real de los derechos humanos.

Como hemos visto, en Venezuela, lamentablemente nada de ello se ha implementado, y al contrario, en fraude continuo a la Constitución efectuado por el Legislador y por el Tribunal Supremo de Justicia, guiados por el Poder Ejecutivo, a pesar de las excelentes normas constitucionales, en contra de las mismas se ha venido estructurando un Estado autoritario que ha aniquilado toda posibilidad de control del ejercicio del poder.

Y ello, ahora, en 2007, se pretende consolidar mediante unas Propuestas de reforma constitucional que se discutían en octubre de este año, que buscaban establecer un Estado centralizado, socialista, militarista y policial, mediante un sistema de organización de un Poder Único, denominado del Poder Popular o del Poder Comunal (Estado comunal o Estado socialista), completamente concentrado y centralizado, y conducido políticamente por el Presidente de la República mediante un Partido Único que preside[688].

Y ambos, el Poder Popular y el Partido Único, con el objeto de imponer "la dictadura de la democracia[689]", tal como lo anunció el Vicepresidente de la República en enero de 2007; lo que es la propia negación de la democracia, pues en ella no puede haber ningún tipo de dictadura.

---

688   V., Allan R. Brewer-Carías, Hacia la consolidación de un Estado Socialista, Centralista, Policial y Militarista. Comentarios sobre el alcance y sentido de las propuestas de reforma constitucional 2007, Editorial Jurídica Venezolana, Caracas 2007

689   El Vicepresidente de la República, Jorge Rodríguez, expresó en enero de 2007: "Claro que queremos instaurar una dictadura, la **dictadura de la democracia verdadera** y la democracia es la dictadura de todos, ustedes y nosotros juntos, construyendo un país diferente. Claro que queremos que esta **dictadura de la democracia** se instaure para siempre", en El *Nacional*, Caracas 01-02-2007, p. A-2.

SECCIÓN TERCERA: **ALGO SOBRE LAS NUEVAS TENDENCIAS DEL DERECHO CONSTITUCIONAL: EL RECONOCIMIENTO DEL DERECHO A LA CONSTITUCIÓN Y DEL DERECHO A LA DEMOCRACIA (2007)**

Texto publicado en el libro: *Grandes temas para un observatorio electoral ciudadano, Tomo I, Democracia: retos y fundamentos, (Compiladora Nuria González Martín),* Instituto Electoral del Distrito Federal, México 2007, pp. 171-220.

Si algo caracteriza el derecho constitucional contemporáneo, ha sido la progresiva ampliación del contenido de las declaraciones de derechos fundamentales, tanto en el ámbito interno como en el ámbito internacional, de manera que en las Constituciones y en los Tratados internacionales, además de los clásicos derechos civiles y políticos se han venido enumerando, los derechos sociales, culturales, económicos, ambientales y de los pueblos indígenas, todos con posibilidad de ser justiciables.

Durante los últimos sesenta años, por tanto, la más marcada tendencia del derecho constitucional fue el desarrollo de los mecanismos de protección de los derechos humanos, por una parte, con el proceso de internacionalización del régimen de los mismos, que comenzó después de la segunda guerra mundial y que en nuestro Continente americano culminó con la Convención Americana de Derechos Humanos; y por la otra, el proceso subsiguiente de constitucionalización de dicha internacionalización con lo cual, incluso, las previsiones de los tratados internacionales llegaron en algunos casos a prevalecer sobre las notas de las propias Constituciones[690].

En el Siglo XXI, también en relación con los derechos fundamentales, puede decirse que igualmente se han venido delineando nuevas tendencias del derecho constitucional signadas por la progresión en materia de derechos humanos, con marcada tendencia hacia la identificación de derechos vinculados con los más esenciales principios clásicos del constitucionalismo, como es la idea misma de Constitución como norma suprema y el régimen político democrático que tiende a consolidarse a pesar de que no hayan dejado de aparecer regímenes autoritarios constituidos, precisamente, en fraude a la Constitución y a la democracia.

Ha sido precisamente el afianzamiento progresivo del Estado Constitucional y Democrático de derecho durante las últimas décadas del Siglo XX, el que ha permitido que en estos comienzos del Siglo XXI se comiencen a identificar otros derechos constitucionales específicos que derivan de su propia concepción, como son precisamente, el derecho a la Constitución como norma suprema, y el derecho a la democracia como régimen político.

---

690 Allan R. Brewer-Carías, Mecanismos nacionales de protección de los derechos humanos (Garantías judiciales de los derechos humanos en el derecho constitucional comparado latinoamericano), 61 ss. (Instituto Interamericano de Derechos Humanos, San José, 2005).

Ambos se refieren a principios fundamentales del constitucionalismo moderno, los cuales generalmente se analizan en sí mismos sin destacar su relación íntima y esencial con los ciudadanos. Sólo en forma indirecta la Constitución y la democracia se vinculan al ciudadano, por ejemplo, cuando se habla, por una parte, de las garantías constitucionales o del derecho ciudadano a la tutela judicial efectiva, y por la otra, del derecho ciudadano al sufragio, a la participación política o a la asociación en partidos políticos.

Sin embargo, además de esos derechos constitucionales individualizados que sin duda tienen que ver, los primeros con la Constitución, y los segundos, con el régimen democrático, los mismos han venido evolucionando de manera que hoy podamos hablar, además de los derechos constitucionales específicos antes mencionados, de que hay un derecho ciudadano a la Constitución, y además, de que también hay un derecho ciudadano a la democracia. Es a esta tendencia a la cual quiero referirme en estas notas, como aspectos precisamente de las nuevas tendencias del derecho constitucional en estos principios del Siglo XXI.

En primer lugar, *el derecho a la Constitución*[691], considerada ésta como ley suprema que en el marco del constitucionalismo moderno, necesariamente tiene que ser adoptada por el pueblo, es decir, debe ser la manifestación de la voluntad popular y no un documento otorgado por algún monarca o autócrata, tal como se derivó de la Revolución Norteamericana de 1776 y de la Revolución Francesa de 1789[692].

Sin embargo, para que esa Constitución sea efectivamente la ley suprema de una sociedad en un momento dado de su historia, es indispensable que sea realmente el producto de esa misma sociedad, globalmente considerada, como resultado de la manifestación de la voluntad popular, sin imposiciones externas ni internas. Las Constituciones impuestas por una fuerza invasora o por un grupo político al resto de los integrantes de la sociedad, salvo excepciones contadas, no sólo tienen una precaria supremacía, sino una duración limitada, generalmente ligada a la presencia efectiva en el poder del grupo foráneo o nacional que la impuso. La Sala Constitucional del Tribunal Supremo de Justicia de Venezuela, en este sentido, cuando aún no se había convertido lamentable y totalmente en un instrumento del autoritarismo[693], destacó en una sentencia del 9 de noviembre de 2000 lo que consideró un "hecho fundamental" aunque no siempre "evidente a simple vista", el cual es que:

> "La Constitución es suprema en tanto es producto de la autodeterminación de un pueblo, que se la ha dado a sí mismo sin intervención de elementos externos y sin imposiciones internas. Así, la Constitución viene a ser, necesariamente, la norma

---

691 Allan R. Brewer-Carías, "Prólogo sobre el derecho ciudadano a la Constitución" al libro de Johann Newton López, *La Constitución. Un Pacto Social,* República Dominicana, 2008.

692 Allan R. Brewer-Carías, *Reflexiones sobre la Revolución Americana (1776) y la Revolución Francesa (1789) y sus aportes al constitucionalismo moderno*, (Cuadernos de la Cátedra Allan R. Brewer-Carías de Derecho Administrativo, Universidad Católica Andrés Bello, N° 1, (Editorial Jurídica Venezolana, Caracas 1992).

693 Allan R. Brewer-Carías, *Crónica de la "In" Justicia Constitucional. La Sala Constitucional y el autoritarismo en Venezuela*, (Colección Instituto de Derecho Público, Universidad Central de Venezuela, Caracas 2007).

fundamental a la cual se encuentran vinculadas las múltiples formas que adquieren las relaciones humanas en una sociedad y tiempo determinados[694]".

De ello deriva el postulado antes señalado de que la Constitución, para ser tal, tiene que ser producto de un pacto social formulado por el pueblo, "sin intervención de elementos externos y sin imposiciones internas", que es, además, lo que como norma suprema o fundamental garantiza su obligatorio acatamiento por los gobernantes y los gobernados. Y es precisamente en los casos en los cuales la Constitución es producto de la voluntad del pueblo expresada como pacto de la sociedad, que el propio pueblo, colectivamente, y además, todos sus integrantes individualmente considerados, tienen un derecho esencial a que esa Constitución se respete, a que se mantenga conforme a la voluntad popular que la expresa y a que sea suprema. De ello deriva este otro nuevo derecho fundamental que es el derecho ciudadano a la supremacía de la Constitución[695]. Ambos derechos, como todo derecho constitucional, en un Estado Constitucional tienen que ser exigibles ante los tribunales, es decir, tienen que ser justiciables.

Este derecho a la Constitución y a la supremacía constitucional, por otra parte, es de la esencia del Estado de Derecho, que está montado, precisamente, sobre esa misma idea de la Constitución como norma fundamental y suprema, que debe prevalecer sobre toda otra norma o acto estatal. Ese fue, como dijimos, el gran y principal aporte de las revoluciones norteamericana y francesa al constitucionalismo moderno, y su desarrollo progresivo fue el fundamento de los sistemas de justicia constitucional que se desarrollaron en el mundo contemporáneo, en particular, los destinados a la protección de la Constitución y al amparo de los derechos y libertades consagrados en las Constituciones. Esta idea de la supremacía constitucional, fundamento del derecho a la Constitución como norma fundamental y suprema, fue doctrinalmente elaborada por primera vez en Norteamérica, en 1788, por Alexander Hamilton en *El Federalista*, cuando al referirse al papel de los jueces como intérpretes de la ley, señalando:

> "Una Constitución es, de hecho, y así debe ser vista por los jueces, como ley fundamental, por tanto, corresponde a ellos establecer su significado así como el de cualquier acto proveniente del cuerpo legislativo Si se produce una situación irreconocible entre los dos, por supuesto, aquel que tiene una superior validez es el que debe prevalecer; en otras palabras, la Constitución debe prevalecer sobre las leyes, *así como la intención del pueblo debe prevalecer sobre la intención de sus agentes*[696]".

---

694   Sentencia de la Sala Constitucional N° 1347 de 9 de noviembre de 2001, *Revista de Derecho Público*, N° 81, 265, (enero-marzo), (Editorial Jurídica Venezolana, Caracas 2000).

695   Al tema me he referido en diversos trabajos, y entre ellos, en el libro Allan R. Brewer-Carías, Mecanismos nacionales de protección de los derechos humanos (Garantías judiciales de los derechos humanos en el derecho constitucional comparado latinoamericano), 74 ss (Instituto Interamericano de Derechos Humanos, San José, 2005). Debo recordar aquí, que el tema lo discutí en múltiples ocasiones con mi entrañable amigo Rodolfo Piza Escalante, quien fue Juez de la Corte Interamericana de Derechos Humanos y Magistrado de la importante Sala Constitucional de la Corte Suprema de Costa Rica.

696   Alexander Hamilton, *The Federalist* 491- 493 (Ed. por B.F. Wrigth Cambridge, Mass., 1961).

De esta afirmación, se deriva, además, el poder de los jueces para poder controlar la constitucionalidad de las leyes, el postulado esencial de que la Constitución como producto de la voluntad popular, debe siempre prevalecer sobre la intención de los gobernantes.

Este es, precisamente, el fundamento del derecho ciudadano a que la voluntad popular expresada en la Constitución sea respetada por quienes gobiernan, quienes en su gestión no pueden pretender hacer prevalecer su voluntad frente a la voluntad popular del pueblo expresada en la Constitución.

Además, por ello, el mismo Hamilton, al desarrollar el principio del poder de los jueces para declarar la nulidad de los actos legislativos contrarios a la Constitución, y argumentar que ello no significaba dar superioridad del Poder Judicial sobre el Legislador, señaló que ello:

> "Lo único que supone es *que el poder del pueblo es superior a ambos; y* que en los casos en que la voluntad del legislador declarada en las leyes, esté en *oposición con la del pueblo declarada en la Constitución,* los Jueces deben estar condicionados por la última, antes que por las primeras".

Concluyó Hamilton señalando que:

> "Ningún acto legislativo contrario a la Constitución puede ser válido. Negar esto, significaría afirmar que el subalterno es más importante que el principal; que el sirviente está por encima de sus patrones; *que los representantes del pueblo son superiores al pueblo mismo".*

De éstas proposiciones de Hamilton lo que más nos interesa destacar aquí, aparte del poder de la Corte Suprema de los Estados Unidos para declarar como nulas y sin valor las leyes estadales y federales contrarias a la Constitución[697], lo que por supuesto tuvo un efecto fundamental en el desarrollo de los sistemas de justicia constitucional como materialización del derecho a la supremacía constitucional; es la idea misma antes expuesta de que en virtud de que la Constitución es manifestación de la voluntad del pueblo, el principal derecho constitucional de los ciudadanos es el *derecho a dicha Constitución y a su supremacía*, es decir, al respeto de la propia voluntad popular expresada en ella. Nada se ganaría con decir que la Constitución como manifestación de la voluntad del pueblo, es ley suprema que debe prevalecer sobre la de todos los órganos del Estado y sobre la actuación de los individuos, si no existiese el derecho de los integrantes del pueblo, es decir, de los ciudadanos a dicha supremacía y, además, a exigir el respeto de esa Constitución, lo que se traduce en el derecho a la tutela judicial efectiva de la propia Constitución.

Por todo ello, en las Constituciones latinoamericanas más recientes, como la de Colombia, incluso se ha consagrado expresamente el principio de la supremacía constitucional, al disponerse que "La Constitución es norma de normas" por lo que "en todo caso de incompatibilidad entre la Constitución y la Ley u otra norma jurídi-

---

697 *V.,* los comentarios sobre los célebres casos Vanhorne's Lessee v. Dorrance, 1776 y Masbury v. Madison, 1803, en Allan R. Brewer-Carías, *Judicial Review in Comparative Law,* (Cambridge University Press, Cambridge 1989).

ca, se aplicarán las disposiciones constitucionales" (Art. 4). En igual sentido, en la Constitución de Venezuela de 1999 se estableció que "La Constitución es la norma suprema y el fundamento del ordenamiento jurídico", a la cual quedan sujetos "todas las personas y los órganos que ejercen el Poder Público" (Art. 7)[698]; constituyendo, además, "cumplir y acatar" la Constitución (Art. 131), uno de los deberes constitucionales de los ciudadanos y funcionarios.

Esta idea de la Constitución como norma suprema y fundamento del ordenamiento jurídico, además, se ha conformado en América Latina conforme a una tradición normativa que se remonta al texto de la "Constitución Federal para los Estados de Venezuela" de diciembre de 1811, que previó expresamente de la obligatoriedad de sus normas tanto para todos los órganos que ejercen el Poder Público como para los particulares.

Por eso la Sala Constitucional del Tribunal Supremo de Justicia de Venezuela en la misma sentencia antes citada de 2000, señaló que de la supremacía deriva:

> "Que la Constitución ostente, junto con el ordenamiento jurídico en su totalidad, un carácter normativo inmanente; esto es, un deber ser axiológico asumido por la comunidad como de obligatorio cumplimiento, contra cuyas infracciones se activen los mecanismos correctivos que el propio ordenamiento ha creado. La Constitución, también, sin que pueda ser de otro modo, impone modelos de conducta encaminados a cumplir pautas de comportamiento en una sociedad determinada[699]".

Ahora bien, la consecuencia fundamental de la consagración expresa de este principio de la supremacía constitucional en las Constituciones de Colombia y Venezuela, por ejemplo, ha sido la previsión, en el propio texto constitucional, de todo un sistema diseñado para la protección y garantía de esa supremacía constitucional frente a las leyes, montado sobre el control judicial de su constitucionalidad, lo cual constituye, sin duda, uno de los pilares fundamentales del constitucionalismo contemporáneo y del Estado de Derecho[700]. Todo ello, ha derivado en la consagración expresa del derecho constitucional de los ciudadanos a la tutela judicial de dicha supremacía, sea mediante los sistemas de control difuso de la constitucionalidad ejercido por todos los jueces (Art. 4, Colombia; Art. 334, Venezuela) o mediante el control concentrado de la constitucionalidad de las leyes ejercido por la Jurisdicción Constitucional como es el caso de la Corte Constitucional colombiana (Art. 241) o de la Sala Constitucional del Tribunal Supremo de Justicia en Venezuela (Art. 336)[701].

---

698 Me correspondió proponer en la Asamblea Nacional Constituyente de 1999 la consagración en forma expresa de dicho principio constitucional. Allan R. Brewer-Carías, *Debate Constituyente, (Aportes a la Asamblea Nacional Constituyente)*, II, 24 (9 septiembre-17 octubre 1999), (Fundación de Derecho Público-Editorial Jurídica Venezolana, Caracas, 1999).

699 Sentencia de la Sala Constitucional Nº 1347 de 9 de noviembre de 2001, *Revista de Derecho Público*, Nº 81,264, (enero-marzo), (Editorial Jurídica Venezolana, Caracas 2000).

700 Allan R. Brewer-Carías, *Instituciones Políticas y Constitucionales, Evolución Histórica del Estado*, I, 47 ss (Universidad Católica del Táchira-Editorial Jurídica Venezolana, Caracas-San Cristóbal, 1996).

701 Allan R. Brewer-Carías, *Instituciones Políticas y Constitucionales, Justicia Constitucional*, VII, 658, (Universidad Católica del Táchira-Editorial Jurídica Venezolana, Caracas-San Cristóbal, 1997); y *El Sistema mixto o integral de control de la constitucionalidad en Colombia y Venezuela*, Universidad

Además, se ha manifestado por la previsión en las Constituciones de las acciones de *hábeas corpus, habeas data* o de amparo o de tutela de los derechos constitucionales fundamentales (Arts. 30 y 86, Colombia; Art. 27, Venezuela).

El constitucionalismo moderno, por tanto, en nuestro criterio, está montado no sólo sobre el derecho a la Constitución sino sobre el *derecho ciudadano a esa supremacía,* que se concreta, conforme al principio de la separación de poderes, en *un derecho fundamental a la tutela judicial de la supremacía constitucional,* tanto respecto de la parte orgánica de la Constitución como respecto de su parte dogmática, para cuya preservación se establecen un conjunto de garantías. Ese derecho implica, además, en cuanto a la parte orgánica de la Constitución, el derecho ciudadano a la separación de poderes y el derecho a la distribución territorial del poder o a la autonomía de las instituciones político territoriales; y en cuanto a la parte dogmática, el derecho a la efectividad y goce de los derechos constitucionales mediante las garantías establecidas en la Constitución.

Es por ello que para asegurar la supremacía, las Constituciones establecen directamente en su propio texto una serie de garantías, como la garantía objetiva de la Constitución que considera como nulos y sin valor los actos contrarios a la Constitución; o la garantía de la reserva legal a los efectos del establecimiento de las limitaciones a los derechos, que no pueden establecerse por cualquier autoridad sino mediante ley formal. Además, está la garantía de la responsabilidad que por supuesto implica de que todo acto contrario a la Constitución y a los derechos constitucionales en ella previstos, tiene que comprometer la responsabilidad de quien lo ejecutó.

Por supuesto, la garantía fundamental del derecho a la Constitución y a su supremacía, es justamente la posibilidad que tienen los individuos de acudir ante los órganos judiciales para requerir el aseguramiento de los derechos, de manera que se hagan efectivos. Por ello, la garantía fundamental de los derechos constitucionales es la garantía judicial, porque en definitiva, el sistema judicial en cualquier país se establece precisamente para la protección de los derechos de las personas. Esto lo regulan, incluso, casi todas las Constituciones cuando se refieren al Poder Judicial o al derecho de acceder a la justicia, para la protección de los derechos y garantías.

Ahora bien, este derecho fundamental a la Constitución y a su supremacía, y con ellos, al respeto de los derechos constitucionales, como antes se dijo, se concreta en un derecho al control jurisdiccional de la constitucionalidad de los actos estatales, sea mediante sistemas de justicia constitucional concentrados o difusos, y en un derecho al amparo judicial de los demás derechos fundamentales de las personas, sea mediante acciones o recursos de amparo u otros medios judiciales de protección inmediata de los mismos. La consecuencia de este derecho fundamental, sin duda, implica la atribución a los jueces del poder de asegurar la supremacía constitucional, lo que resulta declarando la nulidad de los actos contrarios a la Constitución, o restableciendo los derechos fundamentales vulnerados por acciones ilegítimas adoptadas tanto por los órganos del Estado como por los particulares.

Externado de Colombia (Temas de Derecho Público Nº 39) y Pontificia Universidad Javeriana (Quaestiones Juridicae Nº 5), Bogotá 1995.

Por otra parte, tratándose de un derecho fundamental de los ciudadanos el de asegurar la supremacía constitucional mediante la tutela judicial de la Constitución, es evidente que sólo ésta es la que podría limitar dicho derecho, es decir, es incompatible con la idea del derecho fundamental a la supremacía constitucional, que se establezcan limitaciones legales a la misma, sea manifestadas en actos estatales excluidos del control judicial de constitucionalidad, sea en derechos constitucionales cuya violación no pudiera ser amparable en forma inmediata. Tal como lo señaló la antigua Corte Suprema de Justicia de Venezuela en 1962:

"Si la regla general constitucionalmente establecida es la del pleno ejercicio del control constitucional de todos los actos del Poder Público, *cualquier excepción a dicha regla tendría que emanar*, necesariamente, de la propia Constitución. Ni siquiera una disposición legal podría sustraer alguno de aquellos actos al control antes dicho; y menos aún pueden autorizarlo los órganos jurisdiccionales como intérpretes fieles que deben ser del contenido de aquella norma. A todo evento, y, ante la duda que pudiera surgir acerca de si algún acta emanada del Poder Público es o no susceptible de revisión constitucional por acción directa, debe optarse, en obsequio a aquel amplio y fundamental principio constitucional, por admitir su examen por parte de este Alto Tribunal[702]".

La supremacía constitucional, por tanto, es una noción absoluta, que no admite excepciones, por lo que el derecho constitucional a su aseguramiento tampoco podría admitir excepciones, salvo por supuesto, que sean establecidas en la propia Constitución. De lo anterior resulta que en definitiva, en el derecho constitucional contemporáneo, la justicia constitucional se ha estructurado como una garantía adjetiva al derecho fundamental del ciudadano a la Constitución y a la supremacía constitucional.

En cierta forma, como lo señaló Sylvia Snowiss en su análisis histórico sobre los orígenes de la justicia constitucional de Norteamérica, ésta puede decirse que surgió como un sustituto de la revolución[703], en el sentido de que si los ciudadanos tienen derecho a la supremacía constitucional como pueblo soberano, cualquier violación de la Constitución podría dar lugar a la revocatoria del mandato de los representantes o a su sustitución por otros, pudiendo, además, invocarse un derecho a la resistencia o a la revuelta, tal como lo defendió John Locke[704].

Antes del surgimiento del Estado de derecho, por tanto, en casos de opresión de los derechos o de abuso o usurpación, la revolución era la vía de solución de los conflictos entre el pueblo y los gobernantes. Como sustituto de la misma, sin embargo, precisamente surgió el poder atribuido a los jueces para dirimir los conflictos constitucionales entre los poderes constituidos o entre éstos y el pueblo. Esa es, precisamente, la tarea del juez constitucional, quedando configurada la justicia constitucional como la principal garantía al derecho ciudadano a la supremacía constitucional.

---

702 Sentencia de la Corte Suprema de Justicia en Pleno de 15–03–1962, en *Gaceta Oficial.,* N° 760, Extraordinaria de 22-3-62.

703 Silvia Snowiss, *Judicial Review and the Law of the Constitution,* 113 (Yale University Press 1990).

704 John Locke, *Two Treatises of Government* (Ed. Peter Laslett), 211-221 (Cambridge UK, 1967).

Sin embargo, a pesar de la previsión de dichos mecanismos de justicia constitucional, no debe dejar de destacarse que muchas Constituciones aún consagran el derecho ciudadano a la desobediencia civil, por ejemplo, respecto de regímenes, de legislación y de autoridades que contraríen la Constitución. Un ejemplo de esto es el artículo 350 de la Constitución de Venezuela de 1999, en el cual se dispuso que:

"El pueblo de Venezuela, fiel a su tradición republicana, a su lucha por la independencia, la paz y la libertad, desconocerá cualquier régimen, legislación o autoridad que contraríe los valores, principios y garantías democráticas o menoscabe los derechos humanos".

Este artículo consagra constitucionalmente lo que la filosofía política moderna ha calificado como desobediencia civil[705], que es una de las formas pacíficas como se manifiesta el mencionado derecho de resistencia, que tuvo su origen histórico en el antes mencionado derecho a la insurrección que difundió John Locke. Además, tiene su antecedente constitucional remoto en la Constitución Francesa de 1793 en cuyo artículo 35, que era el último de los artículos de la Declaración de los Derechos del Hombre y del Ciudadano que la precedía, se estableció que "Cuando el gobierno viole los derechos del pueblo, la insurrección es, para el pueblo y para cada porción del pueblo, el más sagrado de los derechos y el más indispensable de los deberes".

Esta norma, que era típica de un gobierno revolucionario como el del Terror, sin duda, fue anómala y pronto desapareció de los anales del constitucionalismo. Sin embargo, ello no ha impedido la aparición en las Constituciones de algunas versiones contemporáneas, que si bien no se refieren al derecho a la insurrección, consagran el derecho a la rebelión contra los gobiernos de fuerza, como es el consagrado, por ejemplo, en el artículo 333 de la Constitución venezolana que establece el deber de "todo ciudadano investido o no de autoridad, de colaborar en el restablecimiento de la efectiva vigencia de la Constitución", si la misma llegare a perder "su vigencia o dejare de observarse por acto de fuerza o porque fuere derogada por cualquier otro medio distinto al previsto en ella". Es el único caso en el cual una Constitución pacifista como la venezolana de 1999, admite que pueda haber un acto de fuerza para reaccionar contra un régimen que por la fuerza hubiere irrumpido contra la Constitución[706]. El tema central en esta materia, por supuesto, es la determinación de cuándo desaparece la obligación de la obediencia a las leyes y cuándo se reemplaza por la también obligación-derecho de desobedecerlas y esto ocurre, en general,

---

705 Sobre la desobediencia civil y el artículo 350 de la Constitución de Venezuela, *V.,*: María L. Álvarez Chamosa y Paola A. A. Yrady, "La desobediencia civil como mecanismo de participación ciudadana", *Revista de Derecho Constitucional,* N° 7, 7-21(2003); Andrés A. Mezgravis, "¿Qué es la desobediencia civil?", *Revista de Derecho Constitucional,* N° 7 189-191 (2003); Marie Picard de Orsini, "Consideraciones acerca de la desobediencia civil como instrumento de la democracia", en *El Derecho Público a comienzos del siglo XXI. Estudios homenaje al Profesor Allan R. Brewer-Carías,* Tomo I, 535-551 (Instituto de Derecho Público, UCV, Civitas Ediciones, Madrid, 2003); y Eloisa Avellaneda y Luis Salamanca, "El artículo 350 de la Constitución: derecho de rebelión, derecho resistencia o derecho a la desobediencia civil", en *El Derecho Público a comienzos del siglo XXI. Estudios homenaje al Profesor Allan R. Brewer-Carías,* Tomo I, 553-583 (Instituto de Derecho Público, UCV, Civitas Ediciones, Madrid, 2003).

706 Allan R. Brewer-Carías, *La crisis de la democracia en Venezuela*, Ediciones Libros El Nacional, Caracas 2002, p. 33 y ss.

cuando la ley es injusta; cuando es ilegítima, porque por ejemplo emana de un órgano que no tiene poder para legislar, o cuando es nula, por violar la Constitución.

De todo lo anterior resulta entonces que en el constitucionalismo contemporáneo propio del Estado Constitucional y democrático de derecho, es posible identificar el mencionado derecho ciudadano a la Constitución, que a la vez, como hemos visto, se desdobla en el derecho ciudadano a la supremacía constitucional, el derecho ciudadano a la tutela efectiva de la Constitución, el derecho ciudadano al amparo a los derechos y garantías constitucionales, y el derecho ciudadano a la desobediencia civil e incluso, a la rebelión frente a rupturas ilegítimas de la Constitución.

Pero en segundo lugar, además del derecho a la Constitución, en las nuevas tendencias del derecho constitucional derivado igualmente de la propia concepción de dicho Estado democrático de derecho, también puede identificarse el *derecho a la democracia*[707], de lo que resulta que esta debe ser considerada no sólo como un régimen político determinado, sino en un Estado Constitucional como un derecho ciudadano. La consecuencia de ello además, es que los derechos políticos han comenzado a dejar de estar reducidos a los que generalmente se habían establecido expresamente en las Constituciones, como son los clásicos derecho al sufragio, al desempeño de cargos públicos, a asociarse en partidos políticos y, más recientemente, a la participación política.

En el mundo contemporáneo, por tanto, se puede hoy también hablar de otros derechos políticos que se derivan del régimen democrático, como es el mencionado derecho ciudadano a la democracia, o a un régimen político en el cual se garanticen sus *elementos esenciales* tal como fueron enumerados por la *Carta Democrática Interamericana* de la OEA 2001, y que son los siguientes: 1) el respeto a los derechos humanos y las libertades fundamentales; 2) el acceso al poder y su ejercicio con sujeción al Estado de derecho; 3) la celebración de elecciones periódicas, libres, justas y basadas en el sufragio universal y secreto, como expresión de la soberanía del pueblo; 4) el régimen plural de partidos y organizaciones políticas y 5) la separación e independencia de los poderes públicos (Art. 3). En democracia, sin duda, el ciudadano tiene derecho a todos esos elementos esenciales, los cuales incluso, en muchas Constituciones se han configurado como derechos políticos individualizados, como es el caso del derecho a ejercer funciones públicas, del derecho al sufragio, o del derecho de asociación en partidos políticos. Sin embargo, considerados en su conjunto, y destacándose en particular entre ellos, el relativo a la separación de poderes, se pueden configurar, globalmente, como integrando un derecho a la democracia que está destinado a garantizar el control efectivo del ejercicio del poder por parte de los gobernantes, y a través de ellos, del Estado.

Este derecho a la democracia, por supuesto, sólo puede configurarse en Estados democráticos de derecho, siendo inconcebible en los Estados con regímenes autoritarios donde precisamente los anteriormente mencionados elementos esenciales no pueden ser garantizados por la ausencia de controles respecto del ejercicio del po-

---

707   Allan R. Brewer-Carías, "Prólogo: Sobre el derecho a la democracia y el control del poder", al libro de Asdrúbal Aguiar, *El derecho a la democracia. La democracia en el derecho y la jurisprudencia interamericanos. La libertad de expresión, piedra angular de la democracia*, Editorial Jurídica Venezolana, Caracas 2008, p. 660.

der, aún cuando pueda tratarse de Estados en los cuales, en fraude a la Constitución y a la propia democracia, los gobiernos puedan haber tenido su origen en algún ejercicio electoral.

"Es una experiencia eterna –como hace varias centurias lo enseñó Charles Louis de Secondat, Barón de Montesquieu- que todo hombre que tiene poder, tiende a abusar de él; y lo hace, hasta que encuentra límites", de lo que dedujo su famoso postulado de que "para que no se pueda abusar del poder es necesario que por la disposición de las cosas, el poder limite al poder[708]". De esta apreciación física fue que se derivó, precisamente, el principio de la separación de poderes que establecieron todas las Constituciones que se formularon después de las revoluciones norteamericana y francesa, convirtiéndose no sólo en uno de los pilares fundamentales del constitucionalismo moderno, sino además, de la propia democracia tanto como régimen político como derecho ciudadano para asegurar que quienes sean electos para gobernar y ejercer el poder estatal en representación del pueblo, no abusen del mismo. Por ello, desde la misma Declaración de Derechos del Hombre y del Ciudadano de 1789 se estableció, con razón, que "toda sociedad en la cual no esté determinada la separación de los poderes, carece de Constitución (Art. 16)".

Doscientos años después, pero con su origen en aquellos postulados, en el orden constitucional interno de los Estados democráticos de derecho, es posible entonces identificar un derecho a la democracia conformado por los antes mencionados *elementos esenciales* que se complementan con sus *componentes fundamentales,* enumerados también en la misma *Carta Democrática Interamericana*, y que son los siguientes: 1) la transparencia de las actividades gubernamentales; 2) la probidad y la responsabilidad de los gobiernos en la gestión pública; 3) el respeto de los derechos sociales; 4) el respeto de la libertad de expresión y de prensa; 5) la subordinación constitucional de todas las instituciones del Estado a la autoridad civil legalmente constituida y 6) el respeto al Estado de derecho de todas las entidades y sectores de la sociedad (Art. 4).

Al igual que algunos de los antes mencionados elementos esenciales de la democracia, muchos de estos componentes fundamentales también se han configurado en las Constituciones como derechos ciudadanos individualizados, como por ejemplo, el conjunto de derechos sociales y la libertad de expresión del pensamiento. Sin embargo, también considerados en su conjunto, junto con los elementos esenciales, estos componentes fundamentales de la democracia permiten reafirmar la existencia del derecho ciudadano a la democracia, como derecho fundamental en si mismo, lo que implica por sobre todo, la posibilidad ciudadana de controlar el ejercicio del poder.

Ello tiene una significación e importancia fundamentales en la configuración del Estado Constitucional democrático de derecho pues de este factor dependen todos los otros que caracterizan la democracia, de manera que sólo controlando al Poder es que puede haber elecciones libres y justas, así como efectiva representatividad; sólo controlando al poder es que puede haber pluralismo político; sólo controlando

---

708   Charles Louis de Secondat, Barón de Montesquieu, *De l'Espirit des Lois* I, Libro XI, Cáp. IV, Ed. G. Tunc, Paris 1949, p. 162-163.

al Poder es que puede haber efectiva participación democrática en la gestión de los asuntos públicos; sólo controlando al Poder es que puede haber transparencia administrativa en el ejercicio del gobierno, y rendición de cuentas por parte de los gobernantes; sólo controlando el Poder es que se puede asegurar un gobierno sometido a la Constitución y las leyes, es decir, un Estado de derecho y la garantía del principio de legalidad; sólo controlando el Poder es que puede haber un efectivo acceso a la justicia de manera que esta pueda funcionar con efectiva autonomía e independencia; y sólo controlando al Poder es que puede haber real y efectiva garantía de respeto a los derechos humanos. De lo anterior resulta, por tanto, que sólo cuando existe un sistema de control efectivo del poder es que puede haber democracia, y sólo en esta es que los ciudadanos pueden encontrar asegurados sus derechos debidamente equilibrados con los poderes Públicos.

Por ello es precisamente que en el mundo contemporáneo, la democracia no sólo se define como el gobierno del pueblo mediante representantes elegidos, sino además y por sobre todo, como un gobierno sometido a controles, y no solo por parte del Poder mismo conforme al principio de la separación de los poderes del Estado, sino por parte del pueblo mismo, es decir, de los ciudadanos, individual y colectivamente considerados, y precisamente a ello es que tienen derecho los ciudadanos cuando hablamos del derecho a la democracia.

Ahora bien, este derecho a la democracia identificado con el derecho al control del poder comporta al menos tres derechos políticos específicos que se configuran precisamente en los pilares fundamentales del equilibrio entre Estado y el ciudadano, y que son: en primer lugar, el derecho ciudadano a la separación de poderes; en segundo lugar, el derecho ciudadano a la distribución vertical o territorial del poder para asegurar la participación política; y en tercer lugar, el derecho ciudadano al ejercicio de los recursos judiciales necesarios para controlar el ejercicio del poder, y además, asegurar la vigencia de los derechos humanos y el sometimiento del Estado al derecho.

El primer derecho político derivado del derecho a la democracia, que se erige en un elemento esencial para el establecimiento de dicho equilibrio, es el derecho a la separación e independencia de los Poderes Públicos, que es lo que puede permitir el control del poder estatal por el poder estatal mismo, al punto de que su existencia, como hemos dicho, es la que puede garantizar la vigencia de los diversos factores esenciales de la democracia. Este derecho derivado del principio de la separación de poderes sigue siendo el pilar fundamental en la organización del Estado democrático constitucional y, exige no sólo que los Poderes del Estado tengan efectiva independencia y autonomía sino que la misma esté garantizada.

Ello, por lo demás, es de la esencia de la democracia, de manera que al contrario, como lo enseña la historia de la humanidad, demasiada concentración y centralización del poder como ocurre en cualquier gobierno autoritario, así tenga origen electoral, inevitablemente conduce a la tiranía. El mundo contemporáneo ha tenido demasiadas experiencias que han mostrado toda suerte de tiranos que usaron el voto popular para acceder al poder, y que luego, mediante su ejercicio incontrolado, desarrollaron gobiernos autoritarios, contrarios al pueblo, que acabaron con la propia democracia y con todos sus elementos, comenzando por el respeto a los derechos humanos.

Pero el derecho a la democracia también está condicionado por otro clásico principio de la organización del Estado que responde a un segundo derecho político derivado del señalado derecho a la democracia, que es la distribución vertical del poder público el cual necesariamente implica un proceso de descentralización política entre entidades territoriales dotadas de autonomía política. Este principio en efecto, también se configura como un derecho ciudadano, en ese caso a la distribución del poder, que es, además, el que puede garantizar la efectiva posibilidad de ejercicio del derecho a la participación política democrática. Por ello puede decirse, por ejemplo, que la configuración de un Estado Unitario descentralizado como el de Colombia, o de un Estado Federal como los de Venezuela y México, conllevan la existencia de un derecho ciudadano a la distribución territorial del poder que implican, ya que la misma que no es otra cosa que descentralización política, además, es la que puede garantizar la posibilidad para el ciudadano de poder ejercer el derecho de participar en la toma de decisiones y en la gestión de los asuntos públicos. Esto sólo es posible cuando el poder está cerca del ciudadano, como consecuencia, precisamente, de la distribución territorial o descentralización del poder basado en la multiplicación de las autoridades locales con autonomía política[709], que es lo que puede servir, además, para que el poder controle al poder. Al contrario, en un esquema de centralización del poder, no sólo la participación política se torna en una ilusión retórica, sino que el sistema se convierte en fácil instrumento del autoritarismo[710].

La participación política, que es un derecho constitucional que no debe confundirse con la movilización popular ni con los mecanismos de democracia directa, sólo es posible en las democracias a nivel local, en unidades territoriales políticas y autónomas descentralizadas donde se practique el autogobierno mediante representantes electos en forma directa, universal y secreta. Por eso el vínculo indisoluble que hay entre descentralización y participación, es sólo posible en democracia. En cambio, tal como lo enseña la historia y práctica política, nunca ha habido autoritarismos descentralizados, y menos autoritarismos que hayan podido permitir el ejercicio efectivo del derecho a la participación política. La centralización política del poder es de la esencia de los autoritarismos, y es contraria a la democracia, impidiendo a la vez toda posibilidad de participación, siendo en definitiva la base de la exclusión política al concentrar el poder en unos pocos, independientemente de que hayan sido electos. Por ello, los autoritarismos temen y rechazan tanto la real descentralización política como la participación democrática, lo que constituye una nega-

---

709 Allan R. Brewer-Carías, "El Municipio, la descentralización política y la democracia" en *XXV Congreso Iberoamericano de Municipios, Guadalajara, Jalisco, México, 23 al 26 de octubre del 2001*, México 2003, pp. 53-61. *V.*, las propuestas para el reforzamiento de la descentralización de la federación y el desmantelamiento de su centralización en la Asamblea Constituyente de 1999, en Allan R. Brewer-Carías, *Debate Constituyente (Aportes a la Asamblea Nacional Constituyente)*, I, Fundación de Derecho Público, Editorial Jurídica Venezolana, Caracas 1999, p. 155 ss.

710 Allan R. Brewer-Carías, "La opción entre democracia y autoritarismo (julio 2001)", pp. 41-59; "Democratización, descentralización política y reforma del Estado (julio-octubre 2001)" pp. 105-125; y "El Municipio, la descentralización política y la democracia (octubre 2001, en Allan R. Brewer, *Reflexiones sobre el constitucionalismo en América*, Editorial Jurídica Venezolana, Caracas 2001, pp. 127-141.

ción, en definitiva, del derecho a la distribución territorial del poder y del derecho a la democracia.

En cambio, la distribución territorial del poder, es decir, la descentralización política, es como se ha dicho, la que puede permitir el ejercicio efectivo de una democracia participativa, y la vez, del derecho a la posibilidad de controlar el poder, implicando siempre la creación de entidades autónomas de autogobierno cuyos miembros necesariamente tienen que ser electos por votación universal, directa y secreta del pueblo, y no simplemente designados por asambleas de ciudadanos controladas por el poder central o por un partido de gobierno[711]. Éstas, en esa forma configuradas, no pasan de ser instituciones de manejo centralizado, dispuestas para hacerle creer al ciudadano que participa, cuando lo que se hace es, si acaso, movilizarlo en forma totalmente controlada por el Poder Central.

La verdad es que para que la democracia sea inclusiva o de inclusión, es decir, participativa, la misma tiene que permitir al ciudadano poder ser parte efectivamente de una comunidad política que tenga autonomía; lo que sólo puede tener lugar en entidades políticas autónomas, como los Municipios, producto de la distribución territorial del poder, como sucede en todas las sociedades democráticas.

Pero además del derecho ciudadano a la separación de poderes y a la distribución territorial del poder, para controlarlo, el derecho a la democracia también conlleva la existencia de un tercer derecho ciudadano que es el mismo que ya destacamos cuando nos referimos al derecho a la Constitución, y que es el derecho a la tutela judicial efectiva y a ejercer el control judicial efectivo del ejercicio del poder, lo que exige, ineludiblemente, que la autonomía e independencia del Poder Judicial en su conjunto y de los jueces en particular, estén garantizadas. Por ello, también como parte del derecho ciudadano a la separación de poderes y como parte del derecho a la democracia, se puede identificar un derecho ciudadano a la independencia y autonomía de los jueces que en un Estado democrático de derecho, la Constitución y todos los poderes del Estado deben garantizar. Se trata de darle plena efectividad al mencionado derecho constitucional a la separación de poderes, porque sin éste, simplemente no puede hablarse ni de Estado de derecho, ni de posibilidad de control judicial del poder, ni de derecho a la democracia, y sin ello, es imposible hablar siquiera del equilibrio que debe asegurarse entre los poderes del Estado y los derechos ciudadanos.

De todo lo anterior resulta, con evidencia, que para que exista democracia como régimen político en un Estado constitucional y democrático de derecho, no son suficientes las declaraciones contenidas en los textos constitucionales que hablen del derecho al sufragio y a la participación política; ni de la división o separación horizontal del Poder Público, ni de su distribución vertical o territorial, de manera que

---

711   Ley de los Consejos Comunales en *Gaceta Oficial* N° 5.806 Extraordinaria del 10 de abril de 2006. *V.,* Allan R. Brewer-Carías, "El inicio de la desmunicipalización en Venezuela: La organización del Poder Popular para eliminar la descentralización, la democracia representativa y la participación a nivel local", en *AIDA, Opera Prima de Derecho Administrativo. Revista de la Asociación Internacional de Derecho Administrativo*, 49-67 (Universidad Nacional Autónoma de México, Facultad de Estudios Superiores de Acatlán, Coordinación de Postgrado, Instituto Internacional de Derecho Administrativo "Agustín Gordillo", Asociación Internacional de Derecho Administrativo, México, 2007).

los diversos poderes del Estado puedan limitarse mutuamente. Tampoco bastan las declaraciones que se refieran a la posibilidad de los ciudadanos de controlar el poder del Estado, mediante elecciones libres y justas que garanticen la alternabilidad republicana; mediante un sistema de partidos que permita el libre juego del pluralismo democrático; mediante la libre manifestación y expresión del pensamiento y de la información que movilice la opinión pública; o mediante el ejercicio de recursos judiciales ante jueces independientes que permitan asegurar la vigencia de los derechos humanos y el sometimiento del Estado al derecho. Tampoco bastan las declaraciones constitucionales sobre la "democracia participativa y protagónica" o la descentralización del Estado; así como tampoco la declaración extensa de derechos humanos.

Además de todas esas declaraciones, es necesaria que la práctica política democrática asegure efectivamente la posibilidad de controlar el poder, como única forma de garantizar la vigencia del Estado de derecho, y el ejercicio real de los derechos humanos. Y para ello, sin duda, es que hay que destacar entre las nuevas tendencias del derecho constitucional en el Siglo XXI, la necesidad de identificar nuevos derechos ciudadanos propios del Estado Constitucional y democrático, como son precisamente, el derecho a la Constitución y el derecho a la democracia.

SECCIÓN CUARTA: SOBRE EL DERECHO A LA DEMOCRACIA Y EL CONTROL DEL PODER (2008).

Texto del Prólogo al libro de Asdrúbal Aguiar, *El derecho a la democracia. La democracia en el derecho y la jurisprudencia interamericanos. La libertad de expresión, piedra angular de la democracia*, Colección Estudios Jurídicos Nº 87, Editorial Jurídica Venezolana, Caracas 2008, pp. 17-37

I

Esta obra de mi muy apreciado amigo de tantos años, Asdrúbal Aguiar, sobre *El derecho a la democracia*, puede decirse que además de que era necesaria, también era largamente esperada en América Latina, una región en la cual, a pesar de las transiciones democráticas de las últimas décadas, sigue teniendo un profundo déficit histórico de democracia, tal como lo demuestra el reciente resurgimiento de regímenes autoritarios, aún cuando de nuevo cuño pues no tienen su origen en golpes militares, sino en la manipulación fraudulenta de la Constitución que les permitió acceder al poder, y de la propia democracia, para destruirla.

Frente a estos, particularmente, en este libro se encuentra su exacta ubicación, con un énfasis sobre el significado de la democracia y sobre su alcance, no sólo como régimen político sino como derecho de los pueblos y de los ciudadanos. Y nadie mejor para realizar este análisis que Asdrúbal Aguiar, quien es uno de los venezolanos que más empeño ha puesto en todo el Continente en la defensa de la democracia y, en particular, de uno de sus componentes más esenciales como es la libertad de expresión.

Aguiar es un destacado abogado venezolano, graduado en la Universidad Central de Venezuela (1970), con cursos de especialización en Roma (1972) y doctorado de la Universidad Católica Andrés Bello (1994), quien ha dedicado muchos años a la docencia, particularmente en la última Universidad, donde desde 1977 ha enseñado Derecho Internacional Público y también Derecho Internacional Penal. Ha sido además, docente en los Cursos de Postgrado de la Facultad de Ciencias Jurídicas y Políticas de la Universidad Central de Venezuela, en la Universidad Monte Ávila y en la Universidad Católica Cecilio Acosta (Maracaibo); y profesor Visitante de la *Universitá degli Studi di Messina* (Italia) y de la Universidad de Buenos Aires. Actualmente es profesor Titular de la Universidad del Salvador de Buenos Aires

Sin embargo, su compromiso y militancia con la democracia no sólo es de orden académico, sino además de carácter profesional y político, lo que lo ha llevado en el sistema interamericano a ser Juez de la Corte Interamericana de Derechos Humanos, y en su país, a ocupar los más altos y delicados cargos públicos en gobiernos democráticos, como los de Embajador, Gobernador del Distrito Federal, Ministro de la Secretaría de la Presidencia de la República, Ministro de Relaciones Interiores, y Encargado de la Presidencia de la República de Venezuela. Es, en fin, un destacadísimo representante de una generación que tuvo la fortuna de haberse formado en una democracia, que a pesar de todos sus problemas, en Venezuela probó ser un sistema de gobierno del pueblo, guiada por los principios de igualdad, libertad, pluralismo y tolerancia.

Después de haber publicado varios importantes libros, entre los cuales está su conocida obra sobre *La protección internacional de los derechos del hombre,* editada por la Academia de Ciencias Políticas y Sociales de Venezuela (Caracas, 1987, 238 pp.), y además, la que tuve el privilegio de presentar en la misma Academia cuando me correspondió presidirla, sobre *Derechos humanos y responsabilidad internacional del Estado* (Monteávila Latinoamericana, 1997, 379 pp.); nos entrega ahora esta nueva obra sobre el derecho a la democracia, el cual estudia como derecho colectivo, partiendo de lo establecido en la materia en diversos instrumentos internacionales adoptados en América latina, así como de la muy rica jurisprudencia sentada por la Corte Interamericana de Derechos Humanos en relación con los valores de la democracia, y sobre todo, considerada como la condición esencial necesaria que es para la vigencia de los derechos humanos.

Uno de los novedosos aportes de esta obra, es precisamente, considerar a la democracia, además de cómo régimen político, como un derecho político que deriva del nuevo ordenamiento internacional que se ha venido desarrollando, particularmente en el ámbito interamericano, en el cual destaca la *Carta Democrática Interamericana.* Sobre ésta, en especial, los lectores encontrarán no sólo un exhaustivo y minucioso estudio sobre sus alcances, sino también una excelente recopilación de todos esos instrumentos y de la jurisprudencia de la Corte Interamericana de Derechos Humanos sobre la democracia y todos los temas que le son conexos.

La lectura de esta obra que enfoca el derecho a la democracia básicamente desde el punto de vista internacional, es la que, bajo otro ángulo, nos ha llevado a reafirmar la tesis de que también se trata de un derecho constitucional en el ámbito interno, que debe comenzarse a identificar como un derecho fundamental de los ciudadanos a la democracia.

Es decir, en el Estado constitucional democrático de derecho contemporáneo, los ciudadanos, además de los clásicos derechos civiles, políticos, sociales, económicos y ambientales, tienen un conjunto de derechos que derivan de la propia concepción de dicho Estado de derecho, como son por ejemplo, el derecho ciudadano a la supremacía constitucional y el derecho a la democracia.

II

Y, en efecto, en el orden interno del derecho constitucional de nuestros países latinoamericanos, es necesario que se precise definitivamente que los ciudadanos así como tienen un derecho constitucional a la Constitución y su supremacía, tienen derecho a la democracia, de manera que los derechos políticos ya no sólo se reducen a los que desde antaño generalmente se han establecido expresamente en las Constituciones, como son los clásicos derecho al sufragio, derecho de asociarse en partidos políticos y más recientemente, el derecho a la participación política.

Además de éstos, en las Constituciones también se puede identificar igualmente como derecho político, el derecho a la democracia, como un derecho ciudadano a la existencia de un régimen político en el cual se garanticen los siguientes *elementos esenciales* que precisamente enumera la *Carta Democrática Interamericana,*: 1) el respeto a los derechos humanos y las libertades fundamentales; 2) el acceso al poder y su ejercicio con sujeción al Estado de derecho; 3) la celebración de elecciones periódicas, libres, justas y basadas en el sufragio universal y secreto, como expresión de la soberanía del pueblo; 4) el régimen plural de partidos y organizaciones políticas y 5) la separación e independencia de los poderes públicos (art. 3)[712].

Es cierto que la mayoría de esos elementos esenciales de la democracia se configuran en las Constituciones como derechos políticos individualizados, como el derecho a ejercer funciones públicas, el derecho al sufragio, o el derecho de asociación en partidos políticos, pero considerados en su conjunto, y destacándose en particular entre ellos el principio de la separación de poderes, se pueden configurar globalmente como integrando un derecho a la democracia, para garantizar el control efectivo del ejercicio del poder por los gobernantes, y a través de ellos, del Estado.

Este derecho, por supuesto, sólo puede configurarse en Estados democráticos de derecho, y es inconcebible en los Estados autoritarios donde esos elementos esenciales no se pueden garantizar, por la ausencia de controles en el ejercicio del poder, aún se trate de Estados en los cuales, en fraude a la Constitución y a la propia democracia, los gobiernos puedan haber tenido su origen en algún ejercicio electoral.

"Es una experiencia eterna –como lo advirtió hace varias centurias Charles Louis de Secondat, Barón de Montesquieu- que todo hombre que tiene poder tiende a abusar de él; y lo hace hasta que encuentra límites" de lo que dedujo su famoso postulado de que "para que no se pueda abusar del poder es necesario que por la disposición de las cosas, el poder limite al poder"[713].

De esta apreciación se derivó, precisamente, el principio de la separación de poderes que recogieron las Constituciones que se formularon con ocasión de la Revo-

---

712   *V.,* lo que por nuestra parte expresamos sobre la Carta Democrática Interamericana apenas se adoptó y la crisis de la democracia en Venezuela: Allan R. Brewer-Carías, *La crisis de la democracia venezolana. La Carta Democrática Interamericana y los sucesos de abril de 2002,* Ediciones El Nacional, Caracas 2002, pp. 137 y ss.

713   *De l'Espirit des Lois* (ed. G. Tunc), Paris 1949, Vol. I, Libro XI, Cáp. IV, pp. 162-163

lución Norteamericana de 1776 y de la Revolución Francesa de 1789, el cual no sólo se convirtió en uno de los principios fundamentales del constitucionalismo moderno, sino además de la propia democracia como régimen político y como derecho ciudadano para asegurar que quienes hayan sido electos para gobernar y ejercer el poder estatal en representación del pueblo, no abusen del mismo.

Por ello, desde la misma Declaración de Derechos del Hombre y del Ciudadano de 1789 se estableció, con razón, que toda sociedad en la cual no esté determinada la separación de los poderes, carece de Constitución (art. 16).

Es posible identificar, por tanto, en el orden constitucional interno de los Estados democráticos de derecho, un derecho a la democracia que está necesariamente conformado por los antes mencionados *elementos esenciales* que enuncia la *Carta Democrática Interamericana*, los cuales además, se complementan con otros *componentes fundamentales* de la democracia que también se enumeran en la misma *Carta*, y que son: 1) la transparencia de las actividades gubernamentales; 2) la probidad y la responsabilidad de los gobiernos en la gestión pública; 3) el respeto de los derechos sociales; 4) el respeto de la libertad de expresión y de prensa; 5) la subordinación constitucional de todas las instituciones del Estado a la autoridad civil legalmente constituida y 6) el respeto al Estado de derecho de todas las entidades y sectores de la sociedad (art. 4).

Al igual que algunos de los antes mencionados elementos esenciales de la democracia, muchos de esos componentes fundamentales también se han configurado en las Constituciones como derechos ciudadanos individualizados, como por ejemplo, el conjunto de derechos sociales y la libertad de expresión del pensamiento, pero de nuevo, considerados en su conjunto, junto con los elementos esenciales, permiten reafirmar la existencia de este derecho a la democracia, como derecho fundamental.

El derecho a la democracia, por tanto, comprende todos los elementos esenciales y componentes fundamentales de la misma, entre los cuales destaca la posibilidad ciudadana de controlar el ejercicio del poder, pues en definitiva, sólo controlando al Poder es que puede haber elecciones completamente libres y justas, así como efectiva representatividad; sólo controlando al poder es que puede haber pluralismo político; sólo controlando al Poder es que puede haber efectiva participación democrática; sólo controlando al Poder es que puede haber transparencia en el ejercicio del gobierno, con exigencia de la rendición de cuentas por parte de los gobernantes; sólo controlando el Poder es que se puede asegurar un gobierno sometido a la Constitución y las leyes, es decir, un Estado de derecho; sólo controlando el Poder es que puede haber un efectivo acceso a la justicia de manera que esta pueda funcionar con efectiva autonomía e independencia; y sólo controlando al Poder es que puede haber real y efectiva garantía de respeto a los derechos humanos. De lo anterior resulta, por tanto, que sólo cuando existe un sistema de control efectivo del poder es que puede haber democracia.

Por ello es que precisamente, en el mundo contemporáneo, la democracia no sólo se define como el gobierno del pueblo mediante representantes elegidos, sino además y por sobre todo, como un gobierno sometido a controles, y no solo por parte del poder mismo, conforme al principio de la separación de los poderes del Estado, sino por parte del pueblo mismo, es decir, de los ciudadanos, individual y colectivamente considerados.

Este control del poder como elemento esencial de la democracia comporta al menos tres derechos políticos básicos que son, (i) el derecho ciudadano a la separación de poderes, (ii) el derecho ciudadano a la distribución vertical o territorial del poder para asegurar la participación; y (iii) el derecho ciudadano al ejercicio de los recursos judiciales necesarios para controlar el ejercicio del poder, y además, asegurar la vigencia de los derechos humanos y el sometimiento del Estado al derecho, es decir, en definitiva, para garantizar el derecho a la democracia.

Estos derechos, como derechos políticos, por supuesto hay que configurarlos desde la perspectiva del orden constitucional interno, a cuyo efecto, a continuación y motivados por la lectura del libro de Aguiar, vamos a analizar partiendo del ordenamiento constitucional venezolano, que es el que nos concierne más directamente. En Venezuela, además y lamentablemente, después de haber tenido uno de los más largos períodos históricos de democracia, como fue el período 1958-1999, a partir de este último año, desde la misma democracia y en fraude a ella, se ha venido consolidando un régimen autoritario, precisamente por el sistemático desmantelamiento, distorsión o neutralización que se ha venido realizado respecto de los sistemas de control del poder, con la consiguiente extinción paulatina de la propia democracia, y la desaparición del derecho ciudadano a la misma.

III

El primer derecho político derivado del derecho a la democracia, es el derecho a la separación e independencia de los Poderes Públicos, que es lo que puede permitir el control del poder estatal por el poder estatal mismo, al punto de que su existencia, como hemos dicho, es la que puede garantizar la vigencia de los diversos factores esenciales de la democracia. Este derecho derivado del principio de la separación de poderes sigue siendo el pilar fundamental en la organización del Estado democrático constitucional y, exige no sólo que los Poderes del Estado tengan efectiva independencia y autonomía sino que la misma esté garantizada.

Ello, por lo demás, es de la esencia de la democracia, de manera que al contrario, como lo enseña la historia de la humanidad, demasiada concentración y centralización del poder, como ocurre en cualquier gobierno autoritario, así tenga origen electoral, inevitablemente conduce a la tiranía. El mundo contemporáneo ha tenido demasiadas experiencias que han mostrado toda suerte de tiranos que usaron el voto popular para acceder al poder, y que luego, mediante su ejercicio incontrolado, desarrollaron gobiernos autoritarios, contrarios al pueblo, que acabaron con la propia democracia y con todos sus elementos, comenzando por el respeto a los derechos humanos.

Y lamentablemente ello es lo que ha venido ocurriendo en Venezuela a la vista de todo el mundo democrático en estos primeros años del Siglo XXI, donde se ha arraigado un gobierno autoritario partiendo de elementos que se insertaron en la misma Constitución de 1999[714], en la cual se dispuso el germen de la concentración

---

714   *V.,* los comentarios críticos a la semilla autoritaria en la Constitución de 1999, en Allan R. Brewer-Carías, *Debate Constituyente (Aportes a la Asamblea Nacional Constituyente), Tomo III (18 octubre-30 noviembre 1999),* Fundación de Derecho Público-Editorial Jurídica Venezolana, Caracas 1999, pp. 311-340; «Reflexiones críticas sobre la Constitución de Venezuela de 1999» en el libro de Diego Va-

del poder en manos de la Asamblea Nacional y, consecuencialmente, del Poder Ejecutivo que la controla políticamente, con lo cual progresivamente se ha sometido a la voluntad de éste, a los otros Poderes Públicos, y particularmente al Poder Judicial, al Poder Ciudadano y al Poder Electoral[715].

Ello lo denunciamos en noviembre de 1999, antes de que se sometiera a referendo aprobatorio la Constitución, advirtiendo entonces que si la Constitución se aprobaba, ello iba a implicar la implantación en Venezuela, de:

Un esquema institucional concebido para el autoritarismo derivado de la combinación del centralismo del Estado, el presidencialismo exacerbado, la democracia de partidos, la concentración de poder en la Asamblea y el militarismo, que constituye el elemento central diseñado para la organización del poder del Estado. En mi opinión –agregaba-, esto no es lo que se requería para el perfeccionamiento de la democracia; la cual al contrario, se debió basar en la descentralización del poder, en un presidencialismo controlado y moderado, en la participación política para balancear el poder del Estado y en la sujeción de la autoridad militar a la autoridad civil[716].

La dependencia de los poderes respecto de la Asamblea Nacional se estableció, en efecto, en la Constitución de 1999 al atribuírsele no sólo la potestad de nombrar a los titulares de los órganos de los Poderes Públicos, sino la de removerlos de sus cargos mediante el simple voto político. Como consecuencia de ello, los Magistrados del Tribunal Supremo de Justicia (Poder Judicial), el Fiscal General de la República, el Contralor General de la República, el Defensor del Pueblo (Poder Ciudadano) y los Miembros del Consejo Nacional Electoral (Poder Electoral) (Art. 265, 279 y 296), pueden ser removidos por el voto de los diputados, incluso en algunos casos por simple mayoría de votos, todo lo cual se pretendió regular en general con la afortunadamente rechazada reforma constitucional que había sido sancionada por la Asamblea Nacional el 2 de noviembre de 2007, mediante el referendo del 2 de diciembre de 2007[717].

---

ladés, Miguel Carbonell (Coordinadores), *Constitucionalismo Iberoamericano del Siglo XXI*, Cámara de Diputados. LVII Legislatura, Universidad Nacional Autónoma de México, México 2000, pp. 171-193, en *Revista de Derecho Público*, N° 81, Editorial Jurídica Venezolana, Caracas, enero-marzo 2000, pp. 7-21; en *Revista Facultad de Derecho, Derechos y Valores*, Volumen III N° 5, Universidad Militar Nueva Granada, Santafé de Bogotá, D.C., Colombia, Julio 2000, pp. 9-26; y en el libro *La Constitución de 1999*, Biblioteca de la Academia de Ciencias Políticas y Sociales, Serie Eventos 14, Caracas 2000, pp. 63-88.

715   *V.,* Allan R. Brewer-Carías, "El secuestro del Poder Electoral y la confiscación del derecho a la participación política mediante el referendo revocatorio presidencial: Venezuela 2000-2004", en *Boletín Mexicano de Derecho Comparado*, Instituto de Investigaciones Jurídicas, Universidad Nacional Autónoma de México, N° 112, México, enero-abril 2005 pp. 11-73; *La Sala Constitucional versus el Estado Democrático de Derecho. El secuestro del poder electoral y de la Sala Electoral del Tribunal Supremo y la confiscación del derecho a la participación política*, Los Libros de El Nacional, Colección Ares, Caracas 2004, 172 pp.

716   Documento de 30 de noviembre de 1999. *V.*, en Allan R. Brewer-Carías, *Debate Constituyente Aportes a la Asamblea Nacional Constituyente*, Tomo III, Fundación de Derecho Público, Editorial Jurídica Venezolana, Caracas 1999, p. 339.

717   Sobre el contenido de la rechazada reforma constitucional, que explica por si sólo las razones de tal rechazo popular, *V.*, Allan R. Brewer-Carías, *Hacia la consolidación de un Estado Socialista, Centra-*

Con esas previsiones constitucionales simplemente es imposible que pueda hablarse de independencia de los poderes públicos, cuando la existencia de sus titulares depende de la sola voluntad política de uno de ellos, el cual puede removerlos precisamente cuando actúen con alguna independencia, lo que por supuesto ha ocurrido en los últimos años en Venezuela, precisamente cuando hubo algún mínimo signo de autonomía e independencia de alguno de los titulares de los altos órganos del Estado, supuestos en los cuales fueron removidos de sus cargos[718].

Esta dependencia de los órganos de control respecto de la Asamblea Nacional, por otra parte, es lo que ha originado la abstención total de aquellos en el ejercicio de control alguno, como ha sucedido, por ejemplo, en los casos del Contralor General de la República, y del Defensor del Pueblo.

En la consolidación de esta dependencia de los poderes del Estado en relación con la Asamblea Nacional en Venezuela, jugó un papel fundamental el progresivo desmantelamiento que se hizo, mediante una legislación inconstitucional, del novedoso sistema que la Constitución de 1999 estableció para asegurar la participación de la sociedad civil en la designación de los titulares de los diversos poderes públicos, buscándose evitar las designaciones de antaño, exclusivamente partidistas. Ese sistema consistía en el establecimiento, para la designación de los candidatos a magistrados del Tribunal Supremo de Justicia, a Fiscal General de la República, a Contralor General de la República, a Defensor del Pueblo y a miembros del Consejo Nacional Electoral, de sendos Comités de Postulaciones que debían estar integrados exclusivamente "**por representantes de los diversos sectores de la sociedad**", lo que implicaba la pérdida del poder discrecional de designación de dichos altos funcionarios por parte de la Asamblea Nacional. En evidente fraude a la Constitución, la regulación legal de dichos Comités de Postulaciones los fue convirtiendo paulati-

---

lista, Policial y Militarista. Comentarios sobre el alcance y sentido de las propuestas de reforma constitucional 2007, Editorial Jurídica Venezolana, Caracas 2007; *La Reforma Constitucional de 2007 (Inconstitucionalmente sancionada por la Asamblea Nacional el 2 de noviembre de 2007*, Editorial Jurídica Venezolana, Caracas 2007.

718 Así ocurrió con la Defensora del Pueblo y el Fiscal General de la República quienes ingenuamente pensaron que podían actuar con cierta autonomía respecto de la Asamblea Nacional, por lo que fueron removidos inmediatamente de sus cargos. El Fiscal General de la República por haber iniciado un procedimiento de antejuicio de mérito (penal) contra el entonces Ministro del Interior; y la Defensora del Pueblo, por haber impugnado la Ley Especial de la Asamblea Nacional de 2001 sobre nombramiento de los Magistrados del Tribunal Supremo sin cumplir con los requisitos constitucionales. Ambos fueron sustituidos en 2001. Así sucedió también con algunos Magistrados del Tribunal Supremo que votaron sentencias donde se contrariaban los designios del Jefe del Estado, lo que también provocó su inmediata remoción o que se acordase su "jubilación. Fue el caso del Vice Presidente del Tribunal Supremo de Justicia, quien fue Ponente de la sentencia de la Sala Plena Accidental de 14-08-2002 que decidió el antejuicio de mérito a los generales que actuaron el 12 de abril de 2002), declarando que no había mérito para enjuiciarlos porque en esa ocasión no había ocurrido un golpe militar sino un vacío de poder; y de los varios Magistrados de la Sala Electoral, quienes firmaron la sentencia N° 24 del 15-03-2004 (Caso: *Julio Borges, César Pérez Vivas, Henry Ramos Allup, Jorge Sucre Castillo, Ramón José Medina y Gerardo Blyde vs. Consejo Nacional Electoral*), que suspendió los efectos de la Resolución N° 040302-131 de 02-03-2004, del Consejo Nacional Electoral que en su momento impidió la realización del referendo revocatorio presidencial. *V.,* "Democracia y control del poder", en Allan R. Brewer-Carías, *Constitución, democracia y control del poder*, Centro Iberoamericano de Estudios Provinciales y Locales, Universidad de Los Andes, Mérida 2004, pp. 25 ss

namente en simples Comisiones parlamentarias "ampliadas", integrados mayoritariamente por diputados[719]. Este esquema se pretendió constitucionalizar formalmente en 2007 con la rechazada reforma constitucional que había sido sancionada por la Asamblea Nacional el 2 de noviembre de 2007, con la cual se buscaba hacer desaparecer toda referencia a la sociedad civil.

En todo caso, este marco institucional dio origen a la primacía de la Asamblea Nacional sobre los Poderes Judicial, Ciudadano y Electoral, lo que en la práctica política y constitucional condujo a la concentración total del poder en manos del Ejecutivo, dado el control político partidista que éste ejerce sobre la Asamblea Nacional. A consolidar ese control, además, ha contribuido la exacerbación del presidencialismo que la Constitución de 1999 impulsó con la extensión del período presidencial a seis años, y que en la rechazada reforma constitucional que había sancionado la Asamblea Nacional el 2 de noviembre de 2007 se pretendía llevar a siete años; con la consagración de la reelección presidencial inmediata por una sola vez para un nuevo período (art. 230), que en la misma afortunadamente rechazada reforma constitucional de noviembre de 2007 se buscaba establecer en forma indefinida; y la posibilidad de que el Legislativo le delegue materialmente toda la potestad de legislar, lo que efectivamente ha ocurrido mediante varias leyes habilitantes (Art. 203).

Todo este sistema de ausencia de autonomía y de dependencia de los poderes del Estado, en definitiva del Ejecutivo Nacional, en particular ha sido catastrófico en relación con el Poder Judicial, el cual desde que fue intervenido por la Asamblea Nacional Constituyente en 1999, ha continuado intervenido por el eje Ejecutivo-Asamblea Nacional. Ello ha sido así, lamentablemente, con anuencia y complicidad del propio Tribunal Supremo de Justicia, el cual se ha abstenido de asumir el completo gobierno del Poder Judicial, permitiendo una inconstitucional convivencia con la Comisión de Reorganización del Poder Judicial –a la cual ha legitimado- con poderes disciplinarios que conforme a la Constitución sólo unos jueces disciplinarios nombrados por concurso debían ejercer.

El derecho ciudadano a la separación e independencia de los poderes, base esencial del derecho a la democracia, en consecuencia se ha encontrado gravemente quebrantado en Venezuela.

IV

Pero el derecho a la democracia también está condicionado por otro clásico principio de la organización del Estado que responde a un segundo derecho político, que es la distribución vertical del poder público el cual necesariamente implica un proceso de descentralización política entre entidades territoriales dotadas de autonomía política. Este principio en efecto, también se configura como un derecho ciudadano a la distribución del poder que es, además, el que puede garantizar la efectiva posibilidad de ejercicio del derecho a la participación política democrática.

---

719   *V.*, Allan R. Brewer-Carías, "La participación ciudadana en la designación de los titulares de los órganos no electos de los Poderes Públicos en Venezuela y sus vicisitudes políticas", en *Revista Iberoamericana de Derecho Público y Administrativo*, Año 5, N° 5-2005, San José, Costa Rica 2005, pp. 76-95.

En la Constitución de Venezuela de 1999, esa distribución territorial del poder, igualmente se enunció con un también lenguaje florido, al definirse la forma del Estado como la de un "Estado federal descentralizado" (art. 4); pero que en la práctica política, también lamentablemente, conforme a normas contradictorias de la propia Constitución[720], ha conducido a la progresiva centralización del poder en los niveles nacionales del Estado, en perjuicio de los Estados y municipios. Ello, a la vez, ha provocado una distorsión del propio ejercicio de la democracia y de la participación popular, por un falaz discurso que busca sustituir la democracia representativa por una "democracia participativa", como si representación y participación fueran conceptos dicotómicos, conduciendo en realidad a la destrucción de la propia democracia.

Este desconocimiento del derecho ciudadano a la distribución territorial del poder y por ende, de la participación política, comenzó con las propias previsiones de la Constitución de 1999, y el retroceso institucional que significó la eliminación del Senado, y con ello del principio de igualdad institucional de los Estados de la "federación". Además, permitió la posibilidad de establecer limitaciones mediante simple ley nacional a la autonomía de los Estados (Art. 162) e, incluso, de los Municipios (Art. 168), lo que fue la negación de la idea misma de descentralización política y de su garantía constitucional. Las competencias de los Estados se redujeron a un precario ámbito, eliminándose las competencias tributarias, con lo que se colocó a los Estados en una posición de dependencia financiera más acentuada. Incluso se invirtió el viejo principio federal del carácter residual de las competencias públicas a favor de los Estados, que en materia tributaria se asignaron al Poder Nacional; y que con la rechazada reforma constitucional que sancionó la Asamblea Nacional el 2 de noviembre de 2007, se buscaba completar respecto de todas las materias.

En todo caso, el retroceso en la descentralización distorsionó la propia posibilidad de participación política, es decir, la posibilidad para el ciudadano de ejercer el derecho de participar en la toma de decisiones políticas, lo cual sólo es posible cuando el poder está cerca de él, como consecuencia, precisamente, de la distribución territorial o descentralización del poder basado en la multiplicación de las autoridades locales con autonomía política[721], que es lo que puede servir, además, para que el poder controle al poder. Al contrario, en un esquema de centralización del poder, no sólo la participación política se torna en una ilusión retórica, sino que el sistema se convierte en fácil instrumento del autoritarismo[722].

---

720 V., Allan R. Brewer-Carías, *Federalismo y Municipalismo en la Constitución de 1999 (Alcance de una reforma insuficiente y regresiva)*, Cuadernos de la Cátedra Allan R. Brewer-Carías de Derecho Público, N° 7, Universidad Católica del Táchira, Editorial Jurídica Venezolana, Caracas-San Cristóbal 2001, 187 pp. V., además, Allan R. Brewer-Carías, "El 'Estado Federal descentralizado' y la centralización de la Federación en Venezuela. Situación y Perspectiva de una contradicción constitucional", en *Revista de Estudios de la Administración Local (REAL)*, 292-293, mayo-diciembre 2003, Madrid 2003, pp. 11-43.

721 V., nuestras propuestas para el reforzamiento de la descentralización de la federación y el desmantelamiento de su centralización en Allan R. Brewer-Carías, *Debate Constituyente (Aportes a la Asamblea Nacional Constituyente)*, Tomo I, Fundación de Derecho Público, Editorial Jurídica Venezolana, Caracas 1999, pp. 155 y ss.

722 V., los estudios "La opción entre democracia y autoritarismo (julio 2001)", pp. 41-59; "Democratización, descentralización política y reforma del Estado (julio-octubre 2001)", pp. 105-125; y "El Munici-

Por ello, también con motivo de la realización del referendo aprobatorio de la Constitución de 1999, advertíamos que:

"La gran reforma del sistema político, necesaria e indispensable para perfeccionar la democracia era **desmontar el centralismo de Estado y distribuir el Poder Público en el territorio**; única vía para hacer realidad la participación política. La Asamblea Constituyente –agregábamos-, para superar la crisis política, **debió diseñar la transformación del Estado, descentralizando el poder** y sentar las bases para acercarlo efectivamente al ciudadano. Al no hacerlo, **ni transformó el Estado ni dispuso lo necesario para hacer efectiva la participación**"[723].

La Constitución de 1999, en esta materia, en realidad resultó un fraude encubierto en una mezcolanza terminológica contradictoria. En su texto se reguló un esquema de Estado centralizado, pero engañosamente utilizando en múltiples ocasiones las palabras "descentralización" y "participación", las cuales en la rechazada reforma constitucional sancionada por la Asamblea Nacional el 2 de noviembre de 2007, se buscaba que desaparecieran totalmente del texto constitucional; y, además, proclamando como valor global la llamada "democracia participativa", pero contradictoriamente, sin distribuir efectivamente el poder en el territorio, y sin permitir la efectiva posibilidad de participación política del ciudadano en la conducción de los asuntos públicos en entidades políticas autónomas y descentralizadas. Todo ello se buscaba que desapareciera con la rechazada reforma constitucional de 2007, que pretendía estructurar un Estado Socialista centralizado montado sobre unos Consejos del Poder Popular totalmente controlados desde la Presidencia de la República, con integrantes que no son electos popularmente.

La participación política, que es un derecho constitucional que no debe confundirse con la movilización popular, sólo es posible en las democracias a nivel local, en unidades territoriales políticas y autónomas descentralizadas donde se practique el autogobierno mediante representantes electos en forma directa, universal y secreta; y no se puede confundir con mecanismos de democracia directa como los referendos, las asambleas de ciudadanos y los Consejos Comunales. Estos últimos fueron creados en Venezuela (2006), paralelamente a los Municipios, pero sin embargo, configurados como instancias sin autonomía política y con miembros que no son electos popularmente mediante sufragio, siendo conducidos exclusivamente desde la jefatura del Estado para la centralización del poder.

La historia y práctica política enseña que nunca ha habido autoritarismos descentralizados, y menos autoritarismos que hayan podido permitir el ejercicio efectivo del derecho a la participación política. La centralización política del poder es de la esencia de los autoritarismos, y contraria a la democracia, impidiendo a la vez toda posibilidad de participación. Es a la vez, la base de la exclusión política al concentrar el poder en unos pocos, incluso así algunos hayan sido electos; de manera que

---

pio, la descentralización política y la democracia (octubre 2001)", pp. 127-141, en Allan R. Brewer, *Reflexiones sobre el constitucionalismo en América*, Editorial Jurídica Venezolana, Caracas 2001.

723 Documento de 30 de noviembre de 1999. *V.*, en Allan R. Brewer-Carías, *Debate Constituyente (Aportes a la Asamblea Nacional Constituyente)*, Tomo III, Fundación de Derecho Público, Editorial Jurídica Venezolana, Caracas 1999, p. 323.

los autoritarismos temen y rechazan tanto la real descentralización política como a la participación democrática. Es decir, son la negación del derecho a la distribución territorial del poder y, en definitiva, del derecho a la democracia.

En cambio, la distribución territorial del poder, es decir, la descentralización política, es la que puede permitir el ejercicio efectivo de una democracia participativa, y la vez, del derecho a la posibilidad de controlar el poder. Esto no es posible mediante el recurso al engaño de una supuesta "democracia participativa y protagónica", que no está montada en la descentralización, sino en la conformación de unos Consejos Comunales en los cuales se elimina la representatividad política, pues sus miembros *no son electos por votación universal, directa y secreta del pueblo*, sino que son designados por asambleas de ciudadanos controladas por el partido de gobierno[724]. En definitiva, se trata de instituciones de manejo centralizado, dispuestas para hacerle creer al ciudadano que participa, cuando lo que se hace es movilizarlo en forma totalmente controlada por el Poder Central.

La verdad es que para que la democracia sea inclusiva o de inclusión, es decir, participativa, la misma tiene que permitir al ciudadano poder ser parte efectivamente de una comunidad política que tenga autonomía; lo que sólo puede tener lugar en entidades políticas autónomas, como los Municipios, producto de la distribución territorial del poder, como sucede en todas las sociedades democráticas.

La gran reforma democrática que se requería en 1999 para asegurar la participación política era, en realidad, esencialmente, el garantizar efectivamente el derecho a la distribución territorial del poder, y poder acercar las instituciones locales autónomas al ciudadano, municipalizándose el territorio. Para ello, lo que había que hacer era multiplicar los municipios en lugar de reducirlos, lo que no se hizo; y lo peor es que en su lugar se los ha querido sustituir y marginalizar con la creación de los Consejos Comunales, que se han configurado en un sistema institucional *centralizado* denominado "del Poder Popular", con lo que se inició formalmente, en nombre de una supuesta democracia participativa, la eliminación de la propia democracia representativa, todo lo cual se buscaba constitucionalizar con la rechazada reforma constitucional que había sancionado por la Asamblea Nacional el 2 de noviembre de 2007.

La consecuencia fundamental de todo este sistema ha sido la centralización progresiva del poder en la Jefatura del Ejecutivo Nacional, y el aniquilamiento de cualquier forma de control del poder mediante su distribución territorial, y en definitiva, la eliminación del derecho ciudadano a la distribución territorial del poder y, en definitiva, a la participación política.

---

724   *V.,* Ley de los Consejos Comunales en *Gaceta Oficial* N° 5.806 Extraordinaria del 10 de abril de 2006. *V.,* Allan R. Brewer-Carías, "El inicio de la desmunicipalización en Venezuela: La organización del Poder Popular para eliminar la descentralización, la democracia representativa y la participación a nivel local", en *AIDA, Opera Prima de Derecho Administrativo. Revista de la Asociación Internacional de Derecho Administrativo*, Universidad Nacional Autónoma de México, Facultad de Estudios Superiores de Acatlán, Coordinación de Postgrado, Instituto Internacional de Derecho Administrativo "Agustín Gordillo", Asociación Internacional de Derecho Administrativo, México, 2007, pp. 49 a 67.

V

Pero además del derecho ciudadano a la separación de poderes y a la distribución territorial del poder, para controlarlo, el derecho a la democracia, también conlleva la existencia de un tercer derecho ciudadano destinado a asegurar la tutela y el control judicial efectivo del ejercicio del poder, lo que exige, ineludiblemente, que la autonomía e independencia del Poder Judicial en su conjunto y de los jueces en particular, estén garantizadas. Por ello, también como parte del derecho ciudadano a la separación de poderes se puede identificar un derecho ciudadano a la independencia y autonomía de los jueces que en un Estado democrático de derecho debe garantizar la Constitución. Se trata de darle plena efectividad al mencionado derecho constitucional a la separación de poderes, porque sin éste, simplemente no puede hablarse ni de Estado de derecho, ni de posibilidad de control judicial del poder, ni de derecho a la democracia.

El principio de la independencia y autonomía del Poder Judicial está declarado en el artículo 254 de la Constitución de 1999, pero la base fundamental para asegurarlas está en las normas relativas al ingreso de los jueces a la carrera judicial y a su permanencia y estabilidad en los cargos. A tal efecto, en cuanto a la carrera judicial, de acuerdo con lo dispuesto en el artículo 255 de la Constitución, el ingreso a la misma y el ascenso de los jueces solo se debe hacer mediante concursos públicos de oposición que aseguren la idoneidad y excelencia de los participantes, debiendo la ley garantizar la participación ciudadana en el procedimiento de selección y designación de los jueces. Por otra parte, la Constitución dispuso que los jueces sólo pueden ser removidos o suspendidos de sus cargos mediante juicios disciplinarios llevados por jueces disciplinarios (art. 255).

Lamentablemente, sin embargo, nada de lo que estableció la Constitución para asegurar la independencia y autonomía de los jueces se ha implementado durante su casi década de vigencia, de manera que la realización de los concursos públicos para el ingreso a la carrera judicial no han tenido lugar, y conforme a una interminable transitoriedad constitucional y del funcionamiento de una inconstitucional "Comisión de Funcionamiento del Poder Judicial" creada en 1999 por la Asamblea Nacional Constituyente, regularizada legislativamente en 2004, la importante jurisdicción disciplinaria tampoco se ha establecido en Venezuela y, peor aún, con la anuencia del propio Tribunal Supremo de Justicia el cual renunció a asumir sus funciones constitucionales.

En esta forma, a partir de 1999, se destituyeron materialmente a casi todos los jueces del país[725], pero para reemplazarlos solo por jueces provisorios o tempora-

---

725   La Comisión Interamericana de Derechos Humanos también lo registró en el Capítulo IV del *Informe* que rindió ante la Asamblea General de la OEA en 2006, que los "casos de destituciones, sustituciones y otro tipo de medidas que, en razón de la provisionalidad y los procesos de reforma, han generado dificultades para una plena vigencia de la independencia judicial en Venezuela" (párrafo 291); destacando aquellas "destituciones y sustituciones que son señaladas como represalias por la toma de decisiones contrarias al Gobierno" (párrafo 295 ss.); concluyendo que para 2005, según cifras oficiales, "el 18,30% de las juezas y jueces son titulares y 81,70% están en condiciones de provisionalidad" (párrafo 202).

les[726], con lo cual desde 1999 se produjo un proceso de intervención sistemática y continua del Poder Judicial, que comenzó con la que decretó la Asamblea Nacional Constituyente[727], que ha continuado durante casi una década, demoliéndose sistemáticamente su autonomía[728]. Con todo ello, el derecho a la tutela judicial efectiva y al control judicial del poder ha quedado marginado.

Lo grave de la irregular situación, derivada de la masiva remoción de jueces sin debido proceso alguno, designándose para sustituirlos a jueces provisorios y temporales, fue que en 2006 se pretendió solventar el problema de la provisionalidad a través de un "Programa Especial para la Regularización de la Titularidad" dirigido a los dotar de permanencia a los jueces accidentales, temporales o provisorios, burlándose el sistema de ingreso a la función judicial que constitucionalmente, como se dijo, sólo debería ocurrir mediante concursos públicos de oposición (artículo 255). Con ello, en definitiva, lo que se buscó fue consolidar los efectos de los nombramientos "a dedo" provisionales, y su consecuente dependencia del poder.

Por otra parte, en cuanto a la selección de los Magistrados del Tribunal Supremo de Justicia, como se dijo, la Constitución de 1999 creó el Comité de Postulaciones Judiciales (art. 270), que debía haber estado integrado por representantes de los diferentes sectores de la sociedad, pero la Ley Orgánica del Tribunal Supremo de Justicia de 2004, lo que reguló fue una Comisión parlamentaria ampliada, controlada por el Parlamento, burlando la disposición constitucional[729].

Sin embargo, desde antes habían comenzado las actuaciones al margen de la Constitución y el asalto al Tribunal Supremo de Justicia con el nombramiento "transitorio" en 1999 de los nuevos Magistrados del Tribunal Supremo de Justicia por la Asamblea Nacional Constituyente sin cumplirse los requisitos constitucionales ni asegurarse la participación de la sociedad civil en los nombramientos. En esa forma, las previsiones constitucionales sobre condiciones para ser magistrado y los procedimientos para su designación con participación de los sectores de la sociedad, se violaron desde el inicio, continuando luego las violaciones por parte de la Asamblea Nacional al hacer las primeras designaciones en 2002 conforme a una "Ley espe-

---

726   En el *Informe Especial* de la Comisión sobre Venezuela correspondiente al año 2003, la misma también expresó, que "un aspecto vinculado a la autonomía e independencia del Poder Judicial es el relativo al carácter provisorio de los jueces en el sistema judicial de Venezuela. Actualmente, la información proporcionada por las distintas fuentes indica que más del 80% de los jueces venezolanos son "provisionales". *Informe sobre la Situación de los Derechos Humanos en Venezuela 2003, cit.* párr. 161

727   *V.,* nuestro voto salvado a la intervención del Poder Judicial por la Asamblea Nacional Constituyente en Allan R. Brewer-Carías, *Debate Constituyente, (Aportes a la Asamblea Nacional Constituyente)*, Tomo I, (8 agosto-8 septiembre), Caracas 1999; y las críticas formuladas a ese proceso en Allan R. Brewer-Carías, *Golpe de Estado y proceso constituyente en Venezuela*, Universidad Nacional Autónoma de México, México 2002.

728   *V.,* Allan R. Brewer-Carías, "La progresiva y sistemática demolición de la autonomía en independencia del Poder Judicial en Venezuela (1999-2004)", en *XXX Jornadas J.M Domínguez Escovar, Estado de derecho, Administración de justicia y derechos humanos,* Instituto de Estudios Jurídicos del Estado Lara, Barquisimeto, 2005, pp. 33-174.

729   *V.,* los comentarios en Allan R. Brewer-Carías, *Ley Orgánica del Tribunal Supremo de Justicia,* Editorial Jurídica Venezolana, Caracas 200, pp. 32 ss.

cial" sancionada para efectuarlas transitoriamente, con contenido completamente al margen de las exigencias constitucionales.

Después vino, la señalada reforma de la Ley Orgánica del Tribunal Supremo de Justicia de 2004, con la cual se aumentó el número de Magistrados de 20 a 32, los cuales fueron elegidos por la Asamblea Nacional en un procedimiento enteramente dominado por el Presidente de la República, como incluso lo anunció públicamente en víspera de los nombramientos, el entonces Presidente de la Comisión parlamentaria encargada de escoger los candidatos a Magistrados del Tribunal Supremo[730]. Con razón, la Comisión Interamericana de Derechos Humanos indicó en su *Informe* a la Asamblea General de la OEA correspondiente a 2004 que "estas normas de la Ley Orgánica del Tribunal Supremo de Justicia habrían facilitado que el Poder Ejecutivo manipulara el proceso de elección de magistrados llevado a cabo durante 2004[731]".

Por otra parte, en cuanto a la estabilidad de los Magistrados del Tribunal Supremo de Justicia, el artículo 265 de la Constitución dispuso que los mismos podían ser removidos por la Asamblea Nacional mediante una mayoría calificada de las dos terceras partes de sus integrantes, previa audiencia concedida al interesado, en caso de faltas graves calificadas por el Poder Ciudadano. Con esta disposición, podía decirse que, en principio, la autonomía e independencia de los magistrados había desaparecido, al conformarse una vía de injerencia no conveniente ni aceptable de la instancia política del Poder en relación con la administración de Justicia. Con esta disposición, la Asamblea Nacional puede ejercer un control político sobre los Magistrados del Tribunal Supremo, los cuales permanentemente saben que en cualquier momento pueden ser investigados y removidos. Sin embargo, había la garantía de que al menos se exigía la necesidad de una mayoría calificada para la votación, la cual absurdamente fue eliminada en la práctica al preverse otra modalidad de remoción, con el sólo voto de la mayoría absoluta de los diputados, como inconstitucionalmente se estableció en evidente fraude a la Constitución, en la Ley Orgánica del Tribunal Supremo de Justicia en 2004;[732] y que se buscaba constitucionalizar con la

---

730 El diputado Pedro Carreño, quien en enero de 2007 fue luego designado Ministro del Interior y de Justicia, afirmó lo siguiente: "Si bien los diputados tenemos la potestad de esta escogencia, el Presidente de la República fue consultado y **su opinión fue tenida muy en cuenta.**"(Resaltado añadido). Agregó: "**Vamos a estar claros, nosotros no nos vamos a meter autogoles.** En la lista había gente de la oposición que cumple con todos los requisitos. La oposición hubiera podido usarlos para llegar a un acuerdo en las últimas sesiones, pero no quisieron. Así que nosotros no lo vamos a hacer por ellos. **En el grupo de los postulados no hay nadie que vaya a actuar contra nosotros** y, así sea en una sesión de 10 horas, lo aprobaremos." *V.,* en *El Nacional*, Caracas, 13-12-2004.

731 Comisión Interamericana de Derechos Humanos, *Informe sobre Venezuela 2004*, párrafo 180.

732 *V.,* los comentarios en Allan R. Brewer-Carías, *Ley Orgánica del Tribunal Supremo de Justicia*, Editorial Jurídica Venezolana, Caracas 200, pp. 41 ss. Ello provocó la destitución o "jubilación" de los Magistrados que osaron no seguir la línea gubernamental, con lo cual el gobierno asumió un control absoluto del Tribunal Supremo de Justicia en general, y de cada una de sus Salas en particular, especialmente, de la Sala Constitucional. Fue el caso, por ejemplo, del Presidente del Tribunal Supremo de Justicia, quien fue Ponente de la sentencia de la Sala Plena Accidental de 14-08-2002 que decidió el antejuicio de mérito a los generales que actuaron el 12 de abril de 2002, declarando que no había mérito para enjuiciarlos porque en esa ocasión no había ocurrido un golpe militar sino un vacío de poder; y del Presidente y otros dos Magistrados de la Sala Electoral, quienes suscribieron la sentencia de fecha sentencia N° 24 del 15-03-2004 (Caso: *Julio Borges, César Pérez Vivas, Henry Ramos Allup, Jorge Sucre Castillo, Ramón José Medina y Gerardo Blyde vs. Consejo Nacional Electoral*), que suspendió los efectos de

rechazada reforma constitucional que había sancionado por la Asamblea Nacional el 2 de noviembre de 2007.

En esta forma, en Venezuela se ha configurado un Tribunal Supremo de Justicia altamente politizado y sujeto a la voluntad del Presidente de la República, que en la práctica ha eliminado toda la autonomía del Poder Judicial y el propio postulado de la separación de los poderes, como piedra angular del Estado de Derecho y de la vigencia de las instituciones democráticas; eliminando además, toda posibilidad de control judicial efectivo del poder por parte de los ciudadanos. El propio Presidente de la República incluso llegó a decir que para poder dictar sentencias, el Tribunal Supremo debía consultarlo previamente[733].

Este sometimiento del Tribunal Supremo a la voluntad del Ejecutivo Nacional, ha sido catastrófica en relación a la autonomía e independencia del Poder Judicial, particularmente si se tiene en cuenta, además, que dicho Tribunal ejerce el gobierno y administración de todo el Poder judicial. Con ello, se ha alienado al Poder Judicial de su función fundamental de servir de instrumento de control de las actividades de los otros órganos del Estado para asegurar su sometimiento a la ley, y materialmente ha desaparecido el derecho ciudadano a la tutela judicial efectiva y al controlar del poder.

VI

De todo lo anterior resulta, con evidencia, que para que exista democracia como régimen político en un Estado constitucional y democrático de derecho, no son suficientes las declaraciones contenidas en los textos constitucionales que hablen del derecho al sufragio y a la participación política; ni de la división o separación horizontal del Poder Público, ni de su distribución vertical o territorial del poder público, de manera que los diversos poderes del Estado puedan limitarse mutua-mente; así como tampoco bastan las declaraciones que se refieran a la posibilidad de los ciudadanos de controlar el poder del Estado, mediante elecciones libres y justas que garanticen la alternabilidad republicana; mediante un sistema de partidos que permita el libre juego del pluralismo democrático; mediante la libre manifestación y expresión del pensamiento y de la información que movilice la opinión pública; y mediante el ejercicio de recursos judiciales ante jueces independientes que permitan asegurar la vigencia de los derechos humanos y el sometimiento del Estado al derecho. Tampoco bastan las declaraciones constitucionales sobre la "democracia parti-

---

la Resolución N° 040302-131 de 02-03-2004, del Consejo Nacional Electoral que en su momento impidió la realización del referendo revocatorio presidencial

733   Así lo afirmó el Jefe de Estado, cuando al referirse a una sentencia de la Sala Constitucional muy criticada, en la cual reformó de oficio una norma de la Ley del Impuesto sobre la renta, simplemente dijo: "Muchas veces llegan, viene el Gobierno Nacional Revolucionario y quiere tomar una decisión contra algo por ejemplo que tiene que ver o que tiene que pasar por decisiones judiciales y ellos empiezan a moverse en contrario a la sombra, y muchas veces logran neutralizar decisiones de la Revolución a través de un juez, o de un tribunal, o **hasta en el mismísimo Tribunal Supremo de Justicia, a espaldas del líder de la Revolución**, actuando por dentro contra la Revolución. Eso es, repito, traición al pueblo, traición a la Revolución". Discurso del Presidente de la Republica en el Primer Evento con propulsores del Partido Socialista Unido de Venezuela, Teatro Teresa Carreño, Caracas 24 marzo 2007.

cipativa y protagónica" o la descentralización del Estado; así como tampoco la declaración extensa de derechos humanos.

Además de todas esas declaraciones, es necesaria la voluntad para su implementación en la práctica política, de manera que sirvan para que en democracia, se pueda efectivamente controlar el poder, como única forma de garantizar la vigencia del Estado de derecho, y el ejercicio real de los derechos humanos.

Como hemos visto, en Venezuela, lamentablemente nada de ello se ha implementado, y al contrario, en fraude continuo a la Constitución efectuado por el Legislador y por el Tribunal Supremo de Justicia, guiados por el Poder Ejecutivo, a pesar de las excelentes normas constitucionales que están insertas en el Texto fundamental, se ha venido estructurando un Estado autoritario en contra de las mismas, que ha aniquilado toda posibilidad de control del ejercicio del poder y, en definitiva, el derecho mismo de los ciudadanos a la democracia.

Y todo ello se pretendía consolidar con la reforma constitucional sancionada por la Asamblea Nacional el 2 de noviembre de 2007, rechazó mediante el referendo del 2 de diciembre de 2007, con la cual se buscaba establecer un Estado centralizado, socialista, militarista y policial, mediante un sistema de organización de un Poder Único, denominado del Poder Popular o del Poder Comunal, completamente concentrado y centralizado, y conducido políticamente por el Presidente de la República mediante un Partido Único que preside, con el objeto de imponerle a los venezolanos una supuesta "dictadura de la democracia[734]"; lo que es la propia negación de la democracia, pues en ella no puede haber ningún tipo de dictadura. Afortunadamente, como se dijo, el voto popular en el referendo del 2 de diciembre de 2007 rechazó tal reforma.

Obras como la de Asdrúbal Aguiar, sin duda, al hablarnos del derecho a la democracia, particularmente desde el punto de vista internacional, constituyen una herramienta esencial para promover su defensa continental, precisamente cuando los sistemas constitucionales internos fallan en garantizarla, como es el trágico caso de Venezuela.

SECCIÓN QUINTA: LA OPCIÓN ENTRE DEMOCRACIA Y AUTORITARISMO (LA ROMANA, JULIO, 2001)

Texto de la Conferencia Inaugural dictada en la *XV Conferencia de la Asociación de Organismos Electorales de Centroamérica y del Caribe*, Centro de Asesoría y Promoción Electoral (CAPEL), Instituto Interamericano de Derechos Humanos, La Romana, República Dominicana, 27 de julio de 2001. Fue publicado en el libro *Reflexiones sobre el constitucionalismo en América*, Caracas 2001, pp. 41-60.

---

734 Tal como lo anunció el Vicepresidente de la República (Jorge Rodríguez) en enero de 2007, al afirmar que: "Claro que queremos instaurar una dictadura, la **dictadura de la democracia verdadera** y la democracia es la dictadura de todos, ustedes y nosotros juntos, construyendo un país diferente. Claro que queremos que esta **dictadura de la democracia** se instaure para siempre", en *El Nacional*, Caracas 01-02-2007, p. A-2.

El más importante y esencial de los debates políticos que seguimos teniendo los latinoamericanos en estos comienzos del siglo XXI, no es otro que el de la democracia, es decir, confrontar criterios sobre qué es lo que debemos hacer para perfeccionar y profundizar la democracia y asegurar su efectiva gobernabilidad; pues, sin duda, hay muchos que plantean que hay que sustituirla por un régimen político autoritario, militarista e impositivo, fundamentado en la centralización y la concentración del Poder.

En definitiva, es el debate de siempre, que origina la opción entre democracia y autoritarismo, el cual no puede tener otro resultado que no sea el de diseñar un sistema político que asegure que nuestras democracias, en las próximas décadas, sean más participativas y más representativas.

Y no basta, para que una democracia sea tal, que sólo se cumplan los requisitos que enumera el artículo 3 del Proyecto de Resolución sobre la Carta Democrática Interamericana, adoptado por la Asamblea Nacional de la OEA celebrada en San José de Costa Rica el 5 de junio de 2001, y que dice:

> *Artículo 3:* Son elementos esenciales de la democracia representativa la celebración de elecciones libres y justas como expresión de la soberanía popular, el acceso al poder por medios constitucionales; el régimen plural de partidos y organizaciones políticas, y el respeto a los derechos humanos y libertades fundamentales.

Recientemente, un Embajador de Venezuela, glosando -sin decirlo ni citarlo- esa norma del Proyecto de Carta Democrática Interamericana, en un artículo periodístico publicado dos semanas después de la celebración de la Asamblea General de la OEA, se preguntaba en el título de su trabajo sobre ¿Autoritarismo en Venezuela?, señalando que:

> Son fundamentos de la democracia la celebración de elecciones libres y justas; el acceso al poder por medios constitucionales; el régimen plural de partidos y organizaciones políticas; y el respeto a los derechos humanos[735].

Con base en ello, dicho Embajador, refiriéndose a la situación de Venezuela, afirmó –lo que evidencia la insuficiencia del texto del Proyecto de Carta Democrática Interamericana-, que supuestamente en mi país (Venezuela) "experimentamos un verdadero proceso democrático que es, en esencia, antiautoritario".

Aparte de que esto no se lo cree casi nadie, la verdad es que en su análisis al Embajador se le olvidó mencionar o tener en cuenta para identificar un verdadero régimen democrático, como también quedó olvidado en el Proyecto de Carta Democrática Interamericana, lo que consideramos que es lo más importante para que, incluso, los otros factores por él mencionados puedan ser efectivos. Ese factor no es otro que el orden institucional que debe existir, en toda democracia, para controlar y limitar el poder.

Y es que, en efecto, sin control institucional no hay democracia: sólo controlando al Poder es que podría haber elecciones libres y justas; sólo controlando al Poder es que podría haber efectivo respeto a la Constitución; sólo controlando al Poder es

---

735　Jorge Valero, Embajador ante la OEA, *El Nacional*, Caracas 16-7-01, p. A-5.

que podría haber pluralismo; y sólo controlando al Poder es que podría haber garantía de respeto a los derechos humanos.

Es falso, por tanto, que para que haya democracia basta que existan sólo los factores mencionados por el referido Embajador, pues como hemos dicho, la democracia es, ante todo, un sistema institucional para controlar el ejercicio del poder político; lo que implica, ineludiblemente, su distribución o separación. Por tanto, demasiada concentración del Poder, si no hay controles efectivos sobre los gobernantes, y peor aún, si estos tienen o creen tener apoyo popular, conduce al autoritarismo y, en definitiva, a la tiranía.

No olvidemos que la historia de la humanidad durante el siglo pasado, nos muestra, precisamente, a tiranos que usaron el voto de la mayoría para acceder al poder y desde allí aplicaron el autoritarismo para acabar con la democracia y todos sus elementos, comenzando por los derechos humanos.

I.   PROBLEMAS DE LAS DEMOCRACIAS LATINOAMERICANAS

Me imagino que muchos de Uds. pensarán, como yo, que parece mentira que hoy, cincuenta años después del derrumbe de los sistemas fascistas, basados en concepciones holísticas o totalitarias del poder, nuestras reflexiones tengan que estar marcadas por el mismo dilema y el mismo debate entre democracia y autoritarismo. Pero no hay mas remedio, tenemos que hacerlas, pues en nuestra América Latina se están oyendo demasiados cantos de sirena autoritarios, que cada vez con más fuerza están emanando de ciertos neo críticos de la democracia, que pretenden basarse en un supuesto apoyo popular para, precisamente, acabar con la democracia.

Enfrentar este dilema, que es el de siempre, sin embargo, exige ante todo, que estemos conscientes de la crisis de gobernabilidad que presentan buena parte de las democracias en nuestros países, y que están afectando sus cimientos. ¿Qué pasa con nuestras democracias que son menos democratizadas que las de otros países mas desarrollados del mundo universal, a pesar de tener factores aparentemente comunes?.

Una característica general de muchas de nuestras democracias, es que en ellas, los partidos políticos organizados conforme al principio del centralismo democrático, con demasiada frecuencia han asumido y ejercido el monopolio de la participación y de la representatividad políticas, cerrando el espacio para la emergencia de distintos y nuevos liderazgos fuera de los propios partidos. En esa forma, en muchos casos, sólo se ha podido participar a través de los partidos, y éstos solos, han sido los que han obtenido representación en los cuerpos representativos, donde muchas veces se sigue eligiendo a ciegas a los candidatos de los partidos, que han terminado sustituyendo al pueblo. Los sistemas electorales, con gran frecuencia se han diseñado para ello, y no para hacer realidad una auténtica democracia representativa.

Este es un problema que tenemos que superar desesperadamente, para que no se siga tratando de desprestigiar a la misma democracia representativa.

Pero a la democracia de partidos o partidocracia, se ha agregado el centralismo político del Estado y del gobierno, que en muchos casos ha concentrado todo o casi todo el poder en el nivel nacional, vaciando políticamente de poder a las provincias y localidades. Adicionalmente, en muchos casos, el poder se ha concentrado en el órgano ejecutivo del Estado, reforzándose al presidencialismo o a los propios partidos que controlan los demás órganos estatales; y lo cierto es que la mezcla de centralización del Poder del Estado y de los partidos políticos, es lo más antidemocrático que puede existir en los sistemas políticos. Así como no hay ni ha habido jamás autocracias descentralizadas, tampoco una democracia puede funcionar, en el largo plazo, en un sistema de Poder centralizado.

En el corto plazo, sin embargo, sobre todo durante los procesos de transición democrática que hemos tenido en nuestros países, puede decirse que el sistema ha funcionado pues los proyectos políticos que los motivaron se han logrado y los países se democratizaron progresivamente.

Pero después, en gran parte, la incomprensión del liderazgo partidista respecto de la propia realización del proyecto democratizador, -que ha comenzado en muchos países a exigir la apertura de la misma democracia, para permitir nuevas formas de participación y de representatividad políticas-, en muchos casos ha conducido al deterioro del sistema y a su crisis.

Todo esto lo hemos presenciado en muchos países durante los últimos lustros, con el consiguiente desprestigio y desmoronamiento de los partidos que todo lo han controlado y monopolizado; y, adicionalmente, el desprestigio de la propia democracia, lo que ha sido aprovechado por los autoritarismos emergentes que, precisamente, pretenden asentarse sobre la crítica al funcionamiento de la democracia. De todo ello ha surgido un vacío de liderazgo, muchas veces copado por pseudo demócratas autoritarios que han aparecido, y lo mas grave aún, con apoyo popular y militar, como pasó en el Perú en la última década y como está pasando en Venezuela. Todo ello, ciertamente, es para que todos los demócratas nos preocupemos, y mucho.

Lo importante, en todo caso, es no confundir a la democracia como régimen político, con el sistema de centralismo de Estado y de partidos y de concentración del Poder Público, que ha estado conspirando contra la propia democracia. Es ese sistema el que puede estar en crisis, pero no la democracia misma; es el sistema político el que tenemos que buscar cambiar para, precisamente, perfeccionar y profundizar la democracia, pero no para acabar con ella. Y en democracia ello sólo se puede lograr estableciendo un sistema de control institucional del Poder, una de cuyas piezas esenciales es la descentralización y la participación política.

Precisamente por ello, este es el dilema que tenemos por delante. No hay otra alternativa, ni términos medios. No hay regímenes políticos medio democráticos o medio autoritarios; o lo son o no lo son.

Es decir, en este campo, insisto, no hay otra opción: o democracia o autoritarismo. La primera exige controlar el Poder y, en particular, distribuirlo territorialmente para que haya más participación; la segunda, necesariamente conduce a la concentración y centralización del poder, lo que es incompatible con la democracia. Y lamentablemente, a esto último es que ha apuntado el discurso que pretende establecer una supuesta legitimidad para gobernar derivada de la sola relación entre un líder y el pueblo e, incluso, el ejército, basada en la simple popularidad.

Por otra parte, tenemos que estar conscientes de que la crisis de la democracia que nos esta afectando en muchos países latinoamericanos, muchas veces ha tenido su origen en la incomprensión del liderazgo partidista, que todo lo ha controlado, en introducir a tiempo las reformas necesarias para permitir la evolución de la misma, sin traumas, rupturas o quiebras del régimen constitucional.

No hay que llegar a la incomprensión que tuvieron los partidos políticos en Venezuela en reformar a tiempo el sistema político, lo que condujo, en definitiva, a la producción de un golpe de Estado por una Asamblea Nacional Constituyente, que si bien fue electa, no tenía poder legítimo alguno para violar la Constitución, como lo hizo.

Por eso, las reformas que muchas veces hay que hacer, deben realizarse precisamente a tiempo, no después, cuando sea demasiado tarde, y para ello, en todo caso, hay que comenzar por identificar el precio que hay que pagar por asegurar la continuidad del régimen constitucional democrático, y que no es otro, invariablemente, que la pérdida de áreas de poder que en general los partidos han controlado férreamente.

II. LA DESCENTRALIZACIÓN POLÍTICA PARA HACER LA DEMOCRACIA MÁS REPRESENTATIVA Y PARTICIPATIVA

Por ello, el perfeccionamiento y profundización de la democracia tiene que apuntar al diseño de un sistema político que necesariamente tiene que estar montado sobre la *descentralización del poder del Estado,* para acercarlo al ciudadano, con nuevas formas de representatividad y de participación políticas.

En América Latina no podemos seguir con un sistema centralizado de Estado de Partidos, sólo cambiando unos partidos por otros. No se trata de sustituir partidos políticos tradicionales por nuevos partidos que sigan las mismas tácticas exclusivistas y exclusionistas. Ello es lo que atenta contra la democracia que, al contrario, para sobrevivir, requiere precisamente deslastrarse del férreo control tanto de los viejos como de los nuevos partidos.

Más democracia implica, invariablemente, abandonar la autocracia partidista, que tantos de nuestros países tienen; agravada en muchos casos por la aparición de supuestos nuevos partidos más débiles que los tradicionales, y que a veces ni siquiera tienen ideología y conducción propias, sino que aparecen sujetos a un jefe, obedeciendo ciegamente lo que diga o imponga.

En todo caso, para captar la esencia del régimen democrático no olvidemos que ninguna sociedad democrática occidental consolidada después de la II Guerra Mundial, ha sobrevivido como democracia sin haber descentralizado el Poder como mecanismo institucional para su efectivo control. Por ello, sin duda, puede decirse que la descentralización política es un fenómeno de las democracias, consecuencia de la democratización y condición para su sobrevivencia.

En consecuencia, en nuestro criterio, el debate contemporáneo en nuestros países por más democracia, tiene que centrarse en el rescate del proceso de descentralización política. Perfeccionar la democracia exige hacerla más participativa y más representativa, para lo cual la única vía posible que existe es acercando el Poder al ciudadano, y ello sólo puede lograrse descentralizando territorialmente el Poder del Estado y llevarlo hasta la más pequeña de las comunidades; es decir, distribuyendo el Poder en el territorio nacional.

Por supuesto, para asumir esta indispensable tarea democrática, que pueda permitir sustituir el sistema político centralizante de partidos por un sistema político descentralizado y participativo, debe recurrirse a los esquemas de autonomías territoriales más adecuados, conforme a la tradición constitucional de cada uno de nuestros países, descentralizando los viejos Estados Unitarios e, incluso, Federales y, en todo caso, municipalizando los territorios.

De todo ello lo que deriva es que cualquiera que sea la forma de descentralización política, se trata de proyectos y propuestas contrapuestos radicalmente al centralismo de Estado y a la concentración del Poder, que son esencialmente antidemocráticos.

La propuesta política que formulamos, por tanto, busca el diseño, en nuestros países, de un nuevo sistema político que la democracia exige, y que sólo puede tener por objeto hacerla más participativa, con gran presencia de la sociedad civil, y más representativa de las comunidades. Ello implica desparramar el poder en todo el territorio, hasta la última de las comunidades, para que el ciudadano y sus sociedades intermedias puedan realmente participar.

Por supuesto, esto no es nada nuevo en la historia del constitucionalismo. La democracia comenzó, efectivamente, con motivo de las Revoluciones Norteamericana (1776) y Francesa (1789), cuando la soberanía, como supremo poder de decisión en una sociedad determinada, dejó de ser el poder absoluto de un Monarca, sin límites, de la cual era titular por la gracia de Dios, y comenzó a ser el poder del pueblo, ejercido mediante representantes. Por ello, durante más de 200 años, el constitucionalismo moderno ha estado signado por el principio de la democracia representativa, es decir, que residiendo la soberanía en el pueblo, éste la ejerce mediante representantes electos; y es que si el pueblo es el titular de la soberanía, en democracia, éste sólo puede ejercerla directamente o a través de representantes; de allí la distinción que usualmente se hace entre democracia directa y democracia representativa.

La primera, la democracia directa, es aquella en la cual el pueblo supuestamente ejercería directamente su poder en asambleas, sin intermediación de representantes, lo cual es absolutamente imposible en sociedades complejas como las contemporáneas. Incluso, en los propios ejemplos históricos que nos han llegado respecto de su existencia en las ciudades griegas, por ejemplo, lo que hacen es confirmar su imposibilidad, pues incluso en dichas Ciudades-Estado el gobierno se ejercía mediante Magistrados designados *por sorteo* en las asambleas del pueblo.

Además, no puede confundirse la democracia directa con la democracia participativa, y menos aún, con la supuesta democracia de los Comités de Defensa de la Revolución que, como centros de control político vecinal se establecieron en cada barrio o localidad de Cuba, con la tarea, incluso, de influir en los Comités de postulaciones de candidatos electorales. Eso no es participación, es imposición hegemónica y totalitaria.

Y no pensemos que se trata de fantasmas del pasado: el Presidente de Venezuela viene de anunciar muy recientemente uno de sus tantos proyectos: la constitución de unos fantasmagóricos Círculos Bolivarianos con los cuales algunos pretenden en cada esquina, barrio o pueblo controlar políticamente a la sociedad.

En todo caso, lo cierto es que la democracia directa ni ha existido ni puede existir en el mundo contemporáneo, y es un engaño pretender formularla como solución alternativa frente a la democracia representativa, la cual, lejos de desaparecer, lo que debemos es corregirla. Este es uno de los tantos cantos de sirena autoritarios que en nombre de una supuesta democracia directa, que se confunde con la participativa concebida como relación líder-pueblo y reducida a consultas o mesas de diálogo, pretende sustituir a la democracia representativa.

No tengo dudas en afirmar que la democracia representativa, en la cual el pueblo ejerce el gobierno indirectamente a través de representantes que elige con toda libertad e igualdad, es la única forma posible de operatividad de la democracia, como gobierno del pueblo. Sus defectos, vicios, problemas o deformaciones, lo que tienen es que provocar su perfeccionamiento y transformación para hacerla más representativa del pueblo, sus comunidades y vecindades, y para permitir que éste pueda participar más y efectivamente en los asuntos públicos. Pretender sustituirla por una supuesta democracia directa, con el nombre de "democracia participativa" simplemente es una ilusión. Lo que tenemos es que hacerla más representativa, y no sólo representativa de los partidos políticos como la hemos conocido en muchos de nuestros países en las últimas décadas; en la cual los partidos políticos han confiscado la representación y participación populares. Es ese sistema el que en muchos de nuestros países está en crisis; pero no la democracia en sí misma, la cual tenemos que perfeccionar.

Una democracia más representativa implica organizar el Poder de manera que estando más cerca de los ciudadanos, éstos directamente o a través de sociedades intermedias, puedan encontrar representación en los cuerpos representativos. Para ello tendrían que diseñarse, por ejemplo, nuevos sistemas electorales, más uninominales y personalizados, pues el sistema de representación proporcional de las minorías que durante tantas décadas hemos aplicado en muchos países, sólo ha conducido a la exclusiva representatividad de los partidos políticos.

Por otra parte, igualmente, más participación democrática sólo es posible acercando el poder al ciudadano, es decir, distribuyendo el Poder Público en el territorio, de manera que en cada comunidad y en cada localidad territorial, exista una forma de gobierno local en la cual se pueda participar políticamente.

III. EL FEDERALISMO, EL REGIONALISMO POLÍTICO Y LA MUNICIPA-LIZACIÓN

Esta distribución territorial del Poder en el mundo contemporáneo democrático, se ha desarrollado, invariablemente, en dos niveles territoriales: un nivel intermedio, de Estados en las Federaciones, o de Regiones o Departamentos autónomos en los viejos Estados Unitarios; y un nivel territorial inferior, local, de municipalidades autónomas en todo el territorio de los Estados.

Por ello, independientemente de la forma del Estado que se haya adoptado históricamente, puede decirse que en el mundo occidental democrático, el Estado contemporáneo es un Estado descentralizado o en vías de descentralización; es decir, un Estado en el cual las fuerzas centrífugas en la distribución territorial del Poder Público, están más activas que las fuerzas centrípetas.

La descentralización política, por tanto, implica, por una parte, la municipalización, pero además, la creación de niveles intermedios de gobierno que permitan realmente acercar el Municipio al ciudadano.

Para que el Municipio sea la escuela de la libertad y de la democracia, como lo descubrió Alexis de Tocqueville cuando ilustró a Europa sobre *La Democracia en América,* por sobre todo tiene que estar cerca del ciudadano. Un Municipio lejos de las comunidades y vecindades, como es en general el Municipio en nuestros países latinoamericanos, materialmente no sirve para nada, ni para la participación política ni para la gestión eficiente de los asuntos locales.

Acaso nos hemos preguntado, ¿por qué, realmente, las democracias consolidadas de Occidente son tales democracias? ¿Cómo es que en ellas la participación del ciudadano en la gestión de los intereses locales forma parte de la cotidianidad de la vida democrática?

Es cierto que todas las democracias tienen ciclos electorales, donde se vota con regularidad y tienen sistemas institucionales que son propios del Estado de Derecho. Pero unos países son efectivamente más democráticos que otros. Y la respuesta del por qué esto es así, está precisamente en la municipalización o, si se quiere, en la efectiva fragmentación de las instituciones locales.

Para darnos cuenta de ello, basta hacer algunas comparaciones. Venezuela, con casi un millón de kilómetros cuadrados de superficie y más de 24 millones de habitantes, tiene sólo 338 Municipios. Francia, en cambio, con la mitad de dicha superficie y 59 millones de habitantes, tiene 36.559 Municipios o Comunas; es decir, cien veces más. Pero lo importante, ciertamente, no es el número de municipios que tenga un país, sino la relación que tiene que existir entre la autoridad local y el número de habitantes. En tanto que en Venezuela es de 71.715 habitantes por Municipio, en Francia, en cambio es de 1.613 habitantes por Municipio, es decir, cuarenta veces menos.

Cualquier revisión de esta relación que se haga en los países democráticos, da cifras sorprendentes, sobre todo cuando las comparamos con las nuestras en América Latina. España tiene 8.082 Municipios con un promedio de población de 4.825 habitantes; en Austria hay 2.353 Municipios, con un promedio de población de 3.400 habitantes. Los 8.104 Municipios de Italia tienen un promedio de 7.157 habitantes. En Suiza hay 3.000 Municipios con un promedio de población de 2.333 habitantes; y en Alemania hay 16.121 Municipios, con un promedio de población de 5.086 habitantes.

En Europa continental, además, debe destacarse que los Municipios de menos de 2000 habitantes representan un porcentaje elevadísimo en relación con los muy poblados, por ejemplo, el 40% en Italia y el 89% en Francia.

En nuestro Continente Americano, se destaca, además, el caso de los Estados Unidos y Canadá que tienen territorios casi iguales de casi 10 millones de kilómetros cuadrados, pero una población muy disímil: 30 millones en Canadá y más de 250 millones en los Estados Unidos.

Pero en Canadá hay 4.507 Municipios, con un promedio de 6.878 habitantes por Municipio; y en los EE.UU., hay 70.500 Municipios, con un promedio de 3.872 habitantes por Municipio.

En definitiva, en el mundo de los países con democracias más desarrolladas, el promedio de habitantes por Municipio varía entre 1.600 y 7.000 habitantes. En contraste, en nuestros países de América Latina el panorama es diferente: en Brasil, por ejemplo, hay 5.581 Municipios pero con un promedio de 30.100 habitantes; en Colombia hay 1.068 Municipios, con un promedio de 39.325 habitantes. En México hay 2.418 Municipios, con un promedio de 40.000 habitantes; en Argentina hay 1.617 Municipios con 22.800 habitantes de promedio, y como dijimos, en Venezuela hay sólo 337 Municipios con 71.715 habitantes por Municipio. Pero en República Dominicana hay 120 Municipios con 75.000 habitantes de promedio; y en Uruguay hay 19 Municipios con un promedio de 157.000 habitantes.

De lo anterior deriva que la clave de la democracia de participación está, precisamente, en acercar el Poder al ciudadano, para que pueda efectivamente participar. Por ello, en nuestros países, mientras la autoridad local esté tan alejada del ciudadano, no llegaremos a ser efectiva y cotidianamente democráticos.

La gran reforma democrática en nuestros países, por tanto, está en la Municipalización, pero sin uniformismo, pues no podemos multiplicar al gran Municipio burocratizado de las áreas urbanas y trasladarlo a las rurales. La diferenciación de regímenes municipales es una de las primeras necesidades de la vida local.

En todo caso, mientras más se municipalice un país, y se transfieran poder y competencias propias de la vida local a las pequeñas organizaciones primarias autogestionadas, más necesaria entonces será la estructuración de poderes descentralizados a niveles intermedios entre el Poder Central y el Municipio. Por ello, hay una relación directa y paralela entre la descentralización local y la descentralización nacional a niveles intermedios.

Al señalar esto, por supuesto, tampoco estamos descubriendo nada nuevo. Todos los Estados contemporáneos han experimentado la misma crisis derivada de la consolidación de la democracia. Por ello, en Europa, por ejemplo, como consecuencia de la reimplantación y desarrollo de la democracia, para asegurar su sobrevivencia y establecer canales de participación política, durante los últimos cincuenta años ha seguido un proceso de descentralización política. Así sucedió con los viejos Estados Unitarios que sobre la base de estructurar regiones políticas, se han venido organizando territorialmente en forma descentralizada, dando incluso origen, en algunos casos, a una nueva forma de Estado, la del "Estado Regional", más descentralizado, a veces, que las viejas Federaciones. Así sucedió en España, al surgir como país democrático después del franquismo, con el Estado de Comunidades Autónomas; y con las Regiones Políticas que por ejemplo, se han establecido en Italia, Francia, Bélgica y Portugal. La reforma constitucional en Inglaterra también ha conducido a la creación o reaparición de parlamentos regionales, como en Escocia y Gales, mediante la *devolution* o descentralización política, que ha formado parte importante de la política actual del laborismo.

En cuanto a las viejas Federaciones, estas han sido recompuestas o reforzadas redistribuyéndose el Poder hacia los Estados miembros o cantones, como ha sucedido en Alemania o Suiza. Lo mismo puede decirse del federalismo norteamericano o canadiense y, en general, de las nuevas fórmulas de distribución del Poder Público en las federaciones. De ello resulta, por supuesto, que el proceso de descentralización política no puede identificarse con el solo federalismo. En la actualidad, como indicamos, hay "Estados Unitarios descentralizados" como España y Colombia que, incluso, son relativamente más descentralizados políticamente, que muchas viejas Federaciones, como la de Venezuela.

En todo caso, lo importante a destacar aquí es que este proceso de descentralización que también se está llevando a cabo, en una u otra forma, en todos los países de

América Latina, también está condicionado y es producto del proceso de democratización que han experimentado nuestros países, como consecuencia del afianzamiento del régimen democrático y, además, como condición necesaria para que perdure y sobreviva.

IV. LA REAFIRMACIÓN DE LA DEMOCRACIA REPRESENTATIVA Y LOS VALORES DE LA DEMOCRACIA

El debate sobre la descentralización en América Latina por ello, en definitiva, es un debate sobre la democracia y sobre el fin de más de un siglo de centralismo, que si bien contribuyó a la consolidación de los Estados Nacionales y a la implantación de la propia democracia por los partidos organizados bajo el esquema del centralismo democrático, hoy es el principal elemento que está conspirando contra la propia democracia y, que, además, impide la efectividad de las tareas del sector público.

En definitiva, no se trata de sustituir la democracia representativa por una supuesta e ilusoria democracia directa, que es de imposible existencia, sino de sustituir el sistema político de centralizando partidos por un sistema descentralizado y participativo, haciendo la democracia más participativa y más representativa, lo que sólo puede lograrse distribuyendo efectivamente el Poder en el territorio, de manera que esté cerca de los ciudadanos, de sus comunidades y organizaciones.

Pero en todo caso, ese Poder en el cual debe participarse, sólo puede ejercerse mediante representación, por funcionarios electos.

Pensar sustituir la democracia representativa, que necesariamente hay que perfeccionar, por esquemas ilusos y autoritarios de asambleas de barrios con votación pública, a mano alzada, controladas por supuestos defensores de una causa política determinada, a la cual se denominaría "democracia directa", no es más que un salto al vacío que conduce inexorablemente al ahogamiento de la propia democracia y del pluralismo, y a la prohibición del disenso. Una supuesta democracia lineal, uniforme, prescrita por algunos iluminados, es un fraude contra la cual debemos reaccionar todos, pues nos impediría disentir y cuestionar; es decir, nos impediría ejercer las más elementales virtudes de la democracia.

Por todo lo dicho, una de las manifestaciones más perversas de la crisis del sistema político de centralismo de Estado y partidocracia que se han evidenciado en algunos de nuestros países durante las últimas décadas, ha sido la emergencia del discurso antidemocrático que critica a la democracia misma, identificándola sólo con los mecanismos procesales de voto para la conformación del Poder. En esta forma, se pretende reducir la democracia a una democracia formal, como si la elección por partidos realizada cíclicamente la hubiera agotado.

Ante ello, es necesario revalorizar a la democracia como gobierno del pueblo, por el pueblo y para el pueblo, destacándose los valores que conforman este régimen político y que son mucho más que la elección regular de representantes. Cuando estos valores se identifican, queda entonces clara la necesaria condena al discurso antidemocrático. No es superfluo, por tanto, recordarlos en este foro.

El primero de los valores de la democracia es la *igualdad,* lo que políticamente se concreta en la igualdad de voto en los procesos electorales. Todos los votos valen lo mismo y nadie tiene voto preferencial en relación a los otros ciudadanos. Políticamente, por tanto, no hay distinción alguna en el valor de la manifestación de voluntad de cada ciudadano, y nadie puede arrogarse la representación de todo el pueblo, por más popularidad que esgrima.

El segundo de los valores que sólo la democracia representa, es la *libertad,* lo que implica políticamente no sólo el derecho de hacer todo lo que la ley no prohíbe, sino el derecho a escoger pluralmente las alternativas de gobierno; en definitiva, la libertad de autodeterminación, sin uniformismos ni imposiciones. Por ello, el pluralismo político es de la esencia de la democracia, lo que implica el rechazo de todo esquema único con el cual se pretenda organizar el Poder e imponerle a los ciudadanos una particular concepción de la organización social.

La libertad, por otra parte, implica *tolerancia.* Si todos los hombres son libres, el límite a la libertad es el derecho de los demás y el orden público y social, lo que implica el respeto de las opiniones y posiciones de todos. En la democracia, por tanto, deben regir el diálogo, la concertación, los acuerdos, todo basado en tolerar la disidencia, rechazando toda sociedad en la que sólo algunos pretenden tener la verdad oficial.

El tercer valor de la democracia es la *dignidad de la persona humana,* que no puede ser desconocida ni despreciada ni siquiera por las mayorías, por más abrumadoras que sean; ni por quienes se dicen sus representantes. Todo ser humano es igual y tiene derecho a que se respete su dignidad y personalidad, sin más limitaciones que las que deriven del derecho de los demás. En libertad, la persona humana es ciudadano, no es súbdito ni vasallo ni está sujeto a obediencia ciega; sólo está sometido a la Constitución y la ley.

Por ello, el cuarto valor de la democracia es el *sometimiento al derecho,* es decir, la democracia es un régimen de gobierno de la ley, no de los hombres. Estos sólo pueden gobernar conforme a la ley, siendo la legalidad el límite de los gobiernos y la garantía de la igualdad. Sólo la ley y su acatamiento por todos, gobernantes y gobernados, asegura que el hombre digno y ciudadano sea igual. La revalorización de la legalidad, además, hace realidad la noción de Estado de Derecho, es decir, del Poder sometido al derecho, sea quien sea quien lo ejerza. Ninguna mayoría ni popularidad que tenga un gobernante o un órgano de representantes, puede justificar la violación de la Constitución.

Pero el quinto valor de la democracia es el de la necesaria *limitación y control del Poder,* sobre lo que ya he insistido. Ningún Poder puede ser ilimitado; lo tiene que limitar la ley y la organización misma del Poder mediante su distribución y separación. Ello implica que en democracia no puede haber concentración del poder político ni en unas solas manos ni en un grupo de personas. El Poder, en la democracia, esencialmente tiene que estar distribuido y separado de manera que el Poder sea quien frene al Poder.

La concentración del Poder y el centralismo, en consecuencia, son esencialmente contrarios a la democracia. Ello, por supuesto, tampoco es nada nuevo en el constitucionalismo. Hace más de dos siglos Carlos Secondat, Barón de Monstesquieu, decía:

Es una experiencia eterna que todo hombre que tiene poder tiende a abusar de él; y lo hace hasta que encuentra límites... Para que no se pueda abusar del poder es necesario que por disposición de las cosas, el poder limite al poder[736].

Y agregaba:

Los Príncipes que han querido volverse déspotas siempre han comenzado por reunir en su persona todas las Magistraturas[737].

De allí la afirmación tajante de John Madison, al construir el sistema constitucional americano:

La acumulación de todos los poderes... en las mismas manos... puede considerarse justamente, como la definición de la tiranía [738].

Por todo ello, la democracia tiene que conducir a un esquema de Estado que garantice la libertad, la dignidad, la igualdad, la legalidad, lo que implica el rechazo tanto al centralismo y concentración del Poder como a la penetración del Estado en los campos de la sociedad civil. El intervencionismo de Estado, por tanto, al ser concentrador del poder económico en pocas manos, en definitiva, también es esencialmente antidemocrático.

Teniendo en cuenta estos valores de la democracia, por supuesto, ella, como régimen político, es mucho más que una formalidad de elecciones cíclicas.

Por ello hay que preservarla y revalorizarla, repudiando el discurso autoritario que pretende sustituirla por un régimen político donde no existan los valores mencionados. La crítica, que compartimos, a la exclusiva representatividad de partidos que hemos tenido en muchos de nuestros países y al procedimiento formal de elección regular, no puede transformarse en un rechazo a la democracia en si misma y a sus valores, sino en un esfuerzo por profundizarla.

Por ello, para enfrentar el discurso antidemocrático, hay que machacar una y otra vez los valores de la democracia que sólo en democracia se pueden realizar.

No olvidemos que los esfuerzos por cambiar el sistema electoral y hacerlo más representativo de las comunidades y de la ciudadanía, y no sólo de los partidos, que se han realizado en muchos de nuestros países, no siempre han logrado su objetivo. Por ejemplo, la forma del voto en las elecciones, por más intentos parciales de implantar la uninominalidad que se han hecho, en muchos casos ha sido diseñada para que, en definitiva, prevalezca el voto por partidos y no por individuos. Un gran esfuerzo hay que hacer para sustituir el voto por partidos por un voto uninominal, por personas, elegidas por nombre y apellido y que representen a las comunidades y a los ciudadanos, lo que no excluye, por supuesto, que sean postulados o apoyados por partidos políticos que, en definitiva, son de la esencia de toda democracia.

Por otra parte, debemos insistir en que cuando se habla de democracia directa como contrapuesta a la democracia representativa, debe tenerse claro que un Estado no puede funcionar con base en decisiones adoptadas en Asambleas públicas y po-

---

736. *De l'Esprit des lois,* (ed. G. Tunc), París 1949, Vol. I, Libro XI, Cap. IV, p. 162-163

737 *Idem,* p. 169.

738 *The Federalist,* (ed. B.F. Wright), Cambridge 1961, N° 47, p. 361.

pulares, como consecuencia de iniciativas populares, o mediante referendos consultivos, aprobatorios, autorizatorios o revocatorios.

Con todos esos instrumentos de participación o de democracia directa, sin duda, se puede perfeccionar el régimen democrático, pues se permite al pueblo reaccionar directamente contra o en relación con las decisiones políticas que adopten los representantes, incluso con resultados contrarios a las mismas, dado que estos con frecuencia tienen intereses, incluso partidistas, distintos a los de los ciudadanos. Los referendos son así, mecanismos de control directo de los ciudadanos en relación a sus representantes políticos; pero en definitiva constituyen un complemento de los gobiernos representativos que caracterizan las democracias modernas, y no su sustitución.

Pero de nuevo debe constatarse que, por ejemplo, para que los referendos puedan efectivamente servir de instrumentos para perfeccionar la democracia, el Poder Público tiene que estar efectivamente descentralizado, es decir, exigen un sistema de distribución territorial o vertical del Poder Público, con autonomías político-territoriales y competencias propias sobre las cuales se pueda consultar a la ciudadanía.

Por eso decía al inicio, que además de todos los factores clásicos de la democracia, el que asegura su operatividad es el que postula un sistema institucional de control del poder, por su distribución, no sólo horizontal a través del clásico principio de la separación de poderes, sino vertical, en el territorio hasta llegar al Municipio.

Recordemos de nuevo, para terminar, lo que decía Alexis De Tocqueville en 1835:

> En el Municipio es donde reside la fuerza de los pueblos libres. Las instituciones locales son a la libertad lo que las escuelas primarias vienen a ser a la ciencia; la ponen al alcance del pueblo; le hacen paladear su uso pacífico y lo habitúan a servirse de ella[739].

Y terminaba con esta afirmación tajante: "La vida política ha nacido en el seno mismo de los Municipios[740]".

Por ello, incluso, la independencia de nuestros países latinoamericanos se inició en el seno de los Cabildos.

Por tanto, aprovechemos no sólo las enseñanzas de nuestra propia historia, sino de la historia de las democracias, para que definitivamente la democracia se instale en nuestros países. En esta tarea, sin duda, los organismos electorales, que Uds. representan, tienen todo que decirnos.

---

739 *Democracy in America,* (ed. JP. Meyer y M. Lerner), London, 1969.

740 *Idem.*

SECCIÓN SEXTA: **EL ASALTO AL PODER Y SUS CONSECUENCIAS PARA LA DEMOCRACIA (CARACAS, MARZO 2002)**

Texto del discurso en el acto de recepción del "Premio Francisco de Venanzi a la trayectoria del Investigador Universitario", Universidad Central de Venezuela, Caracas, Paraninfo, 15 de marzo de 2002. Publicado en el libro: *Constitución, democracia y control del poder*, Mérida 2004, pp. 15-24.

Comienzo por agradecer, en nombre de la profesora Irene Hoffmann de Malavé, de la Facultad de Farmacia y del profesor Oscar Noya González, de la Facultad de Medicina, destacados investigadores en el área de salud, y en el mío propio, al *Consejo de Desarrollo Científico y Humanístico* y a la *Asociación para el Progreso de la Investigación Universitaria* de esta Universidad Central de Venezuela, por habernos honrado con el otorgamiento de este premio anual *Francisco de Venanzi,* a la trayectoria del *investigador* universitario de esta Casa de Estudios, la Universidad Central de Venezuela. Estamos conscientes de que se trata del principal premio a la investigación universitaria que otorga esta Universidad, y lo recibimos gustosamente, como reconocimiento o retribución de la Universidad a nuestros esfuerzos.

Como lo indican sus bases, se trata de un premio instituido por la Universidad no sólo con la finalidad de reconocer la investigación universitaria, sino la trayectoria del investigador en esta Universidad. E investigador, como lo recuerda el Diccionario de la Real Academia, es quien realiza actividades intelectuales y experimentales de modo sistemático con el propósito de aumentar los conocimientos sobre determinada materia.

Nosotros, cada uno en su área específica, hemos realizado esas actividades, precisamente en el marco académico de esta Universidad Central, que es la nuestra, la de siempre, a pesar de que hayamos podido ser miembros de otros claustros universitarios y hayamos enseñado e investigado en otras latitudes.

***

Nuestra investigación, tiene varias especificidades que quisiera destacar. Se trata y ha tratado de una investigación universitaria, académica y, por tanto, sin ánimo de lucro. Hemos realizado este esfuerzo y lo seguimos realizando sin fines económicos, y lo decimos sin que ello implique desmejora de las admirables ejecutorias de la investigación que se realiza con fines industriales y económicos en general, y de su contribución al desarrollo de la humanidad.

Por otra parte, se trata de una actividad de investigación que en nuestro caso, tiene una trayectoria; nuestra propia trayectoria, y eso es lo que también se premia, materializada, sí, en resultados concretos, pero desde el punto de vista vital también, en lo que sólo nosotros y nuestro entorno sabe: en muchos años, muchos tiempos de vacaciones, muchos fines de semana, muchos días, muchas horas, todos invertidos en el estudio, que allí quedaron y que, gracias a Dios, dieron sus frutos; como debe ser, lentamente, con el cuidado parecido al que tiene el agricultor, que remueve, poda, abona, fumiga, en fin, con la constancia que exige la vigilancia de una buena siembra.

Así, y estoy seguro que lo mismo sucede con mis compañeros galardonados, podemos decir que nuestra vida útil entera la hemos dedicado a la investigación; en mi caso, en el área de las ciencias jurídicas, administrativas, políticas y de la historia de las instituciones. Debo recordar que me inicié aún siendo estudiante, en 1960 como auxiliar de investigación en el Instituto de Derecho Público de la entonces Facultad de Derecho, precisamente junto con el Profesor Alfredo Arismendi quien es el actual Director del Instituto, a quien quiero ahora agradecer su generosa iniciativa en postular mi trayectoria de investigador para este premio. Han transcurrido 42 años desde aquél entonces, permanentemente dedicados a la investigación, de los cuales los primeros veintisiete como profesor a tiempo completo en dicho Instituto, cuya dirección también tuve a mi cargo por diez años; y los últimos quince años, como profesor jubilado, pero investigador activo, con una intensidad quizás mayor.

Pero la investigación, en particular la que realizamos en el campo de las ciencias sociales, tiene otra peculiaridad que debo destacar. Ella no puede ni debe quedarse guardada en carpetas llenas de escritos o conforme a las tecnologías modernas, en las pantallas de las computadoras, guardados en archivos.

El aumento de los conocimientos sobre determinada materia que es de la esencia de la investigación, en nuestro campo y más aún cuando está vinculada a la docencia universitaria, por sobre todo implica y exige su divulgación, para que otros precisamente aumenten su conocimiento. Siempre he pensado que más vale un trabajo publicado que uno guardado en un archivo, pues lo menos que podemos lograr con su publicación es el ahorro de tiempo de otros, para que no transiten inútilmente la misma senda y puedan partir de lo ya investigado. De allí, las decenas de miles de páginas impresas que conforman nuestra obra publicada toda, además, hasta ahora, escrita a mano.

Por ello estoy convencido de que nuestra investigación no es egoísta; al contrario, podríamos calificarla de profundamente generosa. El objetivo es que otros utilicen lo que investigamos; de eso precisamente se trata, de que el conocimiento siga acrecentándose.

Por eso, desde el punto de vista personal y de las relaciones sociales, en particular en el campo de las ciencias sociales, a los investigadores nos ocurre que a medida que se acrecienta el conocimiento y este se divulga, aumentan nuestros amigos, los de verdad, la mayoría de los cuales son amigos silenciosos que sin conocernos personalmente están con nosotros cotidianamente, a quienes ayudamos permanentemente, y encuentran en nuestros libros y escritos la solución a sus inquietudes y problemas.

Pero la divulgación de los resultados de la investigación, por otra parte, y de eso se trata la investigación universitaria, es uno de los instrumentos fundamentales para la docencia, es decir, la formación y la enseñanza. Es la que además permite la conformación de corrientes de pensamiento con personas que se han formado y han estudiado por nuestros libros y que luego, como profesores, enseñan por los mismos. Por eso hemos tenido la satisfacción de ver ya a los alumnos de los alumnos de nuestros alumnos, en cuatro generaciones de docentes, siguiendo, mejorada, una misma línea de pensamiento, conformando una gran escuela.

Pero no debemos olvidar que en el área de las ciencias sociales, los cuarenta años que hemos podido dedicar a la investigación y a la divulgación de sus resultados, han sido posibles, por sobre todo, por la libertad académica que caracteriza a la Universidad, y por la libertad que nos permite la democracia. Sin democracia no podría haber libertad de investigación, ni podría haber libertad de expresión del pensamiento, ni libertad de publicar el resultado de nuestros trabajos. Por eso, no tengo la menor duda en afirmar que en el área de las ciencias sociales, si hemos podido dedicarnos libremente a la investigación, es porque las cuatro décadas pasadas en la historia del país han coincidido con la implantación y desarrollo de la democracia.

Y precisamente por ello, creo que ya está llegando el momento de que los venezolanos y, en particular, los profesores e investigadores y los universitarios en general, comencemos a reivindicar activamente nuestra democracia, pues como lo decía el año pasado el profesor Claudio Bitano al recibir este Premio:

El oficio de profesor universitario es en extremo delicado. Tiene que ver, nada menos, que con el futuro del país. Y esta responsabilidad no admite medias tintas.

Por ello, en este acto, sin medias tintas, considero mi deber referirme a la situación actual del país, lo que no podemos soslayar por los peligros que está corriendo su democracia, y por las amenazas que esta Universidad ha sentido directamente pues ya se la asaltó una vez y, lamentablemente, hace unos días, como lo reportó la mancheta de un diario de Caracas, "los encapuchados volvieron a clase".

Esas no son circunstancias aisladas; obedecen a un plan de destrucción institucional sistemático, que tiene en la mira a la propia Universidad.

En 1936, cuando un grupo de fascistas ingresó violentamente a un acto académico en la Universidad de Salamanca, su Rector, Miguel de Unamuno, les señaló:

Ustedes vencerán porque poseen fuerza bruta en abundancia. Más no convencerán, porque para convencer es necesario persuadir, y para persuadir es necesario tener algo de lo que ustedes carecen: razón y derecho en esta lucha.

Nosotros, hoy, ante asaltos fascistas similares no podemos permitir que pueda vencer la fuerza bruta, sobre todo si estamos avisados que los ataques contra nuestra Universidad continuarán.

Afortunadamente, para enfrentar el autoritarismo, hoy estamos en una situación privilegiada, y es que en Venezuela hay una cultura democrática que décadas atrás no teníamos, precisamente debido a los cuarenta años de vida en democracia que han transcurrido desde 1958. Por ello, a pesar de todos los esfuerzos que viene haciendo el Presidente de la República por destruir la democracia y las sociedades intermedias, no lo va a lograr.

En 1998, ciertamente que necesitábamos cambiar nuestra democracia, pero no para eliminarla o destruirla como ha buscado el Presidente de la República, sino para transformarla y perfeccionarla eliminando los defectos más notables que tenía, que eran el centralismo y el partidismo, que habían impedido la efectiva participación y representatividad políticas. Ese era el cambio que el país quería, pero en 1998 el pueblo se equivocó pensando que la elección del actual Presidente de la República contribuiría a perfeccionar la democracia. Lejos de haber sido el instrumento para eliminar sus vicios, haciéndola más participativa y más representativa, lo que ha logrado es empeorar los defectos que habían impedido su desarrollo, con lo cual el país hoy está más centralizado que nunca, habiéndose eliminado toda posibilidad efectiva de participación política. Mas allá de la retórica presidencial, la única participación que parece que el Jefe de Estado entiende es la que deriva de las órdenes de cuartel cuando el sargento se dirige a los soldados y les dice: "les participo" tal cosa o que "deben hacer tal otra cosa".

Pero además, hoy el sistema democrático es menos representativo al haber acaparado el poder un solo partido político que está imbricado al Estado, al punto de que quien lo preside es el propio Presidente de la República contrariando la norma constitucional que prohíbe a los funcionarios públicos estar al servicio de parcialidades políticas. Nunca antes en la historia política de este país, un Presidente de la República había sido a la vez o continuado siendo presidente de un partido. Por ello, cuando el Presidente habla, por ejemplo, como Comandante en Jefe de la Fuerza Armada, no puede dejar de hablar como jefe de un partido político, y eso lo está resintiendo la propia Fuerza Armada y el país entero. La verdad es que quisiéramos tener un Presidente de la República que hablase como Presidente de todos los venezolanos, y no como jefe de un partido que sólo se dirige a sus partisanos.

El pueblo en Venezuela, en mi criterio, sin duda se equivocó con la elección del Presidente de la República; y este lo engañó violando abierta y recurrentemente la propia Constitución, la cual ha sido secuestrada y burlada por los mismos actores que se entronizaron en la Asamblea Nacional Constituyente en 1999, y luego, en los diversos órganos del Estado. El Estado, por otra parte, ha sido objeto de apoderamiento por funcionarios que han resultado lo más parecido a aquellos "concejales hambrientos" de los cuales nos hablan los viejos textos castellanos, de Castilla, que llegaban a los cargos concejiles para robar impunemente, saciarse personalmente y así, asegurarse un patrimonio mal habido para cuando fueran desalojados del poder.

No olvidemos que a comienzos de 2000, en este país, una Comisión Legislativa Nacional, el célebre "Congresillo" que no tenía existencia constitucional, se dedicó a legislar usurpando la función legislativa. Lo mismo hicieron en los Estados, sendas Comisiones Legislativas estadales.

El régimen electoral que se estableció especialmente para las elecciones de la llamada "relegitimación" de los poderes públicos, en la fracasada mega elección de 2000, fue burdamente distinto al que regulaba la propia Constitución.

La libertad sindical, constitucionalmente garantizada, fue menoscabada al intervenirse las elecciones sindicales, lo que terminó con el penoso fracaso del referendo sindical, que ha sido la votación a la cual han concurrido menos venezolanos en toda la historia del país, con un 77% de abstención.

El derecho a la participación política de la sociedad civil en la designación de los titulares de los órganos del Poder Público que regula escrupulosamente la Constitución, fue secuestrado por la Asamblea Nacional con una inconstitucional Ley que ignoró los Comités de Postulaciones que exigía el Texto Fundamental, y que debían estar exclusivamente integrados por representantes de la sociedad civil. La designación que se hizo, a final de cuentas, fue a dedo, y los órganos del Estado terminaron sometidos al poder presidencial. Y ahora se nos amenaza impunemente con hacer similares nombramientos por una Comisión Parlamentaria creada por otra Ley Especial, también inconstitucional, en relación con los miembros del próximo Consejo Nacional Electoral!.

La obligación constitucional de la consulta popular de los proyectos de ley antes de su sanción, como garantía de participación ciudadana, también ha sido burlada, particularmente por el Presidente de la República al haber dictado las 48 leyes habilitadas de 2001, sin la consulta pública obligatoria, habiendo quedado todas viciadas de inconstitucionalidad.

La deformación de la democracia representativa por el control del poder en manos de un solo partido cuyo jefe es el Presidente de la República, lo ha convertido además y a la vez, en jefe de su fracción parlamentaria la cual se mueve conforme a sus designios. No olvidemos el gravísimo hecho que ocurrió en enero de este año 2002, cuando el partido de gobierno, ante el temor de perder la mayoría en la Asamblea, a través de sus voceros, sin ningún rubor advirtieron que si ello ocurría era el fin de la vía democrática de "el proceso". Así quedó disipada la ilusión de algunos diputados del propio partido de gobierno que pretendieron querer votar conforme a su conciencia sin sujeción a los dictados del Presidente de la República.

Una democracia representativa que sólo se conciba para representar un solo partido, es una caricatura de democracia; y mas aún cuando se ha puesto al Estado y a sus funcionarios al servicio de dicho partido, contra la propia Constitución, produciéndose un escandaloso y continuado delito de peculado de uso que el Contralor General de la República se niega a ver.

La concentración del poder y la ausencia de control y contrapesos entre los poderes públicos, además, ha sido una puerta abierta para la violación de los derechos humanos, al punto de que nunca antes como ahora, los organismos internacionales de protección de los mismos han recibido tantas denuncias de violación. No olvidemos las violaciones respecto de la libertad sindical; de la libertad de expresión del pensamiento; de la seguridad personal, con los grupos de exterminio; de la privacidad de las comunicaciones; y del derecho de manifestación pública bloqueado por bandas fascistas aupadas por el propio gobierno, que condujeron hasta el asalto de esta Casa de Estudios.

El colmo de todo esto ha estado en la disparatada e irracional iniciativa de un grupo de personas, de amenazar con supuestos juicios populares, incluso contra nuestro Rector Magnífico, lo que resulta más grave aún por el silencio cómplice de los órganos del Estado encargados de garantizar el adecuado funcionamiento del Estado de Derecho.

Pero es que también la institución de la cosa juzgada, pieza esencial del debido proceso, ha sido quebrantada por una Sala Constitucional que revisa juicios ya concluidos de acuerdo con los criterios particulares de algunos Magistrados, que por lo visto se olvidaron que habían dejado de ser abogados litigantes y que no pueden poner la justicia al servicio de sus antiguos clientes. Pero ello, lamentablemente, no puede extrañarnos cuando esos mismos Magistrados tuvieron la osadía de decidir en causa propia, contrariando el más elemental principio de una sociedad civilizada, y resolvieron incluso que la Constitución no se les aplicaba a ellos mismos.

La separación de los poderes y su autonomía, piedra angular de todo régimen democrático, materialmente ha desaparecido. Todos los Poderes del Estado dependen del Ejecutivo y actúan a su antojo, y el Estado se ha centralizado aún más. Por ello, tenemos un Presidente que ha llegado al colmo de decir públicamente: "El Estado soy yo. La Ley soy yo", lo que no se le había oído decir a ningún gobernante en el mundo moderno desde los tiempos de Luis XIV, hace casi 400 años.

El pluralismo político, por otra parte, casi ha desaparecido por la ingerencia e inconveniente presencia del Estado en la sociedad civil, lo que ha llevado al propio Presidente de la República a tratar de controlar tanto a las asociaciones de empresarios como a los sindicatos; a provocar la división de partidos políticos; a atacar a la Iglesia e, incluso, tratar de dividirla; y a debilitar a la Universidad y su autonomía.

Por todo ello, los venezolanos estamos comenzando a ver aparecer manifestaciones justas de desobediencia civil, como la que ocurrió en el proceso de elección de la directiva de las agrupaciones sindicales y en la elección de los jueces de paz en el Municipio Chacao. La sociedad civil ha comenzado a rebelarse contra el esquema intervencionista que regula la Constitución, y ello será cada vez más acentuado. La sociedad civil se niega a estar reglamentada y las asociaciones de profesionales, como las de los profesores universitarios, en particular la de esta Universidad deberían incluso desconocer el llamado que acaba de hacerles el Consejo Nacional Electoral para organizar sus elecciones internas, lo que sencillamente es intolerable. Esa es potestad exclusiva de los profesores y nada tiene el Estado que hacer con ello.

Todo ello nos pone de manifiesto que la democracia está en peligro, y con ella, la existencia de la Universidad, de la investigación y del pensamiento libre. Sin democracia, insisto, la investigación no podría realizarse, particularmente la que se desarrolla en el ámbito de las ciencias sociales, pues lo que habría sería una sola verdad, la verdad oficial, supuestamente la única y sola verdad que es la de los ignorantes, y no habría posibilidad de divulgación, ni siquiera del pensamiento.

La Universidad y su comunidad, por tanto, hoy más que nunca tiene que comenzar a reaccionar, pues el riesgo es que la asalten definitivamente. No podemos permitir que venza la fuerza ante la razón. Tenemos que volver a los tiempos de la participación activa de la Universidad en la política; como los que yo conocí en 1958, en los cuales la intelectualidad universitaria tenía un protagonismo mayor al que el hoy día tienen otras sociedades intermedias, como las de empresarios y trabajadores. O reaccionamos todos, o nos asaltan y aniquilan.

***

Pero a pesar de todos estos inconvenientes y zozobras, lo cierto es que cuando se tiene vocación de investigador, el trabajo se realiza aún en medio de las más tremendas crisis políticas. Siempre hay tiempo; y lo único que se necesita para que sea realmente efectiva, es que tengamos condiciones personales que nos permitan disponer de ese tiempo. La comprensión de la esposa o esposo y de la familia, por tanto, es esencial.

En mi caso, desde el inicio y durante los últimos cuarenta años, Beatriz aceptó un marido que dedicaba muchas horas al estudio e investigación, se supo amoldar a ello, me apoyó, aceptó la progresiva invasión de libros en la casa, asumió el control de la familia, apreció los esfuerzos y comprendió las privaciones. Gracias a ella, y a todo el amor que permite la comprensión, he podido hacer todo lo que hecho y espero poder seguir haciéndolo.

Este premio, por tanto, y creo que los otros galardonados habrían hecho lo mismo, se lo dedico y entrego a ella. Muchas gracias a todos por estar aquí.

SECCIÓN SÉPTIMA: **LECCIONES DE LA CRISIS POLÍTICA DE LA DE-MOCRACIA VENEZOLANA (CIUDAD DE MÉXICO, ABRIL 2005)**

Versión escrita de la exposición hecha en la Mesa Redonda sobre *Lecciones de la Crisis Política Venezolana*, Instituto de Investigaciones Jurídicas, Universidad Nacional Autónoma de México (UNAM), Ciudad de México, 20-04-2005. *Se le agregaron referencias bibliográficas en los puntos pertinentes, exclusivamente relativas a trabajos del autor. Publicado en Estudios sobre el Estado Constitucional (2005-2006)*, **Caracas 2007, pp. 115-122.**

La crisis de la democracia venezolana en las últimas décadas, en lugar de haber conducido al perfeccionamiento de la misma haciéndola más representativa y más participativa, en realidad lo que muestra es el paso de una democracia centralizada de partidos hacia una democracia igualmente centralizada, pero plebiscitaria, poco representativa y nada participativa.

En efecto, es bien sabido que durante la segunda mitad del Siglo XX, particularmente a partir de los sesentas, en Venezuela se desarrolló un sistema político democrático de conciliación de las élites políticas representadas por los partidos políticos. A ellos y a su liderazgo se debió la construcción de dicho régimen político democrático pluralista y centralista, en el cual los partidos tuvieron completa preponderancia.

Sin embargo, después de dos décadas (1960-1980) de ejercicio democrático montado sobre el centralismo de Estado y el centralismo democrático de los propios partidos, estos no supieron entender, ni conservar ni perfeccionar su obra. Democratizado el país de América Latina que para comienzos de los sesenta quizás era el que menos tradición democrática tenía, se requería reestructurar la democracia para hacerla más representativa de las nuevas fuerzas democrática que emergían y hacerla más participativa[741]. Esta incomprensión originó la crisis de la democracia en una doble vertiente: crisis de representatividad y crisis de participación[742].

Los partidos políticos que desarrollaron un monopolio de la representación política (sólo a través de ellos y en sus listas electorales generalmente cerradas y bloqueadas, es que se podía ser elegido para integrar los cuerpos representativos), progresivamente comenzaron a dejar de representar al país, representándose sólo a sí

---

741   *V.* Allan R. Brewer-Carías, *Cinco siglos de historia y un país en crisis,* (Estudio para el Discurso de Orden en la Sesión Solemne de las Academias Nacionales el día 7 de agosto de 1998 con motivo de la celebración del V Centenario de Venezuela), Academia de Ciencias Políticas y Sociales, Comisión Presidencial V Centenario de Venezuela, Caracas 1998, 117 pp.

742   *V.* Allan R. Brewer-Carías, *La crisis de las instituciones: responsables y salidas,* Cátedra Pío Tamayo, Centro de Estudios de Historia Actual (mimeografiado) FACES, Universidad Central de Venezuela, Caracas 1985, 40 pp; publicado también en *Revista del Centro de Estudios Superiores de las Fuerzas Armadas de Cooperación*, N° 11, Caracas 1985, pp. 57-83; y en *Revista de la Facultad de Ciencias Jurídicas y Políticas*, N° 64, Universidad Central de Venezuela, Caracas 1985, pp. 129-155.

mismos. Los partidos, incluso, aplicado las medidas populistas que imponían los tiempos y que permitían los recursos públicos disponibles para distribuir, progresivamente se pusieron de espaldas al país y a las demandas populares, haciéndose sus líderes impermeables a los reclamos del pueblo, cada vez más democratizado; y el pueblo dejó de sentirse representado por los partidos políticos.

Los partidos políticos, a partir de los ochenta, terminaron por aislarse en su propio juego político; manejaron con exclusividad al Estado y al juego democrático; y controlaron totalmente el Poder Público, cuya separación orgánica a veces se vio desdibujada o relativizada por los acuerdos expresos o tácitos entre los partidos[743].

Pero a la crisis de representatividad se sumó la crisis de participación política. El centralismo de Estado y el centralismo democrático de la organización de los partidos, redujo las posibilidades de participación política la cual solo era posible a través de los partidos, y además, mediante la sola opción electoral. La participación política se redujo entonces a las votaciones, las cuales progresivamente sintieron los embates de la abstención, de manera que después de una participación electoral que en los años setenta había estado en más del noventa por ciento de los electores, se pasó progresivamente a una abstención superior al cincuenta por ciento a finales de los noventa.

La crisis política de la democracia, esa crisis de representatividad y participación políticas, terminó de estallar en 1989 a las pocas semanas de la reelección mayoritaria de la segunda presidencia de Carlos Andrés Pérez, con una manifestación/rebelión popular violenta conocida como "El Caracazo", que hizo tambalear al liderazgo partidista, imponiéndole la necesidad de abrir la democracia y sacarla fuera del exclusivo entorno de los partidos. Ello llevó a la rápida aprobación de reformas políticas tendientes a descentralizar el poder, lo que condujo ese mismo año a la elección directa de los Gobernadores de los Estados de la Federación (desde mitades del Siglo XIX eran designados por el Presidente de la República) y a la elección, por primera vez en la historia del régimen local, de la autoridad ejecutiva municipal (los Alcaldes), superándose el sólo gobierno colegiado (Concejos) municipal[744].

Pero las medidas reformistas, si bien de primera importancia, no fueron suficientes para conjurar la crisis, la cual tuvo una segunda señal de estallido con el intento de golpe de Estado de febrero de 1992, liderizado por el entonces Teniente Coronel Hugo Chávez Frías. La reacción del liderazgo partidista ante la crisis sólo condujo a la elaboración de un proyecto de reforma constitucional; y a la decisión de enjuiciar al Presidente Pérez con cargos de malversación; y nada más.

La consecuencia de la crisis y de la falta de respuesta democrática de los partidos, fue el inicio de la reacción de todos los actores políticos contra los partidos, en una especie de campaña de "todos contra los partidos", la cual incluso fue liderizada por uno de los fundadores de los partidos históricos y de la propia democracia, Ra-

---

743 V. Allan R. Brewer-Carías, *Problemas del Estado de partidos*, Editorial Jurídica Venezolana, Caracas 1988, 340 pp.

744 V. Allan R. Brewer-Carías, "Bases legislativas para la descentralización política de la federación centralizada (1990: El inicio de una reforma)" en *Leyes y reglamentos para la descentralización política de la Federación*, Colección Textos Legislativos, N° 11, Editorial Jurídica Venezolana, Caracas 1990, pp. 7-53.

fael Caldera, quien ahogando las posibilidades de emergencia de un nuevo liderazgo en su partido, ganó con precaria mayoría la elección presidencial de 1994. La crisis de los partidos y de la democracia llegó a su clímax durante esa segunda presidencia de Caldera, culminando en 1998 con una ausencia total de liderazgo político partidista.

Y ocurrió lo que tenía a ocurrir como consecuencia del vacío de liderazgo que provocaron los propios partidos: la emergencia de un nuevo liderazgo que representaba todo lo que era contrario a la democracia representativa de partidos, montado precisamente en un discurso contra los partidos y contra la misma democracia representativa; encubierto sin embargo por la palabra mágica de la "participación" o de la "democracia participativa" pero, en realidad, para acabar con la propia democracia.

Surgió, así, en el discurso político la falsa dicotomía entre democracia representativa y democracia participativa, lo que llegó hasta los foros internacionales (cuando se discutió por ejemplo el proyecto de Carta Democrática Interamericana en 2000), cuando tales términos no son dicotómicos. La democracia representativa, en realidad, a lo que se opone es a la democracia directa, no a la democracia participativa; y esta, la democracia de participación (de inclusión) a lo que se opone a la democracia de exclusión[745].

Pero se confundió una cosa con otra, y los ataque a la democracia representativa bajo la bandera de una supuesta democracia participativa, lo que implicaron fue un ataque contra el sistema democrático en si mismo. La confusión tuvo incluso sus influencias entre los expertos, quienes creyeron encontrar la solución a la crisis de representatividad con la consagración constitucional de todo tipo de referendos y asamblea de ciudadanos, como injertos de democracia directa, y todo en nombre de la participación democrática. La verdad es que tales mecanismos son útiles instrumentos de movilización popular, pero nada tienen que ver con la participación política, habiendo más bien contribuido a perfilar una democracia plebiscitaria en sustitución de la democracia de partidos.

En todo caso, el resultado de la crisis de la democracia centralizada de partidos, lejos de haber contribuido al perfeccionamiento de la democracia como régimen político haciéndola más representativa y más participativa, a lo que ha conducido es a agravar la crisis de representatividad y de participación democráticas, al haber eliminado el juego entre partidos, sustituyéndolos por la presencia de un solo líder que pretende tener una relación directa con el pueblo montada en un populismo rico que reparte sin control el ingreso petrolero, alimentando la ilusión participativa.

Este nuevo esquema político se originó a partir de 1998, como consecuencia de la toma de control del poder por la vía electoral, con una gran abstención, por las fuerzas políticas anti-partido que representaba Hugo Chávez Frías, electo Presidente. El instrumento que este utilizó para su configuración en medio de un discurso

---

745 Allan R. Brewer-Carías, "Democracia municipal, descentralización y desarrollo local" (Texto de la Conferencia Inaugural dictada en el XXVI Congreso Iberoamericano de Municipios, OICI, Valladolid 13 de octubre 2004), en *Revista Iberoamericana de Administración Pública*, Nº 11, Ministerio de Administraciones Públicas, Madrid Julio Diciembre 2003, pp. 11-34.

participativo, fue la Asamblea Nacional Constituyente[746], que fue convocada al margen de la Constitución entonces vigente (1961)[747], y fue electa en 1999, habiendo quedado integrada por una abrumadora mayoría de seguidores del Presidente de la República, quien la controló directa y férreamente.

Fue esa Asamblea Nacional Constituyente la que durante los meses finales de 1999 dio un golpe de Estado contra la Constitución de 1999 y contra todos los poderes constituidos[748], asumiendo un poder constituyente originario que no tenía conforme al referendo de abril de 1999 que le había dado nacimiento[749], interviniendo indiscriminadamente todos los poderes públicos, como el Congreso que había sido electo unos meses antes, y el Poder Judicial en todos sus niveles[750]; y lo peor de todo, con la anuencia de la Corte Suprema de Justicia de entonces, la cual con ello, refrendaría su propia condena de muerte[751]. La Asamblea Nacional Constituyente de 1999, por tanto, lamentablemente no fue un instrumento de conciliación política y de recomposición consensual del orden político, sino más bien, un instrumento exclusivista para el control total del poder[752]. El resultado de su labor fue la sanción de la Constitución de 1999[753], la cual envuelta en un discurso participativo y anti-partido, se caracteriza por ser una Constitución autoritaria que como lo expresamos al sancionarse, es el resultado de la combinación de un sistema de concentración del poder, de centralización del Estado, de sistema presidencial exacerbado, de estatismo extremo en paralelo al marginamiento de la sociedad civil, de populismo petrole-

---

746   *V.* Allan R. Brewer-Carías, "Reflexiones sobre la crisis del sistema político, sus salidas democráticas y la convocatoria a una Constituyente», en el libro *Los Candidatos Presidenciales ante la Academia.* Ciclo de Exposiciones 10-18 Agosto 1998, (Presentación y organización de la Edición Allan R. Brewer-Carías), Serie Eventos Nº 12, Biblioteca de la Academia de Ciencias Políticas y Sociales, Caracas 1998, pp. 9-66; y en *Ciencias de Gobierno* Nº 4, Julio-Diciembre 1998, Gobernación del Estado Zulia, Instituto Zuliano de Estudios Políticos Económicos y Sociales (IZEPES), Maracaibo, Edo. Zulia, 1998, pp. 49-88. *V.* también, en Allan R. Brewer-Carías, *Asamblea Constituyente y ordenamiento constitucional*, Serie Estudios Nº 53, Biblioteca de la Academia de Ciencias Políticas y Sociales, Caracas 1999.

747   *V.* Allan R. Brewer-Carías, "Comentarios sobre la inconstitucional de la convocatoria a Referéndum sobre una Asamblea Nacional Constituyente, efectuada por el Consejo Nacional Electoral en febrero de 1999" en *Revista Política y Gobierno*, Vol. 1, Nº 1, enero-junio 1999, Caracas 1999, pp. 29-92

748   *V.,* Allan R. Brewer-Carías, Golpe de Estado y Proceso Constituyente en Venezuela, UNAM, México 2002.

749   *V.,* Allan R. Brewer-Carías, *Poder Constituyente Originario y Asamblea Nacional Constituyente* (Comentarios sobre la interpretación jurisprudencial relativa a la naturaleza, la misión y los límites de la Asamblea Nacional Constituyente), Colección Estudios Jurídicos Nº 72, Editorial Jurídica Venezolana, Caracas 1999.

750   *V.,* nuestros votos salvados a las decisiones de la Asamblea Nacional Constituyente en Allan R. Brewer-Carías, *Debate Constituyente*, (Aportes a la Asamblea Nacional Constituyente), Tomo III (18 octubre-30 noviembre 1999), Fundación de Derecho Público-Editorial Jurídica Venezolana, Caracas 1999.

751   Allan R. Brewer-Carías, *Golpe de Estado y Proceso Constituyente en Venezuela*, UNAM, México 2002.

752   *V.* Allan R. Brewer-Carías, "El proceso constituyente y la fallida reforma del Estado en Venezuela en *Estrategias y propuestas para la reforma del Estado,* Universidad Nacional Autónoma de México, México 2001, pp. 25-48. Publicado también en Allan R. Brewer-Carías, *Reflexiones sobre el constitucionalismo en América,* Caracas 2001, pp. 243-253.

753   *V.* Allan R. Brewer-Carías, *La Constitución de 1999. Derecho Constitucional venezolano*, 2 tomos, Editorial Jurídica Venezolana, Caracas 2004.

ro y de militarismo inusitado[754]. En particular, la quiebra de los principios de la separación orgánica de poderes y de la distribución vertical del poder que contiene[755], ha permitido que bajo su manto se haya desarrollado el sistema de democracia centralizada y plebiscitaria que existe en el país.

Ese sistema se caracteriza, en efecto, en primer lugar, por la marginalización de los propios partidos políticos del mismo texto constitucional. En la Constitución, incluso, desapareció la palabra "partido político"; se prohibió el financiamiento público de las organizaciones con fines políticos; se prohibieron las fracciones parlamentarias de partidos; se dispuso el voto conciencia de los diputados prohibiéndose las instrucciones de voto; e incluso se limitó la posibilidad de acuerdos entre partidos para la elección de los altos funcionarios de los Poderes Públicos no electos popularmente (Poder Judicial, Poder Ciudadano, Poder Electoral), al regularse la necesidad de sendos Comités de Postulaciones para dichos cargos, integrados por representantes de los diversos sectores de la sociedad.

Todo ello, sin embargo, en la práctica no rige: el Presidente de la República es el jefe de su propio partido político, básicamente de carácter aluvional y electoral; controla férreamente la Asamblea Nacional donde de hecho dirige su grupo parlamentario que impone una disciplina de voto nunca antes conocida; y a través de esos instrumentos, en última instancia ha designado a los magistrados del Tribunal Supremo y a los titulares de los otros órganos del Estado[756]. Para ello se dictaron las necesarias leyes que desdibujaron los Comités de Postulaciones, los cuales han quedado convertidos en simples "Comisiones parlamentarias ampliadas", férreamente controladas por el poder[757].

El militarismo constitucional se desarrolló en la práctica, perfilándose incluso, cada vez más, a las Fuerza Armada como el verdadero partido del Presidente de la República: un "partido militar" que incluso comienza a montarse sobre milicias (reservistas) que alimentarán la democracia plebiscitaria.

La segunda característica del régimen de democracia plebiscitaria es la progresiva concentración del Poder Público, con la quiebra del principio de la división o

---

754 V. Allan R. Brewer-Carías, "Reflexiones críticas sobre la Constitución de Venezuela de 1999", en Diego Valadés y Miguel Carbonell, Constitucionalismo iberoamericano del siglo XXI, Universidad Nacional Autónoma de México-Cámara de Diputados. LVII Legislatura, México 2000, pp. 171-193.

755 V. Allan R. Brewer-Carías, "La opción entre democracia y autoritarismo", en Allan R. Brewer-Carías, *Reflexiones sobre el constitucionalismo en América* (con una *Biblio Verbi Grafia* del autor), Editorial Jurídica Venezolana, Caracas 2001, pp. 41-59. *V.* Allan R. Brewer-Carías, *Constitución, Democracia y control del Poder,* Centro Iberoamericano de Estudios Provinciales y Locales (CIEPROL), Consejo de Publicaciones/Universidad de Los Andes/Editorial Jurídica Venezolana, Mérida 2004 .

756 Allan R. Brewer-Carías, *La crisis de la democracia en Venezuela (La Carta Democrática Interamericana y los sucesos de abril se 2002)*, Ediciones Libros El Nacional, Caracas 2002.

757 Allan R. Brewer-Carías, "La progresiva y sistemática demolición institucional de la autonomía e independencia del Poder Judicial en Venezuela 1999-2004" en *XXX Jornadas J.M Domínguez Escovar, Estado de derecho, Administración de justicia y derechos humanos*, Instituto de Estudios Jurídicos del Estado Lara, Barquisimeto 2005, pp.33-174; y Allan R. Brewer-Carías, *La Sala Constitucional versus el Estado democrático de derecho. El secuestro del poder electoral y de la Sala Electoral del Tribunal Supremo y la confiscación del derecho a la participación política*, Los Libros de El Nacional, Colección Ares, Caracas 2004.

separación de poderes a pesar de que el Poder Público, incluso, ha sido objeto de una penta división entre el Ejecutivo, el Legislativo, el Judicial, el Ciudadano y el Electoral. La Constitución repite una y otra vez que dichos poderes son independientes, pero lo cierto es que dicha independencia ha quedado lesionada al atribuirse a la Asamblea Nacional la posibilidad de remover a los Magistrados del Tribunal Supremo de Justicia, a los miembros del Consejo nacional Electoral y a los titulares de los órganos del Poder Ciudadano (el Fiscal General de la República, el Contralor General de la República y el Defensor del Pueblo). El solo hecho de que el poder político por excelencia pueda remover a los titulares de los otros poderes públicos es lo contrario a su independencia, lo que se ha visto corroborado en la práctica política[758].

El esquema de penta división del poder, en realidad, a lo que ha conducido en la práctica es a un sistema de concentración total del poder, el cual se encuentra totalmente controlado por el Presidente de la República a través del control que ejerce sobre la Asamblea Nacional. Por ello, por ejemplo, cerca del 90% de los jueces son provisorios y, por tanto, por definición, dependientes del poder. El artífice institucional de dicha concentración del poder, lamentablemente, ha sido el Tribunal Supremo de Justicia, y en particular su Sala Constitucional, órgano al cual ha correspondido cohonestar, con interpretaciones constitucionales todas las violaciones constitucionales cometidas por los otros órganos de los poderes públicos.

Por último, la tercera característica del régimen plebiscitario desarrollado al amparo de la Constitución de 1999 es el de la acentuación del centralismo de Estado, el cual, con una fachada "federal descentralizada" ha centralizado aún más el poder a nivel nacional, ahogando progresivamente toda posibilidad real de participación política en los Estados y Municipios[759].

Ese centralismo de Estado se ha configura por los siguientes aspectos: En primer lugar, por la eliminación del Senado, y por tanto, de la Cámara federal que era la única institución en la cual los Estados podrían ser iguales.

En segundo lugar, por la inusitada limitación de la autonomía de los Estados de la Federación al establecerse que la organización de su Poder legislativo (Consejos Legislativos) se debe regular en una ley nacional y no en las Constituciones estadales, así como su Poder Ejecutivo, que se rige por las leyes nacionales relativas a la Administración Pública y a la Función Pública. El legislador nacional, además, ha regulado en una ley nacional a las Contralorías de los Estados y la forma de elección del Contralor; y a los consejos regionales de planificación, lo que constitucionalmente correspondía a los Estados[760].

---

758   Allan R. Brewer-Carías, *Constitución, Democracia y control del Poder,* Centro Iberoamericano de Estudios Provinciales y Locales (CIEPROL), Consejo de Publicaciones/Universidad de Los Andes/Editorial Jurídica Venezolana. Mérida, octubre 2004.

759   Allan R. Brewer-Carías, *Federalismo y Municipalismo en la Constitución de 1999 (Alcance de una reforma insuficiente y regresiva),* Cuadernos de la Cátedra Allan R. Brewer-Carías de Derecho Público, Nº 7, Universidad Católica del Táchira, Editorial Jurídica Venezolana, Caracas-San Cristóbal 2001, 187 pp.

760   Allan R. Brewer-Carías, "La 'Federación Descentralizada' en el marco de la centralización de la Federación en Venezuela. Situación y perspectivas de una contradicción constitucional" (Conferencia, en el

Y en tercer lugar, por la previsión de la posibilidad de que la autonomía de los municipios se limite por ley nacional o estadal, lo cual rompe con el principio de la distribución vertical del Poder Público.

Por lo demás, el Municipio, en la Constitución de 1999 y en la práctica legislativa, sigue estando tan lejos del ciudadano que no permite la participación política. Y sobre esto se impone una precisión, ya que el discurso político participativo de la democracia plebiscitaria, en realidad es lo más centralista y anti-participativo que se pueda imaginar, confundiéndose engañosamente los instrumentos de democracia directa con la participación política. Se ha pretendido, además, sustituir a las propias autoridades locales con la creación de Consejos y demás asambleas, todas dirigidas desde el centro, haciendo creer que el ciudadano participa.

En efecto, participar es ser parte de, es pertenecer a, es tomar parte en, es en fin, asociarse con; y todo ello sólo es posible para el ciudadano cuando el poder está descentralizado. La democracia es, por tanto participación, y ella solo es posible cuando hay efectiva descentralización del poder; por ello no hay autocracias descentralizadas y sólo las democracias se descentralizan. La participación, por ello, es de la esencia de la democracia, al punto de que en las democracias desarrolladas no se plantea el tema de la participación como ocurre en América latina. Y es que acaso nos hemos preguntado ¿Porqué, en Europa, por ejemplo, no se clama por la participación como sucede en nuestros países? ¿Es que acaso las democracias europeas no son participativas?[761].

El tema no se plantea en Europa porque desde Revolución francesa allí se descubrió qué es la participación política en democracia, cuando se materializó el grito revolucionario de que en cada pueblo, en cada villa, en cada burgo debía haber un Municipio. De ello resultaron los 40.000 municipios franceses que hoy en día son 36.560. La participación, por ello, es consustancial a la de democracia europea, porque tiene lugar realmente a nivel local, que es donde el ciudadano puede ser parte del poder, cotidianamente, y donde puede ser tomado en cuenta. Por ello, por ejemplo, allí están también, los 3.000 municipios suizos, los 8.097 municipios españoles y los 8.086 municipios italianos. Pero lo importante, por supuesto, no es el número de entidades locales, sino la relación habitante/municipio: en Francia es de 1.590; en Suiza es de 2.319; en España es de 4.817 y en Italia es de 7.044 habitantes por municipio. En contraste, por ejemplo, en México hay 2.418 municipios con un promedio de 40.116 habitantes por municipio y en Venezuela sólo hay 338 Municipios, con un promedio de más de 70.000 habitantes por municipio. ¿Por qué será, por tanto, que otros países son más democráticos y participativos que los nuestros, don-

---

Seminario Internacional sobre Federalismo y Regionalismo, Instituto de Investigaciones Jurídicas, UNAM y Tribunal Supremo del Estado de Puebla. Puebla, México 12 al 14 de Noviembre 2003), en Allan R. Brewer-Carías, *Constitución, Democracia y Control el Poder*, Universidad de los Andes, Consejo de Publicaciones, Editorial Jurídica venezolana, Centro Iberoamericano de Estudios Provinciales y Locales, Mérida 2004, pp. 111-143

761   Allan R. Brewer-Carías, "Democracia municipal, descentralización y desarrollo local", en *Revista Iberoamericana de Administración Pública*, N° 11, Ministerio de Administraciones Públicas, Madrid-Julio-Diciembre 2003-2004 pp.11-34.

de precisamente, no se clama tanto por la participación política como ocurre en los nuestros?[762].

Lo que es cierto es que la participación política no se satisface con injertar instrumentos de democracia directa en la democracia representativa satanizando a esta última, como ha ocurrido con el reciente y falaz discurso "participativo".

Ello puede ser y es un útil instrumento de perfeccionamiento de la democracia, pero con ello no se puede dar por satisfecha la necesidad de participación política, y menos aún, cuando por ejemplo, un referendo revocatorio como el realizado en Venezuela después de muchas dificultades en 2004 para revocarle el mandato al Presidente de la República, fue convertido por las propias autoridades electorales en un referendo "ratificatorio", parte, por tanto, del juego plebiscitario[763].

Lo cierto en todo caso, es que en los últimos años, la democracia venezolana a pasado de ser una democracia centralizada representativa de partidos, donde un grupo de partidos relativamente competitivos conducía con alternabilidad el juego democrático; a ser una democracia centralizada plebiscitaria, donde el control del poder lo tiene una sola persona, apoyada cada vez más por los militares, que utiliza un solo partido sin vocación de alternabilidad, creando una ilusión de participación popular con el reparto sin control de la riqueza petrolera mediante programas gubernamentales ("misiones") de corte social, que no están basados precisamente en la promoción del trabajo y en la generación de empleo.

Esa democracia plebiscitaria es, sin duda, menos representativa y menos participativa que la tradicional democracia representativa de partidos que el liderazgo político democrático no supo conservar, y que está conduciendo progresivamente a la propia desaparición de la misma democracia como régimen político, que es mucho más que elecciones y referendos tal como la define la Carta Democrática Interamericana.

---

762 Allan R. Brewer-Carías, "Democratización, descentralización política y reforma del Estado" y "El Municipio, la descentralización política y la democracia", en Allan R. Brewer-Carías, *Reflexiones sobre el constitucionalismo en América,* Caracas 2001, pp. 105-141-243-253.

763 Allan R. Brewer-Carías, "El secuestro del Poder Electoral y de la Sala Electoral del Tribunal Supremo y la confiscación del derecho a la participación política mediante el referendo revocatorio presidencial: Venezuela: 2000-2004" en *Revista Costarricense de Derecho Constitucional,* Tomo V, Instituto Costarricense de Derecho Constitucional, Editorial Investigaciones Jurídicas S.A. San José, Costa Rica 2004. pp. 167-312; y en *Revista Jurídica del Perú,* Año LIV, N° 55, marzo-abril. Lima 2004. pp. 353-396.

CUARTA PARTE

ESTUDIOS SOBRE EL FUNCIONAMIENTO DEL EL SISTEMA DE GOBIERNO

SECCIÓN PRIMERA: **EL SISTEMA PRESIDENCIAL DE GOBIERNO EN LA CONSTITUCIÓN DE VENEZUELA DE 1999 (BOGOTÁ, JUNIO 2005)**

Notas para un Curso proyectado en la Maestría de Derecho Constitucional de la Pontificia Universidad Javeriana, Bogotá, junio 2005. Publicado en mi libro: *Estudios sobre el Estado Constitucional, (2005-2006),* **Caracas 2007, pp. 476-624.**

I. INTRODUCCIÓN

La Constitución de 1999, siguiendo la tradición del constitucionalismo venezolano y latinoamericano, estableció el sistema de gobierno presidencial, el cual, basado en el principio de la separación de poderes, atribuye la acción de gobierno al Presidente de la República, quien es electo popularmente y para cuyo ejercicio no depende del voto de confianza de la Asamblea Nacional, cuyos miembros también son electos popularmente.

Este sistema contrasta con el sistema parlamentario de gobierno, en el cual, la única institución con legitimidad democrática es el Parlamento, de cuya confianza depende el gobierno. La diferencia básica entre uno y otro sistema, por tanto, radica en la relación entre el gobierno y el parlamento. En el sistema presidencial, ambos órganos, gobierno y parlamento, son relativamente independientes el uno del otro; en el sistema parlamentario, en cambio el gobierno deriva y depende del Parlamento

Este sistema presidencial venezolano está caracterizado, por tanto, por el hecho de que el Presidente de la República asume su mandato por un período fijo de 6 años, para el cual es electo mediante el voto universal directo y secreto, por mayoría simple, y con posibilidad de reelección inmediata. El Presidente de la República, además, es a la vez Jefe del Estado y Jefe del gobierno.

El sistema, sin embargo, progresivamente se ha venido nutriendo de elementos parlamentarizantes, que sin cambiar el carácter presidencial, han complicado su funcionamiento de manera tal que si el Presidente de la República no tiene el respaldo de la mayoría parlamentaria, corre el riesgo de que se paralice u obstaculice su acción de gobierno. Por ello, dada la legitimidad democrática dual del sistema, por la elección popular tanto del Presidente de la República como de la Asamblea Nacional, los conflictos de legitimidad democrática que se puedan presentar entre ambas instituciones, por ejemplo, cuando la mayoría parlamentaria es adversa al gobierno, no permiten poder determinar cuál de las dos representa la verdadera voluntad del pueblo, salvo por la vía excepcional y complicadísima de la revocación popular de los mandatos.

La creación del cargo de VicePresidente Ejecutivo en la Constitución de 1999, dependiente del Presidente de la República y de su libre nombramiento y remoción, no significa el establecimiento de separación alguna entre el Jefe de Estado y el Jefe de Gobierno, cuya acción sigue estando dirigida por el Presidente de la República. El VicePresidente Ejecutivo, no llega a configurarse tampoco como un "jefe de gabinete" con funciones de gobierno separado del Jefe del Estado.

El VicePresidente en realidad es solamente un órgano auxiliar del Presidente de la República en la conducción de la Administración Pública lo que, sin duda, podría contribuir a racionalizar el ejercicio del Poder Ejecutivo, desconcentrando su ejercicio.

Para analizar las particularidades del sistema presidencial de gobierno, estudiaremos, en una primera parte, las características generales de los sistemas de gobierno en el constitucionalismo moderno, particularmente derivadas de sus orígenes históricos con la implantación del principio de la separación de poderes confrontado con el principio monárquico; en una segunda parte, la implementación del principio de la separación de poderes en la Constitución de 1999, mediante una penta división del Poder Público; en una tercera parte, el régimen constitucional de la Asamblea Nacional (Poder legislativo) y de la Presidencia de la República (Poder Ejecutivo); en una cuarta parte, las formas de terminación del mandato presidencial y la experiencia venezolana del referendo revocatorio presidencial; en una quinta parte, el ejercicio compartido de la función normativa del Estado; y en una sexta parte, el ejercicio compartido de la función política y de la función administrativa.

II. ANTECEDENTES DEL PRINCIPIO DE LA SEPARACIÓN DE PODERES Y LOS SISTEMAS DE GOBIERNO

1. *El principio de la separación de poderes en el constitucionalismo moderno*

Los sistemas de gobierno en el constitucionalismo moderno tienen como fundamento institucional común, el principio de la separación de poderes, como principio limitativo del poder frente al Estado Absoluto que se encuentra en el inicio de la configuración del Estado de Derecho, tal y como lo concibieron los teóricos del absolutismo, principalmente Locke, Montesquieu y Rousseau[764]. Por ello, como lo ha señalado Diego Valadés, en definitiva, "en los Estados constitucionales el único común denominador consiste en controlar eficientemente al poder para garantizar el

---

764 *V.,* sobre lo que sigue Allan R. Brewer-Carías, "El régimen histórico-constitucional del Estado", *Instituciones Políticas y Constitucionales,* Tomo I, Editorial Jurídica Venezolana, Caracas 1996, pp. 76 y ss.

espacio de libertades individuales y colectivas, así como las relaciones de equidad entre los miembros de la sociedad"[765]

A.   *Antecedentes teóricos*

En efecto, John Locke, teórico del sistema político que había resultado de la Gloriosa Revolución inglesa de 1689, en su Two Treaties of Government (1690), puede considerarse que fue el primer ideólogo que se pronunció contra el absolutismo al abogar por la limitación del poder político del Monarca.

Su propuesta la fundamentó en la consideración de la condición natural del hombre y en el contrato social que dió origen al Estado. Según Locke, los hombres entraron en un contrato social con el objeto de proteger sus vidas, libertades y posesiones, los tres bienes básicos que calificó, en general, como "propiedad". Esta "propiedad" es la que le dio al hombre su status político; o según sus palabras:

> [...] porque libertad es ser libre de presiones y violencias por parte de otros; lo que no sucede allí donde no hay Ley. Pero la libertad no es, tal y como se nos enseñó, la libertad de disponer y ordenar como se desee de su persona, acciones, posesiones y de toda su 'propiedad'[766].

Naturalmente, este contrato social, tal y como lo concibió Locke, cambió la condición natural del hombre, impidiendo la formación de gobiernos en los cuales el hombre se encontrara en una situación peor de la que tenía con anterioridad. En consecuencia, un gobierno absoluto no se podía considerar como un gobierno civil e ilegítimo. Si el Estado surgió como protector de los "derechos naturales" que no desaparecieron con el contrato social, su opresión o desaparición debido a la acción de un Estado absoluto, justificaba la resistencia de los hombres frente al abuso de poder[767].

En esta concepción del Estado, el poder de sus autoridades, por tanto, debía ser limitado. Por ello, dentro de las medidas concebidas para racionalizar y limitar el poder, Locke desarrolló su clásica fórmula de distribución de las funciones del Estado, considerando algunas de esas funciones, como poderes. En el párrafo 131 de su libro Two Treaties of Government, expresó lo siguiente:

> [...] y quien quiera que tenga el poder legislativo o supremo de cualquier Comunidad organizada está compelido a gobernar mediante las leyes establecidas, promulgadas y conocidas por todos y no por decretos extemporáneos; mediante jueces imparciales y justos quienes deben decidir las controversias conforme a esas leyes; y a emplear la fuerza de la Comunidad en el orden interno, sólo en ejecución de dichas Leyes, o en el extranjero para prevenir o corregir daños provocados por extranjeros y proteger a la Comunidad de incursiones e invasiones[768].

---

765   *V.*, Diego Valadés, *El gobierno de gabinete*, Instituto de Investigaciones Jurídicas, UNAM, México 2005, p. 2.

766   J. Locke, *Two Treaties of Government*, (ed. Peter Laslett). Cambridge, 1967, párrafo 57, p. 324.

767   *Idem*, p. 211.

768   *Idem*, p. 371.

En esta forma, Locke distinguió cuatro funciones del Estado: la de legislar, la de juzgar, la de hacer uso de la fuerza en el orden interno en ejecución de las leyes, y la de emplear la fuerza en el extranjero, en defensa de la comunidad. A la primera función, la de hacer las leyes, le asignó el nombre de Poder Legislativo "al cual los demás poderes están y deben estar subordinados"[769]; a la tercera función, la denominó Poder Ejecutivo, comprendiendo "la ejecución de las leyes municipales de la sociedad dentro de ella misma y por sobre sus componentes"[770]; y la cuarta función, que denominó Poder Federativo, incluía el "poder de la guerra y de la paz, las ligas y alianzas de los acuerdos con todas las personas o comunidades fuera del Estado"[771].

De todas las funciones que le asignó al Estado soberano, la única que no consideró como un "poder" fue la función de juzgar, respecto de la cual, Peter Laslett, en su Introducción al libro de Locke, expresó que en su concepción esta: "no era un poder separado, pues era un atributo general del Estado"[772].

En este esfuerzo por racionalizar las funciones del Estado, la novedad, en su época, de la tesis de Locke, residió en la distinción hecha entre la facultad de legislar (Poder Legislativo) y la de utilizar la fuerza en la ejecución de las Leyes (Poder Ejecutivo). En este contexto, no era necesario individualizar el poder de juzgar atribuido a funcionarios imparciales que, específicamente en Inglaterra, realizaban una función tradicional en la sociedad organizada.

En todo caso, es importante observar que Locke se limitó a racionalizar y sistematizar las funciones del Estado Soberano, no formulado en realidad, "teoría" alguna sobre la división del poder, y mucho menos sobre su separación. Es más, de la obra de Locke no se puede inferir tesis alguna en el sentido de que propugnara que el poder del Estado tenía que estar en manos distintas con el objeto de preservar la libertad o garantizar los derechos individuales[773]. Sin embargo, si admitió que si las funciones se llegaban a distribuir en diferentes manos, se podría obtener un equilibrio; tal y como lo mencionó en su libro: "equilibrar el poder del Gobierno colocando las diversas partes en manos diferentes"[774].

Quizá la contribución fundamental de Locke al principio de distribución del poder residió en su criterio de lo que llamó poderes Ejecutivo y Federativo que debían necesariamente estar en las mismas manos775, así como en su criterio de la supremacía del Poder Legislativo sobre los demás, al punto en que las funciones ejecutiva y judicial debían realizarse en ejecución y de conformidad con las leyes sancionadas

---

769   *Idem*, párrafos 134, 149, 150, pp. 384, 385. *V.*, los comentarios de Peter Laslett, "Introducción", p. 117.

770   *Idem*, p. 177.

771   *Idem*., p. 338. Con respecto al nombre que Locke le dio a este poder, expresó: "si a alguien le gusta. Y para que resulte claro, el nombre me es indiferente", *idem*., p. 383.

772   P. Laslett, "Introducción", *loc. cit.*, p. 118.

773   *Idem*, pp. 117-118.

774   *Idem*, pp. 107, 850.

775   *Idem*, p. 118.

y debidamente publicadas[776]. Para Locke, esta supremacía del Poder Legislativo era, precisamente, la consecuencia de la supremacía del Parlamento sobre el Monarca, como resultado de la Gloriosa Revolución de 1689.

Ahora bien, esta teoría de la distribución del poder que tuvo tanta influencia en el constitucionalismo moderno, al convertirse durante la Revolución Francesa, la división del poder en una "separación de poderes", tuvo su formulación fundamental en los también muy conocidos trabajos de Charles Secondat, Barón de Montesquieu.

Según Montesquieu, la libertad política sólo existía en aquellos Estados en los que el Poder del Estado, conjuntamente con las funciones correspondientes, no se encontraba en manos de la misma persona o del mismo cuerpo de magistrados[777]. Esa es la razón por la cual, en su famoso trabajo De l'Esprit des Lois, insistió en que:

Es una experiencia eterna que todo hombre que tiene poder tiende a abusar de él; y lo hace hasta que encuentra límites... Para que no se pueda abusar del poder es necesario que por la disposición de las cosas, el poder limite al poder[778].

A partir de su estudio comparado sobre los diferentes Estados que existían en la época (1748), Montesquieu llegó a la conclusión de que Inglaterra era el único Estado cuyo objetivo primordial era la libertad política, y esa es la razón por la que en el muy conocido capítulo VI del volumen XI de su libro, al estudiar la "Constitución de Inglaterra", formuló su teoría sobre la división del Poder en tres categorías:

La potestad legislativa, la potestad ejecutiva de las cosas que dependen del derecho internacional y la potestad ejecutiva de aquellos que dependen del derecho civil. Mediante la primera, el Príncipe o el magistrado hacen las leyes por un período de tiempo o para siempre. Mediante la segunda, hace la paz o la guerra o envía o recibe embajadores, establece la seguridad, previene las invasiones. Mediante la tercera castiga los crímenes, juzga los conflictos entre los particulares. Esta última se puede denominar la potestad de juzgar y la otra, simplemente la potestad ejecutiva del Estado[779].

Siguiendo el ejemplo de Locke, Montesquieu, en realidad, también, definió diferentes funciones o potestades del Estado: la potestad de hacer las leyes, la potestad de juzgar y la potestad ejecutiva, englobado en esta última, las funciones que Locke había calificado como poder federativo y poder ejecutivo.

Sin embargo, la innovación de la división del Poder en Montesquieu, y lo que lo distinguió del enfoque de Locke fue, por una parte, su proposición de que para garantizar la libertad, las tres potestades no debían encontrarse en las mismas manos; y por la otra, en que en su división del poder, todas debían estar en un mismo nivel de igualdad pues de otra manera, el poder no podría frenar al poder. En el mismo Capítulo VI del Volumen XI De l'Esprit des Lois, Montesquieu expresó que:

---

776 M.J. C. Vile, Constitutionalism and the separation of Powers, Oxford, 1967, p. 36. Como lo decía Locke: "Sólo puede existir un poder supremo, a saber el Legislativo, al que todos los demás tienen y tendrán que subordinarse" … "porque el que puede dar leyes a otro debe necesariamente ser superior", Cap. XIII, pp. 149-150.

777 A. Passerin d'Entrèves, *The Notion of State. An Introduction to Political Theory*, Oxford, 1967, p. 120.

778 Montesquieu, *De l'Esprit des Lois* (ed. G. Truc). Vol. I, Libro XI, Cap. IV, París, 1949, pp. 162-163.

779 *Idem*, Vol I, pp. 163 y ss.

Cuando la potestad legislativa está reunida con la potestad ejecutiva en la misma persona o en el mismo cuerpo de magistrados, no hay libertad alguna... Así como tampoco hay libertad alguna si la potestad de juzgar no está separada de la potestad legislativa y ejecutiva...

Todo estaría perdido si el mismo hombre o el mismo cuerpo de magistrados, o de nobles, o del pueblo, ejercieran esos tres poderes; el de elaborar las leyes, el de ejecutar resoluciones públicas y el de juzgar los deseos o conflictos de los particulares[780].

Por ello, agregaba,

[…] los Príncipes que han querido convertirse en despóticos han comenzado siempre por reunir en su persona todas las magistraturas [...].

Estas tres potencias deberían -además- formar un reposo o una inacción. Pero como por el movimiento necesario de las cosas, ellas deben andar, ellas estarían forzadas de andar concertadamente[781].

Dentro de esta concepción, por supuesto, también estaba presente el concepto de libertad, conforme al mismo punto de vista de Locke. Montesquieu, incluso, afirmó en términos muy similares a los empleados por Locke, que:

Es cierto que en las democracias, el pueblo parece hacer lo que quiere; pero la libertad política no consiste en hacer lo que se desea. En un Estado es decir, en una sociedad donde existen leyes, la libertad sólo puede consistir en el poder de hacer lo que se debe querer y en no ser obligado a hacer lo que no se debe querer[782].

Pero, en contraste con lo que sucedía en aquél entonces en Inglaterra, cuya Constitución analizaba Montesquieu, y donde después de la Gloriosa Revolución el Parlamento había asegurado su Supremacía, en su concepción de la división del poder, no había proposición alguna que otorgase superioridad a una potestad pública sobre otra, aún cuando al definir la potestad legislativa, como "la voluntad general del Estado" y la potestad ejecutiva, como "la ejecución de esa voluntad general"[783], podría deducirse que esta última, al consistir en la ejecución de la anterior, podía quedar sujeta a la voluntad de la primera. Esto sin embargo, en ningún caso podía entenderse en el sentido de subordinación política.

Por el contrario, Montesquieu concibió las tres potestades tan iguales que así podían frenarse mutuamente, como la única forma posible de cooperación en beneficio del mantenimiento de la libertad política. Esta es la razón por la cual Montesquieu concluyó con su famosa proposición de que:

---

780 *Idem*, Vol. I, p. 164. En el mismo Cap. VI. libro XI, Montesquieu añadió que "Cuando (el poder judicial) se une al legislativo, la vida y la libertad del sujeto se verá expuesta al control arbitrario; porque el juez será en ese momento legislador. Cuando se une al poder ejecutivo, el juez puede comportarse con violencia y opresión". *Cfr.* Ch. H. McIlwain, *The High Court of Parliament and its Supremacy*, Yale, 1910, pp. 322-323.

781 *V.*, Montesquieu, *De l'Esprit des Lois*, (G. Tunc ed.), Vol. I, París, 1940, p. 169.

782 *Idem*, Vol. Libro XI, Cap. III, p. 162.

783 *Idem*, Vol. I, p. 166.

[...] estas tres potestades deberían constituir un descanso o una inacción. Pero, como por el movimiento necesario de las cosas, ellas deben avanzar necesariamente, están obligadas a hacerlo en concierto[784].

Resulta claro, en todo caso, que tanto la concepción de Montesquieu como la de Locke fueron formuladas bajo el absolutismo. Ambos eran teóricos de la Monarquía Absoluta y es por ello que sus concepciones sobre la división del poder del Soberano, eran más una doctrina jurídica que un postulado político; en otras palabras, las teorías que formularon no respondían a la pregunta de quién debía ejercer la Soberanía, sino sobre cómo debía organizarse el poder para alcanzar ciertos objetivos[785].

Pero además de las contribuciones de Locke y de Montesquieu, para la elaboración del principio de la limitación del poder, la concepción de Rousseau sobre la ley también ocupó un lugar preeminente en la teoría política que condujo a la reacción contra el Estado Absoluto y al surgimiento del Estado de Derecho. Esta concepción derivó en el postulado de la subordinación del Estado a la Ley, que sus propios órganos dictan. Es decir, permitió que surgiera el principio de legalidad y la consolidación del Estado de Derecho.

En efecto, tal como lo expresara Rousseau, el pacto o contrato social es la solución dada al problema de encontrar una forma de asociación:

[...] que defienda y proteja, con toda la fuerza común, la persona y los bienes de cada asociado, y mediante la cual cada uno, unidos a todos, sólo obedezca a sí mismo y permanezca con la misma libertad de antes[786].

En esta forma se realizó "la transición del estado natural al estado civil"[787]. Pero como el mismo Rousseau lo señalara, si bien "a través del pacto social hemos dado existencia y vida al cuerpo político; ahora se trata de darle el movimiento y la libertad, mediante la legislación"[788].

En esta forma, y esa fue la innovación de su proposición, las leyes, como forma de manifestación del Soberano son las que le dan movimiento y voluntad al Estado, producto del pacto social, en tanto en cuanto se trata de "actos de la voluntad general que estatuyen sobre una materia general". Rousseau, entonces, no sólo construyó la teoría de la ley como "acto de la voluntad general", a cuyas disposiciones deben someterse todas las actuaciones de los particulares, sino que estableció el principio de la generalidad de la ley, el cual, en consecuencia, permitió la reacción contra los privilegios, que también es otro de los elementos básicos del Estado de Derecho[789].

Sin embargo, Rousseau limitó a dos las funciones del Estado: hacer las leyes y ejecutarlas, a las cuales calificó, conforme a la terminología de Montesquieu, como

---

784   *Idem*, Vol. I, p. 172.

785   A. Passerin d'Entrèves, *op. cit.*, p. 121.

786   J. J. Rousseau, *Du contrat Social*, (ed. Ronald Grimsley), Libro I. Cap. VI, Oxford 1972, p. 114.

787   *Idem*, Libro I, Cap. VIII, p. 19.

788   *Idem*, Libro II, Cap. V, p. 134.

789   *Idem.*, Libro II, Cap. V, p. 136.

potestad legislativa y potestad ejecutiva[790]. Pero aquí tampoco se trataba de una doctrina de la separación de poderes, sino, conforme a las orientaciones de Locke y Montesquieu, de una doctrina de la división del poder, que es uno solo: el del Soberano, que resultaba del pacto social o de la integración de la voluntad general[791].

Rousseau tampoco estaba a favor de colocar ambas funciones del poder -la expresión de la voluntad general a través de las leyes y la ejecución de dichas leyes- en las mismas manos. Por consiguiente, adoptando el mismo enfoque que Montesquieu, también recomendó que dichas funciones fuesen ejercidas por diferentes cuerpos, aun cuando a diferencia de Montesquieu, insistió en la necesaria subordinación que debía tener quien ejecutaba la ley, en relación a quien la elaboraba. Según el enfoque de Locke y dentro del sistema inglés esto permitió garantizar la subsiguiente supremacía del Parlamento, de la legislación y la Ley, luego desarrollada en Europa continental. Además, sin duda, la supremacía de la Ley iba a transformarse en la piedra angular del Derecho Público dentro del marco del Estado de Derecho en Europa, permitiendo el desarrollo del principio de igualdad, particularmente con respecto al Gobierno.

En este aspecto, Rousseau también coincidió con Montesquieu. De hecho, Rousseau expresó: "yo denomino en consecuencia, República, todo Estado regido por leyes"[792]. Por su parte, Montesquieu también estableció como base de la existencia del "Estado" el que hubiera leyes, señalando "En un Estado, es decir, en una sociedad en la que existen leyes..."[793].

B. *El efecto de las revoluciones Francesa y Americana*

Puede afirmarse, en general, que las obras de Locke, Montesquieu y Rousseau configuraron todo el arsenal teórico-político para la reacción en contra, del Estado absoluto y su sustitución por un Estado que actuaba conforme a derecho, basado en la separación de poderes como garantía de la libertad. Esta reacción se produjo en Europa continental, con la Revolución Francesa (1789), y en América del Norte, con la Revolución de Independencia (1776), basadas en la exaltación del individualismo y de la libertad[794].

En efecto, todas las teorías antes mencionadas se basaron en el análisis de la condición natural del hombre y en la configuración de un pacto o contrato social, que establecía un Soberano como mecanismo para proteger la libertad. Esta fue la base para la subsiguiente exaltación del individualismo y la consagración de los derechos, no sólo de los ciudadanos de un Estado en particular, sino también del Hombre, con la consecuente construcción del liberalismo político y económico.

---

790   *Idem.*, Libro II, Cap. I, p. 153.

791   R. Grimsley, "Introduction", en Rousseau, *op. cit*, p. 35.

792   *Idem.*, Libro III, Cap. VI.

793   Montesquieu, *op. cit.*, Libro IX, Cap. III, p. 162.

794   *V.*, para lo que sigue Allan R. Brewer-Carías, *Reflexiones sobre la Revolución Americana (1776) y la Revolución Francesa (1789) y sus aportes al constitucionalismo moderno*, Editorial Jurídica Venezolana, Caracas 1992.

Igualmente se consideró necesario el que el poder del Estado, como producto de pacto social, también se dividiera y racionalizara a fin de evitar que el Soberano abusara de ese poder. Con ese fin, las funciones del Estado fueron sistematizadas y el poder dividido, abriéndose así, camino para la adopción de una fórmula diferente y más radical: la "separación de poderes", como una garantía de la libertad.

Madison lo señaló al comienzo del constitucionalismo americano al indicar:

La acumulación de todos los poderes, legislativo, ejecutivo y judicial en las mismas manos, bien sea de uno, de pocos o de muchos, ya sea hereditario, auto-otorgado o electivo, puede considerarse justamente, como la definición de la Tiranía[795].

Esa es la razón por la cual el principio de la separación de poderes, fue uno de los elementos esenciales de la Constitución americana. Por ejemplo, la Constitución de Massachussets de 1780 contenía expresiones categóricas, como la siguiente:

En el gobierno de esta Comunidad, el departamento legislativo no deberá ejercer los poderes ejecutivo y judicial, o alguno de ellos. El ejecutivo nunca deberá ejercer los poderes legislativo y judicial, o alguno de ellos. El judicial nunca deberá ejercer los poderes legislativo y ejecutivo, o alguno de ellos. En fin, debe ser un gobierno de leyes, no de hombres[796].

Además, se consideraba que el poder del Soberano (el pueblo) se actualizaba con la elaboración de las leyes, las cuales no sólo eran indispensables para la existencia del Estado mismo, sino que eran una garantía de la libertad civil y política; por ello, la función legislativa ejercida por los representantes del Soberano, ocupaba una posición superior en relación a las demás funciones ejecutivas.

En consecuencia, en este concepto que surgió de la Revolución francesa, todos los actos, tanto de los órganos del Estado como de los particulares, estaban sujetos a la ley, entendiéndose por ley, un acto de la voluntad general. Ello dio origen al principio de la legalidad.

En consecuencia, el Estado de Derecho y el liberalismo se basaron en los conceptos de libertad, de separación de poderes, de supremacía de la ley y del principio de legalidad. Como resultado, desde su origen, la esencia del Estado de Derecho, a diferencia del Estado Absoluto, descansó en el principio de la subordinación del Estado y de su Administración a la legalidad, en otras palabras, de la sumisión necesaria del Estado a la ley, la cual establecía límites al poder.

Sin embargo, dicha subordinación no siempre estuvo garantizada en forma definitiva, en los países europeos que adoptaron el modelo de Estado de Derecho. Por

---

795   J. Madison, *The Federalist*, (ed. B. F. Wright) Nº 47, Cambridge Mass, 1961, p. 336.

796   Art. XXX, Massachusetts General Law Anotated, St. Paul, Minn. Vol. 1-A, p. 582. En 1776, la Constitución de Virginia también tenía una declaración sobre la separación de poderes, considerado como "la afirmación más precisa de la doctrina que había aparecido en la época". M. J. C. Vile, *op. cit.*, p. 118. El artículo 3 de la Constitución expresaba: "Los poderes Legislativo, Ejecutivo y Judicial estarán separados y diferentes, de manera que ninguno ejerza poderes que pertenezcan en propiedad a los demás; ninguna persona tampoco ejercerá los poderes de más de uno de esos al mismo tiempo, salvo respecto de los magistrados de tribunales de condado quienes podrán ser elegibles a cualquier Cámara del Parlamento".

ejemplo, la concepción en forma extrema del principio de la separación de poderes en Francia, en sus inicios, impidió toda interferencia de un poder respecto de otro, de manera que el poder judicial no podía garantizar a los individuos que los órganos ejecutivos estarían subordinados a la legalidad. Prueba de ello fue la famosa Ley sobre Organización Judicial del 16/24 de agosto de 1790 que estableció lo siguiente:

Las funciones judiciales están y siempre deberán estar separadas de las funciones administrativas. Cualquier interferencia por parte de los jueces en las actividades de los cuerpos administrativos, o cualquier citación enviada por dichos jueces a los administradores, por motivos relacionados con sus funciones, constituirán una violación de sus deberes[797].

Posteriormente, la Ley de 16 Fructidor del año III (1795), ratificó que "Los jueces, bajo pena de ley, tienen la prohibición de conocer de actos administrativos, sea cual sea su naturaleza"[798].

Como resultado de esta concepción extrema de la separación de poderes, en Francia, la jurisdicción administrativa se tuvo que configurar paulatinamente como una jurisdicción separada del orden judicial para juzgar a la Administración. Asi, si los jueces interferían en las funciones administrativas, incurrían en prevaricación ; por ello, para poder juzgar los actos administrativos tuvo que configurarse una jurisdicción especial, diferente y separada del Poder Judicial, inicialmente inserta dentro de la Administración y que en su evolución culminó con la atribución de funciones jurisdiccionales al Consejo de Estado.

Por otra parte, como consecuencia del concepto de supremacía del Parlamento y de la Ley que resultó de la Revolución francesa, cualquier tipo de control sobre la constitucionalidad de las leyes en Europa, era inconcebible, y ello resultó así hasta los inicios de este siglo. Incluso, aún en la actualidad en Francia no existe un sistema de control directo a posteriori de la constitucionalidad de las leyes (es decir respecto de leyes promulgadas); y sólo fue en los períodos de postguerra, en los años veinte y a partir de los cuarenta, cuando se establecieron en otros países europeos, sistemas de control jurisdiccional de la constitucionalidad de las leyes, lo que aún sigue siendo inconcebible en el sistema constitucional británico.

En todo caso, durante el siglo pasado y el presente siglo, la evolución del principio de separación de poderes y de la supremacía del legislador condujo paulatinamente a la subordinación del Estado y de todos sus órganos a la ley y a la legalidad, y al establecimiento de controles jurisdiccionales para ese fin, bien sea a través de tribunales especiales, creados en forma separada del Poder Judicial, o a través de Tribunales integrados al mismo. Esa subordinación y este control condujeron, a finales del siglo pasado, al verdadero nacimiento del Derecho Administrativo en Europa e incluso en Inglaterra, como una rama autónoma de las ciencias jurídicas, producto, sin duda, del afianzamiento del Estado de Derecho. Este Estado sometido a la legalidad es una victoria irreversible del Estado de Derecho, implantada en el mundo entero.

797   J. Rivero, *Droit Administratif*, París, 1973, p. 129; J. M. Auby y R. Drago, *Traité du Contentieux Administratif*, Vol. I, París, 1984, p. 379.

798   J. Rivero, *op. cit.*, p. 129.

En todo caso, las características de la aplicación del principio de la separación de poderes naturalmente han variado de un país a otro; su fundamentación original y exigencia permanente, es decir, la garantía de la libertad, a veces se ha olvidado; y, en muchos casos, incluso, se ha empleado para situaciones que no se habían contemplado originalmente[799]. En Inglaterra, por ejemplo, la separación de poderes se ha mantenido, pero basada en la supremacía del Parlamento sobre los diferentes órganos del Estado, de manera que los Tribunales están sujetos al Parlamento, una de cuyas Cámaras, incluso, actúa como una Alta Corte; permitiéndose a los Tribunales la posibilidad de controlar sólo a las autoridades administrativas.

El principio de la separación de poderes también ha prevalecido en los Estados Unidos de Norteamérica y en los Estados de América Latina, pero con el objetivo de separar claramente las funciones legislativa y ejecutiva, y permitir a la Corte Suprema, incluso, declarar la inconstitucionalidad de actos del Congreso.

En Francia, dicho principio se desarrolló inicialmente para hacer suprema a la Asamblea Nacional, llevándose la separación de poderes, como se ha dicho, al extremo de impedir que los tribunales ordinarios controlasen la legalidad de los actos administrativos, y eliminándose toda posibilidad de control a posteriori de la constitucionalidad de los actos del legislador.

La Constitución norteamericana puede considerarse como un ejemplo del principio de la separación de poderes, aun cuando no contiene norma alguna destinada especialmente a regularla. Sin embargo, este principio resulta evidente de varias de sus normas que estipulan, por ejemplo, que todos los poderes legislativos le son confiados al Congreso; que el Poder Ejecutivo se le confiere al Presidente; y que el Poder Judicial de los Estados Unidos está en manos de la Corte Suprema[800]. La rigidez de la separación de poderes también resulta evidente del hecho de que el Gabinete ejecutivo es completamente independiente del Congreso, con el cual no mantiene una comunicación formal[801].

En todo caso, el principio ha sufrido numerosos cambios debido a la interpretación y a la práctica constitucional. En primer lugar, conjuntamente con el principio de la separación de poderes, existe un sistema de control y equilibrio entre los poderes, de manera que, por ejemplo, el Ejecutivo siempre tiene algún tipo de participación en la actividad del Poder Legislativo, a través de la iniciativa legislativa, el veto presidencial a las leyes, y de la presentación del Mensaje anual ante el Congreso; y del Poder Judicial, a través de la prerrogativa del indulto. En cuanto al poder del Ejecutivo de nombrar funcionarios y ratificar Tratados, ello requiere la aprobación del Legislador, quien también interfiere en las funciones judiciales en casos de enjuiciamiento del Presidente, siendo responsable, dentro de los límites de la Constitución, de la organización del Poder Judicial. Finalmente, los Tribunales están autorizados para establecer sus normas de procedimiento, lo que indudablemente constitu-

---

799   I. Jennings, *The Law and the Constitution*, Londres, 1972, pp. 25-28.

800   Arts. 1,1; 2,1; y 3,1.

801   M. García-Pelayo, *Derecho Constitucional Comparado*, Madrid, 1957, p. 350.

ye el ejercicio de una función normativa; y ejercen el poder de controlar las acciones del mismo Congreso[802].

En todo caso, de la implantación del principio de la separación de poderes en el constitucionalismo moderno, surgieron las formas de gobierno, presidencial y parlamentaria.

    C.   *Los sistemas de gobierno en el constitucionalismo moderno: la consecuencia de la implantación del principio de la separación de poderes ante el principio monárquico y el republicanismo*

Es evidente que como lo ha dicho Diego Valadés refiriéndose al presidencialismo latinoamericano, para una adecuada comprensión de los sistemas de gobierno contemporáneos "se hace imprescindible ahondar en las raíces del poder en los Estados que emergieron a la libertad a principios del Siglo XIX[803]".

Por ello, en relación con los sistemas parlamentarios europeos, Dieter Nohlen también ha afirmado que "en la fase de la formación de la sociedad civil en el Siglo XIX, el sistema de separación de poderes -Corona y gobierno (dependiente de la Corona) por un lado, y el parlamento, por el otro-, fue justamente superado por la parlamentarización de los sistemas políticos, proceso por el cual, en un *timing* diferente según los países, el gobierno volvió a ser dependiente del parlamento. El parlamento se impuso como órgano preeminente"[804]. Por ello es que puede decirse que la diferenciación entre el Jefe del Estado y el de gobierno en el constitucionalismo moderno surgió con los sistemas parlamentarios[805].

Los procesos, en todo caso, tuvieron su origen en las Revoluciones norteamericana y francesa, que a la vez influyeron en la revolución latinoamericana del Siglo XIX.

2.   *Algunos aspectos de la Revolución Norteamericana y la separación de poderes en un sistema de gobierno republicano (antimonárquico)*

    A.   *La democracia y la soberanía del pueblo*

El sistema de gobierno en Norteamérica surgió de la independencia como una reacción contra la monarquía, basada en la democracia y el republicanismo[806] basado en el concepto de soberanía del pueblo.

---

802   *Idem.*, p. 350. En General, A y S. Tunc, *Le Système Constitutionnel des Etats Unies d'Amerique*, 2 vols., Paris, 1954.

803   Diego Valadés, "El presidencialismo latinoamericano en el siglo XIX", *Revista parlamentaria de habla hispana*, N° 2, 1986, p. 49.

804   Dieter Nholen, "Sistemas de gobierno. Perspectivas conceptuales y comparativas" en Juan Linz et al, *Reformas al presidencialismo en América Latina: ¿Presidencialismo vs. Parlamentarismo?, Comisión Andina de Juristas*, Editorial Jurídica Venezolana, Caracas, 1993, pp. 59-60

805   Diego Valadés, *El gobierno de gabinete, op. cit.*, p. 5.

806   *V.*, para lo que sigue Allan R. Brewer-Carías, *Reflexiones sobre la Revolución Americana (1776) y la Revolución Francesa (1789) y sus aportes al constitucionalismo moderno*, Editorial Jurídica Venezolana, Caracas 1992, pp. 90 y ss.

En consecuencia, con la Revolución norteamericana, el principio tradicional de legitimidad monárquica del Estado fue sustituido definitivamente. La soberanía no correspondió más a un monarca, sino al pueblo, y por ende, con la Revolución americana puede decirse que se inició la práctica del gobierno democrático en el mundo moderno. El mismo principio fue luego recogido por la Revolución francesa, pero duró en la práctica constitucional muy poco, debido a la restauración de la Monarquía a partir de 1815.

En todo caso, este fue un concepto fundamental en el trabajo de De Tocqueville, constituyendo incluso, el título de su libro La democracia en América (1835)[807], en el cual dijo con razón, que "cuando se quiere hablar de las leyes políticas de los Estados Unidos, hay que comenzar siempre con el dogma de la soberanía del pueblo".

Un principio que De Tocqueville consideró que "...domina todo el sistema político de los angloamericanos", añadiendo, que:

Si hay algún país en el mundo en que se pueda apreciar en su justo valor el dogma de la soberanía del pueblo, estudiarlo en su aplicación a los negocios jurídicos y juzgar sus ventajas y sus peligros, ese país es sin duda Norteamérica.

A ese efecto consagró su libro, para estudiar precisamente la democracia en Norteamérica. Sin embargo, es evidente que la democracia se había desarrollado en Norteamérica tiempo antes de la Independencia, lo que destacó De Tocqueville al indicar que su ejercicio, durante el régimen colonial:

Se veía reducido a ocultarse en las asambleas provinciales y sobre todo en las comunas donde se propagaba en secreto"... No podía mostrarse ostensiblemente a plena luz en el seno de las leyes, puesto que las colonias estaban todavía constreñidas a obedecer.

Por ello, una vez que la Revolución norteamericana estalló:

El dogma de la soberanía del pueblo, salió de la comuna y se apoderó del gobierno. Todas las clases se comprometieron por su causa; se combatió y se triunfó en su nombre; llegó a ser la ley entre las leyes... cada individuo constituye una parte igual de esa soberanía y participa igualmente en el gobierno del Estado.

El título del primer capítulo de la segunda parte del libro de De Tocqueville, reza así: de "Cómo se puede decir rigurosamente que en los Estados Unidos es el pueblo el que gobierna", iniciando el primer párrafo en la siguiente forma:

En Norteamérica el pueblo nombra a quien hace la ley y a quien la ejecuta; él mismo forma el jurado que castiga las infracciones de la Ley. No solamente las instituciones son democráticas en principio, sino también en todo su desarrollo. Así, el pueblo nombra directamente a sus representantes y los escoge cada año, a fin de tenerlos completamente bajo su dependencia. Es, pues, realmente el pueblo quien dirige y, aunque la forma de gobierno sea representativa, es evidente que las opiniones, los prejuicios, los intereses, y aún las pasiones del pueblo no pueden encontrar obstáculos durables que le impidan producirse en la dirección cotidiana de la sociedad.

---

807   Hemos utilizado la edición del Fondo de Cultura Económica, México 1973.

De ello concluía De Tocqueville afirmando que "Norteamérica es la tierra de la democracia".

Pero uno de los principales aspectos a los cuales De Tocqueville se refirió en relación a la democracia, fue el relativo a "las causas principales del mantenimiento de la república democrática en el Nuevo Mundo", afirmando:

Tres cosas parecen contribuir más que todas las demás al mantenimiento de la república democrática en el nuevo mundo:

La primera es la forma federal que los norteamericanos han adoptado, y que permite a la Unión disfrutar del poder de una gran república y de la seguridad de una pequeña.

Encuentro la segunda en las instituciones comunales que moderando el despotismo de la mayoría, dan al mismo tiempo al pueblo el gusto de la libertad y el arte de ser libre.

La tercera se encuentra en la constitución del poder judicial. He demostrado cómo los tribunales sirven para corregir los extravíos de la democracia y cómo sin poder detener jamás los movimientos de la mayoría, logran hacerlos más lentos, así como dirigirlos.

De allí, la relación que De Tocqueville estableció entre la democracia y la descentralización, y su afirmación de que los problemas de la "omnipotencia de la mayoría" e incluso la "tiranía de la mayoría", fuera moderada por la casi inexistencia de centralización administrativa y por la influencia de la profesión legal en Norteamérica.

En todo caso, la democracia como una forma de gobierno, buscada, lograda o mantenida, es la segunda tendencia en el constitucionalismo moderno y contemporáneo, inspirada por el proceso constitucional norteamericano. Todas las constituciones en el mundo la establecieron como un componente básico de sus sistemas políticos, y es el símbolo de nuestro tiempo, aún cuando su mantenimiento no ha sido siempre asegurado.

Por supuesto, el dogma de la soberanía del pueblo y de la democracia republicana fue recogido de inmediato en América Latina, a raíz de la Independencia.

Basta así, para darse cuenta, leer los motivos de la Junta Suprema de Venezuela en 1810 para convocar a elecciones, al adoptar el Reglamento de las mismas, constatando la falta de representatividad de las provincias en el gobierno de Caracas, lo que debía remediarse constituyéndose un poder central. La Junta, así, al dirigirse a los habitantes de Venezuela señaló:

Sin una representación común, vuestra concordia es precaria, y vuestra salud peligra. Contribuid a ella como debéis y como desea el gobierno actual. El ejercicio más importante de los derechos del pueblo es aquel en que los transmite a un corto número de individuos, haciéndolos árbitros de la suerte de todos.

De allí, el llamamiento de la Junta:

Todas las clases de hombres libres son llamadas al primero de los goces de ciudadano, que es el concurrir con su voto a la delegación de los derechos personales y reales que existieron originariamente en la masa común y que le ha restituido el actual interregno de la Monarquía.

El Congreso formado por los diputados electos, e instalado a comienzos de 1811, entonces, no sólo declaró los Derechos del Pueblo (1° de julio) y la Independencia (5 julio), sino que sancionó la Constitución que a la usanza del texto de la Constitución norteamericana de 1787, está precedida por la siguiente declaración:

> Nos, el pueblo de los Estados Unidos de Venezuela, usando de nuestra soberanía y deseando establecer entre nosotros la mejor administración de justicia, procurar el bien general, asegurar la tranquilidad interior, proveer en común la defensa exterior, sostener nuestra libertad e independencia política, conservar pura e ilesa la sagrada religión de nuestros mayores, asegurar perpetuamente a nuestra posteridad el goce de estos bienes y estrechados mutuamente con la más inalterable unión y sincera amistad, hemos resuelto confederarnos solemnemente para formar y establecer la siguiente Constitución, por la cuál se han de gobernar y administrar estos estados...

El republicanismo y asambleísmo, en todo caso, fue una constante en toda la evolución constitucional de la naciente República, por lo que desde las campañas por la independencia de Simón Bolívar, el empeño por legitimar el poder por el pueblo reunido o a través de elecciones, fue siempre una constante en nuestra historia política.

B.   *La separación de poderes y el sistema presidencial*

Abandonado el esquema monárquico, en la Constitución de los Estados Unidos de 1787, y previamente, en las distintas Constituciones de las antiguas colonias, el principio de separación orgánica de poderes, fue expresado formalmente por primera vez dentro de la más ortodoxa doctrina de la época[808], al propugnar la limitación del poder político.

Por ejemplo, la primera de esas Constituciones, la de Virginia en 1776, estableció (Art. III):

> Los Departamentos Legislativo, Ejecutivo y Judicial, deberán estar separados y distintos, de manera que ninguno ejerza los poderes pertinentes a otro; ni persona alguna debe ejercer más de uno de esos poderes al mismo tiempo [....]

La Constitución norteamericana de 1787, no tiene norma similar dentro de su articulado, pero su principal objetivo fue, precisamente, organizar la forma de gobierno dentro del principio de separación de poderes, pero permitiendo diversas interferencias, entre ellos, en un sistema de frenos y contrapesos, y particularmente, regulando los poderes del Ejecutivo en lo que fue una nueva forma de gobierno, el presidencialismo, como opuesto al parlamentarismo, y una configuración particular del Poder Judicial, nunca antes conocida en la práctica constitucional.

De Tocqueville se refirió en su libro a estos dos aspectos del principio. En relación al Poder Ejecutivo, inmediatamente puntualizó que en los Estados Unidos:

---

808   *V.*, para lo que sigue Allan R. Brewer-Carías, *Reflexiones sobre la Revolución Americana (1776) y la Revolución Francesa (1789) y sus aportes al constitucionalismo moderno*, Editorial Jurídica Venezolana, Caracas 1992, pp. 110 y ss.

El mantenimiento de la forma republicana exigía que el representante del Poder Ejecutivo estuviese sometido a la voluntad nacional; de ahí que, -dijo- "el Presidente es un magistrado efectivo... el único y sólo representante del Poder Ejecutivo de la Unión". Pero anotó, "...al ejercer ese poder, no es por otra parte completamente independiente".

Esa fue una de las particulares consecuencias del sistema de frenos y contrapesos de la separación de poderes adoptados en los Estados Unidos, pero sin hacer al Poder Ejecutivo dependiente del Parlamento, como en los sistemas de gobierno parlamentarios.

Por ello, al comparar el sistema de las monarquías parlamentarias europeo con el sistema presidencial de los Estados Unidos, De Tocqueville se refirió al importante papel que el Poder Ejecutivo jugaba en Norteamérica en contraste con la situación de un Rey constitucional en Europa. Un Rey constitucional, observó, "no puede gobernar cuando la opinión de las Cámaras Legislativas no concuerda con la suya". En el sistema presidencialista, contrariamente, la sincera ayuda del Congreso al Presidente "es sin duda útil, pero no es necesaria para la marcha del gobierno".

La separación de poderes y el sistema presidencial de gobierno, en todo caso, fue seguido posteriormente en todas las repúblicas latinoamericanas, después de la Independencia o después de la experiencia de gobiernos monárquicos, como los que hubo en algunos países.

A tal efecto, los escritos de Locke, Montesquieu y Rousseau conformaron todo el arsenal histórico político que permitió la reacción contra el Estado absoluto y su sustitución por el Estado de Derecho, como garantía de la libertad, lo cual se concretó en la Revolución francesa, en base a la exaltación del individualismo y de la libertad. Como consecuencia de ella, el principio de la separación de poderes encontró consagración expresa en la Declaración Universal de los Derechos del Hombre y del Ciudadano de 1789, conforme a la cual "en cualquier sociedad en la cual las libertades no estuvieran debidamente garantizadas y no estuviese determinada la separación de poderes, no hay Constitución".

Antes, sin embargo, con su adopción en las Constituciones de las antiguas colonias inglesas a partir de 1776 y luego, en la Constitución norteamericana de 1787, la distribución horizontal del poder se había convertido en uno de los pilares básicos del constitucionalismo moderno.

Bajo la inspiración de estos principios se redactó la primera Constitución de Venezuela y de todos los países latinoamericanos, sancionada el 21 de diciembre de 1811, en la cual se estableció la igualdad como uno de los "derechos del hombre en sociedad" (éstos eran conforme al artículo 151, la libertad, la igualdad, la propiedad y la seguridad) derivados del "pacto social". Esta concepción pactista encuentra su expresión en el propio texto constitucional, al expresar sus artículos 141 y 142, lo siguiente:

Después de constituidos los hombres en sociedad han renunciado a aquella libertad limitada y licenciosa a que fácilmente los conducían sus pasiones, propias sólo del estado salvaje. El establecimiento de la sociedad presupone la renuncia de esos derechos funestos, la adquisición de otros más dulces y pacíficos, y la sujeción a ciertos deberes mutuos.

El pacto social asegura a cada individuo el goce y posesión de sus bienes, sin lesión del derecho que los demás tengan a los suyos.

En el orden jurídico-político, la Constitución de 1811, además, consagró expresamente la división del Poder Supremo en tres: Legislativo, Ejecutivo y Judicial "confiado a distintos cuerpos independientes entre sí y en sus respectivas facultades" (Preámbulo), conforme a la más pura fórmula revolucionaria francesa, señalando expresamente que:

El ejercicio de esta autoridad confiada a la Confederación no podrá jamás hallarse reunida en sus diversas funciones (Preámbulo), siendo preciso que "se conserven tan separados e independientes el uno del otro cuando lo exija la naturaleza de un gobierno libre" (Art. 189).

La separación de poderes era, así, la garantía esencial de la libertad. Ello llevó a Andrés Bello a considerar que el ensanche de la libertad civil en todos los pueblos civilizados de la tierra:

[…] era debido casi exclusivamente a la observancia que tienen en ellos el principio de feliz invención que determina y separa los poderes constitucionales...".

y agregaba:

Cualquiera que sea la forma de gobierno, la observancia de este principio debe ser la columna de los derechos civiles; y faltando él, no se podrá contar con ninguno de los bienes que deben asegurar al individuo las leyes de una sociedad organizada[809].

Sin embargo, este mecanismo de separación de poderes y de hegemonía del Poder Legislativo que se reguló en Venezuela en los primeros años de la vida republicana, para evitar la formación de un poder fuerte, no sólo originó la caída de la Primera República, sino que originó críticas del Libertador Simón Bolívar, siendo cambiado a partir de 1819.

3. *La Revolución Francesa y la separación de poderes en un sistema de gobierno monárquico*

A. *El principio de la soberanía nacional, el republicanismo y el gobierno representativo*

Así como el principio del republicanismo es el elemento esencial que surge con la revolución norteamericana, el principio fundamental que surge del constitucionalismo revolucionario francés, es el de la soberanía nacional[810].

En efecto, conforme al régimen absolutista el soberano era el Monarca, quien ejercía todos los poderes e, incluso, era quien otorgaba la Constitución del Estado. Con la Revolución el Rey fue despojado de su soberanía; dejó de ser Rey de Francia

---

809 *V.,* Allan R. Brewer-Carías, *La concepción del Estado en la obra de Andrés Bello,* Madrid, 1983, pp. 66 y 67.

810 *V.,* para lo que sigue Allan R. Brewer-Carías, *Reflexiones sobre la Revolución Americana (1776) y la Revolución Francesa (1789) y sus aportes al constitucionalismo moderno,* Editorial Jurídica Venezolana, Caracas 1992, pp. 186 y ss.

y comenzó a ser Rey de los franceses trasladándose la soberanía, al pueblo. La noción de Nación surge entonces para lograr privar al Rey de su soberanía, pero como la soberanía existía sólo en la persona que la podía ejercer, era necesario estructurar la noción de "Nación", como personificación del pueblo, para reemplazar al Rey en su ejercicio.

De allí el principio de la soberanía atribuida a la Nación y no al Rey o a los gobernantes, que surge del texto de la Declaración de los Derecho del Hombre y del Ciudadano:

El principio de toda soberanía reside esencialmente en la Nación. Ningún cuerpo, ningún individuo puede ejercer autoridad alguna que no emane de ella expresamente (Art. 3).

La Declaración de Derechos que precedió la Constitución de 1793, señalaba "La soberanía reside en el pueblo. Ella es una e indivisible, imprescindible e inalienable" (Art. 25).

Y la Declaración que precedió la Constitución de 1795, señaló:

La soberanía reside esencialmente en la universalidad de los ciudadanos. Ningún individuo, ninguna reunión parcial de ciudadanos puede atribuirse la soberanía.

Estos principios fueron recogidos en la Declaración venezolana de Derechos del Pueblo de 1811, cuyos primeros 2 artículos de la Sección "Soberanía del Pueblo" establecieron:

La soberanía reside en el pueblo; y el ejercicio de ella en los ciudadanos con derecho a sufragio, por medio de sus apoderados legalmente constituidos (Art. 1);

La soberanía, es por su naturaleza y esencia, imprescindible, inajenable e indivisible (Art. 2).

La Constitución venezolana de 1811, en todo caso, definió la soberanía popular conforme a la misma orientación: "Una sociedad de hombres reunidos bajo unas mismas leyes, costumbres y gobiernos forma una soberanía" (Art. 143).

La soberanía de un país o supremo poder de reglar o dirigir equitativamente los intereses de la comunidad, reside, pues esencial y originalmente en la masa general de sus habitantes y se ejercita por medio de apoderados o representantes de estos, nombrados y establecidos conforme a la Constitución (Art. 144).

Conforme a estas normas, por tanto, en las antiguas Provincias coloniales de España que formaron Venezuela, la soberanía del monarca español cesó y comenzó la soberanía a ejercerse por el pueblo, que se dio a sí mismo una Constitución a través de sus representantes electos. Por ello, la Constitución de 1811, comenzó señalando:

En nombre de Dios Todopoderoso, Nos, el pueblo de los Estados de Venezuela, usando de nuestra soberanía... hemos resuelto confederarnos solemnemente para formar y establecer la siguiente Constitución, por la cual se han de gobernar y administrar estos Estados.

La idea del pueblo soberano, por tanto, que no sólo proviene de la Revolución francesa sino antes, de la Revolución americana, se arraiga en el constitucionalismo venezolano desde 1811, contra la idea de la soberanía monárquica que aún imperaba en España en ese momento.

Debe destacarse, además, que a pesar de su carácter monárquico, la Constitución francesa de 1791 fue representativa, desde el momento en que la Nación ejercía su poder a través de representantes. En todo caso, fue precisamente por el sistema que se estableció para la participación, que la Revolución tuvo una especial significación social vinculada a la burguesía, ya que conforme al sistema de sufragio que se estableció, un gran número de ciudadanos fue excluido de la actividad electoral.

En todo caso, después de la Monarquía y ejecutado Luis XVI, la Constitución de 1793 estableció la República, en sustitución de la Monarquía, como "única e indivisible" (art. 1); en la cual el pueblo soberano, constituido por "la universalidad de los ciudadanos franceses", nombraba sus representantes en los cuales le delegaba el ejercicio de los poderes públicos (art. 7 a 10).

Estas ideas de la representatividad, sin embargo, en Francia se impusieron desde el momento mismo de la Revolución, en 1789, a pesar de que al inicio la forma del gobierno siguió siendo Monárquica. Así, en la Constitución de 1791 se estableció que:

La Nación de la cual emanan todos los poderes, no los puede ejercer sino por delegación. La Constitución francesa es representativa: los representantes son el cuerpo legislativo y el Rey (Art. 2, título III).

Por tanto, incluso el Rey se convirtió con la Revolución en representante de la Nación, hasta que fue decapitado, y con ello la Monarquía convertida en República, fue completamente representativa.

Esta idea de representatividad republicana, por supuesto, también provino inicialmente de la Revolución americana, y se recogió en la Constitución venezolana de 1811, en la cual, como señalamos, se establece que la soberanía se ejercita sólo "por medio de apoderados o representantes de éstos, nombrados y establecidos conforme a la Constitución" (art. 144). Por ello, agrega la Constitución de 1811:

Ningún individuo, ninguna familia, ninguna porción o reunión de ciudadanos, ninguna corporación particular, ningún pueblo, ciudad o partido, puede atribuirse la soberanía de la sociedad que es imprescindible, inajenable e indivisible, en su esencia y origen, ni persona alguna podrá ejercer cualquier función pública del gobierno si no la ha obtenido por la Constitución (Art. 146).

En definitiva, siendo el sistema de gobierno netamente republicano y representativo, conforme a la más exacta expresión francesa de la Declaración de 1789 (Art. 6), la Constitución de 1811 estableció que:

La Ley es la expresión libre de la voluntad general de la mayoría de los ciudadanos, indicada por el órgano de sus representantes legalmente constituidos (Art. 149).

B.   *El principio de la separación de poderes*

La idea de la separación de poderes, debido a la formulación teórica de Locke y Montesquieu, como se ha dicho, si bien fue expresada constitucionalmente por primera vez en las Constituciones de las Colonias americanas de 1776, y luego imbuida en el texto de la Constitución norteamericana de 1787[811]; puede decirse que en Francia, fue materialmente el motivo fundamental de la Revolución, al punto de que en la Declaración de Derechos del Hombre y del Ciudadano en 1789 se incluye, en el artículo XVI, la famosa proposición de que:

> Toda sociedad en la cual la garantía de los derechos no esté asegurada, ni la separación de poderes determinada, no tiene Constitución.

Por lo tanto, en los artículos de la Constitución que siguieron a la Declaración de 1789, como primer acto constitucional revolucionario, se establecieron expresamente las consecuencias del principio, al establecer que "El Poder Legislativo reside en la Asamblea Nacional" (art. 8); que "El Poder Ejecutivo supremo reside exclusivamente en el Rey" (art. 16), no pudiendo este poder "hacer ninguna ley" (art. 17); y que "El Poder Judicial no podrá en ningún caso, ser ejercido por el Rey, ni por el cuerpo legislativo" (art. 17).

Este principio de la separación de poderes, de la esencia del proceso revolucionario francés, fue incorporado en forma expresa en la Constitución de 1791 en la cual se precisó (Título III):

> 3. El Poder Legislativo es delegado a una Asamblea Nacional, compuesta de representantes temporales, libremente elegidos por el pueblo, para ser ejercido por ella, con la sanción del Rey, de la manera que se determina en esta Constitución.

> 4. El gobierno es monárquico: el Poder Ejecutivo es delegado en el Rey, para ser ejercido bajo su autoridad, por los Ministros y otros agentes responsables, de la manera que se determina en esta Constitución.

4. *El Poder Judicial es delegado a los jueces temporalmente por el pueblo*

Sin embargo, en el sistema francés de separación de poderes de 1791, se estableció un claro predominio del Poder Legislativo. Por ello, el Rey no podía ni convocar, ni suspender ni disolver la Asamblea; sólo tenía un poder de veto, sólo de suspensión, pero no tenía iniciativa, aún cuando podía sugerir a la Asamblea tomar en consideración ciertos asuntos. La Asamblea, por su parte, no tenía control sobre el Ejecutivo, ya que la persona del Rey era sagrada e inviolable. Sólo los ministros eran responsables penalmente. En todo caso, la Asamblea tenía importantes atribuciones ejecutivas, como el nombramiento de algunos funcionarios, la vigilancia de la administración, la declaración de la guerra y la ratificación de los Tratados.

La consecuencia del principio de la separación de poderes, en un esquema en el cual el Legislador tenía la supremacía, fue la prohibición impuesta a los Poderes Ejecutivo y al Judicial de inmiscuirse en los asuntos de los otros Poderes. Así, al regular las funciones de los administradores de Departamento, la Constitución de 1791 precisó que "no podrán, ni inmiscuirse en el ejercicio del Poder Legislativo, o suspender la ejecución de las leyes, ni actuar en el orden judicial, ni sobre las disposiciones u operaciones militares" (art. 3, Cap. IV, Título IV). En cuanto al Poder

---

811 *V.*, para lo que sigue Allan R. Brewer-Carías, *Reflexiones sobre la Revolución Americana (1776) y la Revolución Francesa (1789) y sus aportes al constitucionalismo moderno*, Editorial Jurídica Venezolana, Caracas 1992, pp. 191 y ss.

Judicial, se estableció, que este "en ningún caso podría ser ejercido por el Cuerpo Legislativo ni por el Rey" (art. 1, Cap. V, Título III), pero se expresaba además que *"los Tribunales no pueden, ni inmiscuirse en el ejercicio del Poder Legislativo, o suspender la ejecución de las leyes, ni actuar en relación a los funcionarios administrativos, ni citar ante ellos a los administradores en razón de sus funciones"* (art. 3, Cap. V, Título III).

En materia judicial, esta concepción extrema de la separación de poderes tenía una razón histórica: los Parlements, que eran los Tribunales del antiguo régimen, y que, habían tenido un papel activo, como instrumentos de la aristocracia, para oponerse a las reformas impositivas. La Revolución había surgido, entonces, signada por una reticencia tal respecto del Poder Judicial, que la separación de poderes llegó allí al extremo de impedir no sólo que los jueces pudiesen interpretar las leyes (por supuesto, jamás la posibilidad de anular leyes), sino la injerencia de los Tribunales respecto de la Administración, lo que fue incluso consagrado expresamente en la Ley 16-24 de agosto de 1790 sobre la reorganización del Poder Judicial, en la cual además de abolir la venalidad de las funciones judiciales y establecer la gratuidad de la justicia (Título II, Art. 2), se estableció que:

Las funciones judiciales son distintas y permanecerán siempre separadas de las funciones administrativas. Los jueces no podrán, so pena de prevaricación, perturbar, de la manera que sea las operaciones de los cuerpos administrativos, ni citar ante ellos a los administradores en razón de sus funciones (Título II, Art. 13).

Fue este principio externo, el que llevó, como ya se señaló, casi 100 años después, a la consolidación de la jurisdicción administrativa a cargo del Consejo de Estado para juzgar la Administración y para anular los actos administrativos (jurisdicción contencioso-administrativa) pero, por, supuesto, en forma separada respecto del Poder Judicial. Es decir, la jurisdicción contencioso-administrativa en Francia, en definitiva, tuvo su origen en el acto revolucionario de expresión extrema de la separación de poderes, que prohibía a los jueces ordinarios a juzgar a la Administración, lo que aún sigue teniendo vigor.

En materia de control de la legislación, la situación de abstención de los jueces era similar. Conforme a las enseñanzas de Montesquieu los jueces sólo podían ser "la boca que pronuncia las palabras de la Ley" por lo que incluso, como se señaló, la interpretación de la Ley les era prohibida inicialmente, y mediante el procedimiento llamado del referé legislatif, los jueces estaban obligados a consultar a la Asamblea Nacional cuando tuviesen dudas sobre la interpretación de las leyes. En este esquema, los jueces no podían controlar la constitucionalidad de las leyes, lo que incluso condujo a que, a partir de la Constitución de 1958 en Francia, se hubiese creado un Consejo Constitucional, también separado del Poder Judicial, para juzgar dicha constitucionalidad, pero sólo respecto de las leyes sancionadas por la Asamblea, pero aún no promulgadas.

La primacía del legislador en el constitucionalismo francés, en todo caso, desembocó en la configuración progresiva del sistema parlamentario de gobierno, al quitársele al Monarca el monopolio del Poder Ejecutivo que originalmente tuvo, desdoblándose éste de la jefatura del Estado con la que se quedó el Monarca, y el gobierno, dependiente del parlamento.

Como principio, el de la separación de poderes, por supuesto, también influyó en el constitucionalismo venezolano, pero no conforme a la interpretación extrema francesa, sino conforme a la modalidad adoptada en los Estados Unidos conforme al sistema presidencial, y que se expresó en las Constituciones de las Colonias de 1776, de las cuales proviene la siguiente expresión del Preámbulo de la Constitución de 1811:

> El ejercicio de la autoridad confiada a la Confederación no podrá jamás hallarse reunido en sus diversas funciones. El Poder Supremo debe estar dividido en Legislativo, Ejecutivo y Judicial, y confiado a distintos cuerpos independientes entre sí y en sus respectivas facultades.

Sin embargo, el principio de la separación de poderes no se concibió como el establecimiento de compartimientos estancos, sino conforme a un sistema de pesos, contrapesos, e interferencias constitucionales radicalmente distintos al sistema francés. En particular, entre ellas, resulta necesario destacar el papel del Poder Judicial en el control de los otros poderes respecto de su adecuación a la Constitución, y a la vigencia de la garantía objetiva de la Constitución, conforme a la influencia recibida del constitucionalismo americano.

De acuerdo a ello, en Venezuela, desde el siglo pasado el Poder Judicial (la Corte Suprema) ejerce la jurisdicción contencioso administrativa (control de la legalidad y constitucionalidad de las actividades administrativas) y la jurisdicción constitucional (control de la constitucionalidad de las leyes), y ello no puede considerarse ni nunca se ha considerado como una ruptura o violación del principio de la separación de poderes, sino como una consecuencia esencial del mismo.

En efecto, la Constitución de 1811, estableció expresamente el principio de la supremacía constitucional, con la consecuencia expresa de que:

> [...] las leyes que se expidan contra el tenor de ello no tendrán ningún valor sino cuando hubieren llenado las condiciones requeridas para una justa y legítima revisión y sanción (Art. 227).

En el mismo sentido, luego de la enumeración de los derechos fundamentales, la Constitución de 1811 precisó que dichos derechos:

> [...] están exentos y fuera del alcance del poder general ordinario del gobierno y que, conteniendo o apoyándose sobre los indestructibles y sagrados principios de la naturaleza, toda ley contraria a ellos que sé expida por la legislatura federal o por las provincias será absolutamente nula y de ningún valor (art. 199).

En estos principios, sin duda, debe situarse el origen de la concepción venezolana del poder atribuido al Tribunal Supremo de Justicia (Sala Constitucional) para declarar la nulidad de las leyes inconstitucionales, tan característico de nuestra tradición constitucional, e inexistente en Francia, salvo a partir de 1958 por lo que se refiere al control preventivo de la constitucionalidad de las leyes no promulgadas. En esos principios también debe situarse el origen del poder atribuido a todos los jueces para desaplicar las leyes que consideren inconstitucionales en los casos concretos que decidan (art. 20 Código de Procedimiento Civil) adoptado, sin duda, bajo la influencia del constitucionalismo norteamericano.

A. *El principio de la supremacía de la Ley: el principio de la legalidad*

Como se ha dicho, la Revolución francesa estuvo signada por el principio de la supremacía del legislador, que representaba a la Nación[812]. Al haber controlado el Tercer Estado la Asamblea Nacional en 1789, ésta se convirtió en representante todopoderosa de la Nación. De allí que de acuerdo al postulado roussoniano de que la "ley es expresión de la voluntad general", habiendo la Asamblea asumido carácter de poder constituyente al momento de la Revolución, en la Constitución de 1791 se estableció que:

> No hay en Francia una autoridad superior a la de la ley. El Rey no reina sino por ella, y es en nombre de la Ley que él puede exigir obediencia (Art. 1, Cap. II, Título III).

La ley, entonces, como "expresión de la voluntad general" según lo indicó la Declaración de Derechos del Hombre y del Ciudadano (Art. 6), adquirió en el constitucionalismo francés un rango superior, consecuencia de la primacía del propio Poder Legislativo.

Pero además, desde el punto de vista sustantivo, el principio de la supremacía de la Ley se fundó sobre el de su generalidad, lo que a la vez fue garantía de la igualdad, uno de los postulados básicos de la Revolución. Las leyes de libertad, que tenían por objeto hacer posible, el libre desenvolvimiento de los miembros del grupo social, fueron el instrumento de la Asamblea contra los privilegios que fueron abolidos. En todo caso, siendo la ley expresión de la voluntad general, se consagró el derecho de todos los ciudadanos de "concurrir personalmente o por sus representantes" a la formación de la ley (Art. IV), estableciéndose en los artículos de la Constitución que siguieron a la Declaración los siguientes principios:

> Ningún acto de los Cuerpos Legislativos podrá ser considerado como ley, si no ha sido hecho por los representantes de la Nación libremente elegidos y si no ha sido sancionado por el Monarca (Art. 9).

> El Poder Ejecutivo no puede hacer ley alguna, incluso prioritaria, sino proclamar, conforme a las leyes, para ordenar o recursar su observación (Art. 16).

> El Poder Judicial será administrado por tribunales establecidos por la ley, según los principios de la Constitución y según las normas determinadas por la ley (Art. 19).

Por su parte, la Ley de 16-24 de agosto de 1790, agregó que:

> Los Tribunales no podrán tomar directa o indirectamente, parte alguna en el ejercicio del poder legislativo, ni suspender o impedir la ejecución de los decretos del Cuerpo Legislativo, sancionados por el Rey, so pena de prevaricación (art. 10, Título II).

Por otra parte, a la base de la concepción de la ley como expresión de la voluntad general, está la idea que emerge de la Revolución de que no sólo no había autoridad superior a la de la ley, sino que era a través de ella que se podía gobernar y exigir

---

812   *V.,* para lo que sigue Allan R. Brewer-Carías, *Reflexiones sobre la Revolución Americana (1776) y la Revolución Francesa (1789) y sus aportes al constitucionalismo moderno,* Editorial Jurídica Venezolana, Caracas 1992, pp. 196 y ss.

obediencia. Así, frente al poder absoluto del Monarca en el Antiguo Régimen, emerge el principio de la legalidad y el Estado de Derecho: sólo se puede gobernar en virtud de las leyes y con estricta sujeción a ellas.

La concepción de la ley como expresión de la voluntad general, fue recogida expresamente en la Declaración venezolana de Derechos del Pueblo de 1811, al establecer que:

La ley se forma por la expresión libre y solemne de la voluntad general, y ésta se expresa por los apoderados que el pueblo elige para que representen sus derechos (Art. 3 Segunda Sección).

Asimismo, en el texto de la Constitución de 1811 se estableció:

La ley es la expresión libre de la voluntad general o de la mayoría de los ciudadanos, indicadas por el órgano de sus representes legalmente constituidos. Ella se funda sobre la justicia y la utilidad común y ha de proteger la libertad pública e individual contra toda opresión o violencia (Art. 149).

La Constitución de 1811, sin embargo, no siguió el postulado tan radical de la supremacía de la ley, y en cambio, formuló él principio de la supremacía constitucional al declarar como "absolutamente nulas y sin ningún valor" las leyes contrarias a los derechos fundamentales (Art. 199); y en general, al considerar sin "ningún valor" las leyes contrarias a la Constitución, la cual se declaró como la "Ley Suprema del Estado" (Art. 227).

5. *La Revolución Latinoamericana y la separación de poderes en un sistema de gobierno republicano conforme al modelo Norteamericano*

    A. *La recepción de los principios en la Constitución de 1811*

La primera de las Constituciones sancionadas en Hispanoamérica fue la Constitución de los Estados Unidos de Venezuela de diciembre de 1811, en la cual se consagraron los principios fundamentales del constitucionalismo derivados de las revoluciones norteamericana y francesa[813].

En primer lugar se consagró expresamente la división del Poder Supremo en tres categorías: Legislativo, Ejecutivo y Judicial, conforme a la fórmula de Montesquieu y Rousseau, con un sistema presidencial de gobierno, de manera que en el Preliminar de la Constitución se dispuso, que:

El ejercicio de esta autoridad confiada a la Confederación no podrá jamás hallarse reunido en sus diversas funciones. El Poder Supremo debe estar dividido en Legislativo, Ejecutivo y Judicial, y confiado a distintos Cuerpos independientes entre sí, y en sus respectivas facultades....

---

813 *V.*, sobre lo que sigue Allan R. Brewer-Carías, "El régimen histórico-constitucional del Estado", *Instituciones Políticas y Constitucionales,* Tomo I, Editorial Jurídica Venezolana, Caracas 1996, pp. 236 y ss.

Además, el artículo 189 insistía en que

> [...] los tres Departamentos esenciales del Gobierno, a saber: el Legislativo, el Ejecutivo y el Judicial, es preciso que se conserven tan separados e independientes el uno del otro cuanto lo exija la naturaleza de un gobierno libre lo que es conveniente con la cadena de conexión que liga toda fábrica de la Constitución en un modo indisoluble de Amistad y Unión.

Además, se consagró la supremacía de la Ley como "la expresión libre de la voluntad general" conforme al texto de la Declaración de 1789[814], y la soberanía que residiendo en los habitantes del país, se ejercía por los representantes[815].

Por ello, todo este mecanismo de separación de poderes y de hegemonía del Poder Legislativo, configurará en los primeros años de la vida republicana de Venezuela, un sistema de contrapeso de poderes para evitar la formación de un poder fuerte, que no sólo originará la caída de la Primera República[816], sino que, condicionando la vida republicana en las décadas posteriores, por ejemplo, permitirá la reacción del Congreso de Colombia contra el Libertador en 1827 al suspenderle sus facultades extraordinarias[817]; y que provocará la renuncia del primer Presidente civil de Venezuela, doctor José María Vargas[818], y llevará al Presidente Monagas a reaccionar contra el Congreso en 1848, en lo que se ha llamado "el día del fusilamiento contra el Congreso"[819]. Contra esa debilidad del Poder Ejecutivo constitucionalmente consagrada, el cual además inicialmente era tripartito[820] -que recogió el esquema que

---

814   "La Ley es la expresión libre de la voluntad general o de la mayoría de los ciudadanos, indicada por el órgano de sus representantes legalmente constituidos. Ella se funda sobre la justicia y la utilidad común, y ha de proteger la libertad pública e individualidad contra toda opresión o violencia". "Los actos ejercidos contra cualquier persona fuera de los casos y contra las formas que la Ley determina son inicuos, y si por ellos se usurpa la autoridad constitucional o la libertad del pueblo serán tiránicos" (Arts. 149 y 150).

815   "Una sociedad de hombres reunidos bajo unas mismas Leyes, costumbres y Gobierno forma una soberanía". "La soberanía de un país, o supremo poder de reglar o dirigir equitativamente los intereses de la comunidad, reside, pues, esencial y originalmente, en la masa general de sus habitantes y se ejercita por medio de apoderados o representantes de éstos, nombrados y establecidos conforme a la Constitución". "Ningún individuo, ninguna familia particular, ningún pueblo, ciudad o partido puede atribuirse la soberanía de la sociedad, que es imprescindible, inalienable e indivisible en su esencia y origen, ni persona alguna podrá ejercer cualquier función pública del Gobierno, si no lo ha obtenido por la Constitución" (Art. 143, 144 y 145).

816   El "obstruccionismo suicida" (Mijares) de "la maldita Cámara de Caracas" (Espejo) ante las exigencias de Francisco de Miranda, se tienen como una de las causas de la caída de la Primera República. *Cfr.* C. Parra Pérez, *Historia de la Primera República de Venezuela*, Tomo II, Caracas, 1959, pp. 7 y 3 ss.; Augusto Mijares, "La Evolución Política de Venezuela" (1810-1960)", en M. Picón Salas y otros, *Venezuela, Independiente, cit.*, p. 31. De ahí el calificativo ele la "Patria Boba" que se le da a la Primera República. *Cfr.* R. Díaz Sánchez, *loc. cit.*, pp. 199 y ss.

817   *Cfr.* Augusto Mijares, *loc. cit.*, pp. 56 y 65.

818   *Cfr.* J. Gil Fortoul, *op. cit.*, Tomo Segundo, pp. 220 y ss.; Augusto Mijares, *loc. cit.*, p. 90.

819   *V.*, los comentarios sobre los sucesos del 24 de enero de 1848, en J. Gil Fortoul, *op. cit.*, Tomo Segundo, pp. 291 y ss.

820   "El Poder Ejecutivo Constitucional de la Confederación residirá en la ciudad Federal depositado en tres individuos elegidos popularmente..." (Art. 72). La primera Junta designada en marzo de 1812, ya en vigor la nueva Constitución, la presidió Francisco Espejo (1758-1814).

había establecido el Congreso, en marzo de 1811, para designar las personas que integraron el "Supremo Poder Ejecutivo"- el primero que va a reaccionar va a ser el Libertador, al estimar que el Gobierno constituido conforme al texto de 1811, no se identificaba con el "carácter de las circunstancias, de los tiempos y de los hombres que lo rodean"[821]. Por ello, en su Discurso de Angostura en 1819 va a reaccionar violentamente contra la fórmula de gobierno prevista en el texto de 1811, en particular contra la primacía del Congreso[822] y el carácter tripartito del Ejecutivo[823], y propondrá al Congreso la adopción de una fórmula de gobierno con un Ejecutivo fuerte[824], lo cual, sin embargo, no fue acogido por la Constitución de 1819, ni por las

---

821   Esto lo señalaba en el Manifiesto de Cartagena de 1812. *V.*, en J. Gil Fortoul, *op. cit.*, Tomo Primero, pp. 329 y 330. Además, en su Discurso de Angostura, al criticar la adopción de las instituciones norteamericanas por los constituyentes de 1811, indicaba: "¿No sería muy difícil aplicar a España-el Código de libertad política, civil y religiosa de Inglaterra? Pues aún es más difícil adoptar en Venezuela las Leyes de Norteamérica. ¿No dice el Espíritu de las Leyes que éstas deben ser propias para el pueblo que se hacen? ¿Que es una gran casualidad que las de una nación puedan convenir a otra? ¿Que las leyes deben ser relativas a lo físico del país, al clima, a la calidad del terreno, a su situación, a su extensión, al género de vida de los pueblos? ¿Referirse al grado de libertad que la Constitución puede sufrir, a la religión de los habitantes, a sus inclinaciones, a sus riquezas, a su número, a su comercio, a sus costumbres, a sus modales? He aquí el Código que debíamos consultar, y no el de Washington". *V.*, en Simón Bolívar, *Escritos Fundamentales*, Caracas, 1982, p. 121.

822   Decía en su Discurso de Angostura lo siguiente: "Aquí el Congreso ha ligado las manos y la cabeza a los magistrados. Este cuerpo deliberante ha asumido una parte de las funciones ejecutivas, contra la máxima de Montesquieu que dice que un cuerpo representativo no debe tomar ninguna resolución activa: debe hacer leyes, y ver si se ejecutan las que hace. Nada es tan contrario a la armonía de los poderes, como su mezcla. Nada es tan peligroso respecto al pueblo, como la debilidad del Ejecutivo; y si en un reino (Inglaterra) se ha juzgado necesario concederle tantas facultades, en una república son éstas infinitamente más indispensables". *V.*, en Simón Bolívar, *Escritos Fundamentales, cit.*, pp. 132 y 133.

823   En su Discurso de Angostura, señalaba, además: "La Constitución Venezolana, sin embargo, de haber tomado sus bases de la más perfecta, si se atiende a la corrección de los principios y a los efectos benéficos de su administración, difirió esencialmente de la América en un punto cardinal y sin duda el más importante. El Congreso de Venezuela, como el Americano participa de algunas de las atribuciones del Poder Ejecutivo. Nosotros, además, subdividimos este Poder, habiéndolo sometido a un cuerpo colectivo sujeto por consiguiente a los inconvenientes de hacer periódica la existencia del gobierno, de suspenderla y disolverla siempre que se separaran sus miembros. Nuestro Triunvirato carece, por decirlo así, de unidad, de continuación y de responsabilidad individual; está privado de acción momentánea, de vida continua, de uniformidad real, de responsabilidad inmediata; y un gobierno que no posee cuanto constituye su moralidad, debe llamarse nulo". *V.*, en Simón Bolívar, *Escritos Fundamentales, cit.*, p. 121.

824   En su Discurso de Angostura, al comparar la situación política de Inglaterra, el Libertador señalaba: "Por exorbitante que parezca la Autoridad del Poder Ejecutivo de Inglaterra, quizás no es excesiva en la República de Venezuela. Fijemos nuestra atención sobre esa diferencia, y hallaremos que el equilibrio de los poderes debe distribuirse de dos modos. En las repúblicas el Ejecutivo debe ser el más fuerte, porque todo, conspira contra él, en tanto que en las monarquías el más fuerte debe ser el Legislativo, porque todo conspira en favor del Monarca..". "Si no se ponen al alcance del Ejecutivo todos los medios que una justa atribución le señala, cae inevitablemente en la nulidad o en su propio abuso, quiero decir, en la muerte del gobierno, cuyos herederos son la anarquía, la usurpación y la tiranía..". "Que se fortifique pues, todo el sistema de gobierno, y que el equilibrio se establezca de modo que no se pierda, y de modo que no sea su propia delicadeza una causa de decadencia. Por lo mismo que ninguna forma de gobierno es tan débil como la democracia, su estructura debe ser de la mayor solidez, y sus instituciones consultarse para la estabilidad. Si no es así contemos con una sociedad díscola, tumultuaria y anárquica, y no con un establecimiento social donde tengan su imperio la felicidad, la paz y la justicia..". "Separando con límites bien señalados la jurisdicción ejecutiva de la jurisdicción legislativa, no me he propuesto dividir, sino enlazar con los vínculos de la armonía que nace de la independencia, estas potestades supremas, cuyo choque prolongado jamás ha dejado de aterrar a uno de los contendientes. Cuando

Constituciones posteriores, salvo las que se hicieron a la medida de los caudillos y dictadores.

En todo caso, la Constitución del 21 de diciembre de 1811, resultado de un proceso de discusión del proyecto respectivo, iniciado en agosto de ese año, fue un texto de 228 artículos agrupados en 9 capítulos, en el cual se conformó la Unión de las Provincias que venían siendo parte de la Confederación de Venezuela. Se inició con un "Preliminar" relativo a las "Bases del Pacto Federativo que ha de constituir la autoridad general de la confederación" donde se precisaron la distribución de poderes y facultades, entre la Confederación y los Estados confederados (las Provincias).

El Capítulo I estaba destinado a regular la Religión, proclamándose a la Religión Católica, Apostólica y Romana como la religión del Estado y la única y exclusiva de los habitantes de Venezuela (art. 1).

El Capítulo II estaba destinado a regular al "Poder Legislativo" atribuido al Congreso General de Venezuela, dividido en dos Cámaras, una de Representantes y un Senado (art. 3). En dicho Capítulo se reguló el proceso de formación de las leyes (arts. 4 a 13); la forma de elección de los miembros de la Cámara de Representantes y del Senado (art. 14 a 51) de manera indirecta en congregaciones parroquiales (art. 26) y en congregaciones electorales (art. 28); sus funciones y facultades (art. 52 a 66); el régimen de sus sesiones (art. 67 a 70); y sus atribuciones especiales (art. 71).

El Capítulo III reguló el "Poder Ejecutivo", el cual se dispuso que residiría en la ciudad federal "depositado en tres individuos elegidos popularmente" (art. 72) por las Congregaciones Electorales (art. 76) por listas abiertas (art. 77). En el Capítulo no sólo se reguló la forma de elección del triunvirato (arts. 76 a 85), sino que se definieron las atribuciones del Poder Ejecutivo (arts. 86 a 99) y sus deberes (arts. 100 a 107). De acuerdo a la forma federal de la confederación, se reguló la relación entre los Poderes Ejecutivos Provinciales y el Gobierno Federal, indicándose que aquéllos son, en cada Provincia, "los agentes naturales e inmediatos del Poder Ejecutivo Federal para todo aquello que por el Congreso General no estuviere cometido a empleados particulares en los ramos de Marina, Ejército y Hacienda Nacional" (Art. 108).

El Capítulo IV estaba destinado a regular el Poder Judicial de la Confederación depositado en una Corte Suprema de Justicia (arts. 110 a 114) con competencia originaria entre otros, en los asuntos en los cuales las Provincias fueren parte interesada y competencia en apelación en asuntos civiles o criminales contenciosos (art. 116).

---

deseo atribuir al Ejecutivo una suma de facultades superiores a la que antes gozaba, no he deseado autorizar a un déspota para que tiranice la República, sino impedir que el despotismo deliberante sea la causa inmediata de un círculo de vicisitudes despóticas en que alternativamente la anarquía sea reemplazada por la oligarquía y por la democracia". *V.*, en Simón Bolívar, *Escritos Fundamentales, cit.,* pp. 132, 133, 134 y 139. Todas estas ideas las tiene en cuenta Bolívar, cuando formula su proyecto de Constitución para Bolivia en 1826, al resumir en su Discurso a los Legisladores el papel del Presidente de la República así: "Viene a ser en nuestra Constitución como el sol que, firme en su centro, da vida al universo". *V.*, en J. Gil Fortoul, *op. cit., Tomo Segundo*, Apéndice, p. 593.

El Capítulo V reguló las Provincias, estableciéndose límites a su autoridad, en particular que no podían "ejercer acto alguno que corresponda a las atribuciones concedidas al Congreso y al Poder Ejecutivo de la Confederación (art. 119). "Para que las leyes particulares de las Provincias no puedan nunca entorpecer la marcha de los federales -agregó el artículo 124- se someterán siempre al juicio del Congreso antes de tener fuerza y valor de tales en sus respectivos Departamentos, pudiéndose, entre tanto, llevar a ejecución mientras las revisa el Congreso". El Capítulo, además, reguló aspectos relativos a las relaciones entre las Provincias y sus ciudadanos (arts. 125 a 127); y al aumento de la Confederación mediante la incorporación eventual de Coro, Maracaibo y Guayana que no formaron parte del Congreso (arts. 128 a 132). En cuanto al gobierno y administración de las Provincias, la Constitución de 1811 remitió a lo dispuesto en las Constituciones Provinciales, indicando el siguiente límite:

> Artículo 133. El gobierno de la Unión asegura y garantiza a las provincias la forma de gobierno republicano que cada una de ellas adoptare para la administración de sus negocios domésticos, sin aprobar Constitución alguna que se oponga a los principios liberales y francos de representación admitidos en ésta, ni consentir que en tiempo alguno se establezca otra forma de gobierno en toda la confederación.

Los Capítulos VI y VII se refirieron a los procedimientos de revisión y reforma de la Constitución (arts. 135 y 136) y a la sanción o ratificación de la Constitución (arts. 138 a 140).

El Capítulo VIII contuvo los "Derechos del Hombre que se reconocerán y respetarán en toda la extensión del Estado", distribuidos en cuatro secciones: Soberanía del pueblo (arts. 141 a 159), Derechos del hombre en la sociedad (arts. 191 a 196) y Deberes del cuerpo social (arts. 197 a 199). En este capítulo se recogieron, enriquecidos, los artículos de la Declaración de los Derechos del Pueblo de 1811, y en su redacción se recibió la influencia directa del texto del documento Derechos del Pueblo de 1797, así como de la Declaración Francesa y de los textos de las Declaraciones de las antiguas colonias americanas[825].

Por último, el Capítulo IX en unos Dispositivos Generales estableció normas sobre el régimen de los indígenas (arts. 200) y su igualdad (arts. 201); la ratificación de la abolición del comercio de negros (art. 202); la igualdad de los pardos (art. 203); y la extinción de títulos y distinciones (Art. 204). Se reguló, además, el juramento de los funcionarios (arts. 206 a 209); la revocación del mandato (art. 209 y 210), las restricciones sobre reuniones de sufragantes y de congregaciones electorales (arts. 211 a 214); la prohibición a los individuos o grupos de arrogarse la representación del pueblo (art. 215; la disolución de las reuniones no autorizadas (art. 216); el tratamiento de "ciudadano" (art. 226); y la vigencia de las leyes de Indias mientras se dictaba el Código Civil y Criminal acordados por el Congreso (art. 228).

Por último debe destacarse, la cláusula de supremacía de la Constitución contenida en el artículo 227, así:

---

825 V. Allan R. Brewer-Carías, *Los Derechos Humanos en Venezuela: casi 200 años de Historia*, Academia de Ciencias Políticas y Sociales, Caracas 1990, pp. 101 y ss.

La presente Constitución, las leyes que en consecuencia se expidan para ejecutarla y todos los tratados que se concluyan bajo la autoridad del gobierno de la Unión serán la Ley Suprema del Estado en toda la extensión de la Confederación, y las autoridades y habitantes de las Provincias estarán obligados a obedecerlas religiosamente sin excusa ni pretexto alguno; pero las leyes que se expiden contra el tenor de ella no tendrán ningún valor sino cuando hubieren llenado las condiciones requeridas para una justa y legítima revisión y sanción:

Esta cláusula de supremacía y la garantía objetiva de la Constitución se ratificó en el Capítulo VIII sobre los Derechos del Hombre al prescribirse en su último artículo, lo siguiente:

Artículo 199. Para precaver toda transgresión de los altos poderes que nos han sido confiados, declaramos: Que todas y cada una de las cosas constituidas en la anterior declaración de derechos están exentas y fuera del alcance del Poder General ordinario del gobierno y que, conteniendo o apoyándose sobre los indestructibles y sagrados principios de la naturaleza, toda ley contraria a ellos que será absolutamente nula y de ningún valor.

B.   *La recepción de los principios en las Constituciones provinciales*

Pero además de la Constitución de 1811, al momento de la Independencia se dictaron en las provincias que conformaron el naciente Estado, diversas Constituciones provinciales, unas promulgadas antes y otras después de la sanción de la Constitución Federal[826].

a.   *El "Plan de Gobierno" de la Provincia de Barinas de 26-3-1811*

A los 24 días de la instalación del Congreso General, y cuatro días antes del nombramiento de la comisión para la redacción de lo que sería el modelo de las Constituciones Provinciales, la Asamblea Provincial de Barinas, el 26 de marzo de 1811 adoptó un "Plan de Gobierno"[827] constituyendo una Junta Provincial o Gobierno Superior compuesto de 5 miembros a cargo de toda la autoridad en la Provincia hasta que el Congreso de todas las Provincias Venezolanas dictase la Constitución Nacional (Art. 17).

En el Plan de Gobierno, además se repuso el Cabildo para la atención de los asuntos municipales (Art. 4) y se regularon las competencias del mismo en materia judicial, como tribunal de alzada respecto de las decisiones de los Juzgados subalternos (Art. 6). Las decisiones del Cuerpo Municipal podían ser llevadas a la Junta Provincial por vía de súplica (Art. 8).

---

826   *V.*, en general, Carlos Restrepo Piedrahita, *Primeras Constituciones de Colombia y Venezuela*, Bogotá 1993; y Allan R. Brewer-Carías, "El régimen histórico-constitucional del Estado", *Instituciones Políticas y Constitucionales*, Tomo I, Editorial Jurídica Venezolana, Caracas 1996, pp. 277 y ss.

827   *Las Constituciones Provinciales*, Caracas 1959, pp. 334 y ss.

b. *La "Constitución Provisional de la Provincia de Mérida" de 31-7-*
    1811

En Mérida, reunido el Colegio Electoral con representantes de los pueblos de los
ocho partidos capitulares de Mérida, La Grita, San Cristóbal, las Villas de San Antonio, Bailadores, Lovatera, Egido y Timotes, adoptó una "Constitución Provisional
que debe regir esta Provincia, hasta que, con vista de la General de la Confederación, pueda hacerse una perpetua que asegure la felicidad de la provincia"[828].

Este texto se dividió en doce capítulos, en los cuales se reguló lo siguiente:

En el Primer Capítulo, la forma de "gobierno federativo por el que se han decidido todas las provincias de Venezuela" (Art. 1), atribuyéndose la legítima representación provincial al Colegio Electoral, representante de los pueblos de la Provincia
(Art. 2).

El gobierno se dividió en tres poderes: Legislativo, Ejecutivo y Judicial, correspondiendo el primero al Colegio Electoral; el segundo a un cuerpo de 5 individuos
encargados de las funciones ejecutivas; y el tercero a los Tribunales de Justicia de la
Provincia (Art. 3).

La Constitución declaró, además, que "Reservándose esta Provincia la plenitud
del Poder Provincial para todo lo que toca a su gobierno, régimen y administración
interior, deja en favor del Congreso General de Venezuela aquellas prerrogativas y
derechos que versan sobre la totalidad de las provincias confederadas, conforme al
plan que adopte el mismo Congreso en su Constitución General" (art. 6).

En el Segundo Capítulo se reguló la Religión Católica, Apostólica y Romana
como Religión de la Provincia (art. 1), prohibiéndose otro culto público o privado
(art. 2). Se precisó, en todo caso, que "la potestad temporal no conocerá, en las materias del culto y puramente eclesiásticas, ni la potestad espiritual en las puramente
civiles sino que cada una se contendrá dentro de sus límites" (art. 4).

En el Tercer Capítulo se reguló el Colegio Electoral, como "legítima representación Provincial", con poderes constituyentes y legislativos provinciales (art. 1, 2 y
35); su composición por ocho electores (art. 3) y la forma de la elección de los mismos, por sistema indirecto (arts. 3 a 31), señalándose que se debía exigir a los que
fueran a votar, que "depongan toda pasión e interés, amistad, etc., y escojan sujetos
de probidad, de la posible instrucción y buena opinión pública" (art. 10). Entre las
funciones del Colegio Electoral estaba el "residenciar a todos los funcionarios
públicos luego que terminen en el ejercicio de su autoridad" (art. 36).

En el Cuarto Capítulo se reguló al Poder Ejecutivo, compuesto por cinco individuos (art. 1), en lo posible escogidos de vecinos de todas las poblaciones de la provincia y no sólo de la capital (art. 2); con término de un año (art. 3); sin reelección
(art. 4); hasta un año (art. 5). En este capítulo se regularon las competencias del Poder Ejecutivo (art. 14 a 16) y se prohibió que "tomara parte ni se introdujera en las
funciones de la Administración de Justicia" (art. 20). Se precisó, además, que la
Fuerza Armada estaría "a disposición del Poder Ejecutivo" (art. 23), correspondién-

---

828 *Idem.*, p. 255.

dole además "la General Intendencia de los ramos Militar, Político y de Hacienda" (art. 24).

El Capítulo Quinto de la Constitución Provisional de la Provincia de Mérida, dedicado al Poder Judicial, comienza por señalar que "No es otra cosa el Poder Judicial que la autoridad de examinar las disputas que se, ofrecen entre los ciudadanos, aclarar sus derechos, oír sus quejas y aplicar las leyes a los casos ocurrentes" (art. 1) y se atribuye a todos los jueces superiores e inferiores de la Provincia, y particularmente al Supremo Tribunal de apelaciones de la misma (art. 2), compuesto por tres individuos, abogados recibidos (art. 3). En el capítulo se regularon, además, algunos principios de procedimiento y las competencias de los diversos tribunales (arts. 4 a 14).

En el Capítulo Sexto se reguló el "Jefe de las Armas" atribuyéndose a un gobernador militar y comandante general de las armas sujeto inmediatamente al Poder Ejecutivo, pero nombrado por el Colegio Electoral (art. 1); y a quien correspondía "la defensa de la Provincia" (art. 4). Se regularon, además, los empleos de Gobernador Político e Intendente, reunidos en el gobernador militar para evitar sueldos (art. 6), con funciones jurisdiccionales (arts. 7 a 10), teniendo el Gobernador Político el carácter de Presidente de los Cabildos (art. 11) y de Juez de Paz (art. 12).

El Capítulo Séptimo está destinado a regular "los Cabildos y Jueces inferiores". Se atribuye, allí, a los Cabildos, la "policía" (art. 2) y se definen las competencias municipales, englobadas en el concepto de policía (art. 3). Se regula la Administración de Justicia a cargo de los Alcaldes de las ciudades y villas (art. 4), con aplicación ante el Tribunal Superior de Apelaciones (art. 5).

En el Capítulo Octavo se regula la figura del "Juez Consular", nombrado por los comerciantes y hacendados, (art. 1), con la competencia de conocer los asuntos de comercio y sus anexos con arreglo a las Ordenanzas del consulado de Caracas (art. 3) y apelación ante el Tribunal Superior de Apelación (art. 4).

En el Capítulo Noveno se regula la "Milicia", estableciéndose la obligación de toda persona de defender a la Patria cuando ésta sea atacada, aunque no se le pague sueldo (art. 2).

El Capítulo Décimo reguló el "Erario Público", como "el fondo formado por las contribuciones de los ciudadanos destinado para la defensa y seguridad de la Patria, para la sustentación de los ministros y del culto divino y de los empleados de la administración de Justicia, y en la colectación y custodia de las mismas contribuciones y para las obras de utilidad común (art. 1). Se estableció también el principio de legalidad tributaria al señalarse que "toda contribución debe ser por utilidad común y sólo el Colegio Electoral las puede poner" (art. 3), y la obligación de contribuir al indicarse que "ningún ciudadano puede negarse a satisfacer las contribuciones impuestas por el Gobierno" (art. 4).

El Capítulo Undécimo está destinado a regular "los derechos y obligaciones del Hombre en Sociedad", los cuales también se regulan en el Capítulo Duodécimo y último que contiene "disposiciones generales". Esta declaración de derechos, dictada después que el 1 de julio del mismo año 1811 la Sección Legislativa del Congreso General para la Provincia de Caracas había emitido la Declaración de Derechos del Pueblo, sigue las mismas líneas de ésta, y de la publicación sobre "Derechos del Hombre y del Ciudadano con varias máximas republicanas y un discurso preliminar dirigido a los americanos" atribuido a Picornel y que circuló con motivo de la Conspiración de Gual y España de 1797[829].

c. El "Plan de Constitución Provisional Gubernativo de la Provincia de Trujillo" de 2-9-1811

Los representantes diputados de los distintos pueblos, villas y parroquias de la Provincia de Trujillo, reunidos en la Sala consistorial aprobaron un "Plan de Constitución Provincial Gubernativo"[830] el 2 de septiembre de 1811, constante de 9 títulos.

El Primer Título está dedicado a la Religión Católica, como Religión de la Provincia, destacándose, sin embargo, la separación entre el poder temporal y el poder eclesiástico.

El Título Segundo reguló el "Poder Provincial", representado por el Colegio de Electores, electos por los pueblos. Este Colegio Electoral se reguló como Poder Constituyente y a él corresponderá residenciar a todos los miembros del Cuerpo Superior del Gobierno.

El Título Tercero reguló la "forma de gobierno", estableciéndose que la representación legítima de toda la Provincia residía en el prenombrado Colegio Electoral, y que el Gobierno particular de la misma residía en dos cuerpos: el Cuerpo Superior de Gobierno y el Municipal o Cabildo.

El Título Cuarto reguló, en particular, el "Cuerpo Superior de Gobierno", integrado por cinco (5) vecinos, al cual se atribuyeron funciones ejecutivas de gobierno y administración.

El Título Quinto, reguló el "Cuerpo Municipal o de Cabildo", como cuerpo subalterno, integrado por cinco (5) individuos: dos alcaldes ordinarios, dos Magistrados (uno de ellos Juez de Policía y otro como Juez de Vigilancia Pública), y. un Síndico personero.

El Título Sexto, relativo al "Tribunal de Apelaciones", atribuyó al Cuerpo Superior de Gobierno el carácter de Tribunal de Alzada.

El Título Séptimo reguló las "Milicias", a cargo de un Gobernador y Comandante General de las Armas de la Provincia, nombrado por el Colegio Electoral, pero sujeto inmediatamente al Cuerpo Superior de Gobierno.

El Título Octavo, reguló el Juramento que deben prestar los diversos funcionarios.

El Título Noveno, relativo a los "Establecimientos Generales", reguló algunos de los derechos de los ciudadanos.

---

829 *V.*, la comparación en Pedro Grases, *La Conspiración de Gual y España, y el Ideario de la Independencia*, Caracas, 1978, pp. 71 y ss.

830 *V., Las Constituciones Provinciales, op. cit.*, pp. 297 y ss.

d.   La "Constitución Fundamental de la República de Barcelona Colombiana" de 12-1-1812

La Constitución Federal para los Estados de Venezuela del 21 de diciembre de 1811, al regular al Pacto Federativo, dejó claramente expresado que las Provincias conservaban su Soberanía, Libertad e Independencia, y que:

> [...] en uso de ellas tendrán el derecho exclusivo de arreglar su gobierno y administración territorial bajo las leyes que crean convenientes, con tal que no sean de las comprendidas en esta Constitución ni se opongan o perjudiquen a los Pactos Federativos que por ella se establecen.

En virtud de ello, las Provincias conservaron la potestad ya ejercida por algunas con anterioridad en el marco de la Confederación que se formaba, para dictar sus Constituciones. De estas Constituciones Provinciales dictadas después de la promulgación de la Constitución Federal, han llegado hasta nuestros días el texto de la de Barcelona y la de Caracas. La primera puede decirse que ya estaba redactada cuando se promulgó la Constitución Federal. La segunda, se adaptó más a lo que los redactores de ésta pensaban de lo que debía ser una Constitución Provincial en el seno de la Federación que se estaba conformando.

Por todo lo anterior, a los pocos días de promulgada la Constitución Federal del 21 de diciembre de 1811, el pueblo barcelonés, por la voz de sus Asambleas Primarias, por la de sus Colegios Electorales y por la de sus funcionarios soberanos, proclamó la "Constitución fundamental de la República de Barcelona Colombiana"[831] verdadero Código Constitucional de 19 títulos y 343 artículos. Este texto fue redactado por Francisco Espejo y Ramón García de Sena[832], y por ello tiene gran importancia histórica, pues este último tuvo un papel importante en el constitucionalismo hispanoamericano, como traductor de Thomas Paine.

En efecto, este había publicado en 1791-1792 el libro *The Rights of Man*, dedicado a defender la Declaración de los Derechos del Hombre de 1789, el cual tuvo una gran influencia en la consolidación del régimen constitucional norteamericano. Correspondió a Manuel García de Sena traducir extractos de varias obras de Paine, habiéndose publicado en 1811, en Philadelphia, el libro *La Independencia de la Costa firme justificada* por Thomas Paine treinta años. Extracto de sus obras traducido del inglés al español por D. Manuel García de Sena[833].

Esta importantísima obra contenía, además, la traducción de la Constitución de los Estados Unidos de América así como la de las Constituciones de las antiguas colonias de Massachussets, Connectitcut, New Jersey, Pensylvania y Virginia, y a través de ella puede decirse que esos textos fueron conocidos en América española, no sólo en Venezuela sino en Argentina, en 1811[834].

---

831   *V.*, en *Las Constituciones Provinciales, op. cit.*, pp. 151 y ss.

832   *V.*, Ángel Francisco Brice, "Estudio Preliminar", *Las Constituciones Provinciales, op. cit.*, p. 39.

833   *V.*, las referencias en Pedro Grases, *op. cit.*, p. 60.

834   *Idem*, nota 2.

Debe presumirse, en todo caso, que para enero de 1811, García de Sena ya tenía preparada la obra, y de allí la influencia que los textos franceses y norteamericanos tuvieron en la Constitución Provincial de Barcelona, sin dejar de mencionar el texto de los Derechos del Hombre y del Ciudadano de 1977, de Picornel.

El Título Primero de la Constitución contiene los "Derechos de los habitantes de la República de Barcelona Colombiana" y sus 38 artículos son copia casi exacta de los Derechos del Hombre y del Ciudadano de 1789, correspondiendo a Francisco Espejo la redacción de este Título[835]. Termina dicho Título con la proclamación del principio de la separación de poderes entre el Legislativo, Ejecutivo y Judicial, a la usanza de las Declaraciones de las colonias norteamericanas así:

> Artículo 38. Siendo la reunión de los poderes el germen de la tiranía, la República declara que la conservación de los derechos naturales y civiles del hombre, de la libertad y tranquilidad general, depende esencialmente de que el Poder Legislativo jamás ejerza el Ejecutivo o Judicial, ni aún por vía de excepción. Que el ejecutivo en ningún caso ejerza el legislativo o Judicial y que el Judicial se abstenga de mezclarse en el Legislativo o Ejecutivo, conteniéndose cada uno dentro de los límites que les prescribe la Constitución, a fin de que se tenga el gobierno de las leyes y no el gobierno de los hombres.

El Título Segundo estaba destinado a regular la organización territorial de la "República de Barcelona", como única e indivisible (Art. 1), pero dividida en cuatro Departamentos (Art. 2), los cuales comprendían un número considerable de pueblos, en los cuales debía haber una magistratura ordinaria y una parroquia para el régimen civil y espiritual de los ciudadanos (Art. 3).

El Título Tercero reguló a los "ciudadanos", con una clasificación detallada respecto de la nacionalidad, siendo los Patricios, los ciudadanos barceloneses, es decir: "los naturales y domiciliados en cualesquiera de los Departamentos del Estado, bien procedan de padres originarios de la República o de extranjeros". Se reguló detalladamente el status de los extranjeros.

El Título Cuarto, se refiere a la soberanía con normas como las siguientes: "la soberanía es la voluntad general unida al poder de ejecutarla"; ella reside en el pueblo; es una, indivisible, inalienable e imprescriptible; pertenece a la comunidad del Estado; ninguna sección del pueblo; ni individuo alguno de éste puede ejercerla". "La Constitución barcelonesa es representativa. Los representantes son las Asambleas Primarias: los Colegios Electorales y los Poderes Supremos, Legislativo, Ejecutivo y Judicial". "El gobierno que establece es puramente popular y democrático en la rigurosa significación de esta palabra".

El Título Quinto regula en detalle las Asambleas Primarias y sus facultades, y las condiciones para ser elector y el acto de votación. Estas Asambleas Primarias debían ser convocadas por las Municipalidades, y su objeto era "constituir y nombrar entre los parroquianos un determinado grupo de electores que concurran a los Colegios Electorales a desempeñar sus funciones".

---

835 *Idem*, p. 150, nota 1.

El Título Sexto, por su parte, reguló a los "Colegios Electorales y sus facultades", a los cuales correspondía la elección de los funcionarios de la Sala de Representantes y de los Senadores de la Legislatura Provincial; la elección del Presidente y Vice-Presidente del Estado; los miembros de la Municipalidad en cada Departamento; y las Justicias Mayores y Jueces de Paz.

El Título Séptimo se refiere al Poder Legislativo, el cual "se deposita en una Corte General nombrada de Barcelona, compuesta de dos Cámaras, la una de Representantes, y la otra de Senadores". En esté Título se reguló extensamente el régimen de elección de los miembros de dichas Cámaras, su funcionamiento, facultades comunes y privativas, régimen parlamentario y el procedimiento de formación de las leyes. Entre las funciones que se asignaban a esta Corte General, además de dictar leyes, se precisó que bajo este nombre general de ley se comprendían los actos concernientes a "la formación de un Código Civil, Criminal y Judicial, en cuya ampliación ocupará principalmente sus atenciones".

El Título Octavo reguló el Poder Ejecutivo, a cargo del Presidente de la República de Barcelona, sus condiciones, atribuciones y poderes.

El Título Noveno reguló todo lo concerniente al Vicepresidente, como suplente del Presidente.

El Título Décimo se refiere al "Poder Judicial". Allí se reguló el Poder Judicial Supremo confiado a un Tribunal de Justicia, con sus competencias en única instancia y en apelación, y sus poderes de censura de la conducta y operaciones de los Jueces ordinarios.

El Título Undécimo, reguló a las "Municipalidades", con la precisión de que "En cada una de las cuatro ciudades actualmente existentes en el territorio de la República (Barcelona, Aragua, Pao y San Diego de Cabrutica) y en todas las demás ciudades y villas que en adelante se erigieren, habrá un cuerpo municipal compuesto de dos corregidores de primera y segunda nominación y seis regidores". Según la votación obtenida en su elección, el Regidor que hubiere obtenido mayor número de votos era considerado como Alguacil Mayor, el que más se le acercaba, como Fiel Ejecutor y el que menos, Síndico General. Correspondía a la Municipalidad el Registro Civil y la Policía.

El Título Duodécimo reguló a las "Justicias Mayores", que a la vez que jueces de policía en las ciudades, villas y pueblos, eran los Presidentes natos de la Municipalidad y Jueces Ordinarios de Primera Instancia en las controversias civiles y criminales.

El Título Decimotercero reguló a los "Jueces de Paz" con competencia para "trazar y componer las controversias civiles de los ciudadanos antes que las deduzcan en juicio, procurándoles cuantos medios sean posibles de acomodamiento entre sí".

El Título Decimocuarto está destinado a regular el "culto", estableciéndose a la Religión Católica y Apostólica como "la única que se venera y profesa públicamente en el territorio de la República, y la que ésta protege por sus principios constitucionales". El Obispo, conforme a este Título se elegía en la misma forma que se elegía al Presidente del Estado, con la única diferencia de que en los Colegios Electorales tendrían voto los eclesiásticos.

El Título Decimoquinto reguló la "Fuerza Pública".

El Título Decimosexto reguló la "Hacienda".

El Título Decimoséptimo reguló la "sanción del Código Constitucional".

El Título Decimoctavo, estableció el régimen de "Revisión del Código Constitucional".

El Título Decimonoveno, el régimen del "juramento constitucional".

e.   *La "Constitución para el gobierno y administración interior de la Provincia de Caracas" del 31-1-1812*

Apenas instalado el Congreso General, en marzo de 1811, como ya se indicó se designó una comisión de diputados para redactar la Constitución de la Provincia de Caracas, para que sirviera de modelo a las demás de la Confederación. El trabajo no pudo hacerse rápidamente, y no sólo muchas Provincias dictaron antes y después sus cartas constitucionales, sino que incluso, la Sección Legislativa del Congreso General establecida para la Provincia de Caracas dictó el 1 de julio de 1811, la Declaración de Derechos del Pueblo. Esta misma Sección Legislativa sólo concluyó su tarea de redactar la Constitución Provincial luego de la sanción de la Constitución Federal, aprobándose un texto de 328 artículos agrupados en catorce capítulos destinados, como lo indica su Preámbulo, a regular el gobierno y administración interior de la Provincia. Más que la Constitución de una "República" soberana, como había sido el caso de la Constitución Provincial de Barcelona este texto se acomoda al de una Provincia en el marco de una Confederación. Por ello, la Constitución Provincial de Caracas hace especial énfasis en la necesidad de "organizar equitativamente la distribución y la representación del pueblo en la legislatura provincial[836].

El Capítulo Primero se refiere a la "Religión" declarándose que "la Religión Católica, Apostólica y Romana que es la de los habitantes de Venezuela hace el espacio de tres siglos, será la única y exclusiva de la Provincia de Caracas, cuyo gobierno la protegerá". (art. 1).

El Capítulo Segundo reguló detalladamente "la división del territorio". Allí se precisó que "el territorio de la Provincia de Caracas se dividirá en Departamentos, Cantones y Distritos" (arts. 2 a 4). Los Distritos debían ser un territorio con más o menos 10.000 habitantes y los Cantones, con más o menos 30.000 habitantes (Art. 5). Los Departamentos de la Provincia eran los siguientes: Caracas, San Sebastián, los Valles de Aragua, (capital La Victoria), Barquisimeto y San Carlos (Art. 6), y en la Constitución se precisa al detalle cada uno de los Cantones que conforman cada Departamento, y sus capitales (arts. 7 a 11); así como cada uno de los Distritos que conforman cada Cantón, con los pueblos y villas que abarcaban (arts. 12 a 23).

El Capítulo Tercero está destinado a regular "los sufragios parroquiales y congregaciones electorales", es decir, el sistema electoral indirecto en todo detalle, en relación a la forma de las elecciones y a la condición del elector, (arts. 24 a 30). Por cada mil almas de población en cada parroquia debía haber un elector (Art. 31). Los Electores, electos en los sufragios parroquiales, formaban en cada Distrito, Congregaciones Electorales (art. 32). También debían elegirse electores para la escogencia en cada parroquia de los agentes municipales (Art. 24). Estas congregaciones electorales eran las que elegían los Representantes de la Provincia para la Cámara del

---

836   *V.*, en *Las Constituciones Provinciales, op. cit.*, pp. 63 y ss.

gobierno federal; a los tres miembros del Poder Ejecutivo de la Unión; al Senador o Senadores por el Distrito, para la Asamblea General de la Provincia; al representante por el Distrito, para la Cámara del Gobierno Provincial; y al elector para la nominación del Poder Ejecutivo de la Provincia (art. 33). Los Electores electos en cada Distrito, para la elección del Poder Ejecutivo, formaban las Juntas Electorales que reunidas en la capitales de Departamentos, debían proceder a la nominación (Art. 49).

El Capítulo Cuarto está destinado a regular a las "Municipalidades". Sus miembros y los agentes municipales, se elegían por los electores escogidos para tal fin en cada parroquia (art. 24 y 59). La Constitución, en efecto, estableció que en cada parroquia debía elegirse un agente municipal (art. 65) y que los miembros de las municipalidades también debían elegirse (art. 67). El número de miembros de las Municipalidades variaba, de 24 en la de Caracas, dividida en dos cámaras de 12 cada una (art. 90); 16 miembros en las de Barquisimeto, San Carlos, La Victoria y San Sebastián (art. 92); y luego de 12, 8 y 6 miembros según la importancia y jerarquía de las ciudades (arts. 91 a 102). Las Municipalidades capitales de Distrito debían llevar el Registro Civil (art. 70) y se les atribuían todas las competencias propias de vida local en una enumeración que cualquier ley municipal contemporánea envidiaría (art. 76). La Municipalidad gozaba "de una autoridad puramente legislativa" (art. 77) y elegía los Alcaldes (art. 69) que eran las autoridades para la administración de justicia, y proponían al Poder Ejecutivo los empleos de Corregidores (art. 69 y 217) que eran los órganos ejecutivos municipales. En ellas tenían asiento, voz y voto, los agentes municipales que debían ser electos en cada parroquia (arts. 65 y 103).

El Capítulo Quinto reguló al "Poder Legislativo" de la Provincia, que residía en una Asamblea General compuesta por un Senado y una Cámara de Representantes (art. 130). En detalle, el texto reguló su composición, funcionamiento, poderes y atribuciones y el sistema de elección de sus miembros (arts. 230 a 194).

El Capítulo Sexto reguló el "Poder Ejecutivo", de la Provincia que residía en 3 individuos electos por los Electores de cada Distrito (arts. 195 y 196). Se reguló la forma de elección y las condiciones de elegibilidad de los miembros del Poder Ejecutivo (arts. 196 a 207), así como sus atribuciones (arts. 308 a 233).

El Capítulo Séptimo está destinado al "Poder Judicial", en el cual se dispuso que se conservaba provisionalmente la organización del mismo que existía (art. 234) y que a nivel inferior era administrado, además de por Jueces de Primera Instancia, por los Alcaldes y Corregidores con apelación ante las Municipalidades (art. 240 a 250). En las materias civiles y criminales, sin embargo, se estableció que la justicia sería administrada por dos Cortes Supremas de Justicia (art. 259) y por los Magistrados inferiores de primera instancia antes indicados (art. 235). En cada Departamento se establecieron Tribunales Superiores (art. 251) y en general se establecieron normas de procedimiento judicial relativas al juicio verbal, que se estableció como norma general (art. 240).

Los Capítulos Octavo y Noveno se refieren a la "elección de los Senadores para el Congreso General y su remoción", así como de los Representantes (arts. 275 a 280).

El Capítulo Diez se refiere al "Fomento de la literatura" donde se reguló al Colegio y Universidad de Caracas (art. 281) y el fomento de la cultura (art. 282).

Los Capítulos Once y Doce están destinados a regular la revisión y reforma de la Constitución (arts. 283 a 291) y su sanción o ratificación (art. 292 a 259).

El Capítulo Trece, indica que "se acuerdan, declaran, establecen y se dan por insertos literalmente en esta Constitución los derechos del hombre que forman el Capítulo Octavo de la Federal, los cuales están obligados a observar, guardar y cumplir todos los ciudadanos de este Estado" (art. 296).

El Capítulo Catorce sostiene una serie de "Disposiciones Generales", donde se regulan, en general, otros derechos de los ciudadanos así como deberes (arts. 297 a 234), concluyéndose con la formulación expresa de la garantía objetiva de la Constitución, en el sentido de que "las leyes que se expidieren contra el tenor de ella no tendrán valor alguno sino cuando hubieren llenado las condiciones requeridas para una justa y legítima revisión y sanción (de la Constitución)" (art. 325).

Este texto constitucional concluye con una "Despedida" de la "Sección Legislativa de Caracas, dirigida a los habitantes de la Provincia", al terminar sus sesiones y presentar la Constitución Provincial en la cual se hace un recuento del proceso de conformación institucional de la Confederación y del Gobierno Federal hasta ese momento, justificándose la propuesta de formar una "sesión legislativa provisoria para Caracas" del Congreso General, compuesta con la separación de sus diputados al mencionado Congreso General, la cual tuvo a su cargo la elaboración del texto constitucional provincial[837].

C. *Las ideas de Simón Bolívar sobre la separación de poderes y el sistema de gobierno*

Todo el mecanismo de separación de poderes y de hegemonía del Poder Legislativo que se configuró en los primeros años de la vida republicana de Venezuela, con todo un sistema de contrapeso de poderes para evitar la formación de un poder fuerte, no sólo originó la caída de la Primera República sino que condicionó la vida republicana en las décadas posteriores. Contra esta debilidad del Poder Ejecutivo constitucionalmente consagrada, el cual además era tripartito, reaccionó primeramente el Libertador Simón Bolívar en su Manifiesto de Cartagena en 1812 y luego en su Discurso de Angostura en 1819, en el cual propondría al Congreso la adopción de una fórmula de gobierno con un Ejecutivo fuerte, lo cual, sin embargo; no fue acogido por la Constitución de 1819[838].

Decía en su Discurso de Angostura: "Aquí el Congreso ha ligado las manos y hasta la cabeza a los Magistrados. Este cuerpo deliberante ha asumido una parte de las funciones Ejecutivas, contra la máxima de Montesquieu, que dice que un Cuerpo Representativo no debe tomar ninguna resolución activa: debe hacer Leyes, y ver si se ejecutan las que hace. Nada es tan contrario a la armonía de loa Poderes, como su

---

837   *V.,* en *Las Constituciones Provinciales, op. cit.,* pp. 137 y ss.

838   *V.,* sobre lo que sigue Allan R. Brewer-Carías, "Ideas centrales sobre la organización del Estado en la obra del Libertador y sus proyecciones contemporáneas" en *Boletín de la Academia de Ciencias Políticas y Sociales,* Nº 95-96, Caracas 1984, pp. 137 y ss; y Allan R. Brewer-Carías, "El régimen histórico-constitucional del Estado", *Instituciones Políticas y Constitucionales,* Tomo I, Editorial Jurídica Venezolana, Caracas, 1996.

mezcla. Nada es tan peligroso con respecto al pueblo, como la debilidad del Ejecutivo". Y agregaba: "En las Repúblicas el Ejecutivo debe ser el más fuerte porque todo conspira contra él; en tanto que en las Monarquías el más fuerte debe ser el Legislativo, porque todo conspira en favor del Monarca...". Y concluía diciendo: "Por lo mismo que ninguna forma de Gobierno es tan débil cómo la democrática, su estructura debe ser de la mayor solidez; y sus instituciones consultarse para la estabilidad. Si no es así, contemos con que se establece un ensayo de Gobierno, y no un sistema permanente: contemos con una Sociedad díscola, tumultuaria, anárquica, y no con un establecimiento social, donde tengan su imperio la felicidad, la paz y la justicia"...[839].

Insistió además, en su Discurso de Angostura: "Cuando deseo atribuir al Ejecutivo una suma de facultades superiores a la que antes gozaba, no he deseado autorizar a un déspota para que tiranice la República, sino impedir que el despotismo deliberante sea la causa inmediata de un círculo de vicisitudes despóticas en que alternativamente la anarquía sea reemplazada por la oligarquía y por la monocracia"[840].

Como se puede observar, el principio de la separación de poderes estuvo a la base del nacimiento de nuestra República, y en nuestro país, al igual que en todos los estados del mundo moderno, ha condicionado la organización de los sistemas de gobierno; en nuestro caso, desde el mismo origen, al sistema presidencial.

III. EL DEBATE CONSTITUCIONAL ENTRE LOS SISTEMAS PARLAMENTARIOS Y MONÁRQUICOS

Basados en el legado antes analizado de las revoluciones norteamericana y francesa y su implantación en Latinoamérica, puede decirse que los sistemas de gobierno presidencial y parlamentario se fueron consolidado paulatinamente, así como modificándose y moldeándose a las realidades de cada país, de manera que puede decirse que en la actualidad no hay sistemas presidenciales o parlamentarios puros.

Muchos parlamentarismos históricos se han presidencializado, como sucedió en Francia con el llamado sistema "semipresidencial" de 1958 o se discuten fórmulas para presidencializarse como ha sucedido en Italia; y en la mayoría de los presidencialismos de América Latina, dados sus efectos políticos[841], se han venido incorporando sucesivamente elementos del parlamentarismo, conformándose presidencialismos atenuados o con sujeción parlamentaria[842].

Los cambios en los sistemas, en todo caso, se han dado más en los sistemas presidenciales que en los parlamentarios, siendo aquellos los más criticados por la teor-

---

839   *V.,* el texto en Simón Bolívar, *Escritos Fundamentales,* Caracas, 1982, pp. 132 y ss.

840   *Idem.,* p. 139.

841   *V.,* en general Manuel Barquín et al, *El predominio del poder ejecutivo en Latinoamérica,* UNAM, México 1977; y Juan J. Linz, "Los peligros del presidencialismo" en Juan Linz et al, *Reformas al presidencialismo en América Latina: ¿Presidencialismo vs. Parlamentarismo?,* Comisión Andina de Juristas/Editorial Jurídica Venezolana, Caracas, 1993.

842   Dieter Nholen, "Sistemas de gobierno. Perspectivas conceptuales y comparativas" en Juan Linz et al, *Reformas al presidencialismo en América Latina: ¿Presidencialismo vs. Parlamentarismo?,* Comisión Andina de Juristas/Editorial Jurídica Venezolana, Caracas 1993, pp. 78 y ss.

ía democrática europea. Un resumen de esta crítica, por ejemplo, se refleja en los comentarios del profesor Michelangelo Bovero en relación con el proyecto de reforma constitucional que hace unos años se planteó en Italia en relación con el paso de un sistema parlamentario a un sistema presidencial, refutándolo con las siguientes tres fórmulas drásticas:

a.   El presidencialismo es la forma institucional más antigua de la democracia moderna, y justamente por eso es una forma rudimentaria de la democracia

b.   La forma de gobierno presidencial es la menos democrática de las que puede asumir la democracia moderna, porque en ella un poder monocrático en mayor o menor medidas discrecional, tiende a prevalecer sobre el poder colegiado de las Asambleas pluralistas (el parlamento), a la que les es confiada la representación política de los ciudadanos.

c.   La única reforma verdaderamente democrática del presidencialismo sólo puede ser su abolición (drástica o gradual, según lo que puedan permitir o requerir las circunstancias)[843].

Ahora bien, independientemente de planteamientos sobre reformas concretas, lo que ahora interesa retener es el debate permanente por la opción entre uno y otro sistema, para lo cual, como antes se dijo, no deben despreciarse los condicionamientos históricos que los originaron en Europa y en América.

Ese debate, en todo caso, tiene que partir de la fijación de las características centrales de ambos sistemas, cuyas diferencias derivan de la naturaleza, en cada caso, de las relaciones entre el gobierno y el parlamento, y en definitiva, entre los órganos que ejercen el Poder Legislativo y el Poder Ejecutivo. Para la determinación de dichas diferencias, en todo caso, deben analizarse dos aspectos:

En primer lugar, la fuente de legitimación democrática de los titulares de los órganos del gobierno, es decir, determinar quién tiene el poder de instituirlos o elegirlos y eventualmente de destituirlos, removerlos o revocarlos.

En segundo lugar, la determinación de las respectivas funciones de dichos órganos, es decir, establecer los poderes o competencias de cada órgano y en particular, a quién corresponde el gobierno.

En los sistemas parlamentarios, como se dijo, el gobierno emana o deriva del Parlamento y depende de su confianza. Es decir, el órgano que en última instancia gobierna es el parlamento, a través de funcionarios que generalmente son miembros del mismo (Jefe de Gobierno, Primer Ministro, Ministros) que tienen su respaldo, y cuya designación al gobierno no conlleva la pérdida de la investidura parlamentaria. En los sistemas parlamentarios, por tanto, se distingue entre el Jefe del Estado y el jefe de gobierno, éste último dependiente del parlamento. Por ello, en general, en los sistemas parlamentarios, el Parlamento, en general es el único órgano electo por el voto popular, por lo que de él emana el gobierno y ante él responde de sus acciones.

---

843   Michelangelo Bovero, "Sobre el presidencialismo y otras malas ideas. Reflexiones a partir de la experiencia italiana", en Miguel Carbonell et al (Coordinadores), *Estrategias y propuestas para la reforma del Estado*, UNAM, México 2001, pp. 18-19.

El Jefe del Estado, en cambio, puede ser un Monarca o un Presidente electo que no gobierna.

Es decir, si bien en algunos casos de sistemas parlamentarios puede haber un Presidente electo, éste sólo actúa como Jefe de Estado. Por ello, mientras éste no tenga las funciones de gobierno, es decir, mientras no dirija el gobierno con poderes de iniciativa y orientación política, a pesar de la elección presidencial, el sistema seguirá siendo parlamentario, en cuyo caso, el gobierno seguirá siendo dependiente del Parlamento y de la mayoría parlamentaria.

Pero en algunos sistemas de gobierno contemporáneos se pueden identificar algunos en los cuales existe un Presidente de la República electo al igual que el Parlamento, teniendo el gobierno una doble dependencia, respecto del Parlamento y del Presidente electo. Es el caso francés, donde la importancia y función del jefe del Estado es mayor en cuanto a la posibilidad de influir en el gobierno. Por ello, el sistema francés, si bien llamado de semipresidencialismo, encuadra dentro de los sistemas presidenciales. Por ello, en estos casos, si el Presidente no goza del respaldo de la mayoría parlamentaria, tiene que "cohabitar" con un primer ministro y gabinete de otra tendencia política.

En definitiva, en los sistemas parlamentarios, el gobierno emana del parlamento que detenta la representación popular, por lo que el jefe del gobierno no es electo popularmente. El parlamento, por tanto, es el órgano preeminente, del cual depende la legitimidad del gobierno.

Los sistemas presidenciales de gobierno, en cambio, existen cuando el jefe de gobierno (quien también es a la vez, jefe de Estado) es electo directa y periódicamente por los ciudadanos por sufragio universal. Por ello, la sola elección de un Presidente por sufragio universal no es suficiente para calificar el sistema de gobierno como presidencial, exigiéndose que tenga el carácter de jefe de gobierno. En definitiva, lo que es esencial es que la legitimidad democrática del jefe de gobierno, no deriva del Parlamento, órgano que, además, no puede deslegitimarlo.

Un tema importante en relación con el funcionamiento del presidencialismo ha sido el de la regulación de la reelección presidencial, habiendo sido una tradición para frenar el poder presidencial abusivo, sea la prohibición de la reelección o la limitación de la posibilidad de reelección por una sola vez.

En efecto, el sistema presidencial puede convertir el juego político en un juego suma-cero, que sigue la regla de "todo al ganador". Es decir, con la elección presidencial, el poder de gobierno se encomienda a un sólo órgano por un período fijo (que en algunos casos puede ser muy extenso), sin posibilidad de cambio hasta la próxima elección presidencial. En este juego, a veces resulta difícil combinar el rol de Jefe de Estado, que lo debe ser de todos los habitantes con el de jefe de gobierno, que puede ser de un partido o de la mayoría parlamentaria.

Por ello, el gobierno en manos de un solo órgano electo puede originar una crisis de legitimidad democrática, que el sistema presidencial no encuentra solución, salvo mediante mecanismos políticos excepcionales como el referendo revocatorio o el juicio político (impeachment) que a la vez son demasiado lentos, complejos y traumáticos.

Por otra parte, la relación directa del Presidente con el electorado, puede originar una relación líder-pueblo que puede convertir el régimen en plebiscitario y populista.

Por ello, otro aspecto que influye en el funcionamiento del sistema presidencial es el método de elección presidencial, de mayoría absoluta -dos vueltas- o de mayoría relativa. Los sistemas de doble vuelta, que a veces se propugnan para asegurar una mayor representatividad y legitimidad democráticas, en contraste pueden originar conflictos y tensiones insalvables entre los órganos legislativo y ejecutivo. Por ello se ha considerado que la doble vuelta, en lugar de resolver conflictos, puede exacerbar la pretensión autoritaria del Presidente electo que puede creer que dispone de una mayoría real[844]. En los sistemas presidenciales, un factor de gobernabilidad efectiva deriva de la mayoría política que pueda tener el Presidente en el Parlamento, sea por la mayoría absoluta que pueda tener su partido o de los acuerdos entre partidos para asegurar dicha gobernabilidad.

En los sistemas presidenciales, por otra parte, las relaciones entre el Presidente de la República y el Parlamento en el ejercicio de sus funciones propias, ha originado una serie de interferencias constitucionales a los efectos de mitigar la separación de poderes, convirtiéndola en cooperación o colaboración. Por ejemplo: el Presidente puede vetar la legislación que emane del Parlamento; y el parlamento debe aprobar los decretos de estados de excepción que emanen del Ejecutivo. El proyecto de Ley de Presupuesto sólo puede ser de iniciativa presidencial y el parlamento está limitado en cuanto a sus poderes de modificación del proyecto de dicha ley.

Por otra parte, si bien en el sistema presidencial el gobierno no depende del Parlamento, los controles del legislativo que se han venido incorporando en la Constituciones, han llevado progresivamente al parlamento a coparticipar en las funciones de gobierno, al atribuírsele constitucionalmente competencia para por ejemplo, autorizar o aprobar decisiones ejecutivas[845].

En otro sentido, la función normativa del Estado ha dejado de ser una tarea exclusivamente parlamentaria, admitiéndose no sólo el desarrollo de la potestad reglamentaria del Presidente de la República, sino la potestad de dictar decretos con rango y valor de ley, incluso mediante delegación del parlamento.

Por otra parte, en los sistemas presidenciales, el Presidente designa sus Ministros, quienes son sus órganos; y juntos integran el Consejo de Ministros. Los Ministros deben refrendar los actos del Presidente con lo que se mitiga el carácter unipersonal del Ejecutivo. En cuanto a los diputados, éstos si son designados Ministros pierden su investidura; y el cargo de Ministro es incompatible con cualquier otro cargo, por lo que para que estos puedan ser electos diputados deben separarse de sus cargos con antelación.

A los Ministros, responsables ante el Presidente, también se los hace responsables ante el Parlamento, donde están obligados a comparecer para ser interpelados y pueden ser objeto de votos de censura para lograr su remoción.

---

844 Diego Valadés, *El gobierno de gabinete, op. cit.*, p. 12.

845 Néstor Pedro Sagüés, "Formas de gobierno: aproximaciones a una teoría del control parlamentario sobre el Poder Ejecutivo", en Juan Linz et al., *Reformas al presidencialismo en América Latina: ¿Presidencialismo vs. Parlamentarismo?*, Comisión Andina de Juristas, Editorial Jurídica Venezolana, Caracas 1993, pp. 93 y ss.

En definitiva, en los sistemas presidenciales, el gobierno emana directamente de la voluntad popular y no del Parlamento, el cual igualmente detenta la representación popular; por lo que el jefe del gobierno no deriva del Parlamento. Sin embargo, la potestad normativa del Estado está compartida entre ambos órganos. El Presidente de la República, por tanto, es el órgano preeminente, lo que puede originar el relegamiento del Parlamento a ser un órgano de registro de decisiones ejecutivas, y con la sola posibilidad de ser un órgano de balance del poder mediante el ejercicio de poderes de control.

IV. EL PRINCIPIO DE LA PENTA DIVISIÓN HORIZONTAL DEL PODER PÚBLICO EN VENEZUELA

1.   *La penta división del Poder Público Nacional*

Uno de los principios fundamentales del derecho público en la Constitución de 1999, es el de la división horizontal o separación orgánica de poderes, que origina órganos independientes y autónomos entre sí, que ejercen no sólo las tres clásicas ramas del Poder Público: la Legislativa, la Ejecutiva y la Judicial; sino además, las ramas Ciudadana y Electoral.

La Constitución de 1999 adoptó, así, un novedoso sistema de separación orgánica del Poder Público Nacional, al hacerlo entre cinco Poderes: el Poder Legislativo Nacional, el Poder Ejecutivo Nacional, el Poder Judicial, el Poder Ciudadano y el Poder Electoral, correspondiendo su ejercicio a cinco complejos orgánicos diferenciados y separados. Estos son, respectivamente, la Asamblea Nacional; el Presidente, sus Ministros y el resto de los órganos del denominado "Ejecutivo Nacional"; el Tribunal Supremo de Justicia y los demás tribunales de la República, así como la Dirección Ejecutiva de la Magistratura y los otros órganos de gobierno y administración del Poder Judicial; el Ministerio Público o Fiscalía General de la República, la Contraloría General de la República y la Defensoría del Pueblo; y el Consejo Nacional Electoral, sus Comisiones y Juntas. Estos cinco conjuntos orgánicos se encuentran separados, son autónomos e independientes entre sí, y cada uno de ellos tiene sus competencias constitucionales y legales específicas.

Esta penta división o separación horizontal orgánica del Poder Público (art. 136), por supuesto no es rígida, como no lo es hoy en ninguna parte del mundo. No sólo todos los órganos que las integran colaboran entre sí en la realización de los fines del Estado (art. 136), sino que el ejercicio de las funciones propias de los órganos de cada uno, no es exclusivo ni excluyente, pudiendo, en dicho ejercicio, haber interferencia por parte de los órganos de los otros poderes estatales.

Debe señalarse, por supuesto, que formalmente y como sucede hoy en la mayoría de los países, la otrora clásica división del poder en la ramas Legislativa, Ejecutiva y Judicial, desde el Siglo XX se ha roto en el constitucionalismo moderno, de manera que en general, el Poder Público se ejerce, además de por los órganos que componen las tres clásicas ramas, por otra serie de órganos que progresivamente han sido constitucionalizados y dotados de autonomía funcional, y que en el caso de Venezuela, ahora han sido erigidos en ramas formales del Poder Público.

Es el caso del Poder Ciudadano, que integra los ya clásicos órganos constitucionales de control (art. 273), como la Contraloría General de la República (art. 267); el

Ministerio Público: (art. 284) y la Defensoría del Pueblo (art. 280); y del Poder Electoral, que ejerce el Consejo Nacional Electoral (art. 293).

En la Constitución de 1999, en todo caso, se eliminó el Consejo de la Judicatura, que también era un órgano constitucional con autonomía funcional, atribuyéndose ahora las funciones de gobierno y administración de la rama judicial al Tribunal Supremo de Justicia (art. 267).

Es de destacar, que la clave de funcionamiento de un sistema de separación orgánica de poderes, es la autonomía e independencia entre los Poderes, características que en la Constitución de 1999 resultan seriamente afectadas, entre otras, por las siguientes regulaciones: el Tribunal Supremo de Justicia tiene competencia para decretar la destitución del Presidente de la República (art. 233); el Presidente de la República puede disolver la Asamblea Nacional (arts. 236, ord. 21 y 240), y la Asamblea Nacional puede remover a los Magistrados del Tribunal Supremo (art. 265), al Contralor General de la República, al Fiscal General de la República, al Defensor del Pueblo (art. 279) y a los integrantes del Consejo Nacional Electoral (art. 296). La independencia de los Poderes, con estas regulaciones, no tiene garantía constitucional alguna.

2. *La división del Poder Público y las diversas funciones del Estado*

Conforme a este principio de la separación de Poderes establecido en la Constitución de 1999, el Poder Público se encuentra dividido en el ordenamiento constitucional al distinguir, a nivel nacional, los órganos que ejercen el Poder Legislativo (la Asamblea Nacional), de los órganos que ejercen el Poder Ejecutivo (el Presidente de la República y demás órganos de la Administración Pública), de los órganos que ejercen el Poder Judicial (Tribunal Supremo de Justicia y Tribunales), de los órganos que ejercen el Poder Ciudadano (Defensoría del Pueblo, Ministerio Público, Contraloría General de la República), y de los órganos que ejercen el Poder Electoral (Consejo Nacional Electoral). Sin embargo, esta división del Poder Público no implica que cada uno de dichos órganos siempre tenga el ejercicio exclusivo de alguna función estatal específica.

Al contrario, todos los órganos del Estado, en una u otra forma ejercen todas las funciones del Estado, lo que responde a otro de los principios fundamentales del derecho público en la Constitución de 1999: el principio del ejercicio inter-orgánico de las funciones del Estado.

Es decir, tal como la antigua Corte Suprema de Justicia lo señaló reiteradamente, la división de la potestad estatal (el Poder Público) en ramas y la distribución de su ejercicio entre diversos órganos, no coincide exactamente con la "separación" de las funciones estatales[846]. Por tanto, el hecho de que exista una separación orgánica "de poderes" no implica que cada uno de los órganos que lo ejercen tenga necesariamente el ejercicio exclusivo de ciertas funciones, pues paralelamente a las "funciones propias" de cada órgano del Estado, éstos ejercen funciones que por su naturaleza

---

846   *Cfr.*, por ejemplo, sentencia de la CF de 19-6-53, en *GF* N° 1, 1953, p. 77; y sentencias de la CSJ en SPA de 18-7-63, en *GF* N° 41, 1963, pp. 116 y 117; de 27-5-68, en *GF* N° 60, 1969, pp. 115 y ss.; y de 9-7-69, en *GF* N° 65, 1969, pp. 70 y ss.

son similares a las que ejercen otros órganos estatales[847]. En otras palabras, paralelamente a sus funciones propias, realizan funciones distintas a aquellas que les corresponden por su naturaleza[848].

La Constitución de 1999, siguiendo la terminología que había adoptado la Constitución de 1961, antes que referirse a una "división del Poder" en cada "rama" del Poder Público (entre Legislativo, Ejecutivo y Judicial por ejemplo, como lo hacían las Constituciones anteriores), se refiere a que cada una de dichas ramas tiene "funciones" propias, con lo cual se refiere a la noción de funciones estatales[849]. La revisión de la doctrina de la separación de poderes que los proyectistas de la Constitución de 1961 hicieron, resulta en nuestro criterio evidente; pues se buscó superar las distorsiones de la "separación de Poderes" como compartimientos estancos de actividades atribuidas a órganos distintos por una asignación constitucional y legal de funciones propias a cada órgano del Estado, con la obligación de colaborar entre sí en la realización de los fines del Estado.

En la expresión constitucional, por tanto, por función ha de entenderse la acción que desarrollan los órganos estatales o la actividad que desempeñan como tarea que le es inherente, en el sentido que sólo en ejercicio del Poder Público pueden cumplirse. De ahí que la función es toda actividad de la propia esencia y naturaleza de los órganos estatales y, por tanto, indelegable salvo que exista una autorización constitucional. Entonces, las diversas funciones del Estado son sólo las diversas formas a través de las cuales se manifiesta la actividad estatal[850].

Puede decirse, entonces, que la doctrina o principio de la separación de poderes no tiene aplicación alguna en Venezuela, en su concepción rígida, como separación de tres "funciones" atribuidas en forma exclusiva a tres órganos distintos e independientes,[851] sino que más bien ha sido formulada como una "división del Poder" en el sentido de que se establecen una multiplicidad de órganos y a cada uno se asigna

---

847 *V.,* la sentencia de la *CF* de 19-6-53, en *GF* N° 1, 1953, p. 77; y la sentencia de la CFC en SPA de 18-7-63, en *GF* N° 41, 1963, p. 116.

848 *V.,* sentencia de la CSJ en SPA de 18-7-63, en *GF* N° 41, 1963, pp. 116 y 117.

849 Sobre el artículo 118 de la Constitución de 1961, que tenía igual texto que el artículo 136 de la Constitución de 1999, la Exposición de Motivos del Proyecto de Constitución de 1961 señaló que en él "se hace la definición relativa a la separación de los Poderes y a la revisión que el concepto clásico de Montesquieu ha recibido en el Derecho Moderno". V., en *RFD* N° 21, pp. 389 y 390. *V., La Constitución de 1961 y la Evolución Constitucional de Venezuela, Actas de la Comisión Redactora del Proyecto*, Tomo 1, Vol. I, Caracas, 1971, p. 150.

850 *V.,* Allan R. Brewer-Carías, *Las Instituciones Fundamentales.., cit.*, p. 105.

851 El carácter flexible, no rígido ni absoluto, del principio en su aplicación en Venezuela, ha sido destacado repetidamente por la jurisprudencia de la Corte Suprema. En particular, en Sentencias de la CFC en SPA de 23-2-50 en *GF,* N° 4, 1950, pp. 84 a 39; de la CFC en CP de 26-5-51 en *GF,* N° 8, 1952, p. 114; y Sentencias de la CSJ en SPA de 18-7-63 en *GF,* N° 41, 1963, pp. 117-118; de 27-5-68 en *GF,* N° 60, 1969, pp. 115 a 118; de 22-4-69 en *GF,* N° 64, 1969, pp. 5 a 15; de 9-7-69, en *GF,* N° 65, 1969, pp. 70 a 74; y de 1-6-72, en *G.O.* N° 1.523, Extraordinario, de 1-6-72, p. 9. V., además, Allan-R. Brewer-Carías, "Algunas bases del Derecho Público en la jurisprudencia Venezolana", en *RFD,* N° 27, 1963, pp. 143 y 144. Las referencias jurisprudenciales citadas a lo largo de este parágrafo pueden verse en Allan R. Brewer-Carías, *Jurisprudencia de la Corte Suprema (1930-1973)* y *Estudios de Derecho Administrativo, Tomo I, (El ordenamiento constitucional y funcional del Estado)*, Caracas, 1975, pp. 147 y ss.

una función propia, lo que en modo alguno significa exclusividad en el ejercicio de esa función. Esta fue realmente la innovación constitucional de los textos de 1953 y 1961, perfeccionada en la Constitución de 1999, y el sentido de la llamada colaboración funcional de los poderes[852]. En otras palabras, el sistema constitucional establece una separación orgánica (división del Poder Público) en los diversos niveles territoriales del Estado, con la cual no coincide una supuesta "separación de funciones".

En efecto, ante todo la Constitución no sólo insiste en la distribución del Poder Público en "ramas", sino que asigna a cada una de ellas y a sus órganos, conformados de acuerdo a la división del Poder en cada nivel, funciones propias.

En efecto, en cuanto a la rama nacional del Poder Público, es decir, el Poder Público Nacional (art. 136), la Constitución atribuye su ejercicio a cinco órganos o grupos de órganos separados, distintos e independientes, teniendo cada uno de ellos sus funciones propias: la Asamblea Nacional ejerce el Poder Legislativo Nacional (art. 186) y se le atribuye como función propia, la función normativa ("legislar en las materias de la competencia nacional" (art. 187,1) y la función de control (art. 222); el Presidente de la República y demás funcionarios determinados en la Constitución y la ley, ejercen el Poder Ejecutivo Nacional (art. 225) y se le atribuyen como funciones propias, la función política (acción de gobierno) (arts. 226, 233,2), la función administrativa y la función normativa (art. 236); el Tribunal Supremo de Justicia y demás tribunales que determina la Constitución y la Ley, ejercen el Poder Judicial, y se le atribuye como funciones propias la función jurisdiccional (Art. 253), la función de control (arts. 259; 336), y la función administrativa (gobierno y administración del Poder Judicial) (art. 267); el Consejo Moral Republicano, la Defensoría del Pueblo, el Ministerio Público y la Contraloría General de la República, ejercen el Poder Ciudadano (art. 273) a los que se le atribuyen como funciones propias, la función de control (vigilancia, inspección, fiscalización) sobre actividades de la Administración Pública, de los órganos judiciales y de los administrados (art. 274, 281, 285, 289) y la función administrativa; y el Consejo Nacional Electoral y sus órganos subordinados que ejercen el Poder Electoral (art. 292) se le atribuye como función propia la función administrativa, la función de control y la función normativa (art. 292).

Sin embargo, el hecho de que cada uno de esos órganos nacionales tenga funciones propias no significa que las ejerza con carácter de exclusividad, pues no sólo en su ejercicio algunas veces intervienen otros órganos, sino que su ejercicio se atribuye también a otros órganos.

En cuanto a la rama estadal del Poder Público, es decir, el Poder Público Estadal, la Constitución atribuye su ejercicio a tres órganos o grupos de órganos separados, distintos e independientes, teniendo cada uno de ellos sus funciones propias: Los Consejos Legislativos Estadales que ejercen el Poder Legislativo de los Estados y se le atribuye como función propia, la función normativa (art. 162,1); los Gobernadores que ejercen el Poder Ejecutivo de los Estados, se le atribuye, como funciones propias, las funciones de gobierno y administración (art. 160); y las Contralorías Estadales, a las cuales se asigna como función propia, la función de control (art. 163).

---

852   *V., La Constitución de 1961 y la Evolución., cit.,* Tomo I, Vol. I, p. 513.

Por lo que se refiere a la rama municipal del Poder Público, es decir, el Poder Público Municipal, la Constitución también atribuye su ejercicio a tres órganos separados e independientes, teniendo cada uno de ellos sus funciones propias: los Concejos Municipales que ejercen el Poder Legislativo municipal y se le atribuye como función propia, la función normativa ("función legislativa", dice el artículo 175) del Municipio; los Alcaldes que ejercen el Poder Ejecutivo municipal, y se les atribuye, como funciones propias, las funciones de gobierno y administración del Municipio (art. 174); y las Contralorías municipales, a las cuales se asigna como función propia, la función de control (art. 176). La Constitución, adicionalmente asigna a los Municipios, la función jurisdiccional, pero exclusivamente mediante la justicia de paz (art. 178,8) conforme a la ley nacional (art. 258).

El concepto de funciones del Estado, por tanto, es distinto al de poderes del Estado. El Poder Público, sus ramas o distribuciones, constituye en sí mismo una situación jurídica constitucional individualizada, propia y exclusiva de los órganos del Estado, mediante cuyo ejercicio estos realizan las funciones que le son propias. Las funciones del Estado, por su parte, constituyen las actividades propias e inherentes al Estado[853]. La noción de Poder es entonces previa a la de función: ésta se manifiesta como una actividad estatal específica realizada en ejercicio del Poder Público (de una de sus ramas o distribuciones), por lo que no puede existir una función estatal sino cuando se realiza en ejercicio del Poder Público, es decir, de la potestad genérica de obrar que tiene constitucionalmente el Estado. Poder y función son, por tanto, distintos elementos en la actividad del Estado: el Poder Público como situación jurídico-constitucional, tiene su fuente en la propia Constitución y existe la posibilidad de ejercerlo desde el momento en que está establecido en ella; la función estatal, en cambio, presupone siempre el ejercicio del Poder Público por un órgano del Estado, y sólo cuando hay ejercicio concreto del Poder Público es que se realiza una función estatal.

3. Las diversas funciones del Estado

Ahora bien, en el mundo contemporáneo pueden distinguirse cinco funciones básicas del Estado: la función normativa, la función política, la función administrativa, la función jurisdiccional y la función de control, a las cuales pueden reconducirse todas las actividades del Estado. Estas funciones, realizadas en ejercicio del Poder Público por los órganos estatales, sin embargo, generalmente no están encomendadas con carácter exclusivo a diferentes órganos, sino que se ejercen por varios de los órganos estatales.

A. La función normativa

En efecto, la función normativa en el Estado contemporáneo es aquella actividad estatal que se manifiesta en la creación, modificación o extinción de normas jurídicas de validez general[854]. La función normativa del Estado, en esta forma, si bien se

---

853   Cfr., Allan R. Brewer-Carías, *Las Instituciones Fundamentales del Derecho Administrativo y la Jurisprudencia Venezolana*, Caracas, 1964, pp. 105 y ss.

854   Cfr., sentencia de la CSJ en SPA de 18-7-63, en *GF* N° 41, 1963, p. 116.

atribuye como función propia al órgano que ejerce el Poder Legislativo, es decir, a la Asamblea Nacional, se realiza también por otros órganos del Poder Público.

En efecto, ante todo debe destacarse que la potestad de dictar leyes, en el ámbito nacional, corresponde esencialmente a la Asamblea Nacional actuando como cuerpo legislador (Art. 203), siendo estas leyes, por su generalidad e imperatividad, el tipo ideal de actos dictados en ejercicio de la función normativa. Pero en el ordenamiento jurídico venezolano, los otros órganos del Poder Público también ejercen esta función creadora de normas jurídicas, incluso con rango y valor de ley. En efecto, cuando mediante una ley habilitante la Asamblea Nacional delega en el Presidente la posibilidad de dictar actos estatales con rango y valor de ley (Art. 236,8), sin duda ejerce la función normativa; e igualmente, cuando reglamenta las leyes (Art. 236,10). Igualmente el Tribunal Supremo de Justicia también ejerce la función normativa cuando dicta los reglamentos necesarios a los efectos de asegurar la dirección y gobierno del Poder Judicial (Art. 267)[855].

Igualmente, ejercen la función normativa, los órganos del Poder Ciudadano cuando dictan los reglamentos establecidos en las leyes reguladoras de su actividad[856], al igual que el Consejo Nacional Electoral, en ejercicio del Poder Electoral, cuando reglamenta las leyes electorales (Art. 293,1)[857].

Por tanto, la función normativa, como actividad privativa e inherente del Estado mediante la cual sus órganos pueden crear, modificar o extinguir con carácter general las normas del ordenamiento jurídico, se ejerce por los cinco grupos de órganos estatales en ejercicio del Poder Público: por la Asamblea Nacional, actuando como cuerpo colegislador y en virtud de sus poderes reguladores de los interna corporis, en ejercicio del Poder Legislativo Nacional; por el Presidente de la República y otros órganos ejecutivos, en ejercicio del Poder Ejecutivo Nacional; por el Tribunal Supremo de Justicia, en ejercicio del Poder Judicial; por el Consejo Moral Republicano, la Contraloría General de la República, el Ministerio Público, y la Defensoría del pueblo, en ejercicio del Poder Ciudadano; y el Consejo Nacional Electoral, en ejercicio del Poder Electoral. La función normativa, por tanto, si bien es una "función propia" de la Asamblea Nacional, no es una función privativa y exclusiva de ella, pues los otros órganos estatales también la ejercen. Sin embargo, lo que sí es función privativa y exclusiva de la Asamblea nacional es el ejercicio de la función normativa en una forma determinada: como cuerpo legislador y mediante la emisión de los actos estatales denominados leyes. En efecto, sólo la Asamblea Nacional actuando como cuerpo legislador puede dictar leyes; sólo la Asamblea puede dictar sus interna corporis (Reglamento Interior y de Debates) y sólo ella puede crear normas jurídicas generales ejerciendo atribuciones establecidas directamente en la Constitución sin condicionamiento legal alguno. Los otros órganos estatales que ejercen la función normativa, si bien realizan una función creadora dentro del ordenamiento jurídico, a excepción de los decretos leyes habilitados (dictados por el Presidente de

---

855   *V.,* por ejemplo, Art. 6, párrafo 1, 10, 12, *Gaceta Oficial* Nº 37.942 de 19-05-2004.

856   Artículos 3; 14,2; y 28 de la Ley Orgánica de la Contraloría General de la República; Artículos 29; 20; 34; 36; 40; 43; 46 y 51 de la Ley Orgánica de la Defensoría del Pueblo.

857   Además, artículos 32 y 29 de la Ley Orgánica del Poder Electoral.

la República una vez que se ha dictado la ley habilitante) lo hacen a través de actos administrativos de efectos generales, y siempre bajo el condicionamiento de las leyes y nunca en ejecución directa e inmediata sólo de una norma constitucional. En otras palabras, las leyes son actos estatales dictados en ejecución directa e inmediata de la Constitución y de rango legal; los reglamentos y demás actos administrativos de efectos generales son actos de ejecución directa e inmediata de la legislación y de rango sublegal[858]. Sin embargo, los decretos-leyes habilitados que puede dictar el Presidente de la República, a pesar de requerir de una ley habilitante, en virtud de la delegación legislativa que contiene, puede decirse que se dictan también en ejecución directa de la Constitución.

B. *La función política*

Pero aparte de la función normativa, en el Estado contemporáneo ha ido delineándose otra función primordial, distinta de la función administrativa, por medio de la cual el Presidente de la República ejerce sus actividades como jefe del Estado, es decir, como jefe del Gobierno de la República[859], dirigiendo la acción de gobierno (arts. 226; 236,2). A través de esta función política, el Presidente de la República puede adoptar decisiones en virtud de atribuciones que le son conferidas directamente por la Constitución, en general sin condicionamiento legal, de orden político, las cuales, por tanto, exceden de la administración normal de los asuntos del Estado. Ello ocurre por ejemplo, cuando dirige las relaciones exteriores, convoca a sesiones extraordinarias a la Asamblea Nacional y cuando la disuelve (arts. 236,4,9,20). También puede considerarse que ejerce la función política, cuando decreta los estados de excepción, y restringe garantías constitucionales, incluso, en este caso, a pesar de que la Constitución dispuso que una Ley Orgánica deba regular la materia (art. 338)[860].

---

858 El carácter sublegal de los reglamentos surge, inclusive, en aquellos casos en que el reglamento, en virtud de delegación legislativa, complementa la ley. En esos casos, el Reglamento se dicta en ejecución directa de la ley y no de la Constitución, por lo que nunca podría tener igual rango que la ley. Al contrario, la antigua Corte Suprema de Justicia ha señalado lo siguiente: "La ley de la materia (Ley de Pilotaje) sólo contiene disposiciones que, por su carácter general, pueden aplicarse a todas las zonas de pilotaje actualmente existentes o que se crearen en el futuro, pero la determinación de los límites de éstas, de los requisitos que deben llenarse mientras se navegue por ellas, de los símbolos, luces y señales especiales que deberán usarse en las mismas, en la cuantía del derecho de habilitación y de la forma de distribución de los ingresos provenientes del mismo, así como la regulación de otras materias semejantes, ha sido expresamente confiado, en el articulado de la ley, al Poder Ejecutivo, quien con tal objeto debe dictar tantos reglamentos como sea necesario, teniendo en cuenta las características o peculiaridades de cada zona. Estos reglamentos no tienen por objeto desarrollar disposiciones legales ya existentes, sino complementar la ley que reglamentan con otras previsiones sobre materias expresamente señaladas por el legislador, por lo cual tienen en nuestro ordenamiento jurídico el mismo rango (sic) que los actos legislativos. Podría decirse que son decretos-leyes sobre materias cuya regulación reserva el Congreso al Poder Ejecutivo por consideraciones de orden práctico". *V.,* sentencia de la CSJ en SPA de 27-1-71, en *G.O.* N° 1.472, extraordinario, de 11-6-71, p. 18.

859 Aun cuando en algunos casos podría no haber coincidencia, podría decirse que, en general, el Presidente de la República ejerce sus atribuciones de jefe del Estado en ejercicio de la función política, y de jefe del Ejecutivo Nacional, en ejercicio de la función administrativa.

860 *V.,* la Ley Orgánica sobre Estados de Excepción (Ley N° 32), *G.O.* N° 37.261 de 15-08-2001.

La característica fundamental de esta función política es que está atribuida en la Constitución directamente al Presidente de la República, es decir, al nivel superior de los órganos que ejercen el Poder Ejecutivo, no pudiendo otros órganos ejecutivos ejercerla.

Los órganos que ejercen el Poder Ejecutivo en esta forma, realizan fundamentalmente dos funciones propias: la función política y la función administrativa[861]. La función de dirección de la acción de gobierno, como función estrictamente política del Presidente de la República, se ejerce en ejecución directa de atribuciones constitucionales, en general sin condicionamiento legal alguno. El Legislador, en esta forma, y salvo por lo que se refiere a los estados de excepción dada la autorización constitucional (art. 338), no puede limitar las facultades políticas del jefe del Estado[862]. La función política, por tanto, se traduce en actos estatales de rango legal, en tanto que la función administrativa se traduce en actos estatales de rango sublegal[863].

Pero si bien la función política se ejerce con el carácter de función propia por el Presidente de la República en ejercicio del Poder Ejecutivo, ello tampoco se realiza con carácter excluyente, ya que la Asamblea Nacional en ejercicio del Poder Legislativo también realiza la función política, sea a través de actos parlamentarios sin forma de ley[864], sea mediante leyes[865]. En estos casos, también, la función política realizada por los órganos del Poder Legislativo es una actividad de rango legal, es decir, de ejecución directa e inmediata de la Constitución. Pero si bien esta función puede ser realizada tanto por el Presidente de la República como por los órganos legislativos, no es exclusiva o excluyente; sin embargo, lo que sí es exclusiva de uno u otros órganos es la forma de su ejecución en los casos autorizados por la Constitución: la función política mediante decretos ejecutivos (actos de gobierno), se realiza

---

861 La distinción entre "gobierno y administración" es comúnmente empleada por la Constitución. V., por ejemplo, artículos, 21, 27 y 30. En el artículo 191 de la Constitución, en igual sentido habla de "aspectos políticos y administrativos" de la gestión del Presidente de la República. En tal sentido, al referirse a los órganos del Poder Ejecutivo de los Estados, la Corte ha señalado lo siguiente: "El artículo 21 de la Constitución atribuye al Gobernador del Estado, el gobierno y la administración de la Entidad, como Jefe del Ejecutivo del Estado y Agente del Ejecutivo Nacional en su respectiva circunscripción. En esta forma, el Poder Ejecutivo Estadal realiza funciones de gobierno, como poder político y funciones que atienden a otra actividad distinta, como poder administrador". V. sentencia de la CSJ en SPA de 30-6-66, en GF Nº 52, 1968, p. 231. Cfr., sobre la distinción entre función administrativa y función política como actividades que se realizan en ejercicio del Poder Ejecutivo, el voto salvado a la sentencia de la CSJ en CP de 29-4-65, Imprenta Nacional, 165, pp. 53 y ss.; y Doctrina PGR, 1963, Caracas, 1964, pp. 179 y 180.

862 El legislador, por ejemplo, no podría limitar las atribuciones del Presidente de convocar a la Asamblea nacional a sesiones extraordinarias.

863 Sobre la distinción entre los actos del Poder Ejecutivo dictados en ejecución directa de la Constitución o en ejecución directa de la ley, V., sentencia de la CSJ en SPA de 13-2-68, en GF Nº 59, 1969, p. 85. En todo caso, una cosa es atribuir a la función política rango legal y otra es atribuirle "naturaleza legislativa". El decreto de restricción de garantías constitucionales, por ejemplo, tiene rango legal, por cuanto puede "restringir" temporalmente la vigencia de una ley, lo que implica que la modifique ni la derogue. Si la derogara, el acto tendría "naturaleza legislativa". Sobre esta confusión, V., Doctrina PGR, 1971, Caracas 1972, p. 189.

864 Por ejemplo, cuando autoriza al Presidente de la República para salir del territorio nacional. Art. 187,17 de la Constitución.

865 La ley que decreta una amnistía, por ejemplo. Art. 186,5 de la Constitución.

en forma exclusiva por el Presidente de la República; y mediante leyes o actos parlamentarios sin forma de ley, por la Asamblea nacional.

C.   La función jurisdiccional

Además de la función normativa y de la función política, los órganos estatales realizan la función jurisdiccional, es decir, conocen, deciden o resuelven controversias entre dos o más pretensiones, es decir, controversias en las cuales una parte esgrime pretensiones frente a otra. El ejercicio de la función jurisdiccional se ha atribuido como función propia al Tribunal Supremo de Justicia y a los tribunales de la República, pero aquí también ello no implica una atribución exclusiva y excluyente, sino que, al contrario, los otros órganos estatales pueden ejercer la función jurisdiccional.

En efecto, los órganos que ejercen el Poder Ejecutivo[866], realizan funciones jurisdiccionales, cuando las autoridades administrativas deciden controversias entre partes, dentro de los límites de su competencia[867], y la Asamblea Nacional también participa en la función jurisdiccional, cuando por ejemplo, autoriza el enjuiciamiento del Presidente de la República (art. 266,2). Por tanto, la función jurisdiccional como actividad privativa e inherente del Estado mediante la cual sus órganos deciden controversias y declaran el derecho aplicable en un caso concreto, se ejerce por diversos órganos estatales en ejercicio del Poder Público: por el Tribunal Supremo de Justicia y los Tribunales de la República, en ejercicio del Poder Judicial; y por los órganos administrativos en ejercicio del Poder Ejecutivo Nacional. La función jurisdiccional, por tanto, si bien es una "función propia" de los órganos judiciales, no es una función privativa y exclusiva de ellos, pues otros órganos estatales también la ejercen. Sin embargo, lo que sí es una función privativa y exclusiva de los tribunales es el ejercicio de la función jurisdiccional a través de un proceso (art. 257) en una forma determinada: con fuerza de verdad legal, mediante actos denominados sentencias. Sólo los tribunales pueden resolver controversias y declarar el derecho en un caso concreto, con fuerza de verdad legal, por lo que sólo los órganos del Poder judicial pueden desarrollar la "función judicial" (función jurisdiccional ejercida por los tribunales). Los demás órganos del Estado que realizan funciones jurisdiccionales lo hacen a través de actos administrativos condicionados por la legislación.

D.   La función de control

Por último, además de la función normativa, de la función política, de la función jurisdiccional y de la función administrativa, los órganos del Estado también ejercen la función de control, cuando vigilan, supervisan y velan por la regularidad del ejer-

---

866   *V., Cfr.*, sentencias de la CSJ en SPA de 18-7-63, en *GF* N° 41, 1963, pp. 116 y 117; de 27-5-68, en *GF* N° 60, 1969, pp. 115 y 118; y de 9-7-69, en *GF* N° 65, 1969, pp. 70 y ss.

867   Cuando la Administración decide, por ejemplo, la oposición a una solicitud de registro de marca de fábrica, conforme a la Ley de Propiedad Industrial, *G.O.* N° 25.227 de 10-12-1956; o cuando decide la oposición a una solicitud de otorgamiento de una concesión de explotación forestal, conforme a la Ley Forestal, de Suelos y Aguas (Art. 6), en *G.O.* N° 997, Extra., de 8-1-66.

cicio de otras actividades estatales o de las actividades de los administrados y particulares.

El ejercicio de la función de control se ha atribuido como función propia a los órganos que ejercen el Poder Ciudadano, pero en este caso, ello tampoco implica una atribución exclusiva y excluyente, sino que, al contrario, los otros órganos estatales pueden ejercer la función jurisdiccional.

En efecto, la Asamblea Nacional, en ejercicio del Poder Legislativo ejerce la función de control sobre el gobierno y la Administración Pública Nacional y los funcionaros ejecutivos (art. 187,3; 222); el Presidente de la República como Jefe del Ejecutivo Nacional ejerce las funciones de control jerárquico en relación con los órganos de la Administración Pública (art. 226) y los órganos que ejercen el Poder Ejecutivo controlan las actividades de los particulares, de acuerdo a la regulación legal de las mismas; el Consejo Nacional Electoral, en ejercicio del Poder Electoral, ejerce el control de las actividades de los órganos subordinados (art. 293) , de las elecciones y de las organizaciones con fines políticos (art. 293); y el Tribunal Supremo de Justicia ejerce las función de control de constitucionalidad y legalidad de los actos del Estado (art. 259; 336).

Por tanto, la función de control como actividad privativa e inherente del Estado mediante la cual sus órganos supervisan, vigilan y controlan las actividades de otros órganos del Estado o de los administrados, se ejerce por diversos órganos estatales en ejercicio del Poder Público: por los órganos que ejercen el Poder Ciudadano; por la Asamblea Nacional, en ejercicio del Poder legislativo; por el Tribunal Supremo de Justicia y los Tribunales de la República, en ejercicio del Poder Judicial; y por los órganos administrativos en ejercicio del Poder Ejecutivo Nacional y del Poder Electoral. La función de control, por tanto, si bien es una "función propia" de los órganos que ejercen el Poder Ciudadano, no es una función privativa y exclusiva de ellos, pues todos los otros órganos estatales también la ejercen.

E. *La función administrativa*

Pero aparte de la función creadora de normas jurídicas de efectos generales (función normativa), de la función de conducción y ordenación política del Estado (función política), y de la función de resolución de controversias entre partes declarando el derecho aplicable en casos concretos (función jurisdiccional), y de ejercer la vigilancia o fiscalización de actividades estatales y de los particulares (función de control), el Estado ejerce la función administrativa, a través de la cual entra en relación con los particulares, como sujeto de derecho, gestor del interés público[868]. De allí la

---

868 *Cfr.*, Allan R. Brewer-Carías, *Las Instituciones Fundamentales..*, *cit.*, p. 115. Si el Estado legisla, tal como lo señala Santi Romano, "no entra en relaciones de las cuales él, como legislador, sea parte: las relaciones que la ley establece o de cualquier modo contempla se desenvuelven después entre sujetos diversos del Estado o bien con el mismo Estado, pero no en su aspecto de legislador sino en otros aspectos mediante órganos diversos de los del Poder Legislativo". *V.*, "Prime Pagine di un Manuale di Diritto Amministrativo", en *Scritti Minori,* Milano 1950, p. 363, *cit.*, por J M. Boquera Oliver, *Derecho Administrativo*, Vol. I, Madrid, 1972, p. 59. "Cuando el Estado juzga -señala J. González Pérez-, no es parte interesada en una relación jurídica; no es sujeto de derecho que trata de realizar sus peculiares intereses con arreglo al Derecho, cuando el Estado juzga satisface las pretensiones que una parte esgrime frente a

distinción entre la función de crear el derecho (función normativa), de aplicar el derecho imparcialmente (función jurisdiccional), y de actuar en relaciones jurídicas como sujeto de derecho, al gestionar el interés público (función administrativa)[869].

En las dos primeras, el Estado, al crear el derecho o al aplicarlo, es un tercero en las relaciones jurídicas que surjan; en la última, en cambio, el Estado es parte de la relación jurídica que se establece entre la Administración y los particulares[870], como sujeto de derecho gestor del interés público. De allí que la personalidad jurídica del Estado, como se ha dicho, se concretice en el orden interno, cuando sus órganos ejercen la función administrativa.

Ahora bien, al igual que lo que sucede con la función normativa, de gobierno y jurisdiccional, la función administrativa tampoco está atribuida con carácter de exclusividad a alguno de los órganos del Poder Público. Por ello, si bien la función administrativa puede considerarse como función propia de los órganos ejecutivos y electorales, concretizada básicamente a través de actos administrativos, ello no significa que la ejerzan con carácter exclusivo y excluyente. Al contrario, todos los otros órganos del Estado también ejercen la función administrativa: la Asamblea Nacional, al autorizar diversos actos de los órganos ejecutivos o al dictar actos relativos a su personal o servicios administrativos, realizan la función administrativa[871], y los órganos que ejercen el Poder Judicial o el Poder Ciudadano realizan la función administrativa, al dictar actos concernientes a la administración del personal o de los servicios de los órganos, o al imponer sanciones[872]. En esta forma, la función administrativa, como actividad privativa e inherente del Estado mediante la cual sus órganos, en ejercicio del Poder Público, entran en relaciones jurídicas con los administrados, se puede realizar por los órganos administrativos, en ejercicio del Poder Ejecutivo Nacional y del Poder Electoral; por la Asamblea Nacional, en ejercicio del Poder Legislativo; y por los tribunales de la República, en ejercicio del Poder Judicial. La función administrativa, por tanto, si bien es una "función propia" de los órganos ejecutivos y electorales, no es una función privativa y exclusiva de ellos, pues los otros órganos estatales también la ejercen dentro del ámbito de sus respectivas competencias constitucionales y legales. El acto administrativo, como concreción típica pero no única del ejercicio de la función administrativa, puede emanar de

---

otra; incide como tercero en una relación jurídica, decidiendo la pretensión ante él deducida con arreglo al ordenamiento jurídico". *V., Derecho Procesal Administrativo*, Tomo II, Madrid, 1966, p. 37.

869   En este sentido, antigua la Corte Suprema ha señalado al referirse a la función administrativa, que en ella el Estado "no realiza una función creadora dentro del ordenamiento jurídico, que es la función legislativa, ni conoce ni decide acerca de las pretensiones que una parte esgrime frente a otra, que es la función judicial; sino que es sujeto de derecho, titular de intereses, agente propio de la función administrativa". V. sentencias de la CSJ en SPA de 18-7-63, en *GF* Nº 41, 1963, pp. 116 y ss.; de 27-5-68, en *GF* Nº 60, 1969, pp. 115 y ss.; de 9-7-69 en *GF* Nº 65, 1969, pp. 70 y ss. En estas sentencias, sin embargo, como veremos, la Corte confunde la función estatal con el acto estatal.

870   *Cfr.*, sentencia de la CSJ en SPA de 13-3-67, en *GF* Nº 55, 1968, p. 107.

871   *Cfr.*, de la CSJ en SPA de 18-7-63, en *GF* Nº 41, 1963, pp. 116 y 117; y de 27-5-68, en *GF* Nº 60, 1969, p. 115.

872   *Idem. V.* además, Allan R. Brewer-Carías, "Consideraciones sobre la impugnación de los Actos de Registro en la vía contencioso-administrativa" en *Libro Homenaje a Joaquín Sánchez Coviza*, Caracas, 1975.

todos los órganos estatales en ejercicio del Poder Público, teniendo en todo caso carácter sublegal.

4.   *La ausencia de coincidencia de la separación orgánica de "poderes" (división del Poder Público) y la asignación de funciones Estatales*

En todo caso, a nivel de cada una de las cinco ramas del Poder Público nacional (o de las dos ramas de los poderes públicos estadales y municipales), si bien existe una diferenciación orgánica con la asignación de funciones propias a cada uno de los órganos, el ejercicio de las mismas por dichos órganos, en general no es exclusiva ni excluyente.

En otras palabras, existen órganos legislativos nacionales, estadales y municipales[873]; órganos ejecutivos nacionales, estadales y municipales; órganos de control nacionales, estadales y municipales; y órganos judiciales y electorales exclusivamente nacionales; pero las funciones normativas, de gobierno, administrativas, jurisdiccionales y de control del Estado no coinciden exactamente con aquella división o separación orgánica:

En efecto, en cuanto a la aplicación del principio de la separación de poderes en el régimen constitucional venezolano, puede afirmarse que la "división del Poder" no coincide exactamente con la "separación de funciones"[874]. Por ello, no sólo en múltiples oportunidades los órganos del Estado, además de sus "funciones propias" ejercen funciones que por su naturaleza deberían corresponder a otros órganos, sino que también en múltiples oportunidades la Constitución permite y admite la intervención o interferencia de unos órganos en las funciones propias de otros. Estos dos aspectos de la situación de la separación de poderes en Venezuela, requieren, indudablemente, un tratamiento separado.

En primer lugar, la flexibilidad .del principio de la separación de poderes resulta, tal como lo ha señalado la Corte Suprema de que, "si bien cada uno de ellos tiene definida su propia esfera de acción: el Legislativo, para dictar la ley, reformarla y revocarla; el Ejecutivo, para ejecutarla y velar por su cumplimiento; y el judicial, para interpretarla, y darle aplicación en los conflictos surgidos, la demarcación de la línea divisoria entre ellos no es excluyente, ya que en muchos casos esos poderes ejercen funciones de naturaleza distinta de las que privativamente le están atribuidas"[875].

---

873   *V.*, por ejemplo, Sentencia de la CSJ en SPA de 14-3-62 en *GF*, N° 35, 1962, pp. 177 y ss.

874   En tal sentido, expresamente se pronunció la antigua Corte Suprema en varias oportunidades. *V.,* por ejemplo, la Sentencia de la *GF* de 19-6-53 en *GF* N° 1, 1953, p. 77; Sentencia de la CSJ en SPA de 18-7-63 en *GF* N° 41 1963 pp: 116 y 117; Sentencia de la CSJ en SPA de 27-5-63 en *GF*, N° 60, 1969, pp. 115 y ss.; y Sentencia de la CSJ en SPA de 9-7-69 en *GF*, N° 65, 1969, pp. 70 y ss.

875   *V.*, Sentencia de la CF de 19-6-53 en *GF*, N° 1, 1953, p. 77. En otra sentencia, al referirse a las funciones estatales, la Corte las diferenció así: "No realiza una función creadora dentro del ordenamiento jurídico, que es la función legislativa, ni conoce ni decide acerca de las pretensiones que una parte esgrime frente a la otra, que es la función judicial; sino que es sujeto de derecho, titular de intereses, agente propio de la función administrativa". *V.*, Sentencia de 18-7-63 de la CSJ en SPA en *GF*, N° 41, 1963, p. 116.

El principio, ciertamente, impide a unos órganos invadir las competencias propias de otros,[876] pero no les impide ejercer funciones de naturaleza similar a las de otros órganos.

La antigua Corte Suprema, en este sentido, inclusive fue aún más clara y determinante al señalar que:

Lejos de ser absoluto el principio de la separación de los poderes, la doctrina reconoce y señala el carácter complementario de los diversos organismos a través de los cuales el Estado ejerce sus funciones; de suerte que unos y otros, según las atribuciones que respectivamente les señalan las leyes, realizan eventualmente actos de índole distinta a las que por su naturaleza les incumbe. La doctrina establece que la división de poderes no coincide plenamente con la separación de funciones, pues corrientemente se asignan al Poder Legislativo potestades típicamente administrativas y aun jurisdiccionales y al Poder judicial funciones administrativas, como en el caso del nombramiento de jueces que hace este mismo tribunal y de la firma de libros de comercio o de registro civil que hacen los jueces de instancia; y a la inversa, se atribuyen al Poder Ejecutivo, funciones legislativas como la reglamentación, parcial o total de las leyes, sin alterar su espíritu, propósito o razón, que es considerada como el ejemplo más típico de la actividad legislativa del Poder Ejecutivo, por mandato del numeral 10 del artículo 190 de la Constitución Nacional; toda vez que el Reglamento es norma jurídica de carácter general dictado par la Administración Pública para su aplicación a todos los sujetos de derecho y en todos los casos que caigan dentro de sus supuestos de hecho. En otros casos la autoridad administrativa imparte justicia, decide una controversia entre partes litigantes en forma similar a como lo hace la autoridad judicial.[877]

De acuerdo con esta doctrina, que compartimos, entonces, la separación de poderes ha de entenderse en el sistema venezolano, en primer lugar, como una separación orgánica entre los órganos de cada rama del Poder Público; y en segundo lugar, como una asignación de funciones propias a cada uno de dichos órganos; pero nunca como una separación de funciones atribuidas con carácter exclusivo a los diversos órganos. Al contrario, además de sus funciones propias, los órganos del Estado realizan funciones que por su naturaleza son semejantes a las funciones asignadas a otros órganos. En otras palabras, mediante este principio se reserva a ciertos órganos el ejercer una función en una forma determinada (funciones propias), lo que no excluye la posibilidad de que otros órganos ejerzan esa función en otra forma.

A. *Funciones de la Asamblea Nacional*

En efecto, la Asamblea Nacional tiene atribuida la función normativa y, en forma privativa, "legislar en las materias de la competencia nacional y sobre el funcionamiento de las distintas ramas del Poder Nacional" (art. 187,1), así como la sanción

---

876   *Cfr.* Sentencia de la CFC en CP de 26-5-51 en *GF*, N° 8, 1952, p. 114 y Sentencia de la CSJ en CP de 12-6-68 en publicación del Senado de la República, 1968, p. 201.

877   Esta doctrina fue establecida en Sentencia de la CSJ en SPA de 18-7-63 en *GF*, N° 41, 1963, pp. 116 y 117, y ratificados por la misma Corte y Sala en Sentencias de 27-5-68 en *GF* N° 60, 1969, pp. 115 a 118, y de 9-7-69 en GF, N° 65, 1969, pp. 70 a 74. Puede verse también en Allan R. Brewer-Carías, Algunas Bases del Derecho Público... loc. cit., p. 144.

de leyes actuando como cuerpo legislador (art. 203) así como la emisión de actos privativos de la misma (art. 187). Además, la Asamblea tiene atribuida la función de control parlamentario (art. 222).

Sin embargo, además del cumplimiento de la función normativa y de control, la Asamblea Nacional realizan funciones administrativas, por ejemplo, cuando impone sanciones a quienes infringen los reglamentos internos de la Asamblea, cuando organiza su servicio de seguridad interna o cuando ejecuta su presupuesto de gastos (art. 187, 21,22,23). Asimismo, la Asamblea Nacional ejerce funciones administrativas, cuando asigna o remueve su personal administrativo excluido de la aplicación de la Ley del Estatuto de la Función Pública[878] es decir, cuando realiza cualquier acto relativo a la administración de su personal. En estos casos, por supuesto, no podría verse violación alguna al principio de la separación de poderes, pues se trata de funciones de naturaleza distinta a las normativas y de control que el ordenamiento jurídico permite realizar, pues en ningún dispositivo se indica que la función administrativa corresponde exclusivamente a los órganos del Ejecutivo Nacional.

Al contrario, sí habría violación de principio y, por tanto, usurpación de funciones, cuando la Asamblea se atribuye por ley el ejercicio de funciones administrativas reservadas a los órganos del Poder Ejecutivo. Tal es el caso, por ejemplo, de las normas legales mediante las cuales el antiguo Congreso se atribuyó el nombramiento de funcionarios de órganos de la Administración Pública[879] o se pretendía atribuir la autorización previa para que el Ejecutivo pudiera designar un funcionario público[880]. En estos supuestos, al atribuirse el antiguo Congreso a sí mismo, por sobre las normas constitucionales, la facultad de nombrar funcionarios públicos de los órganos del Poder Ejecutivo, usurpaba funciones propias de éstos, por lo que esas normas serían nulas por usurpación de funciones.

En la Constitución de 1999, en todo caso, la única intervención de la Asamblea en la designación de funcionarios de la Administración Pública, es la clásica autorización para el nombramiento del Procurador General de la República y los jefes de misiones diplomáticas (art. 187,14), y la previsión de la Disposición Transitoria Decimoctava de la Constitución, que dispone que la persona que habrá de dirigir la Superintendencia de Supervisión, Fiscalización y Control Antimonopolio debe ser designada por el voto de la mayoría de los diputados. Salvo estos casos, todo otro nombramiento o intervención legislativa en el nombramiento de funcionarios que ejercen el Poder Ejecutivo, constituiría una usurpación de funciones, lo que también

---

878   Art. 1,1 de la Ley del Estatuto de la Función Pública, *Gaceta Oficial* N° 37.522 de 06-09-2002.

879   *V.,* por ejemplo, el artículo 8 de la derogada Ley de Carrera Administrativa de 1971. Sobre la inconstitucionalidad de esta norma, véanse los comentarios que formulamos cuando la ley aún estaba en proyecto, en Allan R. Brewer-Carías, *El Estatuto del Funcionario Público en la Ley de Carrera Administrativa*, Caracas, 1971, p. 182.

880   Como al Director Nacional de Identificación del Ministerio de Relaciones Interiores. Sobre la inconstitucionalidad de esa norma en el Proyecto de Ley Orgánica de Identificación, *V.,* la Doctrina de la PGR 14-7-71 en *Doctrina PGR*, 1971, Caracas, 1972, p. 296.

ocurriría si la Asamblea Nacional pretendiera crear un órgano administrativo fuera del control de los órganos del Poder Ejecutivo[881].

En todo caso, el problema de la usurpación de funciones administrativas por los órganos del Poder Legislativo fue resuelto acertadamente por la antigua Corte Suprema de justicia, al declarar la nulidad por inconstitucionalidad de varias leyes estadales, mediante las cuales algunas Asambleas Legislativas pretendieron intervenir en la designación de funcionarios de los Ejecutivos estadales o pretendieron crear órganos administrativos fuera del control de los Ejecutivos estadales[882]. La argumentación de dichos fallos sería perfectamente aplicable a todos aquellos supuestos similares que se han producido o se produzcan a nivel nacional, y se utilizó en relación a las Ordenanzas del antiguo Concejo Municipal del Distrito Federal que incurrió en usurpaciones similares de las facultades administrativas del antiguo Gobernador de dicho Distrito[883].

---

881   Como lo pretendió el antiguo Congreso en el Proyecto de Ley Orgánica de Identificación en 1971. Sobre la inconstitucionalidad de esa norma, la Procuraduría General de la República expresó lo siguiente: "El proyecto de Ley Orgánica de Identificación crea órganos que, por sus funciones, son evidentemente administrativos y, sin embargo, los sustrae de la competencia del poder administrador y les da "autonomía funcional y administrativa" (en forma parecida al tratamiento constitucional de la Contraloría General de la República, artículo 236 de la Constitución), usurpando así las funciones del poder constituyente. Es necesario recalcar que el ordenamiento constitucional venezolano distribuye el poder público -a nivel nacional- en las tres ramas tradicionales, de cuya jerarquía sólo excluye a determinados y precisos entes públicos. Estos son solamente: en la rama judicial: la Corte Suprema de Justicia, el Consejo de la judicatura y el Ministerio Público; en la rama legislativa: la Contraloría General de la República; y en la rama ejecutiva: la Procuraduría General de la República .y los institutos autónomos. Toda otra institución tiene que quedar incorporada -según su naturaleza y fines- a una de las tres grandes ramas del poder público o a la figura del instituto autónomo (que es también de la rama ejecutiva). Es inconcebible la creación de órganos jurisdiccionales que estén fuera del poder judicial, y de órganos legislativos distintos del Congreso; pero también es inusitada la institución de órganos administrativos colocados fuera de la jerarquía del poder ejecutivo". *V.,* en *Doctrina PGR,* 1972, Caracas, 1973, p. 388. *V.,* lo indicado en la Nota N° 138 del parágrafo 5.

882   Particularmente, ver la Sentencia de la CSJ en SPA de 14-3-62 en *GF,* N° 35, 1962, pp. 177 y ss., por la cual la Corte declaró inconstitucionales los artículos de la Constitución del Estado Aragua que atribuía a la Asamblea Legislativa la destitución de los Secretarios del Ejecutivo del Estado en algunos caos específicos, por violación del artículo 23, ord. 2, de la Constitución, y del principio de la separación de poderes. En tal sentido, la Corte señaló: "La Constitución de la República al señalar atribuciones básicas de los Poderes Legislativo y Ejecutivo de los Estados, ha querido mantener la separación propia y tradicional en las privativas funciones de cada uno, a fin de evitar interferencias que impidan su libre desenvolvimiento en las correspondientes esferas de actuación". Decisiones similares fueron adoptadas por la antigua Corte Suprema en otros fallos, y particularmente en los siguientes: CFC en SPA de 20-10-41 en M. 1942, p. 290; y CSJ en SPA de 14-3-62 en *GF,* N° 35, 1962, pp. 117 y ss.; de 30-7-63 en *GF,* N° 41, 1963, pp. 156 y 157; de 27-3-67 en *GF,* N° 55, 1968, pp. 184 y 185, y de 30-6-66 en *GF,* N° 52, 1968, pp. 231 y ss. En igual sentido, la doctrina de la Procuraduría General de la República es también constante: V., en particular, Doctrina PGR, 1965, Caracas, 1966, pp. 126 y ss. y 187 y ss.; Doctrina PGR, 1970, Caracas, 1971, pp. 141 y ss. y 271 y ss.; Doctrina PGR, 1971, Caracas 1972, pp. 281, y ss., 295 y 296; y Doctrina PGR, 1972, Caracas, 1973, pp. 387 y 388.

883   En particular, ver las Sentencias de la CFC en SPA de 10-8-38 en Memoria 1939, p. 269; de 10-2-43 en Memoria 1944, pp. 124 a 127; y de 11-2-42 en Memoria 1943, pp. 113 y 114. *V.,* además, las referencias en Allan R. Brewer-Carías, *El Régimen de Gobierno Municipal...,* cit., pp. 57 y ss.

B. *Funciones del Tribunal Supremo de Justicia y demás tribunales*

Pero volviendo al argumento central sobre el alcance de la separación de poderes, los órganos del Poder Judicial, como se ha dicho, ejercen como función propia la función jurisdiccional (art. 253); pero también pueden ejercer funciones administrativas y de control.

En efecto, el Tribunal Supremo de Justicia y los Tribunales de la República tienen atribuida la función jurisdiccional y de control judicial, y en forma privativa, la adopción de decisiones mediante procesos (art. 257) acerca de pretensiones procesales de una parte frente a otra, de nulidad de actos del poder público o de condena de carácter penal, con fuerza de cosa juzgada jurisdiccionalmente, en forma autónoma e independiente de los demás órganos que ejercen el Poder Público (art. 254). Sin embargo, además del cumplimiento de la función jurisdiccional y de control, el Tribunal Supremo realiza funciones administrativas, por ejemplo, cuando gobierna y administra el Poder Judicial a través de la Dirección Ejecutiva de la Magistratura (art. 267), o al imponer sanciones administrativas o disciplinarias[884]; y funciones normativas al dictar los reglamentos de organización y funcionamiento de los tribunales En ninguno de estos casos podría verse usurpación alguna o violación del principio de la separación de poderes, pues no hay norma alguna de orden constitucional que reserve con exclusividad el ejercicio de las funciones normativas, de control y administrativa a algún órgano en ejercicio del Poder Público.

C. *Funciones de los órganos que ejercen el Poder Ciudadano*

Por otra parte, los órganos que ejercen el Poder Ciudadano, como se ha dicho, ejercen como función propia, la función de control, es decir de vigilancia, fiscalización e inspección de las actividades de otros órganos del Estado o de los administrados. Así, el Consejo Moral Republicano entre otras, tiene entre sus funciones propias la de prevenir, investigar y sancionar hechos que atenten contra la ética pública y la moral administrativa (art. 274); la de Defensoría del Pueblo, tiene entre sus funciones propias, la de velar por el efectivo respeto de los derechos humanos, los derechos de los pueblos indígenas y por el correcto funcionamiento de los servicios públicos (art. 281,1,2,8,9); el Ministerio Público, tiene entre otras funciones propias la de garantizar el respeto de los derechos humanos en los procesos judiciales y la celeridad y buena marcha de la administración de justicia, así como la de ordenar y dirigir las investigaciones penales (art. 285.1,2,3); y la Contraloría General de la República, entre sus funciones propias tiene las de ejercer el control, vigilancia y fiscalización de los ingresos, gastos y bienes públicos, de controlar la deuda pública, inspeccionar y fiscalizar a los órganos del sector público y ejercer el control de gestión (art. 289,1,2,3,5).

Pero además de funciones de control, dichos órganos del Poder Ciudadano también ejercen funciones administrativas cuando entran en relación jurídica con los funcionarios públicos, como sujetos de derecho, y con los particulares; así como funciones normativas, en virtud del poder reglamentario que se les ha otorgado le-

---

884   Se incluirían en estos supuestos los actos de la llamada, jurisdicción voluntaria. *V.*, Sentencia de la CSJ en SPA de 18-7-63 en *GF*, Nº 41, 1962, pp. 116 y 117, citada anteriormente en el texto.

galmente como consecuencia de la autonomía funcional de la que gozan constitucionalmente.

D.   *Funciones de los órganos que ejercen el Poder Ejecutivo*

Los órganos que ejercen el Poder Ejecutivo, por otra parte, además de ejercer las funciones administrativas y de gobierno como funciones propias, ejercen las otras funciones del Estado. Por tanto, así como los órganos legislativos, judiciales, electorales o del Poder Ciudadano ejercen funciones administrativas, así también los órganos que ejercen el Poder Ejecutivo realizan funciones normativas, jurisdiccionales y de control.

En efecto, el Presidente de la República, además de las funciones ejecutivas propias (funciones de gobierno y funciones administrativas), realiza funciones normativas, sea con rango y valor de ley (decretos leyes delegados o habilitados) (art. 203 y 236,8), y de rango sub-legal al dictar los reglamentos los cuales, sin duda, contienen normas de carácter general que integran el ordenamiento jurídico (art. 236, 10). Asimismo, los órganos ejecutivos también realizan funciones jurisdiccionales aun cuando no de carácter judicial[885]. Dentro de estas funciones jurisdiccionales se incluiría, por ejemplo, tal como hizo en su momento la antigua Corte Suprema, en varias de sus decisiones, las que adoptaban los Inspectores del Trabajo de conformidad con la Ley del Trabajo, siguiendo un procedimiento contencioso de promoción y evacuación de pruebas, sometido a lapsos allí mismos previstos[886]. Sin embargo, en relación al planteamiento de estas decisiones de la antigua Corte debemos observar que si bien coincidimos en la apreciación del carácter jurisdiccional (no judicial) de la función ejercida al dictarse dichos actos[887], en su momento discrepamos con la conclusión que resultaba de excluir dichos fallos del conocimiento de la jurisdicción contencioso-administrativa por considerar que no se trata de "actos administrativos"[888]. Ello, por supuesto, fue superado, pero atribuyéndose la competencia para resolver sobre la nulidad de dichos actos a los propios tribunales laborales, en un "contencioso administrativo laboral". En todo caso, a partir de la sentencia de la

---

885   La función jurisdiccional judicial sería en realidad la función jurisdiccional reservada a los órganos del Poder judicial. En este sentido es que debe interpretarse la expresión de la Corte Federal en sus Sentencias de 23-7-57 en *GF*, N° 17, 1957, p. 32 *cit.* también en Allan R. Brewer-Carías, "Algunas Bases del Derecho Público...", loc. cit., pp. 143 y 144, cuando expresa que "no puede admitirse que establecido por el Derecho Público venezolano el principio de la separación de los .poderes, pueda el Ejecutivo ejercer la función jurisdiccional". Sobre el carácter jurisdiccional de ciertos actos de los órganos ejecutivos, V. la Doctrina de la PGR de á-10-63 en Doctrina PGR, 1963, Caracas, 196, p. 206.

886   *V.*, Sentencias de la CSJ en SPA de 18-7-63 en *GF*, N° 41, 1963. pp. 116 y 117; de 27-5-68 en *GF*, N° 60, 1969, pp. 115 y 118; y de 9-7-69 en *GF*, N° 65, 1969, pp. 70 a 74.

887   Por supuesto, como lo expresamos en nuestro libro *Derecho Administrativo*, Tomo I, Universidad Central de Venezuela, Caracas 1975, nos hemos apartado en cierta forma de lo que expresamos en nuestro libro *Las Instituciones Fundamentales..*, *cit.*, p. 106 en el sentido de que la función jurisdiccional estaba reservada en forma exclusiva al Poder Judicial.

888   *V.*, Allan R. Brewer-Carías, "Estudio sobre la impugnación ante la jurisdicción contencioso-administrativa de los actos administrativos de registro", en *Libro en Homenaje a Joaquín Sánchez Coviza*, Caracas 1975. *Cfr.* Luis H. Farías Mata, "La Doctrina de los Actos Excluidos de la Jurisprudencia del Supremo Tribunal", en *Archivo de Derecho Público y Ciencias de la Administración*, Vol. I, 1968-1969, Caracas, 1971, p. 334.

Sala Constitucional del Tribunal Supremo de Justicia, N° 2862 de 20 de noviembre de 2002 (Caso: *Recurso de revisión de sentencia N° 147 de la Sala Político Administrativa*), quedó resuelta la incongruencia, al resolverse que la competencia para conocer de la nulidad de los actos administrativos de los inspectores del trabajo, corresponde a los órganos de la jurisdicción contencioso-administrativa[889].

E.   *Funciones de los órganos que ejercen el Poder Electoral: el Consejo Nacional Electoral*

Los órganos que ejercen el Poder Electoral, como se ha dicho, ejercen como función propia la función administrativa a los efectos de garantizar la igualdad, confiabilidad, imparcialidad, transparencia y eficiencia de los procesos electorales (Art. 293); pero también pueden ejercer funciones normativas y de control.

En efecto, el Consejo Nacional Electoral tiene atribuida la función normativa, cuando la Constitución le atribuye la función de "reglamentar las leyes electorales y resolver las dudas y vacíos que éstas contengan" (art. 293,1). Además, al Consejo Nacional Electoral se le ha asignado la función de control, por ejemplo, de todos los actos relativos a la elección de cargos de representación popular y de los referendos; de la realización de las elecciones de sindicatos, gremios profesionales y organizaciones con fines políticos (partidos políticos); de la supervisión del Registro Civil y Electoral y de los fondos de financiamiento de las organizaciones con fines políticos (art. 293,5,6,9).

5.   *El principio del carácter interfuncional de los actos estatales: la distinción entre las funciones y actos estatales*

De lo antes expuesto sobre el principio del carácter inter orgánico del ejercicio de las funciones estatales, resulta que la separación orgánica de poderes no coincide con la distribución de funciones.

Pero en el ordenamiento jurídico venezolano, tampoco el ejercicio de una función del Estado por determinado órgano del mismo, conduce necesariamente a la emisión de determinados órganos estatales, es decir, tampoco hay coincidencia entre las funciones del Estado y los actos jurídicos que emanan de la voluntad estatal[890]. Ello conlleva al sexto de los principios fundamentales del derecho público venezo-

---

889   *V.,* en *Revista de Derecho Público*, N° 89-92, Editorial Jurídica Venezolana, Caracas 2002, pp. 298 y ss.

890   La distinción entre funciones del Estado que la doctrina ha realizado, muchas veces se confunde al querer identificar un tipo de acto jurídico estatal con la función ejercida por el Estado. V. Agustín Gordillo, *Introducción al Derecho Administrativo*, Buenos Aires, 1966, pp. 91 y ss. Nosotros mismos hemos incurrido en esta confusión: V. Allan R. Brewer-Carías, *Las Instituciones Fundamentales del Derecho Administrativo y la jurisprudencia Venezolana*, Caracas, 1964, pp. 108 y ss. En igual confusión incurre la jurisprudencia reciente de la Corte Suprema. *V.*, sentencias de la CSJ en SPA de 18-7-63, en *GF* N° 41, 1963, pp. 116 y ss.; de 27-5-68, en *GF* N° 60, 1969, pp. 115 y ss.; y de 9-7-69, en *GF* N° 65, 1969, pp. 70 y ss. Asimismo, en Venezuela, a pesar de su intento de "distinguir" actividad de función, Gonzalo Pérez Luciani incurre en igual confusión al afirmar que "la actividad que tomada globalmente sea relevante jurídicamente se puede decir que es una función", en "Actos administrativos que en Venezuela escapan al Recurso Contencioso-Administrativo", *RFD*, UCAB, N° 6, Caracas, 1967-1968, p. 196.

lano conforme a la Constitución de 1999, que es el del carácter interfuncional de los actos estatales.

En efecto, de lo expuesto anteriormente resulta que la función normativa la ejerce el Estado en Venezuela a través de sus órganos legislativos (Asamblea Nacional), de sus órganos ejecutivos (Presidente de la República), o de sus órganos judiciales (Tribunales), de los órganos del Poder Ciudadano (Consejo Moral Republicano, Defensoría del Pueblo, Ministerio Público, Contraloría General de la República) y de los órganos electorales (Consejo Nacional Electoral).

En cuanto a la función política, la ejerce el Estado a través de sus órganos legislativos (Asamblea Nacional y de sus órganos ejecutivos (Presidente de la República).

La función jurisdiccional la ejerce el Estado a través de sus órganos judiciales (Tribunal Supremo de Justicia), de sus órganos ejecutivos (Administración Pública) y de sus órganos electorales (Consejo Nacional Electoral).

La función de control la ejerce el Estado en Venezuela a través de sus órganos legislativos (Asamblea Nacional), de sus órganos ejecutivos (Administración Pública), de sus órganos judiciales (Tribunales), de sus órganos de control (Consejo Moral Republicano, Defensoría del Pueblo, Ministerio Público, Contraloría General de la República) y de sus órganos electorales (Consejo Nacional Electoral).

Y la función administrativa la ejerce el Estado a través de sus órganos ejecutivos (Administración Pública), de sus órganos electorales (Consejo Nacional Electoral), de sus órganos legislativos (Asamblea Nacional), de sus órganos judiciales (Tribunal Supremo de Justicia) y de sus órganos de control (Consejo Moral Republicano, Defensoría del Pueblo, Ministerio Público, Contraloría General de la República)

Consecuencialmente, de lo anterior no puede deducirse que todo acto realizado en ejercicio de la función normativa, sea un acto legislativo; que todo acto realizado en ejercicio de la función política, sea un acto de gobierno; que todo acto realizado en ejercicio de la función jurisdiccional, sea un acto judicial; que todo acto realizado en ejercicio de la función de control sea un acto administrativo o que todo acto realizado en ejercicio de la función administrativa, sea también un acto administrativo.

Al contrario, así como los diversos órganos del Estado realizan diversas funciones, los actos cumplidos en ejercicio de las mismas no son siempre los mismos ni tienen por qué serlo.

6.   *Los diversos actos estatales*

En efecto, tal como hemos señalado, la Asamblea Nacional en ejercicio del Poder Legislativo puede ejercer funciones normativas, de gobierno, jurisdiccionales, de control y administrativas, pero los actos que emanan de la misma al ejercer dichas funciones no son, necesariamente, ni uniformes ni correlativos.

Cuando la Asamblea Nacional ejerce la función normativa, es decir, crea normas jurídicas de carácter general actuando como cuerpo legislador, dicta leyes (art. 203), pero cuando lo hace en otra forma distinta, por ejemplo, al dictar sus reglamentos internos, ello lo hace a través de actos parlamentarios sin forma de ley (art. 187,19). Ambos son actos legislativos, pero de distinto valor normativo.

Cuando la Asamblea Nacional ejerce la función política, es decir, intervienen en la formulación de las políticas nacionales, lo hacen a través de leyes (art. 303) o a través de actos parlamentarios sin forma de ley (art. 187,10).

En el caso de la participación en el ejercicio de la función jurisdiccional, al autorizar el enjuiciamiento del Presidente de la República, la Asamblea Nacional concretiza su acción a través de un acto parlamentario sin forma de ley (266,2).

Pero cuando la Asamblea Nacional ejerce sus funciones de control al Gobierno y a la Administración Pública también dicta actos parlamentarios sin forma de ley (art. 187,3).

Por último, en cuanto al ejercicio de la función administrativa por la Asamblea Nacional, ella puede concretarse en leyes (187,9)[891], actos parlamentarios sin forma de ley (art. 187,12) o actos administrativos (art. 187,22).

Por su parte, cuando los órganos que ejercen el Poder Ejecutivo, particularmente el Presidente de la República, realizan la función normativa, ésta se concretiza en decretos-leyes y reglamentos (actos administrativos de efectos generales) (Art. 236,10; 266,5).

En el caso de los decretos-leyes, estos pueden ser decretos leyes delegados dictados en virtud de una habilitación legislativa (art. 203; 236,8); decretos leyes de organización ministerial (art. 236,20) y decretos leyes de estados de excepción (art. 236,7). En todos estos casos de decretos leyes, si bien todos son objeto de regulaciones legislativas que los condicionan (leyes habilitantes o leyes orgánicas) autorizadas en la Constitución; los mismos tienen rango y valor de ley.

Pero el Presidente de la República también realiza la función política, al dictar actos de gobierno, que son actos dictados en ejecución directa e inmediata de la Constitución (art. 236, 2, 4, 5,6, 19, 21). En particular, en este caso, dichos actos de gobierno se caracterizan frente a los actos administrativos por dos elementos combinados: en primer lugar, porque el acto de gobierno sólo puede ser realizado por el Presidente de la República, como jefe del Estado, "en cuya condición dirige la acción de Gobierno" (art. 226); y en segundo lugar, porque se trata de actos dictados en ejecución de atribuciones establecidas directamente en la Constitución, sin posibilidad de condicionamiento legislativo, y que, por tanto, tienen el mismo rango que las leyes.

En todo caso, para distinguir el acto legislativo del acto de gobierno y del acto administrativo no sólo debe utilizarse el criterio orgánico, sino también el criterio formal: el acto de gobierno, aun cuando realizado en ejecución directa de la Constitución, está reservado al Presidente de la República, en tanto que el acto legislativo, realizado también en ejecución directa de la Constitución[892], en principio está reser-

---

891   En el pasado, por ejemplo, eran las leyes aprobatorias de contratos estatales conforme al artículo 126 de la Constitución de 1961.

892   La Asamblea Nacional realiza su actividad legislativa en cumplimiento de atribuciones directamente establecidas en la Constitución (Art. 187,1; 203). En el solo caso de las leyes especiales que han de someterse a las leyes orgánicas preexistentes (Art. 203) podría decirse que hay condicionamiento legislativo de la propia actividad legislativa. En igual sentido, los decretos-leyes dictados por el Presidente de la República en ejercicio de la función normativa, están condicionados por la ley habilitante o de delegación (Art. 236,8).

vado a la Asamblea Nacional; aún cuando ésta pueda delegar la potestad normativa con rango de ley en el Presidente de la República mediante una ley habilitante (art. 203), en cuyo caso el acto dictado por el Presidente mediante decretos leyes habilitados (art. 236,8) es una acto legislativo, aún cuando delegado. En esta forma, el criterio orgánico distingue el acto de gobierno del acto legislativo, y ambos se distinguen del acto administrativo mediante el criterio formal: tanto el acto de gobierno como el acto legislativo (el dictado por la Asamblea Nacional como el dictado por delegación por el Presidente de la República) se realizan en ejecución directa de competencias constitucionales, en tanto que el acto administrativo siempre es de rango sublegal, es decir, sometido a la ley y realizado en ejecución de la ley, y por tanto, en ejecución mediata e indirecta de la Constitución.

Es decir, los actos de gobierno se distinguen de los actos administrativos realizados por los órganos ejecutivos, en que estos se realizan a todos los niveles de la Administración Pública y siempre tienen rango sublegal, es decir, se dictan por los órganos ejecutivos en ejecución de atribuciones directamente establecidas en la legislación, y sólo en ejecución indirecta y mediata de la Constitución[893].

Este es el criterio formal, derivado de la teoría merkeliana de construcción escalonada del orden jurídico[894], para la identificación de la administración, la cual ha sido acogida en la Constitución al reservarse al control de la Jurisdicción Constitucional, los actos estatales dictados en ejecución directa e inmediata de la Constitución (art. 336,2), con lo que los actos dictados en ejecución directa e inmediata de la legislación y mediata e indirecta de la Constitución (actos administrativos) caen entonces bajo el control de la Jurisdicción contencioso administrativa (art. 259) y de la Jurisdicción contencioso electoral (art. 297).

Pero además, en los casos de ejercicio de la función jurisdiccional, de la función de control y de la función administrativa, los órganos ejecutivos dictan, por ejemplo, actos administrativos (art. 259; 266,5).

En cuanto a los órganos que ejercen el Poder judicial, cuando por ejemplo el Tribunal Supremo de Justicia ejerce la función normativa, dicta reglamentos (actos administrativos de efectos generales),[895] cuando ejerce la función administrativa y la función de control sobre el Poder Judicial (art. 267), dictan actos administrativos; y cuando ejerce la función jurisdiccional, dictan actos judiciales (sentencias) (art. 266, 336).

El acto judicial, por su parte, también se distingue del acto de gobierno y del acto legislativo con base en los dos criterios señalados: desde el punto de vista orgánico, porque el acto judicial está reservado a los Tribunales de la República, en tanto que el acto legislativo está reservado a la Asamblea Nacional, la cual puede delegarlo en

---

893   En este sentido es que podría decirse que la actividad administrativa se reduce a ejecución de la ley.

894   Adolf Merkl, *Teoría General del Derecho Administrativo*, Madrid, 1935, p. 13. *Cfr.*, Hans Kelsen, *Teoría General del Estado*, México, 1957, p. 510, y *Teoría Pura del Derecho*, Buenos Aires, 1974, pp. 135 y ss. *V.*, algunas de las referencias en Allan R. Brewer-Carías, *Las Instituciones Fundamentales del Derecho Administrativo y la jurisprudencia Venezolana*, Caracas, 1964, pp. 24 y ss.

895   Los reglamentos establecidos en la Ley Orgánica del Tribunal Supremo de Justicia, Art. 6, Párrafo 1,10,12.

el Presidente de la República (leyes habilitantes) y el acto de gobierno está reservada al Presidente de la República[896]; y desde el punto de vista formal, porque al igual que el acto administrativo, el acto judicial es de rango sublegal, es decir, sometido a la ley y realizado en ejecución de la ley.

Por último, en cuanto a la distinción entre el acto administrativo y el acto judicial, si bien no puede utilizarse el criterio formal de su gradación en el ordenamiento jurídico ya que ambos son dictados en ejecución directa e inmediata de la legislación y en ejecución indirecta y mediata de la Constitución, sí se distinguen con base al criterio orgánico y al otro criterio formal. Desde el punto de vista orgánico, el acto judicial está reservado a los tribunales, con carácter de exclusividad, ya que sólo éstos pueden dictar sentencias; y desde el punto de vista formal, la declaración de lo que es derecho en un caso concreto que realizan los órganos judiciales, se hace mediante un acto que tiene fuerza de verdad legal, que sólo las sentencias poseen.

Por su parte, cuando los órganos que ejercen el Poder Ciudadano realizan la función de control (art. 274; 281; 289), la función normativa y la función administrativa, la misma se concreta en actos administrativos de efectos generales (reglamentos) o de efectos particulares (art. 259; 266,5).

Igualmente, cuando los órganos que ejercen el Poder Electoral realizan la función normativa (art. 293,1), dictan actos administrativos de efectos generales (reglamentos) (art. 293,1); y cuando realizan la función administrativa (art. 293,3) y de control (art. 293,9), la misma se concreta en actos administrativos (art. 259; 266,5).

En esta forma, el ejercicio de la función normativa se puede manifestar, variablemente, a través de leyes, actos parlamentarios sin forma de ley, decretos-leyes y reglamentos (actos administrativos de efectos generales); el ejercicio de la función política, a través de actos de gobierno, leyes y actos parlamentarios sin forma de ley; el ejercicio de la función jurisdiccional, a través de actos parlamentarios sin forma de ley, actos administrativos y sentencias; el ejercicio de la función de control, a través de leyes, actos parlamentarios sin forma de ley, actos administrativos y sentencias; y el ejercicio de la función administrativa, a través de leyes, actos parlamentarios sin forma de ley y actos administrativos.

En sentido inverso, puede decirse que las leyes sólo emanan de la Asamblea Nacional actuando no sólo en ejercicio de la función normativa, sino de la función política, de la función de control y de la función administrativa; que los actos de gobierno emanan del Presidente de la República, actuando en ejercicio de la función política; que los decretos-leyes emanan también del Presidente en ejercicio de la función normativa; que los actos parlamentarios sin forma de ley sólo emanan de la Asamblea Nacional, actuando en ejercicio de las funciones normativas, de gobierno, de control y administrativa; y que los actos judiciales (sentencias) sólo emanan de los tribunales, actuando en ejercicio de la función jurisdiccional. En todos estos casos,

---

896 Puede decirse, entonces, que la separación orgánica de poderes tiene plena concordancia con la división orgánica de las actividades de gobierno (reservada al Presidente de la República), legislativas (reservadas a la Asamblea Nacional, la cual puede delegarla en el ejecutivo Nacional) y judiciales (reservada a los Tribunales). Por supuesto, la coincidencia de actividades específicas con órganos estatales determinados concluye allí, pues la actividad administrativa, al contrario, no está reservada a ningún órgano estatal específico, sino que se realiza por todos ellos.

el tipo de acto se dicta exclusivamente por un órgano estatal, pero en ejercicio de variadas funciones estatales. Lo privativo y exclusivo de los órganos estatales en esos casos, no es el ejercicio de una determinada función, sino la posibilidad de dictar determinados actos: las leyes y los actos parlamentarios sin forma de ley por la Asamblea nacional; los actos de gobierno por el Presidente de la República; y los actos judiciales (sentencias) por los tribunales.

En cuanto a los actos administrativos, éstos pueden emanar de la Asamblea Nacional, actuando en función administrativa y en función de control; de los tribunales, actuando en función normativa, en función de control y en función administrativa; de los órganos que ejercen el Poder Ejecutivo (Administración Pública Central) cuando actúan, en función normativa, en función jurisdiccional, en función de control y en función administrativa; de los órganos que ejercen el Poder Ciudadano actuando en función normativa, en función de control y en función administrativa; y de los órganos que ejercen el Poder Electoral actuando también en función normativa, en función de control y en función administrativa.

Los actos administrativos en esta forma, y contrariamente a lo que sucede con las leyes, con los actos parlamentarios sin forma de ley, con los decretos-leyes, con los actos de gobierno y con las sentencias judiciales, no están reservados a determinados órganos del Estado, sino que pueden ser dictados por todos ellos y no sólo en ejercicio de la función administrativa.

Por tanto, para identificar al acto administrativo no puede adoptarse un criterio orgánico, en virtud de la no coincidencia de la separación orgánica de poderes (división del Poder Público) con la distribución de funciones. Por ello, si bien es cierto que las leyes emanan solamente de la Asamblea Nacional, que los decretos leyes delegados (con fuerza y valor de ley) y los actos de gobierno emanan solamente del Presidente de la República, y que las sentencias judiciales emanan solamente de los tribunales, eso mismo no se puede decir de los actos administrativos, que emanan de todos los órganos del Estado.

La definición de las funciones del Estado, por tanto, ha de ser una definición material que se deriva de la naturaleza de la actividad estatal y no del órgano del cual emana o de su forma;[897] y para llegar a dicha caracterización material resulta indis-

---

897   Cfr., Allan R. Brewer-Carías, *Las Instituciones Fundamentales, cit.*, pp. 109 y ss. En sentido coincidente fue tradicional la doctrina de la Corte Suprema: en 1951 señaló que "no son los nombres o denominaciones, sino su naturaleza o contenido lo que da a los actos, tanto de los funcionarios como de los particulares, su verdadero carácter, su significación o su fisonomía propia". (*V.,* sentencia de la CFC en CP de 4-4-51, en *GF* N° 7, 1952, p. 17); en 1952, expresó que "los actos administrativos como los judiciales, fiscales lo son por su naturaleza, por la cuestión que en ellos se ventila, y no cambia ese carácter ni suspende ni restringe la facultad del funcionario a quien la ley le da competencia para conocer y decidir, la circunstancia de que otra autoridad conozca de asunto semejante y aun conexo con aquél" (sentencia de la *CFC* en CP de 30-10-52, en *GF* N° 12, p. 18); y en 1963 insistió en que "prevalece en la doctrina el criterio de que, tratándose de actos del Poder Público, 09 la condición de acto administrativo no deriva, necesariamente, de la índole del organismo o funcionario que lo realiza, sino de la función o facultad que éste ejerce al realizarlo" (sentencia de la CSJ en SPA de 18-7-63, en *GF* N° 41 1963, pp. 116 y ss.). Contra la definición material protesta en Venezuela, L.H. Farías Mata al proclamar, siguiendo a F. Garrido Falla, un criterio orgánico. *V.,* en "Procedimientos para la fijación de cánones de arrendamiento en el Derecho Venezolano", *Studia jurídica,* N° 13, Caracas 1971, pp. 423 y ss. *V.,* la referencia en Nota N° 12 del parágrafo 16.

pensable, tal como se ha señalado anteriormente, no confundir la función misma con el acto que emana de su ejercicio[898], es decir, la naturaleza de la actividad estatal (función) con el resultado de su ejercicio (actos jurídicos).

V. EL RÉGIMEN CONSTITUCIONAL DEL SISTEMA PRESIDENCIAL DE GOBIERNO: LA ASAMBLEA NACIONAL (PODER LEGISLATIVO) Y LA PRESIDENCIA DE LA REPÚBLICA (PODER EJECUTIVO)

El sistema de gobierno que regula la Constitución de 1999, en el marco de la penta división del poder Público, es un sistema presidencial de gobierno, que se caracteriza fundamentalmente porque el Presidente de la República es, a la vez, Jefe de Estado y Jefe de Gobierno, cuya acción dirige.

Es electo popularmente, al igual que lo son los integrantes de la Asamblea Nacional, siendo éste un órgano representativo unicameral.

En este sistema de gobierno presidencial en el marco de una penta división del Poder Público, la Asamblea Nacional es la que tiene la competencia para designar y remover a los titulares de los otros órganos del Poder Público, Poder Judicial (Tribunal Supremo de Justicia), Poder Ciudadano (Contralor General de la República, Fiscal General de la República, Defensor del Pueblo) y Poder Electoral (Consejo Nacional Electoral).

El sistema presidencial está basado en un sistema de interrelaciones, controles e interferencias entre los Poderes legislativo y Ejecutivo, que lo conforman como un sistema presidencial con sujeción parlamentaria.

1. El régimen de la Asamblea Nacional

A. La organización unicameral

El Poder Legislativo Nacional se ejerce por la Asamblea Nacional como cuerpo unicameral[899]. El Capítulo I del Título V de la Constitución de 1999 cambia así, radicalmente, la tradición bicameral que caracterizaba a los órganos del Poder Legislativo Nacional desde 1811, y establece una sola Cámara Legislativa lo que, por lo demás, es contradictorio con la forma federal del Estado, pues solo en una Cámara Federal o Senado, es que en realidad tiene sentido la disposición del artículo 159 que declara a los Estados como entidades políticas iguales.

Esa igualdad proclamada constitucionalmente sólo puede ser garantizada en una Cámara Federal, donde haya igual representación de cada uno de los Estados, inde-

---

898 En esta forma, como lo hemos señalado desde 1975 en nuestro *Derecho Administrativo*, Tomo I, Universidad Central de Venezuela, Caracas 1975, nos hemos apartado parcialmente del intento que hicimos de definir la función administrativa a través de la naturaleza de los actos administrativos. *V.*, Allan R. Brewer-Carías, *Las Instituciones Fundamentales...*, *cit.*, p. 109.

899 *V.*, en general, sobre el Poder Legislativo, *V.*, Alfonso Rivas Quintero, *Derecho Constitucional*, Paredes Editores, Valencia, 2002, pp. 351 y ss.; Ricardo Combellas, *Derecho Constitucional: una introducción al estudio de la Constitución de la República Bolivariana de Venezuela*, Mc Graw Hill, Caracas, 2001, pp. 135 y ss.; e Hildegard Rondón de Sansó, *Análisis de la Constitución venezolana de 1999*, Editorial Ex Libris, Caracas, 2001, pp. 177 y ss.

pendientemente de su población, para participar igualitariamente en la definición de las políticas nacionales.

Con la eliminación del Senado y el establecimiento de una Asamblea Nacional Unicameral, en esta forma, se establece una contradicción institucional entre el Federalismo y la descentralización política[900].

La Sala Electoral del Tribunal Supremo ha destacado esta innovación constitucional, al señalar en su sentencia N° 17 de 14-3-2000, lo siguiente:

Debe observarse que con la entrada en vigencia del nuevo texto fundamental se modificó sustancialmente el régimen institucional de los Poderes Públicos del Estado, y en tal sentido, entre otras modificaciones, se creó la Asamblea Nacional en sustitución al Congreso de la República, al establecer en el Título V denominado de la Organización del Poder Público Nacional, Capítulo 1, del Poder Legislativo, en las Disposiciones Generales contenidas en la Sección Primera, artículo 186.

La norma transcrita es parte de esa nueva configuración que informa el ordenamiento constitucional y las instituciones políticas de la República y, regula, en específico, lo referente a la constitución y sistema de elección de los miembros de dicha Asamblea Nacional.

Ella configura un sistema de organización legislativo, unicameral, que supone la reducción de su estructura a la integración de un menor número de miembros, así como a la necesidad de optimizar la eficiencia en el proceso de formación de las leyes respecto a la existente en el sistema anterior (Parlamento Bicameral)[901].

B. *Composición y duración*

De acuerdo con el artículo 186 de la Constitución, la Asamblea Nacional está integrada por diputados elegidos en cada entidad federal, es decir, en los Estados y en el Distrito Capital por votación universal, directa, personalizada y secreta con representación proporcional, según una base poblacional del 1,1% de la población total del país.

Cada entidad federal tiene derecho a elegir, además, tres diputados adicionales a los antes señalados.

Los pueblos indígenas de la República tienen derecho a elegir tres diputados de acuerdo con lo establecido en la ley electoral, respetando sus tradiciones y costumbres (art. 125).

En todo caso, cada diputado tendrá un suplente escogido en el mismo proceso.

---

900   *V.,* nuestro voto salvado sobre este tema en Allan R. Brewer-Carías, D*ebate Constituyente, (Aportes a la Asamblea Nacional Constituyente)*, Tomo III, (18 octubre-30 noviembre 1999), Fundación de Derecho Público-Editorial Jurídica Venezolana, Caracas, 1999, pp. 196 a 198. *V.,* en general, María M. Matheus Inciarte y María Elena Romero Ríos, "Estado Federal y unicameralidad en el nuevo orden constitucional de la República Bolivariana de Venezuela", en *Estudios de Derecho Público: Libro Homenaje a Humberto J. La Roche Rincón*, Volumen I, Tribunal Supremo de Justicia, Caracas, 2001, pp. 637-676.

901   *V.,* en *Revista de Derecho Público*, N° 81, (enero-marzo), Editorial Jurídica Venezolana, Caracas, 2000, p. 98.

En cuanto al período constitucional de los diputados y, por tanto, de la Asamblea, el artículo 192 dispone que durarán 5 años en el ejercicio de sus funciones, pudiendo ser reelegidos por dos períodos consecutivos como máximo.

En todo caso, debe observarse que la nueva Constitución eliminó, por tanto, la figura de los "diputados adicionales" que admitía la Ley Orgánica del Sufragio, respecto de lo cual, la Sala Electoral del Tribunal Supremo de Justicia, en la citada sentencia Nº 17 del 14 de marzo de 2000, indicó que es el propio artículo 136 el que establece los elementos integradores del Poder Legislativo Nacional, "a saber: a) Representantes de las entidades federales (3 Diputados por cada Estado), b) Representantes por cada Estado en un número determinado por la base poblacional (1,1% y, c) Representantes de los pueblos indígenas (3 Diputados)"; agregando:

Lo dispuesto en el artículo 186 permite concluir a esta Sala, en su labor de intérprete, que el constituyente acogió para la constitución de la Asamblea Nacional un criterio de integración cerrado, por lo que la conformación de este órgano está determinada por un número fijo de representantes que, sólo podrá verse modificado por el aumento o disminución que pueda experimentar la población del país.

Ahora bien, establecido lo anterior, pasa esta Sala a analizar si el artículo 21 de la Ley Orgánica del Sufragio y Participación Política es compatible con las citadas disposiciones constitucionales y los principios que las orientan, es decir, si la situación que regula tiene cabida en la nueva concepción que propugna el sistema de elección de los Diputados a la Asamblea Nacional, derivado del *numerus clausus* de sus integrantes o, si por el contrario, no se adecua a tales previsiones...

De lo expuesto se desprende que la situación que regula el artículo 21, objeto del presente recurso, sólo era aplicable bajo la vigencia de la Constitución de 1961, que remitía al legislador, a diferencia de la actual, la determinación y regulación de las bases a ser consideradas para la selección de cargos de elección popular, destacándose entre ellos el Parlamento, que se corresponde con la diferencia derivada de la unicameralidad, con la Asamblea Nacional, establecida en el artículo 186 constitucional.

Bajo el nuevo esquema institucional así concebido, el sistema de integración de la Asamblea Nacional no permite la institución de los diputados adicionales, pues el nuevo orden -se insiste- no diseña una Asamblea Nacional con un numerus apertus sino que por el contrario, la intención ha sido crear un claustro legislativo. Es evidente, entonces, que el artículo 21 de la Ley Orgánica del Sufragio y Participación Política ha quedado derogado, por no corresponderse con la Ley Fundamental. Así se declara[902].

C. *Régimen de los diputados*

Los diputados son representantes del pueblo y de los Estados en su conjunto, no sujetos a mandatos ni instrucciones, sino sólo a su conciencia. Su voto en la Asamblea Nacional es personal (art. 201).

---

902 *Idem*, pp. 98 y 99.

Con esta norma, en principio, habrían quedado proscritas las fracciones parlamentarias de carácter partidista o grupal; lo cual, no sólo no ha sucedido (salvo el cambio de nombre por "bloques de opinión") sino que en los años de vigencia de la Constitución se han manifestado con un control más férreo sobre los diputados.

Conforme al artículo 188, las condiciones para ser elegido diputado a la Asamblea Nacional son las siguientes:

1. Ser venezolano o venezolana, por nacimiento, o por naturalización con quince años de residencia en territorio venezolano.

2. Ser mayor de veintiún años de edad.

3. Haber residido cuatro años consecutivos en la entidad correspondiente antes de la fecha de la elección.

En cuanto a las condiciones de inelegibilidad el artículo 189 dispone que no podrán ser elegidos diputados

1. El Presidente o Presidenta de la República, el Vicepresidente Ejecutivo o Vicepresidenta Ejecutiva, los Ministros o Ministras, el Secretario o Secretaria de la Presidencia de la República y los Presidentes o Presidentas y Directores o Directoras de los institutos autónomos y empresas del Estado, hasta tres meses después de la separación absoluta de sus cargos.

2. Los Gobernadores y Secretarios de gobierno, de los Estados y el Distrito Capital, hasta tres meses después de la separación absoluta de sus cargos.

3. Los funcionarios o funcionarias municipales, estadales o nacionales, de institutos autónomos o empresas del Estado, cuando la elección tenga lugar en la jurisdicción en la cual actúa, salvo si se trata de un cargo accidental, asistencial, docente o académico.

Por otra parte, la Constitución permite que la Ley Orgánica pueda establecer condiciones de inelegibilidad de otros funcionarios o funcionarias, con lo que la materia dejó de ser de reserva constitucional como era en la Constitución de 1961 (art. 140).

El principio general en esta materia está establecido en el artículo 197 de la Constitución cuando establece que los diputados a la Asamblea Nacional están obligados a cumplir sus labores a dedicación exclusiva, en beneficio de los intereses del pueblo y a mantener una vinculación permanente con sus electores, atendiendo sus opiniones y sugerencias y manteniéndolos informados acerca de su gestión y la de la Asamblea.

Además, deben dar cuenta anualmente de su gestión a los electores y estarán sometidos al referendo revocatorio del mandato en los términos previstos en la Constitución (art. 72) y en la ley sobre la materia.

En los casos de revocatoria del mandato, conforme al artículo 198, el diputado a la Asamblea Nacional cuyo mandato fuere revocado, no puede optar a cargos de elección popular en el siguiente período.

Los diputados a la Asamblea Nacional, conforme al artículo 190, no pueden ser propietarios o administradores o directores de empresas que contraten con personas jurídicas estatales, ni pueden gestionar causas particulares de interés lucrativo con las mismas. Durante las votaciones sobre causas en las cuales surjan conflictos de intereses económicos, los integrantes de la Asamblea Nacional que estén involucrados en dichos conflictos, deben abstenerse.

Por otra parte, los diputados a la Asamblea Nacional no pueden aceptar o ejercer cargos públicos sin perder su investidura, salvo en actividades docentes, académicas, accidentales o asistenciales, siempre que no supongan dedicación exclusiva (art. 191). Se eliminó así, la posibilidad de que los diputados pudieran ser designados Ministros, por ejemplo, sin que ello les ocasionara la perdida de la investidura como lo establecía el artículo 141 de la Constitución de 1961.

Los diputados a la Asamblea Nacional no son responsables por votos y opiniones emitidos en el ejercicio de sus funciones y sólo responden ante los electores y al cuerpo legislativo de acuerdo con la Constitución y los reglamentos (art. 199).

Los diputados a la Asamblea Nacional gozan de inmunidad en el ejercicio de sus funciones desde proclamación hasta la conclusión de su mandato o de la renuncia del mismo (art. 200).

De los presuntos delitos que cometan los integrantes de la Asamblea Nacional conoce, en forma privativa, el Tribunal Supremo de Justicia, única autoridad que puede ordenar, previa autorización de la Asamblea Nacional, su detención y continuar su enjuiciamiento. En caso de delito flagrante cometido por un parlamentario, la autoridad competente lo debe poner bajo custodia en su residencia y debe comunicar inmediatamente el hecho al Tribunal Supremo de Justicia.

Los funcionarios públicos que violen la inmunidad de los integrantes de la Asamblea Nacional, incurren en responsabilidad penal y deben ser castigados de conformidad con la ley.

Sobre la inmunidad parlamentaria como excepción al principio de la igualdad, la Sala Plena del Tribunal Supremo de Justicia en sentencia de 31 de mayo de 2000, expresó el siguiente criterio:

La inmunidad o fuero parlamentario, que no es sino un obstáculo procesal a la detención o procesamiento o imputación de determinadas personas, tal como lo estableció el legislador, en este caso referido a quien ejerce la función parlamentaria impone la consagración de beneficios que colocan al representante popular en situación privilegiada al comparársela a la de cualquier ciudadano. Ahora bien, estos privilegios no le son concedidos al parlamentario a título personal, sino que los poseen en cuanto son miembros de los cuerpos legisladores, en representación de la voluntad popular, y su fundamento no sólo va dirigido a la protección de la función, sino que su inviolabilidad existe en razón de la protección del interés del Estado, su institucionalidad y en beneficio de la colectividad y no de la persona en particular, por lo que la inmunidad de proceder en contra de la persona del parlamentario, no significa impunidad penal, quedando así sometido a la misma ley sustantiva penal que los demás habitantes, sólo que su procesamiento puede instaurarse cuando previamente se ha realizado una tramitación que tiene como único objeto autorizar que se forme causa en su contra, aplicándosele en su integridad, de ser procedente el ordenamiento jurídico que encuadra la actividad de todos los demás componentes de la sociedad, y deberán responder de todos los actos realizados en razón de que detentar un cargo de elección popular no significa situarse en una posición que separe y aísle al titular del resto.

Así pues, estima este Tribunal Supremo de Justicia en Pleno tanto la inmunidad y su necesario trámite de realizar el antejuicio de mérito como mecanismo adjetivo de protección respecto de aquellos funcionarios a los efectos señala el texto constitucional, constituyen sin lugar a dudas excepciones al principio de igualdad, frente a la ley y que sólo se justifican y surten sus efectos debido a la naturaleza de la función desplegada durante el tiempo que ejerzan los aludidos cargos. Así se declara[903].

D. *La organización de la Asamblea*

La Junta Directiva de la Asamblea Nacional está compuesta por un Presidente y dos Vicepresidentes, elegidos de su seno; y un Secretario y un Subsecretario designados de fuera de su seno, por un período de un año. El reglamento debe establecer las formas de suplir las faltas temporales y absolutas de los miembros de la directiva (art. 194).

Tanto el Presidente como el Vicepresidente de la Asamblea deben ser venezolanos por nacimiento y sin otra nacionalidad (art. 41).

El artículo 193 exige que la Asamblea Nacional nombre Comisiones Permanentes, ordinarias y especiales.

En cuanto a las Comisiones Permanentes, en un número no mayor de quince, deben estar referidas a los sectores de actividad. La Asamblea Nacional puede crearlas o suprimirlas con el voto favorable de las dos terceras partes de sus integrantes.

Igualmente la Asamblea puede crear Comisiones con carácter temporal para investigación y estudio, todo ello de conformidad con su reglamento.

Durante el receso de la Asamblea, debe funcionar la Comisión Delegada integrada por el Presidente, los Vicepresidentes y los Presidentes de las Comisiones Permanentes (art. 195).

Las atribuciones de la Comisión Delegada, enumeradas en el artículo 196, son las siguientes:

1. Convocar la Asamblea Nacional a sesiones extraordinarias, cuando así lo exija la importancia de algún asunto.

2. Autorizar al Presidente o Presidenta de la República para salir del territorio nacional.

3. Autorizar al Ejecutivo Nacional para decretar créditos adicionales.

4. Designar Comisiones temporales integradas por integrantes de la Asamblea.

5. Ejercer las funciones de investigación atribuidas a la Asamblea.

6. Autorizar al Ejecutivo Nacional por el voto favorable de las dos terceras partes de sus integrantes para crear, modificar o suspender servicios públicos en caso de urgencia comprobada.

7. Las demás que establezcan la Constitución y la ley.

---

903   *V.*, en *Revista de Derecho Público*, N° 82, (abril-junio), Editorial Jurídica Venezolana, Caracas, 2000, pp. 150 y 151.

E.   *Las sesiones de la Asamblea y el quórum*

El primer período de las sesiones ordinarias de la Asamblea Nacional debe comenzar, sin convocatoria previa, el cinco de enero de cada año o el día posterior más inmediato posible y durará hasta el quince de agosto.

El segundo período debe comenzar el quince de septiembre o el día posterior más inmediato posible y terminará el quince de diciembre (art. 219).

Por otra parte, la Asamblea Nacional se puede reunir en sesiones extraordinarias para tratar las materias expresadas en la convocatoria y las que les fueren conexas. También puede considerar las que fueren declaradas de urgencia por la mayoría de sus integrantes (art. 220).

En todo caso, los requisitos y procedimientos para la instalación y demás sesiones de la Asamblea Nacional, y para el funcionamiento de sus Comisiones, serán determinados por el reglamento.

En ningún caso, el quórum puede ser inferior a la mayoría absoluta de los integrantes de la Asamblea Nacional (art. 221).

F.   *Los instrumentos parlamentarios de control político y administrativo*

Tal como lo precisa el artículo 222 de la Constitución, la Asamblea Nacional puede ejercer su función de control mediante los siguientes mecanismos: las interpelaciones, las investigaciones, las preguntas, las autorizaciones y las aprobaciones parlamentarias previstas en la Constitución y en la ley y cualquier otro mecanismo que establezcan las leyes y su reglamento.

En ejercicio del control parlamentario, la Asamblea pueda declarar la responsabilidad política de los funcionarios públicos[904] y solicitar al Poder Ciudadano que intente las acciones a que haya lugar para hacer efectiva tal responsabilidad.

Por otra parte, tanto la Asamblea como sus Comisiones pueden realizar las investigaciones que juzguen convenientes en las materias de su competencia, de conformidad con el reglamento (art. 223).

Por último, debe destacarse que conforme al artículo 224, el ejercicio de la facultad de investigación no afecta las atribuciones de los demás poderes públicos. Sin embargo, en cuanto a los jueces, estos están obligados a evacuar las pruebas para las cuales reciban comisión de la Asamblea Nacional y de sus Comisiones[905].

G.   *La obligación de comparecencia ante el Parlamento*

De acuerdo con el artículo 223 de la Constitución, todos los funcionarios públicos están obligados, bajo las sanciones que establezcan las leyes, a comparecer ante dichas Comisiones y a suministrarles las informaciones y documentos que requieran

---

904   *V.,* sobre esto Allan R. Brewer-Carías "Aspectos del control político sobre la Administración Pública" en *Revista de Control Fiscal*, N° 101, Contraloría General de la República, Caracas, 1981, pp. 107 a 130.

905   *V.,* Allan R. Brewer-Carías, "Los poderes de investigación de los cuerpos legislativos y sus limitaciones, con particular referencia a los asuntos secretos", *Revista de Derecho Público*, N° 10, Editorial Jurídica Venezolana, Caracas, 1982, pp. 25 a 42.

para el cumplimiento de sus funciones. Esta obligación comprende también a los particulares; quedando a salvo los derechos y garantías que la Constitución consagra.

A los efectos de asegurar la aplicación de esta norma constitucional se ha dictado la Ley Sobre el Régimen para la Comparecencia de Funcionarios y Funcionarias Públicos y los o las Particulares ante la Asamblea Nacional o sus Comisiones[906], con el objeto, precisamente, de establecer las normas que regirán la comparecencia de funcionarios públicos y los particulares ante la Asamblea Nacional o sus Comisiones, así como las sanciones por el incumplimiento a las mismas (art. 1).

En cuanto a la comparecencia de funcionarios públicos y los particulares, conforme al artículo 2 de la Ley, la misma, tiene por objeto conocer la actuación, y la recopilación de los documentos requeridos por la Asamblea Nacional o alguna de sus Comisiones, para el mejor desempeño de las investigaciones en las materias de su competencia.

A tales efectos, entonces, la Asamblea Nacional, o sus Comisiones, en el ejercicio de sus atribuciones constitucionales puede acordar, conforme a su Reglamento, la comparecencia ante la plenaria, o ante sus Comisiones, de todos los funcionarios públicos, así como de los particulares "preservando los derechos fundamentales, garantías y principios constitucionales, a los fines del cumplimiento efectivo de las funciones de control y de investigación parlamentaria que sobre el Gobierno nacional, estadal y municipal, y sobre la administración descentralizada, le correspondan" (art. 3). Sin duda, esta disposición es inconstitucional en cuanto concierne a la supuesta potestad de la Asamblea Nacional, de poder realizar funciones de control y de investigación parlamentaria sobre los gobiernos estadales. La autonomía que consagra la Constitución a los Estados (art. 159) no puede ser limitada por ley salvo cuando la Constitución lo ha dispuesto expresamente, como en el caso de la organización y funcionamiento de los Consejos Legislativos estadales (art. 162). En cuanto a los municipios, sin embargo, como la Constitución lesionó fuertemente su autonomía al establecer que por ley podía limitarse (art. 168), la regulación de la Ley sobre Régimen de Comparecencia relativas a investigaciones de la Asamblea Nacional en relación con los gobiernos municipales, aún cuando absurda, se adaptaría a la Constitución.

La Ley confirma la obligación de comparecencia conforme al llamado efectuado por la Asamblea Nacional o sus Comisiones, a fin de que expongan sobre los motivos y razones objeto de la misma (art. 5), y agrega la potestad de la Asamblea Nacional o sus Comisiones de acudir a la sede del ente u organismo investigado, debiendo los funcionarios a quienes competa la dependencia, prestar la oportuna y debida atención a los representantes del Parlamento, suministrándoles la información o el aporte documental requerido.

La negativa o excusa injustificada, o la obstaculización de la investigación, será sancionada con multa comprendida entre trescientas Unidades Tributarias (300

---

906   V., Ley Sobre el Régimen para la Comparecencia de Funcionarios y Funcionarias Públicos y los o las Particulares ante la Asamblea Nacional o sus Comisiones (Ley Nº 30). En *G.O.* Nº 37.252 del 2 de agosto de 2001.

U.T.) y seiscientas Unidades Tributarias (600 U.T.), o arresto proporcional, por multa no satisfecha, a razón de un día de arresto por Unidad Tributaria, además de la pena accesoria de suspensión en ejercicio del cargo conforme al artículo 22 de la Ley (art. 6).

Por otra parte, la Ley precisa que cuando el interés nacional lo requiera, vista la gravedad de los motivos y las razones que hacen procedente la averiguación en los casos donde estén involucrados venezolanos o extranjeros residentes en el exterior, la Asamblea Nacional puede autorizar el traslado de Comisiones al país donde se encuentren éstos, a objeto de la instrucción del expediente respectivo (art. 7).

La Ley, además, regula con todo detalle, las formalidades para las citaciones (arts. 9 a 15), debiendo garantizarse el transcurso de un lapso de comparecencia de un mínimo de setenta y dos (72) horas (art. 8). En cuanto a la comparecencia para una interpelación, ésta debe referirse a cuestiones relativas al ejercicio de las funciones propias del compareciente y puede ser pública, reservada o secreta, a juicio de la Comisión correspondiente (art. 10). La Ley además dispone que la Asamblea puede citar a ciudadanos que gocen de inmunidad diplomática, o cuyo país de origen sea signatario de tratados o convenios internacionales suscritos por Venezuela, para coadyuvar voluntariamente en la averiguación, respondiendo por escrito sobre la materia objeto de la investigación (art. 17).

Cuando con motivo de la comparecencia de un funcionario público, persona natural o representantes de personas jurídicas, se determinen fundados indicios que hagan presumir la existencia de ilícitos administrativos que comprometan el patrimonio público, conforme se establece en el artículo 19 de la Ley, "las actuaciones de la Asamblea Nacional o de la Comisión respectiva constituyen medios de prueba vinculantes, para que la Contraloría General de la República abra la averiguación correspondiente sobre la responsabilidad administrativa de las personas involucradas". Si en esos casos se determinan fundados indicios de la comisión de ilícitos penales, también dispone el artículo 20 de la Ley que "las Actas de las comparecencias constituyen actuaciones preliminares similares a las exigidas en la fase preparatoria del juicio penal" las cuales adminiculadas deben ser pasadas al Ministerio Público para que ejerza la acción correspondiente contra las personas involucradas.

La Ley, por último, establece todo un régimen de sanciones por el incumplimiento de la obligación constitucional de comparecencia. En general, en cuanto a los funcionarios públicos o los particulares que siendo citado para comparecer no asistan o se excusen sin motivo justificado, será sancionados por contumacia, con multa comprendida entre cien Unidades Tributarias (100 U.T.) y doscientas Unidades Tributarias (200 U.T.), o arresto proporcional, por multa no satisfecha, a razón de un día de arresto por Unidad Tributaria. La sentencia, dice el artículo 21 de la Ley "se publicará, a costa del sentenciado, en un diario de los de mayor circulación nacional". De esta previsión podría presumirse que el arresto sólo puede acordarse por la autoridad judicial, ya que los jueces son los únicos que pueden dictar "sentencias". Igualmente dispone la norma que quien fuese citado en calidad de testigo, experto, perito o intérprete, y habiendo comparecido rehuse sin razón legal sus disposiciones o el cumplimiento del oficio que ha motivado su citación, incurrirá en la misma pena (art. 21).

Además, en cuanto a los funcionarios públicos de carrera además de la sanción antes mencionada, se les impondrá como pena accesoria la suspensión del empleo o cargo por un tiempo de dos (2) a tres (3) meses, sin goce de sueldo. En cambio, cuando se trate de funcionarios de libre nombramiento y remoción, la Asamblea Nacional le impondrá un voto de censura, con la obligación de proceder a la remoción inmediata del funcionario o funcionaria público por su órgano jerárquico (art. 22).

En cuanto a las personas que fueren emplazados a responder las preguntas por escrito u oralmente, y se nieguen a responderlas, no asistieren o no las remitan al acto en la fecha, hora y lugar fijados en la citación de comparecencia, o se excusen de hacerlo sin motivo justificado, la ley dispone que serán sancionadas con multa comprendida entre ciento cincuenta Unidades Tributarias (150 U.T.) y doscientas cincuenta Unidades Tributarias (250 U.T.), elevándose a trescientas Unidades Tributarias (300 U.T.) si el emplazado fuere un funcionario público (art. 23).

En todo caso, conforme al artículo 25 de la Ley, el enjuiciamiento por contumacia ante la Asamblea Nacional o sus Comisiones, sólo puede tener lugar mediante requerimiento de éstas al representante del Ministerio Público para que promueva lo conducente.

2. *El régimen del Presidente de la República y de los demás órganos del Poder Ejecutivo Nacional*

Siendo el sistema venezolano un sistema presidencial de gobierno[907], conforme al artículo 225 de la Constitución, el Poder Ejecutivo se ejerce por el Presidente de la República y además, por el Vicepresidente Ejecutivo, los Ministros y demás funcionarios que determinen la Constitución y la ley.

En el sistema venezolano, por tanto, el Poder Ejecutivo no se ejerce solamente por el Jefe de Gobierno que es el Presidente de la República, sino también por el VicePresidente y los Ministros.

La Procuraduría General de la República se define en la Constitución, como un órgano del Poder Ejecutivo Nacional que asesora, defiende y representa judicial y extrajudicialmente los intereses patrimoniales de la República (art. 247). La ley orgánica que determina la organización, competencia y funcionamiento de la Procuraduría, es la que se dictó en 2001, mediante Decreto Ley N° 1.556, de la Ley Orgánica de la Procuraduría General de la República[908].

---

907 *V.*, en general, sobre el sistema presidencial y el Poder Ejecutivo, Donato Lupidii, "El sistema presidencial y la Constitución venezolana de 1999", en *El Derecho Público a comienzos del siglo XXI. Estudios homenaje al Profesor Allan R. Brewer-Carías*, Tomo I, Instituto de Derecho Público, UCV, Civitas Ediciones, Madrid, 2003, pp. 819-835; *V.*, Alfredo Arismendi A., "El fortalecimiento del Poder Ejecutivo Nacional en la Constitución venezolana de 1999", en *El Derecho Público a comienzos del siglo XXI. Estudios homenaje al Profesor Allan R. Brewer-Carías*, Tomo I, Instituto de Derecho Público, UCV, Civitas Ediciones, Madrid, 2003, pp. 837-865; Ricardo Combellas, "El Poder Ejecutivo en la Constitución de 1999", en *Revista UGMA Jurídica de la Facultad de Derecho de la Universidad Gran Mariscal de Ayacucho*, N° 1 (mayo-agosto). Barcelona-Venezuela, 2002, pp. 9-24; Alfonso Rivas Quintero, *Derecho Constitucional*, Paredes Editores, Valencia-Venezuela, 2002, pp. 407 y ss.; Ricardo Combellas, *Derecho Constitucional: una introducción al estudio de la Constitución de la República Bolivariana de Venezuela*, Mc Graw Hill, Caracas, 2001, pp. 153 y ss.; e Hildegard Rondón de Sansó, *Análisis de la Constitución venezolana de 1999*, Editorial Ex Libris, Caracas, 2001, pp. 205 y ss.

908 *G.O.* N° 5.554 Extraordinario del 13 de noviembre de 2001.

A *El Presidente de la República*

a. *Carácter: Jefe del Estado y del Gobierno*

Dado el sistema presidencial de gobierno que se conserva en la Constitución, el artículo 226 dispone que el Presidente de la República es a la vez el Jefe del Estado y del Ejecutivo Nacional, en cuya condición dirige la acción del Gobierno.

b. *Elección*

Para ser elegido Presidente de la República se requiere ser venezolano por nacimiento, no poseer otra nacionalidad, mayor de treinta años, de estado seglar y no estar sometido a condena mediante sentencia definitivamente firme y cumplir con los demás requisitos establecidos en la Constitución (art. 227).

Sin embargo, no puede ser elegido Presidente de la República quien esté en ejercicio del cargo de Vicepresidente Ejecutivo, o Gobernador y Alcalde en el día de su postulación o en cualquier momento entre esta fecha y la de la elección (art. 229).

La elección del Presidente de la República se debe siempre realizar por votación universal, directa y secreta, en conformidad con la ley.

Se debe proclamar electo el candidato que hubiere obtenido la mayoría de votos válidos. Así lo dispone el artículo 228 de la Constitución, el cual siguió el mismo principio de la elección por mayoría relativa del Presidente de la República que establecía el artículo 183 de la Constitución de 1961. Respaldamos la propuesta para que en la nueva Constitución se estableciera el principio de la mayoría absoluta y la doble vuelta en la elección presidencial, lo cual se eliminó en la segunda discusión del Proyecto[909].

c. *El período constitucional y reelección*

De acuerdo con el artículo 230, el período del Presidente de la República es de 6 años, pudiendo ser reelegido de inmediato y por una sola vez, para un período adicional.

Estimamos que no era conveniente regular la reelección inmediata extendiendo a la vez el período constitucional del Presidente de los 5 años que establecía la Constitución de 1961 (art. 135) a 6 años; por ello propusimos que el período fuese de 4 años para que hubiera reelección[910].

d. *La toma de posesión*

El candidato elegido como Presidente de la República debe tomar posesión del cargo el diez de enero del primer año de su período constitucional, mediante juramento ante la Asamblea Nacional.

---

909 *V.,* nuestro voto salvado en Allan R. Brewer-Carías, *Debate Constituyente*, Tomo III, *op. cit.,* pp. 191 y 195.

910 *V.,* nuestro voto salvado en Allan R. Brewer-Carías, *Debate Constituyente*, Tomo III, *op. cit.,* pp. 199 y 289.

Si por cualquier motivo sobrevenido el Presidente de la República no pudiese tomar posesión ante la Asamblea Nacional, lo debe hacer ante el Tribunal Supremo de Justicia. (art. 231).

e. *La responsabilidad y obligaciones generales*

El Presidente de la República es responsable de sus actos y del cumplimiento de las obligaciones inherentes a su cargo. Está especialmente obligado a procurar la garantía de los derechos y libertades de los venezolanos, así como la independencia, integridad, soberanía del territorio y defensa de la República (art. 232).

En ningún caso la declaración de los estados de excepción modifica el principio de su responsabilidad, ni la del Vicepresidente Ejecutivo, ni la de los Ministros de conformidad con la Constitución y la ley (art. 232).

f. *Las faltas del Presidente*

El artículo 233 de la Constitución considera como faltas absolutas del Presidente de la República: la muerte, su renuncia, la destitución decretada por sentencia del Tribunal Supremo de Justicia, la incapacidad física o mental permanente, certificada por una junta médica designada por el Tribunal Supremo de Justicia y con aprobación de la Asamblea Nacional, el abandono del cargo, declarado éste por la Asamblea Nacional, así como la revocatoria popular de su mandato.

En los casos en los cuales se produzca la falta absoluta del Presidente electo o antes de tomar posesión, se debe proceder a realizar una nueva elección universal, directa y secreta dentro de los 30 días consecutivos siguientes. En este caso, mientras se elige y toma posesión el nuevo Presidente se debe encargar de la Presidencia de la República, el Presidente de la Asamblea Nacional.

Cuando la falta absoluta del Presidente de la República se produzca durante los primeros 4 años del período constitucional, se debe proceder a una nueva elección universal y directa dentro de los 30 días consecutivos siguientes. En este caso, mientras se elige y toma posesión el nuevo Presidente, se debe encargar de la Presidencia de la República el Vicepresidente Ejecutivo.

En los casos anteriores, el nuevo Presidente debe completar el período constitucional correspondiente.

En todo caso, si la falta absoluta se produce durante los últimos 2 años del período constitucional, el Vicepresidente Ejecutivo debe asumir la Presidencia de la República hasta completar el mismo.

Más adelante, se insiste en el análisis de las faltas absolutas, al analizar las formas de terminación del mandato del Presidente de la República.

En cuanto a las faltas temporales del Presidente de la República, el artículo 234 dispone que deben ser suplidas por el Vicepresidente Ejecutivo hasta por 90 días, prorrogables por decisión de la Asamblea Nacional por 90 días más.

Si una falta temporal se prolonga por más de 90 días consecutivos, la Asamblea Nacional debe decidir por mayoría de sus integrantes si debe considerarse que hay falta absoluta.

g. *Las ausencias del territorio nacional*

Las ausencias del territorio nacional por parte del Presidente de la República sólo requieren autorización de la Asamblea Nacional o de la Comisión Delegada, cuando se prolongue por un lapso superior a 5 días consecutivos (art. 235).

h. *Atribuciones constitucionales del Presidente de la República*

De acuerdo con el artículo 236 de la Constitución, son atribuciones y obligaciones del Presidente de la República:

1. Cumplir y hacer cumplir esta Constitución y la ley.

2. Dirigir la acción del Gobierno.

3. Nombrar y remover al Vicepresidente Ejecutivo o Vicepresidenta Ejecutiva, nombrar y remover los Ministros o Ministras.

4. Dirigir las relaciones exteriores de la República y celebrar y ratificar los tratados, convenios o acuerdos internacionales.

5. Dirigir la Fuerza Armada Nacional en su carácter de Comandante en Jefe, ejercer la suprema autoridad jerárquica de ella y fijar su contingente.

6. Ejercer el mando supremo de la Fuerza Armada Nacional, promover sus oficiales a partir del grado de coronel o coronela o capitán o capitana de navío, y nombrarlos o nombrarlas para los cargos que les son privativos.

7. Declarar los estados de excepción y decretar la restricción de garantías en los casos previstos en esta Constitución.

8. Dictar, previa autorización por una ley habilitante, decretos con fuerza de ley.

9. Convocar la Asamblea Nacional a sesiones extraordinarias.

10. Reglamentar total o parcialmente las leyes, sin alterar su espíritu, propósito y razón.

11. Administrar la Hacienda Pública Nacional.

12. Negociar los empréstitos nacionales.

13. Decretar créditos adicionales al Presupuesto, previa autorización de la Asamblea Nacional o de la Comisión Delegada[911].

14. Celebrar los contratos de interés nacional conforme a esta Constitución y a la ley.

15. Designar, previa autorización de la Asamblea Nacional o de la Comisión Delegada, al Procurador o Procuradora General de la República y a los jefes o jefas de las misiones diplomáticas permanentes.

16. Nombrar y remover a aquellos funcionarios o aquellas funcionarias cuya designación le atribuyen esta Constitución y la ley.

---

11 Ley Orgánica de Administración Financiera del Sector Público, *G.O.* N° 37.606 de 09-01-2003

17. Dirigir a la Asamblea Nacional, personalmente o por intermedio del Vicepresidente Ejecutivo o Vicepresidenta Ejecutiva, informes o mensajes especiales.

18. Formular el Plan Nacional de Desarrollo y dirigir su ejecución previa aprobación de la Asamblea Nacional.

19. Conceder indultos.

20. Fijar el número, organización y competencia de los ministerios y otros organismos de la Administración Pública Nacional, así como también la organización y funcionamiento del Consejo de Ministros, dentro de los principios y lineamientos señalados por la correspondiente ley orgánica[912].

21. Disolver la Asamblea Nacional en el supuesto establecido en esta Constitución.

22. Convocar referendos en los casos previstos en esta Constitución.

23. Convocar y presidir el Consejo de Defensa de la Nación.

24. Las demás que le señalen esta Constitución y la ley.

El Presidente o Presidenta de la República debe ejercer en Consejo de Ministros las atribuciones señaladas en los numerales 7, 8, 9, 10, 12, 13, 14, 18, 20, 21, 22 y las que le atribuya la ley para ser ejercidas en igual forma.

Todos los actos del Presidente de la República, con excepción de los señalados en los ordinales 3 y 5, deben ser refrendados para su validez por el Vicepresidente Ejecutivo y el Ministro o Ministros respectivos.

Dentro de los 10 primeros días siguientes a la instalación de la Asamblea Nacional, en sesiones ordinarias, el Presidente de la República personalmente debe presentar, cada año, a la Asamblea un mensaje en que debe dar cuenta de los aspectos políticos, económicos, sociales y administrativos de su gestión durante el año inmediatamente anterior (art. 237).

B. *El Vicepresidente Ejecutivo*

La Constitución de 1999 introdujo una novedad constitucional, al crear el cargo de VicePresidente Ejecutivo, como órgano directo y colaborador inmediato del Presidente de la República en su condición de Jefe del Ejecutivo Nacional (art. 238). Conforme a la Constitución, también ejerce el Poder Ejecutivo (art. 233).

El Vicepresidente Ejecutivo debe reunir las mismas condiciones exigidas para ser Presidente de la República, y no puede tener ningún parentesco de consanguinidad ni de afinidad con éste.

Ahora bien esta institución de la VicePresidencia, tal como está concebida, si bien atenúa el clásico presidencialismo, no cambia el carácter presidencial del sis-

---

912 Ley Orgánica de la Administración Pública (Ley N° 40), *G.O.* N° 37.305 del 17 de octubre de 2001; Decreto N° 1475 de 17-10-2001 sobre Organización y Funcionamiento de la Administración Pública Central, *G.O.* N° 37.305 de 17-10-2//1

tema de gobierno; lo que resulta tanto de sus atribuciones[913] como de su absoluta dependencia del Presidente de la República. Al designarlo, por otra parte, el Presidente de la República en cierta forma está designando a quien lo sustituye temporalmente en ejercicio del cargo (faltas temporales), sin ingerencia de otros Poderes del Estado; así como a su sucesor en ciertos casos de falta absoluta (arts. 233, 234).

Sin embargo, debe señalarse que todos los actos del Presidente de la República, con excepción de los señalados en los ordinales 3 (Nombrar y remover al Vicepresidente Ejecutivo, nombrar y remover los Ministros) y 5 (Dirigir la Fuerza Armada Nacional en su carácter de Comandante en Jefe, ejercer la suprema autoridad jerárquica de ella y fijar su contingente) del artículo 236, deben ser siempre refrendados para su validez por el Vicepresidente Ejecutivo. Éste, por tanto, co-participa en las actuaciones del Presidente en las funciones de gobierno.

a.   Las atribuciones del Vicepresidente

De acuerdo con la Constitución, el VicePresidente es por tanto, el colaborador más inmediato del Presidente de la República, y por delegación de éste puede ser el coordinador del Consejo de Ministros y de la Administración Pública. También puede jugar un rol importante como mediador político en relación con la Asamblea Nacional y los gobiernos estadales, en este último caso como presidente del Consejo Federal de Gobierno.

En efecto, el artículo 239 precisa las siguientes atribuciones del Vicepresidente Ejecutivo:

1.   Colaborar con el Presidente de la República en la dirección de la acción del Gobierno.

2.   Coordinar la Administración Pública Nacional de conformidad con las instrucciones del Presidente de la República.

3.   Proponer al Presidente de la República el nombramiento y la remoción de los Ministros.

4.   Presidir, previa autorización del Presidente de la República, el Consejo de Ministros (art. 242)

5.   Coordinar las relaciones del Ejecutivo Nacional con la Asamblea Nacional.

6.   Presidir el Consejo Federal de Gobierno (art. 185)

7.   Nombrar y remover, de conformidad con la ley, los funcionarios nacionales cuya designación no esté atribuida a otra autoridad.

8.   Suplir las faltas temporales del Presidente de la República (art 234).

9.   Ejercer las atribuciones que le delegue el Presidente de la República.

10. Las demás que le señalen esa Constitución y la ley.

---

913   *V.,* los comentarios críticos en torno a esta reforma en Carlos Ayala Corao, *El Régimen Presidencial en América Latina y los Planteamientos para su Reforma,* Caracas, 1992.

Tal como lo indica expresamente el artículo 241, el Vicepresidente Ejecutivo es responsable de sus actos de conformidad con la Constitución y la ley.

b.   *El voto de censura parlamentario al Vicepresidente y sus efectos*

Conforme al artículo 240, la aprobación de una moción de censura al Vicepresidente Ejecutivo, por una votación no menor de las 3/5 partes de los integrantes de la Asamblea Nacional, implica su remoción.

En estos casos, el funcionario removido no puede optar al cargo de Vicepresidente Ejecutivo o de Ministro por el resto del período presidencial.

Por otra parte, la remoción del Vicepresidente Ejecutivo en tres oportunidades dentro de un mismo período constitucional, como consecuencia de la aprobación de mociones de censura, faculta al Presidente de la República para disolver la Asamblea Nacional.

Esta es la única posibilidad que tiene el Presidente de la República de disolver la Asamblea, la cual se puede considerar como de difícil materialización, salvo que la propia Asamblea así lo provoque aprobando el tercer voto de censura. En todo caso, el decreto de disolución conlleva la convocatoria de elecciones para una nueva legislatura dentro de los 60 días siguientes a su disolución.

En todo caso, la Asamblea no puede ser disuelta en el último año de su período constitucional.

C.   *Los Ministros*

Los Ministros son órganos directos del Presidente de la República, y reunidos conjuntamente con este y con el Vicepresidente Ejecutivo, integran el Consejo de Ministros (art. 242).

Los Ministros también ejercen el Poder Ejecutivo y participan con el Presidente en las funciones de gobierno. Por ello deben refrendar todos los actos del Presidente de la República, con excepción de los señalados en los ordinales 3 (Nombrar y remover al Vicepresidente Ejecutivo, nombrar y remover los Ministros) y 5 (Dirigir la Fuerza Armada Nacional en su carácter de Comandante en Jefe, ejercer la suprema autoridad jerárquica de ella y fijar su contingente) del artículo 236, para que tengan validez.

Los Ministros, en general, son los titulares de los Despachos Ministeriales que resulten de la organización de los Ministerios. Sin embargo, conforme al artículo 243, el Presidente de la República también puede nombrar Ministros de Estado, los cuales, además de participar en el Consejo de Ministros, deben asesorar al Presidente de la República y al Vicepresidente Ejecutivo en los asuntos que les fueren asignados.

Para ser Ministro se requiere poseer la nacionalidad venezolana y ser mayor de veinticinco años, con las excepciones establecidas en la Constitución (art. 244).

En cuanto a los Ministros de los Despachos relacionados con la Seguridad de la Nación, finanzas, energía y minas y educación, el artículo 41 de la Constitución exige la nacionalidad venezolana por nacimiento y no tener otra nacionalidad.

Los Ministros son responsables de sus actos de conformidad con la Constitución y la ley (art. 244).

Esta responsabilidad es individual, por supuesto, tanto civil, penal y administrativa.

También es de carácter político, ante el presidente como jefe de gobierno y ante el parlamento, órgano que puede censurar a los Ministros.

D. *El Consejo de Ministros*

Como se señaló, los Ministros reunidos con el Presidente y con el Vicepresidente integran el Consejo de Ministros (art. 242).

Las reuniones del Consejo de Ministros las preside el Presidente de la República pero puede autorizar al Vicepresidente Ejecutivo para que las presida cuando no pueda asistir a ellas. Por tanto, en el sistema presidencial venezolano, la coordinación del gabinete o Consejo de Ministros, puede ser asignada por el Presidente de la República al VicePresidente, quien en cierta forma (si el presidente lo decide) podría considerarse que puede ejercer funciones de "jefe de gabinete"; sin embargo, las decisiones que se adopten en Consejo de Ministros sin la presencia del Presidente de la República, no tienen validez si no son ratificadas por el Presidente (art. 242). El VicePresidente, por tanto, en realidad no pasa de ser un coordinador del gabinete, por delegación presidencial, lo cual sin duda puede significar un aligeramiento de las cargas del jefe del Estado y del gobierno.

Conforme al mismo artículo 242 de la Constitución, de las decisiones del Consejo de Ministros son solidariamente responsables el Vicepresidente Ejecutivo y los Ministros que hubieren concurrido, salvo aquellos que hayan hecho constar su voto adverso o negativo. Por supuesto que dicha responsabilidad solidaria también comprende al Presidente de la República cuando presida el cuerpo.

El Procurador General de la República debe asistir al Consejo de Ministros, pero con sólo derecho a voz (art. 250).

El Consejo de Ministros no sólo resuelve los asuntos que le someta el Presidente de la República, a su libre iniciativa, sino que conforme a la Constitución, hay una serie de decisiones del Presidente de la República que no puede adoptar sino en Consejo de Ministros, con lo cual el gabinete tiene entidad propia, atenuando en ciertos aspectos el presidencialismo tradicional.

En efecto, conforme al artículo 236 de la Constitución el Presidente de la República obligatoriamente debe ejercer, en Consejo de Ministros, las atribuciones señaladas en los numerales 7, 8, 9, 10, 12, 13, 14, 18, 20, 21, 22 y las que la atribuya la ley para ser ejercida en igual forma. Las que enumera la Constitución que deben adoptarse en Consejo de Ministros, son las siguientes:

7. Declarar los estados de excepción y decretar la restricción de garantías en los casos previstos en esta Constitución (art. 337).

8. Dictar, previa autorización por una ley habilitante, decretos con fuerza de ley (art. 203).

9. Convocar la Asamblea Nacional a sesiones extraordinarias (art. 220).

10. Reglamentar total o parcialmente las leyes, sin alterar su espíritu, propósito y razón.

12. Negociar los empréstitos nacionales.

13. Decretar créditos adicionales al Presupuesto, previa autorización de la Asamblea Nacional o de la Comisión Delegada[914] (art. 314)

14. Celebrar los contratos de interés nacional conforme a esta Constitución (art. 150) y a la ley.

18. Formular el Plan Nacional de Desarrollo y dirigir su ejecución previa aprobación de la Asamblea Nacional (art. 187,8).

20. Fijar el número, organización y competencia de los ministerios y otros organismos de la Administración Pública Nacional, así como también la organización y funcionamiento del Consejo de Ministros, dentro de los principios y lineamientos señalados por la correspondiente ley orgánica[915].

21. Disolver la Asamblea Nacional en el supuesto establecido en esta Constitución (art. 240).

22. Convocar referendos en los casos previstos en esta Constitución (arts. 71, 73, 74).

Además, conforme al artículo 214 de la Constitución, el Presidente también requiere el acuerdo del Consejo de Ministros, para solicitar a la Asamblea Nacional, mediante exposición razonada, que modifique alguna de las disposiciones de las leyes que se le envíen para su promulgación o para que levante la sanción a toda la ley o a parte de ella.

Igualmente, el Presidente requiere del acuerdo del Consejo de Ministros para asumir la iniciativa para proponer enmiendas y reformas constitucionales (arts. 341,1 y 342) y para poder convocar una Asamblea Nacional Constituyente (art. 343).

E. *El Consejo Federal de Gobierno*

La Constitución de 1999 creó el Consejo Federal de Gobierno como el órgano encargado de la planificación y coordinación de políticas y acciones para el desarrollo del proceso de descentralización y transferencia de competencias del Poder Nacional a los Estados y Municipios.

Conforme al artículo 185 del texto fundamental, dicho Consejo lo preside el Vicepresidente Ejecutivo y está integrado por los Ministros, los Gobernadores, un Alcalde por cada Estado y representantes de la sociedad organizada, de acuerdo con la ley.

El Consejo Federal de Gobierno debe contar con una Secretaría, integrada por el Vicepresidente Ejecutivo, dos Ministros, tres Gobernadores y tres Alcaldes. De este Consejo Federal de Gobierno, además, debe depender el Fondo de Compensación Interterritorial, destinado al financiamiento de inversiones públicas "para promover el desarrollo equilibrado de las regiones, la cooperación y complementación de las

---

914   Ley Orgánica de Administración Financiera del Sector Público, *G.O.* N° 37.606 de 09-01-2003.

915   Ley Orgánica de la Administración Pública (Ley N° 40), *G.O.* N° 37.305 del 17 de octubre de 2001; Decreto N° 1475 de 17-10-2001 sobre Organización y Funcionamiento de la Administración Pública Central, *G.O.* N° 37.305 de 17-10-2//1

políticas e iniciativas de desarrollo de las distintas entidades públicas territoriales, y a apoyar especialmente la dotación de obras y servicios esenciales en las regiones y comunidades de menor desarrollo relativo".

Corresponde al Consejo Federal de Gobierno, con base en los desequilibrios regionales, discutir y aprobar anualmente los recursos que se deben destinar al Fondo de Compensación Interterritorial y las áreas de inversión prioritaria a las cuales se aplicarán dichos recursos.

F. El Consejo de Estado

Otra innovación de la Constitución de 1999 es la creación del Consejo de Estado como órgano superior de consulta del Gobierno y la Administración Pública Nacional (art. 251).

Tiene a su cargo recomendar políticas de interés nacional en aquellos asuntos a los que el Presidente o Presidenta de la República reconozca de especial trascendencia y requiera su opinión. Corresponde a la ley respectiva determinar sus funciones y atribuciones[916].

El Consejo de Estado lo preside el Vicepresidente Ejecutivo y está conformado, además, por cinco personas designadas por el Presidente de la República; un representante designado por la Asamblea Nacional; un representante designado por el Tribunal Supremo de Justicia y un Gobernador designado por el conjunto de mandatarios estadales (art. 252).

G. Los Ministros y la Asamblea Nacional

En el sistema presidencial venezolano, a diferencia de los moldes clásicos del presidencialismo norteamericano, los Ministros no sólo pueden ser llamados a comparecer ante la Asamblea Nacional y ser interpelados, sino que tienen iniciativa propia para participar en los debates de la misma. Además, la Asamblea puede aprobar votos de censura contra los Ministros. Se trata, sin duda, de injertos parlamentarios al sistema presidencial, que podrían contribuir a atenuar el presidencialismo.

Los Ministros, en efecto, de acuerdo con el artículo 211 tienen derecho de palabra en la Asamblea Nacional y en sus Comisiones; y además, pueden tomar parte en los debates de la Asamblea Nacional, aún cuando por supuesto, sin derecho al voto (art. 245).

Por otra parte, como se dijo, la Asamblea Nacional puede convocar a los Ministros para que comparezcan ante ella. A tal efecto, el artículo 222 de la Constitución regula los poderes de control de la Asamblea Nacional en relación con los Ministros, mediante las interpelaciones y las preguntas, además de cualquier otro mecanismo que establezcan las leyes y su reglamento.

De acuerdo con el artículo 223 de la Constitución, todos los funcionarios públicos incluyendo los Ministros, están obligados, bajo las sanciones que establezcan las

---

916   V., nuestro voto salvado sobre este tema en Allan R. Brewer-Carías, *Debate Constituyente*, Tomo III, *op. cit.*, p. 199.

leyes, a comparecer ante las Comisiones parlamentarias y a suministrarles las informaciones y documentos que requieran para el cumplimiento de sus funciones.

En ejercicio del control parlamentario, la Asamblea pueda declarar la responsabilidad política de los Ministros y solicitar al Poder Ciudadano que intente las acciones a que haya lugar para hacer efectiva tal responsabilidad.

Aunado a ello y conforme al artículo 244, los Ministros están obligados a presentar ante la Asamblea Nacional, dentro de los primeros 60 días de cada año, una memoria razonada y suficiente sobre la gestión del despacho en el año inmediatamente anterior, de conformidad con la ley.

Por último, la Asamblea nacional puede aprobar mociones de censura a los Ministros. El artículo 246 de la Constitución establece que la aprobación de una moción de censura a un Ministro por una votación no menor de las 3/5 partes de los integrantes presentes de la Asamblea Nacional, implica su remoción.

En este caso, el Ministro removido no puede optar al cargo de Ministro ni de Vicepresidente Ejecutivo por el resto del período presidencial.

VI. LAS FORMAS CONSTITUCIONALES DE TERMINACIÓN DEL MANDATO DEL PRESIDENTE DE LA REPÚBLICA

Contrariamente a lo que preveía la Constitución de 1961, la nueva Constitución de 1999 regula expresamente tres formas generales de terminación del mandato del Presidente de la República que son: en primer lugar, el vencimiento del período constitucional presidencial; en segundo lugar, cuando se produzca la falta absoluta del Presidente de la República en los casos de sometimiento a enjuiciamiento penal, abandono del cargo, revocación popular del mandato, destitución, incapacidad física o mental, renuncia o muerte; y en tercer lugar, la cesación del mandato decidida por una Asamblea Nacional Constituyente[917]. En 2004 se puso en funcionamiento un proceso de referendo revocatorio presidencial cuyas vicisitudes también se analizarán como estudio de caso.

1. *Las diversas formas de terminación del mandato presidencial*

A. *El vencimiento del período constitucional*

De acuerdo con la Constitución de 1999 el período presidencial es de seis años (art. 230). En consecuencia, el primer escenario de la salida del Presidente de la República de su cargo, por tanto, es por el vencimiento del período constitucional, sea porque no decida ir a la reelección, sea porque sea derrotada su candidatura en la votación.

B. *La falta absoluta del Presidente de la República*

En segundo lugar, también se produce la terminación del mandato del Presidente de la República, cuando ocurre la falta absoluta del mismo, lo que se puede producir

---

917 *V.*, Allan R. Brewer-Carías, *Reflexiones sobre el constitucionalismo en América*, Editorial Jurídica Venezolana, Caracas, 2001, pp. 243 y ss.

en las siguientes circunstancias: como consecuencia del enjuiciamiento penal; cuando se produzca el abandono del cargo; por revocación popular del mandato; cuando sea destituido; por incapacidad física o mental; por renuncia al cargo o por muerte.

a. El sometimiento a enjuiciamiento penal

El Presidente de la República puede ser enjuiciado penalmente por los delitos que cometa, como cualquier ciudadano.

Sin embargo, para que se lleve a cabo el enjuiciamiento deben cumplirse una serie de condiciones que se configuran como prerrogativas del Jefe de Estado.

Conforme al artículo 266 de la Constitución, corresponde al Tribunal Suprema de Justicia en Sala Plena, declarar si hay o no méritos para el enjuiciamiento del Presidente de la República. La solicitud ante el Tribunal Supremo corresponde formularla al Ministerio Público (art. 285,5). En igual sentido se establece en el artículo 377 del Código Orgánico Procesal Penal (COPP).

Si el Tribunal Supremo de Justicia decide que hay méritos para enjuiciar al Presidente, el asunto debe pasar a la Asamblea Nacional para que autorice el enjuiciamiento (art. 266,2).

En la Constitución de 1961, esta autorización correspondía ser adoptada por al Senado; pero eliminando este en la nueva Constitución, corresponde ahora a la Asamblea Nacional. Una vez que la Asamblea autorice el enjuiciamiento, entonces el Tribunal Supremo debe continuar conociendo de la causa hasta sentencia definitiva (art. 266,2).

La Constitución de 1999, sin embargo, nada dispuso sobre los efectos del enjuiciamiento del Presidente de la República en relación con el ejercicio de su cargo. La Constitución de 1961, en la norma que atribuía la autorización de enjuiciamiento al Senado, expresamente señalaba que "autorizado el enjuiciamiento, el Presidente quedará suspendido en el ejercicio de sus funciones" (art. 150,8). Esta suspensión daba origen a una falta temporal forzosa del Presidente de la República.

Como se dijo, la Constitución de 1999 nada dispone sobre la necesaria separación temporal del ejercicio de su cargo por el Presidente de la República una vez autorizado su enjuiciamiento y durante el lapso que dure el juicio. Este vacío lo suple, sin embargo, el Código Orgánico Procesal Penal, el cual regula expresamente la situación al señalar que "cumplidos los trámites necesarios para el enjuiciamiento, el funcionario quedará suspendido e inhabilitado para ejercer cualquier cargo público durante el proceso" (art. 380).

En consecuencia, autorizado por la Asamblea Nacional el enjuiciamiento, el Presidente de la República queda suspendido del cargo, configurándose dicha situación jurídica como una falta temporal.

La Constitución dispone que estas faltas temporales del Presidente de la República deben ser suplidas por el Vicepresidente hasta por 90 días, prorrogables por decisión de la Asamblea Nacional hasta por 90 días más (art. 234). Por tanto, si el proceso se prolonga por más de 90 días consecutivos, al término de dicho lapso la Asamblea Nacional debe decidir prorrogarlo o decidir por mayoría de sus integrantes si debe considerarse la falta como una falta absoluta (art. 234). Esta falta absoluta también se produce en forma automática al vencimiento de la prorroga de los 90 días de la falta temporal, de haber sido acordada.

Si la situación de falta absoluta, derivada del enjuiciamiento del Presidente de la República, se produce durante los primeros cuatros años del período constitucional, se debe proceder a una nueva elección universal, directa y secreta dentro de los 30 días consecutivos subsiguientes. Mientras se elige y toma posesión el nuevo Presidente, el Vicepresidente Ejecutivo (art. 233) se debe encargar de la Presidencia. En este caso, el nuevo Presidente una vez que tome posesión del cargo, debe sólo completar el período constitucional correspondiente.

En cambio, si la falta absoluta se produce durante los dos últimos años del período constitucional, el Vicepresidente Ejecutivo debe asumir la Presidencia de la República hasta complementar dicho período.

b. *El abandono del cargo: la conversión de una falta temporal en falta absoluta*

La Constitución establece que el Presidente de la República puede separarse temporalmente del ejercicio de su cargo. En tales supuestos, las faltas temporales las suple el Vicepresidente Ejecutivo (art. 234).

Una falta temporal puede consistir, por ejemplo, en ausencia por enfermedad o por un viaje dentro o fuera del territorio nacional. En el caso de ausencias del territorio nacional cuando se prolongue por un lapso superior a 5 días consecutivos, entonces se requiere de la autorización de la Asamblea Nacional o de la Comisión Delegada (art. 235; 187, 17; 196,2).

Las faltas temporales, como se dijo, sólo pueden tener un lapso de 90 días. Al término de dicho lapso, la Asamblea Nacional tiene el poder de decidir a prorrogarla por 90 días más, o decidir por mayoría de sus integrantes si debe considerarse que hay falta absoluta (art. 234). En este caso se da el supuesto de abandono del cargo declarado por la Asamblea Nacional (art. 233).

También se produce la situación de falta absoluta en forma automática, cuando concluya la prórroga de 90 días, es decir, cuando la falta absoluta sea de 180 días.

En caso de falta absoluta, como se dijo anteriormente, asume el Vicepresidente y debe o no realizarse una elección, según que la falta absoluta se produzca dentro de los 4 primeros años del período constitucional, o con posterioridad (Véase lo indicado en el punto II,1).

c. *La revocación popular del mandato*

Anteriormente, en la Tercera Parte, se ha analizado el referendo revocatorio de mandato previsto en la Constitución de 1999, como consecuencia de declarar al gobierno de la República como democrático, participativo, electivo, descentralizado, alternativo, responsable, pluralista y de mandatos revocables (art. 6).

En consecuencia, "todos los cargos y magistraturas de elección popular son revocables" como lo dice el artículo 72 de la Constitución; constituyendo la revocatoria del mandato de los funcionarios, de la esencia del régimen democrático. Se constituye, además como uno de los "medios (en lo político) de participación y protagonismo del pueblo en ejercicio de su soberanía" (art. 70).

Ahora bien, la revocatoria del mandato de los funcionarios electos, entre ellos del Presidente de la República, sólo puede producirse mediante la realización de un referendo revocatorio, que conforme al artículo 72 de la Constitución, se rige por las siguientes reglas:

Primero, la realización de un referendo revocatorio sólo puede efectuarse una vez transcurrido la mitad del período presidencial.

Segundo, la solicitud de la convocatoria de un referendo para revocar el mandato del Presidente de la República sólo puede tener su origen en una iniciativa popular, respaldada por un número no menor del 20% de electores inscritos en el Registro Civil y Electoral en la Circunscripción Nacional para el momento de presentación de la solicitud. Debe señalarse, además, que en ningún caso se puede hacer más de una solicitud de revocación del mandato durante el período presidencial o para el cual fue elegido el funcionario.

Tercero, la solicitud se formula ante el Consejo Nacional Electoral, a quien compete la organización, administración, dirección y vigilancia de los referendos (art. 293, 5).

Cuarto, al referendo revocatorio convocado deben concurrir, como votantes, un número de electores igual o superior al 25% de los electores inscritos en el Registro Electoral para el momento de la votación.

Quinto, para que se produzca la revocatoria del mandato de un funcionario público, incluido el Presidente de la República, deben votar a favor de la revocación, un número igual o mayor al número de electores que lo eligieron. En este caso, se considera revocado el mandato del funcionario y debe entonces procederse de inmediato a cubrir la falta absoluta de acuerdo con lo dispuesto en la Constitución (art. 72; 233).

Si se trata del Presidente de la República la revocatoria del mandato se considera una falta absoluta, en cuyo caso debe procederse como se indicó anteriormente.

En todo caso, la Sala Constitucional del Tribunal Supremo, al interpretar el artículo 72 de la Constitución, en la sentencia N° 1139 de 5 de junio de 2002 (Caso: *Sergio Omar Calderón y William Dávila*) señaló lo siguiente:

Al respecto, observa la Sala que la revocación, tal como ha sido concebida por nuestro constituyente en la norma objeto de estudio, es un mecanismo de remoción o separación categórica del funcionario electo por votación popular, incluidos los Gobernadores del Estado. De tal forma que, si el referéndum arroja un resultado favorable al representante, en principio, éste tiene derecho a seguir ejerciendo su magisterio por el resto del período, pero, si por el contrario, es proclamado el resultado de la consulta al cuerpo electoral, como favorable a la revocación del mandato, el artículo 72 de la Constitución vigente establece expresamente que "se procederá de inmediato a cubrir la falta absoluta conforme a lo dispuesto en la Constitución y las Leyes".

La referida disposición constitucional instituye, entonces, dos aspectos fundamentales: i) la revocación del mandato por vía de referéndum de todos los cargos y magistraturas de elección popular, produce la falta absoluta de los mismos, y ii) en cuyo caso, debe procederse de inmediato a cubrir la vacante, de conformidad con lo dispuesto en la Constitución y las leyes.

En tal sentido, advierte esta Sala que, en caso de revocatoria del mandato del Presidente o Presidenta de la República, la falta absoluta del mismo será cubierta de inmediato con arreglo a lo dispuesto en el artículo 233 de la Constitución ...

d.   La destitución del Presidente de la República

Dentro de los supuestos de faltas absolutas del Presidente de la República, está la destitución decretada por sentencia del Tribunal Supremo de Justicia (art. 233).

Esta norma es una innovación de la Constitución de 1999, ya que fue sólo en la Constitución de 1858 que se previó la figura de la "destitución" del Presidente de la República (art. 92), pero sin indicar el órgano que tenía el poder de decidir la destitución de algún titular de algún órgano del Poder Público.

La Constitución de 1999, por otra parte, no indica ni las causales de destitución, ni la iniciativa para iniciar un proceso tendiente a la destitución. Por ello, tratándose de una sanción, para que el Tribunal Supremo pudiera imponer esta pena, sería necesario que previamente y mediante Ley, se establezca el delito, la falta o la infracción que la origine (art. 49,6). En todo caso, debe garantizarse al Presidente de la República el debido proceso (art. 49).

La pena de destitución, por supuesto, también se configura como una falta absoluta del Presidente de la República, rigiéndose la situación conforme a los principios antes analizados (Véase lo señalado en el punto II,1).

e.   La incapacidad del Presidente de la República

El artículo 233 de la Constitución también considera que habría una falta absoluta del Presidente de la República, cuando la Asamblea Nacional apruebe la certificación que emita una junta médica designada por el Tribunal Supremo de Justicia, en la cual se determine que el Presidente de la República tiene incapacidad física o mental permanente para ejercer el cargo.

Para que pueda darse este supuesto de falta absoluta, por tanto, se requiere:

Primero, que exista una iniciativa ante la Corte Suprema de Justicia para que ésta designe una junta médica para que certifique sobre la incapacidad. Nada se indica en la Constitución sobre el número de médicos que deben formar la Junta; ni sobre quien tiene la iniciativa, ó si el Tribunal Supremo puede ejercer de oficio esta facultad de designación.

Segundo, luego de que la junta médica certifique la incapacidad del Presidente de la República, ello debe ser aprobado por la Asamblea Nacional. La Constitución nada indica sobre el quórum para esta aprobación ni dispone votación calificada alguna.

En este supuesto de declaratoria de incapacidad física o mental del Presidente, también se produciría una falta absoluta del Presidente de la República, en cuyo caso rige lo antes señalado (Véase lo señalado en el punto II,1).

f.   La renuncia del Presidente de la República

Otra causal que originaría una falta absoluta del Presidente de la República es su renuncia al cargo, es decir, la separación voluntaria del cargo de Presidente de la República.

Tratándose de un supuesto de falta absoluta (art. 233), también rigen los principios antes indicados (Véase lo señalado en el punto II,1).

g. *La muerte del Presidente de la República*

El artículo 233 de la Constitución también considera que se produciría una falta absoluta con la muerte del Presidente de la República, en cuyo caso debería procederse como se indicó anteriormente (Véase lo señalado en el punto II,1) respecto a las falta s absolutas.

C. *La cesación del mandato del Presidente de la República por decisión de una Asamblea Nacional Constituyente*

Entre los mecanismos de reforma constitucional, previstos en la Constitución, los artículos 347 y siguientes, conforme a la experiencia de hecho derivada de la Asamblea Nacional Constituyente de 1999, se reguló la figura de la Asamblea Nacional Constituyente la cual, como es sabido, no estaba contemplada en la Constitución de 1961.

De acuerdo con estas normas, resulta el siguiente régimen relativo a tal Asamblea Nacional Constituyente:

Primero, se declara que el pueblo "es el depositario del poder constituyente originario"; en consecuencia, no puede haber ningún otro órgano o institución del Estado, ni siquiera una Asamblea Nacional Constituyente, que pretenda erigirse en poder constituyente originario, como sucedió con la Asamblea Nacional Constituyente de 1999 (art. 347).

Segundo, el pueblo, en ejercicio del poder constituyente originario, "puede convocar" una Asamblea Nacional Constituyente con el objeto de transformar el Estado, crear un nuevo ordenamiento jurídico y redactar una nueva Constitución (art. 347). Esta convocatoria sólo puede hacerla "el pueblo", y este sólo puede expresarse mediante una votación popular, en este caso, mediante un referendo decisorio cuyas condiciones de realización, sin embargo, no están reguladas totalmente en la Constitución.

Tercero, "la iniciativa de convocatoria a la Asamblea Nacional Constituyente" la pueden tener, en primer lugar, el Presidente de la República en Consejo de Ministros; en segundo lugar, la Asamblea Nacional, mediante acuerdo de las dos terceras partes de sus integrantes; en tercer lugar, los Concejos Municipales en Cabildo, mediante el voto de las dos terceras partes de los mismos (existen 338 Municipios aproximadamente) y, en cuarto lugar, el 15% de los electores inscritos en el Registro Civil y Electoral (art. 348) (aproximadamente 1.5 millones).

Debe entenderse que, en este caso, se trata de la iniciativa para la convocatoria del referendo decisorio para que el pueblo se pronuncie sobre la convocatoria de la Asamblea Nacional Constituyente. El referendo decisorio, por tanto, debe contener las bases del estatuto de la Asamblea cuya elección debe convocarse, de resultar positivo la votación en el referendo. No tendría sentido interpretar esas normas deduciendo que se pueda convocar una Asamblea Nacional Constituyente al margen del pueblo.

Cuarto, "los poderes constituidos no podrán en forma alguna impedir las decisiones de la Asamblea Nacional Constituyente" (art. 349). Esto podría implicar, aún cuando con discusión sobre la adaptación al sentido de la regulación constitucional, por ejemplo, la posibilidad de que la Asamblea Nacional Constituyente pueda decidir la cesación en el ejercicio de sus cargos del Presidente de la República y de todos los otros titulares de los poderes constituidos, como ocurrió de facto, con la Asamblea Nacional Constituyente de 1999. En consecuencia, estableciéndose que los poderes constituidos, entre ellos el Presidente de la República, no pueden en forma alguna impedir las decisiones de la Asamblea Nacional Constituyente, una de esas decisiones podría ser esa cesación del mandato de los órganos de los poderes constituidos, lo que en caso de efectuarse podría ser otra forma de terminación del mandato del Presidente de la República.

Quinto, la nueva Constitución que adopte la Asamblea, no puede ser objetada por el Presidente de la República y la nueva Constitución, una vez promulgada, debe publicarse en la *Gaceta Oficial* (art. 349). No se dispone en la Constitución que la nueva Constitución deba ser sometida a referendo aprobatorio.

2.   *La experiencia sobre el referendo revocatorio presidencial de 2004: o de cómo un referendo revocatorio fue inconstitucionalmente convertido en un "referendo ratificatorio"*

El 15 de agosto de 2004 se efectuó en Venezuela un referendo revocatorio del mandato del Presidente de la República, Hugo Chávez Frías, quien había sido electo en agosto de 2000 con una votación de 3.757.774 electores. En dicho referendo, votaron a favor de la revocatoria de su mandato 3.989.008 electores, es decir, un número mayor que aquellos que lo eligieron, por lo que conforme al artículo 72 de la Constitución, se debía considerar revocado su mandato y se debía proceder de inmediato a realizar una elección para cubrir la falta absoluta que se había producido.

Dicho referendo revocatorio del mandato presidencial, sin embargo, por una interpretación del Consejo Nacional Electoral, evidentemente contraria a la Constitución, contenida en una norma de un acto administrativo, y luego, por una frase inserta en una sentencia de la Sala Constitucional del Tribunal Supremo de Justicia, fue convertido, de golpe, en un "referendo ratificatorio" del mandato del Presidente de la República, sin asidero constitucional alguno.

En efecto, el artículo 72 de la Constitución dispone:

Artículo 72. Todos los cargos y magistraturas de elección popular son revocables.

Transcurrida la mitad del período para el cual fue elegido el funcionario o funcionaria, un número no menor del veinte por ciento de los electores o electoras inscritos en la correspondiente circunscripción podrá solicitar la convocatoria de un referendo para revocar su mandato.

Cuando igual o mayor número de electores o electoras que eligieron al funcionario o funcionaria hubieren votado a favor de la revocación, siempre que haya concurrido al referendo un número de electores o electoras igual o superior al veinticinco por ciento de los electores o electoras inscritos, se considerará revocado su mandato y se procederá de inmediato a cubrir la falta absoluta conforme a lo dispuesto en esta Constitución y en la ley.

La revocación del mandato para los cuerpos colegiados se realizará de acuerdo con lo que establezca la ley.

Durante el período para el cual fue elegido el funcionario o funcionaria no podrá hacerse más de una solicitud de revocación de su mandato[918].

Como se observa, esta norma regula con cierta precisión el mecanismo para hacer efectivo el sistema de gobierno de mandatos revocables que establece la Constitución; pero dadas las interpretaciones de la Sala Constitucional, su texto ha resultado inocuo y trastocado.

A. *El gobierno de mandatos revocables*

El artículo 6 de la Constitución de 1999 establece que el gobierno de la República y de las entidades políticas que la componen, es decir, básicamente, de los Estados y de los Municipios, "es y será siempre democrático, participativo, electivo, descentralizado, alternativo, responsable, pluralista y de mandatos revocables".

Debe recordarse que el calificativo del gobierno como "representativo", que siempre había estado en todas las Constituciones de los Siglos XIX y XX, fue deliberadamente eliminado de la Constitución en 1999 con base en un discurso político supuestamente de carácter "participativo"[919]; y, en cambio, se estableció la revocación de los mandatos de elección popular como de la esencia del sistema de gobierno de Venezuela y, además, como un derecho ciudadano. Por ello, el artículo 62 de la Constitución establece el derecho de los ciudadanos a participar libremente en los asuntos públicos, directamente o por medio de sus representantes elegidos; el artículo 70 de la Constitución enumera los "medios de participación y protagonismo del pueblo en ejercicio de su soberanía, en lo político: la elección de cargos públicos, el referendo, la consulta popular, la revocación del mandato, las iniciativas legislativa, constitucional y constituyente, el cabildo abierto y la asamblea de ciudadanos cuyas decisiones serán de carácter vinculante, entre otros"; y el artículo 72 antes citado, regula específicamente el referendo revocatorio de mandatos de iniciativa popular.

Adicionalmente, el artículo 198 de la Constitución establece cuáles son los efectos de la revocatoria del mandato de los diputados a la Asamblea Nacional, disponiendo que aquellos cuyo mandato fuese revocado no pueden optar a cargos de elección popular en el siguiente período; y el artículo 233 enumera como causa de falta absoluta del Presidente de la República "la revocación popular de su mandato".

La revocatoria del mandato de los representantes electos, por tanto, conforme lo ha establecido la Sala Electoral del Tribunal Supremo de Justicia, es un mecanismo constitucional de "participación política del soberano en los asuntos que le conciernen", que exige al juez interpretar el ordenamiento jurídico, adaptando sus normas "a los valores, principios y reglas que pauta el nuevo Texto Fundamental, que resul-

---

918   Destacados del autor. Sobre la Constitución de 1999 V. Allan R. Brewer-Carías, *La Constitución de 1999. Derecho Constitucional Venezolano*, 2 Tomos, Editorial Jurídica Venezolana, Caracas, 2004.

919   *V.*, nuestro voto salvado en relación con esta norma en Allan R. Brewer-Carías, *Debate Constituyente*, (Aportes a la Asamblea Nacional Constituyente), Tomo III, Caracas 1999, pp. 237 y 252

ta ser la guía orientadora en toda labor hermenéutica progresiva y ajustada a los nuevos valores de nuestro ordenamiento"[920].

B. *La petición popular para la realización del referendo revocatorio de mandatos de elección popular*

En coincidencia con lo dispuesto en el artículo 70 de la Constitución, que identifica como uno de los medios de participación en lo político a "la revocación del mandato"; el artículo 72 de la Constitución regula el mecanismo del referendo revocatorio de mandatos de elección popular, disponiendo que en virtud de que todos los cargos y magistraturas de elección popular son revocables (art. 6), transcurrida la mitad del período para el cual fue elegido un funcionario, un número no menor del 20% de los electores inscritos en la correspondiente circunscripción electoral al momento de formular la solicitud, puede solicitar la convocatoria de un referendo para revocar dicho mandato.

En ausencia de una normativa legal que desarrollara el texto del artículo 72 de la Constitución, el Consejo Nacional Electoral en septiembre de 2003, con motivo de rechazar una solicitud de referendo revocatorio del mandato del Presidente de la República ("El Firmazo"), mediante Resolución N° 030912-461 de fecha 12 de septiembre de 2003, resumió lo que consideró era la doctrina de la Sala Constitucional[921] sobre los requisitos mínimos de orden formal que se requerían para ejercer el derecho constitucional al referendo revocatorio, los cuales pueden ser resumidos como sigue:

a) Está sujeto a un límite de naturaleza temporal como es, sin duda, que el derecho al referendo revocatorio sólo puede ejercerse una vez que haya transcurrido la mitad del período del funcionario cuya revocación se persigue;

b) Entre los requisitos formales de la solicitud, como formas esenciales que se deben cumplir inexorablemente, como "imprescindibles", está la exigencia de que la petición o solicitud de revocación exprese con precisión "el nombre y apellido del funcionario cuestionado y el cargo para el cual fue elegido popularmente, con indicación de la fecha de toma de posesión efectiva del mismo";

c) Teniendo el referendo revocatorio como único origen la iniciativa popular, el derecho al referendo revocatorio tiene como titulares a los ciudadanos integrantes del cuerpo electoral, por lo que la solicitud debe ir acompañada, "de los nombres y apellidos, números de cédula de identidad y las firmas respectivas", para que sean verificadas por el Consejo Nacional Electoral, el cual debe constatar, a través de la Comisión de Registro Civil y Electoral, "la debida inscripción de los electores y elec-

---

920 *V.*, la sentencia de la Sala Electoral del Tribunal Supremo de Justicia, N° 170 de 22 de diciembre de 2000 (Caso: *Club Social Layalina*), en *Revista de Derecho Público*, N° 84 (octubre-diciembre), Editorial Jurídica Venezolana, Caracas, 2000, pp. 49 y ss.

921 Sentada en la sentencia N° 1139 de 05-06-2002 (Caso: *Sergio Omar Calderón y William Dávila*), *Revista de Derecho Público*, N° 89-92, Editorial Jurídica Venezolana, Caracas 2002, pp. 164 y ss.

toras que figuran como solicitantes de la revocación del mandato en el Registro Electoral de la correspondiente circunscripción, pues, es éste el único organismo autorizado para verificar tales datos";

d)   La solicitud debe formularse ante el Consejo Nacional Electoral;

e)   La actividad del Consejo Nacional Electoral se ciñe a verificar las reglas del artículo 72 de la Constitución, con lo cual tiene prohibido cualquier "margen de discrecionalidad que autorice al Consejo Nacional Electoral a emitir pronunciamiento alguno sobre el mérito o conveniencia de la solicitud"; y

f)   El Consejo Nacional Electoral no puede "establecer -en las normativas de carácter sub-legal que dicte nuevas condiciones para la procedencia de la revocación del mandato, no contempladas en el marco constitucional vigente".

La materia, sin embargo, fue regulada días después por el mismo Consejo Nacional Electoral en la Resolución N° 030925-465 de 25 de septiembre de 2003, mediante la cual se dictaron las "Normas para Regular los Procesos de Referendos Revocatorios de Mandatos de Cargos de Elección Popular"[922], en las cuales, en nuestro criterio, se vulneró el derecho a la participación política consagrado en la Constitución, pues antes que facilitar su ejercicio, se establecieron trabas y requisitos que afectaron su ejercicio y lo limitaron más allá de lo permitido en la Constitución.

Estas limitaciones afectaron el ejercicio del derecho de petición de los electores, pues sin fundamento constitucional alguno, establecieron entre otras cosas, que las firmas en respaldo de la petición de los referendos sólo podían estamparse en un formulario preestablecido en papel especial diseñado por el Consejo Nacional Electoral; que dichas firmas sólo se podían estampar en unos lugares precisos y en un plazo de sólo unos días preestablecidos, eliminándose además, el derecho de aquellos ciudadanos que estuviesen fuera del país de poder respaldar con su firma la petición. Posteriormente, en forma sobrevenida, con motivo de la presentación de una solicitud de revocatoria de mandato del Presidente de la República ("El Reafirmazo"), el Consejo Nacional Electoral estableció en una nueva Resolución[923], requisitos formales adicionales, como el que la inscripción de los datos de los solicitantes debían ser escritos de puño y letra de cada uno de ellos, lo que llevó al cuestionamiento de un número considerable de peticiones ("Los Reparos")[924].

---

922   *G.O.* N° 37.784 del 26 de septiembre de 2003.

923   Resolución N° 040302-131 del Consejo Nacional Electoral de 2 de marzo de 2004.

924   Del total de 3.467.050 firmas o peticiones presentadas, fueron objetadas 876.017 firmas aproximadamente. La antes indicada, que estableció en forma sobrevenida los señalados requisitos, fue impugnada ante la Sala Electoral del Tribunal Supremo, la cual la anuló; pero la Sala Constitucional del mismo Tribunal Supremo, a su vez, al conocer de un recurso de revisión y de una posterior solicitud de avocamiento al conocimiento de la causa, la admitió y anuló la sentencia de la Sala Electoral. Se produjo, así, el secuestro de la Sala Electoral y la confiscación del derecho a la participación política de los ciudadanos. *V.*, Allan R. Brewer-Carías, *La Sala Electoral vs. El Estado democrático de derecho* (El secuestro del Poder Electoral y de la sala Electoral del Tribunal Supremo y la confiscación del derecho a la participación política), Ediciones El Nacional, Caracas, 2004.

Es de advertir que la manifestación de voluntad de respaldo a una solicitud de referendo revocatorio es un derecho constitucional que todos los ciudadanos tienen a la participación política, el cual no puede restringirse ni siquiera por ley, por lo que menos aún puede restringirse mediante actos reglamentarios, como el contenido en la mencionada Resolución. Así lo había afirmado la Sala Constitucional del Tribunal Supremo de Justicia en sentencia N° 321 de 22-02-2002, en la cual señaló que las limitaciones a los derechos constitucionales "derivan por sí mismas del texto constitucional, y si el legislador amplía el espectro de tales limitaciones, las mismas devienen en ilegítimas". Por tanto, la condición de ciudadano y el ejercicio de los derechos políticos de los mismos no pueden restringirse a sólo unos días; y esa condición no se pierde, en forma alguna, por encontrarse la persona fuera del país.

C. *La ilegítima transformación por la Sala Constitucional, del referendo revocatorio de mandatos en un referendo de "ratificación" de mandatos*

Como antes se ha señalado, en el artículo 72 de la Constitución se establece que para que un referendo revocatorio sea válido, no sólo se requiere que al menos el 20% de los electores inscritos en la circunscripción de que se trate solicite la convocatoria a referendo; sino que, al menos, participe en el referendo un 25% de los electores inscritos.

Como lo ha dicho la Sala Constitucional del Tribunal Supremo de Justicia, en sentencia N° 2750 de 21 de octubre de 2003, con estos porcentajes mínimos para solicitar el referendo y para que pueda tomarse en cuenta el resultado del mismo, un referendo revocatorio "aunque hubiera sido convocado correctamente, no tendrá valor alguno si existe escasa participación"; lo que tiene por objeto "evitar que pueda ser revocado el mandato de un funcionario electo con base en el resultado de un referendo con alta abstención".

En cuanto a los votos necesarios para que se produzca la revocatoria del mandato, la Sala Constitucional en la misma sentencia señaló:

El artículo 72 también dispone que sólo se revocará el mandato del funcionario si votan a favor de ello al menos una cantidad de personas igual al número de quienes lo eligieron en su momento, como una manera de impedir que funcionarios que alcanzaron su puesto con altos porcentajes de apoyo popular puedan perderlo por simple mayoría[925].

En consecuencia, a los efectos de que se produzca la revocatoria del mandato, se requiere, en primer lugar, que se produzca un quórum de asistencia consistente en que concurran al referendo un número de electores igual o superior al 25% de aquellos que estén inscritos en el registro civil y electoral. Sobre esto, la Sala Constitucional en la antes referida sentencia N° 1139 de 5 de junio de 2002 (Caso: *Sergio Omar Calderón Duque y William Dávila Barrios*) ha interpretado:

Que el quórum mínimo de participación efectiva en el referéndum revocatorio, debe estar representado necesariamente -por lo menos-, por el 25% de los electores

---

925 Caso: *Carlos E. Herrera Mendoza*, Interpretación del artículo 72 de la Constitución, en *Revista de Derecho Público*, N° 93-96, Editorial Jurídica Venezolana, Caracas 2003.

inscritos en el Registro Electoral de la circunscripción correspondiente para el momento de la celebración de los comicios referendarios[926].

En segundo lugar, se requiere que voten a favor de tal revocatoria un número de electores inscritos en el Registro Electoral para el momento de la celebración del referendo, igual o mayor de los que eligieron al funcionario. En el caso del referendo revocatorio del mandato del Presidente de la República ocurrido el 15 de agosto de 2004 bastaba, para la revocatoria del mismo, que votaran a favor de tal revocatoria un número de electores igual o mayor a 3.757.774, que había sido el número de votantes que lo habían elegido en agosto de 2000.

Sobre ello, la Sala Constitucional precisó en la misma sentencia N° 1139 de 5 de junio de 2002 (Caso: *Sergio Omar Calderón y William Dávila*) que:

La revocación del mandato no es producto de la arbitrariedad, sino una consecuencia lógica que se deriva del principio de soberanía popular, pues, por ser el pueblo soberano, puede ejercer el poder con la finalidad de dejar sin efecto el mandato de sus representantes elegidos popularmente, que han dejado de merecerles confianza, por haberse desempeñado en el ejercicio de sus funciones de forma inconveniente o contraria a los intereses populares o del Estado en general, quienes quedan entonces sometidos a la decisión del cuerpo electoral.

Siendo así las cosas, considera la Sala que el requerimiento del constituyente de 1999, cuando estableció en el segundo aparte del artículo 72, determinadas condiciones cuantitativas para que se considere revocado el mandato del funcionario electo, tiene como propósito demostrar fehacientemente la veracidad de los resultados obtenidos en el referéndum revocatorio ejecutado, de manera que no haya duda sobre la pérdida tan grave de popularidad del funcionario que deviene en ilegítimo, y la desaprobación de su gestión, por lo que resulta lógico que se exija que su revocación se produzca en virtud de la misma cantidad de votos, e incluso uno más, de los que previamente lo favorecieron cuando quedó investido del cargo público que ejercía, siempre que un quórum mínimo considerable de electores inscritos en el Registro Electoral hayan concurrido a desaprobar la gestión del mandatario cuestionado.

Según los planteamientos anteriores, interpreta la Sala que el quórum mínimo de participación efectiva en el referéndum revocatorio, debe estar representado necesariamente -por lo menos-, por el 25% de los electores inscritos en el Registro Electoral de la circunscripción correspondiente para el momento de la celebración de los comicios referendarios, y además, que la votación favorable a la revocación debe ser igual o mayor que la que el funcionario obtuvo cuando fue electo, sin que puedan someterse tales condiciones numéricas a procesos de ajuste o de proporción alguno.

En consecuencia, conforme a esta doctrina jurisprudencial de la Sala Constitucional y a la expresa disposición constitucional, se produce la revocación de un mandato de elección popular como consecuencia de un referendo revocatorio, cuan-

---

926   En *Revista de Derecho Público*, N° 89-92, Editorial Jurídica Venezolana, Caracas 2002, pp. 165 y ss. Este criterio fue ratificado en la sentencia N° 137 de 13-02-2003 (Caso: *Freddy Lepage y otros*), en *Revista de Derecho Público*, N° 93-96, Editorial Jurídica Venezolana, Caracas 2003, pp. 221 y ss.

do "la votación favorable a la revocación [sea] igual o mayor que la que el funcionario obtuvo cuando fue electo". Y nada más.

Se trata de un referendo revocatorio de mandatos de elección popular y no de un referendo "ratificatorio" de tales mandatos, el cual no existe en el texto constitucional. Este no regula plebiscito alguno, sino un referendo revocatorio de mandatos; y precisamente por ello, nada indica la Constitución para el caso de que si bien voten a favor de la revocatoria de un mandato un número de electores superior al número de votos que obtuvo el funcionario cuando fue electo, paralelamente, en dicha votación refrendaria se pronunciaren por la no revocación, un número mayor de votos. Ello podría ocurrir, pero la Constitución no le atribuye a ese hecho efecto jurídico constitucional alguno, limitándose a regular los efectos revocatorios del referendo, y nada más.: basta que la votación a favor de la revocación del mandato sea igual o mayor que la que el funcionario obtuvo cuando fue electo, para que quede el mandato revocado. Y ello es así, incluso a pesar de que el Registro Electoral haya variado con el transcurso del tiempo.

Sin embargo, de manera evidentemente inconstitucional, en las Normas para regular los procesos de Referendos Revocatorias de mandatos de Elección Popular dictadas por el Consejo Nacional Electoral mediante acto administrativo de 25 de septiembre de 2003[927], si bien se estableció que se considera revocado el mandato "si el número de votos a favor de la revocatoria es igual o superior al número de los electores que eligieron al funcionario", se agregó la frase: "y no resulte inferior al número de electores que votaron en contra de la revocatoria" (Art. 60). Con este agregado, en una norma contenida en un acto administrativo que por tanto es de rango sublegal, se restringió el derecho ciudadano a la revocatoria de mandatos populares, al establecerse un elemento que no está en la Constitución relativo a los efectos del voto por la "no revocación". Con ello se pretendió trastocar la naturaleza "revocatoria" del referendo que regula el artículo 72 de la Constitución, y se lo quiso convertir en un referendo "ratificatorio" de mandatos de elección popular.

Lo inaudito de este fraude constitucional, es que dicho criterio luego sería avalado por la propia Sala Constitucional del Tribunal Supremo en una frase contenida en la sentencia N° 2750 de 21 de octubre de 2003 (Caso: *Carlos E. Herrera Mendoza, Interpretación del artículo 72 de la Constitución*), en la cual señaló que:

Se trata de una especie de relegitimación del funcionario y en ese proceso democrático de mayorías, incluso, si en el referendo obtuviese más votos la opción de su permanencia, debería seguir en él, aunque voten en su contra el número suficiente de personas para revocarle el mandato[928].

Se trataba, en efecto, de una simple "apreciación" de la Sala Constitucional, sobre un criterio de que el funcionario revocado constitucionalmente, sin embargo, en esa circunstancia "debería" permanecer en el cargo. En el texto de la sentencia, además, nada se dijo de que se tratara de una "interpretación vinculante" de la Constitución.

---

927   Resolución N° 030925-465 de 25-09-2003

928   En *Revista de Derecho Público*, N° 93-96, Editorial Jurídica Venezolana, Caracas 2003, pp. 229-231

En un referendo revocatorio no puede haber votos "por la permanencia" del funcionario en el cargo; lo que hay son votos por la revocatoria o por la no revocatoria del mandato; es decir, hay votos SI o votos NO. Los votos por la no revocatoria del mandato son votos negativos (NO); y un voto negativo "por la no revocatoria" del mandato no puede ser convertido en un voto positivo (SI) "por la permanencia" del funcionario en su cargo o por la "ratificación del mandato". Ello sería cambiar la naturaleza del referendo revocatorio, lo que efectivamente ocurrió en Venezuela en agosto de 2004.

En efecto, en esa frase de la sentencia antes citada, la Sala Constitucional cambió la naturaleza de la revocación del mandato, y lo convirtió en un mecanismo para "relegitimar" o para "ratificar" mandatos de elección popular, cuando ello no fue la intención del Constituyente. Lo que la Constitución regula es la revocatoria popular de mandatos, y para ello, lo único que exige en materia de votación es que un número "igual o mayor de electores que eligieron al funcionario hubieren votado a favor de la revocación".

Es tan evidente que la citada sentencia modificó la Constitución, que con ocasión de la realización del referendo revocatorio del mandato del Presidente de la República que se efectuó el 15 de agosto de 2004, e independientemente de las denuncias que se formularon en relación a los manejos fraudulentos que acompañaron el proceso de votación, y que se formularon ante el Consejo Nacional Electoral, este órgano, mediante Resolución N° 040826-1118 de 26 de agosto de 2004, no sólo dio los datos definitivos de la votación efectuada en el referendo revocatorio, sino que acordó "ratificar" al Presidente de la República en su cargo en "acto solemne", hasta la terminación del período constitucional en enero de 2007.

En efecto, en la página web del Consejo Nacional Electoral del día 27 de agosto de 2004, apareció la siguiente nota en la cual se informaba que:

El Presidente del Consejo Nacional Electoral, Francisco Carrasquero López, se dirigió al país en cadena nacional para anunciar las cifras definitivas y oficiales del evento electoral celebrado el pasado 15 de agosto, las cuales dan como ratificado en su cargo al Presidente de la República, Hugo Rafael Chávez Frías, con un total de 5 millones 800 mil 629 votos a favor de la opción "No".

En la contienda electoral participaron 9 millones 815 mil 631 electores, de los cuales 3.989.008 se inclinaron por la opción "Sí" para revocar el mandato del Presidente Chávez. La totalización arrojó que la opción "No" alcanzó el 59,25% de los votos, mientras el "Sí" logró el 40,74% del total general, y la abstención fue del 30,02%.

Vale destacar que para estos comicios el Registro Electoral se incrementó significativamente, alcanzando un universo de 14.027.607 de electores con derecho a sufragar en el RR.

Con base en la expresión de la voluntad popular, el Consejo Nacional Electoral, este viernes 27 de agosto, ratificará en la Presidencia de la República Bolivariana de Venezuela a Hugo Chávez Frías, quien culminará su período constitucional en el año 2006.

De la información contenida en dicha nota, resultaba claro que los electores que votaron por la revocatoria del mandato del Presidente, que fueron 3.989.008, constituían un número mayor que el de los electores que en su momento habían elegido al

Presidente, que fueron 3.757.774, lo que conforme al texto expreso del artículo 72 de la Constitución bastaba para que se considerara revocado el mandato. Sin embargo, en la misma nota, y al contrario de lo que se establecía en la Constitución, se consideraba que con la referida votación el Presidente de la República habría sido "ratificado" en su cargo.

Además, siguiendo la orientación de esta nota, el Consejo Nacional Electoral en la mencionada Resolución N° 040826-1118 de 26 de agosto de 2004, resolvió "publicar los resultados de la totalización de actas de escrutinio correspondiente al referendo revocatorio presidencial, celebrado el 15 de agosto de 2004"; siendo su texto leído en el acto solemne efectuado en la sede de dicho organismo el día 27 de agosto de 2004. En dicha Resolución, que sólo fue publicada días después en *Gaceta Electoral* del 30 de agosto de 2004[929], el Consejo Nacional Electoral publicó "los resultados de la totalización de Actas de Escrutinio correspondientes al referendo revocatorio presidencial celebrado el 15 de agosto de 2004", indicando que los votos por la opción SI, es decir, por la revocatoria del mandato del Presidente de la República fueron de 3.989.008 votos; y que los votos por la opción NO fueron de 5.800.629 votos. El Presidente de la República, como se dijo, había sido electo en agosto de 2000 con 3.757.774 votos, por lo que conforme al artículo 72 de la Constitución su mandato había quedado revocado.

Sin embargo, el Consejo Nacional Electoral en la mencionada Resolución de 26 de agosto de 2004, señaló que vistos los resultados de la votación señalados,

[Con] con fundamento en el artículo 20 de las Normas para la Totalización y Proclamación de los Resultados del Referendo Revocatorio Presidencial del 15 de agosto de 2004 y especialmente, con atención a lo dispuesto en la doctrina vinculante con el artículo 72 de la Constitución de la República establecida por la Sala Constitucional del Tribunal Supremo de Justicia en su sentencia de fecha 21 de octubre de 2001, el Consejo Nacional Electoral hace constar que el mandato popular del ciudadano Hugo Rafael Chávez Frías, titular de la cédula de identidad N° 4.258.228, como Presidente de la República de la República, ha sido ratificado por el pueblo venezolano en la jornada electoral del 15 de agosto pasado y, por consiguiente, el mencionado ciudadano tiene derecho a ocupar y ejercer el señalado cargo público, hasta la culminación del actual período constitucional".

Con esta Resolución, puede decirse que se consolidó el fraude constitucional que había ido configurándose, al trastocarse una "revocación de mandato" en una supuesta "ratificación de mandato" de un funcionario que había quedado constitucionalmente revocado.

Además, la propia Asamblea Nacional participó en la configuración del fraude constitucional, y en la misma fecha 27 de agosto de 2004 realizó una sesión solemne para entregarle al Presidente de la República, un "Acuerdo de la Asamblea Nacional sobre ratificación del Presidente de la República", en uno de cuyos Considerandos se afirmó:

Que el resultado del proceso refrendario ha expresado de manera clara e inequívoca la ratificación del mandato del Presidente Constitucional Hugo Chávez Frías,

---

929   *Gaceta Electoral* N° 210 de 30-08-2004.

representando una incuestionable victoria democrática de la voluntad mayoritaria del pueblo heroico del Libertador Simón Bolívar, en el esfuerzo colectivo para consolidar y profundizar la revolución democrática, pacífica, la justicia social y la autodeterminación nacional, proceso y proyecto político comprometido con el logro de los fines y propósitos contenidos en la Constitución de la Republica Bolivariana de Venezuela.

D. *Los efectos de la revocatoria del mandato*

Pero el trastocamiento del sentido de la revocación de mandatos en la Constitución, tanto por la Sala Constitucional del Tribunal Supremo como por el Consejo Nacional Electoral, no sólo ha ocurrido al cambiarse la naturaleza "revocatoria" del referendo por una supuesta "ratificación" de mandatos; sino que además se ha evidenciado por las imprecisiones interpretativas de la mencionada Sala Constitucional del Tribunal Supremo.

En efecto, en caso de que se produzca la revocatoria del mandato de un funcionario electo, los efectos de tal revocatoria es que debe procederse de inmediato a cubrir la falta absoluta conforme a lo dispuesto en la Constitución y en la Ley. Si se trata de un Diputado a la Asamblea Nacional, debería realizarse una nueva elección, pero la Sala Constitucional ha determinado que lo sustituye su suplente por el resto del período[930]. En caso de que no existan suplentes, por supuesto que debería efectuarse una nueva elección.

En relación con el Presidente de la República, la forma de proceder para cubrir la falta absoluta que se produciría con la revocación del mandato, conforme al artículo 233, varía según que ésta ocurra durante los primeros cuatro años de los seis del período constitucional o durante los dos últimos: En el primer caso, debe procederse a una nueva elección presidencial para que quien resulte electo complete el período constitucional por los dos años restantes; y en el segundo caso, el Vicepresidente Ejecutivo es quien debe asumir la Presidencia hasta completar dicho período.

Ahora bien, la revocación del mandato de cargos de elección popular, sin duda, confronta claramente dos derechos constitucionales. Por una parte, el derecho individual de cada ciudadano a ser postulado como candidato y ser electo popularmente para cargos o mandatos representativos; y por la otra, el derecho colectivo de los ciudadanos a revocar el mandato de aquellos a quienes el pueblo eligió.

El juez constitucional y, en general, el intérprete, por tanto, al momento de considerar los efectos de la revocatoria del mandato, tiene que poner en la balanza judicial ambos derechos, y determinar cuál tiene mayor valor en caso de conflicto o duda. Ya que, en una democracia puramente representativa, quizás el derecho del representante podría privar; pero en una democracia que además de ser representativa, la participación popular como derecho constitucional tiene un valor preponderante, sin duda que el derecho colectivo del pueblo soberano de revocar el mandato de los elegidos tiene que tener un mayor valor.

Esto tiene particular importancia en cuanto a los efectos de la revocación del mandato. Este es un acto político del pueblo en rechazo a un funcionario, desaloján-

---

930   Sentencia de 05-06-2003 (Caso: *Sergio Omar Calderón Duque y William Dávila*).

dolo del ejercicio de su cargo; razón por la cual, como sanción popular que es, ello tendría que impedir que el funcionario revocado pueda presentarse de nuevo como candidato al mismo cargo en las elecciones subsiguientes para completar el período constitucional que le habría sido truncado por el pueblo.

Ahora bien, en cuanto a los efectos de la revocatoria de los mandatos, en lo que se refiere a la revocación del mandato de los diputados a la Asamblea Nacional, la Constitución es explícita en cuanto a la determinación de los efectos de la revocatoria, al señalar expresamente que el diputado revocado "no podrá optar a cargos de elección popular en el siguiente período" (art. 198). Sin embargo, nada indica la Constitución sobre los efectos de la revocación del mandato en el caso del Presidente de la República y de los otros funcionarios electos, como son los Legisladores miembros de los Consejos Legislativos estadales, los Concejales miembros de Concejos Municipales, o los Gobernadores y Alcaldes. En estos casos, sin embargo, lo cierto es que el intérprete tiene que considerar la existencia de los dos derechos constitucionales antes señalados y que se encontrarían confrontados. Por una parte, el derecho político colectivo de los ciudadanos a revocarle el mandato a los funcionarios de elección popular, incluido el Presidente de la República; y por la otra, el derecho político individual de éste a ser electo; conflicto en el cual la balanza se tendría que inclinar, sin duda, a favor del derecho político colectivo de los ciudadanos a revocarle el mandato, lo que acarrearía lógicamente que el funcionario revocado no podría presentarse como candidato en la elección que resultara necesario hacer para que un "nuevo Presidente" complete el período constitucional correspondiente[931]. Pues de lo contrario se estaría configurando otro fraude a la Constitución.

E.   *La incertidumbre construida por la Sala Constitucional para eliminar el carácter del gobierno como de mandatos revocables*

La Sala Constitucional del Tribunal Supremo de Justicia, sin duda, es la llamada a resolver el conflicto entre los dos derechos antes indicados; y acorde con los valores y principios constitucionales, descartar la posibilidad de que un Presidente de la República cuyo mandato haya sido revocado, pudiera ser candidato en la elección que debiera realizarse como consecuencia de la revocatoria de su mandato. Estas nuevas votaciones deberían tener por objeto elegir a un nuevo Presidente para completar el mandato del revocado, dándole primacía al derecho político colectivo de los ciudadanos a la revocación del mismo, como manifestación de la democracia de participación consagrada en la Constitución, y del gobierno de mandatos revocables que ella establece[932].

Lamentablemente, sin embargo, la Sala Constitucional, en esta materia, no sólo no ha sido el máxime intérprete de la Constitución acorde con sus valores y princi-

---

931   *V.,* las declaraciones de Allan R. Brewer-Carías, "El derecho de los ciudadanos a revocar priva sobre la candidatura de Chávez", dadas al periodista Edgar López, *El Nacional*, Caracas 11-06-2004, pp. A-1 y A-4.

932   Nótese que la Constitución de 1999 sustituyó el calificativo de "gobierno representativo" que contenía el artículo 3 de la Constitución de 1961 por el de "gobierno de mandatos revocables" que contiene el artículo 6, equivalente, en la Constitución de 1999.

pios, sino que más bien ha sido complaciente con el Poder, lo que ha quedado en clara evidencia a través de sus sucesivas decisiones en la materia.

En efecto, dado el silencio de la Constitución, la Sala Constitucional comenzó estableciendo en su sentencia N° 2404 de 28 de agosto de 2003 (Caso: *Exssel Alí Betancourt Orozco, Interpretación del artículo 72 de la Constitución*), que en el supuesto de la revocatoria del mandato del Presidente de la República, en la elección del nuevo Presidente:

Evidentemente no podría participar dicho funcionario (revocado), pues cualquier falta absoluta del Presidente implica la separación del cargo y la consecuente sustitución del mismo. Lo contrario supondría una amenaza de fraude a la soberanía popular[933].

El texto de esta sentencia, sin embargo, fue desconocido posteriormente por la propia Sala Constitucional del Tribunal Supremo, de manera por demás insólita, ya que su contenido fue publicado por el Tribunal Supremo y dada a conocer a los medios de comunicación, pero no llegó a ser publicada en la página web del Tribunal Supremo. Así, la Sala Constitucional, en una inusual "Aclaratoria" emitida de oficio en fecha 1° de septiembre de 2003, desconoció lo expresado en el fallo, considerando el tema como no decidido.

El texto de la "Aclaratoria", sin embargo, luego de haber sido incorporada en la página web del Tribunal Supremo, fue posteriormente eliminado de la misma, y tiene el tenor siguiente:

ACLARATORIA; El 28 de agosto de 2003 esta Sala Constitucional, en el expediente 03-0763, pronunció sentencia N° 2404, en la que declaró inadmisible el recurso de interpretación que interpuso el ciudadano EXSSEL ALÍ BETANCOURT OROZCO, en relación con el artículo 72 de la Constitución de la República Bolivariana de Venezuela.

Como se observa que en el texto de dicha decisión aparecen expresiones que erróneamente pudieran entenderse como una definitiva interpretación de la norma constitucional que se mencionó (art. 72) en el punto que requirió el solicitante, la Sala de oficio aclara y decide que, por cuanto la pretensión del actor fue declarada inadmisible, los alcances de dicho fallo N° 2404 quedan estrictamente limitados y sujetos al pronunciamiento de inadmisibilidad, sin que, en consecuencia, puedan extenderse a otros aspectos de cualquier naturaleza que pudieran extraerse de la redacción del mismo, máxime cuando, equivocadamente, se invocan pronunciamientos precedentes que la Sala no ha hecho. Por otra parte, ante esta misma Sala cursa expediente número 02-3215 (solicitud hecha por el ciudadano Esteban Gerbasi), cuyo ponente es el Magistrado Dr. José Manuel Delgado Ocando, en el que corresponderá a la Sala Constitucional la decisión sobre si un funcionario de elección popular, a quien le sea revocado el mandato, podrá participar o no en un inmediato y nuevo comicio. Sépase, pues, que sólo en la oportunidad cuando recaiga sentencia

---

933 *V.*, la reseña del periodista Edgar López, El Nacional, Caracas, 04-01-2004, p. A-2

que expresamente decida la interpretación del asunto que se refirió habrá certeza sobre el punto"[934].

En las actas procesales del expediente, en todo caso, la única referencia que quedó relativa a este espinoso asunto, es un "Auto" de la Sala Constitucional del mismo día, 1° de septiembre de 2003, ordenando abrir una averiguación penal para establecer responsabilidades sobre el contenido de la sentencia que supuestamente no se correspondía con el texto del fallo que habían aprobado los Magistrados. Todo este incidente, que originó la apertura de una investigación criminal inusitada, la cual por supuesto, no ha concluido y seguramente no concluirá en nada, fue calificado, con razón, como una polémica "con características escandalosas" [935].

Con el desconocimiento de su decisión por la propia Sala Constitucional, quedó abierta entonces la cuestión jurídica aún por resolver, sobre si un Presidente de la República revocado podría presentarse como candidato en la elección subsiguiente: No sólo la que debía efectuarse para completar el período constitucional si es revocado después de cumplir tres años de mandato pero antes de que se cumplan cuatro del período presidencial; sino en la elección para el período constitucional subsiguiente.

El asunto, como se dijo, no está resuelto expresamente en la Constitución, como sí lo está respecto de la revocación de los mandatos de los diputados a la Asamblea Nacional[936].

Posteriormente, el 10 de junio de 2004 ya se reseñaba sobre la existencia de una ponencia de sentencia que circulaba en la Sala Constitucional, de interpretación del artículo 72 de la Constitución, y que aparentemente no resolvía la duda que había quedado con el texto de la sentencia N° 2042 de 28-08-2003, (Caso *Exssel Alí Bentancourt Orozco*), que había sido desconocido por la propia Sala Constitucional[937].

Y así, conforme a ese anuncio, días después, la Sala Constitucional dictaría la sentencia N° 1173 de 15 de junio de 2004 (Caso: *Esteban Grebasi*) con motivo de la solicitud de interpretación del artículo 72 de la Constitución, en virtud de la duda razonable que el recurrente había alegado "consistente en saber si un funcionario cuyo mandato le fuere revocado con base en el citado artículo 72 puede optar a algún cargo de elección popular durante el siguiente período correspondiente". El recurrente también había argumentado que la "prohibición de postulación a cargos de elección popular prevista en el artículo 198 de la Carta Magna" debía "entenderse comprendida dentro del alcance del artículo … ya que resulta contrario a la razón y, en consecuencia, a toda regla lógica, que un funcionario cuyo mandato ha sido revocado por el propio pueblo que lo eligió opte inmediatamente a un cargo (al) que

---

934 El texto ha sido tomado de la cita que hizo el Magistrado Antonio J. García García en su voto salvado a la sentencia N° 1173 de 15-06-2004 (Caso: *Esteban Gerbasi*).

935 *V.,* la reseña de Edgar López, *El Nacional*, Caracas, 04-01-2004, p. A-2.

936 El artículo 198 dispone que los diputados cuyo mandato fuera revocado no pueden optar a cargos de elección popular en el siguiente período.

937 *V.,* la reseña de Edgard López en *El Nacional*, Caracas 10-06-2004; *V.,* los comentarios en Allan R. Brewer-Carías, *La Sala Constitucional vs. El Estado democrático de derecho (El secuestro del Poder Electoral y de la sala Electoral del Tribunal Supremo y la confiscación del derecho a la participación política)*, Ediciones El Nacional, Caracas 2004, pp. 58-59.

debe ser también elegido"; considerando que un funcionario, al serle revocado su mandato con fundamento en el mecanismo previsto en el artículo 72 de la Carta Magna, "pierde el derecho a ser elegido al mismo cargo del cual le ha sido revocado por mandato popular".

La Sala Constitucional, para decidir, delimitó el ámbito de la solicitud en relación a "la duda existente en el ánimo del solicitante al interponer la presente acción de interpretación constitucional …en saber si el Presidente de la República, dado el caso que se le revocara su mandato de conformidad con el mecanismo de participación política previsto en el artículo 72 de la Constitución de la República Bolivariana de Venezuela, le sería aplicable la inhabilitación prevista en el artículo 198 *eiusdem*, respecto de los Diputados a la Asamblea Nacional"; pasando entonces a decidir interpretando "las disposiciones constitucionales en concordancia con el resto de la Carta Magna, considerada ésta *in totum*".

La Sala Constitucional, después de argumentar sobre las técnicas de interpretación constitucional, recordó la "restricción para el empleo de la interpretación modificativa, contenida en el aforismo romano favorabilia amplianda, odiosa restringenda, según el cual las disposiciones de carácter prohibitivo deben ser interpretadas restrictivamente y aquéllas favorables a las libertades consagradas en el ordenamiento deben serlo extensivamente", concluyendo que la interpretación en materia de derechos humanos debe "siempre hacerse conforme al principio de preeminencia de los derechos humanos, el cual, junto con los pactos internacionales suscritos y ratificados por Venezuela relativos a la materia, forma parte del bloque de la constitucionalidad".

A continuación la Sala Constitucional analizó el artículo 233 de la Constitución, y estableció que la revocatoria del mandato otorgado al Presidente de la República, conforme al mecanismo previsto en el artículo 72 de la Carta Magna, generaría una falta absoluta de dicho funcionario, la cual debía ser cubierta de los modos siguientes:

a. Si la revocatoria del mandato opera antes de concluido el cuarto año de su período constitucional (en el caso del corriente, de conformidad con lo señalado por esta Sala en sus sentencias núms. 457/2001 y 759/2001, del 5 de abril y 16 de mayo de 2001, respectivamente, casos: Francisco Encinas Verde y otros, y William Lara, en su orden; antes del 19 de agosto de 2004), tal falta sería cubierta por un nuevo Presidente de la República, resultante de una nueva elección universal, directa y secreta a realizarse dentro de los treinta (30) días consecutivos siguientes a la revocatoria, al cual correspondería concluir el período en curso; y

b. En el caso de que la revocatoria se produzca durante los últimos dos años del período constitucional (en el caso del presente período presidencial, si se produjera con posterioridad al 19 de agosto de 2004), la falta sería cubierta por el Vicepresidente Ejecutivo o Vicepresidenta Ejecutiva, quien asumiría la Presidencia de la República hasta completar dicho período.

Luego de estos razonamientos, la Sala fue concluyente al afirmar que:

Visto lo anterior, esta Sala observa que la revocatoria popular del mandato del Presidente de la República, de conformidad con los artículos 72 y 233 de la Constitución de la República Bolivariana de Venezuela, acarrea su falta absoluta en el cargo y, por ende, su separación definitiva del mismo por el período correspondiente (subrayado nuestro).

Pero en relación con los alegatos del solicitante en cuanto a la aplicación al Presidente de la República del artículo 198 de la Carta Magna, relativo a la restricción a los Diputados de la Asamblea Nacional para postularse a cargos de elección popular en el período siguiente a la revocatoria popular de su mandato, la Sala Constitucional juzgó "que de ser cierta tal afirmación constituiría una limitación al ejercicio de un derecho fundamental, cual es, el derecho a la participación del Presidente de la República (cfr. sentencia de la Sala Plena de la extinta Corte Suprema de Justicia del 5 de diciembre de 1996, Caso: *Ley de División Político-Territorial del Estado Amazonas*), en una de sus vertientes, el derecho de postulación, consagrado en el último párrafo del artículo 67 de la Carta Magna"; estimando además, que "dicha restricción no se encuentra en la Constitución ni en ley alguna, y pertinente es señalar que la Convención Americana sobre Derechos Humanos, suscrita y ratificada por Venezuela (*Gaceta Oficial* N° 31.256 del 14 de junio de 1977), la cual, de conformidad con el artículo 23 de la Constitución, es de aplicación preferente cuando contenga disposiciones sobre el goce y ejercicio de los derechos humanos más favorables a las establecidas en el ordenamiento interno, y son de aplicación inmediata y directa por los tribunales y demás órganos del Poder Público". Por todo ello, la Sala concluyó su sentencia resolviendo que:

> Sobre la base de la anterior motivación y en atención al principio constitucional de preeminencia de los derechos fundamentales establecido en el artículo 2 de la Carta Magna, esta Sala Constitucional del Tribunal Supremo de Justicia declara que la restricción contenida en el artículo 198 de la Constitución de la República Bolivariana de Venezuela, según la cual los Diputados a la Asamblea Nacional, cuyo mandato fuere revocado de conformidad con el mecanismo previsto en el artículo 72 eiusdem, no podrán optar a cargos de elección popular en el siguiente período, no es aplicable al Presidente de la República, y así se decide.

Olvidó la Sala, sin embargo, que en el caso concreto de la revocatoria del mandato del Presidente de la República estaban en juego dos derechos constitucionales y no sólo uno de ellos: la Sala razonó con base en el solo derecho político individual del Presidente de la República a ser postulado y a ser electo; pero para ello se había olvidado que existía otro derecho constitucional en juego, el derecho político colectivo de los ciudadanos a revocarle el mandato al Presidente de la República, el cual debía privar sobre el primero.

Además, la Sala olvidó analizar el artículo 230 de la Constitución que establece que el período presidencial es de seis años, pudiendo el Presidente "ser reelegido, de inmediato y por una sola vez, para un nuevo período". Olvidó la Sala considerar que para que un Presidente de la República pueda ser reelecto, tiene que haber completado su período presidencial para poder ser electo "de inmediato y por una sola vez, para un nuevo período". Si un Presidente no termina su mandato, porque renunció o porque fue revocado, tendría entonces una imposibilidad de ser reelecto "de inmediato".

Por lo que en caso de revocarse el mandato del Presidente de la República, en forma alguna podría ser candidato en la elección para el próximo período presidencial.

Mucho menos, por supuesto, podría ser candidato un Presidente revocado antes de cumplirse los cuatro primeros años de su mandato, en la elección subsiguiente para elegir un "nuevo Presidente" para completar el resto del período del Presidente revocado. Como lo dijo la propia Sala Constitucional en su sentencia: La revocatoria del mandato "acarrea su falta absoluta en el cargo y, por ende, su separación definitiva del mismo por el período correspondiente", por lo cual no puede pretender ser electo por el resto de dicho período en el cual fue revocado.

Pero ello no había sido resuelto expresamente, por lo que una vez más se prolongó la incertidumbre sobre la posibilidad -absurda- que podía deducirse en forma indirecta, de que un Presidente revocado al no aplicársele la restricción del artículo 198 de la Constitución, pudiera ser candidato y electo en las elecciones presidenciales para el próximo período constitucional. Continuó existiendo, así, la supuesta "duda" sobre si el Presidente revocado antes de cumplirse los primeros cuatro años de su mandato, podía presentarse a la elección para elegir un "nuevo Presidente" que completara el resto del período presidencial.

Sin embargo, la antes mencionada sentencia N° 1173 de la Sala Constitucional tuvo dos votos salvados de los Magistrados Antonio J. García García y Rondón Haaz.

El Magistrado Antonio J. García García consideró que los planteamientos de la sentencia de la Sala "confunden los efectos de la revocatoria de mandato de los Diputados a la Asamblea Nacional y del Presidente de la República, en virtud del error en que se incurrió en la elaboración de una de sus premisas", considerando que:

> [la] Sala, en ejercicio de una interpretación sistemática de la Constitución, debió pronunciarse con claridad sobre cada uno de los supuestos que la solicitud de interpretación encierra. Particularmente, frente a la actual realidad política y electoral que vive el país, se estima importante la definitiva posición de la Sala respecto a la posibilidad de que el Presidente de la República que sea revocado por vía de referendo, intervenga pasivamente en el proceso electoral convocado tanto para proveer -por el resto del período- la vacante producida por la revocatoria del mandato, como para escoger a un nuevo Presidente por el período constitucional siguiente, pues, si bien expresamente se resolvió, como ya se indicó, el último escenario mencionado, quien suscribe observa que, aún cuando resultara obvia la consecuencia lógica de la revocatoria del mandato, nada se dice sobre el impedimento que tendría dicho funcionario para ser candidato en el otro escenario planteado, esto es, en las elecciones a realizarse dentro de los treinta (30) días consecutivos siguientes a la eventual remoción del Presidente por vía de referendo revocatorio, cuando la mayoría sentenciadora señaló que "la revocatoria popular del mandato del Presidente de la República, de conformidad con los artículos 72 y 233 de la Constitución de la República Bolivariana de Venezuela, acarrea su falta absoluta en el cargo y, por ende, su separación definitiva del mismo por el período correspondiente".

En caso de revocatoria del mandato, como falta absoluta del Presidente de la República, el Magistrado García consideró que:

> [una] interpretación armónica de la Constitución y de la institución de la figura del revocatorio, nos permitiría decir que el constituyente exige la elección de un nuevo Presidente, sin la posibilidad de que el funcionario revocado pueda medirse en ese proceso electoral convocado para suplir la falta absoluta, de manera que, lógicamente, debe entenderse que la afirmación que se ha hecho en el fallo que antecede con respecto a que la restricción contenida en el artículo 198 *eiusdem* no es

aplicable al Presidente de la República, sólo conduce a concluir que quien haya sido revocado en el cargo de Presidente de la República podrá optar para ser nuevamente elegido por un período constitucional distinto al que no concluyó por la voluntad popular expresada en el referendo revocatorio.

Resultaría un contrasentido que un funcionario al que se le revocó el mandato pueda presentarse como candidato en la elección que se convoque para proveer la vacante causada por la sanción que los electores le propinaron, improbando su gestión, dado que la propia Constitución, en su artículo 233, determina que 'el nuevo Presidente' asumirá sus funciones para completar el período, lo que indica claramente que se trata de otro Presidente, pues cualquier falta absoluta implica la separación categórica del funcionario y la consiguiente sustitución personal del mismo. Pretender un efecto contrario significaría una amenaza de fraude a la soberanía de la voluntad popular que, expresada por vía de referendo revocatorio, ha interrumpido el desempeño de un cargo de elección popular, bien por motivos de legitimidad, cuando ha dejado de merecerles su confianza, o bien por resultar inconveniente o inoportuna para los intereses del país la gestión que en el ejercicio del mismo realiza su titular.

Siendo ello así, la inhabilitación natural producida por la revocatoria popular que excluye la aspiración del Presidente removido para culminar el período correspondiente, no podría asimilarse a la inhabilitación a que se refiere el artículo 198 de la Constitución, ya que, según dispone el propio texto constitucional, la forma de cubrir la falta absoluta de los Diputados a la Asamblea Nacional cuyo mandato sea revocado es distinta a la que se preceptúa para proveer la vacante al cargo de Presidente de la República, dada la ausencia en este último caso de un suplente que, junto con el principal, haya sido también elegido popularmente.

Concluyó el Magistrado García su voto salvado señalando que:

> [una] interpretación integrada de las normas constitucionales lleva a concluir que, independientemente de la falta de prohibición expresa que inhabilite al Presidente de la República removido, para optar a cargos de elección popular, el efecto práctico del referendo revocatorio no puede ser otro que una nueva elección para completar el período presidencial, en la cual no puede participar quien ha sido revocado. Sostener un criterio distinto, bajo el argumento del derecho a ser elegido y el consecuente derecho a postularse que tiene toda persona en cabeza del revocado, dejaría completamente sin efecto la finalidad esencial de todo proceso revocatorio, cual es la sanción política de separarlo del ejercicio del cargo e inhabilitarlo para ello por el período por el cual fue elegido. En definitiva, se irrespetaría con ello la voluntad popular manifestada en el referendo correspondiente.

Por su parte, el Magistrado Rondón Haaz, en particular destacó que la sentencia no daba respuesta a la duda que expresó el solicitante de la interpretación en cuanto a la posibilidad de participación del Presidente de la República, a quien se le hubiere revocado el mandato, en la elección inmediata a que se refiere el artículo 233 de la Constitución de la República Bolivariana de Venezuela como fórmula para la cobertura de falta absoluta que tal revocatoria produce. Agregó el Magistrado que:

> Más allá del error del solicitante respecto a la posibilidad, que la Sala descartó, de extensión de la inhabilitación a que se contrae el artículo 198 de la Constitución a funcionarios distintos a los que éste se refiere, la Sala ha debido agotar la interpre-

tación que se le requirió para la resolución, de una vez y en forma integral, de las dudas interpretativas que han generado las disposiciones constitucionales en cuestión y que se reflejan en un grueso número de solicitudes de interpretación de las mismas que cursan en sus archivos.

Pero lamentablemente, la línea de acción de la mayoría de la Sala Constitucional en esta materia parecía ser más bien no agotar la interpretación de las normas constitucionales sino, al contrario, mantener siempre alguna incertidumbre para tener un hilo de poder permanente. Ello se evidenció de la sentencia N° 1378 del 22 de julio de 2004 (Caso: *Braulio Jatar Alonso y otros*), dictada días después, con motivo de un recurso de interpretación interpuesto precisamente sobre el artículo 233 de la Constitución, el cual fue declarado sin lugar[938], perdiéndose la oportunidad que tenía la Sala de interpretar definitivamente su contenido.

Ahora bien, en cuanto a la sentencia N° 1173, y por lo que respecta al Voto Salvado del Magistrado Rondón Haaz, luego de concordar con la opinión del Magistrado García García, señaló que:

> [Cuando] la Carta Magna exige la elección de un nuevo Presidente, impide la posibilidad de que el funcionario cuyo mandato hubiere sido revocado pueda participar como candidato en el proceso electoral que se convoque para que supla su propia falta absoluta. Y es que, además de que la simple lógica repudia que un funcionario al que se le hubiere revocado el mandato pudiera presentarse como candidato en la elección que se convocase para la provisión de la vacante que habría causado la improbación de su gestión por el electorado, la propia norma constitucional determina que, en esto oportunidad (elección inmediata) deberá elegirse a un nuevo Presidente que completará el período del Presidente saliente.

Por otra parte, la pretensión de lo contrario, con cualquier fundamento (como podría ser el derecho al sufragio pasivo y a postulación de aquel cuyo mandato hubiere sido revocado), enervaría la finalidad de todo proceso revocatorio, cual es, como apuntó el Magistrado García García, la sanción política al funcionario en cuestión, que comporta, además de la separación del ejercicio del cargo, la inhabilitación para su ejercicio por el período por el cual fue elegido, en abierto fraude a la voluntad popular.

---

938 La Sala Constitucional, en efecto, se limitó a interpretar el término de los dos últimos años del período presidencial iniciado en 2000, así: "Así las cosas, es claro que en la decisión parcialmente transcrita, la Sala sentenció que el actual período presidencial, cuya duración es de seis (6) años de acuerdo con el artículo 230 constitucional, culmina el 19 de agosto de 2006, pero que el actual Presidente de la República -o quien desempeñe conforme a la Constitución dicho cargo en caso de falta absoluta de aquél- seguirá ocupando dicho cargo hasta la fecha de inicio del primer año del siguiente período constitucional, esto es, hasta el 10 de enero de 2007, para ajustar la realidad electoral del órgano Presidencia de la República a la exigencia del Texto Constitucional sin que sea menester para ello efectuar una enmienda del artículo 231 de la vigente Constitución; en tal sentido, del contenido de la sentencia examinada se desprende de manera indubitable que los (2) dos últimos años del actual período presidencial, iniciado el día 19 de agosto de 2000, comienzan el día 19 de agosto de 2004, sin que para declarar tal situación cronológica sea necesario realizar una interpretación de la norma contenida en el artículo 233 de la Norma Fundamental, o efectuar una interpretación de las normas incluidas en los artículos 230 y 231 eiusdem, adicional o complementaria a la hecha en la decisión N° 457/2001, del 5 de abril, caso: *Francisco Encinas Verde y otros*".

En todo caso, las dudas que habían quedado de la interpretación constitucional que había efectuado la Sala Constitucional, hechas incluso antes de que la sentencia se conociera, dada la divulgación del contenido de la ponencia respectiva[939] fueron inmediatamente advertidas[940]; razón por la cual el solicitante de la interpretación anunció que solicitaría la aclaratoria de la sentencia[941]. La sentencia, en realidad, se había limitado a señalar que el texto del artículo 198 de la Constitución que contiene una restricción respecto de los diputados revocados, no se podía aplicar al Presidente de la República, lo que era de lógica interpretativa constitucional elemental; pero dejaba sin resolver lo esencial: Primero, si el Presidente revocado podía presentarse como candidato en la elección que dentro del mes siguiente debía efectuarse para elegir un "nuevo Presidente" que concluyera el período constitucional para el cual había sido electo el Presidente revocado; y segundo, si el Presidente revocado, quien por ello no habría completado su período presidencial, podía presentarse como candidato a la nueva elección presidencial para el próximo período presidencial, una vez completado por un nuevo Presidente el período del cual hubiera sido revocado.

En cuanto a la elección presidencial para elegir a un nuevo Presidente para completar el período constitucional del Presidente revocado, la sentencia sí dijo que la revocación del mandato del Presidente de la República "acarrea su falta absoluta en el cargo y, por ende, su separación definitiva del mismo por el período correspondiente", lo que significa que no podría el Presidente pretender presentarse como candidato para ser electo y terminar el período constitucional del cual habría sido popularmente revocado.

Pero el propio Presidente de la República, cuyo mandato se había solicitado fuera revocado en la votación que se efectuó el día 15 de agosto de 2004, antes de esa fecha, el día 8 de julio de 2004 desde Puerto Iguazú, donde había asistido como invitado a la XXVI Cumbre del Mercado Común del Sur, se encargaría de "aclararle" a quien quisiera oír o leer, que si llegaba a perder el referendo revocatorio, entregaría la Presidencia "porque al mes siguiente estaré peleando nuevamente por la Presidencia"[942]. Lamentablemente, esta "aclaratoria" afectaba la que se había solicitado a la Sala Constitucional, particularmente por las simultáneas declaraciones del Presidente del Tribunal Supremo y de la Sala Constitucional, Iván Rincón, dadas con toda diligencia, y que aparecieron publicadas en la prensa al día siguiente, cuyo contenido permitía pensar que el mandado ya estaba hecho.

En efecto, por encima de cualquier duda que pudiera existir, el Presidente del Tribunal Supremo de Justicia y de la Sala Constitucional, en declaraciones publicadas en la prensa el 10 de julio de 2004, ratificaría lo que el Presidente de la República había anunciado en la víspera. Dicho Magistrado declaró que ya existía una ponencia de sentencia de "aclaratoria" de la sentencia N° 1173 de la Sala Constitucional, elaborada por el Magistrado Delgado Ocando, cuyo texto dijo que ya conocía, pero había que esperar que la vieran los otros Magistrados, y sin rubor alguno y sin

---

939   V., la reseña de Edgar López, en El Nacional, Caracas 10-06-2004, p. A-6.

940   V., la opinión de Hermann Escarrá en El Nacional, Caracas, 10-06-2004, p. A-6.

941   V., en El Nacional, Caracas 16-06-2004, p. A-2; El Nacional, Caracas 17-06-2004, p. A-2; 4.

942   V., El Nacional, Caracas 9-06-2004.

recordar que los jueces no pueden adelantar opinión sobre fallos no publicados, indicó que la confusión que existía en la materia se debía a:

[Las] declaraciones encontradas de los famosos juristas que siempre están desglosando sentencias y leyes, olvidándose de lo que aprendieron en las Universidades, de las investigaciones que han hecho y de lo que saben... juristas que pertenecen a las famosas Academias de Caracas...[943]

Agregando que:

La sentencia es muy clara y tiene solo una lectura...La sentencia dice: Señores, los derechos consagrados en la Constitución son iguales para todos, salvo en casos de excepciones establecidas en la misma Carta Magna, en las leyes o en los Tratados Internacionales.

En materia de derechos constitucionales, las restricciones tienen que estar expresamente establecidas en leyes formales, como se desprende de la Convención Americana sobre Derechos Humanos y de la resolución de la Comisión Interamericana de Derechos Humanos, con las cuales se nos amenaza constantemente.

Nosotros, lo que decimos es que la Constitución establece expresamente la imposibilidad de que un diputado al que se le haya revocado su mandato, opte a cargos de elección popular en el siguiente período, pero no indica nada respecto de los alcaldes, los gobernadores y el Presidente de la República. Terminamos diciendo que no puede haber restricciones si no están en ley o en la Constitución

La gente lo que pregunta es: pero ¿Chávez puede participar? Señores, no hay restricciones si no están en la Constitución o en la ley y ahora nosotros tenemos que responder en la aclaratoria si Hugo Chávez Frías puede participar o no en caso de que le sea revocado el mandato[944].

El Magistrado, al dar dichas declaraciones, no sólo olvidó su condición de tal Magistrado, sino que olvidó de nuevo que lo que estaba en juego en este caso judicial, no solo era el ejercicio de un derecho político individual del Presidente revocado de postularse y ser electo; sino el derecho político colectivo de los ciudadanos a revocarle el mandato a los representantes electos. La Sala Constitucional no podía resolver la cuestión tomando en cuenta el sólo derecho individual del Presidente e ignorando el derecho político colectivo de los ciudadanos. Al hacer tal afirmación, en todo caso, el Magistrado había ignorado que el gobierno en Venezuela "es de mandatos revocables" (Art. 6 de la Constitución); y había olvidado que al menos

---

943 Pedro Llorens, sobre esta frase del Magistrado, señaló que "no es capaz de redactar una sentencia medianamente correcta y se limita a leer las que elaboran los otros", en "El hacedor de sentencias", *El Nacional*, Caracas 11-07-2004, p. A-9. Por su parte, el profesor José Muci Abraham, ex Presidente de la Academia de Ciencias Políticas y Sociales, dijo: "Los vendedores de sentencias despotrican de los juristas que orgullosamente pertenecemos 'a las famosas academias de Caracas'. El complejo de provincialismo le sale por los poros. Los punza el dolor de sentirse inferiores y de haberse destacado sólo a expensas de servir los intereses de los poderosos, por una dádiva compensatoria de su servilismo. ¿Han pensado esos bufones del foro, que con su torcida interpretación exponen al país a una contienda de impredecibles consecuencias? ¿Han meditado sobre los efectos de constreñir insensatamente a un pueblo a que vuelva a los comicios para enfrentar de nuevo al gobernante proscrito 30 días antes?, en "Supina ignorancia del supremo", *El Nacional*, Caracas, 14-07-2004, p. A-9.

944 *V.*, en la entrevista con Edgard López, *El Nacional*, Caracas 10-07-2004, p. A-2.

tenía que ponderar ambos derechos en la balanza de la justicia, y establecer por qué uno privaría sobre el otro.

El abogado Gerbasi, quien había sido el recurrente en el recurso de interpretación, el día 13 de julio de 2004 no tuvo otra alternativa que recusar al Magistrado Presidente de la Sala Constitucional, por haber adelantado opinión sobre la anunciada "aclaratoria" de la sentencia[945]; pero al día siguiente, el 14 de julio de 2004, el propio Magistrado Iván Rincón, Presidente del Juzgado de Sustanciación (además de ser Presidente de la Sala Constitucional y del propio Tribunal Supremo), declararía sin lugar la recusación por considerarla extemporánea, ya que después de dictarse sentencia definitiva no habría recusación, y en el caso concreto se trataba de una aclaratoria de una sentencia. Argumentó además el Magistrado que las declaraciones que aparecieron en la nota del periodista Edgar López en el diario El Nacional, supuestamente eran "el producto de la interpretación que realizó el periodista y no una trascripción exacta" de lo que había expresado en la entrevista; a lo cual respondió el periodista Edgar López, en la "Nota del redactor" que publicó, que "Es inútil aclarar que en el texto publicado no hay interpretación ni inexactitud que pudiera alterar el sentido de lo dicho por el presidente del TSJ… La grabación no permitirá a nadie mentir"[946].

En definitiva, la Sala Constitucional del Tribunal Supremo, a pesar de haber tenido en sus manos la posibilidad de resolver la interpretación constitucional de los artículos 72, 230 y 233 de la Constitución antes de la realización del referendo revocatorio del mandato del Presidente de la República, el cual finalmente se efectuó el 15 de agosto de 2004 a solicitud popular conforme al artículo 72 de la Constitución[947]; sin embargo, no lo hizo y continuaron las dudas que existían sobre dos aspectos esenciales en esta materia de los efectos de un referendo revocatorio de mandato presidencial: Primero, si el Presidente cuyo mandato era revocado podía presentarse como candidato y ser electo como "nuevo Presidente", en las elecciones que debían convocarse dentro del mes siguiente a su revocación para completar los dos años restantes (2004-2006) del período constitucional presidencial (que había iniciado en 2000 y culminaba en 2006) del cual había sido revocado; y segundo, si un Presidente revocado podía presentarse como candidato a la "reelección", en las elecciones presidenciales que debían realizarse a finales de 2006, para el período constitucional presidencial subsiguiente (2007-2013).

La duda interpretativa continuó, y el órgano constitucional llamado a interpretar la Constitución y a aclarar las dudas, lo que había hecho era prolongar la incertidumbre, con el objeto, sin duda, de seguir ejerciendo el poder último de decisión en la materia.

---

945   Gerbasi dijo a la prensa: "Después de un año y seis meses que no contestaron el recurso de interpretación, solicitamos una aclaratoria. Chávez le dejó una orden expresa a Rincón desde Argentina", *El Nacional*, Caracas, 11-07-2004, p. A-7. V. además, El Nacional, 14-07-2004, p. A-6.

946   *V.*, en *El Nacional*, Caracas 15-07-2004, p. A-4.

947   Sobre las vicisitudes para dicha convocatoria V. Allan R. Brewer-Carías, La Sala Constitucional vs. El Estado democrático de derecho (El secuestro del Poder Electoral y de la sala Electoral del Tribunal Supremo y la confiscación del derecho a la participación política), Ediciones *El Nacional*, Caracas, 2004.

El Presidente de la República, antes de que se realizara el acto de votación del referendo sobre la revocatoria de su mandato el 15 de agosto de 2004, en todo caso, sobre el primer aspecto que había quedado constitucionalmente sin resolver, ya se había anticipado a los posibles acontecimientos y había anunciado públicamente que en caso de ser revocado su mandato, el Vicepresidente Ejecutivo quedaría encargado de la Presidencia de la República y él, "al mes siguiente ya sería candidato a la Presidencia de la República otra vez"[948].

Sin embargo, no tuvo oportunidad de violentar la Constitución, pues se le había adelantado el Consejo Nacional Electoral, el cual, como se ha dicho, el 26 de agosto de 2004, sin competencia constitucional alguna, decidiría "ratificar" al Presidente de la República en su cargo, dado que según las cifras de votación que anunció, a pesar de que había suficientes votos para que constitucionalmente hubiera quedado revocado el mandato (más de los que había sacado cuando fue electo), sin embargo, habría habido más votos por la no revocación de su mandato.

VII. EL EJERCICIO COMPARTIDO DE LA FUNCIÓN NORMATIVA

1. *La Asamblea Nacional como cuerpo legislador: el régimen constitucional de las leyes*

   A. *La noción de ley y sus clases*

      a. *Las leyes y los Códigos*

De acuerdo con el artículo 202 C, ley es el acto sancionado por la Asamblea Nacional como cuerpo legislador. Se trata de una definición netamente formal, al igual que la denominación de Códigos que adopta la Constitución, y que define como las leyes que reúnan sistemáticamente las normas relativas a determinada materia.

      b. *Las leyes orgánicas*

Fue la Constitución de 1961 la que reguló por primera vez en nuestro ordenamiento jurídico constitucional la figura de las leyes orgánicas, distinguiendo dos categorías: las que así se denominaban en el mismo texto constitucional y las que fueran investidas con tal carácter por la mayoría absoluta de los miembros de cada Cámara al iniciarse en ellas la discusión del respectivo proyecto de ley (art. 163).

Este concepto fue variado en la Constitución de 1999[949], en cuyo artículo 203 también se las regula, pero distinguiéndose cuatro categorías de leyes orgánicas:

948 *V.*, *El Nacional*, Caracas 06-08-2004, p. A-6. La misma declaración la formuló ante los corresponsales extranjeros el 12-08-2004. *V.*, *El Nacional*, Caracas, 13-08-2004, p. A-4.

949 *V.*, en general José Peña Solís, "La nueva concepción de las leyes orgánicas en la Constitución de 1999", en *Revista del Tribunal Supremo de Justicia*, Nº 1, Caracas, 2000, pp. 73-111; Milagros López Betancourt, "Una aproximación a las Leyes Orgánicas en Venezuela", *Libro Homenaje a Enrique Tejera París, Temas sobre la Constitución de 1999*, Centro de Investigaciones Jurídicas (CEIN), Caracas, 2001, pp. 109 a 157.

En primer lugar, las que así denomina la Constitución, las cuales son las siguientes: Ley Orgánica de Fronteras (art. 15), Ley Orgánica de División Territorial (art. 16), Ley Orgánica de la Fuerza Armada Nacional (art. 41), Ley Orgánica del Sistema de Seguridad Social (art. 86), Ley Orgánica para la Ordenación del Territorio (art. 128), Ley Orgánica que establece los límites a los emolumentos de los Funcionarios Públicos (art. 147), Ley Orgánica de Régimen Municipal (art. 169), Ley Orgánica que regule los Distritos Metropolitanos (arts. 171, 172), Ley Orgánica que regule la Inelegibilidad de Funcionarios (art. 189), Ley Orgánica de reserva al Estado de Actividades, Industria o Servicios (art. 302), Ley Orgánica del Consejo de Defensa de la Nación (art. 323), Ley Orgánica que regule el Recurso de Revisión de las Sentencias de Amparo y de Control Difuso de la Constitucionalidad (art. 336), Ley Orgánica de los Estados de Excepción (art. 338 y Disposición Transitoria Tercera, 2), Ley Orgánica sobre refugiados y asilados (Disposición Transitoria Cuarta, 2), Ley Orgánica sobre Defensa Pública (Disposición Transitoria Cuarta, 5), Ley Orgánica de Educación (Disposición Transitoria Sexta), Ley Orgánica de Pueblos Indígenas (Disposición Transitoria Séptima), Ley Orgánica del Trabajo (Disposición Transitoria Cuarta, 3), Ley Orgánica Procesal del Trabajo (Disposición Transitoria Cuarta, 4) y Código Orgánico Tributario (Disposición Transitoria Quinta).

En segundo lugar, también son leyes orgánicas las que se dicten para organizar los poderes públicos como son: Ley Orgánica de la Administración Pública -Poder Ejecutivo-, (art. 236, ord. 20); Ley Orgánica de la Procuraduría General de la República (art. 247), Ley Orgánica del Poder Judicial, Ley Orgánica del Tribunal Supremo de Justicia (art, 262); Ley Orgánica del Poder Electoral (art. 292 y Disposición Transitoria Octava); Ley Orgánica del Poder Ciudadano, comprendidas la Ley Orgánica de la Contraloría General de la República, Ley Orgánica de la Fiscalía General de la República -Ministerio Público-, y Ley Orgánica de la Defensoría del Pueblo (Disposición Transitoria Novena); Ley Orgánica de Régimen Municipal - Poder Municipal- (art. 169 y Disposición Transitoria Primera) y Ley Orgánica que regule los Consejos Legislativos Estadales (art. 162).

En tercer lugar, también son leyes orgánicas, aquellas destinadas a "desarrollar los derechos constitucionales", lo que abre un inmenso campo para tal categoría, ya que ello implica que todas las leyes que se dicten para desarrollar el contenido de los artículos 19 a 129 deben ser leyes orgánicas.

En cuarto lugar, también son leyes orgánicas "las que sirvan de marco normativo a otras leyes".

Tal es el caso, por ejemplo, del Código Orgánico Tributario que debe servir de marco a las leyes tributarias específicas o de la Ley Orgánica de Régimen Presupuestario que debe servir de marco normativo a las leyes anuales o plurianuales de presupuesto, o la Ley Orgánica de Crédito Público la cual debe servir de marco normativo a las leyes específicas de operaciones de crédito público.

El sentido de la reforma constitucional en esta materia se analizó en la sentencia Nº 1971 de 16 de octubre de 2001 de la Sala Constitucional del Tribunal Supremo, al señalar que consistió en:

(i) suprimir la libertad que el derogado Texto Constitucional de 1961 confería en su artículo 163 al Órgano Legislativo Nacional para que invistiera, con el voto favorable de una mayoría calificada y, supuestamente, según su apreciación de la importancia del ámbito regulado, a determinados textos legales con el carácter de preceptos orgánicos, junto a los así calificados en forma expresa por la Norma Constitucional, y (ii) adoptar un criterio material para delimitar los supuestos en que la actual Asamblea Nacional puede, mediante una mayoría calificada, atribuir el carácter orgánico a determinadas normas legales, todo ello en atención a la función que dichas disposiciones ocupan en el ordenamiento jurídico, a saber, la de regular una materia específica, vinculada con derechos constitucionales, la organización de las ramas del Poder Público o con la producción de otras normas, en forma preferente a la ley ordinaria que pueda ser dictada respecto de esa misma materia por el Órgano Legislativo Nacional, todo ello a fin de impedir la modificación constante de dicho régimen y no concertada de dichas normas orgánicas, en perjuicio de la estabilidad de las instituciones o del efectivo ejercicio de los derechos protegidos constitucionalmente[950].

Ahora bien, sobre las cuatro categorías mencionadas de leyes orgánicas previstas en la Constitución, la Sala Constitucional del Tribunal Supremo en sentencia N° 537 de 12 de junio de 2000, estableció los criterios de la distinción en la siguiente forma:

La clasificación constitucional utiliza criterios de división lógica distintos, pues las categorías 1ª y 4ª obedecen a un criterio técnico-formal, es decir a la prescripción de su denominación constitucional o la calificación por la Asamblea Nacional Constituyente de su carácter de ley marco o cuadro; mientras que las categorías 2ª y 3ª obedecen a un principio material relativo a la organicidad del poder público y al desarrollo de los derechos constitucionales.

En el fondo, la categoría 4ª implica una investidura parlamentaria, pues la Constitución de la República Bolivariana de Venezuela no precisa pautas para su sanción, y a diferencia de la categoría 1ª, la constitucionalidad de la calificación de orgánica de las leyes incluidas en este rubro, requiere el pronunciamiento de la Sala Constitucional para que tal calificación sea jurídicamente válida.

Desde luego que el pronunciamiento de la Sala Constitucional es necesario para cualquiera de las categorías señaladas, excepto para las leyes orgánicas por denominación constitucional, pues el artículo 203 de la Constitución de la República Bolivariana de Venezuela se refiere "a las leyes que la Asamblea Nacional Constituyente haya calificado de orgánicas", lo que significa que son todas las incluidas en las categorías 2ª, 3ª y 4ª.

La calificación de la Asamblea Nacional Constituyente depende, por tanto, del objeto de la regulación (criterio material) para las categorías 2ª y 3ª, y del carácter técnico-formal de la ley marco o cuadro para la categoría 4ª. En esta última categoría, el carácter técnico-formal se vincula con el carácter general de la Ley Orgánica respecto de la especificidad de la Ley o leyes ordinarias subordinadas. Ello permitiría establecer, en cada caso, y tomando en cuenta los criterios exigidos para las categorías 1ª, 2ª y 3ª, las condiciones materiales de su organicidad[951].

---

950   Citada en la sentencia N° 34 de 26-01-2004 (Caso: *Interpretación artículo 203 de la Constitución*).

951   *V.*, en *Revista de Derecho Público*, N° 82, (abril-junio), Editorial Jurídica Venezolana, Caracas, 2000, pp. 141 y 142.

En particular, en relación con la categoría de leyes orgánicas así denominadas en la Constitución, la Sala Constitucional en sentencia N° 1723 de 31 de julio de 2002, ha señalado que la misma está reservada a materias de especial trascendencia, tales como:

a) las relativas al funcionamiento de los órganos de más alto rango de las diferentes ramas en que se divide el Poder Público [Fuerza Armada Nacional (art. 41), Distritos Metropolitanos (art. 172), Administración Pública Nacional (art. 236.20.), Procuraduría General de la República (art. 247), Tribunal Supremo de Justicia (art. 262), Poder Ciudadano (art. 273), Poder Electoral (art. 292) y Consejo de Defensa de la Nación (art. 323)]; b) a la organización del territorio y la armonización interterritorial: [fronteras (art. 15), división político-territorial (art. 16), ordenación del territorio (art. 128), organización municipal (art. 169), límites a los emolumentos de los funcionarios públicos (art. 147)] c) a la industria y finanzas públicas [actividad petrolera (art. 302), crédito público (art. 312), administración económica y financiera del Estado (art. 313)]; d) desarrollo de los derechos constitucionales [los comprendidos en el Título III de la Constitución, lo relativo a los refugiados (Disposición Transitoria Cuarta)]; y e) protección del orden constitucional [jurisdicción constitucional (art. 336.11), estados de excepción (art. 338)][952].

La Sala Constitucional incluso, y a pesar de la enumeración constitucional, ha razonado sobre la naturaleza de las leyes orgánicas señalando en sentencia n° 2573 de 16 de octubre de 2002, que "la calificación de una ley como orgánica tiene, en nuestro ordenamiento jurídico, una significación importante, que viene determinada por su influencia dentro del sistema de jerarquía de las leyes en relación con un área específica, por ello, la inclusión de la expresión orgánica en su denominación revela mucho más que un nombre, pues con éste se alude al carácter o naturaleza relevante de una determinada norma dentro de aquel sistema"; agregando en sentencia n° 1723 de 31 de julio de 2002, que la naturaleza orgánica de la ley también surge del contraste con las leyes ordinarias, pues las orgánicas "están asociadas a determinadas materias o cumplen un determinado fin técnico"[953].

Ahora bien, como consecuencia de esta naturaleza y del rango e importancia que tienen en el ordenamiento jurídico, el 203 de la Constitución establece una exigencia formal de mayoría calificada para que los proyectos de leyes orgánicas no calificadas como tales directamente en la Constitución pueda comenzar a ser discutida. La norma, en efecto, dispone que todo proyecto de ley orgánica, salvo aquél que la propia Constitución así califica, debe ser previamente admitido por la Asamblea Nacional, "por el voto de las dos terceras partes de los integrantes presentes" antes de iniciarse la discusión del respectivo proyecto de ley, agregando que esta votación calificada también debe aplicarse "para la modificación de las leyes orgánicas".

Sobre la diferencia de tratamiento en cuanto a la mayoría calificada para que pueda ser admitida la discusión de un proyecto de ley orgánica, la Sala Constitucional en sentencia N° 34 de 26 de enero de 2004 (Caso: *Interpretación del artículo 203 de la Constitución*), la ha justificado así:

---

952 Citada en la sentencia N° 34 de 26-01-04 (Caso: *Interpretación artículo 203 de la Constitución*).
953 *Idem.*

Tal previsión del constituyente (de excluir el requisito agravado de admisión por el voto favorable de las dos terceras partes de los integrantes de la Asamblea Nacional del procedimiento de discusión y sanción de las leyes orgánicas por calificación constitucional), en criterio de esta Sala, se justifica por el hecho de que en los casos de leyes orgánicas investidas con tal carácter por la propia Norma Constitucional no es necesario lograr el acuerdo o consenso político de los miembros del Órgano Legislativo Nacional en la etapa de admisión del respectivo proyecto de ley (que, lógicamente, es previa a la sanción del respectivo proyecto), dado que el mismo se entiende adoptado por el órgano depositario del poder constituyente que reside en el pueblo, al momento de sancionar el propio Texto Constitucional. Cosa distinta ocurre con las demás normas o leyes orgánicas cuyo carácter derive de la investidura que la Asamblea Nacional (al considerarla subsumible en algunos de los supuestos del artículo 203 constitucional) le confiera al momento de decidir su admisión, ya que en tales casos sí es menester el acuerdo o consenso político, expresado por el voto favorable de las dos terceras partes de los integrantes de la Cámara, al momento de admitir el proyecto de ley en particular, siendo en tal exigencia -la mayoría calificada exigida para la admisión de las leyes orgánicas no calificadas como tales por la Constitución- donde radica el cambio entre el procedimiento agravado establecido en el artículo 163 de la Constitución de 1961 y el establecido en el artículo 203 de la Constitución de 1999[954].

En todo caso, sobre estas exigencias constitucionales en relación con la mayoría calificada para la admisión de los proyectos, la Sala Constitucional ha señalado en la citada decisión N° 1723 de 31 de julio de 2002, que:

Las diferencias anotadas no son producto de un capricho del constituyente, y que, por el contrario, tienen su fundamento en atendibles razones de orden político-constitucional que, sean cuales fueren, justifican su cumplimiento riguroso, esto es, que los requisitos establecidos por la Constitución de la República Bolivariana de Venezuela para darle carácter orgánico a un proyecto de ley deben necesariamente estar presentes de forma cabal, concurrente, pues, si fuere de otro modo, se dejaría sin contenido las normas que los establecen y no se daría cumplimiento a los objetivos del constituyente al erigir tales dificultades y al relacionar dichos instrumentos normativos con materias o fines determinados de especial impacto, por ejemplo, en el ejercicio de los derechos constitucionales o en las relaciones de los particulares con el Estado, según el caso, las cuales requieren de mayores niveles de discusión, participación, deliberación y consensos, así como de mayor estabilidad y permanencia en el tiempo, que las dirigidas a normar ámbitos donde, al no estar comprometidas relaciones o situaciones jurídicas tan delicadas, es necesario mayor flexibilidad y rapidez para su progresiva y oportuna modificación o reforma[955].

Pero como se dijo, la norma del artículo 203 de la Constitución, después de establecer la mayoría calificada mencionada para la admisión de los proyectos de leyes orgánicas no calificadas como tales en el texto constitucional, establece que "Esta votación calificada se aplicará también para la modificación de las leyes orgánicas",

---

954   *Idem.*

955   *Idem.*

en este caso, sin distinguir de cual de las cuatro categorías de leyes orgánicas se trata, por lo que tal exigencia se aplica a todas las categorías mencionadas. Es decir, conforme a esa norma, todo proyecto de reforma de una ley orgánica, incluso de las calificadas como tales en la Constitución, requiere que el proyecto sea admitido para discusión con el voto de las dos terceras partes de los diputados presentes en la sesión respectiva.

Sin embargo, en enero de 2004, con motivo de la interpretación de la norma del artículo 203 de la Constitución que habían solicitado en 2003 un grupo de diputados durante la discusión sobre la posible sanción de la Ley Orgánica del Tribunal Supremo de Justicia (derogatoria de la Ley Orgánica de la Corte Suprema de Justicia), la Sala Constitucional en sentencia Nº 34 del 26 de enero de 2004, llegó a la conclusión contraria de la que resulta de la interpretación de la norma, en el sentido que la exigencia de la mayoría calificada para iniciar la discusión de proyectos de reforma de leyes orgánicas no regía en los casos de leyes orgánicas así denominadas en la Constitución. La Sala, en efecto, partió de la consideración de que la Constitución "no establece en su primer aparte en forma expresa que para sancionar una ley orgánica que pretenda o no modificar total o parcialmente (que implicaría derogación) una ley orgánica vigente, se requerirá el voto favorable de una mayoría calificada de dos terceras partes de los integrantes de la Asamblea Nacional, ya que sólo establece, como se indicó supra, una mayoría calificada para la admisión del proyecto de ley orgánica, excepto cuando tal rango sea consecuencia de una calificación de la propia Constitución". Después de afirmado lo anterior, la Sala consideró que pudiera existir duda en cuanto al sentido que debía atribuirse a la mencionada frase final del segundo párrafo del 203 de acuerdo con la cual "Esta votación calificada (de dos terceras partes) se aplicará también para la modificación de las leyes orgánicas", resolviendo el asunto "con fundamento en el análisis político-constitucional contenido" en la sentencia, así:

Cuando el acápite contenido en el primer aparte del artículo 203 de la Constitución de 1999 establece en forma expresa que la mayoría calificada de las dos terceras (2/3) partes "se aplicará también para la modificación de las leyes orgánicas", quiere decir, en observancia del principio del paralelismo de las formas, que dicha mayoría calificada de las dos terceras (2/3) partes debe también ser cumplida por la Asamblea Nacional al momento de admitir un proyecto de ley orgánica, no calificado con tal rango por la Constitución, que pretenda modificar total o parcialmente una ley orgánica vigente. En otras palabras, que todo proyecto de reforma total o parcial de una ley orgánica investida con tal rango por el Órgano Legislativo Nacional en virtud de la pretensión que se tiene de regular con ella algún derecho constitucional, de organizar algún poder público o de que sirva de marco normativo a otras leyes, debe ser admitido por la Asamblea Nacional con el voto favorable de las dos terceras (2/3) partes de los integrantes presentes antes de iniciarse la discusión del respectivo proyecto de ley...

Con base en los argumentos expuestos, esta Sala Constitucional reitera que, conforme al artículo 203 de la Constitución vigente, no es necesario el voto favorable de las dos terceras partes de los integrantes de la Asamblea Nacional para dar inicio a la discusión de los proyectos de leyes orgánicas investidas de tal carácter por calificación constitucional que pretendan modificar leyes orgánicas vigentes, entre los que se encuentra el proyecto de Ley Orgánica del Tribunal Supremo de Justicia, y, advertido el silencio en la norma contenida en el referido artículo 203, respecto de la mayoría parlamentaria requerida para la sanción de cualquier ley orgánica, esté o no investida con tal carácter por la Constitución de 1999, declara que, de acuerdo con lo establecido en los artículos 209 de la Norma Fundamental y 120 del Reglamento Interior y de Debates de la Asamblea Nacional, cuya última reforma fue publicada en *Gaceta Oficial Extraordinario*, N° 5.667, del 10-10-03, será necesaria la mayoría absoluta de los integrantes de la Asamblea Nacional presentes en la respectiva sesión para la sanción de las leyes orgánicas contempladas en el artículo 203 de la Constitución de la República Bolivariana de Venezuela, cualquiera sea su categoría. Así se decide[956].

Esta interpretación no tenía ni tiene base constitucional alguna, y la única lamentable explicación que se le pudo dar a la sentencia fue la de que permitió que la Asamblea Nacional pudiera sancionar la Ley Orgánica del Tribunal Supremo de Justicia sin cumplirse el requisito constitucional de mayoría calificada para iniciar su discusión, y así abrir el camino para aumentar el número magistrados de dicho tribunal y controlarlo aún más desde el punto de vista político por la mayoría circunstancial que dominaba la Asamblea[957].

---

956   El Magistrado Antonio J. García García en su Voto Salvado a esta sentencia N° 34 expuso los siguientes criterios:

"Nótese que el Constituyente no realizó distinción alguna en cuanto a las distintas "categorías" de leyes orgánicas a los efectos de su modificación. Por el contrario, pretendió que la regulación para su modificación fuese siempre igual, sino lo hubiese dicho expresamente. Así pues, señala expresamente que también se requiere de una votación calificada para la modificación de las leyes orgánicas. Adviértase entonces que el fallo del que se disiente pretende establecer una diferenciación que el constituyente no hizo, y no quiso hacer, al no establecer un régimen diferente para modificar las "distintas categorías de leyes orgánicas" como si se tratase de distintas cosas que debían ser reguladas de manera diferente.

"La conclusión a que arriba el fallo del que se disiente conduce a la errónea idea de que se podría modificar una ley orgánica, legítimamente aprobada como tal, bajo el régimen de la Constitución de 1961, por una votación de la mitad más uno de los diputados presentes en una sesión, o lo que es lo mismo un artículo de una ley orgánica -de cualquiera de las "categorías" de la Constitución de 1999- aprobada bajo el vigente régimen constitucional puede ser modificado por esa misma votación, es decir, con el voto favorable de la mitad más uno de los diputados presentes en una sesión. De donde se sigue que en definitiva carecería de importancia la fundamentación teórica que inspiran la creación y existencia de las leyes orgánicas según se expusiera en el apartado 1 del fallo, cuyo basamento, según se expresó, se comparte íntegramente".

957   Por ello, el Magistrado Antonio J. García García en su mencionado Voto Salvado a la sentencia de la Sala Constitucional N° 34 del 26-01-04, haya agregado lo siguiente:

"Señala expresamente el fallo del que se disiente que "..pudiera existir duda en cuanto al sentido que debe atribuirse al acápite incluido en el mismo primer aparte de la norma examinada (artículo 203).." Por el contrario, la norma es precisa, ¿de dónde se infiere que puede haber dudas de algo que es inequívoco?, la única duda que puede haber no puede ser sino infundada, con el ánimo de modificar o sustituirse en lo que expresa la Constitución.

"Lamenta el magistrado disidente que los argumentos esgrimidos en el fallo estén colocados de tal modo que hagan presumir una solución preconcebida, como si los mismos estuviesen dispuestos de modo de justificar, de manera aparente, una solución que se obtuvo de antemano y no al revés, de modo que los argumentos condujeran a una conclusión válida y verdadera, como resultado lógico de las premisas expuestas.

"Con humildad puede aceptarse como válido lo expuesto por los miembros de la Academia de Ciencias Políticas y Sociales que, mediante comunicado publicado en el diario El Universal, el 18 de agosto de

Por otra parte, otra innovación constitucional en la regulación de las leyes orgánicas es la previsión del control constitucional a priori de las mismas al disponer, el mismo artículo 203 de la Constitución, que las leyes que la Asamblea Nacional haya calificado de orgánica deben ser remitidas, antes de su promulgación, a la Sala Constitucional del Tribunal Supremo de Justicia, para que se pronuncie acerca de la constitucionalidad de su carácter orgánico. La Sala Constitucional debe decidir la cuestión, en el término de diez días contados a partir de la fecha de recibo de la comunicación. En todo caso, si la Sala Constitucional declara que no es orgánica la ley perderá este carácter. Sobre esta atribución de la Sala se insistirá en la Décima Primera Parte de este libro.

c.   *Las leyes de delegación legislativas (leyes habilitantes)*

La Constitución de 1999, reguló expresa y ampliamente la posibilidad de delegación legislativa de la Asamblea Nacional al Presidente de la República, al establecer el mismo artículo 203 de la Constitución el concepto de leyes habilitantes como las sancionadas por la Asamblea Nacional por las 3/5 partes de sus integrantes, a fin de establecer las directrices, propósitos y el marco de las materias que se delegan al Presidente de la República, con rango y valor de ley. Las leyes habilitantes deben fijar el plazo de su ejercicio[958].

Se consagró, así, formalmente la posibilidad de delegación legislativa al Presidente de la República, lo cual constituye una novedad constitucional en el país, particularmente porque al no establecerse límites de contenido, podría conducir a la violación de la garantía constitucional de la reserva legal, tal y como se analiza más adelante.

d.   *Las leyes de bases*

Por último, en el Proyecto de Constitución también se definía un concepto de "leyes de base"; el cual se eliminó, pero quedó referido en artículos aislados, como el artículo 165 que habla de "leyes de bases" que son las que deben regular las mate-

---

2003, suscrito por Gustavo Planchart Manrique, Alfredo Morles Hernández, Gonzalo Pérez Luciani, Boris Bunimov Parra, Carlos Leáñez Sievert, Tatiana de Maekelt, José Luis Aguilar Gorrondona, Alberto Arteaga Sánchez, Allan R. Brewer Carías, Josefina Calcaño de Temeltas, Tomás E. Carrillo Batalla, Luis Cova Arria, Ramón Escobar Salón, Enrique Lagrange, Francisco López Herrera, José Melich Orsini, Luis Ignacio Mendoza, Isidro Morales Paúl, José Muci-Abraham, Pedro Nikken, José S. Núñez Aristimuño, José Andrés Octavio, James Otis Rodner, Emilio Pittier Sucre, Jesús Ramón Quintero, Arístides Rengel Romberg, Gabriel Ruan Santos, manifestaron su opinión en relación con el proyecto de "Ley Orgánica del Tribunal Supremo de Justicia", advirtiendo acerca de los vicios de inconstitucionalidad que afectaban a dicho proyecto y el propósito que lo inspiraba. En este sentido, expresaron lo siguiente:

"El referido proyecto derogaría la vigente Ley Orgánica de la Corte Suprema de Justicia y dejaría vigente parte de la ley que pretende derogar. Se trata así de una derogatoria parcial; en todo caso al ser derogatoria de una ley orgánica ya existente y, más aún, cuando deja vigente parte de ésta, se trata de una modificación de la ley orgánica actual. La discusión de la modificación de una ley orgánica debe ser admitida por las dos terceras partes de los diputados presentes en la sesión. La asamblea no procedió así, sino por mayoría simple".

958   *V.,* José Peña Solís, "Dos nuevos tipos de leyes en la Constitución de 1999: leyes habilitantes y leyes de bases", en *Revista de la Facultad de Ciencias Jurídicas y Políticas de la UCV*, N° 119, Caracas, 2000, pp. 79-123.

rias de competencias concurrentes entre el Poder Nacional y el Poder Estadal, las cuales además, pueden ser objeto de regulación en "leyes de desarrollo" aprobadas por los Consejos Legislativos de los Estados[959].

B.   *El procedimiento de formación de las leyes*

a.   *La iniciativa legislativa*

En el procedimiento de formación de las leyes[960], tal y como lo enumera el artículo 204 de la Constitución, la iniciativa para la discusión de las leyes ante la Asamblea corresponde:

1.   Al Poder Ejecutivo Nacional

2.   A la Comisión Delegada y a las Comisiones Permanentes

3.   A los integrantes de la Asamblea Nacional, en número no menor de tres.

4.   Al Tribunal Supremo de Justicia, cuando se trate de leyes relativas a la organización y procedimientos judiciales.

5.   Al Poder Ciudadano, cuando se trate de leyes relativas a los órganos que lo integran.

6.   Al Poder Electoral, cuando se trate de leyes relativas a la materia electoral.

7.   A los electores en un número no menor del 0,1% de los inscritos en el registro electoral permanente.

8.   Al Consejo Legislativo estadal, cuando se trate de leyes relativas a los Estados.

b.   *Las discusiones*

En el caso de proyectos de ley presentados por los ciudadanos la discusión debe iniciarse a más tardar en el período de sesiones ordinarias siguiente al que se haya presentado. El artículo 205 establece que si el debate no se inicia dentro de dicho lapso, el proyecto se debe someter a referendo aprobatorio de conformidad con la ley.

Para convertirse en ley, todo proyecto debe recibir dos discusiones, en días diferentes, siguiendo las reglas establecidas en la Constitución y en los reglamentos respectivos. Aprobado el proyecto, el Presidente de la Asamblea Nacional debe declarar sancionada la ley (art. 207).

Primera discusión: El artículo 208 dispone que en la primera discusión se debe considerar la exposición de motivos y se deben evaluar sus objetivos, alcance y viabilidad, a fin de determinar la pertinencia de la ley. Además debe discutirse el articulado.

---

959   *Idem.*

960   Alberto González Fuenmayor, "La formación de las leyes en la Constitución de 1999", en *Revista del Colegio de Abogados del Estado Zulia LEX NOVA*, N° 238, Maracaibo, 2001, pp. 31-40.

Aprobado en primera discusión, el proyecto será remitido a la Comisión directamente relacionada con la materia objeto de la ley y en caso de que el proyecto de ley esté relacionado con varias Comisiones Permanentes, se designará una comisión mixta para realizar el estudio y presentar el informe.

Las Comisiones que estudien proyectos de ley presentarán el informe correspondiente en un plazo no mayor de 30 días consecutivos.

Segunda discusión: Una vez recibido el informe de la Comisión correspondiente, se debe dar inicio a la segunda discusión del proyecto de ley, la cual se debe realizar artículo por artículo.

Si en esta discusión se aprobare sin modificaciones, quedará sancionada la ley. En caso contrario, si sufre modificaciones, se debe devolver a la Comisión respectiva para que ésta las incluya en un plazo no mayor de quince días continuos. Leída la nueva versión del proyecto de ley en la plenaria de la Asamblea Nacional, ésta debe decidir por mayoría de votos lo que fuere procedente respecto a los artículos en que hubiere discrepancia y de los que tuvieren conexión con éstos. Resuelta la discrepancia, el Presidente debe declarar sancionada la ley. (art. 209).

Cuando al término de un período de sesiones quede pendiente la discusión de un proyecto de ley, puede continuarse en las sesiones siguientes o en sesiones extraordinarias (art. 210).

c. *Las consultas obligatorias y el derecho a la participación*

El artículo 211 establece en forma general que durante el procedimiento de discusión y aprobación de los proyectos de leyes, la Asamblea Nacional o las Comisiones Permanentes, deben consultar a los otros órganos del Estado, a los ciudadanos y a la sociedad organizada para oír su opinión sobre los mismos.

En particular, además, conforme al artículo 206, los Estados deben ser consultados por la Asamblea Nacional, a través de los Consejos Legislativos, cuando se legisle en materias relativas a los mismos. La ley debe establecer los mecanismos de consulta a la sociedad civil y demás instituciones de los Estados, por parte de los Consejos en dichas materias.

d. *Los derechos de palabra*

En la discusión de las leyes, como lo dispone el artículo 211, tienen derecho de palabra los Ministros en representación del Poder Ejecutivo; el magistrado del Tribunal Supremo de Justicia a quien éste designe, en representación del Poder Judicial; el representante del Poder Ciudadano designado por el Consejo Moral Republicano; los integrantes del Poder Electoral; los Estados, a través de un representante designado por el Consejo Legislativo y los representantes de la sociedad organizada, en los términos que establezca el reglamento de la Asamblea Nacional.

e. *Formalidades*

El texto de las leyes debe estar precedido de la fórmula "La Asamblea Nacional de la República Bolivariana de Venezuela, decreta": (art. 212). Además, una vez sancionada la ley, se debe extender por duplicado con la redacción final que haya resultado de las discusiones, y ambos ejemplares deben ser firmados por el Presidente, los dos Vicepresidentes y el Secretario de la Asamblea Nacional, con la fecha de su aprobación definitiva. Uno de los ejemplares de la ley debe ser enviado por el Presidente de la Asamblea Nacional, al Presidente de la República a los fines de su promulgación.

f. La promulgación y el veto presidencial

De acuerdo con lo establecido en el artículo 214, el Presidente de la República debe promulgar la ley dentro de los diez días siguientes a aquél en que la haya recibido.

Dentro de este lapso el Presidente puede seguir dos caminos:

En *primer lugar*, con acuerdo del Consejo de Ministros, puede solicitar a la Asamblea Nacional, mediante exposición razonada, que modifique alguna de las disposiciones de la ley o levante la sanción a toda la ley o parte de ella.

La Asamblea Nacional debe decidir acerca de los aspectos planteados por el Presidente de la República, por mayoría absoluta de los diputados presentes y debe remitirle la ley para la promulgación. En este caso, el Presidente de la República debe proceder a promulgar la ley dentro de los cinco días siguientes a su recibo, sin poder formular nuevas observaciones.

En *segundo lugar*, cuando el Presidente de la República considere que la ley o alguno de sus artículos es inconstitucional, debe solicitar el pronunciamiento de la Sala Constitucional del Tribunal Supremo de Justicia, en el lapso de diez días que tiene para promulgar la misma; debiendo decidir la Sala en el término de 15 días contados desde el recibo de la comunicación del Presidente de la República.

Si el Tribunal niega la inconstitucionalidad invocada o no decidiese en el lapso anterior, el Presidente de la República debe promulgar la ley dentro de los 5 días siguientes a la decisión del Tribunal o al vencimiento de dicho lapso.

Ambos supuestos, conforme a la interpretación vinculante de la Sala Constitucional del Tribunal Supremo son excluyentes, tal como lo razonó en la sentencia N° 2817 de 18 de noviembre de 2002:

El primero es que dentro de los diez días siguientes a aquél cuando el Presidente de la República recibió la ley de la Asamblea Nacional, con el fin de promulgarla, previo acuerdo del Consejo de Ministros, la devuelva a la Asamblea, a fin de que modifique alguna disposición de la ley, o levante la sanción a toda la ley o parte de ella. Tal petición será acompañada de una exposición motivada que contenga la razón de las modificaciones, las cuales pueden tener base constitucional o legal.

La Asamblea Nacional decidirá acerca de los aspectos planteados y remitirá la ley al Presidente para su promulgación, conforme a lo decidido.

El otro supuesto es que el Presidente considere que la ley recibida de la Asamblea, o alguno de sus artículos, sea inconstitucional, caso en que, en el mismo término de diez días a partir de la recepción de parte de la Asamblea Nacional, la enviará a la Sala Constitucional del Tribunal Supremo de Justicia, para que decida sobre la inconstitucionalidad que fue invocada.

Si la decisión del Tribunal es la constitucionalidad de la ley o sus artículos, el Tribunal devolverá la ley a la Presidencia para su promulgación.

A juicio de esta Sala, se trata de dos procedimientos que, debido a que tienen un mismo lapso para incoarse y cuyo resultado puede ser en ambos la promulgación de la ley, resultan excluyentes.

Es claro, que si se acoge el primer supuesto, corrija o no la Asamblea Nacional los vicios que sean denunciados, la ley debe ser promulgada según la decisión de la Asamblea Nacional.

Si la decisión de la Asamblea Nacional sobre la ley objeto de este procedimiento resultara inconstitucional, el Ejecutivo, o cualquier interesado, puede incoar la acción de inconstitucionalidad ordinaria.

Si el Presidente opta por el otro control, cual es acudir a la Sala Constitucional para que examine la inconstitucionalidad de la ley o algunos de sus artículos, y la Sala decidiere en sentido positivo o negativo, el Ejecutivo obligatoriamente debe promulgar la ley, lo que significa que no puede acudir al primer supuesto, ya que la norma (artículo 214 constitucional) ordena -en este último supuesto- que la ley se promulgue dentro de los cinco días siguientes a la decisión del Tribunal, sin excepción alguna, por lo que el Ejecutivo mal podría incumplir el mandato constitucional y enviar la Ley a la Asamblea Nacional.

Cumple así la Sala, con interpretar, con carácter vinculante, la aplicación del artículo 214 constitucional, por lo que se ordena la publicación de la presente decisión en la *Gaceta Oficial de la República Bolivariana de Venezuela*[961].

La ley queda promulgada al publicarse con el correspondiente "Cúmplase" en la *Gaceta Oficial de la República* (art. 215).

Y cuando el Presidente de la República no promulgare la ley en los términos señalados, el Presidente y los dos Vicepresidentes de la Asamblea Nacional deben proceder a su promulgación, sin perjuicio de la responsabilidad en que aquél incurra por su omisión (art. 216).

En cuanto a las leyes aprobatorias de tratados, acuerdos, o convenios internacionales la oportunidad en que deba ser promulgada la ley quedará a la discreción del Ejecutivo Nacional, de acuerdo con los usos internacionales y la conveniencia de la República (art. 217).

g.   *El principio derogatorio y modificatorio*

Conforme al artículo 218, las leyes se derogan por otras leyes y se abrogan por referendo, salvo las excepciones establecidas en esta Constitución (art. 74).

En todo caso, las leyes pueden ser reformadas total o parcialmente; y en los casos en los que la ley sea objeto de reforma parcial, se debe publicar en un solo texto que incorpore las modificaciones aprobadas.

Las leyes, por otra parte, tienen poder derogatorio sobre los instrumentos normativos de rango inferior que las contradigan; pero como lo ha sostenido la Sala Políti-

---

961   *V.*, en *Revista de Derecho Público*, N° 85-88, Editorial Jurídica Venezolana, Caracas, 2001, pp. 176-177.

co Administrativa, no toda derogación de una ley comporta necesariamente la derogación de los reglamentos dictados para su desarrollo[962].

C.   Las interferencias orgánicas

De lo anterior resulta que en el ejercicio de sus funciones normativas, la Asamblea Nacional se encuentra interferida en algunos supuestos tanto por los órganos ejecutivos como por los judiciales. En efecto, la iniciativa de las leyes (además de corresponder a los electores en número no menor de 0,1% de los inscritos en el Registro Electoral) corresponde a la Comisión Delegada y a las Comisiones Permanentes de la Asamblea así como a un número no menor de tres diputados. Sin embargo, también corresponde a los otros órganos del Estado: al Poder Ejecutivo; al Tribunal Supremo de Justicia cuando se trate de leyes relativas a la organización y procedimientos judiciales; al Poder Ciudadano cuando se trate de leyes relativas a los órganos que lo integran; al Poder Electoral cuando se trate de leyes relativas a la materia electoral, e incluso a los Consejos Legislativos de los Estados cuando se trate de leyes relativas a los Estados (art. 204). Por otra parte, la iniciativa de la Ley de Presupuesto corresponde exclusivamente al Ejecutivo Nacional (art. 313) y la Asamblea Nacional no puede autorizar "gastos que excedan el monto de las estimaciones de ingresos del proyecto de Ley de Presupuesto" (art. 313).Incluso, el Presidente puede vetar la ley y devolverla a la Asamblea Nacional para su reconsideración (Art. 214) y el Tribunal Supremo de Justicia tiene competencia para declarar la nulidad por inconstitucionalidad de las leyes o resolver las colisiones que existan entre diversas disposiciones legislativas (art. 336).

2.   Las potestades normativas del Presidente de la República: los actos ejecutivos de orden normativo

A.   Los actos ejecutivos

Conforme al principio constitucional tradicional de la formación del derecho por grados, en el sistema de la Constitución de 1999[963], los actos estatales se pueden identificar según el grado que tengan en relación con la Constitución, distinguiéndose aquellos dictados en ejecución directa e inmediata de la Constitución y, por tanto, que tiene rango legal;[964] de aquellos dictados en ejecución indirecta y mediata de la Constitución, los cuales al ser dictados en ejecución de la legislación tienen, por tanto, rango sublegal[965].

Los primeros, son aquellos actos que tienen el mismo rango que las leyes sancionadas por la Asamblea Nacional; los segundos, en general, son los actos subordinados a las leyes y demás fuentes del ordenamiento jurídico. Los primeros están some-

---

962   V., sentencia N° 1216 de 26-06-01 en Revista de Derecho Público, N° 85-88, Editorial Jurídica Venezolana, Caracas, 2001, pp. 242 y ss.

963.   V., el texto y los comentarios en Allan R. Brewer-Carías, La Constitución de 1999, 3ª edición, Caracas 2001.

964.   Terminología que recogen los artículos 334 y 336 de la Constitución.

965.   V., Allan R. Brewer-Carías, Derecho Administrativo, Tomo I, Caracas 1975, pp. 378 y ss.

tidos al control de la constitucionalidad que ejerce la Jurisdicción Constitucional; y los segundos, están sometidos al control tanto de constitucionalidad como de legalidad que ejercen la Jurisdicción Contencioso-Administrativa y la Jurisdicción Contencioso-Electoral.

Tanto los actos ejecutivos de ejecución directa e inmediata de la Constitución, como los de rango sublegal, pueden ser de efectos generales (contenido normativo) o de efectos particulares. Por tanto, en cuanto a los actos de contenido normativo, es decir, de efectos generales dictados por el Presidente de la República, los mismos también se pueden clasificar en la misma forma: hay actos ejecutivos de contenido normativos dictados en ejecución directa e inmediata de la Constitución, y que tienen rango y valor de ley; y hay actos ejecutivos de contenido normativo dictados en ejecución directa e inmediata de la legislación, como son los reglamentos.

Entre los actos ejecutivos de contenido normativo dictados por el Presidente de la República, con rango y valor de ley, se deben mencionar los dictados por el Presidente de la República en virtud de delegación legislativa efectuada mediante una ley habilitante (art. 203). Estos decretos, a pesar de que en cierta forma ejecutan una ley, se dictan en ejecución directa de potestades constitucionales, por lo que no tienen rango sublegal, sino que en virtud de la propia previsión constitucional que los autoriza ejecutan directa e inmediatamente la Constitución y tienen "rango y valor de ley" (arts. 203 y 236,8). Estos actos ejecutivos, por ello, están sometidos al control de la Jurisdicción Constitucional, tanto de constitucionalidad como de sujeción a la ley habilitante.

También pueden considerarse como actos normativos con rango y valor de ley, los decretos del Presidente de la República mediante los cuales fija el número, organización y competencia de los Ministerios y otros órganos de la Administración Pública Nacional conforme al artículo 236,20 de la Constitución, los cuales si bien deben seguir y respetar los "principios y lineamientos" que establece la Ley Orgánica de la Administración Pública, tienen poder derogatorio en la materia respecto de las leyes sectoriales.

Además, en la Constitución están regulados los decretos de estados de excepción (art. 338), los cuales también pueden tener contenido normativo, y si bien se atribuyen directamente al Presidente de la República en Consejo de Ministros (art. 236,7), están sometidos al régimen establecido en la Ley Orgánica sobre los Estados de Excepción de 2001[966] prevista en el artículo 338 de la Constitución, que determina las medidas que pueden adoptarse con base en los mismos. Sin embargo, en este caso también, a pesar de que en cierta forma ejecutan una ley, tales decretos tampoco pueden considerarse que tengan rango sublegal, sino que como lo establece la misma Ley Orgánica, tienen "rango y fuerza de Ley" (art. 22), estando, por tanto, sometidos también al control de la Jurisdicción Constitucional.

Pero además, el Presidente de la República está autorizado constitucionalmente para dictar actos de contenido normativo, de rango sublegal, es decir, en ejecución indirecta y mediata de la Constitución o en ejecución directa e inmediata de la legislación; se trata de los reglamentos previstos en el artículo 236, 10 de la Constitución

---

966. *V., Gaceta Oficial* N° 37.261 de 15-08-01.

que deben ser dictados sin alterar el espíritu, propósito o razón de la ley. Estos están sometidos al control de constitucionalidad y de legalidad por parte de la Jurisdicción Contencioso Administrativa (art. 259 y 266,5 de la Constitución).

B. *Los actos normativos del Presidente de la Republica de rango y valor de ley: los decretos leyes*

Conforme a la Constitución de 1999, todos los actos ejecutivos dictados en ejecución directa e inmediata de la Constitución de contenido normativo con rango y valor de ley, de acuerdo a las propias regulaciones constitucionales, están siempre condicionados por disposiciones legislativas que han de emanar de la Asamblea Nacional.

Se distinguen, así los decretos-leyes de los actos de gobierno: estos no tienen contenido normativo ni pueden ser condicionados en su emisión por disposiciones emanadas de la Asamblea Nacional; aquellos, en cambio, tienen contenido normativo con rango y valor de ley, pero para su emisión están condicionados por leyes. Como se ha dicho, estos últimos son de tres tipos: los decretos leyes habilitados; los decretos de organización administrativa y los decretos de estados de excepción.

a. *Los decretos con rango y valor de ley: decretos-leyes delegados*

Dentro de las atribuciones constitucionales del Presidente de la República está la de poder dictar, en Consejo de Ministros y previa autorización por ley habilitante, decretos con fuerza de ley (art. 236,8); definiendo, el artículo 203 de la Constitución, a las leyes habilitantes como "las sancionadas por la Asamblea Nacional por las 3/5 partes de sus integrantes, a fin de establecer directrices, propósitos y marco de las materias que se delegan al Presidente de la República, con rango y valor de Ley". Estas leyes habilitantes deben fijar un plazo para su ejecución.

Se estableció, en esta forma, por primera vez en el constitucionalismo venezolano, la figura de la delegación legislativa[967], en el sentido de que si bien la Asamblea Nacional es competente para "legislar en las materias de la competencia nacional y sobre el funcionamiento de las demás ramas del Poder Nacional" (art. 187,1); la misma Asamblea, mediante una ley habilitante puede delegar en el Presidente de la República, en Consejo de Ministros, la potestad legislativa. En dicha ley, que debe ser sancionada mediante una mayoría calificada de las 3/5 partes de los integrantes de la Asamblea, en todo caso, se deben establecer "las directrices, propósitos y marco de las materias que se delegan" al Presidente, las cuales éste, por tanto, puede regular mediante decreto con rango y valor de ley.[968]

---

967. V. Allan R. Brewer-Carías, "El Poder Nacional y el sistema democrático de gobierno", *Instituciones Políticas y Constitucionales*, Tomo III, Caracas 1996, pp. 40 y ss.

968 V., Eloisa Avellaneda Sisto, "El régimen de los Decretos-Leyes, con especial referencia a la *Constitución* de 1999", en F. Parra Aranguren y A. Rodríguez G. (Editores), *Estudios de Derecho Administrativo, Libro Homenaje a la Universidad Central de Venezuela*, Tomo l, Tribunal Supremo de Justicia, Caracas 2001, pp. 69 a 106.

b.   *Los límites a la delegación legislativa*

a'.   *Las materias cuya legislación es delegable*

Las materias que corresponden a la competencia del Poder Nacional y sobre las cuales puede versar la delegación legislativa, son las enumeradas en el artículo 156 de la Constitución. La legislación relativa a esas materias, por tanto, podría ser delegada al Presidente de la República, pues constitucionalmente no habría límite alguno establecido.

Por ello, esta delegación legislativa de la Asamblea Nacional en el Presidente de la República en Consejo de Ministros, no sólo es una innovación de la Constitución de 1999, sino que la misma no tiene precedentes en el constitucionalismo contemporáneo, por la amplitud como está concebida.

Esta delegación, por otra parte, cambió el régimen de la Constitución de 1961 que se limitaba a autorizar al Presidente de la República para dictar medidas extraordinarias en materias económicas y financieras, exclusivamente, previa habilitación por el Congreso (arts. 190, 8)[969].

En la Constitución de 1999, en cambio, se ha regulado una amplísima posibilidad de delegación legislativa, sin limitación respecto de las materias que puede contener, lo cual podría resultar en un atentado inadmisible contra el principio constitucional de la reserva legal. Sobre esta delegación legislativa, incluso, el Tribunal Supremo de Justicia, en Sala Constitucional, se ha pronunciado sin fijarle o buscarle límites, admitiendo, incluso, la delegación legislativa en materias que corresponden ser reguladas por leyes orgánicas, en la siguiente forma:

Puede apreciarse, en consecuencia, que, de acuerdo con el nuevo régimen constitucional, no existe un límite material en cuanto al objeto o contenido del decreto ley, de manera que, a través del mismo, pueden ser reguladas materias que, según el artículo 203 de la Constitución, corresponden a leyes orgánicas; así, no existe limitación en cuanto a la jerarquía del decreto ley que pueda dictarse con ocasión de una ley habilitante, por lo cual podría adoptar no sólo el rango de una ley ordinaria sino también de una ley orgánica.

Igualmente aprecia la Sala que el Presidente de la República puede entenderse facultado para dictar -dentro de los límites de las leyes habilitantes- Decretos con fuerza de ley Orgánica, ya que las leyes habilitantes son leyes orgánicas por su naturaleza, al estar contenidas en el artículo 203 de la Constitución de la República Bolivariana de Venezuela, el cual se encuentra íntegramente referido a las leyes orgánicas.

Así, las leyes habilitantes son, por definición, leyes marco –lo que determina su carácter orgánico en virtud del referido artículo- ya que, al habilitar al Presidente de la República para que ejerza funciones legislativas en determinadas materias, le establece las directrices y parámetros de su actuación la que deberá ejercer dentro de lo establecido en esa ley; además, así son expresamente definidas las leyes habilitan-

_____

969   Sobre estos actos en la Constitución de 1961 *V.*, Gerardo Fernández, *Los Decretos Leyes*, Cuadernos de la Cátedra Allan R. Brewer-Carías de Derecho Administrativo, UCAB, Caracas 1992.

tes en el mencionado artículo al disponer que las mismas tienen por finalidad "establecer las directrices, propósitos y marco de las materias que se delegan al Presidente o Presidenta de la República..."[970]

b'. La limitación a la delegación derivada del régimen de limitación de los derechos humanos

Ahora bien, el primer problema que plantea esta posibilidad de delegación legislativa sin límites expresos en cuanto a las materias a delegar está, sin embargo, en determinar si es posible tal delegación en materias que impliquen regulación de los derechos y garantías constitucionales.

En efecto, en el artículo 156 de la Constitución, en el cual se enumeran las materias de competencia nacional, que podrían ser, en principio, objeto de delegación, al menos las siguientes tienen incidencia directa en el régimen de los derechos y garantías constitucionales enumerados y desarrollados en los capítulos de la Constitución sobre la nacionalidad, y derechos civiles, políticos, sociales, culturales y educativos, económicos, de los pueblos indígenas y ambientales del Título III de la misma (artículos 19 a 135): la naturalización, la admisión, la extradición y expulsión de extranjeros (ord. 4); los servicios de identificación (ord. 5); la policía nacional (ord. 6); la seguridad, la defensa y desarrollo nacional (ord. 7); el régimen de la administración de riesgos y emergencias (ord. 9); la regulación del sistema monetario, del régimen cambiario, del sistema financiero y del mercado de capitales (ord. 10); el régimen del comercio exterior y la organización y régimen de las aduanas (ord. 15); la legislación sobre ordenación urbanística (ord. 19); el régimen y organización del sistema de seguridad social (ord. 22); la legislación en materia de sanidad, vivienda, seguridad alimentaria, ambiente, turismo y ordenación del territorio (ord. 23); las políticas y los servicios nacionales de educación y salud (ord. 25); el régimen de la navegación y del transporte aéreo, terrestre, marítimo, fluvial y lacustre de carácter nacional (ord. 26); y, en general, la legislación en materia de derechos, deberes y garantías constitucionales; la civil, mercantil, penal, penitenciaria, de procedimientos y de derecho internacional privado; la de elecciones; la de expropiación por causa de utilidad pública o social; la de propiedad intelectual, artística e industrial; la del patrimonio cultural y arqueológico; la agraria; la de inmigración y poblamiento; la de los pueblos indígenas y territorios ocupados por ellos; la del trabajo, previsión y seguridad sociales; la de sanidad animal y vegetal; la de notarías y registro público; la de bancos y seguros; la de loterías, hipódromos y apuestas en general (ord. 32).

En Venezuela, un principio constitucional fundamental, de la esencia del Estado de derecho en cuanto al régimen de los derechos y garantías constitucionales, es el de la garantía de la reserva legal[971], es decir, que las regulaciones, restricciones y limitaciones a los derechos y garantías constitucionales sólo pueden ser establecidas mediante ley formal, y "ley", conforme al artículo 202 de la Constitución, que no es

---

970. *V.*, sentencia N° 1716 de 19-09-01, dictada con ocasión de la revisión constitucional del Decreto con fuerza de Ley Orgánica de los Espacios Acuáticos e Insulares de 2001.

971. *V.*, Allan R. Brewer-Carías, "Prólogo" a la obra de Daniel Zovatto G., *Los Estados de Excepción y los Derechos Humanos en América Latina*, Caracas-San José 1990, pp. 24 y ss.

otra cosa que "el acto sancionado por la Asamblea Nacional como cuerpo legislador"; es decir, el acto normativo emanado del cuerpo que conforma la representación popular.

Es decir, las limitaciones o restricciones a los derechos y garantías constitucionales, de acuerdo con el principio de la reserva legal, sólo pueden ser establecidas por el órgano colegiado que represente al pueblo, es decir, por la Asamblea Nacional.

Por ello, frente a una delegación legislativa tan amplia como la que regula la Constitución, sin límites expresos en ella establecidos, sin embargo, lo primero que deben precisarse son los límites que tienen que imponerse a la misma, derivados de los propios principios constitucionales. De ello resulta que siendo el principio de la reserva legal de la esencia del régimen constitucional del Estado de derecho, la delegación legislativa mediante leyes habilitantes al Presidente de la República para dictar decretos con rango y valor de Ley, no puede abarcar materias que se refieran al régimen relativo a los derechos y garantías constitucionales.

La Convención Interamericana de Derechos Humanos, en Venezuela tiene rango constitucional y es de aplicación prevalente en el derecho interno (art. 23), la cual establece que:

> *Artículo 30*: Alcance de las Restricciones. Las restricciones permitidas, de acuerdo con esta Convención, al goce y ejercicio de los derechos y libertades reconocidos en la misma, no pueden ser aplicadas sino conforme a leyes que se dicten por razones de interés general y con el propósito para el cual han sido establecidas.

La Corte Interamericana de Derechos Humanos ha establecido que la expresión "leyes" contenida en esta norma sólo puede referirse a los actos legales emanados de "los órganos legislativos constitucionalmente previstos y democráticamente electos"[972], y que, en el caso de Venezuela, es la Asamblea Nacional.

En consecuencia, las leyes habilitantes que dicte la Asamblea Nacional delegando la potestad legislativa al Presidente de la República, en nuestro criterio, no pueden referirse a normativa alguna que implique la restricción o limitación de derechos y garantías constitucionales, pues de lo contrario violaría el principio de la reserva legal como garantía constitucional fundamental de tales derechos.

c'. *La obligación de consulta de los decretos leyes delegados como mecanismo de participación*

Pero la potestad legislativa que pueda delegarse al Presidente de la República tiene otros límites impuestos en la misma Constitución para garantizar la participación política, que es uno de los valores fundamentales del texto constitucional.

En efecto, la Constitución establece expresamente previsiones donde se impone a la Asamblea Nacional, la obligación de consulta en el procedimiento de formación de las leyes: en primer lugar, con carácter general, el artículo 211 exige a la Asamblea Nacional y a las Comisiones Permanentes que durante el procedimiento y aprobación de los proyectos de leyes, deben consultar ("consultarán") a los otros órganos

---

972. Opinión Consultiva OC-6/87 de 09-03-86, *Revista IIDH*, N° 3, San José 1986, pp. 107 y ss.

del Estado, a los ciudadanos y a la sociedad organizada para oír su opinión sobre los mismos; y en segundo lugar, el artículo 206 exige a la Asamblea Nacional, que debe consultar a los Estados ("serán consultados"), a través de los Consejos Legislativos, cuando se legisle en materias relativas a los mismos.

Estas mismas obligaciones constitucionales las tiene el Presidente de la República en caso de delegación legislativa. Es decir, la delegación legislativa al Presidente de la República no puede configurarse como un mecanismo para eludir el cumplimiento de esta obligación constitucional de consulta cuando se trate del proceso de elaboración de los decretos leyes respectivos, la cual no se elimina por el hecho de la delegación legislativa.

En consecuencia, los proyectos de decreto-ley deben someterse a consulta por el Ejecutivo Nacional en la misma forma indicada en la Constitución, antes de su adopción en Consejo de Ministros.

Pero adicionalmente a las previsiones constitucionales sobre consultas de leyes, la Ley Orgánica de la Administración Pública de 2001[973] estableció la obligación general de los órganos de la Administración Pública, y el Presidente de la República es el de más alta jerarquía, de promover "la participación ciudadana en la gestión pública" (art. 135). En tal sentido, el artículo 136 de la referida Ley Orgánica obliga al Presidente de la República cuando vaya a adoptar "normas legales", es decir, decretos-leyes en ejecución de una ley habilitante, a remitir el anteproyecto "para su consulta a las comunidades organizadas y las organizaciones públicas no estatales" inscritas en el registro que debe llevarse en la Presidencia de la República (arts. 135, 136).

Pero paralelamente a ello, la Presidencia de la República debe publicar en la prensa nacional la apertura del proceso de consulta indicando su duración, para recibir las observaciones.

De igual manera la Presidencia de la República debe informar sobre el período de consulta a través de la página en la internet que obligatoriamente debe tener, en la cual se expondrá el proyecto del decreto-ley a que se refiere la consulta (art. 136).

Durante el proceso de consulta cualquier persona puede presentar por escrito sus observaciones y comentarios sobre el correspondiente anteproyecto, sin necesidad de estar inscrito en el registro antes mencionado (art. 135).

Aún cuando el resultado del proceso de consulta según la Ley Orgánica "no tiene carácter vinculante" (art. 136), lo importante del régimen de la consulta obligatoria es la disposición del artículo 137 de la misma Ley Orgánica que prohíbe al Presidente de la República "aprobar normas" que no hayan sido consultados conforme a lo antes indicado, previendo expresamente la norma que: "Las normas que sean aprobadas por los órganos o entes públicos... serán nulas de nulidad absoluta si no han sido consultadas según el procedimiento previsto en el presente Título".

Sólo en casos de emergencia manifiesta y por fuerza de la obligación del Estado en la seguridad y protección de la sociedad, es que el Presidente de la República podría aprobar normas sin la consulta previa; pero el artículo 137 de la Ley Orgáni-

---

973. *Gaceta Oficial* N° 37.305 de 17-10-2001.

ca, en todo caso, exige que las normas así aprobadas deben ser consultadas seguidamente bajo el mismo procedimiento a las comunidades organizadas y a las organizaciones públicas no estatales; estando obligado el Presidente de la República a considerar el resultado de la consulta, pudiendo ratificar, modificar o eliminar el decreto-ley.

c. *El control de constitucionalidad de la delegación legislativa*

El control concentrado de constitucionalidad respecto de la delegación legislativa se puede ejercer por la Sala Constitucional del Tribunal Supremo tanto respecto de la ley habilitante como respecto de los decretos leyes habilitados.

Tanto la ley habilitante que se dicte por la Asamblea Nacional, como los decretos leyes correspondientes están sometidos al control concentrado posterior de constitucionalidad por parte de la Sala Constitucional del Tribunal Supremo de Justicia (art. 336,1 y 3), establecida como Jurisdiccional Constitucional[974].

Dicho control lo puede ejercer a instancia de cualquier persona, mediante el ejercicio de una acción popular.[975]

En cuanto a los decretos leyes "orgánicos" o decretos con valor de "ley orgánica" los mismos, además, están sometidos a control concentrado preventivo de constitucionalidad por parte de la misma Sala Constitucional (art. 203).

a'. *Alcance del control preventivo*

En cuanto al control preventivo de constitucionalidad debe señalarse, que si bien se establece en general respecto de las leyes orgánicas que haya calificado la Asamblea Nacional, la Constitución no lo establece respecto de las leyes habilitantes (art. 203), de lo que resulta una inconsistencia constitucional: la Asamblea Nacional puede dictar leyes habilitantes que la Sala Constitucional ha calificado como leyes orgánicas y que sin embargo no están sometidas a control preventivo de constitucionalidad por parte de la misma; pero los decretos con fuerza de "ley orgánica" que dicte el Presidente de la República en ejecución de esa ley habilitante, si están sujetos al control preventivo de la Sala Constitucional. Así lo ha indicado la Sala Constitucional en su sentencia N° 1716 de 19-09-01 (Caso: *Ley Orgánica de los Espacios Acuáticos e Insulares*) señalando lo siguiente:

En este contexto, debe destacarse la particular característica que poseen las leyes habilitantes, ya que, a pesar de ser leyes marco (categoría 4), no requieren del control previo que ejerce esta Sala para determinar si las mismas tienen carácter orgánico; ello debido a que ha sido el propio Constituyente, en su artículo 203, quien las definió como tales, lo que significa que dichas leyes deban ser consideradas como orgánicas, aparte del quórum calificado que, para su sanción, prevé el artículo 203 de la Constitución de la República Bolivariana de Venezuela.

---

974. En general, V. Allan R. Brewer-Carías, *El sistema de Justicia Constitucional en la Constitución de 1999*, Caracas, 2000.

975. *V.*, Allan R. Brewer-Carías, "La Justicia Constitucional", *Instituciones Políticas y Constitucionales*, Tomo VI, Caracas, 1996.

Así, visto que el Presidente de la República puede dictar decretos con rango de leyes orgánicas, debe esta Sala determinar si los mismos están sujetos al control previo de la constitucionalidad de su carácter orgánico por parte de la Sala Constitucional.

En este sentido, observa la Sala que el decreto con fuerza de Ley Orgánica de los Espacios Acuáticos e Insulares, fue dictado con base en la ley habilitante sancionada por la Asamblea Nacional, publicada en la *Gaceta Oficial de la República Bolivariana de Venezuela* N° 37.076 del 13 de noviembre de 2000, en la cual se delegó en el Presidente de la República la potestad de dictar actos con rango y fuerza de ley en las materias expresamente señaladas.

A este respecto, el artículo 203 hace referencia a que las "leyes que la Asamblea Nacional haya calificado de orgánicas serán sometidas antes de su promulgación a la Sala Constitucional del Tribunal Supremo de Justicia, para que se pronuncie acerca de la constitucionalidad de su carácter orgánico" (subrayado nuestro); ello en razón de que la formación (discusión y sanción) de leyes es una atribución que por su naturaleza le corresponde al órgano del Poder Legislativo. No obstante, si en virtud de una habilitación de la Asamblea Nacional se autoriza al Presidente para legislar, el resultado de dicha habilitación (legislación delegada) tiene que someterse al mismo control previo por parte de la Sala Constitucional.

En este sentido, el control asignado a esta Sala tiene que ver con la verificación previa de la constitucionalidad del carácter orgánico de la ley (control objetivo del acto estatal), independientemente del órgano (sujeto) que emite el acto estatal, siempre que esté constitucionalmente habilitado para ello (Asamblea Nacional o Presidente de la República en virtud de la habilitación legislativa).

Así, si bien el Decreto con fuerza de Ley Orgánica de los Espacios Acuáticos e Insulares no fue dictado por la Asamblea Nacional, lo fue por delegación de ésta, razón por la cual esta Sala resulta competente para pronunciarse acerca de la constitucionalidad del carácter orgánico del mismo, y así se declara[976].

b'. *El control concentrado posterior de la constitucionalidad*

En todo caso, tanto las leyes habilitantes en si mismas, como los decretos leyes dictados por el Presidente de la República, en ejecución de las mismas, están sometidos al control de la constitucionalidad que ejerce la Sala Constitucional del Tribunal Supremo de Justicia, como Jurisdicción Constitucional; y ello, en el segundo caso de los decretos leyes, en virtud del rango y valor de ley de los mismos (art. 203), a pesar de que en principio se trate de actos dictados en ejecución directa e inmediata de dicha ley habilitante.

En efecto, el artículo 334 de la Constitución dispone que:

Corresponde a la Sala Constitucional del Tribunal Supremo de Justicia como jurisdicción constitucional, declarar la nulidad de las leyes y demás actos de los órga-

---

976. *V.*, sentencia N° 1716 de 19-09-01, caso: *Revisión constitucional del Decreto con fuerza de Ley Orgánica de los Espacios Acuáticos e Insulares de 2001.*

nos que ejercen el Poder Público dictados en ejecución directa e inmediata de esta Constitución o que tengan rango legal, cuando colidan con aquella.

Esta competencia se reitera, además, en el artículo 336,3, al atribuir a la Sala Constitucional competencia para "Declarar la nulidad total o parcial de los actos de rango de ley dictados por el Ejecutivo nacional que colidan con esta Constitución".

En el ordenamiento jurídico venezolano, conforme al artículo 21, párrafo 9 de la Ley Orgánica del Tribunal Supremo de Justicia, la acción de inconstitucionalidad que se intenta contra las leyes, los actos ejecutivos con rango legal y los actos dictados en ejecución directa e inmediata de la Constitución, es una acción popular, que puede ejercer cualquier persona alegando un simple interés en la constitucionalidad.[977]

Los motivos de impugnación de un decreto-ley dictado en ejecución de una ley habilitante, en principio, son motivos de constitucionalidad, es decir, que el mismo "colida con la Constitución" (arts. 334 y 336,3), que viole las disposiciones o principios constitucionales.

Pero en este supuesto de los decretos-leyes, también habría otro motivo de impugnación de orden constitucional, que sería la violación por el Presidente de la República de las "directrices, propósitos y marco" de las materias que se le delegan conforme a la ley habilitante, así como el plazo para el ejercicio de la habilitación que se establezca en ella (art. 203). La violación de estos límites que establezca la ley habilitante, además de violar dicha ley, significarían una trasgresión del propio artículo 203 de la Constitución que regula dichas leyes habilitantes, configurándose por tanto, además, como vicios de inconstitucionalidad.

d.   *La abrogación popular de la delegación legislativa*

Conforme se establece expresamente en el artículo 74 de la Constitución, las leyes incluidas las leyes habilitantes pueden ser sometidas a referéndum abrogatorio cuando ello sea solicitado por iniciativa de un número no menor del 10% de los electores inscritos en el Registro Civil y Electoral o por el Presidente en Consejo de Ministros.

Pero además de las leyes, en particular, los decretos con fuerza de ley que dicte el Presidente de la República en uso de la atribución prescrita en el artículo 236,8 de la Constitución, es decir, en ejecución de una ley habilitante, también pueden ser sometidos a referendo abrogatorio, cuando fuere solicitado por un número no menor del 5% de los electores inscritos en el Registro Civil y Electoral.

C.   *Los decretos con rango de ley en materia de organización administrativa*

Además de los decretos-leyes habilitados o dictados en virtud de delegación legislativa, la Constitución regula otros actos ejecutivos con rango de ley según la terminología de los artículos 335 y 336,3 de la Constitución, particularmente aquellos relativos a la organización administrativa.

---

977.   *V.*, Allan R. Brewer-Carías, *El control de la constitucionalidad de los actos estatales*, Caracas 1971, p. 120 y ss.; *El control concentrado de la constitucionalidad de las leyes, (Estudio de derecho comparado)*, Caracas 1994, pp. 48 y ss.

En efecto, de acuerdo con el artículo 236,20, es atribución del Presidente en Consejo de Ministros, "fijar el número, organización y competencia de los ministerios y otros organismos de la Administración Pública Nacional, así como también la organización y funcionamiento del Consejo de Ministros, dentro de los principios y lineamientos señalados por la correspondiente Ley Orgánica".

Se trata, por tanto, de una actuación prevista en la Constitución, que si bien es realizada mediante decretos dictados en ejecución directa e inmediata de la Constitución, estos, además, ejecutan una ley orgánica específica, lo que no impide que tengan rango de ley por el poder derogatorio de otras leyes que tienen los decretos respectivos.

Estos decretos, incluso, han sido regulados expresamente en la Ley Orgánica de la Administración Pública de 17-10-2001[978], en cuyo artículo 58 ha reiterado la atribución al Presidente de la República de la potestad de fijar, mediante decreto, el número, denominación, competencias y organización de los ministerios y otros órganos de la Administración Pública Nacional, con base en parámetros de adaptabilidad de las estructuras administrativas a las políticas públicas que desarrolla el Poder Ejecutivo Nacional y en los principios de organización y funcionamiento establecidos en la ley orgánica. En ejecución de estas normas desde 2001 se han dictado una multitud de decretos sobre organización y funcionamiento de la Administración Pública Central, particularmente con motivo de la creación progresiva de nuevos ministerios[979].

Estos decretos, no pueden considerarse como de contenido reglamentario ya que no tienen rango sublegal, sino que tienen rango de ley, dado el poder derogatorio que en 2001 tuvieron respecto de las normas de la antigua Ley Orgánica de la Administración Central, sino de las leyes sectoriales atributivas de competencia a los Ministerios[980].

En el mismo sentido de decreto con rango legal debe considerarse al decreto del Presidente de la República, mediante el cual pueda variar la adscripción de los entes descentralizados funcionalmente a los Ministerios respectivos previstas en las correspondientes leyes o actos jurídicos de creación, de acuerdo con las reformas que tengan lugar en la organización ministerial (art. 115,2 LOAP). Se trata, aquí también, de un decreto con poder derogatorio respecto de las leyes.

Estos decretos de rango legal en materia de organización administrativa, en todo caso, no sólo están sujetos a la Constitución, sino a la Ley Orgánica de la Administración Central, y particularmente a "los principios y lineamientos" que señale conforme al artículo 236,20 de la Constitución.

---

978. V., Gaceta Oficial N° 37.305 de 17-10-2001. V. Allan R. Brewer-Carías y Rafael Chavero G., Ley Orgánica de la Administración Pública, Caracas, 2002.

979. El último de dichos decretos ha sido dictado en 2005.

980. En nuestro libro Allan R. Brewer-Carías, La Constitución de 1999. Derecho constitucional venezolano, Tomo I, Caracas 2004, p. 482, ya nos apartamos de la apreciación inicial que formulamos sobre el rango de estos actos ejecutivos al sancionarse la Constitución de 1999, en Allan R. Brewer-Carías, La Constitución de 1999, Caracas 2000, p. 123.

A tal efecto, por ejemplo, el artículo 16 la Ley Orgánica de la Administración Pública dispone que la creación de órganos administrativos, incluyendo los Ministerios, se debe sujetar a los siguientes requisitos:

1. Indicación de su finalidad y delimitación de sus competencias o atribuciones.

2. Determinación de su forma organizativa, su ubicación en la estructura de la Administración Pública y su adscripción funcional y administrativa.

3. Previsión de las partidas y créditos presupuestarios necesarios para su funcionamiento. En las correspondientes leyes de presupuesto se deben establecer partidas destinadas al financiamiento de las reformas organizativas que se programen en los órganos y entes de la Administración Pública.

En todo caso, como decretos de rango legal, corresponde a la Sala Constitucional controlar la constitucionalidad de los mismos (arts. 334 y 336,3) cuando colidan con la Constitución.

D.   *Los decretos de estados de excepción*

a.   *Los estados de excepción*

El Capítulo II del Título VIII de la Constitución, relativo a la "Protección de la Constitución", está destinado a regular las circunstancias excepcionales que pueden originar situaciones de excepción que afecten gravemente la seguridad de la Nación, de las instituciones y de las personas, y que ameriten la adopción de medidas político-constitucionales para afrontarlas.

En cuanto al régimen de los estados de excepción, el artículo 338 remite a una ley orgánica (LO) para regularlos y determinar las medidas que pueden adoptarse con base en los mismos; y en tal sentido se dictó la Ley Orgánica sobre Estados de Excepción de 15-08-2001[981] que no sólo los regula en sus diferentes formas, sino que además regula "el ejercicio de los derechos que sean restringidos con la finalidad de restablecer la normalidad en el menor tiempo posible" (art. 1).

Ahora bien, el artículo 337 de la Constitución califica expresamente como estados de excepción.

Las circunstancias de orden social, económico, político, natural o ecológico, que afecten gravemente la seguridad de la Nación, de las instituciones y de los ciudadanos y ciudadanas, a cuyo respecto resultan insuficientes las facultades de las cuales se disponen para hacer frente a tales hechos.

La ley orgánica precisa que "los estados de excepción son circunstancias de orden social, económico, político, natural o ecológico, que afecten gravemente la seguridad de la Nación, de sus ciudadanos y ciudadanas o de sus instituciones", por lo que "solamente pueden declararse ante situaciones objetivas de suma gravedad que

---

981 *Gaceta Oficial* N° 37.261 de 15-08-2001.

hagan insuficientes los medios ordinarios que dispone el Estado para afrontarlos" (art. 2) y en caso de "estricta necesidad para solventar la situación de anormalidad" (art. 6).

Por otra parte, la Ley Orgánica exige que "toda medida de excepción debe ser proporcional a la situación que se quiere afrontar en lo que respecta a gravedad, naturaleza y ámbito de aplicación" (art. 4), debiendo además "tener una duración limitada a las exigencias de la situación que se quiere afrontar, sin que tal medida pierda su carácter excepcional o de no permanencia" (art. 5).

Se trata, por tanto, de circunstancias excepcionales que sobrepasan las posibilidades de su atención mediante los mecanismos institucionales previstos para situaciones normales, pero que solo pueden dar lugar a la adopción de medidas que estén enmarcadas dentro de principios de logicidad, racionalidad, razonabilidad y proporcionalidad, lo que se configura como un límite al ejercicio de las mismas.

Las diversas formas específicas de estados de excepción se enumeran en el artículo 338 de la Constitución, en el cual se distingue el estado de alarma, el estado de emergencia económica, el estado de conmoción interior y el estado de conmoción exterior; las cuales se regulan en los arts. 8 a 14 de la Ley Orgánica.

Además, debe señalarse que la declaratoria del estado de excepción en ningún caso interrumpe el funcionamiento de los órganos del Poder Público (art. 339); lo que se confirma en la Ley Orgánica respectiva (art. 3).

Por último, debe señalarse que la declaración de los estados de excepción no modifica el principio de la responsabilidad del Presidente de la República, ni la del Vicepresidente Ejecutivo, ni la de los Ministros de conformidad con la Constitución y la ley (art. 232).

b.   *El decreto de estado de excepción*

En las circunstancias excepcionales antes mencionadas, corresponde al Presidente de la República, en Consejo de Ministros, decretar los estados de excepción. (art. 337). Este decreto, como lo precisa el artículo 22 de la Ley Orgánica, tiene "rango y fuerza de Ley" y entra "en vigencia una vez dictado por el Presidente de la República, en Consejo de Ministros", agregando la norma que "deberá ser publicado en la Gaceta Oficial de la República Bolivariana de Venezuela y difundido en el más breve plazo por todos los medios de comunicación social, si fuere posible."

En cuanto al rango y fuerza de ley de los decretos de estados de excepción, la misma en realidad proviene de la propia Constitución, pues al dictarlos el Presidente de la República ejecuta directa e inmediatamente la Constitución, es decir, con base en atribuciones establecidas en el texto fundamental, a pesar de que, además, deben ejecutar la Ley Orgánica de Estados de Excepción.

Pero por lo que se refiere a la previsión legal de que los referidos decretos ley puedan entrar en vigencia antes de la publicación del decreto en *Gaceta Oficial*, dicha previsión, sin duda, es inconstitucional, pues no puede disponer el legislador que un decreto que tiene rango y fuerza de Ley pueda entrar en vigencia antes de su publicación, es decir, desde que se dicte por el Presidente de la República.

Conforme al artículo 215 de la Constitución, la ley sólo queda promulgada al publicarse con el correspondiente "Cúmplase" en la *Gaceta Oficial*, disponiendo el

Código Civil, en su artículo 1, que "la Ley es obligatoria desde su publicación en la Gaceta Oficial" o desde la fecha posterior que ella misma indique (art. 1).

En decreto de estado de excepción, por tanto, sólo puede entrar en vigencia desde su publicación en la *Gaceta Oficial*, no pudiendo entenderse este requisito de publicación y de vigencia, como una mera formalidad adicional de divulgación como parece derivarse del texto del artículo 22 de la Ley Orgánica.

Por otra parte, el decreto debe cumplir con las exigencias, principios y garantías establecidos en el Pacto Internacional de Derechos Civiles y Políticos y en la Convención Americana sobre Derechos Humanos (art. 339 C).

Conforme al artículo 4 del Pacto Internacional de Derechos Civiles y Políticos, el estado de excepción debe ser "proclamado oficialmente". Con base en ello sólo se pueden "adoptar disposiciones" que, en la medida estrictamente limitada a las exigencias de la situación, suspendan las obligaciones contraídas (por los Estados) en virtud de este Pacto. Las medidas, además, no pueden "ser incompatibles con las demás obligaciones que les impone el derecho internacional y no entrañen discriminación alguna fundada únicamente en motivos de raza, color, sexo, idioma, religión u origen social". En igual sentido se dispone en el artículo 27 de la Convención Americana sobre Derechos Humanos.

Por otra parte, el Pacto exige que todo Estado "que haga uso del derecho de suspensión" debe informar inmediatamente a todos los demás Estados Partes en el Pacto, por conducto del Secretario General de las Naciones Unidas, "de las disposiciones cuya aplicación haya suspendido y de los motivos que hayan suscitado la suspensión". Igualmente, deben comunicar la fecha "en que haya dado por terminada tal suspensión" (art. 4,3). La Convención Americana establece una disposición similar de información a los Estados Partes en la Convención, por conducto del Secretario General de la Organización de Estados Americanos (art. 27,3).

Por último, la Ley Orgánica dispone que el Presidente de la República puede solicitar a la Asamblea Nacional la prórroga del Decreto por un plazo igual, correspondiendo a la Asamblea la aprobación de dicha prórroga (art. 338). Este puede ser revocado por el Ejecutivo Nacional o por la Asamblea Nacional o por su Comisión Delegada, antes del término señalado, al cesar las causas que lo motivaron.

    c.   *Medidas que pueden adoptarse en virtud del decreto de estado de excepción: el rango legal*

    a'. *Régimen general*

Conforme al artículo 15 de la Ley Orgánica, el Presidente de la República, en Consejo de Ministros, tiene las siguientes facultades:

    a)   Dictar todas las medidas que estime convenientes en aquellas circunstancias que afecten gravemente la seguridad de la Nación, de sus ciudadanos y ciudadanas o de sus instituciones, de conformidad con los artículos 337, 338 y 339 de la Constitución de la República Bolivariana de Venezuela.

b)   Dictar medidas de orden social, económico, político o ecológico cuando resulten insuficientes las facultades de las cuales disponen ordinariamente los órganos del Poder Público para hacer frente a tales hechos.

Además, en particular, en el caso del decreto que declare el estado de emergencia económica, conforme al artículo 11 de la Ley Orgánica, en el mismo se pueden disponer "las medidas oportunas, destinadas a resolver satisfactoriamente la anormalidad o crisis e impedir la extensión de sus efectos".

Asimismo, en el caso del decreto que declare el estado de conmoción exterior, se pueden tomar "todas las medidas que se estimen convenientes, a fin de defender y asegurar los intereses, objetivos nacionales y la sobrevivencia de la República" (art. 14).

En todo caso, decretado el estado de excepción, el Presidente de la República puede delegar su ejecución, total o parcialmente, en los gobernadores, alcaldes, comandantes de guarnición o cualquier otra autoridad debidamente constituida, que el Ejecutivo Nacional designe (art. 16).

b'. *La restricción de las garantías constitucionales y su obligatorio contenido normativo*

Conforme se establece en el artículo 337 de la Constitución, en los casos en los cuales se decreten estados de excepción, el Presidente de la República en Consejo de Ministros también puede restringir temporalmente las garantías consagradas en la Constitución, "Salvo las referidas a los derechos a la vida, prohibición de incomunicación o tortura, el derecho al debido proceso, el derecho a la información y los demás derechos humanos intangibles".

Este es el único supuesto establecido en la Constitución de 1999 conforme al cual el Presidente puede restringir las garantías constitucionales (art. 236, ord. 7), habiéndose eliminado toda posibilidad de "suspender" dichas garantías como lo autorizaba la Constitución de 1961 (art. 241). De ello deriva, además, que tampoco podrían restringirse los derechos constitucionales, sino sólo sus "garantías"[982].

Ahora bien, en relación con la restricción de garantías constitucionales con motivo de un decreto de estado de excepción, el artículo 6 de la Ley Orgánica dispone que:

Artículo 6: El decreto que declare los estados de excepción será dictado en caso de estricta necesidad para solventar la situación de anormalidad, ampliando las facultades del Ejecutivo Nacional, con la restricción temporal de las garantías constitucionales permitidas y la ejecución, seguimiento, supervisión e inspección de las medidas que se adopten conforme a derecho. El Presidente de la República, en Consejo de Ministros, podrá ratificar las medidas que no impliquen la restricción de una garantía o de un derecho constitucional. Dicho decreto será sometido a los controles que establece esta Ley.

Por otra parte, en relación con la enumeración de las garantías constitucionales de derechos que no pueden ser objeto de restricción, en forma alguna, conforme al

---

982.   *V.*, Allan R. Brewer-Carías, "Consideraciones sobre la suspensión o restricción de las garantías constitucionales", en *Revista de Derecho Público*, N° 37, EJV, Caracas 1989, pp. 5 y ss.

antes mencionado artículo 337 de la Constitución (regulados en los artículos 43,2; 46,1; 49 y 58 de la Constitución), sin duda, debe considerarse que forman parte de "los demás derechos humanos intangibles" cuyas garantías tampoco pueden restringirse, los indicados como no restringibles en el Pacto Internacional de Derechos Civiles y Políticos (art. 4), y en la Convención Americana de Derechos Humanos (art. 27), que son: la garantía de la igualdad y no discriminación; la garantía de no ser condenado a prisión por obligaciones contractuales; la garantía de la irretroactividad de la ley; el derecho a la personalidad; la libertad religiosa; la garantía de no ser sometido a esclavitud o servidumbre; la garantía de la integridad personal; el principio de legalidad; la protección de la familia; los derechos del niño; la garantía de la no privación arbitraria de la nacionalidad y el ejercicio de los derechos políticos al sufragio y el acceso a las funciones públicas[983].

Ahora bien, en relación con esta materia, el artículo 7 de la Ley Orgánica indica que:

> Artículo 7: No podrán ser restringidas, de conformidad con lo establecido en los artículos 339 de la Constitución de la República Bolivariana de Venezuela, 4.2 del Pacto Internacional de Derechos Civiles y Políticos y 27.2 de la Convención Americana sobre Derechos Humanos, las garantías de los derechos a:
>
> 1. La vida.
> 2. El reconocimiento a la personalidad jurídica.
> 3. La protección de la familia.
> 4. La igualdad ante la ley.
> 5. La nacionalidad.
> 6. La libertad personal y la prohibición de práctica de desaparición forzada de personas.
> 7. La integridad personal física, psíquica y moral.
> 8. No ser sometido a esclavitud o servidumbre.
> 9. La libertad de pensamiento, conciencia y religión.
> 10. La legalidad y la irretroactividad de las leyes, especialmente de las leyes penales.
> 11. El debido proceso.
> 12. El amparo constitucional.
> 13. La participación, el sufragio y el acceso a la función pública.
> 14. La información.

Lamentablemente, en esta enumeración, la Ley Orgánica omitió la "prohibición de incomunicación o tortura" que establece el artículo 337 de la Constitución; la garantía a no ser condenado a prisión por obligaciones contractuales; y los derechos del niño que enumeran las Convenciones Internacionales mencionadas, que tienen rango constitucional (art. 23).

---

983. *V.*, Allan R. Brewer-Carías, *La Constitución de 1999, cit.*, pp. 236 y 237.

En todo caso, de las anteriores regulaciones relativas a la restricción de garantías constitucionales como consecuencia de un decreto de estado de excepción, debe destacarse lo siguiente:

En primer lugar, debe insistirse en el hecho de que se eliminó de la Constitución la posibilidad de que se pudiesen "suspender" las garantías constitucionales, como lo autorizaba el artículo 241, en concordancia con el artículo 190, ordinal 6 de la Constitución de 1961, y que dio origen a tantos abusos institucionales[984], quedando la potestad de excepción, a la sola posibilidad de "restringir" (art. 236, ord. 7) las garantías constitucionales.

En segundo lugar, la Constitución exige expresamente que el Decreto que declare el estado de excepción y restrinja garantías constitucionales, obligatoriamente debe "regular el ejercicio del derecho cuya garantía se restringe" (art. 339). Es decir, no es posible que el decreto "restrinja" una garantía constitucional pura y simplemente, sino que es indispensable que en el mismo decreto se regule en concreto el ejercicio del derecho. Por ejemplo, si se restringe la libertad de tránsito, por ejemplo, en el mismo decreto de restricción, que tiene entonces que tener un contenido normativo, debe especificarse en qué consiste la restricción, estableciendo por ejemplo, la prohibición de circular a determinadas horas (toque de queda), o en determinados vehículos.[985]

Lamentablemente, sin embargo, en la Ley Orgánica no se desarrolló esta exigencia constitucional, quizás la más importante en materia de restricción de garantías constitucionales. Sólo regulándose normativamente su ejercicio, en el decreto que restrinja las garantías constitucionales, es que podría tener sentido la previsión del artículo 21 de la Ley Orgánica que dispone que "El decreto que declare el estado de excepción suspende temporalmente, en las leyes vigentes, los artículos incompatibles con las medidas dictadas en dicho decreto".

Para que esta "suspensión" temporal de normas legales pueda ser posible, por supuesto, es necesario e indispensable que el decreto establezca la normativa sustitutiva correspondiente.

c'. La movilización

Conforme al artículo 23 de la Ley Orgánica, decretado el estado de excepción, el Presidente de la República en su condición de Comandante en Jefe de la Fuerza Armada Nacional puede, además, ordenar la movilización de cualquier componente o de toda la Fuerza Armada Nacional, operación que debe regirse por las disposiciones que sobre ella establece la ley respectiva.

---

984. V., Allan R. Brewer-Carías, "Consideraciones sobre la suspensión o restricción de las garantías constitucionales", *loc. cit.*, pp. 5 a 25; y Allan R. Brewer-Carías, "Derecho y acción de amparo", *Instituciones Políticas y Constitucionales*, Tomo V, Caracas 1997, pp. 11 a 44.

985. V., las críticas a la suspensión no regulada de las garantías constitucionales con motivo de los sucesos de febrero de 1989, en Allan R. Brewer Carías, "Consideraciones sobre la suspensión...", *loc. cit.*, pp. 19 y ss., y en Allan R. Brewer Carías, en "Prólogo" el libro de Daniel Zovatto G., *Los estados de excepción y los derechos humanos en América Latina, cit.*, pp. 24 y ss.

d'. La requisición

Con motivo de la declaración de estado de excepción, conforme al artículo 24 de la Ley Orgánica, el Ejecutivo Nacional tiene la facultad de requisar los bienes muebles e inmuebles de propiedad particular que deban ser utilizados para restablecer la normalidad.[986]

En estos supuestos, para que se ejecutase cualquier requisición, es indispensable la orden previa del Presidente de la República o de la autoridad competente designada, dada por escrito, en la cual se debe determinar la clase, cantidad de la prestación, debiendo expedirse una constancia inmediata de la misma.

En todo caso, terminado el estado de excepción, deben restituirse los bienes requisados a sus legítimos propietarios, en el estado en que es encuentren, sin perjuicio de la indemnización debida por el uso o goce de los mismos.

En los casos que los bienes requisados no pudieren ser restituidos, o se trate de bienes fungibles o perecederos, la República debe pagar el valor total de dichos bienes, calculados con base en el precio que los mismos tenían en el momento de la requisición (art. 25 LO).

e'. Las medidas relativas a los artículos de primera necesidad y a los servicios públicos

Por otra parte, una vez decretado el estado de excepción, también se puede limitar o racionar el uso de servicios o el consumo de artículos de primera necesidad, tomar las medidas necesarias para asegurar el abastecimiento de los mercados y el funcionamiento de los servicios y de los centros de producción (art. 19 LO).

Salvo que el decreto regule otra cosa, estas medidas deben adoptarse conforme a la Ley de Protección al Consumidor o al Usuario.

f'. Las medidas de orden presupuestarias en cuanto al gasto público

Conforme al artículo 20 de la Ley Orgánica;

Decretado el estado de excepción, el Ejecutivo puede hacer erogaciones con cargo al Tesoro Nacional que no estén incluidas en la Ley de Presupuesto y cualquier otra medida que se considere necesaria para regresar a la normalidad, con fundamento en la Constitución de la República Bolivariana de Venezuela y la presente Ley.

Se pretendió, en esta forma, establecer una excepción al principio constitucional del artículo 314 de la Constitución que, al contrario, prescribe terminantemente y sin posibilidad de excepción, que "No se hará ningún tipo de gastos que no haya sido previsto en la Ley de Presupuesto".

Esta excepción del artículo 20 de la Ley Orgánica, por tanto, sin duda, es inconstitucional, pues la Constitución no autoriza en forma alguna que puedan hacerse

---

986. Sobre la requisición V. Allan R. Brewer-Carías, "Adquisición de propiedad privada por parte del Estado en el Derecho Venezolano" en Allan R. Brewer-Carías, *Jurisprudencia de la Corte Suprema 1930-1974 y Estudios de Derecho Administrativo*, Tomo VI, Caracas 1979, pp. 24 y 33.

gastos o erogaciones no previstos en la Ley de Presupuesto, salvo mediante la utilización del mecanismo de "créditos adicionales" que autoriza al artículo 314 de la propia Constitución.

d. El control de los decretos de estados de excepción

De acuerdo con el artículo 339, el decreto que declare el estado de excepción debe ser presentado, dentro de los 8 días siguientes de haberse dictado, a la Asamblea Nacional o a la Comisión Delegada, para su consideración y aprobación, y a la Sala Constitucional del Tribunal Supremo de Justicia, para que se pronuncie sobre su constitucionalidad (art. 336,6).

Este doble régimen general de control parlamentario y judicial, lo desarrolla la Ley Orgánica, estableciendo normas particulares en relación con el control por parte de la Asamblea Nacional, por parte de la Sala Constitucional del Tribunal Supremo y por parte de los jueces de amparo.

a'. El control por la Asamblea Nacional

Como se ha dicho, el decreto que declare el estado de excepción debe ser remitido por el Presidente de la República a la Asamblea Nacional, dentro de los 8 días continuos siguientes a aquel en que haya sido dictado, para su consideración y aprobación.

En el mismo término, deben ser sometidos a la Asamblea Nacional los decretos mediante los cuales se solicite la prórroga del estado de excepción o aumento del número de garantías restringidas.

Si el Presidente de la República no diere cumplimiento al mandato establecido en el lapso previsto, la Asamblea Nacional se debe pronunciar de oficio (art. 26).

El decreto que declare el estado de excepción, y la solicitud de prórroga o aumento del número de garantías restringidas, deben ser aprobados por la mayoría absoluta de los diputados presentes en sesión especial que se debe realizar sin previa convocatoria, dentro de las 48 horas de haberse hecho público el decreto (art. 27). El tema de la publicidad, de nuevo, tiene que vincularse a la publicación del decreto en la *Gaceta Oficial*.

Si por caso fortuito o fuerza mayor la Asamblea Nacional no se pronunciare dentro de los 8 días continuos siguientes a la recepción del decreto, éste se debe entender aprobado. Se establece así, un silencio parlamentario positivo con efectos aprobatorios tácitos.

Si el decreto que declare el estado de excepción, su prórroga o el aumento del número de garantías restringidas, se dicta durante el receso de la Asamblea Nacional, el Presidente de la República lo debe remitir a la Comisión Delegada, en el mismo término fijado en el artículo 26 de la Ley Orgánica. En este caso, conforme al artículo 29, la Comisión Delegada sólo puede considerar la aprobación del decreto que declare el estado de excepción, su prórroga, o el aumento del número de garantías restringidas, si por las circunstancias del caso le resulta imposible convocar una sesión ordinaria de la Asamblea Nacional, dentro de las 48 horas a que hace referencia el artículo 27 de la Ley Orgánica, o si a la misma no concurriere la mayoría absoluta de los diputados.

En todo caso, dice el artículo 30 de la Ley Orgánica, que el acuerdo dictado por la Asamblea Nacional "entra en vigencia inmediatamente, por lo que debe ser publicado en la *Gaceta Oficial de la República Bolivariana de Venezuela* y difundido en el más breve plazo, por todos los medios de comunicación social, al día siguiente en que haya sido dictado, si fuere posible" (art. 30). De nuevo encontramos aquí la incongruencia de que pueda considerarse que un acto parlamentario de aprobación de un decreto "con rango y fuerza de ley", pueda entrar en vigencia antes de su publicación en la *Gaceta Oficial*, lo cual es totalmente inadmisible.

b'. *El control concentrado de constitucionalidad por la Sala Constitucional del Tribunal Supremo de Justicia*

De acuerdo con el artículo 336,6 de la Constitución, compete a la Sala Constitucional "revisar en todo caso, aún de oficio, la constitucionalidad de los decretos que declaren estados de excepción dictados por el Presidente de la República". Se trata de un control de la constitucionalidad automático y obligatorio que la Sala, incluso, puede ejercer de oficio.

La Ley Orgánica desarrolla el ejercicio de este control, estableciendo diferentes regulaciones que deben destacarse.

Conforme al artículo 31 de la Ley Orgánica, el decreto que declare el estado de excepción, su prórroga o el aumento del número de garantías restringidas, deben ser remitidos por el Presidente de la República dentro de los 8 días continuos siguientes a aquél en que haya sido dictado, a la Sala Constitucional del Tribunal Supremo de Justicia, a los fines de que ésta se pronuncie sobre su constitucionalidad. En el mismo término, el Presidente de la Asamblea Nacional debe enviar a la Sala Constitucional, el Acuerdo mediante el cual se apruebe el estado de excepción.

Si el Presidente de la República o el Presidente de la Asamblea Nacional, según el caso, no dieren cumplimiento al mandato establecido en el presente artículo en el lapso previsto, la Sala Constitucional del Tribunal Supremo de Justicia se pronunciará de oficio (art. 31). Por supuesto, estimamos que éste no es el único supuesto en el cual la Sala Constitucional puede revisar de oficio el decreto, lo cual puede hacer desde que se dicte y se publique en la Gaceta Oficial, y no sólo al final del lapso indicado ni sólo si no se le remite oficialmente al decreto.

Debe destacarse que con la previsión de este sistema de control de constitucionalidad automático y obligatorio, una vez que el mismo se efectúa por la Sala Constitucional y ésta, por ejemplo, declara la constitucionalidad del decreto, no podría entonces ejercerse una acción popular de inconstitucionalidad contra el decreto, pues contrariaría la cosa juzgada constitucional.

Por otra parte, debe destacarse que el artículo 33 de la Ley Orgánica dispone que:

> Artículo 33: La Sala Constitucional del Tribunal Supremo de Justicia omitirá todo pronunciamiento, si la Asamblea Nacional o la Comisión Delegada desaprobare el decreto de estado de excepción o denegare su prórroga, declarando extinguida la instancia.

Esta norma, sin duda, también puede considerarse como inconstitucional pues establece una limitación al ejercicio de sus poderes de revisión por la Sala, no autorizada en la Constitución. La revisión, aún de oficio, del decreto de estado de excepción puede realizarse por la Sala Constitucional, independientemente de que la

Asamblea Nacional haya negado su aprobación, máxime si el decreto, conforme a la Ley Orgánica al entrar en vigencia "en forma inmediata" incluso antes de su publicación, ha surtido efectos.

La Sala Constitucional tiene competencia para revisar la constitucionalidad de los decretos de excepción, es decir, que en su emisión se hubieran cumplido los requisitos establecidos en la Constitución (constitucionalidad formal) y en la Ley Orgánica; y segundo, que el decreto no viole la normativa constitucional ni la establecida en la Ley Orgánica. Los motivos de inconstitucionalidad a ser considerados por la Sala, por otra parte, pueden ser alegados por interesados en la constitucionalidad, como se señala más adelante.

Es de destacar, en relación con estos motivos de inconstitucionalidad, por ejemplo, el incumplimiento por el decreto de estado de excepción que restrinja una garantía constitucional, de la exigencia de que el decreto debe "regular el ejercicio del derecho cuya garantía se restringe" (art. 339); es decir, que tiene que tener contenido normativo en relación con las restricciones al ejercicio del derecho constitucional respectivo. Se trata, en definitiva, de una exigencia constitucional que busca suplir el principio de la reserva legal.

En efecto, como se ha dicho, el principio básico de la regulación constitucional de los derechos y libertades públicas en Venezuela, es decir, la verdadera "garantía" de esos derechos y libertades radica en la reserva establecida a favor del legislador para limitar o restringir dichos derechos. Sólo por ley pueden establecerse limitaciones a los derechos y libertades consagrados en la Constitución. Pero la propia Constitución admite la posibilidad de que las garantías constitucionales puedan ser restringidas en circunstancias excepcionales, por decisión del Presidente de la República en Consejo de Ministros, lo que implica que durante el tiempo de vigencia de estas restricciones, las garantías de los derechos y libertades podrían ser regulados por vía ejecutiva.

Por ello, la consecuencia fundamental del decreto de excepción que establezca la restricción de garantías constitucionales, es la posibilidad que tiene el Poder Ejecutivo de regular el ejercicio del derecho, asumiendo competencias que normalmente corresponderían al Congreso. Si la esencia de la garantía constitucional es la reserva legal para su limitación y reglamentación; restringida la garantía constitucional, ello implica la restricción del monopolio del legislador para regular o limitar los derechos, y la consecuente ampliación de los poderes del Ejecutivo Nacional para regular y limitar, por vía de Decreto, dichas garantías constitucionales[987].

Por supuesto, tal como lo aclara la propia Constitución, la declaración del estado de excepción (y la eventual restricción) de garantías "no interrumpe el funcionamiento de los órganos del Poder Público" (art. 339); es decir, si bien amplía las competencias reguladoras del Poder Ejecutivo, no impide ni afecta las competencias legislativas ordinarias del Congreso.

Conforme al artículo 32, la Sala Constitucional del Tribunal Supremo de Justicia debe decidir la revisión del decreto de estado de excepción en el lapso de 10 días

---

987. *Cfr.* Allan R. Brewer-Carías, *Las garantías constitucionales de los derechos del hombre*, Caracas 1976, pp. 33, 40 y 41.

continuos contados a partir de la comunicación del Presidente de la República o del Presidente de la Asamblea Nacional, o del vencimiento del lapso de 8 días continuos previstos en el artículo anterior.

Si la Sala Constitucional no se pronuncia en el lapso mencionado, conforme al artículo 32 de la Ley Orgánica, los Magistrados que la componen "incurren en responsabilidad disciplinaria, pudiendo ser removido de sus cargos de conformidad con lo establecido en el artículo 265 de la Constitución". Este es el primer supuesto de "falta grave" para la remoción de los Magistrados del Tribunal Supremo que se regula en la legislación, por parte de la Asamblea Nacional.

En el curso del procedimiento, para cuyo desarrollo todos los días y horas se consideran hábiles (art. 39 LO), los interesados, durante los 5 primeros días del lapso para decidir que tiene la Sala Constitucional, pueden consignar los alegatos y elementos de convicción que sirvan para demostrar la constitucionalidad o la inconstitucionalidad del decreto que declare el estado de excepción, acuerde su prórroga o aumente el número de garantías restringidas.

No precisa el artículo, sin embargo, quienes pueden ser considerados "interesados", por lo que debe entenderse que al tratarse de un juicio de inconstitucionalidad relativo a un decreto "con rango y valor de ley", debe dársele el mismo tratamiento que el establecido para la acción popular, es decir, que para ser interesado basta alegar un simple interés en la constitucionalidad.

En todo caso, la Sala Constitucional del Tribunal Supremo de Justicia, dentro de los 2 días siguientes debe admitir los alegatos y elementos de prueba que resulten pertinentes y desechar aquellos que no lo sean. Contra esta decisión, dispone la Ley Orgánica, "no se admitirá recurso alguno", lo cual es absolutamente superfluo, pues no existe recurso posible alguno en el ordenamiento jurídico constitucional, contra las decisiones de la Sala Constitucional.

La Sala Constitucional del Tribunal Supremo de Justicia debe decidir dentro de los 3 días continuos siguientes a aquel en que se haya pronunciado sobre la admisibilidad de los alegatos y las pruebas presentadas por los interesados (art. 36).

En su decisión, conforme al artículo 37 de la Ley Orgánica:

> Artículo 37: La Sala Constitucional del Tribunal Supremo de Justicia declarará la nulidad total o parcial del decreto que declara el estado de excepción, acuerda su prórroga o aumenta el número de garantías restringidas, cuando no se cumpla con los principios de la Constitución de la República Bolivariana de Venezuela, tratados internacionales sobre derechos humanos y la presente Ley.

En relación con los efectos de la decisión de la Sala Constitucional en el tiempo, la ley orgánica expresamente prescribe los efectos *ex tunc*, disponiendo que:

> Artículo 38: La decisión de nulidad que recaiga sobre el decreto tendrá efectos retroactivos, debiendo la Sala Constitucional del Tribunal Supremo de Justicia restablecer inmediatamente la situación jurídica general infringida, mediante la anulación de todos los actos dictados en ejecución del decreto que declare el estado de excepción, su prórroga o aumento del número de garantías constitucionales restringidas, sin perjuicio del derecho de los particulares de solicitar el restablecimiento de su situación jurídica individual y de ejercer todas las acciones a que haya lugar.

Esta decisión deberá ser publicada íntegramente en la Gaceta Oficial de la República Bolivariana de Venezuela.

c'. *El control por los demás tribunales*

De acuerdo con el artículo 27 de la Constitución, el ejercicio del derecho de amparo "no puede ser afectado en modo alguno por la declaratoria de estado de excepción o de la restricción de garantías constitucionales", derogándose en forma tácita el ordinal del artículo de la Ley Orgánica de Amparo sobre Derechos y Garantías Constitucionales de 1988 que restringía el ejercicio de la acción de amparo en las situaciones de restricción de Garantías Constitucionales[988]. Por ello, incluso, la propia Ley Orgánica enumera, entre las garantías no restringibles "el amparo constitucional" (art. 7, ord. 12).

En consecuencia, el artículo 40 de la Ley Orgánica dispone que:

Artículo 40: Todos los jueces o juezas de la República, en el ámbito de su competencia de amparo constitucional, están facultados para controlar la justificación y proporcionalidad de las medidas adoptadas con base al estado de excepción.

Esta norma, sin embargo, puede considerarse como inconvenientemente restrictiva, pues parecería que los jueces de amparo no podrían ejercer su potestad plena de protección frente a las violaciones de derechos y garantías constitucionales en estas situaciones de los estados de excepción, sino sólo en los aspectos señalados de justificación y proporcionalidad de las medidas que se adopten con motivo de los mismos.

d'. *El control por la comunidad organizada y las organizaciones públicas no estatales*

La Ley Orgánica de la Administración Pública, como hemos señalado, establece un mecanismo preciso de participación ciudadana al regular el procedimiento de consulta obligatoria a las comunidades organizadas y a las organizaciones políticas no estatales, respecto de los anteproyectos de normas legales o reglamentarias que se proponga dictar el Presidente de la República (arts. 135, 136).

Como hemos señalado, esencialmente, un decreto de estado de excepción debe contener la regulación legal relativa al ejercicio del derecho cuya garantía se restringe, por lo que en el ámbito de los decretos de estados de excepción esa consulta debe realizarse obligatoriamente.

En este supuesto de los decretos de estado de excepción, sin embargo, la consulta obligatoria para promover la participación ciudadana no es previa sino posterior a la emisión del acto. En efecto, el artículo 137 de la Ley Orgánica de la Administración Pública dispone que "en casos de emergencia manifiesta y por fuerza de la obligación del Estado en la seguridad y protección de la sociedad" el Presidente de la República podría dictar esos decretos con contenido normativo sin consulta previa; pero en todo caso, está obligado a consultar seguidamente "bajo el mismo pro-

---

988. *V.,* Allan R. Brewer-Carías, "El amparo a los derechos y la suspensión o restricción de garantías constitucionales", *El Nacional,* Caracas 14-4-89, p. A-4.

cedimiento" de consultas públicas, a las comunidades organizadas y a las organizaciones públicas no estatales; estando obligado a considerar el resultado de la consulta.

E.   *Los actos normativos del Presidente de la Republica de rango sublegal: los Reglamentos*

La Constitución de 1999, utiliza la expresión acto administrativo en dos artículos: en primer lugar, en el artículo 259, al atribuir a los órganos de la Jurisdicción Contencioso-Administrativa competencia para "anular los actos administrativos generales o individuales contrarios a derecho incluso por desviación de poder"; y en segundo lugar, en el artículo 266,5, al atribuir específicamente a la Sala Político Administrativa del Tribunal Supremo de Justicia, que forman parte de esa Jurisdicción, la competencia para "declarar la nulidad total o parcial de los reglamentos y demás actos administrativos generales o individuales del Ejecutivo Nacional, cuando sea procedente".

De estas normas surge claramente que en Venezuela, los reglamentos son, y siempre han sido considerados, actos administrativos[989], en el sentido de que son declaraciones de voluntad emanadas de órganos que ejercen el Poder Público, de carácter sublegal, para producir efectos jurídicos. La única peculiaridad que tienen es que los reglamentos son actos administrativos de efectos generales y, por tanto, de carácter normativo. Se distinguen, así, de los otros actos administrativos generales, de contenido no normativo, y de los actos administrativos de efectos particulares.

a.   *Los reglamentos como actos administrativos de efectos generales*

La característica de los reglamentos como actos administrativos es, en primer lugar, que se trata de actos dictados en ejecución indirecta y mediata de la Constitución, y directa e inmediata de la legislación; por ello, como todo acto administrativo, siempre son de carácter sublegal.

En segundo lugar, se trata de actos administrativos que siempre son de efectos generales, es decir, de carácter normativo, y que, por tanto, integran o modifican el ordenamiento jurídico. El contenido de los reglamentos, por tanto, siempre es de carácter normativo, y se identifican por su generalidad, efectos *erga omnes* y por estar destinados a un número indeterminado e indeterminable de personas[990]. El reglamento, en esta forma, tal como lo definió la antigua Corte Suprema, "Es norma jurídica de carácter general dictado por la Administración Pública, para su aplicación a todos los sujetos de derecho y en todos los casos que caigan dentro de sus supuestos de hecho"[991].

---

989.   *V.* por ejemplo Allan R. Brewer-Carías, *Las Instituciones Fundamentales del Derecho Administrativo...*, *op. cit.*, p. 119.

990.   *V.*, sobre la distinción Allan R. Brewer-Carías, El control de la constitucionalidad de los actos estadales, *op. cit.*, pp. 8 y ss.

991.   *V.*, sentencia de la Corte Suprema de Justicia en Sala Político Administrativa de 27-05-68, en *Gaceta Forense*, N° 60, 1968, pp. 115 a 118.

Pero como se dijo, el reglamento, aún cuando tiene contenido normativo e integra el ordenamiento jurídico, está siempre subordinado a la ley. Tal como lo ha señalado la antigua Corte Suprema de Justicia:

Las disposiciones de los reglamentos que conforme a ella han de dictarse, tienen el carácter de normas secundarias respecto a las de la Ley, que son en este caso, las primarias. O sea, que cada reglamento es el complemento de la determinada Ley, cuya finalidad es facilitar la ejecución de ésta[992].

De lo anterior resulta, por otra parte, que no todo acto administrativo general es un reglamento, lo que permite distinguir entre "actos de efectos generales" como los reglamentos, y "actos generales"; es decir, entre actos normativos, por una parte, y por la otra, los actos generales no normativos[993]. Es decir, el reglamento, es siempre "de efectos generales", pero hay actos administrativos generales que aún cuando tienen como destinatarios a un grupo de personas, no ostentan carácter normativo, es decir, no son de efectos generales, sino que tienen efectos particulares.

En otra sentencia, la antigua Corte Suprema de Justicia destacó la "generalidad e impersonalidad" como las características propias del reglamento señalado:

El reglamento como todos los actos de efectos generales, va dirigido a un indeterminado número de personas, por lo cual se hace imposible nombrarlas a todas. En cambio, la Resolución impugnada va dirigida a cierto número de personas, perfectamente identificables, ya que ellas han celebrado un contrato previamente con el Ejecutivo Nacional, pues todas y cada unas, son concesionarias de hidrocarburos. Por lo tanto, el contenido de la Resolución citada debe tomarse como un conjunto de decisiones individuales que se han condensado en un solo texto legal, en forma aparentemente colectiva, pero que en realidad no lo es, en virtud de la peculiaridad anteriormente anotada.

La Ley y el Reglamento ejecutivo, no son, como parece creerlo la impugnante, la única fuente de los actos administrativos de efectos generales, ya que éstos pueden provenir, además, de disposiciones de otros órganos del poder público: nacionales, estadales, municipales y aun de entes autónomos y descentralizados[994].

b.   *El ámbito de la potestad reglamentaria*

Ahora bien, la Constitución de 1999, conforme a la tradición constitucional precedente, atribuye al Presidente de la República la facultad de "reglamentar total o parcialmente las leyes, sin alterar su espíritu, propósito y razón" (art. 236,10). De ello deriva que el Presidente de la República puede reglamentar las leyes, lo que no implica que tenga una potestad exclusiva para dictar actos administrativos de efectos generales, pues otros órganos del Estado, en ejercicio del Poder Público, pueden hacerlo.

---

992.   *V.*, sentencia de la Corte Suprema de Justicia en Sala Político Administrativa de 10-05-65, en *Gaceta Forense*, N° 48, 1968, pp. 122 a 123.

993.   *V.*, sentencia de la Corte Suprema de Justicia en Sala Político Administrativa de 02-11-67 en *Gaceta Forense* N° 57, 1967, pp. 38 y 39.

994.   *V.*, sentencia de la Corte Suprema de Justicia en Sala Político Administrativa de 07-11-73, en *Gaceta Oficial* N° 1.643 Extra. de 21-03-74, p. 13.

En consecuencia, los actos administrativos de efectos generales, por ejemplo, pueden emanar de otros órganos de la Administración Pública como los Ministros, que son órganos directos del Presidente de la República, los cuales tienen potestad normativa en las materias que le asigna la ley.

Pero además, en el ámbito de la Administración Central, los órganos que en la misma han sido desconcentrados legalmente, con autonomía funcional, también ejercen la potestad normativa en los asuntos que la ley les ha atribuido. Es el caso, por ejemplo, de la Comisión Nacional de Valores.

También, en el ámbito de la Administración Pública Descentralizada, las personas jurídicas de derecho público que la componen, tanto las estatales como las no estatales, tienen potestad reglamentaria conforme a la ley que las rige. En tal sentido, los Institutos Autónomos, por ejemplo, como personas de derecho público estatales; y los Colegios Profesionales, como personas jurídicas de derecho público no estatales, ejercen la potestad normativa en el ámbito de sus respectivas competencias, conforme a las leyes que los rigen[995].

Pero en el ordenamiento jurídico venezolano y a pesar de la definición de acto administrativo que trae el artículo 7 de la Ley Orgánica de Procedimientos Administrativos, no sólo los órganos ejecutivos o, en general, los órganos que conforman la Administración Pública Central o Descentralizada, dictan actos administrativos normativos o reglamentarios, sino que también éstos pueden emanar de los demás órganos del Estado que ejercen otros Poderes Públicos distintos al ejecutivo, cuando ejercen la potestad normativa.

Es decir, en Venezuela los actos administrativos, incluidos los reglamentos, no se definen orgánicamente[996], por lo que no siempre son "actos ejecutivos" ya que también emanan de los otros órganos del Estado que ejercen el Poder Judicial, el Poder Legislativo, el Poder Electoral y el Poder Ciudadano[997]. Por ello, se consideran actos administrativos de efectos generales, los reglamentos que dicta el Tribunal Supremo de Justicia para su funcionamiento interno y en relación con el gobierno y administración del Poder Judicial que le corresponde (art. 6, párrafo 1,10 de la Ley Orgánica del Tribunal Supremo de Justicia). También es el caso de los reglamentos o actos administrativos normativos dictados por el Consejo Nacional Electoral (Ley Orgánica del Poder Electoral), por el Fiscal General de la República (art. 21,8, Ley Orgánica del Ministerio Público), o por el Contralor General de la República (art. 13,1, Ley Orgánica de la Contraloría General de la República). Todos estos actos administrativos reglamentarios, por supuesto, son de rango sublegal y están sujetos, ante todo, a las leyes reguladoras de esos actos de los Poderes Públicos Nacionales.

---

995   *V.* Allan R. Brewer-Carías, *Principios del régimen jurídico de la organización administrativa venezolana*, Caracas 1991, pp. 78 y ss.

996.   *V.*, Allan R. Brewer-Carías, "El problema de la definición del acto administrativo" en *Libro Homenaje al Doctor Eloy Lares Martínez*, UCV, Tomo I, Caracas 1984, pp. 25 a 78.

997.   *V.* Allan R. Brewer-Carías, *Estado de Derecho y Control Judicial*, Madrid 1987, pp. 429 y ss; y "Justicia Contencioso Administrativa", *Instituciones Políticas y Constitucionales*, Tomo VII, Caracas 1997, pp. 321 y ss.

Por último, por supuesto, en un Estado con forma federal, los Gobernadores de Estado y los Alcaldes Municipales tienen en el respectivo ámbito de sus competencias potestad normativa, conforme a las Constituciones y leyes de los Estados y a las Ordenanzas Municipales, respectivamente, pudiendo dictar actos administrativos de efectos generales.

c. *La consulta previa obligatoria no vinculante de las normas reglamentarias*

La Ley Orgánica de la Administración Pública, como antes se ha dicho, ha introducido una novedad en cuanto al régimen de emisión de actos normativos por los órganos ejecutivos, en particular, de los reglamentos, como mecanismo para promover la participación ciudadana. Se ha regulado, así, un procedimiento de consulta obligatorio, aunque no vinculante previo a la emisión de reglamentos o actos administrativos normativos por cualquier autoridad ejecutiva.

En efecto, el artículo 136 de dicha Ley Orgánica dispone que los órganos ejecutivos, sea el Presidente de la República u otro órgano, que se propongan adoptar un reglamento o cualquier acto administrativo de efectos generales, deben realizar previamente una consulta obligatoria del anteproyecto normativo, así:

Primero, deben remitir el anteproyecto para su consulta a las comunidades organizadas y las organizaciones públicas no estatales inscritas en el registro de dichas entidades que debe llevar el órgano emisor. En dicho oficio, se debe indicar el lapso durante el cual se recibirán por escrito las observaciones; lapso que no comenzará a correr antes de los 10 días hábiles siguientes a la entrega del anteproyecto correspondiente.

Segundo, paralelamente el órgano que proyecte adoptar el reglamento o acto administrativo de efectos generales, debe publicar en la prensa nacional la apertura del proceso de consulta indicando su duración; e informar a través de la página en el internet que tiene que tener conforme a dicha ley orgánica, en la cual se expondrá el proyecto de reglamento o acto administrativo de efectos generales sobre la cual verse la consulta. Durante este proceso de consulta cualquier persona puede presentar por escrito sus observaciones y comentarios sobre el correspondiente anteproyecto, sin necesidad de estar inscrito en el registro indicado.

Tercero, una vez concluido el lapso de recepción de las observaciones, el órgano respectivo debe fijar una fecha para que sus funcionarios, especialistas en la materia que sean convocados y las comunidades organizadas y las organizaciones públicas no estatales, intercambien opiniones, hagan preguntas, realicen observaciones y propongan adoptar, desechar o modificar el anteproyecto propuesto o considerar un anteproyecto nuevo.

Cuarto, el resultado del proceso de consulta no tiene carácter vinculante. Sin embargo, en virtud del carácter obligatorio de la consulta pública respecto de los actos administrativos reglamentarios o normativos, el órgano ejecutivo respectivo no puede adoptar normas que no hayan sido consultadas conforme se indica anteriormente, al punto de que la ley orgánica considera nulas de nulidad absoluta, las normas que sean aprobadas sin haber sido consultadas conforme al procedimiento antes indicado.

La Ley Orgánica de la Administración Pública, además, establece particularmente un procedimiento para la elaboración de los reglamentos, con la obligación de una consulta pública previa respecto de los mismos. El artículo 88 de dicha ley, en efecto, dispone que la elaboración de los reglamentos de leyes se debe ajustar al siguiente procedimiento:

1. La iniciación del procedimiento de elaboración de un reglamento se debe llevar a cabo por el Ministerio competente según la materia, mediante la elaboración del correspondiente proyecto al que se debe acompañar un informe técnico y un informe sobre su impacto o incidencia presupuestaria;

2. A lo largo del proceso de elaboración del proyecto de reglamento, debe recabarse, además de los informes, los dictámenes correspondientes y cuantos estudios y consultas se estimen conveniente para garantizar la eficacia y la legalidad del texto;

3. Elaborado el texto, se debe someter a consulta pública para garantizar el derecho de participación de las personas de conformidad con lo dispuesto en el Título VI de la misma ley orgánica, según se ha indicado anteriormente.

Durante el proceso de consultas las personas, directamente o a través de las organizaciones y asociaciones que los agrupen o representen, pueden presentar observaciones y propuestas sobre el contenido del reglamento las cuales deben ser analizadas por el ministerio encargado de la elaboración y coordinación del reglamento.

La emisión de un reglamento sin que se haya sometido a consulta pública, conforme al artículo 137 de la Ley Orgánica, lo vicia de nulidad absoluta.

4. Aprobado el reglamento por el Presidente de la República en Consejo de Ministros, el mismo sólo puede entrar en vigencia con su publicación en la *Gaceta Oficial de la República*, salvo que el reglamento disponga otra cosa.

Por último, debe destacarse que conforme al artículo 89 de la Ley Orgánica, el Ejecutivo Nacional debe aprobar los reglamentos necesarios para la eficaz aplicación y desarrollo de las leyes, dentro del año inmediatamente siguiente a su promulgación.

d.   *Los límites a la potestad reglamentaria*

Tratándose de actos administrativos de efectos generales, los reglamentos son siempre de carácter sublegal, es decir, sometidos a la ley, por lo que su límite esencial deriva de la reserva legal.

Es decir, los reglamentos no pueden regular materias reservadas al legislador en la Constitución, y esas son fundamentalmente, el establecimiento de delitos, faltas e infracciones y las penas y sanciones correspondientes; la regulación y limitación a los derechos y garantías constitucionales; y el establecimiento de tributos.

Estos límites a la potestad reglamentaria derivados de la reserva legal, por otra parte, están expresamente establecidos en la Ley Orgánica de la Administración Pública, cuyo artículo 86 establece que

Los reglamentos no podrán regular materias objeto de reserva legal, ni infringir normas con dicho rango. Además, sin perjuicio de su función de desarrollo o colaboración con respecto a la ley, no podrán tipificar delitos, faltas o infracciones administrativas, establecer penas o sanciones, así como tributos, cánones u otras cargas o prestaciones personales o patrimoniales de carácter público.

VIII. EL EJERCICIO COMPARTIDO DE LA FUNCIÓN POLÍTICA Y ADMINISTRATIVA

1. *El ejercicio compartido de la función política*

A. *El Presidente de la República: director de la acción de gobierno y el control parlamentario*

De acuerdo con el artículo 236,2 de la Constitución, corresponde al Presidente de la República "Dirigir la acción del Gobierno". Se repite así lo previsto en el artículo 226 cuando dispone que el Presidente es el jefe del Estado y del Ejecutivo Nacional, "en cuya condición dirige la acción de gobierno".

El Presidente, además, conforme al artículo 236, 23, tiene competencia para "convocar y presidir el Consejo de Defensa de la Nación".

Todos los actos del Presidente de la República en ejercicio de la función política que enumera el artículo 236 de la Constitución, con excepción de los señalados en los ordinales 3 (nombramiento del Vicepresidente Ejecutivo y de los Ministros) y 5 (decretar amnistías) del artículo 236, deben ser refrendados para su validez por el Vicepresidente Ejecutivo y el Ministro o los Ministros respectivos.

Corresponde a la Asamblea Nacional, sin embargo, "ejercer funciones de control sobre el Gobierno" (art. 187,3); por lo que incluso, puede dar un voto de censura al Vicepresidente Ejecutivo y a los Ministros lo cual puede acarrear la destitución de los mismos, cuando se decida por las tres quintas partes de los diputados (art. 187,10). El artículo 240 de la Constitución, adicionalmente, dispone:

Artículo 240. La aprobación de una moción de censura al Vicepresidente Ejecutivo o Vicepresidenta Ejecutiva, por una votación no menor de las tres quintas partes de los integrantes de la Asamblea Nacional, implica su remoción. El funcionario removido o funcionaria removida no podrá optar al cargo de Vicepresidente Ejecutivo o Vicepresidenta Ejecutiva, o de Ministro o Ministra por el resto del período presidencial.

Por otra parte, debe señalarse que la Asamblea Nacional debe decidir en ciertos casos de falta absoluta (incapacidad física o mental) y abandono del cargo) o de conversión de la falta temporal en absoluta, del Presidente de la República (arts. 233 y 234). También debe autorizar su enjuiciamiento (art. 266, ord. 2) y conocer de los Decretos de Estado de Excepción (arts. 338 y 339).

La Asamblea Nacional, además, tiene la importante competencia en materia política, no sólo de designar a los Magistrados del Tribunal Supremo de Justicia y a los titulares de los órganos del Poder Ciudadano y del Poder Electoral, sino para remover a los Magistrados del Tribunal Supremo de Justicia (art. 265), al Contralor General de la República, al Fiscal General de la República y al Defensor del Pueblo (art. 279); y a los integrantes del Consejo Nacional Electoral (art. 296), atribuciones que, sin duda, constituyen una contradicción con el principio de la autonomía de los Poderes Públicos.

B. *La dirección de las relaciones exteriores*

Corresponde al Presidente de la República, "Dirigir las relaciones exteriores de la República y celebrar y ratificar los tratados, convenios o acuerdos internacionales" (art. 236,4).

Sin embargo, los tratados o convenios internacionales que celebre el Ejecutivo Nacional, salvo ciertas excepciones, deben ser aprobados por ley especial (art. 187, 18). A tal efecto, el artículo 154 de la Constitución, dispone:

> Artículo 154. Los tratados celebrados por la República deben ser aprobados por la Asamblea Nacional antes de su ratificación por el Presidente o Presidenta de la República, a excepción de aquellos mediante los cuales se trate de ejecutar o perfeccionar obligaciones preexistentes de la República, aplicar principios expresamente reconocidos por ella, ejecutar actos ordinarios en las relaciones internacionales o ejercer facultades que la ley atribuya expresamente al Ejecutivo Nacional.

Por otra parte, la Asamblea Nacional debe autorizar al Presidente de la República para poder salir del país por un lapso mayor a 5 días (art. 187,17).

C. *Las iniciativas en materia de revisión constitucional*

El Presidente de la República en Consejo de Ministros, tiene la iniciativa para las enmiendas (art. 341) y las reformas a (art. 342) a la Constitución; al igual que para la convocatoria de una Asamblea Nacional Constituyente (Art. 348). Debe señalarse, además, que la Asamblea Nacional también tiene estas iniciativas en materia de revisión constitucional (arts. 341, 342 y 348), debiendo la reforma constitucional, tramitarse ante la Asamblea Nacional (art. 343)

D. *Las iniciativas en materia de referendos*

El Presidente de la República en Consejo de Ministros (art. 236, 22) tiene la iniciativa para someter a referendo consultivo aquellas materias de especial trascendencia nacional que estime conveniente (art. 71). Igualmente, también en Consejo de Ministros, tiene la iniciativa para someter a referendo aprobatorio "Los tratados, convenios o acuerdos internacionales que pudieren comprometer la soberanía nacional o transferir competencias a órganos supranacionales" (art. 73). Adicionalmente, el Presidente en Consejo de Ministros, tiene la iniciativa para someter las leyes a referendo, "para ser abrogadas total o parcialmente (art. 74).

La Asamblea Nacional, por su parte, tiene la iniciativa de referendos aprobatorios de leyes (art. 73).

E. *Los actos en materia militar*

Conforme al artículo 236, corresponde al Presidente de la República:

> 5. Dirigir la Fuerza Armada Nacional en su carácter de Comandante en Jefe, ejercer la suprema autoridad jerárquica de ella y fijar su contingente.

6. Ejercer el mando supremo de la Fuerza Armada Nacional, promover sus oficiales a partir del grado de coronel o coronela o capitán o capitana de navío, y nombrarlos o nombrarlas para los cargos que les son privativos.

Sin embargo, la Asamblea debe autorizar previamente al Ejecutivo Nacional el empleo de misiones militares venezolanas en el exterior o extranjeras en el país (Art. 187,11).

F.   Los actos en relación con la Asamblea Nacional

Corresponde al Presidente de la República, conforme al artículo 236:

9.   Convocar a la Asamblea Nacional a sesiones extraordinarias

21.   Disolver la Asamblea Nacional en caso de que se produzcan tres votos de censura contra el Vicepresidente (arts. 236,21 y 240).

Estas dos facultades deben ser ejercidas en Consejo de Ministros.

En relación con la disolución de la Asamblea, el artículo 240 de la Constitución dispone que:

La remoción del Vicepresidente Ejecutivo o Vicepresidenta Ejecutiva en tres oportunidades dentro de un mismo período constitucional, como consecuencia de la aprobación de mociones de censura, faculta al Presidente o Presidenta de la República para disolver la Asamblea Nacional. El decreto de disolución conlleva la convocatoria de elecciones para una nueva legislatura dentro de los sesenta días siguientes a su disolución.

La Asamblea no podrá ser disuelta en el último año de su período constitucional.

Además, corresponde al Presidente conforme al mismo artículo 236,

17.   Dirigir a la Asamblea Nacional, personalmente o por intermedio del Vicepresidente Ejecutivo informes o mensajes especiales.

Por otra parte, el Presidente tiene iniciativa legislativa (Art. 204,1).

G.   Los actos en materia de indulto

Corresponde al Presidente de la República "conceder indultos" (Art. 236, 19).

Sin embargo, sólo a la Asamblea Nacional le corresponde decretar amnistías (Art. 187, 5).

H.   La formulación del Plan Nacional de Desarrollo

De acuerdo con el mismo artículo 236,18 de la Constitución, el Presidente de la República tiene atribución para "Formular el Plan Nacional de Desarrollo y dirigir su ejecución…" Esta atribución la debe ejercer el Presidente de la República en Consejo de Ministros.

Sin embargo, de acuerdo con la misma norma, la Asamblea Nacional debe previamente aprobar el Plan Nacional de Desarrollo. A tal efecto, el artículo 187,8 dispone como atribución de la Asamblea:

8. Aprobar las líneas generales del plan de desarrollo económico y social de la Nación, que serán presentadas por el Ejecutivo Nacional en el transcurso del tercer trimestre del primer año de cada período constitucional (art. 236, ord. 18).

2. El ejercicio compartido de la función administrativa

A. El Presidente de la República: director de la Administración Pública

De acuerdo con el artículo 236,11 de la Constitución, corresponde al Presidente de la República "Administrar la Hacienda Pública Nacional". Todos los actos del Presidente de la República en ejercicio de la función administrativa que enumera el artículo 236 de la Constitución, deben ser refrendados para su validez por el Vicepresidente Ejecutivo y el Ministro o los Ministros respectivos.

El Presidente de la República entre sus atribuciones, conforme al artículo 236,13, está la de decretar en Consejo de Ministros "créditos adicionales al Presupuesto, previa autorización de la Asamblea Nacional o de la Comisión Delegada" (art. 187,7; 314).

La Asamblea Nacional, por lo demás, ejerce funciones de control sobre la Administración Pública (art. 187,3). Además, corresponde a la Asamblea "discutir y aprobar el presupuesto nacional y todo proyecto de ley concerniente al régimen tributario y al crédito público (arts. 187, 6; 314 y 317).

B. Las atribuciones del Presidente de la República en la designación y remoción de funcionarios

Corresponde al Presidente de la República, conforme al artículo 236 de la Constitución:

3. Nombrar y remover el Vicepresidente Ejecutivo y a los Ministros.
15. Designar, previa autorización de la Asamblea Nacional o de la Comisión Delegada, al Procurador General de la República y a los jefes de las misiones diplomáticas permanentes.
16. Nombrar y remover a aquellos funcionarios cuya designación le atribuyen esta Constitución y la ley.

La Asamblea Nacional, en efecto, conforme al artículo 187 de la Constitución tiene competencia para:

13. Autorizar a los funcionarios públicos o funcionarias públicas para aceptar cargos, honores o recompensas de gobiernos extranjeros (art. 149).
14. Autorizar el nombramiento del Procurador o Procuradora General de la República y de los Jefes o Jefas de Misiones Diplomáticas Permanentes.

C. Las atribuciones del Presidente en materia de contratos estatales

Conforme al artículo 236 de la Constitución, corresponde al Presidente de la República,

12. Negociar los empréstitos nacionales.

14. Celebrar los contratos de interés nacional conforme a esta Constitución y la ley.

Estas atribuciones indicadas en los ordinales 12 y 14 las debe ejercer el Presidente de la República en Consejo de Ministros.

El artículo 150 de la Constitución dispone en general que para la celebración de los contratos de interés público nacional sólo se requerirá la aprobación de la Asamblea Nacional en los casos que determine la ley. Se agregó, sin embargo, que

No podrá celebrarse contrato alguno de interés público municipal, estadal o nacional con Estados o entidades oficiales extranjeras o con sociedades no domiciliadas en Venezuela, ni traspasarse a ellos sin la aprobación de la Asamblea Nacional.

Por ello, el artículo 187,9 de la Constitución dispone:

9. Autorizar al Ejecutivo Nacional para celebrar contratos de interés nacional, en los casos establecidos en la ley. Autorizar los contratos de interés público municipal, estadal o nacional con Estados o entidades oficiales extranjeros o con sociedades no domiciliadas en Venezuela.

Dicho artículo 187, agrega dentro de las competencias de la Asamblea en materia de contratos públicos:

12. Autorizar al Ejecutivo Nacional para enajenar bienes inmuebles del dominio privado de la Nación, con las excepciones que establezca la ley.

SECCIÓN SEGUNDA: SOBRE EL PRINCIPIO DE LA FORMACIÓN DEL DERECHO POR GRADOS EN VENEZUELA, EN LA DISTINCIÓN ENTRE EL ACTO DE GOBIERNO Y EL ACTO ADMINISTRATIVO (BOGOTÁ 2014)

Trabajo publicado en el libro: *Sociedad, Estado y Derecho. Homenaje a Álvaro Tafur Galvis,* editado por Antonio Aljure Salame, Rocío Araújo Oñate, William Zambrano Cetino, Universidad del Rosario Editorial, Tomo II, Bogotá 2014, pp. 77-105.

En un sistema jurídico jerarquizado de normas, que tiene como principio fundamental la supremacía de la Constitución como fuente de todo el ordenamiento jurídico, los órganos del Estado en ejercicio del Poder Ejecutivo, dictan actos estatales que no son uniformes, y tienen diversa naturaleza, precisamente según el grado de ejecución de la Constitución que se produce al dictarlos; distinguiéndose, básicamente, entre los actos de gobierno, como actos de ejecución directa e inmediata de la Constitución, y los actos administrativos, como actos de ejecución indirecta y mediata de la Constitución.

Ambos actos, como todos los actos estatales, son susceptibles de ser controlados judicialmente para verificar su conformidad con el derecho, correspondiendo el conocimiento de la impugnación de los mismos a Jurisdicciones distintas[998]. Así, de acuerdo con en el artículo 259 de la Constitución venezolana, la competencia para conocer de las acciones de nulidad por ilegalidad e inconstitucionalidad de los actos administrativos corresponde a la Jurisdicción Contencioso Administrativa, lo que repite el artículo 9.1 de la Ley Orgánica de la Jurisdicción Contencioso Administrativa de 2010[999]; y de acuerdo con la última parte del artículo 334 de la misma Constitución, corresponde exclusivamente a la Sala Constitucional del Tribunal Supremo de Justicia como Jurisdicción Constitucional, declarar la nulidad de las leyes y demás actos de los órganos que ejercen el Poder Público dictados en ejecución directa e inmediata de esta Constitución, como son los actos de gobierno, o que tengan rango de ley, cuando colidan con aquella, lo que se repite en el artículo 336 de la Constitución y en el artículo 25 de la Ley Orgánica del Tribunal Supremo de Justicia de 2010[1000]. Como lo ha afirmado la Sala Constitucional en 2007, la exclusividad atribuida a la Jurisdicción Constitucional esta referida:

"a la nulidad de actos dictados en ejecución directa e inmediata de la Constitución, de lo cual emerge de forma indubitable, que el criterio acogido por el Constituyente para definir las competencias de la Sala Constitucional, atiende al rango de las actuaciones objeto de control, esto es, que dichas actuaciones tienen una relación directa con la Constitución que es el cuerpo normativo de más alta jerarquía dentro del ordenamiento jurídico en un Estado de Derecho contemporáneo"[1001].

De acuerdo con estas normas, por tanto, los actos administrativos se impugnan ante la Jurisdicción Contencioso Administrativa por razones de ilegalidad e inconstitucionalidad; y los actos de gobierno se impugnan exclusivamente ante la jurisdicción constitucional por razones de inconstitucionalidad.

Ahora bien, no es este el lugar ni la ocasión para intentar definir sustantivamente uno u otro acto estatal, en particular el acto administrativo[1002], pues de lo que se trata es de buscar delimitarlos con precisión como objeto de asegurar el control judicial por contrariedad al derecho de los mismos tanto por la Jurisdicción Contencioso Administrativa como por la Jurisdicción Constitucional; y en este último caso, en

---

998   *V.*, en general Allan R. Brewer-Carías, y Víctor Hernández Mendible (Directores), *El contencioso administrativo y los procesos constitucionales*, Colección Estudios Jurídicos Nº 92, Editorial Jurídica Venezolana, Caracas 2011.

999   *V.*, la Ley Orgánica en *Gaceta Oficial* Nº 39.451 de 22-6-2010. Véanse los comentarios en Allan R. Brewer-Carías, y Víctor Hernández Mendible, *Ley Orgánica de la Jurisdicción Contencioso Administrativa*, Editorial Jurídica Venezolana, Caracas 2010.

1000   *V.*, la Ley Orgánica en *Gaceta Oficial* Nº 39.483 de 9-8-2010. Véanse los comentarios en Allan R. Brewer-Carías, y Víctor Hernández Mendible, *Ley Orgánica del Tribunal Supremo de Justicia*, Editorial Jurídica Venezolana, Caracas 2010.

1001   *V.*, sentencia Nº 2208 de 28 de noviembre de 2007, Caso *Antonio José Varela y Elaine Antonieta Calatrava Armas vs. Proyecto de Reforma de la Constitución de la República Bolivariana de Venezuela*, en *Revista de Derecho Público*, Editorial Jurídica Venezolana, No 112, Caracas 2007, pp. 601-606

1002   *V.*, sobre la definición del acto administrativo, Allan R. Brewer-Carías, "El problema de la definición del acto administrativo" en *Libro Homenaje al Doctor Eloy Lares Martínez*, Tomo I, Facultad de Ciencias Jurídicas y Políticas, Universidad Central de Venezuela, Caracas 1984, pp. 25-78.

particular, respecto de los actos estatales dictados por órganos Ejecutivos, distintos a los actos administrativos, en ejecución directa e inmediata de la Constitución entre los cuales están los actos de gobierno. Como lo reconoció la Sala Constitucional del Tribunal Supremo en 2000:

> "Sobre este último aspecto, debe aclarar este Máximo Tribunal de Justicia que, como señala la doctrina patria "...la noción de acto de gobierno en Venezuela, ha sido delineada sobre la base de un criterio estrictamente formal: se trata de actos dictados por el Presidente de la República, en ejecución directa de la Constitución, en ejercicio de la función de gobierno". (*vid.* Allan R. Brewer-Carías: *El control de la constitucionalidad de los Actos Estatales*, Colección Estudios Jurídicos N° 2, Editorial Jurídica Venezolana, Caracas, 1977, p. 113). Dichos actos, de indudable naturaleza política, no obstante, pueden ser impugnados no sólo por la vía de la acción de amparo constitucional, sino mediante el recurso de nulidad por inconstitucionalidad ante el Tribunal Supremo de Justicia, en Sala Constitucional, conforme lo dispuesto en la Constitución de la República Bolivariana de Venezuela, tal como lo ha reconocido esta Sala en anterior oportunidad, al señalar, con fundamento en el artículo 334 del Texto Fundamental, que "...en ejercicio de la jurisdicción constitucional, conoce de los recursos de nulidad interpuestos contra los actos realizados en ejecución directa de la Constitución..."[1003]

La delimitación del objeto de control por parte de ambas Jurisdicciones, por supuesto, implica determinar, además, cuál es el ámbito del "derecho" con el cual deben estar conformes los actos estatales objeto de control. Por tanto, independiente de la función estatal que se ejerza y del órgano estatal que los dicte, la determinación de la Jurisdicción llamada a ejercer el control de conformidad con el derecho de los actos estatales, dependerá del grado que tienen en el proceso de formación del derecho.

La Constitución, en efecto, en Venezuela, responde esencialmente al principio fundamental de la formación del derecho por grados, o de la jerarquía normativa de los actos estatales, lo que tiene particular interés para el derecho administrativo, dado que la actividad de la Administración que por esencia el mismo regula, y en particular, la que origina los actos administrativos, es siempre una actividad de carácter sub legal, es decir, de ejecución directa e inmediata de la legislación y sólo de ejecución indirecta y mediata de la Constitución.

I. LA CONSTITUCIÓN COMO FUENTE DEL ORDENAMIENTO JURÍDICO Y EL SISTEMA JERARQUIZADO DE NORMAS

En efecto, en el derecho venezolano como en todos los ordenamientos jurídicos modernos puede encontrarse esta distinción entre las normas que integran la Constitución en sí misma, como derecho positivo superior; y las normas que son sanciona-

---

1003 *V.,* sentencia de la Sala Constitucional N° 880 de 1 de agosto de 2000, Caso: *Domingo Palacios A. vs. Comisión Legislativa Nacional, Revista de Derecho Público* N° 83, Editorial Jurídica venezolana, Caracas 2000, pp. 92-93. Citada igualmente en la sentencia N° 2208 de 28 de noviembre de 2007 (Caso Antonio *José Varela y Elaine Antonieta Calatrava Armas vs. Proyecto de Reforma de la Constitución de la República Bolivariana de Venezuela*), en *Revista de Derecho Público,* N° 112, Editorial Jurídica Venezolana, Caracas 2007, pp. 601-606.

das por las autoridades públicas con poderes derivados de la Constitución. En otras palabras, particularmente en virtud del carácter escrito de la Constitución, siempre se puede y debe establecer una distinción entre la norma constitucional en si misma, y legislación ordinaria; y luego, entre la legislación como normas emanadas del Legislador, y las normas dictadas en ejecución de la misma; pudiendo decirse que las normas que integran el ordenamiento jurídico siempre se organizan deliberada o espontáneamente en forma jerárquica, de manera que existen normas que tienen un nivel superior y que siempre prevalecen sobre otras normas de nivel inferior.

Ello deriva del principio de la formación del derecho por grados, que en el constitucionalismo moderno fue formulado por Hans Kelsen al explicar el orden jurídico como sistema de normas de derecho, que constituye una unidad integrado con una multitud de normas estructuradas en forma jerarquizada. Ello determina la relación jerárquica que existe entre el conjunto normas o de reglas de derecho que forman el ordenamiento, de manera que cada norma del mismo siempre deriva de otra, y en la cadena de derivaciones tiene su vértice precisamente en un Grundnorm o Constitución, que constituye la última razón que justifica la existencia de todas las normas del sistema.

El orden jurídico, en esta concepción, regula su propia creación, de manera que cada norma jurídica determina la forma en la cual debe ser creada la de nivel inferior, con la consecuencia de que esta será válida "por haber sido creada en la forma establecida por otra," y en esta cadena de creación superior siempre "constituye la razón de validez" de la inferior. Decía Kelsen al referirse a este proceso o "vínculo de supra y subordinación," que "la norma que determina la creación de otra, es superior a ésta; [y] la creada de acuerdo con tal regulación, inferior a la primera." La consecuencia de esto es que el orden jurídico, no es "un sistema de normas coordinadas entre si, que se hallasen, por así decirlo, una al lado de otra, en un mismo nivel, sino que se trata de una verdadera jerarquía de diferentes niveles," radicando la unidad de ellas, en el hecho de que "la creación de la de grado más bajo se encuentra determinada por otra de grado superior, cuya creación es determinada, a su vez, por otra todavía más alta." Lo que en definitiva constituye la unidad del sistema es, de acuerdo con Kelsen, "la circunstancia de que tal *regressus* termina en la norma de grado más alto, o básica, que representa la suprema razón de validez de todo el orden jurídico"[1004].

En otras palabras del mismo Kelsen:

"Una pluralidad de normas constituye una unidad, un sistema o un orden, cuando en el análisis final, su validez depende de una norma o ley única. Esta norma fundamental es la fuente común de validez de todas las normas que pertenecen al mismo orden y que forma su unidad. En esta forma, una norma pertenece a un orden

---

1004 H. Kelsen, *Teoría General del Derecho y del Estado*, Universidad Nacional Autónoma de México, Imprenta Universitaria, México, D.F., 1958, p. 146; H. Kelsen, *General theory of Law and State*, trans. Wedberg, rep. 1901, pp. 110 y ss.

dado cuando sólo existe la posibilidad de hacer que su validez dependa de la norma fundamental que es la base de tal orden"[1005].

Se trata, en definitiva, de la "teoría de la pirámide jurídica," como el mismo Kelsen la denominó[1006], o de la sistematización gradual del ordenamiento jurídico en forma jerárquica, con la Constitución en la cúspide, la cual fue desarrollada particularmente en el campo del derecho administrativo por Adolf Merkl[1007]; particularmente en relación con las funciones del Estado, de manera que la función administrativa siempre es de carácter sub legal, es decir, de ejecución directa de la legislación y sólo indirecta de la Constitución. La teoría, en todo caso, proporciona un buen método de orden lógico para construir un sistema que contentivo de los diversos niveles normativos del ordenamiento jurídico de cualquier Estado contemporáneo. También suministra una explicación lógica para determinar la validez formal de cada uno de esos niveles normativos. Además, permite establecer los confines formales de la "legalidad" de cada uno de los actos de los diversos órganos del Estado, en relación con el nivel o grado que tiene cada norma que se crea en ese sistema jurídico.

En efecto, el derecho positivo de cualquier Estado consiste no sólo en las leyes como actos formales emanados del Parlamento, sino también en otros actos normativos, como los decretos leyes, los *interna corporis* del parlamento, los reglamentos y los principios generales del derecho. Todos estos preceptos que hacen que el ordenamiento jurídico se aplique en un momento determinado, no sólo tienen orígenes diferentes sino también diferentes jerarquías o grados distintos, de manera que no se pueden considerar como normas coordinadas situadas en yuxtaposición[1008]. Al contrario, todo ordenamiento jurídico tiene una estructura jerarquizada con sus normas distribuidas en diferentes niveles, más o menos una sobre la otra. Dentro de esta jerarquía, necesariamente debe haber una conexión formal entre las normas, pues a pesar de sus orígenes y características diferentes, están orgánicamente relacionadas.

En consecuencia, el ordenamiento jurídico no puede ser interpretado como un mero agregado de componentes inorgánicos y desordenados, o simplemente como una mera yuxtaposición causal de normas. Al contrario, para poder comprender a cabalidad el ordenamiento jurídico de un Estado, todos esos componentes deben organizarse en forma jerárquica, de manera que formen un sistema jurídico con diferentes tipos de normas unificadas y relacionadas. En otras palabras, deben responder a un orden sistemático, con relaciones de dependencia entre las diferentes partes, partiendo de la existencia de una base común de validez, con la forma de ley fundamental y superior (Constitución), de manera que la creación de una norma legal siempre se basa en otra norma legal.

1005 H. Kelsen, *Teoría pura del Derecho*, Buenos Aires, 1981, p. 135; H. Kelsen, *Puré Theory of Law*, Cap. IX, Teoría pura del Derecho, Buenos Aires, 1981, p. 135.

1006 H. Kelsen, *Teoría General del Estado*, trad. Luis Legaz Lacambra, Editora Nacional, México, 1954, p. 325.

1007 *V.*, A. Merkl, *Teoría General del Derecho Administrativo*, Madrid, 1935, pp. 7-62. *V.*, también H. Kelsen, "La garantie juridiccionnelle de la Constitution (La Justice constitutionnelle)", *Revue du Droit Public et de la Science Politique en France et a l'étranger*, París 1928, pp. 197-257.

1008 *V.*, H. Kelsen, *Teoría pura...*, *cit.*, p. 147.

Por ejemplo, la sanción de leyes ordinarias o actos de la Asamblea están regulados por la Constitución, como lo están los actos de gobierno que dicta el Presidente de la República; y la potestad para reglamentar las leyes y la forma en que debe hacerse, está regulada por las leyes formales. En cuanto a las decisiones judiciales y a las actuaciones de los tribunales, las mismas están sujetas a normas legales establecidas en leyes formales y en reglamentos. Asimismo, los actos administrativos están sometidos a las leyes ordinarias, y a los reglamentos; y así sucesivamente.

Con este método, en consecuencia, en el análisis global del ordenamiento jurídico es que se establece la distinción entre aquéllos actos de Estado que se dictan en ejecución directa e inmediata de la Constitución, es decir, que son dictados directamente en ejercicio de poderes constitucionales, y aquéllos cuya ejecución no está directamente relacionada con la Constitución y que se dictan en ejercicio directo de poderes establecidos en normas de derecho inferiores a la Constitución. Estos son actos de ejecución directa e inmediata de la legislación y de ejecución indirecta y mediata de la Constitución.

II. LA FORMACIÓN DEL DERECHO POR GRADOS EN LA CONSTITUCIÓN VENEZOLANA DE 1999

Este principio de la formación del derecho por grados es uno de los principios fundamentales del derecho público que adopta la Constitución de 1999; conforme a la cual todas las actuaciones del Estado derivan de la ejecución de la Constitución como norma suprema, en forma escalonada y sucesiva, configurándose entonces dos tipos de actividades estatales: aquéllas que derivan de la ejecución directa e inmediata de la Constitución; y aquellas que son de ejecución directa e inmediata de la Legislación y, por tanto, de ejecución indirecta y mediata de la Constitución[1009].

En efecto, partiendo de la consideración de la Constitución como norma suprema y como fundamento del ordenamiento jurídico, como lo declara incluso su artículo 7, hay actividades que realizan determinados órganos del Estado en cumplimiento de atribuciones establecidas directa y exclusivamente en la Constitución, sin que exista o pueda existir otro acto estatal de ejecución directa e inmediata de la Constitución, como las leyes, que las regulen y que se interpongan entre la Constitución y la actividad. Esto sucede, por ejemplo, con la actividad legislativa de la Asamblea Nacional o la actividad de gobierno del Presidente de la República.

Además, hay otras actividades de los órganos del Estado que se realizan en cumplimiento de atribuciones establecidas no sólo en la Constitución sino básicamente en las leyes, donde por principio existe o puede y debe existir un cuerpo legislativo que las regule. Por ejemplo, la actividad judicial y, precisamente, la actividad administrativa.

1009 *V.,* sobre el sistema jerarquizado o graduado del orden jurídico en el orden constitucional venezolano Allan R. Brewer-Carías, *Derecho Administrativo*, Tomo I, Ediciones de la Facultad de Derecho, Caracas, 1975, pp. 373 y ss.; *Evolución Histórica del Estado*, Tomo VI de Instituciones Políticas y Constitucionales, Universidad Católica del Táchira, Editorial Jurídica Venezolana, Caracas, San Cristóbal 1996, pp. 107-117; *Los Principios fundamentales del derecho público (Constitucional y Administrativo)*, Editorial Jurídica venezolana, Caracas 2005, pp. 19 ss. .

Las actividades realizadas en ejecución directa e inmediata de la Constitución, precisamente por ello, sólo están y pueden estar sometidas a lo que dispone el texto fundamental, no teniendo competencia el Legislador para regularlas mediante leyes; las segundas, en cambio, son actividades realizadas en ejecución directa e inmediata de la legislación e indirecta y mediata de la Constitución, las cuales, precisamente por ello, además de estar sometidas al texto fundamental (como toda actividad estatal), están sometidas a las regulaciones establecidas, además de en la Constitución, en las leyes y en las otras fuentes del derecho.

Las actividades que se realizan en ejecución directa e inmediata de la Constitución, por otra parte, como se dijo, sólo están sometidas al control de constitucionalidad a cargo de la Jurisdicción Constitucional que corresponde a la Sala Constitucional del Tribunal Supremo (Arts. 334, 336,2 y 4); las segundas, en cambio, están sometidas al control de constitucionalidad y de legalidad que corresponden a las otras Jurisdicciones del Poder Judicial, tanto a las ordinarias, como sucede con las apelaciones y la Casación en lo que concierne a la actividad judicial; como a la Jurisdicción Contencioso-Administrativa y a la Jurisdicción Contencioso-Electoral (Arts. 259, 297) cuando se trata de actividades administrativas[1010].

Las actividades administrativas, por tanto y por esencia, constituyen actividades estatales que se realizan siempre en ejecución directa e inmediata de la legislación y por tanto, en ejecución indirecta y mediata de la Constitución; y precisamente por ello es que son esencialmente de carácter sublegal, aún cuando en un momento dado no se haya dictado la legislación correspondiente que las regule en concreto.

Sin embargo, este principio fundamental del constitucionalismo venezolano, ha sido lamentablemente violentado por la Sala Constitucional del Tribunal Supremo de Justicia, para justificar su supuesta competencia exclusiva para controlar la actividad administrativa desarrollada por el Consejo Supremo Electoral, en lo que se refiere a los actos administrativos dictados en relación con el proceso de referendo revocatorio del mandato del Presidente de la República, realizado durante el año 2004, impidiendo así a la Sala Electoral (Jurisdicción Contencioso-Electoral) ejercer sus competencias constitucionales de control de dicha actividad[1011].

1010 Como lo ha señalado la Sala Constitucional del Tribunal Supremo de Justicia en sentencia N° 1268 de 06-07-2004 al referirse a los actos dictados por la Dirección Ejecutiva de la Magistratura del propio Tribunal Supremo: "por cuanto no se trata, el que fue impugnado, de un acto del Poder Público que hubiere sido dictado en ejecución directa de la Constitución, sino en ejercicio de función administrativa y, por ende, de rango sublegal, no es la jurisdicción constitucional que ejerce esta Sala la que tiene competencia para su control. Por el contrario, y de conformidad con el artículo 259 de la Constitución, corresponde a la jurisdicción contencioso-administrativa el conocimiento de la demanda de nulidad que en su contra se formuló y así se decide". V., en *Revista de Derecho Público*, N° 99-100, Editorial Jurídica Venezolana, Caracas 2004.

1011 V., la sentencia de avocamiento el N° 566 el 12 de abril de 2004 (Caso: *Julio Borges, César Pérez Vivas, Henry Ramos Allup, Jorge Sucre Castillo, Ramón José Medina y Gerardo Blyde vs. Consejo Nacional Electoral*) con motivo de la impugnación de la Resolución N° 040302-131 de 2 de marzo de 2004 del Consejo Nacional Electoral, mediante la cual dicho órgano informó sobre resultados preliminares de la verificación de las solicitudes y firmas en el procedimiento revocatorio iniciado en relación con el Presidente de la República, y de un Instructivo del mismo Consejo Nacional Electoral sobre el tratamiento por el comité técnico superior de las firmas de caligrafía similar o renglones de planillas llenadas por la misma persona. Véanse los comentarios en Allan R. Brewer-Carías, *La Sala Constitucional vs. El*

En esta materia, lo que en ningún momento puede confundirse es el principio de aplicación directa de las normas constitucionales, antes analizado, es decir de que hay "normas constitucionales de aplicación directa e inmediata", como por ejemplo aquellas que atribuyen competencia a los órganos del Estado y aquellas que declaran derechos y garantías constitucionales; con el principio de "los actos que se dictan en ejecución directa e inmediata de la Constitución". Es decir, una cosa es el principio de la aplicación directa e inmediata de las normas constitucionales que en materia de derechos fundamentales o de competencia de los órganos del Poder Público, no requieren (pero no excluyen) la existencia previa de leyes para poder ser aplicadas; y otra cosa es el rango que tiene los diversos actos dictados por los órganos en ejercicio del Poder Público en relación con la Constitución, en el sentido de que algunos son dictados en ejecución directa e inmediata de la Constitución (rango legal) no siendo posible su regulación por ley, y otros lo son en ejecución directa e inmediata de la legislación e indirecta y mediata de la Constitución pudiendo esencialmente ser regulados por la ley (rango sublegal)[1012].

Por ello es que los actos dictados en ejecución directa e inmediata de la Constitución, es decir, de rango legal conforme a la teoría de la formación escalonada del orden jurídico, están sometidos al control de constitucionalidad por parte de la Sala Constitucional (Jurisdicción Constitucional), ya que no son actos en cuya emisión el órgano respectivo pueda estar condicionado por ley alguna. En cambio, los de carácter sublegal están sometidos no sólo a la Constitución sino a la ley, el reglamento y las otras fuentes del derecho, y por eso es que su control corresponde a la Jurisdicción contencioso administrativa y en su caso, a la Jurisdicción contencioso electoral.

De lo anterior resulta que toda actividad administrativa es ante todo, desde el punto de vista formal, una actividad que siempre es de carácter sublegal, es decir, de ejecución directa e inmediata de la legislación (así las leyes reglamentarias correspondientes no se hayan dictado) y de ejecución indirecta y mediata de la Constitución. Por supuesto, también las actividades judiciales son siempre de carácter sublegal, siendo la diferencia entre una y otra de carácter orgánico, en el sentido que las actividades judiciales siempre las realizan órganos autónomos e independientes en ejecución de la función jurisdiccional, como lo son los órganos que ejercen el Poder Judicial.

III. LOS DIVERSOS ACTOS ESTATALES

Conforme a la Constitución, por tanto, hay una variedad de actos estatales que se dictan por los diversos órganos del Estado ordenados de acuerdo con el principio de

---

Estado democrático de derecho (El secuestro del Poder Electoral y de la Sala Electoral del Tribunal Supremo y la confiscación del derecho a la participación política), Caracas, 2004.

1012 Lamentablemente, la Sala Constitucional en la citada sentencia N° 566 el 12 de abril de 2004 (Caso: *Julio Borges, César Pérez Vivas, Henry Ramos Allup, Jorge Sucre Castillo, Ramón José Medina y Gerardo Blyde vs. Consejo Nacional Electoral*) para impropiamente atribuirse una competencia que no tenía confundió la noción de "actos estatales dictados en ejecución directa e inmediata de la Constitución", con las "normas constitucionales de aplicación directa e inmediata". Se insiste, los primeros, los actos de "ejecución directa e inmediata de la Constitución" no sólo no requieren de ley alguna que los regule, sino que constitucionalmente no podría dictarse ley alguna que se interponga entre la norma constitucional y el acto estatal que se dicte.

la separación de poderes; actos que a la vez tienen su rango de acuerdo al grado que ocupan en la jerarquía del orden jurídico.

En efecto, por ejemplo, la Asamblea Nacional en ejercicio del Poder Legislativo puede ejercer funciones normativas, políticas, jurisdiccionales, de control y administrativas, pero los actos que emanan de la misma al ejercer dichas funciones no son necesariamente ni uniformes ni correlativos.

Cuando la Asamblea Nacional ejerce la función normativa, es decir, crea normas jurídicas de carácter general actuando como cuerpo legislador, dicta leyes (Art. 203), pero cuando lo hace en otra forma distinta, por ejemplo, al dictar sus reglamentos internos, ello lo hace a través de actos parlamentarios sin forma de ley (Art. 187,19). Ambos son actos legislativos, pero de distinto valor normativo.

Cuando la Asamblea Nacional ejerce la función política, es decir, intervienen en la formulación de las políticas nacionales, lo hacen a través de leyes (Art. 303) o a través de actos parlamentarios sin forma de ley (Art. 187,10).

En el caso de la participación en el ejercicio de la función jurisdiccional, al autorizar el enjuiciamiento del Presidente de la República, la Asamblea Nacional concretiza su acción a través de un acto parlamentario sin forma de ley (266,2).

Cuando la Asamblea Nacional ejerce sus funciones de control del gobierno y la Administración Pública también dicta actos parlamentarios sin forma de ley (Art. 187,3).

Por último, en cuanto al ejercicio de la función administrativa por la Asamblea Nacional, ella puede concretizarse en leyes (187,9)[1013], en actos parlamentarios sin forma de ley (Art. 187,12) o en actos administrativos (Art. 187,22).

Por su parte, cuando los órganos que ejercen el Poder Ejecutivo, particularmente el Presidente de la República, realizan la función normativa, ésta se concretiza en decretos-leyes y reglamentos (actos administrativos de efectos generales) (Art. 236,10; 266,5).

En el caso de los decretos-leyes[1014], estos pueden ser decretos leyes delegados dictados en virtud de una habilitación legislativa (Art. 203; 236,8), decretos leyes de organización ministerial (Art. 236,20)[1015] y decretos leyes de estados de excepción

---

1013 En el pasado, por ejemplo, eran las leyes aprobatorias de contratos estatales conforme al artículo 126 de la Constitución de 1961.

1014 *V.*, en general, sobre los decretos leyes, Antonio Moles Caubet, *Dogmática de los Decretos-Leyes, Lección inaugural Curso 1974*, Universidad Central de Venezuela, Facultad de Derecho, Centro de Estudios para Graduados Caracas 1974; Eloisa Avellaneda Sisto, "Los Decretos Leyes", *Revista de Control Fiscal*, Nº 105, abril-junio, XXIII (1982), Contraloría General de la República, Caracas 1982, pp. 55-116; Eloísa Avellaneda Sisto, "Los decretos del Presidente de la República", *Revista de la Facultad de Derecho de la Universidad Católica Andrés Bello*, Nº 48 (diciembre), Caracas, 1993, pp. 345-387; Eloísa Avellaneda Sisto "El régimen de los Decretos-Leyes, con especial referencia a la Constitución de 1999", en *Estudios de Derecho Administrativo – Libro Homenaje a la Universidad Central de Venezuela*, Volumen I. Tribunal Supremo de Justicia, Caracas, 2001, pp. 69-105; José Peña Solís "Análisis crítico de la doctrina de la Sala Constitucional del Tribunal Supremo de Justicia sobre las leyes orgánicas y los decretos leyes orgánicos", en *Ensayos de Derecho Administrativo - Libro Homenaje a Nectario Andrade Labarca*, Volumen II. Tribunal Supremo de Justicia, Caracas, 2004, pp. 375-414.

1015 *V.*, sobre estos decretos, Daniel Leza Betz, "La organización y funcionamiento de la administración pública nacional y las nuevas competencias normativas del Presidente de la República previstas en la

(Art. 236,7). En todos estos casos de decretos leyes, si bien todos son objeto de regulaciones legislativas que los condicionan (leyes habilitantes o leyes orgánicas) autorizadas en la Constitución; los mismos tienen rango y valor de ley.

Pero el Presidente de la República también realiza la función política, al dictar actos de gobierno, que son actos dictados en ejecución directa e inmediata de la Constitución (Art. 236,2,4,5,6,19,21). En particular, en este caso, dichos actos de gobierno se caracterizan frente a los actos administrativos por dos elementos combinados: en primer lugar, porque el acto de gobierno sólo puede ser realizado por el Presidente de la República, como jefe del Estado, "en cuya condición dirige la acción de Gobierno" (Art. 226); y en segundo lugar, porque se trata de actos dictados en ejecución de atribuciones establecidas directamente en la Constitución, sin posibilidad de condicionamiento legislativo, y que, por tanto, tienen el mismo rango que las leyes[1016].

En todo caso, para distinguir el acto legislativo del acto de gobierno y del acto administrativo no sólo debe utilizarse el criterio orgánico, sino también el criterio formal: el acto de gobierno, aun cuando realizado en ejecución directa de la Constitución, está reservado al Presidente de la República, en tanto que el acto legislativo, realizado también en ejecución directa de la Constitución[1017], en principio está reservado a la Asamblea Nacional; aún cuando esta pueda delegar la potestad normativa con rango de ley en el Presidente de la República mediante una ley habilitante (Art. 203), en cuyo caso el acto dictado por el Presidente mediante decretos leyes habilitados (Art. 236,8) es un acto legislativo, aún cuando delegado. En esta forma, el criterio orgánico distingue el acto de gobierno del acto legislativo, y ambos se distinguen del acto administrativo mediante el criterio formal: tanto el acto de gobierno como el acto legislativo (el dictado por la Asamblea Nacional como el dictado por delegación por el Presidente de la República) se realizan en ejecución directa de competencias constitucionales, en tanto que el acto administrativo siempre es de rango sublegal, es decir, sometido a la ley y realizado en ejecución de la ley, y por tanto, en ejecución mediata e indirecta de la Constitución.

Es decir, los actos de gobierno se distinguen de los actos administrativos dictados por los órganos ejecutivos, en que estos se realizan a todos los niveles de la

---

Constitución de 1999: al traste con la reserva legal formal ordinaria en el Derecho Constitucional venezolano", *Revista de Derecho Público*, Nº 82 (abril-junio), Editorial Jurídica Venezolana, Caracas, 2000, pp. 19-55; Gerardo Rupérez Caníbal, "La flexibilización de la reserva legal organizativa en el ámbito de la administración pública nacional", *Revista de Derecho*, Nº 8, Tribunal Supremo de Justicia, Caracas 2003, pp. 435-452.

1016 *V.,* Juan D. Alfonso Paradisi, "Los actos de gobierno", *Revista de Derecho Público*, Nº 52, octubre-diciembre, Editorial Jurídica Venezolana, Caracas 1992, pp. 5-23; Pablo Marín Adrián, "Actos de gobierno y la sentencia de la Corte Suprema de Justicia del 11 de marzo de 1993", *Revista de Derecho Público*, Nº 65-66 (enero-junio), Editorial Jurídica Venezolana, Caracas, 1996, pp. 497-519

1017 La Asamblea Nacional realiza su actividad legislativa en cumplimiento de atribuciones directamente establecidas en la Constitución (Art. 187,1; 203). En el solo caso de las leyes especiales que han de someterse a las leyes orgánicas preexistentes (Art. 203) podría decirse que hay condicionamiento legislativo de la propia actividad legislativa. En igual sentido, los decretos-leyes dictados por el Presidente de la República en ejercicio de la función normativa, están condicionados por la ley habilitante o de delegación (Art. 236,8).

Administración Pública y siempre tienen rango sublegal, es decir, se dictan por los órganos ejecutivos en ejecución de atribuciones directamente establecidas en la legislación, y sólo en ejecución indirecta y mediata de la Constitución[1018]. Este es el criterio formal, derivado de la teoría merkeliana de construcción escalonada del orden jurídico[1019], para la identificación de la Administración, la cual ha sido acogida en la Constitución al reservarse al control que ejerce Jurisdicción Constitucional a los actos estatales dictados en ejecución directa e inmediata de la Constitución (Art. 336,2), con lo que los actos dictados en ejecución directa e inmediata de la legislación y mediata e indirecta de la Constitución (actos administrativos) caen entonces bajo el control de la Jurisdicción contencioso administrativa (Art. 259) y de la Jurisdicción contencioso electoral (Art. 297).

Pero además, en los casos de ejercicio de la función jurisdiccional, de la función de control y de la función administrativa, los órganos ejecutivos dictan, por ejemplo, actos administrativos (Art. 259; 266,5).

En cuanto a los órganos que ejercen el Poder judicial, cuando por ejemplo el Tribunal Supremo de Justicia ejerce la función normativa, dicta reglamentos (actos administrativos de efectos generales)[1020], cuando ejerce la función administrativa y la función de control sobre el Poder Judicial (Art. 267), dictan actos administrativos; y cuando ejerce la función jurisdiccional, dictan actos judiciales (sentencias) (Art. 266, 336); y los primeros están sometidos al control de los órganos de la Jurisdicción Contencioso-Administrativa. Como lo ha dicho la Sala Constitucional del Tribunal Supremo de Justicia en sentencia Nº 1268 de 6 de julio de 2004 (Caso: *Yolanda Mercedes Martínez del Moral vs. Comisión Judicial de la Sala Plena del Tribunal Supremo de Justicia*), respecto de un acto administrativo dictado por un órgano del propio Tribunal Supremo en ejercicio de funciones de administración y gobierno del Poder Judicial:

> "En consecuencia, por cuanto no se trata, el que fue impugnado, de un acto del Poder Público que hubiere sido dictado en ejecución directa de la Constitución, sino en ejercicio de función administrativa y, por ende, de rango sublegal, no es la jurisdicción constitucional que ejerce esta Sala la que tiene competencia para su control. Por el contrario, y de conformidad con el artículo 259 de la Constitución, corresponde a la jurisdicción contencioso-administrativa el conocimiento de la demanda de nulidad que en su contra se formuló y así se decide"[1021].

El acto judicial, por su parte, también se distingue del acto de gobierno y de la acto legislativo con base en los dos criterios señalados: desde el punto de vista orgánico, porque el acto judicial está reservado a los Tribunales de la República, en tanto que el acto legislativo está reservado a la Asamblea Nacional, la cual puede delegar-

1018 En este sentido es que podría decirse que la actividad administrativa se reduce a ejecución de la ley.

1019 Adolf Merkl, *Teoría General del Derecho Administrativo*, Madrid, 1935, p. 13. *Cfr.*, Hans Kelsen, *Teoría General del Estado*, México, 1957, p. 510, y *Teoría Pura del Derecho*, Buenos Aires, 1974, pp. 135 y ss. *V.*, algunas de las referencias en Allan R. Brewer-Carías, *Las Instituciones Fundamentales del Derecho Administrativo y la jurisprudencia Venezolana*, Caracas, 1964, pp. 24 y ss.

1020 Los reglamentos establecidos en la Ley Orgánica del Tribunal Supremo de Justicia, Art. 36.12.

1021 *V.*, en *Revista de Derecho Público*, Nº 99-100, Editorial Jurídica Venezolana, Caracas 2004.

lo en el Presidente de la República (leyes habilitantes) y el acto de gobierno está reservada al Presidente de la República[1022]; y desde el punto de vista formal, porque al igual que el acto administrativo, el acto judicial es de rango sublegal, es decir, sometido a la ley y realizado en ejecución de la ley.

Por último, en cuanto a la distinción entre el acto administrativo y el acto judicial, si bien no puede utilizarse el criterio formal de su graduación en el ordenamiento jurídico ya que ambos son dictados en ejecución directa e inmediata de la legislación y en ejecución indirecta y mediata de la Constitución, sí se distinguen con base al criterio orgánico y a otro criterio formal. Desde el punto de vista orgánico, el acto judicial está reservado a los tribunales, con carácter de exclusividad, ya que sólo éstos pueden dictar sentencias; y desde el punto de vista formal, la declaración de lo que es derecho en un caso concreto que realizan los órganos judiciales, se hace mediante un acto que tiene fuerza de verdad legal, que sólo las sentencias poseen.

Por su parte, cuando los órganos que ejercen el Poder Ciudadano realizan la función de control (Art. 274; 281; 289), la función normativa y la función administrativa, la misma se concreta en actos administrativos de efectos generales (reglamentos) o de efectos particulares (Art. 259; 266,5).

Igualmente, cuando los órganos que ejercen el Poder Electoral realizan la función normativa (Art. 293,1), dictan actos administrativos de efectos generales (reglamentos) (Art. 293,1); y cuando realizan la función administrativa (Art. 293,3) y de control (Art. 293,9), la misma se concreta en actos administrativos (Art. 259; 266,5).

En esta forma, el ejercicio de la función normativa se puede manifestar, variablemente, a través de leyes, actos parlamentarios sin forma de ley, decretos-leyes y reglamentos (actos administrativos de efectos generales); el ejercicio de la función política, a través de actos de gobierno, leyes y actos parlamentarios sin forma de ley; el ejercicio de la función jurisdiccional, a través de actos parlamentarios sin forma de ley, actos administrativos y sentencias; el ejercicio de la función de control, a través de leyes, actos parlamentarios sin forma de ley, actos administrativos y sentencias; y el ejercicio de la función administrativa, a través de leyes, actos parlamentarios sin forma de ley y actos administrativos.

En sentido inverso, puede decirse que las leyes sólo emanan de la Asamblea Nacional actuando no sólo en ejercicio de la función normativa, sino de la función política, de la función de control y de la función administrativa; que los actos de gobierno emanan del Presidente de la República, actuando en ejercicio de la función política; que los decretos-leyes emanan también del Presidente en ejercicio de la función normativa; que los actos parlamentarios sin forma de ley sólo emanan de la Asamblea Nacional, actuando en ejercicio de las funciones normativas, política, de control y administrativa; y que los actos judiciales (sentencias) sólo emanan de los tribuna-

---

1022 Puede decirse, entonces, que la separación orgánica de poderes tiene plena concordancia con la división orgánica de las actividades de gobierno (reservada al Presidente de la República), legislativas (reservadas a la Asamblea Nacional, la cual puede delegarla en el ejecutivo Nacional) y judiciales (reservada a los Tribunales). Por supuesto, la coincidencia de actividades específicas con órganos estatales determinados concluye allí, pues la actividad administrativa, al contrario, no está reservada a ningún órgano estatal específico, sino que se realiza por todos ellos.

les, actuando en ejercicio de la función jurisdiccional. En todos estos casos, el tipo de acto se dicta exclusivamente por un órgano estatal, pero en ejercicio de variadas funciones estatales. Lo privativo y exclusivo de los órganos estatales en esos casos, no es el ejercicio de una determinada función, sino la posibilidad de dictar determinados actos: las leyes y los actos parlamentarios sin forma de ley por la Asamblea Nacional; los actos de gobierno por el Presidente de la República; y los actos judiciales (sentencias) por los tribunales.

En cuanto a los actos administrativos, éstos pueden emanar de la Asamblea Nacional, actuando en función administrativa y en función de control; de los tribunales, actuando en función normativa, en función de control y en función administrativa; de los órganos que ejercen el Poder Ejecutivo (Administración Pública Central) cuando actúan en función normativa, en función jurisdiccional, en función de control y en función administrativa; de los órganos que ejercen el Poder Ciudadano actuando en función normativa, en función de control y en función administrativa; y de los órganos que ejercen el Poder Electoral actuando también en función normativa, en función de control y en función administrativa.

Los actos administrativos en esta forma, y contrariamente a lo que sucede con las leyes, con los actos parlamentarios sin forma de ley, con los decretos-leyes, con los actos de gobierno y con las sentencias judiciales, no están reservados a determinados órganos del Estado, sino que pueden ser dictados por todos ellos y no sólo en ejercicio de la función administrativa, sino de todas las otras funciones del Estado.

Ahora bien, en ese universo de actos estatales, los mismos se distinguen según el grado de ejecución de la Constitución, tal como se ha dicho, entre los actos estatales dictados en ejecución directa e inmediata de la Constitución (actos de rango legal); y los actos estatales dictados en ejecución indirecta y mediata de la Constitución (actos de rango sublegal).

En cuanto a los actos estatales dictados en ejecución directa e inmediata de la Constitución son los actos legislativos, los decretos leyes y los actos de gobierno.

Los actos legislativos son las leyes (Arts. 187,1 y 203) y los actos parlamentarios sin forma de ley (actos privativos e *interna corporis*) (Art. 187). Las leyes, incluso, son formalmente definidas en la Constitución, como los actos sancionados por la Asamblea Nacional como cuerpo legislador (Art. 203).

También pueden considerarse como actos con rango y valor de ley los decretos leyes o decretos con fuerza de ley dictados por el Presidente de la República previa autorización por una ley habilitante (Arts. 203; 236, 8); los dictados en materia de organización ministerial (Art. 236,20) y los dictados en estado de excepción (Arts. 236,7; 337).

Los actos del gobierno, por su parte, son los actos dictados por el Presidente de la República en ejercicio sólo de atribuciones constitucionales[1023], y que por ello no pueden estar regulados o limitados por la Asamblea Nacional mediante leyes.

1023 *V.*, Allan R. Brewer-Carías, "Comentarios sobre la doctrina del acto de gobierno, del acto político, del acto de Estado y de las cuestiones políticas como motivo de inmunidad jurisdiccional de los Estados en sus Tribunales nacionales", en *Revista de Derecho Público*, N° 26, Editorial Jurídica Venezolana, Caracas, abril-junio 1986, pp. 65-68.

Es el caso, por ejemplo, del nombramiento del Vicepresidente Ejecutivo, de la concesión de indultos, de la convocatoria de la Asamblea Nacional a sesiones extraordinarias, y de la disolución de la Asamblea Nacional (Art. 236,3,9,19,21).

En cuanto a los actos estatales dictados en ejecución indirecta y mediata de la Constitución son los actos administrativos y los actos judiciales

Es decir, en la sistematización formal del ordenamiento jurídico, dentro del sistema graduado de producción de normas, salvo los actos dictados en ejecución directa e inmediata de la Constitución, los demás actividades del Estado, particularmente las administrativas, de control y judiciales, se ejercen, no en ejecución directa de las normas constitucionales, sino más bien en ejecución directa de la "legislación", es decir, de las leyes formales o los actos del Parlamento, incluso, de los actos de gobierno o los decretos leyes dictados por los órganos constitucionales competentes, a su vez en ejecución directa de la Constitución.

En esta forma, todas las actividades administrativas y judiciales originan actos dictados en ejecución directa e inmediata de la "legislación", y en ejecución indirecta e mediata de la Constitución; es decir, son actos de carácter sublegal. En consecuencia, y en particular para el derecho administrativo, los actos administrativos dictados en ejercicio de las diversas funciones del Estado, son actos que por esencia tienen rango sublegal, por lo que, no hay ni puede haber actos administrativos que se dicten en ejecución directa e inmediata de la Constitución.

IV. EL ORDEN JURÍDICO Y EL ÁMBITO DEL DERECHO AL CUAL ESTÁN SOMETIDOS LOS ACTOS ESTATALES

Ahora bien, todas las actividades de los órganos del Estado, y de sus autoridades y funcionarios, siempre deben realizarse conforme a la ley y dentro de los límites establecidos por la misma. Esto, por supuesto, tiene una particular importancia en relación con la actividad administrativa del Estado, pues da origen al principio de legalidad conforme al cual los órganos del Estado deben estar sujetos a la ley.

La consecuencia de ello es que en un Estado de derecho, el pueblo como electorado es el único cuerpo soberano (poder constituyente) que no tiene limitaciones a su poder, salvo los que se impone a si mismo, de lo que deriva que todos los otros órganos o cuerpos del Estado (poderes constituidos) están sujetos a la ley[1024]. Y "ley" aquí, quiere decir, no sólo "ley formal", es decir, un estatuto o acto de la Asamblea Legislativa o Parlamento, sino también, todas las normas que forman el ordenamiento jurídico estructurado en forma jerárquica, con la Constitución en la cúspide como ley suprema o Grundnorm. En este mismo sentido amplio, la expresión "principio de legalidad" empleada en el derecho continental, debe entenderse como equivalente de Estado de derecho.

Por consiguiente, "legalidad", en el derecho constitucional contemporáneo, no es sólo la sumisión a la "ley formal" como acto sancionado por el Legislador, sino que quiere decir sumisión al ordenamiento jurídico, incluyendo a la Constitución y a otras fuentes de derecho. Sin embargo, no hay que olvidar que al definir el principio

---

1024 *V.,* J. D. B. Mitchell, *Constitutional Law*, Edimburgo 1968, p. 62.

de la legalidad, los autores franceses[1025] en general utilizaban el significado restringido del término ley, como ley formal, llegando algunos a utilizar un concepto más amplio como sinónimo de "ordenamiento jurídico"[1026], o como Hauriou lo llamó, el "bloc légal" (bloque legal) o "bloc de la légalité" (bloque de la legalidad).[1027] Concepción, que en todo caso progresivamente se ha superado, al configurarse la propia Constitución, también, como norma. Además, es claro que los actos del cuerpo legislativo al ser per se normas dictadas en ejecución directa de la Constitución, también están subordinadas a ella. En consecuencia, el principio de legalidad en el Estado de derecho contemporáneo también comprende el "principio de constitucionalidad". Por consiguiente los actos dictados en ejecución directa de la Constitución están sometidos a ella y pueden ser controlados; de ahí el control jurisdiccional de la constitucionalidad de las leyes.

Ahora bien, hay dos aspectos que deben retenerse de lo dicho anteriormente: en primer lugar, que el principio de legalidad, en el contexto del Estado de derecho, se refiere específicamente a todos los órganos y poderes del Estado, y no sólo a uno, básicamente al Poder Ejecutivo o a la Administración Pública. En consecuencia, en un Estado con Constitución escrita, el órgano legislativo también está limitado por el "principio de legalidad", en el sentido de que sus actividades están constitucionalmente limitadas por lo que pueden ser objeto de control judicial.

En segundo lugar, que en la expresión "principio de legalidad", el término "ley" debe entenderse en el sentido más amplio de "ordenamiento jurídico", y no en el sentido formal de acto emanado del Parlamento, por lo que comprende la Constitución en sí misma, las leyes formales y todas las otras normas del ordenamiento jurídico conformadas en un sistema legal que deriva de la Constitución en forma escalonada y jerarquizada.

Este enfoque conduce a la necesidad de identificar los aspectos centrales de cada sistema jurídico para determinar cuáles son las normas aplicables a cada órgano del Estado; en otras palabras, para establecer los confines de la legalidad a la cual están sometidos los diferentes órganos y actos del Estado. Para ello, como hemos dicho, en todos los sistemas legales contemporáneos[1028], existe y debe existir una distinción entre, por una parte, las normas que integran la Constitución en sí misma, como derecho positivo superior, y por otro lado, las normas que son sancionadas por una autoridad con poderes derivados de la Constitución. En otras palabras, debe establecerse una distinción entre la norma constitucional y la legislación ordinaria.

Esta distinción entre el ordenamiento constitucional y la legislación ordinaria, por supuesto, tiene un carácter fundamental en el constitucionalismo moderno, de

---

1025 *V.,* Ch. Eisenmann, "Le droit administratif et le principe de légalité," en *Etudes et Documente*, Conseil d'Etat, N° 11, París, pp. 45-50.

1026 *V.,* A. de Laubadére, *Traite Elémentaire de Droit Administratif*, París, N° 369; G. Vedel, *La soumision de l'Administration á la loi* (extraído de la Revue al Quanon Wal Igtisad), año 22, El Cairo Nos. 26, 31, 47, 58, 94. 165, 166, citado por Ch. Eisenmann, "Le droit administratif...," *loc. cit.*, pp. 26-27.

1027 *V.,* Ch. Eisenmann, "Le droit administratif...," *loc. cit.*, p. 26.

1028 *V.,* G. MacCormack, "Law and Legal system", *The Modern Law Review*, 42 (3). 1979, pp. 285-290: "Legal system" entendido como una recolección de reglas de derecho que tienen en común su interrelación en un orden en particular, básicamente jerárquico.

manera que si el principio de legalidad implica que todas las actividades de un Estado deben realizarse conforme a la ley, indudablemente que resulta necesario determinar, ante todo, cual es la regla de derecho a la cual cada acto del Estado debe confirmarse. Para ello, las normas del ordenamiento que forman un sistema jurídico, como hemos dicho, se organizan deliberada o espontáneamente en forma jerárquica, de manera que existen normas en un nivel superior que siempre prevalecen sobre otras normas de nivel inferior; lo que a la vez permite basar la validez de ciertas normas en la validez de otras. Según este método, como hemos señalado antes y siguiendo la concepción de Kelsen, cada categoría de normas se basa en otras de mayor jerarquía, y al mismo tiempo, sirve de base para otras de menor jerarquía. En consecuencia, todo el ordenamiento jurídico en vigor constituye un sistema graduado en estructuras jerarquizadas, donde cada norma depende de unas, y donde en definitiva, la validez de todas las normas proviene, en última instancia, de la Constitución, siendo ésta la norma que regula toda la estructura del sistema jurídico, y que se encuentra en la cúspide del mismo.

Y es precisamente con este método, que en el análisis global del ordenamiento jurídico, se puede establecer una distinción entre aquéllos actos de Estado que se dictan en ejecución directa e inmediata de la Constitución, es decir, que son dictados directamente en ejercicio de poderes constitucionales, y aquéllos cuya ejecución no está directamente relacionada con la Constitución y que se dictan en ejercicio directo de poderes establecidos en normas de derecho inferiores a la Constitución. Son actos de ejecución directa e inmediata de la legislación y de ejecución indirecta y mediata de la Constitución, y todos sometidos a control judicial.

V. EL ACTO DE GOBIERNO COMO ACTO DE EJECUCIÓN DIRECTA DE LA CONSTITUCIÓN Y EL CONTROL DE CONSTITUCIONALIDAD

Precisamente, entre los actos que surgen de la ejecución directa e inmediata de la Constitución, como se ha dicho, se encuentran aquellos actos estatales emanados del Jefe de Estado, en ejercicio de poderes que le son asignados en forma directa en la Constitución para ejercer actividades que por ello no están sujetas a regulación por parte del Legislador ordinario, es decir, que el Legislador no puede ni regular ni limitar a través de las leyes.

Nos referimos aquí, de nuevo, a los llamados en el derecho público como actos de gobierno o actos políticos, y que son más o menos equivalentes a la noción norteamericana de "cuestión política"[1029]. Se trata de actos que se dictan en ejecución directa e inmediata de la Constitución, no están sujetos a regulación por ley formal, y son ejercidos por el Jefe de Estado basándose en disposiciones directas de la Constitución. En consecuencia, estos actos de gobierno en la formación escalonada del orden jurídico, también se colocan en el mismo nivel que las leyes formales, y sólo están sujetos a lo establecido en la Constitución, la cual determina su ámbito de legalidad.

1029 *V.*, Allan R. Brewer-Carías, "Comentarios sobre la doctrina del acto de gobierno, del acto político, del acto de Estado y de las cuestiones políticas como motivo de inmunidad jurisdiccional de los Estados en sus Tribunales nacionales", en *Revista de Derecho Público*, N° 26, Editorial Jurídica Venezolana, Caracas 1986, pp. 65-68.

El principio de legalidad del Estado, por tanto, es decir, la necesaria sumisión de los órganos del Estado a la ley, en lo referente a estos órganos constitucionales y a los actos dictados en ejecución directa e inmediata de la Constitución, como los actos de gobierno, equivale a sometimiento a la Constitución y al bloque de constitucionalidad. Como ya lo mencionamos, en todos estos casos, "legalidad" equivale a "constitucionalidad"; en otras palabras, sumisión a la Constitución, o actuación de conformidad con las normas establecidas por la Constitución, dentro de los límites constitucionales.

Pero como hemos dicho, en la sistematización formal del ordenamiento jurídico, dentro de este sistema graduado de producción de normas, salvo todos los actos dictados en ejecución directa e inmediata de la Constitución, los demás órganos del Estado, particularmente en las áreas administrativas, de control y judiciales, estas se ejercen, no en ejecución directa de las normas constitucionales sino más bien, en ejecución directa de la "legislación", es decir, de las leyes formales o los actos del Parlamento, incluso, de los actos de gobierno o los decretos leyes dictados por los órganos constitucionales competentes, a su vez en ejecución directa de la Constitución. En esta forma, todas las actividades administrativas son en última instancia, actos dictados en ejecución directa e inmediata de la "legislación", y en ejecución indirecta e mediata de la Constitución.

En consecuencia, en un Estado de derecho, el grado de sumisión de la Administración Pública al principio de la legalidad, es de mayor ámbito que el de la sumisión a las normas de derecho por parte de los órganos constitucionales del Estado. La Asamblea o el Parlamento están sometidos a la Constitución e, incluso, el Jefe de Estado o de Gobierno, cuando dicta actos de gobierno sólo está sometido en general, a la Constitución; mientras que los órganos y las autoridades administrativas están envueltos en un área de legalidad de mayor ámbito puesto que están sometidos a la "legislación", la cual ejecutan. Esta es la razón por la cual, en este campo, el principio de legalidad tomó el significado que normalmente tiene en relación a la actividad administrativa del Estado contemporáneo.

Como se ha dicho, conforme a la Constitución, el Presidente de la República puede dictar actos de igual rango que la Ley, pero desvinculados de ésta por ser emanados en ejecución directa e inmediata de la Constitución, que se han denominado como "actos de gobierno"[1030], dictados en el ejercicio de la función política, y que, por tanto, no son actos administrativos[1031]. Al ser dictados con base en atribuciones que la Constitución le asigna directamente al Presidente, el legislador no puede regularlos pues no tiene competencia para regular el ejercicio de la función de gobierno por parte del Poder Ejecutivo. No se trata, por tanto, de actos de carácter sublegal, sino de igual rango que la ley, aún cuando no tengan "valor" de ley por no tener poder derogatorio respecto de las mismas.

Sobre estos actos de gobierno, la antigua Corte Suprema de Justicia en Corte Plena, en sentencia de 11 de marzo de 19 de marzo de 1993 señaló:

1030 *V.*, Allan R. Brewer-Carías, *Derecho Administrativo*, Tomo I, Caracas, 1975, pp. 378 y 391.

1031 *V.*, Allan R. Brewer-Carías, *Las Instituciones Fundamentales del Derecho Administrativo y la Jurisprudencia Venezolana*, Caracas, 1964, pp. 26, 108 y 323 y ss.

"Es ampliamente conocida en el ámbito constitucional la teoría del "acto de gobierno", "gubernativo" o "acto político", conforme a la cual, en su formulación clásica, el Presidente de la República como cabeza del Ejecutivo y Jefe de Estado (artículo 181 de la Constitución) ejerce, además de funciones propiamente administrativas, otras de contenido distinto, atinentes a la "oportunidad política" o actos que por su naturaleza, intrínsecamente ligada a la conducción y subsistencia del Estado, no son en la misma medida enjuiciables. Se institucionalizaba así, la figura intimidante de la "razón de Estado" como justificación a toda cuestión de la cual el Gobierno no tuviera que rendir debida cuenta.

Semejante construcción sustentada en la tesis de la llamada "soberanía suprema", cuyo nacimiento teórico ubican distintos autores en la época posterior a la caída del régimen napoleónico, pronto empezó a ser revisada con criterios cada vez más estrictos que llevaron a una categorización jurisprudencial de los actos de esa naturaleza excluidos del control jurisdiccional, también cada vez más reducida.

En Venezuela, la falta de una disposición expresa al respecto en el Texto Fundamental, ha sentado este Alto Tribunal, como nota identificadora de esa especie jurídica, aquellos actos que, en ejecución directa e inmediata de la Constitución, son de índole eminentemente política. (*Vid.* SPA del 21-11-88, Caso *Jorge Olavarría*).

Dentro de este contexto, concuerdan autores y jurisprudencia nacional y extranjera en mantener dentro de esa clasificación, entre otros, el indulto, los actos relativos a la conducción de la relaciones entre el Gobierno y países extranjeros…"[1032]

En el mismo sentido, antes, la antigua Corte Suprema de Justicia en Sala Político Administrativa, en sentencia de 21 de noviembre de 1988 había precisado la noción del acto de gobierno, como un acto ejecutivo dictado en ejecución directa de la Constitución y no de la ley ordinaria, distinguiéndolos así de los actos administrativos, en la forma siguiente:

"Permanecen todavía incólumes los principios sentados por la Corte –a los que se refieren los apoderados del Consejo, pero aplicándolos inexactamente al caso de autos- respecto de los "actos de gobierno", especie jurídica que, en razón de su superior jerarquía, derivada del hecho de que son producidos en ejecución directa e inmediata de la Constitución y no de la ley ordinaria, ha sido excluida hasta ahora, por la propia Corte, de la totalidad del control jurisdiccional de constitucionalidad, "en atención –como ella misma ha expresado- a que por su propia esencia son actos de índole eminentemente política o actos de gobierno, o de índole discrecional; situaciones en que no cabe aplicar a los motivos determinantes de la actuación el expresado control constitucional".

Los principios jurisprudenciales alegados por los defensores de la actuación del Consejo en la Resolución recurrida, permanecen, en efecto, aún vigentes (a más de la comentada decisión del 29-04-65, en Corte Plena, véase la de 28-06-83: CENADICA, dictada en SPA); mas, no son aplicables al caso de autos como ellos lo pretenden, sino –insiste la Sala- sólo a las actuaciones emanadas de la cúspide del Poder Ejecutivo en función de gobierno, es decir, a los denominados por la doctrina "actos de gobierno", emitidos justa y precisamente en ejecución directa e inmediata

---

1032 *V., Revista de Derecho Público*, Nº 53-54, Caracas, 1993, pp. 155 y ss.

de la Constitución; y no a los producidos, como los de autos, por una administración –la electoral en el caso– que ejecutó, de manera directa e inmediata, normas de rango inferior al de la Carta Magna, a saber: las de la Ley Orgánica del Sufragio. Así se declara."[1033]

De acuerdo con esta categorización, entre los actos de gobierno que puede dictar el Presidente de la República, estarían, por ejemplo, la concesión de indultos (art. 236.19); los actos relativos a la dirección de las relaciones exteriores de la República (art. 236.4); la adopción de decisiones como Comandante en Jefe de las Fuerzas Armadas, como el fijar el contingente de las mismas y promover sus oficiales (art. 236.5 y 236.6); la declaratoria de los estados de excepción y el decretar la restricción de garantías (art. 236.7); la convocatoria a la Asamblea Nacional a sesiones extraordinarias (art. 236.9); y la disolución de la Asamblea Nacional en caso de que se produzcan tres votos de censura contra el Vicepresidente (arts. 236.21 y 240).

En esta forma, como se ha dicho desde el inicio, la noción del acto de gobierno en Venezuela ha sido delineada básicamente con base en un criterio estrictamente formal, como acto dictado por el Presidente de la República, en ejecución directa e inmediata de la Constitución, pero agregando, sin embargo, que se trata de actos dictados en ejercicio de la función política[1034]. No se trata, por tanto, de actos administrativos que siempre son de rango sublegal, ni de actos en cuyo dictado el Presidente deba someterse a normas legislativas. Como actos dictados en ejercicio de atribuciones constitucionales por el Presidente de la República, el Poder Legislativo no puede regular la forma o manera de sus dictados, pues incurriría en una usurpación de funciones.

Pero como se ha dicho, entonces, además del criterio formal, el acto de gobierno se caracteriza como su nombre lo indica, por el ejercicio de la función política por parte del Presidente de la República. En este sentido, hay que recordar que la división de la potestad estatal (el Poder Público) en ramas y la distribución de su ejercicio entre diversos órganos, no coincide exactamente con la "separación" de las funciones estatales[1035], por lo que el hecho de que exista una separación orgánica de poderes no implica que cada uno de los órganos que lo ejercen tenga necesariamente el ejercicio exclusivo de ciertas funciones, pues paralelamente a las "funciones propias" de cada órgano del Estado, éstos ejercen funciones que por su naturaleza son similares a las que ejercen otros órganos estatales[1036].

1033 *V.*, en *Revista de Derecho Público*, N° 36, Caracas, 1988, pp. 62 y ss.

1034 *V.*, Allan R. Brewer-Carías, *Las Instituciones Fundamentales del Derecho Administrativo y la Jurisprudencia Venezolana*, Caracas, 1964, pp. 26, 108 y 323 y ss. y *Derecho Administrativo*, Tomo I, Caracas 1975, cit., pp. 391 y ss.

1035 *V.*, por ejemplo, sentencia de la antigua Corte Federal de 19-6-53, en *Gaceta Forense*, N° 1, Caracas 1953, p. 77; y sentencias de la antigua Corte Suprema de Justicia en Sala Político Administrativa de 18-7-63, en *Gaceta Forense* N° 41, Caracas 1963, pp. 116 y 117; de 27-5-68, en *Gaceta Forense* N° 60, Caracas 1969, pp. 115 y ss.; y de 9-7-69, en *Gaceta Forense* N° 65, Caracas 1969, pp. 70 y ss.

1036 *V.*,, la sentencia de la antigua Corte Federal de 19-6-53, en *Gaceta Forense* N° 1, 1953, p. 77; y la sentencia de la antigua Corte Federal y de Casación en Sala Político-Administrativa de 18-7-63, en *Gaceta Forense* N° 41, Caracas 1963, p. 116.

En otras palabras, paralelamente a sus funciones propias, realizan funciones distintas a aquellas que les corresponden por su naturaleza[1037].

En la expresión constitucional, por "función" ha de entenderse la acción que desarrollan los órganos estatales o la actividad que desempeñan como tarea que les es inherente, en el sentido que sólo en ejercicio del Poder Público pueden cumplirse. De ahí que la función es toda actividad de la propia esencia y naturaleza de los órganos estatales y, por tanto, indelegable, salvo que exista una autorización constitucional. Entonces, las diversas funciones del Estado son sólo las diversas formas a través de las cuales se manifiesta la actividad estatal[1038]; y ellas no están atribuidas en forma exclusiva a los órganos del Estado[1039].

Ahora bien, en el mundo contemporáneo estas funciones como tareas inherentes a los órganos del Estado pueden reducirse a cinco, que son la función normativa, la función política, la función administrativa, la función jurisdiccional y la función de control; a las cuales se pueden reconducir todas las actividades del Estado. Estas funciones, realizadas en ejercicio del Poder Público por los órganos estatales, sin embargo, como se dijo, no están encomendadas con carácter exclusivo a diferentes órganos, sino que se ejercen por varios de los órganos estatales.

Ente ellas, nos interesa destacar la función política[1040], como función primordial del Estado, distinta de la función administrativa, por medio de la cual el Presidente de la República ejerce sus actividades como jefe del Estado y jefe del Gobierno de

---

1037 *V.*, sentencia de la antigua Corte Suprema de Justicia en Sala Político Administrativa de 18-7-63, en *Gaceta Forense* N° 41, Caracas 1963, pp. 116 y 117.

1038 *V.*, Allan R. Brewer-Carías, *Las Instituciones Fundamentales..., cit.*, p. 105. *V.*, en general, sobre las funciones del Estado: María E. Soto Hernández y Fabiola del Valle Tavares Duarte "Funciones del Estado en la Constitución de la República Bolivariana de Venezuela de 1999", en *Estudios de Derecho Público - Libro Homenaje a Humberto J. La Roche*, Volumen II. Tribunal Supremo de Justicia, Caracas, 2001, pp. 414-457; Gonzalo Pérez Luciani, "Funciones del Estado y actividades de la Administración", *Revista de Derecho Público*, N° 13, enero-marzo, Editorial Jurídica Venezolana, Caracas 1983, pp. 21-30.

1039 El carácter flexible, no rígido ni absoluto, del principio en su aplicación en Venezuela, ha sido destacado repetidamente por la jurisprudencia de la Corte Suprema. En particular, h. Sentencias de la antigua Corte Federal y de Casación en Sala Político Administrativa de 23-2-50 en *Gaceta Forense* N° 4, Caracas Caracas 1950, pp. 84 a 39; de la antigua Corte Federal y de Casación en Corte Plena de 26-5-51 en *Gaceta Forense* N° 8, Caracas 1952, p. 114; y Sentencias de la antigua Corte Suprema de Justicia en Sala Político Administrativa de 18-7-63 en *Gaceta Forense*, N° 41, Caracas 1963, pp. 117-118; de 27-5-68 en *Gaceta Forense* N° 60, Caracas 1969, pp. 115 a 118; de 22-4-69 en *Gaceta Forense*, N° 64, Caracas 1969, pp. 5 a 15; de 9-7-69, en *Gaceta Forense*, N° 65, Caracas 1969, pp. 70 a 74; y de 1-6-72, en *Gaceta Oficial* N° 1.523, extraordinario, de 1-6-72, p. 9. *V.*, además, Allan-R. Brewer-Carías, "Algunas bases del Derecho Público en la jurisprudencia Venezolana", en *RFD*, N° 27, 1963, pp. 143 y 144. Las referencias jurisprudenciales pueden también consultarse en Allan R. Brewer-Carías, *Jurisprudencia de la Corte Suprema (1930-1973) y Estudios de Derecho Administrativo*, Tomo I, (*El ordenamiento constitucional y funcional del Estado*), Caracas, 1975, pp. 147 y ss.

1040 En cuanto a esta función del Estado hemos ajustado la terminología que utilizamos en los setenta, de "función de gobierno", sustituyéndola por "función política" por considerarla más precisa, y reservar la expresión gobierno para identificar los "actos de gobierno". *V.*, Allan R. Brewer-Carías, *Derecho Administrativo*, Tomo I, Caracas 1975. *V.*, en general, sobre esta función: María E. Soto Hernández "Formas jurídicas de actuación de la Administración Pública Nacional en el ejercicio de la Función de Gobierno", en *Temas de Derecho Administrativo-Libro Homenaje a Gonzalo Pérez Luciani*, Volumen II. Tribunal Supremo de Justicia, Caracas, 2002, pp. 805-826.

ALLAN R. BREWER-CARIAS

la República[1041], dirigiendo la acción de gobierno (Arts. 226; 236,2). A través de esta función política, el Presidente de la República puede adoptar decisiones en virtud de atribuciones que le son conferidas directamente por la Constitución, en general sin condicionamiento legal alguno, de orden político, las cuales, por tanto, exceden de la administración normal de los asuntos del Estado. Ello ocurre, por ejemplo, cuando dirige las relaciones exteriores, convoca a sesiones extraordinarias a la Asamblea Nacional y cuando la disuelve (Arts. 236,4,9,20). También puede considerarse que ejerce la función política, cuando decreta los estados de excepción y restringe garantías constitucionales, incluso, en este caso, a pesar de que la Constitución dispuso que una Ley Orgánica deba regular la materia (Art. 338)[1042].

La característica fundamental de esta función política es que está atribuida en la Constitución directamente al Presidente de la República, es decir, al nivel superior de los órganos que ejercen el Poder Ejecutivo, no pudiendo otros órganos ejecutivos ejercerla. Los órganos que ejercen el Poder Ejecutivo en esta forma, realizan fundamentalmente dos funciones propias: la función política y la función administrativa[1043]. La función política, como función del Presidente de la República, se ejerce en ejecución directa de atribuciones constitucionales, en general sin condicionamiento legal alguno. El Legislador, en esta forma, y salvo por lo que se refiere a los estados de excepción dada la autorización constitucional (Art. 338), no puede limitar las facultades políticas del jefe del Estado[1044]. La función política, por tanto, se traduce en actos estatales de rango legal, como son los actos de gobierno, en tanto que la función administrativa se traduce en actos estatales de rango sublegal como son los actos administrativos[1045].

1041 Aun cuando en algunos casos podría no haber coincidencia, podría decirse que, en general, el Presidente de la República ejerce sus atribuciones de jefe del Estado en ejercicio de la función política, y de jefe del Ejecutivo Nacional, en ejercicio de la función administrativa.

1042 *V.*, la Ley Orgánica sobre Estados de Excepción (Ley N° 32), *G.O.* N° 37.261 de 15-08-2001. *V.*, en general, Allan R. Brewer-Carías, "El régimen constitucional de los estados de excepción" en Víctor Bazan (Coordinador), *Derecho Público Contemporáneo. Libro en Reconocimiento al Dr. Germán Bidart Campos*, Ediar, Buenos Aires, 2003, pp. 1137-1149

1043 La distinción entre "gobierno y administración" es comúnmente empleada por la Constitución. *V.*, por ejemplo, artículos, 21, 27 y 30. En el artículo 191 de la Constitución, en igual sentido habla de "aspectos políticos y administrativos" de la gestión del residente de la República. En tal sentido, al referirse a los órganos del Poder Ejecutivo de los Estados, la Corte ha señalado lo siguiente: "El artículo 21 de la Constitución atribuye al Gobernador del Estado, el gobierno y la administración de la Entidad, como Jefe del Ejecutivo del Estado y Agente del Ejecutivo Nacional o en su respectiva circunscripción. En esta forma, el Poder Ejecutivo Estadal realiza funciones de gobierno, como poder político y funciones que atienden a otra actividad distinta, como poder administrador". *V.*, sentencia de la antigua Corte Suprema de Justicia en Sala Político Administrativa de 30-6-66, en *Gaceta Forense* N° 52, 1968, p. 231. *Cfr.*, sobre la distinción entre función administrativa y función política como actividades que se realizan en ejercicio del Poder Ejecutivo, el voto salvado a la sentencia de la antigua Corte Suprema de Justicia en Corte Plena de 29-4-65, Imprenta Nacional, 165, pp. 53 y ss.; y *Doctrina PGR*, 1963, Caracas, 1964, pp. 179 y 180.

1044 El legislador, por ejemplo, no podría limitar las atribuciones del Presidente de convocar a la Asamblea nacional a sesiones extraordinarias.

1045 Sobre la distinción entre los actos del Poder Ejecutivo dictados en ejecución directa de la Constitución o en ejecución directa de la ley, *V.*, sentencia de la antigua Corte Suprema de Justicia en Sala Político Administrativa de 13-2-68, en *Gaceta Forense* N° 59, Caracas 1969, p. 85. En todo caso, una cosa es

Pero si bien la función política se ejerce con el carácter de función propia por el Presidente de la República en ejercicio del Poder Ejecutivo, ello tampoco se realiza con carácter excluyente, ya que la Asamblea Nacional en ejercicio del Poder Legislativo también realiza la función política, sea a través de actos parlamentarios sin forma de ley[1046], sea mediante leyes[1047]. En estos casos, también, la función política realizada por los órganos del Poder Legislativo es una actividad de rango legal, es decir, de ejecución directa e inmediata de la Constitución. Pero si bien esta función puede ser realizada tanto por el Presidente de la República como por los órganos legislativos, por lo que no es exclusiva o excluyente, sin embargo, lo que sí es exclusiva de uno u otros órganos es la forma de su ejecución en los casos autorizados por la Constitución: la función política mediante decretos ejecutivos (actos de gobierno), se realiza en forma exclusiva por el Presidente de la República; y mediante leyes o actos parlamentarios sin forma de ley, por la Asamblea nacional.

SECCIÓN TERCERA: **LOS ACTOS EJECUTIVOS EN LA CONSTITUCIÓN VENEZOLANA Y SU CONTROL JUDICIAL (BUENOS AIRES JUNIO, 2001)**

Texto ampliado de la Conferencia dictada en la *Jornadas Internacionales de Derecho Administrativo sobre Acto Administrativo y Reglamento*, **Departamento de Derecho Administrativo, Universidad Austral, Buenos Aires, 1º de junio de 2001. Publicado en mi libro:** *Constitución, democracia y control del poder*, **Mérida 2004, pp. 187-242.**

La constitución venezolana de 1999[1048], siguiendo la tradición constitucional precedente, clasifica los actos dictados por los órganos que ejercen el poder ejecutivo, (actos ejecutivos), según su graduación conforme a la ejecución de la constitución, entre actos dictados en ejecución directa e inmediata de la Constitución y, por tanto, en principio, de rango legal;[1049] y actos dictados en ejecución indirecta y mediata de la constitución, los cuales al ser dictados en ejecución de la legislación son, por tanto, en principio, de rango sublegal[1050].

Los primeros, son actos que tienen el mismo rango que las leyes sancionadas por la Asamblea Nacional; los segundos, en general, son los reglamentos y demás actos

---

atribuir a la función política rango legal y otra es atribuirle "naturaleza legislativa". El decreto de restricción de garantías constitucionales, por ejemplo, tiene rango legal, por cuanto puede "restringir" temporalmente la vigencia de una ley, lo que implica que la modifique ni la derogue. Si la derogara, el acto tendría "naturaleza legislativa". Sobre esta confusión, *V., Doctrina Procuraduría General de la República*, 1971, Caracas 1972, p. 189.

1046 Por ejemplo, cuando autoriza al Presidente de la República para salir del territorio nacional. Art. 187,17 de la Constitución; o cuando reserva al Estado determinadas industrias o servicios, Art. 302.

1047 La ley que decreta una amnistía, por ejemplo. Art. 186,5 de la Constitución.

1048 *V.,* el texto y los comentarios en Allan R. Brewer-Carías, *La Constitución de 1999*, 3ª edición, Caracas 2001.

1049 Terminología que recogen los artículos 334 y 336 de la Constitución.

1050 *V.,* Allan R. Brewer-Carías, *Derecho Administrativo*, Tomo I, Caracas 1975, pp. 378 y ss.

administrativos. Los primeros están sometidos al control de la constitucionalidad que ejerce la Jurisdicción Constitucional; y los segundos, estarían, en principio, sometidos al control de constitucionalidad y legalidad que ejerce la Jurisdicción Contencioso-Administrativa.

Pero en la Constitución de 1999, dentro de los actos ejecutivos dictados en ejecución indirecta y mediata de la Constitución (porque entre ésta y el decreto dictado se encuentra una ley), están los decretos dictados por el Presidente de la República en virtud de delegación legislativa efectuada mediante una ley habilitante (art. 203). Estos decretos, a pesar de que ejecutan una ley, sin embargo, no puede considerarse que tengan rango sublegal, pues en virtud de la propia previsión constitucional que los autoriza tienen "rango y valor de ley" (arts. 203 y 236,8). Estos actos ejecutivos, por ello, están sometidos al control de la Jurisdicción Constitucional, tanto de constitucionalidad como de sujeción a la ley habilitante.

También pueden considerarse como actos con rango de ley, los decretos del Presidente de la República mediante los cuales fije el número, organización y competencia de los Ministerios y otros órganos de la Administración Pública Nacional conforme al artículo 236,20 de la Constitución, los cuales si bien deben seguir y respetar los "principios y lineamientos" que establece la Ley Orgánica de la Administración Pública, tienen poder derogatorio en la materia respecto de las leyes sectoriales.

Además, en la Constitución están regulados los decretos de estados de excepción (art. 338), los cuales si bien se atribuyen directamente al Presidente de la República, en Consejo de Ministros (art. 236,7), están sometidos al régimen establecido en la Ley Orgánica sobre los Estados de Excepción de 2001[1051] prevista en el artículo 338 de la Constitución, que determina las medidas que pueden adoptarse con base en los mismos. Sin embargo, a pesar de que ejecutan una ley, tales decretos tampoco pueden considerarse que tengan rango sublegal, sino que como lo establece la misma Ley Orgánica, tienen "rango y fuerza de Ley" (art. 22), estando, por tanto, sometidos también al control de la Jurisdicción Constitucional.

De lo anteriormente señalado, en consecuencia, puede concluirse que son seis los tipos de actos ejecutivos en el constitucionalismo venezolano: los decretos con rango y valor de Ley, que comprenden los decretos-leyes habilitados (I), los decretos con rango de ley (II) y los decretos de estado de excepción (III); los actos dictados en ejecución directa e inmediata de la Constitución (actos de gobierno) (IV); y los reglamentos (V) y demás actos administrativos (VI), tanto de efectos generales como de efectos particulares; los cuatro primeros son de rango legal y los dos últimos de rango sublegal. Todos por supuesto están sometidos a control judicial.

I.   LOS DECRETOS CON RANGO Y VALOR DE LEY (DECRETOS-LEYES) DELEGADOS

Dentro de las atribuciones constitucionales del Presidente de la República está la de dictar, en Consejo de Ministros y previa autorización por ley habilitante, decretos con fuerza de ley (art. 236,8); definiendo, el artículo 203 de la Constitución, a las

---

1051 *V., Gaceta Oficial* N° 37.261 de 15-08-01.

leyes habilitantes como "las sancionadas por la Asamblea Nacional por las 3/5 partes de sus integrantes, a fin de establecer directrices, propósitos y marco de las materias que se delegan al Presidente de la República, con rango y valor de Ley". Estas leyes habilitantes deben fijar un plazo para su ejecución.

Se estableció, en esta forma, por primera vez en el constitucionalismo venezolano, la figura de la delegación legislativa[1052], en el sentido de que si bien la Asamblea Nacional es competente para "legislar en las materias de la competencia nacional y sobre el funcionamiento de las demás ramas del Poder Nacional" (art. 187,1); la misma Asamblea, mediante una ley habilitante puede delegar en el Presidente de la República, en Consejo de Ministros, la potestad legislativa. En dicha ley, que debe ser sancionada mediante una mayoría calificada de las 3/5 partes de los integrantes de la Asamblea, en todo caso, se deben establecer "las directrices, propósitos y marco de las materias que se delegan" al Presidente, y que éste, por tanto, puede regular mediante Decreto con rango y valor de ley.[1053]

1. *Los límites a la delegación legislativa*

A. *Las materias cuya legislación es delegable*

Las materias que corresponden a la competencia del Poder Nacional y sobre las cuales puede versar la delegación legislativa, son las enumeradas en el artículo 156 de la Constitución. La legislación relativa a esas materias, por tanto, podría ser delegada al Presidente de la República, pues constitucionalmente no habría límite alguno establecido. Por ello, esta delegación legislativa de la Asamblea Nacional en el Presidente de la República en Consejo de Ministros, no sólo es una innovación de la Constitución de 1999, sino que la misma no tiene precedentes en el constitucionalismo contemporáneo, por la amplitud como está concebida. Esta delegación, por otra parte, cambió el régimen de la Constitución de 1961 que se limitaba a autorizar al Presidente de la República para dictar medidas extraordinarias en materias económicas y financieras, exclusivamente, previa habilitación por el Congreso (arts. 190, ord. 8)[1054].

En la Constitución de 1999, en cambio, se ha regulado una amplísima posibilidad de delegación legislativa, sin limitación respecto de las materias que puede contener, lo cual podría resultar en un atentado inadmisible contra el principio constitucional de la reserva legal. Sobre esta delegación legislativa, incluso, el Tribunal Supremo de Justicia, en Sala Constitucional, se ha pronunciado sin fijarle o buscarle límites, admitiendo, incluso, la delegación legislativa en materias que corresponden ser reguladas por leyes orgánicas, en la siguiente forma:

1052 *V.,* Allan R. Brewer-Carías, "El Poder Nacional y el sistema democrático de gobierno", *Instituciones Políticas y Constitucionales,* Tomo III, Caracas 1996, pp. 40 y ss.

1053 *V.,* Eloisa Avellaneda Sisto, "El régimen de los Decretos-Leyes, con especial referencia a la Constitución de 1999", en F. Parra Aranguren y A. Rodríguez G. (Editores), *Estudios de Derecho Administrativo, Libro Homenaje a la Universidad Central de Venezuela,* Tomo I, Tribunal Supremo de Justicia, Caracas 2001, pp. 69 a 106.

1054 Sobre estos actos en la Constitución de 1961 *V.,* Gerardo Fernández, *Los Decretos Leyes,* Cuadernos de la Cátedra Allan R. Brewer-Carías de Derecho Administrativo, UCAB, Caracas 1992.

Puede apreciarse, en consecuencia, que, de acuerdo con el nuevo régimen constitucional, no existe un límite material en cuanto al objeto o contenido del decreto ley, de manera que, a través del mismo, pueden ser reguladas materias que, según el artículo 203 de la Constitución, corresponden a leyes orgánicas; así, no existe limitación en cuanto a la jerarquía del decreto ley que pueda dictarse con ocasión de una ley habilitante, por lo cual podría adoptar no sólo el rango de una ley ordinaria sino también de una ley orgánica.

Igualmente aprecia la Sala que el Presidente de la República puede entenderse facultado para dictar –dentro de los límites de las leyes habilitantes- Decretos con fuerza de ley Orgánica, ya que las leyes habilitantes son leyes orgánicas por su naturaleza, al estar contenidas en el artículo 203 de la Constitución de la República Bolivariana de Venezuela, el cual se encuentra íntegramente referido a las leyes orgánicas. Así, las leyes habilitantes son, por definición, leyes marco –lo que determina su carácter orgánico en virtud del referido artículo- ya que, al habilitar al Presidente de la República para que ejerza funciones legislativas en determinadas materias, le establece las directrices y parámetros de su actuación la que deberá ejercer dentro de lo establecido en esa ley; además, así son expresamente definidas las leyes habilitantes en el mencionado artículo al disponer que las mismas tienen por finalidad "establecer las directrices, propósitos y marco de las materias que se delegan al Presidente o Presidenta de la República…"[1055]

B. *La limitación a la delegación derivada del régimen de limitación de los derechos humanos*

Ahora bien, el primer problema que plantea esta posibilidad de delegación legislativa sin límites expresos en cuanto a las materias a delegar está, sin embargo, en determinar si es posible tal delegación en materias que impliquen regulación de los derechos y garantías constitucionales.

En efecto, en el artículo 156 de la Constitución, en el cual se enumeran las materias de competencia nacional, que podrían ser, en principio, objeto de delegación, al menos las siguientes tienen incidencia directa en el régimen de los derechos y garantías constitucionales (enumerados y desarrollados en los capítulos de la Constitución sobre la nacionalidad, y derechos civiles, políticos, sociales, culturales y educativos, económicos, de los pueblos indígenas y ambientales) enumerados en el Título III de la misma (artículos 19 a 135): la naturalización, la admisión, la extradición y expulsión de extranjeros (ord. 4); los servicios de identificación (ord. 5); la policía nacional (ord. 6); la seguridad, la defensa y desarrollo nacional (ord. 7); el régimen de la administración de riesgos y emergencias (ord. 9); la regulación del sistema monetario, del régimen cambiario, del sistema financiero y del mercado de capitales (ord. 10); el régimen del comercio exterior y la organización y régimen de las aduanas (ord. 15); la legislación sobre ordenación urbanística (ord. 19); el régimen y organización del sistema de seguridad social (ord. 22); la legislación en materia de sanidad, vivienda, seguridad alimentaria, ambiente, turismo y ordenación del territorio (ord. 23); las políticas y los servicios nacionales de educación y salud (ord. 25);

1055 *V.,* sentencia N° 1716 de 19-09-01, dictada con ocasión de la revisión constitucional del Decreto con fuerza de Ley Orgánica de los Espacios Acuáticos e Insulares de 2001.

el régimen de la navegación y del transporte aéreo, terrestre, marítimo, fluvial y lacustre de carácter nacional (ord. 26); y, en general, la legislación en materia de derechos, deberes y garantías constitucionales; la civil, mercantil, penal, penitenciaria, de procedimientos y de derecho internacional privado; la de elecciones; la de expropiación por causa de utilidad pública o social; la de propiedad intelectual, artística e industrial; la del patrimonio cultural y arqueológico; la agraria; la de inmigración y poblamiento; la de los pueblos indígenas y territorios ocupados por ellos; la del trabajo, previsión y seguridad sociales; la de sanidad animal y vegetal; la de notarías y registro público; la de bancos y seguros; la de loterías, hipódromos y apuestas en general (ord. 32).

Es un principio constitucional fundamental, de la esencia del Estado de derecho en cuanto al régimen de los derechos y garantías constitucionales, el de la reserva legal[1056], es decir, que las regulaciones, restricciones y limitaciones a los derechos y garantías constitucionales sólo pueden ser establecidas mediante ley formal, y "ley", conforme al artículo 202 de la Constitución, no es otra cosa que "el acto sancionado por la Asamblea Nacional como cuerpo legislador"; es decir, el acto normativo emanado del cuerpo que conforma la representación popular.

Es decir, las limitaciones o restricciones a los derechos y garantías constitucionales, de acuerdo con el principio de la reserva legal, sólo puede ser establecidas por el órgano colegiado que represente al pueblo, es decir, por la Asamblea Nacional.

Por ello, frente a una delegación legislativa tan amplia como la que regula la Constitución, sin límites expresos en ella establecidos, sin embargo, lo primero que debe precisarse son los límites que tienen que imponerse a la misma derivados de los propios principios constitucionales.

De ello deriva que siendo el principio de la reserva legal de la esencia del régimen constitucional del Estado de derecho, la delegación legislativa mediante leyes habilitantes al Presidente de la República para dictar decretos con rango y valor de Ley, no puede abarcar materias que se refieran al régimen relativo a los derechos y garantías constitucionales.

La Convención Interamericana de Derechos Humanos, que en Venezuela tiene rango constitucional y es de aplicación prevalente en el derecho interno (art. 23), establece que:

> Artículo 30: Alcance de las Restricciones. Las restricciones permitidas, de acuerdo con esta Convención, al goce y ejercicio de los derechos y libertades reconocidos en la misma, no pueden ser aplicadas sino conforme a leyes que se dicten por razones de interés general y con el propósito para el cual han sido establecidas.

La Corte Interamericana de Derechos Humanos ha establecido que la expresión "leyes" contenida en esta norma sólo puede referirse a los actos legales emanados de "los órganos legislativos constitucionalmente previstos y democráticamente electos"[1057], y que, en el caso de Venezuela, es la Asamblea Nacional.

1056 *V.,* Allan R. Brewer-Carías, "Prólogo" a la obra de Daniel Zovatto G., *Los Estados de Excepción y los Derechos Humanos en América Latina*, Caracas-San José 1990, pp. 24 y ss.

1057 Opinión Consultiva OC-6/87 de 09-03-86. Revista *IIDH*, Nº 3, San José 1986, pp. 107 y ss.

En consecuencia, las leyes habilitantes que dicte la Asamblea Nacional delegando la potestad legislativa al Presidente de la República, en nuestro criterio, no pueden referirse a normativa alguna que implique la restricción o limitación de derechos y garantías constitucionales, pues de lo contrario violaría el principio de la reserva legal como garantía constitucional fundamental de tales derechos.

C. *La obligación de consulta como mecanismo de participación*

Pero la habilitación legislativa que pueda delegarse al Presidente de la República, tiene otros límites impuestos en la Constitución para garantizar la participación política, que es uno de los valores fundamentales del texto constitucional.

En efecto, la Constitución establece expresamente previsiones donde se impone a la Asamblea Nacional, la obligación de consulta en el procedimiento de formación de las leyes: en primer lugar, con carácter general, el artículo 211 exige a la Asamblea Nacional y a las Comisiones Permanentes que, durante el procedimiento y aprobación de los proyectos de leyes, deben consultar (consultarán) a los otros órganos del Estado, a los ciudadanos y a la sociedad organizada para oír su opinión sobre los mismos; y en segundo lugar, el artículo 206 exige a la Asamblea Nacional, que debe consultar a los Estados (serán consultados), a través de los Consejos Legislativos, cuando se legisle en materias relativas a los mismos.

La delegación legislativa al Presidente de la República no puede configurarse como un mecanismo para eludir el cumplimiento de esta obligación constitucional de consulta en el proceso de elaboración de los Decretos leyes respectivos, la cual no se elimina por el hecho de la delegación legislativa. En consecuencia, los proyectos de Decreto-Ley deben someterse a consulta por el Ejecutivo Nacional en la misma forma indicada en la Constitución, antes de su adopción en Consejo de Ministros.

Pero adicionalmente a las previsiones constitucionales sobre consultas de leyes, la Ley Orgánica de la Administración Pública de 2001[1058] estableció la obligación general de los órganos de la Administración Pública, y el Presidente de la República es el de más alta jerarquía, de promover "la participación ciudadana en la gestión pública" (art. 135). En tal sentido, el artículo 136 de la referida Ley Orgánica obliga al Presidente de la República cuando vaya a adoptar "normas legales", es decir, decretos-leyes en ejecución de una ley habilitante, a remitir el anteproyecto "para su consulta a las comunidades organizadas y las organizaciones públicas no estatales" inscritas en el registro que debe llevarse en la Presidencia de la República (arts. 135, 136).

Pero paralelamente a ello, la Presidencia de la República debe publicar en la prensa nacional la apertura del proceso de consulta indicando su duración, para recibir las observaciones. De igual manera la Presidencia de la República debe informar sobre el período de consulta a través de la página en la internet que obligatoriamente debe tener, en la UCLA se expondrá el proyecto del decreto-ley a que se refiere la consulta (art. 136).

1058 *Gaceta Oficial* N° 37.305 de 17-10-2001.

Durante el proceso de consulta, cualquier persona puede presentar por escrito sus observaciones y comentarios sobre el correspondiente anteproyecto, sin necesidad de estar inscrito en el registro antes mencionado (art. 135).

Aún cuando el resultado del proceso de consulta "no tendrá carácter vinculante" (art. 136), lo importante del régimen de la consulta obligatoria prevista en la ley, es la disposición del artículo 137 de la misma ley orgánica que prohíbe al Presidente de la República "aprobar normas" que no hayan sido consultados conforme a lo antes indicado, previendo expresamente la norma que

Las normas que sean aprobadas por los órganos o entes públicos ... serán nulas de nulidad absoluta si no han sido consultadas según el procedimiento previsto en el presente Título.

Sólo en casos de emergencia manifiesta y por fuerza de la obligación del Estado en la seguridad y protección de la sociedad, es que el Presidente podría aprobar normas sin la consulta previa; pero el artículo 137 de la Ley Orgánica en todo caso exige que las normas aprobadas deben ser consultadas seguidamente bajo el mismo procedimiento a las comunidades organizadas y a las organizaciones públicas no estatales; estando obligado el Presidente de la República a considerar el resultado de la consulta, pudiendo ratificar, modificar o eliminar el decreto-ley.

2. El control de constitucionalidad de la delegación legislativa

La ley habilitante que se dicte por la Asamblea Nacional, conforme al artículo 203 de la Constitución, como cualquier ley, está sometida al control de constitucionalidad por parte de la Sala constitucional del Tribunal Supremo de Justicia (art. 336,1), que se ha instituido como Jurisdiccional Constitucional[1059], la cual puede ejercerlo a instancia de cualquier persona, mediante el ejercicio de una acción popular.[1060]

Dichas leyes habilitantes, sin embargo, no tienen previsto un control preventivo de la constitucionalidad de sus normas, como sucede con las leyes orgánicas así declaradas por la Asamblea Nacional (art. 202). De ello resulta una inconsistencia constitucional: la Asamblea Nacional puede dictar leyes habilitantes que la Sala Constitucional ha calificado como leyes orgánicas y que no están sometidas a control preventivo por parte de la misma; pero los decretos con fuerza de "ley orgánica" que dicte el Presidente de la República en ejecución de esa ley habilitante, si están sujetos al control preventivo de la Sala Constitucional. Así lo ha indicado la Sala Constitucional en su sentencia de 19-09-01, señalando lo siguiente:

En este contexto, debe destacarse la particular característica que poseen las leyes habilitantes, ya que, a pesar de ser leyes marco (categoría 4), no requieren del control previo que ejerce esta Sala para determinar si las mismas tienen carácter orgánico; ello debido a que ha sido el propio Constituyente, en su artículo 203, quien las definió como tales, lo que significa que dichas leyes deban ser consideradas como

---

1059 En general, *V.,* Allan R. Brewer-Carías, *El sistema de Justicia Constitucional en la Constitución de 1999,* Caracas 2000.

1060 *V.,* Allan R. Brewer-Carías, *La Justicia Constitucional. Instituciones Políticas y Constitucionales,* Tomo VI, Caracas 1996.

orgánicas, aparte del quórum calificado que, para su sanción, prevé el artículo 203 de la Constitución de la República Bolivariana de Venezuela.

Así, visto que el Presidente de la República puede dictar decretos con rango de leyes orgánicas, debe esta Sala determinar si los mismos están sujetos al control previo de la constitucionalidad de su carácter orgánico por parte de la Sala Constitucional.

En este sentido, observa la Sala que el decreto con fuerza de Ley Orgánica de los Espacios Acuáticos e Insulares, fue dictado con base en la ley habilitante sancionada por la Asamblea Nacional, publicada en la Gaceta Oficial de la República Bolivariana de Venezuela N° 37.076 del 13 de noviembre de 2000, en la cual se delegó en el Presidente de la República la potestad de dictar actos con rango y fuerza de ley en las materias expresamente señaladas.

A este respecto, el artículo 203 hace referencia a que las "leyes que la Asamblea Nacional haya calificado de orgánicas serán sometidas antes de su promulgación a la Sala Constitucional del Tribunal Supremo de Justicia, para que se pronuncie acerca de la constitucionalidad de su carácter orgánico" (subrayado nuestro); ello en razón de que la formación (discusión y sanción) de leyes es una atribución que por su naturaleza le corresponde al órgano del Poder Legislativo. No obstante, si en virtud de una habilitación de la Asamblea Nacional se autoriza al Presidente para legislar, el resultado de dicha habilitación (legislación delegada) tiene que someterse al mismo control previo por parte de la Sala Constitucional.

En este sentido, el control asignado a esta Sala tiene que ver con la verificación previa de la constitucionalidad del carácter orgánico de la ley (control objetivo del acto estatal), independientemente del órgano (sujeto) que emite el acto estatal, siempre que esté constitucionalmente habilitado para ello (Asamblea Nacional o Presidente de la República en virtud de la habilitación legislativa).

Así, si bien el Decreto con fuerza de Ley Orgánica de los Espacios Acuáticos e Insulares no fue dictado por la Asamblea Nacional, lo fue por delegación de ésta, razón por la cual esta Sala resulta competente para pronunciarse acerca de la constitucionalidad del carácter orgánico del mismo, y así se declara[1061].

En todo caso, los decretos leyes dictados por el Presidente de la República, en ejecución de una ley habilitante, a pesar de ser actos de ejecución directa e inmediata de dicha ley y por tanto, de ejecución indirecta y mediata de la Constitución, tienen, en virtud de ésta, rango y valor de Ley (art. 203), por lo que están sometidos al control de la constitucionalidad que ejerce la Sala Constitucional del Tribunal Supremo de Justicia, como Jurisdicción Constitucional.

En efecto, el artículo 334 de la Constitución dispone que:

> Corresponde a la Sala Constitucional del Tribunal Supremo de Justicia como jurisdicción constitucional, declarar la nulidad de las leyes y demás actos de los órganos que ejercen el Poder Público dictados en ejecución directa e inmediata de esta Constitución o que tengan rango legal, cuando colidan con aquella.

1061 *V.*, sentencia N° 1716 de 19-09-01, caso, *Revisión constitucional del Decreto con fuerza de Ley Orgánica de los Espacios Acuáticos e Insulares de 2001*.

Esta competencia se reitera, además, en el artículo 336,3, al atribuir a la Sala Constitucional competencia para:

Declarar la nulidad total o parcial de los actos de rango de ley dictados por el Ejecutivo nacional que colidan con esta Constitución.

En el ordenamiento jurídico venezolano, conforme al artículo 112 de la Ley Orgánica de la Corte Suprema de Justicia, la acción de inconstitucionalidad que se intenta contra las leyes, los actos ejecutivos con rango legal y los actos dictados en ejecución directa e inmediata de la Constitución, es una acción popular, que puede ejercer cualquier persona alegando un simple interés en la constitucionalidad.[1062]

Los motivos de impugnación de un decreto-ley dictado en ejecución de una ley habilitante, en principio, son motivos de constitucionalidad, es decir, que el mismo "colida con la Constitución" (arts. 334 y 336,3), que viole las disposiciones o principios constitucionales.

Pero en este supuesto de los decretos-leyes, también habría otro motivo de impugnación de orden constitucional, que sería la violación por el Presidente de la República de las "directrices, propósitos y marco" de las materias que se le delegan conforme a la ley habilitante, así como el plazo para el ejercicio de la habilitación que se establezca en ella (art. 203). La violación de estos límites que establezca la ley habilitante, además de violar dicha ley, significarían una trasgresión del propio artículo 203 de la Constitución que regula dichas leyes habilitantes, configurándose por tanto, además, como vicios de inconstitucionalidad.

3. La abrogación popular de los decretos leyes habilitados

Conforme se establece expresamente en el artículo 74 de la Constitución, además de las leyes, los decretos con fuerza de ley que dicte el Presidente de la República en uso de la atribución prescrita en el artículo 236,8 de la Constitución, también pueden ser sometidos a referendo abrogatorio, cuando fuere solicitado por un número no menor del 5% de los electores inscritos en el Registro Civil y Electoral.

II. LOS DECRETOS CON RANGO DE LEY EN MATERIA DE ORGANIZACIÓN ADMINISTRATIVA

Además de los decretos-leyes habilitados o dictados en virtud de delegación legislativa, la Constitución regula otros actos ejecutivos con rango de ley según la terminología de los artículos 335 y 336,3 de la Constitución, particularmente aquellos relativos a la organización administrativa.

En efecto, de acuerdo con el artículo 236,20, es atribución del Presidente en Consejo de Ministros, "fijar el número, organización y competencia de los ministerios y otros organismos de la Administración Pública Nacional, así como también la organización y funcionamiento del Consejo de Ministros, dentro de los principios y lineamientos señalados por la correspondiente Ley Orgánica".

1062 V., Allan R. Brewer-Carías, *El control de la constitucionalidad de los actos estatales*, Caracas 1971, p. 120 y ss.; *El control concentrado de la constitucionalidad de las leyes, (Estudio de derecho comparado)*, Caracas 1994, pp. 48 y ss.

Se trata, por tanto, de una actuación que si bien está prevista en la Constitución, no se realiza en ejecución directa e inmediata de la Constitución, sino en ejecución de una ley orgánica específica, teniendo sin embargo, rango de ley por el poder derogatorio de otras leyes que tienen los decretos respectivos.

Estos decretos, incluso, han sido regulados expresamente en la Ley Orgánica de la Administración Pública de 17-10-2001[1063], en cuyo artículo 58 se atribuye al Presidente de la República la potestad de fijar, mediante decreto, el número, denominación, competencias y organización de los ministerios y otros órganos de la Administración Pública Nacional, con base en parámetros de adaptabilidad de las estructuras administrativas a las políticas públicas que desarrolla el Poder Ejecutivo Nacional y en los principios de organización y funcionamiento establecidos en la ley orgánica. En ejecución de estas normas se ha dictado el Decreto N° 1475 de 17-10-01 sobre organización y funcionamiento de la Administración Pública Central[1064].

Este decreto, no puede considerarse como de contenido reglamentario ya que no tiene rango sublegal, sino rango de ley, dado el poder derogatorio no sólo respecto de las normas de la vieja Ley Orgánica de la Administración Central, sino de las leyes sectoriales atributivas de competencia a los Ministerios[1065].

En el mismo sentido de decreto con rango legal debe considerarse al decreto del Presidente de la República, mediante el cual pueda variar la adscripción de los entes descentralizados funcionalmente a los Ministerios respectivos prevista en las correspondientes leyes o acto jurídico de creación, de acuerdo con las reformas que tengan lugar en la organización ministerial (art. 115,2 LOAP). Se trata, aquí también, de un decreto con poder derogatorio respecto de las leyes.

Estos decretos de rango legal en materia de organización administrativa, en todo caso, no sólo están sujetos a la Constitución, sino a la Ley Orgánica de la Administración Central, y particularmente a "los principios y lineamientos" que señale conforme al artículo 236,20 de la Constitución.

Como decretos de rango legal, corresponde a la Sala Constitucional controlar la constitucionalidad de los mismos (arts. 334 y 336,3) cuando colidan con la Constitución.

III. LOS DECRETOS DE ESTADOS DE EXCEPCIÓN

1. *Los Estados de excepción*

El Capítulo II del Título VIII de la Constitución, relativo a la "Protección de la Constitución", está destinado a regular las circunstancias excepcionales que pueden originar situaciones de excepción que afecten gravemente la seguridad de la Nación, de las instituciones y de las personas, y que ameriten la adopción de medidas político constitucionales para afrontarlas.

1063 *V., Gaceta Oficial* N° 37.305 de 17-10-2001.

1064 *V., Gaceta Oficial* N° 37.305 de 17-10-2001.

1065 Nos apartamos, así, de la apreciación inicial que formulamos al sancionarse la Constitución de 1999, en Allan R. Brewer-Carías, *La Constitución de 1999*, Caracas 2000, p. 123.

En cuanto al régimen de los estados de excepción, el artículo 338 remite a una ley orgánica (LO) para regularlos y determinar las medidas que pueden adoptarse con base en los mismos; y en tal sentido se dictó la Ley Orgánica sobre Estados de Excepción de 15-08-2001[1066] que no sólo los regula en sus diferentes formas, sino que además regula "el ejercicio de los derechos que sean restringidos con la finalidad de restablecer la normalidad en el menor tiempo posible" (art. 1).

Ahora bien, el artículo 337 de la Constitución califica expresamente como estados de excepción,

Las circunstancias de orden social, económico, político, natural o ecológico, que afecten gravemente la seguridad de la Nación, de las instituciones y de los ciudadanos y ciudadanas, a cuyo respecto resultan insuficientes las facultades de las cuales se disponen para hacer frente a tales hechos.

La ley orgánica precisa que "los estados de excepción son circunstancias de orden social, económico, político, natural o ecológico, que afecten gravemente la seguridad de la Nación, de sus ciudadanos y ciudadanas o de sus instituciones", por lo que "solamente pueden declararse ante situaciones objetivas de suma gravedad que hagan insuficientes los medios ordinarios que dispone el Estado para afrontarlos" (art. 2) y en caso de "estricta necesidad para solventar la situación de anormalidad" (art. 6).

Por otra parte, la Ley Orgánica exige que "toda medida de excepción debe ser proporcional a la situación que se quiere afrontar en lo que respecta a gravedad, naturaleza y ámbito de aplicación" (art. 4), debiendo además "tener una duración limitada a las exigencias de la situación que se quiere afrontar, sin que tal medida pierda su carácter excepcional o de no permanencia" (art. 5).

Se trata, por tanto, de circunstancias excepcionales que sobrepasan las posibilidades de su atención mediante los mecanismos institucionales previstos para situaciones normales, pero que solo pueden dar lugar a la adopción de medidas que estén enmarcadas dentro de principios de logicidad, racionalidad, razonabilidad y proporcionalidad, lo que se configura como un límite al ejercicio de las mismas.

Además, debe señalarse que la declaratoria del estado de excepción en ningún caso interrumpe el funcionamiento de los órganos del Poder Público (art. 339); lo que se confirma la Ley Orgánica respectiva (art. 3).

Por último, debe señalarse que la declaración de los estados de excepción no modifica el principio de la responsabilidad del Presidente de la República, ni la del Vicepresidente Ejecutivo, ni la de los Ministros de conformidad con la Constitución y la ley (art. 232).

2.   *Las diversas formas de los estados de excepción*

Las diversas formas específicas de estados de excepción, se enumeran en el artículo 338 de la Constitución, en el cual se distingue el estado de alarma, el estado de emergencia económica, el estado de conmoción interior y el estado de conmoción exterior; las cuales se regulan en los arts. 8 a 14 de la Ley Orgánica.

1066 *Gaceta Oficial* N° 37.261 de 15-08-2001.

A. El estado de alarma

Conforme al artículo 338 de la Constitución y el artículo 8 de la Ley Orgánica puede decretarse el estado de alarma en todo o parte del territorio nacional cuando se produzcan catástrofes, calamidades públicas u otros acontecimientos similares que pongan seriamente en peligro la seguridad de la Nación o de sus ciudadanos. La Ley Orgánica incluye también, como motivo, el peligro a la seguridad de las instituciones de la Nación (art. 8).

Dicho estado de excepción sólo puede tener una duración de hasta treinta días, siendo prorrogable por treinta días más desde la fecha de su promulgación.

B. El estado de emergencia económica

El estado de emergencia económica puede decretarse en todo o parte del territorio nacional cuando se susciten circunstancias económicas extraordinarias que afecten gravemente la vida económica de la Nación (art. 338 C; art. 10 LO).

Su duración no puede ser mayor a sesenta días, prorrogables, sin embargo, por un plazo igual.

C. El estado de conmoción interior

También puede decretarse el estado de conmoción interior en caso de conflicto interno, que ponga seriamente en peligro la seguridad de la Nación, de sus ciudadanos o de sus instituciones (art. 338 C; art. 13 LO).

De acuerdo con el artículo 13 de la Ley Orgánica, constituyen causas para declarar el estado de conmoción interior entre otras, todas aquellas circunstancias excepcionales que impliquen grandes perturbaciones del orden público interno y que signifiquen un notorio o inminente peligro para la estabilidad institucional, la convivencia ciudadana, la seguridad pública, el mantenimiento del orden libre y democrático, o cuando el funcionamiento de los Poderes Públicos esté interrumpido.

En este caso, la duración puede ser de hasta noventa días, siendo prorrogable hasta por noventa días más.

D. El estado de conmoción exterior

El estado de conmoción exterior puede decretarse en caso de conflicto externo, que ponga seriamente en peligro la seguridad de la Nación, de sus ciudadanos o de sus instituciones (art. 338 C; 14 LO).

De acuerdo con el artículo 14 de la Ley Orgánica constituyen causas, entre otras, para declarar el estado de conmoción exterior todas aquellas situaciones que impliquen una amenaza a la Nación, la integridad del territorio o la soberanía.

El estado de conmoción exterior tampoco puede exceder de noventa días, siendo prorrogable hasta por noventa días más.

3. El decreto de estado de excepción

En las circunstancias excepcionales antes mencionadas, corresponde al Presidente de la República, en Consejo de Ministros, decretar los estados de excepción. (art. 337).

Este decreto, como lo precisa el artículo 22 de la Ley Orgánica, tiene "rango y fuerza de Ley" y entra "en vigencia una vez dictado por el Presidente de la República, en Consejo de Ministros", agregando la norma que "deberá ser publicado en la *Gaceta Oficial de la República Bolivariana de Venezuela* y difundido en el más breve plazo por todos los medios de comunicación social, si fuere posible."

Esta previsión legal, sin duda, es inconstitucional, pues no puede establecerse que un Decreto que tiene rango y fuerza de Ley pueda entrar en vigencia antes de su publicación, es decir, desde que se dicte por el Presidente de la República. Conforme al artículo 215 de la Constitución, la ley sólo queda promulgada al publicarse con el correspondiente "Cúmplase" en la *Gaceta Oficial*, disponiendo el Código Civil, en su artículo 1, que "la Ley es obligatoria desde su publicación en la *Gaceta Oficial*" o desde la fecha posterior que ella misma indique (art. 1).

En decreto de estado de excepción, por tanto, sólo puede entrar en vigencia desde su publicación en la Gaceta Oficial, no pudiendo entenderse este requisito publicación y vigencia, como una mera formalidad adicional de divulgación como parece derivarse del texto del artículo 22 de la Ley Orgánica.

Por otra parte, el decreto debe cumplir con las exigencias, principios y garantías establecidos en el Pacto Internacional de Derechos Civiles y Políticos y en la Convención Americana sobre Derechos Humanos (art. 339 C).

Conforme al artículo 4 del Pacto Internacional de Derechos Civiles y Políticos, el estado de excepción debe ser "proclamado oficialmente". Con base en ello sólo se pueden "adoptar disposiciones" que, en la medida estrictamente limitada a las exigencias de la situación, suspendan las obligaciones contraídas (por los Estados) en virtud de este Pacto. Las medidas, además, no pueden "ser incompatibles con las demás obligaciones que les impone el derecho internacional y no entrañen discriminación alguna fundada únicamente en motivos de raza, color, sexo, idioma, religión u origen social". En igual sentido se dispone en el artículo 27 de la Convención Americana sobre Derechos Humanos.

Por otra parte, el Pacto exige que todo Estado "que haga uso del derecho de suspensión" debe informar inmediatamente a todos los demás Estados Partes en el Pacto, por conducto del Secretario General de las Naciones Unidas, "de las disposiciones cuya aplicación haya suspendido y de los motivos que hayan suscitado la suspensión". Igualmente, deben comunicar la fecha "en que haya dado por terminada tal suspensión" (art. 4,3). La Convención Americana establece una disposición similar de información a los Estados Partes en la Convención, por conducto del Secretario General de la Organización de Estados Americanos (art. 27,3).

Por último, la Ley Orgánica dispone que el Presidente de la República puede solicitar a la Asamblea Nacional la prórroga del Decreto por un plazo igual, correspondiendo a la Asamblea la aprobación de dicha prórroga (art. 338). Este puede ser revocado por el Ejecutivo Nacional o por la Asamblea Nacional o por su Comisión Delegada, antes del término señalado, al cesar las causas que lo motivaron.

4. *Medidas que pueden adoptarse en virtud del decreto de estado de excepción*

A. *Régimen general*

Conforme al artículo 15 de la Ley Orgánica, el Presidente de la República, en Consejo de Ministros, tiene las siguientes facultades:

a) Dictar todas las medidas que estime convenientes en aquellas circunstancias que afecten gravemente la seguridad de la Nación, de sus ciudadanos y ciudadanas o de sus instituciones, de conformidad con los artículos 337, 338 y 339 de la Constitución de la República Bolivariana de Venezuela.

b) Dictar medidas de orden social, económico, político o ecológico cuando resulten insuficientes las facultades de las cuales disponen ordinariamente los órganos del Poder Público para hacer frente a tales hechos.

Además, en particular, en el caso del decreto que declare el estado de emergencia económica, conforme al artículo 11 de la Ley Orgánica, en el mismo se pueden disponer "las medidas oportunas, destinadas a resolver satisfactoriamente la anormalidad o crisis e impedir la extensión de sus efectos".

Asimismo, en el caso del decreto que declare el estado de conmoción exterior, se pueden tomar "todas las medidas que se estimen convenientes, a fin de defender y asegurar los intereses, objetivos nacionales y la sobrevivencia de la República" (art. 14).

En todo caso, decretado el estado de excepción, el Presidente de la República puede delegar su ejecución, total o parcialmente, en los gobernadores, alcaldes, comandantes de guarnición o cualquier otra autoridad debidamente constituida, que el Ejecutivo Nacional designe (art. 16).

B. *La restricción de las garantías constitucionales*

Conforme se establece en el artículo 337 de la Constitución, en los casos en los cuales se decreten estados de excepción, el Presidente de la República en Consejo de Ministros también puede restringir temporalmente las garantías consagradas en la Constitución.

Salvo las referidas a los derechos a la vida, prohibición de incomunicación o tortura, el derecho al debido proceso, el derecho a la información y los demás derechos humanos intangibles.

Este es el único supuesto establecido en la Constitución de 1999 conforme al cual el Presidente puede restringir las garantías constitucionales (art. 236, ord. 7), habiéndose eliminado toda posibilidad de "suspender" dichas garantías como lo autorizaba la Constitución de 1961 (art. 241). De ello deriva, además, que tampoco podrían restringirse los derechos constitucionales, sino sólo sus "garantías"[1067].

1067 *V.*, Allan R. Brewer-Carías, "Consideraciones sobre la suspensión o restricción de las garantías constitucionales", en *Revista de Derecho Público*, N° 37, EJV, Caracas 1989, pp. 5 y ss.

Ahora bien, en relación con la restricción de garantías constitucionales con motivo de un decreto de estado de excepción, el artículo 6 de la Ley Orgánica dispone que:

> Artículo 6: El decreto que declare los estados de excepción será dictado en caso de estricta necesidad para solventar la situación de anormalidad, ampliando las facultades del Ejecutivo Nacional, con la restricción temporal de las garantías constitucionales permitidas y la ejecución, seguimiento, supervisión e inspección de las medidas que se adopten conforme a derecho. El Presidente de la República, en Consejo de Ministros, podrá ratificar las medidas que no impliquen la restricción de una garantía o de un derecho constitucional. Dicho decreto será sometido a los controles que establece esta Ley.

Por otra parte, en relación con la enumeración de las garantías constitucionales de derechos que no pueden ser objeto de restricción, en forma alguna, conforme al antes mencionado artículo 337 de la Constitución (regulados en los artículos 43; 43, ord. 2; 46, ord. 1; 49 y 58 de la Constitución), sin duda, debe considerarse que forman parte de "los demás derechos humanos intangibles" cuyas garantías tampoco pueden restringirse, los indicados como no restringibles en el Pacto Internacional de Derechos Civiles y Políticos (art. 4), y en la Convención Americana de Derechos Humanos (art. 27), que son: la garantía de la igualdad y no discriminación; la garantía de no ser condenado a prisión por obligaciones contractuales; la garantía de la irretroactividad de la ley; el derecho a la personalidad; la libertad religiosa; la garantía de no ser sometido a esclavitud o servidumbre; la garantía de la integridad personal; el principio de legalidad; la protección de la familia; los derechos del niño; la garantía de la no privación arbitraria de la nacionalidad y el ejercicio de los derechos políticos al sufragio y el acceso a las funciones públicas[1068].

Ahora bien, en relación con esta materia, el artículo 7 de la Ley Orgánica indica que:

> Artículo 7: No podrán ser restringidas, de conformidad con lo establecido en los artículos 339 de la Constitución de la República Bolivariana de Venezuela, 4.2 del Pacto Internacional de Derechos Civiles y Políticos y 27.2 de la Convención Americana sobre Derechos Humanos, las garantías de los derechos a:
>
> 1. La vida.
> 2. El reconocimiento a la personalidad jurídica.
> 3. La protección de la familia.
> 4. La igualdad ante la ley.
> 5. La nacionalidad.
> 6. La libertad personal y la prohibición de práctica de desaparición forzada de personas.
> 7. La integridad personal física, psíquica y moral.
> 8. No ser sometido a esclavitud o servidumbre.

1068 *V.*, Allan R. Brewer-Carías, *La Constitución de 1999, cit.*, pp. 236 y 237.

9.   La libertad de pensamiento, conciencia y religión.

10. La legalidad y la irretroactividad de las leyes, especialmente de las leyes penales.

11. El debido proceso.

12. El amparo constitucional.

13. La participación, el sufragio y el acceso a la función pública.

14. La información.

Lamentablemente, en esta enumeración, la Ley Orgánica omitió la "prohibición de incomunicación o tortura" que establece el artículo 337 de la Constitución; la garantía a no ser condenado a prisión por obligaciones contractuales; y los derechos del niño que enumeran las Convenciones Internacionales mencionadas, que tienen rango constitucional (art. 23).

En todo caso, de las anteriores regulaciones relativas a la restricción de garantías constitucionales como consecuencia de un decreto de estado de excepción, debe destacarse lo siguiente:

En primer lugar, debe insistirse en el hecho de que se eliminó de la Constitución la posibilidad de que se pudiesen "suspender" las garantías constitucionales, como lo autorizaba el artículo 241, en concordancia con el artículo 190, ordinal 6 de la Constitución de 1961, y que dio origen a tantos abusos institucionales[1069], quedando la potestad de excepción, a la sola posibilidad de "restringir" (art. 236, ord. 7) las garantías constitucionales.

En segundo lugar, la Constitución exige expresamente que el Decreto que declare el estado de excepción y restrinja garantías constitucionales, obligatoriamente debe "regular el ejercicio del derecho cuya garantía se restringe" (art. 339). Es decir, no es posible que el decreto "restrinja" una garantía constitucional pura y simplemente, sino que es indispensable que en el mismo decreto se regule en concreto el ejercicio del derecho. Por ejemplo, si se restringe la libertad de tránsito, por ejemplo, en el mismo decreto de restricción, que tiene entonces que tener contenido normativo, debe especificarse en qué consiste la restricción, estableciendo por ejemplo, la prohibición de circular a determinadas horas (toque de queda), o en determinados vehículos.[1070]

Lamentablemente, sin embargo, en la Ley Orgánica no se desarrolló esta exigencia constitucional, quizás la más importante en materia de restricción de garantías constitucionales. Sólo regulándose normativamente su ejercicio, en el decreto que restrinja las garantías constitucionales, es que podría tener sentido la previsión del artículo 21 de la Ley Orgánica que dispone que:

1069 V., Allan R. Brewer-Carías, "Consideraciones sobre la suspensión o restricción de las garantías constitucionales", *loc. cit.*, pp. 5 a 25; y Allan R. Brewer-Carías, *Derecho y acción de amparo, Instituciones Políticas y Constitucionales*, Tomo V, Caracas 1997, pp. 11 a 44.

1070 V., las críticas a la suspensión no regulada de las garantías constitucionales con motivo de los sucesos de febrero de 1989, en Allan R. Brewer Carías, "Consideraciones sobre la suspensión...", *loc. cit.*, págs. 19 y ss., y en Allan R. Brewer Carías, en "Prólogo" el libro de Daniel Zovatto G., *Los estados de excepción y los derechos humanos en América Latina, cit.*, pp. 24 y ss.

Artículo 21:   El decreto que declare el estado de excepción suspende temporalmente, en las leyes vigentes, los artículos incompatibles con las medidas dictadas en dicho decreto.

Para que esta "suspensión" temporal de normas legales pueda ser posible, por supuesto, es necesario e indispensable que el decreto establezca la normativa sustitutiva correspondiente.

C.   La movilización

Conforme al artículo 23 de la Ley Orgánica, decretado el estado de excepción, el Presidente de la República en su condición de Comandante en Jefe de la Fuerza Armada Nacional puede, además, ordenar la movilización de cualquier componente o de toda la Fuerza Armada Nacional, operación que debe regirse por las disposiciones que sobre ella establece la ley respectiva.

D.   La requisición

Con motivo de la declaración de estado de excepción, conforme al artículo 24 de la Ley Orgánica, el Ejecutivo Nacional tiene la facultad de requisar los bienes muebles e inmuebles de propiedad particular que deban ser utilizados para restablecer la normalidad.[1071]

En estos supuestos, para que se ejecutase cualquier requisición, es indispensable la orden previa del Presidente de la República o de la autoridad competente designada, dada por escrito, en la cual se debe determinar la clase, cantidad de la prestación, debiendo expedirse una constancia inmediata de la misma.

En todo caso, terminado el estado de excepción, deben restituirse los bienes requisados a sus legítimos propietarios, en el estado en que es encuentren, sin perjuicio de la indemnización debida por el uso o goce de los mismos. En los casos que los bienes requisados no pudieren ser restituidos, o se trate de bienes fungibles o perecederos, la República debe pagar el valor total de dichos bienes, calculados con base en el precio que los mismos tenían en el momento de la requisición (art. 25 LO).

E.   Las medidas relativas a los artículos de primera necesidad y a los servicios públicos

Por otra parte, una vez decretado el estado de excepción, también se puede limitar o racionar el uso de servicios o el consumo de artículos de primera necesidad, tomar las medidas necesarias para asegurar el abastecimiento de los mercados y el funcionamiento de los servicios y de los centros de producción (art. 19 LO).

Salvo que el decreto regule otra cosa, estas medidas deben adoptarse conforme a la Ley de Protección al Consumidor o al Usuario.

1071 Sobre la requisición *V.*, Allan R. Brewer-Carías, "Adquisición de propiedad privada por parte del Estado en el Derecho Venezolano" en Allan R. Brewer-Carías, *Jurisprudencia de la Corte Suprema 1930-1974 y Estudios de Derecho Administrativo*, Tomo VI, Caracas 1979, pp. 24 y 33.

F. *Las medidas de orden presupuestarias en cuanto al gasto público*

Conforme al artículo 20 de la Ley Orgánica, Decretado el estado de excepción, el Ejecutivo puede hacer erogaciones con cargo al Tesoro Nacional que no estén incluidas en la Ley de Presupuesto y cualquier otra medida que se considere necesaria para regresar a la normalidad, con fundamento en la Constitución de la República Bolivariana de Venezuela y la presente Ley.

Se pretendió, en esta forma, establecer una excepción al principio constitucional del artículo 314 de la Constitución que, al contrario, prescribe terminantemente y sin posibilidad de excepción, que "No se hará ningún tipo de gastos que no haya sido previsto en la Ley de Presupuesto".

Esta excepción del artículo 20 de la Ley Orgánica, por tanto, sin duda, es inconstitucional, pues la Constitución no autoriza en forma alguna que puedan hacerse gastos o erogaciones no previstos en la Ley de Presupuesto, salvo mediante la utilización del mecanismo de "créditos adicionales" que autoriza al artículo 314 de la propia Constitución.

G. *Los efectos jurídicos de los estados de excepción respecto de los ciudadanos: la obligación de cooperar*

Como se ha señalado, el decreto de estado de excepción tiene rango y valor de ley, por lo que sus disposiciones, tienen el mismo valor vinculante de las leyes respecto de los ciudadanos.

Pero además, conforme al artículo 17 de la Ley Orgánica, toda persona natural o jurídica, de carácter público o privado, está obligada a cooperar con las autoridades competentes para la protección de personas, bienes y lugares, pudiendo imponerles servicios extraordinarios por su duración o por su naturaleza, con la correspondiente indemnización de ser el caso.

El incumplimiento o la resistencia de esta obligación de cooperar conforme al artículo 18 de la Ley Orgánica, "será sancionado con arreglo a lo dispuesto en las respectivas leyes" pudiéndose así acudir al tipo delictivo de desacato a la autoridad, por ejemplo.

En todo caso, si esos actos fuesen cometidos por funcionarios, las autoridades pueden suspenderlos de inmediato en el ejercicio de sus cargos y deben notificar al superior jerárquico, a los efectos del oportuno expediente disciplinario. Cuando se trate de autoridades electas por voluntad popular, el artículo 18 sólo indica que "se procederá de acuerdo con lo contemplado en la Constitución de la República Bolivariana de Venezuela y en las leyes". Sin embargo, lo único en esta materia que regula la Constitución es el referendo revocatorio de mandato (art. 72).

5. *El control de los decretos de estados de excepción*

De acuerdo con el artículo 339, el decreto que declare el estado de excepción debe ser presentado, dentro de los 8 días siguientes de haberse dictado, a la Asamblea Nacional o a la Comisión Delegada, para su consideración y aprobación, y a la Sala Constitucional del Tribunal Supremo de Justicia, para que se pronuncie sobre su constitucionalidad (art. 336,6).

Este doble régimen general de control parlamentario y judicial, lo desarrolla la Ley Orgánica, estableciendo normas particulares en relación con el control por parte de la Asamblea Nacional, por parte de la Sala Constitucional del Tribunal Supremo y por parte de los jueces de amparo.

A. El control por la Asamblea Nacional

a. El sometimiento del decreto a la Asamblea

Como se ha dicho, el decreto que declare el estado de excepción debe ser remitido por el Presidente de la República a la Asamblea Nacional, dentro de los 8 días continuos siguientes a aquel en que haya sido dictado, para su consideración y aprobación.

En el mismo término, deben ser sometidos a la Asamblea Nacional los decretos mediante los cuales se solicite la prórroga del estado de excepción o aumento del número de garantías restringidas.

Si el Presidente de la República no diere cumplimiento al mandato establecido en el lapso previsto, la Asamblea Nacional se debe pronunciar de oficio (art. 26).

b. La aprobación por la Asamblea

El decreto que declare el estado de excepción, y la solicitud de prórroga o aumento del número de garantías restringidas, deben ser aprobados por la mayoría absoluta de los diputados presentes en sesión especial que se debe realizar sin previa convocatoria, dentro de las 48 horas de haberse hecho público el decreto (art. 27). El tema de la publicidad, de nuevo, tiene que vincularse a la publicación del decreto en la *Gaceta Oficial*.

Si por caso fortuito o fuerza mayor la Asamblea Nacional no se pronunciare dentro de los 8 días continuos siguientes a la recepción del decreto, éste se debe entender aprobado. Se establece así, un silencio parlamentario positivo con efectos aprobatorios tácitos.

Si el decreto que declare el estado de excepción, su prórroga o el aumento del número de garantías restringidas, se dicta durante el receso de la Asamblea Nacional, el Presidente de la República lo debe remitir a la Comisión Delegada, en el mismo término fijado en el artículo 26 de la Ley Orgánica. En este caso, conforme al artículo 29, la Comisión Delegada sólo puede considerar la aprobación del decreto que declare el estado de excepción, su prórroga, o el aumento del número de garantías restringidas, si por las circunstancias del caso le resulta imposible convocar una sesión ordinaria de la Asamblea Nacional, dentro de las 48 horas a que hace referencia el artículo 27 de la Ley Orgánica, o si a la misma no concurriere la mayoría absoluta de los diputados.

En todo caso, dice el artículo 30 de la Ley Orgánica, que el acuerdo dictado por la Asamblea Nacional "entra en vigencia inmediatamente, por lo que debe ser publicado en la *Gaceta Oficial de la República Bolivariana de Venezuela* y difundido en el más breve plazo, por todos los medios de comunicación social, al día siguiente en que haya sido dictado, si fuere posible" (art. 30). De nuevo encontramos aquí la incongruencia de que pueda considerarse que un acto parlamentario de aprobación de un decreto "con rango y fuerza de ley", pueda entrar en vigencia antes de su publicación en la *Gaceta Oficial*, lo cual es totalmente inadmisible.

B.   *El control por el Tribunal Supremo de Justicia*

De acuerdo con el artículo 336,6 de la Constitución, compete a la Sala Constitucional "revisar en todo caso, aún de oficio, la constitucionalidad de los decretos que declaren estados de excepción dictados por el Presidente de la República". Se trata de un control de la constitucionalidad automático y obligatorio que la Sala, incluso, puede ejercer de oficio.

La Ley Orgánica desarrolla el ejercicio de este control, estableciendo diferentes regulaciones que deben destacarse.

a.   *La remisión del decreto a la Sala Constitucional*

Conforme al artículo 31 de la Ley Orgánica, el decreto que declare el estado de excepción, su prórroga o el aumento del número de garantías restringidas, deben ser remitidos por el Presidente de la República dentro de los 8 días continuos siguientes a aquél en que haya sido dictado, a la Sala Constitucional del Tribunal Supremo de Justicia, a los fines de que ésta se pronuncie sobre su constitucionalidad. En el mismo término, el Presidente de la Asamblea Nacional debe enviar a la Sala Constitucional, el Acuerdo mediante el cual se apruebe el estado de excepción.

Si el Presidente de la República o el Presidente de la Asamblea Nacional, según el caso, no dieren cumplimiento al mandato establecido en el presente artículo en el lapso previsto, la Sala Constitucional del Tribunal Supremo de Justicia se pronunciará de oficio (art. 31). Por supuesto, estimamos que este no es el único supuesto en el cual la Sala Constitucional puede revisar de oficio el decreto, lo cual puede hacer desde que se dicte y se publique en la *Gaceta Oficial*, y no sólo al final del lapso indicado ni sólo si no se le remite oficialmente al decreto.

Debe destacarse que con la previsión de este sistema de control de constitucionalidad automático y obligatorio, una vez que el mismo se efectúa por la Sala Constitucional y ésta, por ejemplo, declara la constitucionalidad del decreto, no podría entonces ejercerse una acción popular de inconstitucionalidad contra el decreto, pues contrariaría la cosa juzgada constitucional.

Por otra parte, debe destacarse que el artículo 33 de la Ley Orgánica dispone que:

> Artículo 33: La Sala Constitucional del Tribunal Supremo de Justicia omitirá todo pronunciamiento, si la Asamblea Nacional o la Comisión Delegada desaprobare el decreto de estado de excepción o denegare su prórroga, declarando extinguida la instancia.

Esta norma, sin duda, también puede considerarse como inconstitucional pues establece una limitación al ejercicio de sus poderes de revisión por la Sala, no autorizada en la Constitución. La revisión, aún de oficio, del decreto de estado de excepción puede realizarse por la Sala Constitucional, independientemente de que la Asamblea Nacional haya negado su aprobación, máxime si el decreto, conforme a la Ley Orgánica al entrar en vigencia "en forma inmediata" incluso antes de su publicación, ha surtido efectos.

b. *Motivos de control*

La Sala Constitucional tiene competencia para revisar la constitucionalidad de los decretos de excepción, es decir, que en su emisión se hubieran cumplido los requisitos establecidos en la Constitución (constitucionalidad formal) y en la Ley Orgánica; y segundo, que el decreto no viole la normativa constitucional ni la establecida en la Ley Orgánica. Los motivos de inconstitucionalidad a ser considerados por la Sala, por otra parte, pueden ser alegados por interesados en la constitucionalidad, como se señala más adelante.

Es de destacar, en relación con estos motivos de inconstitucionalidad, por ejemplo, el incumplimiento por el decreto de estado de excepción que restrinja una garantía constitucional, de la exigencia de que el decreto debe "regular el ejercicio del derecho cuya garantía se restringe" (art. 339); es decir, que tiene que tener contenido normativo en relación con las restricciones al ejercicio del derecho constitucional respectivo. Se trata, en definitiva, de una exigencia constitucional que busca suplir el principio de la reserva legal.

En efecto, como se ha dicho, el principio básico de la regulación constitucional de los derechos y libertades públicas en Venezuela, es decir, la verdadera "garantía" de esos derechos y libertades radica en la reserva establecida a favor del legislador para limitar o restringir dichos derechos. Sólo por ley pueden establecerse limitaciones a los derechos y libertades consagrados en la Constitución. Pero la propia Constitución admite la posibilidad de que las garantías constitucionales puedan ser restringidas en circunstancias excepcionales, por decisión del Presidente de la República en Consejo de Ministros, lo que implica que durante el tiempo de vigencia de estas restricciones, las garantías de los derechos y libertades podrían ser regulados por vía ejecutiva.

Por ello, la consecuencia fundamental del decreto de excepción que establezca la restricción de garantías constitucionales, es la posibilidad que tiene el Poder Ejecutivo de regular el ejercicio del derecho, asumiendo competencias que normalmente corresponderían al Congreso. Si la esencia de la garantía constitucional es la reserva legal para su limitación y reglamentación; restringida la garantía constitucional, ello implica la restricción del monopolio del legislador para regular o limitar los derechos, y la consecuente ampliación de los poderes del Ejecutivo Nacional para regular y limitar, por vía de Decreto, dichas garantías constitucionales[1072].

Por supuesto, tal como lo aclara la propia Constitución, la declaración del estado de excepción (y la eventual restricción) de garantías "no interrumpe el funcionamiento de los órganos del Poder Público" (art. 339); es decir, si bien amplía las competencias reguladoras del Poder Ejecutivo, no impide ni afecta las competencias legislativas ordinarias del Congreso.

1072 *Cfr.* Allan R. Brewer-Carías, *Las garantías constitucionales de los derechos del hombre*, Caracas 1976, pp. 33, 40 y 41.

c.   *Procedimiento y la participación de interesados*

Conforme al artículo 32, la Sala Constitucional del Tribunal Supremo de Justicia debe decidir la revisión del decreto de estado de excepción en el lapso de 10 días continuos contados a partir de la comunicación del Presidente de la República o del Presidente de la Asamblea Nacional, o del vencimiento del lapso de 8 días continuos previsto en el artículo anterior.

Si la Sala Constitucional no se pronuncia en el lapso mencionado, conforme al artículo 32 de la Ley Orgánica, los Magistrados que la componen "incurren en responsabilidad disciplinaria, pudiendo ser removido de sus cargos de conformidad con lo establecido en el artículo 265 de la Constitución". Este es el primer supuesto de "falta grave" para la remoción de los Magistrados del Tribunal Supremo que se regula en la legislación, por parte de la Asamblea Nacional.

En el curso del procedimiento, para cuyo desarrollo todos los días y horas se consideran hábiles (art. 39 LO), los interesados, durante los 5 primeros días del lapso para decidir que tiene la Sala Constitucional, pueden consignar los alegatos y elementos de convicción que sirvan para demostrar la constitucionalidad o la inconstitucionalidad del decreto que declare el estado de excepción, acuerde su prórroga o aumente el número de garantías restringidas.

No precisa el artículo, sin embargo, quienes pueden ser considerados "interesados", por lo que debe entenderse que al tratarse de un juicio de inconstitucionalidad relativo a un decreto "con rango y valor de ley", debe dársele el mismo tratamiento que el establecido para la acción popular, es decir, que para ser interesado basta alegar un simple interés en la constitucionalidad.

En todo caso, la Sala Constitucional del Tribunal Supremo de Justicia, dentro de los 2 días siguientes debe admitir los alegatos y elementos de prueba que resulten pertinentes y desechar aquellos que no lo sean. Contra esta decisión, dispone la Ley Orgánica, "no se admitirá recurso alguno", lo cual es absolutamente superfluo, pues no existe recurso posible alguno en el ordenamiento jurídico constitucional, contra las decisiones de la Sala Constitucional.

d.   *Decisión*

La Sala Constitucional del Tribunal Supremo de Justicia debe decidir dentro de los 3 días continuos siguientes a aquel en que se haya pronunciado sobre la admisibilidad de los alegatos y las pruebas presentadas por los interesados (art. 36).

En su decisión, conforme al artículo 37 de la Ley Orgánica:

> Artículo 37: La Sala Constitucional del Tribunal Supremo de Justicia declarará la nulidad total o parcial del decreto que declara el estado de excepción, acuerda su prórroga o aumenta el número de garantías restringidas, cuando no se cumpla con los principios de la Constitución de la República Bolivariana de Venezuela, tratados internacionales sobre derechos humanos y la presente Ley.

En relación con los efectos de la decisión de la Sala Constitucional en el tiempo, la ley orgánica expresamente prescribe los efectos *ex tunc*, disponiendo que:

> Artículo 38: La decisión de nulidad que recaiga sobre el decreto tendrá efectos retroactivos, debiendo la Sala Constitucional del Tribunal Supremo de Justicia res-

tablecer inmediatamente la situación jurídica general infringida, mediante la anulación de todos los actos dictados en ejecución del decreto que declare el estado de excepción, su prórroga o aumento del número de garantías constitucionales restringidas, sin perjuicio del derecho de los particulares de solicitar el restablecimiento de su situación jurídica individual y de ejercer todas las acciones a que haya lugar. Esta decisión deberá ser publicada íntegramente en la *Gaceta Oficial de la República Bolivariana de Venezuela*.

C. *El control por los demás tribunales*

De acuerdo con el artículo 27 de la Constitución, el ejercicio del derecho de amparo "no puede ser afectado en modo alguno por la declaratoria de estado de excepción o de la restricción de garantías constitucionales", derogándose en forma tácita el ordinal del artículo de la Ley Orgánica de Amparo sobre Derechos y Garantías Constitucionales de 1988 que restringía el ejercicio de la acción de amparo en las situaciones de restricción de Garantías Constitucionales[1073]. Por ello, incluso, la propia Ley Orgánica enumera, entre las garantías no restringibles "el amparo constitucional" (art. 7, ord. 12).

En consecuencia, el artículo 40 de la Ley Orgánica dispone que:

> Artículo 40: Todos los jueces o juezas de la República, en el ámbito de su competencia de amparo constitucional, están facultados para controlar la justificación y proporcionalidad de las medidas adoptadas con base al estado de excepción.

Esta norma, sin embargo, puede considerarse como inconvenientemente restrictiva, pues parecería que los jueces de amparo no podrían ejercer su potestad plena de protección frente a las violaciones de derechos y garantías constitucionales en estas situaciones de los estados de excepción, sino sólo en los aspectos señalados de justificación y proporcionalidad de las medidas que se adopten con motivo de los mismos.

D. *El control por la comunidad organizada y las organizaciones públicas no estatales*

La Ley Orgánica de la Administración Pública, como hemos señalado, establece un mecanismo preciso de participación ciudadana al regular el procedimiento de consulta obligatoria a las comunidades organizadas y a las organizaciones políticas no estatales, respecto de los anteproyectos de normas legales o reglamentarias que se proponga dictar el Presidente de la República (arts. 135, 136). Como hemos señalado, esencialmente, un decreto de estado de excepción debe contener la regulación legal relativa al ejercicio del derecho cuya garantía se restringe, por lo que en el ámbito de los decretos de estados de excepción esa consulta debe realizarse obligatoriamente.

En este supuesto de los decretos de estado de excepción, sin embargo, la consulta obligatoria para promover la participación ciudadana no es previa sino posterior a

---

1073 *V.*, Allan R. Brewer-Carías, "El amparo a los derechos y la suspensión o restricción de garantías constitucionales", *El Nacional*, Caracas 14-4-89, p. A-4.

la emisión del acto. En efecto, el artículo 137 de la Ley Orgánica de la Administración Pública dispone que "en casos de emergencia manifiesta y por fuerza de la obligación del Estado en la seguridad y protección de la sociedad" el Presidente de la República podría dictar esos decretos con contenido normativo sin consulta previa; pero en todo caso, está obligado a consultar seguidamente "bajo el mismo procedimiento" de consultas públicas, a las comunidades organizadas y a las organizaciones públicas no estatales; estando obligado a considerar el resultado de la consulta.

IV. LOS ACTOS EJECUTIVOS DICTADOS EN EJECUCIÓN DIRECTA E INMEDIATA DE LA CONSTITUCIÓN (ACTOS DE GOBIERNO)

1. Los actos de gobierno

Además de los decretos con rango y valor de ley que conforme a la Constitución, puede emitir el Presidente de la República, éste puede dictar otros actos de igual rango que la Ley, pero desvinculados de ésta por ser emanados en ejecución directa e inmediata de la Constitución, los cuales en Venezuela se denominan "actos de gobierno"[1074].

Estos actos de gobierno, que son dictados en el ejercicio de la función de gobierno, y que, por tanto, no son actos administrativos[1075], emanan del Presidente de la República en ejercicio de atribuciones que la Constitución le asigna directamente. Por tal razón, el legislador no puede regular el ejercicio de la función de gobierno por parte del Poder Ejecutivo. No se trata, por tanto, de actos de carácter sublegal, sino de igual rango que la ley, aún cuando no tengan "valor" de ley por no tener poder derogatorio respecto de las mismas.

Sobre estos actos de gobierno, la antigua Corte Suprema de Justicia en Corte Plena, en sentencia de 11-03-93 señaló:

Es ampliamente conocida en el ámbito constitucional la teoría del "acto de gobierno", "gubernativo" o "acto político", conforme a la cual, en su formulación clásica, el Presidente de la República como cabeza del Ejecutivo y Jefe de Estado (artículo 181 de la Constitución) ejerce, además de funciones propiamente administrativas, otras de contenido distinto, atinentes a la "oportunidad política" o actos que por su naturaleza, intrínsecamente ligada a la conducción y subsistencia del Estado, no son en la misma medida enjuiciables. Se institucionalizaba así, la figura intimidante de la "razón de Estado" como justificación a toda cuestión de la cual el Gobierno no tuviera que rendir debida cuenta.

Semejante construcción sustentada en la tesis de la llamada "soberanía suprema", cuyo nacimiento teórico ubican distintos autores en la época posterior a la caída del régimen napoleónico, pronto empezó a ser revisada con criterios cada vez más estrictos que llevaron a una categorización jurisprudencial de los actos de esa naturaleza excluidos del control jurisdiccional, también cada vez más reducida.

1074 V., Allan R. Brewer-Carías, Derecho Administrativo, Tomo I, Caracas, 1975, pp. 378 y 391.

1075 V., Allan R. Brewer-Carías, Las Instituciones Fundamentales del Derecho Administrativo y la Jurisprudencia Venezolana, Caracas 1964, pp. 26, 108 y 323 y ss.

En Venezuela, la falta de una disposición expresa al respecto en el Texto Fundamental, ha sentado este Alto Tribunal, como nota identificadora de esa especie jurídica, aquellos actos que, en ejecución directa e inmediata de la Constitución, son de índole eminentemente política. (*Vid.* SPA del 21-11-88, Caso *Jorge Olavarria*).

Dentro de este contexto, concuerdan autores y jurisprudencia nacional y extranjera en mantener dentro de esa clasificación, entre otros, el indulto, los actos relativos a la conducción de las relaciones entre el Gobierno y países extranjeros...[1076]

En el mismo sentido, la antigua Corte Suprema de Justicia en Sala Político Administrativa, en sentencia de 21-11-88 precisó la noción del acto de gobierno, como un acto ejecutivo dictado en ejecución directa de la Constitución y no de la ley ordinaria, distinguiéndolos así de los actos administrativos, en la forma siguiente:

> Permanecen todavía incólumes los principios sentados por la Corte –a los que se refieren los apoderados del Consejo, pero aplicándolos inexactamente al caso de autos- respecto de los "actos de gobierno", especie jurídica que, en razón de su superior jerarquía, derivada del hecho de que son producidos en ejecución directa e inmediata de la Constitución y no de la ley ordinaria, ha sido excluida hasta ahora, por la propia Corte, de la totalidad del control jurisdiccional de constitucionalidad, "en atención –como ella misma ha expresado- a que por su propia esencia son actos de índole eminentemente política o actos de gobierno, o de índole discrecional; situaciones en que no cabe aplicar a los motivos determinantes de la actuación el expresado control constitucional".

Los principios jurisprudenciales alegados por los defensores de la actuación del Consejo en la Resolución recurrida, permanecen, en efecto, aún vigentes (a más de la comentada decisión del 29-04-65, en Corte Plena, véase la de 28-06-83: CENADICA, dictada en SPA); mas, no son aplicables al caso de autos como ellos lo pretenden, sino –insiste la Sala- sólo a las actuaciones emanadas de la cúspide del Poder Ejecutivo en función de gobierno, es decir, a los denominados por la doctrina "actos de gobierno", emitidos justa y precisamente en ejecución directa e inmediata de la Constitución; y no a los producidos, como los de autos, por una administración –la electoral en el caso- que ejecutó, de manera directa e inmediata, normas de rango inferior al de la Carta Magna, a saber: las de la Ley Orgánica del Sufragio. Así se declara[1077].

De acuerdo con esta categorización, entre los actos de gobierno que puede dictar el Presidente de la República, estarían por ejemplo, la concesión de indultos (art. 236, ord. 9); los actos relativos a la dirección de las relaciones exteriores de la República (art. 236, ord. 4); la adopción de decisiones como Comandante en Jefe de las Fuerzas Armadas, como el fijar el contingente de las mismas y promover sus oficiales (art. 236, ords. 5 y 6); la convocatoria a la Asamblea Nacional a sesiones extraordinarias (art. 236, ord. 9) y la disolución de la Asamblea Nacional en caso de que se produzcan tres votos de censura contra el Vicepresidente (arts. 236,21 y 240).

1076 *V., Revista de Derecho Público*, N° 53-54, Caracas 1993, pp. 155 y ss.

1077 *V.*, en *Revista de Derecho Público*, N° 36, Caracas 1988, pp. 62 y ss.

En esta forma, la noción del acto de gobierno en Venezuela ha sido delineada con base en un criterio estrictamente formal: se trata de los actos dictados por el Presidente de la República, en ejecución directa e inmediata de la Constitución, en ejercicio de la función de gobierno[1078].

No se trata, por tanto, de actos administrativos que siempre son de rango sublegal, ni de actos en cuyo dictado el Presidente deba someterse a normas legislativas. Como actos dictados en ejercicio de atribuciones constitucionales por el Presidente de la República, el Poder Legislativo no puede regular la forma o manera de sus dictados, pues incurriría en una usurpación de funciones.

2. El control constitucional de los actos de gobierno

Los actos de gobierno, por tanto, si bien no son actos que estén sometidos a la ley en sentido formal, pues la función de gobierno no puede ser regulada por el legislador, por supuesto que son actos sometidos a la Constitución, en virtud de que son dictados por el Presidente de la República en ejercicio de competencias constitucionales. Como actos sometidos a la Constitución, también están sometidos al control de la constitucionalidad que ejerce el Tribunal Supremo de Justicia[1079] en Sala Constitucional, la cual puede declarar su nulidad, por inconstitucionalidad, con carácter absoluto, es decir, con erga omnes.

A tal efecto, el artículo 334 de la Constitución establece que corresponde exclusivamente a la Sala Constitucional como Jurisdicción Constitucional,

Declarar la nulidad de los actos de los órganos que ejercen el Poder Público dictados en ejecución directa e inmediata de esta Constitución o que tenga rango de ley, cuando colidan con aquella.

Por tanto, los actos de gobierno como actos de naturaleza política pueden ser objeto de control por la Jurisdicción Constitucional, y bastaría un solo ejemplo, para darse cuenta de la necesidad del control: el caso, por ejemplo, de la fijación del contingente de las Fuerzas Armadas Nacionales, por el Presidente de la República, estableciendo un cupo por razas, lo que violaría el artículo 21 de la Constitución, por lo que sería a todas luces inconstitucional y anulable. Entre los motivos de impugnación, de los actos de gobierno, por tanto y por supuesto, estaría la violación directa de la Constitución.

Debe señalarse, en todo caso, que en la sentencia de la antigua Corte Suprema de Justicia en Corte Plena de 29-04-65, dictada con motivo de la impugnación de la Ley aprobatoria del Tratado de Extradición con los Estados Unidos, la Corte había sentado el criterio siguiente:

1078 V., Allan R. Brewer-Carías, Las Instituciones Fundamentales del Derecho Administrativo y la Jurisprudencia Venezolana, Caracas 1964, pp. 26, 108 y 323 y ss. y Derecho Administrativo, Tomo I, cit., pp. 391 y ss.

1079 V., Allan R. Brewer-Carías, "Comentarios sobre la doctrina del acto de gobierno, del acto político, del acto de Estado y de las cuestiones políticas como motivo de inmunidad jurisdiccional de los Estados en sus tribunales nacionales", Revista de Derecho Público, Nº 26, Caracas 1986, pp. 65-68.

En lo relativo a los actos que el Presidente de la República está facultado para realizar en ejercicio de sus atribuciones constitucionales, un atento examen de las mismas conduce a la conclusión de que determinadas actuaciones presidenciales, en cualquiera de los dos caracteres de Jefe del Ejecutivo Nacional o Jefe del Estado venezolano asignados a aquél por el artículo 181 de la Constitución, están excluidos del control jurisdiccional de constitucionalidad en atención a que por su propia esencia son actos de índole discrecional; situaciones en que no cabe aplicar a los motivos determinantes de la actuación el expresado control constitucional.

Entre tales actos encuéntranse según el artículo 190 de la Constitución Nacional los siguientes: Fijar el contingente de las Fuerzas Armadas Nacionales; convocar el Congreso a sesiones extraordinarias y reunir en Convención a algunos o a todos los Gobernadores de las entidades federales.

Con base en las excepciones que se han indicado en lo relativo al control juris- diccional sobre la constitucionalidad intrínseca de los actos del Poder Público, pue- de sentarse la conclusión de que este control no ha sido establecido en forma rígida o absoluta, pues están, sustraídas a su dominio diversas situaciones tanto en el orden legislativo, como en el judicial y en el ejecutivo[1080].

Esta decisión, como se ha dicho, ahora totalmente superada, originó la doctrina de supuestos actos excluidos de control aún cuando no en si mismos, sino en los aspectos de los mismos que pudieran ser controlados[1081]. En todo caso, la interpreta- ción doctrinal sobre la exclusión del control de constitucionalidad "intrínseca" de los actos de gobierno, que sólo podía referirse a los motivos del acto, como acto discrecional, pero no a los aspectos relativos a la competencia o a la forma, no fue acogida totalmente de inmediato, al punto que en una sentencia de 21-11-88, la Sala Político Administrativa de la antigua Corte Suprema de Justicia al conocer de la impugnación de un acto del Consejo Supremo Electoral, afirmó al distinguirlo de los actos de gobierno, que en relación con éstos que:

Permanecen todavía incólumes los principios sentados por la Corte –a los que se refieren los apoderados del Consejo, pero aplicándolos inexactamente al caso de autos- respecto de los "actos de gobierno", especie jurídica que, en razón de su su- perior jerarquía, derivada del hecho de que son producidos en ejecución directa e inmediata de la Constitución y no de la ley ordinaria, ha sido excluida hasta ahora, por la propia Corte, de la totalidad del control jurisdiccional de constitucionalidad, "en atención –como ella misma ha expresado- a que por su propia esencia son actos de índole eminentemente política o actos de gobierno, o de índole discrecional; si- tuaciones en que no cabe aplicar a los motivos determinantes de la actuación el ex- presado control constitucional"[1082].

1080 V., Allan R. Brewer-Carías, *Jurisprudencia de la Corte Suprema 1930-1974 y Estudios de Derecho Administrativo*, Tomo IV, Caracas 1977, p. 83.

1081 V., Luis H. Farías Mata, "La doctrina de los actos excluidos en la jurisprudencia del Supremo Tribunal", en *Archivo de Derecho Público y Ciencias de la Administración, Instituto de Derecho Público*, UCV, Vol. I, (1968-1969), Caracas 1971, pp. 329 a 331.

1082 V., en *Revista de Derecho Público*, Nº 36, Caracas 1988, pp. 62 y ss.

La discusión sobre el control de constitucionalidad de los actos de gobierno, en todo caso, fue definitivamente cancelada por la antigua Corte Suprema de Justicia en Corte Plena en sentencia de 11-03-93 (caso *Gruber Odreman*), al decidir sobre la impugnación por inconstitucionalidad de los decretos de suspensión de garantía y su ejecución, de noviembre de 1992 dictados luego de la sublevación militar del día 27 de ese mes. La Corte entró directamente al tema preguntándose lo siguiente:

Ahora bien, ¿cabe dentro del marco constitucional venezolano sostener la no en-juiciabilidad de actuaciones de la Administración, de rango ejecutivo o legislativo, en razón de su contenido político?

Para llegar a una respuesta adecuada, se hace imperativo, en primer término, acudir a la construcción que sobre el tema ha hecho esta Corte a través de decisiones donde se pone en evidencia, una vez más, la nunca suficientemente entendida relación de causalidad existente entre el avance del sistema de control jurisdiccional sobre los actos del Poder Público y el desarrollo institucional democrático de un país.

En efecto, no es esta la primera ocasión que se presenta a la Corte de discernir sobre la teoría de los actos exentos de control pues, no pocas veces, ha ido su Sala Político-Administrativa extendiendo pausada pero invariablemente, su ámbito de control –como órgano de la jurisdicción contencioso-administrativa- a toda la actividad del Poder Público; y así igualmente, en cuanto al control constitucional directo, este Alto Tribunal en Pleno ha traspasado barreras conceptuales antes defendidas por la preeminencia de un Estado todopoderoso, criterio hoy francamente supera-do[1083].

Para fundamentar este criterio, la Corte acudió a su doctrina original sentada en 1962 sobre la universalidad del control de constitucionalidad y citando la sentencia de 15-03-62 (dictada con motivo de la acción de nulidad de la ley aprobatoria del contrato con el Banco de Venezuela, como auxiliar de tesorería) señaló:

Tal amplitud de criterio, mantenida casi invariablemente por esta Suprema Corte, se ha puesto ya de manifiesto en actos conocidos como típicamente gubernativos, como es el caso, aunque en materia contencioso-administrativa y no constitucional, de la sentencia de fecha 31 de octubre de 1972 (Caso *Manuel Elpidio Páez Almei-da, SPA*).

3. Con arreglo a lo anterior, es indispensable para esta Corte que las actuaciones de la rama ejecutiva del Poder Público, a tenor del artículo 117 de la Constitución que consagra el principio de legalidad ("La Constitución y las leyes definen las atri-buciones del Poder Público, y a ellas debe sujetarse su ejercicio"), están sujetas, por imperio de la Carta Fundamental, a la ley en su sentido más amplio y por ende, a revisión judicial: constitucional en aplicación del artículo 215, ordinal 6 ejusdem y contencioso-administrativo, por previsión del artículo 206 *ibídem*.

Luego, en Venezuela, el problema de los "actos de gobierno" no se contrae a una categoría jurídica revestida de inmunidad jurisdiccional, pues como se ha visto, exis-te frente a éstos la posibilidad de recurrirlos con base a una garantía constitucional.

1083 *V.*, en *Revista de Derecho Público*, Nº 53-54, Caracas 1993, pp. 218 y ss.

La cuestión se circunscribe entonces al mayor o menor grado de sujeción al cuerpo normativo, asunto atinente a la competencia reglada y al poder discrecional del funcionario que, en ejecución de la Ley Fundamental, dicta el acto[1084].

En esta forma, la Corte identificó el problema del control de la constitucionalidad de los actos de gobierno, como un problema de control de actos discrecionales. Para ello, aplicó los principios que la misma Corte había venido estableciendo sobre el control de los actos administrativos discrecionales desde la década de los cincuenta[1085]. Particularmente, se destaca en esa línea, la sentencia de la Sala Político-Administrativa (caso *Depositaria Judicial*) de 02-11-82 en la cual al admitir el control de los actos administrativos discrecionales en relación con la competencia, las formalidades y la finalidad, la Corte señaló que si bien no controla las razones de fondo, mérito de oportunidad y conveniencia, el Juez puede:

Revisar la veracidad y la congruencia de los hechos que, a través de la motivación, el funcionario alega que ocurrieron, y con base en los cuales adoptó – apreciándolas según las circunstancias de oportunidad y de conveniencia que tuvo a la vista- la medida posteriormente recurrible ante la jurisdicción contencioso-administrativa[1086].

En todo caso, en la Constitución de 1999 quedó definitivamente establecido el control de constitucionalidad de los actos de gobierno, al atribuir a la Sala Constitucional del Tribunal Supremo de Justicia, competencia para declarar la nulidad de los mismos cuando colida con la Constitución, cualquiera sea la forma de dicha violación constitucional (arts. 334 y 336,3 y 4).

V. LOS REGLAMENTOS

La Constitución de 1999, utiliza la expresión acto administrativo en dos artículos: en primer lugar, en el artículo 259, al atribuir a los órganos de la Jurisdicción Contencioso-Administrativa competencia para "anular los actos administrativos generales o individuales contrarios a derecho incluso por desviación de poder"; y en segundo lugar, en el artículo 266,5, al atribuir específicamente a la Sala Político Administrativa del Tribunal Supremo de Justicia, que forman parte de esa Jurisdicción, competencia para "declarar la nulidad total o parcial de los reglamentos y demás actos administrativos generales o individuales del Ejecutivo Nacional, cuando sea procedente".

De estas normas surge claramente que en Venezuela, los reglamentos son y siempre han sido considerados como actos administrativos[1087], en el sentido de que son declaraciones de voluntad emanadas de órganos que ejercen el Poder Público, de carácter sublegal, para producir efectos jurídicos. La única peculiaridad que tienen es que los reglamentos son actos administrativos de efectos generales y, por

---

1084   *Idem.*

1085   *V.,* Allan R. Brewer-Carías, "Los límites a las potestades discrecionales de las autoridades administrativas", *Revista de la Facultad de Derecho,* Universidad Católica Andrés Bello, Nº 2, Caracas 1965.

1086   *V.,* en *Revista de Derecho Público,* Nº 12, Caracas 1982, pp. 124 y ss.

1087   *V.,* por ejemplo Allan R. Brewer-Carías, *Las Instituciones Fundamentales del Derecho Administrativo…, op. cit.,* p. 119.

tanto, de carácter normativo. Se distinguen, así, de los otros actos administrativos generales, de contenido no normativo, y de los actos administrativos de efectos particulares.

1. *Los reglamentos como actos administrativos de efectos generales*

La característica de los reglamentos como actos administrativos es, en primer lugar, que son actos dictados en ejecución mediata de la Constitución, e inmediata de la legislación; por ello, como todo acto administrativo, siempre son de carácter sublegal. En segundo lugar, se trata de actos administrativos, siempre son de efectos generales, es decir, de carácter normativo, y que, por tanto, integran o modifican el ordenamiento jurídico. El contenido de los reglamentos, por tanto, siempre es de carácter normativo, y se identifican por su generalidad, efectos *erga omnes* y por estar destinados a un número indeterminado e indeterminable de personas[1088]. El reglamento, en esta forma, tal como lo definió la antigua Corte Suprema,

Es norma jurídica de carácter general dictado por la Administración Pública, para su aplicación a todos los sujetos de derecho y en todos los casos que caigan dentro de sus supuestos de hecho[1089].

Pero como se dijo, el reglamento, aún cuando tiene contenido normativo e integra el ordenamiento jurídico, está siempre subordinado a la ley. Tal como lo ha señalado la antigua Corte Suprema de Justicia:

Las disposiciones de los reglamentos que conforme a ella han de dictarse, tienen el carácter de normas secundarias respecto a las de la Ley, que son en este caso, las primarias. O sea, que cada reglamento es el complemento de la determinada Ley, cuya finalidad es facilitar la ejecución de ésta[1090].

De lo anterior resulta, por otra parte, que no todo acto administrativo general es un reglamento, lo que permite distinguir entre "actos de efectos generales" como los reglamentos, y "actos generales"; es decir, entre actos normativos, por una parte, y por la otra, los actos generales no normativos[1091]. Es decir, el reglamento, es siempre "de efectos generales", pero hay actos administrativos generales que aún cuando tienen como destinatarios a un grupo de personas, no son con carácter normativo, es decir, no son de efectos generales, sino particulares.

En otra sentencia, la antigua Corte Suprema de Justicia destacó la "generalidad e impersonalidad" como las características propias del reglamento señalado:

El reglamento como todos los actos de efectos generales, va dirigido a un indeterminado número de personas, por lo cual se hace imposible nombrarlas a todas.

1088 *V.*, sobre la distinción Allan R. Brewer-Carías, *El control de la constitucionalidad de los actos estadales, op. cit.*, pp. 8 y ss.

1089 *V.*, sentencia de la Corte Suprema de Justicia en Sala Político Administrativa de 27-05-68, en *Gaceta Forense*, N° 60, 1968, pp. 115 a 118.

1090 *V.*, sentencia de la Corte Suprema de Justicia en Sala Político Administrativa de 10-05-65, en *Gaceta Forense*, N° 48, 1968, pp. 122 a 123.

1091 *V.*, sentencia de la Corte Suprema de Justicia en Sala Político Administrativa de 02-11-67 en *Gaceta Forense* N° 57, 1967, pp. 38 y 39.

En cambio, la Resolución impugnada va dirigida a cierto número de personas, perfectamente identificables, ya que ellas han celebrado un contrato previamente con el Ejecutivo Nacional, pues todas y cada unas, son concesionarias de hidrocarburos. Por lo tanto, el contenido de la Resolución citada debe tomarse como un conjunto de decisiones individuales que se han condensado en un solo texto legal, en forma aparentemente colectiva, pero que en realidad no lo es, en virtud de la peculiaridad anteriormente anotada.

La Ley y el Reglamento ejecutivo, no son, como parece creerlo la impugnante, la única fuente de los actos administrativos de efectos generales, ya que éstos pueden provenir, además, de disposiciones de otros órganos del poder público: nacionales, estadales, municipales y aun de entes autónomos y descentralizados[1092].

Ahora bien, la Constitución de 1999, conforme a la tradición constitucional precedente, atribuye al Presidente de la República la facultad de "reglamentar total o parcialmente las leyes, sin alterar su espíritu, propósito y razón" (art. 236,10). De ello deriva que el Presidente de la República puede reglamentar las leyes, lo que no implica que tenga una potestad exclusiva para dictar actos administrativos de efectos generales, pues otros órganos del Estado, en ejercicio del Poder Público, pueden hacerlo.

En consecuencia, los actos administrativos de efectos generales, por ejemplo, pueden emanar de otros órganos de la Administración Pública como los Ministros, que son órganos directos del Presidente de la República, los cuales tienen potestad normativa en las materias que le asigna la ley.

Pero además, en el ámbito de la Administración Central, los órganos que en la misma han sido desconcentrados legalmente, con autonomía funcional, también ejercen la potestad normativa en los asuntos que la ley les ha atribuido. Es el caso, por ejemplo, de la Comisión Nacional de Valores.

También, en el ámbito de la Administración Pública Descentralizada, las personas jurídicas de derecho público que la componen, tanto las estatales como las no estatales, tienen potestad reglamentaria conforme a la ley que las rige. En tal sentido, los Institutos Autónomos, por ejemplo, como personas de derecho público estatales; y los Colegios Profesionales, como personas jurídicas de derecho público no estatales, ejercen la potestad normativa en el ámbito de sus respectivas competencias, conforme a las leyes que los rigen[1093].

Pero en el ordenamiento jurídico venezolano y a pesar de la definición de acto administrativo que trae el artículo 7 de la Ley Orgánica de Procedimientos Administrativos, no sólo los órganos ejecutivos o, en general, los órganos que conforman la Administración Pública Central o Descentralizada, dictan actos administrativos normativos o reglamentarios, sino que también éstos pueden emanar de los demás órganos del Estado que ejercen otros Poderes Públicos distintos al ejecutivo, cuando ejercen la potestad normativa.

1092 *V.*, sentencia de la Corte Suprema de Justicia en Sala Político Administrativa de 07-11-73, en *Gaceta Oficial* N° 1.643 Extra. de 21-03-74, p. 13.

1093 *V.*, Allan R. Brewer-Carías, *Principios del régimen jurídico de la organización administrativa venezolana*, Caracas 1991, pp. 78 y ss.

Es decir, en Venezuela los actos administrativos, incluidos los reglamentos, no se definen orgánicamente[1094], por lo que no siempre son "actos ejecutivos" ya que también emanan de los otros órganos del Estado que ejercen el Poder Judicial, el Poder Legislativo, el Poder Electoral y el Poder Ciudadano[1095]. Por ello, se consideran actos administrativos de efectos generales, los reglamentos que dicta el Tribunal Supremo de Justicia para su funcionamiento interno y en relación con el gobierno y administración del Poder Judicial que le corresponde (art. 44,15, Ley Orgánica de la Corte Suprema de Justicia). También es el caso de los reglamentos o actos administrativos normativos dictados por el Consejo Nacional Electoral (art. 55,3, Ley Orgánica del Sufragio y Participación Ciudadana), por el Fiscal General de la República (art. 21,8, Ley Orgánica del Ministerio Público), o por el Contralor General de la República (art. 13,1, Ley Orgánica de la Contraloría General de la República). Todos estos actos administrativos reglamentarios, por supuesto, son de rango sublegal y están sujetos, ante todo, a las leyes reguladoras de esos actos de los Poderes Públicos Nacionales.

Por último, por supuesto, en un Estado con forma federal, los Gobernadores de Estado los Alcaldes Municipales tienen en el respectivo ámbito de sus competencias potestad normativa, conforme a las Constituciones y leyes de los Estados y a las Ordenanzas Municipales, respectivamente, pudiendo dictar actos administrativos de efectos generales.

2. *La consulta previa obligatoria no vinculante de las normas reglamentarias*

La Ley Orgánica de la Administración Pública, como antes se ha dicho, ha introducido una novedad en cuanto al régimen de emisión de actos normativos por los órganos ejecutivos, en particular, de los reglamentos, como mecanismo para promover la participación ciudadana. Se ha regulado, así, un procedimiento de consulta obligatorio, aunque no vinculante previo a la emisión de reglamentos o actos administrativos normativos por cualquier autoridad ejecutiva.

En efecto, el artículo 136 de dicha Ley Orgánica dispone que los órganos ejecutivos, sea el Presidente de la República u otro órgano, que se propongan adoptar un reglamento o cualquier acto administrativo de efectos generales, deben realizar previamente una consulta obligatoria del anteproyecto normativo, así:

> Primero, deben remitir el anteproyecto para su consulta a las comunidades organizadas y las organizaciones públicas no estatales inscritas en el registro de dichas entidades que debe llevar el órgano emisor. En dicho oficio, se debe indicar el lapso durante el cual se recibirán por escrito las observaciones; lapso que no comenzará a correr antes de los 10 días hábiles siguientes a la entrega del anteproyecto correspondiente.

1094 *V.*, Allan R. Brewer-Carías, "El problema de la definición del acto administrativo" en *Libro Homenaje al Doctor Eloy Lares Martínez*, UCV, Tomo I, Caracas 1984, pp. 25 a 78.

1095 *V.*, Allan R. Brewer-Carías, *Estado de Derecho y Control Judicial*, Madrid 1987, pp. 429 y ss; y *Justicia Contencioso Administrativa. Instituciones Políticas y Constitucionales*, Tomo VII, Caracas 1997, pp. 321 y ss.

Segundo, paralelamente el órgano que proyecte adoptar el reglamento o acto administrativo de efectos generales, debe publicar en la prensa nacional la apertura del proceso de consulta indicando su duración; e informar a través de la página en el internet que tiene que tener conforme a dicha ley orgánica, en la cual se expondrá el proyecto de reglamento o acto administrativo de efectos generales sobre la cual verse la consulta. Durante este proceso de consulta cualquier persona puede presentar por escrito sus observaciones y comentarios sobre el correspondiente anteproyecto, sin necesidad de estar inscrito en el registro indicado.

Tercero, una vez concluido el lapso de recepción de las observaciones, el órgano respectivo debe fijar una fecha para que sus funcionarios, especialistas en la materia que sean convocados y las comunidades organizadas y las organizaciones públicas no estatales intercambien opiniones, hagan preguntas, realicen observaciones y propongan adoptar, desechar o modificar el anteproyecto propuesto o considerar un anteproyecto nuevo.

Cuarto, el resultado del proceso de consulta no tiene carácter vinculante. Sin embargo, en virtud del carácter obligatorio de la consulta pública respecto de los actos administrativos reglamentarios o normativos, el órgano ejecutivo respectivo no puede adoptar normas que no hayan sido consultadas conforme se indica anteriormente, al punto de que la ley orgánica considera nulas de nulidad absoluta, las normas que sean aprobadas sin haber sido consultadas conforme al procedimiento antes indicado.

La Ley Orgánica de la Administración Pública, además, establece particularmente un procedimiento para la elaboración de los reglamentos, con la obligación de una consulta pública previa respecto de los mismos. El artículo 88 de dicha ley, en efecto, dispone que la elaboración de los reglamentos de leyes se debe ajustar al siguiente procedimiento:

1.   La iniciación del procedimiento de elaboración de un reglamento se debe llevar a cabo por el Ministerio competente según la materia, mediante la elaboración del correspondiente proyecto al que se debe acompañar un informe técnico y un informe sobre su impacto o incidencia presupuestaria;

2.   A lo largo del proceso de elaboración del proyecto de reglamento, debe recabarse, además de los informes, los dictámenes correspondientes y cuantos estudios y consultas se estimen conveniente para garantizar la eficacia y la legalidad del texto;

3.   Elaborado el texto, se debe someter a consulta pública para garantizar el derecho de participación de las personas de conformidad con lo dispuesto en el Título VI de la misma ley orgánica, según se ha indicado anteriormente.

Durante el proceso de consultas las personas, directamente o a través de las organizaciones y asociaciones que los agrupen o representen, pueden presentar observaciones y propuestas sobre el contenido del reglamento las cuales deben ser analizadas por el ministerio encargado de la elaboración y coordinación del reglamento.

La emisión de un reglamento sin que se haya sometido a consulta pública, conforme al artículo 137 de la Ley Orgánica, lo vicia de nulidad absoluta.

4. Aprobado el reglamento por el Presidente de la República en Consejo de Ministros, el mismo sólo puede entrar en vigencia con su publicación en la Gaceta Oficial de la República, salvo que el reglamento disponga otra cosa.

Por último, debe destacarse que conforme al artículo 89 de la Ley Orgánica, el Ejecutivo Nacional debe aprobar los reglamentos necesarios para la eficaz aplicación y desarrollo de las leyes, dentro del año inmediatamente siguiente a su promulgación.

3. *Los límites a la potestad reglamentaria*

Tratándose de actos administrativos de efectos generales, los reglamentos son siempre de carácter sublegal, es decir, sometidos a la ley, por lo que su límite esencial deriva de la reserva legal.

Es decir, los reglamentos no pueden regular materias reservadas al legislador en la Constitución, y esas son fundamentalmente, el establecimiento de delitos, faltas e infracciones y las penas y sanciones correspondientes; la regulación y limitación a los derechos y garantías constitucionales; y el establecimiento de tributos.

Estos límites a la potestad reglamentaria derivados de la reserva legal, por otra parte, están expresamente establecidos en la ley orgánica de la administración pública, cuyo artículo 86 establece que:

Los reglamentos no podrán regular materias objeto de reserva legal, ni infringir normas con dicho rango. Además, sin perjuicio de su función de desarrollo o colaboración con respecto a la ley, no podrán tipificar delitos, faltas o infracciones administrativas, establecer penas o sanciones, así como tributos, cánones u otras cargas o prestaciones personales o patrimoniales de carácter público.

4. *El control de constitucionalidad y legalidad de los reglamentos y demás actos administrativos de efectos generales*

Todos los reglamentos dictados por cualquier autoridad pública, e, incluso, en algunos casos por entidades privadas en ejercicio de autoridad, están sometidos al control de constitucionalidad y legalidad que ejercen los órganos de la Jurisdicción Contencioso-Administrativa.

En cuanto a los "reglamentos ejecutivos" dictados por el Presidente de la República, los mismos están sometidos, como todos los actos administrativos del Ejecutivo Nacional (Administración Pública Nacional Centralizada) al control de la Sala Político Administrativa del Tribunal Supremo de Justicia (art. 266,5 C) que constituye la instancia de mayor grado en el ámbito de dicha jurisdicción.

Ese control judicial tiene por objeto verificar el sometimiento al derecho por parte los Reglamentos ya que, conforme lo ha dicho la antigua Corte Suprema:

La actividad reglamentaria está... limitada y encauzada por la norma legal, y de ahí que toda disposición reglamentaria que viole la Constitución o las leyes es susceptible de anulación o de inaplicación en los casos concretos[1096].

Además, en particular, respecto de los Reglamentos Ejecutivos, la Constitución exige en particular, que deben respetar el "espíritu, propósito y razón de la Ley", y "se altera el espíritu de la Ley cuando el acto reglamentario contiene excepciones o sanciones no previstas o disposiciones contrarias a los fines perseguidos por el legislador"[1097].

Esta sujeción la precisó la Corte Suprema en los siguientes términos:

El decreto reglamentario o Reglamento Ejecutivo, tomado en su acepción estricta –que es el que interesa en este caso-, tiene como antecesor a la Ley, de la cual es derivación, efecto y corolario. Esta sienta el principio, aquél, prevé y desarrolla sus consecuencias, facilita su aplicación a los pormenores y determina las medidas necesarias para su aplicación. De ahí que cuando el reglamento ejecutivo se propasa y se ocupa de reparar las diferencias de la Ley, regula cuestiones no comprendidas en ella, o se aparta del espíritu, propósito y razón que lógicamente han debido guiar al Legislador en su elaboración, se está en presencia de una extralimitación de atribuciones, en el primer caso, y de una violación del texto constitucional en el segundo; y en uno y otro, de un reglamento ejecutivo viciado, en todo o en parte, de ilegalidad por violatorio de expresas normas de la Ley Fundamental[1098].

Sin embargo, el hecho de que el Reglamento Ejecutivo esté sometido a la ley que ejecuta, no significa que la actividad reglamentaria se convierta en una mera ejecución mecánica de la Ley. En efecto, la propia Corte Suprema de Justicia ha señalado en este sentido lo siguiente:

Sin embargo, dentro de estas limitaciones se reconoce a los reglamentos un campo de acción relativamente amplio en cuanto tienden al desarrollo del texto legal, especialmente cuando la ley sólo consagra normas fundamentales. Se admite así, que por vía reglamentaria, puedan establecerse formalidades o requisitos no previstos en la ley pero necesarios para asegurar su cumplimiento, o definirse palabras usadas por el legislador y cuyo alcance conviene precisar a fin de evitar dudas. Pero en este último supuesto y, en general, cuando la administración interpreta el sentido de la ley por vía reglamentaria, insiste la doctrina en que ha de entenderse que la interpretación afirmativa es válida en cuanto esté conforme a la voluntad legislativa[1099].

1096 *V.*, sentencia de la Corte Suprema de Justicia en Sala Político Administrativa de 10-05-65 en *Gaceta Forense* Nº 48, 1965, pp. 122 y 123.

1097 *V.*, sentencia de la Corte Federal y de Casación en Corte Plena de 04-06-52 en *Gaceta Forense* Nº 11, 1962, p. 25.

1098 *V.*, sentencia de la Corte Federal y de Casación en Corte Plena de 24-09-52 en *Gaceta Forense*, Nº 1, 1958, p. 151.

1099 *V.*, sentencia de la Corte Suprema de Justicia en Sala Político Administrativa de 10-05-65 en *Gaceta Forense*, Nº 48, 1965, pp. 122 y 123.

Sobre esto, la antigua Corte Suprema, fue aún más clara en otra parte de esa misma sentencia de 10 de mayo de 1965, que resolvió el recurso de inconstitucionalidad de un reglamento de una Ley, indicando que:

> Considera la Corte que la mera circunstancia de que un Reglamento contemple alguna formalidad que no aparezca en la ley, no es razón suficiente para estimar alterada la relación de legalidad entre ambos estatutos. Lo contrario sería establecer que los Reglamentos deberían ser la reproducción fiel y exacta de la ley, y, por consiguiente, carentes de toda utilidad y objeto.

Por tanto, pues, si puede y debe el Reglamento desarrollar las normas de la ley mediante disposiciones acordes con ella, siempre que no contradigan su texto y su intención, e, incluso, establecer formalidades o requisitos no previstos en el texto legal pero indispensables para asegurar su cumplimiento, según el criterio doctrinal ya expuesto[1100].

Pero la Sala Político Administrativa del Tribunal Supremo de Justicia, como órgano de la jurisdicción contencioso-administrativa, sólo tiene competencia para controlar la conformidad con el derecho de los reglamentos y demás actos administrativos de efectos generales que emanen del Ejecutivo Nacional, es decir, de la Administración Central compuesta, básicamente, por la Presidencia de la República y la organización ministerial[1101].

En cambio, el conocimiento de los juicios de nulidad contra los reglamentos y demás actos administrativos de efectos generales emanados de los órganos desconcentrados de la Administración Central y de la Administración Pública Descentralizada, corresponde a la Corte Primera de lo Contencioso Administrativo en primera instancia (art. 185,3 LOCSJ) y en segunda instancia, a la Sala Político Administrativa del Tribunal Supremo de Justicia.

En cuanto a los actos administrativos de efectos generales o reglamentos dictados por los órganos de los Estados y Municipios, la competencia para conocer de las acciones de nulidad contra los mismos por razones de ilegalidad o inconstitucionalidad, corresponde a los Tribunales Superiores en lo Contencioso Administrativo de las diversas circunscripciones judiciales, en primera instancia, correspondiendo la segunda instancia a la Corte Primera de lo Contencioso-Administrativo (art. 181 LOCSJ).

VI. LOS ACTOS ADMINISTRATIVOS

1. *El problema de la definición del acto administrativo*

Por último, además de los Decretos con rango y valor de ley, de los actos de gobierno y de los Reglamentos, dentro de los actos ejecutivos por excelencia se encuentran los actos administrativos, es decir, las manifestaciones de voluntad de la Administración de carácter sublegal, destinadas a producir efectos jurídicos.

1100 *Idem*, pp. 123 y 124.

1101 *V.*, Josefina Calcaño de Temeltas y Allan R. Brewer-Carías, *Ley Orgánica de la Corte Suprema de Justicia*, Caracas 1991, pp. 77 y ss.

Ahora bien, en esta definición del acto administrativo, por supuesto, el elemento clave es la determinación de qué debe entenderse por "Administración" pues los actos administrativos en general, se dictan por todos los órganos estatales y en ejercicio de todas las funciones estatales. Por tanto, su individualización, a pesar de su carácter sublegal, no puede estar fundamentada en la sola utilización del criterio orgánico, del criterio formal o criterio material, sino, de la mezcla y combinación de ellos[1102], pues de lo contrario quedarían fuera de caracterización, por ejemplo, los actos administrativos que dictan los funcionarios de los órganos legislativos o de los órganos judiciales.

Por ello, en nuestro ordenamiento constitucional no puede sostenerse que los actos administrativos sólo son aquellos que emanan de los órganos de la Administración Pública que ejerce el Poder Ejecutivo. Al contrario, como se dijo, los actos administrativos, pueden emanar de los órganos legislativos actuando en función administrativa[1103], de los tribunales, de los órganos del Poder Electoral y del Poder Ciudadano, actuando en tanto en función normativa como en función administrativa[1104]. Los actos administrativos, en esta forma, y contrariamente a lo que sucede con las leyes, los decretos leyes, los decretos de estados de excepción, los actos de gobierno y las sentencias judiciales, no están reservados a determinados órganos del Estado, sino que pueden ser dictados por todos ellos, y no sólo en ejercicio de la función administrativa.

Pero además, para definir los actos administrativos, no es aceptable la sola utilización del criterio formal, de actividad de carácter sublegal, pues los actos judiciales también tienen carácter sublegal; por último, tampoco es aceptable la utilización exclusiva de un criterio material, basado en la noción de función administrativa, pues quedarían excluidos del concepto, los actos administrativos cumplidos en ejercicio de la función normativa y de la función jurisdiccional por los órganos del Poder Ejecutivo, así como los actos administrativos dictados en ejercicio de la función normativa por los órganos jurisdiccionales.

Por ello es que hemos propuesto una definición del acto administrativo que combine diversos criterios, pues es la única forma de reconducir a la unidad, la heterogeneidad de los mismos. En esta forma debe considerarse como acto administrativo toda manifestación de voluntad de carácter sublegal (criterio formal) realizada por los órganos del Poder Ejecutivo, actuando en ejercicio de la función administrativa, de la función normativa y de la función jurisdiccional (criterio orgánico); por los órganos del Poder Legislativo, actuando en ejercicio de la función administrativa y de carácter sublegal (criterio material), y por los órganos del Poder Judicial actuando en ejercicio de la función administrativa y de la función normativa (criterio material), con el objeto de producir efectos jurídicos que pueden ser o la creación de una

1102 V., Allan R. Brewer-Carías, "El problema de la definición del acto administrativo", en Libro Homenaje al Doctor Eloy Lares Martínez, cit., Tomo I, pp. 31 a 38.

1103 V.,, por ejemplo, la sentencia de la Corte Suprema de Justicia en Sala Político-Administrativa de 19-12-74, en Gaceta Oficial N° 1.741 Extraordinario de 21-05-75.

1104 V.,, por ejemplo, la sentencia de la Corte Suprema de Justicia en Sala Político-Administrativa de 26 de mayo de 1981, en Revista de Derecho Público, N° 7, julio-septiembre 1981, EJV, Caracas, pp. 17 y ss.

situación jurídica individual o general, o la aplicación a un sujeto de derecho de una situación jurídica general[1105].

Considerando a los actos estatales dentro de una perspectiva general, entonces, quedarían fuera de la clasificación como actos administrativos, los actos cumplidos por los órganos del Poder Ejecutivo en función normativa con valor de Ley y en función de gobierno (actos de gobierno) y que, por tanto, son de rango legal; los actos cumplidos por los órganos del Poder Legislativo en función normativa (leyes), en función de gobierno (leyes, actos parla-mentarios sin forma de ley), en función jurisdiccional (actos parlamentarios sin forma de ley) y en función administrativa de rango legal (leyes y actos parlamentarios sin forma de ley); y los actos cumplidos por los órganos del Poder Judicial actuando en función jurisdiccional (sentencias, autos).

De lo anteriormente señalado, es claro, por tanto, que en las definiciones tradicionales del acto administrativo, que lo precisan como toda "declaración de voluntad realizada por la Administración con el propósito de producir un efecto jurídico"[1106], como señalamos anteriormente, el problema se reduce a determinar qué debe entenderse por "administración". O dicho término se define un criterio orgánico, identificándolo con los órganos del Poder Ejecutivo (autoridades administrativas) o dicho término se define con un criterio material, identificándolo con el ejercicio de la función administrativa; o dicho término se define con criterios combinados, como lo hemos hecho anteriormente. En las dos primeras alternativas, quedaría fuera de la calificación de actos administrativos, diversos actos estatales que ni son judiciales, ni legislativos, ni de gobierno y que indudablemente tienen carácter administrativo. En la última alternativa, que hemos acogido, en cambio, así como todos los actos estatales encuentran su calificación, también todos los actos administrativos, sean cumplidos por la autoridad estatal que sea, encuentran su debido encuadramiento.

2. *El control judicial de los actos administrativos*

Ahora bien, no estando excluido el control jurisdiccional de inconstitucionalidad o legalidad ningún acto estatal[1107], resulta imperativo que todos los actos administra-

---

1105 *V.*, Allan R. Brewer-Carías, *Derecho Administrativo*, Tomo I, *cit.*, pp. 393 y ss.

1106 En términos generales este ha sido la definición que la Corte Suprema ha adoptado cuando ha necesitado definir el acto administrativo. En efecto, la antigua Corte Federal ha definido el acto administrativo individual como aquella "declaración de voluntad realizada por la administración con el propósito de producir un efecto jurídico y tendiente a crear una situación jurídico individualizada (V. sentencia de 3 de junio de 1959 en *Gaceta Forense* N° 24, 1959, p. 206); o más propiamente, ha definido el acto administrativo, como aquellas manifestaciones de voluntad de la administración pública que afectan a la situación jurídico-administrativa personal o patrimonial de un Administrado, como son las que crean o definen una situación de derecho administrativo" (Ver sentencia de 3 de diciembre de 1959, en *Gaceta Forense* N° 26, 1959, p. 142). Además, la Corte Suprema de Justicia ha repetido el mismo concepto al definir los actos administrativos individuales, como aquellas "declaraciones en virtud de las cuales la Administración tiende a crear, reconocer, modificar, o extinguir situaciones jurídicas subjetivas" (*V.*, Sentencia de la Sala Político-Administrativo de 2 de junio de 1964 en *Gaceta Oficial* N° 27.474 de 25 de junio de 1964).

1107 En tal sentido, la Corte Suprema de Justicia en Sala Político Administrativa, por sentencia del 11 de mayo de 1981 estableció lo siguiente: "Ahora bien, sin entrar, por innecesario, en un análisis más profundo de la cuestión, parece evidente que, en nuestro medio, hoy en día tal tesis resulta definitivamente tivos pueden ser objeto de control contencioso-administrativo, resultando inadmisibles las definiciones de tales actos que provoquen exclusiones de control. Como lo ha dicho la antigua Corte Suprema de Justicia, en sentencia del 10-01-80, al referirse a las decisiones de las Comisiones Tripartitas,

> Resulta contrario a nuestro ordenamiento constitucional que los pronunciamientos de las Comisiones Tripartitas laborales son irreversibles en vía jurisdiccional. En efecto, en Venezuela existen tres vías para la impugnación de los actos estatales, la acción de nulidad por inconstitucionalidad contra los actos legislativos o de gobierno; el recurso de casación contra los actos jurisdiccionales; y el recurso contencioso-administrativo de anulación contra los actos administrativos. No podría el legislador, sin infringir el orden jurídico constitucional, establecer expresa o tácitamente una derogatoria a los principios que informan nuestro sistema de derecho, que someten la actividad de todas las ramas del Poder Público al control de su regularidad por parte del máximo Tribunal de la República, o de los demás órganos de la jurisdicción contencioso-adminis-trativa[1108].

Con esta tesis del carácter comprensivo del control jurisdiccional sobre los actos estatales que hemos propugnado siempre[1109], la Corte Suprema se apartó, sin duda, en materia de control de actos administrativos de la doctrina sentada en algunas sentencias de años anteriores, en las cuales había excluido del control contencioso-administrativo, por ejemplo, los actos administrativos emanados de los Inspectores del Trabajo[1110], y los actos emanados de los Registros Públicos[1111]. Por ello, para excluir o incluir actos administrativos en el ámbito de control contencioso-administrativo, la Corte Suprema tuvo que recurrir a identificar una noción de acto administrativo, que le permitiera definir el ámbito de sus poderes de control.

Precisamente por ello, ha sido posible que, los órganos de la jurisdicción contencioso-administrativa, hayan considerado como actos administrativos sujetos a control contencioso administrativo, en primer lugar, actos emanados de una Asamblea Legislativa (órgano legislativo) (designación de funcionarios); en segundo lugar, los

---

superada: primero, porque de acuerdo con la letra constitucional no puede discutirse que ningún acto administrativo está exento del control jurisdiccional, y, segundo, porque tampoco puede ponerse en duda en la concepción actual de nuestro derecho administrativo, que los recursos jurisdiccionales contra los actos administrativos sólo pueden versar en razones de ilegalidad del acto, y no del mérito u oportunismo de la actuación administrativa". *V.,* en *Revista de Derecho Público,* N° 7, julio-septiembre 1981, EJV, pp. 157 y 158.

1108 *V.,* la sentencia de 10-01-80, de la Sala Político-Administrativa de la Corte Suprema de Justicia en Revista de Derecho Público, N° 1, enero-marzo 1980, p. 130.

1109 *V.,* por ejemplo, Allan R. Brewer-Carías, *El control de la constitucionalidad de los actos estatales,* cit., pp. 31, 32, 112, 113 y 114.

1110 *V.,* por ejemplo, la Sentencia de 18-06-63, en *Gaceta Oficial* N° 871, Ext. de 26-08-63. Véanse los comentarios de Luis E. Farías Mata en "La doctrina de los actos excluidos en la jurisprudencia del Supremo Tribunal", en *Instituto de Derecho Público, Archivo de Derecho Público y Ciencias de la Administración,* Vol. I, 1968-1969, cit., pp. 333 y ss.

1111 *V.,* la Sentencia de la Sala Político-Administrativa de 13-03-67, en *Gaceta Forense,* N° 55, 1968, pp. 107 y 116. Sobre esta materia *V.,* Allan R. Brewer-Carías "La impugnación de los actos administrativos de registro ante la jurisdicción contencioso-administrativa" en *Libro a la Memoria de Joaquín Sánchez Covisa,* Caracas, 1975, pp. 440 y ss.

actos de las Comisiones Tripartitas laborales dictados en función jurisprudencial por órganos administrativos; en tercer lugar, ciertos actos dictados por los Tribunales en función administrativa; y en cuarto lugar, ciertos actos dictados por entidades privadas que cumplen funciones públicas[1112].

En la actualidad, por tanto, todos los actos administrativos pueden ser sometidos a control de legalidad e inconstitucionalidad por parte de los tribunales contencioso-administrativos, incluso los actos administrativos emanados de entidades privadas no estatales en ejercicio de autoridad; y, por supuesto, conforme lo antes expuesto, no sólo los emanados de los órganos del Poder Ejecutivo, sino de los órganos de todos los otros Poderes del Estado.

Este control judicial de la conformidad con el derecho (inconstitucionalidad o ilegalidad) de los actos administrativos corresponde a los órganos de la jurisdicción contencioso-administrativa de la cual forman parte, según la graduación de la competencia antes indicada, la Sala Político Administrativa y la Sala Electoral del Tribunal Supremo de Justicia; la Corte Primera de lo Contencioso-Administrativo y los Tribunales Superiores Contencioso-Administrativos.

Los motivos de impugnación de los actos administrativos, conforme al artículo 259 de la Constitución, que pueden dar lugar a su anulación, son el que sean "contrarios al derecho, incluso por desviación de poder", lo que abarca todos los motivos de ilegalidad de los mismos, tanto de fondo como de forma[1113].

SECCIÓN CUARTA: FORMAS CONSTITUCIONALES DE TERMINACIÓN DEL MANDATO DEL PRESIDENTE DE LA REPÚBLICA EN VENEZUELA (CARTAGENA DE INDIAS OCTUBRE, 2001)

Texto de la exposición en la *XXV Reunión del Grupo Santa Lucía*, Cartagena de Indias, 10-14 de octubre de 2001. Publicado en mil libro: *Constitución, democracia y control del poder*, Mérida 2004, pp. 243-254.

Contrariamente a lo que preveía la Constitución de 1961, la nueva Constitución de 1999 regula expresamente tres formas generales de terminación del mandato del Presidente de la República que son: en primer lugar, el vencimiento del período constitucional presidencial; en segundo lugar, cuando se produzca la falta absoluta del Presidente de la República en los casos de sometimiento a enjuiciamiento penal, abandono del cargo, revocación popular del mandato, destitución, incapacidad física o mental, renuncia o muerte; y en tercer lugar, la cesación del mandato decidida por una Asamblea Nacional Constituyente.

Estas notas tienen por objeto analizar esas diversas formas posibles de terminación del mandato del Presidente de la República, los principios que las rigen, y los requisitos que deben cumplirse para su ejecución.

1112　*V.*, Allan R. Brewer-Carías, *Justicia Contencioso Administrativa, cit.*, pp. 352 y ss.

1113　*Idem*, pp. 430 y ss.

I. EL VENCIMIENTO DEL PERÍODO CONSTITUCIONAL

De acuerdo con la Constitución de 1999 el período presidencial es de seis años (art. 230).

En la actualidad, ejerce el Presidente Hugo Chávez Frías, quien fue electo inicialmente el 6 de diciembre de 1998, por un período de 5 años conforme a la Constitución de 1961 (art. 135), el cual vencía en enero de 2004.

Con motivo del proceso constituyente desarrollado en 1999 y luego de aprobada popularmente la Constitución de 1999 (15-12-99), en el Régimen de Transición del Poder Público que dictó la Asamblea Nacional Constituyente el 22-12-99, se estableció que el Presidente de la República Hugo Chávez Frías, quien había sido electo un año antes, continuaría en el ejercicio de sus funciones hasta tanto se produjera la elección de un nuevo Presidente mediante comicios populares (art. 16). A tal efecto, la Asamblea Nacional Constituyente dictó el Estatuto Electoral del Poder Público de 30-1-2000 y decretó la realización de las elecciones de los titulares de los órganos del Poder Público para el 28-5-2000.

Después del fracaso de la llamada "megaelección" prevista para el 28 de mayo de 2000, el 30-7-2000 se produjo la elección, de nuevo, de Hugo Chávez Frías como Presidente de la República, esta vez por un período de 6 años conforme lo establece la nueva Constitución.

Ahora bien, la Constitución precisa, que el Presidente debe tomar posesión de su cargo el 10 de enero del primer año de su período constitucional (art. 231) (presumiendo que las elecciones se realizan en diciembre del año anterior), lo que provocó que se planteara la duda respecto de la fecha de inicio del nuevo período del Presidente Chávez, en el sentido de determinar si los 6 años se comenzaban a contar a partir del 10 de enero de 2000 o del 10 de enero de 2001.

Se sometió el asunto a interpretación constitucional por parte del Tribunal Supremo de Justicia cuyos Magistrados habían sido designados por la Asamblea Nacional Constituyente en el mismo Decreto del Régimen de Transición del Poder Público de 22-12-99; y la Sala Constitucional de dicho Tribunal, como era de esperarse y había sido anunciado previamente hasta por el propio Presidente de la República, en sentencia N° 457 de 5-4-2001 interpretó que el período presidencial de 6 años del Presidente Chávez había comenzado el 10-01-2001, es decir, seis meses después de su juramentación en la Asamblea Nacional el 19-8-2000 luego de su segunda elección el 30 de julio de 2000 y tres años después de su primera elección de diciembre de 1998; período que termina entonces el 10-01-2007.

En todo caso en las elecciones que deben ocurrir en diciembre de 2006, el Presidente puede presentarse a la reelección, por una sola vez, para un nuevo período (art. 230).

El primer escenario de la salida del Presidente de la República de su cargo, por tanto, es por el vencimiento del período constitucional, sea porque no decida ir a la reelección, sea porque sea derrotada su candidatura en la votación.

II. LA FALTA ABSOLUTA DEL PRESIDENTE DE LA REPÚBLICA

En segundo lugar, también se produce la terminación del mandato del Presidente de la República, cuando ocurre la falta absoluta del mismo, lo que se puede producir en las siguientes circunstancias: como consecuencia del enjuiciamiento penal; cuando se produzca el abandono del cargo; por revocación popular del mandato; cuando sea destituido; por incapacidad física o mental; por renuncia al cargo o por muerte.

1. *El sometimiento a enjuiciamiento penal*

El Presidente de la República puede ser enjuiciado penalmente por los delitos que cometa, como cualquier ciudadano.

Sin embargo, para que se lleve a cabo el enjuiciamiento deben cumplirse una serie de condiciones que se configuran como prerrogativas del Jefe de Estado.

Conforme al artículo 266 de la Constitución, corresponde al Tribunal Suprema de Justicia en Sala Plena, declarar si hay o no méritos para el enjuiciamiento del Presidente de la República. La solicitud ante el Tribunal Supremo corresponde formularla al Ministerio Público (art. 285,5). En igual sentido se establece en el artículo 377 del Código Orgánico Procesal Penal (COPP).

Si el Tribunal Supremo de Justicia decide que hay méritos para enjuiciar al Presidente, el asunto debe pasar a la Asamblea Nacional para que autorice el enjuiciamiento (art. 266,2).

En la Constitución de 1961, esta autorización correspondía ser adoptada por al Senado; pero eliminando este en la nueva Constitución, corresponde ahora a la Asamblea Nacional. Una vez que la Asamblea autorice el enjuiciamiento, entonces el Tribunal Supremo debe continuar conociendo de la causa hasta sentencia definitiva (art. 266,2).

La Constitución de 1999, sin embargo, nada dispuso sobre los efectos del enjuiciamiento del Presidente de la República en relación con el ejercicio de su cargo. La Constitución de 1961, en la norma que atribuía la autorización de enjuiciamiento al Senado, expresamente señalaba que "autorizado el enjuiciamiento, el Presidente quedará suspendido en el ejercicio de sus funciones" (art. 150,8). Esta suspensión daba origen a una falta temporal forzosa del Presidente de la República.

Como se dijo, la Constitución de 1999 nada dispone sobre la necesaria separación temporal del ejercicio de su cargo por el Presidente de la República una vez autorizado su enjuiciamiento y durante el lapso que dure el juicio. Este vacío lo suple, sin embargo, el Código Orgánico Procesal Penal, el cual regula expresamente la situación al señalar que "Cumplidos los trámites necesarios para el enjuiciamiento, el funcionario quedará suspendido e inhabilitado para ejercer cualquier cargo público durante el proceso" (art. 380).

En consecuencia, autorizado por la Asamblea Nacional el enjuiciamiento, el Presidente de la República queda suspendido del cargo, configurándose dicha situación jurídica como una falta temporal.

La Constitución dispone que estas faltas temporales del Presidente de la República deben ser suplidas por el Vicepresidente hasta por 90 días, prorrogables por decisión de la Asamblea Nacional hasta por 90 días más (art. 234). Por tanto, si el proceso se prolonga por más de 90 días consecutivos, al termino de dicho lapso la Asamblea Nacional debe decidir prorrogarlo o decidir por mayoría de sus integrantes si debe considerarse la falta como una falta absoluta (art. 234). Esta falta absoluta también se produce en forma automática al vencimiento de la prorroga de los 90 días de la falta temporal, de haber sido acordada.

Si la situación de falta absoluta, derivada del enjuiciamiento del Presidente de la República, se produce durante los primeros cuatros años del período constitucional, se debe proceder a una nueva elección universal, directa y secreta dentro de los 30 días consecutivos subsiguientes. Mientras se elige y toma posesión el nuevo Presidente, el Vicepresidente Ejecutivo (art. 233) se debe encargar de la Presidencia. En este caso, el nuevo Presidente una vez que tome posesión del cargo, debe sólo completar el período constitucional correspondiente.

En cambio, si la falta absoluta se produce durante los dos últimos años del período constitucional, el Vicepresidente Ejecutivo debe asumir la Presidencia de la República hasta complementar dicho período.

2.   *El abandono del cargo: la conversión de una falta temporal en falta absoluta*

La Constitución establece que el Presidente de la República puede separarse temporalmente del ejercicio de su cargo. En tales supuestos, las faltas temporales las suple el Vicepresidente Ejecutivo (art. 234).

Una falta temporal puede consistir, por ejemplo, en ausencia por enfermedad o por un viaje dentro o fuera del territorio nacional. En el caso de ausencias del territorio nacional cuando se prolongue por un lapso superior a 5 días consecutivos, entonces se requiere de la autorización de la Asamblea Nacional o de la Comisión Delegada (art. 235; 187, 17; 196,2).

Las faltas temporales, como se dijo, sólo pueden tener un lapso de 90 días. Al término de dicho lapso, la Asamblea Nacional tiene el poder de decidir a prorrogarla por 90 días más, o decidir por mayoría de sus integrantes si debe considerarse que hay falta absoluta (art. 234). En este caso se da el supuesto de abandono del cargo declarado por la Asamblea Nacional (art. 233).

También se produce la situación de falta absoluta en forma automática, cuando concluya la prórroga de 90 días, es decir, cuando la falta absoluta sea de 180 días.

En caso de falta absoluta, como se dijo anteriormente, asume el Vicepresidente y debe o no realizarse una elección, según que la falta absoluta se produzca dentro de los 4 primeros años del período constitucional, o con posterioridad (Véase lo indicado en el punto II,1).

3.   *La revocación popular del mandato*

La Constitución de 1999 declara al gobierno de la República como democrático, participativo, electivo, descentralizado, alternativo, responsable, pluralista y de mandatos revocables (art. 6).

En consecuencia, "todos los cargos y magistraturas de elección popular son revocables" como lo dice el artículo 72 de la Constitución; constituyendo la revocatoria del mandato de los funcionarios, de la esencia del régimen democrático. Se constituye, además como uno de los "medios (en lo político) de participación y protagonismo del pueblo en ejercicio de su soberanía" (art. 70).

Ahora bien, la revocatoria del mandato de los funcionarios electos, entre ellos del Presidente de la República, sólo puede producirse mediante la realización de un referendo revocatorio, que conforme al artículo 72 de la Constitución, el cual se rige por las siguientes reglas:

Primero, la realización de un referendo revocatorio sólo puede efectuarse una vez transcurrido la mitad del período presidencial. En el caso del Presidente de la República actual, ello podría ocurrir a partir de enero de 2004.

Segundo, la solicitud de la convocatoria de un referendo para revocar el mandato del Presidente de la República sólo puede tener su origen en una iniciativa popular, respaldada por un número no menor del 20% de electores inscritos en el Registro Civil y Electoral en la Circunscripción Nacional. Debe señalarse, además, que en ningún caso se puede hacer más de una solicitud de revocación del mandato durante el período presidencial o para el cual fue elegido el funcionario.

Tercero, la solicitud se formula ante el Consejo Nacional Electoral, a quien compete la organización, administración, dirección y vigilancia de los referendos (art. 293, 5).

Cuarto, al referendo revocatorio convocado deben concurrir, como votantes, un número de electores igual o superior al 25% de los electores inscritos en el Registro Electoral.

Quinto, para que se produzca la revocatoria del mandato de un funcionario público, incluido el Presidente de la República, deben votar a favor de la revocación, un número igual o mayor al número de electores que lo eligieron. En este caso, se considera revocado el mandato del funcionario y debe entonces procederse de inmediato a cubrir la falta absoluta de acuerdo con lo dispuesto en la Constitución (art. 72; 233).

Si se trata del Presidente de la República la revocatoria del mandato se considera una falta absoluta, en cuyo caso debe procederse como se indicó anteriormente (Véase lo señalado en el punto II,1).

4. *La destitución del Presidente de la República*

Dentro de los supuestos de faltas absolutas del Presidente de la República, está la destitución decretada por sentencia del Tribunal Supremo de Justicia (art. 233).

Esta norma es una innovación de la Constitución de 1999, ya que fue sólo en la Constitución de 1858 que se previó la figura de la "destitución" del Presidente de la República (art. 92), pero sin indicar el órgano que tenía el poder de decidir la destitución a algún órgano del Poder Público.

La Constitución de 1999, por otra parte, no indica ni las causales de destitución, ni la iniciativa para iniciar un proceso tendiente a la destitución. Por ello, tratándose de una sanción, para que el Tribunal Supremo pudiera imponer esta pena, sería necesario que previamente y mediante Ley, se establezca el delito, la falta o la infracción que la origine (art. 49,6). En todo caso, debe garantizarse al Presidente de la República el debido proceso (art. 49).

La pena de destitución, por supuesto, también se configura como una falta absoluta del Presidente de la República, rigiéndose la situación conforme a los principios antes analizados (Véase lo señalado en el punto II,1).

5. *La incapacidad del Presidente de la República*

El artículo 233 de la Constitución también considera que habría una falta absoluta del Presidente de la República, cuanto la Asamblea Nacional apruebe la certificación que emita una junta médica designada por el Tribunal Supremo de Justicia, en la cual se determine que el Presidente de la República tiene incapacidad física o mental permanente para ejercer el cargo.

Para que pueda darse este supuesto de falta absoluta, por tanto, se requiere:

Primero, que exista una iniciativa ante la Corte Suprema de Justicia para que ésta designe una junta médica para que certifique sobre la incapacidad. Nada se indica en la Constitución sobre el número de médicos que deben formar la Junta; ni sobre quien tiene la iniciativa, ni si el Tribunal Supremo puede ejercer de oficio esta facultad de designación.

Segundo, luego de que la junta médica certifique la incapacidad del Presidente de la República, ello debe ser aprobado por la Asamblea Nacional. La Constitución nada indica sobre el quórum para esta aprobación ni dispone votación calificada alguna.

En este supuesto de declaratoria de incapacidad física o mental del Presidente, también se produciría una falta absoluta del Presidente de la República, en cuyo caso rige lo antes señalado (Véase lo señalado en el punto II,1).

6. *La renuncia del Presidente de la República*

Otra causal que originaría una falta absoluta del Presidente de la República es su renuncia al cargo, es decir, la separación voluntaria del cargo de Presidente de la República.

Tratándose de un supuesto de falta absoluta (art. 233), también rigen los principios antes indicados (Véase lo señalado en el punto II,1).

7. *La muerte del Presidente de la República*

El artículo 233 de la Constitución también considera que se produciría una falta absoluta con la muerte del Presidente de la República, en cuyo caso debería procederse como se indicó anteriormente (Véase lo señalado en el punto II,1) respecto de las falta absolutas.

III. LA CESACIÓN DEL MANDATO DEL PRESIDENTE DE LA REPÚBLICA POR DECISIÓN DE UNA ASAMBLEA NACIONAL CONSTITUYENTE

Entre los mecanismos de reforma constitucional, previstos en la Constitución, los artículos 347 y siguientes, conforme a la experiencia de hecho derivada de la Asamblea Nacional Constituyente de 1999, se reguló la figura de la Asamblea Nacional Constituyente la cual, como es sabido, no estaba contemplada en la Constitución de 1961.

De acuerdo con estas normas, resulta el siguiente régimen relativo a tal Asamblea Nacional Constituyente:

Primero, se declara que el pueblo "es el depositario del poder constituyente originario"; en consecuencia, no puede haber ningún otro órgano o institución del Estado, ni siquiera una Asamblea Nacional Constituyente, que pretenda erigirse en poder constituyente originario, como sucedió con la Asamblea Nacional Constituyente de 1999 (art. 347).

Segundo, el pueblo, en ejercicio del poder constituyente originario, "puede convocar" una Asamblea Nacional Constituyente con el objeto de transformar el Estado, crear un nuevo ordenamiento jurídico y redactar una nueva Constitución (art. 347). Esta convocatoria sólo puede hacerla "el pueblo", y este sólo puede expresarse mediante una votación popular, en este caso, mediante un referendo decisorio cuyas condiciones de realización, sin embargo, no están reguladas totalmente en la Constitución.

Tercero, "la iniciativa de convocatoria a la Asamblea Nacional Constituyente" la pueden tener, en primer lugar, el Presidente de la República en Consejo de Ministros; en segundo lugar, la Asamblea Nacional, mediante acuerdo de las dos terceras partes de sus integrantes; en tercer lugar, los Concejos Municipales en Cabildo, mediante el voto de las dos terceras partes de los mismos (existen 338 Municipios aproximadamente) y, en cuarto lugar, el 15% de los electores inscritos en el Registro Civil y Electoral (art. 348) (aproximadamente 1.5 millones).

Debe entenderse que, en este caso, se trata de la iniciativa para la convocatoria del referendo decisorio para que el pueblo se pronuncie sobre la convocatoria de la Asamblea Nacional Constituyente. El referendo decisorio, por tanto, debe contener las bases del estatuto de la Asamblea cuya elección debe convocarse, de resultar positivo la votación en el referendo. No tendría sentido interpretar de esas normas deduciendo que se pueda convocar una Asamblea Nacional Constituyente al margen del pueblo.

Cuarto, "los poderes constituidos no podrán en forma alguna impedir las decisiones de la Asamblea Nacional Constituyente" (art. 349). Esto implicaría, por tanto, la posibilidad de que la Asamblea Nacional Constituyente pueda decidir la cesación en el ejercicio de su cargo del Presidente de la República y de todos los otros titulares de los poderes constituidos, como ocurrió de facto, con la Asamblea Nacional Constituyente de 1999.

Quinto, la nueva Constitución que adopte la Asamblea, no puede ser objetada por el Presidente de la República y la nueva Constitución, una vez promulgada, debe publicarse en la Gaceta Oficial (art. 349). No se dispone en la Constitución que la nueva Constitución deba ser sometida a referendo aprobatorio.

En consecuencia, estableciéndose que los poderes constituidos, entre ellos el Presidente de la República, no pueden en forma alguna impedir las decisiones de la Asamblea Nacional Constituyente, una de esas decisiones podría ser precisamente, la cesación del mandato de los órganos de los poderes constituidos. Por ello, esta podría ser otra forma de terminación del mandato del Presidente de la República.

SECCIÓN QUINTA: EL PAPEL DE LA FUERZA PÚBLICA EN EL ESTADO DE DERECHO, CONCEPTO Y ALCANCE DE LA SEGURIDAD DEMOCRÁTICA (CARTAGENA, ENERO 2003)

Texto de la conferencia dictada en el Seminario sobre Seguridad Democrática Instituto Interamericano de Derechos Humanos, Oficinas de Derechos Humanos de la Fuerza Armada, Cartagena de Indias, 12 de febrero de 2003. Publicado en mi libro: *Constitución, democracia y control del poder*, Mérida 2004, pp. 197-218.

I. INTRODUCCIÓN: LA SEGURIDAD DEL ESTADO DEMOCRÁTICO DE DERECHO Y LA SEGURIDAD DEMOCRÁTICA

Hablar sobre el concepto y alcance de la "seguridad democrática" en el marco del papel de la fuerza pública en un Estado de Derecho, nos conduce inevitablemente a hablar del concepto de "seguridad del Estado"; pero no de cualquier Estado y en cualquier tiempo, sino de la seguridad del Estado de derecho, y precisamente en un régimen democrático; es decir, de la seguridad en un Estado democrático de derecho.

Ello implica, por tanto, la necesidad de delinear en estos tiempos y en nuestros países, tanto el concepto de "seguridad del Estado" como el de "Estado de Derecho " y además, el de la democracia misma como régimen político, lo cual nos permitirá llegar al concepto de "seguridad democrática"; Para ello, tenemos que comenzar por la interpretación gramatical de la expresión, ateniéndonos al sentido que aparece evidente del significado propio de las palabras según la conexión de ellas entre sí y la intención del legislador.

Así, conforme el Diccionario de la Real Academia, la palabra "seguridad" expresa la calidad de lo "seguro" y seguro es aquello "libre y exento de todo peligro, daño o riesgo". Por tanto, el concepto de seguridad se refiere a la situación de libertad en la cual se encuentra un sujeto, un objeto, una colectividad o un Estado, en la cual están protegidos y exentos de peligros o de daños o amenazas de daños.

Como tal, la seguridad es un valor fundamental de toda sociedad y de toda actividad humana, íntimamente ligada a la libertad, que ocupa siempre un lugar excepcional en la escala de valores del ser humano, sea que se trate de la seguridad individual o personal, de la seguridad de los bienes, de la seguridad colectiva o pública, de la seguridad nacional, de la seguridad del Estado o de la seguridad democrática. La seguridad, en estos términos vinculados a la libertad, es una necesidad primaria de las personas y de las colectividades humanas; y es lo primero cuya protección se reclama al Estado y a los gobernantes.

De acuerdo al sentido de esa expresión, la "seguridad del Estado" es, entonces, la situación de libertad en la cual se encuentra un Estado, como organización política, de estar protegido y exento de todo peligro, daño o amenaza de daño. Y en un Estado de Derecho, la expresión "seguridad democrática" es también, la situación en la cual se encuentra una sociedad organizada políticamente de poder funcionar libremente en democracia, protegida de todo peligro, daño o amenaza de daño. Y por supuesto, la expresión "seguridad personal o individual" es la situación de libertad en la cual se encuentran las personas en el ejercicio de sus derechos humanos, protegidos de toda perturbación o amenaza de perturbación.

Sin embargo, para llegar a la determinación exacta de estos conceptos, además del término "seguridad", tenemos que precisar qué ha de entenderse por "Estado", y además, que ha de entenderse por democracia o por régimen democrático.

En cuanto al concepto de "Estado", de acuerdo con el derecho constitucional contemporáneo, puede decirse que este se refiere al conjunto de la organización política de una sociedad determinada representada por el Poder Público frente a las actividades privadas. Por tanto, y ante todo, en un sistema de distribución vertical del Poder Público como el que existe en toda sociedad democrática, el Estado no sólo se identifica con la el Estado nacional, sino que comprende el conjunto de las personas político-territoriales que conforman las diversas entidades que ejercen el Poder Público en sus diversos niveles de distribución vertical, sea que se trate de un Estado federal o con otra forma de descentralización política. La expresión "Estado", por tanto, en el ordenamiento constitucional abarca por igual a la entidad política nacional, a las intermedias como las Regiones políticas o los Estados federados de una federación, y las entidades locales o Municipios.

Todas esas entidades del derecho constitucional, por supuesto, globalmente consideradas, en el ámbito internacional también se corresponden con el concepto de Estado pero como sujeto de derecho internacional y miembro de la comunidad internacional.

Teniendo en cuenta lo anterior, resulta entonces que si bien la expresión "seguridad del Estado" significa la situación en la cual se encuentra el conjunto de la organización política de una sociedad determinada, de hallarse exenta de peligros, daños o riesgos de daños; para captar el alcance de esta expresión, resulta indispensable escudriñar sobre los elementos esenciales de un Estado, sin los cuales no podría existir.

En efecto, de acuerdo a la más clásica y tradicional doctrina de derecho constitucional, un Estado solo puede existir cuando se encuentran reunidos sus tres elementos constitutivos: una población, un territorio y un poder organizado. En cuanto al territorio, como factor geográfico, es el que establece el marco en cuyo interior el Estado ejerce el Poder Público en forma exclusiva y es donde habita la población libremente, de manera que puede hablarse de seguridad territorial, tanto externa como interna, o de seguridad del territorio y de su ocupación.

En cuanto a la población, como factor personal, es la que habita en ese territorio y se encuentra sometida a la autoridad del Estado, al cual debe legitimar. De este elemento se puede entonces construir los conceptos de seguridad colectiva, de seguridad ciudadana, de seguridad personal y de seguridad del ejercicio de los derechos humanos (seguridad humana), precisamente en el ámbito del territorio y bajo la protección del Estado.

Y en cuanto al poder organizado, como factor jurídico-político, es el que ejerce su autoridad en el territorio y sobre su población, de manera soberana, es decir, sin sujetarse a otras normas distintas a las que el mismo establece y a las del derecho internacional. En este último factor es que se ubica el régimen político democrático en el cual la soberanía corresponde al pueblo, quien la ejerce mediante representantes, conforme a parámetros que aseguren la limitación del poder a través de su separación y división, el pluralismo político, la libertad de expresión, la libertad sindical y, en general, el respeto a los derechos humanos.

Partiendo de estos elementos esenciales o constitutivos del Estado, cuya conexión entre sí se realiza mediante el ordenamiento jurídico, sin duda, hablar de "seguridad del Estado" exige que nos refiramos a tres aspectos diferenciados: a la seguridad de su territorio, lo que implica su integridad; a la seguridad de su población, lo que implica la intangibilidad y protección de los derechos humanos de los habitantes y su seguridad personal y ciudadana; y a la seguridad de su organización política, lo que implica su estabilidad, y en un régimen democrático, la seguridad democrática.

Estos conceptos de seguridad del Estado o de seguridad democrática en un Estado de derecho, por supuesto, no tienen coincidencia con el concepto de "seguridad nacional" que correspondió a la "doctrina" que se difundió en América Latina a raíz de los regímenes militares más o menos duraderos que se desarrollaron a partir de la década de los sesenta. Esa doctrina de corte militarista y totalitaria, por supuesto, es totalmente incompatible con la idea de un Estado democrático, que no admite el desplazamiento del papel de las Fuerzas Armadas hacia el aparato del Estado, ni la asunción, por éstas, de la representación de la totalidad de la sociedad. Lamentablemente, sin embargo, no debemos dejar de llamar la atención de cómo en América Latina y en particular, en países como Venezuela, lamentablemente estamos presenciando el desarrollo de una tentación de vuelta hacia esas concepciones que ya habían sido superadas en nuestro Continente, por la afortunada imposición de la doctrina de los derechos humanos y de la democracia.

Aquella doctrina de la seguridad nacional con la cual algunos aún sueñan, en todo caso, sirvió de sustentación ideológica a regímenes autoritarios o dictatoriales militaristas que se basaron en una concepción totalitaria del Estado, la cual, además, se pretendió formular con criterios universalistas, como teoría general válida para todo tipo de Estado. Lo cierto, sin embargo, fue que la democratización progresiva de América Latina ha dejado claro que la doctrina de la seguridad nacional, así concebida, era y es esencialmente antidemocrática y, por tanto, incompatible con la democracia como régimen político. Es decir, el Estado que puede responder a esa doctrina solo puede ser un Estado autoritario o totalitario, y nunca un Estado democrático con el cual resulta incompatible, sobre todo si se tienen en cuenta sus elementos esenciales ahora precisados con claridad en toda América, en la Carta Democrática Interamericana adoptada por la Asamblea General de la Organización de Estados Americanos el 11 de septiembre de 2001.

Ahora bien, conforme a lo antes señalado, a continuación vamos a referirnos al concepto de seguridad del Estado democrático de derecho, refiriéndonos separadamente a la seguridad referida a los tres elementos esenciales del Estado: la seguridad del territorio, la seguridad de la población y de la libertad en el ejercicio de los derechos humanos y la seguridad del régimen político democrático, o seguridad democrática.

II.   LA SEGURIDAD DEL TERRITORIO

Atendiendo al primero de los elementos que integran todo Estado que es el territorio, la seguridad del Estado implica esencialmente, y ante todo, la seguridad de su territorio.

El territorio es el elemento geofísico del Estado; es el ámbito donde habita la población y es el escenario donde se desarrolla la organización política. Por tanto, lo que afecte al territorio afecta directamente al Estado. Por tanto, insistimos, seguridad del Estado es seguridad de su territorio.

1.   *Sentido negativo y positivo del territorio*

Pero desde el punto de vista jurídico, tradicionalmente al territorio del Estado se le han dado dos connotaciones, una negativa y otra positiva, que debemos estacar.

Desde el punto de vista negativo, el territorio de Estado implica la prohibición impuesta a cualquier otro poder no sometido al del Estado, de ejercer funciones de autoridad en su territorio. Este principio fundamental está expresado en general en las normas fundamentales de las Constituciones cuando hacen referencia a la independencia y la integridad territorial de la Nación;

Concierne, por tanto, a la seguridad del Estado, mantener el sentido jurídico negativo del territorio de manera de asegurar su impenetrabilidad o exclusividad, es decir, impedir todo intento de penetración, dominación o protección de potencia extranjera, que atente contra la independencia del país. Corresponde, así, a la seguridad del Estado, todo lo concerniente al mantenimiento de la independencia del Estado, de manera que no esté amenazado y, al contrario, esté fuera de peligro.

Para tal fin, como una de las instituciones fundamentales del Estado se ha organizado a las Fuerzas Armadas Nacionales, precisamente para asegurar la defensa nacional. Es en este campo en el cual el concepto de seguridad del Estado se integra al de defensa, como seguridad exterior, siendo la guerra la amenaza más directa contra dicha seguridad. Por tanto, podemos señalar que tradicionalmente, la defensa nacional se ha correspondido con la actividad estatal destinada a mantener la independencia e integridad territorial de la Nación, particularmente frente a las agresiones o amenazas extranjeras; y la institución organizada por el Estado para asumir la defensa nacional o seguridad exterior, han sido las Fuerzas Armadas.

Pero también es cierto que progresivamente éstas han venido asumiendo otras tareas adicionales a la defensa nacional en sentido estricto, y les ha correspondido, por ejemplo, asegurar también la estabilidad de las instituciones democráticas y el respeto a la Constitución y a las leyes; es decir, además de funciones de defensa nacional, otras propias de la seguridad interior del Estado. Pero en todos estos aspectos, siempre sujetas a la autoridad civil. Es decir, en un Estado democrático, el principio de la subordinación de las fuerzas armadas a la autoridad civil es de la esencia de la democracia.

Pero además del sentido jurídico negativo, el territorio del Estado también tiene un sentido jurídico positivo, que se refiere a la situación de las personas y cosas que se hallen en el mismo, en cuanto a que se encuentran sometidas a los poderes del Estado. Por tanto, ninguna porción del territorio del Estado puede quedar excluida del ejercicio del poder del Estado, ni comunidad alguna que exista o habite en el territorio del Estado, puede pretender quedar exenta del ejercicio del poder de la organización política democrática del Estado.

Concierne a la seguridad del Estado, por tanto, mantener el sentido jurídico positivo del territorio, de manera de asegurar en todo su ámbito, tanto el ejercicio del Poder Público como la sujeción democrática de la población al mismo. Corresponde, así, a la seguridad del Estado, lo concerniente al mantenimiento del imperio de la ley en todo el territorio del Estado, de manera que no esté amenazado y esté fuera de peligro. Constituye por tanto un problema de seguridad del Estado, por ejemplo, la regulación de los derechos de los pueblos indígenas, de manera que no respondan al desviado propósito de estructurarlos como ámbitos que pudieran permitir que quedaran fuera del ámbito de la autoridad del Estado.

2. *Ámbito del territorio del Estado*

Pero para determinar las exigencias de la seguridad del Estado, en tanto que seguridad de su territorio, necesariamente tenemos que partir de la necesidad de que el territorio del Estado esté definido o delimitado con cierta precisión; delimitación que en nuestros países latinoamericanos, en una u otra forma, siempre tiene como punto de referencia a los antiguos ámbitos territoriales de las provincias coloniales.

Este ámbito del territorio del Estado permite identificar su composición, en primer lugar, por la superficie de tierra firme delimitada dentro de las fronteras con los Estados limítrofes, de acuerdo a como se han definido en los Tratados y Acuerdos Internacionales, con todos los espacios que comprende, particularmente los terrestres, lacustres y fluviales; en segundo lugar, por la superficie de las islas y demás porciones de territorio que puedan existir o que se formen o aparezcan en el mar territorial o en el que cubra la plataforma continental, cuando estos existan; y en tercer lugar, por el espacio aéreo existente sobre todos los elementos anteriores.

En consecuencia, dentro del concepto de territorio del Estado como ámbito de ejercicio de la soberanía, además de la tierra firme e insular, debe englobarse el ámbito del mar territorial, la zona marítima contigua, la plataforma continental, el espacio aéreo y el subsuelo, que han de ser delimitados. En ese ámbito, el territorio tiene una connotación jurídica propia de un espacio tridimensional, que aparece proyectado desde un vértice que se encontraría en el centro de la tierra y cuyas líneas, pasando por las fronteras, forman un cono invertido. Sobre todo ese ámbito superficial, del subsuelo y del espacio aéreo, el Estado debe ejercer su soberanía: hacia arriba y hacia abajo: *usque ad sidera, usque ad inferos*.

De todo ello resulta que concierne a la seguridad del Estado mantener la integridad del territorio, y de las áreas marinas y submarinas, de manera de asegurar su inmodificabilidad salvo por Tratados válidamente celebrados; así como asegurar y mantener la soberanía nacional sobre el territorio, las islas, el mar territorial, la plataforma continental, el subsuelo y el espacio aéreo.

Corresponde a la seguridad del Estado, por tanto, de nuevo, lo concerniente a las fronteras terrestres y marítimas del territorio y a la delimitación e inmodificabilidad de las mismas, de manera que no se encuentren amenazadas o sometidas a riesgos.

Pero por ejemplo, territorios fronterizos sin poblamiento tal y como ocurrió en el proceso de conquista del siglo XVI, son tierra de nadie. Pueden ser formalmente del Estado, pero en la práctica, como lo ha enseñado desde hace casi mil años el Código de las Siete Partidas, son de quien los poblare primeramente; y si el poblamiento primero es de ciudadanos de otros países que lo invaden silenciosamente, o de organizaciones guerrilleras en guerra con otros países, o de organizaciones del narcotráfico, ese territorio, a la corta, será de ellos y no del Estado. De allí el reto de poblar las fronteras y que en muchos de nuestros países todavía no logramos realizar como política de Estado; entre otras cosas, por olvidarnos de la historia que nos enseña cómo se conquistaron y gobernaron estas tierras americanas: poblándolas, pero no por el Estado, sino por particulares alentados y protegidos por la autoridad pública.

En estos tiempos y en el futuro, el poblamiento no sólo es fundar ciudades y pueblos, sino mediante el desarrollo de las comunicaciones, tener presencia en el territorio. Fronteras sin presencia de población -pues presencia no es sólo la militar-, de nuevo, son tierra de nadie.

Pero también concierne a la seguridad del Estado la integridad e inalienabilidad del territorio y su preservación, de manera que no se encuentre en peligro ni amenazado de daño o riesgo, ni pueda ser cedido, traspasado, arrendado, ni en forma alguna enajenado, ni aún temporal o parcialmente, a potencia extranjera.

3. La organización y división del territorio

Por último, en lo que concierne al territorio, debe señalarse que en todas las Constituciones de los países democráticos se establece una división del mismo para los fines de su organización política. Si se trata de Estados federales, en Estados y Municipios; si se trata de Estados descentralizados políticamente, en departamentos o provincias autónomos o regiones políticas y Municipios; y si se trata de Estados unitarios, en Municipios.

El mantenimiento de la división del territorio de acuerdo al ordenamiento constitucional y legal, sin que la misma sea amenazada o cambiada ilegítimamente, sin duda, también concierne a la seguridad del Estado, al igual que el mantenimiento de la unidad e indivisibilidad del territorio, a pesar de esa división interna, evitando todo tipo de desmembramiento del mismo.

En todo caso, en un Estado democrático, cualquiera que sea la forma de organización territorial del poder que haya adoptado, el principio de descentralización política que se establezca constitucionalmente, también concierne a la seguridad del Estado a los efectos de su mantenimiento. La descentralización política es una pieza esencial para la sobre vivencia de la democracia como régimen político; por lo que puede considerarse como una cuestión de Estado, tanto su atención como política nacional, como el cuestionamiento de las desviaciones que puedan derivarse, precisamente de la ausencia de tal política. En tal sentido, todo desafuero de las autoridades estadales que sean contrarios a la división territorial del Poder, concierne a la seguridad del Estado.

III. LA SEGURIDAD DE LA POBLACIÓN

Pero además del territorio, el segundo elemento esencial o constituyente del Estado es la población, de manera que no puede haber Estado si en su territorio no hay asentamientos humanos ligados con él y entre sí, organizados en determinada forma, y sujetos al Poder del Estado.

1. La población, el pueblo y la nación

Pero al hablar de la población como elemento esencial del Estado, no solo ello apunta a la necesaria existencia de una pluralidad de hombres, sino a que esa pluralidad o colectividad de asentamientos humanos ha de tener una cierta unidad, de manera que haya una base de conciencia común; en fin, una identidad nacional formada por el propio pueblo en sus luchas por la libertad, la justicia y la democracia.

Este elemento de unidad hace distinta a la población de un Estado, de otras colectividades, produciendo la conciencia común o el sentimiento de identificación en cuestiones capitales. Por ello mejor podría hablarse, antes que de población a secas, de población estatal, o mejor, de pueblo o Nación.

El elemento personal del Estado, por tanto, es el "pueblo" o la Nación, el cual no se puede identificar pura y simplemente con una muchedumbre reunida al azar o con una mera pluralidad de hombres, sino con una colectividad trabada que ha logrado afirmar su sustantividad en un territorio, por encima del tiempo, a través de generaciones y vicisitudes, como encarnación de un sentimiento común y de aspiraciones idénticas; incluyendo en ella, incluso, las comunidades indígenas que siempre han existido en nuestros territorios.

Las Constituciones, por ello, se dictan en representación del pueblo; y de acuerdo con el principio del constitucionalismo moderno que nos legaron las revoluciones norteamericana y francesa del Siglo XVIII, la soberanía siempre reside en el pueblo, quien la ejerce en todo caso indirectamente mediante el sufragio por los órganos del Poder Público, o directamente mediante referendos o consultas populares.

Jurídicamente, por tanto, el pueblo es titular del poder constituyente; es titular del poder electoral; y es quien, en definitiva, legitima el ejercicio del Poder Público por los órganos del Estado, como representado, mediante el sufragio. Además, el pueblo constituye el límite personal para la aplicación de las normas estatales.

Por supuesto, esta configuración del pueblo como elemento del Estado, exige enfocar a la población tanto como *utis socius*, como colectividad, en su conjunto, como además, *uti singuli*, como compuesta por sujetos aislados, obligados a obedecer loa Constitución y las leyes del Estado. La seguridad de la población, en este contexto se interesa, por supuesto, en el primer sentido de pueblo como unidad colectiva y globalizante, correspondiendo los aspectos singulares de los sujetos más al concepto de seguridad personal, individual, ciudadana o pública, que el Estado también debe garantizar mediante sus actividades y fuerzas de policía.

Por tanto, la policía general de seguridad, tranquilidad y salubridad públicas, es decir, la que tiene a su cargo el mantenimiento del orden público general, es la encargada de velar por la seguridad personal o ciudadana. Su tratamiento global y general, además, se ha convertido en un problema de seguridad del Estado, en particular por las exigencias de coordinación policial que se presentan en países de gran amplitud territorial con una división político-territorial descentralizada.

2. *La integridad del pueblo y su supervivencia*

Ahora bien, volviendo al tema general de la seguridad de la población como tema de la seguridad del Estado, el primer aspecto que le concierne es el relativo a la integridad de la población en su conjunto, de manera que por ejemplo, la prevención y represión del genocidio, es decir, del exterminio o eliminación sistemática de grupos sociales por motivos de raza, de religión o de política, concierne a la seguridad del Estado; como sucede también, con la protección de grupos minoritarios como por ejemplo, ciertamente, de las comunidades indígenas.

Pero en el mundo contemporáneo, un fenómeno que con saña está amenazando afectar la integridad de la población, globalmente, es el tráfico de drogas que, además, con el inmenso poder económico que envuelve, amenaza al mismo Estado. Si algo concierne a la seguridad del Estado, por tanto, es el narcotráfico, entendiéndolo por supuesto en su globalidad, más allá del sólo consumo individual de drogas que concierne a la policía general.

En sentido similar, también puede decirse que concierne a la seguridad del Estado, la seguridad del pueblo desde el punto de vista alimentario, es decir, la "seguridad alimentaria", de manera de asegurar el abastecimiento adecuado de la población; y también desde el punto de vista ambiental, frente a deterioros alarmantes del medio ambiente que puedan atentar contra la seguridad colectiva de los seres humanos.

Las formas de vida que se conocen en el mundo descansan sobre los grandes soportes naturales, que son la tierra, el agua y el aire, de manera que la supervivencia del hombre está basada en el mantenimiento del equilibrio ecológico frente a las amenazas tanto de factores naturales como humanos. Hay, por tanto, dentro del concepto de seguridad del Estado como seguridad de la población, un ingrediente de "seguridad ambiental" para garantizar el mantenimiento y mejoramiento de las condiciones que hacen posible las formas de vida sobre la tierra. La seguridad ambiental es, así, la situación de la población que se encuentra exenta de daños ambientales que amenacen su existencia o deterioran la calidad de la vida colectiva.

3.   La nacionalidad, la ciudadanía y la identificación

Pero la seguridad de la población, en tanto que seguridad del Estado, también tiene que ver con la nacionalidad, la ciudadanía y la identificación delas personas. En efecto, los individuos que conforman la población de un Estado, en general, se dividen en dos categorías: los nacionales y los extranjeros, y si bien en general tienen los mismos deberes y derechos, ello es así con las limitaciones o excepciones establecidas en el ordenamiento jurídico, en el cual, en general, se establece que los derechos políticos son privativos de los nacionales.

Concierne por tanto a la seguridad del Estado, como seguridad de la población, tanto el régimen de los extranjeros y sus actividades en el territorio nacional, de manera que no amenacen o dañen el funcionamiento del Estado; como el régimen de la nacionalidad, de manera de asegurar que sólo los nacionales ejerzan los derechos políticos, es decir, participen en la formación de los órganos políticos del Estado.

En tal sentido, sin duda, en muchos países existe un grave problema de seguridad del Estado por la libre presencia a veces indiscriminada de extranjeros, que circulan libremente sin siquiera estar documentados; y ello no sólo en las zonas fronterizas.

Por ello, trátese de extranjeros o de nacionales, el régimen de la identificación de las personas es el factor clave para determinar las dos categorías de nacionales y extranjeros, régimen que también interesa a la seguridad del Estado.

4.   La vigencia y efectividad de los derechos fundamentales

Por otra parte, la población de un Estado, además de estar sometida a la autoridad de sus órganos, es siempre titular de derechos que perfeccionan el vínculo o relación jurídica que tiene con el mismo. Ello es de la esencia de todo Estado, concebido, en definitiva para garantizar los derechos humanos; para amparar la dignidad personal; para mantener la igualdad social y jurídica sin discriminaciones derivadas de razas, sexo, credo y condición social; y en general, para mantener la garantía universal de los derechos individuales y sociales de la persona humana. Por ello, incluso, las Constituciones establecen expresamente en general, que la enumeración de los derechos y garantías contenidas en el texto fundamental, no debe entenderse como negación de otros que, siendo inherentes a la persona humana, no figuran expresamente en ella.

Pero en el mundo contemporáneo, los derechos humanos que corresponden a la población de un Estado, no sólo son los enumerados en los textos constitucionales. En la evolución del régimen de los derechos humanos, en efecto, se pueden distinguir diversas etapas que han estado marcadas por una ínter-relación sucesiva entre el derecho constitucional y el derecho internacional, todas signadas por el principio de la progresividad. En esta forma, en una primera etapa inicial puede decirse que el régimen de los derechos humanos derivó exclusivamente de un proceso de constitucionalización de los mismos, etapa que fue seguida por otra intermedia de internacionalización de la constitucionalización de los derechos humanos, llegando finalmente, a una etapa posterior, que es la actual, de constitucionalización de la internacionalización de los derechos humanos.

De acuerdo con esta secuencia, puede decirse que en los inicios del constitucionalismo moderno, el tema de los derechos humanos fue una pieza esencial para la formulación precisamente de los principios de dicho constitucionalismo, como resultado de las declaraciones de los derechos del hombre que comenzaron a formularse y a adquirir rango constitucional. Primero fueron las contenidas en las Constituciones de las colonias inglesas de Norteamérica a partir de 1776; segundo, la contenida en la Declaración francesa de los Derechos del Hombre y del Ciudadano a partir de 1789 y tercero, las contenidas en las declaraciones hispanoamericanas sobre los derechos de los ciudadanos a partir de la Declaración de los Derechos del Pueblo adoptada por el Congreso General de las Provincias de Venezuela de 1811.

Estas declaraciones fueron fundamentales, incluso, para la formulación de otros principios esenciales del constitucionalismo moderno, como el de la idea misma de "Constitución" como norma suprema y rígida, con el derecho a su supremacía e inmutabilidad y su garantía objetiva; y como el principio de la separación de poderes; principios que, incluso, fueron incorporados expresamente en el texto de las mismas declaraciones. Recordemos solamente el texto de la Declaración francesa, que estableció que en una sociedad en la que no está asegurada la garantía de los derechos ni determinada la separación de los poderes, no tiene Constitución (art. 16).

Tal Declaración, además, comenzaba señalando que "El fin de toda asociación política es la conservación de los derechos naturales e imprescriptibles del hombre", los cuales inicialmente se redujeron a la libertad, la igualdad ante la ley, la seguridad personal y la propiedad privada. Ese puede decirse que fue el ámbito de los derechos humanos en una primera etapa del régimen de los mismos, cuando eran objeto exclusivo de regulación por el derecho constitucional, y así fue hasta la primera mitad del Siglo XX, cuando se produjo una considerable ampliación en cuanto al ámbito de los mismos. Ello ocurrió con motivo de los postulados que se incorporaron en las Constituciones de Querétaro, en México, de 1917 y de Weimar, en Alemania, de 1919, con las cuales comenzó el proceso de constitucionalización de los derechos sociales y se formuló, además, el principio de la función social de los derechos económicos, particularmente del derecho de propiedad. Posteriormente se produjo, además, la ampliación de los derechos políticos en función del afianzamiento de la propia democracia, desembocando en el derecho a la participación política.

La Segunda Guerra Mundial y los horrores que la provocaron, que luego pusieron al descubierto las más aberrantes violaciones a los derechos humanos nunca imaginadas, condujeron a la búsqueda de un necesario ámbito universal en la lucha por la protección de los mismos, imponiéndose además, la consecuente y progresiva recomposición del concepto mismo de soberanía, clave en la configuración del derecho constitucional de la época.

El derecho internacional, así, comenzó a jugar un rol significativo en el establecimiento de límites al propio derecho constitucional, con motivo de los nuevos principios y compromisos internacionales que se fueron conformando para asegurar la paz. Por ello no es de extrañar que de esa guerra surgió, precisamente, el proceso de internacionalización de los derechos humanos, con la adopción tanto de la Declaración Americana de los Derechos y Deberes del Hombre por la Organización de Estados Americanos, como de la Declaración Universal de los Derechos Humanos por la Organización de las Naciones Unidas, ambas en 1948 y, en 1950, con la adopción de la Convención Europea de Derechos Humanos. Ese proceso se consolidó en las décadas de los sesenta y setenta, con la adopción del Pacto Internacional de Derechos Civiles y Políticos y del Pacto Internacional de Derechos Económicos, Sociales y Culturales en el ámbito de las Naciones Unidas y, en 1969, de la Convención Americana sobre Derechos Humanos en el ámbito interamericano.

En esta forma, a la constitucionalización inicial de los derechos humanos, siguió una segunda etapa marcada por el proceso de la internacionalización de los mismos. Su desarrollo, como instrumento de protección de tales derechos, ha sido lo que ha originado la tercera etapa de la protección, en la cual nos encontramos actualmente, la cual es la de la constitucionalización de la internacionalización de los derechos humanos, que ha sido provocada por el otorgamiento de rango constitucional a los derechos declarados en los tratados e instrumentos internacionales, así como por la introducción en los derechos internos, de los sistemas internacionales de protección de los derechos humanos.

Por tanto, es de la esencia de la democracia y además, de la seguridad personal y ciudadana, el que las personas que integran la población de un Estado puedan tener plena libertad para el ejercicio de sus derechos humanos, sin otras limitaciones que las destinadas a asegurar el derecho de los demás y al mantenimiento del orden público y social. La seguridad en el libre goce y ejercicio de los derechos humanos es, por tanto, parte esencial del concepto de seguridad democrática, que las fuerza pública debe preservar.

5. *La seguridad colectiva de la población*

Pero la seguridad democrática respecto de los derechos humanos, no sólo no se agota en la preservación de las exigencias humanas a la seguridad personal, individual o pública; sino que implica que la población de un país globalmente considerada, también requiere de un grado de seguridad colectiva, cuya perturbación o amenaza también interesa a la seguridad del Estado.

En tal sentido, concierne a la seguridad de la población, por ejemplo, el problema del terrorismo consistente en amenazas o actos de violencia que tienen como objetivo sembrar el terror y crear un clima de inseguridad en el seno de la colectividad, venga de individuos, de grupos o de los propios agentes policiales. Es un tipo de violencia ejercida con fines políticos, y que tiende a presionar a la opinión pública mediante la intimidación. Su práctica atenta contra la seguridad de la población y, por supuesto, contra la seguridad del Estado.

IV. LA SEGURIDAD DEL PODER ORGANIZADO DEMOCRÁTICAMENTE

Por supuesto, los elementos territorial y personal del Estado no bastan para que este exista; se requiere además que haya un poder organizado, conforme a un ordenamiento jurídico determinado, que sea el ordenador y organizador de la vida común de la población en el territorio. Aquí también, lo que afecte el Poder Público como tal y a la vigencia del ordenamiento jurídico, afecta al Estado, por lo que seguridad del Estado es fundamentalmente seguridad del Poder constituido, de las instituciones y órganos que lo componen, en fin, del gobierno y de la primacía de la ley.

1. *El régimen democrático y su seguridad*

Por supuesto, entre los más importantes principios del constitucionalismo moderno, sin duda se destacan el de la democracia y el de la representación, basados en el concepto de soberanía popular. Las revoluciones francesa y norteamericana de finales del siglo XVIII fueron las que provocaron el traslado de la soberanía, como supremo poder de regular o dirigir los intereses de una comunidad, de un Monarca absoluto que la ejercía por la gracia de Dios, al pueblo o a la Nación como persona moral que lo comprendía. En consecuencia, a raíz de esos dos acontecimientos, la soberanía dejó de pertenecer a un Monarca, y la asumió el pueblo, con lo que se inició la práctica del gobierno democrático ejercido por representantes.

Este principio de la soberanía del pueblo, en todo caso, es el que durante los últimos dos siglos ha orientado el desarrollo y perfeccionamiento del principio de gobierno democrático, conformado por representantes electos en elecciones universales, libres y secretas. Por ello es que la democracia como régimen político se identifica con la democracia representativa, basada en la elección de los gobernantes.

Si la soberanía reside en el pueblo, ésta sin duda, la puede ejercer directamente o mediante representantes. Pero puede decirse que el ejercicio de la democracia exclusivamente de manera directa, como forma de gobierno, no se ha dado en ninguna época de la historia y menos en las sociedades complejas del mundo contemporáneo. Ni siquiera en las ciudades griegas había un ejercicio democrático exclusivamente directo, pues siempre se designaban Magistrados aún cuando por sorteo, para llevar la carga del gobierno. Ello no excluye, sin embargo, que deban y puedan establecerse mecanismos para el ejercicio democrático directo en determinados asuntos o decisiones, y por ello el desarrollo en el constitucionalismo contemporáneo de los referendos como forma de participación política, como son los consultivos, revocatorios, aprobatorios, abrogatorios o decisorios.

Pero lo que sin duda es el signo esencial de la democracia, es el ejercicio indirecto de la soberanía por el pueblo a través de representantes electos mediante votación popular, universal y secreta, para integrar los órganos de los poderes públicos. Por ello la democracia, ante todo, es representativa del pueblo. Así ha sido siempre y seguirá siéndolo.

Sin embargo, lo importante a destacar es que la representación tiene que tender a ser efectiva, es decir, a lograr que todas las fuerzas políticas y grupos de interés puedan tener representación, para lo cual son fundamentales los sistemas electorales que se establezcan.

Pero lo que es definitivamente cierto en el mundo contemporáneo, es que la democracia ya no se agota con la sola representación, mediante el sufragio, de los gobernados. Progresivamente, en particular después de la segunda guerra mundial, la democracia como régimen político se ha venido vinculando esencialmente a otros elementos o factores, que van más allá de la sola elección popular de los gobernantes o de los mecanismos de participación directa. Estos elementos se refieren al funcionamiento del gobierno democrático, vinculado al control del ejercicio del poder y a la separación e independencia de los poderes del Estado; al respeto y garantía de los derechos humanos; al pluralismo político; a la garantía de los derechos laborales, y a la libertad de expresión.

Por tanto, en el mundo contemporáneo, no basta que el origen de un gobierno esté en el sufragio para que se lo considere democrático, sino que tiene que cumplir con otros elementos esenciales para tener legitimidad democrática. Por ello precisamente, la Carta democrática Interamericana de la OEA de 2001, enumera en su artículo 3, como elementos esenciales de la democracia representativa los siguientes: el respeto a los derechos humanos y las libertades fundamentales; el acceso al poder y su ejercicio con sujeción al estado de derecho; la celebración de elecciones periódicas, libres, justas y basadas en el sufragio universal y secreto como expresión de la soberanía del pueblo; el régimen plural de partidos y organizaciones políticas; y la separación e independencia de los poderes públicos. Además, la misma Carta establece en su artículo 4 como componentes fundamentales del ejercicio de la democracia la transparencia de las actividades gubernamentales; la probidad; la responsabilidad de los gobiernos en la gestión pública; el respeto por los derechos sociales y la libertad de expresión y de prensa.

Además, se declara ella Carta que son igualmente fundamentales para la democracia la subordinación constitucional de todas las instituciones del Estado a la autoridad civil legalmente constituida y el respeto al Estado de derecho de todas las entidades y sectores de la sociedad.

En todo caso, la democracia exige el respeto y la garantía de los derechos humanos y de las libertades fundamentales; estos no pueden existir sino en democracia; y no hay democracia si aquellos no se garantizan, por más origen electivo que tengan los gobernantes. Por ello, en el mundo contemporáneo, la doctrina de los derechos humanos y su primacía se han convertido en parte esencial de la democracia, al punto de que un régimen en el cual se violen los derechos humanos y libertades fundamentales es esencialmente antidemocrático.

Si detallamos lo establecido en la Carta Democrática Interamericana, resulta que la democracia, exige, en primer lugar, que el acceso al poder y su ejercicio se realicen con sujeción al Estado de derecho, es decir, respetándose la Constitución y las leyes. Pero hay que tener en cuenta que el acceso al poder no sólo se realiza a través de la elección de los representantes, lo que debe hacerse con sujeción a lo establecido en la Constitución, sino también mediante la designación de los otros titulares de órganos del poder público no electos con arreglo a la propia Constitución. Por ello, es esencialmente antidemocrático tanto la usurpación de cargos electivos como el ejercicio de cargos públicos por titulares nombrados violándose los requisitos y normas constitucionales.

Pero además, otro elemento esencial de la democracia conforme a la misma Carta Interamericana es el pluralismo político, de manera que todas las organizaciones y partidos políticos puedan tener efectiva posibilidad no sólo de acceder al poder, sino de participar políticamente en la conducción de la sociedad. El gobierno democrático, además, debe ser un gobierno para el pueblo en su conjunto y no para una parte de él y menos aún para un solo partido político o sus miembros. Por tanto, sin pluralismo político no puede haber democracia, siendo ésta incompatible con un régimen de partido único o hegemónico, o con un Estado integrado por funcionarios al servicio de una parcialidad política.

Por otra parte, la democracia como régimen político de acuerdo a la Carta Interamericana, exige mecanismos constitucionales que aseguren el control del poder, lo que implica, por una parte, un régimen de separación e independencia de los poderes públicos, y por la otra, un régimen de distribución territorial del poder. El principio de la separación de poderes es tan de la esencia de la democracia como lo es el principio de la representación popular mediante el sufragio para el ejercicio de la soberanía. Sólo el poder puede controlar al poder y a su ejercicio abusivo, por lo que cuando no existe la separación e independencia de los poderes, no hay democracia. En otras palabras, es incompatible con la democracia un sistema de gobierno que concentre y centralice el poder en unas solas manos, en una institución o en un solo partido político. Al contrario, la democracia implica separación, autonomía e independencia de los poderes públicos, de manera que exista balance y contrapeso entre ellos, es decir, posibilidad de control del poder.

La democracia, además, en el mundo contemporáneo conlleva a la distribución territorial del poder público en entidades regionales y locales, de manera que el ciudadano y sus agrupaciones puedan efectivamente participar en el ejercicio del poder público. Sólo si las instituciones están cerca del ciudadano, es que puede ser efectiva la participación política y la vida democrática cotidiana.

Por otra parte, sólo cuando está institucionalmente asignado el control del poder y de su ejercicio conforme al Estado de derecho, es que se puede asegurar que pueden tener vigencia los otros componentes fundamentales de la democracia que enumera la Carta Democrática Interamericana, como la transparencia y la responsabilidad de los gobiernos en la gestión pública, la probidad de los funcionarios públicos, y la actuación de la Administración Pública al servicio de los ciudadanos y no de una parcialidad política.

Adicionalmente, una democracia exige el respeto de los derechos laborales, entre los cuales ocupan lugar preferente, la sindicalización y la gremialización, sin ingerencia del Estado. Los derechos de los trabajadores deben estar garantizados por el Estado, y éste no puede intervenir en sus organizaciones y gremios. Todo control e ingerencia del Estado en los sindicatos, de manera que la libertad sindical quede sometida, es esencialmente antidemocrático.

Una democracia, por otra parte, sólo puede existir cuando está plenamente garantizada la libertad de expresión y de prensa. Esta es el instrumento más efectivo de control del poder por el pueblo, por lo que su limitación o restricción es contraria a la esencia misma de la democracia como gobierno para el pueblo.

Por último, la misma Carta Democrática Interamericana establece como esencial a la democracia, que todas las instituciones del Estado deban estar constitucional y políticamente subordinadas a la autoridad civil democráticamente constituida. La institución militar, por tanto, en democracia, tiene que estar subordinada a la autoridad civil y cumplir su misión de defensa del Estado y de las propias instituciones democráticas.

La democracia, por tanto, es mucho más que el acceso de los gobernantes al poder por vía electoral. Es un régimen político conforme al cual, el ejercicio del poder tiene que desarrollarse conforme a la Constitución y a los principios del Estado de derecho, de manera que pueda ser efectivamente controlado, asegurándose el respeto y garantía de los derechos humanos y libertades públicas. En ello radica la esencia de la seguridad democrática.

Concierne a la seguridad del Estado democrático, por tanto, el mantenimiento y fortalecimiento de la democracia. Por ello, la conspiración contra el régimen democrático, para su destrucción o desestabilización, y contra su adecuado funcionamiento, por ejemplo, en cuanto a la realización de elecciones, son asuntos que conciernen a la seguridad del Estado. Asimismo, concierne a la seguridad del Estado, la guerrilla y los movimientos guerrilleros como expresiones subversivas de lucha armada tendientes a cambiar el régimen democrático.

2. La estabilidad de las instituciones y los poderes constituidos

En todo caso, el Poder organizado como elemento esencial del Estado y que tiene a su cargo la ordenación y organización de la sociedad, no solo debe estar legalmente constituido, sino que para responder a las exigencias político-sociales, debe funcionar establemente. La seguridad del Estado, por tanto, exige, por sobre todo, la estabilidad de las instituciones democráticas y de los poderes constituidos, de manera que estos estén al abrigo de todo daño o amenaza de daño.

Esta estabilidad exige, además de permanencia basada en la alternabilidad democrática, un funcionamiento continuo, sin sobresaltos. La insurrección y todo hecho o acción que atente contra dicha estabilidad, que origine una conmoción de cualquier naturaleza que pueda perturbar la paz de la Nación o que afecte la vida económica o social, incluyendo los casos de graves y generalizados trastornos al orden público, conciernen sin duda a la seguridad del Estado.

3. El respeto al ordenamiento jurídico

Por otra parte, un Estado, es decir, un pueblo asentado en un territorio y gobernado por un poder organizado, no podría funcionar si no está sometido a un conjunto normativo, con la Constitución en su cúspide, que regule la actividad en común.

El derecho, por tanto, es el elemento de conexión entre los elementos esenciales del Estado, por lo que su irrespeto o desobediencia sistemática y generalizada, conspirarían contra el Estado mismo. Por ello, la desobediencia civil generalizada interesa a la seguridad del Estado, en tanto que pueda perturbar el orden público y la paz de la República. Dicha desobediencia sólo encontraría justificación, por otra parte, si se tratase de la resistencia ciudadana contra leyes injustas o ilegítimas o contra autoridades o regímenes que violen los derechos humanos o sean contrarios a los principios democráticos.

En todo caso, para que un orden jurídico pueda servir de basamento sólido de las relaciones sociales, tiene que ser legítimo y seguro; es decir, la actividad de los sujetos de derecho en un Estado, exige por sobre todo, que haya seguridad jurídica, la cual debe estar montada sobre leyes que además de ser justas, sean adoptadas legítimamente. De resto, lo que existiría como regla sería la desconfianza, y ello atentaría contra el libre ejercicio de los derechos.

Además, un orden jurídico legítimo y seguro tiene que ser recta y sabiamente administrado y aplicado, por lo que una administración de justicia que no responda a esos principios, con jueces justos y abogados probos, no es confiable. Por ello, globalmente considerado, otro de los grandes temas que conciernen a la seguridad del Estado en nuestros países, es tanto la seguridad jurídica como la confiabilidad en el Poder Judicial.

4. *La seguridad del estado y los estados de excepción (la emergencia)*

Por último, en relación con la seguridad de los Poderes constituidos como pieza de la seguridad del Estado, debemos hacer mención al régimen de los estados de excepción o de emergencia que se establecen en las Constituciones, precisamente cuando la seguridad del Estado se encuentra amenazada, y que implican, en general, la posibilidad de restricción o suspensión de las garantías constitucionales.

Esta declaración de estados de emergencia sólo se justifica en situaciones de crisis o de peligro excepcional e inminente que afecte al conjunto de la población y que constituyan una amenaza para la vida organizada de la comunidad que compone al Estado. Por ello la Convención Americana de los Derechos Humanos establece que las obligaciones de los Estados resultantes de dicha Convención, sólo pueden suspenderse "en caso de guerra, de peligro público o de otra emergencia que amenace la independencia o seguridad del Estado" (art. 27).

En todo caso, debe precisarse que en casos de emergencia sólo podría producirse la restricción o suspensión de determinadas garantías de los derechos, pero no de los derechos mismos, los cuales no pueden ni deben suspenderse o restringirse.

V. APRECIACIÓN FINAL

De todo lo anteriormente expuesto resulta, por tanto, que el concepto de seguridad del Estado en un Estado democrático de derecho, no sólo exige que la actuación pública esté dirigida a asegurar la preservación de la integridad del territorio del Estado y de su ocupación racional sino a garantizar la intangibilidad de los derechos de la población y la estabilidad de las instituciones. Además, por sobre todo, debe procurar la seguridad democrática, entendida como la situación en la cual debe encontrarse una sociedad organizada políticamente, de poder realizar libremente todos los elementos y componentes esenciales de la democracia, entre los cuales están, la elección de las autoridades mediante el sufragio, en un régimen de pluralismo político, donde el poder se ejerza en forma limitada en un régimen de separación y distribución conforme a la ley, a la cual, además, deben someterse todos los individuos a quienes debe asegurarse el libre ejercicio de sus derechos humanos.

En esos conceptos de seguridad del Estado democrático y de seguridad democrática, por tanto, quedan comprendidos por ejemplo, los de seguridad territorial, seguridad fronteriza, seguridad alimentaria, seguridad ambiental, seguridad de la población, seguridad ciudadana, seguridad del ejercicio de los derechos humanos, seguridad jurídica o seguridad judicial. Cada uno de esos aspectos, a la vez es el motivo y la justificación de la actuación de la fuerza pública, sea como Ejercito, en cuanto a la seguridad externa, o como policía, en cuanto a la seguridad interna.

QUINTA PARTE

ESTUDIOS SOBRE EL RÉGIMEN POLÍTICO

SECCIÓN PRIMERA: **REFORMA ELECTORAL EN EL SISTEMA POLÍ-TICO EN VENEZUELA (1958-2006) (SAN JOSÉ/CIUDAD DE MÉXICO, JUNIO 2006)**

Estudio elaborado para la obra colectiva sobre *Reforma política y electoral en América Latina,* preparada por Internacional IDEA y el Instituto de Investigaciones Jurídicas de la Universidad Nacional Autónoma de México, UNAM, 2007. El esquema para el trabajo, uniforme, fue suministrado por IDEA. Lo reproducimos con permiso de International IDEA, del libro *Reforma política y electoral en América Latina,* Instituto de Investigaciones Jurídicas de la Universidad Nacional Autónoma de México, UNAM e International Institute for Democracy and Electoral Assistance 2007. Publicado en mi libro: *Estudios sobre el Estado Constitucional (2005-2006),* Caracas 2007, pp. 627-653.

El estudio de la llamada "Tercera Ola Democratizadora" relativa a la reforma política en América Latina, la cual en la mayoría de los países comprende el período 1978-2005, en el caso de Venezuela necesariamente debe abarcar un período mayor, pues allí, esa Ola del proceso democratizador comenzó veinte años antes, es decir, en 1958, con la instauración del régimen democrático luego de la década militar autoritaria que se inició con el derrocamiento del Presidente Rómulo Gallegos en 1948.

Este estudio sobre la reforma política y electoral en Venezuela, por tanto, abarca el período 1958-2006, durante el cual no sólo se desarrolló el sistema democrático pluralista de partidos, sino en el cual estos fueron testigos de su propia crisis, precisamente, en gran parte, por la incapacidad de los mismos en introducir las reformas políticas necesarias y que requería el sistema para asegurar, no sólo la gobernabilidad de la democracia y su propia supervivencia, sino la transparencia, representación y rendición de cuentas del gobierno; o en haberlas adoptado parcial y tardíamente.

El régimen democrático que se estableció en Venezuela a partir de 1958 al amparo de las previsiones de la Constitución de 1961, y que estuvo en vigencia hasta 1999, se montó sobre un sistema presidencial de gobierno con amplia sujeción parlamentaria, es decir, de presidencialismo atenuado, lo que exigió siempre un necesario balance y contrapeso entre el poder legislativo y el poder ejecutivo. Los problemas políticos que se desarrollaron durante las cuatro décadas de democracia (1958-

1999) que siguieron a la aprobación de la Constitución, fueron principalmente provocados por un sistema de Estado de partidos, que produjo la consolidación de la exclusiva representatividad de los partidos políticos en los órganos electos; la escasa participación ciudadana en la gestión de los asuntos públicos, excepto a través de los partidos y las elecciones, y, particularmente, la excesiva centralización del poder, por el propio centralismo democrático en el funcionamiento interno de los partidos. Ello produjo progresivamente, una relativa ausencia de transparencia y rendición de cuentas por el control progresivo del órgano legislativo por parte de los partidos políticos, lo que contribuyó a desdibujar la separación orgánica de poderes, afectando la gobernabilidad democrática.

Para finales de los años noventa, la crisis del sistema político de partidos puede decirse que había llegado a su etapa terminal, exigiéndose reformas para hacer efectivas la representatividad popular en los órganos electos, hacer realidad la participación democrática, asegurar la transparencia y rendición e cuentas y en fin, la gobernabilidad de la democracia. En ese contexto de crisis, en 1994 se produjo la reelección de Rafael Caldera, precisamente como candidato antipartido –habiendo sido él uno de los constructores del sistema democrático de partidos-, y en 1998, la elección de Hugo Chávez Frías, quien había intentado un golpe de Estado militar durante el segundo gobierno de Carlos Andrés Pérez en 1992, como candidato que también levantó la bandera antipartidos. A ello se agregó. También, la bandera de la convocatoria de una Asamblea Nacional Constituyente como fórmula de solución de todos los males políticos nacionales, que tendría a su cargo la transformación del Estado y el establecimiento de un nuevo orden jurídico e institucional.

En ese contexto fue que se desarrolló el proceso constituyente de 1999, el cual, sin duda, hubiera podido haber sido una oportunidad excepcional para acometer la reforma del Estado y perfeccionar la democracia después de sus cuatro décadas de funcionamiento. Sin embargo, no fue así. La Asamblea Nacional Constituyente fue dominada con una abrumadora mayoría por los partidos que apoyaron al Presidente de la República, de manera que la Constitución no fue producto de consenso o conciliación algunos, sino que fue impuesta por esa mayoría. Con el apoyo de esa mayoría, la Asamblea Constituyente dio un golpe de Estado, mediante la intervención de todos los poderes públicos constituidos y que habían sido recién electos, violando las previsiones de la Constitución de 1961 cuya interpretación judicial le había dado nacimiento y que todavía estaba vigente. El resultado del trabajo constituyente fue la sanción por la Asamblea de una nueva Constitución que luego fue aprobada mediante referéndum en diciembre de 1999. Sin embargo, la entrada en vigencia del nuevo texto fue traumática, pues se comenzó a violar por la misma Asamblea Constituyente una semana después de ser aprobada por el pueblo, y antes de su publicación, mediante la emisión de un Régimen de Transición del Poder Público que aun cuando no formaba parte de la Constitución, el Tribunal Supremo de Justicia que fue el principal producto de ese mismo régimen, se encargó de legitimar y darle rango constitucional. Así se dio comienzo a la implementación del marco autoritario que la Constitución contenía, utilizándose para ello la transitoriedad constitucional fuera de la Constitución que adoptó la Asamblea, con el aval por el Tribunal Supremo.

En esa forma, en los años siguientes a 2000, la Constitución se ha aplicado a medias, y a pesar de las floridas disposiciones que contiene sobre división y distribución del poder, el sistema político que ha resultado ha sido un sistema de concentración extrema del poder en manos del Ejecutivo, y de centralismo de Estado a pesar del ropaje federal que continúa existiendo. El sistema de gobierno al amparo de la Constitución, se ha tornado en mucho más presidencialista, al haberse consolidado el predominio exacerbado del Poder Ejecutivo sobre los otros poderes públicos por el control que ejerce sobre el partido de gobierno, habiendo pasado a dominar políticamente la Asamblea Nacional, la cual además, desde 2000 es unicameral. A través de ello, el Poder Ejecutivo a concentrado más poder, controlando políticamente todos los demás poderes del Estado, particularmente el poder judicial y el poder electoral, con lo que los problemas de gobernabilidad, representatividad y control se han agravado y la participación se ha convertido en una ilusoria movilización popular, dada la centralización del poder en perjuicio de la federación y de los municipios. Estos han venido siendo sustituidos como la unidad política primaria que deberían ser conforme se establece la Constitución, por unos concejos comunales que no tienen asidero constitucional, pero en los cuales se pretende centrar la participación popular mediante el manejo de ingentes recursos, pero sin autonomía política alguna, ya que dependen directamente del Presidente de la República, controlados por el partido de gobierno.

La concentración del poder en el Presidente, a pesar de los principios constitucionales, por otra parte, ha originado que no haya transparencia alguna en la gestión pública, la cual no es controlada efectivamente por los órganos del Estado llamados a hacerlo, en particular, por el Poder Ciudadano, por lo cual no hay posibilidad alguna de exigir rendición de cuentas. Por ello, la posibilidad de gobernabilidad democrática es mínima, y lo que existe es un sistema de gobierno autoritario que ha concentrado y centralizado todos los poderes del Estado. En esta forma, utilizando mecanismos electorales, en fraude a la propia democracia y a la Constitución, se ha venido progresivamente minando la democracia representativa, pretendiendo sustituirla por una democracia participativa, que de democracia solo tiene el nombre.

En conclusión, las exigencias de reformas al sistema político para perfeccionar la democracia que se planteaban en 1998, en fraude a la Constitución de 1961 abrieron la vía para la convocatoria en 1999 de una Asamblea Nacional Constituyente, la cual no sólo violó la Constitución de 1961 cuya interpretación le dio origen, sino la propia Constitución que sancionó en 1999, sentando las bases de una transitoriedad constitucional, conforme a la cual, al margen de la propia Constitución y utilizando los propios mecanismos electivos, en fraude a la democracia, se ha venido demoliendo la propia democracia representativa, para sustituirla por un sistema de participación directa del pueblo, comandado por un Presidente de la república que incluso ha propuesto formalmente reformar de nuevo la Constitución, para perpetuarse en el poder.

En ese marco, las reformas de 1999 han producido como consecuencia el desmoronamiento definitivo del sistema tradicional de partidos políticos pluralistas y con posibilidad de alternancia, siendo sustituido por un sistema de partido único imbricado en el propio Estado, y por tanto, financiado directa e indirectamente con fondos públicos, a pesar de la prohibición constitucional en la materia.

En esta forma, Venezuela, con su nueva Constitución de 1999, llena de contradicciones constitucionales (una Federación centralizada y sin Senado; un Poder Legislativo y una delegación legislativa ilimitada; y una penta división del Poder con una concentración inusitada del poder en el órgano político representativo), ha constitucionalizado el camino hacia el autoritarismo. La democracia, por tanto, con ese esquema constitucional difícilmente puede ser efectiva, y menos aún el Estado de derecho.

I. REFORMAS AL RÉGIMEN DE GOBIERNO

Durante todo el período 1958-1999, el sistema de gobierno venezolano se caracterizó por ser un gobierno presidencial con sujeción parlamentaria, en el cual el Poder Ejecutivo estaba sometido a múltiples controles e injerencias por parte del antiguo Congreso, a través del Senado y de la Cámara de Diputados.

El sistema de balance y contrapesos se había establecido en la Constitución de 1961, con un relativo predominio del parlamento, entre otros factores, como reacción a los sistemas autoritarios que habían caracterizado el sistema político antes de 1958. Por ello, conforme a la Constitución de 1961, el gobierno, para funcionar, necesitaba del apoyo del poder legislativo, lo que dio origen a múltiples alianzas y coaliciones político-partidistas, habiendo sido excepcional, durante el período, que un Presidente de la República contara con mayoría absoluta en el parlamento. La democracia representativa, en todo caso, requería ser perfeccionada, y a ello apuntaban las aspiraciones y expectativas que se abrieron con la convocatoria al proceso constituyente de 1999.

1. Reformas para reequilibrar las relaciones entre ejecutivo y legislativo

En efecto, después de 40 años de proceso democrático (1958-1998), con motivo del proceso constituyente de 1999, el cual fue provocado por la crisis de los partidos políticos y, particularmente, por la falta de los mismos en poder dar la respuesta reformista requerida, que fue lo que los caracterizó a partir de los años ochenta; en la Constitución de 1999 se introdujeron diversas reformas políticas que supuestamente buscaban reequilibrar las relaciones entre el poder ejecutivo y el poder legislativo y, en particular, apuntaban a minimizar el protagonismo que habían tenido los partidos políticos.

El resultado de las mismas, en la práctica, en primer lugar, ha sido la ruptura de equilibrio entre el poder legislativo y el poder ejecutivo, en el sentido de que el sistema presidencial, tal como ha sido diseñado, sólo puede funcionar si el Ejecutivo controla políticamente al Legislativo, es decir, la gobernabilidad del sistema depende de dicho control, pues a la vez es el legislativo el que controla los otros poderes del Estado; y en segundo lugar, en lugar de haberse logrado la despartidización del sistema, lo que ocurrió fue la virtual desaparición del pluralismo partidista tradicional y su sustitución por un sistema de partido dominante -que en 2006 se ha propuesto convertirlo en un partido único- comandado por el propio Presidente de la República y los altos funcionarios del Estado, produciéndose una imbricación entre partido y Estado nunca antes conocida en el país.

En relación con las reformas que en la Constitución de 1999 se introdujeron respecto del régimen presidencial, se destacan las siguientes:

A. Facultades legislativas del Presidente

a. Poder y veto de la legislación

Al sistema tradicional de veto a las leyes que siempre ha tenido el Presidente de la República, mediante el cual, dentro de los 10 días que tiene para su promulgación, puede devolverlas a la Asamblea Nacional sea para su modificación (veto parcial) o para el levantamiento de su sanción (veto total), se ha agregado un mecanismo de control preventivo de constitucionalidad de las leyes mediante solicitud que a tal efecto el Presidente de la República puede formular ante la Sala Constitucional del Tribunal Supremo, dentro del mismo lapso de promulgación, (art. 214).

b. *Emisión de decretos leyes*

En la Constitución de 1999 se han ampliado en forma exorbitante las potestades legislativas del Presidente de la República, autorizándolo a emitir decretos leyes en dos aspectos específicos: en primer lugar, en cuanto a la organización de la Administración Pública ministerial, que dejó de ser atribución del poder legislativo y pasó a ser competencia exclusiva del Presidente de la República (art. 236,20); y en segundo lugar en materia de legislación delegada, mediante la cual el Presidente no sólo está autorizado para dictar medidas extraordinarias en materias económica y financiera por un período determinado de tiempo previa habilitación por el órgano legislativo como se regulaba en la Constitución de 1961, sino que se ha regulado la posibilidad de una autentica e ilimitada delegación legislativa por parte de la Asamblea Nacional en el Presidente de la República, para legislar también en un lapso determinado pero sobre cualquier materia. Ello, en la práctica, de los últimos años ha originado que casi toda la legislación básica del país haya sido dictada mediante decretos leyes (art. 203), mediante las delegaciones de 2002 y de 2007, esta última a pesar de que el partido de gobierno domina la totalidad de los escaños en la Asamblea Nacional.

Con ello, el proceso de consulta pública de los proyectos de ley que la Constitución impone a la Asamblea Nacional (artículos 206 y 211) se ha burlado, y la reserva legal prevista en la Constitución para regular por la representación popular materias específicas como la legislación relativa a los derechos fundamentales, ha sido ignorada.

c. *La iniciativa legislativa*

Si bien el Presidente de la República continúa teniendo iniciativa para la propuesta de proyectos de leyes al parlamento, la Constitución ha ampliado la iniciativa hacia todos los poderes del Estado respecto de las leyes que les conciernen, y ha dispuesto la posibilidad de iniciativa popular de proyectos de leyes por un número de personas equivalente al 0,1 % del los inscritos en el registro electoral (art. 204).

d. *Definición del presupuesto*

Si bien la Constitución de 1999 ha continuado reservando al Poder Ejecutivo la iniciativa de la presentación a la Asamblea Nacional de los proyectos de ley de presupuesto (artículo 313), la misma puede decirse que ha ampliado las potestades ejecutivas en relación con la ejecución del presupuesto y con el endeudamiento público mediante la regulación expresa del sistema de presupuestos plurianuales y leyes generales de endeudamiento, abriendo incluso la posibilidad del establecimiento de fondos extra presupuesto para el manejo de ingresos extraordinarios, lo que ha implicado que la gestión financiera del Estado haya escapado de toda disciplina presupuestaria (arts. 311 y ss.).

En cuanto a las potestades de la Asamblea Nacional en la materia presupuestaria, la Constitución ha sido precisa al disponer que la misma puede alterar las partidas presupuestarias, pero no puede autorizar medidas que conduzcan a la disminución de los ingresos públicos ni gastos que excedan el monto de las estimaciones de ingresos del proyecto de Ley (art. 313).

e.   Convocatoria a referendo o plebiscito

La Constitución de 1961, siguiendo la tradición constitucional anterior, sólo regulaba las líneas maestras de la democracia representativa mediante elecciones periódicas, y no establecía posibilidad alguna de mecanismos de democracia directa. La posibilidad de realización de referendos consultivos sólo se admitió en la Ley Orgánica del Sufragio y Participación Política de 1993.

En contraste, la Constitución de 1999, en paralelo a la regulación del sistema de sufragio como instrumento de la democracia representativa, han establecido múltiples mecanismos de democracia directa, entre los cuales están los referendos consultivos, los revocatorios, los aprobatorios y los abrogatorios (arts. 71-74). Salvo respecto de los referendos revocatorios en los cuales la iniciativa es siempre popular, en los referendos consultivos nacionales y en los referendos abrogatorios se atribuye iniciativa al Presidente de la República. Igualmente en los casos de referendos aprobatorios de tratados, acuerdos o convenios internacionales (art. 236, 22).

En 2004 se efectuó, después de múltiples inconvenientes y de la consolidación del control por parte del poder ejecutivo sobre el poder electoral, un referendo revocatorio presidencial que se convirtió en un referendo "ratificatorio" no previsto en la Constitución.

B.   Poderes presidenciales no legislativos

En el ejercicio de sus funciones en relación con los funcionarios ejecutivos, el Presidente de la República ejerce sus funciones con entera independencia, salvo en los casos de designación del Procurador General de la República y de los jefes de misiones diplomáticas permanentes, para lo cual se requiere previa autorización del a Asamblea nacional (art. 236, 15).

a.   Formación del gabinete

Al Presidente de la República le corresponde exclusivamente la designación del Vice Presidente Ejecutivo, cargo que se concibe en la Constitución como el de un órgano directo del Presidente y su colaborador inmediato, de su, libre nombramiento y remoción (art. 238). No se trata, por tanto, de ningún mecanismo institucional para establecer atenuaciones de parlamentarismo al presidencialismo, sino de al contrario de reforzar el presidencialismo Al Vice Presidente le corresponde entre otras atribuciones, la de colaborar con el Presidente en la acción de gobierno, coordinar la Administración Pública de acuerdo con las instrucciones del Presidente, proponerle el nombramiento y remoción de los ministros, nombrar funcionarios, presidir el Consejo de Ministros previa autorización del Presidente y suplir sus faltas temporales (art. 239). El Vicepresidente, por tanto, en realidad no pasa de ser un coordinador del gabinete, por delegación presidencial, lo cual puede contribuir a aligerar las cargas del jefe del Estado y del gobierno.

El Presidente de la República también tiene la potestad exclusiva de designar a los Ministros, también concebidos como sus órganos directos, los cuales reunidos integran el Consejo de Ministros. Este órgano colectivo ministerial debe ser presidido por el Presidente de la República, y si bien el Vice Presidente puede ser autorizado para presidirlo, para la validez de las decisiones que en ese caso se adopten, deben ser ratificadas por el Presidente de la República (art. 242).

b. *Destitución de ministros*

Al igual que el Vicepresidente, los Ministros son de la libre remoción o destitución por el Presidente de la República. El Vicepresidente sólo está facultado para proponerle la remoción de los mismos (art. 239,3).

c. *Voto de censura al Vicepresidente y a los ministros*

Con la creación del cargo de Vicepresidente en la Constitución de 1999, se estableció, además de la posibilidad de voto de censura respecto de los ministros que se regulaba en la Constitución de 1961, la posibilidad para la Asamblea Nacional de aprobar una moción de censura al Vicepresidente Ejecutivo con una votación no menor de las 3/5 partes de sus integrantes, la cual implica su remoción (art. 240), con la consecuencia de que el funcionario removido no puede optar al cargo de Vicepresidente Ejecutivo o de Ministro por el resto del período presidencial.

Debe indicarse que en contrapeso a esta potestad legislativa, que no se ha puesto aún en práctica, la Constitución de 1999 dispuso la posibilidad para el Presidente de la República de poder disolver la Asamblea Nacional en caso de que se produzca la remoción del Vicepresidente Ejecutivo como consecuencia de la aprobación de tres mociones de censura dentro de un mismo período constitucional. Esta es la única posibilidad que tiene el Presidente de la República de disolver la Asamblea, hecho que se puede considerar como de difícil materialización, salvo que la propia Asamblea así lo provoque aprobando el tercer voto de censura. En todo caso, el decreto de disolución conllevaría la convocatoria de elecciones para una nueva legislatura dentro de los 60 días siguientes a su disolución. En ningún caso la Asamblea no puede ser disuelta en el último año de su período constitucional (art. 240).

En cuanto a los Ministros, la Asamblea Nacional puede aprobar mociones de censura a los Ministros, en cuyo caso, si la misma se adopta con el voto de no menos de las 3/5 partes de los integrantes presentes de la Asamblea Nacional, ello implica la remoción del Ministro censurado (art. 246). En este caso, el Ministro removido no puede optar al cargo de Ministro ni de Vicepresidente Ejecutivo por el resto del período presidencial.

C. *Poderes de control del poder legislativo sobre el presidente*

En el sistema presidencial venezolano, los Ministros no sólo pueden ser llamados a comparecer ante la Asamblea Nacional y ser interpelados, sino que tienen iniciativa propia para participar en los debates de la misma. Además, como se dijo la Asamblea puede aprobar votos de censura contra los Ministros. Se trata, sin duda, en este caso, de injertos parlamentarios al sistema presidencial, que de aplicarse en un sistema de separación de poderes efectivo, podrían contribuir a atenuar en presidencialismo.

a. *El derecho de palabra en la Asamblea*

Los Ministros tienen derecho de palabra en la Asamblea Nacional y en sus Comisiones (art. 211); y además, pueden tomar parte en los debates de la Asamblea Nacional, aún cuando por supuesto, sin derecho al voto (art. 245).

b. *Las interpelaciones y la obligación de comparecencia ante la Asamblea*

Por otra parte, la Asamblea Nacional puede convocar a los Ministros para que comparezcan ante ella, como parte de los poderes de control de la Asamblea Nacional en relación con los Ministros, mediante las interpelaciones y las preguntas, además de cualquier otro mecanismo que establezcan las leyes y su reglamento (art. 222).

Todos los funcionarios públicos, incluyendo los Ministros, están obligados, bajo las sanciones que establece la ley, a comparecer ante las Comisiones parlamentarias y a suministrarles las informaciones y documentos que requieran para el cumplimiento de sus funciones. En ejercicio del control parlamentario, la Asamblea pueda declarar la responsabilidad política de los Ministros y solicitar al Poder Ciudadano que intente las acciones a que haya lugar para hacer efectiva tal responsabilidad (art. 223)

c. *Mensajes y memorias ante la Asamblea*

El Presidente de la República debe presentar personalmente un Mensaje Anual ante la Asamblea Nacional en el cual debe dar cuenta de los aspectos políticos, económicos, sociales y administrativos de su gestión (art. 237).

En cuanto a los Ministros, estos están obligados a presentar ante la Asamblea Nacional, dentro de los primeros 60 días de cada año, una memoria razonada y suficiente sobre la gestión del despacho en el año inmediatamente anterior (art. 244).

La Constitución no regula expresamente la realización de debate alguno sobre el mensaje o las memorias, ni sobre la aprobación o no de las mismas.

d. *Poderes parlamentarios de investigación*

La Asamblea Nacional puede ejercer su función de control sobre el poder Ejecutivo y la Administración Pública mediante los siguientes mecanismos: las interpelaciones, las investigaciones, las preguntas, las autorizaciones y las aprobaciones parlamentarias previstas en la Constitución y en la ley y cualquier otro mecanismo que establezcan las leyes y su reglamento (art. 222).

En ejercicio del control parlamentario, la Asamblea pueda declarar la responsabilidad política de los funcionarios públicos y solicitar al Poder Ciudadano que intente las acciones a que haya lugar para hacer efectiva tal responsabilidad.

Por otra parte, tanto la Asamblea como sus Comisiones pueden realizar las investigaciones que juzguen convenientes en las materias de su competencia, de conformidad con el reglamento (art. 223). Esta facultad de investigación, sin embargo, no afecta las atribuciones de los demás poderes públicos. Sin embargo, en cuanto a los jueces, estos están obligados a evacuar las pruebas para las cuales reciban comisión de la Asamblea Nacional y de sus Comisiones (art. 224).

Todos los funcionarios públicos están obligados, bajo las sanciones que establezcan las leyes, a comparecer ante dichas Comisiones y a suministrarles las informaciones y documentos que requieran para el cumplimiento de sus funciones. Esta obligación comprende también a los particulares; quedando a salvo los derechos y garantías que la Constitución consagra (art. 223). A los efectos de asegurar la aplicación de esta norma constitucional se ha dictado la Ley Sobre el Régimen para la

Comparecencia de Funcionarios y Funcionarias Públicos y los o las Particulares ante la Asamblea Nacional o sus Comisiones de 2001.

e. *Poderes relativos al nombramiento y destitución de miembros del gabinete*

Como antes se ha dicho, en Venezuela el Presiente de la República tiene competencia exclusiva para la designación y remoción de los miembros de su gabinete (Vicepresidente y ministros), y sólo en los casos de votos de censura aprobados por la Asamblea Nacional con la mayoría calificada exigida en la Constitución, esta última decisión implicaría la remoción del funcionario.

2. *Instituciones de rendición de cuentas*

La Constitución de 1999 declara al gobierno de la República como democrático, participativo, electivo, descentralizado, alternativo, responsable, pluralista y de mandatos revocables (art. 6), a cuyo efecto ha establecido algunas instituciones relativos a la rendición de cuentas, particularmente de los funcionarios electos, regulando además expresamente entre los referendos constitucionales, el referendo revocatorio de los mandatos de elección popular.

Sobre la rendición de cuentas, en cuanto al Presidente de la República, la Constitución se limitó a establecer que cada año, dentro de los 10 primeros días siguientes a la instalación de la Asamblea Nacional, en sesiones ordinarias, debe presentar un mensaje en que debe dar cuenta de los aspectos políticos, económicos, sociales y administrativos de su gestión durante el año inmediatamente anterior (art. 237).

En cuanto a los diputados a la Asamblea Nacional, además de disponer que los mismos están obligados a cumplir sus labores a dedicación exclusiva, en beneficio de los intereses del pueblo y a mantener una vinculación permanente con sus electores, atendiendo sus opiniones y sugerencias y manteniéndolos informados acerca de su gestión y la de la Asamblea (art. 197); les impone la obligación de dar cuenta anualmente de su gestión a los electores, estando sometidos al referendo revocatorio del mandato (art. 197).

En cuanto a los Gobernadores de Estado, en una incomprensible reacción contra el rol de la representación política en los Consejos Legislativos Estadales, en la Constitución se dispuso que aquellos deben rendir cuenta de su gestión, anual y públicamente, sólo ante el Contralor del Estado.

Ante los Consejos Legislativos sólo deben presentar un informe (art. 161), sin establecer modalidad alguna de debate o de aprobación.

Ahora bien, en relación con el tema de la rendición de cuentas, debe hacerse mención al referendo revocatorio, como institución de democracia directa que deriva del principio constitucional de que "todos los cargos y magistraturas de elección popular son revocables" (art. 72). Por tanto, la revocación de mandatos se configura como uno de los "medios (en lo político) de participación y protagonismo del pueblo en ejercicio de su soberanía" (art. 70).

Ahora bien, la revocatoria del mandato de los funcionarios electos (Presidente de la República, Gobernadores de Estado, Alcaldes y Diputados a la Asamblea nacional, legisladores estadales y concejales municipales) sólo puede producirse mediante la realización de un referendo revocatorio, el cual conforme al artículo 72 de la Constitución, se rige por las siguientes reglas:

Primero, sólo puede efectuarse una vez transcurrido la mitad del período de gobierno para el cual fue electo el funcionario.

Segundo, la solicitud de la convocatoria de un referendo sólo puede tener su origen en una iniciativa popular, respaldada por un número no menor del 20% de electores inscritos en el Registro Civil y Electoral en la correspondiente circunscripción electoral para el momento de presentación de la solicitud. Debe señalarse, además, que en ningún caso se puede hacer más de una solicitud de revocación del mandato durante el período para el cual fue elegido el funcionario.

Tercero, la solicitud se debe formular ante el Consejo Nacional Electoral, órgano al cual compete la organización, administración, dirección y vigilancia de los referendos (art. 293, 5).

Cuarto, al referendo revocatorio convocado deben concurrir, como votantes, un número de electores igual o superior al 25% de los electores inscritos en el Registro Electoral para el momento de la votación.

Quinto, para que se produzca la revocatoria del mandato de un funcionario público electo, deben votar a favor de la revocación, un número igual o mayor al número de electores que lo eligieron. En este caso, se considera revocado el mandato del funcionario y debe entonces procederse de inmediato a cubrir la falta absoluta de acuerdo con lo dispuesto en la Constitución (arts. 72; 233).

En cuanto al Presidente de la República, considerándose la revocatoria del mandato como falta absoluta, en caso de aprobarse debe procederse a cubrir la falta según que ésta ocurra durante los primeros cuatro años de los seis del período constitucional o durante los dos últimos: En el primer caso, debe procederse a una nueva elección presidencial para que, quien resulte electo, complete el período constitucional por los dos años restantes; y en el segundo caso, el Vicepresidente Ejecutivo es quien debe asumir la Presidencia hasta completar dicho período. (art. 233)

La Constitución sólo reguló expresamente los efectos de la revocatoria sobre el funcionario revocado respecto de los diputados a la Asamblea Nacional, en cuyo caso, estos no pueden optar a cargos de elección popular en el siguiente período constitucional (art. 198). Nada se reguló en los casos de referendos revocatorios de mandato de otros funcionarios.

En cuanto a los referendos revocatorias, como se dijo, la única experiencia que ha habido en Venezuela fue la del referendo revocatorio efectuado el 15 de agosto de 2004 respecto del Presidente de la República Hugo Chávez Frías, quien había sido electo en agosto de 2000 con una votación de 3.757.774 electores. En dicho referendo de 2004 votaron a favor de la revocatoria de su mandato 3.989.008 electores, es decir, un número mayor de aquellos que lo eligieron, por lo que conforme al artículo 72 de la Constitución, se debía considerar revocado su mandato y se debía proceder de inmediato a realizar una elección para cubrir la falta absoluta que se había producido.

Dicho referendo revocatorio del mandato presidencial, sin embargo, por una interpretación del Consejo Nacional Electoral, evidentemente contraria a la Constitución, contenida en una normativa dictada mediante un acto administrativo, y luego, por una frase inserta en una sentencia de la Sala Constitucional del Tribunal Supremo de Justicia, fue convertido, de golpe, en un "referendo ratificatorio" del mandato del Presidente de la República, institución que no tiene asidero constitucional alguno. Dicha experiencia, por lo demás, fue traumática desde el punto de vista de la participación popular: los más de tres millones de electores que firmaron la petición solicitando la convocatoria del referendo, en dos intentos en 2002 y 2003, mediante la publicación de la lista de los mismos por un diputado del partido de Gobierno (la llamada "Lista de Tascón") fueron sistemática e impunemente discriminados en sus relaciones con el Estado, de manera que los que eran funcionarios fueron destituidos, los que aspiraban a ser incorporados a la función público fueron descartados, y todos los que tenían que hacer gestiones ante la Administración para el ejercicio de los más elementales derechos (por ejemplo, la obtención de su cédula de identidad o un pasaporte) fueron acosados.

Difícilmente, en esas circunstancias, se podrá efectuar algún otro intento de referendo en el país, ya que el simple ejercicio de un derecho constitucional de petición, convierte al peticionario en un excluido político.

3. El acentuado militarismo

La Constitución de 1999, también dentro de sus innovaciones, consagró un acentuado esquema militarista como no se conocía en la última centuria; lo cual si se agrega al presidencialismo como forma de gobierno y a la concentración de poderes en la Asamblea Nacional y el Presidente de la República cuando la controla, lo que pone en evidencia es el autoritarismo como forma de gobierno.

En la Constitución, en efecto, se eliminó toda idea de sujeción o subordinación de la autoridad militar a la autoridad civil; dándose, al contrario, una gran autonomía a la autoridad militar y a la Fuerza Armada, con la posibilidad incluso de intervenir sin límites en funciones civiles, bajo la única comandancia general del Presidente de la República. Ello se evidencia, por ejemplo, tanto de la incorporación de algunas regulaciones como de la ausencia de las mismas:

Primero, se eliminó la tradicional prohibición que existía en el constitucionalismo histórico respecto del ejercicio simultáneo de la autoridad civil con la autoridad militar. Segundo, se eliminó el control civil parlamentario en relación con la promoción de militares de altos rangos, y que había sido diseñado por los hacedores de la República a comienzos del Siglo XIX. Esa promoción, en la Constitución, es una atribución exclusiva de la Fuerza Armada y de su comandante general, el Presidente de la República (art. 331). Tercero, se eliminó la norma que establecía el carácter apolítico de la institución militar y su carácter no deliberante, lo cual abrió el camino para que la Fuerza Armada delibere e intervenga en los asuntos que estén resolviendo los órganos del Estado. Cuarto, se eliminó de la Constitución la obligación de la Fuerza Armada de velar por la estabilidad de las instituciones democráticas que antes estaba prevista expresamente. Quinto, y más grave aún, se eliminó la obligación de la Fuerza Armada de obedecer la Constitución y leyes, cuya observancia debía estar siempre por encima de cualquier otra obligación, como lo establecía la Constitución anterior. Sexto, por vez primera en la historia del país, se le concedió a los militares el derecho al voto (art. 330), lo cual ha mostrado ser políticamente incompatible con el principio de obediencia. Séptimo, la nueva Constitución estableció el privilegio de que el Tribunal Supremo de Justicia debe decidir si hay méritos para juzgar a los militares de alto rango de la Fuerza Armada (art. 266,3), lo cual siempre había sido un privilegio procesal reservado a altos funcionarios civiles, como el Presidente de la República. Octavo, se sujetó el uso de cualquier tipo de armas en el país a la autoridad de la Fuerza Armada (art. 324), control éste que antes estaba atribuido a la administración civil. Noveno, se estableció la posibilidad de poder atribuir a la Fuerza Armada funciones de policía administrativa (art. 329). Finalmente, décimo, se adoptó el concepto de la doctrina de seguridad nacional (art. 326), definida de forma total, global y omnicomprensiva, conforme a la cual, como había sido desarrollada en los regímenes militares de América Latina en los setenta, casi todo lo que suceda en la Nación concierne a la seguridad del Estado, aun el desarrollo económico y social.

Todo esto ha dado origen a un esquema militar que es una novedad constitucional y ha venido conduciendo a una situación en la cual la Fuerza Armada, con el soporte del Jefe de Estado, se ha apoderado de la Administración civil del Estado, como ha venido ocurriendo en los últimos años. Todas estas disposiciones muestran un cuadro constitucional de militarismo verdaderamente único en la historia política y constitucional de América Latina, que no se encuentra ni siquiera en las Constituciones de los anteriores regímenes militares.

En esta forma el militarismo se ha apoderado del Estado, de manera que aún cuando el régimen autoritario que se ha establecido no haya sido fruto de un golpe militar, en definitiva, otro valor fundamentales para la democracia como es la subordinación constitucional de todas las instituciones del Estado a la autoridad civil legalmente constituida, por el apoderamiento militar del Estado y su imbricación con el Partido Único, se ha resquebrajado, habiendo quedado el respeto al Estado de derecho como otro valor pospuesto por todas las entidades y sectores de la sociedad.

II. REFORMAS AL SISTEMA ELECTORAL

1. El órgano electoral

En relación con las reformas electorales, quizás la más significativa en los últimos años ha sido la referente a los organismos electorales que se han creado, en principio, para garantizar su autonomía e independencia.

En tal sentido, la Constitución de 1999 estableció una penta separación del Poder Público, al disponer que "El Poder Público Nacional se divide en Legislativo, Ejecutivo, Judicial, Ciudadano y Electoral" (Art. 136), creando entonces al Poder Electoral con autonomía orgánica y funcional en relación con los otros poderes, cuyo ejercicio se atribuyó al Consejo Nacional Electoral como ente rector; el cual además, tiene como organismos subordinados al mismo, a la Junta Electoral Nacional, a la Comisión de Registro Civil y Electoral y a la Comisión de Participación Política y Financiamiento (Art. 292). El Poder Electoral fue regulado en la Ley Orgánica del Poder Electoral *Gaceta Oficial* Nº 37.573 de 19-11-2002.

Este órgano, además, ha sido dotado de amplias potestades normativas, en particular, la función de "Reglamentar las leyes electorales y resolver las dudas y vacíos que éstas susciten o contengan" (Art. 293, 1).

Aún cuando para la designación de los miembros (rectores) del Consejo nacional Electoral, la Constitución dispuso la intervención de un Comité de Postulaciones electorales (art. 295) para asegurar la participación ciudadana, y el nombramiento por las 2/3 partes de la Asamblea Nacional (art. 296), en la práctica por la situación política extremadamente polarizada del país, el nombramiento de dichos funcionarios ante la omisión legislativa, se hizo en 2004 por la sala Constitucional del Tribunal Supremo de Justicia, de forma tal que consolidó el control político ejecutivo sobre dicho organismo, lo que se ha reforzado posteriormente por la composición de la Asamblea nacional en las elecciones de 2005 por sólo representantes del partido de gobierno.

La Constitución de 1999 creó además, en el Tribunal Supremo de Justicia, una Sala Electoral (Art. 262) a la cual le atribuyó la jurisdicción contencioso-electoral (Art. 297), la cual se configura como una jurisdicción contencioso-administrativa especializada en materia electoral.

2. *Elección presidencial*

La tradición en Venezuela a partir de 1958 y hasta 2000, fue la de una sistema democrático en la cual los diversos grupos políticos tuvieron opciones reales de acceso al poder, mediante elecciones competitivas, que en general fueron dominadas por los partidos políticos que funcionaron durante cuatro décadas; partidos que cubrieron todo el espectro político, y que tuvieron su origen en los movimientos sociales y estudiantiles desarrollados entre los años treinta y cuarenta del siglo pasado.

Ese panorama político cambió a parir de 2000, pues dado el marco autoritario que configuró la Constitución, basado en la concentración y centralización del poder, puede decirse que las posibilidades de alternabilidad republicana se han tornado ilusorias.

A. *Sistema de elección*

El sistema de elección del Presidente de la República en la Constitución de 1999 es el mismo que estaba previsto en la Constitución de 1961, el cual a pesar de las propuestas de reforma que se formularon ante la Asamblea Constituyente permaneció inalterado.

Se trata de un sistema de elección por mayoría simple mediante votación universal, directa y secreta (art. 228). Por tanto, se proclama electo el candidato que hubiere obtenido la mayoría de votos válidos.

A pesar de que en la Asamblea Constituyente se propuso la propuesta para que en la nueva Constitución se estableciera el principio de la mayoría absoluta y la doble vuelta en la elección presidencial, ello no fue aceptado.

B. *Reelección presidencial*

La tradición en Venezuela por más de un siglo, fue la prohibición absoluta de la reelección inmediata del Presidente de la República. Sólo en la Constitución de 1961 se admitió la reelección presidencial pero después de transcurridos 10 años de la terminación del primer mandato, es decir, luego de transcurridos dos períodos constitucionales. Este sistema fue radicalmente cambiado en la Constitución de 1999, estableciéndose no sólo un período constitucional de 6 años (en lugar de los 5 años previstos en la Constitución de 1961) sino la posibilidad de reelección inmediata, aún cuando por una sola vez, para un período adicional (art. 250). En 2007, entre las propuestas de reforma constitucional formuladas por el Presidente de la República, ha estado la posibilidad de reelección presidencial indefinida.

En todo caso, independientemente de ello, el actual sistema de extenso período constitucional con reelección inmediata, es uno de los elementos que refuerzan el presidencialismo.

C. *Duración del mandato presidencial*

Contrariamente a lo que establecía la Constitución de 1961, en el sentido de un período constitucional único para todos los niveles de gobierno, la Constitución de 1961 ha establecido períodos constitucionales variados: El período constitucional del Presidente de la República es de 6 años (art. 230), en forma diferente a los otros períodos de duración de mandato de los otros funcionarios electos: un período de 5 años para los diputados a la Asamblea Nacional, y de 4 años para los Gobernadores de Estado, los legisladores miembros de los Consejos Legislativos estadales, los Alcaldes y los concejales miembros de los Concejos Municipales (arts. 160, 162, 174, 175).

Lamentablemente, este factor no ha contribuido a aumentar la participación popular en las elecciones, de manera que incluso, el grado de abstención en las elecciones municipales en los últimos años ha llegado a niveles nunca antes conocidos, cerca del 70%.

D. *Elecciones*

Hasta 1993, las elecciones en Venezuela habían sido simultáneas. Con motivo de la reforma de la Ley Orgánica del Sufragio y de acuerdo con lo que autorizaba la Constitución de 1961, en 1998, por primera vez se separaron las elecciones para los cuerpos representativos nacionales y para los funcionarios estadales que se eligieron en forma separadas de la elección para Presidente de la República.

Esta reforma se recogió en la Constitución de 1999, particularmente dado que los períodos de duración del mandato de los funcionarios electos son diferentes, originando en consecuencia, que las elecciones se realicen en forma separada, salvo respecto de las elecciones para funcionarios estadales y municipales que se realizan en forma simultánea.

Por tanto, ahora las elecciones siempre son separadas respecto de la elección de los diputados a la Asamblea Nacional, y todas, respecto de la elección presidencial.

El día de las elecciones, conforme a la Ley Orgánica del Sufragio y Participación Política, siempre se fija para un día domingo.

El registro electoral es permanente, correspondiendo su organización, actualización y supervisión al Consejo Nacional Electoral.

Habiendo dejado de ser obligatorio el voto en la Constitución de 1999 (contrariamente a lo que prescribía la Constitución de 1961), hasta tanto se produzca la integración que la Constitución prescribe entre el Registro Civil y el Electoral (art. 293), la inscripción en el registro electoral puede considerarse como optativa.

3.   Elección legislativa

A.   Funciones claves del sistema electoral

El sistema electoral de los órganos legislativos en Venezuela, conforme a la Constitución de 1961, se había concebido de manera tal que se asegurara que los partidos políticos obtuvieran representación proporcional en los órganos legislativos, mediante la aplicación del sistema d'Hondt. El principio de la representación proporcional, por tanto, fue el signo común de las elecciones efectuadas para los cuerpos durante todo el período democrático hasta 1993, cuando se establecieron en la legislación, y conforme lo autorizaba la Constitución, mecanismos que combinaron la representación proporcional con la elección mayoritaria en circunscripciones uninominales o plurinominales. Ese esquema se constitucionalizó posteriormente en la Constitución de 1999

B.   Sistema electoral utilizado en los órganos legislativos

En efecto, en cuanto a la elección de los cuerpos legislativos, el principio general de la sola representación proporcional de las minorías que conforme a la Constitución de 1961, que hasta las elecciones de 1989 se aplicó para la elección de los cuerpos representativos, se modificó en la reforma de la Ley Orgánica del Sufragio de 1993, en la cual se combinó el principio de la representación proporcional con la personalización del sufragio.

En consecuencia, desde la elección de 1993 hasta la elección de 1998, el sistema electoral para la elección de los miembros del antiguo Congreso, se rigió por los siguientes principios: Para la Cámara del Senado, la elección se efectuó mediante representación proporcional a través de listas cerradas y bloqueadas en circunscripciones binominales mediante el sistema d'Hondt y adjudicación de cargos adicionales por cociente electoral. En la Constitución de 1999 el Senado fue eliminado, estableciéndose un parlamento unicameral.

Para la elección de la Cámara de Diputados y los miembros de las antiguas Asambleas Legislativas de los Estados, la elección de los diputados se efectuó mediante el sistema de "representación proporcional personalizada", que combinó la proporcionalidad (voto lista con adjudicación de escaños mediante el sistema D'Hondt) con la uninominalidad (en circunscripciones uninominales o plurinominales), de manera que aproximadamente la mitad de los cargos se eligió mediante listas cerradas y bloqueadas, y la otra mitad, mediante voto uninominal por mayoría relativa, en circunscripciones que fueron de un escaño (uninominales) o de varios escaños (plurinominales).

De acuerdo con este sistema, en cada una de las circunscripción electoral que equivale a los Estados de la Federación, los partidos y organizaciones políticas pudieron postular una lista de candidatos y, además, los candidatos necesarios para los cargos personalizados, de manera que los electores votaron a la vez por una de las listas y por tantos candidatos nominales como correspondiera a su circunscripción (uninominal o plurinominal), incluyendo la posibilidad de seleccionar la lista de un partido y un candidato de otro.

En la Constitución de 1999, como se dijo, se eliminó el Senado y, por tanto, desapareció el casi bicentenario sistema parlamentario bicameral que había existido en le país desde 1811, sustituyéndoselo por un sistema parlamentario unicameral, con una Asamblea Nacional, cuyos diputados, de acuerdo con lo dispuesto en la propia Constitución, al igual que todos los cuerpos representativos estadales y municipales, deben ser electos mediante un sistema que combine "el principio de la personalización del sufragio con la representación proporcional (art. 63). Así se reguló, además, en el Estatuto Electoral del Poder Público que dictó la Asamblea nacional Constituyente en enero de 2000 (*G.O.* N° 36.884 de 03-02-2000), en el cual se dispuso que el 60% de todos los representantes populares debían ser elegidos en circunscripciones uninominales, según el principio de la personalización; y el 40 % de debía elegir por lista, según el principio de la representación proporcional (art. 15). Para garantizar la combinación y aplicación de ambos sistemas, conforme a la Ley Orgánica y el Estatuto Electoral, el procedimiento de adjudicación de puestos comienza mediante la adjudicación de los electos por representación proporcional en las circunscripciones plurinominales, para posteriormente sustraer de los puestos adjudicados en esa forma a los partidos, los que obtengan por mayoría de votos en las circunscripciones uninominales y, en esa forma, poder mantener el grado requerido de proporcionalidad entre los votos obtenidos y los puestos adjudicados.

El sistema opera, por supuesto, en relación con los candidatos de un mismo partido postulados para la elección mayoritaria en los circuitos uninominales y para la elección por lista en las circunscripciones plurinominales. Por tanto, si un partido sólo postula para elecciones uninominales o solo postula para las elecciones en las circunscripciones por lista, no habría deducción alguna que hacer, de manera que una forma de burlar la Constitución y la Ley y eliminar la proporcionalidad fue la desarrollada por la práctica política en 2005, por los partidos que respaldaban al gobierno, conforme al método que se denominó de "las morochas", y que consistió en un sistema de postulación de candidatos a cuerpos deliberantes, donde una pluralidad de partidos o grupos políticos actuaron postulando candidatos por lista y candidatos nominales; pero con la característica de que los partidos agrupados, participaron postulando en sus listas, pero no lo hicieron en los circuitos uninominales, de manera que los candidatos electos en estos, no se le dedujeron a los electos en las listas, atribuyéndose al grupo o partido político más representantes que los que le debían corresponder mediante el método del cociente. El método, aceptado por el Consejo Nacional Electoral, fue impugnado vía acción de amparo ante la Sala Constitucional del Tribunal Supremo de Justicia, el cual mediante sentencia N° 74 de 25 de enero de 2006 (*Revista de Derecho Público*, N° 105, Caracas 2006, pp. 122-144) se limitó a señalar que "El principio de personalización del sufragio está garantizado por la nominalidad y la representación proporcional por el voto lista, dejando a la iniciativa de los ciudadanos y de las organizaciones políticas el sistema de selección y postulación de sus candidatos". El Magistrado que salvó su voto respecto de dicha decisión (Pedro Rafael Rondón Haaz), calificó el método como "un fraude a la Ley y más grave aún, en un fraude a la Constitución, a través de un evidente abuso de las formas jurídicas en pro de conseguir una finalidad distinta a la que las normas constitucional y legal establecieron respecto del método de elecciones mixtas uninominal-lista y a través de un evidente abuso de derecho de las organizaciones con fines políticos a postular candidatos" (*Idem*).

Hasta febrero de 2007 no se había dictado la Ley Orgánica del Sufragio y Participación Política adaptada a la nueva Constitución, por lo que las elecciones efectuadas para los diputados de la Asamblea Nacional desde 1999 hasta 2006, se realizaron de acuerdo con las normas previstas en la Ley Orgánica del Sufragio de 1993 con reformas en 1998, que regía para la elección de los diputados al antiguo Congreso, con la eliminación de la figura de los diputados adicionales por cuociente electoral (que existía desde los años cuarenta conforme al sistema d'Hondt), tal como fue decidido por la Sala Electoral del Tribunal Supremo de Justicia mediante sentencia Nº 17 de 14 de marzo de 2000 (*Revista de Derecho Público*, Nº 81, 2000, pp. 97 ss.); y en el Estatuto Electoral del Poder Público de 2000, a pesar de que el mismo fue dictado por la Asamblea Constituyente sólo para regir las elecciones de ese año.

4. *Reformas a instituciones de democracia directa*

La Constitución venezolana de 1999 fue clara en disponer que "La soberanía reside intransferiblemente en el pueblo, quien la ejerce directamente en la forma prevista en esta Constitución y en la ley, e indirectamente, mediante el sufragio, por los órganos que ejercen el Poder Público" (art. 5). Se estableció, en consecuencia, la democracia representativa combinada con mecanismos de democracia directa.

Además, el artículo 70 de la Constitución enumeró expresamente a los medios de participación y protagonismo del pueblo en ejercicio de su soberanía, en la forma siguiente: "en lo político: la elección de cargos públicos, el referendo, la consulta popular, la revocación del mandato, las iniciativas legislativa, constitucional y constituyente, el cabildo abierto y la asamblea de ciudadanos y ciudadanas cuyas decisiones serán de carácter vinculante, entre otros; y en lo social y económico: las instancias de atención ciudadana, la autogestión, la cogestión, las cooperativas en todas sus formas incluyendo las de carácter financiero, las cajas de ahorro, la empresa comunitaria y demás formas asociativas guiadas por los valores de la mutua cooperación y la solidaridad".

En cuanto a los mecanismos políticos de participación ya nos hemos referido anteriormente a la elección de cargos públicos, a los diversos referendos y en particular a la revocación de mandatos mediante referéndum y a las iniciativas legislativas. Nos referimos ahora a la consulta popular, a la iniciativa popular, a los cabildos abiertos y las asambleas de ciudadanos.

A *Consulta popular*

La consulta popular ha sido regulada expresamente en la Constitución para la sanción de las leyes por la Asamblea Nacional, disponiendo el artículo 211 de la Constitución que durante el procedimiento de discusión y aprobación de los proyectos de leyes, la Asamblea Nacional o las Comisiones Permanentes deben consultar a los otros órganos del Estado, a los ciudadanos y ciudadanas y a la sociedad organizada para oír su opinión sobre los mismos. En este caso, tienen derecho de palabra en la discusión de las leyes, los Ministros en representación del Poder Ejecutivo; el magistrado del Tribunal Supremo de Justicia a quien éste designe, en representación del Poder Judicial; el representante del Poder Ciudadano designado por el Consejo Moral Republicano; los integrantes del Poder Electoral; los Estados a través de un representante designado por el Consejo Legislativo y los representantes de la sociedad organizada, en los términos que establezca el reglamento de la Asamblea Nacional.

Adicionalmente, en cuanto a los reglamentos dictados por el Presidente de la Republica, la Ley Orgánica de la Administración Pública Nacional a partir de 2001, dispone que cuando los órganos o entes públicos, en su rol de regulación, propongan la adopción de normas legales, reglamentarias o de otra jerarquía, deben remitir el anteproyecto para su consulta a las comunidades organizadas y las organizaciones públicas no estatales inscritas en el registro respectivo (art. 136). Además, la ley Orgánica dispone que el órgano o ente público correspondiente debe publicar en la prensa nacional la apertura del proceso de consulta indicando su duración, durante el cual cualquier persona puede presentar por escrito sus observaciones y comentarios sobre el correspondiente anteproyecto, sin necesidad de estar inscrito en el registro antes mencionado. Si bien la consulta no tiene carácter vinculante (art. 135), la ley es enfática en disponer que el órgano o ente público no puede aprobar normas para cuya resolución sea competente que no sean consultadas, de manera que dichas normas serán nulas de nulidad absoluta si no han sido consultadas según el procedimiento establecido (art. 137).

Lamentablemente, en la práctica, estos mecanismos de consulta popular de normas no tienen aplicación generalizada.

B. *Iniciativa popular*

En el procedimiento de formación de las leyes a nivel nacional, la Constitución dispone que tienen iniciativa para la discusión de las leyes ante la Asamblea, entre otros, "los electores en un número no menor del 0,1% de los inscritos en el registro electoral permanente". En cuanto al ámbito local, la Ley Orgánica del Poder Público Municipal establece el derecho de los ciudadanos, en un porcentaje no menor al 0,1% de los electores del municipio, de poder presentar proyectos de ordenanzas o de modificación de las ya vigentes ante el concejo municipal. Tales proyectos, por tanto, deben ser sometidos a la consideración del concejo municipal para su admisión o rechazo, a cuyo efecto, previamente, el concejo municipal debe fijar una reunión con los presentadores de la iniciativa legislativa a fin de discutir su contenido. Una vez examinado el proyecto, el concejo municipal debe pronunciarse sobre su admisión o rechazo dentro de los 30 días siguientes a su presentación. Admitido el proyecto, el debate del mismo debe iniciarse en un lapso de 30 días siguientes. Si el debate no se inicia dentro dicho lapso, el proyecto se debe someter a consulta popular de conformidad con lo establecido en la legislación electoral. El concejo municipal en todo caso, debe motivar el rechazo a la iniciativa cuando sea el caso (art. 277).

C. *Cabildos abiertos*

De acuerdo con la Ley Orgánica del Poder Público Municipal de 2005, los cabildos abiertos se pueden convocar por iniciativa de los concejos municipales, de las juntas parroquiales por acuerdo de la mayoría de sus integrantes; del alcalde y de los ciudadanos de conformidad con lo establecido en la respectiva ordenanza (art. 263). Se requiere, por tanto, que en las ordenanzas respectivas los concejos municipales regulen la forma de ejercicio de la iniciativa ciudadana para la convocatoria de tales cabildos.

En la práctica, sin embargo, no se han realizado cabildos abiertos municipales con la frecuencia que podría ser necesaria.

D. *Las Asambleas de ciudadanos*

La Ley Orgánica del Poder Público Municipal de 2005, también reguló las asambleas de ciudadanos como medios de participación en el ámbito local de carácter deliberativo, en la que todos los ciudadanos tienen derecho a participar por sí mismos, y cuyas decisiones son de carácter vinculante (art. 265). Estas asambleas de ciudadanos deben estar referidas a "las materias que establece la ley correspondiente", y deben ser convocadas "de manera expresa, anticipada y pública"; debiendo sus decisiones "contribuir a fortalecer la gobernabilidad, impulsar la planificación, la descentralización de servicios y recursos, pero nunca contrarias a la legislación y los fines e intereses de la comunidad y del Estado".

Las asambleas de ciudadanos han sido reguladas, además, en la Ley de Consejos Comunales de 2006, en la cual se las concibe como la máxima instancia de decisión del Consejo Comunal, integrada por los habitantes de la comunidad, mayores de quince (15) año; y como tal, como la instancia primaria para el ejercicio del poder, la participación y el protagonismo popular, cuyas decisiones son de carácter vinculante para el consejo comunal respectivo (art. 4,5).

Estos mecanismos de participación, lamentablemente, en dicha Ley sobre los Consejos Comunales, se han desmunicipalizado totalmente, habiéndose integrado en forma paralela en una organización centralizada y jerárquicamente dependiente en forma directa del Presidente de la República, a través de una Comisión Presidencial para el Poder Popular, lo que en la práctica ha desvirtuado toda posibilidad real de participación política de la ciudadanía.

II.   REFORMAS AL SISTEMA DE PARTIDOS POLÍTICOS

Uno de las características del sistema político venezolano entre 1958 y 1999 fue la del predominio de los partidos políticos en la vida del país, de manera que ello los convirtió en los principales responsables de la crisis de los años noventa y en los que podrían diseñar las salidas a la misma.

El deterioro de los mismos, en todo caso, fue capitalizado por la Asamblea nacional Constituyente de 1999, de manera que la Constitución fue sancionada con un claro criterio antipartido, al punto de que uno de los principios que rige a los órganos del Poder electoral es el de la "despartidización de los organismos electorales" (art. 294), eliminándose la antigua participación que tenían en la administración electoral, y prohibiéndose, además, tanto el financiamiento público de las organizaciones políticas (art. 67) como el funcionamiento de las fracciones parlamentarias partidistas.

Las reformas constitucionales, sin embargo, no se han desarrollado a nivel legislativo, y hasta 2006 ha seguido en vigencia la misma ley de Partidos Políticos y manifestaciones Públicas dictada en 1956.

1.   *Democratización interna*

A.   *Los principios constitucionales*

En efecto, la Constitución de 1999 se caracteriza por estar imbuida de una profunda carga antipartidista que incluso implicó que se eliminara del léxico constitucional la misma expresión "partido político", utilizándose sólo la expresión "organizaciones con fines políticos" (art. 67).

El motivo lo constituyó el recelo que provocaba, en el ámbito político venezolano a finales de los noventa, el funcionamiento de los partidos gobernados por cúpulas partidistas inamovibles, y el acaparamiento que habían tenido sobre la participación y representatividad democráticas. Por ello, el principio que establece la Constitución sobre la necesaria democratización interna de los partidos políticos (art. 67).

Sin embargo, desde que se sancionó la nueva Constitución de 1999 no se ha reformado la legislación de partidos políticos para desarrollar sus postulados.

B. *Mecanismos de elección de autoridades internas*

En particular, la Constitución establece que las asociaciones políticas no solo deben seguir métodos democráticos en su actuación política, sino también en su organización, funcionamiento y dirección. Para asegurar su democratización interna, el artículo 67 de la Constitución precisa que tanto los titulares de sus órganos de dirección, como los candidatos de los partidos y asociaciones políticas a los diversos cargos de elección popular, deben ser "seleccionados en elecciones internas con la participación de sus integrantes".

Lamentablemente, en cuanto a la escogencia de los candidatos partidistas a las elecciones, en la práctica esto no se ha aplicado ni respetado, y con tal motivo no ha habido efectivos procesos electorales internos.

En cuanto a la elección de los directivos de los partidos a fin de garantizar la organización interna democrática, aún cuando la misma debe regirse por las disposiciones y normas propias de los partidos, el artículo 293,6 de la Constitución, en una forma extremadamente intervencionista, ha atribuido al Consejo Nacional Electoral, como órgano del Poder Electoral, la función de organizar las elecciones de las organizaciones con fines políticos "en los términos que señale la Ley" (art. 293,6). En esta forma, el Estado, a través del Poder Electoral puede garantizar la democratización interna de los partidos. Sin embargo, lamentablemente dicha "ley" a la cual se refiere la Constitución, para febrero de 2007 no se había sancionado, por lo que en la práctica dichas elecciones internas no se han realizado en la forma requerida en la Constitución.

2. *Financiamiento de los partidos políticos*

A. *Tipo de sistema de financiamiento*

La Constitución de 1999, contrariamente a lo que se regulaba en la legislación electoral preconstitucional, ha prohibido expresamente el financiamiento público de las asociaciones con fines políticos, es decir, con fondos provenientes del Estado (art. 67). Se cambió así, radicalmente, el régimen de financiamiento público a los partidos políticos que se había previsto en la Ley Orgánica del Sufragio y Participación Política (Art. 203), mediante el cual se buscaba mayor equilibrio y equidad para la participación electoral, evitando los desequilibrios y perversiones a que conduce el solo financiamiento privado, tanto por el narcofinanciamiento como por el incontrolado financiamiento indirecto, derivado de las finanzas públicas por los partidos de gobierno. Se abandonó así, la tendencia inversa que predomina en el derecho comparado.

Incluso, para evitar cualquier financiamiento público indirecto, no sólo la Constitución establece expresamente que los funcionarios públicos están al servicio del Estado y no de parcialidad política alguna (Art. 145); sino que las direcciones de las asociaciones con fines políticos no pueden contratar con entidades del sector público (Art. 67). El primer principio, sin embargo, desde que se publicó la Constitución, ha sido sistemáticamente vulnerado al ejercer el Presidente de la República, algunos de sus Ministros y otros altos funcionarios de la Administración Pública, y el Presidente de la Asamblea Nacional, los principales cargos directivos del partido de gobierno.

B. *Barreras legales para la obtención de financiamiento*

La Constitución remite a la ley la regulación del financiamiento privado a los partidos políticos y las contribuciones privadas que pueden recibir las organizaciones con fines políticos, e igualmente, los mecanismos de control que aseguren la pulcritud en el origen y manejo de las mismas. Asimismo se remite a la ley la regulación de las campañas políticas y electorales, su duración y límites de gastos, propendiendo a su democratización (art. 67).

C. *Prohibición a contribuciones provenientes de ciertas fuentes*

La vieja Ley de Partidos Políticos, en esta materia, establece como restricción general que los partidos no pueden "aceptar donaciones o subsidios de las entidades públicas, tengan o no carácter autónomo; de las compañías extranjeras o con casa matriz en el extranjero; de empresas concesionarias de obras públicas; de cualquier servicio o de bienes de propiedad del Estado, de Estados extranjeros o de organizaciones políticas extranjeras" (art. 25,4). La Ley Orgánica del Sufragio y Participación Política, por su parte, en la materia, prohíbe a las organizaciones políticas y candidatos electorales que reciban contribuciones anónimas (Art. 202).

D. *El control del financiamiento*

A los efectos del control, la Ley de Partidos Políticos dispone que los partidos deben llevar una documentación contable en la que consten los ingresos y la inversión de los recursos del partido.

Estos libros de contabilidad y sus respectivos comprobantes deben ser conservados durante cinco (5) años, por lo menos, contados a partir del último asiento de cada uno de ellos (Art. 25,5).

El control del financiamiento de los partidos políticos corresponde al Consejo Nacional Electoral a cuyo efecto, dicho organismo, conforme a la Ley Orgánica del Poder Electoral, tiene competencia para "Velar por el cumplimiento de las disposiciones del ordenamiento jurídico en relación con el origen y manejo de los fondos de las organizaciones con fines políticos" (art. 33, 25); así como para investigar el origen y destino de los recursos económicos utilizados en las campañas electorales de las organizaciones con fines políticos, grupo de electores, asociaciones de ciudadanas o ciudadanos y de las candidatas o candidatos postuladas o postulados por iniciativa propia, de conformidad con lo establecido en la ley.

En la práctica, estando el Consejo Nacional Electoral controlado por el Ejecutivo, en unas elecciones donde predominantemente participa el partido de gobierno, la efectividad de este control es totalmente relativa

E. *Sanciones existentes y aplicación en la práctica*

Conforme a la Ley Orgánica del Sufragio y Participación Política, la no presentación por el candidato, del "informe sobre sus ingresos y gastos de campaña electoral ante el Consejo Nacional Electoral" (Art. 254,13) constituye una "falta electoral", penada con multa (sanción pecuniaria) que se impone al candidato.

Por otra parte, constituye un "delito electoral" (sanción penal) penado con prisión de 2 a 3 años, el hecho de que el responsable de los partidos políticos o grupos de electores, así como el candidato reciban contribuciones o financiamiento de forma anónima (Art. 258, 3). En este caso, la sanción se impone al responsable del partido y en su caso, al candidato.

En la práctica no es frecuente la imposición de estas sanciones, particularmente en un sistema enteramente dominado por el partido de gobierno y sus candidatos.

3. *Discriminación positiva*

A. *Género*

En la reforma de la Ley Orgánica del Sufragio y Participación Política de 1998, se estableció la cuota de participación femenina para los casos de elección de los cuerpos deliberantes mediante listas, exigiéndose la inclusión en ellas de un 30% de mujeres.

La Sala Electoral del Tribunal Supremo de Justicia, sin embargo, ha considerado inconstitucional por discriminatoria dicha representación obligatoria del género femenino, y por tanto violatoria del artículo 21 constitucional, razón por la cual en sentencia Nº 52 de 19 de mayo de 2000 (Caso: *Sonia Sgambatti vs. Consejo Nacional Electoral*) consideró como tácitamente derogado el artículo 144 de la Ley Orgánica del Sufragio y Participación Política que establecía la llamada "cuota electoral femenina".

B. *Otras poblaciones y minorías*

En esta materia, el artículo 125 de la Constitución garantiza el derecho de los pueblos indígenas a la participación política y la obligación del Estado de garantizar la representación indígena en la Asamblea Nacional y en los cuerpos deliberantes de las entidades federales (Consejos Estadales) y locales (Consejos Municipales) con población indígena, conforme a la ley. Asimismo, el artículo 186 Constitución dispone que los pueblos indígenas elijan 3 diputados, de acuerdo con lo que se establezca en la ley electoral, respetando sus tradiciones y costumbres.

4. *Otras formas de participación política*

La Constitución de 1999, al regular el derecho de los ciudadanos de asociarse con fines políticos, se refirió no sólo a los partidos políticos sino, en general, a las organizaciones con fines políticos (art. 67).

Sin embargo, dichas organizaciones no tienen el monopolio de la presentación de candidaturas para las elecciones, disponiendo el mismo artículo 67 de la Constitución, que tanto los ciudadanos, por iniciativa propia, y las asociaciones con fines políticos, tienen derecho a concurrir a los procesos electorales postulando candidatos.

Ahora bien, conforme al artículo 130 de la Ley Orgánica del Sufragio y Participación Política cuya normativa es preconstitucional (1998), las postulaciones de candidatos para las elecciones reguladas en dicha Ley, sólo pueden efectuarse por los partidos políticos constituidos conforme a las previsiones de la Ley de Partidos Políticos, Reuniones Públicas y Manifestaciones, y por los grupos de electores. Aún no se ha dictado la ley que desarrolle los principios constitucionales que están signados por la "despartidización", de manera que las candidaturas por iniciativa propia (independientes) no se han regulado, salvo circunstancialmente en 1999, para integrar la Asamblea Nacional Constituyente.

En cuanto a los grupos de electores, son las "agrupaciones de ciudadanos con derecho al voto, constituidos para realizar postulaciones en determinadas elecciones". Dichos grupos de electores pueden ser nacionales, regionales y municipales y deben ser autorizados conforme al procedimiento de inscripción que ha determinado el Consejo Nacional Electoral en el Reglamento General de Elecciones (Art. 132).

Para constituir un grupo de electores, la solicitud respectiva debe estar suscrita por un número no menor de cinco ciudadanos inscritos en el Registro Electoral, los cuales deben acompañar las manifestaciones de voluntad de postular, firmadas por un número de electores inscritos en dicho Registro, equivalente a cinco milésimas de los electores de la circunscripción de que se trate (Art. 132).

III. APRECIACIÓN GENERAL

Las reformas políticas que se realizaron en Venezuela al inicio del proceso de democratización, conforme a las disposiciones de la Constitución de 1961, sin duda, condujeron a la democratización del país, proceso que se llevó a cabo bajo la conducción de los partidos políticos cuyo origen se remonta a los años treinta y cuarenta.

Conforme a ello, las elecciones efectuadas en el período 1958-1999 estuvieron signadas por el principio del pluralismo democrático, la alternabilidad republicana en el ejercicio de la Presidencia de la República, y la integración de los cuerpos representativos por el sistema de representación proporcional de las minorías conforme al sistema D'Hondt. Solo fue a partir de 1993 que se comenzó a aplicar en paralelo, para la integración de los cuerpos representativos la combinación de la representación proporcional voto lista) y la personificación del sufragio (voto nominal), principio que se ha acogido en la Constitución de 1999.

Las reformas constitucionales de 1999, sin embargo, no contribuyeron a reformar y ampliar la representatividad democrática, la cual siguió siendo monopolizada por los partidos políticos, aún cuando con tendencia a un partido único imbricado en el aparato del Estado; y estos, a pesar de la "despartidización" que como principio fue establecido en la Constitución de 1999, han continuado monopolizando la participación democrática. Ello ha conducido a partir de 1999, sin el pluralismo político requerido, al predominio del partido de gobierno, el cual ha monopolizado todos los espacios, dada la importancia del Estado en un país que si bien está conformado por un Estado rico e intervencionista, es globalmente pobre.

El resultado de las reformas políticas efectuadas a partir de la reforma constitucional de 1999, en consecuencia, no han ampliado la representatividad, la cual sigue monopolizada por los partidos políticos, aún cuando en la actualidad, por uno mayoritario, el partido de gobierno, el cual además, ha desarrollado una disciplina partidista rígida, conducido bajo un esquema autoritario, como nunca antes se había visto. En ese contexto, por ejemplo, la disidencia es imposible y la figura del "transfuguismo político" legislativo es inimaginable.

Por otra parte, los niveles de participación política han disminuido, porque la autonomía de las entidades territoriales (Estados y Municipios) ha sido progresivamente intervenida, primero con el desdibujamiento del sistema federal, que ha sido tornado en un sistema cada vez más centralista y controlado; y el desarrollo paralelo de mecanismos políticos que bajo el slogan de "participativos", como los consejos comunales y las asambleas de vecinos, no son otra cosa que instrumentos organizados de movilización popular para hacer creer que se participa, férrea y directamente controlados por la Presidencia de la República, la cual dispone su financiamiento fuera de los canales ordinarios del Estado.

Dichos consejos comunales, por supuesto, no están integrados por representantes electos por sufragio universal, directo y secreto, sino por personas todas afectas al partido de gobierno, designados en asambleas de ciudadanos, también orientadas por la misma conducción política.

Con estas instituciones se ha comenzado en el país conjuntamente con la desmunicipalización de las políticas públicas, un proceso de formal eliminación de la democracia representativa.

Por otra parte, en cuanto a los esquemas de participación directamente establecidas en la Constitución, como por ejemplo, la de la participación de los diversos sectores de la sociedad en la postulación de los altos funcionarios no electos del Estado (Poder Ciudadano, Poder Electoral y magistrados del Tribunal Supremo de Justicia) que deberían integrarse en los diversos Comités de Postulaciones constitucionalmente establecidos, ha sido distorsionado por la Asamblea Nacional en las diversas leyes dictadas a l efecto, sustituyéndose esos Comités de participación por simples comisiones parlamentarias ampliadas.

Igualmente ha ocurrido en materia de consulta popular de los proyectos de leyes, pues con la delegación legislativa al Presidente de la República, la transparencia del proceso de formación de las mismas que busca la Constitución ha sido completamente eliminada.

Es evidente que la gobernabilidad democrática de un país tiene que conformarse a los elementos esenciales de la democracia, que son mucho más que la sola elección de los gobernantes. Precisamente por ello, la Carta Democrática Interamericana dispone en su artículo 3, entre tales elementos, además del respeto a los derechos humanos y las libertades fundamentales; del acceso al poder y su ejercicio con sujeción al Estado de derecho; de la celebración de elecciones periódicas, libres, justas y basadas en el sufragio universal y secreto, como expresión de la soberanía del pueblo; y del régimen plural de partidos y organizaciones políticas; está la necesaria existencia -dice- de "la separación e independencia de los poderes públicos". Y han sido precisamente todos esos elementos esenciales de la democracia los que, en los últimos años a partir de 1999, lamentablemente han sido ignorados o resquebrajados en Venezuela, en nombre de una supuesta democracia participativa y de un supuesto Poder Popular donde el pueblo ha de participar directamente.

En Venezuela, en estos últimos años, la realidad ha sido otra distinta a dichos elementos esenciales de la democracia, ya que nunca antes había habido mayor violación a los derechos humanos, y basta para constatar esta tragedia sólo contabilizar el número de denuncias que se han formulado en los últimos años contra el Estado Venezolano ante la Comisión Interamericana de Derechos Humanos. Ello ha sido siempre el mejor termómetro para determinar en el Continente el grado de violaciones, por un Estado, de los derechos humanos.

Además, el acceso al poder se ha hecho contrariando el Estado de derecho, al violarse la separación e independencia de los poderes judicial, ciudadano y electoral. Todos están controlados por el sindicato establecido entre el Ejecutivo nacional y la Asamblea nacional, por lo que no es posible controlar el acceso al poder conforme a los postulados del Estado de Derecho.

En particular, el Poder Electoral, desde 2003 fue secuestrado con la complicidad de la Sala Constitucional del Tribunal Supremo, por lo que las elecciones que se han efectuado han carecido de justicia, y las últimas reformas políticas efectuadas y propuestas, simplemente apuntan a la sustitución de la representatividad electoral por supuestas agrupaciones de ciudadanos en comunidades y consejos comunales cuyos integrantes no son electos, sino designados desde la cúpula del Poder Popular que controla el Presidente de la República.

El régimen plural de partidos se ha destrozado y el ya oficialmente anunciado Partido Único socialista, imbricado en el aparato del Estado y también dirigido por el Presiente de la República, se apoderará no sólo del supuesto Poder Popular, sino de toda la vida política y social del país, dado el capitalismo de Estado que se ha intensificado como consecuencia del Estado rico petrolero. Como todo depende del Estado, sólo quien pertenezca al Partido Único podrá tener vida política, administrativa, económica y social.

Y todo esta distorsión institucional, sin que exista separación ni independencia entre los poderes públicos, no sólo en su división horizontal (Legislativo, Ejecutivo, Judicial, Ciudadano y Electoral) por el control que sobre ellos ejerce el Poder Ejecutivo; sino en su distribución vertical, donde las propuestas en curso apuntan a la eliminación de la federación, la sustitución de los Estados federados por supuestas "ciudades federales", y la eliminación del municipalismo y su sustitución por consejos comunales y asambleas de ciudadanos. Todo ello con el fin de eliminar todo vestigio de descentralización política, es decir, de entidades autónomas en el territorio, lo que imposibilita toda posibilidad de participación democrática. Esta es la trágica situación de la democracia venezolana, la cual en la realidad actual ya no pasa de ser una palabra vacía.

Pero además de los elementos esenciales de la democracia antes indicados, la misma Carta Interamericana, en su artículo 4° también definió los siguientes componentes fundamentales del ejercicio de la democracia: la transparencia de las actividades gubernamentales, la probidad, la responsabilidad de los gobiernos en la gestión pública, y el respeto por los derechos sociales y la libertad de expresión y de prensa. Además, se declaró como igualmente fundamental para la democracia, la subordinación constitucional de todas las instituciones del Estado a la autoridad civil legalmente constituida y el respeto al Estado de derecho de todas las entidades y sectores de la sociedad. La democracia, por tanto, es mucho más que las solas elecciones y votaciones.

Lamentablemente, todos estos elementos esenciales, también han sido ignorados o resquebrajados en Venezuela, también en nombre de un supuesto Poder Popular: la actividad gubernamental desplegada por el Estado rico, y en los últimos años súbitamente riquísimo, manejado sin control en un país pobre, dejó de ser transparente por la específica ausencia de control fiscal, dada la sumisión del Poder Ciudadano (Contraloría General, Fiscal General, Defensor del Pueblo) al poder del Ejecutivo; situación que ha hecho desaparecer el mismo concepto de probidad pues no es posible exigir responsabilidad alguna al gobierno por la gestión pública, entre otros aspectos por la sumisión del poder judicial; todo ello, campeando la corrupción en forma antes nunca vista. Por otra parte, la procura de los derechos sociales -que ha sido el principal eslogan gubernamental, en particular hacia la comunidad internacional- ha sido montada en una política de distribución incontrolada y clientelar de la riqueza petrolera, como si esta nunca fuera a disminuir, estatizándose todo en el país, desmantelándose el aparato productivo y sin generar inversión; y todo ello sin que los niveles de pobreza ni los niveles de desempleo hayan disminuido.

Por último, la libertad de expresión y de prensa, desde las censuras directas de la última dictadura militar de la década de los cincuenta, nunca ha estado tan amenazadas, imponiéndose la autocensura sobre la base de persecución a periodistas y medios disidentes, como tan repetidamente lo ha constatado la Relatoría de Libertad de Expresión de la Comisión Interamericana de Derechos Humanos y se deriva de las múltiples denuncias formuladas ante la Comisión y de las recomendaciones y medidas cautelares adoptadas por ésta.

Por otra parte, el militarismo se ha apoderado del Estado, de manera que aún cuando el régimen autoritario un haya sido fruto de un golpe militar, en definitiva, otro valor fundamentales para la democracia como es la subordinación constitucional de todas las instituciones del Estado a la autoridad civil legalmente constituida, por el apoderamiento militar del Estado y su imbricación con el Partido Único, se ha resquebrajado, habiendo quedado el respeto al Estado de derecho como otro valor pospuesto por todas las entidades y sectores de la sociedad.

En definitiva, durante los últimos años, en Venezuela se ha utilizado uno sólo de los elementos de la democracia, como es la realización de elecciones, para destruir todos los otros valores y componentes esenciales de la democracia. De allí el fraude a la democracia que ha ocurrido.

SECCIÓN SEGUNDA: REGULACIÓN JURÍDICA DE LOS PARTIDOS POLÍTICOS EN VENEZUELA (SAN JOSÉ/CIUDAD DE MÉXICO, ENERO 2007)

Estudio publicado en la obra colectiva coordinada por Daniel Zovatto (Coordinador), *Regulación jurídica de los partidos políticos en América Latina*, Universidad Nacional Autónoma de México, International IDEA, México 2006, pp. 893-937. El esquema del trabajo, uniforme, fue suministrado por IDEA. Se publica by permission of International IDEA from *Regulación jurídica de los partidos políticos en América Latina*, Instituto de Investigaciones Jurídicas de la Universidad Nacional Autónoma de México, UNAM and International Institute for Democracy and Electoral Assistance 2006. Publi-

cado en mi libro: *Estudios sobre el Estado Constitucional (2005-2006)*, Caracas 2007, pp. 655-686.

I. EVOLUCIÓN HISTÓRICA DE LA LEGISLACIÓN SOBRE PARTIDOS POLÍTICOS

El sistema de partidos políticos en Venezuela comenzó realmente a estructurarse como tal con posterioridad a 1945, aún cuando sus antecedentes remotos hay que situarlos en los movimientos estudiantiles de 1928, y sus antecedentes próximos, en las organizaciones políticas que comenzaron a surgir entre 1936 y 1945, durante el período de transición que se abrió con posterioridad a la muerte del Presidente Juan Vicente Gómez, en 1935. Su constitución se realizó con base en el derecho de asociación que se estableció en todas las Constituciones.

Es cierto que el esquema tradicional en América Latina, de partidos liberales y conservadores, también se había desarrollado en Venezuela durante la segunda mitad del siglo XIX, pero precisamente fue totalmente eliminado de la faz política de Venezuela al concluir el predominio de la política regional, federalista y caudillista, mediante la acción integradora del gobierno autocrático de Juan Vicente Gómez. El único reducto político fuera de las tendencias gubernamentales y de protestas que pudo existir durante el primer tercio de ese siglo, se concentró materialmente en los movimientos estudiantiles, los cuales, sobre todo en la década de los veinte hasta la muerte de Gómez, tuvieron el monopolio de la acción política opositora. La reacción política de la autocracia no sólo fue directa en cuanto a la represión desatada, particularmente contra los participantes en los movimientos estudiantiles de 1928, sino que provocó una reforma constitucional que iba a legalizar la represión político-ideológica hasta 1945; la reforma constitucional de 1929, entre otros objetivos, estableció el de "prohibir la propaganda del comunismo"[1114], la cual permaneció, ampliada, no sólo en la Constitución de 1936[1115], sino que condicionó la vida de las nacientes organizaciones políticas hasta 1945[1116].

1114 Así se dispuso en el artículo 32, ordinal 6, de la Constitución de 1929 como limitación a la libertad de pensamiento: "Queda también prohibida la propaganda del comunismo". Bajo la vigencia de la Constitución de 1931, la cual contenía una norma similar, se dictó meses antes de la promulgación de la Constitución de 1936, la Ley para garantizar el orden público y el ejercicio de los derechos individuales, cuyo artículo 33 establecía lo siguiente: "El que públicamente de palabra, por escrito o por impreso, por medio de la radiodifusión, dibujos, carteles, mítines u otros medios de publicidad, o haciendo uso de algún servicio público, haga propaganda a favor de la abolición de la propiedad privada, lucha de clases, incitación de los obreros contra los patronos, extinción de la familia, desconocimiento de la ley, dictadura del proletariado; así como las demás doctrinas o métodos que abarquen el ideal comunista, anarquista o terrorista, serán penados con prisión de uno a tres años. Si como consecuencia de la propaganda llegaran a verificarse hechos delictuosos o desórdenes públicos, la pena será de dos a seis años". Esta ley, denominada "Ley Lara", en virtud de haber sido su redactor el Ministro del Interior de la época, doctor Alejandro Lara, estuvo vigente hasta 1945. V. la decisión de la Corte Federal y de Casación de 4-3-41 (M. 1942, pp. 130-136) sobre esta limitación en Allan R. Brewer-Carías, *Jurisprudencia de la Corte Suprema, 1930-1974 y Estudios de Derecho Administrativo*, Tomo I (El ordenamiento constitucional del Estado), Caracas, 1975, pp. 110 y ss. En cuanto al texto de *Las Constituciones de Venezuela*, Ver en Allan R. Brewer-Carías, *Las Constituciones de Venezuela*, Caracas 1997.

1115 El famoso inciso VI del artículo 32 de la Constitución de 1936 estableció lo siguiente: "Se consideran contrarias a la independencia, a la forma política y a la paz social de la Nación, las doctrinas comunistas

Con la muerte de Gómez, en todo caso, puede decirse que cesó el monopolio de la acción política que asumieron los grupos estudiantiles, y la liberación política parcialmente iniciada por el gobierno de E. López Contreras y consolidada por el gobierno de I. Medina Angarita, dio lugar a la constitución, entre 1936 y 1945, de diecisiete partidos políticos, la mayoría de los cuales tuvieron como fundadores y participantes a los miembros de la Federación Venezolana de Estudiantes (FVE), entidad a la cual había correspondido motorizar los movimientos estudiantiles de 1928. La "generación del 28", por tanto, asumió la lucha política y el monopolio de los partidos en 1936, y de la larga lucha entre los gobiernos de transición y los partidos generalmente de izquierda, sólo llegaron a traspasar los acontecimientos de la Revolución de Octubre de 1945, los partidos Acción Democrática (AD), que asumió el poder, y el Partido Comunista de Venezuela (PCV), pues el Partido Unión Republicana Democrática se constituyó en 1946 como oposición de la izquierda democrática al partido AD[1117]. Los líderes de estos partidos, con Rómulo Betancourt a la cabeza, indudablemente que fueron factores fundamentales en la consolidación del régimen democrático. En 1936, al separarse de la Federación Venezolana de Estudiantes otro núcleo estudiantil, se constituyó la Unión Nacional de Estudiantes (UNE), opositora de la línea política de la izquierda originada por aquélla, dando lugar posteriormente a la constitución del Partido Acción Electoral (AE), el cual después de 1945 se convertiría en el Comité de Organización Política Electoral Independiente (COPEI), de orientación demócrata o socialcristiana, cuyos líderes con Rafael Caldera a la cabeza también fueron factores fundamentales en la consolidación del régimen democrático en Venezuela.

El año 1945 marca, sin embargo, el punto de partida institucional del ciclo histórico-político del país, basado en el régimen democrático-representativo de democracia centralista que entró en crisis a partir de la década de los noventa. Esa etapa se inició con la reforma constitucional de 1945 que eliminó las limitaciones político-ideológicas que habían obstruido los intentos de actuación político-partidista desde 1936[1118], y con la promulgación del Decreto N° 217 del 15 de marzo de 1946 de la Junta Revolucionaria de Gobierno la cual sucedió al Presidente Medina en el poder, mediante el cual se establecieron las libertades públicas y garantías políticas que condicionaron buena parte de la evolución democrática posterior[1119].

y anarquistas, y los que las proclamen, propaguen o practiquen serían considerados como traidores a la Patria y castigados conforme a las leyes".

1116 La reforma constitucional de 1945, realizada al final del gobierno de Medina, eliminó la prohibición constitucional que tenía la izquierda para actuar políticamente en Venezuela.

1117 Para un estudio de los antecedentes de los principales partidos políticos venezolanos. *V.,* Manuel Vicente Magallanes, *Partidos Políticos Venezolanos,* Caracas, 1960; Rafael Gallegos Ortiz, *La Historia Política de Venezuela* de Cipriano Castro a Pérez Jiménez, Caracas, 1960, y el trabajo de Manuel Vicente Magallanes, ampliación y reedición del citado. *Los Partidos Políticos en la Evolución Histórica Venezolana,* Caracas, 1973.

1118 La Constitución de 5 de enero de 1945, sin embargo, sólo tuvo una vigencia de 6 meses, pues el 18 de octubre de ese año, la Junta Revolucionaria de Gobierno la derogó.

1119 Este Decreto estableció, entre otros derechos: "1) El derecho de sufragio para todos los venezolanos mayores de dieciocho años, con las solas excepciones establecidas en el Estatuto Electoral y, en consecuencia, pueden formar parte de los partidos o asociaciones políticas y tienen derecho sin distinción de

La misma Junta Revolucionaria de Gobierno, en la misma fecha y mediante Decreto N° 216 dictó un Estatuto Electoral para la elección de una Asamblea Constituyente en 1945, estableciendo por primera vez el sufragio universal, directo y secreto, y un mecanismo de escrutinio de representación proporcional. Con las elecciones realizadas en 1946, puede decirse que se inició en Venezuela la configuración del sistema electoral y del sistema de partidos[1120] contemporáneos, que dieron origen al sistema de Estado centralizado de democracia de partidos. El 19 de septiembre de 1947 se dictó el Estatuto Electoral, que fue el antecedente remoto de todas las leyes electorales posteriores.

Con posterioridad, en 1948 se produjo el golpe de Estado contra el Presidente Rómulo Gallegos, quedando el poder bajo régimen militar que duró hasta 1958. Durante ese período se dictó el Decreto N° 120 de 18 de abril de 1951, en el cual sin embargo, se reguló la constitución de los partidos políticos. El artículo 1° del citado Decreto establecía que podían funcionar en el territorio de la República partidos y organizaciones políticas integradas por ciudadanos venezolanos en pleno ejercicio de sus derechos políticos y siempre que cumplieran con las formalidades dispuestas en el mismo. Se disponía así que quienes aspirasen a constituir partidos u organizaciones políticas, debían presentar ante la primera autoridad civil de la jurisdicción correspondiente una solicitud por duplicado, anexa a la cual debían enviar los documentos siguientes: copia del Acta constitutiva de la organización, con la firma de todos los asistentes a la reunión; y un ejemplar del Programa y otro de los Estatutos que definieran las bases, finalidades y orientación del Partido o agrupación política[1121].

Ahora bien, fue la Constitución de 1961 la primera en regular en forma expresa a los partidos políticos, al establecer el derecho de todos los venezolanos aptos para el voto "de asociarse en partidos políticos para participar, por métodos democráticos, en la orientación de la política nacional (art. 114). La Constitución, además, dispuso que "el legislador reglamentará la constitución y actividad de los partidos políticos con el fin de asegurar su carácter democrático y garantizar su igualdad ante la ley".

---

sexo, al ejercicio de cargos públicos, salvo que por disposiciones especiales se reclamen condiciones o cualidades particulares".

1120 Para el estudio de la evolución y configuración del sistema de partidos políticos en Venezuela a partir de 1945, H. Njaim et al, *El sistema político venezolano*, Caracas, 1975, pp. 175 y ss; J.C. Rey, "El sistema de partidos venezolanos", *Revista Politeia*, N° 1, Instituto de Estudios Políticos, Caracas, 1972, pp.185 y ss.; y S.A. Bonomo, *Sociología Electoral en Venezuela. Un estudio sobre Caracas*, Buenos Aires, 1973, pp. 21 y ss. J. E. Oviedo, *Historia e Ideología de los Demócratas Cristianos en Venezuela*, Caracas, 1969Allan R. Brewer-Carías, *Cambio Político y Reforma del Estado en Venezuela*, Madrid 1975, capítulos 10 y ss. V., además, John Martz, *Acción Democrática: Evolution of a modern political party of Venezuela*, Princeton, 1966; Robert J. Alexander, *The Venezuelan Democratic Revolution*, New Jersey, 1964; J. Bernard y otros, *Tableau des Parties Politiques en Amérique du Sud, Cahiers de la Fondation Nationales des Sciences Politiques*, N° 171, París, 1969, pp. 365 a 402 (trabajo de Leslie F. Manigat, libro editado en inglés); Jean Pierre Bernard y otros *Guide to the Political Parties of South America*, 1973, pp. 517 y ss.; Boris Bunimov Parra, *Introducción a la Sociología Electoral Venezolana*, Caracas 1973.

1121 *V.*, los comentarios de la antigua Corte Suprema de Justicia en Sala Político Administrativa, sobre ese Decreto, en sentencia de 29 de abril de 1963, en Allan R. Brewer-Carías, *Jurisprudencia de la Corte Suprema 1930-1974 y Estudios de Derecho Administrativo*, Tomo I, Caracas, 1975, pp. 561 y ss.

En ejecución de esa norma fue que en 1964 se sancionó la Ley de Partidos Políticos, Reuniones Públicas y Manifestaciones de 15 de diciembre de 1964[1122], la cual continúa vigente.

En la Constitución de 1999, si bien se eliminó la expresión "partidos políticos", se reguló el derecho político de los ciudadanos "de asociarse con fines políticos, mediante métodos democráticos de organización, funcionamiento y dirección" (Art. 67).

II. UBICACIÓN DEL TEMA DE PARTIDOS POLÍTICOS DENTRO DE LA LEGISLACIÓN

1. *Constitución de 1999*

Como se dijo, en el artículo 67 de la Constitución de 1999[1123], el tema de los partidos políticos se regula dentro del derecho político de asociación con fines políticos lícitos. Además, en el artículo 293,6, destinado a regular las competencias del Poder Electoral, se le atribuye competencia para organizar las elecciones de las organizaciones con fines políticos en los términos que señale la ley; y en el artículo 293,8 también se atribuye al Poder Electoral la función de organizar la inscripción y registro de las organizaciones con fines políticos y velar porque cumplan las disposiciones sobre su régimen previstas en la Constitución.

2. *Ley de Partidos Políticos, Reuniones Públicas y Manifestaciones (1964), Ley Orgánica del Sufragio y Participación Política (1998)*

En la Ley de Partidos Políticos, Reuniones Públicas y Manifestaciones de 15 de diciembre de 1964, se estableció el régimen de constitución, funcionamiento y extinción de los partidos políticos.

En la Ley Orgánica del Sufragio y Participación Política de 1998[1124] también se establecen regulaciones relativas a los partidos políticos al establecerse el derecho a postular candidatos a las elecciones (arts. 130 y ss); a participar en las campañas electorales (arts. 196 y ss.); y sobre el financiamiento en las campañas electorales (arts. 201 y ss.).

3. *Leyes especiales: Ley Orgánica del Poder Electoral*

La Ley Orgánica del Poder Electoral[1125] al regular detalladamente la organización y funcionamiento del Poder Electoral, desarrolla las previsiones de la Constitución en relación con el registro de los partidos políticos (art. 68) y a la intervención del Consejo Nacional Electoral en la organización de las elecciones internas de los partidos (art. 69).

1122 *V.*, en *Gaceta Oficial* N° 27.725 de 30-04-1965.

1123 *V.*, en *Gaceta Oficial* N° 5453 de 24-03-2000. V. en general, Allan R. Brewer-Carías, *La Constitución de 1999*, Caracas 2000.

1124 *V.*, en *Gaceta Extraordinaria* N° 5.233 del 28 de mayo de 1998.

1125 *Gaceta Oficial* N° 37.573 del 19 de noviembre de 2002.

III. OTROS PODERES U ÓRGANOS DEL ESTADO QUE PUEDEN RESOLVER SOBRE EL TEMA

1. *El Poder Electoral*

La Constitución de 1999 estableció una separación penta partita del Poder Público, al disponer que "El Poder Público Nacional se divide en Legislativo, Ejecutivo, Judicial, Ciudadano y Electoral" (art. 136), creando entonces al Poder Electoral cuyo ejercicio se atribuyó al Consejo Nacional Electoral como ente rector; el cual además, tiene como organismos subordinados al mismo, a la Junta Electoral Nacional, a la Comisión de Registro Civil y Electoral y a la Comisión de Participación Política y Financiamiento (art. 292)[1126].

Este órgano y sus atribuciones se estudiarán más adelante. Interesa destacar aquí, sin embargo, que la Constitución ha atribuido al Poder Electoral amplias potestades normativas, en particular, la función de "Reglamentar las leyes electorales y resolver las dudas y vacíos que éstas susciten o contengan" (art. 293, 1).

2. *La Sala Electoral del Tribunal Supremo de Justicia*

La Constitución de 1999 creó además, en el Tribunal Supremo de Justicia, una Sala Electoral (Art. 262) a la cual le atribuyó la jurisdicción contencioso-electoral (Art. 297), la cual se configura como una jurisdicción contencioso-administrativa especializada en materia electoral.

Sobre ello la Sala Electoral ha señalado:

> En materia electoral, la Ley Orgánica del Sufragio y Participación Política ha establecido un sistema de revisión de los actos en sede judicial, determinado por el recurso contencioso electoral dispuesto como "un medio breve, sumario y eficaz para impugnar los actos, las actuaciones y las omisiones del Consejo Nacional Electoral y para restablecer las situaciones jurídicas subjetivas lesionadas por éste, en relación a la constitución, funcionamiento y cancelación de organizaciones políticas, al registro electoral, a los procesos electorales y a los referendos" (artículo 235), que sin duda presenta características que determinan su especialidad ante el sistema contencioso administrativo general. En efecto, uno de los rasgos característicos del contencioso electoral, como ha destacado esta Sala en diversos fallos, es el relativo a la sumariedad, pues su tramitación se lleva a cabo en lapsos mucho más breves que los dispuestos para la tramitación del recurso de nulidad contra actos de efectos particulares en la Ley Orgánica de la Corte Suprema de Justicia. Es un medio de impugnación que se ha dispuesto para cumplir una doble finalidad, por una parte, el control de la legalidad de la actividad administrativa de naturaleza electoral y por otra, el restablecimiento de situaciones jurídicas subjetivas lesionadas por ella.

La especialidad del recurso contencioso electoral viene igualmente determinada por la legitimación que se exige para su interposición, pues el artículo 236 de la Ley Orgánica del Sufragio y Participación Política la consagra de una manera bastante amplia, al incluir como eventuales accionantes al máximo órgano electoral, a los

---

1126 Ley Orgánica del Poder Electoral, *G.O.* Nº 37.573 de 19-11-2002.

partidos políticos, a los grupos de electores y a toda persona que tenga interés en ello, expresión ésta última que evidencia que el legislador no calificó el interés requerido para intentar el recurso, como sí lo hace la Ley Orgánica de la Corte Suprema de Justicia, de lo que puede deducirse que basta que el accionante tenga un simple interés para que se le admita como legitimado[1127].

IV. PARTIDOS POLÍTICOS

1. *Concepto: en la constitución; en la ley; en la jurisprudencia*

Como se ha dicho, la Constitución de 1999 no estableció un derecho, como el previsto en el artículo 114 de la Constitución de 1961, de los ciudadanos a asociarse en partidos políticos. La previsión constitucional en la materia, ahora es más amplia, pues el artículo 67 regula el derecho de los ciudadanos de asociarse con fines políticos, mediante métodos democráticos de organización, funcionamiento y dirección, sin siquiera utilizar la expresión "partido político"[1128].

Se establece así, el derecho de asociación política que puede manifestarse a través de otros instrumentos que no sean partidos políticos. El esquema de la Constitución de 1961, por tanto, puede decirse que en esta materia el texto constitucional sufrió un cambio radical, tal como lo destacó la Sala Electoral del Tribunal Supremo de Justicia en la sentencia N° 71 de 23 de junio de 2000:

> En efecto, entre las tendencias más notables que inspiran esta Carta Magna se encuentra la de ampliar el ámbito de participación de la sociedad civil en la gestión pública mucho más allá de los mecanismos tradicionales limitados al sufragio activo y pasivo, y también rebasando la tendencia hasta ese entonces, de encauzar toda forma de actividad política mediante los partidos políticos, debido a que resultaba notoria la pérdida progresiva de la representación de los ciudadanos que ostentaban las organizaciones políticas tradicionales durante la vigencia del sistema constitucional recientemente derogado, situación ésta que motivó la necesidad de buscar un diseño constitucional alternativo, el que quedó reflejado en una nueva concepción de la participación política en la Constitución de la República Bolivariana de Venezuela.

En este orden de razonamiento, cabe advertir que del Diario de Debates de la Asamblea Nacional Constituyente que recoge la sesión correspondiente al 24 de octubre de 1999, fecha en que tuvo lugar la primera discusión en plenaria de los proyectos de disposiciones presentados en relación con los Derechos Políticos, y que dieron lugar a los actuales artículos 62 y 67, se desprende claramente la intención de superar el esquema de la llamada "partidocracia", pasando de una democracia representativa a una participativa y protagónica, cuando los Constituyentes señalan por ejemplo que: "...La esencia de esta Constituyente se transforma cuando asu-

---

1127 Sentencia N° 49 de la Sala Electoral del Tribunal Supremo de Justicia de 08-05-2001 Caso: *Comité Ejecutivo de la Federación Campesina de Venezuela vs. Flavio Yustiz y otros*.

1128 *V.* Roberto V. Pastor y Rubén Martínez Dalmau, "La configuración de los partidos políticos en la Constitución venezolana", en *Revista de Derecho Constitucional*, N° 4 (enero-julio), Editorial Sherwood, Caracas, 2001, pp. 375-389.

mimos que el ciudadano y la ciudadana tengan la libre participación y decisión en el hecho político. La estructura de la participación política en Venezuela fue reducida a un pequeño circuito de partidos que deslegitimaron la voluntad popular...". Esta idea también está presente en la Exposición de Motivos del nuevo texto constitucional, en la cual se señala, refiriéndose a la nueva concepción que inspira la normativa correspondiente a los derechos políticos: "...Esta regulación responde a una sentida aspiración de la sociedad civil organizada que pugna por cambiar la cultura política generada por tantas décadas de paternalismo estatal y del dominio de las cúpulas partidistas que mediatizaron el desarrollo de los valores democráticos. De esta manera, la participación no queda limitada a los procesos electorales, ya que se reconoce la necesidad de la intención del pueblo en los procesos de formación, formulación y ejecución de las políticas públicas, lo cual redundaría en la superación de los déficit de gobernabilidad que han afectado nuestro sistema político debido a la carencia de sintonía entre el Estado y la sociedad..."[1129].

El cambio, incluso, condujo a la denominada despartidización de los organismos electorales, tal como lo destacó la Sala Constitucional en la misma sentencia antes citada:

Atendiendo a los postulados ideológicos que inspiraron la nueva concepción de la participación ciudadana, la novísima Ley Fundamental contempló una serie de reglas organizativas y funcionales para los órganos del Poder Electoral, entre ellas, la despartidización de los mismos. Y no podía ser de otra manera, ya que el esquema del "equilibrio" o del juego de contrapesos entre las diversas organizaciones políticas, mediante el cual pretendía el sistema constitucional de 1961 garantizar la autonomía e imparcialidad de los órganos electorales, respondía a la anterior tesis acerca de la participación ciudadana materializada fundamentalmente a través de la mediación de las organizaciones políticas. Luego, habiendo cambiado ese esquema, necesariamente debía cambiar también el basamento orgánico y organizativo de los órganos encargados de ejercer la función electoral. Y a tal fin se le dio rango constitucional a dos nuevos Poderes, el Ciudadano (Capítulo IV del Título V) y el Electoral (Capítulo V del mismo Título), evolucionando entonces de la mera existencia de "órganos con autonomía funcional", a verdaderas ramas del Poder Público, que lógicamente no pueden considerarse como expresión de las organizaciones políticas existentes en un momento dado, sino como la concreción, bajo la investidura de la potestad pública, de la voluntad popular en las funciones de control y electoral, respectivamente.

Sin embargo, es necesario subrayar que esta nueva tesis constitucional sobre los mecanismos de participación ciudadana, así como la consagración de la despartidización del Poder Electoral, no comporta la necesaria exclusión de todo tipo de mecanismo de participación de los partidos políticos en el proceso electoral, como expresó esta Sala en la aludida sentencia dictada en el procedimiento de Amparo Constitucional intentado conjuntamente con el presente recurso de nulidad, sino que conduce a la instauración de un nuevo balance en la relación Electorado-Partidos Políticos-Poder Electoral. No se trata pues, de establecer un antagonismo entre los

---

1129 *V.* en *Revista de Derecho Público*, N° 82 (abril-junio), Editorial Jurídica Venezolana, Caracas, 2000, pp. 236 y ss.

elementos de esta relación, sino de extender el ámbito de participación ciudadana, que en los últimos años estuvo monopolizado por los partidos políticos, mediante el establecimiento de diversas modalidades -no exclusivas ni excluyentes- que permitan al ciudadano participar efectivamente en la gestión pública de diversas maneras. Por ello se establecen como medios de participación política, además del sufragio activo y pasivo, una serie de mecanismos, algunos ya ensayados en el ordenamiento jurídico venezolano, y otros novedosos (consulta popular, revocación del mandato, las iniciativas legislativas ampliadas con relación a la Constitución de 1961, así como las iniciativas constitucional y constituyente, el cabildo abierto, etc.)[1130].

2. En la Ley de Partidos Políticos

Por su parte, en cuanto a Ley de Partidos Políticos, Reuniones Públicas y Manifestaciones de 15 de diciembre de 1964, la misma define a los partidos políticos como aquellas "agrupaciones de carácter permanente, cuyos miembros convienen en asociarse para participar, por medios lícitos, en la vida política del país, de acuerdo con programas y estatutos libremente acordados por ellos"[1131]. Varios elementos se destacan de esta definición: en primer lugar la permanencia; para que una asociación con fines lícitos pueda considerarse como partido político ha de tener carácter permanente y estar constituido con ese mismo carácter. En segundo lugar, los fines lícitos de la asociación han de ser el participar, por medios lícitos, en la vida política del país, es decir, han de ser fines políticos. Es necesario destacar, por otra parte, que es imprescindible la utilización de medios lícitos para la realización de los fines (art. 70)[1132].

En primer lugar, la ley exige el carácter permanente de la asociación política para que se la pueda considerar como partido político. Por tanto, las agrupaciones transitorias no se consideran partidos políticos, ni podrán obtener la inscripción de funcionamiento. Esto produce, por otra parte, que cuando un partido político ha dejado de participar en las elecciones en dos períodos constitucionales sucesivos, la inscripción respectiva se cancelará por el Consejo Nacional Electoral[1133].

En segundo lugar, la Ley precisa la finalidad de los partidos políticos al señalar que deben "participar en la vida política del país"[1134].

Por tanto, la inscripción de los partidos políticos se debe cancelar por el Consejo Nacional Electoral, cuando hayan dejado de participar en las elecciones, en dos períodos constitucionales sucesivos[1135] pues el legislador ha entendido que la forma de

---

1130 Idem, pp. 238 y ss. V., asimismo, la sentencia de la Sala Electoral N° 10 de 25-02-2000, Revista de Derecho Público, N° 81 (enero-marzo), Editorial Jurídica Venezolana, Caracas, 2000, pp. 170 y ss.

1131 Artículo 2° de la Ley de Partidos Políticos. Respecto a la naturaleza de los partidos políticos, V. el Dictamen de la Procuraduría General de la República, de fecha 15 de noviembre de 1962, publicado en los Dictámenes de la Procuraduría General de la República, 1962, Caracas, 1963, pp. 43 y 53.

1132 Sobre el tema, V., Allan R. Brewer-Carías, "Los partidos políticos en el derecho venezolano", en Revista del Ministerio de Justicia, N° 61, Caracas, 1964.

1133 Artículo 27, letra "c" de la Ley de Partidos Políticos.

1134 Artículo 2° de la Ley de Partidos Políticos.

1135 Artículo 27, letra "c" de la Ley de Partidos Políticos.

participar en la vida política del país y en la orientación de la política nacional[1136], es la de participar en las elecciones por la orientación del sufragio[1137].

Por otra parte, y por cuanto se trata de participar en la vida política del país, la ley ha establecido que los partidos políticos deben expresar en su acta constitutiva "que no suscribirán pactos que los obliguen a subordinar su actuación a directivas provenientes de entidades o asociaciones extranjeras"[1138], pues ello vendría a desnaturalizar la esencia de la República de Venezuela como Estado independiente. Sin embargo, en el mismo artículo 6° de la Ley se establece que "en ningún caso esta disposición implicará prohibición para que los partidos participen en reuniones políticas internacionales y suscriban declaraciones o acuerdos, siempre que no atenten contra la soberanía o la independencia de la nación o propicien el cambio por la violencia de las instituciones nacionales o el derrocamiento de las autoridades legítimamente constituidas".

En tercer lugar, la Ley, en su artículo 2° establece que los partidos políticos, para perseguir sus fines políticos, deben utilizar medios lícitos, permitidos por el ordenamiento jurídico venezolano, y especialmente, entre los medios lícitos, los "métodos democráticos[1139].

Por tanto, los partidos políticos deberían establecer en la declaración de principios o en sus programas el compromiso de perseguir siempre sus objetivos a través de métodos democráticos, acatar la manifestación de la soberanía popular y respetar el carácter institucional y apolítico de las Fuerzas Armadas Nacionales[1140].

Como consecuencia de estos métodos democráticos que deben utilizar los partidos políticos para alcanzar sus propósitos, ellos deben garantizar asimismo en sus estatutos, "los métodos democráticos en su orientación y acción política, así como la apertura de afiliación sin discriminación de raza, sexo, credo o condición social[1141]; y asegurarán a sus afiliados la participación directa o representativa en el gobierno del partido y en la fiscalización de su actuación"[1142].

Por otra parte, y como consecuencia de los métodos democráticos que deben utilizar los partidos políticos, es obligación de los mismos el "no mantener directa ni indirectamente, ni como órgano propio ni como entidad complementaria o subsidiaria, milicias o formaciones con organización militar o paramilitar, aunque ello no

---

1136 Artículo 2° de la Ley de Partidos Políticos. Artículo 115 de la Constitución.

1137 Artículo 4° de la Constitución.

1138 Artículo 6° de la Ley de Partidos Políticos.

1139 Artículo 67 de la Constitución. Sobre la utilización de métodos democráticos por parte de los partidos políticos, V. el criterio de la Procuraduría General de la República en dictamen de 15 de noviembre de 1962, publicado en Dictámenes de la Procuraduría General de la República 1962, Caracas, 1963, pp. 41 y ss.

1140 Artículo 4° de la Ley de Partidos. En este sentido y respecto a las Fuerzas Armadas, el artículo 132 de la Constitución señala que "forman una institución apolítica obediente y no deliberante, organizada por el Estado para asegurar la defensa nacional, la estabilidad de las instituciones democráticas y el respeto a la Constitución y a las leyes, cuyo acatamiento estará siempre por encima de cualquier otra obligación".

1141 Artículo 61 de la Constitución.

1142 Artículo 5° de la Ley de Partidos Políticos.

comporte el uso de armas, ni a permitir uniformes, símbolos o consignas, que proclamen o inviten a la violencia", tal como lo consagra el artículo 25, ordinal 3° de la Ley.

3. *Naturaleza jurídica: en la constitución; en la ley; en la jurisprudencia*

El rango constitucional de la consagración de los partidos políticos como instrumentos a través de los cuales los ciudadanos pueden participar en la orientación de la política nacional, llevó incluso a la antigua Corte Suprema de Justicia, siguiendo una doctrina sentada por el antiguo Consejo Supremo Electoral en 1970, a considerar a los partidos políticos desde el punto de vista histórico, sociológico y de la ciencia política, como "asociaciones políticas", "asociaciones de derecho público", o "entes jurídicos de derecho público"[1143], considerando, por tanto, que le correspondía a cualquier ciudadano el derecho de denunciar ante el Consejo Nacional Electoral las infracciones en que a su juicio hubiera podido incurrir un partido determinado y, en consecuencia, que correspondía a dicho Consejo, en virtud de sus atribuciones, velar por que se cumplieran las exigencias legales en cuanto a la constitución y funcionamiento de los partidos políticos[1144].

Los partidos políticos, en todo caso, no son personas jurídicas de derecho público que por ello, pudieran considerarse que ejercen alguna cuota parte del Poder Público en virtud de descentralización legal, pues aparte del papel que la Constitución les asigna como organizaciones con fines políticos a los efectos de canalizar la participación de los ciudadanos en la orientación política nacional, ni la Constitución ni ley alguna le atribuyen el ejercicio de poder público o de prerrogativa pública alguna[1145], como al contrario sucede en otros sistemas políticos, como ocurrió en los Estados corporativos o fascistas que funcionaron en Europa hasta la Segunda Guerra Mundial, o en el esquema de los Estados de partido único, en los cuales la Constitución configura al partido como un órgano del Estado, como sucedió en la Constitución de la antigua Unión de Repúblicas Socialistas Soviéticas.

Por otra parte, es claro que si se tratara de personas jurídicas de derecho público, las personas que estuvieran al servicio de todos los partidos políticos estarían incursas en la prohibición de contratar con otras personas jurídicas de derecho público, como lo establece el artículo 145 de la Constitución, cuyo contenido, evidentemente no puede referirse a los partidos políticos.

Como consecuencia, los partidos políticos en el régimen constitucional y legal venezolano, tienen que considerarse como personas jurídicas de derecho privado de las que el artículo 19, ordinal 3° del Código Civil califica como "corporaciones", las cuales en virtud del papel político que la Constitución y la Ley de Partidos Políticos les asigna, están sometidos al control del Consejo Nacional Electoral, pero no resul-

---

1143 Sentencia de la Sala Político Administrativa de la antigua Corte Suprema de Justicia de 30-01-73, en *Gaceta Oficial* N° 30112 de 26-05-73).

1144 *Idem.*

1145 *V.,* Alejandra Figueras Robisco, "Los partidos políticos en Venezuela: naturaleza Jurídica y control de sus actos", *Revista de Derecho Público,* Editorial Jurídica Venezolana, N° 63-64, Caracas 1995, pp. 5-28.

tando de ello, de manera alguna, que puedan dictar por sí mismos actos administrativos pues no ejercen prerrogativa pública alguna. Así lo resolvió la Corte Primera de lo Contencioso Administrativo en sentencia de 26 de agosto de 1989, al señalar lo siguiente:

Como se observa, ni la previsión constitucional ni la definición misma que da de Partidos Políticos nuestro derecho positivo, en modo alguno permite configurarlos como personas jurídicas de derecho público.

En efecto, de acuerdo a los índices de publicidad antes mencionados, los partidos políticos ni forman parte de la estructura de la administración pública, ni han sido creados por actos de poder público. Por lo que respecta al disfrute de prerrogativas, no existe disposición alguna en la ley que se las haya acordado. Tampoco nos 'encontramos frente al supuesto de personas jurídicas de derecho privado, a las cuales el legislador las haya habilitado para dictar actos administrativos, como ocurre excepcionalmente en el supuesto previsto en el artículo 92 de la Ley Orgánica de la Contraloría General de la República, por lo que respecta a las fundaciones y empresas del Estado las cuales, no obstante tratarse, por su forma, de personas jurídicas de derecho privado, se encuentran habilitadas expresamente para dictar las decisiones correspondientes en materia de averiguaciones administrativas. Tal prerrogativa, en virtud del carácter aislado, no es susceptible de convertirlas en personas de derecho público.

Todo lo anterior lleva a esta Corte a la conclusión de que los Partidos Políticos, no obstante la muy importante y decisiva participación en la vida pública del país, son personas jurídicas de derecho privado, cuyos actos no son susceptibles de ser calificados como actos administrativos. Cualquier divergencia que surja con motivo de una decisión del partido político o de uno de sus órganos, y la cual dé lugar al menoscabo de los derechos o intereses de un particular, debe ser sometida a la consideración del Consejo Supremo Electoral de conformidad con las previsiones correspondientes establecidas en la Ley de Partidos Políticos. En consecuencia, el acto administrativo será, precisamente, la decisión que al respecto adopte el Consejo Supremo Electoral y éste sería el acto impugnable por la vía del contencioso administrativo, sujeto al control judicial de constitucionalidad y de legalidad por la Sala Político-Administrativa de la Corte Suprema de Justicia.

Esta Corte debe entonces concluir que los partidos políticos no son personas jurídicas de derecho público, ni pueden considerarse que ejercen potestades de poder público, pues el papel que la Constitución les asigna a los efectos de canalizar la participación de los ciudadanos en la orientación política nacional no es susceptible de calificar de prerrogativa lo que simplemente es una función, aunque sí, de gran relevancia para el desarrollo de la vida pública del país.

Por las razones expuestas, al no poder calificarse como actos administrativos los impugnados ante esta instancia jurisdiccional, por tratarse de un acto emanado de un partido político, esta Corte debe declarar improcedente el recurso contencioso administrativo de anulación intentado ya que sólo contra los actos administrativos procede el ejercicio del mencionado recurso, y así se decide[1146].

4. *Constitución y/o formación de los partidos políticos: libertad amplia; restricciones; regulaciones especiales*

El régimen de formación y constitución de los partidos políticos tanto nacionales como regionales está establecido en la a Ley de Partidos Políticos, Reuniones Públicas y Manifestaciones de 1964, estableciéndose una amplia libertad para ello.

El trámite inicial previsto en la Ley es que los grupos de ciudadanos que deseen constituir un partido político deberán participarlo a la autoridad civil del Distrito o Departamento con indicación de las oficinas locales que establecerán, en cuyos frentes y en forma visible para el público, colocarán un aviso o placa indicativa del nombre provisional con que actúan. Así lo establece el artículo 8° de la Ley. En todo caso, serán clausurados los locales de asociaciones o grupos políticos que funcionen sin haber cumplido con los requisitos antes señalados.

La Ley, por otra parte, permite el funcionamiento provisional de asociaciones de ciudadanos que postulen candidatos durante los procesos electorales conforme al artículo de la Ley Orgánica del Sufragio, mientras dure el proceso electoral, y los autoriza en el mismo artículo 8° para que tengan y organicen locales y oficinas como los partidos políticos, previo el cumplimiento de los requisitos exigidos para el funcionamiento provisional de los partidos políticos, visto anteriormente.

A los fines de la regulación sobre la constitución definitiva de los partidos políticos, la vigente Ley de Partidos Políticos, Reuniones Públicas y Manifestaciones establece dos tipos de organizaciones: los partidos políticos nacionales y los partidos políticos regionales, cuyos requisitos de constitución se analizan más adelante.

Por otra parte, de acuerdo con la misma Ley, los partidos políticos deben adoptar una denominación distinta de la de otros partidos políticos debidamente registrados. Dicha denominación no podrá incluir nombres de personas ni de iglesias, ni ser contraria a la igualdad social y jurídica, ni expresiva de antagonismo hacia naciones extranjeras, ni en forma alguna parecerse o tener relación gráfica o fonética con los símbolos de la Patria o con emblemas religiosos. Por su parte, la Ley Orgánica del Sufragio y Participación Política también precisa que desde su inscripción, los partidos políticos deben indicar al Consejo Nacional Electoral, el color, combinación de colores o símbolos que deseen para distinguir sus postulaciones (Art. 134).

Además, los partidos políticos deberán dar cuenta al Consejo Nacional Electoral, dentro de los 10 días siguientes, de toda determinación que cambie la denominación del partido que, por otra parte, sólo puede hacerse conforme a las reglas antes enunciadas[1147].

1146 *V.*, en *Revista de Derecho Público*, Editorial Jurídica Venezolana, N° 39, Caracas 1989. pp. 149-151.
     V., los comentarios a esta sentencia en Alejandra Figueras Robisco, "Los partidos políticos en Venezuela: naturaleza Jurídica y control de sus actos", *Revista de Derecho Público*, Editorial Jurídica Venezolana, N° 63-64, Caracas 1995, pp. 5-28.

1147 Artículo 7° de la Ley de Partidos Políticos.

Además de las obligaciones derivadas de la propia naturaleza y definición legal de los partidos políticos antes analizadas, y de las otras referidas al financiamiento de los mismos que se analizarán más adelante, el artículo 25 de la Ley establece que son obligaciones de los mismos las siguientes:

1. Adecuar su conducta a la declaración de principios, acta constitutiva, programa de acción política y estatutos debidamente registrados.

2. Enviar copia al organismo electoral correspondiente de las modificaciones introducidas en los documentos mencionados anteriormente.

3. No mantener directa ni indirectamente, ni como órgano propio ni como entidad complementaria o subsidiaria, milicias o formaciones con organización militar o paramilitar, aunque ello no comporte el uso de armas, ni a permitir uniformes, símbolos o consignas que proclamen o inviten a la violencia.

Dentro del Consejo Nacional Electoral, conforme al artículo 68 de la Ley Orgánica del Poder Electoral corresponden a la Oficina Nacional de Participación Política, las siguientes funciones:

1. Formar, organizar y actualizar el registro de las organizaciones con fines políticos, grupo de electores, agrupaciones de ciudadanas y ciudadanos, de conformidad con lo establecido en la ley.

2. Tramitar las solicitudes de constitución, renovación y cancelación de organizaciones con fines políticos, la determinación de sus autoridades legítimas y sus denominaciones provisionales, colores y símbolos de conformidad con la ley.

V. REQUISITOS PARA LA CONSTITUCIÓN/FORMACIÓN DE LOS PARTIDOS POLÍTICOS A NIVEL REGIONAL

1. *La solicitud de inscripción*

Los partidos políticos regionales se constituirán mediante su inscripción en el registro que al efecto llevará el Consejo Nacional Electoral. Las solicitudes de inscripción deben ir acompañadas de los siguientes documentos[1148].

1. Nómina de integrantes del partido en número no inferior al 0,5 por ciento de la población inscrita en el registro electoral de la respectiva Entidad. La nómina especificará sus nombres y apellidos, edad, domicilio y Cédula de Identidad.

Los integrantes del partido que aparezca en esta nómina deberán estar domiciliados en la respectiva entidad.

2. Manifestación de voluntad de los integrantes del partido de pertenecer a él[1149].

1148 Artículo 10 de la Ley de Partidos Políticos.

1149 Estos dos primeros requisitos no tienen que cumplirse, sin embargo, por "los grupos de ciudadanos que hubieren presentado planchas de candidatos en las últimas elecciones regionales o nacionales, según el

3. Tres ejemplares de su declaración de principios, de su acta constitutiva, de su programa de acción política y de sus estatutos. Uno de estos ejemplares se archivará en el expediente del Consejo Supremo Electoral, otro se enviará al Ministerio de Relaciones Interiores y el tercero será remitido a la Gobernación correspondiente.

4. Descripción y dibujo de los símbolos y emblemas del partido.

5. Indicación de los supremos organismos del partido, personas que los integran y los cargos que dentro de ellos desempeñan.

La solicitud de inscripción podrá ser tramitada por los interesados directamente ante el Consejo Supremo Electoral o por intermedio de la Gobernación de la respectiva entidad. En todo caso, los directivos del partido deberán autorizar con su firma todos los documentos requeridos para la constitución del partido enumerados anteriormente, de acuerdo con sus disposiciones estatutarias.

2. *La publicación y la impugnación de nombres*

El Consejo Nacional Electoral al recibir la solicitud de inscripción, deberá entregar constancia de ello a los interesados y ordenará su publicación en la Gaceta Oficial de la República y en la Gaceta de la entidad correspondiente, dentro de los cinco (5) días siguientes.

Cuando la solicitud se haga a través de la Gobernación regional, la Secretaría de Gobierno cumplirá con la tramitación establecida y hará la publicación en la Gaceta del Estado en el mismo plazo antes señalado, remitiendo los recaudos al Consejo Nacional Electoral, con excepción de la nómina de militantes del partido. El Consejo Nacional Electoral podrá designar delegados, al recibir la información de que se ha solicitado el registro de un partido regional, para que supervise o tome a su cargo la tramitación de los recaudos.

En la publicación de la solicitud a que se ha hecho referencia, se expresará el derecho de cualquier ciudadano para revisar, en la Secretaría de Gobierno de la respectiva entidad, la nómina de los integrantes del partido y para impugnar el uso indebido de algún nombre[1150]. A estos efectos cuando la solicitud de inscripción se ha hecho directamente ante el Consejo Nacional Electoral, éste remitirá a la Gobernación correspondiente la nómina de los integrantes del partido.

La impugnación de nombres la oirá, comprobará y certificará el Consejo Nacional Electoral a través de sus delegados o del Secretario de Gobierno, con la simple confrontación de su Cédula de Identidad[1151].

---

caso, y hubieren obtenido el 3 por ciento de los votos emitidos..., pero deberán someterse a los demás requisitos para la constitución de partidos políticos".

1150 Se trata de la protección específica del nombre como uno de los derechos de la personalidad. Es de destacar, por otra parte, que la Ley de Partidos Políticos no consagra otra forma de oposición a la inscripción de partidos regionales, salvo esta de la oposición, al usó de algún nombre. Al contrario, en la constitución de partidos políticos nacionales se admite la oposición a la inscripción de los mismos por cualquier motivo. No se comprenden los motivos por los cuales se estableció este régimen distinto en materia de oposición a la inscripción de partidos políticos.

1151 Los servicios de la Oficina Nacional de Identificación, creada por Ley Orgánica de Identificación, deben atender cualquier requerimiento que le sea hecho a los fines del cumplimiento de la disposición del artículo 12 de la Ley.

3. La devolución de la solicitud

Una vez transcurridos treinta (30) días a contar de la fecha de la publicación, la Gobernación respectiva debe enviar al Consejo Nacional Electoral la nómina con las observaciones o impugnaciones que se le hubieren hecho.

El Consejo Nacional Electoral, si no se han cumplido todos los extremos legales, devolverá la solicitud, haciendo constar por escrito los reparos formulados, siempre que no se trate de una negativa de la inscripción. Los interesados, dentro de los diez días siguientes, podrán presentar los nuevos recaudos necesarios para formalizar la solicitud y el Consejo resolverá dentro de los diez días después de haber recibido respuesta a los reparos formulados. Así lo establece el artículo 12 de la Ley.

4. La objeción del Ministerio de Relaciones Interiores

Tal como lo indica el artículo 14 de la Ley de Partidos Políticos, Reuniones Públicas y Manifestaciones, el Ministerio de Relaciones Interiores podrá objetar la solicitud de inscripción de cualquier partido ante el Consejo Nacional Electoral, indicando las razones en que se fundamenta.

Si fueran rechazadas las objeciones por el Consejo Nacional Electoral, el Ejecutivo Nacional, por órgano de la Procuraduría General de la República, podría recurrir contra ese acto por ante la Sala Electoral del Tribunal Supremo de Justicia, la cual decidirá en la forma y dentro de los lapsos establecidos para la negativa de inscripción, que veremos más adelante.

5. La inscripción

Si los interesados han cumplido con todos los requisitos legales, y no ha habido objeción del Ejecutivo Nacional o si la habido ha sido rechazada definitivamente, el Consejo Nacional Electoral, dentro de los quince días siguientes al recibo de la solicitud y sus recaudos, luego de transcurridos los treinta días siguientes a las publicaciones, procederá a inscribir al partido en su registro.

Hecha la inscripción del partido, el Consejo Nacional Electoral debe comunicar su decisión a los interesados y publicarla en la Garceta Oficial de la República y en la Gaceta de la entidad correspondiente, dentro de los cinco días siguientes[1152].

Conforme lo establece el artículo 21 de la Ley, desde la fecha de la publicación de su registro, el partido político adquirirá personería jurídica y podrá actuar, a los fines de sus objetivos políticos, en todo el territorio de la entidad regional respectiva.

6. La negativa de inscripción

La decisión del Consejo Nacional Electoral puede ser también denegatoria de la solicitud y, por tanto, de negativa de la inscripción solicitada. Cuando así sea, esta decisión también debe ser notificada a los interesados y publicada en la Gaceta Oficial de la República y en la Gaceta de la entidad correspondiente, dentro de los cinco días siguientes. En todo caso, en la decisión de negativa de la inscripción, se ex-

---

1152 Artículo 12 y 13 de la Ley de Partidos Políticos.

presarán las razones que para ello tuvo el Consejo Nacional Electoral[1153], es decir, debe tratarse de un acto administrativo motivado[1154].

De este acto administrativo decisorio de negativa de inscripción, se podrá recurrir dentro de los quince días siguientes a la publicación en la Gaceta Oficial, por ante la Sala Electoral del Tribunal Supremo de Justicia.

La Sala Electoral deberá decidir en la decimaquinta (15) audiencia siguiente al recibo de las actuaciones, pudiendo, tanto el Consejo Nacional Electoral como los interesados, promover y evacuar los alegatos y pruebas que estimen procedentes, dentro de las diez (10) primeras audiencias de aquel lapso.

Cuando la decisión de la Sala Electoral sea revocatoria de la del Consejo Nacional Electoral, éste debe proceder a inscribir al partido dentro de los tres días siguientes a la decisión de la Sala Electoral[1155].

7. La renovación de la nómina

Los partidos políticos regionales deben renovar, en el curso del año en que comience cada período constitucional, su nómina de inscritos en el porcentaje del cinco por ciento (0,5%) en la forma señalada para su constitución[1156].

VI. REQUISITOS PARA LA CONSTITUCIÓN/FORMACIÓN DE PARTIDOS A NIVEL NACIONAL

1. La solicitud de inscripción

Los partidos políticos nacionales se constituirán mediante su inscripción en el registro que al efecto llevará el Consejo Nacional Electoral.

Las solicitudes de inscripción deberán ir acompañadas de los siguientes documentos:[1157]

1. Dos ejemplares de su acta constitutiva, de su declaración de principios, de su programa de acción política y de sus estatutos. Uno de estos ejemplares se archivará en el respectivo expediente del Consejo Nacional Electoral y él otro será remitido al Ministerio de Relaciones Interiores.

Cuando se trate de partidos políticos regionales que hubieren acordado su fusión para constituir una organización nacional, así se expresará en la respectiva Acta Constitutiva, acompañándose copia fehaciente del voluntario consentimiento expresado por cada una de las organizaciones regionales, de acuerdo con sus Estatutos, para convertirse en Partido Nacional[1158].

1153 Artículo 13 de la Ley de Partidos Políticos.

1154 Sobre la motivación de los actos administrativos, V. el artículo 99 de la Ley Orgánica de Procedimientos Administrativos.

1155 Artículo 15 de la Ley de Partidos Políticos.

1156 Artículo 26 de la Ley de Partidos Políticos.

1157 Artículo 16 de la Ley de Partidos Políticos.

1158 Artículo 17 de la Ley de Partidos Políticos.

2. Debe acompañarse además, constancia auténtica de que el partido ha sido constituido por lo menos en doce (12) de las entidades regionales, conforme a las normas y procedimientos a que se ha hecho referencia anteriormente. En este sentido, y a los efectos de la solicitud de inscripción regional conforme al artículo 10 de la Ley, el partido en trámite de organización nacional, podrá presentar los referidos recaudos ahí solicitados al partido nacional, agregando las correspondientes disposiciones transitorias para su actuación regional mientras se cumplen aquellos trámites[1159].

3. En tercer lugar, debe presentarse con la solicitud, la descripción y dibujo de los símbolos y emblemas del partido.

4. Por último debe acompañarse la indicación de los organismos nacionales de dirección, las personas que los integran y los cargos que dentro de ellos desempeñan.

Los Directores del partido deben autorizar con su firma las actuaciones precedentes, de acuerdo con las disposiciones estatutarias respectivas.

2. *La publicación y la oposición*

El Consejo Nacional Electoral, al recibir la solicitud de inscripción entregará constancia de ello a los interesados y ordenará su publicación en la Gaceta Oficial, dentro de los cinco días siguientes. En dicha publicación se expresará el derecho de cualquier ciudadano a impugnar la solicitud de inscripción.

Los ciudadanos tendrán treinta días, contados a partir de la publicación de la solicitud, para oponerse a la inscripción del partido, y tendrán, si así lo hacen, veinte días para presentar las pruebas y alegatos que consideren pertinentes. El Consejo Nacional Electoral debe decidir dentro de los diez días siguientes.

En todo caso, de la decisión del Consejo Nacional Electoral, los que hubiesen hecho oposición o los promotores del partido, podrán recurrir ante la Sala Electoral del Tribunal Supremo de Justicia, dentro de los diez días siguientes a la fecha de la decisión. La Sala Electoral deberá decidir en la decimaquinta audiencia siguiente al recibo de las actuaciones, pudiendo el Consejo Nacional Electoral, como los interesados, promover y evacuar los alegatos y pruebas que estimen procedentes dentro de las diez primeras audiencias de aquel plazo[1160].

3. *La objeción del Ministerio de Relaciones Interiores*

Al igual de lo que regula la ley respecto a los partidos regionales, el artículo 20 de la misma establece que el Ministerio de Relaciones Interiores podrá objetar la solicitud de inscripción de cualquier partido nacional ante el Consejo Nacional Electoral, indicando las razones en que se fundamente de acuerdo con lo prescrito en la ley. Si las objeciones fueren rechazadas, el Ejecutivo Nacional, por órgano del Procurador General de la República, podrá recurrir por ante la Sala Electoral del Tribunal Supremo de Justicia, en la forma y dentro de los lapsos que analizamos anteriormente[1161].

1159 Artículo 11 de la Ley de Partidos Políticos.

1160 Artículo 18 de la Ley de Partidos Políticos.

1161 Artículos 18 y 20 de la Ley de Partidos Políticos.

4. La inscripción

Transcurridos treinta días a contar de la fecha de la publicación de la solicitud de inscripción del partido político nacional, si no se hubiere formulado oposición razonada ni objeción por parte del Ministerio de Relaciones Interiores y si el Consejo Nacional Electoral considerare que han sido llenados los requisitos legales, procederá a inscribir al partido en su registro dentro de los cinco días siguientes al vencimiento de aquel plazo[1162].

Una vez hecha la inscripción del partido, el Consejo Nacional Electoral debe proceder a comunicarla a los interesados y a publicarla en la Gaceta Oficial dentro del lapso de cinco días[1163]. Desde la fecha de la publicación de su registro, el partido político nacional adquirirá personería jurídica y podrá actuar, a los fines de sus objetivos políticos, en toda la República.

5. La negativa de inscripción

Sin embargo, también la decisión del Consejo Nacional Electoral puede ser en sentido negativo cuando considere que no se han cumplido los requisitos legales de inscripción. La decisión denegatoria de la solicitud debe también publicarse en la *Gaceta Oficial* y comunicarse a los interesados. De acuerdo al artículo 19 de la Ley, el Consejo Nacional Electoral debe expresar las razones que tuvo para negar la inscripción. Se trata de la necesaria motivación del acto administrativo denegatorio.

Contrariamente a lo estipulado expresamente en materia de negativa de inscripción de partidos políticos regionales[1164], la ley no reguló en forma expresa la impugnación por ante la Sala Electoral del Tribunal Supremo de Justicia del acto administrativo denegatorio de inscripción de partidos políticos nacionales. Sin embargo, consideremos que el artículo 15 de la Ley ya analizado, es perfectamente aplicable por vía analógica, a los partidos políticos nacionales.

6. La constitución de seccionales regionales

En caso de partidos políticos nacionales la ley regula expresamente la constitución de seccionales regionales. En efecto, la ley vigente somete la constitución de seccionales regionales, en las entidades donde no se hubiera constituido con anterioridad a su inscripción en el registro del Consejo Nacional Electoral, al cumplimiento de lo establecido en los numerales 3, 4 y 5 del artículo 10 de la misma, referido a la constitución de partidos políticos regionales, que ya hemos analizado.

En todo caso, la representación de las seccionales, mientras quedan definitivamente constituidas, corresponde a las autoridades partidistas nacionales.

7. La renovación de la nómina

Los partidos políticos nacionales también deben renovar, en el curso del año en que comience cada período constitucional, su nómina de inscritos en el porcentaje

---

1162 Artículo 18 de la Ley de Partidos Políticos.
1163 Artículo 19 de la Ley de Partidos Políticos.
1164 Artículo 15 de la Ley de Partidos Políticos.

del cinco por ciento (0,5%) en la forma señalada para la constitución de los partidos regionales anteriormente analizada. Sin embargo, los partidos que hubieran obtenido en las elecciones nacionales correspondientes, el uno por ciento (1%) de los votos emitidos sólo tendrán que presentar una constancia de la votación que obtuvieron, debidamente certificada, por el respectivo organismo electoral[1165].

VII. ESTRUCTURA INTERNA DE LOS PARTIDOS

La estructura interna de los partidos políticos no está regulada ni definida en la Ley de Partidos Políticos. Esa materia corresponde ser regulada en los estatutos de los propios partidos.

Sin embargo, los partidos políticos están obligados conforme al artículo 25,6 de la Ley de Partidos Políticos a participar por escrito al Consejo Nacional Electoral, en cada oportunidad, los nombres de las personas que integren los supremos órganos directivos del partido y los cargos que dentro de ellos desempeñen. En los Estados y en el Distrito Capital, esta participación debe hacerse ante la Gobernación respectiva, la cual debe remitir copia al Consejo Nacional Electoral.

Como consecuencia de esta participación, en caso de conflicto entre directivas paralelas que puedan designar por facciones distintas dentro de los partidos políticos, el Consejo Nacional Electoral tiene competencia para determinar cuál de las directivas, a su juicio y conforme a los estatutos del partido es la que reconoce como tal. Esta decisión puede ser impugnada por vía de recurso contencioso-electoral ante la Sala Electoral del Tribunal Supremo.

VIII. DEMOCRACIA INTERNA, DERECHO DE PARTICIPACIÓN

La Constitución establece que en todo caso, las asociaciones políticas deben seguir métodos democráticos no sólo en su organización sino en su funcionamiento y dirección. Para asegurar su democratización interna, el artículo 67 de la Constitución precisa que tanto los titulares de sus órganos de dirección como los candidatos de los partidos y asociaciones políticas a los diversos cargos de elección popular, deben ser "seleccionados en elecciones internas con la participación de sus integrantes".

En tal sentido, la Sala Electoral del Tribunal Supremo de Justicia en sentencia N° 38 del 28 de abril de 2000 (Caso: *Arsenio Henríquez y otro vs. Movimiento al Socialismo (MAS)*, estableció el siguiente criterio:

En tal sentido, se observa que la Constitución de la República Bolivariana de Venezuela orientada por uno de los principios que la informan, como lo es la participación protagónica de los ciudadanos en los asuntos públicos, consagró el derecho a la asociación en organizaciones con fines políticos, cuya estructura debe garantizar métodos democráticos de organización, funcionamiento y dirección. A tal fin las organizaciones políticas que se crearen deberán incluir en su ordenamiento interno aquellas normas que desarrollen y garanticen el cumplimiento de este mandato, de igual modo, las ya existentes, tienen el deber ineludible de adaptar sus reglamentos y

---

1165 Artículo 26 de la Ley de Partidos Políticos.

estatutos a esta exigencia constitucional, en caso de que los dictados con anterioridad a la entrada en vigencia de la Constitución, no garanticen el derecho constitucional referido, y la participación de sus integrantes en su organización y funcionamiento. Ello, con el apoyo del recién creado Poder Electoral que tiene a su cargo,
por mandato constitucional, garantizar la participación de los ciudadanos, a través
de procesos comiciales transparentes, imparciales, eficientes y confiables, que se
celebren, entre otros, en las mismas organizaciones con fines políticos.

Los partidos políticos han de tener, entonces, necesariamente un carácter democrático, la actividad del partido en todo momento debe garantizar, preservar y
desarrollar los principios democráticos contenidos en la Constitución, desechando
cualquier conducta o práctica que distorsione el carácter democrático exigido por
ella, debiendo abstenerse de cualquier método que vulnere las formas establecidas
para acceder, ejercer y participar en el sistema político venezolano. Tales principios
deben estar garantizados en su seno, es decir, dichas, organizaciones deben asegurar
a sus afiliados la participación directa o representativa en el gobierno del partido.

Así pues, en atención al derecho consagrado en el artículo 67 de la Constitución
y, con el objeto de respetar los principios democráticos y dar cumplimiento a lo dispuesto en el referido artículo, en cuanto a que los "organismos de dirección y sus
candidatos o candidatas a cargos de elección popular serán seleccionados o seleccionadas en elecciones internas con la participación de sus integrantes", los partidos
políticos pueden dictar la normativa pertinente que regule esa forma de elección. El
nuevo esquema impone a estos organismos, en el ejercicio de tal facultad, el recato y
prudencia necesaria que garantice que la voluntad de sus respectivos colectivos se
exprese en forma diáfana, evitando con ello la tentación de convertirse en instrumentos confiscatorios de la expresión o voluntad popular, en consecuencia, los candidatos deben ser seleccionados de conformidad con el proceso eleccionario interno
instaurado en el que participen sus integrantes[1166].

En todo caso, a fin de garantizar la organización interna democrática de los partidos políticos, el artículo 293, ordinal 6 de la Constitución, ha atribuido al Poder
Electoral la función de organizar las elecciones de las organizaciones con fines políticos en los términos que señale la Ley.

IX. TRATAMIENTO DEL TEMA DE GÉNERO

En la Constitución de 1999, a pesar de que toda ella está redactada respetándose
en todos sus artículos la referencia expresa al género femenino, al configurarse el
principio de la igualdad en términos absolutos (Art. 21), se eliminó toda posibilidad
de que en la legislación se pudiera establecer un tratamiento especial al género femenino mediante, por ejemplo, la regulación de cuotas de participación en las asambleas o cuotas en las listas de candidatos. Por ello fue que precisamente, con base en
la norma del artículo 21 de la Constitución, que la Sala Electoral del Tribunal Supremo de Justicia en sentencia N° 52 de 19 de mayo de 2000 (Caso: *Sonia Sgambatti vs. Consejo Nacional Electoral*) consideró como tácitamente derogado el artículo

---

1166 *V.,* en *Revista de Derecho Público,* Editorial Jurídica Venezolana, N° 82 (abril-junio), Caracas, 2000,
    pp. 333 y ss.

144 de la Ley Orgánica del Sufragio y Participación Política que establecía la llamada "cuota electoral femenina", con base en los siguientes argumentos:

El citado artículo 144 de la Ley Orgánica del Sufragio y Participación Política impone a los partidos y grupos de electores la obligación de conformar la postulación de sus listas a los cuerpos deliberantes, con un porcentaje que represente como mínimo el treinta por ciento (30%) de los candidatos postulados, lo cual a entender de esta Sala revela una ostensible contradicción con el artículo 21 de la Constitución de la República Bolivariana de Venezuela; en efecto el principio de igualdad opera en dos planos diferentes: frente al legislador (igualdad en la Ley) y en aplicación de la Ley. En el primer caso la preservación de la igualdad en la Ley impide que se puedan configurar los supuestos de hecho de la norma de modo tal que se dé trato distinto a las personas que, desde todos los puntos de vista legítimamente adoptables, se encuentren en la misma situación, por lo que cuando el legislador en uso de su potestad actúa en forma contraria al criterio antes referido, es decir, configura el presupuesto de hecho de la norma creando una mejor posición para una persona o grupo de personas, y dotándolo de esta manera de un régimen jurídico más favorable que el de otros, incurre en una infracción de principio de igualdad por parte del legislador.

En efecto, el análisis del artículo 144 de la Ley Orgánica del Sufragio y Participación Política, pone en evidencia que el legislador creó, basado en la situación en la que se encontraba para ese momento la mujer, una situación más favorable para éstas en la integración de las listas que deben ser presentadas para la elección de los cuerpos deliberantes con la finalidad de materializar en la práctica el principio de igualdad recogido en la Constitución de 1961.

Ahora bien, advierte esta Sala, que si bien dicho dispositivo pudo ser congruente, o estar en sintonía con la Constitución de 1961, no es posible afirmar lo mismo cuando se confronta con la Constitución de 1999, ya que no ha sido esa la intención plasmada en nuestra Carta Magna, por cuanto la situación en la que se encuentra la sociedad venezolana ha variado notablemente, motivo por el cual se estableció plena igualdad entre el hombre y la mujer, al dotársele de los mismos derechos incluyendo políticos, y colocándolos en el mismo plano de igualdad, esto es identidad de condiciones y oportunidades para ejercer derechos especialmente atinentes a los cargos de elección popular, sin que exista norma alguna que restrinja, limite o menoscabe el ejercicio de estos derechos de las mujeres. Más aún, reconoce ambos géneros indistintamente, en cada uno de las normas referidas a cargos públicos (véase en este sentido el Título IV de la Constitución de la República Bolivariana de Venezuela relativo al Poder Público).

En consonancia con los argumentos antes expuestos, considera esta Sala oportuno destacar que es un hecho notorio que el sexo masculino milita en mayor número en las agrupaciones políticas que las mujeres, y que la militancia política en todas las sociedades y en todos los tiempos siempre ha estado reducida a una proporción mínima de población, y los liderazgos que resultan en la misma son producto del trabajo político perseverante de los integrantes de las asociaciones con fines políticos, los cuales militan voluntariamente en sus agrupaciones independientemente de su sexo.

Muy por el contrario, no se debe a limitaciones establecidas al sexo femenino, ni mucho menos a la serie de tareas hogareñas a las que el sexo femenino pudiera encontrarse obligado. (Véase en este sentido sentencia de la Corte Suprema de Justicia en Pleno, del 28 de mayo de 1998, caso *Enrique Yéspica Allup*).

Aunado a lo anterior, resulta procedente señalar que el Artículo 67 de la Constitución de la República Bolivariana de Venezuela establece que: "Todos los ciudadanos y ciudadanas tienen el derecho a asociarse, mediante métodos democráticos de organización, funcionamiento y dirección. Sus organismos de dirección y sus candidatos o candidatas a cargos de elección popular serán seleccionados o seleccionadas en elecciones internas con participación de sus integrantes..." de lo cual se desprende que la selección de los postulados por cada organización con fines políticos se realizará mediante mecanismos democráticos, y con total prescindencia del sexo al que pertenecen.

De lo expuesto se desprende que el artículo 144 de la Ley Orgánica del Sufragio y Participación Política ha quedado derogado, por no guardar correspondencia con lo establecido en torno al derecho a la igualdad y no discriminación en el texto constitucional, en virtud de la norma derogatoria única ejusdem, configurándose una inconstitucionalidad sobrevenida y así se decide1167.

X. NORMAS CON RELACIÓN A OTROS GRUPOS AFILIADOS A LOS PARTIDOS POLÍTICOS

El artículo 125 de la Constitución garantiza el derecho de los pueblos indígenas a la participación política y la obligación del Estado de garantizar la representación indígena en la Asamblea Nacional y en los cuerpos deliberantes de las entidades federales (Consejos Estadales) y locales (Consejos Municipales) con población indígena, conforme a la ley.

Asimismo, el artículo 186 Constitución dispone que los pueblos indígenas elegirán 3 diputados, de acuerdo con lo que se establezca en la ley electoral, respetando sus tradiciones y costumbres.

XI. FINANCIAMIENTO DE LOS PARTIDOS POLÍTICOS

1. *Prohibición del financiamiento público*

Contrariamente a lo que se regulaba en la legislación electoral preconstitucional, el artículo 67 de la Constitución expresamente prohíbe el financiamiento de las asociaciones con fines políticos con fondos provenientes del Estado. Se cambió así, radicalmente, el régimen de financiamiento público a los partidos políticos previsto en la Ley Orgánica del Sufragio y Participación Política (Art. 203), mediante el cual se buscaba mayor equilibrio y equidad para la participación electoral, evitando los desequilibrios y perversiones que podría producir el solo financiamiento privado, por el narcofinanciamiento, por ejemplo, y el eventual financiamiento público indi-

---

1167 *V.*, en *Revista de Derecho Público*, N° 82, (abril-junio), Editorial Jurídica Venezolana, Caracas 2000, pp. 255 y 256.

recto sólo para los partidos de gobierno[1168]. Se abandonó así, la tendencia inversa que predomina en el derecho comparado.

Incluso, para evitar cualquier financiamiento público indirecto, no sólo la Constitución establece expresamente que los funcionarios públicos están al servicio del Estado y no de parcialidad política alguna (Art. 145); sino que las direcciones de las asociaciones con fines políticos no pueden contratar con entidades del sector público (Art. 67). El primer principio, sin embargo, desde que se publicó la Constitución, ha sido sistemáticamente vulnerado al ejercer el Presidente de la República, algunos de sus Ministros y otros altos funcionarios de la Administración Pública, y el Presidente de la Asamblea Nacional, los principales cargos directivos del partido de gobierno.

2.   *Financiamiento privado y su control*

En todo caso, el mismo artículo 67 de la Constitución remite a la ley para regular lo concerniente al financiamiento y las contribuciones privadas de las organizaciones con fines políticos, y los mecanismos de control que aseguren la pulcritud en el origen y manejo de las mismas. Asimismo la ley debe regular las campañas políticas y electorales, su duración y límites de gastos, propendiendo a su democratización.

La Ley de Partidos Políticos, en esta materia, establece como restricción general en el artículo 25,4 que los partidos no pueden "aceptar donaciones o subsidios de las entidades públicas, tengan o no carácter autónomo; de las compañías extranjeras o con casa matriz en el extranjero; de empresas concesionarias de obras públicas; de cualquier servicio o de bienes de propiedad del Estado, de Estados extranjeros o de organizaciones políticas extranjeras[1169].

La Ley Orgánica del Sufragio y Participación Política, por su parte, en la materia prohíbe a las organizaciones políticas y candidatos electorales a recibir contribuciones anónimas (Art. 202).

A los efectos del control, la Ley de Partidos Políticos dispone que los partidos deben llevar una documentación contable en la que consten los ingresos y la inversión de los recursos del partido. Estos libros de contabilidad y sus respectivos comprobantes deben ser conservados durante cinco (5) años, por lo menos, contados a partir del último asiento de cada uno de ellos (Art. 25,5).

Ahora bien, el control del financiamiento de los partidos políticos corresponde al Consejo Nacional Electoral a cuyo efecto, el artículo 33,25 de la Ley Orgánica del Poder Electoral le atribuye competencia para "Velar por el cumplimiento de las disposiciones del ordenamiento jurídico en relación con el origen y manejo de los fondos de las organizaciones con fines políticos"; y a la Comisión de Participación

---

1168 *V.,* en general sobre el tema, Allan R. Brewer-Carías, "Consideraciones sobre el financiamiento de los partidos políticos en Venezuela" en *Financiamiento y democratización interna de partidos políticos. Memoria del IV Curso Anual Interamericano de Elecciones,* San José, Costa Rica, 1991, pp. 121 a 139. *V.,* nuestra propuesta en relación con este artículo en Allan R. Brewer-Carías, *Debate Constituyente,* Tomo II, *op. cit.,* p. 128.

1169 Ello con el fin de evitar en todo momento que los partidos políticos suscriban pactos que los obliguen a subordinar su actuación a directivas provenientes de entidades o asociaciones extranjeras como lo prohíbe el artículo 6° de la Ley de Partidos Políticos.

Política y Financiamiento la cual conforme al artículo 66 de la misma Ley tiene las siguientes funciones:

3. Vigilar por el cumplimiento de las disposiciones constitucionales y legales en relación con los fondos y el financiamiento de las campañas electorales de las organizaciones con fines políticos, grupos de electores, asociaciones de ciudadanas o ciudadanos, y de las candidatas o los candidatos por iniciativa propia.

4. Investigar el origen y destino de los recursos económicos utilizados en las campañas electorales de las organizaciones con fines políticos, grupo de electores, asociaciones de ciudadanas o ciudadanos y de las candidatas o candidatos postuladas o postulados por iniciativa propia, de conformidad con lo establecido en la ley.

Adicionalmente el artículo 69 de la Ley Orgánica del Poder Electoral atribuye a la Dirección Nacional de Financiamiento las siguientes funciones:

1. Sustanciar las investigaciones que le delegue la Comisión de Financiamiento y Participación Política sobre el origen y destino de los recursos económicos destinados a las campañas electorales de las organizaciones con fines políticos, grupo de electores y de las candidatas o candidatos postuladas o postulados por iniciativa propia, de conformidad con lo establecido en la ley.

2. Sustanciar las investigaciones que le delegue la Comisión de Financiamiento y Participación Política relacionadas con el origen y destino de los gastos de los fondos de financiamiento de las organizaciones con fines políticos, grupos de electores y de las candidatas o candidatos postuladas o postulados por iniciativa propia, de conformidad con lo establecido en la ley.

3. Recibir, organizar y archivar los recaudos sobre el origen de los fondos y el financiamiento de las campañas electorales de las organizaciones con fines políticos, grupos de electores, asociaciones de ciudadanas o ciudadanos y de las candidatas o candidatos postuladas o postulados por iniciativa propia.

3. *Sanciones*

La Ley Orgánica del Sufragio y Participación Política establece como falta electoral, penada con multa, al "candidato que no presente informe sobre sus ingresos y gastos de campaña electoral ante el Consejo Nacional Electoral en los términos establecidos en la ley (Art. 254,13). La misma Ley regula como delito penado con prisión de 2 a 3 años, al responsable de los partidos políticos o grupos de electores, así como al candidato que reciba contribuciones o financiamiento de forma anónima (Art. 258, 3).

XII. COALICIONES, FUSIONES Y ALIANZAS

La Ley Orgánica del Sufragio y Participación Política establece una amplia libertad de alianzas políticas entre las organizaciones políticas, con motivo de la postulación de candidatos. Considera la Ley que existe alianza cuando dos o más organizaciones políticas presenten idénticas postulaciones. En el caso de elecciones de organismos deliberantes, "las postulaciones son idénticas cuando están conformadas por las mismas personas y en el mismo orden" (Art. 9).

La consecuencia de las alianzas es que conforme a la ley, sólo en el caso de las dichas alianzas se sumarán los votos que otorgan los candidatos postulados por diversas organizaciones políticas, en la circunscripción correspondiente.

XIII. EXTINCIÓN/CANCELACIÓN DE LOS PARTIDOS POLÍTICOS: CAUSAS

1. *La cancelación del registro de los partidos políticos*

Diversas causales de cancelación del registro de los partidos políticos establece la Ley de Partidos Políticos en su artículo 27. Ellas son:

1. Por solicitud del propio partido, conforme a sus estatutos.
2. Como consecuencia de su incorporación a otro partido o de su fusión con éste.
3. Cuando haya dejado de participar en las elecciones, en dos períodos, constitucionales sucesivos.
4. Cuando se compruebe que ha obtenido su inscripción en fraude a la ley, o ha dejado de cumplir los requisitos en ella señalados, o su actuación no estuviese ajustada a las normas legales. En esta causal puede incluirse el incumplimiento de las obligaciones de los partidos políticos antes vistas.

En caso de producirse alguna de las causales de cancelación del registro de un partido político el Consejo Nacional Electoral podrá hacerlo, actuando de oficio o a petición del Ministerio de Relaciones Interiores y de Justicia, del Ministerio Público o de otro partido[1170]. En todo caso ninguna revocatoria podrá acordarla el Consejo Nacional Electoral sin la previa citación del partido afectado[1171] en las personas que ejerzan su representación de conformidad con sus estatutos, quienes podrán oponerse a la cancelación, promoviendo y evacuando las pruebas conducentes y exponiendo por escrito los alegatos que estimen procedentes.

Establece el artículo 27 de la ley que todo ese procedimiento debe cumplirse dentro del término de treinta días computados a partir de la citación del partido afectado. Si transcurre este término sin que haya habido oposición quedará definitivamente cancelado el registro y se publicará la decisión en la *Gaceta Oficial*.

Si, por el contrario, hubiere habido oposición de la decisión recaída podrá recurrirse ante la Sala Electoral del Tribunal Supremo de Justicia en la forma que se indicó al examinar la negativa de inscripción, y en tanto no recaiga sentencia definitivamente firme el partido podrá continuar sus actividades ordinarias.

1170 Artículo 27 de la Ley de Partidos Políticos.

1171 Lo que constituye la necesaria garantía del procedimiento administrativo configurada por la audiencia del interesado regulada en el artículo 48 de la Ley Orgánica de Procedimientos Administrativos.

En todo caso, el Consejo Nacional Electoral debe publicar en la *Gaceta Oficial* y en los demás órganos de publicidad que crea necesarios el respectivo asiento de cancelación del partido, excepto cuando lo fuera por sentencia del Tribunal Supremo de Justicia[1172], en cuyo caso ésta cuidará de su aplicación[1173].

2. *La disolución de los partidos políticos*

La Ley de Partidos Políticos no sólo regula la cancelación del registro como medio de extinción de los partidos, sino que prevé la disolución de los mismos.

En efecto, la disolución está prevista respecto a los partidos políticos que de manera sistemática propugnen o desarrollen actividades contra el orden constitucional.

En estos casos corresponde a la Sala Electoral del Tribunal Supremo de Justicia, a instancia del Poder Ejecutivo Nacional, conocer y decidir sobre la disolución del partido de referencia[1174].

XIV.   OTRAS FORMAS DE PARTICIPACIÓN POLÍTICA

La Constitución de 1999 establece en su artículo 70, con carácter general, que son "medios de participación y protagonismo del pueblo en ejercicio de su soberanía, en lo político: la elección de cargos públicos, el referendo, la consulta popular, la revocación del mandato, las iniciativas legislativa, constitucional y constituyente, el cabildo abierto y la asamblea de ciudadanos cuyas decisiones serán de carácter vinculante, entre otros; y en lo social y económico: las instancias de atención ciudadana, la autogestión, la cogestión, las cooperativas en todas sus formas incluyendo las de carácter financiero, las cajas de ahorro, la empresa comunitaria y demás formas asociativas guiadas por los valores de la mutua cooperación y la solidaridad". La ley, concluye la norma, debe establecer las condiciones para el efectivo funcionamiento de los medios de participación previstos en dicho artículo[1175].

En cuanto al derecho de los ciudadanos de asociarse con fines políticos, mediante métodos democráticos de organización, funcionamiento y dirección, el artículo 67 de la Constitución, como se ha señalado, no sólo reguló a los partidos políticos sino en general a las organizaciones con fines políticos.[1176] Además, ni los partidos políticos ni, en general, las asociaciones con fines políticos tienen el monopolio de la

---

1172 Artículo 28 de la Ley de Partidos Políticos.

1173 Artículo 120 de la Ley Orgánica de la Corte Suprema de Justicia.

1174 Artículo 29 de la Ley de Partidos Políticos. Si se tiene en cuenta la disposición que consagra la cancelación de los partidos políticos que se ha analizado y que consagra como causal de cancelación el hecho de que la actuación del partido político "no estuviese ajustada a las normas legales", no se comprende la razón de ser de esta norma del artículo 29 de la Ley, ya que las actividades que de manera sistemática tiendan contra el orden constitucional, constituyen actividades "no ajustadas a las normas legales" y, por tanto, los partidos que las desarrollen, quedan sujetos a cancelación. Esta disposición parece estar destinada, sin embargo, a la "institucionalización" de un procedimiento utilizado por el Ejecutivo Nacional para lograr la "inhabilitación" de partidos políticos por parte del Tribunal Supremo de Justicia. El caso concreto fue decidido por la antigua Corte Suprema de Justicia en sentencia de 3 de octubre de 1963, en G.O. N° 27.262 de 3-10-63.

1175 Ley Orgánica del Sufragio y la Participación Política, (*G.O.* N° 5.233 Extra de 28-05-1998).

1176 Ley de Partidos Políticos, Reuniones Públicas y Manifestaciones, (*G.O.* N° 27.725 de 30-04-1965).

presentación de candidaturas para las elecciones, pues incluso el mismo artículo 67 de la Constitución dispone que tanto los ciudadanos, por iniciativa propia, y las asociaciones con fines políticos, tienen derecho a concurrir a los procesos electorales postulando candidatos.

Ahora bien, conforme al artículo 130 de la Ley Orgánica del Sufragio y Participación Política cuya normativa es preconstitucional (1998), las postulaciones de candidatos para las elecciones reguladas en dicha Ley, sólo podrán efectuarse por los partidos políticos constituidos conforme a las previsiones de la Ley de Partidos Políticos, Reuniones Públicas y Manifestaciones, y por los grupos de electores. Estos son "agrupaciones de ciudadanos con derecho al voto, constituidos para realizar postulaciones en determinadas elecciones". Estos grupos de lectores pueden ser nacionales, regionales y municipales y deben ser autorizados conforme al procedimiento de inscripción que ha determinado el Consejo Nacional Electoral en el Reglamento General de Elecciones (Art. 132).

En todo caso, para constituir un grupo de electores, la solicitud respectiva debe estar suscrita por un número no menor de cinco ciudadanos inscritos en el Registro Electoral, los cuales deben acompañar las manifestaciones de voluntad de postular, firmadas por un número de electores inscritos en dicho Registro, equivalente a cinco milésimas de los electores de la circunscripción de que se trate (Art. 132).

XV. ÓRGANO DEL ESTADO ENCARGADO DE LLEVAR EL CONTROL DE LAS ORGANIZACIONES POLÍTICAS: EL PODER ELECTORAL

La Constitución de 1999, avanzando en la tradicional separación tripartita del Poder Público entre Legislativo, Ejecutivo y Judicial, estableció en su artículo 136, una separación penta-partita del Poder Público, al disponer que "El Poder Público Nacional se divide en Legislativo, Ejecutivo, Judicial, Ciudadano y Electoral".

Se creó así el Poder Electoral cuyo ejercicio se atribuyó al Consejo Nacional Electoral como ente rector; teniendo como organismos subordinados a éste, la Junta Electoral Nacional, la Comisión de Registro Civil y Electoral y la Comisión de Participación Política y Financiamiento, con la organización y el funcionamiento que establezca la ley orgánica respectiva (Art. 292)[1177].

1. *Atribuciones*

De acuerdo con el artículo 293 de la Constitución, el Poder Electoral tiene por funciones:

1. Reglamentar las leyes electorales y resolver las dudas y vacíos que éstas susciten o contengan.

2. Formular su presupuesto, el cual tramitará directamente ante la Asamblea Nacional y administrará autónomamente.

3. Dictar directivas vinculantes en materia de financiamiento y publicidad político electorales y aplicar sanciones cuando no sean acatadas.

1177 Ley Orgánica del Poder Electoral, *G.O.* N° 37.573 de 19-11-2002.

4. Declarar la nulidad total o parcial de las elecciones.

5. La organización, administración, dirección y vigilancia de todos los actos relativos a la elección de los cargos de representación popular de los poderes públicos, así como de los referendos.

6. Organizar las elecciones de sindicatos, gremios profesionales y organizaciones con fines políticos en los términos que señale la ley. Asimismo, podrán organizar procesos electorales de otras organizaciones de la sociedad civil a solicitud de éstas, o por orden de la Sala Electoral del Tribunal Supremo de Justicia. Las corporaciones, entidades y organizaciones aquí referidas cubrirán los costos de sus procesos eleccionarios.

7. Mantener, organizar, dirigir y supervisar el Registro Civil y Electoral.

8. Organizar la inscripción y registro de las organizaciones con fines políticos y velar porque éstas cumplan las disposiciones sobre su régimen establecidas en la Constitución y en la ley. En especial, decidirá sobre las solicitudes de constitución, renovación y cancelación de organizaciones con fines políticos, la determinación de sus autoridades legítimas y sus denominaciones provisionales, colores y símbolos.

9. Controlar, regular e investigar los fondos de financiamiento de las organizaciones con fines políticos.

2. *Designación*

De acuerdo con el artículo 295 de la Constitución, los integrantes del Consejo Nacional Electoral deben ser designados por la Asamblea Nacional con el voto de las dos terceras partes de sus integrantes. Sin embargo, la amplia discrecionalidad que antes tenía la Asamblea Nacional para hacer las designaciones fue específicamente limitada en la Constitución, en dos sentidos:

En primer lugar, al establecerse un Comité de Postulaciones Electorales de candidatos o candidatas a integrantes del Consejo Nacional Electoral el cual dice la Constitución "estará integrado por representantes de los diferentes sectores de la sociedad, de conformidad con lo que establezca la ley". La Ley del Poder Electoral, sin embargo, ha establecido un Comité de Postulaciones integrado por una mayoría de Diputados a la Asamblea Nacional (arts. 17 y ss.) apartándose así de lo dispuesto en la Constitución que refiere a un Comité integrado exclusivamente por representantes de diversos sectores de la sociedad.

En segundo lugar, la Constitución también ha limitado la discrecionalidad de la Asamblea Nacional, al disponer directamente (Art. 296) cómo ha de estar integrado el Consejo Nacional Electoral: por cinco personas no vinculadas a organizaciones con fines políticos; tres de ellas serán postuladas por la sociedad civil, una por las facultades de ciencias jurídicas y políticas de las Universidades Nacionales y una por el Poder Ciudadano. Los integrantes postulados por la sociedad civil deben tener seis suplentes, y cada designado por las universidades y el Poder Ciudadano deben tener dos suplentes, respectivamente.

En cuanto a la Junta Nacional Electoral, la Comisión de Registro Civil y Electoral y la Comisión de Participación Política y Financiamiento, dichos órganos deben ser presididos, cada uno, por integrante postulados por la sociedad civil.

Los integrantes del Consejo Nacional Electoral duran siete años en sus funciones y deben ser elegidos por separado: los tres postulados por la sociedad civil al inicio de cada período de la Asamblea Nacional, y los otros dos a la mitad del mismo.

La designación de los rectores miembros del Consejo Nacional Electoral debe hacerse con el voto de las dos terceras partes de los integrantes de la Asamblea Nacional (Art. 296 Constitución). En 2003, ante la imposibilidad política debido a la polarización extrema del país, la omisión de la Asamblea Nacional en designar a los miembros del Consejo Nacional Electoral condujo a que la sala Constitucional, al decidir un recurso por inconstitucionalidad por abstención, designara a dichos miembros del Poder Electoral (sentencia N° 2341 de 25-08-2003, Caso: Hermánn Escarrá M. y otros).

3. *Independencia, autonomía y despartidización*

De acuerdo con el artículo 293 de la Constitución, los órganos del Poder Electoral deben garantizar la igualdad, confiabilidad, imparcialidad, transparencia y eficiencia de los procesos electorales, así como la aplicación de la personalización del sufragio y la representación proporcional; a cuyo efecto, conforme al artículo 294 del mismo texto, se rigen por los principios de independencia orgánica, autonomía funcional y presupuestaria, despartidización de los organismos electorales, imparcialidad y participación ciudadana; descentralización de la administración electoral, transparencia y celeridad del acto de votación y escrutinios.

En cuanto a la independencia, sin embargo, la propia Constitución estableció el germen de su debilitamiento al permitir que "los integrantes del Consejo Nacional Electoral serán removidos por la Asamblea Nacional, previo pronunciamiento del Tribunal Supremo de Justicia" (art. 296). Con ello, se abrió la posibilidad del control político sobre el órgano electoral, aún cuando la Ley Orgánica del Poder Electoral haya previsto (art. 32) sólo dos causales de remoción: "1. Quedar sujeto a interdicción o inhabilitación política; 2. Adscribirse directa o indirectamente a organizaciones con fines políticos". Esto reafirma, por otra parte, el principio de la despartidización del Poder Electoral.

En efecto, la Constitución de 1999, se redactó con una marcada tendencia anti-partidos, no sólo al desaparecer de su texto la misma expresión "partido político", sino entre otras previsiones, al expresamente la "despartidización" de los organismos electorales, en contraste con la regulación anterior, conforme a la cual la mayoría de los integrantes del Consejo Nacional Electoral, eran designados por el anterior Congreso de representantes postulados por los partidos políticos. Sobre el sentido de la despartidización, la Sala Electoral del Tribunal Supremo de Justicia ha señalado:

También es preciso indicar que la aludida participación no colide, en criterio de esta Sala, con el principio de despartidización de los organismos electorales, contemplado en el 294 de la Constitución, el cual evidencia la clara voluntad constituyente de excluir de los órganos del Poder Electoral a los partidos políticos, en el sentido de no permitir una inmediación orgánica con esos órganos que comporte el ejercicio de poderes jurídicos o fácticos por los partidos, tal como aparecía consagrado en el artículo 113 de la Constitución de 1961, que establecía la integración de los órganos electorales, condicionándola exclusivamente a que ninguno ellos tuviera preeminencia en su conformación. De allí pues, que resulte armonizable el principio de despartidización de los organismos electorales, con el principio de participación en los mismos contemplado en el citado artículo 70 constitucional, entendida ésta únicamente como facultad de vigilancia sobre los actos fundamentales del proceso electoral (postulación, admisión de candidatos, cronograma, votaciones, escrutinios, proclamación y cualquier otro que considere como tal el Consejo Nacional Electoral). Por tanto, corresponde al máximo órgano electoral establecer esos actos, y las modalidades de participación de los partidos políticos en cada uno de ellos (asistencia a reuniones del Cuerpo, asistencia a comisiones técnicas, etc., siempre con facultad para formular observaciones que deberán ser recogidas en las actas correspondientes), bien mediante un acto particular o general, pudiendo darle a esas modalidades de participación la denominación que considere más conveniente. En todo caso lo que debe destacar esta Sala es que la armonización de los principios constitucionales antes mencionados en la organización y funcionamiento de los organismos electorales tiene como finalidad esencial garantizar la participación, en los términos antes indicados, de las organizaciones con fines políticos, así como de los otros actores de los procesos electorales, verbigracia los ciudadanos que participen en los mismos por iniciativa propia[1178].

La Ley Orgánica del Poder Electoral, sin embargo, reguló una forma de participación de los partidos políticos mediante la designación de representantes ante uno de sus Consejos. A tal efecto, el artículo 35 dispone que el Consejo Nacional Electoral debe convocar al inicio de cada período de la Asamblea Nacional, a las cuatro (4) organizaciones con fines políticos con mayor votación por lista en la última elección a la Asamblea Nacional, para que designen un representante ante el Consejo de Participación Política. Las demás organizaciones con fines políticos que no estuvieren dentro de las cuatro (4) organizaciones con fines políticos anteriormente nombradas, designarán a un representante. La designación, así como la remoción de la o el representante y su sustitución, es potestad de cada una de las organizaciones con fines políticos.

4. El control específico sobre los partidos políticos

El artículo 33 de la Ley Orgánica del Poder Electoral, atribuye además al Consejo Nacional Electoral en, relación con los partidos políticos, la siguiente competencia:

1. Organizar, administrar, supervisar y vigilar los actos relativos a los procesos electorales, de referendo y los comicios para elegir funcionarias o funcionarios cuyo mandato haya sido revocado, en el ámbito nacional, regional, municipal y parroquial.

2. Organizar las elecciones de sindicatos, respetado su autonomía e independencia, con observancia de los tratados internacionales suscritos por la República Bolivariana de Venezuela sobre la materia, suministrándoles el apoyo técnico y logístico correspondiente. Igualmente las elecciones de gremios profesionales, y organizaciones con fines políticos; y de la sociedad civil; en este último caso, cuando así lo soli-

---

1178 Sentencia de la Sala Electoral del Tribunal Supremo de Justicia Nº 10 de 25-02-2000 Caso: *Apertura a la Participación Ciudadana (APERTURA) y otros vs. Consejo Nacional Electoral.*

citen o cuando se ordene por sentencia definitivamente firme de la Sala Electoral del Tribunal Supremo de Justicia.

13. Acreditar ante los organismos electorales subalternos los testigos de las organizaciones con fines políticos, grupo de electores, asociaciones de ciudadanas y ciudadanos y de las candidatas y candidatos que se postulen por iniciativa propia.

21. Garantizar el cumplimiento de las disposiciones constitucionales, legales y estatutarias referidas a la conformación y democratización del funcionamiento de las organizaciones con fines políticos.

24. Velar por el cumplimiento de las disposiciones del ordenamiento jurídico en relación con el funcionamiento de las campañas electorales de las organizaciones con fines políticos, grupo de electores, agrupación de ciudadanas o ciudadanos y de las personas que se postulen por iniciativa propia.

25. Velar por el cumplimiento de las disposiciones del ordenamiento jurídico en relación con el origen y manejo de los fondos de las organizaciones con fines políticos.

Adicionalmente, conforme a la orientación de la Constitución, el artículo 64 de la Ley Orgánica del Poder Electoral regula a la Comisión de Participación Política y Financiamiento, como el órgano a cuyo cargo está promover la participación ciudadana en los asuntos públicos; de la formación, organización y actualización del registro de inscripciones de organizaciones con fines políticos, velando por el cumplimiento de los principios de democratización. Esta Comisión es además la que controla, regula e investiga los fondos de las agrupaciones con fines políticos y el financiamiento de las campañas electorales de los mismos, de los grupos de electores, de las asociaciones de los ciudadanos y de los ciudadanos que se postulen a cargos de elección popular por iniciativa propia.

El artículo 66 de la Ley le atribuye a la Comisión de Participación Política y Financiamiento las siguientes funciones:

1. Organizar la inscripción y registro de las organizaciones con fines políticos, de los grupos de electoras y electores, de las asociaciones de las ciudadanas y los ciudadanos, y vigilar porque éstas cumplan las disposiciones constitucionales y legales sobre su régimen de democratización, organización y dirección.

2. Crear los mecanismos que propicien la participación de las ciudadanas y ciudadanos, en los procesos electorales, referendos y otras consultas populares.

3. Vigilar por el cumplimiento de las disposiciones constitucionales y legales en relación con los fondos y el financiamiento de las campañas electorales de las organizaciones con fines políticos, grupos de electores, asociaciones de ciudadanas o ciudadanos, y de las candidatas o los candidatos por iniciativa propia.

4. Investigar el origen y destino de los recursos económicos utilizados en las campañas electorales de las organizaciones con fines políticos, grupo de electores, asociaciones de ciudadanas o ciudadanos y de las candidatas o candidatos postuladas o postulados por iniciativa propia, de conformidad con lo establecido en la ley.

XVI. AFILIACIÓN A ORGANIZACIONES INTERNACIONALES

La afiliación de los partidos políticos a organizaciones internacionales no está regulada en la ley. Por tanto, al no estar prohibidas, es posible que los partidos políticos y demás asociaciones con fines políticos se puedan afiliar a organizaciones internacionales.

XVII. EVALUACIÓN

¿Cómo ha repercutido la legislación comentada en los partidos políticos y dentro de la organización política en general? ¿Dentro del desarrollo democrático?. Consecuencias prácticas.

Las regulaciones sobre los partidos políticos antes analizadas, si bien atrasadas para los cambios operados en el mundo democrático desde 1964, han contribuido decididamente, por su carácter liberal, al desarrollo de los mismos, a la promoción de la participación política y al desarrollo democrático.

XVIII. REFORMAS PLANTEADAS EN LA ACTUALIDAD Y TENDENCIA

En la actualidad, ante todo se impone la reforma de todas las leyes preconstitucionales para adaptarlas a las nuevas regulaciones de la Constitución de 1999. Después de su entrada en vigencia, sólo se ha dictado la Ley Orgánica del Poder Electoral.

Están por ser reformadas, por tanto, la Ley de Partidos Políticos, Manifestaciones y Reuniones Públicas (1964) y la Ley Orgánica del Sufragio y Participación Política (última reforma 1998).

Otra de las reformas legislativas necesarias, por ejemplo, es la que se refiere a los derechos de representatividad y participación política que la Constitución establece a favor de los pueblos indígenas, de manera de desarrollar lo previsto en los artículos 125 y 186 de la Constitución.

SECCIÓN TERCERA: EL DERECHO POLÍTICO AL SUFRAGIO PASIVO, LAS INELEGIBILIDADES Y LA INCONSTITUCIONALIDAD DE LAS "INHABILITACIONES POLÍTICAS" IMPUESTAS COMO SANCIÓN ADMINISTRATIVA (2014)

Ponencia preparada para el *I Congreso Iberoamericano de Derecho Electoral*, organizado por la Universidad Federal de Piauí, la Orden de Abogados de Brasil y la Asociación Iberoamericana de Derecho Electoral, 26-28 de mayo de 2014.

I.   LOS DERECHOS POLÍTICOS EN LA CONSTITUCIÓN Y EL DERECHO PASIVO AL SUFRAGIO (EL DERECHO A SER ELECTO) Y EL DERECHO A EJERCER FUNCIONES PÚBLICAS

El artículo 39 de la Constitución venezolana de 1999, en relación con el status de las personas, además de distinguir entre venezolanos y extranjeros, regula expresamente el status de "ciudadano,"[1179] que es el que corresponde a los venezolanos en virtud del vínculo político que se establece entre los mismos y el Estado,[1180] conforme al cual pueden participar en el sistema político como "titulares de derechos y deberes políticos."

Estos derechos, por tanto, conforme a la Constitución están reservados a los venezolanos "salvo las excepciones establecidas en la Constitución," que se refieren sólo a la posibilidad, para los extranjeros, de poder ejercer el derecho de voto en las elecciones locales (art. 64).

Salvo esta excepción, los derechos políticos por tanto, son privativos de los ciudadanos, aún cuando sometidos a las "condiciones de edad" que establece la Constitución para el ejercicio de cargos públicos, y a la exigencia de que se trate de personas hábiles en derecho, es decir, que "no estén sujetos a inhabilitación política ni a interdicción civil" (art. 39).

Los derechos políticos de los ciudadanos, todos vinculados al principio democrático y que están enumerados en la Constitución de 1999, son los siguientes: (i) el derecho a la participación política en los asuntos públicos, directamente o por medio de sus representantes elegidos (art. 62) por los medios establecidos en el artículo 70; (ii) el derecho de concurrir a los procesos electorales postulando candidatos o candidatas (art. 67); (iii) el derecho a votar en referendos consultivos, revocatorios, aprobatorios y abrogatorios (arts. 71 a 74); (iv) el derecho a votar para elegir representantes populares (art. 63, 64); (v) el derecho a ser electo, del cual se excluye en la Constitución a quienes hubiesen sido condenados judicialmente por delitos cometidos durante el ejercicio de sus funciones y otros que afecten el patrimonio público (art. 63, 65); (vi) el derecho de exigir que los representantes electos rindan cuentas públicas, transparentes y periódicas sobre su gestión, de acuerdo con el programa presentado (art. 66); (vii) el derecho de asociarse con fines políticos, mediante métodos democráticos (art; 67); (viii) el derecho a manifestar, pacíficamente y sin armas (art. 68); y (ix) el derecho a no ser extraditado (art. 69). También puede considerarse como derecho político, aún cuando no enumerado en forma expresa, (x) el derecho a ejercer funciones públicas no electivas en condiciones de igualdad, lo que deriva del derecho a la participación política (arts. 62, 70) y a la igualdad y no discriminación (art. 21).[1181]

Sobre esos mismos derechos, la Convención Americana de Derechos Humanos, en su artículo 23.1 distingue y garantiza los siguientes derechos políticos a las per-

---

1179 El texto de la norma fue una innovación en relación a lo que establecía la Constitución de 1961. *V.,* nuestra propuesta en este sentido, en Allan R. Brewer-Carías, *Debate Constituyente,* Tomo II, op. cit., pp. 64 y ss. *V.,* nuestro voto salvado en la primera discusión, en Allan R. Brewer-Carías, *Debate Constituyente,* Tomo III, *op. cit.,* p. 145.

1180 *V.,* en general, sobre la ciudadanía, Eugenio Hernández Bretón, "Nacionalidad, ciudadanía y extranjería en la Constitución de 1999", en *Revista de Derecho Público,* Nº 81 (enero-marzo). Editorial Jurídica Venezolana, Caracas, 2000, pp. 47-59; Enrique Argullol Murgadas, "El status constitucional del ciudadano y la relación jurídico-administrativa", en El Derecho Público a comienzos del siglo XXI. Estudios homenaje al Profesor Allan R. Brewer-Carías, Tomo II, Instituto de Derecho Público, UCV; Civitas Ediciones, Madrid, 2003, pp. 1384-1392.

1181 *V.,* el comentario sobre todos estos derechos políticos en Allan R. Brewer-Carías, *La Constitución de 1999. Derecho Constitucional Venezolano,* Editorial Jurídica Venezolana, Caracas 2004, Tomo I.

sonas, los cuales conforme al artículo 23 de la Constitución venezolana, norma que tienen jerarquía constitucional en el país, y ello a pesar de que violando la propia Constitución, en 2013, el gobierno haya denunciado la Convención: (i) el derecho de participar en la dirección de los asuntos públicos; (ii) el derecho de votar en las elecciones para elegir representantes; (iii) el derecho de votar en las votaciones dispuestas para expresar la voluntad de los ciudadanos; (iv) el derecho de ser elegidos en sufragio universal y secreto para desempeñar cargos de representación popular; y (v) el derecho de tener acceso en condiciones de igualdad a las funciones públicas para desempeñar cargos administrativos.

Entre todos estos derechos políticos se pueden establecerse muchas distinciones, pero una básica entre ellos es la que deriva de su vinculación esencial o no al principio democrático representativo. Así, todos los que se enumeran expresamente en la Constitución de 1999 como propios de la ciudadanía y los cuatro primeros enumerados en la Convención Americana, están sin duda estrechamente vinculados al principio democrático, siendo manifestación concreta del ejercicio de los derechos de participación política por los ciudadanos vinculados con la democracia participativa y representativa, en particular, los derechos de votar, de elegir representantes y de ser electos como representante popular. En cambio, el último de los derechos enumerados en la Convención Americana (artículo 23.1.c), que también se puede considerar que deriva de las previsiones constitucionales, de tener acceso en condiciones de igualdad a las funciones públicas para desempeñar cargos administrativos, no necesariamente tiene vínculo esencial con el principio democrático, pues se trata del derecho a acceder a las funciones públicas y ejercer cargos públicos no electivos.

Esta distinción tiene particular importancia a la hora de determinar la posibilidad y el ámbito de las restricciones al ejercicio de los derechos, pues en el caso de todos los derechos políticos enumerados en la Constitución de 1999 y los cuatro primeros derechos enumerados en la Convención Americana, las restricciones implican, en definitiva, una restricción al principio democrático; y, en cambio, en el último de los derechos enumerados en la Convención Americana, y que se deduce de las previsiones de la Constitución venezolana, las restricciones que puedan establecerse al ejercicio de cargos públicos no afectan en su esencia el principio democrático.

Además, la distinción es importante, sobre todo cuando se enfoca específicamente el derecho político a ejercer cargos públicos de elección popular regulado en los artículos 63 y 65 de la Constitución y en el artículo 23.1.b de la Convención Americana, y el derecho político de tener acceso en condiciones de igualdad para ejercer cargos públicos no electivos, mediante nombramiento administrativo, regulado en el artículo 23.1.c de la misma Convención Americana, y que encuentra su fundamento en los artículos 61 y 21 de la Constitución.

Ahora bien, entre los derechos políticos privativos de los venezolanos antes enumerados se destaca el "derecho al sufragio" que es, por excelencia, como lo ratificó la Sala Electoral del Tribunal Supremo de Justicia en sentencia Nº 29 de 19 de febrero de 2002, (Caso: Gustavo Pérez y otros vs. Consejo Nacional Electoral), el "mecanismo de participación del pueblo en ejercicio de su soberanía (artículo 63 de la Constitución)," el mismo "alude a la libertad de participar en un proceso electoral, tanto en la condición de elector (sufragio activo) como en la de candidato (sufragio pasivo)."[1182].

Como hemos dicho, el ejercicio de este derecho es privativo de los venezolanos, como ciudadanos, y sólo está sometido a las restricciones que la propia Constitución establece.

II. LAS LIMITACIONES Y RESTRICCIONES CONSTITUCIONALES AL EJERCICIO DEL DERECHO PASIVO AL SUFRAGIO Y AL DERECHO A EJERCER A FUNCIONES PÚBLICAS

En efecto, en general, en Venezuela, el ejercicio de los derechos políticos de los ciudadanos, en general, y del derecho al sufragio en particular, conforme a los artículos 63 y siguientes de la Constitución, es una materia de reserva constitucional, en el sentido de que la Constitución es la que puede establecer las restricciones y limitaciones a los mismos, no pudiendo el legislador establecer limitaciones no autorizadas en ella. Así, la Constitución establece una serie de restricciones por las condiciones de las personas, derivadas de la edad, la nacionalidad, la residencia, la revocación del mandato, y la condición de ser civil y políticamente hábil.

Esas restricciones, en efecto, son las siguientes:

En primer lugar, la propia Constitución la que establece que el ejercicio del derecho al sufragio está sometido a determinadas "condiciones de edad" que sólo pueden estar previstas en la Constitución y que son las que imponen una edad mínima para su ejercicio. En particular, para ejercer el derecho al sufragio activo basta ser mayor de 18 años (art. 64), y en cuanto al ejercicio del derecho a ser electo (sufragio pasivo), son las siguientes: 25 años para ser electo Gobernador de Estado (art. 160); 21 años para ser electo Diputado a la Asamblea Nacional y Miembro de los Consejos legislativos de los Estados (arts. 188 y 162); 25 años para ser electo Alcalde de los Municipios (art. 174); y 30 años para ser electo Presidente de la República (arts. 227 y 238).

En segundo lugar, la propia Constitución dispone determinadas restricciones en cuanto al derecho a ser electo, derivadas de la nacionalidad, al disponer en el artículo 41 que sólo los "venezolanos por nacimiento y sin otra nacionalidad," son los que pueden ser electos para los cargos de Presidente de la República, y de Gobernadores y Alcaldes de los Estados y Municipios fronterizos.

En tercer lugar, la Constitución también dispone como limitación al derecho de los venezolanos por naturalización a ser electos diputados a la Asamblea Nacional, Gobernador y Alcaldes de Estados y Municipios no fronterizos, que deben tener domicilio con residencia ininterrumpida en Venezuela por un tiempo no menor de quince años y cumplir los requisitos de aptitud que se prevean en la ley (art. 41).

En cuarto lugar, la Constitución también dispone en su artículo 198, específicamente respecto del derecho a ser electo diputado que los diputados a la Asamblea Nacional cuyo mandato fuere revocado, no pueden "optar a cargos de elección popular en el siguiente período."

1182 V., en Revista de Derecho Público, N° 89-92, Editorial Jurídica Venezolana, Caracas 2002 (En prensa)

En quinto lugar, la Constitución establece como condición para el ejercicio del derecho al sufragio pasivo, que los venezolanos que los ejerzan deben ser hábiles en derecho, es decir, que no esté sometido a interdicción civil, o a inhabilitación política. Por tanto, primero, quedan excluidos del ejercicio de derecho al sufragio pasivo, quienes hayan sido declarados entredichos, lo que en Venezuela puede ocurrir, conforme a las previsiones de la legislación civil, solo mediante sentencia judicial dictada en un proceso de interdicción civil; sobre lo cual el artículo 393 del Código Civil establece que: "El mayor de edad y el menor emancipado que se encuentren en estado habitual de defecto intelectual que los haga incapaces de proveer a sus propios intereses, serán sometidos a interdicción, aunque tengan intervalos lúcidos."

Además, segundo, también quedan excluidos del ejercicio de derecho al sufragio pasivo, quienes hayan sido declarados inhabilitados políticamente, lo que en Venezuela puede ocurrir, conforme a las previsiones de la legislación penal, mediante condena judicial penal que la establezca como pena accesoria a una pena principal, en un proceso penal (art. 64). Esta inhabilitación política, la regula el Código Penal como pena en su artículo 24, estableciendo que "no podrá imponerse como pena principal, sino como accesoria a las de presidio o prisión y produce como efecto la privación de los cargos o empleos públicos o políticos que tengan el penado y la incapacidad, durante la condena, para obtener otros y para el goce del derecho activo y pasivo del sufragio. También perderá toda dignidad o condecoración oficial que se le haya conferido, sin poder obtener las mismas ni ninguna otra durante el propio tiempo."

Y tercero, el artículo 65 de la Constitución establece específicamente una exclusión en la materia al ejercicio del derecho pasivo al sufragio, al disponer que "no podrán optar a cargo alguno de elección popular quienes hayan sido condenados por delitos cometidos durante el ejercicio de sus funciones y otros que afecten el patrimonio público, dentro del tiempo que fije la ley, a partir del cumplimiento de la condena y de acuerdo con la gravedad del delito." Sobre esta inhabilitación política por este tipo de condena, la Ley contra la Corrupción de 2003[1183] ha dispuesto en su artículo 96, que el funcionario público "que haya sido condenado por cualesquiera de los delitos establecidos en la presente Ley, quedará inhabilitado para el ejercicio de la función pública y, por tanto, no podrá optar a cargo de elección popular o a cargo público alguno, a partir del cumplimiento de la condena y hasta por cinco (5) años," lo cual "será determinado por el juez, de acuerdo con la gravedad del delito, en la sentencia definitiva que se pronuncie sobre el mismo."

Y por último, en sexto lugar, el artículo 330 de la Constitución establece otra restricción al ejercicio del derecho pasivo al sufragio al disponer que "los integrantes de la Fuerza Armada Nacional en situación de actividad" no pueden "optar a cargos de elección popular."

Concentrándonos al derecho político al sufragio pasivo, las antes mencionadas restricciones son las únicos condicionantes establecidos en la Constitución para el ejercicio del mismo, las cuales tienen su fuente, en la previsión directa del supuesto en la norma constitucional, o en una decisión judicial en un proceso en el cual esté

1183 *V.*, en *Gaceta Oficial* N° 5.637 Extraordinario del 7 de abril de 2003 garantizado el debido proceso (que declare la interdicción civil o que imponga una pena que conduzca a la inhabilitación política), no pudiendo establecerse otras restricciones o condiciones de elegibilidad mediante ley. En ello consiste, precisamente, la garantía constitucional de este derecho a ser electo, que es de los más esenciales en una sociedad democrática, razón por la cual, el artículo 42 de la Constitución, al referirse a la ciudadanía dispone en general que el ejercicio de la misma la misma "sólo puede ser suspendido por sentencia judicial firme en los casos que determine la ley" (art. 42).[1184]

En consecuencia, siendo las anteriores las únicas restricciones y exclusiones permitidas en la Constitución respecto del ejercicio del derecho al sufragio pasivo en Venezuela, debe considerarse completamente inconstitucional la previsión contenida en el artículo 52 de la Ley de Nacionalidad y Ciudadanía de 2004,[1185] en el cual se estableció, dentro de las causales "de suspensión del ejercicio de la ciudadanía," que es la condición para el ejercicio de todos los derechos políticos, además de "la inhabilitación política y la interdicción civil" que son las únicas establecidas en la Constitución, las otras siguientes "causales:" "1. La aceptación de funciones políticas u honores de otro Estado; 2. La prestación de servicios militares a otro Estado, sin la previa autorización de la Asamblea Nacional; y 3. La ofensa a los símbolos patrios y las demás que establezcan la Constitución de la República Bolivariana de Venezuela y las leyes." Estas previsiones, se insiste, son completamente inconstitucionales, por más que el artículo 55 de la misma Ley garantice que la supuesta "decisión" que se adopte para suspender la ciudadanía corresponde ser dictada a la autoridad judicial, al disponer que el ejercicio de la ciudadanía o de alguno de los derechos políticos "sólo puede suspenderse por sentencia judicial firme". Ello es correcto, pero sólo en los casos de inhabilitación política o interdicción civil.[1186]

Por otra parte, debe mencionarse que la Constitución venezolana sólo enumera como derechos políticos, los antes indicados, todos vinculados esencialmente al principio democrático, no enumerándose entre ellos en forma expresa, el derecho a acceder y ejercer en condiciones de igualdad funciones públicas no electivas, es decir, mediante nombramiento o designación, el cual, sin embargo, es evidente que también corresponde a los ciudadanos por el derecho que tienen a la participación política y a la igualdad y no discriminación.

Sobre el ejercicio de este derecho, por otra parte, la propia Constitución establece restricciones y limitaciones basadas en la edad, al disponer que para ejercer los cargos de Magistrado del Tribunal Supremo de Justicia (art. 263), Procurador General de la República (art. 249) y al Fiscal General de la República (art. 284) se requie-

---

1184   *V.,* en general sobre el régimen de los derechos políticos en el proyecto de Constitución, nuestra propuesta sobre "Principios generales sobre derechos políticos" y "Derecho a la participación política," en Allan R. Brewer-Carías, *Debate Constituyente* (Aportes a la Asamblea Nacional Constituyente), Tomo II (9 septiembre-17 octubre 1999), Fundación de Derecho Público-Editorial Jurídica Venezolana, Caracas 1999, pp. 119-142

1185   *V.,* en *Gaceta Oficial* N° 37.971 de 01-07-2004

1186   Sobre estas inconstitucionalidades en la Ley de Nacionalidad y Ciudadanía *V.,* lo que hemos expuesto en Allan R. Brewer-Carías, *Régimen Legal de Nacionalidad, Ciudadanía y Extranjería. Ley de Nacionalidad y Ciudadanía. Ley de Extranjería y Migración. Ley Orgánica sobre Refugiados y Asilados,* Editorial Jurídica Venezolana, Caracas 2005, pp. 46 ss.

re ser mayor de 35 años; para ejercer los cargos de Vicepresidente de la República (arts. 227 y 238), de Defensor del Pueblo (art. 280) y Contralor General de la República (art. 288) se requiere ser mayor de 30 años; y para ejercer el cargo de Ministro se requiere ser mayor de 25 años (art. 244).

La Constitución también establece restricciones para el ejercicio de cargos públicos no electivos por razón de nacionalidad, al disponer en el artículo 41 que sólo los "venezolanos por nacimiento y sin otra nacionalidad," son los que pueden ejercer los cargos de Vicepresidente Ejecutivo, Presidente y Vicepresidentes de la Asamblea Nacional, Magistrados del Tribunal Supremo de Justicia, Presidente del Consejo Nacional Electoral, Procurador General de la República, Contralor General de la República, Fiscal General de la República, Defensor del Pueblo, Ministros de los despachos relacionados con la seguridad de la Nación, finanzas, energía y minas, educación; Gobernadores y Alcaldes de los Estados y Municipios fronterizos y aquellos contemplados en la Ley Orgánica de la Fuerza Armada Nacional.

En cuanto a las condiciones de residencia, el mismo artículo 41 de la Constitución dispone que para ejercer los cargos de Ministro, Gobernadores y Alcaldes de Estados y Municipios no fronterizos, se exige respecto de los venezolanos por naturalización que deben tener domicilio con residencia ininterrumpida en Venezuela no menor de quince años y cumplir los requisitos de aptitud previstos en la ley.

Ahora bien, volviendo al derecho al sufragio pasivo, como cuestión de principio, debe indicarse que es incompatible con una sociedad democrática y con la garantía del mismo, el que puedan establecerse restricciones a su ejercicio que puedan tengan su fuente en una decisión administrativa, es decir, que no sea judicial, por lo que por ejemplo, las autoridades administrativas no podrían imponer a los ciudadanos inhabilitaciones políticas, y menos aún en procedimientos administrativos en los que no se respeten las debidas garantías del debido proceso. Lo contrario significaría que quedaría en manos del gobierno de turno excluir a los ciudadanos de su derecho a ser electos para cargos representativos, lesionándose así el desarrollo de una democracia pluralista, pues se podría excluir de su derecho a la participación política, al antojo gubernamental, a los miembros de la oposición democrática.

Y eso es precisamente lo que ha venido ocurriendo en Venezuela en esta primera década del siglo XXI, donde una de las armas políticas más arteras contra la oposición política democrática que ha utilizado el régimen autoritario instalado en el país en fraude a la Constitución y a la democracia, ha sido la de recurrir al expediente de la inhabilitación política impuesta mediante decisiones administrativas dictadas por el Contralor General de la República, a líderes de la oposición para excluirlos del ejercicio democrático, y por tanto, de la posibilidad de ser electos para cargos representativos.

Ello es completamente inconstitucional e inconvencional, pues el derecho a ser electo en Venezuela como se dijo es un derecho político que sólo puede restringirse de acuerdo con la Constitución de 1999 y con la Convención Americana de Derechos Humanos, mediante sentencia judicial dictada en un proceso civil que declare la interdicción de la persona, o en un proceso penal conforme a las normas del Código Orgánico Procesal Penal, cuando un juez impone a un condenado la pena de inhabilitación política, que es siempre una pena accesoria a la pena principal de prisión o presidio.

III. LA REGLAMENTACIÓN AL EJERCICIO Y OPORTUNIDADES DE EJERCICIO DE LOS DERECHOS POLÍTICOS EN LA CONVENCIÓN AMERICANA

En la misma orientación de la Constitución de 1999, la Convención Americana de Derechos Humanos, en relación con los derechos políticos que en ella se enuncian, tal como lo precisa el artículo 23.2 de la misma, dispone que solo pueden ser reglamentados o restringidos mediante ley ("la ley puede reglamentar"), y "exclusivamente por razones de edad, nacionalidad, residencia, idioma, instrucción, capacidad civil o mental, o condena, por un juez competente, en proceso penal."

De esta norma resulta, en consecuencia, que las limitaciones (reglamentación) al ejercicio y oportunidades de ejercicio de los derechos políticos sólo pueden establecerse en un Estado en la siguiente forma:

Primero, mediante ley, es decir, mediante el acto normativo que emane del cuerpo representativo del pueblo, integrado por representantes electos mediante sufragio universal y secreto, y que se define en el artículo 202 de la Constitución venezolana como "el acto sancionado por la Asamblea Nacional como cuerpo legislador." Sin embargo, como hemos indicado, en Venezuela es sólo la Constitución la que puede establecer esas restricciones, al disponer que el ejercicio de los derechos políticos corresponde a los venezolanos, "salvo las excepciones establecidas en esta Constitución" (art. 40), y las basadas en "las condiciones de edad previstas en esta Constitución" (art. 39), excluyendo además expresamente del ejercicio de los derechos políticos a quienes hubiesen sido condenados "por delitos cometidos durante el ejercicio de sus funciones y otros que afecten el patrimonio público"(art. 65), y a quienes estuviesen sujetos a interdicción civil o inhabilitación política (art. 64).

Segundo, conforme a la Convención Americana, las restricciones a los derechos políticos sólo se pueden establecer basadas en los siguientes motivos indicados taxativamente en la Convención: 1) edad, 2) nacionalidad; 3) residencia; 4) idioma; 5) instrucción; 6) capacidad civil o mental; o 7) condena, por juez competente, en proceso penal. En relación con estos diferentes motivos de limitaciones que deben siempre ser establecidas por ley, debe señalarse que si bien los primeros seis enumerados en el artículo 23.2 de la Convención Americana no presentan mayor dificultad en la determinación de su alcance respecto de todos los derechos políticos enumerados en el artículo 23.1 de la misma Convención Americana, particularmente en cuanto a la distinción apuntada sobre su vinculación esencial o no del derecho político en concreto al principio democrático representativo, no sucede lo mismo respecto del último de los motivos mencionados ("condena, por juez competente, en proceso penal"), el cual puede tener un tratamiento distinto según se trate de la elección popular para ejercer un cargo público o del acceso a una función pública mediante nombramiento administrativo.

A tal efecto, y en particular, refiriéndonos exclusivamente a dos de los derechos políticos establecidos en el artículo 23.1 de la Convención, el derecho de los ciudadanos a ser elegidos mediante sufragio para desempeñar cargos de elección popular (establecido también en el artículo 63 de la Constitución) y el derecho de los ciudadanos de tener acceso a las funciones públicas para desempeñar cargos administrativos, la interpretación del alcance de los motivos para su restricción mediante ley consistentes en las razones de "edad, nacionalidad, residencia, idioma, instrucción, capacidad civil o mental" puede decirse que no presenta mayor dificultad, ni amerita hacer la distinción en cuanto al origen del cargo público de que se trate, si de carácter electivo o de nombramiento administrativo, pues en general tienen el mismo tratamiento respecto de los dos derechos.

La Constitución y la ley, en efecto, en los diferentes Estados establecen una determinada "edad" para ser electo como representante o para ser nombrado funcionario público, inclusive en forma variable según el cargo electivo o el cargo administrativo de que se trate. En diversos artículos de la Constitución venezolana, como se ha dicho, se establecen edades diferentes para ser electo y para ocupar cargos. En las leyes en otros países se prevé asimismo límites de edad para ocupar cargos públicos.

La "nacionalidad" del país en cuestión se requiere en la ley, en general, tanto para ser electo como para ser funcionario público, excluyéndose a los extranjeros del ejercicio de dichos derechos. En Venezuela es la Constitución la que exige tener la ciudadanía y por ende la nacionalidad venezolana, para ejercer los derechos políticos. Ciertas condiciones de "residencia" son requeridas en general por la ley para la elección para cargos de representación popular, generalmente en las elecciones locales.

En algunos casos de países signados por el multiculturalismo se podría incluso exigir el hablar determinado "idioma" o lengua para ser electo o para ejercer un cargo público. Particularmente para el ejercicio de funciones públicas en ciertos cargos administrativos o judiciales, la ley requiere de determinado grado de "instrucción" o de títulos profesionales.

Finalmente en cuanto a la "capacidad civil o mental," se trata, en general, de un asunto relativo a la capacidad regulada en la legislación civil, consistente por ejemplo en la figura de la interdicción civil que sólo puede ser declarada judicialmente para la realización de actos de la vida civil, lo cual se extiende en común a la inhabilitación para el desempeño de cargos de elección popular o cargos administrativos.

Sin embargo, en el caso del último de los motivos que conforme a la Convención la ley podría regular para restringir el derecho a ser electo para cargos de representación popular, consistente en "condena, por juez competente, en proceso penal," dada la precisión del lenguaje utilizado por la Convención Americana, sin duda resulta necesario distinguir el origen del cargo público respecto del cual se trate, en el sentido de si es electivo o de nombramiento o designación.

En efecto, en el caso de la restricción al ejercicio de los derechos políticos para ser electo representante popular o para el ejercicio de funciones públicas y que la misma consista en la inhabilitación para el ejercicio del derecho, la misma, conforme lo exige la Convención, sólo puede ser establecida mediante ley en relación con los ciudadanos como resultado de una "condena" impuesta a los mismos, la cual conforme a la previsión expresa de la Convención sólo puede consistir en una sanción pronunciada en un "proceso penal" mediante decisión que debe emanar de un "juez competente."

En consecuencia, conforme al texto de la Convención Americana, para que un Estado pueda llegar a imponerle a una persona una sanción que lo inhabilite para ser elegido o para tener acceso a las funciones públicas, la misma debe estar prevista en una ley y debe ser siempre adoptada como una decisión de condena, que sea decidida por un juez penal competente, y mediante un proceso penal. Esta es precisamente la situación en Venezuela, donde es la Constitución la que dispone que solo quedan excluidos del ejercicio del derecho a ser electo los venezolanos sujetos a interdicción civil o inhabilitación política, lo que en el ordenamiento solo puede disponerse mediante sentencia judicial, y en general, los condenados por delitos cometidos durante el ejercicio de sus funciones y otros que afecten el patrimonio público (arts. 64 y 65).

IV. LAS RESTRICCIONES AL EJERCICIO DEL DERECHO AL SUFRAGIO PASIVO CONFORME AL PRINCIPIO DEMOCRÁTICO SÓLO MEDIANTE DECISIÓN JUDICIAL

En todo caso, en relación con este motivo de restricción de los derechos políticos, particularmente respecto del derecho a ser elegido para cargos de elección popular y del derecho de acceder a funciones públicas para ejercer cargos público mediante nombramiento o designación, el alance de la misma y de su implementación, puede variar según la distinción antes mencionada derivada de si el derecho se vincula esencialmente al principio democrático o no.

En el primer caso, en nuestro criterio, la interpretación de la Convención Americana tiene que ser restrictiva, siendo el principio democrático esencial a la misma, entre otras razones, por una parte, por haberse dictado la Convención para consolidar "dentro del cuadro de las instituciones democráticas," como lo indica en el primero de los "Considerandos," "un régimen de libertad personal y de justicia social, fundado en el respeto de los derechos esenciales del hombre;" y por otra parte, dado la vigencia de la Carta Democrática Interamericana que considera como un elemento esencial a la democracia la garantía y respeto a los derechos humanos (art. 4).

Es decir, las restricciones que impliquen inhabilitación política y que puedan imponerse al ejercicio de derechos políticos, cuando impliquen restricciones al principio democrático y sean establecidas por ley respecto del derecho a ser electo para cargos representativos mediante sufragio (derecho a ser elegido), deben ser objeto de interpretación restrictiva; pudiendo en cambio, las restricciones al ejercicio de derechos políticos que no impliquen restricción al principio democrático, ser objeto de interpretación amplia.

Esto sucede precisamente cuando se interpreta la última parte del artículo 23.2 de la Convención en cuanto al motivo de restricción al ejercicio de derechos políticos basado en "condena, por juez competente, en proceso penal." Para eliminarle a un ciudadano sus derechos democráticos, consistentes por ejemplo, en el derecho a elegir representantes populares o a ser elegido representante del pueblo, que son de la esencia de la democracia representativa, sin duda, en nuestro criterio, la previsión del artículo 23.2 debe interpretarse restrictivamente en el estricto sentido de las palabras usadas en el mismo según la conexión de ellas entre si, de manera que es necesario que se produzca una "condena" judicial que debe ser pronunciada por un "juez competente, en un proceso penal."

No es posible eliminarle a un ciudadano el ejercicio de los derechos políticos más esenciales a la democracia representativa como son el derecho ciudadano a elegir o a ser elegido para cargos representativos de la voluntad popular, mediante un acto que no sea una sentencia judicial penal, como podría ser, por ejemplo, un acto administrativo imponiendo una sanción administrativa, dictado por un funcionario que no es parte del Poder Judicial, es decir, que no es un "juez" y que para dictarlo no ha seguido un proceso penal que es el regulado en los Códigos reguladores del Proceso Penal.

Conforme a la Convención Americana, la restricción al principio democrático de elegir y ser electo es un asunto exclusivo del Poder Judicial, que sólo puede adoptarse por un "juez penal competente," mediante un "proceso penal," en el cual se "condene" a un ciudadano por delitos o faltas regulados y tipificados en el Código Penal o en leyes penales especiales, y que impliquen o conlleven la inhabilitación política del condenado.

Este es, por lo demás, el caso de la legislación venezolana, donde como se ha dicho, la inhabilitación política está efectivamente prevista en el Código Penal como una pena accesoria a una pena principal (presidio o prisión), que se impone como consecuencia de una condena penal (art. 13 y 16), que sólo se puede dictar e imponer por un juez penal, que además de tener que ser el juez competente tiene que ser un juez profesional que es el único que puede conocer de las fases del proceso penal conforme al artículo 104 del Código Orgánico Procesal Penal, en un proceso penal desarrollado conforme a las previsiones de dicho Código. Dicha pena accesoria de inhabilitación política, que "no podrá imponerse como pena principal sino como accesoria a las de presidio y prisión," produce "como efecto, la privación de los cargos o empleos públicos o políticos que tenga el penado y la incapacidad, durante la condena, para obtener otros y para el goce del derecho activo y pasivo del sufragio" (art. 24).

Es decir, conforme a dicho Código Orgánico Procesal Penal, en Venezuela, y conforme a las previsiones de la Convención Americana, nadie puede ser condenado penalmente y a nadie se le puede imponer una pena, "sin un juicio previo, oral y público, realizado, sin dilaciones indebidas, ante un juez imparcial," conforme a las disposiciones de dicho Código, "y con salvaguarda de todos los derechos y garantías del debido proceso, consagrados en la Constitución de la República, las leyes, los tratados, convenios y acuerdos internacionales suscritos por la República" (art. 1), correspondiendo en todo caso, a "los tribunales juzgar y hacer ejecutar lo juzgado" (art. 2), y en los términos del artículo 7 del mismo Código, y correspondiendo "exclusivamente" "a los jueces y tribunales ordinarios o especializados establecidos por las leyes, con anterioridad al hecho objeto del proceso," "la potestad de aplicar la ley en los procesos penales."

La consecuencia de todo ello, es que la inhabilitación política que puede afectar a un ciudadano para ejercer su derecho político a ser electo, en cualquier ordenamiento, es efectivamente una "inhabilitación política," que sólo puede pronunciarse conforme a las modalidades previstas en los diversos ordenamientos, mediante un juicio político como el que existe en muchos países o mediante una sentencia judicial penal como es el caso de Venezuela, de manera de asegurar la vigencia de los artículos 42 y 65 de la Constitución donde se garantiza que la perdida de la ciudadanía, que implica el ejercicio de los derechos políticos como los vinculados al principio democrático, solo puede ocurrir por "sentencia judicial firme," y que los únicos que no pueden optar a cargos de elección popular por un tiempo que debe fijar la ley, son quienes han sido condenados por delitos cometidos durante el ejercicio de funciones públicas que afecten el patrimonio público.

Es rigurosamente falso, por tanto, lo ha afirmado por la Sala Constitucional del Tribunal Supremo de Venezuela en sentencia N° 1265 de 5 de agosto de 2008, en el sentido de que el artículo 65 de la Constitución, al disponer que "no podrán optar a cargo alguno de elección popular quienes hayan sido condenados o condenadas por delitos cometidos durante el ejercicio de sus funciones," supuestamente:

> "no excluye la posibilidad de que tal inhabilitación pueda ser establecida, bien por un órgano administrativo stricto sensu o por un órgano con autonomía funcional, como es, en este caso, la Contraloría General de la República;"

agregando además, erradamente, que:

> "la norma, si bien plantea que la prohibición de optar a un cargo público surge como consecuencia de una condena judicial por la comisión de un delito, tampoco impide que tal prohibición pueda tener un origen distinto; la norma sólo plantea una hipótesis, no niega otros supuestos análogos."[1187]

Al afirmar esto, la Sala Constitucional olvidó su propia aseveración expresada unos años antes, en la sentencia N° 2.444 de 20 de octubre de 2004 (caso: *Tulio Rafael Gudiño Chiraspo*), en el sentido de que:

> "en materia de ejercicio de derechos, en este caso políticos, muy vinculados al carácter participativo del gobierno del Estado venezolano, las excepciones y/o restricciones son de derecho constitucional estricto y nuestra Constitución sólo dispone de dos medios para terminar anticipadamente el mandato o representación (salvo, por supuesto, la muerte o la renuncia). Estos son: el enjuiciamiento por delitos comunes o políticos -artículo 266- y la revocatoria del mandato -artículo 72-, una de las innovaciones de la nueva Carta Magna que confiere, precisamente, el carácter participativo a nuestra democracia."[1188]

El mismo razonamiento de derecho constitucional estricto que se aplica a los casos de terminación de mandatos de elección popular, por supuesto se aplica a los casos de inhabilitación para el ejercicio del derecho político a ser electo, de la esencia del régimen democrático.

V. LAS RESTRICCIONES AL EJERCICIO DEL DERECHO POLÍTICO DE ACCEDER A CARGOS PÚBLICOS NO ELECTIVOS O DE NOMBRAMIENTO

En el segundo caso de motivos de restricción de los derechos políticos, particularmente en relación con el derecho de acceder a funciones públicas para ejercer cargos públicos no electivos, mediante nombramiento o designación, el alcance de la norma de la Convención Americana y de su implementación ha sido interpretada en muchos países en una forma menos estricta que la antes mencionada, por no estar en juego el ejercicio de un derecho esencial a la democracia como sería el derecho activo y pasivo al sufragio, este último, ante órganos representativos del pueblo.

En efecto, en los casos del ejercicio de un derecho político que se ejerce ante la Administración Pública en sentido lato, mediante nombramiento o designación administrativos, sin vínculo con el principio democrático representativo e incluso in-

---

1187 *V.,* en http://www.tsj.gov.ve:80/decisiones/scon/Agosto/1265-050808-05-1853.htm

1188 *V.,* en http://www.tsj.gov.ve/decisiones/scon/Octubre/2444-201004-04-0425%20.htm

dependientemente del régimen democrático que pueda existir, se ha flexibilizado la aplicación del motivo de restricción a su ejercicio basado en "condena, por juez competente, en proceso penal," es decir, en cuanto a la necesaria exigencia en la Convención Americana de una decisión judicial de "condena," pronunciada por un "juez competente" en lo penal, en un "proceso penal," habiendo establecido las leyes, que determinados órganos administrativos como los órganos de control fiscal (Contralorías Generales), mediante un procedimiento administrativo en el cual se garantice plenamente el debido proceso, podrían dictar sanciones administrativas de inhabilitación política para hacer cesar a un funcionario en su cargo o para que un ex funcionario pudiera acceder a funciones públicas, las cuales, incluso, cuando el funcionario está ejerciendo su cargo, es una sanción administrativa accesoria a la principal de destitución.

En estos casos es que podría decirse que pudieran existir espacios no judiciales que permiten imponer medidas administrativas sancionatorias que incluyen la inhabilitación para ejercer cargos públicos, pero nunca podrían implicar (i) la destitución del representante electo por la naturaleza popular de la investidura pues de lo contrario, tal como lo ha dicho la Sala Constitucional del Tribunal Supremo de Justicia en la antes mencionada sentencia N° 2444 de 20 de octubre de 2004 (caso: Tulio Rafael Gudiño Chiraspo), colidiría "con la normativa constitucional que estatuye que tales cargos pueden ser objeto de referendo revocatorio";[1189] ni (ii) podría implicar la inhabilitación de un ciudadano para ser elegido mediante sufragio, pues lesionaría el principio democrático representativo.

Se trata, como lo dijo la Sala Constitucional del Tribunal Supremo de Justicia en sentencia N° 1266 de 6 de agosto de 2008 (caso: *Acciones de nulidad contra el el artículo 105 de la Ley Orgánica de la Contraloría General de la República*), refiriéndose a Venezuela, del ejercicio de una potestad sancionadora atribuida al Contralor General de la República que está "referida al ámbito administrativo: es decir, que no es una sanción política" pues la misma "se ciñe a la función administrativa vista la naturaleza jurídica de la Contraloría General de la República."[1190]

Por ello es totalmente errada y contradictoria la afirmación de la misma Sala Constitucional, en la misma sentencia últimamente citada, de que la sanción de inhabilitación impuesta por la Contraloría "surte efectos para el desempeño de la función administrativa, indistintamente de cuál sea el origen; esto es por concurso, designación o elección popular," y de que "esta inhabilitación dictada por la Contraloría "se extiende a toda función administrativa, incluso las que derivan del cargo de elección popular."

Aparte de que la Sala Constitucional no definió qué entiende por "función administrativa" se olvidó mencionar que los funcionarios electos popularmente, ante todo, cumplen una "función política" como es representar al pueblo y conducir el gobierno de una entidad política en la organización territorial del Estado.

En todo caso, para ambas circunstancias, tanto para la elección de cargos de representación como para la remoción de los representantes electos de sus cargos, rige

---

1189 *V.*, en http://www.tsj.gov.ve/decisiones/scon/Octubre/2444-201004-04-0425%20.htm

1190 *V.*, en http://www.tsj.gov.ve/decisiones/scon/Agosto/1266-060808-06-0494.htm

la misma apreciación que la Sala Constitucional hizo en la citada sentencia No. 2444 de 20 de octubre de 2004 (caso: *Tulio Rafael Gudiño Chiraspo*), aún cuando solo se haya referido a la destitución del funcionario, al señalar que dado que la destitución y la suspensión de un funcionario de un cargo de elección popular coliden con la normativa constitucional refería al referendo revocatorio de mandatos:

"siendo ello así, al igual que con los cargos que tienen un régimen especial para la destitución, es ese el mecanismo para cuestionar la legitimidad de la actuación del representante popular, y las sanciones que sin duda alguna se le pudieran imponer con ocasión a ilícitos administrativos, civiles o disciplinarios, según el caso, encuentran su límite en esa circunstancia, sólo desvirtuable con ocasión al establecimiento de una responsabilidad penal."[1191]

Y lo mismo sucede con el derecho a ser elegido, que es un derecho político que tiene todo ciudadano, solo restringible con ocasión al establecimiento de una responsabilidad penal que implique la aplicación de la pena accesoria de inhabilitación política sólo con ocasión de penas principales de prisión o presidio.

VI. LA IMPORTANCIA DEL RESPETO A LA VOLUNTAD POPULAR EN UNA SOCIEDAD DEMOCRÁTICA RESPECTO DE CARGOS ELECTIVOS

El principio democrático representativo, por otra parte, impone la necesidad de respetar la voluntad popular, de manera que un funcionario electo no puede ser removido salvo por la voluntad popular expresada para revocarle el mandato, cuando ello esté previsto en las Constituciones, o salvo mediante un juicio político que esté igualmente regulado expresamente en las Constituciones con todas las garantías del debido proceso.

El mandato del pueblo al elegir un funcionario, en cambio, nunca puede ser revocado mediante un acto administrativo, así emane de un órgano de control fiscal. Y el mismo principio aplica a la elección del representante popular, en el sentido de que es el pueblo quién decide a quien elegir mediante su voto, lo que sólo puede ser impedido por el juez penal cuando mediante condena dictada en proceso penal inhabilita a un ciudadano para ser electo para ejercer cargos de representación popular, por lo que no puede corresponder a la decisión de un funcionario administrativo el determinar quien puede o no ser electo para cargos representativos.

Es decir, conforme a la Constitución de Venezuela, solo se puede excluir del ejercicio de los derechos políticos que corresponden a los ciudadanos (y el derecho a participar como candidato en las elecciones es uno de ellos -derecho pasivo al sufragio-), a quienes estén sujetos a inhabilitación política o a interdicción civil (art. 39 de la Constitución), y ello solo puede ocurrir mediante sentencia firme, es decir, decisión judicial dictada en un proceso penal en la que se imponga al condenado la pena de inhabilitación política (que sólo se concibe en Venezuela como una pena accesoria a la pena principal en materia penal) conforme al Código Penal, o (ii) decisión judicial dictada en un proceso civil en el cual se declare entredicha a la persona (interdicción civil) conforme al Código Civil.

1191 *V.,* en http://www.tsj.gov.ve/decisiones/scon/Octubre/2444-201004-04-0425%20.htm

VII. LA POSIBILIDAD DE LIMITACIONES ADMINISTRATIVAS RESPECTO DEL EJERCICIO DE CARGOS PÚBLICOS DE NOMBRAMIENTO EN EL MARCO DEL RÉGIMEN DE LA ADMINISTRACIÓN PÚBLICA Y LA SANCIÓN ADMINISTRATIVA DE INHABILITACIÓN

La situación es distinta cuando se trata del derecho al ejercicio de cargos públicos mediante nombramiento. Todos los ciudadanos tienen derecho a acceder a los mismos en iguales condiciones, siendo el término de su ejercicio materia de orden administrativa, de manera que los funcionarios públicos pueden ser destituidos por las causales que establezca la Ley, mediante actos administrativos disciplinarios, incluso como consecuencia de medidas de control fiscal. Para ello se prevé en el artículo 144 de la Constitución que corresponde a la ley establecer el Estatuto de la función pública mediante normas sobre el ingreso, ascenso, traslado, suspensión y retiro de los funcionarios de la Administración Pública, y proveer su incorporación a la seguridad social.[1192]

La tradición en Venezuela con motivo de las facultades de la Contraloría General de la República de declarar la responsabilidad o culpabilidad administrativa de un funcionario público, después de establecerse en la Ley de Carrera Administrativa de 1971 que ello era una causal de "destitución" del funcionario público afectado, que como sanción disciplinaria debía imponerse por el funcionario competente (generalmente el superior jerárquico del mismo),[1193] condujo a que en la reforma de la Ley Orgánica de la Contraloría General de la República de 1975 se previera que además de la destitución, el auto de responsabilidad administrativa, podía ser acompañado de una decisión imponiendo al funcionario destituido la "inhabilitación para el ejercicio de la función pública" durante un período determinado (art. 84), como sanción disciplinaria accesoria, nunca principal.

Es decir, a la decisión de la Contraloría General declarando la responsabilidad administrativa, le debían seguir unas sanciones administrativas destinadas a ser aplicadas única y exclusivamente a funcionarios públicos nombrados en el ámbito regulado por la Ley de Carrera Administrativa de 1971, que son los que se pueden "destituir," siendo la inhabilitación para el ejercicio de la función pública" originalmente concebida como una sanción accesoria a la "destitución."

La responsabilidad o culpabilidad administrativa se podía declarar respecto de personas que ejercieran cargos de elección popular, pero como los mismos no podían ser "destituidos" administrativamente, no se previó en la Ley en forma alguna

---

1192 Ley del Estatuto de la Función Pública, *Gaceta Oficial* N° 37.522 de 06-09-2002.

1193 La causal de destitución de funcionarios públicos como sanción disciplinaria, como consecuencia de los autos de culpabilidad administrativa dictado por la Contraloría General de la República, se propuso inicialmente en el Proyecto de Ley sobre Funcionarios Públicos que elaboramos en la Comisión de Administración Pública en 1970 (*V.,* en http://allanbrewercarias.com/Content/449725d9-f1cb-474b-8ab2-41efb849fea3/Content/I,%202,%205.%20%20Proyecto%20de%20Ley%20sobre%20Funcionarios%20Públicos%20CAP%201970.doc).pdf), lo cual fue acogido en la Ley de Carrera Administrativa de 1971, artículo 62.5. *V.,* lo expuesto en Allan R. Brewer-Carías, "El Estatuto de los Funcionarios Públicos" en la *Ley de carrera Administrativa, Comisión de Administración Pública*, Caracas 1971, pp. 108 ss. y 117. *V.,* en http://allanbrewercarias.com/Content/449725d9-f1cb-474b-8ab2-41efb849fea5/Content/II.1.15.pdf que se pudiera dictar respecto de ellos medida alguna que pudiera implicar suspensión o remoción de su cargo electivo, por ser el mismo fruto de la voluntad popular, y menos que se pudiera decidir la inhabilitación para ejercer en el futuro, así fuera temporalmente, su derecho a ser electo representante mediante sufragio.

La reforma de la Ley Orgánica de la Contraloría General de la República de 1984 en lo que se refiere a su artículo 84, sin eliminar el carácter accesorio que tiene la sanción de inhabilitación para el ejercicio de funciones públicas respecto de la sanción de destitución, aplicable sólo a los funcionarios de nombramiento o designación (no electos), teniendo en cuenta que muchas veces la decisión de responsabilidad administrativa en realidad se dictaba mucho tiempo después de que el funcionario hubiese sido removido de su cargo o hubiese renunciado al mismo, lo que no extinguía su responsabilidad, tuvo por objeto única y exclusivamente agregar que dicha sanción de inhabilitación podía ser aplicada excepcionalmente "aún cuando el declarado responsable se haya separado de la función pública" correspondiendo siempre la aplicación de la sanción al máximo jerarca administrativo del organismo del Estado donde ocurrieron los hechos.

Es decir, se trata de sanciones administrativas, aplicadas en el campo de la función pública administrativa, integrada por funcionarios nombrados o designados (no electos), que correspondían ser dictadas por el superior jerárquico del órgano de la Administración Pública correspondiente, y que nunca podían implicar ni la "destitución" de funcionarios electos, ni su inhabilitación política.

El fundamento y sentido de dicha normativa puede decirse que se siguió en la Ley Orgánica de la Contraloría General de la República de 1995, en el sentido de referirse a las sanciones administrativas a funcionarios públicos designados o nombrados parte de la función pública administrativa (no electa), con solo dos variaciones:

La primera, incorporada al artículo 121 de la Ley Orgánica, que atribuyó al Contralor General de la República la potestad para imponer directamente, como consecuencia de su decisión de responsabilidad administrativa, sanciones pecuniarias de multa.

Y la segunda, incorporada en el artículo 122 de la Ley Orgánica, en la cual luego de ratificar que la sanción de "destitución" como consecuencia del auto de responsabilidad administrativa debe imponerse por la máxima autoridad jerárquica como lo preveía desde el inicio la Ley de Carrera Administrativa, agregó que dicha autoridad jerárquica "o la propia Contraloría" podían "imponer, además, la inhabilitación para el ejercicio de la función pública" por un período determinado.

De ello resultaba, que la sanción disciplinaria de inhabilitación para el ejercicio de cargos públicos, seguía siendo accesoria a la sanción disciplinaria destitución, previéndose sin embargo, como excepción, que también se podía imponer aún cuando el declarado responsable se hubiese separado del cargo.

Esta disposición fue nuevamente reformada en 2001, habiéndose seguido en la Ley Orgánica de la Contraloría General de la República (art. 105), la misma fundamentación de principio de considerar a la sanción disciplinaria de inhabilitación para el ejercicio de cargos como accesoria a la sanción disciplinaria de "destitución" y, por tanto, aplicable sólo a funcionarios administrativos (no electos) con dos nuevas variantes:

La primera, que al Contralor General de la República se le atribuyó directamente "de manera exclusiva y excluyente, la potestad de decidir la "destitución" del funcionario responsable (potestad que hasta esa reforma correspondía al superior jerárquico de la Administración correspondiente conforme a la ley de carrera Administrativa), dejándose en manos del superior jerárquico respectivo solo la "ejecución" de la decisión.

La segunda, además de imponer la sanción de destitución, se atribuye al Contralor General, en general y adicionalmente ("e imponer" dice la norma), la potestad de imponer al funcionario destituido "la inhabilitación para el ejercicio de sunciones públicas" por un tiempo determinado. Esta sanción sigue siendo concebida en la Ley Orgánica de 2001 como sanción disciplinaria accesoria a la sanción disciplinaria de destitución, y exclusivamente destinada a ser aplicada a funcionarios de nombramiento o designación, es decir, que ejerzan cargos públicos mediante designación o nombramiento por las autoridades administrativas (no electos por voto popular).

A tal efecto se especifica en la norma, siendo esta la tercera variante de la misma, que las máximas autoridades de los organismos sujetos a control, "antes de proceder a la designación de cualquier funcionario público, están obligados a consultar el registro de inhabilitados" que lleva la Contraloría; indicándose que "toda designación realizada al margen de esta norma será nula." Ello evidencia la intención de la norma al regular la inhabilitación para el ejercicio de cargos, de referirse exclusivamente a funcionarios de designación o nombramiento

De lo anterior resulta, que desde el origen del artículo 84 en la ley Orgánica de la Contraloría de 1975 hasta la norma del artículo 105 de la Ley Orgánica de la Contraloría de 2001, la intención del Legislador que se deriva del propio texto de las normas, ha sido siempre prever la sanción de inhabilitación para ejercer cargos públicos como una sanción administrativa disciplinaria aplicable sólo y exclusivamente a funcionarios de nombramiento o designación en la función pública (nunca de funcionarios electos), que son los que pueden ser "destituidos;" y además, siempre como una sanción administrativa disciplinaria accesoria a la sanción disciplinaria administrativa principal, que es precisamente la destitución, pudiendo sin embargo aplicarse excepcionalmente, sin implicar destitución en aquellos casos en los cuales, para el momento en que se dicta el auto de responsabilidad administrativa, ya el funcionario haya renunciado o haya sido removido.

Por tanto, no hay fundamento ni constitucional ni legal alguno en Venezuela para que se pueda considerar que el ejercicio de un derecho político esencial al principio democrático representativo como es el derecho a ser elegido para cargos de representación popular pueda ser suspendido por decisión administrativa de la Contraloría General de la República, que no tiene competencia para imponer la sanción de inhabilitación política que sólo pueden imponer los jueces penales competentes, mediante una condena penal resultado de un proceso penal, estando referida la potestad sancionatoria atribuida a la Contraloría General de la República conforme a la Ley Orgánica que rige sus funciones en materia de inhabilitación para ejercer cargos públicos, a aquellos funcionarios públicos de la Administración que pueden ser "destituidos," que son sólo los que pueden ser designados o nombrados por otras autoridades administrativas, lo que es completamente inaplicable a los funcionarios electos por sufragio universal y secreto como representantes populares.

VIII. LOS PROCEDIMIENTOS ADMINISTRATIVOS DE IMPOSICIÓN DE SANCIONES DE "INHABILITACIÓN POLÍTICA" A LOS FUNCIONARIOS PÚBLICOS Y LA AUSENCIA DE IMPARCIALIDAD DE LA CONTRALORÍA GENERAL DE LA REPÚBLICA

Pero en el supuesto negado de que se pudiera considerar que una instancia no judicial, es decir, de orden administrativo o de control fiscal, como podría ser la Contraloría General de la República de Venezuela (que no es un "juez competente"), pudiera ser competente para imponer la sanción administrativa (que no es una "condena") de inhabilitación política para impedirle a un ciudadano poder ejercer su derecho político a ser elegido, mediante un acto administrativo dictado como resultado de un procedimiento administrativo (que no es un "proceso penal") –supuesto que negamos jurídicamente en Venezuela-, la condición esencial para que ello pudiera llegarse a admitir –circunstancia que insistimos, negamos- sería que dicho procedimiento administrativo desarrollado ante la Contraloría General de la República se ajustara a las garantías judiciales del debido proceso que están establecidas en el artículo 8 de la Convención Americana, y ello, simplemente, es imposible.

En efecto, como se ha dicho, entre las garantías judiciales que establece la Convención Americana que configuran el derecho al debido proceso, están no solo la necesidad de un tribunal preexistente con autonomía e independencia, que decida con imparcialidad y con competencia para decidir, sino que el proceso que se desarrolle ante el mismo, se realice conforme a las normas de procedimiento establecidas en las leyes, respetándose el principio de la igualdad entre las partes, asegurándose la estabilidad de las actuaciones procesales, la cosa juzgada y la efectividad de lo decidido. Como lo ha detallado Héctor Faúndez Ledezma:

> "La garantía de este derecho, en cuanto eminentemente procesal, requiere de la satisfacción de ciertas condiciones previas al proceso mismo, especialmente en lo que se refiere a las características que debe presentar el tribunal; sin la satisfacción de esos requisitos mínimos, previos a la iniciación de cualquier proceso, éste nunca podría llegar a ser justo y equitativo. En segundo lugar, y en lo que se refiere al proceso como tal, este derecho debe estar basado en ciertos principios básicos, o en algunas normas generales que permitan determinar su contenido y alcance, junto con la naturaleza y características de las garantías específicas que van a derivar de los principios antes referidos, y que están diseñadas para asegurar la justicia y rectitud del proceso. En tercer término, hay que examinar las condiciones que debe tener el proceso mismo, y sin cuya concurrencia éste no podría ser justo. Por último —en lo concierne estrictamente a la determinación de acusaciones penales—, es necesario estudiar, con cierto detenimiento, cada una de las garantías específicas que benefician al acusado, así como el alcance y las circunstancias en que ellas resultan aplicables.
>
> Por otra parte, en cuanto instrumento para asegurar no sólo la justicia del proceso sino también la de su resultado, como ya se ha indicado precedentemente, este derecho está íntimamente relacionado con el cumplimiento de ciertas condiciones en cuanto se refiere a la naturaleza de la legislación substantiva que se va a aplicar, la cual también podría afectar la rectitud y equidad del resultado del proceso, aún antes de que éste se inicie; sin embargo, tales garantías, aunque estrechamente vinculadas al derecho a un juicio justo, son objeto de un derecho diferente (la prohibición de leyes penales ex post facto, o la garantía del principio de legalidad) y, en conse-

cuencia, desde un punto de vista formal, estas condiciones no son consideradas como parte integrante del derecho a un juicio justo (en sentido estricto), en cuanto éste tiene un carácter eminentemente procesal."[1194]

Por todo ello, podemos decir que es imposible que el procedimiento administrativo desarrollado ante la Contraloría General de la República para imponer la sanción administrativa a una persona, de inhabilitación política para el ejercicio su derecho a ser elegido como representante popular mediante sufragio universal y secreto, no se ajusta a las garantías judiciales del debido proceso que están establecidas en el artículo 8 de la Convención Americana, al menos por las siguientes razones.

En primer lugar, es imposible porque ante un órgano administrativo que ejerce funciones administrativas de control en una relación directa que se establece entre la Administración controladora que investiga, y un funcionario investigado, donde la Administración es esencialmente "juez" y "parte" en el procedimiento; aún cuando se le garantizara al funcionario investigado, efectivamente, su derecho a la defensa, nunca podría haber algo equivalente un "juicio justo" o a un "proceso equitativo," también llamado derecho al "debido proceso," o derecho a un "proceso regular," o identificado en el artículo 8 de la Convención Americana como conjunto de "garantías judiciales," que apuntan a identificar el "conjunto de normas plasmadas en el derecho positivo y cuyo propósito es, precisamente, garantizar la justicia, equidad, y rectitud, de los procedimientos judiciales en que pueda verse involucrada una persona;"[1195] teniendo en cuenta además, su carácter instrumental para que, como lo ha señalado Héctor Faúndez, pueda servir de garantía para el ejercicio y disfrute de otros derechos, al afirmar que:

> "Efectivamente, una decisión judicial injusta o arbitraria —además de constituir en sí misma una violación de un derecho humano— puede constituir la herramienta adecuada para justificar, legitimar, o amparar, la privación previa de otros derechos humanos (tales como la vida, la libertad personal, la libertad de expresión, el derecho al trabajo, etc.), o la lesión de otros intereses jurídicamente protegidos, distintos de los derechos humanos (como, por ejemplo, la privación de la propiedad); además, aún cuando tales violaciones no hayan sido directamente cometidas por el poder judicial, éste se puede hacer cómplice de las mismas mediante la adopción de decisiones que —por apartarse de los principios y normas de un proceso regular— resultan injustas y constituyen el sello mediante el cual se procura lograr la impunidad de tales atropellos y abusos de poder."[1196]

Respecto de este derecho al debido proceso, como lo explicó la sentencia N° 157 de 17 de febrero de 2000 de la Sala Político Administrativa del Tribunal Supremo de Justicia de Venezuela, (Caso: *Juan C. Pareja P. vs. MRI*):

> "Se trata de un derecho complejo que encierra dentro de sí, un conjunto de garantías que se traducen en una diversidad de derechos para el procesado, entre los

---

1194 *V.*, Héctor Faúndez Ledezma, *Administración de Justicia y Derecho Internacional de los Derechos Humanos* (El derecho a un juicio justo), Caracas 1992, pp. 222-223.

1195 *Idem*, pp. 211 y 212.

1196 *Idem*, pp. 212 y 213.

que figuran, el derecho a acceder a la justicia, el derecho a ser oído, el derecho a la articulación de un proceso debido, derecho de acceso a los recursos legalmente establecidos, derecho a un tribunal competente, independiente e imparcial, derecho a obtener una resolución de fondo fundada en derecho, derecho a un proceso sin dilaciones indebidas, derecho a la ejecución de las sentencias, entre otros, que se vienen configurando a través de la jurisprudencia. Todos estos derechos se desprenden de la interpretación de los ocho ordinales que consagra el artículo 49 de la Carta Fundamental."

Tanto la doctrina como la jurisprudencia comparada han precisado, que este derecho no debe configurarse aisladamente, sino vincularse a otros derechos fundamentales como lo son, el derecho a la tutela efectiva y el derecho al respeto de la dignidad de la persona humana...

El artículo 49 del Texto Fundamental vigente consagra que el debido proceso es un derecho aplicable a todas las actuaciones judiciales y administrativas, disposición que tiene su fundamento en el principio de igualdad ante la ley, dado que el debido proceso significa que ambas partes en el procedimiento administrativo, como en el proceso judicial, deben tener igualdad de oportunidades, tanto en la defensa de sus respectivos derechos como en la producción de las pruebas destinadas a acreditarlos."[1197]

Por ello, en los procedimientos administrativos en los cuales por lo general no hay dos partes en contienda, es decir, en la terminología de la Sala Constitucional, donde no haya unas "ambas partes" con igualdad de oportunidades para su defensa y producción de pruebas, y donde, al contrario, lo que hay es por una parte, una "parte" administrativa que investiga y decide con todo el poder del Estado, y por la otra, un administrado sujeto a investigación, pero donde la primera parte es la que resuelve el asunto, es decir, es el "juez y parte", nunca podría estar garantizado plenamente el derecho al debido proceso o a las "garantías judiciales," razón por la cual, mediante esos procedimientos no se puede decidir respecto del funcionario o parte investigado, la pérdida de un derecho constitucional como el derecho a ser electo, lo que sólo podría corresponder en exclusiva a los tribunales de justicia, los cuales deben ser conducidos pos jueces independientes e imparciales encargados de dirimir los conflictos entre partes en el proceso, en plano de igualdad. Ello incluso, se concibe así, al menos teóricamente, en el proceso penal acusatorio, donde una de las partes es siempre Fiscalía General de la República que investiga, imputa y acusa, y la otra parte es el acusado, correspondiendo a ambas partes dirimir el conflicto ante un juez penal competente, independiente e imparcial, que debe asegurar la igualdad de oportunidades de ambas partes. Por ello, sería imposible que se pudiera llegar a hablar de existencia de debido proceso o de garantías judiciales en el proceso penal acusatorio, si en el mismo, el Fiscal del Ministerio Público fuera quien además de tener a su cargo la realización de la investigación penal contra una persona, así como la tarea de formularle la imputación y acusación sobre la comisión de delitos, fuera luego el llamado a decidir el proceso penal. Ello sería, para decir lo menos, aberrante desde el punto de vista jurídico.

1197 *V.,* en *Revista de Derecho Público,* N° 81, (enero-marzo), Editorial Jurídica Venezolana, Caracas 2000, p. 135.

Pues lo mismo puede decirse del procedimiento administrativo de investigación o averiguación administrativa establecido en la Ley Orgánica de la Contraloría General de la República para determinar la responsabilidad administrativa de los investigados e inhabilitar políticamente a los funcionarios, donde la Administración contralora es quien investiga y formula cargos y además es quien decide, imponiendo sanciones al investigado declarado culpable administrativo. Si sólo se tratara de imposición de multas administrativas e, incluso, de decidir la destitución del cargo, que son competencias esenciales de la Administración respecto de sus funcionarios, podría admitirse que el sancionado tendría recursos judiciales para su defensa; sin embargo, cuando se trata de decisiones administrativas adoptadas sin la garantía esencial del tribunal independiente e imparcial, o su equivalente, mediante las cuales se prive a un ciudadano de un derecho político como el derecho a ser electo que la Constitución le garantiza, la violación a sus garantía judiciales es aberrante, como sucede precisamente cuando se aplica el artículo 105 de la Ley Orgánica de la Contraloría General de la república tendiente a privarle a un funcionario uno de sus derechos de la ciudadanía como es el derecho a ser electo en sufragio directo y secreto para ocupar cargos de representación de la voluntad popular.

No es posible que se pueda concebir que mediante un procedimiento administrativo conducido por una Administración de control fiscal pueda despojarse a un ciudadano de un derecho político, cuando quien decide el procedimiento es la misma entidad que investiga y declara la responsabilidad del funcionario. La autoridad decisora, en ese caso, nunca podría llegar a considerarse como equivalente a nada que se parezca a un juez independiente e imparcial; al contrario, es una autoridad decisora que es esencialmente parcializada en el sentido que resulta de su propia "investigación."

IX. EL CARÁCTER ADMINISTRATIVO Y NO JURISDICCIONAL DE LAS FUNCIONES DE LA CONTRALORÍA GENERAL DE LA REPÚBLICA CUANDO IMPONE SANCIONES DE INHABILITACIÓN ADMINISTRATIVA

Pero en segundo lugar, también es imposible que el procedimiento administrativo desarrollado ante la Contraloría General de la República conforme al artículo 105 de la ley Orgánica tendiente a despojar a un funcionario de su derecho político a ser electo por el pueblo, se pueda llegar a considerar que se pueda ajustar a las garantías judiciales del debido proceso que están establecidas en el artículo 8 de la Convención Americana, pues la Contraloría, en esos casos, actúa como un órgano administrativo de control, ejerciendo una función netamente de control, y en ningún caso equiparable a la "función jurisdiccional," que siempre implica la existencia de al menos dos partes que son ajenas a la entidad decisora, y en relación con las cuales ésta decide el asunto asegurando la igualdad de las partes.

En efecto, en Venezuela, entre las funciones del Estado y de sus órganos, además de la función normativa y de la función política, se distinguen las funciones jurisdiccionales, de control y administrativa.[1198] Cuando los órganos del Estado ejercen la

---

1198 V., Allan R. Brewer-Carías, *Principios Generales del Derecho Público*, Editorial Jurídica Venezolana, Caracas 2005, pp. 73 ss.

función jurisdiccional, conocen, deciden o resuelven controversias entre dos o más pretensiones, es decir, controversias en las cuales una parte esgrime pretensiones frente a otra. El ejercicio de la función jurisdiccional se ha atribuido como función propia a los tribunales de la República, pero sin ser ello una atribución exclusiva y excluyente, pues ciertamente otros órganos estatales pueden ejercer la función jurisdiccional.

En efecto, muchos órganos administrativos realizan funciones jurisdiccionales cuando sus autoridades deciden controversias entre partes declarando el derecho aplicable en un caso concreto dentro de los límites de su competencia,[1199] por lo que puede decirse que la función jurisdiccional, si bien es una "función propia" de los órganos judiciales, no es una función privativa y exclusiva de ellos, pues otros órganos estatales también la ejercen. Es decir, el "ejercicio de la jurisdicción [no está] supeditada a la jurisdicción ejercida por el poder judicial"[1200]. Sin embargo, lo que sí es una función privativa y exclusiva de los tribunales es el ejercicio de la función jurisdiccional a través de un proceso (Art. 257) en una forma determinada: con fuerza de verdad legal, mediante actos denominados sentencias, que es la única forma como se pueden afectar o eliminar o suspender derechos constitucionales de las personas. Sólo los tribunales pueden resolver controversias y declarar el derecho en un caso concreto, con fuerza de verdad legal, por lo que sólo los órganos del Poder judicial pueden desarrollar la "función judicial" (función jurisdiccional ejercida por los tribunales). Los demás órganos del Estado que realizan funciones jurisdiccionales lo hacen a través de actos administrativos condicionados por la legislación.

Los órganos de la Contraloría General de la República, en ese sentido, nunca – léase bien- nunca podrían ejercer una función jurisdiccional, pues nunca, en ninguno de los procedimientos que establece su Ley Orgánica conocen, deciden o resuelven controversias entre dos o más pretensiones que corresponden a dos o más administrados o funcionarios, es decir, controversias en las cuales una parte esgrime pretensiones frente a otra, y la entidad decisora es en principio imparcial.

Al contrario, en los procedimientos que se desarrollan ante la Contraloría General de la República, esta lo que ejerce es una función de control al vigilar, supervisar y velar por la regularidad del ejercicio de las actividades realizadas por los funcionarios y administrados en relación con el manejo de fondos públicos.

En fin, reiterando, la Contraloría General de la República, nunca podría ser considerado como equivalente a un "juez imparcial e independiente" en el procedimiento desarrollado para determinar la responsabilidad administrativa de los funcionarios públicos (arts. 95 ss.), pues en realidad, en el mismo, es un órgano de investigación administrativa (art. 77), actor y director del procedimiento, que lo inicia cuando considere que surgen elementos de convicción o prueba que pudieran dar lugar a la declaratoria de responsabilidad administrativa o a la imposición de multas (art. 96),

---

1199 *V.,*, sentencias de la antigua Corte Suprema de Justicia en Sala Política Administrativa de 18-7-63, en *Gaceta Forense* N° 41, Caracas 1963, pp. 116 y 117; de 27-5-68, en *Gaceta Forense* N° 60, Caracas 1969, pp. 115 y 118; y de 9-7-69, en *Gaceta Forense* N° 65, Caracas 1969, pp. 70 y ss.

1200 *V.,* sentencia de 05-10-2000 (caso *Héctor Luis Quintero*), citada en sentencia N° 3098 de la Sala Constitucional (Caso: *nulidad artículos Ley Orgánica de la Justicia de Paz*) de 13-12-2004, en *Gaceta Oficial* N° 38.120 de 02-02-2005.

lo que hace mediante auto motivado que se debe notificar a los interesados, según lo previsto en la Ley Orgánica de Procedimientos Administrativos (art. 96), es decir, como lo hace cualquier otro funcionario de la Administración Pública que el procedimiento administrativo siempre es juez y parte; procedimiento en el cual es la propia Contraloría quien imputa a un funcionario de determinados hechos que investiga (art. 79) que el propio órgano decide. Como órgano de investigación o averiguación administrativa, no tiene ni puede tener nada de imparcialidad en los procedimientos que inicia ni de independencia en el ejercicio de su función investigadora.

X. LA AUSENCIA DE AUTONOMÍA DE LA CONTRALORÍA GENERAL DE LA REPÚBLICA EN EL MARCO DEL RÉGIMEN AUTORITARIO VENEZOLANO

En tercer lugar, tampoco es posible que el procedimiento administrativo desarrollado ante la Contraloría General de la República conforme al artículo 105 de la ley Orgánica tendiente a despojar a un funcionario de su derecho político a ser electo por el pueblo, se pueda llegar a considerar que se pueda ajustar a las garantías judiciales del debido proceso, pues en ningún caso la Contraloría General de la República se puede considerar que sea un órgano efectivamente autónomo e independiente de los otros Poderes del Estado, en particular, del Poder Ejecutivo. Al contrario, en la práctica del sistema de separación orgánica de poderes en Venezuela, aún cuando se haya incluido a la Contraloría dentro del llamado Poder Ciudadano que forma parte de la penta división del Poder Público que regula la Constitución, el sistema de tal separación de poderes se ha desdibujado en Venezuela, estando todos los poderes del Estado al servicio del Poder Ejecutivo. Sólo así se entiendo porqué el Presidente de la república en Venezuela puede llegar a decir, por ejemplo, al referirse a los decretos leyes que dictó en agosto de 2008 implementando la rechazada reforma constitucional de 2007, simplemente: "Yo soy la Ley. Yo soy el Estado,"[1201] repitiendo las mismas frases que ya había dicho en 2001, aún cuando con un pequeño giro (entonces dijo "La Ley soy yo. El Estado soy yo,"[1202]) al referirse también a la legislación delegada que había sancionado violando la Constitución y que la Sala Constitucional se ha abstenido de controlar. Esas frases, como sabemos, se atribuyeron en 1661 a Luis XIV para calificar el gobierno absoluto de la Monarquía, cuando a la muerte del cardenal Gulio Raimondo Mazarino, el Rey asumió el gobierno sin nombrar un sustituto como ministro de Estado; pero la verdad histórica es que incluso Luis XIV nunca llegó a expresar esas frases.[1203] Por ello, oírlas de boca de Jefe de Estado de nuestros tiempos, es suficiente para entender la trágica situación institucional de Venezuela, precisamente caracterizada por la completa ausencia de sepa-

---

1201 Expresión del Presidente Hugo Chávez Frías, el 28 de agosto de 2008. Ver en Gustavo Coronel, "Las Armas de Coronel", 15 de octubre de 2008: http://lasarmasdecoronel.blogspot.com/2008/10/yo-soy-la-ley-yo-soy-el-estado.html.

1202 V., en El Universal, Caracas 12 de abril de 2001, pp. 1,1 y 2,1. Es también lo único que puede explicar, que un Jefe de Estado en 2009 pueda calificar a "la democracia representativa, la división de poderes y el gobierno alternativo" como doctrinas que "envenenan la mente de las masas." V., la reseña sobre "Hugo Chávez Seeks To Cach Them Young," The Economist, 22-28 de Agosto de 2009, p. 33.

1203 V., Yves Guchet, Histoire Constitutionnelle Française (1789–1958), Ed. Erasme, Paris 1990, p.8.

ración de poderes, de independencia y autonomía del Poder Judicial y, en consecuencia, de gobierno democrático[1204].

Ello se confirma, por lo demás, con la declaración de la Presidenta del Tribunal Supremo de Justicia dada en diciembre de 2009, proponiendo una reforma a la Constitución de 1999 para definitivamente eliminar el principio de la separación de poderes el cual que "debilitaba al Estado" siendo uno de los aspectos de la Constitución que contradecía la implementación del proyecto político del régimen.[1205]

El desprecio al principio, por lo demás, ya ha sido objeto de decisiones de la propia Sala Constitucional, como la adoptada mediante sentencia No. 1049 de 23 de julio de 2009 en la cual ha considerado que "la llamada división, distinción o separación de poderes fue, al igual que la teoría de los derechos fundamentales de libertad, un instrumento de la doctrina liberal del Estado mínimo" y "un modo mediante el cual se pretendía asegurar que el Estado se mantuviera limitado a la protección de los intereses individualistas de la clase dirigente."[1206]

En ese contexto de un régimen político autoritario, donde el principio de la separación de poderes no es más que un eufemismo, es imposible considerar que la Contraloría General de la República pueda llegar siquiera a actuar como órgano independiente y autónomo del Poder Ejecutivo, razón por la cual nunca el procedimiento administrativo que se desarrolla en dicho organismo para determinar la responsabilidad administrativa de los funcionarios e imponerle sanciones como la inhabilitación para ejercer su derecho político a ser electos mediante sufragio como representantes populares, pueda llegar a considerarse que se desarrolla en alguna forma "similar" a un proceso en el cual se aseguren las garantías judiciales del funcionario investigado.

XI. LA AUSENCIA DE LAS GARANTÍAS DEL DEBIDO PROCESO EN EL PROCEDIMIENTO ADMINISTRATIVO DESARROLLADO ANTE LA CONTRALORÍA GENERAL DE LA REPÚBLICA PARA IMPONER SANCIONES ADMINISTRATIVAS DE INHABILITACIÓN A LOS FUNCIONARIOS PÚBLICOS

Por último, en cuarto lugar, tampoco es posible que el procedimiento administrativo desarrollado ante la Contraloría General de la República conforme al artículo 105 de la ley Orgánica tendiente a despojar a un funcionario de su derecho político a ser electo por el pueblo, se pueda llegar a considerar que se pueda ajustar a las garantías judiciales del debido proceso indicadas en el artículo 8 de la Convención Americana, porque en el mismo, tal como está regulado en los artículos 96 y si-

---

1204 *V.*, el resumen de esta situación en Teodoro Petkoff, "Election and Political Power. Challenges for the Opposition", en *Revista Harvard Review of Latin America*, David Rockefeller Center for Latin American Studies, Harvard University, Fall 2008, pp. 12. *V.*, además, Allan R. Brewer-Carías, *Dismantling Democracy*, Cambridge University Press, New York, 2010.

1205 *V.*, la reseña de Juan Francisco Alonso en relación con las declaraciones de Luisa Estela Morales, "Morales: 'La división de poderes debilita al estado.' La presidenta del TSJ afirma que la Constitución hay que reformarla," en El Universal, Caracas 5 de diciembre de 2009. *V.*, lo expuesto por dicha funcionaria en http://www.tsj.gov.ve/informacion/notasde prensa/notasdeprensa.asp?codigo=7342.

1206 *V.*, en http://www.tsj.gov.ve/decisiones/scon/Julio/1049-23709-2009-04-2233.html

guientes de la ley Orgánica, no se respetan ni aseguran los múltiples derechos que derivan de dichas garantías judiciales.

En efecto, como lo ha indicado la Sala Constitucional del Tribunal Supremo en sentencia N° 80 de 1 de febrero de 2001 (Caso: Impugnación de los artículos 197 del Código de Procedimiento Civil y 18 de la Ley Orgánica del Poder Judicial) al referirse al artículo 49 que establece el derecho al debido proceso en Venezuela:

"La referida norma constitucional, recoge a lo largo de su articulado, la concepción que respecto al contenido y alcance del derecho al debido proceso ha precisado la doctrina más calificada, y según la cual el derecho al debido proceso constituye un conjunto de garantías, que amparan al ciudadano, y entre las cuales se mencionan las del ser oído, la presunción de inocencia, el acceso a la justicia y a los recursos legalmente establecidos, la articulación de un proceso debido, la de obtener una resolución de fondo con fundamento en derecho, la de ser juzgado por un tribunal competente, imparcial e independiente, la de un proceso sin dilaciones indebidas y por supuesto, la de ejecución de las sentencias que se dicten en tales procesos. Ya la jurisprudencia y la doctrina habían entendido, que el derecho al debido proceso debe aplicarse y respetarse en cualquier estado y grado en que se encuentre la causa, sea ésta judicial o administrativa, pues dicha afirmación parte del principio de igualdad frente a la ley, y que en materia procedimental representa igualdad de oportunidades para las partes intervinientes en el proceso de que se trate, a objeto de realizar -en igualdad de condiciones y dentro de los lapsos legalmente establecidos- todas aquellas actuaciones tendientes a la defensa de sus derechos e intereses."

Por otra parte, en particular, en relación con el proceso penal o sancionatorio en general, la Sala Político Administrativa del mismo Tribunal Supremo de Justicia ha precisado las siguientes garantías derivadas del debido proceso: el derecho al Juez natural (numeral 4 del artículo 49); el derecho a la presunción de inocencia (numeral 2 del artículo 49); el derecho a la defensa y a ser informado de los cargos formulados (numeral 1 del artículo 49); el derecho a ser oído (numeral 3 del artículo 49); el derecho a un proceso sin dilaciones indebidas (numeral 8 del artículo 49); el derecho a utilizar los medios de prueba pertinentes para su defensa (numeral 1 del artículo 49); el derecho a no confesarse culpable y no declarar contra sí misma (numeral 5 del artículo 49); y el derecho a la tutela judicial efectiva de los derechos e intereses del procesado (artículo 26 de la Constitución).

En cuanto a las garantía judiciales establecidas en el artículo 8 de la Convención Americana, las mismas se refieren, además de la existencia de un juez competente, independiente e imparcial, las siguientes: derecho a ser oído, con las debidas garantías y dentro de un plazo razonable, (art. 8.1); derecho a la presunción de inocencia mientras no se establezca legalmente su culpabilidad (art. 8.2); derecho a ser asistido gratuitamente por el traductor o intérprete (art. 8.2.a); derecho a recibir comunicación previa y detallada de los cargos formulados (art. 8.2.b); derecho de disponer del tiempo y de los medios adecuados para la preparación de su defensa (art. 8.2.c); derecho del inculpado de defenderse personalmente o de ser asistido por un defensor de su elección y de comunicarse libre y privadamente con su defensor (art. 8.2.d); derecho irrenunciable de ser asistido por un defensor proporcionado por el Estado, remunerado o no según la legislación interna, si el inculpado no se defendiere por sí mismo ni nombrare defensor dentro del plazo establecido por la ley (art. 8.2.e); derecho de la defensa de interrogar a los testigos presentes en el organismo y de obtener la comparecencia, como testigos o peritos, de otras personas que puedan arrojar luz sobre los hechos (art. 8.2.f); derecho a no ser obligado a declarar contra sí mismo ni a declararse culpable (art. 8.2.g); y derecho de recurrir de la decisión ante un órgano superior (art. 8.2.h); la garantía de que la confesión del inculpado no puede ser válida si es hecha bajo coacción (art. 8.3); la garantía del *non bis in idem* (art. 8.4); y el derecho a que el proceso penal sea público (art. 8.5).

Ahora bien si se confrontan estas garantías con las previsiones de los artículos 95 y siguientes de la Ley Orgánica de la Contraloría General de la República que establece el procedimiento para la formulación de reparos, la declaratoria de la responsabilidad administrativa y la imposición de multas (art. 95), se observa que en el mismo se prevé lo siguiente:

1) La iniciación del procedimiento de oficio, por denuncia o a solicitud de algún organismo si el organismo considera que hay elementos de convicción o prueba que pudiere dar lugar a para la formulación de reparos, la declaratoria de la responsabilidad administrativa y la imposición de multas (arts. 96 y 97);

2) La notificación a los interesados del auto de apertura del procedimiento en el cual deben describirse los hechos imputados, identificarse los sujetos presuntamente responsables e indicarse los correspondientes elementos probatorios y las razones que comprometen, presumiblemente, su responsabilidad (art. 98);

3) La disposición de un término de 15 días hábiles siguientes a la fecha de notificación del auto de apertura, para que los interesados puedan indicar la prueba (cualquier medio de prueba no prohibido legalmente)que a su juicio desvirtúen los elementos de prueba o convicción que motivaron el inicio del procedimiento (arts. 99 y 100);

4) La realización a los 15 días siguientes de vencido el plazo anterior, de una audiencia oral y pública ante la Contraloría para que los interesados presenten los argumentos que consideren les asisten para la mejor defensa de sus intereses (art. 101);

5) La decisión el mismo día, o a más tardar el día siguiente, en forma oral y pública, sobre si se formula el reparo, se declara la responsabilidad administrativa, se impone la multa, se absuelve de dichas responsabilidades, o se pronuncia el sobreseimiento (art. 103);

6) La atribución al Contralor General de la República para que con posterioridad "de manera exclusiva y excluyente, sin que medie ningún otro procedimiento," pueda acordar en atención a la entidad del ilícito cometido:

> "la suspensión del ejercicio del cargo sin goce de sueldo por un período no mayor de veinticuatro (24) meses o la destitución del declarado responsable, cuya ejecución quedará a cargo de la máxima autoridad; e imponer, atendiendo la gravedad de la irregularidad cometida, su inhabilitación para el ejercicio de funciones públicas hasta por un máximo de quince (15) años, en cuyo caso deberá remitir la información pertinente a la dependencia responsable de la administración de los recursos humanos del ente u organismo en el que ocurrieron los hechos para que realice los trámites pertinentes" (art. 105).

7) La posibilidad de que el interesado pueda ejercer un recurso de reconsideración sin efectos suspensivos ante la misma autoridad que dictó el acto (arts. 107, 110);

8) la posibilidad de que el interesado pueda ejercer un recurso de nulidad contencioso administrativo (arts. 108, 110); y

9) La previsión final de que el procedimiento antes mencionado no impide el ejercicio inmediato de las acciones civiles y penales a que hubiere lugar ante los tribunales competentes "y los procesos seguirán su curso sin que pueda alegarse excepción alguna por la falta de cumplimiento de requisitos o formalidades exigidas por esta Ley" (art. 111).

Estas previsiones de procedimiento administrativo, por supuesto, examinadas en si mismas y aún cuando no se realicen por un órgano que pueda considerarse equivalente a un juez competente imparcial e independiente, no responden a los estándares de las garantías judiciales establecidas en la Convención Americana. Entre otros aspectos, en el procedimiento previsto en la Ley Orgánica de la Contraloría General de la República:

1) No se garantiza el derecho a ser oído "dentro de un plazo razonable" en la sustanciación de la imputación en contra del funcionario (art. 8.1, Convención). La imputación se formula al notificársele un auto de apertura del procedimiento dándosele al funcionario sólo 15 días hábiles para aportar pruebas y defenderse (art. 99, Ley Orgánica), nada menos que frente a la perspectiva de poder perder su derecho político a ser elegido para cargos de representación popular por un período de hasta 15 años!!

2) No se garantiza la presunción de inocencia del imputado hasta que se establezca legalmente su culpabilidad (art. 8.2, Convención), ya que iniciado el procedimiento y antes de que siquiera se notifique al imputado sobre el inicio del procedimiento, puede ser demandado por los mismos hechos no probados y los cuales no han podido haber sido desvirtuados, ante los tribunales civiles y penales (art. 111, Ley Orgánica);

3) No se garantiza al imputado del "tiempo y de los medios adecuados para la preparación de su defensa" (art. 8.2.c), ya que como se dijo, los 15 día hábiles para indicar la prueba que presentarán en el acto público (art. 99, Ley Orgánica) son totalmente insuficientes para poder preparar una adecuada defensa sobre todo ante la perspectiva de sanciones administrativa tan draconianas como las establecidas en la Ley;

4) No se garantiza al imputado su "derecho irrenunciable" de ser asistido por un defensor proporcionado por el Estado (art. 8.2.e, Convención);

5) No se garantiza el derecho del imputado de interrogar testigos (art. 8.2.f, Convención);

6) No se garantiza la segunda instancia administrativa, es decir el derecho de recurrir la decisión ante un superior jerárquico (art. 8.2.h); y si bien se prevé la posibilidad de intentar una acción de nulidad ante la jurisdicción contencioso administrativa, se niega el derecho del recurrente a solicitar la suspensión temporal de las sanciones mientras dure el juicio de nulidad (art. 110); y

7) Finalmente se niega el derecho de toda persona de reclamar contra las violaciones de la Ley, al indicarse que intentadas acciones civiles y penales contra el imputado aún antes de que se lo haya declarado culpable o responsable administrativamente, sin embargo, se le niega toda posibilidad de que "pueda alegarse excepción alguna por falta de cumplimiento de requisitos o formalidades exigidas por esta Ley" (art. 111), lo que es la negación de la garantía de la tutela judicial efectiva y del control de legalidad de las actuaciones administrativas.

XII. LA INDEFENSIÓN DEL INVESTIGADO COMO SIGNO DEL PROCEDIMIENTO ADMINISTRATIVO DESARROLLADO ANTE LA CONTRALORÍA GENERAL DE LA REPÚBLICA PARA IMPONER SANCIONES ADMINISTRATIVAS DE INHABILITACIÓN A LOS FUNCIONARIOS PÚBLICOS

En particular en relación con las mencionadas garantías vinculadas al derecho a la defensa el artículo 8 de la Convención Americana y en particular el artículo 49.1 de la Constitución de Venezuela los establecen como derechos inviolables en todo estado y grado de la investigación y del proceso, en particular, el derecho de toda persona a ser notificada de los cargos por los cuales se la investiga, de acceder a las pruebas y de disponer del tiempo y de los medios adecuados para ejercer su defensa. El derecho a la defensa, como lo dijo hace varias décadas Michael Stassinopoulos, "es tan viejo como el mundo";[1207] y es quizás el derecho más esencial inherente a la persona humana. Por ello nunca está de más recordar su formulación jurisprudencial histórica en el famoso caso decidido en 1723 por una Corte inglesa (Caso *Dr. Bentley*), en el cual el juez Fortescue, al referirse al mismo como un principio de *natural justice*, señaló:

"La objeción por falta de citación o notificación jamás puede ser superada. Las leyes de Dios y de los hombres, ambas, dan a las partes una oportunidad para ejercer su defensa. Recuerdo haber oído que se observó en un ocasión, que incluso Dios mismo no llegó a dictar sentencia respecto a Adam, sin antes haberlo llamado a defenderse: "Adam (dijo Dios) ¿dónde estás?. ¿Has comido del árbol respecto del cual te ordené que no debías comer? y la misma pregunta se la formuló a Eva."[1208]

Sobre el derecho a la defensa, de indudable rango constitucional, la antigua Corte Suprema de Justicia de Venezuela, en Sala Político Administrativa, ha señalado que el mismo:

"debe ser considerado no sólo como la oportunidad para el ciudadano encausado o presunto infractor de hacer oír sus alegatos, sino como el derecho de exigir del Estado el cumplimiento previo a la imposición de toda sanción, de un conjunto de actos o procedimientos destinados a permitirle conocer con precisión los hechos que se le imputan y las disposiciones legales aplicables a los mismos, hacer oportunamente alegatos en su descargo y promover y evacuar pruebas que obren en su favor.

1207 *V., Le droit a la défense devant les autorités administratives*, París 1976, p. 50

1208 *V.*, la cita en S.H. Bailey, C.A. Cross y JF. Garner, *Cases and materials in administrative Law*, London 1977, pp. 348 a 351.

Esta perspectiva del derecho a la defensa es equiparable a lo que en otros Estados ha sido llamado como el principio del "debido proceso."[1209]

Ha agregado la Corte Suprema, además que el derecho a la defensa:

"constituye una garantía inherente a la persona humana, y es, en consecuencia, aplicable en cualquier clase de procedimientos que puedan derivar en una condena."[1210]

El derecho a la defensa, en todo caso, ha sido amplio y tradicionalmente analizado por la jurisprudencia del Tribunal Supremo así como por la de la antigua Corte Suprema de Justicia de Venezuela, considerándose como "garantía que exige el respeto al principio esencial de contradicción, conforme al cual, las partes enfrentadas, en condiciones de igualdad, deben disponer de mecanismos suficientes que les permitan alegar y probar las circunstancias tendientes al reconocimiento de sus intereses, necesariamente, una sola de ellas resulte gananciosa". (Sentencia N° 1166 de 29 de junio de 2001, Ponente Magistrado Jesús Eduardo Cabrera Romero, Caso: *Alejandro Moreno vs. Sociedad Mercantil Auto Escape Los Arales, S.R.L.*)[1211]

El derecho a la defensa, como garantía del debido proceso, por tanto, no puede ser desconocido ni siquiera por el legislador,[1212] como lo ha hecho en la Ley Orgánica de la Contraloría General de la República tal como antes se ha indicado. Así en efecto se ha expresado la misma Sala Constitucional en sentencia N° 321 de 22 de febrero de 2002, con Ponencia del Magistrado Jesús Eduardo Cabrera Romero (Caso: *Papeles Nacionales Flamingo, C.A. vs. Dirección de Hacienda del Municipio Guacara del Estado Carabobo*) en la que indicó que las limitaciones al derecho de defensa en cuanto derecho fundamental, derivan por sí mismas del texto constitucional, y si el Legislador amplía el espectro de tales limitaciones, las mismas devienen en ilegítimas, señalando lo siguiente:

1209 Sentencia de 17-11-83, en *Revista de Derecho Público*, N° 16, Editorial Jurídica Venezolana, Caracas 1983, p. 151.

1210 Sentencia de la Sala Político Administrativa de 23-10-86, *Revista de Derecho Público*, N° 28, Editorial Jurídica Venezolana, Caracas 1986, pp. 88 y 89.

1211 Esto ya lo había sentado la sentencia N° 3682 de 19 de diciembre de 1999, la Sala Político Administrativa de la antigua Corte Suprema de Justicia al destacar que el reconocimiento constitucional del derecho a la defensa se extiende a todas las relaciones de naturaleza jurídica que ocurren en la vida cotidiana, y con especial relevancia, en aquellas situaciones en las cuales los derechos de los particulares son afectados por una autoridad pública o privada; de manera que el derecho constitucional impone que en todo procedimiento tanto administrativo como judicial, "se asegure un equilibrio y una igualdad entre las partes intervinientes, garantizándole el derecho a ser oída, a desvirtuar lo imputado o a probar lo contrario a lo sostenido por el funcionario en el curso del procedimiento". *V.*, en *Revista de Derecho Público*, N° 79-80, Editorial Jurídica Venezolana, Caracas 1999.

1212 Por ello, ha sido por la prevalencia del derecho a la defensa que la Sala Constitucional, siguiendo la doctrina constitucional establecida por la antigua Corte Suprema de Justicia ha desaplicado por ejemplo normas que consagran el principio solve et repete como condición para acceder a la justicia contencioso-administrativa, por considerarlas inconstitucionales. *V.*, Sentencia N° 321 de 22 de febrero de 2002 (Caso: *Papeles Nacionales Flamingo, C.A. vs. Dirección de Hacienda del Municipio Guacara del Estado Carabobo). V.*, en *Revista de Derecho Público*, N° 89-92, Editorial Jurídica Venezolana, Caracas 2002.

"Debe observarse que tanto el artículo 68 de la abrogada Constitución, como el 49.1 de la vigente, facultan a la ley para que regule el derecho a la defensa, regulación que se ve atendida por el ordenamiento adjetivo. Ello en modo alguno quiere significar que sea disponible para el legislador el contenido del mencionado derecho, pues éste se halla claramente delimitado en las mencionadas disposiciones; si no que por el contrario, implica un mandato al órgano legislativo de asegurar la consagración de mecanismos que aseguren el ejercicio del derecho de defensa de los justiciables, no sólo en sede jurisdiccional, incluso en la gubernativa, en los términos previstos por la Carta Magna. De esta forma, las limitaciones al derecho de defensa en cuanto derecho fundamental derivan por sí mismas del texto constitucional, y si el Legislador amplía el espectro de tales limitaciones, las mismas devienen en ilegítimas; esto es, la sola previsión legal de restricciones al ejercicio del derecho de defensa no justifica las mismas, sino en la medida que obedezcan al aludido mandato constitucional.

El derecho a la defensa, por tanto, es un derecho constitucional absoluto, "inviolable" en todo estado y grado de la causa dice la Constitución, el cual corresponde a toda persona, sin distingo alguno si se trata de una persona natural o jurídica, por lo que no admite excepciones ni limitaciones[1213]. Dicho derecho "es un derecho, fundamental que nuestra Constitución protege y que es de tal naturaleza, que no puede ser suspendido en el ámbito de un estado de derecho, por cuanto configura una de las bases sobre las cuales tal concepto se erige"[1214].

Todas las Salas del Tribunal Supremo han reafirmado el derecho a la defensa como inviolable. Así, por ejemplo, la Sala de Casación Civil en sentencia N° 39 de 26 de abril de 1995 (Caso: *A.C. Expresos Nas vs. Otros*), ha señalado sobre "el sagrado derecho a la defensa" es un "derecho fundamental cuyo ejercicio debe garantizar el Juez porque ello redunda en la seguridad jurídica que es el soporte de nuestro estado de derecho; más cuando la causa sometida a su conocimiento se dirige a obtener el reconocimiento y posterior protección de los derechos con rango constitucional." Este derecho, ha agregado la Sala, "es principio absoluto de nuestro sistema en cualquier procedimiento o proceso y en cualquier estado y grado de la causa."[1215] En otra sentencia N° 160 de 2 de junio de 1998, la Sala de casación Civil reiteró dicho derecho a "entenderse como la posibilidad cierta de obtener justicia del tribunal competente en el menor tiempo posible, previa realización, en la forma y oportunidad prescrita por la ley, de aquellos actos procesales encaminados a hacer efectivos los derechos de la persona" agregando que, por tanto, no es admisible "que alguien sea condenado si antes no ha sido citado, oído y vencido en proceso judicial

---

1213 Por ello, por ejemplo, la Corte Primera de lo Contencioso Administrativo, en sentencia 15-8-97 (Caso: *Telecomunicaciones Movilnet, C.A. vs. Comisión Nacional de Telecomunicaciones (CONATEL)* señaló que. "resulta inconcebible en un Estado de Derecho, la imposición de sanciones, medidas prohibitivas o en el general, cualquier tipo de limitación o restricción a la esfera subjetiva de los administrados, sin que se de oportunidad alguna de ejercicio de la debida defensa". *V.*, en *Revista de Derecho Público*, N° 71-72, Editorial Jurídica Venezolana, Caracas 1997, pp. 154-163.

1214 Así lo estableció la Sala Político Administrativa de la antigua Corte Suprema de Justicia, en sentencia N° 572 de 18-8-97. (Caso: *Aerolíneas Venezolanas, S.A. (AVENSA) vs. República (Ministerio de Transporte y Comunicaciones)*).

1215 *V.*, en *Jurisprudencia Pierre Tapia*, N° 4, Caracas, abril 1995, pp. 9-12

seguido ante un juez competente, pues en tal caso se estaría ante una violación del principio del debido proceso."[1216]

Por su parte la Sala de Casación Penal de la antigua Corte Suprema de Justicia en sentencia de 26 de junio de 1996, sostuvo que:

"El derecho a la defensa debe ser considerado no sólo como la oportunidad para el ciudadano o presunto infractor de hacer oír sus alegatos, sino como el derecho de exigir del Estado e cumplimiento previo a la imposición de toda sanción de un conjunto de actos o procedimientos destinados o permitirle conocer con precisión los hechos que se le imputan, las disposiciones legales aplicables a los mismos, hacer oportunamente alegatos en su descargo y promover y evacuar pruebas que obren en su favor.

Esta perspectiva del derecho de defensa es equiparable a lo que en otros estados de derecho ha sido llamado como principio del debido proceso."[1217]

La Corte Plena de la antigua Corte Suprema de Justicia, por su parte, en sentencia de 30 de julio de 1996, enmarcó el derecho a la defensa dentro del derecho de los derechos humanos, protegido además en el ámbito de los instrumentos internacionales sobre derechos humanos, conforme al principio de la progresividad, señalando lo siguiente:

"Por ello, la Constitución de la República estatuye que la defensa pueda ser propuesta en todo momento, "en todo estado y grado del proceso", aún antes, entendiéndose por proceso, según Calamandrei, "el conjunto de operaciones metodológicas estampadas en la ley con el fin de llegar a la justicia". Y la justicia la imparte el Estado. En el caso concreto que se estudia, a través de este Alto Tribunal. El fin que se persigue es mantener el orden jurídico.

Así mismo, debe anotar la Corte que en materia de Derechos Humanos, el principio jurídico de progresividad envuelve la necesidad de aplicar con preferencia la norma más favorable a los derechos humanos, sea de Derecho Constitucional, de Derecho Internacional o de derecho ordinario.

Esta doctrina de interpenetración jurídica fue acogida en sentencia de 3 de diciembre de 1990 por la Sala Político-Administrativa, en un caso sobre derechos laborales, conforme a estos términos:

'...Igualmente debe señalarse que el derecho a la inamovilidad en el trabajo de la mujer embarazada y el derecho a disfrutar del descanso pre y post-natal constituyen derechos inherentes a la persona humana los cuales se constitucionalizan, de conformidad con el artículo 50 de nuestro Texto Fundamental. Según el cual "la enunciación de los derechos y garantías contenido en esta Constitución no debe entenderse como negación de otros que, siendo inherentes a la persona humana, no figuren expresamente en ella.

La falta de ley reglamentaria de estos derechos no menoscaba el ejercicio de los mismos...'"

1216 V., en *Jurisprudencia Pierre Tapia*, N° 6, junio 1998, pp. 34-37

1217 V., en *Jurisprudencia Pierre Tapia*, N° 6, Caracas, junio 1996

Desde el punto de vista internacional, considera este Alto Tribunal que importa fortalecer la interpretación sobre esta materia, señalando la normativa existente.

Así, entre otros, el artículo 8 letra b) de la Convención Americana de Derechos Humanos (Pacto de San José de Costa Rica), establece lo siguiente:

> "Toda persona tiene derecho a ser oída, con las debidas garantías y dentro de un plazo razonable por un Juez o Tribunal competentes, independiente e imparcial establecido con anterioridad por la ley, en la sustanciación de cualquier acusación penal formulada contra ella, o para la determinación de sus derechos y obligaciones de orden civil, laboral, fiscal o de cualquier carácter".

De la misma manera, el Pacto Internacional de los Derechos Civiles y Políticos, garantiza a toda persona el derecho a ser juzgado por sus jueces naturales, mediante proceso legal y justo, en el cual se aseguren en forma transparente todos sus derechos.

Esta normativa rige en plenitud dentro del país. Al efecto y tal como se indicó anteriormente, el artículo 50 de la Constitución de la República consagra la vigencia de los derechos implícitos conforme a la cual:

> "La enunciación de los derechos y garantías contenidas en esta Constitución no debe entenderse como negación de otros que, siendo inherentes a la persona humana no figuran expresamente en ella".

A ello se agrega que las reproducidas disposiciones de tipo internacional se encuentran incorporadas al ordenamiento jurídico interno, conforme a lo previsto en el artículo 128 de la Constitución de la República.[1218]

Pero además, con ocasión de la entrada en vigencia de la Constitución de 1999, la nueva Sala Constitucional del Tribunal Supremo de Justicia, particularmente en sentencias con Ponencias del Magistrado Jesús Eduardo Cabrera Romero, ha insistido en el carácter absoluto e inviolable del derecho a la defensa. Así, por ejemplo, en sentencia N° 97 de 15 de marzo de 2000 (Caso: *Agropecuaria Los Tres Rebeldes, C.A. vs. Juzgado de Primera Instancia en lo Civil, Mercantil, Tránsito, Trabajo, Agrario, Penal, de Salvaguarda del Patrimonio Público de la Circunscripción Judicial del Estado Barinas*), la Sala señaló:

> "Se denomina debido proceso a aquél proceso que reúna las garantías indispensables para que exista una tutela judicial efectiva. Es a esta noción a la que alude el artículo 49 de la Constitución de la República Bolivariana de Venezuela, cuando expresa que el debido proceso se aplicará a todas las actuaciones judiciales y administrativas.
>
> Pero la norma constitucional no establece una clase determinada de proceso, sino la necesidad de que cualquiera sea la vía procesal escogida para la defensa de los derechos o intereses legítimos, las leyes procesales deben garantizar la existencia de un procedimiento que asegure el derecho de defensa de la parte y la posibilidad de una tutela judicial efectiva.

1218 *V.*, en *Revista de Derecho Público*, N° 67-68, Editorial Jurídica Venezolana, Caracas, 1996, pp. 169-171.

De la existencia de un proceso debido se desprende la posibilidad de que las partes puedan hacer uso de los medios o recursos previstos en el ordenamiento para la defensa de sus derechos e intereses.

En consecuencia, siempre que de la inobservancia de las reglas procesales surja la imposibilidad para las partes de hacer uso de los mecanismos que garantizan el derecho a ser oído en el juicio, se producirá indefensión y la violación de la garantía de un debido proceso y el derecho de defensa de las partes."[1219]

APRECIACIÓN FINAL

Es decir, en definitiva, el procedimiento administrativo previsto en la Ley Orgánica de la Contraloría General de la República de Venezuela para la declaración de la responsabilidad administrativa de los funcionarios públicos, imponerles multas, destituirlos de sus cargos e imponerles la sanción administrativa de inhabilitación política para ejercer su derechos ciudadano a ser electo para cargos de elección popular por un período hasta de 15 años, a pesar de la previsión de la notificación de cargos, un breve lapso para presentar pruebas, de una audiencia pública y oral, y de recursos judiciales, no reúne la condición esencial del debido proceso pues no se adapta a los estándares establecidos en materia de garantía judiciales en el artículo 8 de la Convención Americana, aparte de que la Contraloría General de la República en sí misma, no pueda ser considerada como equivalente a un juez "imparcial" (artículo 8.1 de la Convención), y menos aún, cuando en Venezuela existe un control político de todos los Poderes Públicos –incluido el "Poder Moral"- por parte del Poder Ejecutivo y del Poder Legislativo dada la inexistencia de separación de poderes, tampoco puede considerarse como equivalente a un juez "independiente" (artículo 8.1 de la Convención).

Ello es suficiente para considerar que en el procedimiento seguido ante la Contraloría, aparte de que no es ni siquiera sustancialmente jurisdiccional, sino administrativo, no se encuentra garantizado las bases esenciales de un debido proceso que pueda permitir que en un procedimiento administrativo se restrinja el ejercicio de derechos políticos esenciales al régimen democrático, en particular el derecho pasivo al sufragio.

1219 *V.*, en *Revista de Derecho Público*, N° 82, Editorial Jurídica Venezolana, Caracas, 2000.

ÍNDICE

CUARTA PARTE

ESTUDIOS SOBRE EL FUNCIONAMIENTO
DEL SISTEMA DE GOBIERNO